# 1 MONTH OF FREE READING

## at

## www.ForgottenBooks.com

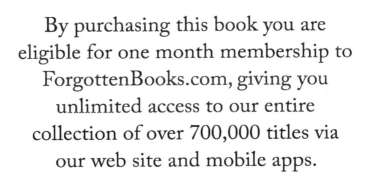

By purchasing this book you are eligible for one month membership to ForgottenBooks.com, giving you unlimited access to our entire collection of over 700,000 titles via our web site and mobile apps.

To claim your free month visit:
www.forgottenbooks.com/free630652

ISBN 978-0-666-06040-2
PIBN 10630652

# UNIVERSELLE,

## DEPUIS

LE COMMENCEMENT DU MONDE

## JUSQU'À PRÉSENT.

### D'APRÈS L'ANGLOIS

PAR UNE SOCIETÉ DE GENS DE LETTRES, &c.

## TOME TRENTE-NEUVIEME.

CONTENANT

L'HISTOIRE DE LA SUISSE OU DES CANTONS QUI COMPOSENT
AUJOURD'HUI LA CONFÉDÉRATION HELVÉTIQUE,
ET LE COMMENCEMENT DE L'HISTOIRE DE
L'EMPIRE D'ALLEMAGNE.

ENRICHIE DES CARTES NÉCESSAIRES.

À AMSTERDAM et À LEIPZIG,

Chez ARKSTÉE & MERKUS,

Et se vend à Paris chez NYON, l'aîné.

M. D C C. L X X I X.

Avec Privilège.

# TABLE

### DE CE TRENTE-NEUVIEME

# VOLUME.

~~~~~~~~~~~~~~~~~~~~~~~~~~~~~~~~~~~

## LIVRE VINGT-QUATRIEME.

### HISTOIRE GÉNÉRALE D'ITALIE ET CELLE DES PRINCIPAUX ETATS QUI S'Y TROUVENT.

---

## CHAPITRE XV.

### HISTOIRE DE LA SUISSE ET DES CANTONS QUI COMPOSENT AUJOURD'HUI LA CONFÉDÉRATION HELVETIQUE.

* 2

# LIVRE VINGT-CINQUIEME.

## HISTOIRE DE L'EMPIRE D'ALLEMAGNE.

---

## A V I - S

LA CARTE DES CANTONS SUISSES se place Tom. XXXIX. Pag. 1

LA CARTE DE LA PARTIE OCCIDENTALE DE L'EMPIRE,
 ROMAIN &c.                                                347

Nous donnerons une Carte générale de l'Empire D'ALLEMAGNE dans son
 état actuel, avec le Tome XL<sup>e</sup> qui est sous presse.

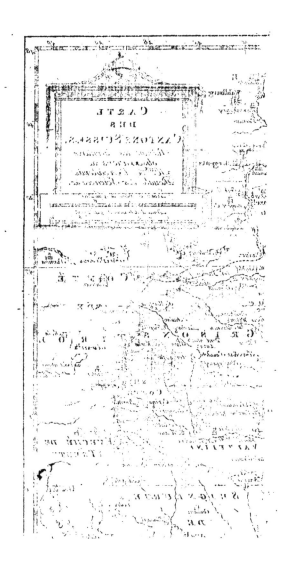

CARTE
DES
CANTONS SUISSES,
Suivant les Dernieres
observations de
M.rs De l'Academie
Royale des Sciences &c.

# HISTOIRE
# UNIVERSELLE
## DEPUIS
## LE COMMENCEMENT DU MONDE
### JUSQU'A PRÉSENT.

✳✳✳✳✳✳✳✳✳✳✳✳✳✳✳✳✳✳✳✳✳✳✳✳✳✳✳✳✳✳✳✳✳✳✳✳

## LIVRE VINGT-QUATRIEME.

### HISTOIRE GÉNÉRALE D'ITALIE ET DES PRINCI-PAUX E'TATS QUI S'Y TROUVENT OU Y CONFINENT.

---

## CHAPITRE XV.

*Histoire de la Suisse & des Cantons qui composent aujourd'hui la Confédération Helvetique.*

## SECTION I.

*Histoire de la Suisse ancienne ou Helvetie, depuis les temps les plus reculés jusqu'au XIIIᵉ Siecle.*

Quels ont été les premiers habitans de la Suisse? Quelles ont été les Na-tions qui jadis, & avant la fondation de Rome, ont peuplé ce pays, & s'y font succédées? étoient-elles barbares ou policées? étoient-elles soumises à des Rois? formoient-elles des Républiques? avoient elles des loix fixes? quelles étoient leurs mœurs? ces questions font insolubles, & toutes les recherches que l'on feroit pour y répondre n'aboutiroient à rien. Une nuit impénétrable nous dérobe l'origine de l'antique Helvetie, & les absurdes conjectures, les fables ridicules publiées & répétées par quelques écrivains, très-peu dignes de foi, n'ont fait qu'épaissir ces ténebres (1).

(1) Il y a plusieurs systêmes en effet, & beaucoup d'opinions concernant les premiers

*Tome XXXIX.*        A

SECT. I.
*Histoire de
la* Suisse
*&c.*

Quelles lumieres en effet, aura-t-on fur les premiers tems de la Suiffe, quand-on aura lû qu'autrefois un homme nommé *Eruſton*, *Eruſto*, ou *E-ruſtorius*, eut trois fils appellés *Sequanus*, *Allobroges* & *Helvetius*; que le dernier alla s'établir dans la Suiffe, & que c'eſt viſiblement de lui que les Suiffes tirent leur nom.   Mais quel étoit cet *Eruſton*? D'où venoit-il? Quelle étoit ſa patrie? on n'en fait rien, & nul auteur n'a parlé de lui, ni de ſes fils.   Quelques autres ont prétendu que cet *Helvetius* ne fut point à la vérité fils d'*Eruſton*, mais d'*Hercule*, & qu'il devint le fondateur de l'Helvetie. Mais cette découverte ne paroît ni plus heureuſe, ni plus ſenſée; car nous ſommes tout auffi peu certains de l'exiſtence d'Hercule que de celle d'*Eruſton*. Il y a eu tant d'Hercules, qu'on ne fait abſolument plus quel a été la vérita-ble: Varron, qui en avoit compté jufques à quarante quatre, tous différens, & tous grands hommes, héros, ou demi dieux, doutoit encore, comme nous, de l'exiſtence d'un véritable Hercule.

Au reſte, ce n'eſt point chez les Suiffes eùx-mêmes qu'on trouvera des éclairciffements au ſujet des fondateurs de leur Nation.   Leurs ancêtres ſa-voient défendre leur liberté, combattre avec diſtinction chez les Puiffances étrangeres; (1) mais ils connoiffoient peu la littérature, & moins encore l'hiſtoire; leurs archives les mieux conſervées, remontent à des époques fort récentes, & l'on ne trouve dans ces dépôts publics que très-peu de renfeigne-mens. Ils ont eu à la vérité quelques compilateurs de chroniques, qui, dans leurs indigeſtes productions, ont entaſſé ſans choix, ſans ordre, quelques faits memorables, noyés dans un énorme entaffement de circonſtances fabuleuſes, quelques événemens extraordinaires, ſurchargés de monſtrueuſes fictions. Les Romains qui ne connoiffoient pas mieux que nous l'origine des Helve-tiens, & qui ne ſavoient pas, comme nous, perdre leur tems à des recherches inutiles, les regardoient comme une nation Celtique ou Gauloiſe. *Gens Gal-lica*, dit Tacite, en parlant des Helvetiens: (2) & *Céfar*, dit en parlant du même peuple; *ils furpaffent en valeur le reſte des Gaulois.*

*Comment
l'Helvetie
fut peuplée.*

Mais, comment ces Gaulois étoient-ils venus ſe fixer dans l'Helvetie? ce fut vraiſemblablement du côté de la Gaule-Narbonnoiſe qu'ils vinrent s'établir dans ce pays.   On fait que les premiers habitans de Marſeille, ainſi que ceux de la plus grande partie de la Gaule-Narbonnoiſe étoient ſortis de la Grece: on fait auffi que les peuples de la Colchide y avoient envoyé de nombreuſes colonies: & perſonne n'ignore que la ville de Marſeille a été conſtruite & peuplée par une colonie de Phocéens de la Ionie.

Nous penſons donc, & cette conjecture paroît fondée, qu'à meſure que le nombre de ces peuples s'accrut, ils s'étendirent dans la Gaule-Narbonnoiſe, des deux côtés du Rhône, & que, de proche en proche, & par ſucceffion de tems, ils parvinrent enfin jufques dans l'Helvetie, où ils formerent des é-tabliffements, conſtruiſirent des villages, & diviſerent le pays en Cantons,

habitans de l'Helvetie; mais il n'eſt aucun de ces ſyſtêmes qui ne ſoit viſiblement ab-ſurde; aucune de ces opinions qui ne ſoit fort ridicule, ou du moins très hazardée; en-ſorte que, croyant devoir rejetter toutes les anciennes traditions à ce ſujet, on ſe borne à rapporter les moins déraiſonnables
(1) *Tableau Hiſtorique & Politique de la Suiffe.* pag. 20.
(2) *Comment. Cæſar. de Bell. Gall. Cap. I. & ſeq.*

fous le nom de *Pagi*, expreſſion évidemment dérivée du Grec, πηγαὶ, qui ſignifie eau, (1) & qu'on donnoit jadis au Canton qu'un même peuple, ou la partie d'une nation habitoit, parce qu'elle ſe ſervoit de la même eau. Lorſque ces premiers habitans de l'Helvetie ſe furent multipliés au point de ne pouvoir plus vivre tous au bord des rivieres, & qu'ils furent obligés de s'enfoncer dans les terres & de gagner les hauteurs; les diviſions qu'ils prirent eurent de nouvelles dénominations; & ces dénominations qui exiſtent encore chez les Suiſſes, ſont auſſi tirées du Grec; ainſi les terres reparties ſous certaines diviſions furent nommées *Gauw* & *Goæ*, de l'expreſſion Grecque γῆ, qui ſignifie *Terre*: ils donnerent aux places fortes qu'ils bâtirent ſur les montagnes, le nom de *Burgen*, c'eſt ainſi qu'on les appelle encore; & ce mot ne peut venir que du Grec (2) πύργος. Céſar nous apprend d'ailleurs, dans ſes *Commentaires*, que dans le camp des Helvetiens on trouva pluſieurs inſcriptions grecques qui lui furent apportées. Certainement il n'y a point des conjectures fondées, ou celles-là le ſont: & elles prouvent, ce nous ſemble, que les Helvetiens étoient d'origine grecque, ou, ce qui eſt encore plus vraiſemblable, que ces expreſſions grecques ont été apportées dans l'Helvetie de la Gaule - Narbonnoiſe, que l'on fait avoir été peuplée par une Colonie Grecque.

Voilà tout ce qu'il eſt permis de ſavoir, (3) ou du moins, tout ce que l'on peut découvrir au ſujet de l'ancien état de l'Helvetie, antérieurement au tems de Céſar, le premier des écrivains qui ait parlé de cette nation, qui cependant s'étoit déja rendue célebre & redoutable, puiſque long-tems auparavant, les Helvetiens avoient remporté une victoire éclatante ſur l'armée Romaine commandée par le Conſul L. Caſſius, & fait même paſſer les ſoldats Romains ſous le joug. Ce fait ſemble auſſi prouver que cette nation étoit un peu civiliſée; car un peuple aguerri & qui ſçavoit obſerver les devoirs & les loix de la diſcipline militaire, en un mot, un peuple capable de combattre & de vaincre les Romains dans les tems les plus floriſſans de la République, avoit néceſſairement des loix, une forme de gouvernement, & des mœurs qui n'étoient pas barbares. Ils oſerent encore lutter contre Céſar, & voici en abrégé, d'après cet illuſtre Général, (4) le récit de cette guerre.

Orgetorix, Helvetien diſtingué par ſa naiſſance, ſes biens & ſes exploits, fatigué de vivre en ſimple citoyen, forma le projet de s'élever au rang ſu-

(1) πηγαὶ, expreſſion qui dans l'idiome Dorique ſignifie *eau* & plus particulierement une ſource qui ſort de la terre.

(2) Quelque ſorte de probabilité que paroiſſent avoir ces conjectures imaginées par quelques Etymologiſtes, adoptées & rapportées par une foule d'auteurs, on eſt bien éloigné d'en garantir la juſteſſe & la vérité; parce qu'on ne doit avoir dans tous les cas, que fort peu de confiance aux découvertes étymologiques; ainſi nous prions les Lecteurs de ne prendre ces raiſonnemens que comme des conjectures un peu plus vraiſemblables que la plûpart des opinions hazardées ſur le même ſujet.

(3) M. Bochat dans deux ſavantes diſſertations ſur l'origine des premiers habitans de l'Helvetie, a jetté ſur cette matiere très - obſcure par elle même tout autant de lumiere qu'elle pouvoit en recevoir. M. Altmana dans une diſſertation fort ſavante & fort inutile s'eſt efforcé, mais vainement, de pouſſer les recherches beaucoup plus loin encore, mais il n'a point réuſſi, & l'on pouvoit ſe diſpenſer de ſurcharger de cette érudite diſſertation le recueil intitulé: *Tempe Helvetica*.

(4) Cæſar. Bell. Gal. C. 1. & ſeq.

A 2

prême & de se faire Roi. Dans cette vue, il gagna les nobles & persuada au reste de ses compatriotes d'abandonner le pays qu'ils habitoient & d'aller conquérir les Gaules, contrées fertiles, agréables autant que l'Helvetie étoit stérile & rocailleuse. Les Helvetiens renfermés dans un pays ingrat, resserré d'un côté par le Rhin & le Mont-jura, de l'autre par le lac de Genève & par le Rhône, hors d'état de subsister dans des bornes aussi étroites, applaudirent avec acclamation au dessein d'Orgetorix, firent pendant deux ans les plus grands préparatifs pour cette importante conquête, (1) & fixerent à la troisieme année leur départ & l'exécution de cette expédition. Cependant

Il engage
Casticus
& Dumno-
rix de s'em-
parer aussi
de la
Royauté.

Orgetorix, toujours rempli de son projet, se fit député vers les Etats voisins, pour y renouveller les traités d'alliance que la nation Helvetique avoit faits avec eux. Pendant le cours de sa députation, il tenta de persuader à Casticus, Sequanois, (Franc-Comtois) de s'emparer aussi de la royauté; & il chercha à inspirer la même ambition à Dumnorix, Autumnois, qui épousa sa fille. Il leur dit que l'exécution de ce projet seroit d'autant plus facile, que lui-même, une fois élevé sur le trône Helvetique, les aideroit de toute sa puissance, leur fourniroit des troupes, pour soumettre, par la force des armes, s'il le falloit, ceux de leurs concitoyens qui refuseroient leurs voix à leur élévation. Casticus & Dumnorix se laisserent persuader, & ils se liguerent tous trois pour la conquête des Gaules, qu'ils promirent de se partager, aussi-tôt qu'ils s'en seroient rendus maîtres.

Cependant le secret d'Orgetorix transpira, & les Helvetiens irrités de ses vues, se saisirent de lui & le mirent en prison, jusqu'à ce qu'il se fut justifié, ou qu'il eut été condamné au feu, supplice destiné aux crimes de ce genre. Du fond de sa prison, le fier Orgetorix trouva le moyen de faire rassembler pour sa défense, dix mille soldats, & une multitude de ses vassaux. Enhardi par ce secours, le coupable refusa de répondre aux accusations portées contre lui, & le Magistrat indigné rassembla de tous côtés des troupes, pour combattre les rebelles & leur chef. Mais pendant cette dissention, Orgetorix mourut, & l'on croit qu'il se tua lui-même, furieux de n'avoir formé qu'un projet inutile. Sa mort ne changea rien au plan d'émigration & de conquête dont il avoir fait part à ses compatriotes.

Les Helve-
tiens sortent
de leur pays
pour aller
conquérir
les Gaules.

Les Helvetiens déterminés à ne plus retourner dans leur pays, se chargerent de vivres pour trois mois, engagerent dans leur entreprise les habitans de Bâle, de Dutlingen, du Brisgaw, ainsi que les Boïens; & après avoir brûlé douze villes, quatre cents villages, les maisons éparses dans la campagne, le bled, les bestiaux & les provisions dont ils ne pouvoient se charger, ils se mirent en route.

Il n'y avoit que deux chemins par lesquels les Helvetiens pussent sortir de leur pays, l'un par la Franche-Comté, l'autre par la Provence. Le premier, étroit & difficile, pouvoit donner à peine passage à un chariot; il étoit d'ailleurs, commandé par une haute montagne, qui le rendoit d'au-

(1) Ce qui prouve qu'alors les Helvetiens n'étoient ni pauvres ni barbares, est que César dit expressément qu'ils rassemblerent une très-grande quantité de chariots & de bêtes de somme; enfin, qu'après avoir ensemencé leurs terres, pour ne pas manquer de provisions pendant le voyage, ils renouvellerent les traités d'alliance précédemment formés avec leurs voisins. (César) ibid.

tant plus impraticable, qu'il fuffifoit d'un très-petit nombre de foldats poftés fur les hauteurs, pour arrêter la plus nombreufe armée. L'autre chemin, par la Provence, étoit beaucoup plus court, & d'ailleurs, ouvert & très-facile. Les Helvetiens fe décidèrent d'autant plus volontiers pour cette route, qu'ils fçavoient que le Rhône qui paffe entre leur pays & la Savoye, eft guéable en plufieurs endroits, & qu'il leur feroit facile de paffer fur le pont (1) de Genève, fitué du côté de l'Helvetie.

Céfar inftruit de ce projet d'émigration partit de Rome, & fe rendit en très-peu de jours à Genève, dont il fit rompre le pont, après avoir fait faire des levées dans la Provence, où il n'y avoit alors qu'une légion romaine. Les Helvetiens avertis de l'arrivée de Céfar, lui envoyerent des députés chargés de lui demander le paffage par la Provence: ils furent (2) refufés. Les Helvetiens alors tenterent de traverfer le Rhône, les uns fur des radeaux ou fur des batteaux attachés enfemble, d'autres à gué ou à la nage, tantôt le jour, tantôt à la faveur des ombres de la nuit; mais repouffés de toutes parts, ils furent obligés de renoncer à cette tentative, & effayeren de paffer par la Franche-Comté. Dans cette vue, ils envoyerent des députés à Dumnorix, qui y fit confentir la nation. Céfar fut encore averti de cette démarche, il fçut que le plan des Helvetiens étoit, après avoir traverfé la Franche-Comté; de fe rendre fur la frontiere du pays d'Autun, & d'aller fe fixer dans la Xaintonge, pays voifin de Touloufe, & dépendant de la Provence. Il comprit combien il feroit dangereux pour cette Province d'avoir de tels voifins, &confiant à T. Labienus la garde du retranchement qu'il avoit fait, il alla dans la Lombardie lever deux légions, en retira trois autres des environs d'Aquilée, où elles étoient en quartier d'hiver, repaffa les Alpes, força les paffages dont s'étoient faifis les peuples de la Tarentaife, de Befançon, d'Embrun & de Gap, paffa d'Exiles, en fept jours, dans le Diocefe de Vaifon, fe rendit fur les frontieres de la Savoye, & arriva enfin dans le Lyonnois.

Cependant les Helvetiens avançoient dans leur route, & déjà ils étoient fur les terres d'Autun, qu'ils ravageoient; lorfque Céfar, touché des plaintes des différens peuples expofés au brigandage de ces dévaftateurs, & averti par fes coureurs, que les trois quarts des troupes Helvetiques avoient déjà paffé la Saône, & que le refte étoit fur la rive oppofée, partit avec trois légions, à trois heures après minuit, & alla fondre fur les troupes qui n'avoient pas encore traverfé la riviere: il en maffacra la plus grande partie, & le refte fe fauva dans les forêts des environs. Animé par ce premier fuccès, Céfar fit jetter un pont fur la Saône, & courut à la pourfuite des Hel-

*Sect. T.*
*Hiftoire de*
*la Suiffe*
*&c.*

*Céfar s'y*
*oppofé.*

*Céfar marche contre eux.*

*Une partie*
*de l'armée*
*des Helvetiens eft*
*maffacrée*
*par les Romains,*

---

(1) Céfar ajoute que les Allobroges n'étant pas encore entierement foumis aux Romains, cette nombreufe Colonie Helvetique jugea qu'il lui feroit facile ou d'engager les Allobroges à lui donner paffage, ou bien qu'ils y feroient fort aifément contraints par la force des armes. *Cæfar. ibid.*

(2) Le Général Romain étoit d'autant moins difpofé à leur accorder cette demande, qu'il fe fouvenoit que ces mêmes Helvetiens avoient battu jadis le Conful L. Caffius, & L. Pifon, ayeul de fon Beau-pere, & qu'ils avoient fait paffer les Soldats Romains fous le joug. D'ailleurs, le paffage d'une armée auffi confidérable à travers une Province, ne lui paroiffoit pas pouvoir fe faire fans défordre & fans dommages. *Cæfar. ibid.*

vetiens.. Ceux-ci très-étonnés de la rapidité du Général Romain, lui députerent Divicon, qui lui dit que ,,s'il vouloir avoir les Helvetiens pour al-
,, liés, ils s'établiroient dans la contrée qu'il leur défigneroit; mais qu'avant
,, de fe refufer à cette propofition, il fe fouvînt de leur ancienne valeur,
,, qu'il ne s'énorgueillît point d'un triomphe leger; qu'il devoit plus à la fur-
,, prife qu'au courage; & furtout qu'il prit garde que le lieu où ils étoient ne
,, devint célebre par les malheurs des Romains & la défaite des trois légions''.
Céfar, indigné de ce ton de fierté, répondit avec dignité à ces ménaces, & ajouta qu'il étoit cependant difpofé à traiter avec les Helvetiens, pourvu qu'ils commençaffent par lui donner des otages & réparer le tort fait à fes alliés, par leurs dévaftations. Divicon repartit que la coutume de fes compatriotes n'étoit point de donner des otages, mais d'en recevoir, ainfi que les Romains le favoient, & il fe retira.

Dès le lendemain, les Helvetiens décamperent, & furent pourfuivis par un corps de cavalerie de 4000 hommes; mais ce détachement s'étant engagé dans un terrein peu favorable, fut contraint de combattre, & effuya quelque perte. Enhardis par cette victoire, d'autant plus enorgueilliffante, qu'ils l'avoient remportée avec 500 chevaux feulement, les Helvetiens marcherent avec moins de défiance, & fouvent même efcarmouchoient contre l'avant-garde des Romains. Les légions impatientes & irritées, demandoient à combattre; Céfar ne voulut point encore le leur permettre, & fe contenta d'empêcher le pillage des troupes Helvetiennes. Quelques jours après, informé que les ennemis étoient campés à huit milles de diftance, au pié d'une montagne, il envoya reconnoître leur pofition, & lui ayant été rapporté que la montagne étoit douce & facile, il envoya, vers minuit, T. Labienus à la tête de deux légions, avec ordre de fe porter fur le haut de cette montagne: deux heures après, il s'approcha lui-même des ennemis, envoyant devant lui toute fa cavalerie. Dès le point du jour, Labienus s'étoit rendu fur la cime de la montagne, & Céfar n'étoit plus qu'à quinze cens pas des Helvetiens; qui ne fe doutoient ni de fa marche ni de celle de Labienus: en même tems Confidius vint dire que les ennemis s'étoient emparés de la montagne, & qu'il les avoit reconnus à leurs drapeaux & à leurs armes. D'après cet avis, Céfar gagna une éminence & y rangea fa petite armée en bataille: cependant Labienus qui avoit ordre de ne point charger que l'ennemi ne fut très-proche,

reftoit tranquille dans fon pofte. Le jour s'étant accru, les coureurs vinrent rapporter que les Helvetiens avoient décampé, & que Confidius s'étoit trompé, prenant la troupe de Labienus pour l'armée ennemie. Céfar fe mit en marche, & fuivit les Helvetiens de fi près, que fon avant-garde étoit à trois milles de leur arriere-garde. Il s'éloigna pour aller à Autun, qui n'étoit

qu'à dix-huit milles, dans le deffein d'en tirer du bled pour fes troupes. Les Helvetiens s'étant apperçus de fon éloignement, & croyant qu'il fe retiroit par crainte, tomberent fur fon arriere-garde. Céfar revenant fur fes pas, fe rangea auffi tôt en bataille fur une hauteur voifine, & envoya la cavalerie foutenir leur effort, pendant qu'il poftoit fes quarre vieilles légions rangées fur trois lignes, vers le milieu de la colline, & plus haut, les deux qu'il avoit récemment levées dans la Lombardie; enforte qu'il couvrit toute la colline, foit de fes troupes, foit de celles de fes alliés; il plaça enfin le bagage dans un endroit qu'il fit fortifier, & chargea de sa garde les légions postées au haut du coteau.

Les Helvetiens après avoir repoussé la cavalerie Romaine, monterent serrés l'un contre l'autre à l'attaque de la premiere ligne : César, afin d'ôter à ses troupes toute espérance de retraite, renvoya tous les chevaux, sans excepter le sien, exhorta les soldats à faire leur devoir, & commença l'attaque. Les légions placées sur la hauteur, après avoir éclairci les rangs des ennemis avec leurs javelots, fondirent sur eux l'épée à la main ; les Helvetiens, dont les boucliers étoient percés de traits, les jetterent & combattirent à découvert ; mais la plupart étant blessés, ils perdirent du terrein & reculerent jusqu'au pié d'une montagne qui étoit à un quart de lieue. Les Romains les y suivirent, & pendant qu'ils couroient toujours à leur poursuite, un corps de Boïens & de Stulingiens d'environ quinze mille hommes, & qui servoit de corps de reserve aux ennemis, s'avança, prit l'armée Romaine en flanc, & s'efforça de l'envelopper. Les Helvetiens s'appercevant de ce mouvement, revinrent à la charge, de maniere que les Romains étoient obligés de faire front des deux côtés. Le combat fut alors très-vif, la victoire balança quelque tems entre les deux armées : mais enfin, les Helvetiens ne pouvant plus soutenir le feu de l'attaque des Romains, se retirerent, les uns au haut de la montagne, & les autres vers le bagage : là, le combat continua jusqu'à la nuit avec la plus grande vivacité ; les Helvetiens lançoient du haut de leurs chariots, des dards sur les Romains, ou les blessoient à travers les roues à coups de piques & de hallebardes. Cependant après la plus opiniâtre résistance, tout leur bagage fut pris & leur camp forcé. Il ne resta plus de toute la multitude qu'environ cent trente mille Helvetiens, qui marcherent toute la nuit, & qui, le quatrieme jour, arriverent à Langres, les Romains n'ayant pu les poursuivre, soit à cause des blessés, soit à cause des morts qu'il falloit enterrer. Ce ne fut que trois jours après que César se mit à leur poursuite, mais après avoir pris la précaution de faire dire aux habitans de Langres que s'ils aidoient en aucune maniere les Helvetiens, ils seroient eux-mêmes traités en ennemis.

Accablés, abattus & reduits à l'extrêmité, les Helvetiens envoyerent des députés qui vinrent se jetter aux genoux de César, & le conjurer de leur donner la paix. César les renvoya en leur disant d'avertir leurs compatriotes, qu'ils l'attendissent dans le lieu même ou ils étoient alors Cet ordre fut exactement rempli. César vint, & leur ordonna de lui remettre leurs armes, les esclaves qui s'étoient retirés parmi eux, & de lui donner des otages. Le Général Romain satisfait de l'humiliation des Helvetiens (1), les renvoya tous chez eux, avec ordre de reconstruire les villes & les villages qu'ils avoient incendiés avant leur départ, parce qu'il ne vouloit pas qu'un aussi bon pays demeurât inculte & désert, ou qu'il prit envie aux Germains d'au delà du

Sect. I.
Histoire de
la Suisse
&c.

Bataille des
Helvetiens
& des Romains.

Ils se soumettent à
César.

(1) Dans le même recit, César dit qu'environ six mille Helvetiens du Canton de Berne ayant pris la fuite, soit dans la crainte que César ne les fit mettre à mort après les avoir désarmés, soit dans l'espérance qu'il ne s'appercevroit pas de leur fuite, s'étant retirés vers le Rhin, il chargea le reste des Helvetiens de les ramener au plutôt, s'ils vouloient éviter eux-mêmes le châtiment que méritoient ces fugitifs : on ramena ces six mille Helvetiens, & ils furent traités en ennemis. *Caesar. ibid.*

SECT. I.
*Histoire de
la Suisse
&c.*

*Dénombre-
ment des
Helvetiens
fortis de
leur patrie,
& de ceux
qu'il y sont
renvoyés.*

Rhin de s'y établir. Il leur fit fournir des vivres par les Dauphinois & les Allobroges. Les Autumnois le supplierent de leur laisser les Boïens renommés pour leur valeur, & qu'ils vouloient fixer sur leurs frontieres, & il y consentit. Les Autumnois leur donnerent des terres, & dans la suite, ils les associerent à leurs droits & à leurs priviléges.

Les Romains après leur victoire trouverent dans le camp des Helvetiens un dénombrement écrit en caractéres grecs, de tous ceux qui étoient fortis pour cette expédition, de l'Helvetie, en état de porter les armes, des femmes, des enfans & des vieillards : & par ce dénombrement on voyoit qu'il étoit forti de ce pays deux cent soixante-trois mille Helvetiens, trente six mille Stulingiens, trente-deux mille Boïens, quatorze-mille habitans du Brisgaw, & vingt-trois mille de Bâle. Dans toute cette multitude, qui se montoir en tout à 368000, il n'y avoit que quatre vingt douze mille combattans. César curieux de savoir combien l'Helvetie avoit irrévocablement perdu d'habitans dans cette malheureuse émigration, fit faire le dénombrement de ceux qu'il y renvoyoit, & il ne se trouva que cent dix mille hommes : foible population pour des contrées où le sol avoit bien plus besoin qu'ailleurs de bras laborieux. Mais afin que ces cent dix mille Helvetiens ne fussent pas tentés de sortir de leur patrie, César réduisit leur pays sous l'obéissance des Romains, & le réunit à cette partie de son gouvernement appellée alors la *Gaule-Celtique*. Il ne paroît pas que depuis cette époque qui leur avoit été si fatale, les Helvetiens ayent tenté en aucun tems de secouer le joug de la domination Romaine, ni même qu'ils ayent eu le desir de quitter leur patrie en corps de nation, pour aller former ailleurs des établissemens.

*De l'étendue
de l'ancienne
Helvetie.*

L'Helvetie étoit alors beaucoup moins étendue que la Suisse ne l'est dans nos jours. D'après les *Commentaires* de *César*, il est aisé de connoître ses anciennes limites: cet illustre écrivain dit qu'elle étoit bornée d'un côté par le Rhin, qui la separoît de la Germanie, de l'autre, par le Mont-jura qui lui servoit de borne du côté des Sequanois ; par le Lac Leman qui la separoît de Genève, & enfin, par le Rhône qui la separoît de (1) l'Italie. Située en deçà du Rhin, l'Helvetie appartenoit à la Gaule, & c'est sans doute pour cela que Tacite appelle les Helvetiens *Nation-Gauloise*. Strabon, Pline & Ptolomée ont, ainsi que César, placé les Helvetiens dans la Gaule Celtique; mais dans la suite, Auguste, afin de mettre plus d'égalité dans l'étendue des provinces Romaines, voulut que l'Helvetie fut comprise dans la Gaule Belgique. Il n'y avoit dans ce pays que douze villes & quatre cent villages, & l'Helvetie entiere étoit divisée en quatre *Gauw* ou *gaw*, c'est-à-dire, en quatre Cantons, habités par quatre peuples, qui quoique désignés sous le nom général d'Helvetiens, avoient cependant chacun un nom particulier, ainsi qu'un territoire separé. On trouve dans César les noms de deux

*Des Cantons de
l'ancienne
Helvetie.*

Cantons *Tigurinus* & *Urbigenus* (2), Strabon & tous les auteurs qui ont écrit sur la guerre des Cimbres, nous apprennent que les deux autres cantons

étoient,

---

(1) Cæsar. Comment. de Bell. C. I. & seq.
(2) Quoique César n'ait parlé que de deux Cantons, Strabon donne les noms des deux autres, qui sont même indiqués par César. Au reste, il n'est point du tout assuré
que

étoient, l'un, *Pagus Ambronicus*, ou, *Aventicus*, & l'autre *Pagus Tugenus;* & ces Cantons prenoient leur nom du chef lieu ou de là ville principale ; ainſi ces quatre *Gauw* étoient Zurich, Zug, Orbe & Avanche.

Les alliés des Helvetiens étoient les *Ambrons* & les *Tugeni* qui habitoient auſſi l'Helvetie. Les Urbigenes étoient les plus voiſins de l'Italie, & c'étoit de la ville d'*Urba*, depuis *Orbe*, qu'ils tiroient leur nom. On ignore ſi dans les tems les plus anciens, Orbe avoit été la ville la plus conſidérable de cette contrée. Les habitans aſſuroient qu'elle avoit joui de la prééminence, juſque à ce que toute ſa ſplendeur lui fut enlevée par la ville *Aventicum*, ou Avanche, qui fut non ſeulement la capitale du Canton, mais auſſi de toute l'Helvetie. Il eſt vrai qu'Avanche ne fut pas redevable à elle-même de ſa grandeur, mais aux Romains, qui lui donnerent de très-beaux privileges & qui y envoyerent une colonie. Dans le nombre des villes conſidérables, on comptoit *Colonia Equeſtiis*, ou *Noiodunum*, Nyon, *Louſonna* ou *Lacus Louſonius*, Lauſanne, *Peneſtica* ou *Peteniſca*, on croit que c'eſt Bienne, *Eburodunum* ou *Caſtrum Ebrudunenſe*, Yverdon.

Les Ambrons, ſi toutefois c'étoit leur nom, ne poſſédoient que deux villes dans l'Helvetie, *Soludorum* & *Vindoniſſa*, la premiere exiſte encore, c'eſt Soleurre ; il ne reſte de la ſeconde que quelques ruines dans le village de' Windiſch, ſitué dans le canton de Berne. *Turicum*, qui depuis a pris le nom de Zurich, fut, diſent les anciens auteurs, une ville capitale fort conſidérable. Il y avoit dans le même Canton quelques autres villes, entr'autres, *Torum Tiberii*, *Arbor-Felix*, *Adfines*, *Vitodurum*, *Ganodurum*. Les quatre premieres de ces villes exiſtent encore ſous les noms de Kayſerſtul, Arbon, Pfyn, & Ober-Winterthur. On ne ſait qu'elle eſt la cinquieme de ces anciennes villes. Le Canton *Tugenus* prenoit vraiſemblablement ſon nom de *Tugium*, (1) qui à préſent encore eſt la capitale d'un Canton.

Les anciens habitans de ces différentes villes, de ces divers Cantons, avoient les mêmes mœurs, les mêmes loix, & vivoient ainſi que leurs alliés, ſous la même forme de gouvernement. Les Helvetiens, diſent tous les anciens écrivains qui ont parlé de cette nation, ſont d'une taille giganteſque, d'une force prodigieuſe, & de la bonne-foi la plus inviolable : ils ſont immuablement attachés, même juſqu'à la minutie, à leurs anciennes coutumes, qu'ils reſpectent & qu'ils obſervent comme des loix ſacrées ; décens, ſages & chaſtes dans leurs mariages, ils ne ſont rien moins que ſobres dans leurs feſtins, & les feſtins ont pour eux d'invincibles attraits. Ils ne connoiſſent d'autres richeſſes que les produits de leurs troupeaux & de leurs terres. Quoique flegmatiques & froids, il eſt encore plus aiſé de les émouvoir, que facile de les convaincre : ce qu'ils aiment le plus ſur la terre, eſt la liberté,

que les *Ambrones* ou Ambrons, ayent jadis occupé la Suiſſe, comme quelques auteurs, en parlant de la guerre des Cimbres l'ont prétendu ; car au fond, il ſeroit fort difficile de ſavoir quels étoient ces Ambrons, d'où ils ſortoient, ni dans quelle partie de la Suiſſe ils habitoient.

(1) Tous les noms des anciennes villes, tels que les prononçoient les Romains, n'ont preſque point changé, la principale différencé conſiſte dans la Lettre T. dont les modernes ont fait Z. amſi Taberna a pris le nom de *Zobera*, Tolbiacum celui de *Zulpich*, & Tugium celui de Zug.

Sect. I.
Histoire de
la Suisse
&c.

Gouverne-
ment de
l'ancienne
Helvetie.

& ils préféreroient la mort à la servitude. Cependant, quoique libres chez eux, ils quittent volontiers leur pays, pour peu qu'ils croient pouvoir se fixer dans des plus heureuses contrées (1).

Les quatre Cantons ne formoient qu'un seul corps d'Etat, uni par des sermens, & plus étroitement uni par des alliances. Les mêmes auteurs rapportent que tous les ans à un jour fixe les Helvetiens étoient obligés de se rendre à une assemblée générale. C'étoit là que le peuple se choisissoit deux chefs, l'un chargé du dépôt des loix, l'autre du suprême commandement de l'armée, & de tout ce qui concernoit les opérations militaires. Cependant ces deux chefs ne jouissoient point d'un pouvoir absolu, & dans toutes les affaires importantes, avant que d'agir, ils étoient obligés de consulter les anciens, & ils le devenoient eux-mêmes, après l'année d'exercice de leur autorité, à moins qu'ils ne fussent encore continués par la nation. Du reste, toute l'autorité des chefs & des anciens étoit subordonnée au pouvoir de la nation assemblée, qui étoit le véritable souverain, & si jalouse de sa liberté, qu'elle punissoit du feu tout citoyen, chef ou particulier, qui ôsoit tenter de la restraindre.

Il n'y avoit point dans les Gaules, de peuple plus belliqueux que les Helvetiens; aussi dans les premiers tems, ne connoissoient-ils que la guerre, qui leur tenoit lieu d'industrie, de commerce & d'agriculture. Fidelles & désintéressés entr'eux, ils ne connoissoient pas de moyen plus légitime d'acquerir, que celui de prendre à force armée. Resserrés dans des limites peu éloignées, la population devenoit quelquefois si considérable, que le sol ne pouvant fournir à la subsistance des habitans qui le surchargeoient, on voyoit sortir de l'Helvetie de nombreuses troupes de gens aguerris, féroces & armés, qui innondant les provinces voisines, portoient la destruction, le ravage & la terreur dans tous les lieux qu'ils parcouroient; il n'y avoit point en Europe de Puissance en état de leur resister, & la valeur des légions Romaines ne fut pas toujours une digue assez forte pour les arrêter. Ce fut le seul Canton de Zurich qui quelques années avant la victoire que César remporta sur eux, avoit battu l'armée Romaine, commandée par Cassius, & L. Pison. Contraints de se retirer dans l'Helvetie, moins comme le reste d'un peuple nombreux que comme une nouvelle colonie d'habitans, il paroît qu'ils renoncerent à cet esprit d'émigration qui les avoit jusqu'à lors caractérisés; &, soit que réduits à un très-petit nombre de citoyens, ils ne s'occupassent plus que du soin de relever leurs anciennes habitations, soit que les soins de l'agriculture ne leur laissassent ni le tems, ni la liberté de faire des nouvelles excursions, ils ne tenterent plus aucune entreprise, & ils resterent (2) tranquilles jusqu'au tems

Entreprises
des Helve-
tiens.

Leur rentrée
au l'Hel
vtit.

---

(1) Cet esprit d'émigration, quelque fort & sacré que soit chez les Suisses l'amour de la liberté, existe encore, & l'on trouve des Suisses établis dans tous les Gouvernemens d'Europe; mais où qu'ils soient, semblables en ceci aux Allemands, l'amour de la patrie ne s'éteint point en eux, & quelques zelés & fidelles qu'ils soient aux Puissances chez lesquelles ils forment des établissemens, le patriotisme est en eux le plus fort & le plus inviolable des sentimens qui les animent.

(2. Ce fut pendant cet intervalle, qui comprend environ trois siecles, que les Helvetiens construisirent dans leurs pays quelques villes & beaucoup de châteaux: ce fut alors aussi que les Romains éleverent dans l'Helvetie plusieurs monumens, qui y subsi-

où Vitellius & Otton allumerent les feux de la guerre civile & fe difputerent l'empire. Alors les Helvetiens ne confultant que leurs propres intérêts, fe déclarerent pour celui des deux compétiteurs, fous le regne duquel ils crurent que leur liberté auroit le moins à craindre: ils prirent le parti d'Otton que les Romains avoient proclamé: mais cette démarche trop précipitée, leur devint funefte; l'armée de Vitellius les attaqua, & Aulus Cæcinna, Lieutenant de cet Empereur pénétra fort avant dans les montagnes de l'Helvetie, dévafta le pays, en emmena un très-grand nombre d'habitans; conftruifit, pour les contenir & les intimider, beaucoup de forterefles; & repandit une telle confternation parmi les Helvetiens, qu'ils ne furent plus tentés de prendre part aux guerres civiles de l'Empire, ni de prendre parti entre les prétendans au trône de Céfar; enforte que devenue Province Romaine, l'Helvetie, fe perdit en quelque forte dans l'immenfité de l'Empire, & fut confondue avec les autres conquêtes faites par cette énorme & monftrueufe Puiflance.

A l'exception d'un petit nombre de traits épars dans quelques écrivains au fujet de la guerre d'Otton & de Vitellius, l'hiftoire ne dit rien de l'Helvetie (1); & ce n'eft que vers le commencement du cinquieme fiecle, qu'on trouve dans l'hiftoire les Helvetiens cités pour leurs malheurs & ceux de leur patrie. Ce fut alors qu'envahie d'un côté par les Allemands, de l'autre par les Bourguignons, elle eût également à fouffrir de ces deux peuples conquérans, fi durs & fi farouches à l'égard des nations qu'ils avoient fubjuguées. L'Helvetie foumife par les Bourguignons, obéit à Gaudicaire qui en eft regardé comme le premier Roi. Les Helvetiens paflerent enfuite fous la domination de la Couronne de France, après la mort du fixieme & dernier Roi de la race de Gaudicaire. Depuis cette feconde révolution, jufqu'au commencement du neuvieme fiecle, on ne fait autre chofe de l'Helvetie, fi ce n'eft qu'elle refta foumife (2) aux Rois de France. Alors de nouveau envahie & foumife en partie aux Ducs de Suahe, feudataires de l'Empire ger-

SₑcT. I.
Hiſtoire de
la Suiſſe
&c.

Silence de
l'Hiſtoire
au ſujet de
l'Helvetie
& des
Helvetiens.

ftent encore, foit entiers, foit en partie. *Vindoniſſe, Auguſta Rauracorum* & *Aventicum* furent des villes aggrandies & confidérablement augmentées ou embellies, on voit encore les ruines d'Aventicum, & ces ruines prouvent combien cette ville fut célebre, on y découvre encore un très-grand nombre d'anciennes infcriptions qui dépofent en faveur de fon commerce, de fes richeffes & de fa beauté dans ces tems reculés. *Etat &* *délices de la Suiſſe.* T. I. Part. I. Ch. VII. pag. 96.

(1) C'eft fans-doute à la décadence des fciences & des arts qu'il faut attribuer l'obfcurité fouvent impénétrable qui regne dans l'Hiftoire des IVᵉ. & Vᵉ. fiecles. On fait que ce fut alors que les provinces de l'Empire Romain furent la proie des barbares: tout ce que l'on fait encore, eft que fous les regnes d'Honorius & de Valentinien, la plupart des villes de l'Helvetie furent renverfées de fond en comble. Quelques auteurs attribuent ces ravages à Attila; beaucoup d'autres affurent que ce dévaftateur n'alla jamais dans l'Helvetie, & que ce furent les Allemands qui commirent ces excès. Il eft très-difficile, il eft même impoffible de demêler la vérité à travers ces diverfes opinions, auffi fondées, ou, pour mieux dire, tout auffi peu prouvées les unes que les autres.

(2) Les Rois de France profitant, vers le milieu du Vᵉ. fiecle, des divifions des Rois de Bourgogne, fe rendirent maîtres de leurs Etats ainfi que de toute l'Helvetie, qui devint une province de l'Empire des Francs, & lui refta foumife pendant environ 340 ans, jufqu'à la décadence de cette puiffante monarchie, en 888, lors de la dépofition de Charles le gros & du démembrement de fes états.

*L'Helvetie
réunie à
l'Empire
d'Allema-
gne.*

manique, & en partie au nouveau Royaume de Bourgogne, qui se forma
après la déposition de l'Empereur Charles le Gros, elle resta forcément assujettie à la loi de ses usurpateurs, jusqu'à ce qu'elle fut réunie toute entiere
à l'Empire d'Allemagne par le testament de Rodolphe le Fainéant, dernier
Roi de Bourgogne, ou plutôt, par les armes de l'Empereur Conrad, surnommé le Salique, qui validerent ce testament.

*L'Helvetie
réunie à un
seul Souve-
rain.*

L'Helvetie ne prit toutefois d'autre part à ces revolutions, que celle de
passer tour-à-tour sous la domination des plus forts, aussi ces divers événemens n'appartiennent que fort indirectement à son histoire, & on ignore
profondement si elle se laissa paisiblement assujettir, ou si les Helvetiens firent des grands efforts pour secouer le joug de leurs usurpateurs. On sait seulement qu'après que l'Empereur Conrad le Salique eut réuni sur sa tête la
Couronne de l'Empire & celle de l'ancien Royaume de Bourgogne, l'Helvetie qui jusqu'alors avoit été sous la domination de ces deux Monarchies,
n'eut plus qu'un Souverain: on sait aussi que malgré cette réunion, les traces
de l'ancienne division subsisterent encore longtems, & que la riviere de
Reuss, qui, prenant sa source au pié du Mont-Gothart, & traversant l'Helvetie presqu'entiere, avoit toujours servi de limite entre la Bourgogne & l'Allemagne, continua de séparer ces deux provinces, dont les habitans formoient
deux peuples qui n'avoient rien de commun entr'eux, & qui étoient absolument
étrangers l'un à l'autre. Dans l'une de ces provinces, on parloit la langue
Romaine; on se servoit du droit Bourguignon, & la contrée, sous le
nom de *Bourgogne mineure* étoit régie par un Landgrave ou Recteur.
Les habitans de la partie Septentrionale, plus libres, & moins civilisés, se
régissoient du mieux qu'ils pouvoient par le dédale du droit germanique:
on donnoit à cette contrée le nom de Haute-Allemagne, afin de la distinguer
du reste du Duché d'Allemagne, dont néanmoins elle faisoit partie. A la fin
même du XIIIe. siecle, l'Helvetie entiere prit ce nom, ainsi que toute la petite Bourgogne, dont l'union à la Germanie étoit restée si long-tems imparfaite.

*Ancienne
division de
l'Helvetie.*

Ainsi l'Helvetie entiere prit & conserva la dénomination de Haute-Allemagne jusqu'à ce que l'une de ses plus obscures & des plus petites contrées, lui eut communiqué son nom avec la liberté dont elle fut le berceau.
On sait que ce Canton si célebre par les efforts heureux qu'il fit pour rompre les liens de sa dépendance, est le Canton de Schweitz, mémorable à-
jamais par l'exemple d'héroïsme qu'il donna au reste de la nation, & qui
à tant d'égards, mérita de donner son nom successivement à toutes les contrées Helvetiques, à mesure qu'elles adopterent le beau plan de Confédération,
dont Schweitz avoit donné le modèle. C'est de ce Canton que tous ces
Etats de la Haute-Allemagne tirent le nom de Suisse.

*D'où vient
le nom de
Suisse com-
muniqué à
toute la
haute Alle-
magne.*

Mais avant cette heureuse & brillante révolution, & depuis l'avènement
de Conrad aux trônes de l'Empire & de Bourgogne, jusqu'à l'époque de la liberté du Canton de Schweitz, quel fut le sort & quelle étoit la condition des
peuples Helvetiques? c'est ce qu'il n'est presque pas possible de démêler à travers certe infinie variété de révolutions qui agiterent ce pays. Tout ce que
l'on sait de plus vrai est que les successeurs de Conrad conserverent le Royau-

me, plus ou moins démembré, pendant environ deux fiecles. L'Hiſtoire
nous apprend encore, qu'enſuite les Empereurs occupés de ſoins trop importans pour donner tout,e leur attention au gouvernement de Bourgogne,
d'ailleurs preſque toujours hors d'état de réprimer les ſoulèvemens d'une nobleſſe turbulente, ambitieuſe & puiſſante, ne purent empêcher la ruine du
Royaume de Bourgogne, qui vers la fin du XIIᵉ. ſiecle, n'eut plus d'unité,
& fut diviſé en pluſieurs petites Souverainetés, ſous la domination des Comtes de Bourgogne, de Maurienne, de Savoie & de Provence, des Dauphins
de Viennois, & des Ducs de Zeringhen.

Tel a été en général, le ſort de l'Helvetie depuis le tems de Céſar juſqu'aux dernieres années du XIIᵉ. ſiecle, (1) c'eſt-à-dire, juſqu'à l'époque de
ſa réunion à l'Empire; les faits & les événemens particuliers qui s'y ſont paſſés, ſont moins connus, & d'ailleurs, ne paroiſſent pas tous appuyés de preuves évidentes; auſſi n'en rapporterons nous ici que les plus conſtatés. Après
la mémorable journée de Tolbiac, la Roi Clovis confiſqua toutes les terres
des vaincus, & les terres Helvetiques furent malheureuſement de ce nombre;
Clovis même, le plus dur des tyrans & le plus impitoyable des hommes, ne
conſentit à laiſſer la vie aux Helvetiens, qu'à condition qu'ils lui en payeroient
une rétribution annuelle en journées de travail.   Les Helvetiens abattus mais
d'un caractere dur, fougueux, entreprenant, hardi, ne reſtoient dans l'abaiſſe-
ment que par les loix de la plus ſévere contrainte; & pour les contenir dans
le devoir, leurs maîtres étoient dans la néceſſité de prendre les plus grandes
précautions. Auſſi les ſucceſſeurs de Clovis avoient-ils toujours dans l'Helvetie des officiers qu'ils y envoyoient, & qui, ſous le nom de Fidelles, veilloient exactement à tout ce qui s'y paſſoit.  Ces Fidelles étoient des militaires diſtingués par l'éclat & l'ancienneté de leurs ſervices, auxquels les Rois
donnoient pour récompenſe le droit de gouverner une petite étendue de pays,
où ils alloient pour le reſte de leurs jours commander, comme capitaines &
comme magiſtrats.  Leurs appointemens conſiſtoient en terres & en hommes pour les cultiver, on ſait que c'eſt ainſi que les Fiefs ſe formerent. Ce
n'eſt pas ici le lieu d'examiner comment ces conceſſions à vie devinrent dans
la ſuite héréditaires, à meſure que le trône héréditaire de l'Empire devenoit
électif & très-ſouvent précaire, & ſans nous y arrêter, nous continuerons de
parcourir le petit nombre de faits hiſtoriques rélatifs à l'Helvetie, juſqu'au
commencement du XIIIᵉ. ſiecle.

Clovis étant mort ſans enfans, Clotaire, (2) ſon oncle recueillir la ſucceſſion, & l'Helvetie après le regne de Clotaire, fut encore diviſée.  Gontran

(1) Ce ne fut qu'à la fin du XII. ſiecle que la haute Allemagne fût réunie toute entiere à l'Empire. Quelques auteurs ont prétendu cependant que l'Helvetie faiſoit alors
partie du Royaume d'Auſtraſie, ou de Metz. Bien des écrivains ont réfuté cette opinion;
ils peuvent être fondés les uns & les autres; car il eſt très-probable que jamais la Suiſſe
entiere ne fut réunie, dans toute l'étendue qu'elle a de nos jours, au Royaume de Bourgogne, ni à celui d'Auſtraſie: il eſt plus vraiſemblable que cette partie de la haute Allemagne, où l'on parloit le langage François, appartenoit au Royaume de Bourgogne,
& que l'autre partie où l'on parloit la langue Allemande, appartenoit au Royaume
d'Auſtraſie. Tableau Hiſt. & Politique de la Suiſſe. Page 27.

(2) Sigebert Gemblac. ad ann. 537.

SECT. I.
*Histoire de la Suisse &c.*

*596.*

eut la souveraineté de la partie Méridionale, & la Septentrionale, échut à Si-gebert, Roi d'Auftrafie. Childebert (1) réunit enfuite ces deux Souverainetés, que fes deux fils fe partagerent après fa mort. La Bourgogne appartint à Thierri II. L'Auftrafie à Theodebert II. Wandelmar, fous le nom de Maire du Palais, eut le gouvernement de la Bourgogne Transjurane : fon fuc-ceffeur Protadius, lorfque Clotaire II. fe fut rendu maître de l'empire des Francs, remit fon gouvernement à Eipo, qui périt fous les coups (2) d'A-

*613.*

lethée. Celui-ci encouragé par le fuccès de fes crimes, tenta d'ufurper la couronne de Clotaire; mais il fuccomba, fut puni, & le gouvernement de la Bourgogne Transjurane paffa à Arnobert, jufqu'à ce que Clotaire s'en fut

*628.*

chargé lui-même fur les inftances des Etats de Bourgogne. Sous Dagobert fon fils & fon fucceffeur, les Maires du Palais reprirent leur autorité ; Pepin qui étoit revêtu de cette dignité, la conferva fous Sigebert II. Roi d'Auftra-fie, & il eut pour fucceffeurs Grimoald, fon fils, Ego, & Archambaud. Sous celui-ci, Floachat, Gouverneur (3) de Bourgogne, fouloit & opprimoit le peuple avec tant de violence, que Vilibald, riche Helvetien, fe fouleva con-tre lui, & ne fut point heureux; il périt les armes à la main, & le pays continua d'être foumis à ces Gouverneurs nommés par le Maire du Palais.

*De Louis le Debonnaire & de fes enfans.*
*814.*

Dans la fuite, Charlemagne, devenu feul maître de la Monarchie Fran-çoife & couronné Empereur d'Occident, tranfmit fa vafte puiffance à Louis le Debonnaire, fon fils. Celui-ci dès fon vivant, dépouillé de fes états par fes enfans, qui fe firent une cruelle guerre pour le partage de la fucceffion paternelle. Après bien des hoftilités, Lothaire, fils de l'Empereur du mê-me nom, fuccéda à la Souveraineté de l'Helvetie méridionale, dont il donna le gouvernement à l'Abbé Hubert qui fe revolta contre fon bienfaiteur, & fut vaincu près d'Orbe, par le Comte Conrad.

*888.*

Lothaire, étant mort fans enfans, Charles le Chauve, & Louis le Germa-nique, fe partagerent fes Etats. L'Helvetie entiere paffa fous la domination de Louis le Germanique, & après fa mort, fous celle de Charles le Gros, qui n'eut point de poftérité, & laiffa fes états dans la plus étrange confufion. L'Helvetie méridionale fe donna pour Souverain, Rodolphe, fils de Conrad; mais l'Helvetie feptentrionale reconnut pour fon Roi l'Empereur Arnolphe,

*929.*

neveu de Charles le Gros. Conrad, fils de Rodolphe, tenta des conquêtes, eut des fuccès & recula fes bornes de fon Royaume jufqu'aux rives de la Reufs.

*Burkard, premier Duc d'Al-lemanie.*
*Des Comtes de l'Hel-vetie.*

Burkard, Comte de Turgovie & de Rhetie, fut le premier Duc d'Allema-nie, établi par Conrad. On fait que dans leur origine ces Ducs n'étoient que des officiers fupérieurs de l'armée, & les Lieutenans du Souverain dans les Provinces. L'adminiftration civile appartenoit aux Comtes, dont les char-ges, à vie dans les commencemens, devinrent enfuite héréditaires. Ainfi

(1) Idem 597.
(2) Fredegarii Chr. C. 27. 43. Aimon. L. 3. C. 92. Geft. Reg. Franc. C. 38.
(3) Alors les fiefs étoient amovibles, & les grands du Royaume qui élifoient le Maire, fe firent promettre qu'ils le conferveroient à vie Fredeg. C. 89.
(4) En 853, Louis donna toutes les poffeffions qu'il avoit à Zurich, au monaftere des Religieufes de cette ville: (*Curtim fuam Turegum*) dans le Duché d'Allemanie, dans le Canton de Thurgau (*Pago Turgaugenfi*) ainfi que le Pays d'Ury (*Pagellum Uroniæ*) *Hiftoire de la Confederation Helvetique.* pag. 8. & 9.

dans la feule Helvetie feptentrionale, il y avoit les Comtes de Thurgovie, d'Argovie, & de Zurich; ils furent dans la fuite beaucoup plus multipliés. Cependant, le Duc Burkard eut pour fucceffeur au Duché d'Allemanie Hermann, Ludolphe, fils de l'Empereur Otton I., Burkard II, Otton, fils de Ludolphe, Conrad, Hérmann II, Hermann III. Erneft II; qui s'étant révolté contre l'Empereur Conrad II, fut dépouillé de fon Duché, dont l'Empereur inveftit Herman IV, en 1032; & ce fut dans cette même année que l'Empereur ayant fuccédé au Royaume de Bourgogne, en vertu du teftament de Rodolphe, dernier Souverain de ce Royaume, l'Helvetie fut encore réunie fous la puiffance d'un même Chef.

Les anciennes chroniques Helvetiques nous apprennent que dans ce tems & long-tems même après, l'Helvetie étoit opprimée par deux ordres de citoyens également redoutables; par les grands poffeffeurs des fiefs & par le clergé; par celui ci fur-tout, qui, ayant obtenu auffi des fiefs & par cela même ayant part aux jurifdictions civiles, fe rendit doublement formidable, par les armes temporelles & par les cenfures eccléfiaftiques, & abufa également de ces deux pouvoirs réunis.

De toutes les claffes de citoyens qui peuploient l'Helvetie, le clergé formoit la plus nombreufe, & c'étoit à elle qu'appartenoient les villes les plus confidérables, tandis que la Campagne appartenoit à la nobleffe qui y exerçoit auffi le pouvoir le plus arbitraire. Car, du tems de Conrad & dans les tems poftérieurs, il n'y avoir pas moins de cinquante familles décorées du titre de Comtes dans l'Helvetie: on y comptoit auffi cent cinquante Barons, & plus de mille Chevaliers ou Gentilhommes, tous ambitieux & tous indépendans; armés fouvent contre le peuple, plus fouvent les uns contre les autres, oppreffeurs, ambitieux & divifés à mefure qu'ils fe multiploient (1). Les principales de ces Maifons puiffantes & oppreffives, étoient celles de Savoie, de Zeringhen, de Kibourg & de Habsbourg.

Les Comtes de Kibourg prenoient le titre de Landgraves du Pays de Thürgaw; pays le plus fertile & le plus peuplé de l'Helvetie entiere. Les chefs de cette maifon poffédoient aux environs de Winterthur, un chateau très-fort, & qui en 1024 fut affiégé par l'Empereur Conrad, lors de la révolte d'Erneft, Duc de Suahe & de Vernier Comte de Kibourg. Erneft fuccomba; fa puiffance même fut affoiblie, mais non pas totalement abattue; elle s'accrut même enfuite, par les fucceffions que fa famille recueillir, & qui lui valurent fucceffivement les comtés de Baden & de Lentzbourg, la feigneurie de Windeck, les villes de Züg, de Sempach, de Fribourg, de Moudon, de Bertboude, ainfi que les comtés de Thun & de Grasbourg: cette maifon puiffante en s'éteignant, laiffa toutes fes poffeffions à la maifon de Habsbourg qui devint la plus puiffante de la Haute-Allemagne.

Cette maifon illuftre, qui, fous le nom d'Autriche, s'eft élevée enfuite au plus haut dégré de puiffance & de gloire, prit le nom de Habsbourg d'un château fort que Rotobat, Comte d'Allemagne fit conftruire vers les premieres années du 11e fiecle (2). Les commencemens de cette maifon augufte

(1) Hift. des ligues & guerres de la Suiffe. Tom. I. pag 17. 18.
(2) Le Comte d'Altenbourg donna à ce château le nom de Habsbourg, expreffion qui fignifioit, Bourg de confervation, & qu'il tranfmit à fes defcendans au lieu du nom

se perdent dans la nuit des tems, & tout ce que l'on sait de plus certain à son égard, est que sa puissance, prodigieusement accrue par la succession des Comtes de Kibourg, elle prit rapidement l'essor le plus élevé. Cette race avoit déjà acquis le plus haut dégré d'illustration, lorsqu'elle se partagea en trois branches différentes; celle d'Autriche décorée depuis par l'éclat de tant de Couronnes & par le trône des Césars; celle de Lauffenbourg qui, aux villes forestieres qu'elle possédoit dans les Brisgaw, réunissoit des terres très-considérables dans l'Helvetie, & qui s'éteignant en 1409, laissa ses biens & ses hautes prétentions à la maison impériale: enfin, la maison de Habsbourg-Kibourg, peu riche, encore moins heureuse & qui s'évanouit en (1) 1415.

Outre ces quatre maisons, il y en avoit encore plusieurs qui fleurissoient dans l'Helvetie méridionale, telles étoient celles des Comtes de Neuf-chatel de Vallengin, d'Arberg, de Nidau & de Montbelliard, Seigneur de Montfauçon, & d'Yverdun, les maisons des Comtes de Romon, de Gruyeres, de Balp, de Stralsberg, de Granson; celles des Barons de Brandis, de Wissenbourg, de Montagni, & de Lassera. Le Pays de Vaux, si fertile & si délicieux, étoit alors une Baronie, théatre perpétuel de la guerre des différens Seigneurs qui s'en disputoient la propriété. Les Evêques de Lausanne & de Genève s'efforçoient de faire valoir les droits qu'ils prétendoient y avoir; mais leurs raisons étoient anéanties par les Comtes de Savoie & de Genève, qui y étoient les plus forts. L'Evêque de Bâle plus heureux que ceux de Genève & de Lausanne, gouvernoit arbitrairement la ville de ce nom; son ambitieuse jurisdiction s'étendoit jusques sur la ville de Bienne, & ses ordres étoient exécutés par les Comtes de Ferrete, de Falkenstein, de Thierstein, de Fobourg & de Buchek, Lieutenans Militaires du Prince Evêque de Bâle.

Soleurre, Zurich, Schaffhouse étoient également soumises à la domination tyrannique & vraiment arbitraire de quelques abbés & de plusieurs chapitres qui résidoient & exerçoient leurs vexations dans ces villes. Glaris & son territoire dépendoient de l'Abbé d'Appenzell & de l'Abbesse de Seckingen; tandis que les terres les plus considérables relevoient de Saint-Gall. L'Abbé de Murbach qui résidoit à l'extrêmité de l'Alsace, recevoir l'hommage de Lucerne, qui, plus heureuse que le reste des villes Helvetiques, avoir au moins sur elles cet avantage, qu'elle étoit éloignée de son avide Souverain; tandis que Constance étoit perpétuellement foulée par l'Evêque, son Prince; Coire en Rhetie par son Prélat, le Vallais par l'Evêque de Sion, son Comte & son Prefet.

Les terres qui n'obéissoient point à ces Princes temporels & spirituels, dont le pouvoir étoit d'autant plus redoutable qu'ils joignoient à la puissance civile le grand ressort de l'excommunication, étoient assujetties à des Seigneurs Laïques tour aussi turbulens, & quelquefois plus oppresseurs encore. Tels étoient les Comtes de Homberg, de Toggenbourg, de Montfort, de Rothenbourg, de Rapperschweil, de Gruiningen, de Willisau, de Werdenberg, de Ternang,

de

---

d'Altenbourg qu'il tenoit de ses ancêtres, & qui venoit aussi du nom d'un château dont on voit encore les ruines. *Idem.* pag. 26.

(1) Cette branche avant de s'éteindre, étoit tombée dans l'indigence, & elle étoit tout-à-fait hors d'état de soutenir son ancienne illustration.

ᷫe Vaduts, & une foule d'autres tout auſſi puiſſans & tout auſſi ambitieux d'accroître leur autorité. A ce tas d'oppreſſeurs, joignez encore douze ou treize cens (1) Ecuyers, Chevaliers ou gentils hommes qui vexoient, uſurpoient & pilloient à leur gré; & vous n'aurez encore qu'une idée imparfaite de la confuſion dans laquelle le droit des plus forts ſur les plus foibles retenoit l'Helvetie. Ces gentils-hommes il eſt vrai, étoient, pour la forme, ſoumis à la haute nobleſſe, mais par un ſimple hommage qui ne formoit que de très-foibles liens; comme la haute Nobleſſe elle-même étoit ſoumiſe aux Empereurs, deſquels pourtant (2) elle ne dépendoit preſque pas. L'Helvetie tour à tour ravagée par ces Seigneurs, armés les uns contre les autres, ne préſentoit par-tout que le déſordre d'un Etat anarchique.

Il n'y avoit que trois petits Cantons, ſitués au milieu des forêts, où la liberté ſe conſervat encore; & ces cantons étoient ceux de Schweitz, Uri (3) & Unterwald. Heureux & ignorés, les habitans de ces trois cantons ne connoiſſoient ni les excès de l'ambition, ni les fers de la ſervitude; ils vivoient paiſibles, ſe gouvernoient par leurs propres loix, & ſous la protection immédiate de l'Empire. Cependant le deſpotiſme qui va toujours croiſſant juſqu'à ce qu'il s'évanouiſſe, étendit ſes vexations juſques ſur ces trois cantons, qui furent auſſi les premiers à donner au reſte de l'Helvetie le ſignal de la liberté.

Mais avant que d'entrer dans le recit de cet événement, il eſt néceſſaire de ſavoir, non pas pourquoi le peuple ſe ſouleva contre ces vexations, mais par quels dégrés la puiſſance ſecondaire, exercée au nom des Souverains, devint ſi opprimante. Dans la plûpart des Monarchies Européennes, les crimes, même les plus énormes, n'étoient punis alors que par l'amputation de quelque membre; & le coupable étoit libre de racheter ſa punition par une ſomme fixée par la loi, & ſuivant l'atrocité du délit. Ces rachats appartenoient au Fiſc, & par cela même aux Empereurs, dans leurs terres dominiales, tels qu'étoient les trois Cantons de Schweitz, d'Uri & d'Unterwald. Pour rendre la juſtice & veiller à la perception des revenus du Fiſc, chaque Empereur, à ſon avénement à la couronne, nommoit un Baillif qui alloit adminiſtrer dans ces cantons, la juſtice criminelle, & qui communément étoit choiſi parmi les Seigneurs les plus diſtingués des environs. Ce baillif n'en-

Sect. I.
Hiſtoire de
la Suiſſe
&c.

Foible ſuʔ
bordination
de la haute
nobleſſe à
l'Empereur.

1233.

Inſuffiſance
& abus de
la juriſpru-
dence.

Gouverne-
ment de
l'Helvetie
dans le
XIIISiecle.

(1) C'eſt une lecture bien ennuyeuſe que celle des Chroniques Helvetiques du XII & du XIII Siecle. C'eſt là qu'on voit l'accablante & très-faſtidieuſe liſte de tous ces Nobles, Chevaliers & Ecuyers qui jadis ſurchargeoient & fouloient l'Helvetie. C'eſt toute fois dans ces Chroniques qu'il faut aller chercher ces matériaux plus ou moins informes & défectueux de l'hiſtoire de ces Siecles.

(2) Le métier de ces Gentils hommes étoit de mener à l'ennemi quelques payſans moitié ſerfs & moitié ſoldats, de ſe rendre conſidérables dans ces petites guerres, cauſes néceſſaires d'un équilibre également malheureux & perpétuel, par l'action contraire de tant d'efforts diviſés. Hiſt. des guerres & des ligues de la Suiſſe. T. I. pag. 33.

(3) On peut ajouter à ces trois Cantons le pays d'Arole, petite contrée ſituée près de la ſource de l'Aar, & qui confine aux Cantons d'Uri & d'Unterwald. L'Empereur Henri VII. donna en 1233 aux moines de S. Lazare ſon égliſe de Mayringue. Les habitans de cet endroit ſont aujourd'hui ſujets de Berne, & par un privilege qui leur eſt particulier, le Souverain eſt obligé de choiſir parmi eux un Baillif pour les gouverner. Ce Magiſtrat a le titre de Land-am-man. Ce fut en 1312. qu'ils ſe rendirent ſujets de Berne. Hiſt. de la Confédération Helvetique. Liv. I. pag. 26.

Sect. I.
*Histoire de
la Suisse
&c.*

*Haine &
guerres des
Papes.*
1245.

troit en exercice, & fon pouvoir n'étoit reconnu qu'après qu'il avoir prêté ferment, devant le peuple affemblé, de ne jamais attenter aux privileges ni aux immunités de la nation.

C'eft ainfi que la Haute - Allemagne étoit régie encore dans lés dernieres années du regne orageux de Fréderic II, vers le milieu du XIIIᵉ fiecle; regne à jamais mémorable par les guerres & lés prétentions des Papes Honoré III, Gregoire IX & Innocent IV. On fait que le malheureux Fréderic en butte aux foudres du Pape, profcrit par un Clergé plus dangereux par fon audace, qu'eftimable par fes lumieres, pourfuivi par des Sèigneurs féroces & fuperftitieux, mourut excommunié, dépofé, abandonné de tout le monde. On fait auffi qu'après fa mort, le trône impérial demeura vacant pendant 25 ans, & que pendant cet intervalle, l'Allemagne fut le théatre de ce que la licence a de plus exceffif, l'injuftice de plus inique & la violence de plus accablant : toutefois ce fut du fein même de cette violence que renaquit la liberté.

Les plus cruels orages qui avoient agité le regne malheureux de Fréderic II, avoient été fuscités par les prétentions outrées du Sacerdoce, qui vouloit élever fon autorité au-deffus de la puiffance impériale. La Nobleffe penfoit à cet égard, comme le Sacerdoce; & Fréderic qui ne voyoit en elle que fuperftition & fanatifme, chercha les moyens de s'attacher le tiers Etat, qui, foulé lui-même par la Nobleffe & le Clergé, avoit befoin d'un appui contre fes oppreffeurs. Le moyen le plus fûr & le plus fage que l'Empereur crut devoir employer, fut de créer, autant qu'il put, au préjudice du clergé, des villes impériales, & libres de toute autre domination. Ce fut ainfi qu'il délivra du joug facerdotal les villes de Bâle, de Zurich, de Soleurre, de Mühlhaufen, de Saint-Gall & de Schaffhoufe, auxquelles il permit de battre monnoye, & d'élire elles-mêmes leurs Magiftrats; ce fut encore ainfi qu'il annulla les prétentions formées par les monafteres de Wettingen & de Zürich fur les immunités des Cantons de Schweitz, d'Uri & d'Unterwald, en un mot, c'eft ainfi que cet Empereur, luttant fans ceffe contre Rome, la Nobleffe & le Clergé, donna la liberté à plufieurs grandes villes dans tout le refte de l'Empire. Il eft vrai que ce premier état de liberté couta cher à ces villes par les diffentions qu'y exciterent leurs anciens oppreffeurs.

*Création
des villes
Impériales.*

Le Clergé de Zürich indigné, maudit l'Empereur & fes adhérans, fortit de la ville, emporta les tréfors des églifes, & fut accompagné d'une foule d'ouvriers, qui, craignant les effets de la malédiction, fuivirent les prêtres, & laifferent la ville fans manufactures, fans commerce, fans induftrie. Bâle étoit déchirée par deux partis, celui de la liberté, & celui de l'Evêque, opiniâtrement attaché aux moyens d'y perpétuer la fervitude. Mühlhaufen, Soleurre, Schaffhouze, Saint-Gall, flottoient (1) entre les chaînes de l'ancienne domination & les avantages des nouvelles immunités, fans être en-

(1) La caufe de cette incertitude, obferve avec raifon un Ecrivain judicieux, venoit de ce que ces villes peu étendues & très-mal peuplées étoient étrangeres les unes aux autres, & point du tout en état de s'entr'aider; enforte qu'elles ne voyoient que des difficultés & point de moyen de fe foutenir dans une nouvelle forme de gouvernement, qui n'avoit encore rien de ftable ni même de bien intelligible.

core auſſi étroitement attachées qu'elles l'avoient été au joug de leurs Seigneurs. Libre & impériale depuis très-longtems, Berne, fatiguée des factions qui l'agitoient, balança ſi elle garderoit ſa liberté, ou s'il ne lui ſeroit
pas plus avantageux de ſe mettre ſous la protection des Comtes de Savoie.

De ce crépuſcule de liberté à l'entier affranchiſſement de l'Helvetie, il y a
bien loin encore , & vraiſemblablement ces premieres lueurs ſe ſeroient é-
vanouies par les efforts des anciens oppreſſeurs de l'Helvetie, ſi Rodolphe V,
Comte de Habsbourg (1) ne ſe fut déclaré le zélé défenſeur de la liberté publique. Le Comte de Habsbourg uniſſoit aux talens les plus rares les plus
grandes qualités, une ambition démeſurée, & très-peu de ſincérité. Parti-
ſan de Fréderic II. Il défendit avec le plus héroïque courage les intérêts de
cet Empereur, combattit avec ſuccès pour ſes droits dans la haute Allemagne,
& après la mort de cet illuſtre Souverain , il ſoutint à la tête de ſon parti les
intérêts & les privileges des villes, protégea les immunités , & ſe rendit le
plus grand ſervice à lui-même en défendant les prérogatives municipales.
La vacance de l'Empire plongea l'Allemagne dans les troubles & les déſordres. Les grands ſe crurent tout permis, & chercherent, autant qu'il fut en
eux, à prévaloir ſur la multitude; les foibles accablés, révoltés par les vexations ſans ceſſe renaiſſantes auxquelles ils étoient expoſés , imaginerent de
s'unir enſemble, afin d'oppoſer une plus forte réſiſtance aux tyrans qui vouloient les enchaîner. C'eſt à cette union qu'il faut rapporter l'origine des
ligues & des combourgeoiſies formées entre les villes, ſoit à raiſon de leur
commerce, ſoit pour la ſûreté des habitans; c'eſt encore à cette union dont
la Nobleſſe ne dédaigna point de ſuivre l'exemple, qu'il faut rapporter l'origine des confraternités entre les Seigneurs.

Le ſuccès des villes liguées en étendit l'uſage, & bientôt on ne vit plus
dans toute l'Allemagne que des aſſociations. Rodolphe fit ſervir à l'exécution de ſes projets ces diverſes aſſociations qu'il permettoit très-volontiers;
mais qu'il ne permettoit qu'autant que c'étoit pour ſes intérêt que les
villes ſe liguoient. Il avoit l'art de perſuader que c'étoit pour détendre les
droits de ces aſſociations qu'il combattoit, & qu'il leur fanoit prendre les
armes. Rodolphe V étoit le plus ruſé, le plus adroit des hommes; il s'étoit
acquis la réputation de défenſeur des peuples, & il troubloit perpétuellement la tranquillité publique; il défendoit la liberté des citoyens, & par
les profondeurs de ſa politique & la dextérité des moyens qu'il prenoit, il
ſoumettoit les citoyens à toutes ſes volontés. Religieux en apparence, il
ne ceſſoit de perſécuter les miniſtres de la Religion; il les vexoit, les ran-
çonnoit impitoyablement, & les prêtres même qui avoient le plus à ſe plaindre de lui, étoient forcés de donner, par la multitude, les plus grands é-
loges à ſon zele & à ſa pieté. S'il n'y eut eu qu'un trône ſur la terre, Rodolphe eût tenté d'y monter; & cependant à ces hautes idées, à ces projets ſublimes, il allioit l'ambition, qui, en tout autre que lui, eut ſemblé
puérile, d'occuper les places, les emplois en apparence les moins diſtingués
& les moins faits pour lui. Ce fut ainſi que les petits Cantons de Schweitz,
d'Uri, & d'Unterwald, l'ayant nommé leur chef, & ayant attaché à ce

(1) Tſch. T. 1. Pag. 154. Guilliman. p. 90.

C 2

Sect. I.
Hiſtoire de
la Suiſſe
&c.

Accroiſſe-
ment de la
liberté Hel-
vetique.

Origine des
Ligues Hel-
vetiques.

Caractere
de Rodol-
phe.

Il eſt élu
chef des
trois Can-
tons de
Schweitz,
d'Uri &
d'Unter-
wald.
1273.

poste peu éminent des appointemens médiocres, il accepta cet emploi avec les marques de la plus vive reconnoissance, & servit avec tant de zele ces trois Cantons, qu'ils se procurerent enfin la liberté, malgré les tentatives & les efforts de quelques nobles qui s'opposerent autant qu'il fut en eux, à l'établissement de l'égalité républicaine.

Zurich avoir long-tems combattu contre son Clérgé, qui vouloit le retenir dans la dépendance; mais l'Evêque de Constance avoit par sa médiation terminé cette longue dispute à l'avantage des Zuricois, qui pour s'être reconciliés avec le clergé, n'en étoient pas mieux avec leurs voisins; avec lesquels cependant ils parvinrent encore à s'accommoder; il n'y en eut qu'un, le Baron de Regensberg, qui, plus impérieux & moins traitable que les autres, rejeta avec mépris (1) les propositions d'amitié que lui firent les Zuricois, se sentant offensé que de telles gens osassent prétendre au titre de ses alliés. Rodolphe V vengea Zurich du mépris du Baron de Regensberg, dont il prit les châteaux qu'il fit raser, & dont il humilia tellement les hautes prétentions, qu'il demanda comme une grace ensuite, d'être admis au nombre des bourgeois de cette même ville, & qu'on voulut bien lui fournir de médiocres revenus, afin de pouvoir subsister. Rodolphe protégea également & défendit avec la même valeur Schaffhouze, Mühlhausen, Saint Gall, Bâle, Strasbourg & beaucoup d'autres villes qui, peut-être sans lui, ne fussent jamais parvenues à se dégager de leurs chaînes. Ce seroit à ne pas finir que d'entrer dans le recit des grands services qu'il rendit à l'Helvetie, & des exploits qui signalerent son zele courageux, son patriotisme affecté, & surtout son ambition. Il suffira de dire qu'il fut là terreur des Seigneurs du Pays, & qu'il fut le vainqueur & le spoliateur de tous ceux qui oserent lui résister; qu'il soumit & chassa tour-à-tour de leurs possessions le Comte de Habsbourg, son Cousin, Ulric de Regensberg, Toggenbourg, Nidaw & Rapperschweil, les Seigneurs d'Eschembach, de Palm, de Warth, de Ringenberg & de Tuffenstein. Ses armes furent aussi fatales à l'Abbé de Saint-Gall, qui, battu, épuisé, fut trop heureux d'acheter à force d'or, une paix humiliante; à l'Evêque de Strasbourg, qui n'ayant éprouvé que des revers & des défaites, mourut de chagrin & de honte; enfin à l'Evêque de Bâle, qui essuya les humiliations les plus morrifiantes.

Rodolphe tenoir cet Evêque assiégé dans sa ville épiscopale, lorsque les Electeurs assemblés à Francfort pour remplir le trône impérial, vacant depuis vingt-cinq ans, jeterent tous les yeux sur le défenseur de la liberté Helvetique, & lui déférerent d'un commune voix la Couronne (2) de l'Empire. Quelqu'ambitieux que fut Rodolphe, il ignoroit profondement que ce fut de lui qu'on s'étoit occupé à Francfort, lorsque le Burggrave de Nuremberg

---

(1) L'orgueilleux Regensberg répondit dédaigneusement qu'il aimoit beaucoup mieux avoir pour ennemis ces vils marchands de Zurich que les avoir pour alliés: il paya cher cette sotte réponse. *Hist. des Ligues & guerres de la Suisse.*

(2) *Principes convenerunt in Frankenfurt & elegerunt Comitem Rodolphum de Habsburg in Regem Alamaniæ, quam electionem Gregorius X. apud Losannam confirmavit: sed postea Consecratus est Aquisgrani.* T. Schud. pag. 178. Joham. Vitodurensis in *Thes. Hist. Helv.* T. 7. ad ann. 1273. Mens. Octob.

envoyé par les Electeurs, vint lui porter devant Bâle la nouvelle de son
élection & le saluer Empereur. Rodolphe ne parut point ému de sa profpérité, & ne se montra sensible qu'à la réunion des suffrages des Electeurs en
sa faveur. L'Evêque de Bâle confondu, & ne pouvant résister plus long-tems
à un tel ennemi, ne songea qu'à le fléchir & lui faire oublier la réfistance
opiniâtre qu'il lui avoir jusqu'àlors opposée. Dans cette vue, il se vêtit de
ses habits pontificaux, & se mettant à la tête de son clergé, il alla en procession vers ce puissant adverfaire, contre lequel il n'étoit plus possible de
lutter: (1) Rodolphe V méprisa les excufes de l'Evêque, autant qu'il avoit
méprisé ses armes, entra dans Bâle, & n'en sortit qu'après avoir fait fuccéder le bon ordre & la paix, aux troubles & aux haines mutuelles, qui, depuis plus de trente années divifoient les citoyens partagés en deux factions,
celle de Münch & celle de Schaller, à-peu-près comme l'Italie étoit partagée entre les Guelphes & les Gibelins. A son départ de Bâle pour Aix la
Chapelle où il alloit se faire couronner, il fut fuivi par la moitié des habitans
de l'Helvetie, les uns pénétrés de reconnoissance de ses bienfaits, les autres
dans l'attente de jouir de sa protection.

Un projet plus utile & plus intéreffant occupoit Rodolphe, celui de fonder sur une bafe folide & durable, une puissance dont il n'avoit été jufqu'alors redevable qu'aux faveurs de la fortune. La première entreprife
qu'il tenta pour exécuter ce plan digne de son ambition, fut contre l'orgueilleux Ottocare, Roi de Bohême & de Moravie, Duc d'Autriche, de
Stirie, de Carinthie & de Carniole, qui ayant eu jadis Rodolphe pour Grand-
Maître de sa maifon, refufa de le reconnoître chef de l'Empire, & dédaigna
de se trouver à son élection & à son couronnement. Rodolphe V, juftement
irrité, lui déclara la guerre. Vaincu, humilié, Ottocare se crut encore trop
heureux de recevoir la paix, en cédant à son vainqueur le Duché d'Autriche,
la Stirie, la Carniole & la Carinthie, mais cette ceffion forcée ne fatisfit point
l'Empereur, qui fur des légers prétextes, ayant peu de tems après recommencé la guerre, arracha au malheureux Ottocare la couronne & la vie
dans la célebre bataille de Marchfeld. Ce fut quelques momens avant le fignal
du combat, que Rodolphe V fit à son armée cette harangue si précieufe
aux Zuricois: je place, dit-il, mes amis de Zurich à la tête des troupes, foldats, ne les perdez point de vue, fuivez leurs traces; leurs exemples feront
pour vous mes ordres. On fait que dans cette journée le victorieux Empereur acquit la Bohême & la Moravie, après avoir fait prifonnier le fils unique d'Ottocare qui devint ensuite son gendre, & récouvra par ce mariage
une partie (2) des états de son pere. Dès lors, Rodolphe V prit & tranf-

---

(1) On dit que confterné à la nouvelle de cette élection, l'Evêque de Bâle levant les
mains au Ciel, s'écria: ô Pere éternel! je fouhaite, pour ta tranquillité, que cet avanturier ne
s'avife jamais de vouloir monter fur ton trône, fans quoi, ce feroit un beau pari à faire, qui des
deux l'emporteront, de sa toute audace, ou de ta toute puissance. Après quoi n'ayant plus
d'autres armes à lui opposer que la croix, il se fignala par le dit exploit de son métier
Hist. des Ligues & des guerres de la Suisse. T. 1. pag. 46.
(2) Rodolphe V eut fept filles & elles formerent toutes d'illuftres alliances qui releverent sa maifon, & l'enrichirent par l'adroite précaution qu'il prit de ftipuler les plus
grands avantages pour lui & pour les fiens. Le Duché d'Autriche qu'il trouva le moyen

SECT. I.
Histoire de
la Suiffe
&c.

mit à fon augufte poftérité le nom d'Autriche: il rendit toute leur force-primitive aux droits de l'Empire qui s'étoient affoiblis, & même prefque éteints pendant les derniers troubles. Il prorogea les peuples & les villes, contre les vexations des nobles & des feigneurs, brigands accrédités, qui du fond de leurs châteaux, prétendoient commander en maîtres aux hommes qu'ils fouloient, & dont ils ufurpoient impunément les poffeffions.

*Rodolphe protege les peuples contre les vexations des Nobles.*

Dans la foule de ces tyrans dont Rodolphe V réprima le licence; fe diftinguoient fur-tout le Duc de Baviere, le Margrave de Bade, le Comte de Wirtemberg, le Comte Philippe de Savoie, Renaud, Comte de Montbeliard, & Henri Evêque de Bâle. La ville de Lucerne, quoique fous la protection immédiate de l'Empire, étoit foumife en même tems aux loix, peu favorables à la liberté publique, d'un Seigneur toujours prêt à lui faire fentir le joug de l'oppreffion. Ce defpote impérieux étoit le monaftere des Bénédictins de Murbach, qui, quoique dans la Haute-Alface n'en trouvoient pas moins les moyens de vexer la ville de Lucerne, lorfqu'ils le jugeoient à propos, & défouler plufieurs villages qu'ils poffédoient auffi en fouveraineté dans le pays d'Argau. Rodolphe, déja maître de prefque toute cette contrée, entreprit d'accroître fa puiffance par l'acquifition de Lucerne & de fes villages; il eut

*De l'Abbé de Murbach.*

peu d'obftacles à furmonter, & l'Abbé de Murbach (1) dont l'exceffive prodigalité n'avoit point de bornes, & qui, par cela même, fe trouvoit fort fouvent hors d'état de remplir fes engagemens, vendit à l'Empereur certe fouveraineté pour la modique fomme de deux mille marcs d'argent. La ville de

*Il achette Zoffingue & Frobourg 1278.*

Zoffingue, jufqu'alors indépendante, malgré les prétentions du Comte Louis de Frobourg, fe foumit auffi à Rodolphe, du confentement même du Comte de Frobourg, ainfi que la ville de Fribourg que l'Empereur acheta d'Eberhard de Habsbourg-Kibourg fon Coufin.

*Rerne fe donne à la Savoie.*

Berne, trop jaloufe de fa liberté pour fuivre l'exemple des cités voifines, refufa toute compofition, & trop foible pour lutter feule contre un auffi puiffant Monarque, elle embraffa le parti de la maifon de Savoie, de tout tems ennemie de celle de Rodolphe. L'Empereur irrité, jura de fe venger & en trouvant bientôt l'occafion, il la faifit avec ardeur. Dans ce fiecle de brigandage, d'ignorance & de fuperftition, les Juifs, prefque feuls, commerçoient dans la plûpart des états Européens. Dans la Haute-Allemagne, comme dans l'Helvetie, les Chrétiens non nobles étoient ferfs des Seigneurs ou des monafteres, tandis que par la plus abfurde des contradictions les Juifs, que l'on y méprifoit, jouiffoient pourtant de tous les avantages de la liberté, & par une prérogative qui eut flatté un Etat même de l'Empire, ils relevoient (2) immédiatement & exclufivement de l'Empereur. Ce privilege

d'acquérir & de s'affurer, lui donna un nom plus éclatant & de nouvelles armes à fes defcendans.

(1) Rodolphe en échange de Lucerne donna au monaftere de Murbach cinq villages fitués en Alface, outre les 2000 marcs d'argent qu'il paya à l'Abbé de Murbach. T. Schud. pag. 201 & 203 Guillim.

(2) C'étoit alors le fiecle des contradictions. Dans la Haute-Allemagne, la plûpart des Chrétiens naiffoient & vivoient ferfs des Monafteres & des feigneurs Chatelains: Cependant par le plus inconcevable des bizarreries, la nation abfurlement proferite des Juifs, jouiffoit d'un droit de *Committimus* qui, à très-peu de chofe près, lui donnoit la même prérogative d'immediateté, qui de nos jours ne pourroit que flatter un Etat de l'Empire.

Sect. I.
Histoire de
la Suisse
&c.

Adolphe as-
siege Berne.

avoit été jusqu'alors respecté, mais, à Berne, quelques Juifs ayant été accusés d'avoir fait périr l'enfant d'un Chrétien, le Sénat peu content de faire
punir de mort les coupables, bannit à perpétuité tous les Juifs de la ville de
Berne. L'Empereur Rodolphe V, qui ne cherchoit qu'un prétexte pour humilier les Bernois, prit ouvertement la défense des Juifs, caffa l'arrêt du
Sénat, & condamna les habitans de Berne à une forte amende. Ceux-ci refuferent de se foumettre, & l'Empereur encore plus irrité, fit contr'eux un
nouveau décret, par lequel il les dépouilla de tous leurs privilèges. Les
Bernois eurent pour ce second décret tout aussi peu d'égards qu'ils en avoient
eu pour le premier: l'Empereur vint à la tête d'une puissante armée devant
les murs de Berne, se flattant de furprendre les habitans; il se trompa; leur
valeur rendit ses efforts inutiles, & il fut obligé de se retirer: mais peu après,
il envoya le Duc d'Autriche, Albert son fils, fuivi de vingt-cinq mille hommes (1), former le fiège de cette ville. Albert ne fut pas plus heureux que
fon pere; les Bernois se défendirent avec la plus héroïque valeur, repouffé-
rent les affiégéans, firent avec fuccès des forties très-meurtrieres, & contraignirent enfin le Duc d'Autriche à lever le fiege. Corrigé par l'inutilité de
ces diverfes tentatives, l'Empereur n'ofa plus attenter à la liberté d'un peuple qui vouloit conferver son indépendance. Pour toutes conditions de paix,
Rodolphe se contenta de la promeffe que lui firent les Bernois de faire célébrer chaque année à perpétuité une meffe pour le repos de l'ame du Comte
de Hömberg, qui avoit été tué pendant le fiege, on affure que l'inutilité
de cette entreprife fur Berne, fut le feul revers que l'Empereur Rodolphe é-
prouva durant tout le cours de fa vie, qu'il termina le 15 Juillet 1291, âgé
d'environ 73 ans (2).

(1) Les auteurs contemporains affurent qu'Albert qui avoit pris l'afcendant le plus
fort fur l'efprit de fon pere, affoibli par l'âge, fut l'unique moteur de cette guerre; &
dès lors, ajoutent ces auteurs, l'orgueil & le mauvais cœur de ce jeune Prince commençoient à se développer
(2) L'Empereur Rodolphe mérita à bien des égards, la célébrité qu'il acquit; il s'illuftra par fes rares talens, fes grandes qualités, l'art qu'il eut de couvrir fa vafte ambition du voile du bien public. Sa taille étoit haute & prefque gigantefque; fon air mar-
tial, mais franc & ouvert; fon humeur gaie, mais fans que fa dignité en fouffrît. Le
furnom de Rouffeau qui lui fut donné, indique fa couleur; il ne parloit que la langue
Allemande, & la parloit très-bien, il étoit d'un efprit & d'un courage très-vifs, mais
il étoit également maître de l'un & de l'autre: perfonne ne favoir mieux cacher de grands
deffeins fous un air gai, & n'alloit dans un degré fi fupérieur cette chaleur de fang, qui
ignore les périls, à ce phlegme qui les voit, les analyfe & les combat avec avantage;
ambitieux fans jamais paroître injufte, politique fans fauffeté, fecondant fa fortune, &
en même tems n'omettant rien pour fe précautionner contr'elle; doué fur-tout de ce
calcul, prompt & heureux, qui apprécie finement les hommes & leurs intérêts, pour
fâifir des amis fûrs ou des ennemis utiles, (car il en eft de cette derniere efpece,) il peut
paffer pour un grand maître dans l'art de régner, & pour un des premiers modeles que
l'Hiftoire propofe dans ce genre. Hift. des Ligues & des guerres de la Suiffe. p. 57
& 58.

# SECTION II.

*Histoire de la Suisse depuis la mort de l'Empereur Rodolphe I.,*
*jusqu'à l'époque de la liberté des Cantons de Schweitz,*
*d'Uri & d'Unterwald confédérés.*

*Albert, Duc*
*d'Autriche,*
*fils de Ro-*
*dolphe.*

LES sept filles de l'Empereur Rodolphe avoient contracté d'illustres alliances, & ce puissant Monarque ne laissa en mourant d'héritiers males
qu'Albert, Duc d'Autriche & Jean de Habsbourg, son petit fils. Ce grand
homme s'étoit attaché les villes Helvétiques en flattant leur amour pour la liberté, & en secondant les efforts qu'elles firent pour se la procurer. Albert, qui n'avoit ni les talens, ni les brillantes qualités de son pere, prit une
route opposée, & par sa maladresse, ainsi que par les fausses combinaisons de
sa mauvaise politique, il ne fit, au lieu d'asservir ces villes, comme il le désiroit, qu'affermir les habitans dans le goût de la liberté, que Rodolphe leur
avoit inspiré, & qui se déployant en eux dans toure sa vigueur, leur suggéra
successivement le plan de la constitution politique la plus forte, la plus durable, & la mieux cimentée. Tôt ou tard cet esprit de liberté se feroit vraisemblablement dévoilé chez les Suisses; mais Albert, par ses injustes tentatives en hâta les développemens.

L'Empereur Rodolphe laissoit à recueillir une immense succession, les Duchés d'Autriche, de Stirie, de Carinthie; une partie de l'antique Duché de
Suabe; plusieurs riches Seigneuries, situées dans l'Alsace, des terres fort é-
tendues dans le Thurgaw & dans l'Argaw, les Comtés de Habsbourg, de
Kibourg, de Baden & de Lentzbourg, des Seigneuries riches, mais moins
considérables; les villes de Lucerne & de Fribourg (1) nommées cités mixtes,

(1) Il n'y a gueres que les Publicistes Allemands, & quelques Historiens de l'Empire
qui parlent des villes mixtes dont on n'a communément que des idées très-imparfaites.
Les villes mixtes sont celles qui partagent les droits régaliens, utiles & honorifiques
avec leur Prince, & qui sont en cela Co-Seigneurs de leur Seigneur, s'il est permis
de s'exprimer ainsi. Jadis, dans l'Helvetie, il n'étoit permis à aucun homme, fut-il
Helvetien, d'habiter une place de guerre: ces places de guerre étoient des fauxbourgs
fortifiés, des châteaux ou des bourgs fortifiés, & l'on n'admettoit dans ces places
que des gens d'une valeur éprouvée. Afin d'entretenir cette valeur, les Seigneurs ajou-
toient sans cesse aux privileges de ces habitans; & ces privileges furent à la fin si étendus & si multipliés, qu'il ne resta presque plus aux Seigneurs que le titre de Souverain.
Les habitans de chacun de ces fauxbourgs avoient entr'autres droits celui de banniere
municipale, c'est-à-dire, le libre port d'armes, ce qui leur donnoit dans ce tems de
chevalerie la plus haute considération; aussi se qualifioient-ils d'Ecuyers, & pouvoient-
ils posséder des fiefs nobles. Ces Sociétés nourries dans cet esprit militaire, étendirent
successivement, autant qu'il fut en elles, leurs prérogatives & leurs prétentions, & pour
peu que les habitans d'un fauxbourg fortifié ou d'une ville mixte fussent inquiétés par
leurs Seigneurs, & que leurs voisins leur parussent dignes de leur association, ils formoient des ligues sous le nom de *Combourgeoisies*, ligues auxquelles les Seigneurs ne
pouvoient s'opposer, sur-tout si les Sociétés liguées avoient eu l'attenuon de les comprendre

tes, jouiſſant des plus belles prérogatives, de celle même de former des alliances; les villes de Baden, de Bruck, d'Arau, de Zoffingue, de Mellingen, de Lentzbourg, de Zug, de Baumgarthen, de Frawenfeld, de Winterthur, de Weeſen, de Diefenhoffen, de Willmergen; enfin, les villes de Klingnau, de Kaiferſtuhl, de Biſchoffzel & d'Arbonne qui, à la vérité, quant à la juſtice civile dépendoient] de l'Evêque de Conſtance, mais ſur leſquelles les Comtes de Habsbourg exerçoient la puiſſance politique & militaire. *Sect. II. Histoire de la Suiſſe &c.*

Tel étoit le vaſte héritage qu'Albert, Duc d'Autriche recueillit en très-grande partie comme fils de Rodolphe, & en partie à cauſe de la minorité de ſon neveu Jean de Habsbourg, Duc de Suahe: mais cette ſucceſſion qui le rendoit l'un des plus puiſſans & des plus riches Princes de ſon tems, ne le conſola point de la privation de la Couronne impériale, qu'il s'étoit flatté d'obtenir, & qui malgré ſes intrigues & ſes efforts, paſſa après neuf ans d'interregne, ſur la tête d'Adolphe, Comte de Naſſau, le plus brave des hommes, mais d'un eſprit borné, & perpétuellement en butte aux rigueurs de la fortune, qui ne ceſſa de le perſécuter. *Adolphe, Empereur.*

Vivement ulcéré de la préférence que les Electeurs avoient donnée à un tel concurrent, Albert jura de ſe venger ſur l'Empereur lui-même de la perte qu'il croyoit avoir faite de la Couronne impériale, & il parvint à force de complots & d'intrigues, à intéreſſer aux projets de ſa vengeance pluſieurs Princes & pluſieurs Etats de l'Empire, la plûpart des villes libres de l'Alſace, & ſur-tout Colmar & Strasbourg. Il n'eut point le même ſuccès dans les contrées Helvetiques, dont les habitans, moins éblouis qu'alarmés de ſa vaſte puiſſance & de l'excès de ſon ambition, n'euſſent vû qu'en frémiſſant l'élévation d'un tel voiſin; ils refuſerent d'entrer dans ſes vues, & ſe crurent d'autant plus autoriſés à ne prendre aucune part à ſes intrigues, qu'Adolphe étant le ſeul chef légitime de l'Empire, ils regardoient comme ſacrés les liens qui les attachoient à lui. *Haine d'Albert pour Adolphe.*

Il n'y eut dans la Haute-Allemagne que les vaſſaux d'Albert qui embraſſerent ſa querelle, parce qu'ils y étoient forcément obligés; tout le reſte des habitans de ce pays ſuivit ſans héſiter le parti d'Adolphe, qui étoit regardé comme le protecteur & le zélé défenſeur de la liberté: parce que c'étoit au nom & ſous la protection des Empereurs que ce pays avoir goûté les premieres (1) douceurs de cette heureuſe liberté. Albert profondement irrité de ce refus qu'il regardoit comme une injure, & ne penſant point que l'on put ſans ingratitude, reſter neutre au milieu des troubles qu'il s'étoit propoſé de ſuſciter à ſon rival, jura dans ſa colere, de punir les Helvetiens, & dans cette vue, il entreprit le ſiege de Zurich, perſuadé que la réduction de cette ville effrayeroit & lui rameneroit le reſte de la Haute-Allemagne. Mais ſon at- *Albert fait le ſiege de Zurich.*

prendre & de garantir leurs droits dans ces traités de confédération: mais bien loin de réclamer contre ces ligues les Seigneurs au contraire étoient dans l'uſage de traiter d'égal avec ces villes mixtes; telles qu'étoient, Bienne, Fribourg, Lucerne, Schaffhouſe, Neufchatel, la Bonneville, Payerne, Morat & Laupen.

(1) Les hiſtoriens contemporains nous apprennent que les deux armées avoient pour officiers ſupérieurs des Evêques & des Prélats; que les Evêques de Conſtance & de Strasbourg portoient la banniere dans l'armée d'Albert, & l'Abbé de Saint Gall dans l'armée d'Adolphe.

tente fut trompée, & sa valeur, ainsi que sa vengeance échouerent devant Zurich; & pour comble de disgrace, par le courage héroïque des femmes qui armées de casques, de cuirasses, & paroissant avec les hommes sur les remparts de cette ville, firent croire aux assiégeans que la garnison étoit deux fois plus nombreuse qu'elle ne l'étoit en effet, ils furent obligés de renoncer à cette expédition.

Il faut cependant avouer que vraisemblablement Albert ne se feroit point déterminé si tôt à lever le siege de Zurich, si, puissamment soutenu par la France, qui s'étoit ouvertement déclaré contre Adolphe, il ne fut, dans ce même tems, parvenu à engager quelques Electeurs à porter contre l'Empereur la ridicule (1) accusation d'avoir accepté des subsides du Roi d'Angleterre. Ce fut pourtant sur cette singuliere dénonciation qu'Adolphe fut solemnellement déposé par ces Electeurs, à la tête desquels étoit l'Archevêque de Mayence, son parent & son ennemi. Le malheureux Adolphe eut recours à la voie des armes, & la fortune encore se déclara contre lui dans la mémorable journée de (2) Gellinheim, ou de Spire selon d'autres: la victoire se rangea du côté de l'injuste Albert, qui tua, dit-on, Adolphe de sa propre main pendant le feu de la mêlée, & gagna d'un même coup la bataille & l'Empire.

La mort d'Adolphe & la Couronne impériale eussent pu satisfaire tout autre que l'avide Albert; mais ce double triomphe ne fit au contraire qu'accroître son excessive ambition, qui dès lors ne connut plus de bornes. Sans cesse devoré du desir d'ajouter de nouveaux Royaumes à ses Etats, d'enrichir, s'il l'eut pu, des dépouilles de l'univers, sa nombreuse famille, & de multiplier les sceptres dans sa maison, il n'y eut plus ni de moyens iniques qu'il n'employat, ni d'entreprises odieuses qu'il ne tentat pour accroître sa puissance, &: réussir dans ses vues d'usurpation. Les Electeurs du Rhin, forcés de lui céder les droits régaliens dont ils n'avoient cessé de jouir, jusqu'alors; la Bohême envahie, usurpée & donnée à Rodolphe l'ainé de ses enfans; le Comte Rodolphe de Lauffenbourg disputant vainement la succession paternelle, & obligé de s'en remettre à sa discrétion; les Margraves de Thuringe & de Misnie, mis au ban de l'Empire, par cela seul, qu'ils avoient osé se défendre contre la plus inique des invasions; l'Evêque de Constance violemment vexé, ses terres ravagées & son diocese dévasté, parce qu'il avoir cru devoir prendre les intérêts du Comte de Lauffenbourg son neveu & son pupille; le Comte Thibaut de Terrette dépossédé, chassé de ses terres par la seule raison quelles étoient dans le voisinage de celles de l'usurpateur & à sa bienséance: telles furent les actions & tels furent les moyens injustes de l'Empereur Albert, qui, ambitieux de donner à l'un de ses fils le nom de Duc d'Allemanie, se

---

(1) Les villes Helvetiques montrerent d'autant plus d'empressement à soutenir les intérêts d'Adolphe, que c'étoit-là le seul parti qui jusqu'alors leur avoit été le plus favorable; en effet, ce n'avoit été que sous le nom des Empereurs qu'elles avoient posé les fondemens de la liberté, & c'étoit par la foiblesse même de ces mêmes Empereurs qu'ils espéroient le plus d'affermir leur nouvelle constitution.

(2) Ce crime étoit d'un genre très nouveau, & la dénonciation d'autant plus absurde, qu'il n'y avoit point d'Electeur qui n'eut été enchanté d'avoir été le complice d'Adolphe, & qui n'eût volontiers partagé avec lui les subsides du Roi d'Angleterre, à supposer toutefois, que le Roi d'Angleterre eût réellement payé des subsides à l'Empereur.

propofa auſſi d'engloutir l'Helvetie, (1) comme il avoit envahi tant d'autres contrées.

On a vu que la Haute-Allemagne étoit partagée en une foule de Sôuveraïnetés gouvernées par des Comtes, des Barons, des Chevaliers, des Evêques, des Abbés, des Moines, des Chapitres; & qu'il n'y avoit dans toute cette vaſte étendue de pays que quelques villes & communautés libres. La plûpart de ces petits Etats, les plus puiſſants du moins, appartenoient à la maiſon de Habsbourg, & l'Empereur Albert étoit le chef de cette (2) maiſon: il crut qu'il lui feroit facile de réunir à ſon autorité toutes ces petites dominations, & il penſa qu'il n'auroit pour cela qu'à témoigner le deſir qu'il avoir, ou ſi l'on paroiſſoit s'y refuſer, qu'à l'ordonner. Afin d'écarter tout obſtacle, il commença par s'attacher la Nobleſſe, & il l'engagea à force de careſſes, de bienfaits, de proméſſes; à rendre déformais à la maiſon de Habsbourg l'hommage & les devoirs féodaux qu'elle n'avoit rendu juſqu'alors qu'à l'Empire. Il réuſſit au gré de ſes eſpérances; corrompus par ſon or les Comtes de Rhothenbourg, de Wollauſen & de Williſaw s'empreſſerent de le reconnoître ſouverain de leurs Seigneuries, & l'eſpoir d'exercer en ſon nom, le pouvoir arbitraire lui valut le même hommage de la part des Comtes de Nidau, de Strasberg, de Thun '& d'Arberg, qui furent imités par les Seigneurs de Regensberg, de Watt, & par une foule d'autres, qui croyant s'élever au deſpotisme, ſe hâterent de courir au devant de la ſervitude.

Un ſeul de ces Seigneurs, le Comte Vernier de Homberg, rougiſſant de la lâcheté de ſes égaux, & trop ferme pour imiter leur baſſeſſe, refuſa ſans détour l'hommage qu'on exigeoit de lui. L'Empereur ſe vengea par quelques injuſtices qu'il lui fit eſſuyer; & Vernier (3) pour ſe venger lui-même, vendit toùt ſon Comté de Homberg à l'Evêque de Bâle, qui s'étoit plus d'une fois oppoſé aux prétentions d'Albert, dont-il étoit l'ennemi déclaré. Mais

Le Comte
Vernier de
Homberg
lui refuſe
l'hommage,
& vend ſon
Comté a l'Evêque de
Bâle.

---

· (1) Avant que d'employer la voie des armes, Albert envoya aux Helvetiens les Barons de Liechtenberg & d'Ochſenſtein, pour leur repréſenter combien il leur conviendroit de ſe donner à lui, entourés comme ils l'étoient par ſes domaines, & ayant même dans leur propre pays beaucoup de juriſdictions qu'il avoit acquiſes du Clergé & de pluſieurs Seigneurs. La réponſe des Helvetiens fut ſimple & ſans détour; ils dirent qu'ils ſe flattoient qu'on les maintiendroit dans leurs privileges, de même que de leur côté ils étoient prêts à remplir les obligations auxquelles ils étoient tenus. T. Schud. p. 226. Stettler. p. 27. Guillem. p. 91. Simler. p 5.

(2) La Haute-Allemagne étoit compoſée d'une multitude de petites Souverainetés, & parmi ces états la maiſon de Habsbourg avoit fans contredit la prépondérance, ſoit par ſes hautes dignités, ſoit par le nombre & l'étendue de ſes domaines. Albert, chef de cette maiſon & en même tems chef de l'Empire, ne vit de tous côtés que de petits états à ſa convenance, & des voiſins dont la foibleſſe n'oſeroit lui réſiſter : il ne cherchoit à s'aggrandir que pour remplir le deſir preſſant qu'il avoit de donner à l'un de ſes fils le nom de Duc d'Allemanie; vain & impérieux comme il l'étoit, il crut que le ſuccès de cette entrepriſe ne lui couteroit qu'un acte de volonté, ou un ordre émané de ſon autorité ſuprême & abſolue. Hiſt. des ligues & des guerres de la Suiſſe. p. 71.

(3) La noble fermeté de Vernier eut dû lui valoir l'eſtime d'Albert, elle ne lui valut que de la haine & du mépris : il lui ſuſcita beaucoup de tracaſſeries: il lui fit éprouver les déſagréments les plus offençants : Vernier ſe plaignit de ces procédés à l'aſſemblée germanique, qui fut touchée de la ſituation du Comte, & n'oſa cependant ni le ſecourir ni le venger; ce fut alors que Vernier indigné vendit ſon Comté de Homberg à l'Evêque de Bâle. Simler. p. 9. Guillem. p. 96. Stettler. p. 30.

à l'exception de Vernier, la Nobleſſe preſqu'entiere. ſe ſoumit aux volontés de l'Empereur, qui trouva la même obéiſſance dans le Clergé, enſorte que la ſeule occaſion légitime que le Sacerdoce eut de réſiſter à l'Empire, il la ſaiſit pour faire. à Albert une ſervile cour : enſorte qu'au nom de la Maiſon d'Habsbourg, & non comme chef de l'Empire, Albert reçut l'hommage des Abbáyes de Richenau, d'Einſidlen, de Schennis, de Weltingen, de Muti, de Saint-Blaiſe & de Saint-Urbain. Il acquit des Abbayes de Diſſentis & de Pfeffer, le Fort de Langenbert & le Comté de Laax; la ville d'Unterſerven, les terres d'Uſpuneſen, d'Oberhoffen & de Grindelwald, des Moines, d'Interlappen. Il ſe fit céder enfin par l'Abbaye de Seckingen tous les droits qu'elle avoit ſur le pays de Glaris; de maniere qu'il pouvoir facilement gêner les trois petits Cantons libres de Schweitz, d'Uri & d'Unterwald, qu'il gênoit encore d'avantage au moyen de Lucerne, qui, fourniſſant la plus grande partie de leur ſubſiſtance aux habitans de ces trois Cantons, & dévouée aux volontés d'Albert qui venoit de l'acquerir, pouvoit affamer aiſément ces trois Communautés.

*Albert re-
fuſe de re-
connoître les
privileges
des trois
Cantons.*

Tout juſqu'alors avoit répondu aux déſirs de l'ambitieux Albert; le Clergé la (1) Nobleſſe s'étoient diſputé l'aviliſſant honneur de concourir à l'exécution de ſes projets, & il ne reſtoit plus dans la Haute-Allemagne de pays encore libres que les trois petits Cantons dont on vient de parler. Leur paiſible indépendance offenſoit l'amour propre de l'Empereur, & il ſe propoſa de les ſubjuguer auſſi, ſoit de gré, ſoit de force. Afin de les préparer au joug qu'il leur deſtinoit, il refuſa de reconnoître leurs privileges & leurs prérogatives; & joignant le mépris au refus, il dit qu'il feroit examiner ces privileges, que ſes prédéceſſeurs avoient cependant été dans l'uſage de confirmer, à leur avénement à la Couronne impériale. Les habitans des trois Cantons n'étoient point encore revenus de l'étrange ſurpriſe que leur avoir donnée cette bruſque réponſe, lorſqu'ils virent arriver deux Commiſſaires chargés par l'Empereur de cet odieux examen : ces Commiſſaires étoient les Barons d'Oſchenſtein & de Liechtemberg, le premier, Préfet en Alſace, le ſecond, Baillif du Brisgaw, l'un & l'autre Conſeillers intimes d'Albert, & tous deux les plus ruſés & les plus injuſtes des hommes. Auſſitôt qu'ils furent arrivés, ils demanderent une aſſemblée générale des habitans des trois Cantons, & repréſenterent dans un diſcours artificieux, que l'Empire étant preſque continuellement agité par des diviſions, déchiré pendant les interregnes, il importoit beaucoup plus aux trois Cantons d'avoir pour protection une Maiſon puiſſante, illuſtre & née dans le ſein de l'Helvetie même, que d'être protégés par le Chef de l'Empire, qui, comme le prouvoient tant de circonſtances

<hr>

(2) L'Empereur Albert cependant trouva dans le Clergé Helvetique trois Prélats aſſez fermes pour lui réſiſter courageuſement : l'Abbeſſe de Zurich s'oppoſa à ſes volontés par affection pour les Magiſtrats & les Bourgeois de cette ville; l'Abbé de Saint Gall par le ſouvenir des injures qu'il avoit reçues d'Albert, & l'Evêque de Bâle par l'attachement le plus mâle & le plus eſtimable à ſes droits. Cet Evêque s'appelloit Pierre de Reichenſtein, d'une famille noble, & qui ſubſiſte encore dans la Haute-Alſace : il fut élu bientôt après Archevêque de Mayence: ſon ſucceſſeur l'imita dans ſa fermeté, & quelques efforts que fit l'Empereur Albert; il ne put ni gagner ni intimider ce Prélat, digne à tous égards de remplir la chaire que venoit d'occuper Pierre de Reichenſtein *Hiſt. das Révolutions. de la Haute-Allemagne, contenant ces ligues & les guerres de la Suiſſe, Liv. 1. pag. 76.*

paſſées & tant d'événemens récens , étoit ſouvent hors d'état de ſe défendre lui-même , bien loin de protéger les pays étrangers. De toutes les maiſons qui décorent l'Helvetie , ajouterent les ruſés Commiſſaires , il n'en eſt ni de plus puiſſante ni de plus accréditée que celle de Habsbourg, qui reconnoît pour chef. le chef même de l'Empire ; c'eſt donc lui que vous devez choiſir pour protecteur & pour Suzerain; l'hommage que vous lui ferés lui ſera d'autant plus agréable , que vous le lui ferez librement , quoiqu'au fond , vos intérêts le rendent néceſſaire. „ C'eſt donc à vous , conclurent ils , à voir ſi vous préférez de vivre ſous les loix d'Albert le plus juſte des Princes & le plus bienfaiſant des hommes , ou de reſter forcément ſous la domination d'un Empereur , juſtement ulcéré de votre réſiſtance , & qui d'ailleurs , ayant mille moyens faciles de vous ſubjuguer , conſervera un éternel reſſentiment de vos refus : c'eſt maintenant à vous qu'il appartient d'examiner s'il eſt plus de votre intérêt de lutter infructueuſement contre le plus puiſſant Monarque de l'Europe , que d'imiter l'exemple de Lucerne , Zug & Glaris , qui s'étant volontairement ſoumis au Prince Albert , en qualité de chef de la Maiſon de Habsbourg , n'ont point ceſſé d'en éprouver les bienfaits les plus ſignalés & les traitemens les plus (1) doux. "

Quelque ſéduiſantes que fuſſent ces propoſitions , elles n'exciterent que de l'indignation. Les Citoyens les plus diſtingués des trois Cantons aſſemblés , avertis en ſecret par le Comte Vernier de Homberg du ſujer de la miſſion des deux Commiſſaires & des vues de l'Empereur , s'étoient préparés d'avance à répondre aux demandes qu'on leur feroit : & les Commiſſaires eurent à peine fini leur harangue , que quelques-uns d'entr'eux ſe levant & montrant un rouleau de diplomes & de chartes , dirent , au nom des trois Cantons : „ Voilà nos biens les plus ineſtimables , l'héritage ſacré que nous tenons de nos peres; le dépôt inaliénable que nos ancêtres nous ont tranſmis , & dont nous devons compte à nos enfans , & ceux-ci aux races futures : ces décrets , ces diplomes aſſurent , confirment nos titres , nos privileges & notre liberté : nous ne ſommes ni ſerfs , ni ſujets d'aucun Prince particulier; nous ſommes citoyens de l'Empire Romain , & membres du corps auguſte qui reconnoît l'Empereur pour ſon chef : c'eſt à ce corps , c'eſt à ce chef que nous ſommes unis , ces liens font notre gloire , & nous ne ſaurions les rompre ſans devenir parjures , infideles. Quelque puiſſant que ſoit le Prince qu'on nous propoſe de reconnoître pour Suzerain , l'hommage que nous lui rendrions ſeroit pour nous infiniment moins honorable , que celui que nous rendons au Chef de l'Empire Romain; & cet hommage ſeroit en nous une baſſeſſe : nous reſpectons le Souverain qui gouverne la République Germanique : mais nous oſons lui repréſenter qu'il ne peut , ni ne doit rien changer à ſes loix; à ſes conſtitutions : il nous mépriſeroit , & nous nous mépriſerions nous mêmes , ſi par crainte , ou par foibleſſe , nous étions aſſez vils , pour renoncer à nos prérogatives , qui , fondées ſur la conſtitution même de la République Germanique , font pour nous le plus précieux des biens; avantage qui nous eſt auſſi cher que l'honneur , & plus cher que la (2) vie. "

(1) Simler. Rép. Helv. pag. 8.
(2) Idem. pag. 10.

Etonnés de cette réponse, les Barons d'Ochsenstein & de Liechtemberg ne repliquerent point, & allerent rendre compte de leur mission à l'Empereur, qui ne s'attendoit point à un refus. Il crut son honneur compromis par l'inutilité de la démarche qu'il avoit faite; il se proposa de se venger avec éclat, & d'humilier ces trois Cantons, qui d'ailleurs l'avoient jadis offensé, par l'exacte neutralité dans laquelle ils s'étoient renfermés pendant la guerre qu'il avoir déclaré à l'Empereur Adolphe. Il prit pour se venger des moyens d'autant plus accablans, qu'ils paroissoient fondés sur la justice (1) & autorisés par les prérogatives mêmes des trois Cantons. En effet, Schweitz, Uri & Unterwald, étoient des Etats libres & gouvernés par leurs propres Magistrats; mais il étoit des cas, où la jurisdiction des Magistrats cessoit, en matiere criminelle: parce que, d'après leurs constitutions mêmes, tout habitant, coupable d'un crime, perdoit dès ce moment tout droit de cité; sa personne & ses biens appartenoient au Fisc de l'Empereur, au nom duquel le coupable étoit jugé & puni. C'étoit pour exercer cette jurisdiction, que le chef de l'Empire nommoit un Baillif ou juge criminel, qui faisoit sa résidence dans ces Cantons. Jadis la maison de Zeringhen avoit pendant très-long-tems possédé cet office de Baillif, comme fief de l'Empire: mais depuis l'extinction de cette maison, les Empereurs étoient dans l'usage de donner des provisions à vie pour l'exercice de cette dignité, que l'on ne confioit qu'à des personnes distinguées, à des Comtes de l'Empire, qui ne résidoient point dans aucun de trois Cantons, mais qui venoient y tenir des audiences solemnelles, lorsque les circonstances l'exigeoient, & qu'il y avoir des criminels à juger (2). Cet usage observé fort scrupuleusement depuis très-long-tems, étoit regardé comme inviolable, par les habitans des trois Cantons, & comme l'un de leurs privilege auquel il étoit le moins possible d'attenter. Albert ne le viola point ouvertement; au contraire, il parut fort attentif à s'y conformer; mais au lieu d'un Baillif, il en nomma trois: & ces juges furent trois gentils-hommes connus par leur perversité dans tous les genres, décriés par la corruption de leurs mœurs, méprisés par leur conduite, perdus de dettes, & beaucoup plus perdus d'honneur. L'un d'eux, Landerberg, homme inique, dur, insolent, avide, alla par ordre de l'Empereur faire sa résidence à la Cour de Sarnen, maison forte, située dans le pays d'Unterwald, & qui appartenoit aux chanoines de Lucerne: le second des Baillifs, le farouche Griszler qui ne savoit rougir de rien, depuis long-tems habitué au crime, barbare & sanguinaire jusques dans ses amusemens, fut envoyé par Albert dans un Fort, (3) appartenant à la maison d'Autriche & situé près du Lac de Lucerne, sur les limites du Canton de Schweitz: le troisieme, Wolffenschiesse, plus accessible en apparence, mais plus méchant & plus perfide que

---

(1) Stettler. pag. 36.
(2) Guillem de Reb. Helvet. pag. 173.
(3) Ce château étoit un fort redoutable par l'horreur de sa situation, & par l'obscurité des Prisons qui y étoient construites: les habitans du pays o ient donné à ce château le nom de Küsnach: en François, Baise Nuit, nom en effet très convenable à ce château fortifié, & terrible par la certitude que les prisonniers y avoient de ne pouvoir être ni sécourus, ni entendus. Guillem. p. 112.

---

Side notes (left margin):

Sect. II. Histoire de la Suisse &c.

Colere d'Albert.

Jurisprudence observée dans ces trois Cantons.

Albert envoya trois Baillifs dans les trois Cantons.

les deux autres, dont il ne ſe diſoir que le Lieutenant, alla fixer ſon domi-
clle au château de Rotzberg, qui appartenoit auſſi à l'Empereur Albert.

Les ſoins que ces trois Baillifs prirent de ſe choiſir une demeure fixe, parut une nouveauté ſinguliere aux habitans des trois Cantons, juſqu'alors, accoutumés à ne voir que fort rarement les Magiſtrats de ce rang dans leur pays,
où ils ne faiſoient que paroître & paſſer rapidement. Cependant, peu méfians, & craignant d'irriter l'Empereur, ils ne voulurent point s'oppoſer à
cette innovation. Ils eurent bientôt lieu de ſe répentir de cet acte de com-
plaiſance; mais il n'étoit plus tems; & les Baillifs, environnés d'une garde
nombreuſe, exerçant arbitrairement les fonctions de leur dignité, répandirent
la terreur & la conſternation dans leurs départemens. Enfermés dans leurs
forts, ils donnoient du haut des tours, les ordres les plus deſpotiques, & le
moindre retardement dans l'exécution de leurs volontés, ou abſurdes ou tyranniques, étoit ſéverement puni, ſouvent par la rigueur des chatimens les
plus inſupportables à des hommes libres, & plus ſouvent encore par de fortes amendes qu'il falloit payer incontinent, pour ſe ſouſtraire à de plus graves punitions. (1)

Au jugement de ces avides Magiſtrats tout étoit crime & ſujet à des peines
afflictives ou pécuniaires; & comme ils étoient inépuiſables dans la création
de nouvelles eſpeces de délits, ils l'étoient auſſi à publier des ordonnances ridicules, & ſuivant leſquelles il n'étoit plus poſſible de rien faire ſans crime.
Le produit des amendes particulieres, quelqu'abondant qu'il fut, ne pouvant
aſſouvir l'avidité de ces trois officiers, ils prirent de concert un nouveau moyen de fouler le peuple; & ce moyen fut de condamner à des taxes & à des
impôts exceſſifs les communautés entieres, en réparation de délits ſuppoſés,
ou de torts prétendus faits & dénoncés par les ſatellites mêmes de trois tyrans, dont la ſeule délation ſervoit de preuve complette. Ce n'étoit point
aſſez d'opprimer de la plus cruelle maniere les habitans des trois Cantons;
Griszler, Landemberg & leur Lieutenant imaginerent un nouveau genre de
vexation encore plus intolérable, parce qu'il étoit plus aviliſſant qu'oppreſſif;
ils attenterent impudemment à l'honneur du ſexe, (2) faiſoient ſaiſir & conduire dans leurs forts les plus jeunes & les plus belles filles ou femmes, &
abandonnoient les autres à la brutalité de leurs ſatellites, qui répandus dans
le pays, y commettoient impunément les plus atroces violences, inſolens juſques dans leurs jeux, ils s'amuſoient à inſulter, juſqu'à l'outrage, les citoyens
les plus reſpectés par leur âge, ou par leur intégrité.

Plus dur & plus impérieux, que ſes deux aſſociés Griszler imagina deux
nouveaux moyens de mortifier les habitans du Canton d'Uri. Il fit d'abord
conſtruire ſur une éminence qui domine le Bourg d'Altorf un château fort,

_____

(1) Les Chroniques Helvetiques ne trouvent point d'expreſſions aſſez fortes pour
décrire la dureté du gouvernement de ces trois Baillifs. On y lit, qu'ils condamnoient
les habitans à la priſon pour les plus légeres fautes, & les faiſoient tranſporter à Zug
ou à Lucerne, ſous les moindres prétextes, pour les faire punir; qu'ils exigeoient, durement & ſans miſéricorde les deniers qu'on devoit à l'Empire; impoſoient de nouvelles taxe; étoient inacceſſibles aux plaintes & aux gémiſſemens des malheureux. Etterlin,
pag 12 Bircken p 257.
(2) Bircken. p. 239.

SECT. II.
Hiſtoire de
la Suiſſe
&c.

Colere d'Al-
bert.

Juriſpru-
dence obſer-
vée dans ces
trois Can-
tons.

Albert en-
voya trois
Baillifs
dans les trois
Cantons.

Etonnés de cette réponſe, les Barons d'Ochſenſtein & de Liechtemberg ne
repliquerent point, & allerent rendre compte de leur miſſion à l'Empereur,
qui ne s'attendoit point à un refus. Il crut ſon honneur compromis par l'inutilité de la démarche qu'il avoit faite; il ſe propoſa de ſe venger avec éclat,
& d'humilier ces trois Cantons, qui d'ailleurs l'avoient jadis offenſé, par
l'exacte neutralité dans laquelle ils s'étoient renfermés pendant la guerre qu'il
avoir déclaré à l'Empereur Adolphe. Il prit pour ſe venger des moyens
d'autant plus accablans, qu'ils paroiſſoient fondés ſur la juſtice (1) & autoriſés par les prérogatives mêmes des trois Cantons. En effet, Schweitz,
Uri & Unterwald, étoient des Etats libres & gouvernés par leurs propres Magiſtrats; mais il étoit des cas, où la juriſdiction de ces Magiſtrats ceſſoit, en
matiere criminelle: parce que, d'après leurs conſtitutions mêmes, tout habitant, coupable d'un crime, perdoit dès ce moment tout droit de cité; ſa
perſonne & ſes biens appartenoient au Fiſc de l'Empereur, au nom duquel
le coupable étoit jugé & puni. C'étoit pour exercer cette juriſdiction, que
le chef de l'Empire nommoit un Baillif ou juge criminel, qui faiſoit ſa réſidence dans ces Cantons. Jadis la maiſon de Zeringhen avoit pendant très-
long-tems poſſedé cet office de Baillif, comme fief de l'Empire: mais depuis
l'extinction de cette maiſon, les Empereurs étoient dans l'uſage de donner
des proviſions à vie pour l'exercice de cette dignité, que l'on ne confioit qu'à
des perſonnes diſtinguées, à des Comtes de l'Empire, qui ne réſidoient point
dans aucun de trois Cantons, mais qui venoient y tenir des audiences ſolem-
nelles, lorſque les circonſtances l'exigeoient, & qu'il y avoit des criminels à
juger (2). Cet uſage obſervé fort ſcrupuleuſement depuis très-long tems,
étoit regardé comme inviolable, par les habitans des trois Cantons, & comme l'un de leurs privileges auquel il étoit le moins poſſible d'attenter. Albert ne le viola point ouvertement; au contraire, il parut fort attentif à s'y
conformer; mais au lieu d'un Baillif, il en nomma trois: & ces juges furent
trois gentils-hommes connus par leur perverſité dans tous les genres, décriés
par la corruption de leurs mœurs, mépriſés par leur conduite, perdus de dettes, & beaucoup plus perdus d'honneur. L'un d'eux, Landerberg, homme
inique, dur, inſolent, avide, alla par ordre de l'Empereur faire ſa réſidence
à la Cour de Sarnen, maiſon forte, ſituée dans le pays d'Unterwald, & qui
appartenoit aux chanoines de Lucerne: le ſecond des Baillifs, le farouche
Griszler qui ne ſavoit rougir de rien, depuis long-tems habitué au crime,
barbare & ſanguinaire juſques dans ſes amuſemens, fut envoyé par Albert
dans un Fort, (3) appartenant à la maiſon d'Autriche & ſitué près du Lac
de Lucerne, ſur les limites du Canton de Schweitz; le troiſieme, Wolffen-
ſchieſſe, plus acceſſible en apparence, mais plus méchant & plus perfide que

(1) Stettler. pag. 36.
(2) Guillem. de Reb. Helvet. pag 173.
(3) Ce château étoit un fort redoutable par l'horreur de ſa ſituation, & par l'obſcurité
des Priſons qui y étoient conſtruites: les habitans du pays avoient donné à ce château
le nom de Kusnacht: en François, Baiſe-Nuu, nom en effet très-convenable à ce château fortifié, & terrible par la certitude que les priſonniers y avoient de ne pouvoir être
ni ſécourus, ni entendus. Guillem. p. 112.

les deux autres, dont il ne se disoit que le Lieutenant, alla fixer son domicile au château de Rotzberg; qui appartenoit aussi à l'Empereur Albert.

Les soins que ces trois Baillifs prirent de se choisir une demeure fixe, parut une nouveauté singuliere aux habitans des trois Cantons, jusqu'alors, accoutumés à ne voir que fort rarement les Magistrats de ce rang dans leur pays, où ils ne faisoient que paroître & passer rapidement. Cependant, peu méfians, & craignant d'irriter l'Empereur, ils ne voulurent point s'opposer à cette innovation. Ils eurent bientôt lieu de se répentir de cet acte de complaisance; mais il n'étoit plus tems; & les Baillifs, environnés d'une garde nombreuse, exerçant arbitrairement les fonctions de leur dignité, répandirent la terreur & la consternation dans leurs départemens. Enfermés dans leurs forts, ils donnoient du haut des tours, les ordres les plus despotiques, & le moindre retardement dans l'exécution de leurs volontés, ou absurdes ou tyranniques, étoit séverement puni, souvent par la rigueur des chatimens les plus insupportables à des hommes libres, & plus souvent encore par de fortes amendes qu'il falloit payer incontinent, pour se soustraire à de plus graves punitions. (1)

Sect. II. Histoire de la Suisse &c.

Ils se rendent odieux.

Au jugement de ces avides Magistrats tout étoit crime & sujet à des peines afflictives ou pécuniaires; & comme ils étoient inépuisables dans la création de nouvelles especes de délits, ils l'étoient aussi à publier des ordonnances ridicules, & suivant lesquelles il n'étoit plus possible de rien faire sans crime. Le produit des amendés particulieres, quelqu'abondant qu'il fut, ne pouvant assouvir l'avidité de ces trois officiers, ils prirent de concert un nouveau moyen de fouler le peuple; & ce moyen fut de condamner à des taxes & à des impôts excessifs les communautés entieres, en réparation de délits supposés, ou de torts prétendus faits & dénoncés par les satellites mêmes de trois tyrans, dont la seule délation servoit de preuve complette. Ce n'étoit point assez d'opprimer de la plus cruelle maniere les habitans des trois Cantons; Griszler, Landemberg & leur Lieutenant imaginerent un nouveau genre de vexation encore plus intolérable, parce qu'il étoit plus avilissant qu'oppressif: ils attenterent impudemment à l'honneur du sexe, (2) faisoient saisir & conduite dans leurs forts les plus jeunes & les plus belles filles ou femmes, & abandonnoient les autres à la brutalité de leurs satellites, qui répandus dans le pays, y commettoient impunément les plus atroces violences, insolens jusques dans leurs jeux, ils s'amusoient à insulter, jusqu'à l'outrage, les citoyens les plus respectés par leur âge, ou par leur intégrité.

Plus dur & plus impérieux, que ses deux associés Griszler imagina deux nouveaux moyens de mortifier les habitans du Canton d'Uri. Il fit d'abord construire sur une éminence qui domine le Bourg d'Altorf un château fort,

(1) Les Chroniques Helvetiques ne trouvent point d'expressions assez fortes pour décrire la dureté du gouvernement de ces trois Baillifs. On y lit, qu'ils condamnoient les habitans à la prison pour les plus légeres fautes, & les faisoient transporter à Zúg ou à Lucerne, sous les moindres prétextes, pour les faire punir; qu'ils exigeoient; durement & sans miséricorde les deniers qu'on devoit à l'Empire; impofoient de nouvelles taxes; étoient inaccessibles aux plaintes & aux gémissemens des malheureux. Etterlin, pag 12 Bircken p 257.
(2) Bircken. p. 239.

deſtiné à ſervir de priſon à quiconque lui déplairoit; & afin qu'on ne douçât point de l'uſage auquel il conſacroit ce Fort, il lui donna le nom de *Frein. d'Uri* (1). Cette humiliation ne lui parut point encore aſſez aviliſſante, & pour comble d'inſolence, il fit placer ſon chapeau au haut d'une perche dans la place publique d'Altorf, & fit en même tems publier un ordre à quiconque paſſeroit, de fléchir le genou devant le chapeau, ſous peine des plus rigoureux châtimens. Cette affreuſe tyrannie accabla les habitans des trois Cantons; foulés, opprimés & en quelque ſorte déshonorés & réduits en ſervitude, ils envoyerent à l'Empereur des députés, qui ſe plaignirent vivement de la conduite révoltante des Baillifs, & de la violation encor plus révoltante des privileges nationnaux; ils conjurerent l'Empereur d'arrêter cet excès de licence, & de ne pas déſeſpérer des gens d'honneur. Albert n'eut aucun égard à ces repréſentations, approuva tout ce que les baillifs avoient fait, & tout ce qu'ils feroient, offrit aux députés de protéger les trois Cantons s'ils vouloient ſe ſoumettre à lui, non comme Empereur, mais comme chef de la maiſon d'Habsbourg, les menaçant de la plus ſévere vengeance & de la force de ſes armes s'ils refuſoient encore. Les députés lui répondirent qu'ils lui obéiroient comme au chef de l'Empire, & qu'en cette qualité, ils mettoient leur gloire à le reconnoître pour leur Souverain, parce qu'ils étoient membres du Corps Germanique; mais que du reſte, étant libres & ne dépendant d'aucun Prince particulier, ils ne pouvoient, ni ne devoient leur hommage à d'autre qu'au chef de l'Empire, & qu'ils le ſupplioient de confirmer leurs privileges & leurs immunités.

L'Empereur Albert irrité de ce refus, ménaça les députés & leurs compatriotes des effets de ſa vengeance & les renvoya avec indignation ſans leur avoir rien accordé, & leur ordonnant d'obéir ſans murmure aux baillifs qui les gouvernoient. Ceux-ci furent bientôt inſtruits de la démarche des trois Cantons, ainſi que de la reception faite à leurs envoyés, & jugeant des intentions de l'Empereur par l'accueil qu'il avoit fait aux députés, ils ſe livrerent ſans retenue à tout ce que l'injuſtice & la perverſité ont de plus révoltant & de plus odieux. Dès-lors, on ne vit plus à Schweitz, Uri & Unterwald, qu'enlévemens de filles & de femmes, uſurpations de biens, pillages & empriſonnemens. Quelquefois ſous prétexte de juſtice, & plus ſouvent encore ſans nulle ſorte de prétexte, ils exerçoient par eux-mêmes, & par leur ſatellites les actes de cruauté les plus barbares, & principalement ſur les citoyens les plus riches & ſur ceux qui jouiſſoient de la plus haute conſidération. Pour les fautes les plus légeres, les impitoyables baillifs prononçoient des amendes exorbitantes, & que les condamnés étoient dans l'impoſſibilité de payer; leur impuiſſance alors étoit priſe pour un mépris du jugement & punie des plus ſéveres chatimens. Sur de ſimples ſoupçons, les habitans les plus notables étoient pris & mis à la torture; on les déchiroit, on leur briſoit les membres, on leur arrachoit les yeux. Cet (2) excès d'inhumanité irritoit vivement le peuple contre ces trois tyrans: mais la crainte des ſupplices le contenoit, & la terreur des exemples multipliés de leur vengeance le glaçoit d'effroi. Il gémiſſoit dans le ſilence,

&

(1) En Allemand, *Zwing-Uri*, mot pour mot, *Bride-Uri*.
(2) Etterlin. pag. 13.

& portoit forcément des chaînes qu'il n'étoit pas en lui de rompre. Enhardis par l'impunité, autorisés par l'Empereur, les baillifs se porterent à des nouvelles atrocités & ne mirent plus de bornes à leur rapine, ainsi qu'à leur férocité. Henri Melchtal, vieillard encore plus respectable par son intégrité, que par son âge & par ses biens, labouroit un jour ses champs & ne songeoit à rien moins qu'à l'outrage qu'on s'étoit proposé de lui faire, lorsqu'un des satellites du baillif Landenberg vint lui disant (1), en lui-disant qu'un paysan-tel que lui étoit fait pour traîner la charrue; le vieillard se plaignit de cette violence; mais son fils, jeune homme vif & fier, ne pouvant voir tranquillement son pere maltraité, se jeta sur le satellite, le battit & le renvoya; sentant bien cependant qu'il s'étoit perdu, il prit le seul parti qu'il eut à choisir, & s'enfuit sans prévoir à quel malheur il exposoit son pere. En effet, à peine il s'étoit dérobé au danger qui le ménaçoit, qu'une foule de gardes vinrent saisir Henri Melchtal, qu'ils traînerent aux piés de Landenberg: celui-ci sans daigner écouter seulement les raisons du vieillard le condamna à représenter son fils ou à avoir les yeux crevés. Melchtal ignoroit dans quel lieu son fils s'étoit refugié, & vraisemblablement s'il l'eut sçu, il n'auroit eû garde de l'indiquer au tyran, qui lui fit arracher les yeux. (2)

Pendant que cette scene de cruauté se passoit au château de Landenberg, le fils du malheureux Melchtal restoit caché dans les montagnes du Canton d'Uri, chez Walther Furst, ancien ami de sa famille. Ce fut là que ce jeunehomme apprit le déplorable sort de son pere & le tourment qu'il venoit de subir: il en fut accablé de douleur, & le sensible Walther Furst partagea son chagrin. Après avoir répandu l'un & l'autre des larmes sur le malheur d'Henri Melchtal, ils s'attendrirent sur les calamités publiques & sur le triste état de la patrie; de réflexion en réflexion, ils en vinrent à chercher par quels moyens il seroit possible de l'affranchir de la honteuse servitude où elle étoit tombée. Leurs entretiens intéressans furent interrompus ou plutôt animés par l'arrivée imprévue d'un nouveau proscrit, par Werner von Stauffen, Gentil-homme de Schweitz, opprimé par Griszler, menacé du supplice, parce qu'il s'étoit plaint, d'être traité en criminel, & qui venoit chercher un azile inaccessible à son persécuteur. Ces trois braves citoyens également pénétrés de la situation de leurs compatriotes, oserent former le généreux projet de briser le joug qui les asserviffoit; & ce triumvirat, plus respectable mille fois que celui de l'ancienne Rome, qui n'avoit pour objet que d'écraser la liberté, fut la premiere ébauche de l'illustre & puissante ligue que l'on vit se former dans la suite.

Arnold Melchtal, d'Unterwald, Werner von Stauffen, de Schweitz, & Walther Furst, d'Uri, rassemblés secretement & déterminés à périr ou à renverser les tyrans, délibérerent sur les moyens de délivrer leurs compatriotes de l'oppression qui les aviliffoit. Après avoir formé le plan de leur conjuration, ils s'engagerent avec serment à se garder mutuellement le secret le plus inviolable. Ils convinrent ensuite de soulever le plus d'habitans qu'ils pourroient, chacun dans son Canton; & à cet effet, de faire entrer dans la con-

*Marginal notes:*

SECT. II.
Histoire de la Suisse &c.

Melchtal, forme en secret des projets de vengeance.

Moyens pris par les conjurés de délivrer & venger leurs compatriotes.

---

(1) Bircken. p. 259.
(2) Stumpf. T. 1. p. 329. Stettler. p. 32. Rhan. Chr. Mf. L. 3. C. 10.

Sect. II.
Histoire de
la Suisse
&c.

spiration des gens de confiance, impatiens de recouvrer la liberté, & capables d'exécuter toutes les entreprises que l'on croiroit devoir tenter (1). Quelques jours après, les trois conspirateurs, si l'on peut appeller de ce nom d'aussi dignes citoyens, engagerent dans leur projet plusieurs de leurs amis; & leur fixant un jour, il les inviterent à se rendre à Uri, sur la place de Grutli, chacun avec trois nouveaux associés. Ce rendez-vous eut lieu, & les conjurés réunis au nombre de douze, furent les chefs & les directeurs du reste de cette périlleuse & brillante entreprise. Ils jurerent de nouveau de s'entr'aider de toute leur puissance; ils délibérerent ensuite sur les moyens d'exécuter leurs desseins, & il fut convenu qu'on exciteroit dans chaque Canton, au même jour, à la même heure, un soulévement général, qu'on surprendroit & qu'on démoliroit tous les châteaux fortifiés, qu'on chasseroit du pays les Gouverneurs, leurs satellites & leurs adhérans.

Jour indi-
que pour
l'exécution
du plan de la
conspira- ~
tion.
· 1307.

L'assemblée suivante fut plus considérable; chacun des douze conjurés ayant amené avec lui plusieurs associés: enforte qu'ils se crurent en assez grand nombre pour faire éclater leur projet dont l'exécution fut fixée au 14e Octobre 1307. Mais avant que les confédérés se séparassent, les conjurés du Canton d'Unterwald représenterent que les châteaux de Sarnen & de Rotzberg étoient trop bien fortifiés pour espérer qu'ils pussent être emportés d'assaut par une multitude bien intentionnée à la vérité, mais indisciplinée; qu'il valoit mieux différer l'exécution du soulévement général, & se donner le tems d'inventer quelques stratagemes qui rendissent les conjurés maitres de ces châteaux, & qui, s'ils n'étoient pas pris, seroient bientôt remplis de fortes & nombreuses garnisons qui donneroient aux baillifs le tems de s'y maintenir, jusqu'à ce qu'une armée de l'Empereur vint les sécourir, faire échouer la conjuration, & rendre plus pesant & plus dur le joug de la servitude. La justesse de ces observations (2) frappa les confédérés, & le jour du soulévement général fut remis au premier Janvier suivant (1308).

Accident
imprévu qui
pense rom-
pre les me-
sures prises
par les Con-
jurés.

Quelques sages que fussent ces mesures, un accident imprévu pensa faire avorter le complot; & vraisemblablement l'entreprise eut manqué, si trompés par l'apparente soumission des trois Cantons, les baillifs ne se fussent point endormis dans une fausse sécurité, ou si les conjurés impatiens de renverser la tyrannie, eussent eu l'imprudence de profiter d'une occasion favorable à leurs vues, & qui se présenta avant le jour fixé. Le lieutenant ou baillif Wolfenschiesse, fut tué dans le village d'Artzen d'un coup de hache, par un mari dont Wolfenschiesse venoit de déshonorer la femme; & quelques jours après le baillif Griszler fut tué par la juste vengeance que méritoit un trait de cruauté dont il s'applaudissoit. Voici ce trait digne de l'âme atroce de Griszler.

Noble fer-
meté de
Tell.

On a dit qu'il avoir fait élever dans la place d'Altorf un poreau sur lequel étoit attaché son chapeau, & que par une ordonnance rendue par ce juge inique, il étoit ordonné sous peine de mort, à tous ceux qui passeroient sur cette place, de saluer ce chapeau, & de fléchir les génoux, comme si le baillif lui-même y eut été. Le peuple fut indigné de cette ordonnance, mais la crainte des supplices le força de se soumettre. Guillaume Tell plus

(1) Simler. p 8. Stettler. p. 32.
(2) Histoire des ligues & des guerres de la Suisse. T. 1. Bircken. p. 231.

hardi que fes compatriotes, & l'un des conjurés, jura de ne jamais fléchir les genoux devant Griszler, ni devant fon chapeau, dût-il périr dans les plus horribles tourmens. Excité par l'efpoir de la délivrance prochaine de la nation, il affecta de pafler plufieurs fois fur la place d'Altorf fans rendre aucune forte de refpect au chapeau (1). Informé de cet acte de défobéiflance, Griszler envoya prendre Tell, le fit conduire à fon Palais, & lui demanda pour quoi il ofoit fe difpenfer d'une marque de foumiflion qu'il avoit exigée. Tell répondit froidement qu'il s'en étoit difpenfé, parce qu'il étoit libre, & que de pareils actes de foumiflion étoient faits pour des efclaves, comme les ordonnances qu'il rendoit étoient des ordonnances de tyran.

Tranfporté de fureur, Griszler envoya faifir le fils de Tell, & plaçant une pomme fur fa tête, il ordonna au pere, qui paffoit pour le plus adroit tireur d'arc du pays, d'abattre cette pomme à une diftance fort éloignée, fous peine, s'il défobéiffoit, d'expirer lui & fon fils dans les plus lents & les plus affreux des tourmens: Tell, jufqu'alors n'avoit pas connu la crainte; mais à ce barbare arrêt, il pâlir & frémir de terreur. Il fe jetta aux piés de l'inflexible Griszler, le conjura de lui faire arracher la vie, mais de ne pas lui ordonner d'être le bourreau de fon fils. Le baillif pour toute réponfe, renouvella fon ordre d'un ton encore plus ménaçant: alors Tell, le défefpoir dans l'âme, prend deux flèches, en met une fous fon habit, arrofe l'autre de fes larmes, leve les yeux au Ciel, la place fur fon arc, & d'une main tremblante la décoche, & abat la pomme fur la tête de fon fils, fans le toucher. Le peuple confterné de cette fcene, fit retentir l'air du bruit de fes acclamations. L'affreux Griszler qui s'étoit flatté de faire périr Tell comme parricide, & qui avoir compté fur fa maladreffe, furieux de voir fes deux victimes lui échapper, ne favoit cependant quel prétexte donner au défit de vengeance qui l'enflammoit, & il alloit fe retirer, lorfqu'il apperçut la flèche que cet homme avoit cachée fous fes habits: alors fentant fes efpérances renaître, il lui demanda rudement à quel ufage il avoir deftiné cette arme. Guillaume Tell croyant fa perte inévitable, & n'étant plus le maître de contenir l'excès de fon indignation: ,, c'eft à toi, monftre, lui dit-il, que je deftinois cette flèche: je voulois t'en percer le fein, & fi j'euffe été affez malheureux pour tuer mon fils, du moins j'aurois eu l'avantage de délivrer ma patrie d'un tyran tel que toi". A ces mors, écumant de rage, le baillif fit faifir Tell, ordonna qu'on le garottât, & le faifant jeter dans fon bateau, il s'embarqua auffi, pour conduire lui-même cet homme au château de Küsnacht, & y goûter le plaifir d'une vengeance auffi longue qu'affreufe.

Le ciel même dans cette occafion, parut s'armer pour l'innocence (2); à peine le vaiffeau qui tranfportoit le captif & fes bourreaux, avoit fait la moitié de la route, qu'il s'éleva une bourrafque furieufe fur le Lac; la violence de la tempête fut telle, qu'aucun des bateliers ne favoit conduire le bateau prêt à s'aller brifer contre les rochers; fa perte & celle de tous les paffagers

---

(1) Etterlin. p. 15. Schodeler Ms. T. Sch T. 1. p. 238. Stumpf. T. 1. p. 328. Stettler. p. 31. Guilliman. in Thef. p. 92. Simler. p. 7. Bircken. p. 239. Rhan. Chr. Ms. L. B. C. 10.
(2) T. Schud. T. I. pag. 238 & 239. Schodeler. Ms. Bircken. p. 241.

SECT. II.
*Histoire de
la* Suiffe
*&c.*

sembloit inévitable. Griszler, le plus lâche des hommes à l'approche du moindre danger, & connoiffant Guillaume Tell pour le plus habile & le plus vigoureux batelier du pays, dépofe en ce moment toute fa férocité, délie lui-même fon prifonnier, le prie, le conjure de le fauver &. de prendre la rame. Tell regarde Griszler avec mépris, s'affied au gouvernail & manœuvre fi bien, qu'il gagne un rocher large & plat, où le vaiffeau aborde auffi paifiblement qu'il l'eut fait dans le tems le plus calme. Tell faifit cette occafion de s'échapper, il s'élance fur le rocher, repouffe avec fon pied la Barque dans le lac, & court fe cacher au milieu des broffailles, tandis que le petit bateau repouffé dans les eaux eft encóre expofé au danger, & que ceux qui le montent ont la plus grande difficulté à aborder.

*Tell perce
d'un coup de
flèche le
cœur de
Griszler.*
1307.

Guillaume Tell avoir gagné les dévants pendant cet intervalle, & s'étoit pofté à l'entrée d'une gorge étroite, où il étoit indifpenfable que le baillif paffât pour aller au château de Küsnacht; il y arriva bientôt en effet; mais ce lieu fut le terme de fa criminelle vie. Tell qui s'étoit caché fous un buiffon, vit venir à lui Griszler, lui tira une flèche dans le cœur, & le laiffant mort fur la place, s'enfuit précipitamment, & étoit dejà en fûreté, avant que les fatellites du baillif euffent décidé quelle route il falloit prendre pour découvrir l'affaffin de leur maître (1).

La nouvelle de cet événement fe répandit, & porta la joie dans tout le pays. Tell de retour chez lui raconta ce qu'il avoit fait, exhortant les conjurés à devancer le jour du foulévement, dans la crainte que le baillif qui fuccéderoit à Griszler ne prît des mefures qui déconcerteroient leurs projets & rendroient impoffible l'exécution de leur entreprife. Mais l'un des confpirateurs, arrêtant les confédérés prêts à fe rendre à l'avis de Tell, obferva que l'Empereur ne regarderoit le meurtre de Griszler que comme l'effet de la vengeance d'un particulier (2), & il fut convenu que la conjuration n'éclateroit que le jour précédemment fixé. L'événement juftifia l'obfervation du fage von Stauffen, qui avoit arrêté la fougue du refte des confpirateurs. Le bailhf qui vint remplacer Griszler, parut faire très-peu d'attention aux motifs que pouvoit avoir l'affaffinat de fon prédéceffeur, & il fe contenta de faire chercher Tell, qui n'eut garde de paroître, & refta caché jufqu'au moment où la revolte éclata.

*Les conjurés
s'emparent
du château
de Rotzberg,
par furprife.*
1308.

Ce jour fi defiré enfin arriva, & avant de lever l'étendard de la rebellion, les conjurés s'étoient dejà rendus maîtres de Rotzberg par un moyen heureux, & qui épargna bien du fang. L'un des confédérés, jeune homme vif &,

(1) *Hift. des ligues & des guerres de la Süiffe.* T. I. p. 33. Hift. de la Confédération Helv. Liv. I. p. 41.

(2) Le fage von Stauffen s'oppofa à l'avis de la plûpart des conjurés qui vouloient dès cet inftant même faire éclater la confpiration; & entr'autres raifons il dit, que ,, pour ce qui regardoit leur brave concitoyen Guillaume Tell, en ôtant la vie non à un homme, ni à un Magiftrat, mais à une bête feroce; rien n'étoit plus aifé à juftifier que fa conduite; qu'il valloit mieux que l'auteur d'une telle action fut un particulier juftement offenfé, & pouffé au défefpoir, que fi on pouvoit la mettre fur le compte d'un peuple entier, & que d'ailleurs, après la vengeance que ce particulier en avoit tirée, il n'y avoit plus de raifon de prendre les armes à fon fujet; qu'enfin, il ne pouvoit trop les exhorter à y tendre par les voies les plus prudentes, & les moins extrèmes." *Hift. des ligues & des guerres de la Suiffe.*

très-entreprenant, entretenoit depuis quelque tems une intrigue amoureufe
au château de Rotzberg; fa maîtreſſe qui l'aimoit autant qu'elle en étoit, ou s'en croyoit aimée, attachoit chaque nuit une corde à fa fenêtre, & à l'aide de cette corde, fon amant s'introduifoit auprès d'elle. La nuit qui précéda le jour du foulévement, le jeune conjuré avertit plufieurs des confédérés, & alla comme à l'ordinaire voir fa maîtreſſe, mais quand il fut monté, il eût foin de laiſſer la corde (1), & tous ceux qu'il avoit avertis monterent après lui dans le château. Leur nombre étant aſſez confidérable, ils allerent à l'inf- tant même fe faire livrer les portes, fe faifirent de toutes les armes qui y é- toient, & retinrent la garnifon prifonniere dans la fortereſſe même, dont la garde & la défenfe lui étoient confiées. Tandis qu'ils s'emparoient ainfi de Rotzberg, quelques payfans, au nombre d'environ vingt cinq, allerent dès le point du jour faire leur compliment de bonne année à Landenberg, qui, dans fon château de Sarnen, ignoroit la prife de Rotzberg; Landenberg, ne voyant que des payfans, chacun avec un bâton à la main, & très-perfuadé que le refpect feul lès attiroit chez lui, fit ouvrir les portes, & parut s'hu-
manifer au point de les recevoir avec bonté. Mais chacun de ces conjurés avoit fous fon habit des fers longs & pointus, propres à armer des-hallebardes; ils en arment leurs bâtons, & fe rendent maîtres des portes, tandis qu'un plus grand nombre de confédérés mieux armés accourt, entre dans le châ- teau, en prend poſſeffion, & fe faifit du baillif Landenberg qui abattu par la terreur, cherchoit à les adoucir par les plus lâches foumiffions. Dans le mê- me tems, le refte des confédérés alla inveftir le château de Küsnächt, & mé- naça la garnifon d'en venir aux dernieres extrémités, fi elle ne fe hâtoit d'é- vacuer ce fort; le chatelain inftruit du foulévement général des habitans du Pays, de la prife de Rotzberg, & intimidé par les ménaces des conjurés, obéit, & Küsnacht, le château le plus fort qu'il y eut dans les trois Can- tons, fut livré aux confédérés, qui en firent fortir la garnifon après l'avoir défarmée (2).

C'eft par de tels moyens que fut conduite cette conjuration célebre; for- mée par trois hommes enflammés de l'amour de la patrie, animés du défir de fe venger de leurs tyrans, & impatiens de recouvrer la liberté que la force leur avoit ravie. C'eft ainfi que fut exécutée cette entreprife, avec autant de fuccès que de gloire, quoique par une foule de gens groffiérement ar- més, unis par le patriotifme, mais fans chef & prefque fans reſſources. Il donnerent un exemple plus refpectable encore que celui de la fageſſe des

(1) Bercken. p. 244. Etterlin. p. 18.
(2) L'Auteur de l'Hiftoire de la Confédération Helvetique, aſſure d'après les relations d'Etterlin & de Tfchudi que le Baillif Landenberg ne fut pas plutôt informé de ce qui fe paſſoit, qu'il prit la fuite fans que perfonne penfat à le pourfuivre: qu'au contraire, la garnifon & les domeftiques furent remis en liberté. Nous avons fuivi la rélation de l'Auteur de l'Hiftoire des ligues & des guerres de la Suiſſe, parceque cette rélation eft con- forme au plus grand nombre des hiftoriens; foit contemporains, foit poftérieurs. D'ail- leurs, il n'eft pas vraifemblable que les confédérés euſſent ainfi négligé de s'aſſurer de la perfonne de Landenberg, & il paroît beaucoup moins vraifemblable encore qu'ils euſ- fent confenti à rendre auffi facilement la liberté à une garnifon nombreufe & qui pou- voit nuire fi fort à l'exécution de leur entreprife:

II Sect.
Histoire de
la Suisse
&c.

Modération
des Suisses
vainqueurs
& maîtres
de leurs ty-
rans.

mesures qu'ils avoient prises & de l'activité de leurs opérations. Aigris par les injustices, les vexations & les atrocités des tyrans qui les avoient si long-tems opprimés; à peine ils sont vengés, qu'ils paroissent oublier tout ressentiment, & que contens de s'être fait justice, ils veulent bien encore, en épargnant Landenberg, témoigner le respect qu'ils croient devoir à l'Empereur, dans la personne du plus cruel & du plus odieux de ses officiers. Ils se contentent de conduire Landenberg, ses lieutenans, ses suppôts & ses satellites au delà des frontieres du pays, & d'exiger d'eux par serment, que de leurs jours ils n'y reparoîtront; vengeance noble, digne des vertueux Républicains qui venoient de rompre les fers du plus dur des despotismes, & d'autant plus digne d'éloges, qu'elle est moins dans le caractere des sensations populaires., toujours promptes, vehémentes & quelquefois effrenées (1). Ils garderent moins de modération à l'égard des monumens de leur servitude passée., & coururent en foule vers les châteaux où les baillifs & leurs représentans a-voient fait leur résidence & exercé leurs violences. A la vue de ces Forts, le peuple furieux frémit d'indignation, & les abattit l'un après l'autre, dispersa leurs débris, ne voulant pas qu'il restât la plus légere trace de leur malheureux esclavage.

Les trois
Cantons for-
ment une
Confédéra-
tion qu'ils
jurent de
maintenir.

Après cette derniere opération, les habitans des trois Cantons s'assemblerent dans la plaine de Grutli au Canton de Schweitz, où depuis cette époque se sont tenus constamment les conseils publics; & là, se prenant les uns les autres par les mains, en ligne d'alliance, ils promirent à la face du Ciel, témoin & garant de leurs engagemens, de rester perpétuellement unis, de soutenir jusques à la derniere goutte de leur sang l'entreprise qu'ils venoient de terminer d'un accord unanime, enfin de s'entresecourir fidélement de corps & de biens, de conseils & d'actions. Du reste, ils protesterent qu'ils n'entendoient s'unir que pour la défense de leurs privileges, de leurs droits & de la liberté commune; & quoiqu'ils fussent bien convaincus d'avoir perdu par les moyens qu'ils venoient d'employer les bonnes graces de l'Empereur, ils n'en demeuroient pas moins attachés à l'Empire, corps auguste dont - ils se faisoient gloire de se dire les membres & quelles que pussent être les dispositions de l'Empereur à leur égard, ils ne cesseroient pas de lui rendre les respects & les devoirs que leurs ancêtres avoient toujours été dans l'usage de rendre au chef de l'Empire, suivant les loix & la constitution du pays (2).

Communément ce n'est qu'après de longues & pénibles négociations, que les Souverains se lient & se réunissent par des traités, dont toutes les clauses, toutes les expressions ont été scrupuleusement examinées avant que d'être rédigées par écrit. Les trois Cantons s'unirent verbalement, & rien ne fut rédigé alors par écrit, la bonne foi, la candeur, la sainteté des sermens, l'amour de la liberté, & sur-tout le souvenir des maux éprouvés pendant la tyrannie, leur parurent des caracteres plus sûrs & plus ineffaçables, moins sujets à équivoque, à interprétation, que l'écriture employée par la méfiance, & qui a tant de fois trompé ceux qui s'en sont servis avec le plus de précaution.

(1) *Hist. des ligues & des guerres de la Suisse.* T. 3. p. 101.
(2) Tschud. T. I. p. 240.

La nouvelle inattendue de l'affranchiffement des trois Cantons irrita vive-ment la colere de l'Empereur Albert, qui ne voyant dans les généreux Suif-fes, qu'une multitude de mutins, réfolut de les écrafer & d'éteindre dans le fang des principaux chefs de la rebellion jufqu'aux dernieres étincelles de ce foulévement. Tranfporté de fureur, il vint en Suiffe du fond de l'Allemagne, appella auprès de lui toutes les troupes qu'il avoit dans l'Alfaçe & dans la Suabe, & rempli de projets de vengeance, marcha contre les trois Cantons confédérés, lorfqu'un événement imprévu, quoique mérité, vint l'arrêter au milieu de fa courfe, & détourner les coups qu'il fe propofoit de frapper (1).

Otton de Granfon, Evêque de Bâle étoit depuis long-tems ennemi irrécon-citiable d'Albert; & il ne lui pardonnoit point les refus réitérés qu'il en avoit effuyés au fujet de l'inveftiture de fon Evêché. Albert n'ignoroit point la haine du Prélat, & n'en craignoit point les effets. Au contraire, foit pour braver l'Evêque foit par la plus impardonnable des imprudences, il entra dans la ville de Bâle, prefque feul, ou du moins très-peu accompagné. Otton croyant avoir trouvé l'occafion de fe venger, vint le trouver, & d'un ton me-naçant, les yeux enflammés de courroux, il lui demanda s'il vouloit, à l'inf-tant même lui donner l'inveftiture qu'il refufoit avec fi peu de raifon & tant d'iniquité depuis plus de fix ans. Otton ne parloit que François, Albert ne connoiffoit que la langue Allemande; mais au ton de l'Evêque compre-nant ce qu'il demandoit, & découvrant encore mieux fes deffeins à la vue d'un large poignard qu'il apperçut fous la foutane du Prélat, il promit tout, & pria le Bourguemeftre de Bâle, qui parloit les deux langues, de donner à Otton fa parole royale, que dès le lendemain matin, il lui remettroit l'acte le plus folemnel & le plus autentique de fon inveftiture. L'Evêque fe retira; & quelques momens après, Albert, à peine revenu de fa frayeur, fortit fe-cretement de Bâle & s'en éloigna au plus vite. (2)

Ce n'étoit pourtant point l'Evêque Otton qu'Albert avoit le plus à redou-ter; il avoit dans fa famille & auprès de lui un ennemi plus dangereux; & cet ennemi étoit fon neveu, Jean d'Autriche, Duc de Suabe, duquel Albert re-tenoit le patrimoine. Jean d'Autriche lui avoit fouvent remontré, que c'étoit la plus injufte & la plus manifefte des ufurpations que de lui retenir fes biens (3). Albert, s'étoit jufqu'alors contenté de donner à Jean des répon-fes & des promeffes vagues. Mais quelques jours après fa fuite de Bâle, le jeune Duc de Suabe qui l'accompagnoit, lui ayant encore demandé cette ref-titution, l'Empereur impatienté de fes importunités, ordonna, fans lui répon-dre, à l'un de fes gardes, de couper une branche d'arbre; cet ordre fut exécuté, & Albert préfentant d'un air d'ironie & de mépris cette branche à

SECT. II.
Hiftoire de la Suiffe &c.

Colere & projets de vengeance de l'Empe-reur.

Haine de Jean d'Au-triche, neveu de l'Empe-reur, contre Albert.

(1) Tfchud. p 241. Stumpf. T. 2. p. 212.
(2) L'Evêque Otton de Granfon n'eut très-affurément point épargné Albert qu'il haïf-foit mortellement, & qui étoit en quelque forte en fon pouvoir. L'Empereur fentit com-bien étoit imminent le danger qui le menaçoit; auffi à peine fe fut-il éloigné des murs de Bâle qu'il avoua ingénument à ceux qui l'accompagnoient qu'il n'avoit de fa vie été plus aife de fe voir fain & fauve dans les champs. Urftif. Chron. Basl. L. 3. Ch. 4.
(3) Johannes autem Duc fratruellis Regis affeiens munitiones Domini de Kirbourg ad fe fpectare, tanquam matri fuæ per Rodolphum Regem olim Morganatico jure dona-tum. Abb. Argent.

Jean d'Autriche, lui dit, qu'il pouvoir s'en faire une couronne & s'en ceindre le front. Cette lâche plaisanterie fut fort applaudie par des courtisans d'Albert; mais le Duc de Suabe la regardant comme le plus sensible outrage, jura de se venger, & ne différa l'exécution de son projet que jusqu'à ce qu'il eut associé à sa conjuration, les Barons de Wart, de Tegenfeld & d'Eschenbach, qui tous trois avoient été aussi cruellement insultés par l'Empereur (1).

Jean d'Au-
triche conf-
pire contre
son oncle &
le met à
mort.
1309.

Ce Monarque bien éloigné de se douter du complot, & ayant lui-même oublié l'injure qu'il avoir faite à son neveu, partit du château de Baden, pour aller voir l'Impératrice son épouse au château de Rheinfeld. Il étoit accompagné des quatre conjurés & d'une foule de seigneurs; il passa avec les quatre premiers la riviere de Reuss dans un Bacq; mais a peine il fut sur la rive, que Jean, secondé par ses trois complices, se jette l'épée à la main sur son oncle, qui tombe percé de coups: presque toute sa cour voir cet assassinat de la rive opposée, & personne n'ose venir à son secours; ils prennent tous la fuite, & abandonnent aux meurtriers le Monarque expirant, & qui rendit ses derniers soupirs dans les bras d'une avanturiere que le hazard conduisit dans ce lieu.

Fureur des
Enfans
d'Albert
contre les
assassins de
leur pere.

Ainsi finit l'Empereur Albert, qui, après avoir désolé l'Allemagne par ses armes & son ambition, après avoir rempli l'Europe du bruit de ses victoires & de ses usurpations, ne fut regretté que de l'Impératrice sa veuve & de ses enfans, pour lesquels il eut voulu conquérir la terre entiere, & engloutir tous les Royaumes. Sa mort fut cruellement vengée; Jean Duc d'Autriche ne fut que parricide & ses remords ou sa foiblesse l'empêcherent de profiter du crime dont il s'étoit souillé, il alla se cacher pendant quelques jours dans un monastere; mais ne s'y croyant pas en sureté, il passa en Italie; fut à Rome se jeter aux piés du Pape, qui par grace, lui accorda la permission de se faire moine, & de s'enfermer pour le reste de sa vie dans un couvent d'Augustins. Eschenbach & Tegenfeld ne se firent pas moines, mais ils traînerent péniblement leurs jours dans la misere, passant de contrée en contrée, & ne trouvant après une vie errante & malheureuse de repos que dans le tombeau.

Rodolphe, Baron de Watt, fut encore plus malheureux, on le fit expirer sur la roue; il s'étoit refugié chez le Comte de Blamont, son parent; & s'y croyoit caché à l'abri des recherches que faisoient faire les enfans d'Albert; mais le Comte de Blamont le trahit, & pour quelqu'argent, le livra aux vengeurs de l'Empereur, action digne de ces tems, mais qui ne trouveroit que trop d'imitateurs dans ce siecle éclairé, policé, mais où l'or a tout au moins autant de puissance, qu'il a pu en avoir dans les siecles les plus barbares. (2)

Les

(1) Les lettres de proscription contre ces assassins se voient encore dans les archives de Berne, elles sont datées du 13e Févr. 1309: ils y sont nommés; le Duc Jean d'Autriche, fils du Duc Rodolphe, Rodolphe de Wart; Rodolphe de la Balme; Walther d'Eschenbach & Conrard de Tagerfeld, Chevalier. *Hist. de la Confédération Helvetique. Liv. 1. pag. 45.*

(2) La haine de l'Impératrice contre les assassins d'Albert étoit si atroce, que l'Fpouse de Wart s'étant jettée à ses piés pour tâcher de la fléchir, elle obtint pour toute grace, la permission de recevoir les derniers soupirs de son mari. Cette femme eût la constance d'user de cette permission, & pendant trois jours & trois nuits que Wart resta sur la roue, sa femme ne le quitta point; mais peu de jours après, elle mourut de douleur. *Hist. des Revol. de la Haute Allemagne.* Tom. 1. pag. 109.

Les enfans & la veuve d'Albert portèrent leur vengeance aux plus affreu-
ses extrémités, & le defir de fe venger leur fervit de prétexte, foit pour feconder leur haine, foit pour couvrir l'iniquité des nouvelles ufurpations qu'ils
fe permirent; en cela dignes fucceffeurs de l'Empereur injufte autant qu'a-
vide, qu'ils prétendoient venger.    En effet, quiconque avoir le malheur de
porter le nom de l'un des quatre affaffins; quiconque avoir eu avec eux, même dans la premiere jeuneffe, la plus légere & la plus paffagere liaifon, fut
profcrit & dévoué aux fupplices.    A Arwangen foixante trois gentils-hommes
périrent dans le même jour par la main du bourreau, & quelques jours après
quarante cinq gentils-hommes moururent à Aetburen fur l'échafaud.    Tous
les châteaux des profcrits furent démolis & rafés, leurs terres furent confif-
quées au profit de la maifon d'Autriche, qui tout en fe vengeant, accrut im-
menfement fa fortune & fa puiffance (1).    Cependant la mort d'Albert dont
les fuites cruelles plongerent tant de familles dans le deuil, délivra les trois
Cantons de l'orage terrible qui les avoir ménacés; & la liberté qu'ils s'étoient
procurée fut affermie, du moins pour quelque tems.

Quelques efforts que fiffent les enfans d'Albert pour retenir dans leur maifon la Couronne Impériale & la placer fur la tête de Fréderic l'aîné d'entr'eux, elle paffa fur la tête de Henri, Comte de Luxembourg, Prince fage,
moderé, bienfaifant, équitable, ami des hommes vertueux, & vertueux lui-
même; il favoit apprécier les actions grandes, généreufes.    Il avoit applaudi
à la conjuration des Suiffes & aux efforts qu'ils avoient faits pour s'affranchir
du joug que l'injuftice leur avoit impofé; auffi fut-il à peine proclamé Empereur (2), que confirmant l'ancienne liberté des trois Cantons, il confirma
auffi par le même diplôme, la ligue qu'ils avoient formée; & bien éloigné
d'adopter les idées de defpotifme de fon prédéceffeur, il donna pour Préfet
aux Cantons de Schweitz, d'Uri & d'Unterwald, Rodolphe de Habsbourg, Comte
de Lauffenbourg & de Rapperfchweil, qui alla exercer fa dignité non comme
Lieutenant de l'Empereur, mais au nom de l'Empire.    Rodolphe fut reçu
comme un magiftrat équitable & comme un protecteur bienfaifant.    Il n'étoit
point inique, il n'étoit pas cruel, mais il avoit l'âme un peu intéreffée, &
d'ailleurs, il n'avoit point les talens qu'exigeoit le pofte qui lui étoit confié.
Sa conduite déplut, & les trois Etats ligués, députerent à l'Empereur, lors
de fon paffage par Laufanne pour l'Italie, & le fupplierent de leur donner
un Préfet plus actif & plus intelligent: Henri accueillit les députés des trois
Cantons, leur accorda leur demande, revoqua Rodolphe de Habsbourg, &
nomma à fa place Eberhard de Burgen.

Cependant la veuve & les enfans d'Albert époufant toutes les haines de ce
Monarque, & adoptant toutes les idées, tous les fyftèmes qu'il avoit fuivis,

Sect. II.
Hiſtoire de
la Suiſſe
&c.

Prétextes
des enfans
d'Albert
pour aſſou-
vir leur
ambition &
leur avidité.

Henri,
Comte de
Luxem-
bourg, élu
Empereur.
1309.

---

(1) Le château de Rodolphe Wart fut brulé & rafé de même que celui de fon frere,
quoiqu'il fut innocent.  Les châteaux d'Efchenbach & de Schnabelburg eurent le même
fort, de même que celui d'Aetburen qui appartenoit au feigneur de Balme.  Le Duc
Léopold y prit 45 Gentils-hommes qu'il fit tous paffer par l'épée. Le Sr. de Finftinguen, un
des amis des meurtriers de l'Empereur, fut dépouillé de fes biens fous ce prétexte, Vitodus qui parle de ces cruautés, termine fon récit par cette exclamation: *Ceu quan
gloriofæ vindicavit mortem patris fui Dux Leopoldus!* Vitod f. 17.
(2) Joh. Vitodus. pag. 25. & feq. Tfchudi. p. 244 & feq.

euſſent bien voulu punir les trois Cantons de la réſiſtance qu'ils avoient oſé oppoſer aux volontés d'Albert & de l'expulſion des baillifs : mais ils n'oſerent leur faire ouvertement la guerre, perſuadés que l'Empereur Henri ne les laiſſeroit pas impunément opprimer. Toutefois, ſi cette conſidération les empêcha d'éclater contre les trois Etats confédérés, ils les vexerent & les inquiéterent autant qu'il fut en leur puiſſance; maîtres de Lucerne, de Zug & de Winterthur, où il y avoit des marchés très-conſidérables, ils en interdiſerent l'entrée aux habitans de Schweitz, d'Uri & d'Unterwald; & enhardis par le ſilence de Henri ſur cette premiere injuſtice, ils permirent à leurs ſujets de harceler, autant, & tout auſſi ſouvent qu'ils le voudroient, les habitans des trois Etats; ce qui produiſit quelques haines particulieres & quelques ·combats même, mais qui n'eurent alors rien de bien important ni qui fut déciſif.

Les fils d'Albert ſe liguerent avec de nouveaux ennemis des trois Cantons, & les efforts de cette ligue n'aboutirent qu'à reſſerrer les nœuds des trois communautés qu'on vouloit opprimer. Depuis bien des années, les habitans du Canton de Schweitz défendoient contre l'uſurpation quelques arpens de forêts dont vouloient s'emparer les moines de l'Abbaye d'Einſidlen. Ces moines étoient Bénédictins, tous gentils-hommes, d'extraction illuſtre, & ſans laquelle ils n'étoient point reçus au monaſtere. Leur abbé de race encore plus ancienne, avoir mis depuis peu ſon abbaye ſous la protection de la maiſon d'Autriche, & la haine des moines pour les habitans de Schweitz, s'étoit accrue de la haine que leur avoient inſpirée contre les mêmes habitans les fils de l'Empereur Albert. · Fiers, enivrés de leur nobleſſe, & enhardis par la puiſſance de leurs nouveaux protecteurs, les Bénédictins d'Enſidlen traiterent les citoyens de Schweitz avec cette hauteur & ce ton révoltant de mépris que les gentils-hommes de ce ſiecle prenoient ſouvent à leur grand préjudice, avec les hommes qui ne jouiſſoient pas du ſuprême avantage d'être nés de parens nobles. Des inſultes & des humiliations; ces moines inſolens paſſerent à de plus hardies entrepriſes; &, comme l'uſage des armes étoit permis alors aux Réligieux d'extraction noble, ils s'armerent, ſurprirent quelques habitans du pays de Schweitz, dans leur monaſtere même, les traiterent avec cette brutalité qui caractériſe les lâches lorſqu'ils ſont les plus forts, les chargerent à coups de ſabre, & ne les renvoyerent qu'après avoir vomi mille imprécations contre le Canton entier (1).

Dans ces tems de groſſiereté, d'ignorance & de ſuperſtition, les moines ſe livroient impunément aux excès les plus répréhenſibles; le peuple oſoit à peine ſe plaindre de leurs injuſtices, de leur rapine & de leur corruption. Les habitans de Schweitz furent moins patiens & moins ſuperſtitieux; ils avoient réſiſté avec ſuccès à l'Empereur Albert, & ils ne crurent pas devoir ſouffrir l'outrage de ces moines. La vue des bleſſures faites à leurs compatriotes les enflamma d'indignation; ils coururent aux armes, ſe réunirent &

(1) En ſe portant à ces excès, les Cénobites d'Einſidlen comptoient ſans-doute beaucoup ſur la réſignation d'un peuple dévot, & ſur les préjugés réligieux qui ne leur permettroient jamais d'en venir aux repréſailles. *Hiſt. des ligues & des guerres de la Suiſſe.* T. 1. pag. 113.

l'armée, qui refufa l'appui de tels, combattans: Quelqu'humiliant que fut cet auftere refus, il ne rehuta point les profcrits, & croyant ne pouvoir fe 'difpenfer de fecourir autant qu'il feroit en eux, la parrie dans un befoin auſſi preſſant, ils allerent fe pofter fur la cime de l'une des montagnes de Morgarten, féparés de leurs concitoyens; & fuppléant à leur petit nombre par la plus étonnante valeur, ils firent tant de mal aux ennemis, & fe fignalerent tous pas des actions fi héroïques, qu'après la bataille, les vainqueurs les recurent au milieu d'eux avec acclamation, & ne firent point difficulté de reconnoître que c'étoit à eux qu'ils étoient en partie redevables de la victoire (1).

Cette mémorable journée, qui couta des torrens de fang aux vaincus, ne fut funeſte qu'à quatorze hommes feulement du côté de l'armée des trois Etats. Elle rendit fur le champ de bataille même, des actions de grace à Dieu, pour la victoire qu'elle venoit de remporter, & il fut ſtatué que déformais le fouvenir de ce grand événement feroit folemnifé par un jour de fête, qui fe célebre encore chaque année le famedi d'après la St. Martin. Les trois Cantons, après avoir envoyé des députés à Louis de Baviere pour l'informer de ce fuccès, crurent devoir donner plus d'autenticité, de force & de durée à la ligue qui les uniffoit, & qui n'avoir d'abord été faite que pour quelques années. Cette confédération paffagere n'avoit été jurée que pour dix ans, & les claufes de l'union n'avoient été convenues que verbalement; la bonne foi des confédérés faifoit toute fa force & toute fa ftabilité, mais le fuccès de la journée de Morgarten agrandiffant les idées des habitans des trois Cantons, & développant leur caractere Républicain, ils dreſſerent à Brunnen le traité d'une ligue perpétuelle qu'ils rédigerent par écrit; cette confédération a fervi de modele à toutes les ligues qui fe font fucceffivement formées dans la fuite entre les divers Cantons Helvetiques. Les principales claufes de ce traité font, 1°. l'obligation du fecours mutuel entre les Etats de Schweitz, d'Uri, & d'Unterwald, dans tous les cas où l'un des trois Cantons feroit troublé dans la jouiſſance de fes droits, de fes privileges ou de fa liberté, les Contractans promettant de tenter les voies de douceur & de négociation avant que de prendre les armes pour repouffer la force par la force. 2°. Qu'aucun des trois Etats ne reconnoîtra d'autre domination, d'autre protection, ni d'autre feigneurie que celle de l'Empereur & de l'Empire, fans cependant entendre refufer les redevances foncieres & cenſitives dues à des Seigneurs particuliers, fuivant les anciens titres & ufages. 3°. Qu'aucun des trois Etats ne pourra former de nouvelles ligues, ni contracter de nouvelles alliances fans l'aveu des deux autres Cantons confédérés; & afin que cette claufe foit exactement remplie & maintenue, il eſt défendu aux habitans du pays quels qu'ils foient, fans diſtinction de rang, d'avoir aucune forte de correfpondance, ni de liaifon politique avec l'étranger, fous peine de faifie de corps & de confiſcation des biens. 4°. Que les trois Etats ne reconnoîtront aucun juge qui ne foit leur

(1) Dans le nombre des morts étoient Rodolphe VII, Comte de Habsbourg-Lauffenbourg: le Baron Ulric de Rueffeck; trois Barons de Bonstetten; deux Barons de Halwik; le Baron de Baldeck; Beringuer de Landenberg; & deux Geſler. Stumpf. p. 183. T. Schudi. L. C. Joh. Vitod. L. C.

concitoyen; & qu'ils ne reconnoîtront aucun Magiſtrat, fut-il leur concitoyen, qui ait acheté à prix d'argent ou de préſens ſa charge ou ſon
office: mais que du reſte, les habitans des trois Etats concourront de toute
leur puiſſance à faire reſpecter & maintenir l'obéiſſance due aux Magiſtrats,
officiers & prépoſés légitimes. 5°. Que s'il s'élève des conteſtations entre les
trois Etats ligués; ces différens ſeront jugés & terminés à l'amiable par des
arbitres par eux pris, & en cas de partage, par un ſur-arbitre élu par les
premiers arbitres, & que leur jugement ou celui du ſur-arbitre aura force
de loi & de ſentence légale, à peine pour le Canton qui réfuſeroit de s'y
conformer, d'y être contraint par les deux autres. 6°. Enfin, que les aſſaſſins, les incendiaires, les voleurs & les autres malfaiteurs condamnés à mort
ou à quelqu'autre peine dans l'un des trois Cantons, ſeront cenſés jugés &
condamnés de même dans les deux autres, & que tout habitant, quel qu'il
ſoit, qui leur donnera azile & les dérobera ainſi à la rigueur des loix, non-
ſeulement ſera tenu de réparer le dommage civil cauſé par le condamné, mais
encore ſera & reſtera banni à perpétuité des trois Etats (1).

L'obſervation de ce traité fut ſolemnellement jurée par les habitans des trois
Cantons, & ce fut à cette occaſion qu'ils lui donnerent le nom d'*Eydgenoten*,
expreſſion allemande qui ſignifie *adhérans au même ſerment:* au reſte, la célebre victoire qui aſſura la liberté des trois Etats, ayant été remportée à
Morgarten, ſitué près du Canton de Schweitz, & les habitans de ce Canton
ayant eu la plus grande part à la défaite des ennemis, les deux autres Cantons, ſoit pour perpétuer la mémoire de cette mémorable journée, ſoit en
reconnoiſſance des ſervices rendus par les bahitans de Schweitz, prirent &
adopterent à perpétuité le nom de Schweitzers, ou Suiſſes; nom qui devint
ſucceſſivement commun aux autres Cantons & à leurs alliés, & qui depuis eſt
devenu la dénomination générale des habitans de l'Helverie.

Avant que de paſſer à la ſuite de l'Hiſtoire de la Suiſſe, il eſt à propos de
donner quelques momens à la forme du Gouvernement civil; moral & politique des Cantons de Schweitz, d'Uri & d'Unterwald, tels qu'ils furent lors
de l'époque du traité dont on vient de parler & tels qu'ils ſont encore; c'eſt
ainſi qu'on en uſera à meſure qu'il y aura à raconter l'hiſtoire des nouveaux
membres qui ſe ſont agrégés à cette premicre confédération; dans la perſua-
ſion que c'eſt là le moyen le plus ſûr de donner une idée exacte, ſoit du
Gouvernement général des Suiſſes, ſoit de la ſituation du caractere & des
loix de chacun des Cantons en particulier : nous abrégerons autant qu'il ſera
poſſible cette digreſſion, que l'on ne ſe permetroit point ſi l'on ne la croyoit
utile & néceſſaire.

Le pays de Glaris & celui des Griſons borne à l'orient, le Canton d'Uri,
qui a au midi, le Valais & quelques-uns des bailliages Italiens; ſes bornes du
côté de l'occident ſont les pays d'Unterwald & de Berne; vers le nord; il
confine au Canton de Schweitz, & au lac de Lucerne (2). Ce Canton eſt

---

(1) Ce traité dont on vient de lire les principales clauſes, fut dreſſé, rédigé par écrit,
ſigné & daté de Brunnen le mardi après la Saint Nicolas : & ce même traité à depuis ſervi
de modele à toutes les ligues poſtérieures; qui ont ſucceſſivement formé & accru le L.
Corps Helvetique. *Hiſt. des ligues & des guerres de la Suiſſe.* T. 1. pag. 123.
(2) Nous n'avons pu déterminer avec exactitude le hombre des lieues que ce Canton
contient, ſoit en longueur, ſoit en largeur, à cauſe de l'irrégularité du terrein.

curieux par les horreurs & les bizarreries de fes montagnes; il mérite d'être vû à caufe de la beauté des chemins, qui y ont été conftruits, dans des lieux que la nature paroiffoit rendre impraticables. Le voyageur eft étonné de la hardieffe & même de la beauté des ponts de-maçonnerie que l'on y a jetés d'une montagne à l'autre, & qui offrent un chemin fur & folide fur des abîmes d'une immenfe profondeur, & dont la vue infpire la terreur aux hommes les plus intrépides (1). C'eft dans le Canton d'Uri qu'eft fitué le Mont Saint Gothard, qui fervant à paffer de l'Allemagne en Italie, rapporte un très-confidérable revenu par le produit des péages. L'Etat d'Uri eft partagé en dix départemens, auxquels on donne le nom de *Curies*, & qui font autant de portions de la commune générale. Altorff eft la capitale ou le chef lieu du Canton. Altorff eft un bourg fort confidérable, & très-peuplé; ce bourg eft fitué dans une vallée agréable, fertile, d'une température modérée & plus chaude que froide, malgré l'élévation des montagnes, qui la dominent. Uri eft le quatrieme Canton dans l'ordre de préféance, fixé pour les affemblées générales du Corps Helvetique.

Le Canton d'Unterwald eft borné à l'Orient par celui d'Uri, par celui de Berne, au midi, à l'occident & au nord par le pays & le lac de Lucerne. Ce Canton eft divifé en haut & bas Unterwald; & chacune de ces parties forme un état féparé, qui élit fes Magiftrats, & tient fes affemblées. Cependant ces deux parties n'ont qu'un même nom, comme elles n'ont à elles deux qu'une voix ou fuffrage à donner dans les dietes Helvetiques, où ce Canton occupe le fixieme rang. Le village de Sarnen eft le chef lieu du haut-Unterwald, & le village de Stantz eft la capitale du bas (2).

A l'occident, le Canton de Schweitz confine aux pays de Lucerne & de Zug; le pays de Glaris le borne à l'orient; le Canton d'Uri au midi, & celui de Zurich au nord. Schweitz n'eft qu'un hameau fort peu confidérable, dans lequel on ne voit qu'une églife, & quelques maifons peintes de diverfes couleurs, autour d'une place, & au pied d'une montagne, très-haute, prefque dans toutes les faifons couverte de neige. Il y a dans le Canton de Schweitz, le plus peuplé de tous, peu de gros villages, plufieurs hameaux, beaucoup de métairies, & une infinité de maifons, peu éloignées les unes des autres, & chacune renfermant une famille nombreufe, robufte & très-laborieufe. Le Canton eft divifé en fix portions ou quartiers; & chacun de ces départemens eft gouverné par des magiftrats qui ont part à l'adminiftration publique. Dans l'ordre actuel de préféance aux affemblées nationales, Schweitz tient le cinquieme rang (3). Schweitz, Uri & Unterwald ne fouffrent chez eux d'autre religion que le catholicifme, & leur zèle très-prompt à s'en-

---

(1) Le Canton d'Uri eft fur-tout remarquable par ces affreufes beautés que la nature ne produit que fort rarement ailleurs, & qu'elle a raffemblées ou même prodiguées dans ce pays de montagnes, & dont on ne peut fe former une idée exacte que fur les lieux mêmes.

(2) Tout ce petit Canton ne contient qu'environ fept lieues de longueur, fur fix de largeur.

(3) Ce Canton peu étendu, ne contient que neuf lieues de longueur, fur fept de largeur; mais la population y eft proportionnément plus confidérable, qu'elle ne l'eft dans tout le refte de la Suiffe.

Sect. II.
Histoire de
la Suisse
&c.

Caractere
des habitans
des trois
Cantons.

flammer, n'eſt rien moins que tolérant. La forme de leur gouvernement eſt purement démocratique.

Les habitans de ces Cantons ſont modeſtes, flegmatiques, tempérans, reſervés, accoutumés & endurcis à la fatigue, peu empreſſés à adopter les goûts, les manieres, les mœurs des étrangers. A bien des égards, ils reſſemblent aux anciens Spartiates, ils en ont la valeur, ils en ont auſſi la ſobriété. Ils ſe plaiſent aux exercices militaires, & élèvent leurs enfans à ne rien craindre que les vices, à braver les dangers, & ſur-tout, à ne point violer la bonne foi. Il n'y a qu'un ſeul Souverain dans ces trois Etats ligués, & ce Souverain eſt le peuple aſſemblé en *Comices*, comme il l'étoit jadis dans les plus célebres Républiques; avec cette différence pourtant que les habitans de ces trois Cantons ne tiennent pas, comme à Athenes & à Rome leurs aſſemblées dans les villes, mais dans la plaine, en raſe campagne, ſous leurs

Forme du
Gouverne-
ment.

enſeignes déployées, & tambours battans. Les citoyens des trois Etats forment un vaſte cercle au centre duquel ſont les Magiſtrats à cheval, & la diete eſt préſidée par le chef magiſtrat ou *Land-Amman*, le glaive à la main, attribut de la ſuprême autorité. Il n'y a guères qu'une aſſemblée générale par an, vers la fin d'Avril, ou, quand le dérangement de la ſaiſon ne le permet pas, dans les premiers jours de Mai. Cependant il eſt des cas preſſans & qui exigeant des délibérations promptes, donnent lieu à des aſſemblées nationales plus fréquentes. Tout citoyen, pourvu qu'il ait atteint l'âge de 16 ans, a droit de ſuffrage, & vote dans ces aſſemblées, parce que les Suiſſes penſent avec raiſon, qu'à cet âge, on ſe doit à la Patrie & à ſes concitoyens; il eſt hors d'exemple que l'imprudence & la témérité, ſi naturelles à la premiere jeuneſſe ayent cauſé quelqu'inconvénient dans les aſſemblées Helvétiques, ni produit aucune délibération inconſidérée. Les jeunes gens accoutumés dès l'enfance, à reſpecter les chefs de leurs familles, ne votent que d'après les conſeils & les déciſions de leurs anciens, & par cette *prématurité* de ſuffrage, s'il eſt permis de s'exprimer ainſi, ils s'inſtruiſent de bonne heure des plus importantes affaires du Gouvernement.

Avant que de s'occuper d'aucun ſujet de délibération, l'aſſemblée commence par implorer les lumieres & le ſecours de la divinité. Enſuite, on entend la lecture des ordonnances & des loix du pays; loix anciennes, & d'autant plus reſpectables, qu'elles ſont ſimples, courtes, en petit nombre, & par cela même ſcrupuleuſement obſervées. Elles ont pour objet principal les mœurs & la police, qui eſt toujours fondée ſur les mœurs (1). A la ſuite de cette lecture, on propoſe les motifs des délibérations à prendre; & ce ſont, ou des loix anciennes à abroger, ou des nouvelles à publier, de nouvelles alliances à conclure, d'anciennes alliances à renouveler, la guerre à déclarer ou des traités de paix à conclure. C'eſt encore dans ces aſſemblées

que

_____

(1) Ces loix reſpectables par leur ancienneté, différent de celles de quelques Royaumes voiſins, en ce qu'elles ne ſont ni auſſi volumineuſes, ni auſſi compliquées, ni en auſſi grand nombre d'un côté, & en ce qu'elles ſont mieux obſervées de l'autre. Elles n'ont guères d'autre objet que les mœurs & une police fondée ſur les mœurs : mais nulle part le Bourgeois légiſlatif ne s'abaiſſe plus rarement à rafiner ſur les formes des intérêts civils. *Hiſt. des ligues & des guerres de laSuiſſe.* T. I. pag. 132 & 133.

que l'on fait grace à des coupables convaincus, mais plus malheureux que punissables; c'est là que l'on écoute les Magistrats qui ont à rendre compte de quelque partie épineuse de leur administration: c'est là aussi que l'on procede aux élections, soit des premiers magistrats des trois états unis, soit des bail-lifs, auxquèls est confiée la règie des Seigneuries jadis conquises par les anciens citoyens des trois Cantons; Seigneuries dont les habitans sont réputés des trois états, & vraiement régis comme tels, quelque peu sensible que soit en apparence la différence qu'il y a réellement entre ces sujets & les citoyens. Enfin, c'est dans ces assemblées que sont élus les députés & envoyés, soit vers un Canton voisin, soit vers les Princes étrangers, & l'on élit en même tems, toujours à la pluralité des suffrages, tous ceux que l'on juge devoir former la suite de ces députés, ambassadeurs ou envoyés.

Presque dans tous les pays Républicains, les assemblées nationales, surtout quand elles sont très-nombreuses, dégénerent souvent en tumulte & en confusion (1). Il n'en est pas de même dans celles-ci: les citoyens y votent, y donnent leurs suffrages, mais il n'y parlent pas; la maniere de faire connoître son sentiment, est de lever la main, si l'on consent à la proposition mise en délibération, ou de la tenir cachée si l'on refuse son acquiescement. Enforte que le plus souvent, on voit d'un coup d'œil de quel côté est la pluralité des suffrages; dans le cas d'incertitude, & où l'on ne peut point juger du plus grand nombre des acquiesçans ou des refusans, on élève deux hallebardes rapprochées l'une de l'autre par la pointe, & ceux qui ont voté, passent dessous ou restent au-delà des hallebardes, & alors, on compte les voix.

Outre ces assemblées annuelles, les trois Etats ont un Ministre perpétuel chargé habituellement du poids de l'administration. Ce Ministre est un Sénat qui s'assemble à certains jours de la Semaine, sans celle occupé des détails de l'administration, & qui prépare les différens objets qui appartiennent à la législation du Souverain, ou du peuple assemblé. Ce Conseil est formé de soixante Sénateurs tirés des Cantons de Schweitz & d'Uri, & de cinquante-huit pris du haut & bas Unterwald.

Outre ces Sénateurs, il est dans ces trois Etats ligués quelques Magistrats principaux, le premier est le *Land-Amman* ou premier officier de la patrie; la durée de sa charge n'est que de deux années; mais il conserve le titre de Land-Amman le reste de sa vie, & jouit de quelques honneurs & de quelques prérogatives. Le *Statthalther* ou assesseur du Land-Amman est le second Magistrat: le *Banneret* & le *Porte-enseigne* sont chefs de la milice. Le *Boursier* reçoit les revenus du Fisc. Le *Chancelier* est le Sécretaire ou le Gref-fier qui écrit les délibérations publiques. Ces divers officiers sont toujours à la tête des Sénats ou Conseils d'administration: & c'est le suffrage du peuple qui leur donne leurs charges, comme il peut les en dépouiller.

*Sect II. Histoire de la Suisse &c.*

*Du Sénat & des Magistrats.*

*Des différens ordres de Magistrats & leurs fonctions.*

(1) On sait quelle confusion régna souvent dans ces sortes d'assemblées chez les Grecs, & à Rome même, où, malgré la sagesse des loix & la vigilance du Sénat; les délibérations dégénérerent plus d'une fois en tumulte, & quelquefois en guerre civile. Il est singulier que dans un siecle encore enfoncé dans la nuit de l'ignorance, les Suisses que l'on regardoit comme l'une des nations le moins éclairées de l'Europe; ayent cependant mieux pensé, fait des plus sages réglemens & se soient mieux conduits, qu'on ne pensa, qu'on ne se conduisit jadis dans les tems les plus florissans de la Grece & de Rome.

Chacun dès trois Cantons, est divisé en quartiers ou *partitions* (1), & chacune de ces partitions élit un certain nombre de Sénateurs à vie, dont l'élection est confirmée ensuite dans l'assemblée générale. La naissance, la fortune, le hazard, ni l'aveugle protection, si souvent plus injuste & plus inconséquente que la fortune, ne donnent chez les Suisses de ces trois Cantons, aucun droit aux charges ni aux emplois. C'est la confiance publique qui seule y nomme, & qui n'y place que des gens de mérite, d'un jugement sain, d'une probité reconnue. C'est souvent dans l'ordre des paysans que cette confiance publique choisit des Magistrats qui sans s'enorgueillir de leur dignité, vont à pied, un bâton à la main, plusieurs fois la semaine & à deux ou trois lieues de leurs cabanes, siéger dans le Conseil de l'Etat Souverain, & qui après avoir réglé les plus importantes affaires, vont reprendre paisiblement les soins du labourage, jusqu'a la prochaine assemblée. C'est souvent encore un paysan qui député par la nation, va traiter de Souverain à Souverain, avec le plus puissant Monarque de l'Europe, devant lequel il parle couvert, librement & sans crainte, comme sans dissimulation (2). Et en effet, qu'auroit à craindre ou à dissimuler un habitant de l'un des trois Etats unis, accoutumé dès le berceau à la plus grande franchise & à la plus exacte égalité avec tous ses concitoyens. Car dans ces trois Cantons, les habitans vivent & se conduisent comme s'ils ne formoient qu'une seule famille. La foi publique y sert de sauve-garde & tout y est abandonné à son intégrité. Les maisons n'y sont fermées qu'én hyver & pour se garantir des rigueurs de la saison. Il est vrai que quelquefois il s'y commet des vols, mais c'est par des vagabonds étrangers qui mésusent de l'hospitalité que les Suisses aiment à exercer. Il arrive très-rarement qu'un habitant originaire du pays se rende coupable de larcin; mais dans ce cas, il est puni avec la derniere rigueur, & il est en effet d'autant plus punissable, que pouvant demander ce qu'il a eu la lâcheté de dérober, c'est pour le mal même qu'il a commis le mal.

Ce qui prouve à quel degré la bonne foi est portée dans ces trois Cantons, c'est qu'ils n'ont ni tabellions, ni notaires, & que cependant ils contractent, mais verbalement, mais avec plus de solidité que si leurs obligations étoient écrites. Ils ne savent ce que c'est que les procès, & moins encore ce que c'est que cet art ruineux connu ailleurs sous le nom de chicane; aussi n'ont-ils chez eux ni jurisconsultes, ni avocats, ni procureurs, ni ce tas d'autres sangsues qui, dans presque tous les autres Gouvernemens s'enrichissent, avec privilege, des contestations qu'ils fomentent, qu'ils prolongent, & qu'ils ont le perfide talent de rendre interminables (3). Chacun des trois Can-

(1) C'est par le mot de *partitim* que l'on croit devoir traduire l'expression Allemande *Genoss-man-Vrertel*, c'est à dire, les parties d'un Canton.

(2) Il n'est point, dit l'Auteur de l'*Histoire des Ligues & des Guerres de la Suisse*; de si petit officier à la Cour de quelqu'un des Souverains de l'Europe, qui ne fut bien étonné, s'il savoit que cet Ambassadeur républicain a servi toute sa vie ses maîtres, dans les fonctions les plus pénibles & les plus importantes, sans avoir presque d'autre recompense à en espérer, que la considération & l'estime de ses concitoyens. T. 1. pag. 138.

(3) La simplicité des Suisses vaut bien cette sagacité ingénieuse & inquiete qu'on remarque chez la plûpart des autres peuples Européens; ils ne connoissent point cette multitude de questions, ni ces détours insidieux de forme, qui fatiguent les tribunaux

rtons à ſes coutumes, c'eſt là ſon code & ſa juriſprudence; chacun la connoît & chacun s'y conforme. De même chaque village a une eſpece de petit re-cueil qui contient ſes privileges, ſes droits, ſes immunités, ſes ſtatuts, ſes uſages, même en apparence les plus indifférens : & c'eſt là que les habitans trouvent les déciſions de tous les cas, qui ſe bornent à ce qui concerne les ſucceſſions, les partages, la propriété des terres, la communauté entre le mari & la femme, la dot & les droits des époux.

La bonne foi la plus exacte étant l'ame des contrats, ſi relativement à leurs clauſes il s'élève des conteſtations, elles ſont décidées par le bon ſens & l'é-quité. A Uri & à Schweitz, il y a un tribunal particulier où ſe jugent, ſans appel toutes les difficultés occaſionnées par des contrats mal conçus, ou di-verſement interprétés par les contractans, & l'on ne juge point ces différens comme des procès, mais comme des objets de police. Les jugemens émanés de ce Tribunal ſont aſſez uniformes; ou y prononce des peines contre les débiteurs qui nient ce qu'il eſt prouvé qu'ils doivent légitimement, & l'on y accorde des délais aux débiteurs qui conviennent de la dette, mais qui ne ſont point en état de s'acquitter, & qui demandent à ſe ſouſtraire à la pour-ſuite trop rigoureuſe de leurs créanciers (1).

Dans les Etats Démocratiques, tout citoyen étant libre, & chacun cher-chant à étendre les prérogatives de la liberté, ou à en abuſer, il eſt ordi-naire que ce privilege commun à tous les habitans, occaſionne des querel-les, ſoit par la crainte qu'on y a de voir ſa liberté gênée, ſoit par les droits trop étendus qu'on croit tenir de cette même liberté. Ce fut ainſi que dans les premiers tems de la République, les Romains abuſant preſque perpétuel-lement du bonheur de leur indépendance, étoient preſque toujours en diſpute, les uns contre les autres, & qu'au nom de la liberté, Rome vit couler plus d'une fois le ſang des citoyens. Ce fut encore ainſi que dans les Républiques de la Grece, la liberté, ou plutôt l'abus qu'on en faiſoit, occaſionnoit jour-nellement des querelles très vives & ſouvent de violens combats. La ſageſſe de la conſtitution des trois Etats unis, a prévu ces inconvéniens & remédié par avance aux maux qu'ils pouvoient entraîner. A Schweitz, à Uri & à Unterwald, ſi deux ou pluſieurs habitans, prennent querelle enſemble, & ſi la diſpute s'échauffe, tout citoyen eſt magiſtrat, & en droit d'impoſer ſilen-ce: ſon ordre doit être reſpecté comme celui du Land-Amman lui-même; & ſi quelqu'un des diſputans mépriſe cette injonction, fut-elle faite par le plus indigent & le moins connu des payſans des trois Cantons, il eſt dès ce moment réputé refractaire aux loix, coupable de déſobéiſſance, & condamné à deux fortes amendes, l'une, pour avoir fait injure au citoyen qui dans cet inſtant a légitimement exercé les fonctions de Magiſtrat; & l'autre, pour a-voir témoigné du mépris pour les loix (2).

ailleurs & ruinent les familles : il n'y a chez eux ni avocats ni juriſconſultes, ils en igno-rent juſqu'aux noms & n'ont pas même l'idée

(1) Ce tribunal eſt appellé *le Conſeil des Sept*, en Allemand, *Das ſibner Gericht*. Il eſt formé du *Land-Amman* & de ſept aſſeſſeurs; ceux-ci n'exercent leur office que pendant trois années, & ſont remplacés alors par des nouveaux aſſeſſeurs. *Hiſt. des Révol. de la Haute-Allemagne*. T. 1. p 140

(2) Dès les premieres paroles haineuſes ou coletes, qui échapent à quelqu'un, tout

Dans ce pays, il y a fans contredit des conteftations qui s'élevent , &; comme partout ailleurs des intérêts oppofés à difcuter: mais dans ces cas, les habitans en difcuffion les uns contre les autres font les maîtres ou d'aller eux-mêmes plaider leurs caufes, ou d'en confier la défenfe à quelqu'un des

Sénateurs, fon parent ou fon ami, qui dès lors s'abftient de juger dans cette affaire, ou de s'adreffer à quelqu'un des Orateurs (1) conftitué par la nation pour défendre les plaideurs, & qui font au nombre de quatre dans chaque Cantón. Mais ils ont peu d'occupations, parce qu'il n'eft guère d'habitant qui n'aime mieux défendre lui-même fa caufe, qu'il connoît mieux qu'un étranger, & qui n'eft jamais embarraffée des ruineufes formalités de la juftice, ni furchargée d'écritures & d'incidens de chicane.

Ils fe commet rarement & très-peu de crimes dans ces trois Etats, parce que les mœurs y font fimples, les habitans fobres, laborieux & fans ambition; cependant la loi a prononcé des peines fur tous les crimes qui pourroient s'y commettre, & la difpofition de la loi y eft exactement obfervée: ainfi, l'adultere qui y eft regardé comme un vol & comme un mépris des mœurs, y eft puni du double châtiment de la confifcation des biens & du banniffement. Un ivrogne trop fcandaleux eft privé de l'ufage du vin pendant un tems limité; un querelleur eft condamné à garder chez lui les arrêts; & quelque facilité que les condamnés ayent à fe fouftraire aux peines qui leur font ordonnées, il n'y a point d'exemple qu'aucun d'eux s'en foit affranchi; tant,

malgré leur indépendance, ils font foumis à la difcipline légale. Leur pays n'eft rien moins qu'agréable, il eft rocailleux, le fol ftérile & pauvre; & cependant il n'eft point en Europe de peuple plus riche que les habitans de ces trois Etats. Eh! comment ne feroient-ils pas riches, ils connoiffent fi peu de befoins; ils ont fi peu de défirs! leur commerce n'eft ni brillant, ni en apparence (2) fort lucratif, mais il eft très-folide, & fon produit fournit à tout. D'ailleurs, ces habitans n'ont ni charges, ni taxes, ni impôts à payer. Chez eux, on ne voit point une partie de la nation armée contre le refte des citoyens, & aux gages d'une troupe de fangfues, fouler, au nom d'un maître, ou des fermiers des droits du maître, le peuple apauvri, avili par des oppreffeurs enrichis de fa fubftance, abreuvés de fes larmes. Ils n'ont pas de loix fomptuaires: car de quelle utilité feroient les loix fomptuaires dans un pays ou le luxe eft inconnu (3). Leur plus riche parure font leurs ar-

---

affiftant en eft droit d'enjoindre le filence & la paix aux deux parties, *fauf les voyes de droit:* quiconque méprife une pareille injonction, fe rend non feulement coupable d'une injure, mais encore d'une défobéiffance publique aux loix, & comme tel, il eft fujet à une double amende. C'eft ainfi que toutes les inftitutions vont à maintenir la concorde & l'union parmi ces heureux Républicains. *Hift. des ligues & des guerres de la Suiffe.* T. I. p. 141.

(1) On donne à ces orateurs le nom *d'avant-Parliers. Abrégé hiftorique de la Suiffe* par Jofias Simler.

(2) Les objets de ce Commerce, font le beurre, le fromage, les beftiaux, & furtout, les chevaux qui font beaux, élevés, forts, & très-propres à la guerre.

(3) On n'entend parler dans cette fection que des Suiffes tels qu'ils étoient dans le XIV fiecle: car tout a bien changé depuis, il n'eft que trop vrai que le luxe a pénétré auffi dans ce pays, dont il eft fort à craindre qu'il ne caufe tôt ou tard la ruine.

mes, & c'eft là le premier préfent qu'un jeune Suiffe reçoit des mains de
fon pere. Ils s'exercent de très-bonne heure à la courfe, à la lutte, à tirer,
& il eft pour tous ces jeux des prix, fans fafte, mais honorables, achetés
aux frais de l'Etat, & qui font diftribués auffi au nom de l'Etat. Dès l'âge
de douze ans, on effaye le courage & les forces des jeunes gens, qui auffi-
tôt qu'on les juge capables de porter les armes, font enregiftrés, foumis aux
ordres de leurs officiers, fujets à l'appel du Tambour; & libres cependant;
car, ils ne font ni forcément enregimentés, ni mercenaires, ils ne vendent
ni leur fang ni leur valeur; ils ne reçoivent point de folde, mais ils défen-
dent la patrie & les droits de la patrie, c'eft-à-dire, leur propre liberté.

Nous ne difons point que ce foient là précifément les mœurs des habitans
actuels des Cantons de Schweitz, d'Uri & d'Unterwald; mais telles ont
été, dans l'exacte vérité, les mœurs, leur fimplicité, leurs vertus dans les
tems qu'ils s'unirent, & même, dans des tems fort poftérieurs; car il n'eft
que trop vrai que le plus deftructeur des fléaux, le luxe, qui a efféminé,
corrompu, avili la plûpart des Nations Européennes a commencé auffi à s'introduire chez les Suiffes, où, s'ils ne fe hâtent de le bannir, il perdra tôt ou
tard les mœurs les loix & la liberté même.

# SECTION III.

*Hiftoire de la Suiffe depuis la bataille de Morgarten jufqu'en 1338.*

Les habitans de Schweitz, d'Uri & d'Unterwald avoient fécoué le joug de
la maifon d'Autriche: & leur confédération qui pofoit les fondemens
durables de la conftitution actuelle de la Suiffe oppofoit par avance, une in-
furmontable barriere aux fucceffeurs d'Albert, qui, pendant près de trois cens
cinquante ans, foutinrent inutilement leurs prétentions (1) & tenterent plus
vainement encore, les plus grandes entreprifes pour ramener par la furprife
ou par la force ces trois Cantons fous leur obéiffance. Mais n'anticipons
point fur l'ordre des événemens.

Fréderic frémit de douleur & de rage, lorfqu'il apprit la défaite de fes
troupes, & l'éclatant fuccès des trois Cantons; fon rival, l'Empereur Louis
fût tranfporté de joie lorfqu'il reçut la nouvelle de cette victoire; & comme
il ne voyoit dans ces trois Etats, que des alliés fûrs, fidelles, zélés & capables de le feconder puiffamment contre fon compétiteur, il écrivit (2) aux

*L'Empereur
Louis écrit
une lettre de
félicitation
aux trois
Cantons.
1315.*

(1) Simler. p. 13. T. Schudi. p. 278. Etterlin. L. C.
(2) Les Autrichiens crurent, avec raifon, qu'il n'y avoit rien à gagner pour eux, de
fe heurter contre les rochers des Alpes, tant que la Couronne Impériale, devenue l'objet de leurs prétentions & de leurs efpérances, ne feroit point folidement affurée à leur
Empereur Fréderic. Ils porterent donc toutes leurs forces du côté de l'Allemagne,
laiffant à leurs vaffaux & à leurs fujets le foin de réprimer cette *payfanaille conjurée;* l'on
entend bien que c'eft la haine & le dépit qui s'exprimoient ainfi, & qui fe fatisfaifoient

Sect. III.
Histoire de
la Suisse
&c.

vainqueurs une lettre de félicitation, dans laquelle il leur donna les plus grands éloges, & les marques de la plus vive reconnoiſſance pour l'attachement qu'ils lui témoignerent. Les trois Etats unis étoient encore dans la première effervefcence de cet enthouſiaſme qu'inſpirent la victoire & la jouiſſance de la liberté récemment recouverte, lorſqu'ils recurent de l'Empereur Louis un diplôme (1) par lequel ce Souverain leur confirmoit tous leurs privileges, & les maintenoit dans toutes les franchiſes & immunités, dont ils avoient joui, jufques à la domination d'Albert, & qu'ils avoient précédemment obtenus des Empereurs. Afin de s'attacher encore d'avantage ce peuple d'hommes libres, Louis, dans le même diplôme déclara qu'il prenoit leurs perſonnes, leurs biens & leurs prérogatives fous fa fauve-garde, ainſi que fous celle de l'Empire. Les habitans des trois Etats ne furent point ingrats: fenſibles à la

Réſolution
des Suiſſes
de ne point
abandonner
la cauſe de
l'Empereur
Louis.

bienfaiſance de l'Empereur Louis, ils réſolurent unanimement, de ne point abandonner ſa cauſe, quelqu'événement qui put arriver, & ſi les circonſtances le demandoient, de répandre pour la défenſe de ſa Couronne impériale jufques à la derniere goutte de leur ſang, & enfin, de s'enſevelir avec lui, s'il le falloit, fous les débris de ſa fortune. Ils reſterent fidelles à leurs engagemens, dans leſquels peut-être il entroit autant d'animoſité contre Albert & ſes ſucceſſeurs, que d'attachement & de zele pour l'Empereur Louis.

Cependant les Autrichiens, quelque irrités qu'ils fuſſent du revers qu'ils avoient éprouvé à Morgarten, & quelque fupériorité qu'ils ſe cruſſent encore ſur les forces réunies des trois Cantons, ne jugerent pourtant point à propos de tenter les hazards d'une ſeconde bataille. Ils remirent leur vengeance à d'autres tems. D'ailleurs la couronne impériale n'étant encore rien moins que bien affermie fur la têt̄e de Fréderic, & croyant plus important d'aller défendre les droits de cet Empereur, que d'employer leurs forces contre une foule de payſans, nom qu'ils donnoient aux habitans des trois Cantons, ils porterent leurs armes en Allemagne, & laiſſerent aux vaſſaux & aux ſujets de la maiſon d'Autriche dans la Haute-Allemagne, l'ordre & le foin de réprimer ces mutins (2) conjurés; car les Suiſſes alors n'étoient regardés par Fréderic & ſes partiſans que comme une foule de Rebelles puniſſables.

Léopold
battu.

Un événement imprévu vint retarder encore les projets de vengeance formés par Fréderic. Son frere Léopold, homme cruel, impérieux & abhorré des peuples ſur leſquels il exerçoit la plus tyrannique domination, fut encore complettement battu près de Strasbourg, & Fréderic ſe diſpoſoit à venger ſa défaite; mais Louis de Baviere lui donna trop d'occupation en Allemagne, pour qu'il put fuivre ſes deſſeins; craignant même d'ajouter au nombre de ſes ennemis, déjà trop conſidérable, & dans la vûe de tromper les Suiſſes par une fauſſe fécurité, ou de ne pas les irriter contre lui d'avantage, il conclut avec eux une treve, qui, par ſes foins & ſes preſſantes follicitations fut prolongée juſqu'au 15 d'Août (3). Cependant les Seigneurs de la maiſon

par de baſſes invectives & des ſourdes vexations, faute d'une épée plus tranchante. Hiſt. des ligues & des guerres de la Suiſſe. T. 1. p. 148.
(1) Cette lettre eſt datée de Munich le 24 Nov. 1315.
(2) Ce diplôme daté du 29 Mars fut donné au Camp devant Herſiden.
(3) T. Schud. p. 295, 296 & ſeq.

d'Autriche vivement irrités contre les trois Cantons & vraisemblablement de concert avec l'Empereur, ne songeoient qu'à leur faire sentir le poids de leur colére; & il leur étoit d'autant plus facile, que poffeffeurs des fertiles contrées du Thurgaw & de l'Argaw, seuls pays d'où les trois Etats confédérés pouvoient tirer leur subsistance, les succeffeurs d'Albert étoient les maîtres d'affamer quand ils le voudroient les montagnards des trois Cantons. Ce moyen ne fut point négligé, tout commerce dans l'Argaw & le Thurgaw fut interdit aux Suisses, & afin qu'ils ne vinffent point à main armée enlever les provisions qui leur étoient refusées à prix d'argent, les partisans de Frédéric firent renfermer tous les bleds dans les meilleures places; enforte que malgré leur valeur & l'argent qu'ils offroient, les Suisses ne pouvoient se procurer leur subsistance. Ce genre d'hostilités, le plus cruel de tous, n'abattit pourtant point leur courage.

À force de constance & de frugalité, les Suisses triomphèrent encore de cette oppression, & les vengeurs d'Albert ne favoient plus comment ils pourroient vaincre ou foumettre de tels ennemis, lorsque le Duc Léopold, suivi d'une armée nombreuse, paffa le Mont-jura, & vint camper dans le pays d'Argaw, aux environs de Bâle. Les Seigneurs & Vaffaux de la maison d'Autriche, ne doutoient point de la reduction prochaine des trois Cantons, & ils penfoient que c'étoit là le feul motif qui attiroit le Duc d'Autriche. Les habitans des trois Etats ligués penferent de même, & il se préparerent à la plus rigoureuse défense; ils furent détrompés par le Duc d'Autriche lui-même, qui, au lieu de leur déclarer la guerre, leur fit offrir une trêve; elle fut d'autant plus volontiers acceptée, que la supériorité des Autrichiens paroiffoit leur promettre la victoire (1).

Moins animé contre les trois Etats, que contre la ville de Soleure, qui, quoique fituée au milieu des terres Autrichiennes, s'étoit déclarée pour Louis de Bavière, Léopold alla former le fiege de cette ville, se-refervant, malgré la trêve qu'il venoit de conclure, de se jetter, avec toutes fes forces, fur les trois Etats, auffi-tôt qu'il auroit mis fin à cette expédition. Elle ne fur point heureuse, après dix femaines de liege, les neiges accumulées fur la cime des montagnes de la Suiffe, étant venues tout à coup à fondre, & la riviere s'étant confidérablement accrue, les affiégans, campés fur les deux rives de cette riviere, fe trouverent reduits à la plus effrayante fituation, & dans le danger imminent d'être submergés; un orage terrible étant furvenu tout-à-coup, les eaux de l'Aar fe déborderent avec tant d'impétuofité, que les Autrichiens ne voyant plus d'autre moyen de fe fauver, conjurerent les habitans de Soleure, qu'ils affiegeoient, de venir les délivrer du péril qu'ils couroient. A leurs cris, les bourgeois de Soleure, oubliant que ce font des ennemis, qui les implorent, accourent avec des barques, des nacelles, fur des radeaux, animés, excités par Ulrich, leur premier Magistrat & leur Commandant, qui leur donne l'exemple; ils fauvent les Autrichiens, à demi fubmergés, & les renvoyent généreusement dans leur camp, ne voulant point profiter de la trifte fituation d'où ils venoient de les dégager. Léopold admira, malgré lui, ce trait de générofité, & ne croyant pas devoir continuer le fiege de So-

Section notes: Sect. III. Histoire de la Suisse &c. — Les Seigneurs de la maison d'Autriche cherchent à affamer les trois Cantons. — Léopold affiege Soleure. 1318. — Générofité des affiégés. — Léopold leve le fiege.

(1) Hist. des ligues & des guerres de la Suiffe. T. I. P. 150.

leure, que d'ailleurs, fon armée eut refufé de pourfuivre, il fe hâta de conduite fes troupes dans l'Empire, au fecours de Fréderic (1).

Soleure n'étoit point la feule ville. Helvetique, qui ofât réfifter aux prétentions de la maifon d'Autriche; Berne, qui depuis plus d'un fiecle commençoit à fe diftinguer par l'accroiffement fucceffif de fa puiffance, & par la fageffe de fa politique, difputoit auffi fa liberté contre les entreprifes des fucceffeurs d'Albert. Déja la force de fes armes avoit étendu à près de quatre lieues fon territoire, & tous ceux qui le peuploient refufoient obftinément leur hommage aux Seigneurs en 1291, que Soleure de la maifon d'Autriche. Il y avoit environ 25 ans, avoir commencé d'effayer fes forces, en combattant avec fuccès contre les gentils-hommes des environs, qui s'érigeant en fouverains, ou plutôt en tyrans, fouloient & opprimoient le Peuple, & fur tout
les habitans de la campagne. De combat en combat, les braves habitans de Soleure étoient enfin parvenus à nettoyer le voifinage de cette troupe de corfaires. Cette Ville, conduite par des Magiftrats auffi fages qu'intelligens, venoit d'acquérir la ville de Laupen, & des droits fort étendus fur le comté de Thun, ainfi que fur le refte des feigneuries d'Eberhard de Habsbourg-Kibourg, gentil-homme auffi méprifé par fon peu de courage, qu'il étoit méfeftimé par fes mœurs corrompues & par fa profufion.

La politique la plus fage eft fujette à beaucoup d'inconvéniens; parmi les moyens que Berne employoit pour s'agrandir, elle étoit fur-tout dans l'ufage de multiplier fes bourgeois autant qu'il étoit poffible, foit dans l'enceinte, foit au-delà de fes murs; & à la premiere demande, elle ne faifoit aucune difficulté d'admettre dans fa bourgeoifie non-feulement des villes entieres; des hameaux confidérables; des feigneurs puiffans & recommandables par leur mérite, encore plus que par leur rang & leur fortune; mais Berne ne dédaignoit perfonne, (2) & honoroit également du titre de bourgeois & d'alliés les plus refpectables familles, & les plus puniffables fcélérats: tel fut un Baron de Wiffembourg, qui, à la tête de quelques brigands, infeftoit les grands chemins, & que les magiftrats de Berne avoient déja fait pourfuivre comme voleur & affaffin; tel fut encore cet Eberhard de Habsbourg-Kibourg; malheureux, qui, les mains teintes du fang de fon frere, qu'il avoit égorgé, étoit venu à Berne même chercher un azile contre la rigueur des loix & l'exécration publique.

C'eft

(1) Quand même le Duc Léopold eût voulu continuer le fiege, fes troupes, pénétrées de reconnoiffance pour le fervice fignalé qu'elles venoient de recevoir de la part des affiegés, euffent refufé de lui obéir: auffi les Hiftoriens contemporains & poftérieurs conviennent-ils que ce fut moins par reconnoiffance, que par la crainte d'être abandonné de fon armée entiere, qu'il s'éloigna des murs de cette ville: d'ailleurs, il vouloit ramener cette armée dans l'Empire, où fon frere en avoit le plus preffant befoin. Ce fut là le plus puiffant, & peut-être l'unique motif de fa retraite.

(2) On la voyoit, dit l'Auteur de l'Hiftoire des ligues & des guerres de la Suiffe, recevoir dans fa Bourgeoifie, c'eft-à-dire, dans fon alliance, tout à-la fois des villes confidérables & des bicoques, tantôt un feigneur, tantôt fes fujets, & dans le nombre des gentils-hommes voifins, qui briguoient cet avantage, les plus ruinés étoient les mieux reçus, parce qu'il étoit dès lors de droit, qu'ils ne pourroient jamais traiter avec d'autres qu'elles de la vente de leurs terres. T. 1. p. 154.

C'est cependant par ces moyens, par l'admission de toutes fortes de lieux & de sujets au rang de ses bourgeois & de ses alliés, que Berne s'agrandit, affermit sa puissance, & parvint, comme Soleure, & les trois Etats ligués, à ce dégré de force qui lui permit enfin de lutter, pour sa liberté, contre les prétentions, les tentatives & les armes des successeurs d'Albert (1).

Sect. III.
Histoire de
la Suisse
&c.

Pendant-que la plûpart des villes Helvétiques opposoient ainsi les efforts de la liberté aux forces du despotisme, l'Empire étoit dévasté par les feux de la guerre civile. Les deux fiers concurrens à la couronne impériale, Fréderic & Louis, le fer & la flamme à la main, parcouroient & ravageoient les provinces entieres, se cherchant, s'évitant, tentant de se rejoindre, & depuis sept années désolant tour-à-tour les provinces de l'Empire. Ils vouloient, à l'exclusion l'un de l'autre, étendre leur domination. Ils se rencontrerent enfin, le jour de S. Michel, 1322, à Mulldorff, en Baviere; enflammés l'un & l'autre du desir de vuider leur querelle, ils donnerent en même tems le signal du combat; la bataille fut longue & meurtriere, la victoire resta quelque tems incertaine; mais enfin Louis de Baviere, la fixa sous ses étendards: son succès fut complet, il fit son rival Frédéric & Henri son frere, prisonniers de guerre. Mais la défaite & la captivité du Chef de l'Empire, ne termina point la guerre; au contraire, les torrens de sang qui furent versés dans cette journée, ne firent que la ranimer & la rendre plus vive & plus atroce.

Bataille de
Mulldorff.
1322.

Louis de
Baviere
remporte la
victoire.

Maître du sceptre impérial & du superbe concurrent qui le lui avoit si longtems disputé, Louis de Baviere le fit étroitement renfermer dans le château de Traunicht en Baviere: mais s'il eût encore plus sévérement usé des droits de la victoire; s'il eût même mis fin à la vie de Fréderic, il n'eut rien fait encore pour s'assurer la paisible possession du trône. En effet, Léopold, Henri, (2) Othon & Albert, freres de Fréderic, aussi ambitieux que lui, embrasés du desir de le venger, maîtres de leurs Etats, habiles négociateurs, guerriers infatigables, agiterent l'Europe pour la cause de Fréderic, & mirent dans leurs intérêts le Pape Jean. XXII, le plus orgueilleux des hommes, le plus superbe des Pontifes, le plus dur & le plus irascible des Souverains. Jean s'unit avec les Ducs d'Autriche, s'arma de tous les anathêmes, & de toutes les foudres du Vatican, ménaça, tonna, remplit l'Allemagne & l'Empire de ses fureurs & de la crainte de ses excommunications. Louis de Baviere connoissoit le Pontife Jean, & ne craignoit ni ses foudres ni sa personne; mais accablé par les soins d'une guerre aussi longue que ruineuse, il n'aspiroit qu'au bonheur de la voir cesser. Fréderic, qui, depuis trois ans languissoit au fond d'un cachot, dans le château de Traunicht, trouva moyen de faire dire à ses freres de remettre à Louis les ornemens impériaux qu'ils retenoient & qu'il ne pouvoir plus disputer à son vainqueur; il fit dire en même tems à celui-ci

Les freres
de Fréderic
cherchent à
le venger,
& sont sou-
tenus par le
Pape
Jean XXII.

(1) Ne fut ce pas aussi par les même vûes de politique que jadis le fondateur de Rome admit au nombre de son Etat naissant, tout ce qu'il y avoit de scélérats & de sujets corrompus dans l'Italie?

(2) Dans ce tems, il étoit d'usage que les alliés se partageoient les prisonniers de guerre, & suivant cette coutume, Fréderic tomba au pouvoir de Louis de Baviere, & Henri d'Autriche, son frere, à Jean de Luxembourg, Roi de Boheme, qui, peu de tems après, lui rendit la liberté.

la démarche qu'il venoit de faire , & Louis consentit à entrer en négociation avec son prisonnier.  Les deux Princes conclurent un traité , par lequel il fut convenu que Frédéric seroit mis en liberté , à condition qu'il se désisteroit de toutes ses prétention à l'Empire.

Ce désistement fut fait ; Frédéric , & ses quatre freres , les principaux Seigneurs de son parti , ainsi que leurs vassaux , jurerent solemnellement de ne point revenir contre ce traité, qui fut ratifié dans l'Abbaye de Murbach , où Louis de Baviere & son compétiteur , en signe de parfaite reconciliation communierent l'un & l'autre.

Cette paix sembloit devoir rendre le calme à l'Empire ; mais vainement les deux Princes les plus intéressés dans cette affaire , crurent avoir tout fait pour la tranquillité publique.  Jean XXII, ennemi déclaré du repos des nations, ne voulut point entrer dans ces vûes pacifiques ; & , sous prétexte que Louis de Baviere ayant été excommunié , ne pouvoir ni régner , ni faire la guerre , ou la paix , il s'opposa , de toute sa puissance au traité de Murbach.  Jean XXII, se regardant d'ailleurs , comme l'arbitre souverain du sort des peuples , & comme le maître & le juge suprême des Rois , ne dissimula point qu'il étoit indigné qu'on eut ainsi ôsé négocier & traiter à son insçu.  Le superbe Pontife éclata en ménaces, inspira l'esprit de haine & de discorde qui l'animoit aux freres de Frédéric , & la guerre se ralluma avec plus de fureur qu'elle n'en avoit eu jusqu'alors.  Il délia les Ducs d'Autriche du serment qu'ils avoient fait , & , à son instigation , ils coururent aux armes , & vouerent à Louis de Baviere une haine irréconciliable.

Léopold, le plus intraitable des quatre freres , dans la vue d'empêcher les trois Cantons unis de secourir Louis de Baviere , se ligua contre les trois Etats, avec plusieurs Seigneurs & Comtes du voisinage ; mais ils furent bientôt abandonnés par leur Chef le Duc Léopold, qui mourut à Strasbourg d'une fievre maligne, pour s'être, dit on, excédé à danser avec les filles de cette ville, (1) où il s'étoit fait détester.  Henri d'Autriche ne lui survécut que peu de mois , & mourut sans postérité.  Frédéric lui-même , qui, pour avoir voulu porter la couronne impériale , dont le poids l'accabla, remplit l'Allemagne de troubles , mourut aussi , ne laissant que deux filles, qui eurent la douleur de voir la succession de leur Pere, passer toute entiere en des mains étrangeres.  Othon suivit ses freres ; & de tous les enfans de l'Empereur Albert, il ne restoit plus (2) qu'Albert d'Autriche, que ses infirmités , la goutte

qui le dévoroit , & la débauche avoient rendu boiteux, difforme & constitué ; il étoit entré dans les ordres sacrés, non pour se distinguer par d'éminentes vertus, car il étoit le plus ambitieux des hommes, mais parce que l'état auquel il se voyoit réduit, ne lui permettoit gueres de rester dans le monde.  Il possédoit , depuis plusieurs années , l'Evêché de Passau , lorsque la mort de ses freres , & les conseils du Pontife de Rome, ranimant son ambition, il

---

(1) De Duce Leopoldo refertur quod vitam suam quasi tyrannicum bono fine terminavit. Joh. Vitor. p. 27.

(2) La foi d'un Traité, & les sermens dont on l'avoit confirmé, étoient alors des liens faciles à briser à un Pontife ; Jean XXII, en dispensa les Ducs d'Autriche, & tous les scrupules ainsi levés , la guerre recommença avec plus de fureur.  Mais le peuple a remarqué que ces parjures furent presque tous vengés par des morts précipitées.

eut recours au Pape Jean XXII, qui s'empreſſa de le relever de ſes vœux, & de ſe prêter à ſes vûes. Albert épouſa Jeanne, fille d'Ulric, Comte de Ferette, qui lui apporta en dot ce riche comté; & il remplaça, par ſon ac-tivité, les reſſources de ſon imagination, & ſur-tout par ſon caractere turbu-lent, emporté, violent, ſes freres & la haine qu'ils avoient jurée à Louis. Envain cet Empereur avoir cru mettre fin à la guerre, en rendant la liberté à ſon captif. Envain il ſe flatta, quand Frédéric fut mort, que les diſſentions qu'il avoir excitées ne lui ſurvivroient point: il ſe trompa; Jean XXII, & le Duc d'Autriche liguées, s'étoient promis de le perſécuter, & il eut ſans ceſſe à combattre contre ces deux ennemis implacables, & contre la faction fana-tique & puiſſante qu'ils avoient ſuſcitée contre lui dans toute l'Allemagne; faction encor plus formidable par ſon acharnement, qu'elle ne l'étoit par le nombre infini des factieux, & qui conſerva toute ſa violence, même après la mort de ſes chefs (1).

Sect. III.
Hiſtoire de la Suiſſe &c.

Cependant la terreur qu'inſpiroient les foudres lancés par le fougueux Jean XXII, conſternoient le parti de Louis de Baviere; &, quelque peu d'eſtime qu'on eut pour la perſonne & les mœurs de ce Pontife, on redoutoit ſes anathêmes, comme ſi le Ciel-même les eut prononcés. Quelques villes de la haute Allemagne chancellerent dans leur devoir, & croyant ne pouvoir accorder la fidélité qu'elles devoient à l'Empereur, avec l'aveugle obéiſſance qu'exigeoit le S. Siege, elles aimerent mieux ſe détacher de Louis, qu'irri-ter un Pape violent, & terrible dans ſes vengeances. Quelques autres balan-cerent, & leur zele pour le Chef de l'Empire ſe réfroidit ſenſiblement. De ce nombre furent Zurich & Berne, qui craignirent plus le pouvoir du ſouve-rain Pontife, que la puiſſance impériale. Schweiz, Uri & Unterwald, ſe comporterent avec plus de grandeur d'ame, de nobleſſe & de fermeté. Ces trois Cantons ne ſe démentirent point, & leur fidélité reſta inébranlable. Auſſi Louis de Baviere les traitoit avec les égards les plus flatteurs & les plus diſtingués; bien différent d'Albert, il leur envoya, pour les gouverner au nom de l'Empire, (2) & en qualité de baillif, Jean d'Arberg, Comte de Valengin, l'un des hommes les plus doux & les plus integres de ſon ſiecle; encore même Louis de Baviere, avoit-il beaucoup limité le pouvoir de ce Gouverneur, dont l'autorité n'étoit ſans bornes que dans l'uſage des moyens propres à ranimer & à affermir la maiſon des trois Cantons contre la maiſon d'Autriche. Mais Jean d'Arberg, par ſon adreſſe, ſa douceur & ſa bienfai-ſance, acquit bien-tôt le plus fort aſcendant ſur les délibérations des trois Etats ligués.

Jean XXII.
le ſeconde.

Les trois
Cantons de-meurent fidelles à Louis de Baviere.

Jean d'Ar-berg, Bail-lif, ſe fait aimer des trois Can-tons.

Il y avoir quelques années que ces trois Etats avoient fait une treve avec leurs anciens ennemis, les Seigneurs de la maiſon d'Autriche; & cette treve

---

(1) Cette faction, plus obſtinée qu'heureuſe étoit répandue dans toute l'Allemagne, & conſerva toute ſa violence, long-tems même après la mort de ſes Chefs. C'étoit l'eſ-prit de la Cour de Rome & de la Maiſon d'Autriche, qui, liguées enſemble, également ambitieuſes, également avides de puiſſance, avoient juré d'abaiſſer l'Empereur Louis, dont l'élévation, les vertus & l'autorité les offençoient. Tant que Louis vécut il eut à ſe défendre contre cette faction implacable, & à combattre ce ſyſtême de haine, qui ſe reproduiſoit de génération en génération.

(2) T. Schudi. p. 299 & 305.

H 2

étant près d'expirer, la ville de Zurich, qui déja s'étoit detachée du parti de Louis de Baviere, se donnoit les plus grands mouvemens pour la faire renouveller. Les habitans des trois Cantons, adoptant les vues pacifiques de la ville de Zurich, paroissoient disposés à consentir à ce renouvellement de treve; mais Jean d'Arberg leur fit comprendre que leur devoir, leur honneur, & les droits de leur liberté même, étoient intéressés à ne former aucune sorte d'engagement avec les ennemis de Louis de Baviere: en sorte que les trois Etats cessant d'écouter les conseils de Zurich, refuserent tout accommodement, & affronterent hautement le courroux & les foudres de Jean XXII, la colere des Seigneurs de la maison d'Autriche, & l'impatiente avidité de la noblesse des environs, toujours prête à exécuter les censures eccléfiastiques par l'usurpation, le ravage & le pillage des biens des excommuniés. Ces nobles satellites du Pontife irrité comptoient d'autant plus sur la dévastation des trois Cantons réfractaires aux volontés du Pape, qu'il n'y avoit aucun secours à attendre de Louis de Baviere, qui, étant allé à Rome pour y prendre, soit de gré, soit de force, la couronne impériale, étoit dans l'impossibilité de défendre en Suisse, les membres les plus fideles de l'Empire (1)...

Le voyage & le séjour de Louis de Baviere à Rome lui fut très utile en partie; il est vrai qu'il en revint excommunié, comme il y étoit allé; mais, en dépit du Pape, il en revint couronné Empereur: il fit voir qu'il étoit digne de l'être. Après avoir conquis Haguenau, Bienfeld & Schlestat, il vint camper près de Colmar, assiégé par les Autrichiens, contre lesquels il se préparoit à combattre, lorsqu'il fut joint par le Roi de Bohême, Jean de Luxembourg, qui représenta avec tant de force & de vérité aux Autrichiens, la légitimité de l'élévation de Louis au trône impérial, que, sentant eux mêmes qu'ils n'étoient pas les plus forts, ils entrerent en négociation; & par le traité qui fut conclu encore par les soins de Jean de Luxembourg, il fut convenu que Louis de Baviere seroit reconnu en qualité de légitime Empereur par la maison d'Autriche & par ses alliés, auxquels Louis donneroit un dédommagement de deux mille quatre cent ducats, pour sûreté de laquelle (2) somme, l'Empereur leur engageoit quatre des principales Villes impériales, à portée de leurs Etats héréditaires; & ces quatre villes furent S. Gall, Schaffhouse, Zurich & Rheinfeld; villes que l'Empereur engagea d'autant plus volontiers,

___

(1) Quelques projets de vengeance que médita alors le Pape, ligué avec les partifans d'Albert, les sujets de la Maison d'Autriche en Suisse, étoient dans le plus grand embarras; leur maître éloigné, trop occupé en Allemagne pour leur donner du secours, les laissoit exposés aux insultes des Suisses & des Bernois; la ville de Lucerne sur-tout, qui étoit autrefois fort commerçante, en reçut le plus de dommage. Le St Gothard, qui est dans le Canton d'Uri, lui étant fermé; tout son commerce d'Italie fut interrompu; ses foires ne furent plus fréquentées; son pays qui est tout ouvert du côté des Cantons; étoit exposé à des incursions continuelles; la bourgeoisie, obligée d'être jour & nuit sous les armes, étoit harassée: loin que les Autrichiens pensassent à adoucir tous ces maux de leurs sujets, ils les accabloient par de nouveaux impôts. *Hist. de la Conféd. Helvet.* Liv. 3. p 97 & 98. Etterlin. fol. 20 · T. Schudi p. 321 & 322.

(2) Ces 2400 ducats étoient donnés à prendre sur le trésor de l'Empire: mais comme ce trésor étoit un être de raison, & toujours vuide, Louis, pour sûreté du payement, engagea ces quatre villes: car alors il n'y avoit point de loix qui défendessent l'aliénation des domaines de l'Empire; & ces loix n'ont été faites que depuis que les Empereurs n'ont presque plus eu de domaines qu'ils puissent aliéner, ou donner, ou retenir.

qu'elles s'étoient détachées de son parti, & qu'il lui eût été difficile de trouver une plus favorable occasion de les faire répentir de l'imprudence, de leur
attachement à la maison d'Autriche.

Le Sénat de Zurich informé de ce traité, en fut consterné & il déliberoit
sur les moyens de détourner l'orage, lorsque la maison d'Autriche le fit notifier aux habitans, avec injonction de s'y conformer. Cette nouvelle répandit la terreur & la désolation parmi les citoyens, qui, libres jusqu'alors, ne
pouvoient penser sans frémir, qu'ils seroient désormais obligés d'obéir à des
Princes impérieux & despotiques, à des Seigneurs qu'ils étoient accoutumés
à ne regarder que comme leurs voisins & leurs égaux. Revenus de l'étonnement où les avoir jetés ce coup inattendu, ils implorerent la médiation &
l'appui des trois Etats unis, dont ils reclamerent l'ancienne alliance.

S c t. III.
Histoire de
la Suisse
&c.

Les Zuri-
cois conster-
nés implo-
rent l'assi-
stance des
trois Can-
tons.

Les habitans des trois Cantons, quelques raisons qu'ils eussent de se plaindre des bourgeois de Zurich, qui ne les avoient point consultés lorsqu'ils a-
voient abandonné les intérêts de Louis de Baviere, ne voyant en eux que
des républicains dont on vouloit gêner la liberté, s'engagerent à défendre
leur cause; & leurs députés se joignirent à ceux que cette ville envoyoit à
Louis de Baviere. Les députés arriverent ensemble à Ratisbonne, ou l'Empereur étoit alors. Les envoyés de Zurich se jeterent aux pieds de Louis,
le conjurerent de pardonner à leurs concitoyens la faute qu'ils avoient faire,
en lui préférant la parti de la maison d'Autriche, & le supplièrent de les protéger contre les chaînes que le despotisme cherchoit à étendre sur eux. Plus
mâles dans leurs remontrances, les députés des trois Cantons représenterent
à Louis que les habitans de Zurich étoient leurs alliés & qu'il leur importoit
qu'ils ne tombassent point sous la domination de leurs anciens oppresseurs,
qui, pour les opprimer, ne manqueroient pas à se servir de ces nouveaux sujets; qu'au reste, ils ne pensoient pas qu'il fut de l'intérêt de l'Empereur
d'augmenter ainsi la puissance de ses cruels ennemis, qui, après avoir ap-
pésanti son joug sur les Cantons, les traiteroient d'autant plus sévérement,
qu'on connoissoit avec quel zele ils avoient servi, (depuis qu'ils s'étoient affranchis de la domination de la maison d'Autriche,) sa Majesté impériale, pour
laquelle ils n'avoient pas craint de braver la force armée, & de s'exposer aux
dangers les plus imminens.

Les trois
Cantons en-
voyent des
députés à
l'Empereur.

Louis de Baviere avoit écouté froidement les représentations des députés de
Zurich: mais frappé des remontrances des envoyés des trois Cantons, il substitua Brisac à Zurich, moins par condescendance pour les habitans de cette
derniere ville, que par égard pour l'intérêt que les trois Etats y prenoient.
La ville de S. Gall, que l'Empereur Rodolphe avoir reconnue & déclarée
inaliénable, eut aussi le même avantage. & la petite ville de Neubourg, près
du Rhin, lui fut substituée; ensorte que Schaffhouse & Rheinfeld, resterent
seules engagées à la maison d'Autriche, malgré les efforts & les tentations que
fit la cité de Schaffhouse, qui demeura sous cette domination pendant plus
de quatre vingt ans, & jusqu'à ce qu'entierement excédée par la puissance
qui l'opprimoit, elle parvint enfin à s'en affranchir, lorsqu'en 1415, elle entra, pour ne plus en sortir, dans l'union Helvétique (1).

Louis de
Baviere ac-
corde la de-
mande des
habitans
de Zurich.
1331.

(1) L'histoire ne dit point comment la ville de S. Gall s'y prit pour se tirer de ce mau-

**Sect. III.**
*Histoire de la Suisse &c.*

**La Haute-Allemagne se partage entre la maison d'Autriche & l'Empereur.**

Quelque puissance cependant que les succès de l'Empereur Louis de Baviere lui acquissent dans l'Empire, il s'en falloir bien que son autorité y fût encor pleinement affermie, & sur-tout dans la Haute-Allemagne, où la maison d'Autriche balançoit son pouvoir, & quelquefois luttoit contre lui avec avantage. Les Seigneurs de cette maison ne cessoient d'y étendre leur domination, & ils y acquéroient chaque jour de nouvelles terres, & de nouveaux sujets. Le Comte Jean de Habsbourg, de Lauffenbourg, l'un des plus riches propriétaires (1) de ce pays, & qui venoit de recueillir une partie de la succession du Comte de Homberg, eut la foiblesse de se mettre, lui, ses terres & ses vassaux sous la protection des Ducs d'Autriche, Otton & Albert, ses cousins. Cette démarche ajouta infiniment à la puissance de cette maison, qui eut pû dès lors balancer l'autorité impériale, si le traité de paix qu'elle avoit fait avec Louis, dans des tems moins heureux, n'eût detaché de ses intérêts une foule de seigneurs & de sujets, qu'il ne leur fut plus possible de regagner, & sur-tout la plûpart des partisans qu'elle avoit, avant ce traité, dans la Haute-Allemagne, la Suabe & l'Alsace.

**La maison d'Autriche est puissamment secondée par le Pape, & ne réussit pas.**

Ces nombreux partisans instruits par l'expérience, resterent attachés à Louis, & quelques efforts que fissent les Ducs d'Autriche, il ne leur fut plus possible de leur persuader de quitter le Chef de l'Empire. Vainement pour les ramener, ils tenterent toutes sortes de voies, elles furent infructueuses; le Pape lui-même, pour seconder les vûes de cette maison, eut recours à ses foudres: elles s'évanouirent, & les excommunications qu'il lança, demeurerent sans force, ou furent même méprisées; car, à Bâle, un Commissaire Apostolique étant venu afficher solemnellement aux portes de l'Eglise, une de ces Censures jadis si terribles, le peuple soulevé, le poursuivit jusqu'au bord du Rhin, où il fut lapidé. Cet exemple ne rendit pas plus sage le Clergé de Zurich, qui, comptant encore sur l'empire qu'il avoit eu, refusa de prêter le serment de fidélité à l'Empereur, sous prétexte que ce Monarque étoit excommunié par le souverain Pontife. Le Sénat indigné de cet audacieux refus, ordonna que dès ce jour, le clergé de Zurich cesseroit d'être regardé comme faisant partie de la société civile; ensorte qu'à son tour excommunié, il ne participeroit plus aux droits ni aux immunités des citoyens. Les ecclésiastiques irrités s'assemblerent, & pour se venger du décret du Sénat, (2) ils se retran-

**Le Sénat de Zurich exclut le Clergé de la Société publique.**

---

vais pas, soit qu'elle se fut rachetée pour de l'argent, soit qu'un privilége qu'elle avoit obtenu en 1281, de l'Empereur Rodolphe, qui la déclaroit inaliénable de l'Empire, parut mériter de n'être point méprisé par ses petits fils, elle se retourna si adroitement, que la petite ville de Neubourg, près du Rhin, fut mise en sa place. Cette derniere eût bien voulu pouvoir s'en défendre; mais elle fut assiégée, & prise au bout de six semaines par les Princes Autrichiens; ce qui effraya tellement les trois autres villes, Brissac, Rheinfeld, & Schaffhouse, qu'elles se déterminerent à subir leur sort, rendant hommage à la force & à la nécessité, plutôt qu'au nouveau maître qu'elles leur donnoient. (*Hist. des ligues & des guerres de la Suisse.* T. I. p. 166 & 167.)

(1) *Jean III*, Comte de Habsbourg, étoit fils de Rodolphe VII. & d'Elisabeth, héritiere de Raperschweill, & petit-fils de Gottfrid, tué devant Berne, en 1271. *Hist. de la Confédération Helvetique.* Liv. III. p. 97.

(2) C'étoit très-sérieusement alors que le Pape & les ecclésiastiques excommunioient un Sénat, qui, à son tour, excommunioit tout aussi gravement, mais avec plus d'utilité les Ecclésiastiques & les moines. De semblables querelles nous paroîtroient fort ridicules, si elles avoient lieu de nos jours; on trouveroit cette maniere de disputer, tou-

chèrent aussi de leur côté, trous les Magiftrats qui le compofoient, de la communion des fidelles. Cette foudre impuiffante fit peu d'impreffion, & le Sénat fe préparoit à foutenir par la force les droits de fon autorité, lorfque les prêtres & les moines, perfuadés qu'à la fin ils feroient les plus foibles, ou affez orgueilleux encore, pour fe flatter qu'en s'éloignant ils puniroient beaucoup les citoyens, s'affemblerent, & dans le même tems, fortirent tous de Zurich, d'où ils refterent abfens pendant environ feize années.

Il n'y eut de la foule des moines qui furchargeoient auparavant cette ville, que les Cordeliers feuls, qui, refufant d'embraffer la caufe du Clergé, refterent à Zurich, & témoignerent, au contraire beaucoup d'empreffement à prêter à l'Empereur le ferment de fidélité. La modération & le zele des Cordeliers dans cette circonftance, euffent mérité les plus grands éloges, fi deux motifs finguliers, & qui méritent d'être rapportés, ne les euffent pas déterminés à fe conduire, en apparence, avec tant de fageffe & de patrio-tifme. Il s'étoit élevé depuis très-peu de tems une difpute théologique fort vive qui avoit divifé l'Eglife prefqu'entiere, & principalement les moines. Le fujet de cette querelle étoit de favoir fi les Cordeliers avoient la propriété de leur manger & de leur boire, ou feulement le fimple ufage. Cette difpute avoit fait le plus grand bruit, & l'Empereur Louis, qui avoir autre chofe à faire qu'à s'occuper de cette ridicule queftion, mais qui croyoit auffi devoir ménager les Cordeliers, à caufe du grand afcendant qu'ils avoient fur le peu-ple, adopta, fans l'examiner, l'opinion de ces Réligieux, & par cette con-defcendance, flatta beaucoup leur amour-propre. Il avoit encore plus fait en faveur de ces moines, à la verité moins pour eux que pour fes propres intérêts, fatigué de la turbulence & des fureurs de Jean XXII, il avoit été prendre dans l'obfcurité d'un monaftere de Cordeliers, un moine fort igno-rant, mais tout-auffi fougueux que Jean XXII; il l'avoit déclaré Pape, fait élire par les Cardinaux de fon parti, & Pierre de Corbiere, c'étoit le nom de ce moine, anathématifoit au gré de l'Empereur, Jean XXII, auffi fouvent, & fans doute, auffi efficacement, que celui-ci jugeoit à propos d'anathé-mifer Louis de Baviere. Il n'étoit donc pas étonnant, que foumis au décrêt du Sénat de Zurich, les Cordeliers de cette ville n'euffent point voulu fe liguer avec le refte du Clergé.

Pendant que ces fcenes de fanatifme & de folie fe paffoient à Zurich, les Seigneurs de la maifon d'Autriche, toujours ambitieux de dominer, & toujours prêts à mettre en ufage des moyens violens pour appéfantir le joug de leur puiffance fur les villes & les contrées qui s'étoient déclarées contr'eux, cher-choient à fe venger de la fage neutralité que la ville de Lucerne, & la vallée de Glaris avoient crû devoir obferver; & ils ne laiffoient échapper aucune occafion de leur donner des preuves de leur reffentiment. De leur côté,

---

fe auffi finguliere que la grande queftion, favoir fi le manger des Cordeliers leur ap-partient en toute propriété, ou s'ils n'en ont que l'ufufruit. C'étoit pourtant ainfi qu'on agiffoit, & que l'on raifonnoit dans ce tems d'ignorance & de fuperftition; il eft encore bien des gens qui croient qu'à tout prendre, bien des difputes qui s'élevent de notre temps, & des queftions fcholaftiques que l'on agite, ne font ni plus graves, ni plus uti-les, ni plus raifonnables: ce fera à la poftérité à prononcer fur la juft--que ou fur la fauffeté de cette opinion.

Lucerne, & le val de Glaris, (1) ne pouvoient supporter l'idée d'avoir été cédés à la maison d'Autriche, & libres par leurs droits & leur constitution, d'être cependant obligés, de souffrir que ces Seigneurs les gouvernassent aussi impérieusement, que s'ils eussent été leurs maîtres absolus. Le pays de Glaris, trop foible pour chercher à recouvrir ouvertement son ancienne indépendance, obéit forcément; mais, la ville de Lucerne ne tarda point à faire des efforts contre ses oppresseurs.

Les Sei-
gneurs
d'Autriche
gênent le
commerce
de Lucerne.

La ville de Lucerne, avant d'avoir été cedée à la maison d'Autriche, étoit florissante, riche, & sa splendeur, ainsi que ses richesses provenoient de ses marchés, fréquentés par les habitans des trois Cantons unis, son bonheur provenoit aussi de la protection que l'Empereur lui accordoit. Elle étoit très-florissante encore, parce qu'elle étoit l'entrepôt des marchandises que l'on transportoit d'Italie par le pays d'Uri. Plus animés contre les trois Etats, qu'ambitieux de l'amitié des Lucernois, les Seigneurs de la maison d'Autriche attentifs à leurs avantages, crurent que le moyen le plus sûr de se venger des trois Cantons étoit sinon de les affamer, du moins de les gêner autant qu'il seroit possible. Dans cette vue, ils défendirent aux Lucernois de recevoir dans leurs marchés aucun des habitans de ces trois Etats. Cette défense, tout aussi préjudiciable à Lucerne qu'à Schweitz, Uri, & Unterwald, porta le coup le plus funeste à cette ville, qui vit son commerce tomber tout-à-coup, & qui, pour comble de malheur, fut changée en une place d'armes par les Seigneurs d'Autriche, qui commandoient avec empire aux habitans, peu accoutumés au service militaire que l'on exigeoit d'eux, mal payés, plus mal traités encore, & surchargés d'impôts (2).

Le Sénat
s'assemble
&, se plaint
de cet acte
de violence
aux Sei-
neurs mê-
mes qui l'ont
fait.

Le Sénat de Lucerne, perdant par ces innovations toute son autorité, s'indigna du despotisme auquel on paroissoit vouloir le soumettre. Ce Sénat connoissoit ses droits & ceux des citoyens; il en étoit jaloux, & ne pouvant supporter plus long-tems les accroissemens successifs du pouvoir arbitraire, il s'assembla, & délibéra, que, vu le déplorable état auquel on avoit réduit la patrie, les Seigneurs de la maison d'Autriche seroient priés de vouloir bien rétablir incessamment l'ancienne & libre communication qui avoit précédemment existé entre la ville de Lucerne & les peuples & communautés voisines ; (3) avec protestation de la part du Sénat que si les choses n'étoient point rétablies comme elles devoient l'être, ce seroit lui qui pourvoiroit, ainsi qu'il le jugeroit à propos, à la tranquillité des citoyens, à leur prospérité, ainsi qu'à la restauration de leur liberté; mais ces représentations furent très-mal reçues par les Seigneurs, qui traiterent les députés du Sénat avec la plus insultante hauteur.

Les Magistrats de Lucerne, qui vraisemblablement avoient peu compté sur l'effet de la force & de la justice de leurs remontrances, remplirent sans délai leurs protestations, & à l'insçu des Seigneurs, négocierent avec les trois Cantons un traité, par lequel il fut convenu que, pendant vingt années, les trois Etats & les Lucernois vivroient en bons voisins, & qu'ils n'embras-
seroient

(1) T. Schudi. p. 324. Stumpf. p. 196. Simler. p. 82.
(2) Hist. des ligues & des guerres de la Suisse. p. 172.
(3) Ibid. p. 174.

féroient les uns contre les autres aucune querelle étrangere; qu'ils feroient mutuellement garans les uns envers les autres de la fûreté du commerce, du paffage habituel des marchandifes; enfin, que les foires & marchés de Lucerne feroient déformais fréquentés comme ils l'avoient été avant la défenfe injufte qu'un pouvoir oppreffif avoir fait de cette fréquentation. Ce traité rendu public, remplit d'indignation le Duc d'Autriche, qui, ne refpirant que vengeance, mais ne voulant point, ou plutôt, n'ofant peut-être point la faire éclater par la voie des armes, eut recours aux moyens les plus odieux & qui pourtant n'aboutirent qu'à démontrer fa foibleffe & fon iniquité. En effet, parmi les familles de Lucerne les plus illuftres par leur antiquité, mais auffi les plus obfcures par l'état de leur fortune, il avoit plufieurs partifans qu'il payoit, & qui ne fe foutenoient que par fes graces, fes penfions & fes bienfaits. Ces partifans, très-mauvais citoyens, furent très-aifément gagnés par le Duc d'Autriche, & vendus à fes volontés; ils fe mirent, par fes ordres, à cabaler & confpirer contre la ville, le Sénat & leurs concitoyens; ceux-ci ne voulant point fe prêter à leurs vues, ces lâches partifans tenterent d'introduire fecretement dans Lucerne affez de troupes Autrichiennes, pour s'emparer de la ville, & fubjuguer les hâbitans (1).

Sect. III.
Hiftoire de la Suiffe &c.

Moyens odieux mis en ufage par le Duc d'Autriche.

Ce complot fut découvert, & tourna à la honte de fes auteurs: on eut dû les punir févérement; on les méprifa affez pour les épargner, & enhardis par l'impunité, ils ourdirent la plus criminelle des trames; ils complotterent de mettre le feu en même rems aux différens quartiers de la ville; d'égorger, pendant la confufion que l'incendie cauferoit, les principaux Sénateurs, d'entretenir & d'augmenter le trouble jufqu'à ce que les troupes que le Duc s'étoit engagé d'envoyer fuffent arrivées. Cette conjuration devoit être exécutée la veille de S. Pierre, 1333. pendant la nuit. Les confpirateurs fe jurerent le fecret, & le garderent. La veille de S. Pierre, rien n'avoit encore tranfpiré, & l'on ne fe doutoit point à Lucerne de l'horrible cataftrophe qui ménaçoit la ville, lorfque peu de momens avant l'exécution, l'un des confpirateurs, fe décélant lui-même par trop de précipitation, fut pris, & devoila la conjuration. Tous fes complices étoient armés, & prêts à incendier Lucerne; ils furent tous arrêtés à l'inftant où ils alloient exécuter leur infernale trame.

Confpiration contre Lucerne. 1332.

Elle eft découverte.

Dès ce jour, les Lucernois ne garderent plus de ménagemens avec les Ducs & les Seigneurs de la maifon d'Autriche, qui, par cette affreufe & lâche confpiration, les avoient eux-mêmes difpenfés de tous égards. Le Sénat s'affembla, au-milieu du peuple attroupé, & il fut délibéré qu'on feroit ouvertement la guerre aux oppreffeurs de la Patrie, dans lefquels on ne reconnoîtroit plus aucune forte de prééminence, ni de fupériorioité; & que pour foutenir contr'eux les intérêts de la ville, on appelleroit au fecours les trois Etats liguées.

Les Lucernois fe préparent à foutenir la guerre contre le Duc d'Autriche.

Cette déliberation fut auffi-tôt exécutée, & les hahitans des trois Cantons volant à la défenfe des Lucernois, pourvurent à la fûreté de la ville, dans

---

(1) La Nobleffe qui étoit attachée à la maifon d'Autriche réfolut de livrer la ville au Baron de Ramfchwag, baillif de Rothenbourg : la confpiration fut découverte & échoua. T. Schudi. p. 322. Etterlin. fol. 20.

laquelle ils laissèrent une garnison de trois cens hommes; prêts à seconder au premier signal, les citoyens, armés eux-mêmes & résolus de combattre pour la cause commune, jusqu'à la derniere goutte de leur sang.

Rassurés par le zele & les armes de leurs voisins, les Lucernois attendirent sans crainte leurs ennemis. Le grand & le petit Conseil furent assemblés, pour délibérer sur la conduite qu'il y avoit à suivre dans les circonstances actuelles, Gautier Malter, l'un des premiers Magistrats, après avoir exposé les titres sur lesquels les droits de la Patrie & la liberté des citoyens étoient fondés; après avoir parlé de la protection que Lucerne avoit toujours trouvée auprès des Seigneurs auxquels elle avoit consenti de rendre son hommage, peignit à-peu-près en ces (1) termes, le dégré d'avilissement auquel des souverains injustes & avides l'avoient réduire. ,, Deux avares marchands, l'un ,, vendeur, l'autre acheteur, n'ont pas rougi de trafiquer entr'eux de cette ,, ville, de nos temples, de nos murs, du sénat, de la bourgeoisie, de nos ,, personnes, de nos biens, & pour comble d'humiliations de nos privileges, ,, de notre liberté. Ces deux marchands font convenus d'un prix, ont fait ,, & signé un contrat, à notre insçu ; & lorsque nous nous y attendions le ,, moins, on est venu nous dire que nous avions changé de maîtres. Mais ,, encore à quels maîtres nous a-t-on assujettis? aux fils, aux fils avides de ,, l'Empereur Albert; à ces Princes-usurpateurs, à ces guerriers plus obsti- ,, nés que braves; à ces Souverains dévorés du desir d'acquérir par toutes ,, sortes de moyens. Et depuis l'époque fatale de la cession qui leur a été ,, faire de nous, comme d'un vil troupeau, quel d'entre nous pourroit comp- ,, ter les innovations odieuses & flétrissantes que l'on s'est attaché à nous faire ,, éprouver? Que reste-t'il de l'ancienne Lucerne? la ville seule; mais sa ,, constitution n'est plus, & vous savez quelle forme oppressive de gouverne- ,, ment, nos tyrans ont mis en sa place. Vous frémissez au souvenir de l'hor- ,, rible complot récemment tramé contre nous? Remercions le Ciel qui a ,, permis que nous ne soyons pas restés ensevelis sous les ruines de nos mai- ,, sons incendiées. Par cette affreuse trame, nos tyrans ont rompu tous les ,, liens qui subsistoient entre eux & nous; leur fureur nous a rendus à nous- ,, mêmes, à nos droits naturels; & il ne nous reste plus, pour les soutenir, ,, qu'à imiter la conduite de nos bons voisins, les confédérés Suisses, avec ,, lesquels il est pour nous dé la plus extrême importance de nous lier étroi- ,, tement''.

Traité de
Confédéra-
tion de Lu-
cerne avec
les trois
Cantons.
1333.

Le Magistrat, ou Avoyer dé Lucerne, eut à peine cessé de parler, que les concitoyens demanderent avec acclamation, que l'on formât tout de suite une alliance ferme & stable avec les trois Etats; & ce traité, qui fut presque aussi-tôt négocié que proposé, renferme les mêmes clauses que celui par lequel les trois Cantons s'étoient liguées entr'eux : il y fut seulement ajouté, que, dans le cas où les trois Etats seroient de différens avis, Lucerne seroit tenue de se ranger du côté de la pluralité. Du reste, l'esprit de vengeance présida si peu à ce traité, que les Lucernois convinrent, quoiqu'ils pussent s'en dispenser, au sujet des droits utiles & honorifiques que l'Abbaye de Mur-

_____

(1) La Harangue de ce bon citoyen est rapportée en entier dans l'Hist. des ligues & des guerres de la Suisse. T. I. p. 178 & suiv.

bach avoir eûs autréfois ſur eux ; & ils les réſerverent expreſſément en faveur de cette ſeigneurie, dont elle avoir tant de ſujets de plainte & de mécontentement. De leur côté, les trois Etats réſerverent tous les droits dont ils étoient tenus envers l'Empereur. Et afin que la paix & la tranquillité fuſſent les premiers fruits de cette alliance, le Sénat de Lucerne, ſuſpendant pour quelques momens la rigueur des loix, fit grace aux auteurs de la derniere conſpiration, ſe contenta de bannir les plus coupables, & de condamner les autres ſeulement à une légere amende : indulgence d'autant plus généreuſe, que ſi le complot avoit eû ſon exécution, le maſſacre des Sénateurs devoit être le ſecond attentat des incendiaires, & le premier crime que les flammes de la ville embraſée devoient éclairer. Mais le Sénat voulut, par cet acte de clémence, ſauver l'honneur de pluſieurs familles diſtinguées. Cependant, afin de prévenir de ſemblables complots, par le même décret qui faiſoit grace aux coupables, il fut ſévérement défendu aux citoyens de former entr'eux à l'avenir aucunes aſſemblées, aucune ſorte de pacte, ni d'aſſociation, ni de prêter d'autre ſerment que celui qu'il étoit d'uſage de prêter, deux fois l'année, devant le Sénat (1).

Avant que de continuer l'hiſtoire des Confédérations Helvétiques, voici en peu de mors, une idée du gouvernement, de la religion & des uſages de Lucerne, qui, quoique le quatrieme des Cantons Suiſſes, dans l'ordre chronologique des ligues & des guerres de ce pays, a cependant la préſéance ſur ceux de Schweitz, d'Uri & d'Unterwald ; préſéance que la cité de Lucerne tient de l'honnêteté des trois autres Etats, qui la lui accorderent lors du traité dont on vient de parler.

Lucerne (2), fut originairement aſſujettie à un Monaſtere qui en portoit le nom, en Italien *Monaſterium Lucernæ ;* c'eſt à ce monaſtere qu'elle fut redevable de ſes premiers accroiſſemens, peu conſidérables encore lorſque Pepin fit donation de ce même monaſtere, & conſéquemment de la Ville à l'Abbaye de Murbach, ſituée en Alſace. Lucerne reſta ſous la domination de cette Abbaye, juſqu'en 1291, que l'Abbé la vendit à l'Empereur Rodolphe, au prix de deux mille marcs d'argent. On a vu, comment elle fut traitée par Albert, & par quels moyens elle ſecoua le joug des enfans de cet Empereur. Cette ville, de grandeur médiocre, eſt ſituée ſur les premieres montagnes des Alpes, ſur les confins du pays d'Argaw, & s'éleve en amphithéatre ſur les bords du fameux lac de Lucerne, l'un des plus vaſtes de la Suiſſe, où le poiſſon abonde, & produit aux Lucernois des richeſſes conſidérables par la pêche perpétuelle qui s'y fait. Lucerne a des fortifications très-anciennes, mais elle eſt bien bâtie, dans le goût moderne, & elle s'embeilit chaque jour, depuis le âge réglement du Sénat ; par lequel il eſt défendu à tout étranger de s'y établir, à moins qu'il n'y ait acheté une vieille maiſon, & qu'après l'avoir fait démolir, il ne l'ait fait reconſtruire à neuf, & ſur le plan qui lui eſt fourni par la Police.

(1) T. Schudi. p. 324. Vitodur. p. 39.
(2) Une vieille Tour, qui eſt bâtie au milieu des eaux, & qui vraiſemblablement a ſervi autrefois de phare aux navigateurs, a généralement perſuadé aux étymologiſtes que c'eſt de là que la cité de Lucerne a tiré ſon nom ; c'eſt-à-dire, du mot latin *Lucerna.*

Le gouvernement de Lucerne est aristocratique. L'autorité suprême appartient aux nobles, ou au Sénat, parce que les maisons patriciennes, ou consulaires, (1) ont seules entrée au Sénat, à l'exclusion des familles plébéiennes, qui n'y sont point admises. Ces familles patriciennes sont nobes, soit à cause d'un ancien privilege impérial, qui attache la noblesse à la dignité de Sénateur, soit à cause de l'exercice de la Souveraineté, qui anoblit essentiellement ceux qui en sont chargés. Ainsi, le pouvoir souverain réside en entier dans le Sénat, ou grand Conseil, composé de cent Sénateurs, y compris le petit Conseil, formé de 36 membres.

Ce petit Conseil est très-ancien; il existoit sous la domination de l'Abbaye de Murbach, & veilloit, comme actuellement, à la police & aux privileges des citoyens ou de la bourgeoisie. Il a d'ailleurs quelques prérogative qui lui sont particulieres; tel est le droit de nommer seul aux bénéfices, &c.
Mais quand une affaire excede son pouvoir, ou bien lorsqu'un bourgeois releve un appel; il appelle au grand Conseil, en qui réside la puissance de faire des loix nouvelles, d'en abroger d'anciennes, de décider des ambassades, des négociations, ou de prononcer sur un crime capital. A l'égard des alliances à former, des nouveaux impôts à établir, de l'achat, ou de la vente des terres du pays, de déclarer la guerre, ou de faire la paix toute la bourgeoisie est consultée & a droit de suffrage; ensorte que dans ce cas, le gouvernement est aristo-démocratique. Les deux principaux Magistrats, & qui sont les Chefs de l'Etat, se nomment *Avoyers*, vieille expression qui signifie avoué, défenseur, gardien; ces deux Magistrats sont alternatifs, c'est-à-dire, que chacun d'eux exerce pendant un an la magistrature; & l'année
expirée, il est obligé d'abdiquer; mais communément, après une année de repos, ils sont continués, & ainsi de suite pendant toute leur vie, à moins qu'ils n'aient démérité. Les bannerets sont les seconds officiers de la République: leur fonction est de conduire & de diriger la milice; ils siegent au Conseil de guerre, mais n'y président point; ils lui sont même subordonnés. Les boursiers, ou receveurs des finances de l'Etat, tiennent le troisieme rang dans la Magistrature. N'oublions point de dire que les Avoyers ont chacun un Lieutenant, ou *Stadhalther* qui, en l'absence des Avoyers, en exerce toutes les fonctions (2).
Le territoire du Canton de Lucerne est d'environ quinze lieues de longueur, sur sept ou huit, tout au plus, de largeur; ce Canton est entierement Ca-

---

(1) En Allemand, *Régiments fæhige geschlechter:*
(2) Quoiqu'à Lucerne, la plûpart des familles Consulaires ne se soutiennent que par les emplois civils de la République, ou par les services militaires chez les Princes-Etrangers; cependant, si un noble Lucernois embrassoit le commerce, ou même exerçoit un art méchanique, ce qui arrive rarement, il ne dérogeroit pour cela point à sa noblesse, ni à celle de ses descendans; parce que dans un tel Gouvernement, tout se rapporte au pacte primitif qui a été fait entre des familles originairement égales, dont les droits se perpétuant à la faveur d'une naissance légitime & honnête, sont toujours sacrés & indépendans des vicissitudes de la fortune & du changement des tems. Il en est de même à Venise & à Gênes, où le commerce ne déroge point; il en étoit de même dans l'ancienne République de Florence; il devroit en être de même par tout, & il n'y a, ni raison, ni bon sens à noter de dérogeance des professions utiles & honnêtes.

tholique-Romain, & le gouvernement n'y fouffre point l'exercice extérieur
d'aucune autre Religion. Ce pays, quoique peu étendu, eft cependant divifé en quinze bailliages, remplis, pendant un certain nombre d'années, par
des Sénateurs, auxquels feuls & exclufivement appartiennent ces dignités.
De plus grands détails concernant la nature & la forme du gouvernement de
ce Canton n'entrent point dans notre plan.

La défeétion des Lucernois irrita violemment les Ducs d'Autriche ; leur
colere s'exhala en projets de vengeance, en ménaces; mais ces projets s'é-
vanouirent, & ces ménaces refterent fans effet; ou du moins elles n'aboutirent
qu'à démontrer de plus en plus leur foibleffe & leur impuiffance. Ce n'eft
cependant pas que ces Princes n'euffent encore des Etats étendus, & beaucoup de fujets; mais alors les Souverains n'avoient point de troupes perpétuellement armées, & toujours prêtes à combattre: c'étoient les communes
qui foutenoient la guerre, & qui ne la faifoient qu'en certain tems de l'année,
contre de certains ennemis, & feulement dans quelques marches ou pays,
exclufivement à toute autre contrée. D'ailleurs, l'indépendance que les Cantons Suiffes étoient parvenus à fe procurer, excitoit plus l'émulation du refte
des fujets Autrichiens, qu'elle n'enflammoit leur haine, & il n'étoit point de
pays foumis à ces Souverains, où l'on ne défirât le fuccès & le fort heureux
des Etats qui s'étoient fouftraits à leur obéiffance. A ces inconvéniens fe joignoit l'épuifement prefque total des Autrichiens, caufé par l'inutile & longue
guerre qu'ils avoient foutenue contre l'Empereur Louis. Auffi toutes leurs
hoftilités contre Lucerne, fe reduifirent-elles à deux petits combats, (1) dans
l'un defquels, quatre-vingt Lucernois refterent fur le champ de bataille, &
cent-vingt Autrichiens. Dans le fecond après le plus grand effort, les Princes Autrichiens, fatigués de la guerre ou plutôt rebutés par le fuccès de leurs
ennemis, préférerent à la voie fort incertaine des armes, les voies juridiques,
& foumirent la décifion de cette caufe au tribunal de l'Empereur: mais Louis,
qui n'étoit rien moins que difpofé à fervir & feconder l'ambition de ces Princes, leur ordonna, ainfi qu'aux Lucernois, de ne fe livrer de combats
approuva la ligue formée par ces derniers avec les trois Etats confédérés ;.
leur permit de refter libres, comme ils le défiroient, à condition qu'ils continueroient de rendre aux Seigneurs d'Autriche, l'hommage & les devoirs,.
qu'ils avoient autrefois rendus aux Abbés, Princes de Murbach.

Cette décifion à laquelle les Ducs d'Autriche devoient s'attendre, & qu'ils
n'avoient cependant point prévue, les pénétra de douleur & d'indignation:
mais ne pouvant mieux faire, ils s'y conformereñt, obferverent forcément la
t eve qui leur étoit prefcrite, & remirent leur vengeance à des tems plus heureux. Leur filence & leur foumiffion, décélant de plus en plus leur foi-·

Sect. III.
Hiftoire de
la Suiffe
&c.

Projets de
vengeance
des Ducs
d'Autriche.

Difpofitions
des peuples
qui leur
font foumis.

L'Empe-
reur ordonne:
la ceffation
des hoftili-
tés.

(1) Les Ducs d'Autriche mirent des troupes dans Zug, Rothenbourg, Sempach ;.
Meyenberg & Wollhaufen: par ce moyen, la ville fut comme inveftie ; les Lucernois-
firent une fortie, dans laquelle ils perdirent 80 hommes ; mais ayant été fecourus par ceux
de Schweitz, ils prirent leur revanche à Buchenos, & tuerent à Ramfchwag, 14 cavaliers,.& 100 fantaffins. Il fe trama peu après une feconde confpiration dans la ville ,
qui fut découverte. Hift. de la Conféder. Helvet: Liv. 3. p. 99. T. Schudi. p. 325;
Stumpf. p..198. Vitodur. p. 40. Simler. p. 84.

blesse, la plûpart des villes de leur domination, fatiguées d'un joug, qui depuis bien des années leur étoit intolérable, commencerent à faire des efforts pour le rendre plus léger. Les nobles & les simples citoyens s'accoutumerent, de leur côté, à ne plus recourir à l'autorité suprème, à se faire eux-mêmes justice, & à vuider leurs différends par la voie des armes. Les Ducs d'Autriche, hors d'état de se faire craindre, ni de faire respecter les loix par leur autorité, crurent faire beaucoup pour l'honneur de leur puissance & la tranquillité publique, que de négocier un concordat de paix & de sûreté publique, entre les villes & terres de leur dépendance & les cités impériales qui voulurent y entrer. Par ce concordat, les contractans promirent de s'entre-secourir contre tout agresseur injuste. Les Ducs d'Autriche s'empresserent de ratifier cette ligue, conclue à Bade en Suisse, pour cinq ans, & qui nuisit si fort dans la suite à leurs propres intérêts & à leurs prétentions, ainsi qu'ils auroient dû le prévoir (1).

*Le Seigneur
de Girosleck
souleve ses
voisins par
son brigan-
dage.*
1333.

Le premier Seigneur, ou brigand, auquel cette ligue devint fatale, fut le Sire de Girosleck, qui désoloit son voisinage par ses vols & ses dévastations. Renfermé dans son château de Schwanau, sur les bords du Rhin, il empêchoit la navigation de ce fleuve, désoloit & mettoit le commerce à contribution. Une armée tout aussi avide que lui de butin, & tirée des villes unies par le concordat, fut formée & destinée à prendre ce Seigneur & à détruire son château. Girosleck se défendit avec cette valeur féroce qu'animent l'espoir du pillage & la crainte des supplices: il soutint un siege de trois mois: mais enfin, le château de Schwanau fut emporté: la Garnison entiere, composée de soixante soldats, commandés par un gentil-homme, fut décapitée; les trois ingénieurs qui défendoient la place furent mis dans des machines propres à lancer des pierres, & furent écrasés contre les murs du château, qui fut démoli ensuite.

Le Duc Albert le sage, Duc d'Autriche, avoit trop d'affaires à Vienne, où il étoit alors, pour s'occuper des troubles de la Haute-Allemagne; & son frere Otton, ne songeant qu'à ses plaisirs, voyoit avec indifférence, l'affoiblissement progressif & rapide du pouvoir de sa maison; il eût été bien plus indifférent encore, si de tems en tems ranimé par les conseils de sa sœur Agnès, Veuve d'André Roi de Hongrie, il n'eût paru vouloir se réveiller de sa profonde indolence, & soutenir ses droits, qu'on violoit de tous côtés. Retirée dans le monastere de Kœnigsfeld (2). Agnès, intrigante & dévore, affectoit le détachement le plus entier de toutes sortes d'affaires, & du fond de

---

(1) Par ce concordat, tous les contractans fixoient de certaines limites dans le district desquelles ils devoient s'entresecourir de proche en proche, contre tout agresseur injuste; ils établissoient neuf arbitres, pris d'entr'eux, pour connoître de la légitimité d'une offense, ou de la nécessité d'une défense quelconque, & déterminoient en un mot, les procédés de cette Police barbare, qui arme chaque particulier pour sa garde personnelle & celle de son voisin, parceque celui-ci s'est réciproquement engagé d'accourir à votre secours. Cette ligue de paix fut conclue à Bade en Suisse, pour cinq ans, le mardi avant la sainte Magdelaine 1333, & fut ratifiée par les Ducs d'Autriche eux-mêmes. *Hist. des ligues & des guerres de la Suisse.* T. 1. p. 197. T. Schudi. p. 333. Stumpf. p. 415.

(2) Ce Monastere avoit été fondé par les enfans de l'Empereur Albert, sur le sol même où ce Souverain avoit été assassiné.

fa retraite, elle ne ceffoit de fouffler l'efprit de méfintelligence parmi le peuple, fur lequel elle avoir pris le plus fort afcendant par fa douceur affectée, fes manieres populaires, fa dévotion extérieure, & fa médiation, qu'elle offroit perpétuellement, & qui, prefque jamais, ne lui réuffiffoit.

Agnès
d'Autriche
offre fa mé-
diation &.
trompe la
confiance
des habitans
de Berne &
de Fribourg.
1334.

La fauffe politique d'Agnès, (1) & l'ambition outrée qu'elle avoir dé paffer pour fainte; enhardit plus le peuple à former des projets d'indépendance, & à imiter les Cantons Suiffes qui s'étoient rendus libres, que n'euffent pu l'intimider fes intrigues mieux connues, & la hauteur mal-adroitement déguifée de fon caractère. Agnès fe diftingua fur-tout par les foins qu'elle prit pour ménager un mauvais accommodement entre les cités de Berne & de Fribourg, qui fe battoient depuis plufieurs années, & cherchoient à s'entredétruire; Berne, pour recouvrer la liberté, Fribourg, pour foutenir la caufe du defpotifme autrichien. Il étoit très-naturel que dans l'arrangement négocié par la dévote Agnès, tout l'avantage fur du côté de la maifon d'Autriche: auffi l'accommodement qu'elle fit, n'accommoda-t-il rien, & ne fit-il, au contraire, dans la fuire, qu'envenimer la haine mutuelle dès deux cités (2).

Ce fut à peu-près vers le tems de ce traité que la Haute-Allemagne, ou la Suiffe, vit, pour la premiere fois, s'élever dans fon fein un procès de péculat, genre de crime, dont même on n'avoit pas l'idée. En effet, dans cette contrée, auffi pauvre que les mœurs y étoient fimples. le goût du luxe, & les attraits de la cupidité n'y avoient point encore introduit l'ufage, trop étendu depuis, des concuffions. On ne favoit ce que c'étoit que de tirer parti des dignités, de les faire fervir à fa fortune; on ignoroit l'art d'abufer de la confiance publique, & de s'enrichir par des charges uniquement deftinées à protéger; ou à juger les citoyens. Le péculat étoit fi peu connu, que tout citoyen jugé capable de remplir une charge publique, étoit condamné à une amende, s'il la refufoit lorfqu'elle lui étoit offerte. Cette loi, qui feroit fort inutile de nos jours, où les charges font fi hautement & fi indécemment briguées, achetées; proftituées, étoit commune à toutes les petites républiques de la Haute-Allemagne; & la corruption ne s'étoit point encore étendue jufque fur ceux qui les occupoient; lorfque Zurich offrit l'exemple de Magiftrats concuffionnaires; & malheureufement auffi des maux irréparables que de pareils hommes lâches & coupables font en état de caufer dans un Etat.

La ville de Zurich étoit régie par trente-fix Sénateurs; qui, après quatre mois d'exercice, étoient remplacés par de nouveaux Magiftrats, & dont l'autorité étoit à peu de chofe près, fouveraine & prefqu'abfolue. On foupçonnoit ces Sénateurs de trahir les regles de la juftice, de vendre leurs juge-

---

(1) Hift. des lignes & des guerres de la Suiffe. T. 1. p. 199.
(2) Berne étoit reftée attachée à Louis, jufqu'à ce que ce Prince fut mis au ban de l'Eglife, mais alors, plus attachés au Pape qu'à l'Empereur, les Bernois abandonnérent le dernier. Louis irrité, fe joignit aux ennemis de Berne, & envoya fes Ambaffadeurs à Nidau, où les Princes tinrent un grand Confeil, fur les moyens de détruire entierement cette ville. La ligue étoit formidable, & chaque Prince croyoit avoir fes griefs particuliers. Les Bernois n'attendirent pas que l'orage éclatât: ils marchèrent contre le Baron de Weiffembourg, & le contraignirent par les armes, à fe reconnoître Vaffal de Berne. Hift. de la Confed. Helvet. Jufting. Stettler. T. 1. p. 53. T. Schud. p. 345. Simler. p. 138.

Scct. III.
Histoire de
la Suisse
&c.

Convulsion.
maires accu-
fés par Ro-
dolphe
Braun.
1135.

mens, & de quelques déprédations puniſſables. Rodolphe Braun, Chevalier & Sénateur, homme tracaſſier, turbulent dans ſon corps, autant qu'il étoit populaire parmi le reſte de ſes concitoyens, croyant avoir à ſe plaindre du Sénat entier, qui n'avoit point voulu déférer à quelques turbulentes propoſitions qu'il avoit faires, imagina, pour ſe venger, d'accréditer parmi le peuple la prévention où l'on étoit au ſujet de la prévarication des Magiſtrats. Ses dénonciations, ſes intrigues, ſes plaintes contre la corruption de ſes collegues firent une ſi vive impreſſion, que la populace ameutée ſe ſouleva contre les Sénateurs, qui, coupables, ou innocens s'évaderent tous, à l'exception de ſix ou ſept, que le factieux Braun s'étoit attachés. La fuite des Sénateurs fut priſe pour un aveu de leur crime, & Braun, qui, par leur évaſion ſe trouvoit à la tête du Sénat, les fit ſommer de venir rendre compte de leur conduite. Quelques-uns obéirent à la ſommation, & furent condamnés à de groſſes amendes, & à un long banniſſement : tous les autres furent impitoyablement condamnés à mort par leur confrere, & par le peuple en tumulte, qui ordonna en même tems la confiſcation de leurs biens, & déclara leur poſtérité incapable de poſſéder jamais aucune dignité, ni charge dans la République.

Braun nommé Bourguemaître perpétuel de Zurich.

Braun triomphoit, mais ſon ambition n'étoit pas encore ſatisfaite; elle le fut bientôt; il ſe fit nommer Bourguemaître de Zurich à perpétuité; il fit accorder ſa ſurvivance à l'un des quatres Sénateurs qui s'étoient joints à lui, & ſe mit à réformer le gouvernement, & à donner des loix, qui, favorables

Il reforme le Gouvernement.

à la démocratie, augmentoient d'autant plus ſon crédit, qu'il avoir eu ſoin juſqu'alors de l'établir ſur la faveur du peuple. Ainſi, c'eſt au Sénateur Braun que la ville de Zurich fut redevable de ſa nouvelle conſtitution, qui, à peu de choſe près, s'eſt conſervée intacte juſqu'à nos jours. Toutefois, Braun ne fut pas l'auteur de cette forme de gouvernement, qu'il emprunta, en très-grande partie de la ville de Strasbourg, réformée depuis trois ans par le boulanger Conrad Zwinger (1), homme obſcur par ſa naiſſance, par ſon rang, mais de beaucoup de jugement, entreprenant, hardi juſqu'à la témérité, ennemi déclaré de la nobleſſe qui abuſoit de ſa puiſſance, & dont il affoiblit conſidérablement l'autorité, par la forme démocratique qu'il introduiſit, ſecondé par la multitude qui l'avoit mis à ſa tête.

Les Nobles s'y oppoſent.
1336.

Les innovations de Braun éprouverent pourtant des obſtacles auxquels il ne s'étoit point attendu, & qu'il eût bien dû prévoir. Le pouvoir qu'il avoit donné au peuple, bleſſa l'orgueil des nobles: l'ordre équeſtre des environs de cette ville ſe plaignit ſans ménagement, & avec d'autant plus d'amertume, que la plûpart des chevaliers étoient parens de pluſieurs d'entre les Sénateurs dépoſés & bannis. La maiſon d'Autriche encore plus animée contre Zurich, appuya les chevaliers, & parut prête à défendre par la force des armes, les droits des nobles. Celui qui s'empreſſa le plus de prendre hautement le parti des Sénateurs exilés, fut le Comte Jean de Habsbourg Lauffenbourg, qui, vaſſal

_____

(1) Conrad Zwinger, boulanger de la ville de Strasbourg, s'étoit mis, en 1332, à la tête de la multitude, & avoit rabaiſſé la morgue de la nobleſſe, en tempérant par un fort alliage de démocratie, le pouvoir exceſſif dont elle avoit joui juſqu'alors. *Hiſt. des ligues & des guerres de la Suiſſe,* T. I. p. 203.

vaffal & parent des Ducs d'Autriche, fut enchanté de trouver cette occafion de les venger. Le premier acte de mécontentement qu'il fit, fut d'envoyer dire à la ville dé Zurich, qu'elle n'eût plus à le compter au nombre de fes citoyens, qu'il renonçoit à fa bourgeoifie; titre qui ne l'avoit flatté, que parce qu'il lui avoit été donné par les nobles de l'ancien gouvernement, & qui l'aviliſſoit, depuis que ce même gouvernement étoit dans les mains de la multitude. Enhardi par la modération des Zuricois, il tenta d'en venir à des hoftilités, reçut dans fon château de Raperfchweil, quatorze des Sénateurs bannis, raſſembla dans ce Fort, qui n'étoit qu'à deux ou trois lieues de Zurich, une Garnifon nombreufe, & de-là, fit des courfes fur le territoire de cette ville, dévaſta les environs, & par fes brigandages & fes vexations, contraignit les citoyens à prendre contre lui les armes, & à en venir enfin à une guerre ouverte (1).

Le Comte de Habsbourg, raſſembla tous fes foldats & fe mit à leur tête; les Zuricois déférerent le commandement de leur petite armée, jointe aux foldats du Canton de Schweitz dont ils avoient reclamé le fecours, au Comte de Tockenbourg, ancien & irréconciliable ennemi de Habsbourg Lauffenbourg. Les deux armées fe rencontrerent près de Grisnaw, la victoire reſta aux Zuricois; le Comte Jean de Habsbourg fut tué, mais fa mort fut vengée par fes farouches foldats, qui, ayant fait le Comte de Tockenbourg prifonnier de guerre, l'aſſommerent impitoyablement & de fang froid. Furieux de la défaite & de la mort de Lauffenbourg, les Ducs d'Autriche réfolurent d'en tirer vengeance, & ils fe préparerent à faire la guerre aux vainqueurs, qui de leur côté implorerent la protection & l'aſſiſtance de l'Empereur Louis de Baviere. Louis, depuis long-tems fatigué des troubles que lui fufcitoit cette maifon, ne laiſſa point échapper cette occafion de la mortifier, & ne paroiffant defirer que la paix, il fit dire aux Seigneurs d'Autriche, que la dépofition du Sénat de Zurich étant la feule caufe de cette guerre, fon intention étoit que cette affaire fe terminât par la voie de la médiation; que cette ville impériale ne relevant que de lui feul, il vouloir être l'un des médiateurs au nom des magiſtrats & des citoyens, & que le Duc d'Autriche, n'avoit de fon côté, qu'à fe déclarer arbitre & médiateur pour les Sénateurs dépofés.

(1) La maifon de Raperfchweil poſſédoit dans l'Helvetie feptentrionale le Comté de ce nom, les deux Marches de Gafter, où étoient Utznach, Grisnau & Tuggen. Henri de Wandelberg, fondateur en 1227, du monaftere de Wettingen, près de Baden, eut deux freres; le cadet Ulric, eut en partage le Gafter, & Rodolphe, le refte du pays. Ulric laiſſa une fille unique, Gutta, qui porta fon héritage au Comte de Tockenbourg fon mari. Rodolphe laiſſa un fils, qui mourut en 1283, fans enfans, & une fille, Elifabeth qui époufa en premieres nôces le Comte Louis de Homberg, tué devant Berne, & en fecondes nôces Rodolphe VII de Habsbourg. Werner de Hombourg, petit-fils de Louis, mourut fans enfans en 1329; le Comte Jean de Habsbourg, fils de Rodolphe VII, qui, du chef de fa mere, poſſédoit Raperfchweil & la nouvelle Marche, hérita auſſi la vieille Marche, & pour réunir l'entiere fucceſſion de Raperfchweil, il ne ceſſa point de faire une guerre cruelle au Comte de Tockenbourg. Jean Rodolphe & Gottfride de Habsbourg, freres, vendirent le Comté de Raperfchweil, en 1358, aux fils d'Albert, Duc d'Autriche. L'Advoyerie de Notre-Dame, poſſédée ainfi par les Comtes de Raperfchweil, fut conférée en 1415 au Canton de Schweitz, pour l'Empereur Sigismond. T. Scheudi. p. 347. & fuiv.

SECT. III.
*Histoire de
la Suisse
&c.*

Le Duc d'Autriche ne pouvant faire autrement, accepta la médiation; les deux arbitres s'assemblerent, & rendirent un jugement, qui vraisemblablement fut dicté par l'Empereur Louis, contre l'opinion de son Co-arbitre, puisque le jugement est tout à l'avantage des Zuricois, favorable à la nouvelle constitution, & totalement contraire aux espérances & à la cause de l'ancien Sénat.

*L'Empereur
fait cesser
la guerre,
& prononce
en faveur
de Zurich.*

## SECTION IV.

*Histoire de la Suisse depuis l'an 1338 jusqu'en 1389.*

*Efforts de
Berne pour
imiter Zu-
rich.*

Tandis que par les armes, & plus encore par la faveur & le secours de l'Empereur Louis de Bâviere, Zurich affermissoit & étendoit sa liberté, Berne, agitée par le même desir, tentoit d'heureux efforts pour acquérir une consistance qu'elle n'avoit pas encore, & une forme de gouvernement qu'elle paroissoit fort éloignée d'être en état de se donner. Il n'y avoir presque point de ville en Suisse, moins puissante que Berne. Tout ce qu'elle possédoit, à peu de chose près, consistoit dans l'enceinte de ses murs; elle n'avoit ni territoire, ni banlieue, & cependant elle aspiroit à la grandeur des villes les plus considérables de la Haute-Allemagne. Elle y parvint, mais par degrès, & à la faveur d'une politique aussi sage que soutenue; par sa valeur surtout, qui l'engageoit à se mêler dans toutes les querelles qui divisoient les gentils-hommes de son voisinage. Ces gentils-hommes étoient dans l'usage de s'armer les uns contre les autres, pour le sujet le plus léger: Berne alors embrassoit le parti qu'elle jugeoit le plus convenable à ses vues, & ne manquoit jamais de gagner quelque possession dans ce desordre, & de se l'assurer lorsque le différend se terminoit. Elle mettoit un si grand prix au titre de bourgeois, & elle attachoit une telle importance à ce titre, qu'elle parvint à le rendre un objet de la plus haute ambition: elle l'offroit à ceux avec lesquels elle s'alloit, & ne formoit jamais des alliances, qui ne lui fussent très-avantageuses. Lorsqu'elle fut parvenue à un certain degré de puissance, elle ne cessa d'agiter & de tracasser ses voisins, par les prétentions qu'elle formoit sur les uns, comme le prix qu'ils lui devoient, pour les bienfaits qu'ils tenoient d'elle, & sur les autres, comme autant de prétextes plausibles de leur faire la guerre.

Avec une telle conduite, il n'est pas étonnant que Berne se fit des ennemis, à mesure qu'elle étendoit sa puissance. Ces ennemis étoient nombreux; ils étoient redoutables, & d'autant plus à craindre, que leur ressentiment étoit perpétuellement aigri par les conseils des Ducs d'Autriche, ennemis déclarés de toute République. A leur instigation, Eberhard, Comte de Kibourg, qui n'avoit besoin, pour faire le mal, que de son autorité naturelle, fut le premier qui forma le projet d'abattre la grandeur de Berne, & d'en

enchaîner sa liberté (1). Ce deffein étoit d'autant plus digne du mauvais caractere d'Eberhard, que très-peu d'années auparavant, couvert du fang de
fon frere, qu'il avoit affaffiné, profcrit dans fa patrie, & abhorré dans toute
l'étendue de la Haute-Allemagne, il avoit trouvé un afile dans Berne, qui
l'avoir décoré du titre de citoyen. Eberhard devoit à cette ville cette preuve
de fa reconnoiffance & de fon mauvais cœur. Il fe ligua avec le Comte de
Fuftemberg, les Evêques de Sion & de Laufanne, avec une foule de gentils-
hommes, & prefque toute la nobleffe Helvetique. Dans cette ligue, déja
très-formidable, entrerent toutes les villes Autrichiennes, ainfi que tous les
bourgs de l'Argaw, du Thurgaw, du Sargans & du Brisgaw, ameutés, excités encore par la cité de Fribourg, animée depuis fort long-tems contre Berne d'une haine irréconciliable. Ville mixte de l'Helvetie, mais protégée par
les Seigneurs d'Autriche, Fribourg, crut que le moment de fe venger, &
d'opérer la deftruction de Berne étoit venu, & fe flattant que cette ville ruinée, elle deviendroit elle-même la premiere, & la plus confidérable cité de
ces contrées, elle fit les plus grands efforts pour accroître les forces & la puis-
fance de la ligue.

La fituation de Berne étoit d'autant plus critique & d'autant plus accablante, que, par attachement pour le S. Siege, ayant opiniatrement refufé de reconnoître Louis de Baviere pour Empereur, elle n'avoit aucun fecours à attendre de ce Monarque, & moins encore de Clément VI, qui, fucceffeur de
Benoît XII, n'avoit d'autres reffources que l'impuiffante force de foudroyer
Louis; mais Louis rioit de fes foudres, ainfi que la plûpart des peuples, qui
ne croyoient plus à leur pouvoir, à l'exception toutefois de Berne, où la
fuperftition faifoit regarder comme funeftes & terribles, les armes du Vatican.
Louis de Baviere ne vit qu'avec indifférence l'humiliation prochaine des Bernois, & comme il croyoit qu'ils méritoient le malheur qui les ménaçoit, il ne
fit point difficulté d'entrer auffi dans la ligue, & nomma pour fon Lieutenant,
le Comte Gerard d'Arberg.

L'Armée des confédérés étoit nombreufe, formidable, il n'y avoit pas apparence que Berne, feule & livrée à fes propres forces, pût oppofer une
bien longue refiftance, & tout paroiffoit annoncer fa ruine prochaine (2). Le
fiege de Laupen fut la premiere opération des confédérés. Laupen, ville
médiocre, par fa grandeur, mais bien fortifiée, & fituée fur la riviere de Sa-
né, étoit difputée aux Bernois, qui la poffédoient depuis trente-un ans, par
les Fribourgeois, qui difoient y avoir les prétentions les mieux fondées. Les
Bernois ne fe déconcerterent point, & réfolus à vaincre, ou à périr, ils fe

*Sect. IV.
Hiftoire de
la Suiffe
1338 1389.*

*Eberhard de
Kibourg fe
propofe de
l'abaiffer.
Il fe ligue
avec plu-
fieurs Sei-
gneurs &
fait entrer
dans fes
vues, la cité
de Fribourg.
1338.*

*L'Empe-
reur Louis
entre dans la
ligue contre
les Bernois.*

*Siege de
Laupen.*

*Les Bernois
jettent du
fecours dans
la place.*

(1) Eberhard, comte de Kibourg, Prince d'une branche Cadette de la maifon d'Autriche, étoit digne à tous égards, d'être le Hérault de la guerre que fa maifon fe préparoit à faire à Berne: cette cité, depuis qu'elle l'avoit reçu au nombre de fes Bourgeois, étoit à la vérité devenue fa patrie; mais que pouvoit-elle attendre d'un fcélérat
qui s'étoit fignalé par mille crimes, & qui avoit trempé fes mains dans le fang de fon
frere? auffi, perdant le fouvenir des fermens qu'il en fe jouant,
qu'en entrant dans Berne par la brèche, & à la tête d'un grand nombre d'hôtes, il prétendoit
faire un acte de bourgeoifie, digne d'un bourgeois tel que lui. Hatmann, Annal. p. 306. Haller. Chr. MS. L. 7.

(2) Rhan. Chr. MS. L. 3. C. 16. Simler. p. 98.

préparerent à la plus vigoureuſe réſiſtance. Ils jetterent dans Laupen ſix cens hommes, ſous le commandement du Chevalier Jean de Bübenberg & de Rodolphe de Mueleren (1). Ces ſix cens hommes étoient l'élite des troupes Bernoiſes, & afin d'intéreſſer tous les citoyens également à la conſervation de cette place, chaque maiſon de Berne avoit fourni le pere, ou le fils, ou le frere, pour compoſer cette garniſon. Pierre, Comte d'Arberg, fit les premieres hoſtilités, & pour ſe venger, les Bernois aſſiegerent la ville d'Arberg; mais il ne s'arrêterent que peu de jours devant cette place: & rentrerent dans Berne, pour y attendre l'exécution des projets de la ligue; parce qu'on ignoroit profondément le plan des opérations qu'elle ſe propoſoit de faire; mais on ne reſta pas long-tems dans cette incertitude, & les confédérés inveſtirent Laupen (2), avec une armée de 3000 chevaux & de 15000 hommes d'infanterie, commandés par Rodolphe Comte de Nidaw.

*Les Bernois
vréent un
Dictateur,
& ſe liguent avec
les trois
Cantons.*

Les Princes alliés comptoient ſi fort ſur le ſuccès de cette expédition, qu'ils vivoient faſtueuſement dans leur camp, dans la ſécurité la plus parfaite. Les Bernois étoient moins tranquilles, & ne ſongeant qu'aux moyens de délivrer cette ville, ils créèrent Rodolphe d'Erlach, Dictateur, lui confierent l'autorité la plus entiere, avertirent leurs alliés du danger qui les ménaçoit, & implorerent le ſecours des trois Etats-unis. Soleure envoya 80 gentils-hommes: le Baron de Weiſſembourg vint à la tête de 600 combattans, & les Cantons de Schweitz, d'Uri & d'Unterwald, fournirent neuf cens ſoldats; enſorte que les Bernois eurent à oppoſer aux ennemis un corps de 5000 hommes. Cette

petite armée arriva près de Laupen, le 2 Juin 1339, & ſe porta ſur une éminence, d'où elle découvrit le Camp des ennemis. Rodolphe de Nidaw, qui ne s'attendoit pas à voir les Bernois en auſſi grand nombre, imagina qu'il y avoit dans cette troupe beaucoup de femmes déguiſées en hommes: il fit part de ſes ſoupçons à Jean de Magenberg, Avoyer de Fribourg, qui, plein de cette idée, s'avança pour inſulter aux Bernois ſur le ſtratagème dont il penſoit qu'ils s'étoient ſervi. Le Chevalier Cunon de Regenberg, Bernois plein de valeur, & un bourgeois de Schweitz s'avancerent & offrirent de prouver par un combat ſingulier, que les bras des défenſeurs de la patrie, n'étoient rien moins qu'efféminés. Cette fiere réponſe déconcerta la valeur de Magenberg, qui courut la rendre aux Princes, leur conſeillant de préférer la voie de la négociation aux haſards d'un combat, contre des ennemis qui paroiſſoient diſpoſés à tout riſquer, & qui, d'ailleurs, étoient poſtés très avantageuſement. Le Comte de Nidaw applaudit à la ſageſſe de cete opinion, & fit tous ſes efforts pour la faire approuver par les Princes, qui la rejetterent avec mépris. Ils euſſent mieux fait cependant de s'y conformer.

De part & d'autre on ne ſongea plus qu'à combattre. Les deux armées ſe rangerent en bataille. Les ſoldats de Schweitz, d'Uri & d'Unterwald, demanderent l'honneur d'être oppoſés à la cavalerie ennemie: ce poſte étoit très-périlleux, & les Bernois l'ambitionnoient; mais par honnêteté, ils le

_____

(1) *Hiſt. des ligues & des guerres de la Suiſſe.* T. I p. 211.
(2) Laupen n'étoit qu'une ville médiocre, mais elle offroit un paſſage très-important ſur la riviere de Sane. Les Fribourgeois formoient des prétentions ſur la propriété de cette place, qui appartenoit néanmoins aux Bernois depuis 1308. *Hiſt. des ligues & des guerres de la Suiſſe.*, T. I. p. 211.

cédérent à leurs braves alliés. Le front de cette petite armée étoit défendu par des chariots armés de faux, & chaque soldat portoit deux ou trois poignées de pierres (1). Les Bernois s'avancerent, roulant les chariots devant eux, & lorsqu'ils furent à une petite distance de l'armée confédérée, ils lancerent avec force contre elle les pierres, qu'ils portoient; & se retirerent en bon ordre sur le penchant d'une colline, où ils pouvoient combattre avec avantage. Les Princes alliés les poursuivirent avec beaucoup d'ardeur, mais avec trop peu d'ordre; les pierres avoient effrayé leurs chevaux, de manière qu'ils furent obligés de rompre leurs rangs pour passer entre les chariots, qui par leur construction ne pouvoient point reculer. Les Bernois s'apperçurent & profiterent de ce moment de désordre; ils fondirent sur les ennemis avec impétuosité: l'infanterie des Princes étonnée de la violence du choc, recula: La cavalerie soutint l'attaque avec plus de vigueur; mais bientôt informée de la défaite de l'infanterie, & vivement pressée elle-même; elle fit précipitament sa retraite. La déroute fut complette: le combat ne dura qu'environ une heure & demie; & dans ce petit intervalle, les Princes alliés perdirent 1500 cavaliers & 3100 fantassins; les Comtes de Nidaw; de Savoie, de Valengin, resterent morts sur le Champ de bataille, où périrent aussi beaucoup de chevaliers. Du côté des Bernois, la perte ne fut pas de cent hommes. Le Comte Eberhard de Kibourg, principal Auteur de cette guerre, mais plus fait aux assassinats qu'aux opérations militaires, ne se trouva point à cette bataille; il n'arriva que le lendemain, à la tête de 4000 hommes; mais il ne jugea point à propos de venger les Princes alliés, & ses soldats se disperserent.

Cette victoire ne termina point la guerre, les Bernois, maîtres de la campagne, s'emparerent de la plûpart des châteaux des seigneurs ennemis; ils dévasterent les possessions, brulerent & ruinerent les moissons des vaincus: les femmes arrachoient les grains prêts à couper, tandis que leurs maris poursuivirent les habitans & s'emparoient de leurs biens. La ville de Fribourg paya cher le zele qu'elle avoit montré dans cette guerre; les Bernois massacrerent

Sect. IV.
Histoire de la Suisse 1338-1389.

Les Ducs d'Autriche & leurs alliés sont vaincus.

Suite de la victoire des Bernois.

(1) Au moment de livrer la bataille, le Dictateur Rodolphe d'Erlach, Général, fit cette harangue aux défenseurs de la liberté. ,,Tous, tant que nous sommes, mes chers Camarades, nous nous sommes trouvés plusieurs fois ensemble dans la joie des festins, & des divertissemens de la danse, & nous nous devons le témoignage mutuel, que nous nous en sommes toujours tirés en braves; aujourd'hui il est question d'une partie un peu plus sérieuse; mais si vous m'en croyez, nous la ferons tout aussi gaiement. Nous mettons, à la vérité, au jeu tout ce que les hommes ont de plus cher notre honneur, notre liberté & nos biens. Mais il n'est question que de fixer le hasard par la vertu; il ne s'agit que de distribuer beaucoup de coups sans les craindre & d'être plus honnêtes gens que cette nuée de hoberaux que nous ne voyons rassemblés ici en si grand nombre, que pour nous procurer plus de butin & de gloire. A ce compte, je prens sur moi tous les risques de l'aventure. Voici la sixieme fois que je me trouve à semblable besogne. je les ai, Dieu merci, toutes vu tourner bien; mais plutôt par la bonne volonté des ouvriers, que par leur grand nombre. J'espere donc, généreux concitoyens, que vous montrerez aujourd'hui, que les Bernois ne savent point compter les ennemis avant une bataille, & je vous ferai voir à mon tour, que je suis digne de commander des Bernois''. Après cela maître Théobald l'archiprêtre, qui tenoit le S. Sacrement d'une main & l'épée de l'autre, leur donna la bénédiction, & cet acte de piété fut le signal du combat. Hist. des ligues & des guerres de la Suisse. T. 1.

sept à huit cens hommes, & réduifirent en cendres le plus confidérable & le
plus riche de fes fauxbourgs.

La Reine Agnès, qui par fes vœux & fes prieres n'avoit pû obtenir du
Ciel la victoire pour les Princes Alliés, fe donna beaucoup de foins, & à
force d'intriguer & de négocier, elle parvint à obtenir une treve de fept femaines. Mais ce tems écoulé, la guerre recommença avec la plus grande vivacité. Les Ducs d'Autriche fecoururent la ville de Fribourg, qui, malgré
les troupes qu'ils lui avoient envoyées, eût néceffairement fuccombé, fi la
devote Agnès n'eût prêché la paix avec tant de zele & de force, défavouant
hautement la conduite de fes freres, que les bons Bernois fe laiffant appaifer, fe reconcilierent avec leurs ennemis. La paix fe fit, & le calme dura
pendant fept à huit ans; calme, qui, depuis près d'un fiecle, n'avoit pas
regné auffi long-rems en Suiffe.

Tandis que la Haute-Allemagne goûtoit les douceurs de la paix, le Pápe
Clément VI, maudiffoit, & dépofoit, autant qu'il étoit en lui, l'Empereur
Louis de Baviere, qu'il anathématifoit comme Hérétique, & qui, quoique
excellent Catholique, ne craignoit pas infiniment les foudres & les anathêmes de Clément, comme il n'avoit pas craint les malédictions de Jean. La
haine du Pontife Romain lui étoit d'autant plus indifférente, qu'il étoit chéri
en Allemagne, même du peuple fur lequel les foudres de Rome avoient encore la puiffance de faire quelqu'impreffion (1). Quelque froide pourtant
que fut fon indifférence, il defiroit de voir ceffer cette importune querelle,
ou s'il ne pouvoit défarmer la haine irréconciliable du Pape, de faire du moins
évidemment connoître aux nations l'injustice & l'atrocité de cette haine. Dans

cette vue, il feignit d'être enfin difpofé à fe foumettre aux volontés du Pape;
& il le lui perfuada fi bien, que l'orgueilleux Pontife lui fit remettre un é-
crit qui contenoit les conditions aviliffantes, fous lefquelles il pourroit parvenir à fe voir dégagé des liens de l'excommunication, & des effets, fans doute
très-funeftes, des malédictions prononcées contre lui.

Louis de Baviere n'eut pas plutôt reçu cet écrit figné du Pontife, que rompant toute négociation, il convoqua une Diete-Générale à Francfort; il s'y
rendit lui-même, & après avoir expofé les démarches qu'il avoit faites pour
appaifer l'injuste courroux des deux prédéceffeurs de Clément, & de Clément

lui-même, il rendit compte des conditions humiliantes qu'on prétendoit lui
prefcrire, & demanda à l'Affemblée fi elle croyoit qu'il dût vivre & mourir
injuftement excommunié, plutôt que d'avilir, par les baffeffes qu'on exigeoit de
lui, le corps augufte qui l'avoir élu, & qui le reconnoiffoit pour fon Chef.
La diete indignée de l'orgueil de Clément, répondit unanimément, que Louis
de Baviere n'en avoit que trop fait, & que, fi le Pontife de Rome revenoit
quelque jour à réfipifcence, ce feroit pour lors à l'Empereur à décider à fon

(1) Depuis le tems que l'Empereur Louis étoit dans la difgrace de la Cour de Rome,
les arcenaux de l'Eglife paroiffoient épuifés, & la colere des Papes ne l'étoit point
encore. Comme Benoît XII avoit hérité de la haine de Jean XXII, Clément VI hérita
auffi de celle de Benoît XII. Clément parvint au Pontificat en 1342, & fon premier acte
de Papauté fut de maudire & de dépofer le foi-difant Empereur Romain, comme fes
prédéceffeurs l'avoient maudit & dépofé. Id. T. 1. p. 219.

tour s'il lui accorderoit son pardon (1). Cette délibération authentique des
membres de l'Empire assemblés, paroissoit devoir assurer la puissance de
Louis, & le délivrer sur-tout de la crainte de voir les malédictions papales
lui susciter désormais des orages. Elles lui en suscitèrent pourtant, parcequ'il avoit dans l'Empire deux ennemis aussi envenimés & aussi dangereux que
le Souverain Pontife.

Jean de Luxembourg, Roi de Bohême, & l'un des Electeurs, ne s'étoit
point trouvé à la diete de Francfort, & Baudouin de Luxembourg, son frere, Archevêque de Trèves, s'en étoit absenté aussi. Jean de Luxembourg,
qui avoit marié sa fille avec Otton, Duc d'Autriche, & qui étoit l'un de ses
plus zélés partisans, haissoit mortellement Louis de Bavière, qu'il ne cessoit
de persécuter, soit par la perfidie de ses procédés, soit par les effets moins
cachés de son inimitié (2). Baudouin pensoit comme son frere; ils se réunirent, complotterent contre Louis, lui chercherent des ennemis, formerent
contre lui une association nombreuse, & traiterent en ennemis, quiconque
refusa d'embrasser leur parti. Tel fut Henri de Wirnebourg, Evêque de
Mayence, qui ayant refusé d'entrer dans cette ligue, fut excommunié par
le Pape, déclaré schismatique, & à cause de son attachement à un Empereur
anathématisé, déposé de son Archevêché, que le Pontife de Rome donna au
Chanoine Gerlac de Nassau, en récompense de la chaleur qu'il montroit pour
la ligue, & de la haine qu'il jura d'avoir pour l'Empereur.

L'Archevêque de Cologne craignant d'éprouver le sort de Wirnebourg, se
mit aussi au nombre des confédérés; & à force d'argent, on parvint à faire
promettre au Comte de Saxe, qu'il rempliroit, de la maniere qu'on le jugeroit à propos, le rôle d'Electeur. Les conjurés, au nombre de cinq Factieux s'assemblerent à Renz, près de Coblentz, leurs Chefs (se prétendant a-
nimés du desir de faire cesser la discorde qui divisoit le Sacerdoce & l'Empire,
mais au fond, pour servir la haine qui les enflammoit;) sous prétexte qu'ils
formoient la plus grande partie du College Electoral, citerent l'Empereur
Louis, qui n'eur garde de comparoître, le déposerent, & élurent pour Empereur, Charles de Luxembourg, fils du Roi de Bohème (3). Louis de Baviere, déposé par ces conjurés, étoit assez puissant pour punir leur audace,
& ses forces supérieures à celles de ses ennemis, lui laissoient peu d'inquiétude
sur le rival qu'ils avoient ôsé lui donner. Il rassembla ses troupes, & en
confia le commandement au Margrave de Brandebourg son fils, qui marcha
contre les rebelles, contraints de s'enfuir devant lui: il les poursuivit jusques
dans les montagnes du Tyrol, où les forçant de combattre, il les battit, &
les dispersa. Mais tandis qu'il se couvroit de gloire, l'Empereur Louis de-

*Side notes (right margin):*

Sect. IV.
Histoire de
la Suisse
1338-1389.

Jean &
Baudouin
de Luxem-
bourg, E-
lecteurs se
déclarent
contre Louis
de Bavière;
& conju-
rent sa perte.

Ils le dépo-
sent, &
elisent Char-
les de
Luxem-
bourg Em-
pereur.
1316.

---

(1) Ritterlin. T. 29. Joh. Vitodier. p. 55.
(2) Jean de Luxembourg, disent unanimement tous les Historiens contemporains, é-
toit le souverain le plus avare, & l'un des hommes les plus perfides de son tems: quoiqu'il eût marié sa fille à Otton, Duc d'Autriche, & que par cette alliance, il eût dû être
attaché au parti Autrichien, il ne l'étoit cependant que très-foiblement, parce que son
caractere inconstant & faux, ne lui permettoit point de s'attacher solidement; mais dans
cette occasion il se ligua d'autant plus volontiers avec Otton que, comme ce dernier,
il étoit pénétré contre l'Empereur d'une haine irréconciliable.
(3) Hist. des ligues & des guerres de la Suisse. T. 1. p. 222.

Sect. IV.
Histoire de
la Suisse
1338-1389.

Louis de
Baviere
s'arme contre les Rebelles triomphe, &
meurt empoisonné.

Charles
reste Empereur.

1347.

Scene de fanatisme &
d'inhumanité contre
les Juifs.
1348.

Baviere, son Pere, mourut à Munich, sans qu'on eut pû, ni prévenir, ni connoître le genre de sa maladie, qui fut assez généralement, & peut-être avec quelque fondement, attribuée au poison. Cette perte vraiment irréparable, jetta le peuple dans le deuil & précipita l'Empire dans le trouble & la confusion (1).

Louis étoit contre la maison d'Autriche une puissante digue, une barriere formidable ; & désormais cette maison plus ambitieuse dans ses projets, plus libre dans ses entreprises, ne craignit point de trouver des obstacles qui s'opposassent à ses vues. Charles de Luxembourg prit encore plus hautement le titre d'Empereur ; mais il eut à essuyer quelques contradictions, que son bonheur & ses intrigues firent bientôt évanouir. Les Electeurs qui étoient restés fidelles à Louis de Baviere, refuserent de reconnoître ce nouveau Chef de l'Empire ; & ils offrirent la couronne impériale au Roi d'Angleterre Edouard, qui les remercia, ne voulant pas d'un trône, qui, nécessairement devoit l'exposer à des guerres meurtrieres & ruineuses, à d'interminables disputes, & à une rivalité qui pourroit devenir aussi funeste à ses anciens Etats, qu'à la possession du rang qu'on lui offroit. Les Electeurs jetterent tout aussi vainement les yeux sur Frédéric, Landgrave de Thuringe, & sur Gauthier, Comte de Schwartzenbourg: Charles, pour trente mille marcs d'argent, les engagea l'un & l'autre à se désister, & ayant mis dans ses intérêts le Comte Palatin du Rhin, Rodolphe, auquel il donna une de ses filles en mariage, il eut pour lui la pluralité des Electeurs, & fut dès lors reconnu légitime Chef de l'Empire par toute l'Allemagne.

Pendant que l'heureux Charles s'assuroit du sceptre impérial, la Suisse étoit cruellement ravagée par la peste qui y exerçoit ses fureurs. Un fléau tout aussi terrible & moins passager que la peste, désoloit ce pays ; le fanatisme, qui, fomenté, envenimé par la plus ténébreuse superstition, y étoit violent & cruel, en raison de la fourberie de quelques factieux, & de la crédule ignorance de la multitude. Quelques Suisses s'imaginerent que le Ciel, ne leur envoyoit la peste, qu'en punition de la tolérance qu'ils avoient accordée aux Juifs. Ces malheureux communiquerent leur absurde opinion à leurs compatriotes, elle s'accrédita ; quelques fanatiques assurerent que le sang des Juifs pouvoit seul désarmer la colere céleste. D'après cette barbare décision, adoptée de proche en proche, tous les Juifs que l'on pût saisir dans la Suisse

&

(1) L'Empereur Louis de Baviere mérita le respect de ses peuples, & plus particulierement des Suisses, qu'il protégeoit ouvertement contre les entreprises ambitieuses de la maison d'Autriche. C'étoit un Prince tout ensemble populaire & ami des grands. Placé entre une noblesse ambitieuse, toujours prête à opprimer le Tiers-Etat, & entre l'ordre des villes impériales, qui, fieres de leurs richesses & de leurs privileges, ne vouloient dépendre que du seul Chef commun ; il eut l'art de ménager des vues aussi opposées, de maintenir au moins l'équilibre, dans ce combat continuel, qu'il ne pouvoit faire finir, & d'inspirer enfin aux uns & aux autres, ou de l'amour, ou de la crainte, suivant ce qui convenoit à ses intérêts. Peut-être même qu'il eût tiré une grandeur plus réelle de ces troubles, si les traverses sans fin qu'il eut à essuyer de la part des Papes, lui eussent laissé assez de loisir & de vigueur, pour y porter, comme il eût fallu, toutes les ressources de son génie. Fier dans l'adversité, doux &, clément dans la prospérité, sage dans le conseil, & brave de sa personne, il a trop bien tenu son rang parmi les Princes de son tems, pour ne pas avoir mérité un rang distingué dans l'histoire.

& l'Allemagne entiere, furent pris, jettés dans les buchers & impitoyablément dévorés par les flammes.

Le Duc d'Autriche, Albert le Sage, aussi éclairé, que ses contemporains étoient grossiers & fanatiques, ouvrir aux Juifs les portes de son château & ils y allerent en foule chercher un asile contre la persécution: ils se croyoient en sûreté, & ils l'y eussent été, s'il n'eût dépendu que d'Albert: mais ses sujets regardant son humanité comme un crime, coururent armés & en foule au château, menacerent d'y porter le fer & le feu, & d'immoler leur Souverain lui-même, qui, les larmes aux yeux, fut contraint de livrer cette foule de Juifs, que la populace massacra aussi-tôt. Mais cette boucherie, ni les buchers, où tant de victimes avoient été brûlées, ne diminuerent point la violence de la peste, qui devenoit, au contraire, chaque jour plus terrible. Le peuple, qui par sa cruauté n'avoit pu détourner le danger qui le menaçoit, tomba dans un autre genre de délire, moins cruel à la vérité, que la proscription des Juifs, mais presque tout aussi insensé. Ces particuliers quittoient brusquement leurs maisons, se dépouilloient, & nuds, se frappoient la poitrine & le dos à coups de verges, courant ainsi en forcenés d'une contrée à l'autre. Cette superstition contagieuse fit de tels progrès, que les villes étoient désertes, & la campagne couverte de ces foux, qui se donnoient le nom de *Freres Flagellans*. Le Pape, qui, charitablement avoir gardé le silence au sujet du massacre des Juifs, crut devoir arrêter le cours de ce second vertige, & reprouva, comme très-indécente, ainsi qu'elle l'étoit en effet, la secte des flagellans, & leurs pratiques encore plus indécentes (1).

Pendant le cours de cette folie, l'Empereur Charles de Luxembourg assu-

Sect. IV.
Histoire de la Suisse 1338-1389.

Albert le sage, les protege en vain.

Institution de la folle Confrairie des Flagellans.

(1) La Secte des Flagellans s'introduisit alors dans la Haute-Allemagne. Ce genre de folie subsistoit ailleurs depuis environ 80 ans. Dans le commencement, cette manie n'avoit été que l'effet d'un zele indiscret & trop outré; mais ce zele eut des suites singulieres & facheuses. La secte des Flagellans commença à Perouse, vers l'an 1260, où quantité d'hommes de tout âge, y étant poussés par un Hermite nommé Rainier, se mirent à marcher en procession deux à deux, ayant le corps découvert, & se fouettant publiquement jusqu'au sang, pour implorer la divine miséricorde. On les appelloit *les Dévots*, & leur supérieur étoit nommé *le Général de la dévotion*. Leurs processions étoient précédées de Prêtres, qui portoient la croix, & composées d'hommes de tout âge. Les femmes & les filles exerçoient sur elles-mêmes, dans leurs maisons, la même rigueur. Dans le commencement, ces exemples de pénitence étoient suivis de reconciliations, de restitutions & d'œuvres de charité. Cette coutume se répandit dans la suite, non-seulement dans les autres villes d'Italie, mais aussi dans l'Allemagne; & quelques-uns de ces Flagellans prêcherent qu'on ne pouvoit obtenir la rémission de ses péchés, qu'en se fouettant ainsi; & pour l'obtenir, ils se confessoient leurs péchés les uns aux autres. Les Princes & les Prélats s'opposerent à cette superstition, & en arrêterent pendant quelques tems les progrès: mais elle se renouvella avec plus de fureur & de désordre dans le siecle suivant, en Allemagne & en Hongrie, où un imposteur publia qu'un ange avoit apporté du Ciel une lettre, qui promettoit le pardon de tous ses péchés, à quiconque se fouetteroit pendant trente-quatre jours. Ces Flagellans, égarés par le fanatisme, se porterent aux plus grands excès, faisoient des séditions, massacroient les Juifs & pilloient les biens des Laïques, &c. Gerson a composé un traité fort savant contre les Flagellations publiques; & quand il en auroit composé un autre contre les flagellations particulieres, il n'en eût pas plus mal fait. A peu près dans le même tems, cet usage ridiculement insensé, s'introduisit & fit de grands progrès en Orient. Sigonius. L. 19. *de Rebus Ital. annal. Eccl.* A. C. 1260. No. 12. Gautier. Chron. *Siecle* XIII. C. 6.

roit ſa puiſſance; & à la peſte & au fanatiſme près, la Suiſſe étoit tranquille, à l'exception pourtant de la ville de Zurich, qu'un violent orage menaçoit d'une ruine entiere. . Elle étoit déchirée par des diſſentions inteſtines; troubles, qui dans les Républiques ont communément les plus fâcheuſes ſuites. On a vu que le peuple ameuté par Braun, avoir dépoſé la plûpart des Sénateurs, qui s'étoient allé mettre ſous la protection de Jean de Habsbourg, Seigneur de Raperſchweill: & que la nouvelle forme de gouvernement établie par Braun, avoit été approuvée & confirmée par l'Empereur Louis. Pour ſe venger, les Sénateurs exilés, faiſoient de Rapperſchweill, des courſes preſque continuelles ſur les Zuricois, & les incommodoient beaucoup: ils ne s'en tinrent point à ces hoſtilités, & tramerent une conſpiration, qui, ſi elle eût eû du ſuccès, eût entierement écraſé & enchaîné Zurich.

De concert avec ces Sénateurs le jeune Comte de Habsbourg vint dans cette ville, pour y implorer, diſoit-il, la grace des exilés, qui le ſuivoient ſous la conduite du jeune Comte de Tockenbourg. Habsbourg étoit eſcorté auſſi de pluſieurs gentils-hommes, ſuivis d'une foule de domeſtiques, chacun armé d'un grand couteau caché ſous l'habit. En même tems il entra dans Zurich une foule de marchands; mais ces marchands étoient des ſoldats déguiſés, qui devoient aller prendre des armes dans la maiſon de l'un des conjurés, citoyen de Zurich. Le plan de la conſpiration étoit d'égorger, à une heure fixée, dans la nuit ſuivante, le Bourguemaître Braun & les nouveaux Sénateurs, tandis que des troupes Autrichiennes poſtées près de la ville, accourroient pour ſoutenir les efforts des conjurés qui agiroient au dedans.

Déja le ſoleil baiſſoit, & il ne reſtoit plus que quelques heures à attendre, lorſque le Comte de Tockenbourg, jeune, & très-inconſidérément engagé dans cette conſpiration, eut des remords, ou des craintes, & ſuivi de ſon Ecuyer, & d'un conjuré tout auſſi timide que lui, ſe mit dans un bateau, ordonnant au batelier, qu'il comptoit de retenir le reſte de la nuit, de le paſſer ſur le bord oppoſé de la riviere de Limmat. L'eſprit agité par la ſcene qui alloit ſe paſſer, il tint quelques propos à ſon Ecuyer & au conjuré; propos qu'il crut fort miſterieux; ils ne le furent cependant pas pour le batelier. Cet homme fut très-embarraſſé ſur le parti qu'il avoir à prendre, & n'ôſant, ni lutter contre trois hommes, ni paſſer la riviere, d'où il étoit très-aſſuré qu'on ne lui permettroit pas de revenir; il prit une réſolution hardie, & qui lui réuſſit: il fit tourner le bateau, & les trois paſſagers armés & cuiraſſés ſe noyerent: quant au batelier, nommé *Bach*, il gagna la rive à la nage, courut à la maiſon de Braun, fit ſa dépoſition, & confirma Braun dans les ſoupçons que quelques indices lui avoient déja donnés. Braun, ſans perdre un moment, ſe rendit déguiſé & accompagné d'un ſeul domeſtique, qui fut même tué à ſes côtés, dans l'hôtel de ville: il fit ſonner le tocſin, arma la bourgeoiſie, & courut charger les ennemis, qui, à peine armés & très-déconcertés de cette attaque imprévue, ne ſongerent qu'à prendre la fuite. Il y en eut environ ſoixante de tués, les autres ſe ſauverent à la faveur des ténebres, & les troupes qui devoient les ſoutenir, & qui étoient déja aux portes de la ville, ſe diſperſerent au plus vite. Dès que le jour parut, il éclaira la vengeance des Zuricois, qui firent expirer dans les ſupplices tous les conjurés & les traîtres, étrangers ou citoyens qui furent reconnus. Le Comte de Habsbourg & le Baron de Bronstetten, son beau-frere, qui avoient eû aussi le malheur d'être pris, ne furent pas livrés aux bourreaux; on se contenta de les jeter l'un & l'autre dans une obscure & perpétuelle prison; mais leurs terres furent ravagées & confisquées au profit de la République, qui ne discontinua ses hostilités, que lorsqu'il ne resta plus rien aux ennemis qui avoient irrité sa vengeance.

Le Duc d'Autriche ne vit point avec indifférence la ruine du Comte de Habsbourg son allié, ni l'agrandissement des Zuricois. Il jura de venger le Comte de Habsbourg, & il fit, pour y réussir, des préparatifs formidables. Allarmés à la vue de l'orage qui alloit fondre sur eux, les habitans de Zurich trop foibles encore pour lutter contre un tel ennemi, reclamerent les bontés, & implorerent le secours du Chef de l'Empire, mais Charles IV, plus lié à la maison d'Autriche, que sensible à la situation de la ville qui recouroit à sa protection, ne répondit que vaguement, & par d'impraticables conseils, de désarmer, par la plus humble soumission, un Souverain justement courroucé.

Les Zuricois alors prirent le seul parti qui leur restoit à prendre, & demanderent à être reçus dans la ligue des quatre Cantons Helvetiques. Leur proposition fut accueillie, & le traité fut conclu dans le mois de Mai 1351. Ce traité n'étant autre chose qu'une accession à l'alliance des quatre premiers Cantons, renferma, à peu de choses près, les mêmes conditions du traité de confédération qui unit (1) les Cantons de Schweitz, d'Uri & d'Unterwald. Le premier rang fut cédé à Zurich, & elle le conserve encore: mais cette prérogative, qui d'ailleurs ne lui donne aucune sorte de prééminence, est plus onéreuse encore qu'honorable; car c'est par les Zuricois que se traitent d'abord toutes les affaires rélatives au Corps Helvetique en général, & ce sont là les fonctions de la Chancellerie de cette République, qui les communique ensuite aux autres Cantons (2). Il est des lieux qui sont communs à plusieurs Cantons, & lorsque c'est dans ces lieux que l'on tient des dietes, elles sont présidées par Zurich: mais dans les autres dietes, c'est le Canton chez lequel elles sont assemblées qui a le droit exclusif d'y présider.

Il ne sera point hors de propos de terminer cet article par quelques observations rapides sur la forme du gouvernement de Zurich, & sur les mœurs des habitans.

Lorsque les Zuricois entrerent dans la ligue des quatre premiers Cantons, il y avoit déja long-tems que leur ville étoit l'une des plus commerçantes, des plus riches, & à tous égards, des plus considérables de la Suisse (3).

Située dans un pays agréable & fertile, auprès du grand lac d'où la riviere de Limmat tire son origine, elle est partagée en deux parties inégales par cette riviere, & ces deux parties se communiquent par deux ponts de bois. L'une des principales sources de la richesse de Zurich, est le produit

*Marginalia:*

Sect. IV. Histoire de la Suisse 1338-1389.

Préparatifs des Ducs d'Autriche contre les Zuricois.

Ils se liguent avec les quatre Cantons. 1351.

Forme du gouvernement de Zurich, & mœurs des habitans.

---

(1) T. Schudi. 391. Etterlin. f. 39. Simler. 115. Stuttler. 71.
(2) Rhan. Chr. MS. L. 4. C. 2.
(3) La plûpart des anciens Auteurs qui ont parlé de l'Helvetie, assurent que Zurich tenoit jadis un rang très-distingué parmi les villes les plus considérables de ce pays; ils disent qu'elle fut ruinée par Attila, Roi des Huns, & rétablie par Thuricus, Roi des Goths, qui lui donna son nom.

SECT. IV.
*Histoire de*
*la Suisse*
1338-1389.

*Commerce*
*de Zurich.*

de ses manufactures; elle a auſſi quelques Académies, où les ſciences, les arts & les belles Lettres ſont cultivés avec autant de ſuccès que d'aſſiduité: La Suiſſe entiere n'a point de ville pourvue d'auſſi vaſtes arcenaux, ni qui ſoit mieux fournie de toutes ſortes d'armes, que ceux que l'on voit à Zurich, dont les fortifications ſont d'ailleurs très-remarquables par leur étendue & leur ſolidité (1). Le Canton de Zurich à 20 lieues de longueur à-peu-près, ſur autant de largeur: il eſt borné à l'orient par le Turgaw & le Comté de Tockenbourg, au midi par le Canton de Schweitz; à l'occident par celui de Zug & par le Comté de Roxe, connu jadis ſous cette dénomination, & aujourd'hui ſous celle de bailliages libres; au Nord, le Rhin lui ſert de bornes. Ce Canton, outre les beaux payſages qu'il renferme preſque dans toute ſon étendue, eſt encore décoré & fertiliſé par un lac fort étroit d'environ dix-huit lieues de tour. On voit ſur le bord de ce lac la ville de Rapperſchweill, qui forme une eſpece de promontoire; & plus loin de riches & vaſtes vignobles, des prairies immenſes, une prodigieuſe quantité de maiſons de campagne, de métairies, de bourgades, & une multitude de laborieux cultivateurs.

La Religion proteſtante, eſt la ſeule que l'on profeſſe dans le Canton de Zurich, le plus peuplé de tous ceux de la Confédération Helvetique. A voir ces habitans perpétuellement occupés à l'agriculture, ou aux travaux des manufactures, on ne les croiroit qu'induſtrieux & cultivateurs; il eſt vrai que les Zuricois ne ſont point, comme le reſte des Suiſſes, dans l'uſage de ſervir dans les armées des Puiſſances étrangeres; mais ils n'en ſont pour cela, ni moins courageux ni moins exercés aux opérations militaires. Toujours prêts à défendre la patrie, ils ſont accoutumés, dès leur plus tendre jeuneſſe, aux fatigues, & à toutes les opérations de la guerre; mais ils ne ſont uſage de leur valeur & de leurs connoiſſances, que dans les occaſions où il faut ſervir la Patrie, & alors, ce n'eſt point en ſoldats mercenaires qu'ils combattent, mais en héros.

Le Canton de Zurich comprend trente un bailliages, où la juſtice s'exerce au nom de la République, qui y jouit auſſi des droits ſeigneuriaux (2).

---

(1) Il y avoit autrefois dans la ville de Zurich deux Chapîtres fort illuſtres de Chanoînes & de Chanoineſſes fondés par Charlemagne & par Louis le Germanique ſon petit fils. Ces Princes avoient doté fort richement ces deux Chapîtres, & leur avoient accordé pluſieurs droits régaliens & domaines de l'Empire, ce qui donna lieu à ces deux monaſteres de s'ériger dans la ſuite en Seigneurs de cette Ville, ſous la protection des Ducs de Zeringhen leurs avoués. Mais dans les brouilleries de l'Empereur Fréderic II, avec la Cour de Rome & le Clergé d'Allemagne, ce monaſtere affranchit la ville de Zurich, comme bien d'autres cités, de cette dépendance ſacerdotale, pour lui donner le diplôme de Ville impériale. Et depuis, l'Empereur Richard, mit le ſceau à ſa liberté en 1262, en la protégeant contre les prétentions de Conradin, Duc de Suabe, qui prétendoit avoir ſuccédé à la maiſon de Zeringhen & à ſes droits ſur Zurich. *Hiſt. des ligues & des guerres de la Suiſſe.* T. 1. p. 236.
(2) On ne comprend point dans ce nombre les Seigneuries de Huttlingen, de Weinfeld, de Pfin, de Steineck & Neunforn, qui, ſituées hors de ce Canton, & dans le Landgraviat de Turgaw, à la Souveraineté duquel ſept autres Cantons ont part, ne reconnoiſſent Zurich qu'en qualité de Seigneur foncier, dont les droits particuliers n'ont rien de commun avec ſon huitieme à la corrégence du pays. On n'y comprend point non plus les deux villes mixtes de Stein & de Winterthur, qui ſe gouvernent par leurs

Mais outre ces trente-un bailliages principaux, il y en a vingt-fept autres qui y ont été érigés depuis la réformation fur les ruines des Chapitres & des Couvents, dont les revenus ont été adjugés au Fifc; & chacun de ces bailliages eft régi par un Adminiftrateur qui prend le titre de baillif. Ces charges font données par élection; il n'y a que dix-neuf bailliages à vie, les autres font à tems: les premiers n'exigent point réfidence, & ils font affectés aux membres du petit Confeil; les autres exigent la réfidence des baillifs, & ils font à tems, inégaux & proportionnés au produit que l'on en retire.

Le gouvernement de Zurich eft arifto-démocratique. La Souveraineté réfide dans le Corps de la bourgeoifie, quoique pourtant le peuple n'y exerce par lui-même aucun acte de Souverain: il ne s'affemble point en comices, comme dans d'autres Cantons, pour déliberer fur les affaires publiques: mais par curies, ou tribus diftinctes, féparées & qui n'ont d'autre part au gouvernement que d'élire chacune le nombre des Magiftrats, dépofitaires de la Souveraineté au nom de leurs tribus, & qui font autant de repréfentans, ou députés perpétuels que chacune d'elles envoie au Sénat, ou Parlement-Général. La ville eft divifée en XIII tribus; une de nobles feulement, & les douze autres de bourgeois: la premiere députe vingt-quatre membres aux dietes de la République; chacune des douze tribus bourgeoifes n'en envoie que quinze; enforte que le Parlement-Général eft compofé de deux-cent quatre Sénateurs. Cependant la conftitution de gouvernement, fixe le corps du Sénat à deux cent douze membres; pour completter ce nombre, la loi à ordonné que le Sénat entier choifiroit les huit députés qui manquent, indiftinctement dans les treize tribus; & de ces huit membres, il y en a toujours deux qui font les premiers Magiftrats de la République. Ce Sénat ainfi formé, de 212 membres, a la puiffance légiflative & la puiffance exécutrice; c'eft lui qui régit l'Etat, fait des loix, en abroge, juge en dernier reffort, crée ou fupprime les impôts, décide de la guerre, de la paix & des alliances: en un mot, exerce toutes les fonctions, tous les actes de la fuprême autorité.

La maniere d'élire les Sénateurs, qui, nommés une fois, font revêtus d'un fi vafte pouvoir, eft très-fimple. Le Chef, ou Tribun qui y préfide, ordonne à l'un des membres de fa tribu, mais fans l'avoir prévenu, ni averti, de propofer un fujet qui lui paroiffe affez zélé & affez intelligent pour remplir les fonctions de Sénateur: ce même ordre eft fucceffivement donné à trois ou quatre autres de ceux qui forment la même tribu; enforte que le nombre des propofés n'excede pas celui de cinq: alors, on procede à l'élection par la voie du fcrutin, & avec le plus grand fecret. Celui des candidats qui réunit le plus de fuffrages eft préfenté au Sénat pour que fon élection foit confirmée: mais fi les fuffrages font tellement balancés entre les Candidats que les voix foient égales, on préfente les Candidats au Sénat, qui décide le partage en faveur de l'un des deux. Au refte, pour pouvoir être propofé, il faut être né d'un mariage légitime, domicilié dans la ville depuis dix ans, être âgé de trente ans, & jouir d'une fortune honnête, & qui, en cas d'événement, puiffe fervir de caution valable.

propres Magiftrats & par leurs ftatuts municipaux, quoique fous la protection de la République.

Sect. IV.
Hiftoire de la Suiffe 1338-1389.

Bailliage du Canton de Zurich.

Forme du Gouvernement.

Du Sénat de Zurich.

De l'Election des Sénateurs.

SECT. IV.
*Histoire de
la Suisse
1338-1389.*

*Du petit
Conseil de
Zurich.*

Outre ce Sénat, il y a dans le Canton de Zurich un petit Conseil tiré du corps du Sénat même, composé de cinquante-huit personnes, & qui pour les affaires de détail & de sous ordre, s'assemble trois fois la semaine, si deux des membres de ce petit Conseil jugent que l'affaire qu'on agite soit majeure, alors, sans plus long examen, elle est renvoyée au Grand Sénat. L'élection des membres de ce petit Conseil n'est pas libre, & le plus grand nombre y est admis de droit. En effet, parmi les quinze députés de chaque tribu au Sénat, il y en a toujours deux qui sont revêtus du caractère de tribuns, ou proposés, comme dans le nombre des vingt-quatre députés de la tribu des nobles, il y en a toujours quatre revêtus du caractere de Chefs, (1) ou Directeurs; & les deux Bourguemaîtres joints à ces vingt-huit officiers, compose le nombre de trente magistrats, qui sont de droit admis au petit Conseil. Ce tribunal consistant, comme on vient de le dire, en cinquante-huit officiers, est divisé en deux Compagnies, chacune présidée par un Bourguemaître; & chacune d'elles exerce pendant six mois, & prend ensuite six mois de vacances, pendant que la 2ᵉ Compagnie rentre en service encore pour six mois. Ainsi la rentrée alternative de ces deux divisions, à lieu à deux jours fixes de l'année, à la S. Jean d'hiver & à la S. Jean d'été. Ces deux jours sont très-solemnels à Zurich, où par un cri public toute la commune convoquée, s'assemble, entend la lecture des loix & des statuts fondamentaux de sa constitution, & prête à la République serment d'obéissance & de fidélité.

Outre ces deux Conseils, le Canton de Zurich a plusieurs chambres particulieres, ou comités, qui, après avoir pris connoissance des affaires qui leur sont attribuées, en rendent compte au petit Conseil. Ainsi, les revenus publics sont dirigés par la chambre des finances; la milice du pays & tout ce qui y a rapport, par le Conseil de guerre; la police, par la chambre de réformation; les matieres de Religion & tout ce qui en dépend, par la chambre consistoriale; enfin, les manufactures, l'industrie, la vente & l'achat de toutes sortes de merchandises, par la chambre du commerce. Les Bourguemaîtres jouissent pleinement de tous les honneurs du consulat: leur magistrature est à vie, & ils l'exercent alternativement, chacun pendant l'espace de six mois. Le plus ancien, est Capitaine-Général des troupes Zuricoises; il préside aussi à la chambre des comptes & dirige le Gymnase académique, institution utile qu'on devroit adopter ailleurs, & qu'on a si grand tort de négliger. Du reste, le sceau de la République est toujours déposé entre les mains du Bourguemaître en exercice. Les quatre principaux tribuns (2) occupent le second rang des Officiers de la République: leurs fonctions sont de défendre & d'expliquer les droits de la liberté, de soutenir l'autorité de la constitution, de protéger les bourgeois & leurs immunités, de présider aux Conseils & comités en l'absence des Bourguemaîtres. Les deux boursiers ont la recette & l'administration des finances; c'est le troisieme rang dans l'ordre de la magistrature, & ils exercent leur charge pendant douze ans consécutifs.

---

(1) On les appelle aussi Conétabliers, en Allemand *Constafelherren.*
(2) Tribuns-Maîtres ou Préposés; en Allemand *Zunftmeistern.*

Quant à l'Intendant-Général des biens ecclésiastiques sécularisés, il exerce
sa charge pendant six ans (1).

On se souvient que lors de l'alliance formée par la ville de Zurich avec
les quatre Cantons, ceux-ci lui offrirent l'honneur de la préséance, & cet
honneur qu'elle conserve encore, lui donne une sorte de prééminence sur
tout le corps Helvetique : aussi est-ce Zurich qui jouit exclusivement du droit
de convoquer les dietes générales, soit ordinaires, soit extraordinaires ; c'est
encore à Zurich que les Ambassadeurs & les Ministres étrangers adressent leurs
premiers complimens : c'est à sa chancellerie que sont remis tous les mémoires,
lettres, ou propositions qui intéressent le corps Helvetique.

Cette constitution, qui, malgré tant d'obstacles, d'orages & de violences,
s'est pourtant soutenue, étoit formée à peine, qu'elle fut menacée d'un renversement total par le parti Autrichien, animé du desir le plus vif de venger
le Comte de Habsbourg, & de punir les Zuricois de la victoire qu'ils avoient
remportée. Le Duc Albert, suivi d'une armée nombreuse, vint camper sous
les murs de Zurich, qu'il ne se proposoit pas moins que de renverser, & d'é-
craser les habitans sous les ruines de leur patrie dévastée. L'invention de la
poudre étoit récente alors, ses effets peu connus, & les machines d'artillerie
plus embarrassantes par leur énorme masse, pour ceux qui s'en servoient, que
formidables pour ceux contre qui elles étoient employées. Elles étoient encore moins redoutables pour Zurich, l'une des villes les mieux fortifiées de
l'Allemagne, remplie d'une bourgeoisie nombreuse, bien disciplinée, brûlant d'impatience de répandre son sang pour la Patrie, & soutenue par les
Suisses ses alliés, qui venoient d'y envoyer une troupe aguerrie, accoutumée
à combattre & à vaincre.

Les Autrichiens & toute leur fureur échouerent devant cette ville ; & pendant qu'ils faisoient des efforts impuissans pour pousser les opérations du siege,
les Zuricois firent plusieurs sorties très-meurtrieres sur les ennemis, qui, ne
pouvant rien gagner par la force des armes, recoururent à une voie qui dé-
celoit leur impuissance, & qui ne déposoit gueres en faveur de leur bonne
foi. Ils parurent fatigués de la longueur du siege, & affectant de desirer la
paix, ils firent quelques propositions : elles furent écoutées, & malgré leur
supériorité, les Zuricois qui desiroient sincérement la paix, (2) & qui ne

Sect. IV.
Histoire de
la Suisse
1338-1389.

Le Duc Al-
bert assiege
Zurich.

1351.

Les Au-
trichiens,
ont recours
à un strata-
gême.

_____

(1) Ce seroit aller trop loin que de parler d'une multitude d'emplois moins éminens,
& qui ne donnent aucun rang de préséance. Tels sont le Prévot & ses assesseurs, juges
ordinaires de la ville, l'Intendant des Bâtimens, le Garde Magasin des greniers publics,
le Directeur des Arcenaux, l'Inspecteur des forêts, le Conservateur des biens communs,
le Curateur des Orphelins, le Directeur de l'Hopital de Maladerie, celui de l'Hopital
des Pauvres, le Commissaire des grands chemins, l'Intendant des lacs, qui fait les fonctions de juge de l'Amirauté, le Grand Veneur, l'Ecuyer de la Ville, le Chancelier, membre & Secrétaire de la République ; le Grand Seautier, porteur des ordres & de la livrée
de la République ; ces deux dernieres places de Chancelier & de Grand-Seautier, étant
fort assujettissantes, ceux qui les occupent, ont de droit, l'expectative d'un Bailliage,
après quelques années de service. Il y a encore à Zurich, un très-grand nombre d'autres places inférieures, dont quelques-unes ne sont que de simples Commissions.

(2) Le Duc Albert, dit Tschudi, vint en Suisse pour retirer le Comte de Habsbourg,
son Cousin des mains des Zuricois. Il arriva à Brougg, le 5 Août. La ville de Zurich
le fit complimenter, & lui offrit des présens considérables pour l'attirer dans son parti,

*Les Zuricois se laissent tromper.*

doutoient point de la justice de leur cause, consentirent à en remettre la dé-cision à quatre arbitres, & donnerent en otage, pour sûreté de leur engage-ment, seize bourgeois des plus notables. Les deux arbitres du parti Autri-chien, furent le Comte de Strasberg & Pierre de Stofflen Chevalier Teuro-nique, l'un & l'autre vendus aux intérêts de la maison d'Autriche. Les deux Avoyers de Berne, furent élus arbitres pour les Zuricois. Quelque évidens que fussent les droits de Zurich, les Ducs d'Autriche étoient bien assurés des suffrages de leurs deux arbitres, & il étoit très-vraisemblable qu'il y auroit égalité de partage dans les opinions. Ce cas avoit été prévu, & les Zuricois avoient eu l'imprudence de consentir que ce seroit la Reine Agnès de Hongrie qui seroit Surarbitre, & décideroit ultérieurement. Elle décida aussi, mais la dévotion d'Agnès se joua cruellement de la confiance des Zuricois: en ef-fet, cette pieuse Reine condamna la Ville & le Sénat de Zurich à des dé-dommagemens immenses envers le Comte de Habsbourg & les Sénateurs exi-

*Agnès se joue de leur crédulité.*

lés: elle annulla le traité par lequel la ville de Lucerne étoit entré dans la ligue des Suisses, ordonna que la monnoie, de très-mauvais alloi, que les Seigneurs d'Autriche faisoient frapper à Zoffingue auroit cours, rétablit plu-sieurs censives éteintes, & jadis possédées par cette maison dans le Canton d'Unterwald, dépouilla les habitans du Canton de Schweitz du droit qu'ils avoient de pêcher dans leur lac & de chasser dans leurs forêts, défendit en général à tous les peuples de la Haute-Allemagne de se liguer désormais avec les sujets Autrichiens, & finit par leur ordonner de prêter serment tous les ans, de ne jamais enfreindre aucune des clauses de cette sentence.

*Les Cantons refusent de se soumettre aux condi-tions impo-sées par Agnès.*

On sent quelle dut être l'indignation des cinq Cantons lorsqu'ils furent ins-truits des conditions que la dévote Agnès prétendoit leur imposer: ils ne se plaignirent point, mais ils promirent hautement de ne se soumettre jamais à une sentence dictée par la plus évidente partialité. Bien loin de consentir à rendre la liberté au Comte de Habsbourg, il le renfermerent plus étroite-ment, & le garderent avec plus de vigilance. Ce qu'il y avoit de plus sin-gulier étoit que la pieuse Agnès, trop occupée des moyens d'accroître la puis-sance de sa maison, & d'humilier les Suisses, n'avoit dans sa sentence fait aucune mention de la captivité du Comte de Habsbourg; captivité, qui ce-pendant avoit été le sujet principal de la guerre. Il est vrai qu'en ordonnant la restitution de ses terres, avec des dédommagemens, la Reine de Hongrie paroissoit avoir, du moins tacitement, ordonné son élargissement. Quoiqu'il en soit, les cinq Cantons déterminés à défendre leurs privileges, leur union & leur liberté, prirent les armes, & en appellerent à leur épée, d'une dé-cision, qui ne leur paroissoit ni équitable, ni décente. Le Duc d'Autriche, dans l'espérance que les Suisses ne feroient nulle difficulté d'obéir à cette sen-

tence,

---

Il reçut fort bien leurs députés, auxquels il ne laissa point entrevoir ses projets: mais ils l'eurent à peine quitté qu'il assembla ses baillifs en Suisse & ses vassaux, auxquels il découvrit l'intention dans laquelle il étoit venu, de venger la mort de son parent, & tirer le Comte Jean de prison. Il exigea des Zuricois, qu'ils fissent rétablir à leurs fraix le Château du vieux Rapperschweill, & la ville de même nom, qu'ils en dédommageas-sent les habitans, & lui restituassent la *Marche* & le *Wagithal*, dont ils s'étoient empa-rés. Tschudi, p. 294.

tence, avoit licencié fon armée, & reſtoit hors d'état de repouſſer la force par la force. Au défaut d'armée, il uſa d'un expédient qu'il crut fort bon & qui ne lui réuſſit pas. Il avoit en ſa puiſſance les ſeize notables Zuricois qui lui avoient été donnés en otage : il les fit enfermer dans un cachot obſcur, les maltraita, & crût que ces notables tenant à des parens très-diſtingués dans Zurich, ceux-ci détermineroient le Sénat à ſe ſoumettre à la ſentence, plutôt qu'à perdre ſeize citoyens. Il ſe trompa, ce moyen ne fut regardé que comme un nouvel outrage, & la plus puniſſable des injuſtices : la guerre recommença avec la plus grande vivacité, & les premieres opérations furent très-heureuſes pour les Zuricois & leurs alliés.

Dans le nombre de ces derniers, la ville de Lucerne parut très-peu diſpoſée à entrer dans une nouvelle querelle; ſes privileges en partie perdus par le dernier traité, lui firent craindre d'être dépouillée encore du peu de droits & de prérogatives qui lui reſtoient; &-redoutant de ſe voir forcément ſoumiſe aux Seigneurs de la maiſon d'Autriche, elle ſe déclara pour la neutralité. Les Cantons de Zurich, de Schweitz, d'Uri & d'Unterwald ne perdirent point de tems à tâcher de ramener Lucerne: mais la laiſſant obſerver à ſon gré la neutralité, ils ſe mirent bruſquement en campagne, & ſe croyant menacés du côté de la vallée de Glaris, qui étoit de la domination des Autrichiens, ils y allerent faire une irruption, ne déſeſpérant point de s'en rendre les maîtres (1). Leurs eſpérances étoient d'autant mieux fondées que les habitans de Glaris, jadis libres, avoient été aſſujettis par l'Empereur Albert, qui les avoit en même tems privés de la liberté & dépouillés de leurs privileges. Depuis cette époque, les habitans de ce Canton gémiſſoient ſous un joug qui leur paroiſſoit d'autant plus accablant, qu'ils connoiſſoient le prix & les douceurs de la liberté dont-ils avoient joui. De leur côté, les deſcendans d'Albert ne voyant, ou ne voûlant appercevoir dans ces nouveaux ſujets, que des hommes groſſiers, preſque ſauvages, & faits uniquement pour la plus dure ſervitude, ne balancerent point à les traiter, d'après la défavorable idée qu'ils s'en formoient. Afin de les accoutumer à l'eſclavage, les Seigneurs d'Autriche, imitant la conduite de l'Empereur Albert, leur donnerent pour baillif, Gauthier de Stadian; homme dur, altier, ſanguinaire, magiſtrat impérieux, qui, à la rudeſſe naturelle, ajoutoit ce ton ſévere & inſolent que les places éminentes donnent aux ignorans. Gauthier tyranniſoit cruellement les habitans de Glaris, lorſque les Cantons ligués formerent le projet de s'emparer de ce pays. Ils ne trouverent dans cette expédition, ni réſiſtance, ni obſtacles; à peine ils y eurent arborés les étendarts de la liberté & de l'égalité, que tous les habitans s'empreſſerent de recevoir ces hôtes, non en conquérans, mais en amis & en libérateurs (2).

Sect. IV.
Hiſtoire de la Suiſſe 1338-1389.

Les Ducs d'Autriche ſe vengent lâchement & ne réüſſiſſent point.

Lucerne garde la neutralité.

Irruption des trois Cantonsdans la vallée de Glaris.

(1) Le Duc Albert fit ſemblant de faire entrer des Troupes dans le pays de Glaris, dont-il le défioit, & pour être à portée de faire des courſes dans le pays de Schweitz. Ce Canton, pour éloigner l'ennemi de ſes frontieres, prévint ſes deſſeins, & entra à main armée au mois de Novembre, dans le pays de Glaris, & en prit poſſeſſion ſans coup férir Glaris fut reçue dans la Confédération des Suiſſes, & forma le ſixieme Canton Chron. de Glaris. p. 164 Hiſt. de la Conféd. Helvet. L. 3 p. 115.
(2) Il étoit juſte que les défenſeurs de la liberté la reſtituaſſent à un peuple, qui, comme eux, avoit autre fois été libre: auſſi les Cantons ligués, refuſerent-ils ſérieuſe-

Dès ce jour il ne reſta plus de puiſſance à la maiſon d'Autriche ſur le pays de Glaris, & elle étoit d'autant moins fondée à ſe plaindre, que le peuple de ce Canton ne faiſoit, (ſans injuſtice, ſans bleſſer en aucune maniere les loix les plus rigides de la bonne foi,) que recouvrer ſes droits, ſes privileges & ſon ancienne liberté. Ainſi, Glaris reçu dans la confédération Helvetique, forma le ſixieme Canton (1).

Le pays de Glaris eſt un vallon d'environ neuf lieues de longueur, agréable, fertile, quoique ſitué à peu-près au milieu des Alpes. Il eſt borné à l'Orient par le pays des Griſons, au nord par le bailliage de Gaſter & par celui de Wallenſtatt, il a à l'occident le Canton de Schweirz & au midi celui d'Uri. Entouré de toutes parts de montagnes très-élevées, & la plûpart couvertes d'une glace perpétuelle, ce Canton eſt à l'abri, par ces montagnes, lui ſervant d'inexpugnable boulevard, de toute invaſion. Il a Glaris pour Capitale, & cette ville eſt l'une des plus grandes & des plus belles, à tous égards, de la Suiſſe entiere; peu brillant en apparence, ſon commerce eſt pourtant d'un produit conſidérable & ſûr: il conſiſte en bétail, en fromages, en toile.

Les habitans de ce pays, rendus à leur ancienne indépendance, adoptererent la forme Démocratique, & elle s'y eſt conſervée juſqu'à nos jours. Le peuple eſt diviſé en quinze quartiers, claſſes, ou tribus; il s'aſſemble en Comices, une fois l'année le premier Dimanche du mois de Mai, & il eſt gouverné exactement de la même maniere que le ſont les Cantons de Schweiz, d'Uri & d'Unterwald. La Religion proteſtante & la Religion Catholique y ſont également pratiquées, ſans que la diverſité de culte y ait jamais cauſé le moindre trouble, la plus légere conteſtation; & l'office divin ſe fait alternativement par les deux religions, dans les mêmes égliſes; tolérance heureuſe, raiſonnable, & qui devroit être imitée ailleurs. Les Proteſtans ſurpaſſent en nombre les Catholiques d'à peu-près un tiers, & c'eſt d'après cette inégalité que le Sénat & la magiſtrature ſont remplis. Au reſte, chaque Religion fait ſes élections, a ſes bailliages & ſes tribunaux. Le Catholique eſt jugé par des magiſtrats Catholiques, le Proteſtant, par des juges de ſon culte: & ſi les plaideurs ſont de différentes Religions, leurs cauſes ſont commiſes à un tribunal mi-parti. On ne ſouffré dans ce Canton aucune diſpute de controverſe, aucune haine religieuſe. On n'y eſt, dans la Société, ni papiſte, ni hérétique, & les habitans ne ſe déſignent que par le nom de concitoyens.

Tandis que ce Canton ſecouoit, pour ne plus le reprendre, le joug des Princes Uſurpateurs qui le lui avoient impoſé, la cavalerie Autrichiènne (2), des environs de Baden, où elle ſe tenoit, faiſoit des incurſions ſur les habitans

de Zurich, qui, fatigués de ces hoftilités, réfolurént d'y mettre fin, & d'enlever ce Coips fi incommode.  Dans cette vue, une troupe Zuricoife s'as-
fembla, & s'approcha de Baden, au nombre de treize cens hommes.  La
cavalerie Autrichienne ne jugeant point à propos de courir les hafards d'un
combat, fe retira dans la ville, & vit, fans ôfer en fortir, les ennemis ravager la campagne, brûler un des fauxbourgs & détruire les grains (1).
Chargés de butin, les Zuricois fe retiroient fans défiance, lorfque près de
Tottweil, ils furent attaqués dans leur retraite par Berrard d'Ellerbach, qui
fe tenoit en embufcade dans cet endroit avec 4000 hommes.  Braun, Chef &
Bourguemaître des Zuricois, étonné de cette attaque, & frappé de terreur
prit la fuite, il eût vraifemblablement été fuivi de tous les fiens, fi Roger
Mannes & Jean Stuchi n'euffent dit froidement à leurs compatriotes, qu'ils
ne fiffent aucune attention à la retraite précipitée de Braun, qui ne fuyoit
pas, mais qui alloit recevoir & hâter le fecours qu'on leur envoyoit.  Ce
menfonge heureux eut le plus grand fuccès, & les Zuricois perfuadés qu'ils
alloient être fecourus, marcherent fierement aux ennemis, les attaquerent a-
vec la plus ardente impétuofité.  Dans leur expédition de Baden, ils avoient
enlevé beaucoup de jumens: ils lâcherent ces jumens vers la cavalerie Autrichienne, qui fut mife auffi-tôt en défordre.  La victoire commençoit à fe

décider pour les 1300 foldats de Zurich, lorfqu'ils furent joints par leurs
alliés, ou plutôt par leurs fujets de Wolrau, Pfeffiken, Richtifchweil &
Wadifweil.  Ce fecours acheva de déconcerter les Autrichiens, qui fe retirerent après avóir perdu environ fept cens hommes (2).

Pendant que fes concitoyens fe couvroient de gloire, Braun honteux de fa
fuite & n'ôfant fe montrer, fe tenoit caché dans une de fes maifons de campagne.  Cependant quelque méprifable que fut fa lâcheté, il connoiffoit mal
le peuple Zuricois, dont il étoit l'idole.  On ne fit aucune attention à fa
deshonorante retraite au moment du combat, & on parut même inquiet de ne
pas le voir paroître dans la ville.  Braun informé de ces fentimens, imagina
de faire fervir fa honteufe action à l'accroiffement de fon autorité, & feignant
d'être fort irrité contre fes concitoyens, il fit répandre qu'il avoit pris la
réfolution de ne plus expofer fa vie pour des ingrats, & qu'il vouloit refter
dans fa retraite.  Cette nouvelle allarma vivement les Zuricois, qui lui envoyerent au nom du peuple & du Sénat, des députés chargés de le remercier d'avoir eu la prudence de ne point expofer le premier Magiftrat, &
d'avoir préféré le falut de l'Etat en confervant fa perfonne, à la gloire qu'il
n'eût pas manqué, s'il l'eût voulu, d'acquérir dans ce combat.  Peu fatisfait encore, Braun s'obftina dans fon afile, & la République l'envoya prier
de venir prendre les rênes du Gouvernement.  Alors l'orgueilleux Bourguemaître fixa le jour auquel il vouloit bien fe rendre à ces preffantes invitations, & il fut conduit à Zurich en triomphe, fuivi d'un cortege nombreux,
& précédé de l'étendart de la République déployé.  Ainfi pour honorér un

(1) T. Schudi. p. 405. Stettler.
(2) Berling. Chr. MS. L. 8. C. 8. Gerard de Roo. Hift. Autr. L. 3. p. 105 Rhan.
Chr. MS. L. 2. C. 2. Stettler. p. 74. Etterlin. f. 41. T. Schudi. p. 406. Guler Rhetia
L. 10. p. 150. Simier. p. 123.

lâche , le Sénat & la ville de Zurich ne rougirent point de se déshonorer (1).

L'importante victoire que les habitans de Glaris venoient de remporter,
eut dû , sinon étouffer entierement, du moins humilier, & contenir l'insolence
& l'orgueil du baillif Gauthiér Stadian ; mais cet homme entreprenant, & qui
se croyoit invincible , parce qu'il étoit soutenu par les Seigneurs d'Autriche,
n'en devint que plus vain , & prenant le succès de ceux qu'il regardoit encore comme ses justiciables, pour un simple effet du hasard, il exhala son
ressentiment en injures, & menaça ce Canton de venir y tenir ses plaids à la
tête d'une armée , d'y porter le fer & la flamme, & de punir tous les rebelles
avec la derniere rigueur.   Les Glarisiens méprisèrent assez ses injures & ses

menaces pour ne point y répondre; Stadian prit leur silence pour un aveu
de leur foiblesse , & rassemblant quelques troupes, il vint en effet, bien convaincu qu'il alloit se couvrir de gloire.   Son expédition ne fut pourtant rien
moins qu'heureuse; ses troupes furent complettement battues ; & le baillif
demeura au rang des morts.   Le même jour la garnison Autrichienne de Zug,
ayant voulu tenter une descente dans le Canton de Schweitz. fut entierement
défaite, de maniere que les Suisses fixoient également par tout la victoire
sous leurs drapeaux.

Jusqu'alors le Canton de Lucerne craignant l'événement, n'avoit ôsé prendre part à ces hostilités : mais l'avantage décidé des Suisses déterminant les
habitans de ce pays, ils se joignirent aux autres cinq Cantons , & tous les six
ensemble fondirent sur le pays d'Argaw , où ils portèrent le ravage , le carnage & la désolation, tandis que les Autrichiens dévastoient de leur côté la
contrée de Schweitz.   Leur plus fort boulevard étoit la ville de Zug (2),
place, qui, située entre Zurich & Schweitz, étoit très redoutable , & par
ses fortifications , & par sa garnison nombreuse, qui faisoit perpétuellement
des incursions, tantôt dans l'un, tantôt dans l'autre des Cantons du voisinage.
Ce fort qu'on regardoit comme imprenable , étoit d'autant plus nuisible aux
Suisses, qu'il gênoit infiniment leur commerce, & la communication de leurs
villes.   Fatigués des dommages que cette ville ne cessoit de leur causer, les
six Cantons assemblés en Diete à Zurich, prirent la résolution de former le

siege de cette forteresse.   Cette délibération ne tarda point à être exécutée,
& peu de jours après, les Suisses investirent cette place.   La garnison plus
accoutumée à commettre des brigandages, qu'à suivre & soutenir les opéra-

---

(1) C'est ainsi, dit l'auteur de l'*Histoire des ligues & des guerres de la Suisse*, T. 1.
p. 271, que ce poltron imagina de se laver d'une tâche, en la faisant partager à sa Patrie, & en la lui rendant commune avec lui ; car la postérité n'a pu encore juger à qui
des honneurs si mal à propos décernés furent plus honteux, ou à celui qui avoit le front
de les recevoir, ou à ceux qui avoient l'aveugle complaisance de les rendre, au-lieu de
statuer des peines, ou d'infliger du mépris.

(2) Zug est une ville très ancienne, puisque Strabon. L. 7. l'appelle la Capitale du
pays de *Torgenis* ou *Tuginii*. Elle fut pendant très longtems, ainsi que son territoire,
sous la domination des Comtes de *Lenzburg*. *Richenza*, l'héritiere de ces Comtes la porta,
en 1172, dans la maison de Kibourg ; Zug passa, en vertu du testament d'*Hastmann le
vieux*, Comte de Kibourg, au pouvoir de l'Empereur *Redolphe de Habsbourg*. Etterlin.
£ 4. Simler. p. 125.

Secr. IV.
Histoire de
la Suisse
1338-1389.

tions d'un liege, abandonna la ville, & se déroba par la fuite à des dangers qu'elle n'ôsa point affronter.

Les habitans de Zug plus courageux & plus aguerris que les défenseurs qu'elle avoit si long-tems & si vainement soudoyés, prirent la généreuse résolution de se défendre eux-mêmes, & opposerent en effet, pendant plus de quinze jours, la plus active & la plus vigoureuse résistance. Cependant la valeur & l'opiniatreté des assiégans l'emportant, & Zug ne pouvant plus tenir, ces habitans toujours fidelles au Prince qui les abandonnoit, demanderent aux Suisses, qu'il leur fût permis, d'envoyer donner avis de leur situation à leur Souverain, & savoir de lui s'il étoit dans l'intention & s'il pouvoit les secourir : cette proposition, qui, en semblables circonstances étoit fort en usage dans ce tems, fut acceptée ; & les députés de Zug se rendirent auprès d'Albert, Duc d'Autriche, qui étoit alors à l'Abbaye de Kœnigsfelden, avec la Reine Agnès sa sœur (1). Albert reçut les députés avec si peu d'égards, les écouta avec tant d'indifférence, parut si insensible à leur situation, leur refusa tout secours avec tant de dureté, & l'accueil fait à leurs concitoyens pénétra les habitans de Zug d'une telle indignation, que renonçant dès lors à la fidélité qu'ils avoient promise à un tel maître, ils se rendirent aux Suisses, & ne demanderent pour toute condition, que d'être admis dans leur Confédération. Cette demande fut accordée, & dans le traité d'alliance qui fut conclu & signé le mercredi devant la S. Jean de l'année 1352, les habitans de Zug ulcerés contre Albert, ne voulurent pas même lui reserver ses droits, comme l'avoient fait les Cantons de Glaris & de Lucerne : ils traiterent en hommes libres, indépendans, & ne firent mention que des droits de l'Empereur & de l'Empire, comme si Zug en eut immédiatement relevé : quoique dans le fait, il fut vrai que cette ville étoit une seigneurie patrimoniale, qui, après avoir long-tems appartenu aux Comtes de Lenzbourg, & à ceux de Kibourg, étoit entrée par succession de tems, & comme un bien héréditaire dans la maison de Habsbourg.

Les assiégés
se liguent
avec les
Suisses.

Le petit Canton de Zug, partie dans la pleine, & partie dans les montagnes des Alpes, a pour hornes à l'orient & au nord le Canton de Zurich : à l'occident il confine au Canton de Lucerne & aux Provinces libres, dont il est séparé par la riviere de Reuss, & il a au midi le Canton de Schweitz. Ce pays est presqu'également fertile & agréable dans toute son étendue ; il produit en abondance du bled & du vin. Tous les habitans de ce Canton sont Catholiques, & leur zele pour cette religion est très-vif : ils ne veulent point en souffrir d'autre chez eux. Son gouvernement n'est ni démocratique, ni aristocratique, ni tous les deux ensemble ; c'est une confusion de

Situation de
Zug & sa
fertilité.

(1) Le Duc d'Autriche Albert s'amusoit dans l'abbaye de Kœnigsfelden : les députés de Zug le trouverent dans la ménagerie, occupé à voir manger ses faucons, & à donner des ordres à son Grand-Veneur. Il les écouta avec tant de froideur & si peu d'attention, que Hermance. le principal de ces députés, ne put s'empêcher de lui dire : „ Hélas, Monseigneur. seroit-il possible que ces oiseaux vous occupassent plus que les plus fidelles de vos sujets, reduits aux dernieres extrémités ? Quant à nous, nous avons la satisfaction d'avoir fait notre devoir ; mais là, où le concours des liens politiques cesse, le bénéfice des loix naturelles commence ; il faudra donc nous envelopper de cette ressource „ & nous résigner aux événemens ". Albert importuné d'une expression de zele qui sentoit le reproche, daigna à peine répondre à ce discours. Simler. p. 124.

Sect. IV.
Histoire de
la Suisse
1338 1389.

SonGouvernement.

Autorité du
Sénat &
des Magistrats.

Ressentiment du
Duc d'Autriche.

Siege de
Zurich.

loix, d'usages, de gêne & d'abus de la liberté, aussi bisarre que mal entendu. Il n'y a dans Zug qu'une portion de Citoyens qui soient membres de l'Etat, & qui tiennent les rênes du gouvernement, & ces Citoyens sont tous les habitans de Zug, Bar, Menzingen & Ægeri. Il y a encore dans ce Canton cinq autres communautés très-peuplées : mais les habitans de ces Communautés sont sujets; quoi qu'à la vérité leur sujétion y soit tempérée par quelques privileges dont ils sont fort jaloux.

L'un des privileges dont jouit chacune de ces Communautés, est de désigner elle-même parmi les citoyens de Zug, qui elle veut avoir pour baillif. La puissance suprême réside dans les quatre premieres Communautés, dont tous les habitans en âge de porter les armes s'assemblent en Comices une fois l'année, le premier dimanche du mois de Mai; & c'est dans ce Parlement qu'on agite les affaires les plus importantes de la République, c'est lui aussi, qui seul a la puissance législatrice. La régence est confiée à quarante Sénateurs (1), dont treize de la paroisse de Zug, & neuf de chacune des trois autres communautés. Le chef de la République, ou le Land-Amman est élu par tous les membres de la République assemblés; mais lorsque c'est sur un bourgeois de la cité que les suffrages se réunissent, il exerce pendant trois ans; au-lieu qu'un externe, nommé Land-Amman, ne tient cette magistrature que pendant deux années. Au reste, le terme de trois, ou de deux ans expiré, le Land-Amman ne conserve aucun droit, aucune sorte de puissance, & il reprend dans la Société le même rang qu'il y occupoit avant son élection.

Le Duc d'Autriche ne vit point avec indifférence le Canton de Zug, qu'il avoit néanmoins abandonné, entrer dans la ligue des Suisses. Cette défection ranima son ancien ressentiment, & sur-tout le projet qu'il avoit jusqu'alors si vainement formé, de délivrer le Comte de Habsbourg, son cousin, qui, depuis très-longtems languissoit dans les fers. Le désir de se venger de toutes les injures qu'il prétendoit avoir reçues, se ralluma dans son cœur, & rassemblant douze mille hommes, il marcha vers les murs de Zurich, qu'il s'étoit proposé d'assiéger; mais malgré les transports de la colere dont il paroissoit animé, il eut la précaution de se faire accompagner par Louis, Margrave de Brandebourg (2), sur lequel il comptoit beaucoup, dans le cas où les circonstances l'engageassent à entrer en négociation.

Cette expédition n'eut rien de brillant ni d'heureux: les Autrichiens tinrent la place investie pendant trois mois; ils perdirent beaucoup de soldats, & par une singularité qui jusqu'alors avoir eu peu d'exemples, les assiégés

(1) Ces treize Sénateurs de Zug n'ont qu'une voix & demie contre trois: mais cette voix & demie l'emporte presque toujours, à moins que les trois autres voix ne soient tellement unies, qu'elles n'en fassent qu'une. *Hist. des ligues & des guerres de la Suisse.* Tom. I. p. 281.

(2) Toutes les fois que le Duc d'Autriche vouloit mettre en avant quelque proposition de paix, il faisoit semblant de vouloir assiéger la ville de Zurich; mais désespérant d'un heureux succès, & las de la guerre, autant qu'il étoit empressé de venir reprendre ses amusemens, il laissa volontiers au Margrave de Brandebourg le soin de négocier la paix. Etterlin. f. 41. Bulling. Chr. MS. L. 8. C. 10. Simler. p. 126. T. Schudi. *Chron. de Glaris.* p. 115.

dans les fréquentes forties qu'ils faisoient; gagnoient de jour en jour du terrein; de maniere qu'en assez peu de tems, les assiégans se trouverent fort loin
des murs qu'ils s'étoient flattés de renverser. Louis de Brandebourg, fatigué
de la longueur du siege, & de l'inutilité de l'attaque, après avoir long tems
attendu que les Zuricois fissent quelque proposition d'accommodement, se détermina enfin à faire les avances au nom de son cousin, & offrit sa médiation.
Louis, Margrave de Brandebourg, fils de l'Empereur Louis, dont la mémoire étoit si chere aux peuples, avoit lui-même captivé leur confiance &
leur attachement. Les Zuricois l'acceptèrent volontiers pour médiateur; par
ses soins la paix fut concluë à Lucerne le 1er Sept. 1352. à la seule condition
que le Comte de Habsbourg seroit remis en liberté, moyennant quoi le Duc
Albert d'Autriche rémettroit de son côté les seize otages de Zurich, & reconnoîtroit l'alliance de Glaris & de Zug avec les Suisses, avec cette clause
cependant, qu'il seroit conservé dans la jouissance des rentes & des droits qu'il
avoir dans ces deux Cantons.

Les Suisses contractèrent de bonne foi; le Duc Albert ne fit que céder aux
circonstances, & il parut souscrire volontiers à tout ce que Louis avoit fait
en son nom: mais il ne desiroit que la liberté du Comte de Habsbourg, &
pour la lui procurer, il eut accepté les conditions les plus désavantageuses:
aussi n'eut-il pas plûtôt appris que son cousin étoit libre, & qu'il étoit rentré dans ses Etats, qu'il prétendit ne devoir être lié par aucune des clauses
de ce traité de paix. Sa premiere infidélité fut d'obliger les seize otages,
qu'il avoir promis de mettre en liberté, de lui payer dix-sept cens florins,
non pour leur rançon, mais pour les frais de leur nourriture. Avant que de
sortir de sa captivité, le Comte de Habsbourg promit, que ni lui, ni ses freres,
né se serviroient jamais de la forteresse de Rapperschweill, pour incommoder
la ville de Zurich ou ses voisins; il éluda cette promesse, en cédant ce fort
au Duc Albert d'Autriche, qui en fit rétablir les fortifications: ensorte que
ne pouvant douter de ses intentions, les Zuricois firent de leur côté, bâtir
une redoute où ils placerent cinquante soldats, qui, peu de jours après furent massacrés. Ces violences n'indiquant point assez évidemment au gré du
Duc d'Autriche, les desseins qu'il avoit médités; il ordonna aux habitans de
Zug & de Glaris d'abjurer dans la formule des sermens qu'il exigeoit d'eux,
tout pacte & toute alliance par eux précédemment formée avec les Suisses,

Ces deux Cantons irrités de cet ordre inattendu, refuserent de s'y conformer, & les autres Cantons ligués, leur défendirent expressément de faire
cette abjuration. Cette défense ne leur paroissant pas suffisante, ils envoyé-
rent des députés pour veiller au maintien de l'alliance. Mais les Autrichiens,
qui par le nombre, étoient les plus forts à Glaris & à Zug, chasserent &
outragerent avec indignité ces députés. Ce dernier trait mit à bout la patience des cinq Cantons, qui prirent les armes, & vinrent au secours de leurs
nouveaux alliés, les délivrerent des soldats Autrichiens, & se mirent en possession du pays. Ainsi l'ambition de dominer de la part de la maison d'Autriche, & le goût de l'indépendance, chez les Suisses alliés, remplissoient
de désordre & de troubles cette partie de la Haute-Allemagne; tandis qu'au
midi de la même contrée, les Suisses jouissoient des douceurs du calme, &
de tous les avantages de la paix. C'étoit à la sagesse, à la valeur & à la

SECT. IV.
Histoire de
la Suisse
1338-1389.

Accroisse-
ment de la
puissance de
Berne.

Soleure &
Bienne se
liguant avec
elle.

Leurs con-
quêtes.

Guerre en-
tre Berne
& les Can-
tons confé-
dérés.

vigilance de Berne, que la Suisse méridionale étoit redevable de cette heu-reuse tranquillité.

Cette ville gouvernée par la plus sage politique, étendoit chaque jour sa puissance, & venoit d'acquérir le Comté d'Arberg, du dernier descendant de cette ancienne & illustre maison; de Pierre d'Arberg, qui, fastueux, plein de valeur, & débauché, avoir fini par devenir ladre, ou lépreux, & qui, après avoir dissipé des biens immenses, mourut pauvre & malheureux dans une mauvaise chaumiere, auprès de sa ville d'Arberg, abandonné de tout le monde, & à la vue de ses anciens Etats, gouvernés par un baillif Bernois. A cette acquisition, la République de Berne ne tarda point d'en ajouter de plus considérables (1); ensorte que les terres de sa domination commen-çoient à s'étendre fort loin, lorsque les villes de Morat, de Soleure & de Bienne, aspirant également au bonheur de la liberté, s'attacherent à la fortu-ne de cette République, & ne manquoient jamais de prendre part à ses ex-péditions.

Cette petite ligue se rendit aussi redoutable aux environs du Mont jura, que la confédération Helvetique l'étoit du côté des Alpes. Un événement imprévu, & qui sembloit devoir allumer entre ces deux ligues une haine irré-conciliable, les rapprocha, au contraire, & servit à former entr'elles les nœuds de la plus forte union. Le même goût de la liberté qui caractérisoit les habitans des Cantons Suisses confédérés, animoit aussi les peuples qui ha-bitoient le reste de la Haute-Allemagne, & principalement ceux qui vi-voient sur les bords du lac de Brienz & dans les vallées du Mont Brunick. Impatiens de secouer le joug de la dépendance, ils se mirent sous la protec-tion du Canton d'Unterwald, & dès lors, refuserent de reconnoître pour Supérieurs le Prévôt d'Interloppen & le Baron de Ringenberg, auxquels ils avoient obéi jusqu'alors, comme à leurs Supérieurs. Ce Prévôt & ce Ba-ron, étant alliés & bourgeois de la ville de Berne, les habitans de Brienz & des vallées du Mont Brunick, étoient conséquemment sujets indirects de la République de Berne, qui, quoique très-jalouse elle-même de la liberté, résolut de chatier, comme des sujets rébelles, ces peuples, vassaux du Prévôt d'Interloppen & du Baron de Ringenberg. De leur côté, les Suisses du Can-ton d'Unterwald volerent au secours de leurs protégés; ensorte que les deux partis ne tarderent point à en venir à des actes d'hostilité.

Les Bernois eurent des succès, & leur supériorité irritant leurs ennemis, ceux ci appellerent à leur secours, les six Cantons confédérés. Dès lors la partie ne fut plus égale, & la République de Berne, prévoyant combien l'é-vène-

(1) Les Bernois, possesseurs du Comté d'Arberg, ne tarderent pas à joindre à cette ac-quisition les villages de Muhlinen, de Kalden & de Wanzin, ainsi que la dîme & le droit de Patronage de la paroisse d'Eche, qui leur furent vendus par le Comte de Brandis. Dans ces premiers tems de la République de Berne, sa plus grande richesse étoit le zele & la bonne volonté des citoyens. L'Etat n'avoit presqu'aucun revenu patrimonial; mais le particulier riche des revenus de ses terres, ou du butin qu'il faisoit sur celles des en-nemis vivoit avec parcimonie, & n'étoit libéral que pour enrichir l'Etat. Chacun four-nissoit à proportion de ses facultés, & l'on se taxoit, ou au tiers, ou au quart, toutes les fois qu'il se présentoit quelqu'acquisition à faire pour accroître les possessions de la République. Hist. des ligues & des guerres de la Suisse. T. I. p. 289.

vénement de cette guerre pouvoit lui devenir funeste, se hâta d'envoyer des Négociateurs à la ligue Helvetique, & les propositions que firent ces Négociateurs parurent si satisfaisantes, qu'elles furent acceptées par les sept Cantons: ensorte que, terminant toute guerre, toutes dissentions, les Bernois entrerent dans la Confédération Helvetique: & par le Traité qui fut conclu le 6 Mars 1353, les peuples de Brunick & des bords du lac de Brienz, également abandonnés par les Suisses d'Unterwald, & par les Citoyens de Berne, furent contraints de rentrer sous la dépendance de leurs anciens Seigneurs (1).

Ainsi se forma le huitieme Canton de la Confédération Helvetique: & ces huit alliés sont encore de nos jours distingués par la dénomination de *huit anciens Cantons*, sans-doute parce qu'ils ont formé seuls, pendant 125 années, le Corps Helvetique. Ils ont fait ensemble plusieurs conquêtes, & ces expéditions lierent si fort leurs intérêts respectifs, qu'ils crurent devoir, pour le bien de tous en général, & de chacune des Communes en particulier, s'assembler à des tems marqués, en dietes, & par députés. Dans ces assemblées on ne délibéroit d'abord que sur les affaires particulieres de chacun des huit Cantons. Mais dans la suite les Princes voisins ayant eu des intérêts à discuter, ou des propositions à faire aux Cantons ligués, ils envoyerent leurs Ministres à ces assemblées, qui devinrent insensiblement le centre de toutes les Négociations qui se faisoient en Suisse.

L'accession de Berne à la ligue Helvetique, donnoît à celle-là d'autant plus de puissance, que cette République avoir déja des forces très-respectables, & des possessions fort étendues. En effet, le territoire de Berne renferme seul, à peu de choses près, un tiers de la Suisse entiere: il est borné au levant par les Cantons de Lucerne, d'Uri & d'Unterwald, & par les Seigneuries de Bade & de Bremgarten, au couchant par la Franche Comté & par la Souveraineté de Neufchatel, au nord par les Etats d'Autriche, le Canton de Soleure & les Seigneuries de l'Evêque de Bâle; au midi enfin, par le Duché de Savoie, la Cité de Genève & la République de Vallais; son étendue est de soixante lieues de longueur, sur une largeur inégale. Ce Canton, qu'on divise en deux parties, en pays Allemand, & en pays Romand, à cause des deux différentes langues que l'on y parle, est également agréable, également fertile dans toute son étendue, peuplé par-tout, embelli par des villes bien bâties, agréables & riches, & par une grande quantité de bourgs & de villages.

A Berne, le secret le plus profond, le plus inviolable, est l'ame du gouvernement, dont les résolutions sont exécutées avec la plus étonnante célérité: il n'est gueres de pays où le souverain soit mieux obéi, que ne l'est à Berne le souverain idéal que forment les membres de la Souveraineté. Les mœurs douces & faciles des Bernois rendent leur société très-agréable, il n'y a chez eux de fierté qu'au Sénat, qui seul, a le droit de montrer de la magnificence

---

(1) La jonction de Berne à la Confédération Helvetique, n'a pas peu contribué à la conservation de la ligue des Suisses, & à l'établissement d'une certaine Police réguliere, qui, en conservant à chaque Canton sa souveraineté absolue, à sçu prévenir par ses sages ordonnances, tout sujet de rupture ouverte, qui seroit sans exemple en Suisse, si à la honte de la nation, on ne s'étoit pas souvent refusé aux Voies amiables, que les Constitutions du pays avoient sagement établies. *Hist. de la Conféd. Helv.* L. 3. p. 120.

Sect. IV.
Hiſtoire de
la Suiſſe
1338-1389.

*Education
des jeunes
gens.*

& de l'ambition; modérés dans leurs deſirs, comme ils le ſont dans tout ce qui les environne, les Citoyens ſont opulens ſans faſte, grands ſans orgueil, nobles ſans préſomption.    Formés de bonne heure à la connoiſſance des af-faires & des interêts de l'Etat, ils s'en occupent continuellement, & juſqu'à l'âge le plus avancé à Berne les Peres ſont eux-mêmes, & les inſtituteurs & les inſtructeurs de leurs enfans : & la premiere choſe que ceux-ci apprennent ; c'eſt l'amour de la Patrie, les avantages de la modération en toutes choſes, de l'équité, de la ſobriété.    La parcimonie n'eſt point avarice chez eux, c'eſt ſimplement dégoût du ſuperflu (1) : auſſi un Citoyen prodigue & qui diſſiperoit ſon patrimoine, ſeroit expoſé à l'animadverſion du Sénat, & puni par l'exil ; parce que les Bernois regardent comme un très-mauvais Citoyen, celui qui a l'ame aſſez vile pour être mauvais pere de famille.

Berne eſt, ſans contredit, la plus belle ville de la Suiſſe entiere, quoi-qu'elle ſoit d'une aſſez médiocre étendue ; mais elle eſt bien conſtruite (2), ſes rues larges, bien-pavées, & les maiſons, dont tout l'extérieur appartient à l'Etat, uniformement décorées, propres, alignées, & embellies dans toute leur longueur d'arcades, qui préſentent aux paſſans une foire perpétuelle, & en même tems un abri contre la ſaiſon pluvieuſe, ou contre les rayons trop ardens du ſoleil.    On voit à Berne une académie de ſciences, que des

Sciences &
beaux-arts
floriſſans à
Berne.

ſavans très-célebres ont illuſtrée ; & ce qui vaut encore mieux, cette ville renferme pluſieurs hôpitaux riches, & ſagement adminiſtrés ; elle a un arſenal redoutable, & de ſomptueux Edifices publics.

Cette République ne ſouffre l'exercice que d'une ſeule Religion, & c'eſt la Proteſtante.    A l'égard de la forme du gouvernement, elle eſt ariſtocrati-que ; la bourgeoiſie de la ville ſeule de Berne, & les plus anciennes familles

Sénat de
Berne &
ſon autorité.

Bernoiſes ont entrée au Sénat, & exercent les fonctions de la Souveraineté. Autrefois, & lorſque Berne n'avoit d'autres poſſeſſions que celles qui étoient renfermées dans l'enceinte de ſes murs, les étrangers y acquéroient facile-ment le titre de bourgeois ; il ſuffiſoit d'avoir de la valeur, une épée, & de s'être diſtingué dans quelque combat ; pour avoir des droits à la Magiſtrature, il ne falloit qu'avoir une maiſon en propriété dans la ville, & y avoir réſidé pendant dix ans.    Dans la ſuite, le titre de bourgeois de Berne devint plus précieux ; il fut plus recherché, & pour l'obtenir, on donnoit de l'argent, ou on le faiſoit ſolliciter ſouvent pendant pluſieurs années par des Protecteurs

De la bour-
geoiſie de
Berne.

puiſſans.    Cette maniere d'acquérir les Citoyens, parut dangereuſe aux Ber-nois, qui, honteux de prodiguer ainſi à la vénalité, ou à la protection un titre flatteur, honorable, & auquel ils attachoient le plus grand prix, firent rédiger, en 1635, une liſte armoriée des familles bourgeoiſes de Berne, & déclarerent que ces familles ſeules, & excluſivement, ſeroient déſormais re-

---

(1) A Berne, les mœurs ſont plutôt pures qu'auſteres, les manieres plutôt graves que libres ; la Politique y a plus de manege, les intrigues y ſont plus cachées, les inſinua-tions plus fines que dans nul autre Canton de la Suiſſe. *Hiſt. des ligues & des guerres de la Suiſſe.* T. I. p. 296.
(2) Cette ville eſt ſituée dans une longue preſqu'île de la riviere d'Aar, qui l'entoure dans ſa plus grande circonférence. & dont les bords prodigieuſement élevés, lui ſervent tout enſemble de remparts & de foſſés, & là où ces fortification naturelles manquent, l'art y a ſuppléé par de bons retranchemens.

putées patriciennes, ou confulaires. Fidelles à ce réglement, les Bernois, depuis cette époque, n'ont que très-rarement, & avec les plus grandes difficultés, reçu de nouveaux bourgeois; enforte que les étrangers qui viennent s'établir à Berne, n'y obtiennent que le titre d'habitans perpétuels. Si quelquefois la République accorde encore le titre de bourgeois, ce n'eft ni à prix d'or, ni par les protections, mais feulement en récompenfe des fervices les plus importans & les plus fignalés.

L'autorité fuprême, la pleine fouveraineté réfide dans le Confeil des deux cens; corps toujours exiftant, & qui repréfente la Cité entiere, & par cela même la perfonne idéale du Souverain. Ce Corps s'affemble deux fois la femaine, & c'eft dans ces affemblées que s'agitent & fe décident les plus grandes affaires de l'Etat, la paix, la guerre, les treves, les alliances à former, ou à renouveller, les ambaffades à faire ou à recevoir, les opérations néceffaires, foit à la tranquillité intérieure, foit à la fûreté extérieure de la République. *Confeil de deux cens,*

Quoique ce Parlement porte le nom du Confeil des deux cens, il n'en réfulte pas qu'il ne foit compofé que de deux cens Sénateurs; cela veut dire feulement qu'il ne peut y avoir moins de deux cens membres, la loi ayant prefcrit qu'il ne feroit jamais au-deffous de ce nombre, de même qu'il ne peut fe porter à celui de trois cens Sénateurs; enforte que lorfque ce Corps a pris tout l'accroiffement qu'il lui eft permis d'avoir, il n'eft formé que de deux cens quatre vingt dix-neuf magiftrats. Ce Corps augufte exerce toutes les fonctions de la puiffance fuprême: cependant fon autorité, quelque confidérable & illimitée qu'elle paroiffe à certains égards, éprouve des tems d'éclipfe, & fon pouvoir demeure fufpendu. Cette fufpenfion d'autorité arrive tous les ans pendant les trois derniers jours de la femaine fainte: alors toute l'autorité réfide dans le tribunal appellé le *fexdecimvirat*. Tribunal redoutable, & qui exerce dans toute fon antique févérité, la cenfure & la puiffance que les Tribuns avoient jadis à Rome. Ce Confeil, vraiment Souverain, compofé des quatre Bannerets de la République, & de feize Commiffaires, examine pendant ces trois jours, les mœurs & la conduite des membres du Sénat des deux cens, & de toutes les jurifdictions du Canton, rejette de ces Corps tous les membres qui lui paroiffent s'en être rendus indignes, foit par leur inconduite, foit par leur incapacité. Il faut avouer cependant, que ce *fexdecimvirat*, jadis fi rigoureux & fi formidable, a perdu infiniment de fon antique rigueur; fa cenfure n'eft plus aujourd'hui qu'une vaine cérémonie, & malheureufement les égards perfonnels, ont prévalu fur la rigidité Républicaine (1). *Son autorité & fes fonctions.* *Du fexdecimvirat.*

Outre le Confeil des deux cens & le Tribunal des Seizeniers, il y a dans le gouvernement de Berne plufieurs Corps intermédiaires, par où les ordres & les loix du Souverain fe communiquent à tous les ordres de l'Etat, & à

---

(1) Ce qui étoit autrefois une rigoureufe difcipline, n'eft plus gueres aujourd'hui qu'une vaine formalité, foit que les hommes foient devenus meilleurs, foit qu'un circuit vicieux d'égards perfonnels & de ménagemens politiques ait énervé ce que cet utile & puiffant reffort avoit de trop auftere Car, à moins de la derniere & de la plus manifefte des dépravations, on ne voit gueres que la rigueur de cette cenfure s'étende au delà d'un fimple avertiffement fecret; au moins l'inftitution en eft-elle admirable & d'un excellent ufage. *Hift. des ligues & des guerres de la Suiffe.* T. 1. p. 303.

toutes les branches de la République. Le premier & le plus utile de ces pouvoirs intermédiaires est le Sénat des vingt-sept, qui s'assemble tous les jours, excepté les jours de dimanches & de fêtes. Ce Tribunal est composé de membres, tous tirés du Conseil des deux cens, présidé par les deux Avoyers de la République, & surveillé par deux Commissaires des deux cens, qui y entrent, non comme membres, mais afin d'empêcher qu'il ne s'y passe rien qui blesse, ou qui usurpe l'autorité souveraine. Ces deux Commissaires sont

*De l'autorité des deux Secrets.*

appellés Secrets: l'un est dépositaire des clefs des portes de la ville, & l'autre des clefs du trésor public. C'est à eux exclusivement que sont portées toutes les plaintes générales, ou particulieres contre l'administration du Sénat; & c'est à eux à faire rendre justice sur ces plaintes; (1) sans que, dans aucun cas, ils soient tenus de nommer les plaignans, ni de communiquer aux Seizeniers les faits qui font l'objet des dénonciations.

*College des vingt-sept, son pouvoir.*

Le College des vingt-sept a dans la République la plus grande autorité; car c'est lui qui inflige les punitions & décerne les récompenses, c'est lui seul, & exclusivement, qui connoit de tous les crimes, à l'exception pourtant de ceux qui font commis soit dans la ville-même de Berne, soit dans la banlieue, dont la connoissance n'appartient qu'au Souverain lui-même, c'est-à-dire, au Conseil des deux cens. Du reste, tous les emplois, toutes les places, ainsi que tous les bénéfices, font remplis à la nomination du College des vingt-sept; qui, outre ces fonctions, en a une encor plus essentielle, celle d'examiner toutes les affaires importantes de l'Etat, avant qu'elles soient portées au Conseil des deux cens.

*Divers Comités, & les objets de leur administration.*

Il est encore à Berne plusieurs autres chambres, colleges, ou comités, chacun chargé d'un département particulier. Le premier de ces comités, c'est le Conseil intime, où se traitent tous les secrets de l'Etat, & composé de l'Avoyer non régnant, de l'ancien des trésoriers, des quatre bannerets & des deux secrets. Le second comité est celui des questeurs, où l'on ne s'occupe que de l'administration des finances, du produit des fiefs, des comptes des recettes, & de la direction des bâtimens. Il est formé des quatre bannerets, présidé par l'un des deux trésoriers. Le Conseil de guerre forme la troisieme chambre; il a pour Président, l'Avoyer non régnant, & il est composé de quatre Sénateurs des vingt-sept, & de six magistrats des deux cens. Tout ce qui concerne la milice & l'état militaire du Canton, les fortifications, les arcenaux, &c. ressortit de ce comité, qu'il ne faut point confondre avec la chambre des recrues, qui n'a inspection que sur les enrolemens étrangers.

Afin de mettre l'Etat & les Citoyens à l'abri des atteintes de ce fléau destructeur des nations & des gouvernemens, de ce luxe si dangereux, & si mal-

---

(1) On peut à bien des égards, comparer ces deux Secrets aux anciens Tribuns de Rome: car ils font également les gardiens de la loi, les inquisiteurs de tout ce qui se trame contre l'Etat, les Censeurs des fautes, des abus & des négligences: ils convoquent le Conseil, ils font donner audience aux citoyens qui la demandent, ils arrêtent par leur seule autorité tout ce que le Sénat pourroit faire, & qu'ils jugent nuisible au bien de la République. Toutefois, il y a cette différence entre les Tribuns & les Secrets de Berne, qu'à Rome, qui étoit une démocratie, le tribunal étoit le Protecteur du peuple & de l'ordre seul des Plébeiens. Mais à Berne, qui est une Aristocratie, l'autorité réprimante des deux Secrets n'a été instituée que par les Patriciens, & pour les contenir eux-mêmes & non pour, ni contre le peuple qui n'est rien.

à-propos célébré de nos jours, il y a à Berne un magiſtrat, dont la ſeule fonction eſt de veiller aux progrès de la corruption, de propoſer les loix ſomptuaires qu'il juge les plus néceſſaires, & de les faire exécuter. Ce magiſtrat eſt ce qu'on y appelle la chambre de réformation, ſans ceſſe occupée du ſoin de s'oppoſer à l'introduction de la frivolité, des modes, des trop vaines parures, de l'indigente oſtentation, des excès de table, des liqueurs & des vins étrangers, des jeux de haſard, &c. A la moindre infraction, ce Tribunal prononce des amendes qui tournent à ſon profit, ſuivant le don que lui en a fait le Souverain. On ne parlera point des chambres des appellations, où ſe jugent en dernier reſſort, & par appel toutes les cauſes civiles, l'une pour le pays Allemand, l'autre pour le pays Romand, ou de Vaud (1). On ne parlera pas non plus de la chambre du commerce, où ſe fait la balance des importations & des exportations, &c. Le détail de ces divers comités, ainſi que des parties ſubalternes de l'adminiſtration conduiroit trop loin; d'ailleurs, quelqu'intéreſſant que pût être le tableau de ce gouvernement, on s'écarteroit trop du but de cet ouvrage; revenons donc à l'hiſtoire générale de la Suiſſe, après avoir obſervé, que, quoique le Canton de Berne fût le huitieme de ceux qui entrerent dans la confédération Helvetique, cependant ſix des autres lui céderent la préſéance: enſorte qu'il prend, après Zurich, le premier rang, & eſt ſuivi par les Cantons de Lucerne, Schweitz, Uri, Unterwald, Zug & Glaris. Ces huit Cantons unis par les plus forts liens, par l'amour de la liberté, entreprirent enſemble des guerres conſidérables, conquirent des pays que la plûpart d'entr'eux poſſedent encore en commun; & formerent eux ſeuls, pendant cent vingt cinq années, tout le Corps Helvetique, dont ils firent reſpecter les droits & les prérogatives.

Inquiet, inconſtant, prompt à déclarer la guerre, plus prompt encore à conclure la paix par des traités dont il ſe réſervoit le droit d'interpréter les clauſes à ſon gré, le Duc Albert, que cependant ſes contemporains & la poſtérité ont honoré du ſurnom de ſage (2), n'avoit fait, au nom de la maiſon d'Autriche, qu'une paix ſimulée avec les Suiſſes; & peut-être à ſon inſtigation, les Seigneurs de cette maiſon, prétendant que leurs droits ſur les pays de Zug & de Glaris, étant formellement réſervés par l'un des articles de ce traité, il s'enſuivoit eſſentiellement que l'alliance contractée entre ce pays & les Suiſſes devoit être annullée. Cette prétention étoit encore plus abſurde

*Marginalia:*

Sect. IV. Hiſtoire de la Suiſſe 1330-1389.

Magiſtrat prépoſé à réprimer le luxe.

Preſéance du Canton de Berne.

Le Duc Albert forme le plan d'attaquer les Cantons liguér. 1352.

---

(1) Les habitans du pays de Vaud ſont regardés comme les Normands de la Suiſſe; ils aiment beaucoup les procès, & ce goût provient très-vraiſemblablement de quelques vices dans la légiſlation. Ils ont entr'eux tant de procès, que tout étant chez eux matiére de conteſtation; on a crû devoir à Berne, ériger exprès pour eux un Tribunal de juſtice, afin que le Sénat ne fut pas ſans ceſſe interrompu par les diſcutions, ſouvent minutieuſes, & preſque toujours interminables de cette partie des ſujets de la République.

(2) Jamais homme ne mérita moins le ſur-nom de Sage, que le Duc Albert; qui n'étoit que fort léger & de la plus intolérable vanité. L'on eût dit à la conduite capricieuſe de ce Sage, qu'il dédaignoit également d'honorer les Suiſſes d'une paix ſtable, ou d'une guerre ſérieuſe & ſoutenue. C'eſt un Prince inquiet, tracaſſier, inconſtant, ſans fermeté, ſans réſolutions, facile à prendre les armes, encore plus facile à les quitter, & qui avoit une ſi haute idée de lui-même, qu'il croyoit ſe rendre formidable & terrible à ſes ennemis, en paroiſſant les oublier par intervalles.

Sect. IV.
Histoire de
la Suisse
1338-1389.

I. met dans
ses intérêts
l'Empereur
Charles IV.

qu'elle n'étoit injuste : mais le Duc Albert, en la formant, connoissoit a foiblesse de l'Empereur Charles IV, & la force des moyens qu'il y avoir à employer contre lui pour la faire valoir. Il ne lui fut pas difficile de persuader à cet Empereur, jaloux de son autorité, à raison de l'impuissance où il étoit de la faire respecter, que ce n'étoit que par mépris de sa puissance suprême, & dans la vue de se soustraire à sa domination, que les Suisses formoient de telles confédérations ; ligues d'autant plus criminelles, que, dans le fait, elles étoient inutiles, puisque tous les Etats de l'Empire étant liés entr'eux par le système même de la constitution Impériale, ces différens Cantons, n'avoient pû, en se liguant, avoir eû d'autre objet que celui de se détacher du Corps général de l'Empire, ce qui étoit visiblement un attentat très-repréhensible, & qui, s'il étoit toléré, ne manqueroit pas d'avoir tôt ou tard les conséquences les plus funestes, soit relativement à l'union du Corps Impérial, soit à l'égard des droits de l'Empereur lui-même.

Ces raisons n'étoient que trop capables de faire la plus forte impression sur Charles IV, qui, foible, vain, présomptueux, enivré de son rang, jaloux de ses prérogatives, avide jusqu'à l'injustice, fastueux & guerrier par ostentation, malheureux dans ses entreprises par incapacité, & négociateur par besoin (1), se sentit très-offensé des ligues formées par les Suisses, crut sa gloire intéressée à rompre leur union, & promit à Albert, tous les secours qu'il pourroit lui donner pour annuller, soit par la loi, soit par la force, le traité conclu par Zug & Glaris avec les six Cantons. Ce n'étoit cependant pas que Charles IV, entrât vivement dans les intérêts d'Albert, il n'y avoit point eu encore, & il ne pouvoir pas y avoir d'amitié bien solide entre les maisons de Luxembourg & d'Autriche : mais alors Charles IV avoit besoin d'Albert, qui étoit fortement protégé par le Pape & le S. Siege, que le timide Charles craignoit, & qu'il n'osoit braver. Aussi dans l'espérance de se rendre le Pontife favorable, promit-il de seconder le Duc d'Autriche (2) de toute son autorité ; & dans le cas où sa médiation ou ses décrêts ne suffiroient pas, de l'aider de toutes ses forces, afin de lui procurer la restitution de tout ce que la ligue Suisse lui avoir fait perdre.

Raisons qui
déterminent
Charles IV.
à se liguer
avec le Duc
d'Autriche.
1353.

Fidelle à ses promesses, Charles IV alla en Suisse, accompagné d'Albert, s'arrêta quelques jours à Zurich, où il fut harangué par des Ambassadeurs de la maison d'Autriche, & répondit, par de fort éloquentes réflexions, sur les avantages & la nécessité de la concorde & de la bonne intelligence entre voisins, & sur l'indispensable devoir d'observer les traités. Le Duc Albert qui s'étoit attendu à entendre l'Empereur menacer les Suisses du poids de sa colere, & de la force de ses armes, fut très-étonné de ses touchantes exhortations ; & le Bourguemaître de Zurich qui craignoit des reproches, & n'avoir pas prévu que le ressentiment de Charles s'exhaleroit en vaines déclama-

. (1) Les possessions de la Couronne impériale étoient alors si fort diminuées, qu'il ne lui restoit presque plus de domaines ; ensorte que les Empereurs étoient réduits au point de passer d'une ville impériale successivement à une autre : & lorsqu'ils arrivoient dans ces villes, elles les y défrayoient ainsi que leur suite : ces visites étoient si onéreuses, que plusieurs de ces villes offroient de l'argent pour ne pas être honorées de la présence ruineuse de l'Empereur.
(2) Stettler. 76. & suiv. Simler. p. 133 & suiv.

dons, répondit par des protestations encore plus vagues, & assura en finissant, qu'à l'égard de la soumission & de la fidélité, on ne pouvoit, sans injustice, reprocher rien aux huit Cantons. Charles ne parut pas intimement persuadé de cette assertion; mais il ne décida rien, & avant que de sortir de Zurich, il conseilla aux Suisses d'écrire une lettre honnête & soumise au Duc Albert, son cousin, & promit de revenir dès le Printems suivant pour prononcer sur cette contestation, à supposer qu'elle ne fut pas encore terminée.

Avant le tems fixé pour ce retour, le Duc Albert sachant que le moyen le plus infaillible de se rendre l'Empereur favorable, étoit de flatter sa vanité, lui remit un écrit signé de sa main, & dans lequel il promettoit de s'en tenir à sa décision, de quelque maniere qu'il jugeât à propos de prononcer. De leur côté, les Suisses lui remirent aussi un compromis, mais différent, moins étendu, & dans lequel ils protestoient qu'ils reconnoissoient l'Empereur pour leur Chef & leur Seigneur suprême, qu'ils seroient toujours empressés à souscrire à toutes ses décisions, pourvu toutefois, qu'elles n'eussent rien de contraire à leurs alliances: qu'à l'égard de cet article, ils s'étoient obligés par serment de le maintenir dans toute son intégrité, & que, quelqu'événement qui arrivât, jamais ils ne se soumettroient au jugement des hommes. ,, Ce n'est ,, point, disoient à l'Empereur les députés de Zurich, par un vain desir de ,, conquêtes, ni par l'ambition encore plus effrénée d'offenser les Puissan- ,, ces, que nous avons formé notre alliance: nous ne nous sommes proposés ,, que de veiller & de pourvoir à notre légitime défense. D'ailleurs, puis- ,, que nous sommes des Etats libres de l'Empire, n'est ce pas un de nos ,, privileges les plus sacrés, que la liberté de contracter, suivant les circons- ,, tances, les alliances qui nous paroissent de notre utilité commune. Il est ,, vrai, que la ville de Lucerne a desiré d'entrer dans notre ligue, & que ,, nous l'y avons admise; mais qui ne sçait qu'il ne restoit point à Lucerne ,, d'autre moyen de se mettre à l'abri du ravage & de l'incendie dont elle é- ,, toit menacée? Qui ne sçait aussi que Glaris a été par nous conquis sur ,, l'ennemi; & que Zug ne s'est jeté dans nos bras, qu'après avoir vaine- ,, ment demandé la protection & l'assistance de ses Seigneurs? Que demande ,, de nous le Duc d'Autriche? des droits qui ne lui appartiennent point, & ,, auxquels il n'a nulle sorte de prétention fondée. Vouloir nous les ravir, ,, ce seroit agir en tyran; & déja cimentée par notre sang, notre alliance ne ,, connoît, ni juges, ni Puissances qui puissent la dissoudre. Elle ne dépend ,, ,, ni des effets ambitieux du Duc d'Autriche, ni de la volonté, ou des déci- ,, sions arbitraires du Chef même de l'Empire, pour lequel nous sacrifierons ,, volontiers nos vies & nos biens, mais à qui, très-décidément, nous n'a- ,, bandonnerons, ni notre liberté, ni nos prérogatives".

Charles IV parut pénétré de la force & de la validité de ces raisons; on assure même qu'il fit ce qu'il put pour en faire sentir la justice au Duc d'Autriche: mais celui-ci refusa de se rendre; & l'Empereur qui s'étoit engagé à défendre ses intérêts (1), parla en Souverain irrité, craint d'obstination

(1) Charles IV. prétendit que les deux Parties devoient lui remettre la décision abso- lue de cette contestation. Les Suisses ne voulurent point accepter cette proposition, à

Sect. IV.
Histoire de
la Suisse
1338-1389.

*Il met dans
ses intérêts
l'Empereur
Charles IV.*

qu'elle n'étoit injuste : mais le Duc Albert, en la formant, connoissoit a'
foiblesse de l'Empereur Charles IV, & la force des moyens qu'il y avoit à
employer contre lui pour la faire valoir. Il ne lui fut pas difficile de persuader à cet Empereur, jaloux de son autorité, à raison de l'impuissance où
il étoit de la faire respecter, que ce n'étoit que par mépris de sa puissance
suprême, & dans la vue de se soustraire à sa domination, que les Suisses
formoient de telles confédérations ; ligues d'autant plus criminelles, que,
dans le fait, elles étoient inutiles, puisque tous les Etats de l'Empire étant
liés entr'eux par le système même de la constitution Impériale, ces différens
Cantons, n'avoient pû, en se liguant, avoir eû d'autre objet que celui de se
détacher du Corps général de l'Empire, ce qui étoit visiblement un attentat très-répréhensible, & qui, s'il étoit toléré, ne manqueroit pas d'avoir
tôt ou tard les conséquences les plus funestes, soit relativement à l'union
du Corps Impérial, soit à l'égard des droits de l'Empereur lui-même.

*Caractere de
Charles IV.*

Ces raisons n'étoient que trop capables de faire la plus forte impression sur
Charles IV, qui, foible, vain, présomptueux, enivré de son rang, jaloux
de ses prérogatives, avide jusqu'à l'injustice, fastueux & guerrier par ostentation, malheureux dans ses entreprises par incapacité, & négociateur par
besoin (1), se sentit très-offensé des ligues formées par les Suisses, crut sa
gloire intéressée à rompre leur union, & promit à Albert, tous les secours
qu'il pourroit lui donner pour annuller, soit par la loi, soit par la force, le
traité conclu par Zug & Glaris avec les six Cantons. Ce n'étoit cependant
pas que Charles IV, entrât vivement dans les intérêts d'Albert, il n'y avoit
point eu encore, & il ne pouvoir pas y avoir d'amitié bien solide entre les
maisons de Luxembourg & d'Autriche : mais alors Charles IV avoit besoin
d'Albert, qui étoit fortement protégé par le Pape & le S. Siege, que le timide Charles craignoit, & qu'il n'osoit braver. Aussi dans l'espérance de se
rendre le Pontife favorable, promit-il de seconder le Duc d'Autriche (2)

*Raisons qui
déterminent
Charles IV.
à se liguer
avec le Duc
d'Autriche.
1353.*

de toute son autorité ; & dans le cas où sa médiation ou ses décrêts ne suffiroient pas, de l'aider de toutes ses forces, afin de lui procurer la restitution
de tout ce que la ligue Suisse lui avoir fait perdre.

*Foiblesse de
l'Empereur.*

Fidelle à ses promesses, Charles IV alla en Suisse, accompagné d'Albert,
s'arrêta quelques jours à Zurich, où il fut harangué par des Ambassadeurs de
la maison d'Autriche, & parut fort éloquentes réflexions, sur les
avantages & la nécessité de la concorde & de la bonne intelligence entre voisins, & sur l'indispensable devoir d'observer les traités. Le Duc Albert qui
s'étoit attendu à entendre l'Empereur menacer les Suisses du poids de sa colere, & de la force de ses armes, fut très-étonné de ses touchantes exhortations ; & le Bourguemaître de Zurich qui craignoit des reproches, & n'a-
voit pas prévu que le ressentiment de Charles s'exhaleroit en vaines déclama-

---

(1) Les possessions de la Couronne impériale étoient alors si fort diminuées, qu'il ne
lui restoit presque plus de domaines ; ensorte que les Empereurs étoient réduits au point
de passer d'une ville impériale successivement à une autre : & lorsqu'ils arrivoient dans
ces villes, elles les y défrayoient ainsi que leur suite : ces visites étoient si onéreuses,
que plusieurs de ces villes offroient de l'argent pour ne pas être honorées de la présence ruineuse de l'Empereur.

(2) Stettler. 76. & suiv. Simler. p. 133 & suiv.

tions, répondit par des proteſtations encore plus vagues, & aſſura en finiſ-
ſant, qu'à l'égard de la ſoumiſſion & de la fidélité, on ne pouvoit, ſans injuſtice, reprocher rien aux huit Cantons. Charles ne parut pas intimement
perſuadé de cette aſſertion; mais il ne décida rien, & avant que de ſortir de
Zürich, il conſeilla aux Suiſſes d'écrire une lettre honnête & ſoumiſe au Duc
Albert, ſon couſin, & promit de revenir dès le Printems ſuivant pour prononcer ſur cette conteſtation, à ſuppoſer qu'elle ne fut pas encore terminée.

Sect. IV.
Histoire de
la Suisse
1338-1389.
Conseils ti-
mides qu'il
donne aux
huit Can-
tons.

Avant le tems fixé pour ce retour, le Duc Albert ſachant que le moyen le
plus infaillible de ſe rendre l'Empereur favorable, étoit de flatter ſa vanité,
lui remit un écrit ſigné de ſa main, & dans lequel il promettoit de s'en tenir
à ſa déciſion, de quelque maniere qu'il jugeât à propos de prononcer. De
leur côté, les Suiſſes lui remirent auſſi un compromis, mais différent, moins
étendu, & dans lequel ils proteſtoient qu'ils reconnoiſſoient l'Empereur pour
leur Chef & leur Seigneur ſuprême, qu'ils ſeroient toujours empreſſés à ſouſ-
crire à toutes ſes déciſions, pourvu toutefois, qu'elles n'euſſent rien de contraire à leurs alliances: qu'à l'égard de cet article, ils s'étoient obligés par
ſerment de le maintenir dans toute ſon intégrité, & que, quelqu'événement
qui arrivât, jamais ils ne ſe ſoumettroient au jugement des hommes. „Ce n'eſt
„ point, diſoient à l'Empereur les députés de Zurich, par un vain deſir de
„ conquêtes, ni par l'ambition encore plus effrénée d'offenſer les Puiſſan-
„ ces, que nous avons formé notre alliance: nous ne nous ſommes propoſés
„ que de veiller & de pourvoir à notre légitime défenſe. D'ailleurs, puiſ-
„ que nous ſommes des Etats libres de l'Empire, n'eſt ce pas un de nos
„ privileges les plus ſacrés, que la liberté de contracter, ſuivant les circonſ-
„ tances, les alliances qui nous paroiſſent de notre utilité commune. Il eſt
„ vrai, que la ville de Lucerne a deſiré d'entrer dans notre ligue, & que
„ nous l'y avons admiſe; mais qui ne ſçait qu'il ne reſtoit point à Lucerne
„ d'autre moyen de ſe mettre à l'abri du ravage & de l'incendie dont elle é-
„ toit menacée? Qui ne ſçait auſſi que Glaris a été par nous conquis ſur
„ l'ennemi; & que Zug ne s'eſt jetté dans nos bras, qu'après avoir vaine-
„ ment demandé la protection & l'aſſiſtance de ſes Seigneurs? Que demande
„ de nous le Duc d'Autriche? des droits qui ne lui appartiennent point, &
„ auxquels il n'a nulle ſorte de prétention fondée. Vouloir nous les ravir,
„ ce ſeroit agir en tyran; & déja cimentée par notre ſang, notre alliance ne
„ connoit, ni juges, ni Puiſſances qui puiſſent la diſſoudre. Elle ne dépend,
„ ni des effets ambitieux du Duc d'Autriche, ni de la volonté, ou des déci-
„ ſions arbitraires du Chef même de l'Empire, pour lequel nous ſacrifierons
„ volontiers nos vies & nos biens, mais à qui, très-décidément, nous n'a-
„ bandonnerons, ni notre liberté, ni nos prérogatives".

Compromis
entre le Duc
d'Autriche
& les Can-
tons.
1354.

Charles IV parut pénétré de la force & de la validité de ces raiſons; on
aſſure même qu'il fit ce qu'il put pour en faire ſentir la juſtice au Duc d'Autriche: mais celui-ci refuſa de ſe rendre; & l'Empereur qui s'étoit engagé
à défendre ſes intérêts (1), parla en Souverain irrité, traita d'obſtination

Charles me-
nace les
Cantons &
ſe déclare
pour le Duc
d'Autriche.

(1) Charles IV. prétendit que les deux Parties devoient lui remettre la déciſion abſolue de cette conteſtation. Les Suiſſes ne voulurent point accepter cette propoſition, à

punissable la généreuse résistance des Suisses, leur défendit de prendre les armes avant deux mois, & partit en leur promettant qu'il viendroit terminer cette contestation. Ses vues n'échapperent point aux Suisses, qui, ne douterent point qu'en effet il ne revint, mais les armes à la main, pour les contraindre par force, de rentrer sous le joug d'Autriche. Ils ne se trompoient point, & tandis qu'ils se préparoient à soutenir la guerre, les Princes Autrichiens se déterminerent à commencer les hostilités par le siege & la reduction de la ville de Zurich, qu'ils regardoient comme le Chef-lieu & le foyer de la Ligue-Helvetique.

*Préparatifs d'Albert.*

L'Empereur appuyoit de son autorité le projet de cette guerre, & le Duc Albert ordonnoit à tous ses vassaux de prendre les armes; il se donna tant de soins, & fut secondé avec tant de zele, qu'en très-peu de tems, il se vit à la tête d'une armée de quarante mille hommes d'infanterie & de quatre mille hommes de cavalerie. Il ne manquoit à cette armée formidable par le nombre, que des magasins, de l'argent pour soudoyer les soldats, des capitaines pour les commander, des Chefs pour les conduire, & l'esprit de concorde & de subordination pour réunir ces troupes, qui, tirées de toutes les petites nations d'Allemagne, divisées d'intérêts & jalouses les unes des autres, ne vouloient reconnoître ni discipline militaire, ni Commandans-Généraux.

*L'Empereur & le Duc Albert assiegent Zurich.*

Cette foule néanmoins avoit deux Chefs, Albert & Charles, mais peu unis entr'eux, & incapables l'un & l'autre, de former, ou d'exécuter les plus communes opérations. Cette multitude plus menaçante que guerriere, fut conduite sous les murs de Zurich, qui fut aussi-tôt sommé de se rendre.

La place n'étoit défendue que par 1500 Suisses, mais aguerris, plains de valeur, & secondés par tous les Citoyens en âge de porter les armes, accoutumés aux fatigues de la guerre, incapables de se laisser intimider par le nombre, & résolus de mourir libres, & de rester ensevelis sous les ruines de leurs maisons, plutôt que de se soumettre, quelques conditions qu'on voulût leur proposer. Ils attendirent les premieres attaques, & furent très-surpris de

*Résistance des assiegés.*

voir cette foule d'ennemis s'occuper sous les temparts à vuider leurs querelles particulieres, par des combats d'un contr'un, ou de plusieurs contre plusieurs, suivant l'usage de ces tems, & paroissant fort peu disposés à donner un assaut à la ville. enfin à la tête des troupes de Berne, de Soleure, de

L'Empereur arriva Schaffhausen, de Bienne & de plusieurs autres villes impériales d'Allemagne. La présence de Charles donna une nouvelle activité aux assiégeans, mais cette activité, se ralentit bientôt, & la mésintelligence augmentant de moment en moment, acheva de rassurer les Zuricois. Les troupes des villes impériales, celles sur-tout de Soleure, de Bienne, de Schaffhausen & de Berne, qui n'étoient venues que forcément contre les Zuricois leurs alliés, faisoient hautement des vœux pour les assiegés. Ces troupes séparées du reste

de

moins que par préliminaire, l'Empereur ne voulut s'engager à ne pas toucher à leur alliance. Charles fut fort irrité de cette condition, qu'il prenoit pour une marque de défiance de la part des Cantons, & qu'il ne croyoit pas mériter. Il moyenna cependant une treve qui devoit durer aussi long-tems qu'il la prescrivit, & un mois au-dela. *Hist. de la Confed.* Heivet. L. 4. p. 123. T. Schudi. p. 430.

de l'armée, devoient donner l'affaut d'un côté de la ville, tandis que les troupes des Evêques & des Princes devoient donner l'attaque d'un côté oppofé (1). Les Zuricois inftruits des difpofitions des villes impériales leurs alliées, arborerent fur les remparts, du côté des troupes de ces villes, la banniere de l'Empire, afin de les faire fouvenir qu'en voulant détruire leurs alliés, elles travailloient à s'opprimer elles-mêmes. Auffi à la vue de cette banniere, ces troupes refuferent obftinément d'agir contre les Zuricois, qui, par cette défection, n'ayant plus qu'un côté de la ville à défendre, fortirent, & vinrent fiérement préfenter la bataille à Charles & au Duc d'Autriche, aux Princes & aux Evêques.

Cette partie de l'armée étoit encore fupérieure en nombre aux Zuricois, & les Chefs ne balancerent point à donner le fignal du combat : mais au moment d'en venir aux mains, la plus finguliere des difputes fur l'honneur du pas, fit que cette action qui eût dû être fanglante & décifive, n'eut pas lieu. Un corps de Bohême que Charles avoit conduit à ce fiege, prétendit que c'étoit à lui à marcher le premier à l'ennemi ; les Autrichiens & les Suabes, prétendirent que cet avantage n'appartenoit qu'à eux : aucun des deux partis ne voulut céder, la journée prefqu'entiere s'écoula dans cette querelle ; Charles parut fort irrité contre les Autrichiens, & fa colere, vraie ou feinte, (car on affure que ce fut lui, qui, peu ami des combats, avoir fufcité cette conteftation ;) fa colere alla fi loin, qu'il fit donner le fignal de la retraite, dans laquelle il ne s'éleva point de difpute fur l'ordre de la marche ; & dès le lendemain, il licentia les troupes impériales.

Cette retraite (2) précipitée, ne furprit point les Suiffes, qui, connoiffant le caractere plus avare que guerrier de Charles IV, lui avoient fait offrir des fommes très-confidérables, s'il vouloit fe départir de cette guerre, engager le Duc d'Autriche à lui céder les droits régaliens qu'il prétendoit avoir fur Lucerne, Zug & Glaris, & en affranchir enfuite ces trois Cantons. Charles ébloui des offres qu'on lui avoit faires, avoir avec empreffement accepté ces conditions, & à fon tour il avoit propofé au Duc d'Autriche de partager cette riche compofition. Albert avoit rejeté avec indignation cette lâche propofition, & l'Empereur, qui n'avoit point de raifon valable pour fe dégager de fon alliance avec les Autrichiens, & qui, quelqu'effort qu'il fit pour dif-

Sect. IV.
Hiftoire de la Suiffe 1338-1389.

Les Troupes des villes impériales refufent de fervir contre Zurich.

Les Zuricois offrent la Bataille.

L'Empereur fe retire avec fes troupes.

(1) Après avoir foutenu pendant trois femaines tout l'effort des ennemis, les Zuricois planterent le 13 Octobre 1354, fur une tour leur principale banniere ; les armes de leur ville furmontée d'un aigle impériale, devoit rappeller aux troupes des villes libres, qu'elles travailloient à opprimer un membre de leur Corps ; que l'intérêt commun de leur liberté qui les devoit unir, ne leur permettoit pas de travailler à les détruire. Ils s'adrefferent en même tems fecretement à l'Empereur, qui intérieurement jaloux de la puiffance des Autrichiens, las d'ailleurs d'une guerre pour lui très-peu avantageufe, écouta favorablement leurs Emiffaires : la divifion s'étoit jetée parmi fes troupes ; les villes impériales fervoient à regret contre Zurich : toutes ces circonftances engagerent Charles IV à lever le fiege. Schodeler L. C.

(1) Quoique l'on fente très-bien que les deux Princes ne s'aimoient gueres, & qu'ils fe faifoient, au contraire l'honneur de fe craindre l'un l'autre, & pour dire la vérité ; affez inutilement ; cependant ce départ brufque & foudain étonna tout le monde, excepté les Suiffes, qui en favoient bien la raifon. Hift. des ligues & des guerres de la Suiffe. T. 2. p. 13.

Sect. IV.
*Hiftoire de
la Suiffe*
1338-1389.

*Les Huit
Cantons
viennent dé-
fendre Zu-
rich contre
le Duc Al-
bert, qui fe
retire.*

fimuler fon mécontentement, ne fuivoit cette entreprife qu'avec dégoût, faifit le prétexte frivole de la difpute des Bohêmes & des Suabes pour abandonner le liege, & le Duc fon allié.

Quelqu'irrité que fut intérieurement Albert de la retraite, ou pour parler avec plus de vérité, de la défertion de l'Empereur, il ne témoigna cependant aucun reffentiment, parut le voir partir avec indifférence, & très-déterminé à continuer le fiege de Zurich avec le peu de troupes qui lui étoient reftées. Sa réfolution allarma les Zuricois, & ils avoient d'autant plus de raifon, que la garnifon étoit très-fatiguée, & que les fubfiftances commençoient à manquer. Heureufement pour eux, les huit Cantons informés de la fituation où fe trouvoit réduire cette ville affiégée, firent les plus grands efforts, unirent leurs armes, & arriverent, réfolus de périr ou de dégager les affiégés. Albert épargna aux Suiffes la peine de combattre, & à peine ils parurent fur la cime du Mont-Alpis, que, ne voulant point hazarder une bataille, il décampa, fe contentant de ravager le pays ennemi qui étoit fur fa route (1).

La levée du fiege de Zurich ne termina point la guerre; il n'y eut point, à la vérité d'action décifive; mais les hoftilités continuerent pendant près d'une année, avec tant d'acharnement des deux côtés, que les Suiffes & les Autrichiens fatigués de leurs pertes mutuelles, defirerent également la paix.

*Charles pro-
nonce fur
leurs conte-
ftations.*
1355.

*Charles* IV, de retour de Rome où il avoit été recevoir, à titre onéreux, la couronne des mains du Pape, convoqua une diete à Ratisbonne, fit au Duc d'Autriche, qui s'y rendit, un accueil auffi diftingué que s'il eut eû pour lui autant d'eftime & d'amitié, qu'il avoit de froideur & de haine, ajourna les Suiffes à comparoître devant lui, & prononça que toute hoftilité cefferoit, que l'on fe reftitueroit de part & d'autre, tout ce que des deux côtés, on prouveroit avoir été enlevé pendant la guerre; que les Zuricois ne recevroient point de fujets Autrichiens au nombre de leurs Citoyens; que ceux qui tenoient des fiefs, ne pourroient fe difpenfer de reconnoître les terres de leurs Seigneurs Suzerains; que les Zuricois s'engageroient à ne point contracter d'alliance avec les fujets de la maifon d'Autriche, & qu'ils l'affifteroient, au contraire, contre quiconque fe refuferoit, dans les cas de conteftation, aux voies de la juftice; enfin, que chacune des parties feroit maintenue dans fes alliances (2).

*La Sentence
de l'Empe-
reur diver-
fement in-
terprétée.*

Cette fentence, quoique divifée en plufieurs articles, paroiffoit à la vérité prévoir les cas qui pourroient furvenir, mais ne décidoit rien fur les cas arrivés, & prononçoit encore moins fur la reclamation du Duc d'Autriche au fujet de l'admiffion de Zug & Glaris dans la ligue. Albert fondé fur ce que l'Empereur avoit ordonné que les Zuricois ne recevroient point de Sujets Autrichiens dans leur alliance, prétendit que cette difpofition annulloit l'acceffion de Glaris & de Zug à la ligue; mais les Suiffes répondirent, que, l'Empereur

(1) Avec toutes fes hautes prétentions & fon extrême vanité, le Duc Albert étoit l'un des plus foibles guerriers & des plus mal-adroits Généraux du XIVe fiecle. Ce fut ici le troifieme fiege qu'il tenta contre la ville de Zurich; la troifieme entreprife qu'il fut honteufement obligé d'abandonner: & la troifieme fois, que, pour fe venger de fa propre inhabilité, il dévafta la campagne des environs, où il ne trouva ni peuple qui lui réfiftât, ni ennemis qui s'oppofaffent à fes déprédations.

(2) Simler. p. 136; T. Schudi. p. 436.

: ayant décidé auſſi que chaque partie feroit maintenue dans ſes alliances, cette diſpoſition de la ſentence confirmoit formellement l'alliance contractée avec Zug & Glaris: enſorte que la difficulté reſtoit encore entiere. Les Suiſſes demanderent à Charles IV une explication moins équivoque, & qui ne laiſſât aucun prétexte au Duc Albert. Le Canton de Schweitz déclara même hautement qu'il ne ratifieroit aucun traité, ni ne recevroit cette Sentence, à moins que le jugement de l'Empereur ne fut plus clairement énoncé, & auſſi favorable aux Cantons qu'ils avoient paru le deſirer dans le compromis, en vertu duquel la ſentence avoit été rendue.

Charles IV répondit vaguement à ces demandes, qu'il ſatisferoit les Suiſ-ſes; mais il n'expliqua rien, & le ſilence qu'il garda ſur ce point, parut d'autant plus favorable aux Suiſſes, que Bucheim, Baillif Autrichien, fit peu de tems après, une ligue de cinq années avec les Zuricois. Il eſt très- vraiſemblable que le Baillif Bucheim n'avoit point conſulté le Duc Albert, qui comptoit, au contraire, ſur la nullité de l'alliance contractée avec Zug & Glaris, & qui même détermina enfin Charles IV à interpréter ainſi les points litigieux de ſa ſentence; car, ce foible Empereur, qui étoit ſi peu conſtant dans ſes opinions, & ſi peu intelligible dans ſes décrêts, écrivit clairement aux Suiſſes, que par ſa ſentence, il avoit entendu annuller leur alliance avec Glaris & Zug. Les Suiſſes, qui par leur compromis avoient déclaré qu'ils ne ſe ſoumettroient à la Sentence du Chef de l'Empire, qu'autant qu'il maintiendroit cette alliance, rejeterent cette interprétation, & pour prouver combien ils étoient éloignés de s'y ſoumettre, ils envoyerent un corps conſidérable de troupes dans le pays de Zug & de Glaris, & renouvellerent l'alliance contractée avec ces deux Cantons (1).

Charles IV
explique ſa
ſentence au
préjudice
des Cantons
qui prennent
les armes.
1356.

La guerre alloit ſe rallumer avec plus de vivacité qu'elle n'en avoit eu juſqu'alors, & les Suiſſes étoient déterminés à tout ſouffrir, à tout riſquer, plutôt que d'accepter aucune condition qui pût donner atteinte ou à leur liberté, ou aux droits de leurs alliés. Cette mâle réſiſtance eut entraîné la guerre inévitablement, ſi le Duc Albert, retenu à Vienne par une maladie dangereuſe, n'eut pas eu alors d'autres ſoins que ceux de ſoutenir ſes prétentions, & de chercher, comme il l'avoit fait juſqu'alors, les moyens de faire rentrer, ſoit de gré, ſoit de force, ſous le joug de ſa domination, les peuples qui s'étoient affranchis de ſa tyrannie.

Le Duc Albert, dévoré d'ambition, incapable de ſuivre ſes hauts projets, uſé par les plaiſirs & accablé d'infirmités, étoit tombé dans un tel épuiſement qu'il n'étoit plus en état de ſortir de ſa chambre, dont la porte n'étoit ouverte qu'à ſes enfans & à ſes domeſtiques. Le Duc Rodolphe ſon fils, auſſi juſte que ſon Pere l'étoit peu, auſſi modéré que le Duc Albert étoit violent & inquiet; Rodolphe, par la douceur de ſon caractere, ſa bienfaiſance, & ſes rares vertus, jouiſſoit parmi les Suiſſes mêmes, peu amis de ſa maiſon, de la plus haute conſidération. Ce fut à lui qu'ils s'adreſſerent, pour faire entendre au Duc d'Autriche qu'ils ne pouvoient, ni ne devoient, ni ne vouloient ſe ſoumettre à la ſentence de l'Empereur, qu'autant que, pour préliminaire, leur alliance avec Zug & Glaris ſeroit confirmée, & qu'elle ſub-

(1) T. Schudi. p. 442.

Sect. IV.
Histoire de
la Suisse
1338 1389.

fisteroit. Rodolphe consentant à se charger de cette commission délicate & très-épineuse, partit pour Vienne; mais il étoit trop tard; le Duc d'Autriche, dont la santé déclinoit de jour en jour, n'avoit plus la force de se mêler d'aucune sorte d'affaire; & son inquiétude augmentant à mesure qu'il s'affoiblissoit, on ne lui annonçoit plus que des nouvelles agréables; ensorte que malgré la bonne volonté de Rodolphe (1), Albert qui languit pendant environ deux ans encore, ignora profondément l'obstination des Suisses, & le refus qu'ils faisoient d'accepter l'interprétation qu'il avoit donnée du dernier traité fait avec eux. Il mourut dans l'intime persuasion que sa profonde politique, la crainte de sa Puissance, & sur-tout que ses ruses lui avoient soumis les Cantons, & qu'ils resteroient assujettis à ses descendans. Mais les choses étoient, à tous égards si différentes, que même avant sa mort, son Conseil, qui depuis long-tems étoit dans l'usage de régler tout, sans même l'informer de ses délibérations, persuadé de l'injustice des prétentions de ce Prince, & du danger qu'il y avoit d'entreprendre une guerre aussi peu fondée, s'étoit servi de la médiation du Comte de Tockenbourg & du Seigneur de Torberg, l'un & l'autre, également agréables aux Suisses & à la maison d'Autriche. Ces deux habiles négociateurs, parvinrent par la sagesse de leurs avis, & l'heureuse activité de leurs soins, à obtenir des deux parties, une suspension d'armes, qui, peu de tems après la mort du (2) Duc Albert, fut convertie en une treve d'onze années, sous la condition que pendant la durée de cette treve, les Cantons de Zug & de Glaris conserveroient leur dénomination de Cantons; qu'ils resteroient dans les liens du serment de confédération qu'ils avoient prêté aux autres Cantons Suisses; que cependant les Seigneurs de la maison d'Autriche seroient libres de nommer un Officier, pour les représenter dans ces deux Cantons, pour y veiller à la conservation de leurs droits; à condition toutefois que cet officier seroit toujours tiré de l'un des Cantons ligués.

Albert
meurt.
1358.

Condition
de la Treve
conclue &
signée.
1359.

Comme dans ce traité, il ne fut rien dit, ni statué au sujet de Lucerne, ce silence parut une renonciation tacite de la part de la maison d'Autriche, aux prétentions qu'elle disoit avoir sur ce Canton. Cependant on vit bientôt qu'il s'en falloit de beaucoup que cette maison eût entendu abandonner ses droits: car le Duc Léopold, fils d'Albert, & auquel la Suisse échut en partage, prit dans ses actes, ainsi qu'il est prouvé par beaucoup de Chartres qui se sont conservées; le titre de Seigneur de Lucerne & des terres adjacentes.

Caractere de
Léopold dé-
nigré par
les Histo-
riens Suis-
ses.

La plûpart des anciens historiens Suisses, imités en cela par le plus grand nombre de leurs écrivains postérieurs, se sont; mais fort injustement attachés à peindre Léopold sous les traits les plus odieux: ils l'ont réprésenté comme un usurpateur avide, comme un Prince violent; cruel, entreprenant, tou-

(1) Hist. de la Confédération Helvetique.
(2) Albert II d'Autriche, fils de l'Empereur Albert & d'Elisabeth de Carinthie, mourut à Vienne, le 23 Juillet 1358, laissant Rodolphe; Albert III, (Grand pere de l'Empereur Albert, qui porta les Royaumes de Bohême & de Hongrie dans sa maison;) &* Léopold qui fut tué à Sempach, en 1386. Léopold eut pour fils Frédéric, Pere de Sigismond, & Ernest qui fut Pere de l'Empereur Fréderic, d'Albert VI, & d'Ernest II.

jours prêt à étendre ses droits & sa domination par les plus iniques moyens. Ces traits sont dictés par la haine; & Léopold à qui ses contémporains donnerent le surnom de *Prud'homme*, confirmé par la postérité, ne mérita jamais aucune de ces avilissantes dénonciations. Son caractère étoit entierement opposé au caractere du Duc Albert son pere: il aimoit la justice, avoit l'ame élevée, beaucoup de fermeté, le cœur bon, généreux; il méprisoit la ruse, quel que pût en être l'objet. Peu fait aux négociations, il ne connoissoit pas même les élémens de la plus commune politique. Elevé dans les camps, il avoit la plus rare franchise; Général peu habile, & sans expérience, il n'avoit pour talens militaires que la plus intrépide, & quelquefois la plus téméraire valeur. Léopold à la vérité, ne fut rien moins qu'un grand Prince; mais on ne doit pas aussi lui refuser la qualité d'homme très estimable par sa prudence, sa bonne foi & son intégrité.

Léopold étoit secondé dans l'administration des affaires de ses Etats par un excellent Conseiller; & ce Conseiller étoit Jean, Evêque de Gurck, Prélat moins respectable par son âge, que par la sagesse de ses vues, la justesse & la modération de ses avis: Il est très-vraisemblable que les Suisses se fussent moins déchaînés contre le Duc Léopold, si le bon Evêque de Gurck eût vécu plus longtems; mais à peine il commençoit à diriger ce jeune Prince, qu'il mourut, au grand regret des Peuples, qui avoient eu le tems de connoître & de goûter les douceurs de son administration.

Accoutumés aux réclamations perpétuelles de la maison d'Autriche, contre leur liberté, les Cantons confédérés ne comptoient presque point du tout sur l'observation du dernier traité fait au sujet de Zug & de Glaris, & ils s'attendoient à avoir incessamment une nouvelle guerre à soutenir contre le Duc Léopold, auquel ils supposoient les mêmes sentimens & la même ambition qui avoit dans tous les tems caractérisé les Seigneurs de cette maison. Les Suisses cependant se tromperent; & Léopold observa religieusement les clauses (1) de ce traité, soit parce qu'il l'avoir promis, soit à cause des soins que lui donnoient les contestations qu'il avoit, ainsi que son frere, avec quelques peuples voisins.

Il est vrai que ces contestations étoient assez embarrassantes pour ne laisser à ces Princes ni le rems, ni la liberté de diviser leurs forces & soutenir les droits qu'ils prétendoient a, oi, sur diverses contrées de la Haute Allemagne. Ils s'étoient mis en possession du Comté de Tirol; après la mort du Duc Rodolphe leur frere, auquel Marguerite de Maultasch, vieille & méprisable Messaline l'avoit porté en dot. Ce Comté leur fut disputé par Etienne Duc de Baviere, contre lequel ils se défendirent à force armée, ainsi que contre l'Empereur, qui leur demanda vainement la restitution de quelques terres voisines de la Bohème, qu'ils refuserent de lui céder; & que Charles n'osa réclamer à main armée, tant ils s'étoient rendus puissans & redoutables.

(1) Il est vrai que la Maison d'Autriche conserva les droits qu'elle avoit sur Zug & Glaris: mais pour mettre ces Peuples à couvert des entreprises de ses Officiers, elle s'engagea à choisir l'*Amman* du pays de Zug, parmi les citoyens de Schweitz, & le Baillif de Glaris, parmi les citoyens de Zurich. Ainsi finit cette longue contestation. Tschudi, p. 449. Simler p. 138. Stettler p. 78.

Ce fut sans doute dans la vue d'affoiblir leur autorité que l'Empereur Charles favorisa, autant qu'il fut en lui, les Suisses, leur donna les preuves les
plus signalées de son amitié, & s'allia solemnellement avec eux par un traité
qui fut signé le Dimanche d'après la S. Mathias, 1362; & ce fut vraisemblablement aussi à cette alliance que les Cantons confédérés, durent en partie
l'attention qu'eut Léopold de ne pas violer la treve.

La confusion, les vices, les abus & les violences du gouvernement féodal, agitoient & déchiroient alors l'Empire, ainsi que la plûpart des Etats Européens: (2) les grands Seigneurs usurpoient autant qu'ils pouvoient sur leurs
vassaux, qui, s'érigeant à leur tour en souverains, cherchoient par leurs brigandages à se dédommager sur le peuple des pertes qu'ils avoient éprouvées.
C'étoit à la faveur de ces troubles, de ces agitations que les villes impériales
s'agrandissoient, & acqueroient des forces qui les mettoient en état de lutter
quelquefois avec avantage contre les Souverains qui les avoient autrefois op-
primées. C'étoit pendant le feu de ces divisions féodales & anarchiques,
qu'on voyoit une foule de paysans rassemblés par la haine de la servitude, accablés sous le poids d'un joug que le despotisme avoit rendu intolérable, réclamer la protection des villes impériales, & leur demander le droit de Bourgeoisie externe. Cette grace ne leur étoit jamais refusée par ces cités, intéressées à grossir le nombre de leurs défenseurs; & sous quelque prétexte que
cette demande fut faire, elle étoit toujours accordée; ensorte que les Seigneurs, qui souvent ignoroient ces démarches; étoient très étonnés d'apprendre qu'il ne leur restoit plus de sujets, ou du moins qu'il ne leur restoit plus
que des droits très foibles, très précaires sur des sujets dont ils étoient accoutumés à se regarder comme les maîtres suprêmes.

Dépouillés par cet usage abusif, de la portion la plus précieuse de leur
puissance & de leur autorité, les Seigneurs s'étoient plaints vivement de la
licence, suivant eux punissable, de leurs sujets, & de l'appui que ceux-ci ne
manquoient pas de trouver dans les villes impériales. Charles IV avoit même publié pour arrêter le cours de ces associations, cette célebre constitution
impériale connue sous le nom de *Bulle d'or*, dans laquelle ces sortes de Bourgeoisies étoient prohibées sous peine de cent marcs d'or fin, à moins, y étoit-
il dit, que ceux qui les demanderoient, n'eussent un domicile actuel dans les
lieux-mêmes où elles étoient accordées. Cette Bulle, qui avoit été publiée
en 1354, & qui avoit paru si sage, n'avoit pourtant produit à cet égard aucun effet. Berne, sur-tout, avoit si fort multiplié ces bourgeoisies, que
Charles IV, s'étant arrêté à Berne à son retour d'Avignon, en 1361, le Baron de Thurn, & le Comte de Kibourg vinrent se plaindre à lui, & lui de-

---

(1) Aux abus du gouvernement féodal, se joignoient l'ignorance & la grossiereté
des mœurs qui multiplioient & rendoient ces abus très dangereux. Il n'étoit pas étonnant que pendant que la noblesse se détruisoit par des combats & des défis, les villes
impériales s'agrandissent; le commerce, la liberté & la police n'avoient point alors
d'autres asiles: aussi ces cités connoissant tous leurs avantages, ne négligeoient elles
aucun des moyens qui pouvoient, ou les maintenir, ou les étendre; elles s'entrese-
couroient, & s'affoiblissoient, autant qu'elles pouvoient, la puissance & les prétentions
des Seigneurs, en leur enlevant des sujets, & en se les attachant, à titre de Bourgeois
casuels, ou externes; en allemand *Usburger* ou *Fallburger*.

mandèrent juſtice, de ce que leurs ſujets ne voûloient plus les reconnoître pour maîtres; depuis que Berne s'étoit miſe dans l'uſage de contracter ces ſortes d'alliances. A ces plaintes les Bernois répondirent qu'ils étoient au-toriſés à contracter ces liaiſons, par un diplôme que l'Empereur Fréderic II, leur avoit accordé en 1218, en vertu duquel ils avoient le droit illimité de donner la bourgeoiſie, à quiconque le deſiroit, & qu'ils en jugeoient dignes. Il eſt vrai que ce diplôme exiſtoit; mais la République de Berne lui don-noit une étendue que l'Empereur Frédéric n'avoit pas entendu lui donner. Les raiſons qu'elle allégua étonnerent le Comte de Kibourg & le Baron de Thum, qui, ne ſachant que ſe battre, & point du tout diſcuter une affaire, offrirent en mauvais orateurs & en très-valeureux Chevaliers, de ſe battre en champ clos contre tous ceux qui oſeroient les contredire. Un champion Ber-nois accepta le défi, & cette maniere de juger une conteſtation, auroit vuidé ou éterniſé la querelle, ſi l'Empereur, ne jugeant point qu'il convint à ſa dignité, de plaider ainſi devant lui, n'eût défendu toutes voies de fair, pro-mettant de prononcer, mais il étoit chez les Bernois; il deſiroit d'abaiſſer la maiſon d'Autriche; il étoit allié des Suiſſes, & il partit ſans avoir rien décidé.

Le ſilence de Charles ne rendit les Bernois que plus ardens à offrir & don-ner la bourgeoiſie à tous ceux qui la ſollicitoient: depuis pluſieurs années el-le avoit reçu dans ſon alliance la ville de Bienne, & cette agrégation, qui avoir été convertie en un traité de combourgeoiſie perpétuelle, en 1352, n'avoit pas paru offenſer l'Evêque de Bâle, (1) quoique Bienne fut ſous ſa ſuprématie & dans le territoire de ſon Evêché. Mais cet Evêque étoit un homme pacifique: il mourut & eut pour ſucceſſeurs Jean de Vienne, Cha-noine de Metz. Jean de Vienne, fut mauvais Prêtre, mais guerrier plein de valeur, ou même, ſi l'on veut, de férocité, toujours prêt à ſe battre, & toujours prêt à abuſer, en brigand & en ſcélérat, des droits du plus fort ſur le plus foible: il forma le projet de prendre poſſeſſion de Bienne les armes à la main, & de ſignaler ſon avénement à l'épiſcopat par le maſſacre des habi-tans, & par la deſtruction de cette ville. A cet effet, il raſſemble tous ſes vaſſaux, ſe met à leur tête, arrive devant Bienne, y répand la terreur, y entre ſuivi de ſes troupes, prend les chefs de la ville, les fait jeter dans des cachots: donne le ſignal du pillage, & quand il s'eſt aſſuré qu'il ne reſte plus rien aux Biennois, il fait mettre le feu aux quatre coins de la ville, ne s'éloigne que lorſqu'elle eſt reduite en cendres, va s'enfermer avec ſes trou-pes dans ſon château de Schlosberg, & de là, brave & défie le juſte reſſenti-ment de Berne & de Soleure, alliées de Bienne.

Le ſort de cette ville pénétra de douleur ſes alliés, qui, embraſés du deſir

Sect. IV.
Hiſtoire de
la Suiſſe
1338-1389.

Plaintes des
Seigneurs
à l'Empe-
reur.
1365.

Combat ſin-
gulier pro-
poſé par les
Seigneurs.

Violence de
Jean de
Vienne
Evêque de
Bâle.
1367.

___

(1) Bienne n'étoit ſeulement point alliée avec Berne, cette petite ville avoit auſſi con-tracté alliance avec Fribourg, en 1311, & avec Soleure, en 1334. Les Evêques de Bâle ne s'étoient en aucun tems oppoſés à ces traités; il faut avouer à la vérité, que jamais cet Evêché n'avoit été rempli par un Prélat auſſi fougueux que l'étoit Jean de Vienne. Les cruautés qu'il exerça dans Bienne, lui méritent un nom très diſtingué parmi les brigands les plus célebres. On peut voir le caractere, les qualités & le récit de quelques-unes des actions atroces de ce digne Prélat, dans Stettler p. 66. dans Scho-deler M. S. Stettler p. 81. & dans Simler p. 330.

de se venger, s'arment & vont porter la désolation, le carnage & la mort dans les Etats de l'Evêque. Jean de Vienne furieux, ne respire que la vengeance; il sort de Schlosberg, rassemble toutes ses forces, qui consistent en une troupe de paysans, bénis & armés par ses mains, marche à ses ennemis, les rencontre dans le val de Munster, leur livre bataille, & est complettement battu. L'Evêque d'autant plus irrité, qu'il prétendoit en soutenant sa cause défendre celle de la Religion, vendit, pour acheter de nouveaux soldats, jusqu'aux vases sacrés de son église, & alla lui même en Alsace recruter son armée affoiblie. Les vainqueurs de Jean de Vienne n'étoient pas sans inquiétude sur le succès qu'ils avoient remporté : ils avoient combattu contre un Prêtre; ils avoient lutté même avec avantage contre un Evêque : (1) ils crurent avoir encouru les censures ecclésiastiques, & par cela même le courroux & la réprobation céleste. Leurs remords furent si pressans, qu'ils se hâterent de souscrire aux conditions de paix qui leur furent proposées; & Jean de Vienne, qui jusqu'alors n'avoit parlé que de faire rentrer Bienne sous la suprématie de l'Evêché de Bâle, ne demanda autre chose, en réparation du dommage que lui avoit causé cette guerre, qu'une somme de trente mille florins, moyennant laquelle il promit que sa piété demeureroit tranquille, & qu'il renonceroit à la poursuite de ses droits épiscopaux.

Revenus cependant de la terreur panique que leur avoit suggérée la superstition, les Bernois furent très honteux du traité qu'ils avoient conclu avec le Prélat, qu'ils pouvoient accabler; & leur honte fut telle, que, lorsque Jean de Vienne voulut exiger le payement des trente mille florins, le peuple de Berne se souleva; & le Sénat qui avoit souscrit au traité, fit mourir quelques séditieux, en bannit quelques autres de la République, paya un très léger à compte à l'Evêque, & lui dit que les troubles occasionnés à ce sujet ne permettoient point de compter la somme stipulée : (2) ensorte que Jean de Vienne ne retira d'autre avantage de cette guerre, que d'avoir vu ravager une partie de ses terres, & d'avoir fort mal à propos engagé le reste à la ville de Bâle, qui, profitant de sa situation, s'agrandit considérablement à ses dépens.

Cependant ce que l'Evêque de Bâle avoit tenté contre Berne, la plûpart des Ecclésiastiques, moines ou prêtres séculiers, le tentoient plus ou moins ouvertement, contre les Cantons ligués. Car les bénéfices les plus considérables du Clergé ayant été jusqu'alors à la nomination des Seigneurs de la maison d'Autriche & de leurs grands vassaux, le Clergé les secondoit de toute sa puissance, soit en reconnoissance des biens qu'ils en avoient reçus, soit
dans

(1) Les Alliés communs des parties se mirent entr'elles, & engagerent les Bernois, jusqu'alors vainqueurs, & qui n'avoient fait la guerre que chez leurs ennemis, à souscrire à la première & à la seule paix honteuse, dont l'histoire puisse les blâmer depuis la fondation de leur ville. Il n'y a que la superstition du tems, ou l'incapacité de ceux qui stipulerent pour la République, qui aient pu lui attirer cette tâche. Histoire des ligues & des guerres de la Suisse. T. I. p. 31.
(2) On n'avoit livré à l'Evêque que 3000 Florins, au lieu de 30000, que la République s'étoit engagée à lui payer ; & le Gouvernement se trouvant, ou disant se trouver dans l'impossibilité de remplir une somme plus considérable, déclara à Jean de Vienne, qu'il n'en auroit pas davantage. Schodeler. M. S. Stettler. p. 83.

dans l'efpérance de recevoir, de ces mêmes Seigneurs, une portion de la dé-
pouille des vaincus, fur la foumiffion future desquels ils ne ceffoient point de
compter. C'étoit dans cette vue que le Clergé s'oppofoit perpétuellement,
& au gouvernement populaire, & à toutes les alliances formées par quelqu'un des Cantons. Le zele de quelques eccléfiaftiques ne fe contenta point
de ces déclamations; ils uferent des voies de fait, & foutinrent à main armée les intérêts des Seigneurs, lors même que ceux-ci ne jugeoient pas à
propos de fe défendre à force ouverte. Tel fut Vernier Reinach, Doyen de
Zurich, qui, peu content des preuves qu'il avoir données de fon attachement
à l'ancienne conftitution, enleva de force, fur le grand chemin, l'Avoyer de
Lucerne. Cet attentat intéreffoit la liberté de tous les Suiffes Confédérés:
les huit Cantons s'affemblerent, condamnerent le Doyen de Zurich à un banniffement perpétuel, confifquerent fes biens, & par un réglement auquel ils
donnerent le nom de *Convenant des Prêtres*, ftatuerent que tout Prêtre féculier ou régulier qui voudroit vivre dans l'un des pays ligués, feroit ferment
de fervir la Confédération, nonobftant tous fermens antérieurs qu'il pourroit
avoir faits à la Seigneurie d'Autriche ou à tous autres; qu'il ne pourroit traduire aucun citoyen devant les juges eccléfiaftiques; mais feulement devant
les Magiftrats du pays: que quant aux Tribunaux eccléfiaftiques; ils ne prendroient connoiffance que des matieres matrimoniales, ou pour caufe d'ufure,
& jamais dans les affaires civiles, ou de police. (1).

. Pendant que les Cantons ligués prévenoient par la fageffe des réglemens
les troubles qu'euffent pû leur donner les prétentions ambitieufes du Clergé;
pendant que, foit par impuiffance, foit par des raifons de politique, les
Ducs d'Autriche paroiffoient avoir renoncé au défir de troubler la paix; defir, qui jufqu'alors les avoir caractérifés; de nouveaux ennemis, dont les
Suiffes ignoroient jufqu'à l'exiftence, vinrent porter dans le fein de la Suiffe
toutes les fureurs de la guerre, & la plus accablante défolarion; & cette
guerre meurtriere fut fondée fur le plus frivole des prétextes.

Le Duc Léopold, fils de l'Empereur Albert; ce Léopold que fa valeur,
ou fi l'on veut, fa brutalité avoit fait furnommer le *Glorieux*, & qui, pour
s'être excédé à danfer avec des filles de Strasbourg étoit mort dans cette ville, en 1326, avoit eu, pour fa pórtion d'héritage, un cinquieme des Etats
patrimoniaux de fon Pere, & avoit laiffé en mourant fes prétentions fur ce
cinquieme, à Catherine fa fille unique; mariée à François de Couci, Comte
de Soiffons. Catherine eut pour fils Enguèrrand de Couci, & celui-ci fuc-
cédant aux droits de fa mere, (2) avoit demandé plufieurs fois aux Ducs
d'Autriche fes coufins, qu'ils lui remiffent le cinquieme des Etats hérédi taires de l'Empereur Albert, dont il les accufoit de s'être emparés. Il n'avoit
fait encore que foiblement cette demande, parce qu'il étoit trop éloigné pour

---

(1) Par l'une des claufes de ce Réglement, il fut ftatué que les. *Clercs qui mal avife-*
*roient, à l'encontre* (des autres claufes) *ne feront hébergés né aux champs né à la ville, &*
*leurs fera bailié né à boire né à manger, voire même pour leur argent; mais iceux declarons dé-*
*chus de toute fûreté & protettion de leur perfonne.*

(2) La dot de Catherine avoit été affignée fur plufieurs villes & châteaux de l'Alface
& de l'Aigaw, & le Sire François de Couci ne s'étoit jamais mis en peine de ces domaines. Stettler. Tfchudi. p. 463.

*Tome XXXIX.*          P

Sect. IV.
*Hiftoire de
la Suiffe*
1338-1389.
*Attentat du
Doyen de
Zurich.*

*Le Conve-
nant des
Prêtres.*
1370.

*Une armée
de François
& d'An-
glois va
porter la
guerre en
Suiffe.*

*Caufe de
cette guerre.*

Sect. IV.
*Histoire de
la Suisse*
1338-1389.

faire valoir plus efficacement ses droits. En effet, Enguerrand, presque dans l'enfance encore, avoit été envoyé en Angleterre avec plusieurs autres Seigneurs François, pour y servir d'otage jusqu'au payement de la rançon du Roi Jean, fait prisonnier par les Anglois. Edouard III. conçut une amitié si vive pour le jeune Couci, qu'il lui donna sa fille Elisabeth en mariage, & le créa Comte de Bedfort. Enguerrand plein de reconnoissance, s'attacha à son beau-pere, le suivit en Guienne, qui appartenoit à ce Roi d'Angleterre, & le servit avec la plus rare valeur, dans la longue & meurtriere guerre qui divisoit alors la France & l'Angleterre. On sait que pendant cette guerre, les hostilités furent quelquefois suspendues par des treves, également nécessaires aux deux nations. Enguerrand de Couci, qui n'aimoit qu'à combattre, & qui détestoit le repos, imagina de profiter de l'une de ces treves pour se mettre en possession du cinquieme des Etats d'Albert, & d'employer à cette expédition les troupes d'Edouard son beau-pere. (1) A ces troupes, se joignirent plusieurs chefs ou capitaines des *bandes*, comme on les nommoit alors; aventuriers qui ne vivoient que de brigandage, &, qui, pendant la treve, ne pouvant se louer à la France pour combattre Enguerrand, se louerent à celui-ci, & firent partie des soixante mille bandits, à la tête desquels le brave Enguerrand de Couci, traversant les montagnes de Lorraine, parut inopinément en Alsace. Mais il ne put dévaster le pays, ravagé par les habitans eux-mêmes, qui ne pouvant s'opposer à une armée aussi nombreuse, avoient pris, dans la vue de l'affamer, le parti de tout détruire, après avoir renfermé tout autant de denrées qu'ils avoient pû, dans les châteaux & les places fortifiées. On en agit de même dans le Sundgaw, ainsi que dans toutes les contrées voisines de la Suisse.

*L'Alsace
commence à
être le théa-
tre de cette
guerre.*
1375.

Léopold cependant, que cet orage menaçant exposoit au plus grand danger, se ligua avec les Suisses; & ils porterent des troupes dans les défilés des montagnes, qui pouvoient servir de passage à l'armée de Couci. Mais étonné de la tranquillité des Seigneurs & des sujets d'Autriche, qui, comptant eux-mêmes sur la valeur des habitans des Cantons ligués, paroissoient peu empressés à faire tête aux ennemis, les Suisses abandonnerent ces passages, & se retirerent dans leurs villes, croyant avec raison, que les Seigneurs d'Autriche ayant le plus grand intérêt à cette guerre, c'étoit principalement à eux à arrêter les ennemis qui s'avançoient. Ensorte que par la négligence, ou par la fausse sécurité de Léopold, l'armée d'Enguerrand trouvant le pays ouvert, entra sans éprouver aucune résistance, par Walenbourg, qu'il prit & démolit, Balstal eut le même sort; & quoique ces deux villes appartinssent au Comte de Nidau, il fut soupçonné de les avoir sacrifiées, & d'avoir appelé lui-même Enguerrand de Couci, dans l'espérance que les Bernois essuyeroient toute la fureur de la guerre, & que leur malheur le dédommageroit de la perte de Balstal & de Walenbourg.

*Léopold se
ligue avec
les Suisses.*

*L'Armée
s'avance
dans la Suis-
se & y cause
de grands
dommages.*

Ces soupçons étoient mal fondés, ils étoient ridicules; le Comte de Nidau, n'étoit coupable, ainsi que Léopold, que de trop de confiance en la résistance des Suisses: car, voyant ses espérances déçues, & ayant pris les

*Le Comte
de Nidau
est tué.*
1375.

(1) Schodeler. M. S. Tschudi. p. 303. & suiv.

armes pour défendre la ville de Buren affiégée peu de tems après, il fut tué par ces mêmes étrangers, qu'on l'avoit fi mal à propos accufé d'avoir introduits dans la Haute Allemagne. De Buren, qu'ils faccagerent, les Anglois fe répandirent jufqu'à Olten: ils faccagerent & démolirent les châteaux d'Arwangen, Altreu, Friden & plufieurs autres, pafferent le Reuff & le Limmat, portant dans tous les lieux de leur paffage, la défolation, le ravage & la mort (1). Bedfort, qui ne doutoit plus de fa fupériorité, agit en conquêrant, & donna en maitte des ordres qu'il croyoit qu'on s'emprefferoit d'exécuter.

Suivant un droit commun dans le XIV, fiecle, à la Nobleffe d'Allemagne, lorfqu'un Seigneur marioit fa fille, c'étoit aux fujets à fournir la dot au gendre. Enguerrand de Couci, qui, vraifemblablement connoiffoit mieux les droits de cette nobleffe, que les reffources du pays, demanda aux habitans foixante pieces de draps d'or, pour le dédommager des babits de nôces de Catherine fa mere. Bien éloigné de recevoir ces foixante pieces de draps d'or, il ne put parvenir à procurer du pain à fes troupes; & la crainte de les voir mourir de faim, l'engagea à divifer fon armée en trois corps, qu'il envoya, l'un dans le voifinage de Lucerne, l'autre fur les bords du lac de Neufchatel, & le troifieme entre Berne & Soleure, tandis qu'il choifit pour fon quartier l'Abbaye de Saint Urbain, fituée au centre de ces divers pays.

Cette difperfion étoit précifément ce que les Suiffes attendoient: alors ils commencerent à harceler ces différentes divifions, nul foldat n'ofoit s'en écarter, & tous ceux qui s'éloignoient de leur quartier, n'y rentroient plus. Pendant environ trois femaines ces hoftilités continuerent avec la même opiniatreté, & toujours au défavantage de l'armée étrangere; qui étoit prodigieufement fatiguée, lorfque les trois divifions furent attaquées à la fois; il y en eut deux, qui, quoique battues, ne perdirent cependant qu'environ cinq cens hommes: (2) mais la troifieme fut beaucoup plus maltraitée, à Frau-Brunnen, dans un Couvent de Religieufes, entre Berne & Soleure. Ce Couvent fervoit de quartier à l'élite de l'armée Angloife, qui y fut furprife pendant la nuit de la feconde fête de Noel (3). Les Suiffes y eurent le plus grand avantage; les Anglois y perdirent dans le monaftere même, où le combat étoit le plus vif, huit cens hommes & trois drapeaux. Environ trois mille Anglois, campés près de Sempach, furent attaqués & battus par fix cens Suiffes; le corps de trois mille hommes prit honteufement la fuire, après avoir perdu environ deux cens foldats. Un autre détachement de cette nombreufe armée, ayant pris fa marche le long du Jurat, & s'étant avancé jufqu'à Anet, village fitué près de Cerlier, les habitans de ce pays, fecon-

_____

(1) Ils brûlerent dans cette marche la riche Abbaye de Gottftadt, à laquelle, dans la fuite, le Duc Léopold, en confidération des pertes qu'elle avoit éprouvées dans cette occafion, accorda, en 1381, des privileges très confidérables. Schodeler. L. C. Stumpf. L. 7. C. 35.

(2) Etterlin & Schodeler. I. C.

(3) Le plus fort du combat fut dans le Monaftere, où l'on fe battit jufques dans les chambres & dans les dortoirs, homme à homme: les Anglois y laifferent fur le carreau un de leurs Généraux, le Comte de Kent. Hift. des ligues & des guerres de la Suiffe. T. 2. p. 42.

déş par quelques bourgeois de Laupen & de Berne, fondirent fur lui, remporterent la victoire, & laiſſerent, environ trois cens ennemis fur le champ de bataille.

Le Comte de Bedfort avoir encore une armée aſſez conſidérable pour ſe venger de ces différentes défaites; mais ſes ſoldars étoient découragés: il n'y avoit ni diſcipline, ni ſubordination dans ces troupes; la diſette d'ailleurs devenoit plus preſſante de jour en jour: il craignit des revers plus irréparables, & prenant le parti de la retraite, il revint ſur ſes pas, & pour la ſeconde fois, il paſſa dans l'Alſace, qu'il acheva de dévaſter.

*L'héritage
du Comte de
Nidau eſt
diſputé à
ſes Gendres
par Jean de
Vienne.*
1375.

Cette expédition qui ne fut point heureuſe pour Enguerrand de Couci, donna lieu à bien des querelles & des combats dans la Haute-Allemagne. Le Comte de Nidau comme l'on a vu (1) étoit mort les armes à la main, en défendant la ville de Buren. Il n'avoit point d'enfans, & il ne laiſſi que deux ſœurs, l'une mariée au Comte de Thierſtein, & l'autre au Comte de Kibourg. Ceux-ci crurent avec raiſon, que du chef de leurs épouſes ils dévolent hériter ſans obſtacle du comté de Nidau. Mais ce comté étoit un fief de l'Evêque de Bâle; & Jean de Vienne, poſſeſſeur de cet évêché, étoit le plus avide des hommes, comme le plus injuſte & le plus violent des prêtres de ſon ſiecle, fort abondant en méchans prêtres. Ainſi, ſans conſulter d'autres droits que ſa propre volonté, Jean de Vienne commença par s'emparer à force ouverte du comté de Nidau, comme un fief lui appartenant, & pour s'aſſurer, au beſoin, de l'appui de Berne, il renonça à la ſomme que cette République lui devoit, & dont il étoit bien aſſuré qu'il ne ſeroit jamais payé (2).

Après bien des hoſtilités qui ne fûrent rien moins qu'avantageuſes à l'avare Prélat, il propoſa de terminer la querelle par un nombre égal de champions. Sa propoſition fut acceptée. Jean de Vienne en eut cinquante-ſix; les Comtes en eurent autant: & ces deux troupes de braves s'étant portées au rendez-vous déſigné, ſe battirent pendant une journée entiere pour décider la queſtion, ſavoir, ſi le Comté de Nidau devoit, ou ne devoit pas tomber en quenouille. Les champions de Jean de Vienne, quoique bénis par le Prélat, furent vaincus. Les neveux-mêmes de l'Evêque ayant été, comme les autres, battus, déſarmés & pris, le comté de Nidau demeura inconteſtablement, au pouvoir des deux Comtes, qui, connoiſſant le caractere turbulent de Jean de Vienne, & n'étant point ambitieux d'avoir à le combattre & à le vaincre encore, vendirent ce comté au Duc Léopold, au prix de quarante-huit mille florins, qui leur furent payés.

À meſure que la guerre ruinoit la plùpart des Seigneurs de la Haute-Allemagne, le Duc Léopold, par ſon économie & la ſage adminiſtration de ſes

(1) Le Comte Rodolphe de Nidau ſon Pere, après avoir bâti la ville de ce nom, en prêta hommage à l'Evêque Jean de Bâle, en 1338. Son fils reconnut en 1344 le château & la ville de Nidau comme fief du même Evêché. Tſchudi. p. 488.
(2) Le Prévôt de Motier Giandval s'oppoſa à ce traité, & fit citer la ville de Berne devant la Chambre impériale. Venceſlas Roi des Romains, ſur les repréſentations de Conrad de Mulhawen clerc, & de Gerard de Krauchtal, qui lui fûrent députés, releva Berne de cette citation, & confirma le traité entre les Bernois & l'Evêque Jean de Vienne, par un acte donné à Rothenburg le 17 Juin 1377. Docum. de Nidau. fol. 39.

finances, étendoit ses domaines, & ajoutoit de nouvelles acquisitions à ses E-
-tats héréditaires. Entre autres possessions qui augmenterent considérablement sa puissance, il acheta, pour la modique somme de trente mille
florins d'Empire, la petite ville de Bâle, située sur la rive droite du Rhin,
& sur un sol dont l'Evêque étoit maître & unique Seigneur. Il ne faut point
confondre cette ville avec la grande cité de Bâle, située sur la rive opposée
du Rhin, qui ne reconnoissoit pour Seigneurs que l'Empereur & l'Empire, &
sur laquelle l'Evêque de Bâle n'avoit que quelques foibles droits, que même
il partageoit avec les habitans. Ceux-ci ne virent qu'avec douleur la petite
ville de Bâle, qui étoit le fauxbourg de leur cité passer ainsi au pouvoir de
Léopold; mais ils ne pouvoient, en aucune maniere s'opposer à cette acquisition. Le nouveau Souverain de ce fauxbourg, voulant signaler sa prise
de possession donna des fêtes brillantes; il y eut quelque désordre dans ces
fêtes, où les Bâlois scandalisés, ou feignant de l'être, au sujet de quelques-
unes de leurs concitoyennes, qu'ils prétendoient avoir été traitées avec trop
de familiarité pendant la chaleur du bal & des danses, insulterent les officiers
de Léopold. Ceux-ci repousserent l'injure, & mirent les offenseurs hors de
la maison où la fête se célébroit. Les Bâlois irrités, ameuterent une foule
de bourgeois, qui, accourant armés, enfoncerent les portes, maltraiterent
beaucoup ces gentils-hommes, & dans la fureur qui les animoit, les eussent
peut-être mis à mort, si le Bourguemaître Lauffen, accourant, & feignant
d'entrer dans la passion de ses compatriotes, n'eût donné ordre d'arrêter & de
conduire en prison tous ces étrangers, défendant néanmoins d'attenter à la
vie d'aucun d'eux (1).

Tous les Seigneurs qui assistoient avec le Duc Léopold à cette fête, furent
arrêtés, & ce fut avec bien de la peine que le Duc lui-même parvint à s'é-
chapper. Le tumulte appaisé, Lauffen punit les plus coupables-d'entre les
Bâlois aggresseurs, & dans la vue d'arrêter la vengeance de Léopold, il retint en ôtage tous les Seigneurs qu'il avoit fait arrêter, & par cette sage &
prudente sévérité, il sauva la République de l'orage qui la menaçoit.

Pendant que le Bourguemaître de Bâle délivroit ainsi sa patrie de la plus
dangereuse des guerres, le Comte Rodolphe de Kibourg, impatient de subjuguer la ville de Berne, dont il prétendoit avoir reçu les plus sensibles injures, & peu délicat sur les moyens de remplir ses projets, tenta, contre la foi
des sermens qu'il avoit faits de ne point violer la paix, de s'emparer de la
ville de Soleure, alliée de Berne. Dans cette vue, il corrompit à force d'argent, le Chanoine Jean Stein; & Stein ayant une maison qui donnoit sur le
rempart, s'engagea à introduire les troupes de Rodolphe dans la ville pendant la nuit. Heureusement pour Soleure, ce complôt fut découvert fort

Sect. IV.
Histoire de
la Suisse
1338-1389.

Moyens pris
par le Duc
Léopold
pour éten-
dre ses do-
maines.
1377.

Injure faite
par les Bâ-
lois au Duc
Léopold.
1378.

Sage con-
duite de
Lauffen,
Bourgue-
maître de
Bâle.

---

(1) C'en étoit fait de tous les gentils-hommes de la suite de Léopold, sans la prudence du Bourguemaître Lauffen: par ses ordres, le Comte Rodolphe de Habsbourg-
Lauffenbourg, le Comte Henri de Montfort Tellnang, Rodolphe Margrave de Hochberg, Sire de Ræthlen & de Saffenberg, le Comte Egan de Fribourg, deux jeunes
Comtes de Hohenzollern, & une grande quantité de barons & de seigneurs d'un moindre rang furent arrêtés & conduits en prison: le Duc d'Autriche lui-même eut mille
peines de trouver quelque fenêtre ou porte de derriere pour se sauver. Chr. de Se-
gure. T. 2. Stumpf. f. 13. C. 4.

peu de tems avant son exécution, par un paysan des environs, nommé Jean Rort. Le chanoine Jean Stein, pressé par les tourmens de la question, avoua tout, fut tiré à quatre chevaux, & la ville fut sauvée. Le supplice de Stein ne satisfit point les Soleurois, qui, ligués avec les Bernois, se mirent en campagne, déterminés à se venger de la trahison qu'ils avoient découverte : mais le Comte de Kibourg, accablé de honte & de chagrin d'avoir vu échouer son inique entreprise mourut, & ne laissa que deux enfans en bas âge. Les tuteurs des deux jeunes Comtes, Berchtold de Kibourg leur oncle, prévoyant la fureur des ennemis, fortifia le mieux qu'il pût les châteaux de ses pupiles : mais ses soins n'empêcherent point que les troupes des Soleurois & des Bernois, ne s'emparassent de six de ces châteaux, & entr'autres, du fort de Friesenberg, dont la nombreuse garnison fut passée au fil de l'épée (1). Bientôt cette guerre se ranima avec plus de vivacité, & les vainqueurs, dont l'armée grossie par les secours des Cantons Suisses & d'Amédée VII, Comte de Savoie, étoit d'environ seize mille hommes, allerent mettre le siege devant Berthoulde, place forte, très-importante, & où les Comtes de Kibourg faisoient communément leur résidence. Les Bernois & leurs alliés presserent si vivement cette place, que les assiégés, hors d'état de résister, capitulerent & promirent de se rendre, si dans un court délai qu'ils assignerent, ils n'étoient point secourus.

Léopold, cousin des Comtes de Kibourg, & peut-être jaloux du succès des Suisses, quoiqu'il fut leur allié, crut devoir secourir Berthoulde, & par ses ordres, le Comte de Montfort se jeta dans la ville avec deux cens Autrichiens : ranimée par ce secours, la garnison de Berthoulde refusa de se rendre; & les Suisses irrités, & prétendant que Léopold, en secourant ainsi cette place, avoit violé les engagemens qu'il avoit contractés avec eux, mais ne voulant point encore rompre ouvertement avec lui, se retirerent, & laisserent les Bernois & les Soleurrois chargés seuls de la suite de ce siege. Il fut poussé avec vigueur. Cependant le tuteur des jeunes Comtes étant venu à

mourir, ses freres remirent la décision de cette querelle à l'arbitrage des Cantons; les hostilités cesserent, & les Cantons prononcerent, comme l'on devoit s'y attendre, que le comté de Thun, que Hastmann, Comte de Kibourg, avoit engagé aux Bernois, en 1375, demeureroit en leur pouvoir & leur resteroit acquis à perpétuité; & que pour obvier à toutes les difficultés qui pouvoient résulter des prétentions opposées des deux parties, le comté de Berthoulde seroit vendu aux Bernois pour une somme de 30800 florins.

Cette sentence, quelque préjudiciable qu'elle fut aux jeunes successeurs du Comte de Kibourg, fut cependant souscrite, d'autant plus volontiers, qu'ils se trouvoient dans la plus embarrassante situation, accablés de dettes & aussi vivement pressés par leurs créanciers, qu'ils l'avoient été par les armes des Bernois & des Soleurrois. Ainsi finit, par l'abaissement de la maison de Ki-

---

(1) Cette acte de rigueur inspira tant de terreur, que Burcard de Summiswald & Pierre de Korenoos, tous deux vassaux de la maison de Kibourg, se soumirent à la discretion des vainqueurs, ils conserverent par là leurs fiefs, à condition de les reprendre dorénavant du Sénat de Berne, & d'ouvrir leurs châteaux à cette République toutes les fois qu'elle jugeroit à propos d'y mettre des garnisons. Schedel. Hainfer. Stettler.

bourg, (1) la guerre fufcitée par l'inique projet de vengeance du Comte Haftmann de Kibourg, fecondé par le traître Chanoine Jean de Stein.

Le fecours que le Duc Léopold avoit donné à la maifon de Kibourg, contre les Suiffes, pour lefquels il avoit eu, ou feint de l'amitié, les aigrit contre lui, & ils n'attendirent qu'une occafion de faire éclater leur mécontentement. L'Empereur Charles étoit mort, & fon fils Venceflas, Roi des Romains, qui lui avoit fuccédé, fe faifoit méprifer par la corruption extrême de fes mœurs, autant que par fon incapacité: fes vices & fon indolence finirent par le faire dépofer. Mais pendant que fes débiles mains tinrent les rênes de l'Empire, les Seigneurs enhardis par le mépris qu'il infpiroit & par l'impunité de leurs entreprifes, tenterent de recouvrer leur ancienne puiffance, & irrités contre la liberté & les privileges des villes impériales, & furtout contre les Suiffes, ils formerent le projet d'affervir ces peuples généreux, & de rompre les nœuds qui refferroient leurs ligues.

Sect. IV.
Hiftoire de
la Suiffe
1338-1389.

L'Empereur
Charles
meurt, Vin-
ceflas lui
fuccede &
fe fais mé-
prifer.

Dans cette vue, le Comte Palatin du Rhin, le Margrave de Baden, le Duc de Wirtemberg, & le Duc Léopold s'unirent, fe confédérerent, & s'engagerent à reprendre par la force des armes, leur ancienne autorité. Le fecret de leur confédération tranfpira, le but de leur union fut connu; & à leur tour, les villes libres & impériales de la Franconie, de la Suabe & du Rhin formerent une ligue affez forte pour lutter contre celle de ces Princes. La ligue pour la liberté étoit déja forte de plus de cinquante villes & Etats différens: les Suiffes furent invités à s'y joindre. Les Cantons s'affemblerent pour délibérer fur cette importante affaire: les opinions ne furent point unanimes; les Cantons de Schweitz, de Glaris, d'Uri & d'Unterwald, qui comptoient beaucoup fur leurs forces réunies, & beaucoup plus encore fur les montagnes qui leur fervoient de boulevard, refuferent d'accéder à la confédération des villes impériales (2). Les villes de Soleure, de Lucerne, de Zurich, de Zug & de Berne, opinerent à accéder au traité de ces villes. Léopold eut la foibleffe de fe perfuader que ç'étoit, ou par crainte, ou par refpeét que les premiers de ces Cantons n'avoient point ofé fe déclarer contre lui; mais bientôt il fut détrompé de cette folle idée; il crut pouvoir tirer une vengeance éclatante des cinq autres, il fe trompa encore.

Les villes
libres &
impériales
fe liguent
contre les
Seigneurs
d'Autriche.

Cependant ces deux puiffantes factions, l'une des Princes, l'autre des Etats libres, fe menaçoient, & paroiffoient ne vouloir terminer cette grande querelle que par l'annéantiffement total de l'un des deux partis: mais il ne paroît pas que ces menaces aient été fuivies d'effets bien décififs, ni que les hoftilités aient été fort meurtrieres; quoiqu'il y ait néanmoins quelques hiftoriens qui difent qu'il fut livré une bataille très-fanglante en Alface, qui fut fatale

Une partie
des Cantons
Suiffes en-
tre dans
cette ligue.
1384.

(1) Les comtes de Kibourg, non-feulement perdirent en cette occafion la ville de Burgdorf, leur principale place de défenfe, mais encore la propriété de la petite ville de Thun, fur laquelle de Bernois avoient déja une hypotheque, depuis l'année 1375, & la meilleure partie de leur ancien matrimoine dans cette contrée. *Hyf. des ligues & des guerres de la Suiffe* T. 2. p 53

(2) Le Canton de Schweitz ne crut pas que la treve qui fubfiftoit entre les Suiffes & la maifon d'Autriche, leur permit d'entrer dans une alliance qui lui étoit oppofée, & il en détourna pareillement les Cantons de Glaris, d'Uri & d'Unterwald. *Hift. de la Conf. Helvet.* L. 4. p. 142.

aux villes libres (1.): mais ce fait ne paroît rien moins que prouvé. La plûpart & les plus sensés des historiens assurent seulement que les villes de Bâle, de Colmar, de Strasbourg, ainsi que presque toutes les villes du Rhin, même celles qui s'étoient montrées les plus ardentes à défendre la liberté, s'adoucirent & se reconcilierent avec Léopold: ils ajoutent que cet exemple fut suivi par toutes les villes de la Suabe & de la Franconie; ensorte que cette grande & redoutable ligue s'étant dissipée, les Suisses seuls resterent exposés au ressentiment de Léopold & aux armes des Princes confédérés (2).

Irrité de l'accession de ces Cantons à l'union des villes libres, Léopold ne crut pas devoir les attaquer à force ouverte; mais par ses ordres, ses Vassaux inquiétoient les Suisses autant qu'ils croyoient le pouvoir. Afin de les pousser à bout, le Duc Léopold établit un nouveau péage à Rothenbourg, qui gênoit prodigieusement le commerce des Lucernois. Cet acte de vengeance ne lui suffisant pas, il établit dans le château de Rothenbourg, & dans celui de Wolhausen, deux Gentils-hommes, Pierre de Thorberg & Hermann de Grunenberg, qui accabloient les Lucernois par l'interception des vivres, les mauvais traitemens, & l'interdiction presque totale du commerce. Grunenberg porta la tyrannie plus loin, & sous prétexte que quelques habitans de Rothenbourg entretenoient une correspondance illicite avec l'Avoyer de Lucerne, il les fit pendre avec autant d'iniquité que de barbarie.

Cet acte de ferocité enflamma de courroux les Lucernois; ils prirent les armes, excités par le magistrat qui se mit à leur tête, appellerent à leur secours les Cantons les plus voisins, qui volerent à leur défense, marcherent vers Rothenbourg, résolus de faire pendre par représailles, le gentil-homme Grunenberg: (3) mais celui-ci averti du danger, prit prudemment la fuite: les Lucernois tournerent leur fureur contre le château de Rothenbourg, qui avoit servi de demeure à un tel monstre, ils le démolirent, jusqu'aux fondations, comblerent les fossés, détruisirent les remparts de la ville, épargnerent les habitans & leurs biens, se retirerent après cette juste vengeance, & marcherent à Sempach, à Wollhausen & dans le bailliage d'Entlebuch, où ils s'unirent avec les habitans qui leur prêterent serment de fidélité. Ils allerent ensuite se présenter devant Richentsée, qui leur ouvrit ses portes, & où ils laisserent pour la défense de la ville, une garnison de deux cens hommes.

Les Autrichiens furieux, se préparerent à arrêter le cours de ces conquêtes; ils réunirent toutes leurs forces, & allerent attaquer Richentsée, qui ne put leur résister; ils prirent cette ville d'assaut, & pour intimider toutes celles de la même faction, ils en égorgerent, ou noyerent dans le lac tous les habitans, sans distinction de sexe ni d'âge; ils détruisirent la ville de fond en comble, n'y laisserent point subsister une seule maison, ni un seul habitant. Ces atroces hostilités n'étoient encore que le prélude d'une guerre qui n'étoit point déclarée; elle le fut bientôt par le Duc Léopold, & par plus de
trois

(1) Ni l'histoire particuliere de l'Alsace, ni l'histoire de l'Empire, ne font mention nulle part de cette bataille.
(2) Rubmam. Etterlin. f. 43. Stettler. p. 88. Simler. p. 136.
(3) Histoire des ligues & des guerres de la Suisse, T. 2. p. 57. Schodeler. T. Schud. Stump. L. 13. C. 5, 6.

trois cens comtes, barons, ou chevaliers, tous alliés, amis, ou vaſſaux de la maiſon d'Autriche.

Ni la fureur, ni le grand nombre de leurs ennemis, ne purent intimider les Suiſſes: ils ne répondirent à ces déclarations de guerre, qu'en prenant eux-mêmes les armes; ils s'aſſemblerent, & allerent ravager & détruire pluſieurs châteaux des environs, occupés par cette nobleſſe ennemie. Léopold enhardi par la force & le nombre de ſes alliés, ſe flatta de réduire aiſément & de ſoumettre tous les Cantons ligués. Plein de cette eſpérance, il vint lui-même en Suiſſe, & fit répandre qu'il étoit dans le deſſein de former le ſiege de Zurich. Les Cantons de Lucerne, Schweitz, Uri, Unterwald, Zug & Glaris, y jeterent une garniſon de 1600 hommes, firent des côurſes dans la Turgavie, qu'ils ravagerent, & marcherent enſuite vers les murs de Sempach, que le Duc Léopold ſe diſpoſoit à aſſiéger, & où ils arriverent preſqu'auſſi-tôt que lui.

La petite armée de Léopold étoit de quatre mille hommes, la plûpart gentils-hommes, & tous, ou vaſſaux, ou ſujets du Duc. L'armée des Cantons étoit moins nombreuſe, mais plus aguerrie, & plus exercée aux combats & à la fatigue. Les Autrichiens ne doutant point de la réduction prochaine de Sempach, & voulant donner dans cette place un exemple de terreur qui pût en impoſer à toutes celles qui oſeroient, comme elle, réſiſter à leurs armes, étoient précédés d'un char rempli de cordes, qu'ils montroient aux citoyens de Sempach, comme les inſtrumens du ſupplice déshonorant auquel ils étoient condamnés. Ces menaces furent interrompues par l'approche de l'armée des Suiſſes qui parut, & s'avança en bon ordre, prête à ſecourir la ville. Le Duc Léopold, toujours perſuadé de la victoire, commença par ſaccager & brûler tous les environs de Sempach. Le petit corps des Suiſſes confédérés n'étoit que d'environ 1300 hommes, tous à pied & fort mal armés, de grandes épées, de hallebardes & de petits morceaux de bois qu'ils avoient attaché ſur leurs bras pour ſe garantir des coups. Ils ſe raſſemblerent, & ſe ſerrerent en forme de coin, enſorte que le premier rang n'étoit que d'un ſoldar, le ſecond de deux, le troiſieme de quatre, & ainſi de ſuite.

Les Suiſſes s'avancerent dans cet ordre (1). Ulric, Sire de Haſenberg, voyant leur contenance aſſurée, & connoiſſant leur valeur, propoſa d'éviter la bataille, & d'attendre, avant que de tenter la fortune, le ſecours que Jean, Baron de Bonſtetten s'étoit engagé d'amener. Jean d'Ochſenſtein, doyen de Strasbourg, mauvais prêtre, & néanmoins guerrier, mais fort vain & très-inſolent, taxa de lâcheté l'avis de Bonſtetten, (2) dit qu'il falloit combat-

Sect. IV.
Hiſtoire de
la Suiſſe
1338-1389.

Déclaration
de guerre.
1386.

Les Suiſſes
jettent du
ſecours dans
Zurich, &
marchent à
la défenſe
de Sempach.

Rencontre
des deux
armées.

(1) Ne nous hâtons point, dit le Sire de Haſenberg: ce qui décidera du ſort de cette journée n'eſt pas la nobleſſe du ſang. Nous avons à faire à des ennemis, qui, en plus d'une occaſion ont donné des preuves de la valeur la plus intrépide & la plus opiniâtre: l'amour de la liberté & la crainte de la ſervitude, qui les animent, la certitude où ils ſont de n'obtenir aucun pardon, ſont un puiſſant renfort, qui ſupplée à leur petit nombre. C'eſt une maxime que l'expérience a ſouvent confirmée, à la guerre comme dans la vie civile, qu'il n'eſt point d'ennemi à mépriſer, & quelque certain qu'on ſe croie de la victoire, l'on ne ſauroit employer trop de moyens pour s'en aſſurer davantage. Schodel. Kabmann.

(2) Votre château, dit le prêtre Ochſenſtein, porte le nom de Haſenberg, qui veut dire Lievremont; convenez que vous avez le cœur de cet animal. Puis ſe tournant vers

Les Autri-
chiens ont
d'abord
quelqu'avan-
tage, &
sont défaits.

tre, & son opinion l'ayant emporté, le Duc Léopold, suivi de tous les Seigneurs qui l'accompagnoient, descendit de cheval & se mit à la tête de ses
troupes.   Le signal du combat ne fut pas plutôt donné, que la fortune parut se déclarer pour les Autrichiens, qui insultoient aux vains efforts que les
Suisses faisoient pour entamer le front de leur bataillon hérissé de piques. Cette
inutilité d'attaque impatienta deux Suisses, l'un d'Uri, l'autre d'Unterwald;
Antoine Zerport l'un des deux, ordonna aux soldats armés de hallebardes, de
frapper aussi vivement qu'ils pourroient sur les piques des Autrichiens, qui é-
tant creuses, ne pourroient résister aux coups: le second, Arnold de Winkel-
ried, Chevalier, plus généreux encore, par une témérité digne de l'ancien
Decius, se dévoua lui-même, & embrassant autant de piques qu'il put en
saisir, il facilita à ceux qui le suivoient le moyen de pénétrer dans les rangs
ennemis.   Alors rien n'empêchant les Suisses de faire usage de leurs armes,
il ne fut plus possible aux ennemis de résister à l'impétuosité de leur attaque: percés de coups, accablés, excédés de fatigue & de chaleur, ils balançoient sur le parti qu'ils devoient prendre, lorsque la fuite précipitée des
valets qui tenoient leurs chevaux, achevant de les décourager, ils lâcherent
le pied, & se précipiterent les uns sur les autres, cherchant tous à la fois à

Léopold se
fait tuer
en défendant
sa banniere.

prendre la fuite.   Léopold eut pû prendre ce parti; on l'en pressa; mais il
préféra la mort (1) à une démarche aussi honteuse, & voyant sa banniere
prête à tomber au pouvoir des ennemis, il y accourut, se signala par mille
actions héroïques, & fut tué en la défendant.

La mort de Léopold acheva de porter le desordre & la confusion parmi
les Autrichiens; la déroute devint générale, & la terreur des vaincus étoit
telle, qu'il eût dépendu des Suisses de les exterminer s'ils eussent voulu les

Modération
des Suisses
dans le sein
de la vic-
toire.

poursuivre: mais satisfaits de la victoire éclatante & complette qu'ils venoient
de remporter, ils ne gênerent point les vaincus dans leur fuite.   Dans le
nombre de 2000 hommes que les Autrichiens perdirent dans cette bataille,
on comptoit 676 gentils-hommes des maisons les plus illustres d'Allemagne,
&, disent les auteurs contemporains, 350 casques couronnés (2). Les Suisses ne perdirent que 260 hommes.   Ils crurent qu'en ne poursuivant point
les fuyards, qu'ils pouvoient aisément massacrer, cet acte de modération feroit une impression favorable sur les Autrichiens, & qu'ils se hâteroient de
mettre fin à une guerre dont les commencemens leur étoient si funestes: ils

Léopold: votre excellence n'a qu'à parler, ajouta-t-il, si elle veut avoir cette canaille
rotie, ou si elle l'aime mieux bouillie; nous sommes ici pour la servir à son goût; j'en
jure foi de prêtre, & tous ces preux vous en répondent sur leur honneur. *Schodeler.*
. (2) Je me bats, dit-il, pour mes tertes & sur mes terres; je veux m'y faire ensevelir; je serois indigne de vivre, si je ne savois pas mourir dans un jour si malheureux pour moi & pour mes plus fidelles serviteurs *Stettler.* p. 94.
(3) La ville de Zoffingen qui alors obéissoit encore aux Ducs d'Autriche, date de cette
journée une institution mémorable & qui lui fait honneur. Nicolas Duc, son Banneret, ayant été trouvé parmi les morts, qui avoit déchiré le drapeau de sa banniere, &
qui en avoit encore les morceaux dans sa bouche, ce qui fit croire qu'il avoit résolu
de l'avaler, plutôt que de la voir tomber au pouvoir des ennemis; cette ville en a pris
occasion de faire jurer depuis ce tems là à ses bannerets, d'imiter un si bel exemple
dans le cas où, par le sort contraire des armes, ils se trouveroient réduits à la même
extrémité. *Hist. des ligues & des guerres de la Suisse.* T. 2. p. 66.

'fe' trompèrent, & cette mémorable action ne fit, au-lieu de défarmer les vaincus, que les irriter davantage.

La ville de Berne, qui, ayant été fommée par les Suiſſes confédérés de fournir du fecours, s'étoit contentée de la vaine formalité d'une déclaration de guerre à l'ennemi commun, & n'avoit point envoyé des troupes, foit qu'elle fut trop occupée à s'agrandir, foit que les factions qui divifoient cette République ne lui permiſſent point de prendre part à cette guerre, fe répen-tit de la honteufe neutralité qu'elle avoit gardée, lorfqu'elle apprit la brillante nouvelle de la bataille de Sempach; & pour reparer le paſſé autant qu'il étoit en eux (1), les Bernois réfolurent de mettre fin à leurs divifions, de fufpendre toute affaire particuliere, & de fecourir autant qu'il feroit poffi-ble les Suiſſes confédérés. D'après la délibération qui fut prife à ce fujet, les Bernois arborerent le grand étendard de la République, ce que l'on ne faifoit que dans les grands événemens, & lorfqu'il s'agiſſoit d'un armement confi-dérable (2). Les troupes de la République ne furent pas plutôt raſſemblées qu'elles allerent ravager les terres de Fribourg qui tenoit pour la maifon d'Au-triche, & celles de la Comteſſe de Valengin, qui, malgré la neutralité dans laquelle elle s'étoit renfermée, avoit témoigné une affection marquée pour le Comte Léopold.·

·Les Bernois fufpendirent le cours de leur vengeance, pour voler au fecours de leur capitale, dont les environs étoient ravagés par les Fribourgeois, qui, à leur tour, éprouverent les mêmes dévaftations qu'ils venoient de commettre. Mais contens de ces repréfailles, les Cantons ligués mirent fin à leurs hofti-lités, & comme ils fe flattoient d'en avoir aſſez impofé à leurs ennemis, pour que leur liberté fut déformais refpectée; bien loin de profiter des avantages que fembloit leur promettre la fupériorité de leurs armes, ils porterent la modération juſqu'à faire les premieres avances, & à offrir aux Seigneurs d'Au-triche une fufpenſion d'armes juſqu'au premier Février de l'année 1388. Les Autrichiens déconcertés par les revers qu'ils avoient éprouvés, acceptèrent volontiers cette treve; mais ils l'obferverent mal, & ne confentirent à ce court intervalle·de paix que dans l'efpoir de fe mettre en état d'accabler ces peuples généreux (3). En effet, dans le tems même que les enfans du Duc Léopold fignoient cette fufpenſion d'armes, ils n'étoient occupés que des moyens de laver dans le fang des Suiſſes la honte de leurs armes, & de ven-ger de la plus éclatante maniere la mort de leur pere. Auſſi cette courte treve fut à peine expirée, qu'ils recommencerent la guerre avec une fureur & un acharnement qu'on n'avoit point encore remarqué dans ce parti oppreſſeur de la liberté.

Leur première opération fut de s'emparer de Wefen, dont les ligués s'é-toient rendus maîtres après la bataille de Sempach: les Autrichiens recouvre-rent cette place par furprife, & égorgerent inhumainement Conrad·Von-

Sect. IV.
Hiſtoire de
la Suiſſe
1338-1389.

Berne joint
fes armes à
celles des
Cantons li-
gués.

Hoſtilités
entre les
Bernois &
les Fribour-
geois.

Les fils de
Léopold re-
commencent
la guerre,
1388.

1388.

(1) T. Schudi. p. 134.
(2) Stettler. p 95.
(3) On appela cette treve la *mauvaiſe paix*. Au mois de Février 1388, elle fut pro-longée de neuf jours, & après qu'ils furent écoulés, fans que pendant cette intervalle, on pût parvenir à une bonne paix, la guerre recommença avec la même fureur. Ec-terlin. f. 52.

Sect. IV.
Histoire de
la Suisse
1338-1389.

der-aw, baillif des Cantons, & passerent au fil de l'épée tous les Suisses qui étoient auprès de ce magistrat. Ils laisserent dans cette ville une garnison nombreuse, sous les ordres du Comte de Werdenberg & du Baron de Thorberg. Glaris, que la prise de Wesen exposoit aux dangers les plus imminens, réclama le secours des Cantons, qui ne croyant pas devoir diviser leurs forces, conseillerent à Glaris de se mettre à couvert des incursions des Autrichiens en se ménageant une paix avec eux; mais le Baron de Thorberg & le Comte de Werdenberg proposerent à Glaris des conditions si dures, que les habitans aimerent mieux risquer de demeurer ensevelis sous les débris de leur patrie, que d'accepter une paix aussi honteuse (1). Les Autrichiens irrités du refus des conditions proposées, se preparerent à une invasion, & rassemblant autour de Wesen une armée de huit mille hommes, Werdenberg à la tête de 2000 soldats se proposa de pénétrer dans le pays par Kerenzen & Beglingen, tandis que le Baron de Torberg entreroit, suivi de six mille hommes, sur les terres de Glaris, du côté de Wesen. Mais ce côté étoit défendu par un rempart, au devant duquel étoit un large fossé, & ce passage étoit gardé par 50 hommes du Canton de Schweitz, soutenus par un nombre considérable de Glarisiens, commandés par le Land-Amman Matthieu de Buhlen.

Les Autrichiens entrent dans le pays de Glaris.

Résistance des Glarisiens.

Les Autrichiens qui ne se doutoient pas de la résistance qui leur seroit opposée, s'approcherent avec beaucoup de confiance de ce rempart. Buhlen, qui, n'ayant que 350 hommes à opposer à ce corps de six mille agresseurs, ne crut pas devoir tenter un combat aussi inégal; & il se retira vers le penchant d'une montagne voisine. Les Autrichiens persuadés que leur approche inspiroit de la terreur, se répandirent dans la campagne, réduisirent Naffels en cendres, dévasterent & pillerent tous les lieux du voisinage. Chargés de butin, mais altérés de courage, ils revinrent vers les Glarisiens, retranchés auprès du Land-Amman (2), à Beider-Rutt, sur le penchant de cette montagne où il s'étoit posté. Les Autrichiens fondirent sur cette petite troupe; mais ils furent accueillis d'une grêle de pierres: cette défense à laquelle ils ne s'attendoient pas, les déconcerta; & ils reculerent de quelques pas pour s'en mettre à l'abri. Les Glarisiens saisirent ce moment de confusion, & s'élancerent avec tant de fureur au milieu de ces troupes, qu'elles prirent la fuite après un combat d'environ cinq heures. Animés par ce succès, les Glarisiens poursuivirent les Autrichiens avec autant de vivacité qu'ils les avoient attaqués; ils les atteignirent près de Wesen, le combat recommença avec

Ravages exercés par les Autrichiens.

Succès des Suisses.

Bataille de Naffels & victoire des Suisses.

(1) Les députés de Glaris eurent pour réponse des Autrichiens, que leur commune devoit poser les armes, & s'abandonner à la miséricorde de la seigneurie; qu'en abjurant la ligue des Suisses, en payant les arrérages qu'ils devoient de plusieurs années, des tailles & des tributs seigneuriaux, en se soumettant à l'amende qu'ils avoient encourue par leur félonie, & en se résignant enfin à n'être que des serfs, ou des gens de main-morte, dont les personnes & les biens appartiendroient sans reserve à la seigneurie, il y avoit lieu d'espérer qu'on se laisseroit fléchir jusqu'à leur faire grace de la vie. T. Schudi. p. 534. *Chron. de Glar.* p. 145. Stumpf. L. 13. C. 7.
(2) Les deux Land-Ammans, Matthieu de Buhlen & Albert Vogel, pour rallier leur monde & arrêter les progrès de l'ennemi, font planter les bannieres du Canton sur une hauteur, près de Naffels. Ce lieu célebre se nomme *Bey-der-Rut. Hist. des ligues & des guerres de la Suisse.* Tom. 1. p. 73.

plus de force & de violence : la victoire se décida encore pour le petit nombre ; & les Autrichiens entierement défaits, laisserent deux mille cinq cens
hommes sur le champ de bataille (1). Il ne périt que 55 hommes du côté
des Glarisiens. Werdenberg effrayé d'une telle déroute, se retira précipitamment. Les vainqueurs animés du desir de la vengeance, entrerent dans
la ville que les habitans avoient prudemment abandonnée : elle fut pillée
& saccagée (2).

Hors d'état de hasarder une nouvelle bataille, le Comte de Tockenbourg
jeta ses soldats dans les villes de Schaffhouse, Fribourg, Bumgarten, Bade,
Mellingen, Zoffingue, Winterthur, Bruck, Aarau, & Rapperschweill, &
comme cette derniere ville étoit plus exposée que les autres, il y laissa 700
hommes, sous le commandement de Pierre de Thorberg, l'un de ses plus
braves & de ses plus habiles capitaines. Cependant les vainqueurs marcherent de Wesen à Rapperschweill, qu'ils assiegerent inutilement pendant près
de trois semaines ; & d'où ils ne s'éloignerent que pour aller ravager & incendier les bourgs & les villages du pays d'Argaw. Tandis qu'ils poursuivoient le cours de ces hostilités, Berne & Soleure se signaloient par des opérations encore plus importantes.

Fribourg appartenoit à la maison d'Autriche ; & la puissance de cette
ville, déja très-forte par le nombre de ses habitans, & par l'étendue de ses
possessions, avoir été considérablement augmentée, par l'acquisition que Léopold, surnommé le vertueux, avoit faite du comté de Nidau, Seigneurie
qui, peu éloignée de Fribourg, donnoit à la maison d'Autriche une prépondérance marquée dans ces contrées. Les villes de Berne & de Soleure,
n'avoient vu qu'avec beaucoup de jalousie cette acquisition du comté de Nidau ; & comme cette riche possession leur convenoit, ces deux villes résolurent de profiter, pour s'en emparer, des troubles & des guerres qui occupoient alors toutes les forces de la maison d'Autriche. Elles unirent leurs
armes, & allerent attaquer la petite ville de Buren, dépendante du comté de
Nidau ; elle étoit défendue par une garnison Autrichienne, qui avoit très-
souvent incommodé, par ses excursions, les Bernois & les Soleurrois. Ceux-
ci, pour que le siege traînât moins en longueur, jeterent dans la ville, qui
n'étoit qu'une bicoque, des feux grégeois, dont l'effet fut si violent, qu'en
un instant la ville entiere fut embrasée. (3). La garnison & les habitans s'efforcerent de se sauver & de franchir les remparts ; mais les impitoyables assié-

Invasion du
Comté de
Nidau par
les troupes
de Berne &
de Soleure.
Prise & in-
cendie de
Buren.

(1) Les Autrichiens perdirent dans cette journée, onze drapeaux, & entr'autres
l'oriflamme, ou la grande banniere d'Autriche, dix-huit cens cuirasses, cent-quatre-
vingt-trois casques couronnés, & près de trois mille hommes. T. Schud. Chron. Glar.
p. 152.
(2) Wesen avoit trahi la cause des Suisses ; & cette ville fut abandonnée à la vengeance que l'on savoit que les Ligueurs avoient juré d'en tirer : mais ils n'y trouverent que
des maisons en feu ; les habitans s'étoient retirés dans le cœur des pays Autrichiens. Ils
y furent toute leur vie errans & méprisés ; & servirent d'exemple de la misere & des
châtimens qui accompagnent toujours la foi violée, comme leur ville ruinée, qui ne
s'est relevée de ses cendres que long-tems après, & pour ne devenir qu'un bourg médiocre, sans murs & sans portes, en est encore aujourd'hui un triste monument. Hist.
des ligues & des guerres de la Suisse. T. 2. p. 77.
(3). Schodeler. Stumpf. L. 10. C. 28.

geans les repousserent à coups de piques dans les flammes où ils périrent presque tous. La ville de Nidau effrayée de cet exemple de rigueur, n'eut garde d'attendre la derniere extrémité, elle capitula & se rendit, ainsi que le château, aux deux villes confédérées.

Le but des conquérans est communément d'opprimer les peuples qu'ils viennent de soumettre ; les Bernois & les Soleurrois, défenseurs de la liberté, ne profiterent du succès qui venoit de couronner leurs efforts, que pour assurer la liberté publique: aussi le premier acte qu'ils firent en entrant dans Nidau, fut d'enfoncer les portes des prisons du château ; & ils furent bien étonnés de voir sortir du fond de ces cachots obscurs deux hommes couverts de lambeaux, se soutenant à peine, haves, noirs, abattus, & qui parloient un langage qu'aucun des vainqueurs n'entendoit. On fit bien des perquisitions, & ce ne fut qu'après plusieurs jours de recherches, qu'on apprit enfin, que ces deux malheureux captifs étoient deux Prélats Portugais, l'un Evêque de Lisbonne, l'autre Prieur d'Alcantara, & qui, venant de Rome, il y avoit plusieurs années, & passant en Suisse, pour se rendre chez eux, par la France & l'Espagne, avoient été arrêtés, dépouillés, cruellement traités par les Autrichiens de la garnison de Nidau, & conduits au Gouverneur de cette place, qui les avoit fait jeter dans ce cachot, dans l'espérance d'en tirer une forte rançon. Les Bernois briserent les chaînes qui lioient ces deux infortunés, leur fournirent des secours, & les deux voyageurs arrivés à Lisbonne, & pénétrés de reconnoissance, envoyerent un présent de mille ducats à leurs libérateurs.

Cependant les deux partis étoient également fatigués de cette guerre ; mais les Suisses, quelque désir qu'ils eussent de jouir des douceurs du calme, ne songerent cependant à rien moins qu'à ceder aux Seigneurs d'Autriche aucun des droits pour lesquels ils combattoient ; & la querelle eût été fort longtems encore à prendre fin, si les villes (1) de Constance, de Rotweil, de Bâle, d'Uberlingen, de Ravensbourg & de Lindau, secondées par beaucoup d'autres, n'eussent, par leur médiation, engagé les deux partis à ouvrir à Zurich des négociations, & à faire consentir les puissances armées à une treve, qui devoit durer depuis le 1er Avril 1389, jusqu'au jour de S. George.

Les Bernois qui avoient été les derniers à prendre part à cette guerre, s'étoient si fort animés par les succès qu'ils avoient eûs (2), que ce fut avec

(1) Cette guerre qui avoit couté tant de sang, fixoit l'attention des villes impériales de l'Alsace & de la Suabe. Elles étoient liées indirectement d'intérêt avec des peuples qui défendoient la même cause qu'elles : elles sortoient d'affaires avec le Duc de Wirtemberg, & en sortoient maltraitées : elles craignoient de se voir engagées dans de nouveaux périls; c'est dans ces sentimens qu'elles s'entremirent pour pacifier cette sanglante querelle qui duroit depuis quatre ans. Schodeler. Etterlin. f. 56. T. Schudi. p. 555. Stettler. p. 110.

(2) Berne qui avoit été la derniere à prendre les armes, fut la derniere à les poser: car pendant même la négociation, les troupes de Berne, étoient du côté de Bâle, où elles assiégeoient le château de Gawenstein, dont la garnison n'obtint aucun quartier, pour ne l'avoir pas demandé à tems : elles ravageoient les environs de Zossingen & d'Olten, pilloient le Fricktal, & ne se hâtoient pas de revenir, tant qu'il y avoit des contributions à tirer & de butin à faire. Mais pour des prisonniers, on leur manda de Berne de ne s'en point charger, les tours de la ville en étant si remplies, qu'il n'étoit plus possible de les loger. Hist. des ligues & des guerres de la Suisse. T. 2. p. 83.

bien de la peine que les Cantons parvinrent à les faire confentir à cette treve, dont les conditions furent que les Suiffes garderoient les alliances qu'ils avoient contractées, & qu'ils conferveroient les conquêtes qu'ils avoient faites. A l'égard de Buren & de Nidau, Berne & Soleure, elles furent renvoyées au Sire de Couci, auquel ces comtés appartenoient. Peu de treves ont eu une fuite auffi heureufe que celle-ci; elle fut, en 1394, prolongée pour 20 ans, en 1412, elle fut encore prolongée pour 50 ans, & dans la fuite, ce ne fut que par les foins de l'Empereur Sigismond, lorfqu'il eut mis le Duc Ferdinand d'Autriche au ban de l'Empire, que la guerre fe renouvella entre les Suiffes & les Autrichiens.

## S E C T I O N  V.

*Hiftoire de la Suiffe depuis l'an 1389, jufqu'à l'année 1443.*

Pour la plûpart des Nations la paix eft un tems de repos: il n'en eft pas de même chez un peuple récemment libre. Le plus grand avantage que les Suiffes trouverent dans cette intervalle de calme, fut celui de pouvoir perfectionner leur difcipline militaire, les progrès qu'ils firent à cet égard furent tels, & ils parvinrent à un degré de confidération fi étendu, que Machiavel, juge très-connoiffeur en pareille matiere, affure que jamais ils ne furent, fur cet objet, furpaffés par les Romains enx-mêmes dans les tems les plus brillans de la République. Ce fut fans-doute aux preuves multipliées qu'ils avoient données de leur intrépidité, ce fut à leur impertuibable fidélité aux loix qu'ils s'étoient impofées, à l'héroïfme de leur amour patriotique, qu'ils furent redevables de l'empreffement de la plûpart des fouverains de l'Europe à contracter avec eux des alliances, & à les employer dans leurs armées comme troupes auxiliaires. Mais ne devançons point l'ordre des tems & des événemens.

La guerre que les Suiffes venoient de foutenir avec autant de gloire que de fuccès, & qu'une paix heureufe avoit terminée, leur avoit procuré de très-grands avantages: leur liberté avoir été reconnue & affermie. La maifon d'Autriche avoir enfin ratifié l'indépendance des Cantons de Lucerne, de Zug & de Glaris; & Lucerne avoir ajouté à fes anciennes poffeffions les villes de Mayenberg & de Sempach, ainfi que les bailliages de Rothenbourg & d'Entlebach. Schweitz fe délivra de l'importune Suzeraineté de l'Abbaye d'Einfidlen, dont les moines intrigans, avides & brouillons ne ceffoient de fufciter des difputes & des querelles. Berne garda les riches contributions qu'elle avoit levées dans les comtés de Valengin & de Wilifau, & retint la Suzeraineté fur les terres du Baron de Brandis, dans la vallée de Sibnen; elle partagea auffi, avec la ville de Soleure, les comtés de Buren & de Nidau. Par fes fuccès, & les grands avantages qu'elle eut l'art dè retirer de la derniere guerre, elle infpira aux Fribourgeois le defir de la liberté, & l'envie

*Avantages
que les
Suiffes re-
tirerent de
la guerre
précedente.*

SECT. V.
*Hiſtoire de
la Suiſſe
1389 1443.*

*Effets de la
liberté des
Suiſſes.*

*Les Bour-
geois des
villes de la
Suiſſe ſe
ſoumettent
à la ſage
adminiſtra-
tion du Sé-
nat.*

de former avec elle une ligue & une alliance contre les intérêts de leurs anciens deſpotes, les Seigneurs de la maiſon d'Autriche (1).

Les progrès que la liberté publique avoient faits pendant le cours de la derniere guerre, avoient inſenſiblement éteint ces jalouſies mutuelles, qui, dans les villes libres & républicaines de la Suiſſe avoient ſi long-tems animé les peuples contre l'ordre des nobles, ou, ſi l'on aime mieux lui donner ce nom, contre l'ordre des patriciens; & les bourgeois des villes Suiſſes conduits à la gloire par les plus diſtingués d'entre ces patriciens, avoient perdu juſqu'au ſouvenir des griefs qu'auparavant ils prétendoient avoir contre cet ordre. Jadis cette jalouſie avoit produit à Berne les plus violentes ſecouſſes: mais la fermentation du peuple contre les patriciens s'étoit conſidérablement affoiblie pendant la guerre, & le Sénat avoit enfin fixé en faveur des patriciens la conſtitution, qui fut irrévocablement ariſtocratique, après avoir long-tems balancé entre l'ariſtocratie &. la démocratie. Avant cette époque, c'étoit le peuple ſeul, qu'éliſoit en tumulte, & dépoſoit les magiſtrats (2): c'étoit lui qui confirmoit ou annuloit les traités, établiſſoit ou aboliſſoit les impôts. Il perdit pour jamais ces droits, ou s'il voulut quelquefois dans la ſuite tenter de les exercer; ces efforts, regardés comme une puniſſable licence., furent ſévérement réprimés, & il ne ſe plaignit plus de la puiſſance légiſlative & coërcitive que le Sénat ſeul s'arrögea.

Il eſt vrai que le Sénat de Berne, mérita par la ſageſſe de ſon adminiſtration, de jouir du pouvoir & de la prééminence., dont il crut, pour le bien même de la République, devoir ſeul ſe rendre maître. L'Etat accablé de dettes avant la guerre de Sempach, gémiſſoit ſous le poids des impôts. Par la ſageſſe de ſon gouvernement, le Sénat paya ces dettes, .& le peuple

*Sageſſe du
Sénat de
Berne.*

ne paya plus d'impôts. Environ la quatrieme partie de la ville avoit été incendiée en 1388: cet événement funeſte auroit eû en tout autre tems les plus fâcheuſes ſuites, & toutes les opérations euſſent été interrompues: mais la conduite du Sénat fut telle, que les opérations militaires n'en ſouffrirent aucun retardement, & que les maiſons brulées furent reconſtruites en très-peu de tems (3). Ce ne fut point aſſez pour les magiſtrats zélés qui compoſoient ce corps vraiement patriotique, & quatre années après, en 1393, Berne fut décorée de fontaines publiques & les rues pavées dans toute leur étendue.

Pendant que le Sénat embelliſſoit la ville, il faiſoit, des épargnes que ſon économique adminiſtration avoir ménagées, les utiles acquiſitions de la Seigneurie de Signaw, (qui, juſqu'alors avoit appartenu à la maiſon d'Egon Comte de Kibourg) & de la Seigneurie de Frutigen, que lui vendit Antoine, Baron de Thun. A ces terres, auſſi importantes par leur produit que par leur étendue, le Sénat en ajouta beaucoup d'autres de moindre valeur, mais dont la réunion éloignée de beaucoup les limites du territoire de la cité; dans laquelle on conſtruiſoit en même tems un vaſte Hôtel de ville, & une égliſe qui paſſe encore pour l'une des plus belles, à tous égards, de l'Europe.

Heu-

(1) Etterlin. p. 56.
(2) Stumpf. L. 13. C. 8.
(3) T. Schudi. p. 582.

Heureux & riches même par la fageffe de leur conftitution, les Suiffes ne devoient qu'à la force de leurs armes les douceurs & les avantages de la liberté qu'ils s'étoient procurée; mais le même moyen, la force plus habilement employée par leurs ennemis, pouvoir leur ravir cette liberté dont ils fe montroient fi jaloux. Il leur importoit donc de fe précautionner contre leurs anciens oppreffeurs, & entourés, comme ils l'étoient, de Princes jadis leurs Seigneurs, & par cela même, d'autant plus intéreffés à les faire rentrer fous le joug de leur dépendance, il étoit pour ces peuples récemment libres, de la plus indifpenfable néceffité, de fe former dans la fcience meurtriere des combats. Les Suiffes reconnurent cette néceffité; &, dans cette vue, les Cantons confédérés s'affemblerent à Sempach, le 10 Juillet 1393, & firent plufieurs réglemens, qui furent redigés en ordonnance militaire, dont-il fut ftatué que les divers articles feroient lûs folemnellement dans chaque Canton, & auxquels tous les citoyens s'obligeroient par ferment, de fe conformer. Par cette ordonnance, il étoit défendu à tout Suiffe, dans quelque circonftance qu'il fe trouvât, en tems de guerre, de violer, fous peine de la vie, la fainteté des églifes, (1) ou d'attenter à l'honneur des femmes: elle leur enjoignoit de fe défendre les uns les autres, & de s'entrefecourir en freres, quelque peu d'union, ou même quelques conteftations qu'il pût y avoir eues précédemment entr'eux, & à quelque danger que pût les expofer ce fecours mutuel: il leur étoit défendu de quitter leurs rangs dans le feu du combat, fous quelque prétexte que ce fût, quand même ils fe fentiroient mortellement bleffés: il étoit défendu encore à tout Suiffe, de piller pour lui feul, ou de détourner rien du pillage qu'il auroit fait; mais de porter tout ce qu'il auroit pris à la maffe commune du butin qui devoit être exactement diftribué aux Suiffes par égales portions (2). Par le dernier article de cette ordonnance, digne de l'ancienne Sparte, les Cantons s'engagerent, chacun en particulier, de n'entreprendre aucune guerre, qu'elle n'eut été auparavant propofée & délibérée dans une diete générale, & réfolue d'un commun avis. Si les petites Républiques de l'antique Grece euffent été liguées, & fe fuffent liées par d'auffi fages loix, jamais les Puiffances étrangeres, même les plus formidables, n'euffent pû prévaloir contr'elles (3).

Le traité de paix de Zurich avoir reconnu libres & indépendantes les trois Communautés de Glaris, de Zug & de Lucerne; & la certitude de cette liberté pénétroit de la plus douce fatisfaction les habitans de Lucerne & de Zug. Les Glarifiens euffent bien voulu goûter avec la même fenfibilité les douceurs de la liberté; mais ils avoient des remords, des fcrupules, qui ne leur per-

(1) A moins, (eft il dit dans l'article 1er de cette ordonnance,) que les ennemis ne fe foient retirés dans une Eglife, ou une Chapelle.

(2) L'article 4 défend, fous peine de punition févere, de s'écarter fans l'ordre du Capitaine, & de s'approprier le butin, qui doit être indiqué de bonne foi, & partagé avec égalité: & par l'art 9. il eft dit, qu'il ne fera permis à aucun Suiffe d'enlever quoique ce foit, à fon compatriote, ni en tems de guerre, ni en tems de paix.

(3) Toutes ces inftitutions femblent, être puifées dans le véritable efprit d'une République militaire, qui ne pouvoit aller à la gloire des armes, qu'en s'impofant ces fortes de devoirs durement uniformes, des procédés mâles & aufteres, & la plus rigoureufe des difciplines. Hift. des ligues & des guerres de la Suiffe T. 2. p. 90. Hift. de la Conféd. Helvet. L. 4. p 156. Hift. des Suiffes, par M. le Baron Zurlauben.

Sect. V.
Histoire de
la Suisse
1389-1443.

mettoient point d'oublier que jadis le Prince Urs, Seigneur de leur pays, l'avoit donné par un motif de dévotion, à S. Fridolin (1), qui, à son tour, avoit donné ces vallées aux Religieuses nobles du monastere de Seckingen. Il est vrai, l'Empereur Albert d'Autriche, Avoué & Gardien du monastere de Seckingen, s'étoit emparé dans la suite à force ouverte des droits de cette Abbaye, & avoit conséquemment usurpé le pays de Glaris. Les habitans de ce Canton ne se repentoient point d'avoir battu complettement les petits fils de cet usurpateur, ni d'avoir secoué le joug qu'il prétendoit leur imposer: mais les bons Glarisiens n'étoient pas aussi tranquilles à l'égard de S. Fridolin, dont ils craignoient beaucoup la puissance, & qu'ils croyoient fort ulcéré du tort que ces révolutions avoient causé aux Religieuses Chanoinesses de Sec-

Proposition
qu'ils font
à l'Abbesse
deSeckingen
1395.

kingen. Ce souvenir tourmentoit vivement la conscience des habitans de Glaris, qui, pour se délivrer des remords qui les agitoient, proposerent à l'Abbesse de Seckingen, de leur vendre ses prétentions, soit pour une somme qui seroit convenue, soit au moyen d'une rente annuelle. L'Abbesse accueillit cette proposition, (2) & le Canton s'obligea de faire à ce monastere une rente annuelle. Le contrat fut passé, & la conscience des Glarisiens fut désormais tranquille.

Cependant les grands avantages que la derniere guerre avoit procurés aux Suisses Confédérés, avoient d'autant plus excité à se rendre libres les communautés de la Haute-Allemagne, que la plûpart d'entr'elles étoient très-fatiguées du joug de leurs oppresseurs. Dans l'un de ces Cantons, ces vexations furent portées si loin, & elles inspirerent à ceux qui les souffroient un desir si véhément de la liberté, que l'on vit tout à coup une foule de paysans, tranquilles jusqu'alors, obscurs, inconnus même à leurs voisins les plus proches, s'agiter, se rassembler, prendre les armes & se rendre terribles à leurs oppresseurs. Cette ligue composée d'environ deux mille chefs de famille tout au plus, devint aussi formidable par sa valeur, qu'admirable par les actions d'héroïsme & d'intrépidité qui bientôt lui acquierent de la célébrité. Ces paysans étoient les malheureux sujets, ou plutôt les serfs fort maltraités de l'Abbaye de S. Gall, monastere pauvre & modeste dans son origine, somptueux & tyran depuis que l'opulence en avoir banni la vertu.

Nouvelle
ligue des
habitans de
la vallée de
S. Gall.
1397.

S. Gall n'avoit été vers la fin du VI<sup>e</sup> ou dans les premieres années du VII<sup>e</sup> siecle, qu'un petit hermitage, où s'étoit pieusement retiré avec quelques solitaires, le moine Gall, Ecossois de naissance, & qui avoir peu-à-peu attiré auprès de lui quelques cénobites, dont toute l'occupation se réduisoit à prêcher & à donner l'exemple de toutes les vertus chrétiennes. La réputation de ces solitaires s'étendit: on ne parloit que de leur vie édifiante, & on les regardoit comme les hommes les plus respectables de la terre. Ils se mirent à faire des miracles, & dès lors, on n'en parla plus que comme de saints de la premiere classe. Sigebert, Roi d'Austrasie, avoit épousé une femme mé-

---

(1) Suivant une vieille tradition fort respectée par les Glarisiens, le Prince Urs étant mort, quelques-uns de ses collateraux prétendirent que son testament en faveur de S. Fridolin, étoit une piece supposée: mais Urs revint de l'autre monde, confirma la validité de son testament, & confondit ses collateraux *Chron. Glar.*

(2) La Transaction entre les Glarisiens & l'Abbesse de Seckingen fut passée le samedi d'avant la Ste. Madelaine 1395; & cette rente est encore payée à l'Abbaye de Seckingen.

chante, acariâtre, tracaſſiere; (1) ſon Epoux la crut, ou feignit de la croire poſſédée, & il la fit conduire à l'hermitage de S. Gall, afin que, s'il étoit poſſible, on la délivrât de l'eſprit malin qui l'obſédoit. Les bons cénobites donnerent de ſi ſages inſtructions à l'épouſe du Roi d'Auſtraſie, & elle eut le bonheur de faire de ſi utiles réflexions ſur le parti plus violent que ſon époux pourroit prendre, ſi elle ne ſe corrigeoit pas, qu'elle revint de l'hermitage fort édifiée, & beaucoup plus tranquille qu'elle ne l'avoir été juſqu'a-lors. Sigebert étonné du changement qui s'étoit opéré dans le caractere de ſa femme, attribua cette converſion, dont il avoit tant de fois déſeſpéré, à la force des exorciſmes des pieux cénobites; & par une reconnoiſſance, il leur donna une étendue de terrein de pluſieurs lieues, autour de leur hermitage (2). Cette donation encouragea beaucoup les moines de S. Gall, & la vertu de leurs exorciſmes fit tant de miracles, ou tant de dupes, que pluſieurs Princes s'empreſſerent de recourir à eux, & acheterent leurs prieres au prix de nouvelles terres dont ils leur firent donation. Les moines firent cultiver ces terres, y attirerent beaucoup d'habitans, & à force de prier & de recevoir des donations, leur monaſtere devint l'une des plus opulentes maiſons, & leur Abbé s'éleva modeſtement au rang de Prince de l'Empire (3).

Quelques auteurs aſſurent que ce fut alors, c'eſt-à-dire, quand leur opulence ſe fut auſſi prodigieuſement accrue, que l'un des abbés de ce monaſtere fit conſtruire un gros bourg, qui fut appellé *Abbatis cella*, (*) & que c'eſt ce bourg qui a donné le nom à tout le pays d'Appenzell. Ce qu'il y a de plus aſſuré, eſt que l'Abbé n'eût pas plutôt reçu les honneurs de la ſouveraineté, qu'il devint très-inſolent, accabla ſes ſujets, vexés par les impôts auxquels il les aſſujettiſſoit, & violemment maltraités par les moines, qui, débauchés à l'excès, outrageoient impunément les femmes, battoient les maris, & ennuyés du cloître, ſortoient les armes à la main pour aller ſe ſignaler contre des payſans déſarmés, ou dans les guerres de brigandage qui ſe faiſoient aux environs. Bien loin de réprimer ces vices & ces déprédations, l'Abbé en donnoit l'exemple, & perſuadé que Prêtre & Prince, il jouiſſoit ſur les ſerfs du monaſtere, à peu de choſes près, du droit de la Toute-puiſſance, il ordonnoit au gré de ſes caprices, des corvées accablantes, des amendes multipliées, des taxes arbitraires, établiſſoit à l'entrée des vallons d'Appenzell ou Appenzelle des bureaux de péage, où les droits, arbitrairement fondés, étoient exigés avec la plus mortifiante dureté. L'Abbé Prince régnoit en deſpote ſur les morts comme ſur les vivans, & par un privilege qu'il s'étoit donné à lui-même, il exigeoit des héritiers des morts le meilleur meuble de la ſucceſſion, & en cas de refus, le mort étoit privé de ſepulture.

Sect. V.
Hiſtoire de la Suiſſe
1389-1443.

Fraudes pieuſes des Cénobites de S. Gall.

L'Abbé de S. Gall, devint Prince d'Empire.

Sa Tyrannie. 1399.

Malheureuſe ſituation des habitans du pays de S. Gall. 1400.

(*) En Allemand *Abbts-Zell.*
(1) Stumpf. L. 5. C. 23.
(2) T. Schud: p. 602. Welfer. p. 197.
(3) Il eſt cependant vrai que dans le VIIe & VIIIe ſiecle, il y avoit dans le couvent de S. Gall, des moines très-pieux, & d'autres fort eſtimables par leur ſcience & par leur vie laborieuſe: mais alors ils étoient pauvres, ils l'étoient encore dans le IXe & Xe ſiecle, & alors la barbarie & l'ignorance avoient tellement prévalu en Europe, que les Lettres & les Sciences n'étoient plus connues, ni cultivées que dans les Abbayes des Bénédictins, dans celle de S. Gall, ſur-tout, d'où ſortirent pluſieurs grands hommes.

Sect. V.
Histoire de
la Suisse
1389 1443.

Il étoit d'autant plus difficile dè réfifter aux ordres de ce Souverain, qu'outre les moines guerriers qui étoient toujours prêts à faire exécuter par la force & la violence, les volontés fuprêmes de leur fupérieur, celui ci avoit eu
grand foin de faire conftruire de diftance en diftance, fur les terres de fa domination, des châteaux formidables par leurs fortifications, (1) par les prifons qui y étoient, & plus encore par les péages que l'on y exigeoit par la
loi du plus fort, & qui achevoient de fouler & d'écrafer le Peuple. Les
vallées d'Appenzell font voifines des pays de Schweitz & de Glaris, & la liberté dont jouiffoient les habitans de ces deux Cantons, formoit un contrafte
frappant avec la fervitude des malheureux ferfs des vallées d'Appenzell. Ceux-

Ils cher-
chent à fe
rendre li-
bres.

ci comparant leur fituation avec celle de leurs voifins, frémirent de honte &
d'indignation: ils defirerent vivement la liberté, & réfolurent de fe la procurer à quelque prix que ce pût être. Appenzell eft un Canton divifé en
quatre petites vallées: dans chacune de ces vallées, il y avoit trois ou quatre
villages ou hamaux. Les habitans de ces hamaux, également aigris contre
leurs tyrans, fe communiquerent leurs plaintes, leurs defirs, unirent leur reffentiment, & ils s'engagerent à s'entrefecourir pour s'affranchir de la domination
intolérable, dont chaque jour l'infolence & l'avidité appefantiffoient le joug.

Le plan de la conjuration fut bientôt formé, & ils ne différerent à l'exécuter, qu'autant de tems qu'il leur en falloir pour retourner chez eux, prendre des armes. Bien-tôt ils fe raffemblerent, & allerent s'emparer des châ-

Ils s'empa-
rent des
châteaux de
l'Abbé de
S. Gall.
1401.

teaux de l'Abbé de S. Gall. Cette expédition fut d'autant plus facile, qu'il
n'y avoit dans ces forts que quelques moines, & quelques prépofés à la perception des droits de péage. La reduction de ces châteaux fut encore favo-
rifée par la crainte qu'infpiroit aux moines qui les gardoient, la connoiffance qu'ils avoient des difpofitions des bourgeois de la ville de S. Gall, qui,
s'ils ne s'étoient point ouvertement déclarés pour les habitans d'Appenzell,
les fecondoient du moins en fecret, & les avoient excités à faire éclater
cette conjuration. En effet, la ville de S. Gall, quoique fituée auprès de
l'Abbaye, étoit libre, impériale, & ne devoit qu'un fimple hommage au
monaftere. Cunon, ou Conrad de Stauffen, alors abbé, peu content de
cet hommage, avoit tenté d'étendre fon autorité au préjudice des droits de
cette ville libre; & c'étoit à l'occafion de ces prétentions que les citoyens
de S. Gall, avoient fomenté chez les Appenzellois l'efprit de revolte & le
defir de l'indépendance.

Informé de la rébellion des payfans des quatre vallées, & craignant les
fuites de leurs liaifons avec les bourgeois de la ville, impériale, l'abbé fe
rapprocha de ceux-ci, & parvint à faire avec eux un accommodement particulier, & par lequel ils s'engagerent à ne fournir aucun fecours aux rebelles, qui, par cet accord, refterent feuls expofés au courroux & à la vengeance de l'Abbé & de fes moines (2). Les Appenzellois connoiffant combien feroit dure & terrible cette vengeance, crurent n'avoir, pour s'y fouf-

(1) Il y avoit dans le nombre de ces forts, quatre châteaux qui fervoient d'épouven-
tail à tout le pays: ces châteaux étoient, Claux, Schönenbühel, Schwendi & Rofem-
berg. Guillimann. de Reb Helvet. L. 3. C. 13.
(2) Tfchudi. p. 612. Wafer. p. 211.

ttaire, d'autres moyens que de perfifter dans leur rébéllion, & de ne point quitter les armes qu'ils ne fuffent, ou libres, ou tout à fait anéantis. Inébranlables dans leurs réfolutions, ils continuerent leurs hoftilités, garderent lès châteaux dont ils s'étoient emparés, chafferent les officiers de l'Abbé, refuferent tout impôt, toute apparence de foumiffion, & fe conduifirent avec tant de courage, que les bourgeois de S. Gall, honteux d'avoir abandonné la caufe de ces braves & valeureux voifins, retournerent à eux, enttrerent dans leur ligue, & leur refterent conftamment attachés.

Enhardis par ce fecours, les Appenzellois réfolurent de faire les plus grands efforts pour fe rendre totalement indépendans; & dans cette vue, ils réclamerent les huit Cantons Suiffes confédérés : mais leur demande ne fut point accueillie: il n'y eut que le Canton de Schweitz, qui, ayant donné le premier le fignal de la liberté, & croyant ne pas devoir abandonner des communautés généreufes, qui cherchoient à fe procurer le même avantage, reçut les Appenzellois fous fa protection, promit de les défendre & de les fecourir. Glaris ne voulut point fe lier auffi étroitement: mais il permit à ceux de fes habitans qui le defireroient, d'aller fervir ces bonnes gens. De fon côté, l'Abbé de S. Gall, fit les plus grands préparatifs, arma tous fes fujets, & s'alliant avec les villes libres fituées aux environs du lac de Conftance, il parvint à raffembler une armée d'environ fix-mille hommes.

L'Abbé Conrad de Stauffen étoit fort orgueilleux, & fon amour-propre flatté de voir à fes ordres fix mille défenfeurs, il fe crut invincible, & fe mettant à la tête de cette petite armée, il marcha fierement contre les révoltés, qu'il alla, pour fon malheur, chercher dans les vallées d'Appenzell. Il les rencontra le 5e Mai 1403, près du village de Speicher, à l'enrrée d'une vallée, les Appenzellois n'eurent pas plutôt apperçu l'armée de Stauffen, qu'ils fondirent fur elle, la mirent en défordre, la battirent complettement, & après en avoir tué environ trois cens hommes, pourfuivirent les fuyards, s'emparerent fucceffivement de tous les forts qui appartenoient à l'Abbé, continuerent leur courfe triomphante jufqu'aux murs de Conftance, après avoir traverfé les armes à la main, le pays de Turgaw foumis à la maifon d'Autriche, d'où ils amenerent avec eux tous ceux, qui, embrafés auffi du defir de laliberté, voulurent fe joindre à cette troupe victorieufe, & traiterent en conquérans ces gentils-hommes, qui ofoient s'oppofer à leur marche.

Ces gentils-hommes, vaffaux de la maifon d'Autriche, affligés de fe voir dépouillés de leurs châteaux, & leurs terres ravagées, fe plaignirent amerement à Fréderic d'Autriche, qui, furieux de l'audace de cette foule de payfans mutinés, jura de les punir, & fe ligua dans cette vue, avec Conrad de Stauffen. Mais pendant que ce Prince uniffoit fes intérêts avec ceux de l'Abbé de S. Gall, les villes de Lindau, d'Uberlingen, de Conftance, de Buchorn, & la plûpart de celles qui étoient fituées fur les bords du lac de Conftance, animées par l'exemple que leur donnoit la ligue des Appenzellois, & comme eux ambitieufes de l'indépendance, fe détacherent de l'alliance de Fréderic d'Autriche, renoncerent à tous les rapports qu'elles avoient avec lui, abandonnerent fon parti, & embrafferent celui des habitans des vallées d'Appenzell.

Cette défection imprévue ulcéra profondément le Duc d'Autriche, auquel

R 3

Sect. V.
Hiftoire de la Suiffe.
1389-1443.

Courage & fuccès des Appenzellois.
1402.

Ils demandent du fecours aux huit Cantons Suiffes.

Préparatifs & alliances de l'Abbé de S. Gall.
1403.

Bataille d'Appenzell & Victoire des Suiffes.
1404.

Frédéric Duc d'Autriche, fe ligue avec l'Abbé de S. Gall.

il ne falloit pas de si puissans motifs pour se déterminer aux extrémités les plus violentes. Fréderic en effet, (1) étoit le Prince de son siecle le moins capable de réflexion, & par cela même, le plus entreprenant. ·Libérai, magnifique jusqu'à la profusion, il prodiguoit sa confiance & ses promesses encore plus facilement que ses biens & ses revenus, qu'il dissipoit par ses folles largesses, & par la plus défectueuse des administrations. Possédé jusqu'au fanatisme du goût & de l'esprit de la Chevalerie, il aimoit à courir après les aventures ; & comme il n'étoit, ni heureux, ni constant, ni adroit, il n'en avoit encore éprouvé que de fort désagréables, & la plûpart très-ruineuses, qui lui firent donner le surnom de *Prince aux poches vuides*; peut-être parce que son imprudente facilité l'appauvrit, ou par l'expérience qu'il fit de l'inconstance & des rigueurs de la fortune. Quoiqu'il en soit, jamais Prince ne se vit réduit à une situation aussi gênante & aussi triste, que celle que le sort lui fit éprouver.

Tel étoit ce Fréderic, qui se trouvoit dans les plus brillantes circonstances de sa vie, lorsqu'insulté, ou croyant l'être, par les Appenzellois, il se ligua, pour les soumettre, avec l'Abbé de S. Gall. Les forces de ces deux Princes réunies, étoient infiniment supérieures à celles des Appenzellois, qui, pour comble d'infortune, n'avoient que du courage, de la bonne volonté, mais qui n'avoient aucune idée de l'art de la guerre, & manquoient de Chef intelligent & expérimenté. Le hasard leur en procura un, tel qu'il le leur falloit, c'est-à-dire; qui joignoit aux talens militaires, cette valeur & cette intrépidité qu'inspire la haine & le desir de la vengeance. Il y avoir quelque

Ils se don-
nent pour
Chef le
·Comte de
Werdenberg
1404.

tems que Fréderic d'Autriche, avoir, sur d'assez mauvais prétextes, (2) dépouillé de ses biens le Comte Rodolphe de Werdenberg, & celui-ci vivement irrité de l'injustice qu'il croyoit avoir soufferte, (3) n'attendoit que l'occasion de faire éclater son ressentiment. Cette guerre le servoit à son gré, & il s'empressa de s'offrir aux Appenzellois, qui, avec plus d'empressement encore le nommerent leur général.

Fréderic persuadé qu'il alloit à la victoire, se mit en marche, suivi d'une armée considérable, accompagné de Rodolphe, Margrave de Hochberg, des Comtes de Lupffen, de Thierstein, de Montfort, de l'Evêque de Constance & de l'Abbé Conrad de Stauffen, que sa derniere défaite n'avoit pas rebuté.

Cette armée alla former le liege de la ville de S. Gall. Les assiégés se défendirent avec une valeur que les Autrichiens n'avoient pas supposée dans les Appenzellois, qui en formoient la garnison: mais le Duc Fréderic ne dou-

___

(1) Fréderic, fils de Léopold, mourut en 1439; Sigismond, son fils unique, fut promis en mariage à Radegonde, fille de Charles VII, Roi de France; mais Charles VII mourut avant que ce mariage fut accompli.

(2) Ce ne fut pas le Duc d'Autriche qui usurpa les bien de Werdenberg, mais Jean, frere du Comte, favori & Général du Duc d'Autriche, qui fit dépouiller de ses terres ce Seigneur, qui, fugitif, & furieux, alla se jetter dans les bras des Appenzellois.

(3) Jean de Werdenberg, Comte de Sargans, avoir engagé, en 1396, le Comté de Sargans à la maison d'Autriche. Henri son fils retira ce Comté en 1436, après quelque mois du Comte de Tockenbourg. Le Comte George de Sargans, petit-fils de Henri a été le dernier de cette branche de Werdenberg, qui s'est éteinte en sa personne. La maison Allemande des Comtes de Montfort est une branche des Werdenberg, ils ont long tems possédé Tetuang & Bregenz.

tant point de la réduction prochaine de cette place, & ne voulant point que Sect. V.
là lòngueur du fiege dérangeât rien au plan des opérations qu'il avoir projetté, Hiſtoire de
il envoya un détachement fort nombreux dans les vallées d'Appenzell, ſoit la Suiſſe
pour effrayer les habitans, ſoit pour intercepter les ſecours qu'ils ſeroient 1389-1443.
tentés d'envoyer à S. Gall. Mais par malheur, ce détachement compoſé de
douze cens hommes, s'étant avancé juſqu'à Am-Stoſs, il fut rencontré par un Combat
corps de 400 Appenzellois, qui, ſans égard à l'inégalité du nombre, atta- d'Am-Stoſs.
querent ſi vigoureuſement le détachement Autrichien, qu'ils le mirent en fui- 1405.
te, après en avoir tué environ ſix cens hommes.

Quelque confiance que le Duc Fréderic eut dans les reſſources de la Chevalerie, la nouvelle de cet échec le déconcerta ſi fort, qu'il leva incontinent
lè ſiege : (1) mais bientôt, honteux d'une démarche qui ne pouvoir que ter- L'armée de
nir ſa gloire, au-lieu de paſſer le Rhin, il alla du côté de Reineck, con- Fréderic en-
duiſit ſon armée à travers les montagnes d'Appenzell, ſe préparoit à péné- tre dans
trer dans les vallées de ce pays, & à y mettre tout à feu & à ſang, lorſque l'Appenzell,
ſon armée tomba dans l'embuſcade d'une troupe d'Appenzellois, qui la bat- eſt battue,
tirent, tuerent cinq cens Autrichiens; & forcerent le Duc de paſſer précipi- & ſe retire.
tamment le Rhin avec le reſte de ſon armée vaincue. Continua-

Quelque deſir qu'eut Fréderic de ſe ſignaler par de grands exploits, ces tion des ſuc-
deux échecs ſe rebuterent, & ne voulant plus ſe commettre avec cette foulé cès des Ap-
de payſans mutinés, il quitta ſon armée, dont il donna le commandement au penzellois.
Comte Fréderic de Tockenbourg, & au Comte de Soults; s'éloigna pour ne
plus prendre part à cette guerre, & alla à Vienne, ou des affaires importantes l'obligeoient de ſe rendre (2). Les Généraux du Duc d'Autriche n'eurent pas plus de bonheur que lui: ils ſurent battus toutes les fois qu'ils oſerent
ſe préſenter, crurent devoir faire prudemment leur retraite, & laiſſerent aux
Appenzellois la liberté de recouvrer les terres du Comte de Werdenberg leur
Général, qu'ils remirent en poſſeſſion de ſes Seigneuries; ſe rendirent les maîtres de la Marche inférieure, contrée appartenante à la maiſon d'Autriche,
dont ils firent préſent au Canton de Schweitz, en reconnoiſſance des ſecours
qu'ils en avoient reçus (3).

La fortune s'étoit déclarée pour les Appenzellois, & elle leur étoit trop Conquêtes
favorable, pour qu'ils cruſſent devoir négliger ſes faveurs: ils profiterent au- des Appen-
tant qu'il fut en eux de ces premiers avantages, & l'année d'enſuite, ſe mettant zellois.
en campagne de bonne heure, ils pouſſerent leurs conquêtes juſqu'à Wein- 1406.
felden, ravageant le Comté de Kibourg, le Rheintal, l'Argaw, juſqu'à Bregenz, en Suabe, & juſqu'à l'Etſch, dans le Tirol, s'emparerent du Gaſter,
de la Terre de Windeck & de la ville de Wil, où ils firent l'Abbé priſonnier.

---

(1) Ce ne fut ſeulement point la nouvelle de la défaite des 1260 Autrichiens, battus
à Am-Stoſs qui fit lever le ſiege à Fréderic; mais parce que dans le même tems où il reçut
la nouvelle de cet échec, la Garniſon de S. Gall fit une ſortie ſi vigoureuſe, & avec
tant de ſuccès ſur les aſſiégeans, que ceux ci déſeſpérant de prendre cette ville, aimerent
mieux s'en éloigner, que de s'expoſer à périr devant ſes murs. Schodeler. Etterlin. f. 58.
(2) Cette affaire importante étoit le ſchiſme qui diviſoit l'Allemagne entre l'Empereur
Venceſlas, dépoſé par quelques Electeurs, & reconnu par les autres, & l'Empereur Robert élu par une faction & méconnu par la faction contraire. Walſ. p. 227.
(3) Tſchudi. p. 629. Schodeler. Walſer. p. 232.

Sect. V.
Histoire de
la Suisse
1389-1443.

Ces succès, & la crainte de voir les vainqueurs entreprendre de plus importantes expéditions, allarmerent beaucoup Stauffen & l'Empereur Robert ; le
premier, menacé de perdre toutes ses possessions, & l'Empereur, de n'avoir
plus dans la Haute-Allemagne de vassaux, ni de sujets. La guerre ayant
été jusqu'alors un moyen impuissant pour réduire ces Peuples embrasés de l'a-
mour de la liberté, Robert & l'Abbé de S. Gall eurent recours à des armes
qu'ils crurent devoir être plus redoutables ; sans doute ils ignoroient que les
vaines terreurs de la superstition n'avoient pas encore pénétré dans les vallées
d'Appenzell, & que les habitans de ce pays ne craignoient pas plus la force
des foudres ecclésiastiques, que les impuissantes menaces du tyran abattu dont
ils venoient de renverser le trône. Quoiqu'il en soit, d'accord avec Robert,
l'Abbé de S. Gall implora le secours de l'Evêque de Constance, dont il a-
voit en tant d'occasions, refusé de reconnoître la jurisdiction.

L'Evêque
de Constance
excommunie
les Appen-
zellois.

Flatté de se voir recherché, (1) & lui-même desirant de se venger des
pertes qu'il avoit souffertes dans les dernieres incursions, l'Evêque de Constance, anathématisa solemnellement les Appenzellois ; il les excommunia, &
jeta l'interdit sur leurs villages, sur leurs hameaux, enveloppa dans cette excommunication tous ceux qui les avoient secourus de leurs armes ; & enjoi-
gnit à tous les curés des paroisses situées dans les lieux soumis à ce ban spirituel, de publier & fulminer ces censures ecclésiastiques. Jamais les habitans
d'Appenzell n'avoient entendu parler de foudres ecclésiastiques, & il n'étoit
pas naturel qu'ils redoutassent un genre de punition dont ils ne connoissoient
pas le pouvoir ; aussi, ces foudres ni firent-elles sur eux aucune impression.
Lorsqu'ils avoient chassé les officiers de l'Abbé, ils leur avoient substitué des
Magistrats semblables, quant à leur pouvoir, à ceux des autres Cantons Suisses, & qu'ils avoient élus de la même maniere. Le premier de ces Magistrats,
ou le Land-Amman assembla le peuple, pour décider sur la conduite qu'il y
avoir à tenir relativement à l'interdit lancé par l'Evêque de Constance (2) &
il fut unanimement statué qu'on n'y auroit aucun égard. Les Magistrats or-

Les Prêtres
qui refusent
de remplir
leurs fonc-
tions sont
assommés.

donnerent aux prêtres de remplir leurs fonctions ; les sages obéirent ; il
y en eut quelques-uns qui refuserent de célébrer les saints mysteres, persuadés
qu'il n'étoit pas permis de prier Dieu pour des excommuniés ; le Peuple en
foule les pressa d'aller à l'autel ; ils s'obstinerent dans leurs refus, & ils furent assommé : ce fut là l'unique effet que produisirent les foudres de l'Evêque de Constance.

Dégagés par cette voie, du lien de l'excommunication, les Appenzellois,
d'autant plus irrités, qu'ils se doutoient, par la ressource dont on avoir usé
contr'eux, de l'impuissance de leurs ennemis, s'armerent, & recommençant
leurs

___

(1) Il y avoit de fréquens démélés entre les Evêques de Constance & l'Abbé de S.
Gall, au sujet de la jurisdiction ecclésiastique, chacun des deux Prélats se l'attribuant, à
l'exclusion l'un de l'autre. Cette contestation les avoit plusieurs fois engagés à en
venir aux mains, & ils s'étoient livré plus d'un combat sanglant.

(2) Le Land Amman ayant assemblé le Peuple, demanda, si le cas dont il s'agissoit, &
que, ni lui ni eux n'entendoient, leur avoit été bouté sur avec juste raison, ou à tort. Les
voix recueillies, il fut dressé un décret qui déclaroit l'affaire en question n'être qu'une outre-
cuidance & un malin vouloir de Monseigneur de Constance, & partant qu'icelle affaire étoit
vaine & sans effet. Schodeler. Gesler. Chron. L. 10. f. 154.

leurs hoftilités, ils fe répandirent comme un torrent, d'une contrée à l'autre ravagerent d'abord les terres de l'Evêque de Conftance, dévafterent le Comté de Montfort, & commandés par le Brave Werdenberg, ils battirent & maffacrerent un gros détachement d'Autrichiens, (1) qui avoit ôfé fe montrer aux environs d'Ellenbach. Après cette victoire, les Appenzellois allerent porter le fer & la flamme dans les Comtés de Feldkirch & de Bregentz, qu'ils foumirent, & dont ils obligerent les habitans de leur prêter ferment de fidélité. Après s'être emparés également des terres voifines de Bregentz, ils s'unirent avec les habitans du Tirol, qui n'attendoient que l'occafion de fe révolter contre la maifon d'Autriche dont ils étoient mécontens. Impatiens de joindre ce peuple qui penfoit comme eux, les Appenzellois, emporterent les armes à la main, le pont de Landeck, pénétrerent dans le Tirol, & ayant rencontré (2) un corps confidérable d'Autrichiens ils le battirent, pourfuivirent leur courfe triomphante, & fe rendirent maîtres de Rhinthal & de l'Etfchland.

*Succès & conquêtes des Appenzellois.*

Etonnés de cette fuite de fuccès, de conquêtes, & ne fe fentant, ni la force, ni la puiffance d'arrêter de tels ennemis, les Autrichiens eurent recours, pour s'en délivrer, à une rufe qui ne pouvoir manquer de réuffir auprès d'un peuple auffi fimple & auffi crédule que l'étoient les Appenzellois. Ils répandirent le bruit qu'une armée Autrichienne de douze mille hommes étoit entrée dans les vallées d'Appenzell, où elle mettoit tout à feu & à fang. Les Appenzellois inftruits à combattre, & point du tout à effrayer par des menfonges allarmans, eurent d'autant moins de peine à ajouter foi à cette nouvelle, qu'ils favoient que leur pays étoit alors fans défenfe. Ainfi, abandonnant leurs conquêtes, & s'éloignant précipitamment du Tirol, ils allerent à grandes journées, vers les vallées d'Appenzell, dont ils croyoient trouver les villages & les hameaux incendiés, leurs femmes, leurs enfans masfacrés ou emmenés captifs, & leurs champs dévaftés. Mais, de retour dans leur patrie, ils furent agréablement furpris, de la retrouver tout auffi tranquille qu'elle l'étoit lorfqu'ils en étoient partis. L'hiver approchoit, & ils furent obligés de remettre la fuite de leurs opérations à l'année fuivante.

*Stratagême des Autrichiens pour éloigner les Conquérant.*

Quoique la valeur des Appenzellois n'eut point dégénéré pendant l'Intervalle de repos qu'ils avoient été contraints de prendre, leurs hoftilités ne furent pas auffi heureufes à beaucoup près, qu'elles l'avoient été jufqu'alors. Après avoir été pour la feconde fois affiéger la petite ville de Wil, dont ils s'emparerent, & d'où ils amenerent prifonnier l'Abbé de S. Gall, qui s'y tenoir caché, ils firent une incurfion dans le Turgaw & le Comté de Kibourg: mais ils y éprouverent une réfiftance à laquelle ils ne s'attendoient point; car ils n'étoient pas informés, que ce pays, abandonné par la maifon d'Autriche, avoit eu recours au Canton de Zurich, (3) qui, l'ayant pris fous fa protec-

*La victoire abandonne les drapeaux des Appenzellois.*

Sect. V.
*Hiftoire de la Suiffe*
1389-1443.

(1) Etterlin. f. 59.

(2) Ce Corps croyant fe rendre plus formidable, s'étoit donné le nom de *Bande infernale;* on lifoit cette infcription fur fes enfeignes. *Satan! nous combattons fous tes aufpices, nous voulons t'immoler ces coquins de payfans, que nous tuerons en ton nom, ou bien nous confentons à être nous-mêmes ta proie.* Valfer.

(3) Goetz, Avoyer de Wintherthur, avoit confeillé aux habitans du Turgaw & de Kibourg de recourir à Zurich: ce Confeil qui fut fuivi, couta, quelques années après, la vie à Goetz qui l'avoit donné. *Hift. des ligues & des guerres de la Suiffe.* T. 2. p. 106.

Sect. V.
*Histoire de
la Suisse*
1389-1443.

*Siege de
Bregentz.*

*Les Appen-
zellois sont
battus.*

*L'Empereur
Albert par
sa médiation,
termine
cette guerre.*

*Conditions
du traité de
paix.*
1418.

tion, y avoir fait passer des troupes. Repoussés par les Zuricois, les Appenzellois crurent se dédommager par la prise de Bregentz, &, quoique dans les jours les plus rigoureux de l'hiver, ils allerent former le siege de cette ville. Cette entreprise ne leur réussit pas, elle leur fut au contraire funeste; car, le Duc de Wirtemberg, Général Autrichien, à la tête d'une armée, s'étant approché à la faveur d'un brouillard fort épais, il fondit inopinément sur les assiégeans, les surprit, les mit en déroute, les battit complettement, & leur tua beaucoup de monde. Les suites de cette victoire furent très-malheureuses pour les Appenzellois, qui furent obligés, non-seulement de lever le siege, de Bregentz; mais d'abandonner toutes leurs conquêtes d'au-delà du Rhin, & eussent été plus malheureuses encore, si les Autrichiens eussent suivi le conseil que leur donnoit le Chevalier de Landenberg, d'aller dans les vallées d'Appenzell, achever la déroute des vaincus (1).

Heureusement pour les Appenzellois, le conseil de Landenberg ne fut point écouté; & eux-mêmes, au lieu d'aller défendre leurs foyers, ne songerent qu'à rappeller la fortune, & à se venger des échecs qu'ils avoient essuyés; enforte que cette guerre, qui, consistant plûtôt en courses & en rencontres, qu'en batailles-générales & en actions décisives, & qui duroit depuis environ sept années, se soutint encore quelque tems, & jusqu'à ce que l'Empereur Robert, successeur d'un Empereur encore vivant, (Wenceslas,) & qui, n'étant rien moins que possesseur paisible du trône impérial, cherchoit à se concilier l'affection des Etats de l'Empire, parvint à force de soins, d'exortations & de démarches, à faire entrer les Appenzellois & leurs ennemis dans les vues de pacification. Albert lui-même se rendit à Constance pour terminer ces troubles.

Outre la célébrité que la valeur des Appenzellois leur avoit acquise durant cette longue querelle, ils s'étoient encore rendus maîtres de cinq villes & de cinquante deux châteaux. Suivant les conditions du traité de paix négocié par l'Empereur, ces villes furent rendues, & ces châteaux, quoique demantelés, furent restitués à leurs anciens possesseurs. La ligue formée entre les hahitans d'Appenzell, & les bourgeois de S. Gall fut annullée; mais les premiers reçurent, sinon leur ancienne indépendance, du moins beaucoup de priviléges, en échange de la liberté qu'ils rendirent à l'Abbé Conrad de Stauffen leur prisonnier; & ces priviléges étoient si étendus, qu'ils équivaloient presque à une liberté totale. Quant à Frédéric, les terres qui lui avoient été enlevées lui furent restituées, à l'exception de celles que les conquérans avoient données au Canton de Schweitz; ils ne voulurent point que leurs donataires s'en dessaisissent, & ce point de contestation fut remis à la décision de la Chambre impériale. Ainsi, pour avoir trop voulu abuser de son autorité, & resserrer la chaîne dans laquelle Stauffen prétendoit retenir les Appenzellois; ses sujets dont il avoit crû pouvoir impunément faire des esclaves, ne furent plus pour lui, tout au plus que des vassaux libres, (2) qui

_____

(1) *Et ecce quidam Berengarius Nobilis de Landenberg brevissimè defunctus magna voce clamavit; nunc interficiemus mulieres cum parvulis suis ne forte vivendo crescant; & fiant viri paventibus pejores, & prosequantur nos.* Malleolus in *Thesaur.* f. 6.

(2) Le pays d'Appenzell se mit peu-à-peu en liberté, en se rachetant de l'Abbaye

Sect. V.
Hiftoire de
la Suiffe
1389-1443.

Indépendan-
ce totale des
Appenzel-
lois.

:ne lui rendirent plus qu'un vain & ftétile hommage , & qui , jaloux des privileges qu'ils venoient de fe faire accorder, les étendirent infenfiblement, tantôt par des refus, & tantôt à force armée, au point , que dans la fuite, un
Abbé de S. Gall, fatigué d'avoir toûjours à lutter contre les habitans de ces
vallées, leur vendit le peu qu'il lui reftoit de droits feigneuriaux & honorifiques dans ce pays. Cette vente fut faite en 1566, & elle affura pour jamais l'indépendance des Appenzellois.

Pendant que l'Empereur Robert s'occupoit, dans la vue de fortifier fon
parti, du foin de pacifier la Haute-Allemagne, il étoit fort éloigné lui-même
de goûter les douceurs de la paix qu'il cherchoit à procurer aux autres; l'Allemagne étoit divifée comme l'Empire; & l'anarchie de l'Empire n'étoit qu'u-
:ne trop fidele image des défordres & de la confufion qui agitoient le refte de
l'Europe. En effet, Robert n'avoit qu'une partie du trône impérial qui étoit *L'Allema-<br>gne divifée<br>entre deux<br>Empereurs.*
en même tems occupé par Wenceflas (1). Chacun de ces monarques avoit
fa faction, fes partifans, fes ennemis; & dans le nombre de ceux-ci, il en
étoit qui fe prétendoient au-deffus de l'Empereur lui-même, quel qu'il fut.
Tel étoit l'Electeur Palatin, qui fe difoit juge fuprême, du Chef même de
l'Empire, qui jufqu'alors, pourtant, n'avoit point reconnu de juge fupérieur.
Les fujets de l'Empire n'étoient, ni plus conféquens, ni plus juftes que l'E-
lecteur Palatin. Ils vouloient que le Chef de l'Empire eût la plus grande
activité, qu'il eut affez de puiffance pour rendre fon autorité formidable, qu'il
fût toujours en état de punir, ou venger les torts faits à fa couronne, ou à
fes Peuples; & cependant, ils vouloient que ce même Chef ne fût environné que de beaucoup de fafte, d'une pompe uniquement extérieure, & n'eût
aucune autorité réelle. Ils vouloient que l'Empereur fut actif, & ils ne lui
laiffoient aucune fonction à remplir.

Fatigué du rôle puérile qu'on vouloir qu'il jouât, Wenceflas ne crut pas *Malheureu-<br>fe condition<br>du Chef de<br>l'Empire.*
devoir affecter une activité qui n'avoit aucun objet fur lequel il pût l'exercer,
& on le regarda comme un Prince oifif & fainéant, inhabile à gouverner les
hommes, & incapable d'occuper le rang où on l'avoir élevé. Les Prêtres
pour lefquels il avoir eu l'imprudence de marquer fort peu d'attachement, le
calomnierent, & l'accuferent des vices les plus odieux; quelques Princes de
l'Empire lui imputerent les plus fcandaleufes débauches, & l'aliénation des
domaines impériaux. Ces dénonciations étoient fauffes; l'Anti-Pape Boniface
IX, ne pouvoit méconnoître leur abfurdité; mais il haïffoit Wenceflas; & déclarant ces accufations démontrées; il cabala avec tant de chaleur, que Wenceflas fut dépofé par une partie des membres du College Electoral, qui, mal-
gré la réclamation du refte du College, éleva fur le trône impérial Robert, *Robert<br>Anti Empe-<br>reur élu.*
Comte Palatin du Rhin, Anti-Empereur, protégé par l'Anti-Pape Boniface.

Quoique ce fchifme ne fut que trop capable de remplir l'Allemagne de

de S. Gall, & par les Privileges qu'il obtint de divers Empereurs, comme d'Albert, de
Fréderic, & de Maximilien. Les fept anciens Cantons le reçurent dans leur combourgeoifie & alliance, en 1411. Stumpf. p. 91. Walfer. p. 257. Simler. p. 215.

(1) L'Empereur Adolphe de Naffau avoit eu le même fort, & l'Empereur Louis de
Baviere, l'un des plus fages Monarques de fon fiecle, & le plus vertueux des hommes,
n'avoit pas été plus heureux; au contraire, il n'avoit ceffé d'être perfécuté, que lorfqu'il avoit ceffé de vivre.

SECT. V.
Histoire de
la Suisse
1389-1443.

*Schifme
dans la
Chrétienté.*

troubles, une cause encore plus active ajoutoit, à ce motif de division, & jetoit l'Europe entiere dans la plus inextricable confusion. Cette cause étoit le Schifme, qui depuis beaucoup d'années divisoit & déchiroit la Chrétienté (1). Grégoire VII, après avoir fixé, à l'exemple de fept de fes prédéceffeurs, fa réfidence à Avignon, mécontent de la Cour de France, alla, en 1377, rétablir le S. Siege à Rome. Bientôt il y mourut; la plûpart des Cardinaux étoient François, & le peuple Romain craignant que les fuffrages ne fe réüniffent fur l'un d'entr'eux, fe souleva, & le Conclave crut fagement devoir appaifer cette fédition en élevant au Souverain Pontificat, Barthelemi Boutillo, Cardinal Italien, qui prit le nom d'Urbain. Revenus de la crainte que leur avoit caufée l'émeute de la populace de Rome, les Cardinaux François prétendirent que l'infpiration du S. Efprit avoit été troublée, qu'elle n'avoit pas été auffi libre qu'elle eût dû l'être, ils fe retirerent à Fundi, protefterent que leur choix avoit été forcé, & par le nouveau Conclave qu'ils formerent, ils élurent Robert, Comte de Genève, qui prit le nom de Clément VI. Cette double élection fut fuivie de difputes très-vives entre les deux Pontifes, & de querelles fanglantes entre les diverfes nations de la Chrétienté,

*Troubles &
guerres que
ce Schifme
produifit.*

divifées entre les deux élus: ceux-ci épuiferent autant qu'il fut en eux les foudres de l'Eglife: ils s'anathématiferent, s'excommunierent l'un l'autre, fe déclarerent fchifmatiques, hérétiques, intrus, nommerent aux mêmes bénéfices, & fufciterent autant de querelles particulieres, qu'ils eurent de bénéfices à remplir; décrierent les indulgences l'un de l'autre, & tous deux en vendirent autant qu'ils trouverent d'imbécilles qui voulurent en acheter: ils moururent tous deux décorés du titre de Sainteté, & tous deux réciproquement excommuniés & légitimement damnés.

Pour comble de malheur; ou fi l'on veut, dé ridiculé, la mort de ces deux Papes, ne mit pas fin au Schifme; au contraire, elle ne fit qu'en accroître la violence: chaque faction ayant fes Cardinaux, ceux-ci fe hâterent de nommer un nouveau Pape; & comme il y avoit deux factions, il y eût auffi deux nouveaux Papes, qui ayant autant de raifon l'un que l'autre de fe croire légalement élu, ne manquerent point, à l'exemple de leur prédéceffeurs, de s'entr'anathématifer; de s'entr'excommunier, & de démontrer chacun la canonicité de fon élection avec tant de force & d'évidence, qu'il n'y avoir abfolument que Dieu qui pût favoir lequel des deux étoit fon Lieutenant fur terre; & qu'entre les deux Pontifes, S. Pierre eût été dans l'impoffibilité de démêler avec juftefle fon véritable fuccefleur.

On fent bien que l'Empire étant tout auffi divifé que le Sacerdoce; les Empereurs étoient néceffairement partagés (1), l'un des Céfars adhéroit au Pape de Rome, & l'autre au Pape d'Avignon. L'univerfité de Paris, qui

*Expédient
propofé par
l'univerfité
de Paris.*

formoit dans ce tems, l'un des corps le plus éclairé de l'Europe, fut confultée, & décida que le feul moyen de mettre fin aux troubles qui agitoient la Chrétienté, étoit d'affembler un Concile, toute la difficulté confiftoit à convoquer légalement cette affemblée: car, l'Empereur avoit feul le droit d'affembler les Cardinaux & les Evêques; & comme il y avoit deux Empe-

___

(1) Stumpf. Hiftor. Concil. Conft.
(2) Tfchudi. T. 2.

reurs chacun d'eux ayant son Pape & ses Cardinaux, au lieu d'un concile, il y eut deux conciliabules, l'un à Ficence, dans le Frioul, présidé par l'Empereur Robert, & dirigé par Grégoire XII, qui s'y fit assurer la thiare, l'autre à Pise, en Italie, assemblé par Wenceslas & par le Roi de France; dans lequel les deux Papes furent déposés, & le Souverain Pontificat décerné à Alexandre VI, qui mourant peu de tems après, fut remplacé par Balthasar Cossa; sous le nom de Jean XXIII; de maniere que, graces à la profonde sagesse des P. P. qui formerent ces conciliabules, au lieu de deux Papes, il y en eut trois, ce qui ne fit qu'ajouter aux troubles qui duroient depuis si longtems, la violence d'une troisieme faction, & rendre la dispute interminable.

Tandis que les Puissances Européennes s'armoient & combattoient les unes contre les autres, pour savoir lequel des trois Compétiteurs resteroit seul Chef de l'Eglise, les huit Cantons Suisses confédérés, regardant avec raison comme tout à fait étrangere à leurs intérêts la dispute des deux Empereurs & celle de Papes, resterent dans une profonde & sage indifférence, observant au milieu des guerres qui embrasoient l'Europe, une exacte neutralité. Pendant ces divisions, ils ne songerent qu'à leur propre intérêt, &

tandis que la plûpart des Seigneurs de leur voisinage s'épuisoient pour défendre l'un ou l'autre des deux Empereurs, ou l'un des trois Papes; & que, divisés entre ces Potentats, comme le reste des Princes de l'Empire & de la Chrétienté, ils se faisoient une guerre fanatique & cruelle, les Cantons, à la faveur du calme qu'ils s'étoient procuré, assuroient leur indépendance, fortifioient leur union, & chacun d'eux étendoit sa puissance, soit par des acquisitions nouvelles, soit par des pactes d'alliance, qui, sous le nom de Combourgeoisie, (1) leur assuroient de nouveaux alliés & des concitoyens.

C'étoit ainsi qu'en 1388, Berne avoit reçu au nombre de ses bourgeois, les habitans de Bonneville, bourg fort peuplé, & situé sur les bords du lac de Bienne. C'étoit ainsi, qu'en 1403, la ville de Fribourg, fatiguée du joug que vouloient lui imposer ses maîtres, aussi faciles à l'opprimer, qu'à l'abandonner dans les circonstances les plus embarrassantes, sentant d'ailleurs combien seroient facheuses pour elle les suites de la décadence de son ancien appui, la maison de Kibourg prête alors à s'éteindre, s'allia à Berne par des lettres de combourgeoisie. Enfin, ce fut ainsi que les Chanoines de Neufchatel, ayant eu quelque différend avec le Comte Conrad de Fribourg, leur seigneur, (2) & les bourgeois de cette ville ayant eu aussi des sujets de mécontentement, s'adresserent à Berne qui leur accorda des lettres de bourgeoi-

---

(1) Il est vrai que la Bulle d'or avoit prohibé ces sortes d'alliances, mais Berne prétendoit que les lettres de confortemain l'autorisoient à donner des Combourgeoisies.

(2) Louis, Comte de Neufchatel étoit mort en 1373, sans enfans mâles: Isabelle sa fille aînée, épousa son parent, Rodolphe de Neufchatel, Comte de Nidau & de Fribourg, qui fut tué devant Buren, en 1375. Isabelle, en 1394, institua pour son héritier, Conrad, Comte de Fribourg, fils de Vérène sa sœur, & ce Prince débuta dans sa régence par une recherche si rigoureuse des domaines aliénés par ses prédécesseurs, qu'il engagea, par sa sévérité, les Neufchatelois à recourir à Berne. Tschachtlan. Stettler. T. I. p. 105.

fie, moyennant un tribut annuel de deux marcs d'argent. Conrad de Fribourg vivement ulcéré de la déloyauté de ses sujets, mais n'osant se venger de crainte de s'attirer l'inimitié des Bernois, prit un parti violent, singulier, & que la plus aveugle colere pouvoit seule lui inspirer; il alla lui-même à Berne demander un brevet de bourgeoisie pour lui, ses descendans & pour tous les Etats de sa maison. Cette demande si favorable aux vues d'agrandissement de la République, fut très-volontiers accordée, au moyen d'un tribut annuel d'un marc d'argent, auquel le Comte se soumit; ensorte que pour se venger de ses sujets qui venoient de cesser de l'être, le Comte de Neufchatel, se donna, par la plus bizarre des démarches, le même maître qu'ils s'étoient donné; & il garda si peu de supériorité sur les Neufchatelois, que, par l'accord passé entre la République, lui & les habitans de Neufchatel, il fut statué que Berne seroit juge dans tous les différens qui pourroient s'élever entre le Comte & la ville; ce qui ôtoit toute autorité, toute jurisdiction au Comte de Fribourg. Ces combourgeoisies si avantageuses à tous égards, aux Républiques Suisses, subsistent encore dans toute leur force, & plusieurs ont été renouvellées de tems en tems (1). Ce traité fut fait le jour de S. George 1406; quatre ans après la République fit une acquisition nouvelle, qui ajouta considérablement à sa puissance.

Hugues de Montbelliard, Baron d'Ostranges, vexoit si despotiquement les habitans de cette baronie, composée de trois ou quatre villages, que les paysans ne pouvant plus supporter la violence de l'oppression, se souleverent & massacrerent le Baron d'Ostranges. Ce Seigneur étoit Vassal d'Amédée VIII, Comte de Savoie, & les meurtriers paroissoient ne pouvoir se dérober à la punition de leur crime: Mais Amédée, quelque desir qu'il eût de venger son Vassal, n'ôsa rien entreprendre, dans la crainte d'irriter Berne, qui paroissoit disposée à soutenir la cause des paysans; ceux-ci prétendant ne s'être portés à cet acte de violence, que dans le désespoir où les avoir reduits l'injustice de leur Seigneur, & pour l'intérêt de leurs privileges violés. La veuve du Baron indignée de l'inaction d'Amédée, & trop profondément ulcérée, pour rester sur les lieux où son mari avoit été assassiné, vendit la terre d'Ostranges à ce même Conrad de Neufchatel, qui venoit de se rendre Bourgeois de Berne, & il acquit cette Seigneurie à si bon marché, que les Bernois lui offrirent le remboursement du prix qu'il en avoit payé, & le solliciterent de leur céder cette acquisition.

(1) Dans le nombre de ces Combourgeoisies qui ont été renouvellées, est celle des Comtes de Neufchatel, par Rodolphe Margrave de Hochberg en 1458; par Philippe fils de Rodolphe, en 1486: par Louis d'Orléans Marquis de Rotelin en 1505; par Claude de Lorraine, Duc de Guize, comme tuteur de François d'Orléans Duc de Longueville; par Jacques de Savoie, Duc de Némours, en 1556; par Leonor d'Orléans Duc de Longueville en 1562. Le dernier renouvellement, en 1693, fut reconnu par S. M. le Roi de Prusse, dont l'acte d'investiture du 3 Novembre 1707, porte que cette Souveraineté lui est adjugée, ,, pour être, ledit Etat, par lui possédé comme indé-
,, pendant, inaliénable & indivisible, en conservant les libertés, franchises, privileges
,, & immunités, tant des Bourgeois, que des autres peuples de cet Etat; les conces-
,, sions accordées par les précédens Souverains tant au Corps qu'aux particuliers du
,, pays, & les traités d'alliance & de Combourgeoisie faits & dressés avec les Etats voi-
,, sins. Hist. de la Conféd. Helvet. Liv. 5. p. 166.

Une follicitation femblable étoit un ordre, &, comme bourgeois de Ber-ne, Conrad ne pouvoir, fans s'expofer, fe refufer à cette demande: il y confentit, & Oftranges devint l'un des domaines de la République; & ce domaine ne coura rien aux Bernois, car *les fept mille florins* qu'ils donne-rent à Conrad, leur furent bientôt rendus pas les habitans d'Oftranges, que le Sénat Bernois condamna à une amende de pareille fomme, en ex-piation du crime dont ils s'étoient rendus coupables en maffacrant le Baron. d'Oftranges.

Sect. V. *Hiftoire de la Suiffe* 1389-1443.

L'Etat de Neufchatel ne fait en aucune maniere, partie du Corps Helve-tique; il n'a ni voix, ni féance dans les dietes; mais il eft fitué dans les li-mites de la Suiffe, & fort étroitement uni avec plufieurs des membres de ce Corps: d'ailleurs, la Confédération Helvetique a fur cet Etat une fi puiffante influence, qu'il faut jeter un coup d'œil fur fa fituation, la forme de fon gouvernement, fes ufages, & les mœurs des Neufchatelois.

*Neufchatel n'eft point membre du L. Corps Helvet.*

La Principauté de Neufchatel eft fituée aux pieds du mont Jura, dont elle fait partie, & fur les bords du grand & beau lac qui porte auffi le nom de Lac de Neufchatel. Cet Etat eft borné au Nord par les terres de l'Evêché de Bâle, à l'occident par la Franche-Comté, à l'orient & au midi, par les Cantons de Berne & de Fribourg. Il a fix lieues de largeur fur une lon-gueur de douze: il renferme trois villes, quarre-vingt-fix villages fort peu-plés, & environ trois mille métairies éparfes dans la campagne. Les habi-tans font ingénieux, adroits, polis & d'une fagacité qui les rend très-propres aux fciences & aux arts. Laborieux & pleins d'intelligence, ils aiment & cultivent le commerce avec le plus grand fuccès; leurs foires font riches, très-fréquentées, & il s'y fait des affaires fort confidérables. On ne repro-che qu'un défaut aux Neufchatelois; & il faut avouer que ce reproche n'eft que trop fondé; entraînés par l'efprit de chicane, ils aiment fi fort les procès, qu'ils font perpétuellement à contefter devant les juges, & que tout eft pour eux matiere de procès.

*Situation de Neufchatel & caractere des habi-tans.*

Il n'eft point en Europe de conftitution femblable à ce petit Etat: c'eft en même tems une Souveraineté & une République; mais le Prince n'y exerce aucune autorité, & quoique la République fe dife fujette, elle ne laiffe au Prince que les honneurs de la Souveraineté; elle fe charge feule & exclufivement du foin de fe gouverner, comme elle laiffe aux Bernois, fes combourgeois, le foin de la protéger. Du refte, la République de Neufchatel jouir de tous les attributs & de tous les privileges d'une Puiffance fuprême & indépendante; c'eft elle qui envoie des Ambaffadeurs, & qui traite d'égal à égal avec fes voifins: quelques foibles preftations annuelles & fixes, font l'u-nique tribut qu'elle paye à fon Prince, qui lui laiffe le pouvoir légiflatif & le droit de rendre juftice, & qui ne peut, en aucune circonftance, ni fous quelque prétexte que ce foit, aliener, céder, ou engager ce pays. Ainfi, le Roi le plus abfolu qu'il y ait en Allemagne, a pour fujets les citoyens li-bres & fouverains de Neufchatel, dont il eft obligé de refpecter les loix & la conftitution.

*Singuliere conftitution de Neuf-chatel.*

La ville de Neufchatel, l'une des plus anciennes de la Haute-Allemagne, eft grande, & paroît l'être davantage, conftruite, comme elle eft, en forme d'amphithéatre fur les bords du lac. Au deffus de cet amphithéatre, eft un

SECT. V.
Histoire de
la Suisse
1389 1443.

Du Conseil
d'Etat.

antique château, où réside le Gouverneur, qui, représentant le Prince, jouit de beaucoup d'honneurs & de nulle autorité, qui à le droit d'assister au Conseil, & même d'y siéger couvert, mais qui, dans aucun cas, ne peut y opiner. Toute l'autorité réside dans le Conseil d'Etat, dont les membres sont nommés à la vérité par le Souverain, mais qui ne peut y admettre que des Neuschatelois. Quelle que soit cependant la puissance de ce Conseil, elle est subordonnée au Sénat, nommé *les Trois Etats*, & qui revoit tout ce qui a été fait dans le Conseil d'Etat. Le Sénat est composé de quatre gentilshommes, des quatre Maires de la campagne & de quatre Sénateurs de la ville. C'est ce Corps qui exerce dans toute sa plénitude la puissance suprême.

Réligion professée à Neufchatel.

La Religion protestante est la seule qu'on professe dans ce pays, & elle y est professée avec la plus grande rigidité. Il n'y a que dans la Baronie de Landeron, composée d'une petite ville, & de trois ou quatre villages, où l'on professe le Catholicisme. Le François est la langue du pays. Ces observations paroissent suffire pour donner au Lecteur une idée de Neufchatel. Reprenons la suite des faits.

Mécontentement des Seigneurs de la Maison d'Autriche.

Les Seigneurs ne voyoient qu'avec ressentiment, les effets de ces combourgeoisies, qui, sans qu'ils pussent s'y opposer, leur enlevoient, leurs sujets irrévocablement. La maison d'Autriche sur-tout étoit fort ulcérée contre les Suisses, qui, au moyen de ces combourgeoisies, étendoient leur puissance, & acqueroient à ses dépens de nouveaux citoyens. *Fréderic aux poches vuides* eût voulu se venger des Bernois & des Fribourgeois, qui ne paroissoient plus garder ni mesures, ni ménagemens dans ces sortes d'associations : mais il n'étoit point en état d'éclater contre ces deux villes, & il se livra, aux environs de Zurich à son ressentiment. Plus haut il a été raconté que Goetz, Avoyer de Winterthur, avoir conseillé aux habitans du Turgaw & du Comté de Kibourg, de recourir à la protection de Zurich. Le Comte Herman de Soultz, fit saisir par ordre de Fréderic, le malheureux Goetz, & le fit inhumainement noyer.

Cet acte de sévérité contre un citoyen libre & un Magistrat, aigrit beaucoup les Suisses contre Fréderic ; & le désir de se venger fut en eux d'autant plus violent, que la treve entre les Suisses & la Seigneurie d'Autriche étoit alors presqu'à la veille d'expirer ; ensorte que de part & d'autre on se prépara à de nouvelles hostilités. Les Suisses, ainsi que les Seigneurs désiroient la guerre, & les prétextes de la commencer ne manquoient ni aux uns ni aux autres : les hostilités étoient même déjà très-vives entre les Bâlois ; & Cathérine de Bourgogne, veuve de Léopold d'Autriche, qui avoit des prétentions sur l'un des fauxbourgs de la ville de Bâle. Cathérine tenta de s'assurer par la force, les droits que les Bâlois lui contestoient ; la dispute s'anima, il y eut de part & d'autre des défis insultans & des entreprises ruineuses ; les villages des environs furent le théâtre de la guerre ; ils furent incendiés, les campagnes ravagées, les forêts abattues, & les habitans écrasés.

Hostilités entre Cathérine de Bourgogne & les Bâlois.

Berne & Soleure défendirent la cause des Bâlois leurs alliés ; les Ducs d'Autriche embrasserent les intérêts de Cathérine de Bourgogne ; Ces dispositions entraînoient inévitablement une guerre meurtriere. L'esprit de mésintelligence, de division & de discorde s'étendoit de contrée en contrée, & la

cou-

Sect. V.
*Histoire de
la Suisse*
1389-1443.

*Nouvelle
guerre des
Suisses dans
le Milanez.*

confiance des Suisses en leurs forces étoit telle, qu'au plus léger prétexte, ils recouroient à la voie des armes. Une contestation légere en foi, mais aigrie par les circonstances, suscita une nouvelle dissention. Cette partie du duché de Milan, qui est désignée aujourd'hui sous le nom des quatre bailliages d'Italie, servoit au midi, de frontiere au Canton d'Uri; les officiers du Duc de Milan exigeoient sur ce terrein des péages, que les habitans d'Uri & d'Unterwald prétendoient être exempts de payer: ces officiers, sous prétexte de refus, enleverent quelques bestiaux appartenans aux citoyens de ces deux Cantons: ceux-ci se plaignirent amerement au Duc de Milan, qui ne leur donna point satisfaction: cette négligence parut injurieuse aux Suisses, sollicités dans le même tems par les habitans de la vallée de Livinen, (1) qui s'étoient récemment donnés à eux, d'arrêter les vexations qu'on leur faisoit souffrir au nom du même Souverain.

Unterwald & Uri réclamerent l'appui de leurs confédérés, & tous les Cantons se réunirent pour se faire rendre raison par la voie des armes. Ils firent plusieurs incursions sur les terres du Duc de Milan & s'emparerent de Domo d'Ossella & de toute la vallée: ils se retirerent ensuite. Mais à peine ils se furent éloignés, que les habitans de cette vallée se révolterent: les Cantons revinrent sur leurs pas, & soumirent les rebelles: ceux-ci se révolterent une seconde fois, ils furent encore soumis, & pour les contenir, les Suisses y établirent François Bronn en qualité de Baillif. Mais Bronn n'eut ni assez d'adresse, ni assez de puissance pour contenir ces habitans, dont les fréquens soulèvemens attirerent chez eux les Suisses, qui y firent assez inutilement plusieurs courses, dont l'unique fruit fut de leur faire perdre beaucoup de soldats. A la fin cependant, les hostilités cesserent, & tout paroissoit tranquille, lorsque la mésintelligence divisa les conquérans. Il s'éleva quelques difficultés entre les Cantons d'Uri & d'Unterwald, au sujet du comté de Bellinzone, dont chacun des deux Cantons prétendoit avoir la possession. Cette dispute fut très-longue, & ne fut même entierement terminée qu'en 1426; car ce fut seulement alors, qu'il fut réglé que le Duc de Milan demeureroit en possession d'Ossella & du comté de Bellinzone; ensorte qu'après bien des combats, des dépenses ruineuses, & des pertes considérables, les Suisses ne retirerent aucune sorte d'avantage de leurs courses dans le Duché de Milan: mais ils ne prévoïoient point alors quels torrens de sang ils devoient dans la suite répandre infructueusement dans le même pays.

Tandis que pour quelques bestiaux enlevés aux citoyens d'Unterwald & d'Uri, les Cantons faisoient à grands frais une guerre inutile contre le Duc de Milan; toujours en garde contre les prétentions de l'Abbaye de S. Gall & les projets de la Maison d'Autriche, les Appenzellois sentant leur insuffi-

---

(1) La vallée de Livinen, en latin *Vallis lepontina*, s'étend depuis le S. Gothard jusqu'à val Maggio & val Brennia. Le Tezin prend là sa source: c'est, dit-on, le pays le plus élevé de l'Europe. Dans un circuit de quatre lieues de France, on rencontre les sources du Rhin, de la Reuss, du Tezin & du Rhône: à peu de distance, on trouve aussi la source de l'Aar. C'étoit anciennement le siege principal des Lepontiens. Le S. Gothard est nommé par les Auteurs Latins *Summæ Alpes*, le Grand S. Bernard, *Alpes Penninæ*, & le petit S. Bernard, *Alpes Grajæ*. Tschudi. *Descript. des Alpes.* p. 98, 99. 100, 101 & 102.

Sect. V.
Hiftoire de
la Suisse
1389-1443.

fance contre ces deux Seigneurs unis, ne ceſſoient de ſolliciter l'appui & la protection du Corps Helvétique. Leurs démarches furent ſi vives & ſi ſoutenues, que les huit Cantons les reçurent enfin ſous leur protection, & leur accorderent des lettres de combourgeoiſie (1). Il eſt vrai que le traité même de cette union, marque la ſupériorité la plus ſenſible des Cantons, & le beſoin preſſant des Appenzellois, qui s'obligerent de ſervir les Cantons gratuitement toutes les fois qu'ils en ſeront requis; tandis que les Cantons ne s'obligeoient de ſervir les Appenzellois, qu'à la charge par ceux-ci de payer les troupes qui leur ſeroient fournies. Les habitans d'Appenzell s'obligent de ſoumettre leurs différends à l'arbitrage des Cantons, qui ne s'engagent pas même à donner connoiſſance aux Appenzellois des conteſtations qui pourront ſurvenir entr'eux, quoiqu'ils leur faſſent promettre de ne pas demeurer neutres lorſque ces cas arriveront, mais d'adhérer toujours à la pluralité des Cantons qui les appelleront. Ce traité dont les Suiſſes ſe reſerverent l'interprétation & les changemens que les circonſtances pourroient exiger, fut rédigé dans le mois de Novembre 1411, & il ne laiſſoit gueres eſperer aux habitans des vallées d'Appenzel, que dans la ſuite leur pays deviendroit le treizieme Canton du L. Corps Helvétique.

Avantages
que les Cantons unis tirent de leur
ſupériorité
ſur les Appenzellois.

Quelqu'inégalité qu'il y eut dans ce traité, les Appenzellois en furent très-ſatisfaits, & la maiſon d'Autriche d'autant plus vivement irritée, qu'elle ne pouvoit voir ſans indignation les Suiſſes ſe liguer avec tous ceux de leurs ſujets qui tentoient de ſecouer le joug de la dépendance. De part & d'autre la guerre s'alluma avec une vivacité qui ne laiſſoit gueres entrevoir de moyen de pacification. Cependant le Comte Louis, Palatin du Rhin (2), s'étoit donné les plus pénibles ſoins pour tâcher de terminer ces querelles; mais il n'avoit pû réuſſir, & la mort de ſon Pere, l'Empereur Robert, l'avoit obligé d'abandonner cette négociation, pour ſonger à ſes propres affaires. Le Margrave de Hochberg, fut plus heureux, & à force de démarches, il parvint à mettre d'accord Catherine de Bourgogne & les Bâlois; le traité de paix fut ſigné à Enfisheimb, à la ſatisfaction des deux partis.

Traité de
paix entre
Catherine
de Bourgogne & les
Bâlois.

L'exemple des Bâlois & de Catherine de Bourgogne ralentit les hoſtilités que ſe faiſoient les Seigneurs de la Maiſon d'Autriche & les Suiſſes; ils comprirent combien il importoit aux uns & aux autres de mettre fin à une diſpute qui ne pouvoit que les affoiblir & les épuiſer mutuellement, la treve qui ſubſiſtoit encore entr'eux, treve fort mal obſervée, étoit ſur le point d'expirer, elle fut renouvellée & prolongée à cinquante ans. Cet accord heureux fut ſigné à Bade, dans le pays d'Argaw, par le duc Fréderic, & par les ambaſſadeurs des huit Cantons. Le traité étoit rédigé avec tant de ſageſſe, & ſi bien cimenté, qu'il paroiſſoit que rien ne pourroit déformais alterer cette treve. Mais ceux que l'on croyoit les plus incapables d'en violer les clauſes, furent préciſément ceux qui ſe laiſſerent engager à l'enfreindre, ſans cependant qu'on put les accuſer de manquer à la bonne foi qui les avoit toujours

Treve entre
la maiſon
d'Autriche
& les Cantons Suiſſes.
1412.

Les Suiſſes
violent la
Treve.

_____

(1) Cette Combourgeoiſe différe de celles dont il a été parlé, & eſt déſignée ſous le nom de Combourgeoiſie Agreſte; en Allemand, Landrecht.

(2) Le Comte Louis Palatin du Rhin, fils de l'Empereur Robert, étoit ſon vicaire dans cette Partie de l'Empire; ainſi la mort de ſon pere Robert, apportoit un changement très ſenſible à ſa ſituation.

caractérifés. Les Suiſſes crurent avoir de juſtes raiſons de recommencer la guerre, & ils ſe laiſſèrent perſuader; voici à qu'elle occaſion (1).

L'Empereur Robert étoit mort. Sigismond Roi de Hongrie, avoir réuni les ſuffrages des Electeurs, & obtenu la couronne impériale. Sigismond étoit frere de Wenceſlas Empereur dépoſé, qui, par ſon inconduite baſſe & crapuleuſe, mérita la dépoſition qu'il avoir eſſuyée & qui conſentit à abdiquer en faveur de ſon frere la petite partie du trône impérial qu'il conſervoit encore; de manière que par cette-abdication, l'Empire n'eût enfin qu'un chef; & ce Chef fut d'autant plus reſpecté, qu'on ſe ſouvenoit des malheurs qu'avoit cauſé le ſchiſme long & meurtrier qu'on venoit d'éprouver.

Sect. V.
Hiſtoire de la Suiſſe
1389-1443.
Sigismond ſeul Empereur.
1412.

Mais ſi le ſchiſme de l'Empire avoir pris fin, celui qui déchiroit l'Egliſe étoit encore dans toute ſa violence; & s'il étoit quelque Monarque en état de faire ceſſer le trouble & la confuſion qui rempliſſoient l'Europe, ç'étoit ſans doute Sigismond, qui, à la plus inébranlable fermeté, à la conſtance la plus ſoutenue, joignoit une très-grande activité, & la prudence la plus conſommée: auſſi s'occupa-t il tout entier des moyens de rendre la paix à l'Egliſe & aux peuples: il paſſa en Italie, & ſa préſence en impoſa aux petits Souverains, qui, à la faveur du déſordre, s'étoient, dans ces contrées, érigés en tyrans. Il eut deux conférences, l'une à Lodi, l'autre a Plaiſance, avec Balthazar Coſſa, l'un des trois Papes, qui avoit pris le nom de Jean XXIII, & qui, chaſſé de Rome, par le Roi de Naples Ladiſlas, erroit dans l'Italie. Il vint auprès de Sigismond pour tâcher de l'intéreſſer à ſa cauſe. Sigismond n'eſtimoit pas plus Balthazar Coſſa que Pierre de Luna, qui, protégé par le Roi d'Arragon, ſe diſpoſoit à paſſer d'Avignon, où il étoit déteſté, à Perpignan, & il n'avoit pas plus de vénération pour Luna, que de reſpect pour Ange Cotrario, troiſieme Pape, qui vivoit caché dans un château des environs de Rimini, des bienfaits d'un Gentilhomme qui le protégeoit & lui donnoit aſyle.

Il ſe lie avec Jean XXIII.
1413.

Sigismond affecta de traiter Jean XXIII, en Pape légitime, & il lui perſuada que le plus ſûr moyen de reſter ſans concurrent ſur la Chaire Pontificale, étoit d'aſſembler un Concile univerſel, auquel il préſideroit, & dont lui-même, en qualité de Chef de l'Empire, ſe chargeroit de faire exécuter les décrets. Balthaſar Coſſa, flatté de l'eſpérance de triompher de ſes deux rivaux, applaudit à l'avis de l'Empereur, qui le fit encore conſentir à aſſembler ce Concile dans la ville impériale de Conſtance, quelque déſir, & même quelqu'intérêt que ce Pape eut de tenir ce Concile dans une ville d'Italie. L'Empereur ſe chargea de notifier la tenue de ce Concile aux deux Anti-papes, Grégoire XII, & Benoit XIII, & à tous les Princes Chrétiens, afin qu'ils y envoyaſſent tous les Evêques de leurs Royaumes. Enſuite, après avoir donné quelques conſeils utiles à Balthaſar Coſſa, jadis Pirate, & qui avoit retenu dans ſes mœurs libres & peu décentes, une empreinte ſenſible de ſon ancienne profeſſion, Sigismond repaſſa les Alpes, s'arrêta quelques jours à Berne, (2) alla prendre la couronne à Aix la Chapelle, &

L'Empereur perſuade au Pape Jean d'aſſembler un Concile.

Le Concile eſt convoqué à Conſtance.

(2) Tſchudi. T. 2. Etterlin. fol. 64. Guler. Rhetia. L. 13.
(1) Sigismond ſéjourna trois jours à Berne, logea au couvent des Dominicains, mangea au réfectoire, & but dans un même verre avec le Marquis de Montferrat &

Sect. V.
Histoire de
la Suisse
1389-1413.

Jean se lie
avec le Duc
Fréderic, en-
nemi de Si-
gismond.

revint dans la Haute-Allemagne, à Constance, où peu de tems après, le Concile commença à s'assembler.. Jean XXIII s'y étoit déjà rendu, & par une inconséquence qui lui devint funeste dans la suite,, il s'étoit étroitement lié avec Fréderic Duc d'Autriche, irrévocable ennemi de Sigismond.. L'imprudent Balthasar nomma Fréderic Capitaine de ses Gardes avec 6000 Florins d'appointemens, persuadé que le Duc d'Autriche, lui rendroit d'importans services dans le cas où le Concile ne se conduiroit point au gré de ses désirs, ou qu'il tenteroit de nuire à ses intérêts..

Cette assemblée fut très-nombreuse, & elle attira dans Constance plus de cent mille étrangers, dix-huit mille Ecclésiastiques, plus de quatre-vingt mille laiques, une foule d'ambassadeurs, de Princes, & enfin, l'Empereur & sa Cour, qui ne s'y rendirent qu'après la premiere session. Sigismond fut reçu en Chef suprême de l'Empire; & suivant le droit de sa dignité,, il alla descendre à l'Eglise Cathédrale, où le Pape Jean célébra la messe Pontificalement, tandis que Sigismond jouissant de tous les honneurs attachés à son rang, se revêtit d'un habit de diacre,, & chanta l'Evangile..

Arrivée de
Sigismond à
Constance.

Jusqu'alors, les deux chefs,. l'un de l'Eglise &. l'autre de l'Empire, avoient été unis par les liens de la plus heureuse concorde; mais par malheur, Sigismond ne tarda point à s'appercevoir des liaisons qu'il y avoit entre le Pape & Fréderic. L'Empereur lui même, qui n'étoit rien moins que constant dans ses amitiés, avoit été vivement sollicité par les Princes d'Italie d'abandonner Balthasar Cossa, ne voulant eux-mêmes abandonner leurs Papes qu'à cette condition. L'obstination de leur demande avoit déjà commencé à ébranler le Monarque;. & bientôt il pensa comme les Princes d'Italie & agit comme ils le désiroient. Jean XXIII ne put, comme il s'en étoit flatté,. se rendre le maître des délibérations. Les propositions qu'il fit furent mal accueillies; afin de soutenir son autorité chancellante, il se mit à intriguer;. & cette ressource n'eut pas plus de succès: il n'avoit pour lui que les Prélats Italiens: mais ceux-ci ne formoient que le plus petit nombre: &. dès la premiere session, Cossa put voir combien cette assemblée étoit défavorable, non-seulement à lui, mais encore à la suprématie de son rang, contre laquelle, personne jusqu'alors n'avoit soupçonné même qu'il fut possible de lutter. En effet, un Prélat Anglois proposa de statuer que déformais le Concile seroit audessus du Pape. Cette proposition fit d'abord frémir les auditeurs, de tous les tems accoutumés à regarder le Pape comme souverainement infaillible dans tous les cas & dans toutes les circonstances: mais de plus près examinée, cette proposition parut ensuite si raisonnable & si utile,, qu'il fut fait un décret qui fixoit invariablement sa supériorité sur le Pontife de Rome. Dès ce moment le crédit de Jean XXIII,. baissa sensiblement: il n'avoit pour appui que Fréderic, fort mal avec l'Empereur, & qui avoit d'ailleurs au Concile plusieurs ennemis personnels. Jean de Nassau, Electeur de Mayence, étoit encore dans les intérêts du Pape; mais il cabaia pour lui

Le Pape
tente vaine-
ment de se
rendre maî-
tre des déli-
bérations
du Concile.
1415.

Amédée VIII, Comte de Savoie. L'Empereur reçut dans cette ville les honneurs les plus distingués, & il fut traité avec tant de magnificence, que pendant trois jours seulement qu'il resta dans cette ville, il en couta deux mille francs à la République. Stumpf. Hist. Concil. Const.

avec tant de mal-adreffe, & follicita avec tant de hauteur, qu'il ne parvint qu'à aigrir le reffentiment de Sigismond.

Le mécontentement des P. P. du Concile contre le malheureux Pontife, fit en très-peu de jours de tels progrès, que dans la feconde feffion, on propofa de le contraindre, ainfi que fes deux compétiteurs, de renoncer à la Papauté, afin que l'on procédât à une nouvelle élection (1). Jean qui n'étoit venu à Conftance que dans la certitude d'affermir la thiate fur fa tête, refufa avec indignation la démarche qu'on exigeoit de lui; Sigismond l'exorta autant qu'il fut en lui, de fe foumettre à la décifion de l'Eglife affemblée; le Pape perfifta dans fon refus: L'Empereur irrité ceffa de le folliciter; mais il fit dreffer un mémoire dans lequel étoient raffemblées toutes les accufations vraies ou fauffes, portées contre les mœurs corrompues & la vicieufe doctrine de Jean, auquel il fit communiquer cette piece accablante, avec menace de faire inceffamment informer contre lui; & dans le même tems, commençant à le traiter en particulier criminel, qui pourroit être convaincu, il lui donna des gardes.

Effrayé de cette rigueur, Jean craignit, fe troubla, & dans la terreur qui s'empara de lui, il figna tout ce que l'Empereur voulut qu'il fignât. Cet acte de foumiffion lui valut un peu plus de liberté; les gardes cefferent de l'obferver fi vue, & il ne s'en vit pas plutôt débarraffé, que, fuivi de Fréderic d'Autriche, il s'éloigna précipitamment de Conftance, (2) déguifé en gendarme, vêtement plus analogue à fon caractere, que ceux du fuprême Pontificat; il marcha fans s'arrêter jufqu'à Schaffhoufe, & ne s'y croyant point en fureté, il alla s'enfermer à Neubourg fur le Rhin. Son départ caufa beaucoup de défordre à Conftance: fes adhérens prétendirent que le Concile étoit diffous par fon éloignement; le plus grand nombre foutint que la perfonne d'un Pape, & fur-tout d'un Pape expofé à une inévitable dépofition, n'ajoutoit rien à la légitimité, ni à l'autenticité d'un Concile. La difpute s'échauffa vivement: Conftance étoit remplie d'étrangers; les citoyens craignirent une émeute & le pillage: Sigismond par fon activité appaifa le trouble: il parut fâché pour le Pape de l'imprudente démarche qu'il venoit de faire, & très-irrité contre Fréderic, qu'il accufa de l'avoir confeillé, & par là d'avoir voulu rendre inutiles tous les fages projets du Concile. On affura, qu'au fond Sigismond fut très-aife d'avoir ce prétexte de s'enrichir des dépouilles de la maifon d'Autriche, dont la puiffance & l'élévation excitoient depuis longtems fa jaloufie. Auffi le Duc d'Autriche ne tarda-t-il point à être mis au ban de l'Empire comme Criminel de leze majefté, par cela feul, que Capitaine des gardes du Pape, il avoir efcorté le Pontife; il fut mis en même tems par le Concile au ban tout auffi redoutable de l'Eglife; fans doute comme complice de la fuite de Jean XXIII.

Sect. V.
Hiſtoire de
la Suiſſe
1389-1443.

Le pouvoir
du Concile
eſt déclaré
ſupérieur à
l'autorité du
Pape.

Jean
XXIII s'en
fuit.

La fuite du
Pape cauſe
beaucoup de
troubles dans
Conſtance.

(1) C'étoit une belle converfion à négocier que de faire goûter cet avis à Jean XXIII, lui, qui n'étoit venu à Conftance que pour s'affermir dans fa dignité, & qui au lieu de cela, auroit fait un Voyage de deux cens lieues, pour s'en retourner fimple particulier. *Hiſt. des Ligues & des guerres de la Suiſſe.* T. 2. p. 141.
(2) Stumpf. *Hiſt. Concil. Conſt.* p. 59.

Sect. V.
Histoire de
la Suisse
1389 1443.

*Il erre de Ville en Ville avec Frédéric & ne trouve de sûreté nulle part,*

Cependant les deux fugitifs, ne trouvoient par-tout que des sujets de crainte, des ecclésiastiques prêts à les excommunier, & des bourgeois, qui étoient déliés par l'Empereur & le Concile, du serment de fidélité qu'ils avoient prêté au Duc leur Souverain. Ils fuyoient, & leur crainte ne servant qu'à les décréditer encore davantage, augmentoit le nombre & aigrissoit la haine de leurs ennemis. Ils furent obligés de sortir de Lauffenbourg, où, se trouvant tout aussi peu en sûreté qu'ailleurs, ils se séparerent; Jean XXIII, pour se rendre à Neubourg, d'où il espéroit pouvoir passer dans la Bourgogne & Fréderic à Fribourg, où il étoit déterminé à attendre l'orage qu'il s'étoit attiré. Cet orage fut terrible, & Fréderic tomba dans la plus malheureuse situation; (1) ses vassaux lui refuserent tout devoir d'obéissance; ceux de ses serviteurs qu'il avoit le plus obligés l'abandonnerent; une foule de petits Souverains, de Seigneurs & de simples gentils-hommes lui envoyerent des défis insultans; le Peuple prit contre lui les armes, & pour comble d'humiliation, Jean de Lupfen, son maître d'hôtel, lui déclara la guerre.

L'Empereur rassembla toute cette foule de nobles & de simples sujets soulevés contre leur maître; il en forma une armée, dont il donna le commandement au Burggrave de Nuremberg: cette armée entra dans le Turgaw & s'en empara. Les PP. du Concile & de l'Empereur inviterent, par les plus pressantes sollicitations, les Suisses (2) à se charger de l'exécution du décret qu'ils avoient porté contre le Duc, sur les terres de ce Prince dans l'Helvetie. Les Suisses, pénétrés de la violence trop outrée de cette proscription, refuserent d'abord avec obstination de se charger de cette rigoureuse exécution: toutefois, à force de démarches, les Comtes de Lupfen & de Tockenbourg engagerent Berne à donner son consentement; les autres Cantons persisterent dans leur refus: mais vivement pressés par l'Empereur & l'Eglise assemblée, ils demanderent que dans le cas où ils accéderoient à ces instances réitérées, ils vouloient du moins que toutes les conquêtes qu'ils feroient dans cette guerre, fussent gardées & possédées en commun par les Cantons (3). Cette demande préliminaire irrita le Concile & l'Empereur qui les menacerent d'être traités eux-mêmes à toute rigueur, s'ils tardoient plus long tems d'obéir, non à l'invitation, mais à l'ordre qui leur étoit donné; enfin, que s'ils obéissoient, tout le pays qu'ils enleveroient au Duc leur seroit donné en propriété. Ne voulant point s'attirer eux-mêmes, par une plus longue obstination, une guerre qui leur seroit inévitablement funeste, les Cantons se déciderent enfin, à l'exception de celui d'Uri, (4) qui jura de garder une entiere neutralité. Les autres déclarerent la guerre à Fréderic. Mais comme les Bernois avoient été les premiers à se déterminer, ils protesterent qu'ils garderoient pour eux seuls les conquêtes qu'ils feroient; & en effet, ils ne voulurent point les partager dans la suite avec les autres Cantons: & comme ils s'étoient déclarés avant les autres, ils furent aussi les premiers à entrer en campagne, &, suivis des bourgeois de Soleure, du comté de Neuf-

*L'Empereur arme contre lui.*

*Les Cantons se déclarent aussi contre Fréderic.*

(1) Stumpher. Stettler.
(2) Tschudi. L. c. P. 12.
(3) Tschudi. L. c. p. 16.
(4) Stettler. p. 112.

eħatel & des Biennois, ils s'emparerent d'Araw, de Bruck, de Zoffingue, de l'Argaw presque entier, & du comté de Lenzbourg.

De leur côté, les Zuricois soutenus par la cavalerie impériale, se rendirent maîtres de la ville de Mellingen & du baillage de Dieticon. Surzée fut assiégée par les citoyens de Lucerne, qui ayant seuls réduit cette ville, la garderent, sans vouloir la faire entrer dans le partage commun: ils ne voulurent consentir qu'au partage des bailliages libres, qu'ils conquirent aussi. Ensuite, les troupes des sept Cantons s'étant réunies, elles s'avancerent vers Baden, dont elles formerent le siege. Cette ville bien fortifiée & défendue par deux châteaux (1) opposa une vigoureuse résistance, & le siege dura, avec une valeur égale de part & d'autre, pendant plusieurs mois.

Pendant ce siege, Sigismond, satisfait du mal qu'il avoir fait à Fréderic, se raccommoda avec lui, & notifia la paix aux Suisses: mais comme la garnison de Wintherthur continuoit ses courses contre les Zuricois, les Cantons, malgré la publication de la paix, continuerent le siege de Baden, & s'emparerent des deux châteaux. Sigismond feignit d'être fort irrité; mais les Suisses lui ayant rendu compte des raisons qu'ils avoient eu de se venger, il parut satisfait de leur conduite.

Cette guerre valut de riches possessions aux Cantons; ils avoient considérablement augmenté leurs domaines aux dépens de ceux du Duc d'Autriche: ils trouverent encore un nouveau moyen de s'étendre, par la facilité qu'eût Sigismond, toujours pressé d'argent, & toujours prêt à s'en procurer, de leur céder, pour des sommes assez légeres, des terres de très-grande valeur. Ce fut par le besoin où son inconduite le réduisit, qu'il engagea la Turgauvie, avec l'Advoyerie & la haute justice de Frawenberg à la ville de Constance. Ce fut aussi par le même motif qu'il rendit Stein, Dieffenhofen & Wintherthur au Duc d'Autriche. Au mépris des promesses qu'il avoit faites aux Cantons, & qui avoient été ratifiées par le Concile, il tenta de les obliger de restituer leurs conquêtes au Duc Fréderic: mais les Suisses réclamerent la foi du traité, & refuserent obstinément de faire cette restitution: & afin de le faire renoncer à cette demande, ils lui offrirent une somme de 4500 florins, pour laquelle il leur hypotéqua Baden, Melligen, Surfée & Bremgarten; quelque tems après il hypotéqua de même pour 5000 florins, l'Argaw à la République de Berne (2). Ces sommes étoient peu considérables: il est vrai que ces pays n'étoient qu'engagés ou hypotéqués & point vendus; mais les Suisses connoissoient la prodigalité de Sigismond, & ils savoient que jamais il n'auroit ni la faculté, ni la volonté de rendre ces sommes pour rentrer en possession. Aussi, dans le traité qui fut fait trois ans après entre l'Empereur & le Duc d'Autriche; ce dernier, bien persuadé que jamais Sigismond ne retireroit ces pays, renonça t-il à tous ses droits sur ces diverses possessions (3): & c'est depuis ce dernier traité que les Suisses en sont restés paisibles possesseurs.

Dans les commencemens, le comté de Baden fut possédé en commun & gouverné par six Cantons seulement: mais dans la suite, en 1427, les Ber-

(1) Stumpf. L. c. f. 52.
(2) Bern. Zeit regit. f. 255.
(3) Tschudi. p. 98. Stumpf. L. c. f. 157.

Marginal notes:

Sect. V.
Histoire de la Suisse
1389-1443.

Siege de Baden.
1415.

Sigismond fait la paix avec Fréderic.

L'Empereur ne peut obliger les Suisses à restituer leurs conquêtes.
1415.

Sect. V.
Histoire de
la Suisse
1389-1443.

Gouverne-
ment des
Suisses dans
les pays
conquis pen-
dant cette
guerre.

Malheureu-
se situation
de Jean
XXIII.

Frédéric est
obligé de ra
mener le
Pape au
Concile de
Constance.

nois; & en 1445 les habitans d'Uri furent reçus dans la co-régence. Quant aux bailliages libres, situés sur les bords de la Reuss, ils furent aussi gouver-nés par ces Cantons, (1) jusqu'à la guerre de Capellen, tems auquel le Can-ton d'Uri fut reçu dans la co-régence. Cette forme de possession, ou de gou-vernement, s'est soutenue sans varier en aucune maniere, jusques en 1712; mais par le traité de paix qui termina la guerre, trop longue & trop meur-triere, qui s'étoit élevée entre les Cantons, ceux de Zurich, de Berne & de Glaris resterent seuls possesseurs du Comté de Baden. Il fut réglé par le mê-me traité, que les bailliages libres seroient partagés; qu'il seroit tiré une ligne depuis Lankhofen jusqu'à Farwangen; que Berne seroit admise dans la co-régence de la partie supérieure, & que la co-régence de la partie inférieure appartiendroit uniquement aux Cantons de Zurich, de Glaris & de Berne; & on y observe la même forme de gouvernement que dans le comté de Baden.

Quoique les inconséquences & les malheurs du Pape Balthazar Cossa soient en quelque sorte étrangers à cette histoire, ces faits sont néanmoins si singuliers qu'ils méritent d'être rappellés. Il n'avoit pu, ou n'avoit point ôsé passer dans la Bourgogne; & il se tenoit renfermé à Fribourg dans le Brisgaw, fort inquiet sur la maniere dont se termineroient ses affaires. Sigismond ayant obligé Frédéric à lui demander pardon, & ce malheureux Prince ayant été contraint à la démarche humiliante d'aller embrasser les genoux de son op-presseur, l'Empereur exigea que pour mériter l'indulgence dont S. M. vou-droit bien user à son égard, il eut à ramener Jean XXIII à Constance. Le Duc d'Autriche, n'ayant point d'autre ressource pour conserver le peu de possessions qu'on vouloit bien lui laisser aux conditions prescrites, alla notifier au Pape les ordres dont il s'étoit chargé. Balthazar Cossa, pénétré du dan-ger qui le menaçoit, & ne pouvant éviter sa disgrace, tomba dans le plus triste abattement; il sentit alors, mais trop tard les deux irréparables fautes qu'il avoit faites, l'une de suivre les conseils de l'Empereur à Plaisance & à Lodi, l'autre d'avoir trop précipitamment pris la fuite; & ne pouvant mieux faire, il parut résigné à tout ce qu'il plairoit au Concile de statuer; & vint à Rodolfzelle, (1) petite ville aux environs de Constance, attendre fort impa-tiemment la décision de l'Eglise assemblée.

Pendant que Jean XXIII étoit dans ce lieu, vivement agité par les tour-mens de l'incertitude; à Constance, les P. P. du Concile le déclaroit schis-matique, hérétique, relaps, contumace, parjure; & par une bizarrerie dont il n'y à que trop d'exemples dans les procédés de la force contre la foiblesse, ce même Concile de Constance qui sévissoit si violemment contre lui, lui envoyoit

---

(1) Anciennement les Bailliages libres formoient, outre les Comté de Rore, qui comprenoit les villes d'Araw & de Bruck, l'ancien patrimoine possédé par les Comtes de Habsbourg dans la Haute-Allemagne. *Hergot.* f. 255. rapporte un ancien traité de partage entre les Comtes Albert IV, & Rodolphe IV, fils de Rodolphe III, de l'an 1239, qui est écrit en langue Allemande; & où on lit ces paroles: *Grave Albrecht het mot den vrien luiten ze Ergove niet ze tune, noch nien doss in der Gravs chaste sint ze Ergove wan dan si sine Lantage leisten sun.* Au reste, de neuf années, le comté de Baden est gou-verné pendant sept ans, par un bailllif des deux Cantons de Berne & de Zurich, & pen-dant les deux autres années par un bailllif du Canton de Glaris. *Stumpf. L. c.*

(2) Stettler.

voyoit des Légats, qui vinrent de la part des P. P. assemblés, lui baiser, non les pieds, puisqu'il étoit censé déposé; mais la bouche & les mains, en signe de réconciliation, & conférer tranquillement avec lui sur ses affaires, & les moyens de les terminer.

On ignore comment se passa cette conférence; mais il y a tout lieu de présumer que les Légats y obtinrent tout ce qu'ils demanderent. Car peu de jours après, la sentence de la déposition de Jean fut solemnellement prononcée à Constance; & le Pape déposé, mais que sans-doute l'on ne croyoit pas encore assez puni, fut conduit, sous bonne escorte, prisonnier à Manheim, par Louis, Electeur Palatin, & il vécut dans sa captivité aussi doucement qu'il est possible de vivre quand on a été Pape & qu'on est en prison: il continua de vivre trois ans encore, soigneusement renfermé, & gardé dans une tour entre le Rhin & le Necker. On assure qu'avant de mourir, le malheureux Balthazar Cossa, n'ayant plus la direction des foudres de l'Eglise, maudit au moins, autant qu'il fut en lui, sa fatale condescendance pour Sigismond, & sa facilité à convoquer le Concile. Ses malédictions ont du moins produit cet effet, qu'aucun de ses successeurs ne s'est depuis hasardé à présider aux Conciles, qui ont été assemblés en deça des Alpes (1).

Le Duc Fréderic d'Autriche, malgré la paix que l'Empereur avoit bien voulu lui accorder, ne fut pas plus heureux que son ami Jean XXIII; au contraire, il essuya des humiliations auxquelles ce Pontife ne fut pas du moins exposé. Sigismond étoit parvenu à force d'adresse, de démarches & de fausses promesses, à faire déposer les trois Papes, & à faire tomber le choix des Cardinaux sur le Cardinal Othon-Colonne, qui fut couronné sous le nom de Martin V. Le Duc d'Autriche, bien loin d'avoir eu aucune influence sur cette élection, étoit lui-même sans armée, sans crédit, sans puissance, à charge à tout le monde, & à charge à lui-même, dévoré de chagrin, de repentir; mais par malheur toujours rempli du desir de jouer un grand rôle. Dans la vue d'avoir une considération que tout le monde lui refusoit, il imagina de se rendre nécessaire; & pour cela il prétendit avoir fait la découverte d'une conspiration tramée contre la couronne & les jours du Chef de l'Empire; il affecta le zele le plus vif, les craintes les plus fortes, & vint communiquer à l'Empereur cette prétendue découverte. Sigismond démêla facilement la ruse; & au-lieu de remercier le dénonciateur, il ne lui témoigna que le plus souverain mépris. Afin même de le punir de son zele mal entendu, il engagea l'Evêque de Trente à poursuivre contre ce Prince, des accusations jadis portées au sujet de quelques déprédations vraies ou fausses, commises contre l'Eglise de Trente; & sur ces accusations, qui ne furent rien moins que prouvées, le Concile dirigé par Sigismond, anathématisa le Duc, qui, pour la seconde fois fut obligé de s'enfuir précipitamment de Constance: il alla chercher un asyle auprès d'Ernest, surnommé tête de fer, son frere, qui s'étoit emparé du Tirol, mais qui rendit cette province à Fréderic, & qui, touché de sa triste & déplorable situation, entreprit de rétablir son crédit presqu'anéanti, & sa puissance avilie. Dans cette vue, Ernest rassembla une petite armée, & vint fierement à Constance, où entrant à la tête de deux cens

Sect. V.
Histoire de
la Suisse
1389-1443.

Le Pape
JeanXXIII
est déposé.

Othon-Co-
lonne élu
Pape.

Malheurs
de Fréderic

L'Evêque
de Trente
l'oblige de
s'enfuir de
Constance.

(1) Stumpf. Hist. Concil. Const.

Sect. V.
Hiſtoire de
la Suiſſe
1389-1443.

Erneſt, ſon
frere, arme
pour lui, &
contraint
l'Empereur
de le réta-
blir dans ſes
biens.

gens d'armes, il alla demander à l'Empereur juſtice pour ſon frere atrocement perſécuté, & injuſtement opprimé. Le ton fier, &. les ſoldats d'Erneſt en impoſerent à Sigismond, qui, ne parlant plus en maître, ni en ennemi irré-conciliable, répondit qu'il ne demandoit pas mieux que de donner des preu-ves de ſes bonnes diſpoſitions à Fréderic; & fixa un jour pour le réinveſtir de ſes terres; Erneſt ne ſortit point de Cônſtance, & ne permit point à ſes ſol-dats de s'en éloigner. Auſſi la cérémonie de l'inveſtiture ſe fit-elle fort ſo-lemnellement ſur la place publique, le 6 Mai 1416; & Fréderic, après a-voir repris ſes fiéfs de l'Empereur, & reçu l'abſolution de l'Evêque de Tren-te; ſon dénonciateur, rentra en poſſeſſion de ſes Etats de Suabe, d'Alſace & de Briſgaw. Quant à ce que les Suiſſes lui avoient enlevé, il ne lui fut pas poſſible d'en reprendre poſſeſſion: & après bien des débats, il fut contraint d'y renoncer. Six jours après la cérémonie forcée de cette inveſtiture, Si-gismond & Martin V ſe ſéparerent, fort ſatisfaits l'un de l'autre, du moins en apparence, & ſe donnant l'un à l'excluſion de l'autre, la gloire d'avoir mis fin au Schiſme, qui, pendant tant d'années avoit déchiré l'Egliſe.

Extinction
des branches
de Kibourg
& de Lauf-
fenbourg,
de la maiſon
de Habs-
bourg.

Ce fut à-peu-près dans le tems du rétabliſſement de Fréderic, que fini-rent les deux branches de Lauffenbourg & de Kibourg, de la maiſon de Habs-bourg; (1) là premiere s'étoit éteinte en 1409, en la perſonne de Jean IV, Comte de Lauffenbourg; & la ſeconde en 1415, en la perſonne d'Egon, Comte de Kibourg. Ce fut alors auſſi, ou du moins à peu près vers le tems de la mort d'Egon, que finit le fameux Concile de Conſtance, plus célebre par les cabales, les intrigues & les injuſtices qui s'y tramerent, & qui s'y fi-rent, que par la ſainteté des Canons qui y furent rédigés. On ſait combien

Supplice de
Jean Hus
& de Jérô-
me de
Prague.

ce Concile ſe déshonora par le ſupplice de Jean Hus & de Jérôme de Prague, (2) qui n'y étoient venus que ſur la foi d'un ſauf-conduit de l'Empereur, & que ce perfide Monarque eut la cruauté de livrer à leurs ennemis & à leurs bourreaux. Jamais on ne manqua avec plus d'indécence à l'équité, au droit des gens, à la loi de l'humanité.

La liberté
des Valaiſans
menacée, les
engage à
imiter
l'exemple
des Suiſſes.

' Pendant que la fureur dogmatique allumoit à Conſtance des buchers que le fanatiſme devoit multiplier & rendre dans la ſuite plus violens, plus homici-des, les Suiſſes, occupés du ſoin de profiter des avantages que leur valeur & la ſageſſe de leur gouvernement leur avoient procurés, applaudiſſoient aux efforts généreux d'un peuple qui luttoit contre l'oppreſſion, & qui à leur.

(1) La maiſon des Comtes de Kibourg, Landgraves de Bourgogne, étoit totalement déchue de ſon ancienne ſplendeur. Egon, dernier mâle de cette branche, avoit vendu preſque tous ſes domaines aux Bernois: il avoit vendu, du conſentement de l'Empereur & du Duc d'Autriche, en 1406, le Landgraviat de Bourgogne. Il avoit deux ſœurs qui furent mariées, l'ainée, Verene, au Comte Frédéric de Zöllern; la ſeconde, Mar-guerite, au Baron Thuring de Brandis. Les villes frontieres des Comtes de Kibourg paſſerent au pouvoir de Fréderic, Duc d'Autriche; & le Cleggen, ainſi que les Seigneu-ries de Rothenborg & de Krenchigen, au Comte Rodolphe de Soultz, époux d'Urſule, fille de Jean IV. Hergot. Généal. dom. Huhſt. T. I. f. 251 & ſuiv.

(2). Ce Concile fut très-favorable à l'agrandiſſement des Suiſſes; qui, comme le dit Gilles Bouvier, dit Berri, premier Hérault de Charles VII, Roi de France, étoient alors Gens cruels & rudes, qui ſe combattent à tous leurs voiſins, s'ils leurs demandent rien; ſont barlus & ont groſſes gorges, & ſont vêtus de gros bureaux, & on labourant, portent leurs épées & bâtons ferrés. Mém. Polit. & Hiſt. de M. le Bar, de Zurlauben; tom. 3. P. 89.

. Sect. V.
Histoire de
la Suisse
1389-1443.

Efforts des
Evêques du
Valais pour
assujettir
les habitans.

La maison
de Razen
soutient les
intérêts des
Valaisans
contre l'E-
vêque.
1417.

Coutume sin-
gulière.

exemple, bientôt de poser les fondemens d'une liberté durable, sur les débris d'une autorité que la patience d'un côté, & l'avidité de l'autre avoient rendûe illimitée, autant qu'elle étoit devenue intolérable. Ce peuple soulevé contre la dureté d'un joug trop accablant, étoit l'ancien possesseur de cette contrée montagneuse connue, sous le nom de *Valais.* Les habitans de ce Canton, pauvres, simples, mais courageux, & qui ne pouvoient oublier que leurs peres avoient toujours été libres, s'étoient volontairement soumis à des évêques, persuadés que de tels supérieurs n'auroient jamais d'autre ambition que celle d'édifier, d'instruire & de donner l'exemple des vertus: mais ces évêques éblouis du pouvoir que leur donnoit leur prééminence sur leurs diocésains, avoient, à la faveur de leur jurisdiction spirituelle, étendu tout aussi loin qu'ils l'avoient pû, leur autorité temporelle; & d'usurpation en usurpation, ils étoient parvenus à s'arroger une puissance presque souveraine, & qu'ils cherchoient à rendre tout à fait absolue. Cependant comme leurs prétentions n'étoient fondées sur aucun titre, & que leur pouvoir n'étoit autre chose que l'abus de la confiance publique; contre lequel les habitans restoient toujours les maîtres de protester utilement, les droits mêmes de ces prélats n'étoient seulement point fixés, & ils n'osoient les étendre autant qu'il l'eussent desiré, parce qu'ils craignoient de soulever contr'eux la famille des Barons de Razen, seule maison noble, riche, puissante du pays, & qui pût arrêter les progrès oppressifs de la puissance épiscopale. Le Baron de Razen, Chef de cette maison, exerçoit la premiere Magistrature du Valais, & il avoir jusqu'alors défendu avec la fermeté la plus inébranlable les habitans contre les entreprises du Prélat; mais par malheur, l'un des fils de ce Baron fut nommé à cet évêché, ensorte que toute la puissance, toute la supériorité, se trouverent réunies dans cette maison; le vieux Baron devenu ambitieux, & voyant la facilité qu'il auroit à remplir ses vues illimitées d'élévation, il changea tout-à-coup de maniere de penser & de conduite, se rendit le ministre des volontés de son fils, qui, à son tour seconda de tout son pouvoir les projets de son pere.

Les entreprises de ces deux chefs répandirent l'allarme parmi les Valaisans; ils ne douterent point qu'on ne voulût les asservir, les opprimer & leur ravir entierement la liberté. Les Valaisans effrayés crurent que les circonstances ne demandoient point de ménagemens, & qu'il falloit sévir, sans perdre de tems, contre la famille de Razen & ses partisans. Il y avoit une ancienne coutume observée dans ce pays, & qui s'est soutenue jusques vers le milieu du seizieme siecle; coutume, qui, pour être un peu sauvage, n'en étoit pas moins utile par les effets que jamais elle ne manquoit de produire. Quand un habitant s'étoit fait des ennemis, ou qu'un grand nombre de citoyens le croyoient, ou pernicieux, ou coupable envers sa patrie; on étoit dans l'usage d'envoyer de maison en maison une massue, à laquelle tous ceux qui jugeoient ce citoyen digne de proscription, & qui entroient dans la conspiration formée contre lui, plantoient chacun un clou. Lorsque tous les habitans avoient reçu cette massue, & qu'elle étoit hérissée d'autant de cloux que le citoyen dénoncé avoit d'ennemis, on la plantoit devant sa porte; & il ne restoit plus au Valaisan, averti par ce signe, que peu de tems pour régler ses affaires, & s'éloigner au plus vîte du pays; car, pour peu qu'il tardât, tous ceux qui avoient attaché des cloux à la massue, s'assembloient, prenoient les armes,

SECT. V.
Histoire de
la Suisse
1389-1443.

alloient se rendre maîtres de la maison du proscrit, la pilloient, & la détrui-
soient de fond en comble, s'ils n'aimoient mieux la mettre à l'encan, & se
partager le produit de la vente (1).

*Les Parti-*
*sans de la*
*maison de*
*Razen sont*
*forcés de se*
*bannir.*

Les Valaisans, dans cette circonstance, employerent, contre la famille de
Razen la voie de cette ancienne coutume; & leur ressentiment fut tel, que
chaque jour, la massue hérissée de cloux étoit placée devant la maison de
quelqu'un de cette famille, ou devant celles de ses créatures, ensorte qu'il
n'y avoit point de jour que quelqu'un de ces citoyens suspects ne fut contraint
de s'exiler. L'Evêque & le Baron s'attendoient à voir aussi la massue fatale
portée devant leur maison, & ils se disposoient à faire repentir les Valaisans
de cette injure: ils se trompoient: quelque simples & grossiers même que fussent les Valaisans, ils savoient que le Baron de Razen étoit bourgeois de Berne, & qu'en le proscrivant, ils engageroient inévitablement la République
de Berne à tourner ses armes contr'eux. Ils savoient aussi que l'Evêque jouissoit d'une haute considération parmi la noblesse des environs, & que le Duc
de Milan s'étoit allié avec lui. Ainsi les habitans de ce pays voulurent commencer par affoiblir le pouvoir que cette famille avoit dans ce lieu même; &
ils y réussirent, au point que le Baron de Razen n'y avoit plus personne sur
qui il pût compter. Cependant pour rompre les mesures qu'ils savoient que

*Les Valai-*
*sans se li-*
*guent avec*
*les Cantons*
*d'Uri &*
*d'Unter-*
*wald.*

l'Evêque prenoit contr'eux avec ses alliés, ils s'adresserent aux Cantons d'Uri
& d'Unterwald, qui, ayant des sujets de ressentiment contre le Duc de Milan, ne balancerent point à promettre de soutenir les Valaisans contre les entreprises d'une puissance accusée de chercher à se rendre arbitraire. Lucerne
sollicitée à son tour, jugea qu'il y auroit de l'injustice à abandonner la cause
d'un peuple soulevé contre l'oppression, & par le traité conclu à Brieg, le

*1417.*

dimanche d'avant l'assomption de Notre-Dame, en 1417, les trois Cantons,
en recevant les Valaisans dans leur combourgeoisie agreste, s'engagerent à
interposer leur médiation, dans le cas où l'Evêque, ou le Baron de Razen se
ligueroient contr'eux la République de Berne, à condition que de leur
côté les habitans du Valais aideroient les trois Cantons à recouvrer quelques
places dont s'étoient emparés les Ducs de Savoie & de Milan.

*L'Evêque*
*s'enfuit &*
*ses châteaux*
*sont pris.*

Informé de ce traité, l'Evêque Guillaume de Razen prit l'allarme, & n'o-
sant rester sur sa chaire épiscopale, il s'enfuit, & confia ses trois châteaux à
la garde d'Amédée VIII, Duc de Savoie, qui les remit entre les mains du
Chapitre de Sion, persuadé que le peuple n'oseroit attaquer ces forts par respect pour ce Chapitre. Son attente fut trompée, & ces trois châteaux furent
pris & rasés. L'Evêque Guillaume reçut la nouvelle de cette expédition à
Constance, où il implora vainement le secours de l'Empereur & les foudres de l'Eglise contre ses diocésains. Il alla à Berne, & à force de sollicitations il obtint enfin que la République l'assisteroit: mais ce secours a-
boutit à quelques lettres aux Valaisans, & à des négociations auprès des trois
Cantons pour tâcher d'en venir à un accommodement.

---

(1) Il y a cette différence entre l'ancien ostracisme des Grecs & l'envoi de la massue
chez les Valaisans, que ce moyen étoit employé, non contre les citoyens convaincus
de quelques délits, mais contre ceux dont le trop grand crédit donnoit de l'ombrage
au peuple.

Ces négociations prenoient un tour heureux, on indiqua des conférences, dans lesquelles les Cantons neutres envoyerent des députés, & comme l'on étoit déja d'accord sur les points les plus épineux de la contestation, le traité étoit au moment d'être signé de part & d'autre, lorsqu'on apprit que par la plus étrange brutalité, la massue fatale hérissée avoit été portée devant la porte du château de Sion, dans lequel la mere de l'Evêque Guillaume s'étoit retirée avec ses enfans, & le peu d'effets qu'elle avoir sauvés du pillage & du renversement de ses autres maisons. Cette nouvelle indigna les médiateurs qui négocioient la paix; ils rompirent leurs conférences, & furent bien plus indignés encore, lorsqu'ils sçurent que pour toute grace les Valaisans, avoient bien voulu permettre à la Baronne de Razen de sortir, vie & bagues sauves, du château de Sion. Eplorée, éperdue, elle alla chercher un asyle à Berne, & par ses plaintes & ses gémissemens elle pénétra les bourgeois de compassion.

L'Evêque Guillaume ne s'exhala point en plaintes inutiles, mais, rassemblant tous ceux d'entre les Bernois qui voulurent le suivre, il alla furieux, piller & dévaster quelques métairies dans le Valais, & tuer tous les paysans qui eurent le malheur de se trouver sur son passage. Cette première hostilité fut le signal d'une guerre très-vive. Berne assembla une armée de mille hommes; cette armée alla porter le fer & la flamme dans le Valais, mit en cendres plusieurs villages, massacra beaucoup d'habitans, & ne se retira, chargée de butin, qu'aux approches de l'hiver. Sa retraite fut inquiétée par les Valaisans; mais ils payerent cher cette dernière tentative; ils furent complettement battus, & la plûpart massacrés par les Bernois.

Accablés par cette défaite, les habitans du Valais se repentirent, mais trop tard, de leur rigueur injuste & déplacée envers la Báronne de Razen. Ils desiroient la paix, & ils se crurent heureux de l'obtenir aux dures conditions qui leur furent imposées par les Bernois, qui les obligerent de faire solemnellement satisfaction à l'Evêque Guillaume; auquel ils furent contraints de payer 4000 florins en punition de leur déloyauté envers son église; 10000 florins à la famille de Razen pour lui tenir lieu de dédommagement, & 10000 florins à la République de Berne pour les frais de cette guerre. Les trois Cantons alliés des Valaisans eussent bien voulu ne pas consentir à ces conditions; mais ils y furent contraints par les Cantons neutres, qui menacerent de leur déclarer la guerre. Le traité de paix fut donc signé; les Valaisans resterent unis avec leurs nouveaux alliés, dans la suite s'allierent avec d'autres Cantons, & formerent une République; qui, quoiqu'elle ne soit pas un des membres directs qui constituent le Corps Helvetique, est cependant très-étroitement uni avec lui; & c'est à cause de cette alliance intime, & qui a été souvent renouvellée, qu'il faut donner ici quelques momens à la situation de ce pays, au gouvernement & aux mœurs de ses habitans.

C'est vraisemblablement de sa forme que le Valais tire son nom: car c'est une vallée longue, étroite, & renfermée entre de très-hautes montagnes. C'étoit là qu'habiterent jadis des peuples peu célebres, & connus des Romains sous les noms de *Veragri*, de *Seduni* & de *Lepontii*. Etendu d'environ 33 lieues de longueur, sur une largeur médiocre, & quelquefois fort é-

SECT. V.
*Histoire de la Suisse 1389 1443.*

*Négociations infructueuses.*

*L'armée Bernoise met tout à feu & à sang dans le Valais.*

*Les Valaisans sont obligés de recevoir la paix à de dures conditions.*

*Situation du Valais, se anciens habitans, son étendue.*

Sect. V.
Histoire de
la Suisse
1389-1443.

troite, le Valais a pour bornes le Canton d'Uri à l'orient, la Savoie & le Milanez au midi, le Canton de Berne au couchant & au Nord. Le pays entier est traversé dans un lit fort resserré, par le Rhône qui y prend sa source. Les montagnes qui bordent des deux côtés cette vallée, sont très-élevées, & leur sommet, couvert de neige en hiver & de glace en été, est inaccessible dans toute son étendue. Vers le milieu de ces montagnes on n'apperçoit que quelques productions tardives, telles qu'on en trouve dans les pays les plus infertiles du Nord; mais plus bas, au pied de ces mêmes montagnes, & dans la vallée, le sol y est de la plus grande fécondité, les productions y sont excellentes, & si précoces, que les moissons y sont communément recueillies avant les derniers jours de Mai. Les vignobles y sont

Mœurs des
habitans;
leurs bonnes
qualités,
leurs vices
& leurs
vertus.

très-riches, & les vins d'une qualité supérieure. Ces vignobles y sont cultivés avec soin par les habitans, qui ont le goût le plus décidé pour cette boisson, que, malgré leur gravité naturelle, ils prennent avec excès; aussi, l'yvrognerie est le vice dominant des Valaisans, qui du reste, ont beaucoup de valeur, mais aiment à rester enfoncés dans la nuit de la plus absurde superstition. Doux, obligeans, officieux dans la société, ils sont peu traitables dans les affaires d'intérêt, fort difficultueux, & du plus rare entêtement.

Indolence
& superstition des
Valaisans.

A ces vices & à ses défauts près, ils ont des bonnes qualités, mais quoique dans les occasions, ils montrent beaucoup d'activité; ils aiment éperdument à vivre dans l'indolence, & c'est sans-doute à ce goût pour l'inaction, qu'ils ne cultivent point le commerce, & qu'ils sont sans industrie. Le catholicisme est leur réligion; mais ils aiment à s'enchaîner des liens de la plus ridicule superstition.

Ce pays est divisé en deux parties inégales en étendue, distingués par le haut & bas Valais. Les habitans du haut Valais ont été libres dans tous les tems; le bas a été constamment asservi, autrefois à la maison de Savoie: mais depuis, & de nos jours, il est soumis à la République de Valais formée dans le haut pays dont le bas est sujer, & gouverné par des baillifs qui changent de deux ans en deux ans, & qui y sont envoyés par l'Etat (1). Le haut-Valais renferme sept Cantons, appellés *Dixains*, (2) chacun composé de sept communes, qui ne forment qu'un même corps ou district: chacun de ces Dixains est gouverné par les propres magistrats; mais ceux-ci

Gouvernement.

sont subordonnés à l'assemblée générale, ou diete de tous les Dixains, assemblée en qui réside exclusivement le droit & les fonctions de la souveraineté.

La capitale & principale ville du Valais est Sion; cité fort agréable, bien située, bien bâtie & où est établi l'un des plus anciens évêchés de la Chrétienté. La forme démocratique est celle du gouvernement du Valais; dont

---

(1) En 1475, lors de la guerre de Bourgogne, les Valaisans du haut pays descendirent de leurs montagnes, & conquirent le bas Valais, sur Yolande, Duchesse & Régente de Savoie.

(2) On traduit par le mot dixain l'expression Allemande *Zehenden*: on croit que l'établissement de ces dixains remonte au gouvernement qui s'établit dans le moyen âge; tems où les habitans de ce pays étoient divisés par centaines, & commandés par un officier qu'on nommoit centenier, d'où se sont formés les mots Allemands *Zehendengraff*, *Zehendengenossener*.

l'Evêque eft le premier Magiftrat; fous les titres de Comte & de Préfet du Valais: c'eft en fon nom que l'on rend la juftice; c'eft en fon nom que fe font tous les actes publics; c'eft encore à fon coin que la monnoie eft frappée; & quoiqu'il ne foit fouverain en aucune maniere, il en reçoit tous les honneurs, comme le Dôge à Venife. Lui feul dans ce pays, a le droit d'avoir des châteaux forts, & d'y habiter: c'eft lui feul qui convoque les affemblées nationales qui fe tiennent deux fois l'année: & c'eft à lui feul qu'appartient le droit de convoquer des affemblées ou dietes extraordinaires, toutes les fois que les circonftances l'exigent. Ce n'eft ni le Pape, ni les Chanoines de Sion qui élifent l'Evêque; c'eft le peuple, par députés; & le feul droit qu'à le Chapitre, eft de propofer quatre fujets éligibles de chaque dixain, aux députés, qui choififfent celui qu'ils jugent le plus digne. Le Capitaine-Général du Valais, eft le fecond Magiftrat, & enfuite viennent le Bannerer; le Tréforier & le Chancelier, qui exercent leurs charges, ainfi que le Capitaine-Général, pendant deux *dixains*; terme auquel ils rendent compte de leur adminiftration; aux députés des dixains. Ces députés forment un Confeil fuprême, qui exerce le pouvoir légiflatif, & décide fouverainement dans les affaires publiques, ainfi que dans les caufes particulieres. Enfin, les mêmes liens qui attachent le pays de Neufchatel au Corps Helvetique, y attachent auffi les Valaifans. Ces obfervations femblent fuffire pour donner une idée de ce pays, & de la forme de fon Gouvernement. Reprenons la fuite des faits.

L'indépendance des Suiffes invariablement fixée, & les Cantons jaloux des avantages de la liberté qu'ils s'étoient procurée, étoient très-prompts à s'allarmer au plus léger événement qui leur paroiffoit offenfer leurs droits ou leurs privileges. Il étoit difficile qu'avec ces difpofitions, ils puffent long-tems vivre en bonne intelligence avec les peuples d'Italie les plus-voifins de leurs pays. Auffi y avoit-il de fréquens démêlés entre des nations d'un caractere fi oppofé; & le moindre prétexte étoit le fujet de violentes querelles, & fouvent de combats. Ces rixes s'élevoient fur-tout très-fréquemment entre les Suiffes du Canton d'Uri & les habitans du Milanez, trop voifins pour être perpétuellement d'accord. Il régnoit entre ces deux peuples une inimitié finguliere, & qui ne faifoit que s'aigrir par des querelles journalieres. Depuis environ dix ans les députés d'Uri foutenus par leurs alliés, étoient dans l'ufage de faire des excurfions fur les terres du Milanez, où ils faifoient tout autant de dégat qu'il leur étoit poffible, & fe chargeoient de tout le butin qu'ils pouvoient emporter. Ils trouvoient fi peu d'obftacles, fi peu de réfiftance dans ces invafions, qu'ils leur donnoient le nom de voyages. C'étoit dans l'une de ces courfes que les Cantons d'Unterwald & d'Uri s'étoient emparés de Val d'Ofelle, qu'ils s'étoient appropriés, & qu'ils faifoient gouverner par un bailli.

Méfintelli-
gence entre
les Suiffes
& les Peu-
ples voifins
d'Italie.

Philippe Marie Vifconti, Duc de Milan, profita du tems où les Suiffes étoient occupés à faire exécuter à main armée, les décrets de l'Empereur & du Concile contre le Pape Jean XXIII & le Duc Fréderic; pour recouvrer le Val d'Ofelle, dont il fit aifément la conquête. Les habitans d'Uri & d'Unterwald très-irrités de cette expédition, & la regardant comme un affront fenfible, n'attendoient qu'une occafion de fe venger, lorfque les habi-

Sect. V.
Histoire de
la Suisse
1389-1443.

**Les Suisses achettent la ville de Bellinzonne.**

tans de Bellinzonne, leur firent une nouvelle infulte, fans prévoir eux-mêmes qu'ils alloient être exppofés à un violent orage. En effet, la Ville de Bellinzonne, jadis dépendante du Duché de Milan, & ufurpée par le Comte de Mont-Sax, étoit à la veille d'être affiégée par Philippe Marie Vifconti, qui faifoit des préparatifs pour la recouvrer; & dans le même tems les Suiffes s'avançoient pour la punir de l'injure qu'ils croyoient en avoir reçue. Egalement hors d'état de lutter contre les Suiffes, & de réfifter avec avantage contre le Duc de Milan; le Comte de Mont-Sax prit le fage parti de vendre Bellinzonne aux Cantons d'Uri & d'Unterwald, qui pour la modique fomme de 2400 florins acquirent cette ville. Mais en vendant Bellinzonne,

**Le Duc de Milan s'empare de Bellinzonne. 1421.**

Mont-Sax ne s'étoit point obligé à éteindre les prétentions du Duc de Milan, qui, s'avançant dans cette ville, fans que les nouveaux propriétaires fe doutaffent de fes droits ni de fes projets, y entra le jour du vendredi faint, s'en rendit facilement le maître, & en chaffa la garnifon Suiffe après l'avoir défarmée (1).

L'entreprife de Philippe-Marie Vifconti, offenfa vivement les Cantons, qui, regardant le traitement de la garnifon Suiffe comme un fenfible outrage fait à toute la Nation Helvetique, s'affemblerent, & réfolurent tous, à l'exception des Bernois, de venger avec éclat l'honneur de la Suiffe outragée. Leurs troupes raffemblées, s'avancerent, mais fans ordre, fans précaution, des murs de Bellinzonne. Le Duc de Milan s'attendant à avoir une guerre à foutenir, avoit pris de fages mefures, & il avoir logé, foit dans la ville, foit dans les environs, quinze ou feize mille hommes, fous les ordres du fameux Comte de Carmagnole, & d'Ange Cergulano. Les troupes de Lu-

**Le Comte de Carmagnole à la tête d'une armée Italienne, attaque les Suiffes.**

cérne, qui, foutenues par quatre cens Zuricois formoient l'avant garde, devançoient, fans obferver nul ordre, le corps d'armée, & fe livroient à leur ardeur pour le pillage, lorfqu'elles furent inopinément chargées par la cavalerie du Comte de Carmagnole. Ces troupes avoient le tems encore d'échapper au danger & de fe replier fur l'armée Helvetique; mais les Suiffes croyant cette retraite déshonorante, tinrent ferme, & furent prefque tous taillés en pieces. Ce combat inégal duroir encore, lorfque les corps de Zug, d'Uri & d'Unterwald, accourant au fecours de leurs alliés, rétablirent le feu de l'action, & fe battirent avec la plus grande valeur: cependant, malgré leur réfiftance, qui fe foutint pendant fept heures, la victoire reftoit encore indécife, & le Comte de Carmagnole l'eut vraifemblablement fixée, fi le refte de l'armée Suiffe ne fut arrivé. Son approche obligea le Général des troupes Milanoifes d'abandonner les lauriers qu'il s'étoit flatté de moiffonner, il fit fa retraite, & alla fe renfermer dans les murs de Bellinzonne (2).

Cette journée fut à la vérité très-glorieufe pour les Suiffes, mais elle leur fut

---

(1) Bellinzonne, par fa fituation, étoit la clef des états de Milan. Vifconti ne fe contenta point, lorfqu'il s'en fut rendu maître, de défarmer la garnifon; mais il la renvoya avec toutes les maiques d'un mépris infultant, & ce fut là ce qui ulcera profondément les Suiffes. *Hift. des ligues & des guerres de la Suiffe.* T. 2.

(2) Cette action d'autant plus glorieufe pour les Suiffes, qu'ils s'étoient avancés en défordre, & avoient combattu avec beaucoup de confufion, a mérité, fous le nom d'affaire d'Arbœdo, une place diftinguée dans les annales Helvetiques.

fut auffi très-funèfte, par le grand nombre de concitoyens qu'ils perdirent. Cette malheureufe affaire jeta la confternation parmi les Suiffes, & fema la zizanie entre les Cantons. Ceux qui avoient été les plus maltraités reprochoient aux autres leur lenteur à venir à leur fecours, & imputoient à leur négligence la perte qu'ils avoient éprouvée. Schweitz & Glaris, qui n'étoient arrivés que les derniers, effuyerent les reproches les plus amers, quelque importans que fuffent les fervices qu'ils avoient rendus à la fin du combat. Les Cantons de Zurich & de Berne, attribuant les fautes imputées aux autres Cantons, aux vices & aux abus du gouvernement démocratique, dont ils avoient déja corrigé leur conftitution, s'unirent encore plus étroitement qu'ils n'étoient liés, & leur alliance fut renouvellée par un traité particulier, du jour de S. Vincent 1423. Dans un corps tel que celui de la République Helvetique, ces fortes de confédérations particulieres ne peuvent gueres fe former qu'au préjudice de l'union qui lie tous les autres membres, qui ne voient point fans méfiance ces alliances particulieres, lorfque fur-tout ce font, comme dans celle-ci, les Etats les plus étendus & les plus puiffans qui s'uniffent entr'eux.

Sect. V.
Hiſtoire de
la Suiſſe
1389-1443.
Le Comte de
Carmagnole
eſt contraint
de ſe retirer.
Nouvelle
alliance de
Zurich &
de Berne.
1423.

Toutefois, ces caufes de méfintelligence n'empêchoient point les Suiffes de défirer avec impatience de fe venger de la défaite qu'ils avoient éprouvée dans le Duché de Milan. Uri, qui n'avoit point renoncé aux prétentions qu'il avoit fur Bellinzonne, follicitoit vivement le fecours de fes Confédérés; & les habitans de Schweitz, ulcérés des reproches qu'ils avoient effuyés, & ne cherchant qu'à fe juftifier, & à rétablir leur honneur compromis, fecondoient de toute leur puiffance les projets du Canton d'Uri : mais malgré leurs foins & leurs démarches, ils ne purent parvenir qu'à raffembler une petite armée de 4400 hommes, qui paffa fierement les Alpes, alla tenter d'effrayer Bellinzonne, & fut fi fort effrayée elle-même, par la forte & nombreufe garnifon qui étoit dans cette ville, qu'elle fe retira précipitamment, fans avoir ôfé rien entreprendre.

Cette retraite hâtée, & qui reffembloit beaucoup à une fuite honteufe, pénétra les Cantons d'indignation. Celui de Schweitz fut fi vivement ulcéré de cette efpece de lâcheté, que fix cens jeunes gens le raffemblant auffi-tôt, réfolurent d'aller faire la guerre, & de porter la terreur de leurs armes, dans le Val d'Ofelle, déterminés à fe fignaler par les plus grands exploits, ou à périr pour l'honneur de la patrie. La fortune feconda leur valeur, & ils s'emparerent de la ville de Dome, par la lâcheté de la garnifon, qui n'ôfa foutenir le fiege. Les fix cens jeunes Suiffes ne furent pas plutôt entrés dans cette ville, qu'ils y furent inveftis par une armée nombreufe d'Italiens, fous les ordres du Comte de Carmagnole, qui, avant de former le fiege, envoya dire aux Suiffes qu'il les feroit tous pendre s'ils le rendoient fur le champ. Cette menace n'effraya point les fix cens jeunes foldats, qui répondirent que leurs armes & leur courage les mettoient à l'abri d'une mort défhonorante; & il n'étoit point capable de les engager à fe rendre. Leur fituation étoit néanmoins très-embarraffante, & il n'y avoit même nulle apparence que, quelque pût être leur valeur, ils réfiftaffent à une armée auffi nombreufe que l'étoit celle des affiégeans. Heureufement pour eux, les Cantons furent informés de leur fuccès; & le danger où ils étoient ranima

Sect. V.
Histoire de
la Suisse
1389-1443.

*Les Cantons s'empressent de les secourir.*

dans tous les cœurs l'amour de la patrie & le zele de la gloire nationale. Les Bernois furent les premiers à offrir un puissant secours à ces braves compatriotes; les autres Cantons embrasés des mêmes sentimens, témoignerent aussi l'empressement le plus vif, & ils formerent une armée de vingt-deux mille combattans, dont une partie se hâta de passer les Alpes, & d'aller secourir les généreux conquérans de la ville de Dome (1). Mais à leur arrivée sous les murs de cette place, ils ne trouverent plus d'ennemis; ils s'étoient retirés, & la garnison Helvetique étoit libre & maîtresse de cette ville.

*Les troupes Italiennes abandonnent le siege & se retirent.*

Moins satisfaits de l'éloignement des troupes Italiennes, qu'ambitieux de les vaincre, les Suisses envoyerent défier le Duc de Milan au combat : mais ce Prince sachant que la saison avancée obligeroit bientôt cette armée de repasser les Alpes, ne jugea point à propos de hasarder une bataille, & comme il l'avoit prévu, les Suisses, après l'avoir plusieurs fois défié, s'en retournerent, promettant de revenir dès le Printems suivant porter le ravage & la mort dans tout le Duché de Milan. Philippe-Marie Visconti, prévint très-prudemment une nouvelle invasion, & il leur fit demander la paix à des conditions honorables, par Guillaume de Razen, Evêque de Sion, dont les négociations appuyées par la République de Berne, furent si heureuses, que le traité de paix fut signé le 21 Juin de l'année suivante 1427. Par les clauses de ce traité, les Suisses renoncerent à toutes prétentions sur la ville & le Comté de Bellinzonne, rendirent les vallées d'Oselle & de Livine au Duc de Milan, qui s'engagea de son côté, à exempter les Suisses de tout droit de péage, pendant l'espace de dix ans, & à leur payer, pour leur tenir lieu de dédommagement des frais de la guerre, une somme de vingt huit mille deux cens florins d'Allemagne.

*Traité de paix, & générosité des Bernois. 1426.*

Les Bernois, qui pour accélérer cette pacification s'étoient donnés les plus grands mouvemens, eurent la générosité de ne vouloir absolument rien exiger pour eux, quelques dépenses qu'ils eussent faites : mais Berne étoit déja fort riche, & par cette preuve signalée de désintéressement, elle acquéroit, dans la Confédération générale, un nouveau degré de considération & de prépondérance. Du reste, à ces vingt-huit mille deux cens florins près, qui ne réparoient que très-foiblement les dommages que les Suisses avoient souferts, cette guerre, la premiere qu'ils eussent été faire en Italie, ne leur fut rien moins qu'avantageuse; & par malheur elle ne les dégoûta point du funeste desir d'aller porter leurs armes dans la suite au-delà des Alpes.

*Sigismond occupé à faire la guerre à son désavantage aux Bohémiens & aux Moraves. 1427-1428.*

Pendant que les Suisses, tantôt vainqueurs, tantôt vaincus, combattoient dans le Duché de Milan, l'Empereur Sigismond, environné de factieux, poursuivi par le fanatisme, fanatique lui-même, avoir à soutenir contre les Bohémiens révoltés une guerre qu'il avoit suscitée lui-même, en souscrivant, par une atrocité perfide, au supplice de Jean Hus & de Jérôme de Prague, qu'il avoit attirés au Concile, & laissés lâchement conduire sur le bucher. Leur mort avoit embrasé du desir de la vengeance les Moraves & les Bohémiens, qui avoient pris les armes, & qui depuis dix-neuf années, ne cessoient de soutenir la guerre contre l'Empereur Sigismond. Ce Monarque,

---

(1) Hist. des ligues & des guerres de la Suisse. T. 2.

s'obstinoit, quoique constamment battu, accablé, pourfuivi, épuifé, à vouloir abfolument contraindre les Moraves & les Bohémiens, de renoncer à
leur croyance & d'adopter fes opinions, qu'il falloir laiffer à la vérité le foin
d'établir, & non pas forcer des peuples qui les rejetoient, à les recevoir par
la voie des armes. La caufe de cette guerre ne feroit de nos jours qu'un fujet de difputes & graces aux progrès de la raifon, de pareils motifs n'arment
plus ni les Potentats, ni les Peuples Européens.

Sect. V.
Hiftoire de
la Suiffe
1389 1443.

Sujet de
cette guerre.

Les Huffites, c'étoit le nom que prenoient les Bohémiens & les Moraves,
de Jean Hus leur malheureux Chef, vouloient la communion fous les deux efpeces, telle qu'elle étoit reçue dans les prémiers fiecles de l'Eglife; ils deman-
dolent la réformation des abus de la Cour de Rome, l'extinction totale
des moines, qui étoient très-nuifibles à la fociété qu'ils fouloient, & qui
les nourriffoit, l'anéantiffement de plufieurs pratiques puérilement fuperftitieufes introduites dans le culte extérieur. Ces demandes, fi elles euffent
été faites avec modération, euffent dû paroître raifonnables; Sigifmond les a-
voit trouvées criminelles, & la force lui avoit paru le moyen le plus fûr de
les repouffer. Cette voie ne lui réuffit point, & après beaucoup d'inutiles
efforts, il avoit été contraint de promettre aux Moraves & aux Bohémiens
qu'il auroit égard à leurs demandes & qu'elles feroient examinées par un
Concile.

Les Cardinaux & les Prélats affemblés à Conftance avoient ftatué avant que
de fe féparer, qu'il feroit inceffamment convoqué un nouveau Concile, où
l'on ne s'occuperoit que de la réformation des mœurs du Clergé & de la
difcipline de l'Eglife. Martin V, qui devoit la Thiare à Sigifmond, ne lui
refufa point la convocation d'un Concile, que l'Empereur lui demanda; il
fut indiqué à Bâle, & l'ouverture s'en fit le 23 Juillet 1431. (1) Cependant quelqu'intime que fut l'union qui lioit le fuprême Pontife & le Chef de
l'Empire; l'exemple de Jean XXIII, dépofé à Conftance, arrêté, & conduit
prifonnier à Manheim, avoit fait une trop vive impreffion fur Martin V,
pour qu'il crût devoir aller préfider à toute affemblée qui ne fe tiendroit point
en Italie. Il n'eut garde de fe rendre à Bâle, & il envoya le Cardinal
Julien Cæfarini pour y tenir fa place. Mais Martin couroit en Italie un bien
plus grand danger que celui qu'il craignoit ailleurs. Il mourut; & fon fucceffeur, le turbulent Eugene IV, (2) n'approuva point du tout la complaifance de fon prédéceffeur: il déclara que fon intention étoit, ou qu'il n'y eut
point de Concile, ou qu'il fut transféré en Italie. L'Empereur fut obligé
d'aller à Rome, & il eut beaucoup de peine à obtenir d'Eugene que les Prélats refteroient affemblés à Bâle, & qu'il ne feroit rien changé aux difpofitions de Martin.

Martin V.
convoque
un Concile
à Bâle.
1431.

Martin V
meurt, Eu-
gene IV eft
élu Pape.

Le Cardinal Julien, Général des croifés armés contre les Huffites, quitta
le commandement de l'armée, & vint en qualité de Lieutenant, ou de repréfentant du Pape, préfider au Concile affemblé pour juger ces mêmes Sec-
taires, qu'il venoit de pourfuivre les armes à la main. Comme dans l'as-

---

(1) Jean Stlekeftein, Prélat fage & habile, étoit alors Evêque de Bâle. Chron. Bafl.
(2) Gabriel Condalmerio, Cardinal Vénitien, le plus orgueilleux des hommes, & l'un
des plus ambitieux Pontifes de tous les fucceffeurs du modefte S. Pierre.

semblée de Constance, il fut, dès la premiere Session, déclaré à Basle, que le Concile étoit supérieur au Pape; & cette déclaration ulcéra profondément le fier Eugene IV. Pendant que les Prélats s'occupoient des grands objets qu'ils avoient à examiner, les députés des Hussites s'avançoient au nombre de trois cens, sous les ordres du fameux Procope surnommé le razé, leur Capitaine, jadis Prêtre, & qui, par son enthousiasme, s'étoit rendu aussi terrible que l'impitoyable & terrible Zisca. A mesure que ces trois cens Hussites s'approchoient des murs de Bâle, le souvenir de Jean Hus & de Jérôme de Prague, atrocement brûlés à Constance, leur inspiroit des réflexions ameres, des soupçons inquiétans; &, comme ils craignoient que l'on n'eût pas pour eux plus d'égards qu'on n'en avoit eus pour ces deux Chefs, avant que d'en trer dans la ville, ils envoyerent demander au Concile des ôtages. Cette dé-fiance blessa les P. P. assemblés; ils ne voulurent point donner des ôtages, mais ils accorderent un sauf-conduit fort étendu, & qui fut garanti, non seulement par les Cardinaux & les Prélats, mais encore par le Duc de Ba-viere, le Margrave de Brandebourg, & par les députés de tous les Princes & de tous les Etats de l'Empire au nom de leurs maîtres.

Rassurés par cette sauve-garde, Procope, & les trois cens Hussites, bien armés, & fort attentifs par prudence, à tout ce qui se passoit autour d'eux, firent leur entrée en bon ordre (1). Des Commissaires du Concile entrerent en conférence avec eux, &, comme au fond, les opinions de ces prétendus hérétiques n'étoient presque point opposées aux opinions de l'Eglise Romai-ne, & qu'on cherchoit de bonne foi à les ramener, on commença par leur accorder la Communion sous les deux especes, & on leur promit la réforma-tion de tous les abus dont ils se plaignoient. Cette promesse étoit sincere, & l'intention des Cardinaux & des Prélats étoit de travailler avec le plus grand zele à épurer les mœurs & la discipline. Il est très-vraisemblable qu'ils y fussent parvenus s'ils eussent été secondés par Eugene IV: mais ce fou-gueux Pontife, n'approuvoit rien, brouilloit tout, fatiguoit & révoltoit par ses prétentions outrées. Les P. P. du Concile, scandalisés de sa conduite, le menacerent de le citer pour le déposer. Furieux & non humilié, le Pape menaça le Concile de l'excommunier & de le foudroyer. Sigismond arrêta les effets de ces défis mutuels. Pendant sa vie on n'en vint point à cette violente & ridicule extrémité; mais dans la suite, à peine il fut mort, que le Concile excommunié & frappé d'anatheme, déposa le Pontife qui l'avoit foudroyé.

Tandis qu'Eugene & le Concile se menaçoient, disputoient de puissance, se bravoient mutuellement, l'Empereur Sigismond, jadis ennemi déclaré de la maison d'Autriche, se raccommodoit sincerement avec les Princes de cette maison, qui lui avoient rendu les services les plus importans: (2) plein de reconnoissance, impatient de réparer le mal qu'il avoit fait à cette maison il-

---

(1) Au teint hérissé & brûlé, & sur-tout à la contenance militaire de ces Hussites, le Peuple Bâlois trouva qu'ils avoient l'air tout-à fait hérétiques. Ann. Basl.

(1) Il ne falloit pas moins que la guerre de Bohême & l'assistance que ces Princes lui prêterent dans cette occasion, pour le raccommoder parfaitement avec eux. Hist. des ligues & des guerres de la Suisse. T. 2.

lüftre, il donna en mariage au neveu du Duc Fréderic, Elifabeth fa fille unique, que par fon teftament, il déclara l'on héritieres des Royaumes dé Bohême & de Hongrie. Sigismond ne furvécut que peu de tems à ce mariage, & peu de jours après avoir figné fon teftament, il mourut dans le mois de Décembre 1437. Ce gendre de l'Empereur Sigismond fut Albert, Duc d'Autriche, arriere petit-fils d'Albert furnommé le *fage*, dont il defcendoit par Albert *aux cheveux treffés*, & par un autre Albert que fes vertus & fon érudition avoient fait furnommer *là merveille du monde*.

Sect. V.
Hiftoire de la Suiffe
1389-1448.

Sigismond meurt.
1437.

Le neveu de Fréderic, le jeune Albert étoit digne à tous égards de fes refpectables ayeux, & ce fut par lui que la couronne impériale rentra, pour n'en plus fortir, dans la maifon d'Autriche: ce fut auffi par lui, comme gendre & fucceffeur de Sigismond, aux royaumes de Bohême & de Hongrie, que ces deux couronnes furent fixées dans cette maifon. La puiffance des Ducs d'Autriche rétablie, & confidérablement accrue par cet heureux événement; ils ne penferent plus qu'à le venger des torts & des injures qu'ils croyoient avoir reçus des Suiffes, & que les circonftances les avoient fi long-tems obligés de diffimuler.

Les Suiffes concouroient eux-mêmes à fervir ce reffentiment, car le tems & les événemens avoient opéré parmi eux des changemens très-confidérables. Le defir de s'élever les uns au-deffus des autres, dominoit dans chacun des Cantons; & ce defir avoir fi fort affoibli l'efprit national, qu'il n'y avoit prefque plus d'union, ni de concorde entre les différens Cantons. Bien des caufes contribuoient à femer & accroître la méfintelligence parmi les Suiffes: Depuis la paix de Bellinzonne, ils n'avoient plus à redouter de Puiffances voifines, & le befoin de pourvoir à la fûreté générale les réuniffoit plus; & n'ayant plus des ennemis communs à repouffer, comme l'étoient avant les batailles de Sempach & de Næfels, les Seigneurs d'Autriche, ils s'étoient accoutumés à ne plus fe regarder comme les membres d'une même République, mais, à peu de chofe près, comme étrangers les uns aux autres. Enrichis par le Concile de Conftance, des dépouilles de Fréderic, l'étendue des poffeffions qu'ils avoient conquifes en commun avoit enflammé la cupidité de chacun des confédérés. Ces dépouilles avoient été partagés, à la vérité, mais très-inégalement, & les plus forts avoient emporté les meilleures portions. Cette inégalité avoit donné lieu à des plaintes qui n'avoient pas été écoutées, & excité une jaloufie, que le reffentiment des Cantons les plus mal partagés n'avoit fait qu'aigrir de plus en plus. Le partage de quelques terres conquifes avoir été promis, & n'avoir pas été fait; & cette mauvaife foi n'avoit fait qu'ajouter aux autres caufes de mécontentement. Un motif qui feul auroit été capable de défunir les Suiffes, étoit le bizarre & très-imprudent affemblage de quelques communautés régies par la forme démocratique, & de quelques villes gouvernées par la forme ariftocratique, & compofant un même Canton. La liberté démocratique choque inévitablement la fierté ariftocratique; & il ne falloir que le fujet le plus léger pour enflammer ces citoyens divifés de régime, d'opinions & de fentimens. Ce fujet ne le préfenta que trop tôt, & ce fut à l'occafion de la mort de Fréderic, Comte de Tockenbourg.

Etat de la Suiffe & méfintelligence qui divife les Cantons.

Caufes de cette méfintelligence.

SECT. V.
Hiſtoire de
la Suiſſe
1389-1443.

Vaſtes pos-
ſeſſions du
Comte de
Tockenbourg.

Sa Combour-
geoiſie avec
Zurich &
Glaris.

Fréderic III, dernier Comte de Tockenbourg, avoit de vaſtes poſſeſſions dans l'Helvetie & dans la Rhétie. Outre les Comtés de Tockenbourg & d'Utznach qu'il tenoit de ſes peres, & Mayenfeld, Tavor & le Prétigen, qu'il poſſédoit du chef de Cunegonde. Baronne de Vats, ſa grand, mere ; il avoit eû encore, à titre d'engagement de la maiſon d'Autriche, les Comtés de Sargans, de Feldkirch, le Rheintal, le Gaſter, Freudenberg, Weſen, Windeck & Nedberg (1). Fréderic III. s'étoit rendu combourgeois de Zurich, & par le traité qu'il en avoir renouvellé en 1404, il avoit ſtipulé que cette combourgeoiſie ſeroit prolongée à 5 ans après ſa mort. Quelques tems après, ce renouvellement, il crut avoir de juſtes ſujets de mécontentement contre les Zuricois, & il fit un traité de combourgeoiſie avec les Cantons de Glaris & de Schweitz ; & il ſtipula qu'après ſa mort ſes vaſſaux de la Marche & de Tuggen, reconnoîtroient ces deux Cantons pour leurs ſouverains. De nouveaux mécontentemens de la part de Zurich ayant aigri, en 1435, le Comte de Tockenbourg, il déclara aux députés de Schweitz, qui, à ſa priere, s'é-toient rendus à Utznach, qu'il vouloit qu'après ſa mort les habitans de Toc-kenbourg & d'Utznach, fuſſent reçus dans la combourgeoiſie perpétuelle de Schweitz, entendant toutefois, qu'ils ne manquaſſent point aux devoirs que leur impoſoit leur combourgeoiſie avec Zurich, juſqu'au tems auquel cette combourgeoiſie expireroit, c'eſt-à-dire juſqu'à la fin de la cinquieme année d'après ſa mort (2).

Conteſta-
tions au ſu-
jet de la
ſucceſſion du
Comte de
Tocken-
bourg.

Peu de tems après cette déclaration Fréderic mourut, ſans laiſſer de poſté-rité, & ſans avoir eu le tems de diſpoſer de ſa ſucceſſion (3). Cette ſuc-ceſſion étoit fort opulente, & elle cauſa de très-vives conteſtations, la veu-ve de Fréderic ſoutint que ſon mari n'ayant point fait de teſtament, elle a-voit, excluſivement aux Collateraux du défunt, le droit de ſuccéder à tous ſes états. Zurich s'oppoſa à ces prétentions, & en vertu du traité de com-bourgeoiſie, ſoutint que c'étoit à lui ſeul qu'appartenoit l'entiere adminiſtra-tion des biens du Comte. Schweitz formoit la même demande, & les vaſ-ſaux de Fréderic diviſés entr'eux, ne faiſoient qu'ajouter à la confuſion, les uns ne voulant reconnoître que Zurich, les autres Schweitz, & le plus grand nombre préférant de ne reconnoître aucune ſouveraineté.

Pendant ces premiers troubles, la maiſon d'Autriche aſſez puiſſante pour rentrer dans ſes anciennes poſſeſſions, avoit retiré les terres qu'elle avoit jadis engagées à la maiſon de Tockenbourg: lors de la guerre de Conſtance, Si-gismond avoit cédé aux Zuricois ſes droits de retrait, ou de réemption, ſur Windeck & ſur le Gaſter; & Fréderic avoit cédé auſſi au Comte Henri de Windenberg ſon droit de réemption ſur le Comté de Sargans. Ces ceſſions n'étoient que trop propres à rendre plus embarraſſante la conteſtation; les nouvelles démarches des prétendans à cette ſucceſſion ne tarderent point à rendre la diſpute interminable. En effet, la Comteſſe de Tockenbourg, dans la vue de ſe rendre les Zuricois favorables, leur fit libéralement préſent d'Utz-nach, qui ne lui appartenoit pas. Auſſi les habitans de ce Comté fort éton-

(1) Tſchudi. Chron. de Glaris, p. 191.
(2) Tſchudi. T. 2. p. 214.
(3) Juſtinger. Tſchudi. p. 215. Stettler. p. 123.

nés qu'on difpofat ainfi de leurs perfonnes & de leurs territoires, refuferent obftinément leur hommage à Zurich, & fe mirent fous la protection de Schweitz. Le Comte de Windenberg ne fut pas plûs agréable aux habitans du Comté de Sargans, que Zurich ne l'avoir été à ceux d'Utznach, & ils fe mirent fous la protection des Zuricois.    Windenberg fit un traité de combourgeoifie avec les Cantons de Glaris & de Schweitz, & ces deux Cantons fondés encore fur un traité de cette efpece, qu'ils avoient fait avec le feu Comte de Tockenbourg, ne s'amuferent point à réclamer les loix & à recourir à des Tribunaux; mais ils prirent les armes, s'emparerent de Tuggen, enfuite de la Marche fupérieure; &, foit de gré, foit de force, obligerent les habitans d'Utznach de Windeck, de Turthal, de Grinau & de Liechtenftein à fe faire recevoir dans leur combourgeoifie (1).    Les Zuricois fort irrités de la maniere de procéder de ces deux Cantons, fe préparerent auffi à employer la force; & des deux côtés on fe difpofoit à la guerre, lorfque le refte des Cantons qui n'étoient point interelfés dans cette conteftation, obtinrent enfin que tous les differens relatifs à la fucceffion du Comte de Tockenbourg feroient remis à la décifion de dix-neuf arbitres, qui furent nommés & acceptés de part & d'autre. Ces arbitres prononcerent en faveur de Schweitz & de Glaris, & ordonnerent que là combourgeoifie des Tockenbourgeois avec ces deux Cantons fubfifteroit dans tonte la force du traité, & à perpétuité.

Pèu de tems après, la veuve de Fréderic III fut condamnée; fes prétentions déclarées mal fondées, & par la même fentence, les arbitres annullerent la donation faite aux Zuricois par la Comteffe de Tockenbourg, du comté d'Utznach.    Les collateraux & héritiers de Fréderic III, pleins de reconnoiffance pour les arbitres, entrerent dans la combourgeoifie de Schweitz & de Glaris, qui fe préparerent à leur affurer par leurs armes la fucceffion de Fréderic III, de laquelle Zurich paroiffoit vouloir les exclure.    Et en effet, quoique la guerre ne fut pas ouvertement déclarée, les Zuricois avoient fait de vives hoftilités; ils s'étoient même rendus maîtres de Freudenberg & de Nedberg, places défendues par des garnifons Autrichiennes: (2) animés par cette conquête, ils s'étoient avancés jufques Pfeffikon fur les frontieres du Canton de Schweitz, où ils avoient porté un corps confidérable de troupes. Les habitans de Schweitz & de Glaris trop fiers pour laiffer cette injure impunie; leverent une armée & fe mirent en campagne, réfolus d'en venir aux dernieres extrémités.    Cette guerre alloit peut-être pour jamais rompre les liens de la confédération Helvetique, fi les Cantons neutres n'euffent interpofé leur médiation, & à force de foins obtenu qu'on confereroit avant que d'en venir à une rupture ouverte; ces conférences furent heureufes & produifirent une treve jufques en 1439, & dans la fuite, cette treve fut convertie à une paix durable entre les Zuricois & les Autrichiens (3).

Malheureufement pour la tranquillité Helvetique, à la tête de la magiftrature Zuricoife étoit un homme violent, emporté, d'une éloquence propre à émouvoir, à enflammer les citoyens; d'un orgueil infupportable; d'un entêtement

Sect. V.
Hiftoire de la Suiffe 1389-1443.

Schweitz & Glaris s'emparent par force d'une partie de la fucceffion.

Les arbitres prononcent en faveur de Schweitz & de Glaris.

Les Zuricois mécontens de la fentence, recourent aux armes.

Les Cantons neutres obtiennent une treve.

(1) Tfchudi. p. 225.
(2) Tfchudi. p. 251. Juftinger.
(3) Idem. p. 267.

Stuſſi Bour-
guemaître
de Zurich,
ſouffle la
diſcorde.
1438.

qui ne cédoit à rien; plus capable de bouleverſer un Etat que de le gouverner, toujours prêt à ſuſciter des troubles, & à exciter des mécontentemens.
Ce magiſtrat étoit le Bourguemaître Stuſſi. C'étoit lui qui avoit engagé les
Zuricois à ſoumettre la conteſtation ſurvenue au ſujet de la ſucceſſion de Fréderic III à la déciſion de dix-neuf arbitres; c'étoit encore lui, qui, mécontent de la ſentence de ces arbitres, avoit perſuadé à ſes concitoyens de la mépriſer, & de ſe rendre eux-mêmes juſtice par la force des armes. Stuſſi a-
voit été l'auteur du manifeſte violent & injurieux publié par les Zuricois contre les Cantons de Schweitz & de Glaris, inſultant pour les magiſtrats de ces
deux Cantons, & outrageant pour le reſte des membres de la confédération
Helvetique, traités par Stuſſi avec la plus révoltante hauteur, & comme de
pétits Etats qui n'étoient égaux ni en puiſſance, ni en dignité avec la République de Zurich (1).

La paix
conclue
avec les
Cantons de
Schweitz
& de Gla-
ris, mécon-
tens des Zu-
ricois.
1439.

Ce Manifeſte, ou plutôt ce Libelle produiſit tout l'effet qu'il devoit produire; tous les Cantons ſe ſouleverent contre Zurich: mais il ne valut point
à Stuſſi toute la conſidération qu'il en avoit attendue. Pendant qu'il ne ſongeoit qu'aux moyens de brouiller tout, & de ſouffler l'eſprit de diſcorde &
de haine, il ſe formoit contre lui, dans le Sénat même de Zurich une faction puiſſante, & qui avoit à ſa tête le ſecond Bourguemaître, Henri Schwend,
homme juſte, aimant le bien, & citoyen paiſible, mais moins éclairé que
Stuſſi, & qui faiſant au déſavantage de la République, la paix avec les deux
Cantons, fournit à ſon collegue de nouvelles raiſons de ſe plaindre, de cabaler, & bientôt de triompher de la faction qui s'étoit formée contre lui.
Ce fut pendant le feu de ces diviſions que le Duc Fréderic mourut dans la
ville d'Inſpruck, ne laiſſant qu'un fils unique en très-bas âge. Ce fut auſſi
dans le même tems, à-peu-près, que l'Empereur Albert II d'Autriche,
ſucceſſeur & gendre de Sigiſmond, mourut, ne laiſſant qu'un Poſthume,
dont la veuve accoucha quelques mois après; enſorte que le Chef de la maiſon d'Autriche, fut après la mort d'Albert II, Fréderic, fils aîné d'Erneſt,
ſurnommé tête de fer, ſouverain de la Stirie & de la Carinthie.

Fréderic
Empereur
Chef de la
maiſon
d'Autriche,
médite de ſe
venger des
Suiſſes.

Fréderic prit la tutelle du fils de l'Empereur Albert II, Ladiſlas le Poſthume, & celle de Sigiſmond, fils de Fréderic aux poches vuides. Il fut élevé
au trône impérial, & ſon avènement ne lui fit point oublier la mort de ſon
ayeul, Léopold ſurnommé le Prudhomme, tué par les Suiſſes à la bataille
de Sempach, Il ne s'en ſouvenoit que dans le deſir de venger Léopold, &
de recouvrer les terres, qui, jadis poſſédées par ſa maiſon, avoient été con-
quiſes par les Suiſſes. Le Bourguemaître Stuſſi connoiſſoit les diſpoſitions du
nouvel Empereur: la paix conclue par ſon collegue avoit vivement mécon-
tenté les Zuricois, & le parti de Stuſſi reprit un tel aſcendant, qu'il parvint
à faire députer Henri Schwend à Vienne, pour témoigner à l'Empereur combien la République ſe repentoit d'avoir jadis eu la foibleſſe de prendre part à
la revolte des Suiſſes contre les Seigneurs de la maiſon d'Autriche; pour ſe
plaindre

(1) L'adroit Stuſſi avoit flatté dans ce manifeſte la vanité des villes impériales, qu'il
reconnoiſſoit ſeules égales en dignité à la République de Zurich. Hiſt. des ligues & des
guerres de la Suiſſe. T. 2. p. 203.

plaindre ensuite de l'injustice des Cantons de Schweitz & de Glaris à l'égard de Zurich, qui, implorant l'assistance de l'Empereur, lui offroit la restitution de Kibourg, & de tous les domaines appartenans jadis à ses ancêtres & depuis occupés par la République (1).

Fréderic animé contre les Suisses, qu'il regardoit comme un Peuple rebelle, & ne cherchant qu'un prétexte de leur faire éprouver le poids de son ressentiment, fut enchanté d'apprendre, que par leurs divisions & leur mésintelligence, ils lui fournissoient eux mêmes les plus infaillibles moyens de se venger avec éclat. Il reçut avec distinction les députés de Zurich, parut sensible à leur repentir, promit de les défendre contre leurs ennemis, & de se rendre incessamment dans la Haute-Allemagne, d'aller même à Zurich rédiger & signer le traité qu'il ne pouvoit, dans ce moment, qu'ébaucher avec eux. Fréderic étoit trop intéressé à fomenter la haine mutuelle des Cantons, pour manquer à ses engagemens; aussi les remplir-il avec beaucoup d'exactitude, & les députés de Zurich étoient rentrés à peine dans leur patrie, que l'Empereur y vint, suivi des principaux Seigneurs de sa maison & de sa cour. Il fut reçu avec magnificence par le Sénat, & aux acclamations de tous les citoyens: le traité d'alliance fut rédigé, signé, & solemnellement juré de part & d'autre: Fréderic fut remis en possession des terres & des Seigneuries que les Zuricois se hâterent de lui restituer (2), & il alla ensuite à Rapperschweil, qui, ne voulant, ni d'alliés ni de maîtres, avoit obtenu de l'Empereur Sigismond un diplôme de ville impériale. Fréderic annulla le privilege accordé par son prédécesseur, & força les habitans de Rapperschweil à rentrer sous son obéïssance, non comme Chef de l'Empire, mais comme Duc d'Autriche & tuteur du jeune Sigismond son cousin; il traita de même les habitans de Winthertur, (3) & par les ordres despotiques qu'il donnoit, par la prompte obéïssance qu'il exigeoit, par ses hauteurs, & le peu d'égards qu'il avoit pour les privileges & les immunités, il fit autant de mécontens qu'il visita de peuples & de communautés.

Pendant que l'altier & imprudent Fréderic III traversoit ainsi la paix, donnant des loix impérieuses, humiliant les peuples, & n'étant escorté que d'une troupe foible & peu aguerrie d'environ mille hommes, les Etats qui représentoient le corps Helvetique étoient assemblés en diete à Zug. Quelques députés mirent en délibération, si tandis que Fréderic, qui montroit de si mauvaises intentions, voyageoit avec tant de confiance, & si mal accompagné, il ne conviendroit point de s'assurer de sa personne (4). Cette question parut peu généreuse, & les Suisses la rejetterent, comme un moyen indigne d'un peuple libre & courageux, & il fut convenu qu'on n'en viendroit aux voies de fait, qu'après avoir épuisé tous les moyens de conciliation, & que l'on seroit obligé de repousser la force par la force. Mais afin de découvrir

Sect. V.
Histoire de la Suisse 1389-1443.

Le Bourguemaître Stussi fait faire à l'Empereur des propositions pour les Zuricois contre les autres Cantons. 1440.

Fréderic se rend à Zurich, & signe un traité d'alliance avec ce Canton. 1441 1442.

Diete des Cantons.

---

(1) B. Z. b. 546. Justinger.
(2) Tschudi. 339
(3) Justinger. Tschudi. 348.
(4) C'étoit un coup de main à faire, ce Prince n'ayant avec lui que la troupe dorée de ses courtisans & une foible escorte. *Hist. des ligues & des guerres de la Suisse.* T. 2. p. 208.

Sect. V.
Histoire de
la Suisse
1389-1443.

L'Empe-
reur reçoit
mal les dé-
putés des
Etats Suis-
ses.

plus fûrement les intentions de ce Monarque, il fût délibéré qu'on lui enverroit demander par des Ambaffadeurs, la confirmation des droits & des privilèges des Etats liguès, fuivant l'ufage obfervé à l'avènement des nouveaux
Empereurs.

Ces députés, ou Ambaffadeurs, allerent trouver Fréderic III à Fribourg,
où ils lui demanderent la confirmation de leurs privileges. L'Empereur les
reçut froidement, les écouta d'un air diftrait, & leur ordonna de le fuivre à
Conftance, où il leur donneroit fa réponfe. A Conftance, les députés Suiffes renouvellerent leur demande, & Fréderic leur dit, que, jufqu'à ce qu'ils
lui euffent reftitué l'Argaw, ils ne devoient point s'attendre à la confirmation
qu'ils follicitoient (1). Les députés reçurent auffi froidement cette réponfe
que le Monarque avoit accueilli leur demande, & ils n'infifterent point fur la
confirmation qui leur étoit refufée, fe contentant de faire entendre qu'ils fe
pafferoient aifément d'une grace, fans laquélle ils n'en refteroient pas moins
libres, & que, depuis long-tems, ils ne regardoiënt plus que comme une
inutile formalité.

Les Suiffes
fe précau-
tionnent con-
tre les des-
feins de
l'Empereur.
1442.

Le refus de Fréderic III, fon alliance avec les Zuricois, & la réunion des
Seigneurs de la maifon d'Autriche, éclairerent les Cantons fur le parti qu'ils
avoient à prendre; & l'orage qui les menaçoit de toutes parts, les avertir de
fe précautionner & de refferrer les nœuds de leur confédération. Avec plus
de politique, ou même avec moins d'imprudence, Fréderic III eut beaucoup
mieux réuffi dans les projets de vengeance qu'il avoit médités, & qu'il ne
fçut point remplir. Il n'avoit qu'à fomenter, fans paroître y prendre aucun
intérêt, les diffentions qui agitoient & divifoient les Cantons. Ces diffentions

Fautes &
imprudence
de Fréderic.

euffent produit des guerres, qui euffent inévitablement affoibli les Suiffes, &
il eût retiré tous les fruits de cet affoibliffement: mais en fe montrant trop à
découvert, il gâta tout, & les Cantons ne pouvant méconnoître fes deffeins,
fe mirent en garde contre lui, s'unirent plus intimement qu'ils ne s'étoient
unis jufqu'alors, & comme les membres d'une République doivent néceffairement fe lier dans un danger commun, ils promirent de mettre tout en ufage, & de n'épargner, ni leurs biens, ni leur vie, pour écarter le joug que
leurs anciens oppreffeurs, liés avec les Zuricois, vouloient leur impofer.

Cependant les citoyens de Zurich toujours conduits, ou égarés par le fougueux & enthoufiafte Stuffi, firent les plus grands préparatifs, nommèrent
pour leur Général, Turing de Hollweil, reçurent un fecours de troupes Autrichiennes, qui leur furent amenées par le Margrave de Hochberg, & Louis

Les Zuricois
marchent
contre les
Suiffes &
font battus.
1443.

Comte de Bitche; (2) fortifierent leurs frontieres; rejetterent toutes les propofitions d'accommodement & de paix que leur firent les Bernois de la part
de Schweitz & de Glaris, & marcherent vers la frontiere de ces deux Cantons. Mais arrivés à Freyenbach, leur ardeur ne fut point fecondée par la
fortune; une petite troupe de Suiffes attaqua, battit, difperfa & maffacra un corps de fept cens Zuricois & Autrichiens. Ce premier échec fut
fuivi peu de jours après d'une feconde action dans le Canton de Zug, où les
Zuricois furent encore plus maltraités. Confternés par ces deux défaites, ils

(1) Juftinger. Tfchudi, p. 350.
(2) Stettler. p. 140.

fe retirerent fur les terres de leur Canton, & s'y retrancherent avec toutes les précautions que la crainte peut infpirer: elles furent inutiles; les Suiffes les fuivirent de près, forcerent leurs retranchemens, & les Zuricois, après avoir perdus plus de cinq cens hommes, furent contraints d'abandonner la campagne aux vainqueurs, qui, dans cette derniere action, n'avoient perdu que foixante-fept hommes.

Rien ne réfiftant aux Suiffes, ils fe répandirent comme un torrent fur les poffeffions des ennemis, incendierent les villages, (1) & affiégerent Bremgarten, qui, après quelques jours de réfiftance, fe rendit. Mellingen eut le même fort: Régensbourg & Gruningen tombèrent également au pouvoir des vainqueurs, qui, fucceffivement fe rendirent maîtres de routes les places fortes des Zuricois, où ils mirent garnifon avant que de fe retirer chez eux. Les vainqueurs, à la vérité, ternirent par un acte de cruauté, la gloire dont ils s'étoient couverts. La ville de Gruningen avoir ouvert fes portes fans attèndre qu'on l'affiégeât: mais l'officier qui commandoit dans cette place, croyant qu'il importoit à fon honneur de faire quelque réfiftance, s'étoit retiré au château, dans le deffein de ne fe rendre qu'après quelques jours de liege. Ce projet courageux ne lui réuffit point: il fe défendit pendant quelque tems, comme il fe l'étoit propofé, & demandant enfuite à capituler, il fut reçu à compofition; mais à peine étoit-il forti du château qu'il fut inhumainement affommé dans la rue. Cette action atroce fut défapprouvée même par plufieurs des Cantons confédérés; mais les auteurs du crime prétendirent, pour fe difculper, qu'il n'y avoit ni ménagemens, ni foi à garder à des ennemis qui n'avoient pû entreprendre eux-mêmes cette guerre fans violer la foi publique (2).

Cependant les Suiffes commençoient à peine à fe délaffer des fatigues de cette campagne pour eux fi glorieufe, qu'ils furent obligés de reprendre les armes, pour s'oppofer au Margrave de Hochberg, qui, Général des troupes impériales, & brûlant d'impatience de réparer la honte des défaites qu'il avoit effuyées, fe donnoit les plus grands mouvemens pour fufciter aux Suiffes de nouveaux ennemis, avoir tâché d'intéreffer dans cette caufe tous les Princes d'Allemagne, & s'étoit même adreffé au Roi de France Charles VII & au Duc de Bourgogne.

Tandis que la haine & la difcorde animoient de plus en plus cette querelle meurtriere, le même efprit de méfintelligence agitoit le Concile de Bâle, où il s'étoit formé une puiffante & redoutable ligue contre la puiffance abufive du Pape, qui regardoit les Peres affemblés dans cette ville comme autant de féditieux dont il lui importoit de réprimer les prétentions. Afin de s'afurer d'une plus grande autorité, le fier Eugene IV envoya ordre aux Prélats de fe féparer & de transférer le Concile à Ferrare. Quelques-uns lui obéirent: mais le plus grand nombre refufa, & fit plus; il dépofa Eugene & décerna la Papauté à Amédée VIII, Duc de Savoie, qui, fatigué de la Souveraineté,

---

(1) Horgen, Tallweil, & Kilchberg furent réduits en cendres, fans que les vainqueurs vouluffent permettre aux habitans d'en rien emporter.

(2) C'eft violer une feconde fois la foi publique, que de juftifier par de telles raifons une femblable perfidie. Ce brave Commandant fe nommoit Pierre de Kilchmatter.

s'étoit fait Hermite & vivoit voluptueusement dit-on, dans sa retraite de Ri-paille. Amédée avoir renoncé à la puissance temporelle ; mais il ne fut pas fâché de se voir possesseur du glaive spirituel ; & se laissant élire, il prit le nom de Felix V. (1)

Il est vrai que le Concile de Constance avoit déposé Jean XXIII, & que son successeur avoit été reconnu sans difficulté de toutes les Puissances Européennes. Il est vrai encore qu'Amédée, allié à la plûpart des maisons régnantes, sembloit devoir trouver de l'appui chez tous les Souverains de la Chrétienté : mais ces considérations ne justifioient point la précipitation & le procédé fort peu réfléchi du Concile de Bâle. En effet, Jean XXIII, tantôt fugitif, tantôt prisonnier, méprisé par ses mœurs & abandonné de tous, pouvoit être déposé, sans que sa déposition eût des suites fâcheuses : mais malgré tous ses torts, Eugene IV étoit maître de Rome, unique & légitime possesseur du Patrimoine de St. Pierre. D'ailleurs, la déposition de Jean XXIII & des deux autres Papes ses compétiteurs, étoit le seul parti qu'il y eut à prendre pour mettre fin au Schisme qui déchiroit l'Eglise : mais le Concile de Bâle n'avoit point de Schisme à détruire, & par une irréparable faute, ce fut lui-même, qui, par cette déposition précipitée, fit éclorre un schisme nouveau.

L'Empereur Sigismond avoit, lors de la déposition de Jean XXIII, assez de fermeté, de force, de pénétration & d'activité pour soutenir les droits du Concile de Constance, & l'élection qui avoit été faite dans cette assemblée : mais l'Empereur Frédéric III, sans activité, sans lumieres, sans nulle forte de fermeté, timide & rampant auprès du Pape qu'il s'étoit accoutumé à regarder comme un être extraordinaire, redoutable par les foudres, qu'il pouvoit lancer & diriger à son gré ; Frédéric, abandonnant les intérêts du Concile, se ligua étroitement avec Eugene IV, & fit cause commune avec ce fougueux Pontife, contre l'Eglise assemblée ; & occupée des moyens de faire exécuter les sages & salutaires projets de réformation qu'elle avoit formés (2).

Cette union de l'Empire & du Pontificat fut très-défavorable au Pape, ou Anti-Pape Felix V, qui, dès ce moment, ne fut plus reconnu nulle part ; la Savoie, & la Suisse exceptées, où même l'on ne reçut que forcément son obéissance. L'engagement que l'Empereur avoit pris de soutenir les intérêts d'Eugene, n'étoit point la seule affaire qui l'occupoit ; son cousin & son pupille, Sigismond d'Autriche, fiancé avec Radegonde, fille de Charles VII, Roi de France, n'avoit dans la Haute-Allemagne que des sujets rebelles, & qui, ligués avec les Suisses, refusoient de le reconnoitre pour maître. L'Empereur, trop foible pour soutenir seul la cause de son Pupille, demanda au Roi Charles VII une armée assez forte pour réduire les rebelles de son gendre futur ; & au moyen de cette armée que Charles promit de lui fournir,

Frédéric III
cherche de
tous côtés,
du secours
contre les
Suisses &
le Concile
de Bâle.

(1) Amédée VIII, avant que de se faire de Souverain Hermite, avoit abandonné tous ses Etats à son fils. Il est singulier, & même un peu contradictoire, qu'un Prince, assez peu ambitieux pour se rendre Hermite, se trouve dans cet état abject assez d'ambition pour prétendre à la Thiare.

(2) Pour se rendre l'Empereur favorable, Eugene s'engagea à rétablir dans leurs sieges, les Archevêques Electeurs de Cologne & de Mayence, qu'il avoit déposés avec une injustice & une audace qui avoient révolté tous les Princes de l'Empire. Hist. Concil. Basl.

Frédéric se flatta de se rendre maître, soit par la force, soit par la terreur du Concile de Bâle.

Tandis que l'Empereur attendoit l'armée françoise, & qu'avec ses seules forces, il ne poussoit que mollement la guerre contre les Suisses, ceux-ci, assemblés à Lucerne, après avoir réglé dans une diete tenue à Brunnen, la suite des opérations de la campagne, écrivirent une lettre circulaire à tous les Princes d'Allemagne, dans laquelle ils justifioient leur conduite, & mettoient dans toute leur évidence la mauvaise foi des Zuricois, & l'injustice des procédés de Frédéric III. Cette lettre fit une forte impression sur plusieurs des Princes à qui elle étoit adressée, & ils crurent devoir du moins observer la neutralité. Cependant les troupes des Cantons d'Unterwald, Lucerne, Uri, Schweitz & Glaris s'avancerent au nombre de 4000 hommes vers les murs de Zurich. Le Général des Zuricois, Hallweil, fit sur les aggresseurs une vigoureuse sortie, & sa cavalerie eut d'abord de l'avantage; mais ce bonheur ne se soutint pas: (1) les Suisses se défendirent avec tant de courage, & attaquerent à leur tour avec tant de valeur, que les Zuricois battus, se retirerent sous les murs de la ville, & les Autrichiens encore plus effrayés, dans les fauxbourgs.

Séparés ainsi de leurs alliés, les Zuricois ne purent long-tems résister aux efforts réunis des Suisses; le Bourguemaître Stussi, auteur de cette guerre combattit en héros dans cette journée, & perdit la vie, accablé par le nombre, épuisé de fatigue, & écrasé sous le poids de son armure. Sa mort fut le signal du désordre; les Zuricois prirent la fuite, & leurs ennemis les poursuivirent avec tant de célérité, que les uns & les autres entrerent pêle-mêle dans la ville, (2) avant que la garde qui étoit à la barriere eût le tems d'abattre la herse. Satisfaits de ce succès, très-glorieux en effet, les Suisses n'entreprirent point, comme on s'y attendoit le siege de Zurich; ils se contenterent de mettre le feu au fauxbourg, & d'aller reduire en cendres les villages, qui, dans les dernieres courses, avoient échappé à l'incendie.

De cette expédition, les vainqueurs se rendirent sous les remparts de Rapperschweil, qu'ils assiégerent, avec tout le reste des troupes Helvetiques qui y arriverent bientôt, à l'exception des Bâlois & des Soleurrois; ceux-ci étoient allés assieger Lauffenbourg sur le Rhin. Encore plus déconcertés que les Zuricois, les Autrichiens pressés de toutes parts, & ne recevant aucun des secours qu'ils avoient demandés & qui leur avoient été promis, écouterent volontiers la proposition d'une suspension d'armes, qui leur fut faite par l'Evêque de Constance, Henri de Hewen. L'Empereur se prêta avec d'autant plus d'empressement à cette négociation, qu'il avoit le besoin le plus pressant de gagner du tems, & qu'il se flattoit de recevoir pendant l'armistice des secours considérables pour être en état de recommencer la guerre avec avantage (3). La treve fut convenue le 9 Août 1443, & elle devoit durer

Sect. V. Histoire de la Suisse 1389-1443.

Conduite des Suisses.

Les troupes Autrichiennes & Zuricoises font une sortie & sont battues.

Les Suisses ne s'éloignent de Zurich, que pour aller dévaster les environs.

Siege de Lauffenbourg.

(1) Muralt. M S C.
(2) B. Z. n. Justinger. Tschudi. 285.
(3) L'Empereur Frédéric III, dans le tems qu'il paroissoit applaudir à cette treve, écrivoit de Neubourg, le 22 Août 1443, en ces termes à Charles, Roi de France: Quia fortasse continget, ut societatem illam armeniacorum in vestris Dominiis militantem sub convenientibus pactis ad nostra subsidia denotemus; jam & nunc vestram serenitatem efficimus exora-

Sect. V.
Histoire de
la Suisse
1389-1443.

Treve &
conditions.

Projets &
espérances
de Fréderic
III.

Les Zuricois
ne veulent
point enten-
dre parler
de paix.
1444.

Troupes que
la France
doit fournir
à l'Empe-
reur.

jusqu'au jour de S. George de l'année suivante; il fut stipulé que de part &
d'autre, on resteroit en possession des pays qu'on occupoit alors, & il fut
convenu qu'il y auroit à Baden un congrès, établi pour y traiter de la paix.

Les Bernois refuserent d'abord d'accéder à la treve, à moins que les Cantons
ne fournissent leur contingent pour le siege de Lauffenbourg, & les Suisses
alloient joindre les assiégeans sous les murs de cette ville, lorsqu'ils apprirent
que les Bernois avoient levé le siege, après avoir reçu en dédommagement
des fraix de cette expédition 10,000 écus pour eux, & 1000 écus pour leurs
alliés (1). La treve fut exactement observée & les hostilités resterent suspendues; mais il avoit été convenu que les troupes impériales évacueroient le
pays; ce n'étoit point là le projet de Fréderic III, qui, toujours animé par
l'espoir du puissant secours qui lui avoir été promis, n'attendoit, au contraire,
que l'arrivée de cette armée étrangere, pour s'unir aux impériaux & accabler
les Suisses. Il paroissoit aussi entrer de bonne foi dans les négociations de la
paix, mais il étoit si éloigné de toute idée de reconciliation, que par les soins
les conférences ne furent pas plutôt commencées à Baden, qu'elles furent irrévocablement rompues: ensorte qu'il étoit évident que la treve annonçoit au
lieu d'un calme, l'orage le plus violent, & une guerre qui ne devoit finir
que par la ruine entiere des Suisses.

Il n'y avoit au Congrès de Baden que les députés des Cantons confédérés
qui s'occupassent de bonne foi des moyens de pacification. L'Empereur n'é-
toit rien moins que disposé à renoncer au plaisir qu'il s'étoit promis de chatier
les Suisses. Quelques considérables que fussent les pertes essuyées par les Zuricois, elles leur étoient d'autant moins sensibles, qu'ils ne doutoient point
que bientôt l'Empereur ne les mit à même de goûter les douceurs de la
plus entiere vengeance (2). Ils étoient si fort persuadés de reprendre sur
leurs ennemis la supériorité que ceux-ci avoient eu sur eux, que pour entretenir les citoyens dans cette douce espérance, on avoit affiché à Zurich la
liste des troupes que Charles VII s'étoit engagé de fournir à l'Empereur; &
ces troupes consistoient en vingt-quatre mille François, & en huit mille Anglois, qui devoient se joindre aux François, & qui avoient, sous le nom de
grandes Compagnies, si long-tems désolé la France, en servant Jean IV,
Comte d'Armagnac, contre le Roi, & qui ensuite avoient dévasté les provinces, où elles avoient exercé les plus horribles brigandages (3). Le Roi
de France avoit saisi avec empressement cette occasion de délivrer enfin ses
Etats de cette foule d'Armagnacs. C'étoit le Dauphin lui-même, qui devoit, suivi d'une multitude d'officiers & de volontaires, conduire cette armée, tandis que Charles VII, son Pere, marcheroit en Lorraine à la tête d'u-
ne autre armée, & s'avanceroit même, s'il le falloir, jusques vers les Voges.

tam, ut in tali casum gratiâ eisdem armeniacis licentiam & liberum transitum, si opus fuerit
impartiri velitis. Merkwürdigk der Landsch Basel. T. 5. p. 456.
(1) Stumpf. L. 7. c. 7. Muralt. M S C. B. Z. R.
(2) Justinger. Tschudi. 405.
(3) Le continuateur de Nangis appelle ces grandes Compagnies, Filii Belial, guerra-
tores de variis nationibus, non habentes titulum: & en effet, elles s'assembloient sans être
autorisées par le Prince, & s'élisoient un Chef. Elles commencerent à paroître en France
en 1360.

Soutenus & animés par l'efpoir de ce fecours, les Zuricois frémiſſoient d'indignation au feul nom de Paix.   Leurs députés au Congrès de Baden, Ulric,
Zorali & Jean de Meis, étant revenus à Zurich rendre compte des propoſitions faites par les Cantons; & ces deux députés paroiſſant incliner à les accepter, la populace furieuſe, fe jeta fur ces deux Sénateurs, les maltraita cruellement, les traîna au fupplice, & les fit mourir avec la plus infultante inhumanité.  · La nouvelle de cette atrocité dévoila aux Suiſſes les véritables intentions de Frédéric & des Zuricois: ils rompirent les négociations, mirent fin
au Congrès, & peu intimidés de ces nombreuſes armées dont on annonçoit
l'arrivée, ils fe mirent en campagne: après avoir obligés les Appenzellois,
qui étoient reſtés neutres, à le joindre à eux, ils allerent aſſiéger le château
de Greiffenfée; le Chevalier de Landenberg, qui commandoit dans ce château,
fut fommé de fe rendre; il refufa, les Suiſſes s'emparerent du fort, & trancherent la tête à Landenberg, ainſi qu'à tous les foldats & officiers qui compofoient la garniſon.   Cet exemple de rigueur, ou ſi l'on veut de barbarie,
répandit une telle terreur, que tous les forts des environs fe rendirent à la
premiere fommation aux vainqueurs, qui allerent camper devant Zurich.

L'armée françoife & angloife ne paroiſſoit point encore: les Zuricois, que
l'efpérance d'un fecours à venir n'aveugloit point fur le danger préfent, envoyerent des députés au Roi de France chargés de preſſer autant qu'ils le pourroient le départ de ces troupes.  Charles VII fit auſſi-tôt partir ces grandes
Compagnies ſi funeſtes à fes Etats, & elles marcherent fous les ordres du
Dauphin Louis, non pour fe rendre en droiture à Zurich, mais à Metz, Toul,
Verdun & Bâle, villes fur lefquelles Charles formoit des prétentions qu'il é-
toit bien aife de faire valoir.  D'ailleurs, le Pape Eugene IV avoit engagé
Charles à faire marcher ces mêmes troupes contre Bâle, pour diffiper, ou,
s'il le falloit abfolument, maſſacrer les Peres du Concile: enforte, que ces
grandes Compagnies ſi formidables & ſi fort redoutées, avoient un vaſte pays
à piller & à ravager: elles fe mirent en marche fous les ordres du Dauphin,
& défolant dans leur courfe dévaftatrice tous les lieux par où elles paſſoient,
elles furent auſſi funeſtes aux alliés qu'elles alloient fecourir, qu'aux Suiſſes
qu'elles alloient combattre.

Pendant que ce fléau s'approchoit de la Haute-Allemagne; les fept Cantons formoient le fiege de Zurich; & Thomas, Baron de Falkenſtein, Bernois, & mauvais patriote, après avoir furpris, pillé & réduit en cendres la
petite ville de Brougg; s'étoit renfermé avec Jean de Rechberg dans le château de Farnsberg.  Berne, Lucerne & Soleure fe hâterent d'envoyer un
corps de 4000 hommes qui allerent aſſiéger ce fort.  Rechberg alla au devant du Dauphin, qu'il trouva, fuivi de fon armée, à Montbeillard, & dont
il preſſa la marche, afin de délivrer le château de Farnsberg, & d'obliger les
Suiſſes de s'éloigner de ce fort, dans lequel le Baron de Falkenſtein avoit
reſſerré un immenfe butin.  Louis feconda ſi bien les defirs de Rechberg,
que l'armée entiere des Armagnacs, forte de 50,000 chevaux, inonda en
très-peu de jours les environs de Bâle.

Les Peres du Concile fe trouverent dans la plus grande détreſſe; c'é-
toit eux principalement que l'orage menaçoit, & ils étoient très-peu en fûreté à Bâle, où il n'y avoir pas même de garniſon: elle n'avoit pour toute dé-

Sect. V.
Hiſtoire de
la Suiſſe
1389-1443.

La populace
Zuricoiſe
fait mourir
deux Séna-
teurs qui lui
femblent in-
cliner pour
la paix.

Les Suiſſes
entrent en
Campagne.

1444.

Les Zuri-
cois députent
au Roi de
France.

Les Arma-
gnacs ap-
prochent de
la Suiſſe.

fenfe que des Prêtres & des citoyens fans armes: elle députa au plutôt vers les Suiffes affemblés fous les murs de Falkenftein; & ceux-ci avertis du danger qui menaçoit cette ville, détacherent, fous les ordres de quelques braves officiers, (1) 1200 hommes de leur armée, avec ordre d'attaquer & de repouffer l'avant-garde des François campée à Brattelen. Cette avant-garde, compofée de 8000 hommes, commandés par le Comte de Dammartin, fut fierement attaquée par cette petite troupe; les François furent battus, repouffés, & contraints de fe retirer jufqu'à Mutterz, où il y avoit un corps de 10000 Armagnacs: cette nouvelle armée, bien loin de déconcerter les 1200 Suiffes, ne fit que leur infpirer une nouvelle ardeur, & ils battirent ces deux corps réunis; enforte que chacun des vainqueurs, avoit eu à combattre contre environ dix-huit hommes.

Enhardis par ces deux fuccès, & entraînés par leur héroïque valeur, plufieurs Suiffes, quelques efforts que leurs officiers fiffent pour les retenir, marcherent vers le corps de l'armée Françoife, & tenterent bardiment de fe rendre maîtres du Pont S. Jacques, gardé par une divifion de 8000 Armagnacs; après un long combat, ne pouvant forcer ce paffage, ils fe jeterent tous armés dans la riviere; gagnerent à la nage la rive oppofée, allerent fe pofter dans une petite ifle, où après la réfiftance la plus opiniâtre, ils périrent. Il ne reftoit plus que 500 Suiffes; ceux-ci, s'étant fait jour à travers les efcadrons ennemis, cherchoient à gagner Bâle, lorfqu'ils tomberent dans une embufcade de 8000 François, poftés près de Gandelingen, & qui venoient de repouffer dans leur ville les Bâlois qui en étoient fortis dans le deffein de favorifer l'approche de leurs alliés. Ces 500 Suiffes fe jeterent dans l'hôpital de S. Jacques, & retranchés derriere les murailles de cette maifon, ils foutinrent les affauts de l'armée entiere des Autrichiens, des Zuricois & des François: mais le feu ayant pris à cette maifon, & le canon ayant renverfé les murs des Jardins, les Suiffes, au-lieu de fe rendre, fe jeterent au milieu de cette nombreufe armée, répandirent des torrens de fang, & périrent tous, couverts de gloire, & après un combat de 10 heures qui s'étoit toujours foutenu avec la même violence.

La fureur des Suiffes fut telle pendant cette mémorable journée, qu'on les voyoit arracher les flèches dont ils étoient bleffés pour les renvoyer aux ennemis: (2) ils étoient formidables jufques dans les bras de la mort, & Barcard Monch de Landskron, l'un des Généraux ennemis, parcourant après l'action le champ de bataille, & à la vue des vaincus morts, ou mourans, ayant eu l'inhumanité de s'écrier, que ce fang répandu étoit plus délicieux pour lui qu'un bain de rofes, un Suiffe qui expiroit fit un dernier effort, ramaffa une pierre, & la lançant avec autant de force que de fureur contre Monch, il le fit tomber mort de cheval (3).

Tant

(1) Les noms de ces officiers qui fe fignalerent, méritent d'être confervés, c'étoient *Jean Matter* de Berne; *N. Hofftetter* de Lucerne; *Arnould Schek* d'Uri; *Joft Reding* de Schweitz; *Rodolphe Brandlt* d'Unterwald; *N. Setler* de Zug; *Rodolphe Netftaller* de Glaris, & *Seevogel* de Bâle. Le nom du Capitaine de Soleure n'eft point connu. Wurfteifen. L. c. f. 379 Hafner. p. 378.
(2) Æneas Sylvius. L. 1. Epift. 87.
(3) Stettler. p. 159

Tant de valeur, tant d'héroïfme, étonna le Dauphin Louis, qui, jufte appréciateur du mérite, donna les plus grands éloges à ces fiers combattans, & offrit aux Bâlois un fauf-conduit pour enterrer les morts, & retirer les bleffés. Les Bâlois enterrerent 1156 morts, & amenerent avec eux 32 bleffés, enforte que de 1200 Su:ffes qui avoient fi vaillamment affronté une armée de 50000 hommes, il n'en étoit échappé que douze, mais ceux-ci plus malheureux que leurs compagnons, furent rejetés par les Cantons, qui les regarderent comme des lâches, affez vils pour avoir préféré une vie honteufe au falut de la Patrie, & à une mort glorieufe. (1). La perte des Armagnacs fut vraifemblablement très-confidérable, puifqu'ils n'oferent avouer le nombre de foldats qu'ils avoient laiffés dans cette actiou (2).

Le Dauphin jugeant du courage du refte des habitans des Cantons, par l'épreuve qu'il venoit de faire, ne jugea point à propos de pénétrer plus avant dans la Suiffe, & il conduifit les Armagnacs dans l'Alface & dans le Suntgaw, où ils exercerent les plus affreux ravages. Louis après s'être brouillé avec l'Empereur, qui, pour fe débarraffer d'un fi dangereux allié, avoit foulevé contre lui tout l'Empire, conclut à Enfisheim la paix avec les fept Cantons & avec les Bâlois. L'Empereur fe plaignit vivement de la conduite de l'armée françoife; le Dauphin fe plaignit plus hautement encore, & reprocha à l'Empereur fon indolence, & l'oubli de fes engagemens; oubli qui avoit obligé les Armagnacs à vivre en ennemis dans un pays où ils avoient été appellés comme amis, & où l'on n'avoit pris aucun foin de fournir à leur fubfiftance. Les Princes & Etats de l'Empire irrités contre Fréderic, qui avoit attiré ces effains dévaftateurs, le menacerent de le dépofer; & l'Empereur ne put fe juftifier qu'en demandant qu'on lui fournît une armée à la tête de laquelle il fût en état d'aller combattre cette foule d'étrangers qui défoloient l'Empire: mais ceux-ci raffafiés de crimes, de carnage & de butin, fe retirerent d'eux-mêmes à la grande fatisfaction des peuples qu'ils venoient d'opprimer, & de Fréderic III, qu'au lieu de fervir, ils avoient mis à deux doigts de fa perte.

Cependant la crainte de voir revenir cette nombreufe armée fur fes pas, engagea les Suiffes à lever le fiege de Farnsberg, celui même de Zurich, & abandonnant routes les places dont ils s'étoient emparés, ils ne s'occuperent qu'à couvrir leurs frontieres. Ces précautions étoient d'autant plus effentielles, que le Margrave de Brandebourg, les Comtes Ulric & Louis de Wirtemberg, le Comte de Baden, & une foule de Seigneurs & de gentils-hommes leur déclarerent la guerre; de maniere que les hoftilités continuerent encore quelques mois, & jufqu'à ce que les Peres du Concile de Bâle, furent enfin parvenus à moyenner une treve, qui devoit durer depuis le 25 Novembre 1444, jufqu'au jour de la S. Jean de l'année fuivante 1445; encore mê-

Sect. V.
Hiftoire de la Suiffe 1389-1443.

Perte des Suiffes & des Francois.

Le Dauphin conclut la paix avec les Suiffes. 1444.

Treve.

(1) Tfchudi p. 425.
(2) Plufieurs Auteurs affurent que les Armagnacs perdirent dans cette action 8000 hommes. Tfchud. p 425. Juftinger en fait monter cette perte qu'à 3000 hommes, Stettl. à 5000; Stumpfer. à 6000; Chytreus, Chron. Hérod. L. 7. affure que les Armagnacs laifferent 20000 des leurs fur le champ de bataille, Etterlin va plus loin, & dit qu'il y eut parmi eux 25000 morts.

SECT. V.
*Histoire de
la Suisse*
1389-1443.

*Les Autri-
chiens ne
profitent de
la treve
que pour ra-
vitailler le
château de
Rapper-
schweill, &
ils la rom-
pent ensuite.*

me, les Autrichiens irrités du siege de Rapperschweill, formé par les troupes de Schweitz, ne feignirent de souscrire à cette suspension d'armes, qu'afin d'avoir le tems de jeter du secours dans cette place; aussi ne l'eurent-ils pas plutôt ravitaillée, que reprenant les armes contre la foi du traité, ils allerent mettre à feu & à sang le village de Gruningue, s'emparerent du comté de Sargans, & firent une invasion cruelle dans le comté de Baden (1): enforte que rendant inutiles les négociations & les soins des Peres du Concile de Bâle, les Autrichiens oubliant le serment qu'ils avoient fait d'observer la treve, ne la firent servir qu'à abuser de la sécurité des Suisses, contre les loix de la plus commune équité.

# SECTION VI.

### *Histoire de la Suisse depuis l'an* 1443, *jusqu'au commencement du seizieme siecle.*

*Dispositions
de Fréderic
III.*

Corrigé par l'expérience, déconcerté par ses défaites, l'Empereur Fréderic III étoit fort éloigné de partager la haine & le ressentiment qui animoient les Autrichiens contre les Suisses; foible & pusillanime, il les craignoit beaucoup plus qu'il ne les haïssoit; aussi n'agissoit-il plus que mollement contr'eux, & seulement afin que les Princes de sa maison ne l'accusassent point d'abandonner leur cause. Du reste, il n'avoit eu d'autre motif de susciter & de soutenir cette guerre, que celui de défendre les intérêts de son pupille Sigismond, auquel il avoit voulu procurer le recouvrement des terres de la Haute-Allemagne usurpées par les Suisses, & dont ce jeune Prince avoit hérité de son pere. Fréderic, qui, par caractere, n'avoit de sensibilité que pour ses propres intérêts, étoit tout étonné d'avoir pris si fort à cœur ceux de Sigismond son cousin, & il se repentoit trop de s'être engagé si avant dans cette meurtriere querelle, pour ne pas saisir avec empressement le premier prétexte plausible, ou la premiere occasion qui se présenteroit, soit de faire la paix, soit de se renfermer dans une neutralité, qu'il étoit trop fâché de n'avoir pas toujours gardée.

*Albert, frere
de Fréderic
III, veut
perpétuer la
guerre.*
1445.

Le Duc Albert, surnommé *le Prodigue*, frere de Fréderic, pensoit d'une maniere tout-à-fait opposée; il avoit hérité de ses peres une haine irréconciliable contre les Suisses; & impatient de venger & de soutenir l'honneur des armes Autrichiennes, cruellement ternies par les succès multipliés des Cantons confédérés, il accourut, suivi d'environ quatre cens volontaires, se jeta dans Zurich, & par sa fiere contenance ôta aux Suisses, d'ailleurs fatigués de courses & d'hostilités, l'envie d'assiéger cette place. Mais si l'activité du Duc Albert sauva Zurich, elle ne put du moins empêcher les troupes de Soleure de Bâle & de Berne, de s'emparer du château de Rheinfeld; (2) il ne put em-

(1) Tschudi 437. Justinger.
(2) Tschudi. 453.

Sect. VI.
Histoire de
la Suisse
1443-1501.

Hostilités
entre les
Suisses &
les Autri-
chiens.

Les deux
partis font
des vœux
pour la paix.

Elle se fait
par la mé-
diation de
l'Electeur
Palatin.
1446 1447.

pêcher les Suisses de remporter encore trois ou quatre victoires en différentes rencontres., où les Autrichiens, toujours battus, perdirent plus de 1200 hommes (1).

Ces chocs, ces courses & ces hostilités funestes à plusieurs villages qui furent ruinés de part & d'autre, pillés, incendiés, durerent quelque-tems encore, & n'aboutirent qu'à donner aux deux partis un égal desir de la paix. Mais les Autrichiens étant aussi obstinés dans leurs prétentions, que les Suisses dans les leurs, il n'étoit pas possible, animés autant qu'ils l'étoient, qu'ils réglassent eux-mêmes leurs intérêts, & toute la difficulté consistoit à trouver un tiers assez impartial & assez éclairé pour terminer ce différend à la satisfaction des uns & des autres. L'Electeur Palatin, Louis, méritoit par ses lumieres & son équité, la confiance des Cantons & des Autrichiens; il ne dissimuloit point le desir qu'il avoir de rendre la paix à la Haute-Allemagne, & il obtint que les députés des Cantons confédérés & ceux des Seigneurs d'Autriche, viendroient à Constance discuter devant lui leurs intérêts respectifs. Sa médiation fut reçue, & de concert avec les Electeurs de Treves, de Mayence, & de l'Evêque de Bâle, après avoir examiné pendant trois semaines les droits & les prétentions des deux partis, il proposa un accommodement si raisonnable & si sage, qu'il fut accepté sans difficultés, & sans que l'on jugeât devoir y rien changer.

A l'égard des contestations qui s'étoient élevées entre les Seigneurs de la maison d'Autriche & les Suisses, il fut convenu qu'avant le jour de S. Martin elles seroient discutées devant le Conseil de la ville d'Ulm. Quant au différend qui divisoit les Zuricois & les Cantons confédérés, il fut statué qu'il seroit terminé suivant la forme du droit Helvetique (2). Quelques sages néanmoins que fussent ces conventions, elle ne furent point reçues sans contradiction, & elles donnerent lieu à tant de discussions & de difficultés, qu'il fallut statuer de nouveau sur les principaux points qui divisoient les députés des Cantons & les Zuricois: l'un des objets les plus épineux étoit la Combourgeoisie formée avec les comtés d'Utznach & de Tockenbourg (3);

(1) Justinger. Wurstleisen. L, 5. c. 43. Muralt. M S C.
(2) Voici ce que c'est que le droit Helvetique. Dans la vue de prévenir toute désunion entre les alliés, les Suisses, dans toutes leurs alliances, convenoient de la maniere dont seroient terminées toutes les contestations qui pourroient dans la suite survenir entr'eux. Dans tous les traités de la Confédération Helvetique, il fut statué, que chaque membre dans le cas de différend, choisiroit deux Arbitres dans les Cantons désignés par le traité. Ces arbitres, libres du ferment prêté à leur Canton, jurent de juger suivant les loix de l'équité, & en conscience. Dans le cas de partage dans les opinions, le Canton demandeur nomme un sur-arbitre, obligé de choisir l'une des opinions des premiers juges. Les lieux où ces conférences doivent se tenir, sont fixés aussi par les traités. Ainsi la petite ville d'Einsidlen est nommée pour le sept anciens Cantons; Kienholtz, pour Berne, Schweitz, Uri & Unterwald; Zoffingen pour Zurich & Berne &c. Tschudi. Hist. de la Conféd. Helvet. L. 5. p 204 & 205.
(3) Il a été parlé plus d'une fois de Combourgeoisie, & l'on croit en devoir donner ici une idée distincte. Jadis l'Helvetie entiere appartenoit à l'Empire; elle étoit partagée entre plusieurs Princes, qui y avoient plus ou moins d'autorité, suivant les titres de leur souveraineté dans ce tems, le Gouvernement féodal étoit établi dans l'Europe presqu'entiere, & les Seigneurs qui avoient droit de banniere, pouvoient former des alliances avec leurs voisins pour leur commune défense. Les Suzerains pouvoient

Sect. VI.
*Histoire de
la Suisse
1443-1501.*

*Décision des
Arbitres.*

*Réfistance
des Zuricois.*
1448.

*Question
remise au
jugement
d'un Sur-ar-
bitre.*
1449.

*Sentence du
Sur-arbitre
reçue de tou-
tes les par-
ties.*
1450.
*Nouvelle
guerre entre
les Bâlois
& la maison
d'Autriche.*

& les Arbitres déciderent que les deux Cantons ayant eû le même droit de contracter, ils jouiroient également aussi & en commun, des effets de cette Combourgeoisie. Mais cette décision fut rejetée par les Zuricois, qui déclarerent que jamais ils ne consentiroient à cette communauté de partage. Quant aux conquêtes faites par les Suisses sur le Canton de Zurich, il fut décidé qu'elles seroient restituées; que du reste, les frais de la guerre seroient compensés, ainsi que les prisonniers, qui, de part & d'autre seroient relâchés sans rançon.

Il ne restoit plus qu'une question fort épineuse, & qui eut pû devenir le sujet d'une nouvelle guerre: il s'agissoit de savoir si Zurich avoir pû s'allier avec les Seigneurs d'Autriche; si cette alliance ne dérogeoit point aux principes de l'union Helvetique, & si, dans le cas où elle seroit reconnue y déroger, elle pouvoit subsister. Les députés & les Arbitres furent divisés d'opinion; la dispute s'échauffa; mais enfin, après de longs débats, les esprits ramenés au desir de la paix, & les Zuricois ne cherchant qu'à ménager les bienséances & à ne point donner de justes causes de ressentiment aux Autrichiens qui les avoient soutenus dans la derniere guerre, la décision de ce point litigieux fut confiée à un Sur-arbitre; & ce juge impartial, Henri de Bubenberg, Avoyer de Berne, prononça sans détour que l'alliance de Zurich avec les Seigneurs d'Autriche étant attentatoire au pacte antérieur de l'union Helvetique, elle étoit nulle, & ne pouvoir subsister en aucune maniere.

Ce jugement, quoique très-simple, fut applaudi par les Cantons confédérés, ainsi que par les Zuricois-eux-mêmes, qui furent alors très-fâchés d'avoir été pendant sept ans en guerre pour soutenir la validité d'un traité dont ils n'auroient pas dû méconnoître la nullité. L'Electeur Palatin eût peu de peine ensuite à terminer les différens qui restoient entre les Cantons & la maison d'Autriche. Les Bâlois furent compris dans le traité; mais les Seigneurs d'Autriche ne pouvant supporter que le château de Rheinfeld restât au pouvoir des Bâlois qui s'en étoient emparés, surprirent cette place par une violation manifeste du traité de paix qu'ils venoient de signer. Cet acte d'hostilité irrita vivement les citoyens de Bâle, qui se croyant avec raison outragés & provoqués, se disposerent à se venger de cette injure, ensorte qu'ils renoncerent seuls à la paix, qui venoit d'être jurée.

---

d'autant moins s'opposer à ces traités, que n'y ayant point de formes juridiques établies pour juger les différens qui s'élevoient entre les particuliers, & les vassaux d'un Etat se trouvant journellement exposés à des insultes, le Souverain ne pouvoit, ni les venger, ni les garantir de ces insultes. On donnoit à ces alliances contractées par les vassaux avec les villes, le nom de *Combourgeoisie*, & le nom de *Landrecht* aux traités faits avec des communautés Dans ces traités, on stipuloit la protection & la défense mutuelle des Contractans: on y régloit aussi la maniere de terminer à l'amiable les contestations qui pourroient survenir entr'eux. En Suisse, les vassaux n'étoient pas les seuls qui eussent le droit de banniere, il y avoit des communautés & des Villes qui en étoient également en possession & toute' ville qui jouïssoit de ce droit, avoit, par cela même, celui de promettre du secours à ses voisins, & d'en obtenir dans les circonstances qui leur paroissoient exiger d'en demander. L'usage de ces Combourgeoisies s'étendit dans toute la Suisse, & il se conserva au point, qu'il est plusieurs de ces Combourgeoisies qui se sont maintenues dans toute leur force, & qu'il en est beaucoup qui subsistent encore de nos jours. Tschudi. B. Z. R. Stettler.

La puiſſance de la maiſon d'Autriche avoit conſidérablement décliné, ou la force des Suiſſes s'étoit immenſement accrue, puiſque une ſeule ville ôſoit déclarer la guerre à cette même maiſon, qui avoit ſi long-tems balancé les forces de tous les peuples de l'Helvetie. Quoiqu'il en ſoit, les Bâlois furieux allerent porter le fer & la flamme ſur les poſſeſſions de leurs ennemis, ravagerent les terres, maſſacrerent les habitans, chargerent les magiſtrats de chaînes, & les envoyerent priſonnièrs à Bâle, rencontrerent, à l'extrémité de la Haute Alſace, près du village d'Heſingen, les Autrichiens en force, les attaquerent, malgré la foibleſſe de leur petit nombre, combattirent long-tems avec un courage héroïque, & remporterent une glorieuſe victoire, qui couta beaucoup de ſang à la nobleſſe Autrichienne.

Des commencemens auſſi meurtriers euſſent eû les plus funeſtes ſuites, ſi les Cantons d'un côté & les alliés d'Autriche de l'autre, ne ſe fuſſent hâtés d'interpoſer leur médiation. Cette grande conteſtation fut encore remiſe au jugement de quelques Arbitres, dont la ſentence fut adoptée par les deux partis, qui ſignerent un traité de paix le 14 Mai 1449. (1)

Dans le commencement de ces dernieres hoſtilités, Félix V & le peu de Prélats qui reſtoient à Bâle, craignant le reſſentiment de la maiſon d'Autriche liguée avec Eugene IV, s'étoient précédemment retirés, & s'étoient fixés à Lauſanne, ville qui, enclavée dans les terres de Savoie, leur promettoit plus de ſûreté.

Félix prenoit encore le titre de Pape; mais il n'y avoit gueres plus que lui même de ſon parti, & il ne ſavoit trop comment ſortir de l'embarras où ſon ambition l'avoit jeté, lorſqu'Eugene IV mourut. Félix V ne gagna rien à cette mort, comme il l'avoit eſpéré. Le Conclave aſſemblé à Rome élut Nicolas V, & ce ſucceſſeur d'Eugene, connoiſſant la ſituation de ſon foible compétiteur, l'engagea facilement à abdiquer la Papauté; ſacrifice qui lui valut le chapeau de Cardinal, & l'inutile honneur de la légation à Latere dans le Duché de Savoie.

Très-ſatisfait de cet arrangement, Félix revenu des grandeurs temporelles & eccléſiaſtiques, ſe retira dans ſon hermitage de Ripaille, où bien des auteurs diſent que dans les bras de la moleſſe il oublia profondement ſa brillante aventure; il oublia auſſi que pendant ſon Pontificat, obligé de repréſenter à la tête du Concile de Bâle, & ſes finances ſe trouvant épuiſées, il avoit emprunté de la ville de Strasbourg une ſomme conſidérable, ſous le cautionnement de la ville de Fribourg. Il eſt très-vraiſemblable, que ſi Amédée eût reſté ſeul poſſeſſeur de la chaire de S. Pierre, il auroit rembourſé cette ſomme; mais la thiare lui ayant échappé, il ne ſe trouva rien moins qu'en état d'acquitter cette dette.

Cependant la ville de Fribourg qui n'entroit point du tout dans les raiſons d'Amédée, lui demanda la valeur de ſon cautionnement, preſſée elle-même par les Strasbourgeois. Le Cardinal qui, à Ripaille, ne ſongeoit gueres aux ſuites de tout ce qui s'étoit paſſé, répondit froidement, qu'hermite & ſolitaire, il ne prenoit plus d'intérêt aux affaires de ce monde. Cette maniere de payer ne ſatisfaiſant point du tout la ville de Fribourg, elle s'adreſſa au fils du Cardinal, Louis Duc de Savoie, qui répondit qu'il ne lui appartenoit pas de ſe mêler des affaires de ſon pere. Les Fribourgeois irrités de la réponſe du pere & du fils, réſolurent de ſe faire juſtice eux-mêmes, &

(1) Juſtinger. Stettler.

pour se payer par leurs mains ils arrêterent des marchandises destinées pour
la Savoie & qui passoient par leur ville.   Le Duc de Savoie qui prétendoit
toujours ne devoir pas payer les dettes de son pere, usa de représailles, &
fit de grands dégats sur les terres des Fribourgeois.   Berne prit parti pour le
Duc de Savoie, (1) en haine de quelques mauvais procédés qu'elle reprochoit à Fribourg.   Cette derniere ville implora le secours de la maison d'Autriche: mais le Duc Albert qui n'aimoit pas assez les Fribourgeois dont il avoir
à se plaindre, & qui ne jugeoit pas à propos d'entrer pour eux en guerre,
se contenta de leur envoyer un de ses capitaines, à condition qu'il seroit lar-
gement payé; & du reste, il répondit nettement, qu'il ne prendroit aucune
part à cette contestation.

Ni la privation de ce secours sur lequel ils avoient compté, ni les armes
de Berne, ni le grand nombre d'alliés du Duc de Savoie, n'abattirent point
le courage des Fribourgeois, & bravant les efforts de tant d'ennemis réunis,
ils entrerent fierement en campagne; mais la fortune ne seconda point leur
valeur: ils eurent les plus grands défavantages, éprouverent beaucoup de défaites, furent battus toutes les fois qu'ils eurent le malheur de rencontrer
leurs ennemis, & pour comble d'infortune, se virent menacés de toutes
les horreurs de la guerre civile, par les deux factions qui agitoient Fribourg,
l'une pour le Duc d'Autriche, qui, sans fournir ni troupes, ni secours d'aucune espece, vouloit cependant la continuation de cette guerre, l'autre,
plus sage, & qui ne voyoit d'autre moyen de sauver la Patrie, que de faire
au plus vîte la paix.   Cette seconde faction prévalut, & malgré les ordres &
les menaces du Duc Albert, la paix fut faite & acceptée par les Fribourgeois
aux conditions que leurs ennemis jugerent à propos de leur imposer; le traité
fut signé à Morat, le 19 Juillet 1449. (2)

La plus indispensable nécessité ayant obligé les Fribourgeois d'accepter la
paix, ils n'en resterent pas moins attachés à leurs maîtres, les Ducs d'Autriche,
très-irrités de ce traité qu'ils regardoient comme honteux.   Le Duc Albert
sur-tout, sans songer qu'ayant abandonné Fribourg, cette ville trop foible
pour lutter contre tant d'ennemis, avoit été trop heureuse d'avoir terminé
par un arrangement désavantageux une très-mauvaise affaire, se plaignit hautement, & se rendit dans cette ville pour l'accabler des reproches les plus
amers.   Soit qu'il eut du ressentiment pour Berne, soit que son projet fut
d'engager les Suisses à s'affoiblir les uns contre les autres, dans la vue de
profiter ensuite de leur épuisement; il fit tous ses efforts pour persuader aux
Fribourgeois de le seconder dans une grande entreprise qu'il avoir méditée
contre Berne.   Les Bourgeois de Fribourg avoient été trop maltraités; quelques-uns même entierement ruinés par la derniere guerre, desiroient trop la
paix pour recommencer des hostilités qu'ils prevoioient devoir leur être d'autant plus funestes, qu'ils ne pouvoient se dissimuler que la maison d'Autriche
n'étoit plus assez puissante dans la Haute Allemagne pour les protéger utilement.

Leurs représentations ulcérerent de Duc Albert, qui avoir déjà commencé

(1) Tschachtlan. Chron. Bern.
(2) Tschachtlan. Chron. Bern. Tschudi.

à mécontenter les citoyens par les hauteurs, & par l'air de mépris avec lequel il avoit reçu les honneurs qu'on lui avoit rendus à son entrée, & les présens d'usage qui lui avoient été offerts (1) ce ne fut pas assez d'irriter les Fribourgeois par un dédain offençant, il entreprit encore de les opprimer, & pour cet effet à son départ, il leur laissa, en qualité de son Lieutenant, Thierri d'Halwille, auquel il ordonna publiquement, de diriger cette commune, & d'y faire respecter son autorité. Il associa à cet officier de nouvelle création, Thierri de Montreux, qu'il obligea les Fribourgeois de reconnoître en qualité de leur Avoyer.

Sect. VI.
Histoire de
la Suisse
1443-1501.

Halwille & Montreux étoient les plus avides & les plus orgueilleux gentils-hommes de leur siecle, tous deux brouillons, inquiets, turbulens, & d'une adresse singuliere à semer la discorde, le trouble, l'esprit de haine & de division. Bientôt Fribourg fut agité, par les plus violentes cabales. Le Sénat voulut s'opposer aux deux Auteurs de ce desordre, & Albert, qui ne demandoit qu'un prétexte de sévir contre ce corps, dont l'autorité le blessoit, le cassa : il en créa un nouveau, rempli de ce qu'il y avoir de plus mauvais citoyens, & choisissant les six plus riches d'entre les Sénateurs déposés, il les fit conduire dans le Brisgaw, & jeter dans des cachots obscurs; d'où ils ne sortirent qu'après avoir payé à l'inique Albert une rançon très-riche. Les vexations d'Halwille & de Montreux furent si violentes & devinrent si odieuses, que les membres du nouveau Sénat se souvenant qu'ils étoient citoyens, & prenant l'esprit républicain dont on ne les avoir pas cru susceptibles, ils résolurent de faire cesser le cours de ces vexations.

Le Sénat de
Fribourg est
cassé.

Strasbourg pressoit le remboursement de la somme empruntée par Félix V, & de laquelle Fribourg s'étoit rendue caution : Le Sénat établit un impôt sur le pain, le vin, les denrées & les marchandises dont le produit fut destiné à acquitter cette dette (2). Halwille souleva contre cet impôt les habitans de la campagne ; & ceux-ci soulevés par ces intrigues, non-seulement refuserent de contribuer, mais menacerent de se jeter dans la ville, & de mettre au pillage les maisons des plus riches bourgeois. Ces menaces, & le desordre qui régnoit dans Fribourg furent tels, que la crainte de plus grandes calamités, obligerent la plus nombreuse partie des habitans d'en sortir, & de se retirer dans le pays de Vaud, loin de l'orage & de la tyrannie. Halwille ne pouvant attribuer qu'à lui-même & à ses oppressions, cette fuite de tant de citoyens, & résolu de les punir du parti très-prudent qu'ils avoient pris, eut recours à la plus lâche & la plus noire des perfidies; il leur envoya un sauf-conduit, les invita à revenir dans leur patrie, & leur promit non-seulement qu'il ne leur seroit rien fait, mais qu'ils n'auroient plus lieu de se plaindre de lui. Les Fribourgeois fugitifs connoissoient trop le Lieutenant d'Albert pour se fier à ses promesses. Un d'entr'eux seulement ; Jean Piat, eut la crédulité de croire au changement de cet homme cruel, & de quitter son asyle. Halwille informé de la confiance de Piat, alla l'attendre à Berne, où, à peine,

Halwille
souleve les
habitans de
la Campagne
contre ceux
de la Ville.
1451.

Trait de
perfidie &
d'inhumanité du
Lieutenant
du Duc
Albert.

---

(1) Ces présens d'usage consistoient en 300 sacs de grains, 70 tonneaux de vin, 20 bœufs, 200 moutons, 300 poules, 12 couennes de lard, six quintaux de beurre, trois quintaux de suif, 36 livres de bougie & 36 livres de coriandre.
(2) Justinger. Muralt. M S C.

Sect. VI.
Histoire de
la Suisse
1443 1501.

Les Fribour-
geois se don-
nent au Duc
de Savoie.
1452.

Alliance de
l'Abbé &
de la ville de
S. Gall avec
les Cantons
confédérés.

Du Gouver-
nement de
l'Abbaye de
S. Gall.

cet exilé s'étoit rendu, que Halwille le fit faisir, conduire hors de la porte de cette ville, & le fit pendre au premier arbre qui se présenta.(1).

Cet horrible trait de cruauté acheva de soulever le peuple contre le tyran. Il ne fut plus question d'examiner, si l'on resteroit attaché au Duc Albert (2); on étoit résolu de se choisir un autre maître, mais les Fribourgeois divisés balançoient entre Berne & le Duc de Savoie. Louis Duc de Savoie, instruit de ce qui se passoit dans cette ville, s'étoit engagé à ne traiter avec les Fribourgeois que de concert avec Berne; sa faction prévalut, & ayant été préféré, il jugea à propos de ne plus partager avec les Bernois la souveraineté de Fribourg. La République de Berne indignée de cet acte de mauvaise foi, menaça de recourir aux armes, & de se venger de ce procédé. Louis ne crut pas devoir se commettre avec ce Canton; d'ailleurs, il ne pouvoir disconvenir de ses torts, & il appaisa cette République au moyen de 15000 florins qu'il lui donna en dédommagement de sa part de souveraineté sur Fribourg.

Pendant que les Fribourgeois brisoient ainsi le joug trop accablant que le despotisme prétendoit leur imposer, la confédération Helvetique acqueroit de nouveaux alliés, & une contestation ancienne, mais étrangere aux Cantons, leur valut cette alliance. Il existoit toujours d'anciens différens entre l'Abbé de S. Gall & la ville de ce nom. L'Abbé, Prince de l'Empire, vouloit faire valoir les prétentions qu'il soutenoit avoir sur cette cité, qui, ville impériale, refusoit de les reconnoître. Gaspard de Landenberg, possesseur de cette abbaye, fatigué de la résistance & de l'opiniâtreté des habitans de cette ville, eut recours, dans la vue de la reduire plus aisément, aux Suisses, qui le reçurent dans leur alliance, par un traité conclu le mardi d'après l'assomption de l'année 1451. La ville de S. Gall opposa la même résistance à l'Abbé, & ayant elle-même formé en divers tems quelques liaisons momentanées avec les Suisses, dont elle connoissoit la puissance & la bonne foi, elle employa le même moyen, & s'unit étroitement avec les Cantons ligués, par un traité de Combourgeoisie qui fut passé le mardi d'après la Pentecôte de l'année 1454; & c'est depuis cette époque que S. Gall forme l'un des membres du L. Corps Helvetique.

Nous avons dit ailleurs que ce fut à un simple Hermite Ecossois que l'Abbaye de S. Gall dut jadis son origine; & raconté aussi par quel moyen cette abbaye étoit parvenue à sa haute puissance: nous nous contenterons ici d'ajouter

(1) Tschachtlan. Chron. Bern.
(2) Par un dernier trait de perfidie, Halwille annonça aux Fribourgeois l'arrivée prochaine du Duc Albert, emprunta tous les meubles précieux & toute l'argenterie des citoyens, pour le bien recevoir, & au jour indiqué pour l'arrivée du Prince, il monta à cheval suivi de ses troupes, du Sénat, & d'une partie des Fribourgeois. A quelque distance de la ville, il fit envelopper les Fribourgeois par une troupe de cavalerie, & après les avoir effrayés, il leur dit: ,, Messieurs de Fribourg, je vous quitte sans regret, & j'emporte avec moi toute l'argenterie, & tout ce que j'ai pû charger de vos meubles sur mes chariots, pour avoir mémoire de vous. Le Prince mon maître ne sauroit mieux se venger de vos indociles & perpétuelles tracasseries, qu'en vous abandonnant à vous mêmes: vous n'êtes capables que d'être à charge à vos souverains, & vous n'étiez pas dignes sans doute d'en avoir un si bon. Nous verrons si vous savez mieux user de la liberté qu'il vous laisse". Après cette déclaration dont les Fribourgeois de retour dans leur ville firent dresser un acte authentique, Halwille piqua des deux, & disparut avec ses gens. Hist. des ligues & des guerres de la Suisse. T. 2. p. 266.

Sect. VI.
Histoire de
la Suisse
1443-1501.

jouter que ce monastere, composé d'environ quatre-vingt religieux, de l'ordre de S. Benoît, est d'une énorme opulence, & que c'est dans le corps de ces quatre-vingt religieux que réside le droit d'élire leur Abbé, qui n'est pas plutôt nommé, que, fût-il le plus abject des hommes, il exerce dès ce moment les droits de la souveraineté. Cependant il ne jouit entierement que des honneurs rendus aux Souverains; car, quant au pouvoir suprême, ce sont les religieux assemblés en chapitre qui en sont exclusivement les dépositaires, attendu que l'Abbé ne peut rien faire, rien décider, même sur les moindres affaires, sans avoir consulté le chapitre, dont il n'est que l'organe.

Autorité de
l'Abbé.

L'Abbaye de S. Gall est vaste, magnifique, & somptueusement meublée; les religieux y vivent dans la plus oisive abondance. Quant à l'Abbé, il réside communément à Wil, lieu de plaisance, où il se tient avec sa cour, formée de gentils-hommes & d'officiers attachés au service de ce moine Prince. C'est là qu'il vit enfoncé dans la molesse & l'opulence. La souveraineté de ce Prince s'étend sur un très-grand nombre de seigneuries, ou de portions de seigneuries, qui, réunies, formeroient un Etat considérable. Mais l'effet le plus riche de cette souveraineté, est ce que l'on appelle le Patrimoine de S. Gall, territoire d'environ huit lieues de longueur sur quatre ou cinq lieues de largeur. En l'absence de l'Abbé, c'est au Doyen du couvent qu'appartient la régence de l'Etat, ou au défaut du Doyen, à un autre religieux, suivant l'ordre d'ancienneté. La seconde personne de cet Etat, est le député ou représentant des quatre Cantons de Lucerne, Schweitz, Glaris, & Zurich. Ce représentant, nommé *Capitaine Baillival*, change tous les deux ans, & est en même tems Conseiller de l'Abbé & ministre étranger. L'Abbé siege dans les dietes Helvetiques après le treizieme Canton, & à la tête des Etats coalliés du Corps Helvetique.

De la ville
de S. Gall.

La ville de S. Gall, jadis bourg peu étendu, aujourd'hui cité considérable, doit son titre & ses privileges de ville impériale à Fréderic II. Elle est riche & commerçante; & son commerce, qui consiste en toiles, y a fait tant de progrès, qu'on compte plusieurs millionnaires dans S. Gall. Mais si la ville est riche & bien bâtie, la campagne des environs est d'un aspect peu agréable, & le sol fort ingrat: il n'y a ni vignobles, ni grains, ni prairies: on n'y voit que de belles blanchisseries qui enrichissent les propriétaires; & des jardins de plaisance, qui coutent encore plus qu'ils n'amusent. La forme du Gouvernement est aristo-démocratique. Le peuple n'y a qu'indirectement la puissance suprême; c'est lui qui élit les magistrats; mais ceux-ci sont les dépositaires de la souveraineté; ils forment deux Conseils; l'un composé de vingt-quatre Sénateurs, & l'autre de quatre-vingt-dix, savoir, des vingt quatre du premier Conseil, & de soixante-six élus du corps de la bourgeoisie. C'est dans ces deux Conseils réunis que réside la pleine souveraineté. Le Bourguemaître est le Chef de la République: il a deux assesseurs, ou collegues, l'ancien Bourguemaître & le Baillif impérial. La Bourguemaitrise est annuelle, & l'élection s'en fait tous les ans le jour de S. Etienne, à la pluralité des suffrage de tous les bourgeois assemblés dans l'Eglise principale de S. Gall. A l'âge de 16 ans, tout citoyen a droit de vôter. Quant aux places de Sénateur des deux Conseils, c'est également la bourgeoisie qui y nomme; mais par tribus, ou classes, & non en corps. La tribu des nobles & des bourgeois vivant no-

Forme du
Gouvernement de
S. Gall.

Sect. VI.
*Hiſtoire de
la Suiſſe*
1443-1501.

blement, eſt la premiere claſſe, les ſix autres ſont formés des corps & maî-
triſes de différentes profeſſions.   Communément de vingt-quarre membres
du premier Conſeil, douze ſont tirés de la tribu des nobles; les douze autres ſont tirés des ſix tribus d'artiſans, & ſont appellés Tribuns.  Ce Conſeil
des vingt-quatre, en qui réſide la puiſſance exécutrice, eſt chargé de tous les
détails de l'adminiſtration, ne rend comte au Conſeil des 90, que dans les
cas les plus preſſans & dans les plus importantes affaires: il exerce auſſi la
cenſure la plus entiere, ſoit ſur les Magiſtrats de ſon propre corps, ſoit ſur
tous les officiers de la République; cette cenſure, qui n'eſt point une vaine
cérémonie, s'exerce ſolemnellement tous les ans avec ſévérité.

*Police de la
République
de S. Gall.*

La République de S. Gall eſt à la vérité fort peu étendue, mais elle eſt
reſpectable par la ſageſſe de ſa conſtitution, l'auſtérité de ſa police, ſa vigilance ſur les loix & les mœurs, ainſi que par l'excellence de ſes loix ſomptuaires.  Il regne tant d'équité, une ſi ſage économie dans la perception, ainſi
que dans l'emploi des revenus publics, que, quoique peu riche, cette petite
République, paroît cependant l'être beaucoup plus que des Etats plus opulens.  La Religion proteſtante eſt la ſeule qu'on profeſſe à S. Gall: mais elle
y eſt profeſſée dans toute ſa pureté; les mœurs ſont ſi auſteres, que l'inconduite, la fraude, le libertinage ſont punis par l'opprobre, & c'eſt aſſez de
donner des preuves d'une ingratitude manifeſte, pour être renfermé dans une
maiſon de correction.  Il n'y a qu'une auſtérité conſtante qui puiſſe ſoutenir
les petites Républiques; celle-ci conſiſte en entier dans la ville de S. Gall &
ſa banlieue, qui n'a que cinq lieues au plus, de circuit: encore même cette

*Etendue de
S. Gall.*

banlieue eſt-elle de toutes parts enclavée dans les terres du Prince Abbé.
Il eſt vrai qu'elle poſſede encore dans le Turgaw, quelques petits domaines
iſolés, avec droit de moyenne & baſſe juſtice, & ces domaines ſont régis par
un baillif.  Au reſte, les députés de S. Gall tiennent dans les dietes Helvétiques, le ſecond rang parmi les Etats co-alliés de la Suiſſe. (1)

Il eſt vrai que la guerre des Suiſſes contre les Zuricois ſoutenus par la maiſon d'Autriche liguée avec la France, avoir été très-onéreuſe aux Cantons
confédérés: mais la valeur qu'ils avoient montrée,  la prudence & l'activité
de leurs opérations, leur réſiſtance opiniâtre dans les ſieges, leur intrépidité
dans les combats, & ſur-tout la gloire immortelle dont ils s'étoient couverts à
la bataille de S. Jacques, leur avoir acquis en Europe la célébrité la plus
étendue & la plus méritée.  Charles VII jugeant d'après la défaite même de
ſes troupes, combien il importoit à la France d'avoir les Suiſſes pour amis,
propoſa aux huit Cantons & à Soleure, de former avec ſa couronne une alliance également avantageuſe aux deux nations.  Cette propoſicion ne pouvoir

*Traité d'al-
liance entre
la France &
les Suiſſes.*

être qu'agréable aux Suiſſes, flattés de ſe voir recherchés par la plus reſpectable Puiſſance de l'Europe; & les conditions de ce traité, qui fut ſigné de
part & d'autre, dans le mois de Novembre 1453, furent, ,,que le Roi de
,, France faiſoit un accord & Convention durable avec les Cantons de ne leur
,, être jamais contraire, ni à leurs ſucceſſeurs, par lui, ni par ſes ſujets, &
,, de ne donner aide, ſecours, ni faveur à perſonne qui voudroit entrepren-

*Clauſes de
ce traité.*

,, dre de les moleſter, que les habitans & ſujets des Cantons Suiſſes de toute
,, qualité, pourroient paſſer & retourner avec tous leurs biens, équipages,

(1) *Hiſt. des ligues & des guerres de la Suiſſe.* T. 2.

„ armes & bagages par.tout le Royaume fans aucun trouble, & y commer-
„ cer, pourvu qu'à l'occafion de cet accord, il ne fut contrevenu à aucun
„ point du traité." (1) Dix ans après, ce même traité fut renouvellé par
Louis XI à Abbeville, le 27 Novembre 1463.

Sect. VI.
Hiſtoire de
la Suiſſe
1443-1501.

Pendant que les Suiſſes acqueroient de la réputation chez l'étranger, &
qu'ils s'allioient à de puiſſans Monarques, la maiſon d'Autriche ne pouvoir
plus faire contr'eux que des vœux impuiſſans, & ſes forces déclinoient dans
la Haute-Allemagne, en proportion des progrès qu'y faiſoient les Cantons.
Il eſt vrai que l'Empereur Fréderic III eut pû, dans ce pays, rétablir la fortune de ſa maiſon: mais Fréderic étoit ambitieux, ſans être ſeulement capable
de former de grands projets, imprudent, faux, mais trop peu politique pour
être diſſimulé à propos, avide d'argent, il étoit ſurnommé *le pacifique*, parce
que l'avarice qui le dominoit, ne lui permettoit ni d'entretenir des troupes,
ni de fournir aux fraix de la guerre. Tel étoit Fréderic III, qui, tuteur de
Sigismond, ſon couſin germain, ne ſçut, ni veiller à l'éducation, ni gagner
l'amitié de ſon pupille. Ce jeune Prince, poſſeſſeur du Tirol, des Etats Autrichiens de la Suabe & de la Haute-Allemagne, eut cependant à ſon tuteur
l'obligation de rentrer dans les terres de Sundgaw, dont les Bâlois, auxquels
ces ſeigneuries avoient été engagées pour 26000 florins, s'étoient mis en poſſeſſion. Mais le ſervice que Fréderie lui avoit rendu en cette occaſion, ne
pût lui valoir la confiance, ni l'attachement de ce Prince, qui, ne fut pas
plutôt parvenu à ſa majorité, qu'il ſe déclara pour Albert *le Prodigue*, contre l'Empereur. Celui-ci profondement ulcéré de cette préférence, lui refuſa tout ſecours, & vit avec indifférence les diſgraces & ſes malheurs.

Sigismond
s'attache au
Duc Albert,
& eſt aban-
donné par
Fréderic III
1456.

La ville de Zurich demanda, que ſuivant les conventions, Sigismond lui
rembourſât les fraix de la derniere guerre. Cette demande étoit juſte; mais
Sigismond n'avoit point d'argent à donner aux Zuricois; ceux-ci, quelques
années auparavant lui avoient reſtitué le comté de Kibourg; (2) ils demanderent ce comté en dédommagement des ſommes qui leur étoient dues. Le
jeune Prince ne doutant point que ces Républicains ne recouvraſſent de force
cette terre, s'il refuſoit de la donner, céda de bonne grace, & en mit les
Zuricois en poſſeſſion. Ce ſacrifice lui parut d'autant plus néceſſaire alors,
qu'il méditoit une entrepriſe ſur Schaffhouſe, ville, qui, jadis appartenant à
la maiſon, avoir été affranchie de la domination de ſes maîtres par le Concile
de Conſtance, au préjudice de Fréderic *aux Poches vuides*. Il étoit donc
très-important pour Sigismond de ménager les Zuricois, & s'il ne pouvoit
parvenir à s'en faire ſeconder dans cette expédition, du moins de les engager à reſter dans la neutralité. Il crut d'autant plus avoir réuſſi ſur ce point,
que la ville de Schaffhouſe n'étoit lieé avec les Suiſſes par aucun traité. Plein
de cette douce eſpérance, Sigismond fit marcher des troupes vers Schaffhouſe, qu'il fit inveſtir, qu'il tenta de ſurprendre, & dont il ſe flattoit de s'emparer, lorsqu'à ſon grand étonnement, des députés des Cantons vinrent lui
déclarer, que le Corps Helvetique prenoit ſous ſa protection Schaffhouſe,
qu'ils reconnoiſſoient pour ville impériale, & que les Cantons confédérés ve-

Projets de
Sigismond
ſur Schaff-
houſe.

(1) Tſchudi. p. 569.
(2) Juſtinger. Stettler.

Aa 2

noient de lui accorder l'honneur de la Combourgeoisie pour vingt-cinq années. Cette déclaration qui équivaloit à un ordre très-pressant d'abandonner cette entreprise, fut un coup de foudre pour Sigismond, qui se retira, fort honteux d'avoir vainement hasardé cette entreprise (1).

Les Cantons
prennent
Schaffhouse
sous leur pro-
tection, &
Sigismond
est obligé de
se retirer.

Encouragés par leurs succès, & fiers de se rendre redoutables à ces mêmes Princes, qui jadis avoient été pour eux des maîtres si redoutables, les Suisses devinrent difficultueux, prompts à s'irriter, & toujours prêts à se croire offensés: un mot, un geste, une expression équivoque suffisoient pour les enflammer de courroux, & le flegme Helvetique étoit dégénéré en une pétulence extrême. Quelque mois après l'affaire de Schaffhouse, un Suisse se rendit à Constance, & se présenta dans le nombre des tireurs d'Arquebuse; il mit au jeu, suivant l'usage, une piece d'argent; mais l'un des tireurs refusa de recevoir cette piece, sous prétexte que s'il la gagnoit *il ne sauroit que faire d'une pareille monnoie de bêtes à corne.* Le Suisse vivement offensé de cet expression, s'en retourna chez lui à Lucerne, où se présentant au Sénat, il rendit compte gravement de l'injure qu'on venoit de faire à la Patrie. Le Sénat de Lucerne encore plus ulcéré de cette mauvaise plaisanterie, décida que cet outrage blessoit en même tems l'honneur des Dames Lucernoises & celui du Corps Helvetique, d'où l'on conclut qu'il falloit inévitablement déclarer la guerre. Elle fut bientôt déclarée, & trois ou quatre jours après, une armée Suisse parut sous les murs de Constance, prête à l'investir, & déterminée à laver dans le sang des habitans cette prétendue injure.

Les habitans de Constance qui ne s'attendoient à rien moins qu'à être assiégés, envoyerent demander aux Suisses le motif de cette violente hostilité: ils furent bien plus étonnés, lorsqu'ils l'apprirent: mais quelle que fut leur surprise, ils n'en furent pas moins obligés d'en faire des excuses aux Suisses, qui voulurent bien se contenter d'une amende de cinq mille florins; elle leur fut payée, & ils se retirerent. Pendant que ces troupes se retiroient dans leurs divers Cantons, celles de Schweitz, de Glaris, d'Uri & Unterwald, furent informées des dissentions qui divisoient les habitans de la petite ville de Rapperschweil, agitée par deux factions, l'une en faveur des Ducs d'Autriche, l'autre qui voulant secouer le joug, desiroit qu'on reclamât la protection des Suisses. Ces troupes profitant des circonstances, se présenterent sous les murs de la ville, dont les portes leur furent ouvertes par la faction republicaine. Les Suisses firent aussi-tôt assembler les habitans; le parti de la liberté prévalut, & la bourgeoisie rendit hommage aux quatre Cantons, qui, après avoir pris toutes les précautions nécessaires pour s'assurer la conservation de Rapperschweil, convinrent de la posséder en commun.

Quelque juste sujet qu'eût Sigismond de se plaindre d'un procédé semblable, il n'osa faire éclater son ressentiment, mais sa patience forcée, ne le mit point à l'abri d'essuyer de nouveaux désagrémens, encore plus sensibles. Deux Gentils-hommes de Stirie, Virgile & Bernard Graedler, freres, sous prétexte de quelques injustices reçues, abandonnerent la Cour du Duc Sigismond, & allerent se refugier en Suisse. Ils avoient avec eux beaucoup d'argent; ils furent bien reçus, on leur permit de s'exhaler en injures contre

Deux gen-
tils-hommes
de Stirie re-
fugiés en
Suisse, dé-
clarent la
guerre à
Sigismond.
1459.

(1) Murait MSC. B. Z. R.

leur ancien maître ; & leur ressentiment s'aigrissant, en proportion de l'intérêt que les Suisses paroissoient prendre à leur cause, ils publierent un manifeste outrageant contre Sigismond, leverent même quelques troupes, & reçurent de quelques Cantons la promesse d'être puissamment secondés (1). L'ingratitude des deux freres Grædler, eût dans tout autre tems vivement irrité Sigismond, mais il n'étoit alors occupé qu'à se tirer de l'abîme où son imprudence l'avoit précipité.

L'Evêché de Brixen étant devenu vacant, Sigismond avoit engagé les Chanoines de donner leur suffrage à un curé du Tirol qu'il protégeoit. Le choix déplut à la Cour de Rome, & le Pape Pie II, bien loin de confirmer cette élection, nomma le Cardinal Nicolai Cusan à l'Evêché de Brixen. Pie II avoir été jadis secrétaire. de l'Empereur Fréderic III, & Sigismond fort courroucé que l'ancien Secrétaire de son cousin, ôsat lui manquer d'égard, résolut de s'opposer à la prise de possession du Cardinal, assembla une petite armée de quatre mille hommes, enleva le Cardinal Cusan, & le fit conduire prisonnier à Inspruk (2). Pie II; aussi furieux de l'outrage fait à sa créature que s'il l'eût reçu lui-même, lança contre Sigismond les foudres les plus terribles ; il l'excommunia, le déclara anathême ; invita par ses bulles les Suisses à poursuivre l'impie Duc d'Autriche, ses sujets, ses fauteurs, ses adhérans, tous ceux qui ne le regarderoient pas comme proscrit dans ce monde, & damné pour jamais dans l'autre.

L'Empereur vivoit en très-bonne intelligence avec le Pape, son ancien secrétaire ; cependant il ne paroît pas que Fréderic, ait tenté d'arrêter le bras foudroyant du Pontife : il n'interceda point pour son malheureux cousin, qu'il abandonna à toute l'horreur de l'excommunication. De leur côté, les Suisses qui desiroient depuis longtems de dépouiller Sigismond des possessions qu'ils n'avoient pû enlever à son pere, furent enchantés de l'occasion qui s'offroit, & prompts à se charger de l'exécution des bulles, ils allerent assiéger les chateaux de Fusach & de Sonnenberg, dont les garnisons, pour avoir trop longtems résisté, furent passées au fil de l'epée. Il s'emparerent de Frauenfeld & de Diessenhofen; mais ils ne purent reduire Winterthur, qui fit une si vigoureuse défense, que les assiégeans furent contraints de lui accorder un traité de neutralité, à la faveur duquel elle eut la gloire de se conserver fidelle encore quelques années-à son maître, & d'être la derniere des villes qu'il perdit. Le Landgraviat de Turgaw tomba tout entier au pouvoir des Suisses, qui, dans l'espace d'environ un mois, se virent possesseurs par droit de conquête, de ce pays fertile, dans lequel on compte neuf villes, & cent soixante-dix bourgs, ou villages. Les Cantons conquérans en prirent possession & reçurent le serment des habitans, le dimanche avant la S. Gall, de l'année 1460. Les Suisses promirent de maintenir & conserver les privileges du pays, & pour sûreté de leur foi donnerent des ôtages.

Persécuté par l'Empereur, foudroyé par le Pape, dépouillé par les Suisses, accablé de chagrin, Sigismond connut, mais trop tard, combien il étoit dangereux d'irriter l'ancien secrétaire de son cousin. Dès les premieres hosti-

(1) Tschudi. Stettler.
(2) Justinger. Schilling.

Aa 3

Sect. VI.
Histoire de
la Suisse
1443-1501.

Sigismond
absous à Ro-
me fait ex-
communier
les Suisses.

lités des Cantons, il avoit pris le parti de s'humilier devant la main qui le frappoit, & après avoir remis le Cardinal Cusan en liberté, il avoit supplié Pie II de le dégager des liens de l'excommunication: touché de son repentir le souverain Pontife daigna l'absoudre, & fit notifier son pardon aux Suisses. Mais les Cantons n'avoient pas pris les armes pour les poser ainsi au gré de Pie II, & ne voulant de leur côté absoudre Sigismond que lorsqu'ils n'auroient plus de possessions à lui enlever, ils continuerent à conquérir ses terres.

Le Duc d'Autriche ne pouvant s'opposer à cette cruelle invasion, crut arrêter ses oppresseurs par les mêmes armes qui l'avoient accablé, & il parvint à engager le Pape à les excommunier à leur tour. Mais les foudres de Rome tomberent sur des hommes plus robustes que Sigismond, & elles ne firent sur eux aucune impression. Ils continuerent de s'emparer de ses états, se rendirent maîtres de ses terres, & ne s'arrêterent que lorsqu'ils n'eurent plus de conquêtes à faire sur lui. Le Duc d'Autriche ne pouvant espérer de recouvrer par la force ce que la force venoit de lui enlever, laissa aux Suisses ses vastes possessions, qu'il n'étoit point en état de les obliger de rendre: il les leur céda forcément, & de leur côté les Cantons promirent de rester tranquilles, & de ne le liguer avec ses sujets par Combourgeoisie, ni par aucune sorte de traité. A ces conditions la paix fut faite & jurée des deux côtés, le lundi avant la Fête-Dieu de l'année 1461. Ainsi, une imprudence de la part de Sigismond valut aux Suisses l'Argaw & le Turgaw, la plus riche & la plus belle partie du patrimoine de la Maison d'Autriche. Ces deux pays entrerent, pour ne plus en sortir, au pouvoir des Cantons, qui en firent un bailliage commun, régi dans la forme, des bailliages de cette espece, qu'ils possédoient déja.

Traité entre
Sigismond
& les Suis-
ses.
1460.

Des Baillia-
ges com-
muns.

C'est à l'année 1415, que remonte la formation des bailliages communs, qui furent composés alors d'une partie des dépouilles de Fréderic *aux poches vuides*. Ces bailliages consistent dans le comté de Baden, riche & fertile, seigneurie, qui pendant environ trois siecles, a appartenu par indivis aux huit anciens Cantons, jusqu'à ce que Zurich & Berne exclurent de cette Communauté leurs co-états catholiques: ensorte que Berne & Zurich ont aujourd'hui les sept huitiemes de ce vaste comté, & Glaris un huitieme seulement; de maniere que Baden est gouvernée pendant sept années par Zurich, pendant sept autres années par Berne, & deux ans par Glaris, c'est-à-dire, par les baillifs que chacun de ces trois Cantons y envoie alternativement (1). Baden, capitale de ce Comté est une ville agréable, peuplée, & sur-tout en certains tems de l'année, par la multitude d'étrangers que la célébrité bien où mal fondée de ses bains y attire. Les bailliages libres, dans le pays d'Argaw, ont été formés du comté de Rose, à peu près dans le même tems &

Des Baillia-
ges Libres.

(1) Les Bernois n'étant arrivés que les derniers à cette expédition, & n'ayant participé qu'à la prise de la seule ville de Dieffenhofen, ne furent point admis au partage: cependant lors de la paix de 1712, Berne fut admise à la corégence de la Thurgowie: ainsi la Souveraineté de ce Landgraviat appartient aux huit anciens Cantons Berne, Fribourg & Soleure ont part au criminel depuis 1499. Les Suisses ayant obligé, dans la guerre de Suabe, la ville de Constance, de leur céder l'advoyerie de Frauenfeld, qu'elle possédoit depuis 1315. Tschachtlan. p. 53, 58, 59.

de la même maniere que les bailliages communs: la moitié de cette belle Seigneurie, ou la partie inférieure a été cedée aux deux villes de Zurich & de Berne, fans préjudice des droits qu'y avoir le Canton de Glaris. Le troifieme des bailliages communs, & le plus confidérable à tous égards, fur-tout par fon étendue, fes produits & fa fertilité; eft le Landgraviat du Turgaw, que Sigifmond fe vit enlever, pour avoir voulu obliger un curé du Tirol. La Capitale de ce pays eft Frauenfeld, où réfide le baillif, & où les dietes Helvetiques s'affemblent, depuis qu'elles ont ceffé d'être. convoquées à Baden. Ce furent là jufqu'au 16ᵉ fiecle, les bailliages communs, ou les pays que les Cantons ayant conquis enfemble, convinrent de laiffer dans leur fociété fédérative, & qu'ils gouvernerent en commun, jufqu'à ce que de nouvelles circonftances & de nouveaux événemens les engagerent à faire des changemens dans cette maniere de gouverner, & de poffeder ces pays.

Ce ne fut pas tout à fait à leur valeur que les Suiffes furent redevables des conquêtes qu'ils firent des Etats de Sigifmond; mais beaucoup plus aux fuites de vives querelles qui divifoient les Princes de la Maifon d'Autriche, trop occupés de leurs démêlés, pour fonger à repouffer les voifins qui les dépouilloient dans la Haute Allemagne. Le fils pofthume d'Albert II, le Duc Ladiflas, Duc d'Autriche, & du Chef de fa mere, Roi de Boheme & de Hongrie, étoit mort fans laiffer d'enfans. Fréderic III, toujours empreffé de faifir les moyens d'affouvir fon avidité, s'étoit emparé de la fucceffion de Ladiflas, par droit d'aineffe, difoit-il, mais dans la réalité, par le droit moins légal, & plus inconteftable, du plus fort & du plus puiffant. Son frere Albert *le Prodigue* & Sigifmond fon coufin fe liguerent contre l'Empereur, & lui déclarerent la guerre, tandis qu'en attendant que les armes décidaffent cette vive querelle, les Hongrois & les Bohémiens ne voulant pour Souverain aucun des trois compétiteurs, fe donnerent des Rois par voie d'élection (1).

Fréderic n'eut pas plutôt appris cette inquiétante nouvelle, qu'il s'accommoda du mieux qu'il put avec fon frere & fon coufin, ne voulant plus s'occuper qu'à recouvrer ces deux royaumes, & chaffer de leur trône Mathias Huniade & George Podgebrand, que ces deux Nations s'étoient donnés pour fouverains. Par le traité des trois Princes Autrichiens, Albert *le Prodigue* avoit eu la Haute-Autriche, Sigifmond une partie de la Carinthie voifine du Tirol, & l'Empereur le refte de la fucceffion de Ladiflas. On avoit mis, du moins en apparence, tant d'égalité dans ce partage, que la ville de Vienne, ainfi que les appartemens du château avoient été divifés entre les trois co-partageans: mais ç'étoit cette trop fcrupuleufe égalité qui devoit inévitablement entraîner de nouvelles conteftations entre ces Princes, trop voifins les uns des autres pour vivre conftamment en bonne intelligence.

Pendant la difpute qui avoit précédé ce partage, Sigifmond avoit entrepris de lutter contre Pie II, au fujet d'un curé Tirolois, & le bruit courut que c'étoit l'Empereur lui-même, qui, pour faire diverfion aux armes de fon coufin, avoit aigri le Pape, & l'on ajoutoit que ç'étoit encore lui qui avoit

(1) Schilling. Juftingen. Stettler.

envoyé chez les Suisses les deux freres Grædler, pour disposer les Cantons à dépouiller le Prince excommunié. C'est du moins ce qu'on dit à Sigismond, & ce qu'il fut peu difficile de lui persuader. Aussi la dispute élevée au sujet de la succession d'Albert fut à peine terminée, que Sigismond n'ayant plus rien à craindre des Suisses qui n'avoient plus rien à lui enlever, se ligua avec Albert le *prodigue*, Prince inquiet, ennemi de Fréderic son frere, & surtout très-mécontent du partage qui avoit été fait des biens de Ladislas; il fit entrer facilement Sigismond dans la haine qui l'animoit: ils s'unirent étroitement, firent alliance avec Louis Duc de Baviere Landshut, s'attacherent les Magistrats de Vienne, qui irrités de l'injure que l'Empereur leur avoit fait en violant leurs privileges, firent éclater leur ressentiment, & suscirerent un soulèvement à Vienne.

Cette rébellion se communiqua fort promptement à toute la basse Auttiche, qui, n'ayant pour Fréderic III, ni estime, ni crainte, déclara qu'elle ne vouloit reconnoître pour souverain que le Duc Albert. Ce dernier, qui avoit fomenté ce soulèvement, se hâta d'accourir à la tête des revoltés, & assiégea la citadelle de Vienne où Fréderic s'étoit jeté (1). La Garnison de cette place, seules troupes qui lui restassent fideles, se défendit avec la plus intrépide valeur: mais quelle que fut sa résistance, elle ne rassura point l'Empereur, qui, trahi par ses proches, abandonné de ses sujets, & ne sachant comment se délivrer de l'accablante situation où il étoit, eut recours à ses anciens ennemis, aux Suisses dont il implora le secours dans les termes les plus pressans. Il s'adressa aussi à George Podgebrand qui lui avoit ravi, par les suffrages de ses concitoyens, la couronne de Bohême. Il aima mieux recourir à cet ennemi, que de chercher à s'arranger avec son frere & son cousin. Surpris de cette demande, à laquelle ils étoient bien éloignés de s'attendre, les Suisses qui venoient d'accabler Sigismond, & de signer un traité de paix avec lui, ne crurent pas que la bonne foi leur permit de violer ainsi sans raison, ni prétexte, le serment qu'ils avoient juré; &, assemblés en diéte, ils répondirent à l'ambassadeur de Fréderic, qu'ils ne pourroient jamais consentir à porter les armes pour un frere contre son frere; qu'ils pensoient que pour éteindre la discorde entre de si proches parens, le cri de la nature & la voix du sang suffisoient: que la paix entre deux freres seroit bientôt conclue, s'ils vouloient l'un & l'autre écouter les tendres sentimens qui devoient les animer.

Il est constant que les Suisses ne pouvoient, sans la plus manifeste des injustices, prendre encore les armes, contre un Prince si récemment écrasé par eux dans la haute Allemagne, & qu'ils avoient promis de laisser désormais tranquille (2). Podgebrand, Roi de Bohème, n'avoit pas les mêmes raisous; aucun traité ne le lioit avec Sigismond, il étoit depuis trois ans en guerre

Le Roi de
Bohême est
assez généreux pour
donner du
secours à
l'Empereur.

(1) Tschudi. Tschachtl Muralt. MSC.
(2) Après cette réponse les Suisses se tinrent sur leurs gardes, & furent spectateurs tranquilles d'une querelle, où ils comptoient voir couler le sang de leurs anciens ennemis, sans risquer une goutte du leur. *Hist. des ligues & des guerres de la Suisse.* T. 2. pag. 307.

guerre avec Fréderic, qui, ne pouvant l'emporter fur lui par la force, l'a-
voit fait mettre au ban de l'Eglife & de l'Empire. Il fembloit que ces motifs duffent faire rejeter par le Roi de Bohême la demande de Fréderic ;
mais George Podgebrand, par une généroſité peu commune, oubliant les
injuſtices & la haine de l'ennemi qui l'imploroit, marcha à ſon ſecours,
fit lever le ſiege de la citadelle où il ne pouvoir pas tenir, étonna par ſon activité le Duc Albert, moyenna une paix entre les deux freres, & ne ſe retira qu'après les avoir reconciliés.

Sect. VI.
Hiſtoire de
la Suiſſe
1443-1501.

Cette réconciliation étant opéréé par les circonſtances, & non l'ouvrage
des ſentimens, n'étoit rien moins que ſincere, ſur-tout du côté d'Albert, qui
n'eût pas plutôt vû Podgebrand ſe retirer avec ſes troupes, que ſe liguant de
nouveau avec Sigismond, le Duc de Baviere & le Bourguemaître Holzel,
chef des Viennois factieux & rebelles, il reprit les armes, réſolu de ne les
poſer qu'après la ruine totale, ou la chute de l'Empereur ſon frere. Ses intrigues & ſes projets n'avoient point échappé à Fréderic, qui voulant prévenir l'effet de ſes mauvais deſſeins, raſſembla ſes troupes, ſe mit à leur tête, & marcha contre ſon inflexible perſécuteur. Les deux armées ſe rencontrerent près de Neuſtatt, dans la baſſe Autriche, & le moment de leur
rencontre fut celui du combat. L'action commençoit à s'engager, lorſque
le perfide Schauenbourg, l'un des Généraux de l'Empereur, paſſa tout à
coup avec la diviſion de cinq mille hommes qu'il commandoit, du côté du
Duc Albert. Fréderic III rétablit avec célérité le déſordre que cette défection avoit mis dans ſon armée : le reſte de ſes troupes, quoique très inférieur
en nombre aux ennemis, ſe battit avec la plus rare valeur ; la victoire flotta
entre lès deux partis juſqu'à la fin du jour ; mais alors Albert la fixa ſous ſes
drapeaux, & l'armée impériale fut complettement battue & miſe en fuite.

Il porte les
deux freres
à une récon-
ciliation.
1462.

Bataille de
Neuſtatt.
1463.

Le Duc Albert n'nſa point de ſon triomphe en vainqueur généreux. Il
vouloit achever d'accabler ſon frere, qui eut les plus grandes difficultés à obtenir quelques jours de treve, & il n'eût pû ſe procurer la paix qu'aux conditions les plus dures, & peur-être les plus humiliantes, ſi, au milieu de
ſes projets de haine & de vengeance, Albert ne fut mort tout à coup. Cet
événement imprévu rétablit, accrut même la fortune de l'Empereur, qui fut
en même tems délivré d'un ennemi irréconciliable, qui mourut ſans teſter, &
le laiſſa, par le droit de la nature, héritier de tous ſes Etats. Trop foible à
tous égards pour ſuccéder à un tel chef de parti, Sigismond n'eut plus ni
adhérans, ni factieux qu'il pût s'attacher ; & Fréderic ne le craignant point
aſſez pour daigner le traiter en ennemi, & le mépriſant trop pour rechercher ſon amitié, n'eut plus pour lui que de l'indifférence, & ce froid ſentiment fit que ces deux Princes, ſans vivre en bonne intelligence, n'entreprirent du moins plus rien l'un contre l'autre. (1)

Sa mort.

Dans le tems que la mort d'Albert terminoit, du moins pour quelques années, les querelles qui avoient diviſé la maiſon d'Autriche, les Suiſſes plus
liés entr'eux recevoient dans leur alliance Rothweil, petite ville impériale
ſituée dans la Suabe. Ce ne fut d'abord que pour quinze ans que les Cantons s'allierent à cette ville ; dans la ſuite la durée de ce traité fut prolongée ;

Alliance des
Suiſſes avec
Rothweil.

(1) Tſchudi. Juſtinger. Stettler.

mais les Suisses après l'expiration du terme de cette prolongation, y renon-cerent ainsi que les habitans de Rothweil, sans doute à cause de l'éloigne-ment qui rendit cette liaison trop onéreuse, soit aux Cantons, soit à cette ville, qui, située dans le voisinage du Duché de Wirtemberg, ne fut reçue dans l'alliance Helvetique qu'en haine des Ducs de Wirtemberg peu agréables aux Cantons. Mais si les Suisses crurent avantageux pour eux de ne pas per-pétuer leur alliance avec Rothweil, il n'en fut pas de même de l'alliance qu'ils formerent peu de tems après avec la ville de Mullhausen, qui, quoi-

que située au-delà des frontieres des Cantons confédérés, n'en est cependant que peu éloignée, d'ailleurs, cette ville libre de la haute Alsace, étant en-vironnée de tous côtés par les états & les terres de la maison d'Autriche, les Suisses, déjà maîtres du Turgaw & de l'Argaw, ne firent cette alliance avec la ville la plus considérable du Sundgaw, que comme un moyen d'étendre dans la suite, & quand les circonstances le permettroient, leurs conquêtes sur les possessions que la maison d'Autriche avoit dans ce pays. Aussi eu-rent-ils soin de prolonger cette alliance qui s'est perpétuée jusqu'à nos jours (1).

Situation de
Milan à la
mort de
François
Sforce.
1465-1466.

Pendant que Mullhausen s'attachoit aux Cantons, Milan perdoit François Sforce, premier Duc de sa race, & bâtard d'Attenduls, simple soldat, qui, à force de valeur & de talens, s'étoit élevé aux premiers grades, & avoit acquis la réputation du plus habile Général de son siecle, illustre par ses vic-toires, il avoit pris le nom de Sforce, sous lequel, à la tête de huit mille aventuriers il s'étoit rendu très célebre. François Sforce son fils, né, nour-ri & élevé dans les camps se montra digne du fameux Général qui lui avoit donné le jour. Il n'avoit que vingt ans lorsqu'ils perdit son pere; mais, quoique jeune, il s'étoit signalé par tant de grands exploits, que l'armée d'Attenduls, le nomma son Général. Le jeune Sforce justifia ce choix, & bientôt fut recherché par tous les Souverains d'Italie, comme le guerrier le plus capable, soit de fixer la victoire sous leurs drapeaux, soit de défendre leurs états.

Philippe Visconti Duc de Milan, forcé de soutenir une guerre contre la République de Venise, s'étoit attaché Sforce, qui, marchant dans la Li-gurie, avoir battu les Vénitiens, qu'il avoir ensuite obligés de recevoir la paix à des conditions onéreuses. La reconnoissance de Visconti n'ayant pas été proportionnée à l'importance de ces services, Sforce s'en plaignit, & les Vénitiens lui offrirent les plus grands avantages s'il vouloit s'attacher à eux. Le Duc de Milan reconnut ses torts, & sachant combien il lui seroit dan-gereux d'avoir un tel guerrier pour ennemi, il appaisa son mécontentement, & lui donna en mariage sa fille unique & naturelle, avec la ville & le terri-toire de Crémone pour dot. Dès ce moment, le Duc de Milan avoit eu une supériorité décidée sur les Vénitiens. Sforce avoir remporté les victoi-res les plus éclatantes; & il étoit à la tête d'une armée formidable & victorieu-se, lorsque Visconti étant venu à mourir, il avoir entrepris, secondé par les secours abondans que lui fournit Côme de Médicis, de s'emparer du Duché de Milan. La fortune & la valeur favoriserent cette entreprise, & Sforce

(1) Schilling. Stettler.

reconnu Duc de Milan, (1) avoit gouverné fes fujets avec tant de fageffe & de modération, qu'il en étoit adoré, lorfqu'il mourut, ne laiffant pour lui fuccéder qu'un enfant, Galéas-Marie, fous la tutelle de Blanche Vifconti fa mere.

*Sect. VI. Hiftoire de la Suiffe 1443-1501.*

Les ennemis de François Sforce, que la crainte qu'il leur avoit infpirée pendant fa vie, ne retenoient plus après fa mort, & les droits équivoques du jeune Galéas au Duché de Milan, engagerent Blanche à prendre des mefures pour-conferver toute l'autorité dont elle avoit befoin pendant une tutelle, qu'elle prévoyoit devoir être orageufe ; & le plus fage des moyens qu'elle mit en ufage, fut de fe liguer avec les Cantons confédérés, par le traité qui fut conclu, & que l'on connoit fous le nom de *Concordat*, ou de *Capitulaires Milanois*. Il fut ftipulé que les parties contractantes s'entrefecourroient fidélement contre tous leurs ennemis actuels & à venir, qu'elles ne les recevroient point fur leurs terres, ne leur donneroient aucun paffage par leurs états ; que les Milanois & les Suiffes vivroient en bonne intelligence, & commerceroient librement d'un pays à l'autre. A l'égard de la vallée Livinen, ou Lepontine, qui étoit en conteftation entre les Milanois & le Canton d'Uri, elle fut cédée à ce canton, dont elle n'a ceffé depuis de former un bailliage. Ce traité fut conclu & figné à Lucerne, le 26 Janvier 1467.

*Sforce meurt, & fa veuve s'allie avec les Cantons confédérés.*

*1467.*

Ce fut quelques mois, après ce traité, qui donnoit à la Puiffance Helvetique un nouveau dégré de confidération, que Sigismond, à fi jufte titre furnommé le *fimple*, engagea pour une fomme affez modique la ville de Winterthur, feule place que la maifon d'Autriche confervat encore en Suiffe, à la République de Zurich, qui, dix années après, en acquit la pleine propriété par le lâche abandon que le Duc Sigismond lui en fit. Il ne paroiffoit pas, que, redoutables par eux-mêmes & par leurs alliances, les Cantons confédérés puffent être inquiétés par aucune Puiffance ; ils le furent cependant, non par des Souverains, mais par deux particuliers, qui leur fufciterent une guerre fort meurtriere.

*Sigismond cede Winterthur à Zurich. 1468.*

*Nouvelle guerre contre les Suiffes.*

Le premier de ces deux ennemis, Berenger, ou fuivant d'autres, Pelegrin de Hindorf, homme turbulent, tracaffier, avoit juré une haine irréconciliable aux habitans de Schaffhoufe, auxquels il ne pardonnoit point de l'avoir chaffé de l'un de fes châteaux, pour en donner la poffeffion à l'un de leurs compatriotes. Hindorff, peu fatisfait d'avoir fait mettre par decret de la Chambre impériale, la ville de Schaffhoufe au ban de l'Empire, arrêtoit & enlevoit à main armée, les marchands & les marchandifes qui fortoient de cette ville : mais ces actes de vengeance ne pouvant affouvir fa haine, il enleva le Bourguemaître Jean Amftaad, le fit conduire prifonnier, & exigea, pour fa liberté, une rançon de 1800 florins (2).

Les Magiftrats de Schaffhoufe, juftement irrités de ces excès, avoient portés leurs plaintes aux Cantons confédérés, qui étoient alors occupés des moyens de faire ceffer une vexation tout auffi importune, exercée par ce même Halwille, connu par fa tyrannie fur les Fribourgeois. La caufe de

*Infolence & vexation, d'Halwille, Baillif Autrichien.*

(1) Malgré les prétentions de la maifon d'Orléans fur le duché de Milan, Louis XI, ne fit aucune difficulté de reconoîtrie Sforce pour légitime Duc de Milan. Commines.
(2) Schilling. p. 12. Tfchachtl. p. 134. Etterlin p. 81. Tfchudi. p. 676.

ces vexations étoit ridicule; & telle que le feul Halwille étoit capable de s'en autorifer. Henri de Regisheim avoit acquis une petite dette de fix fols bâlois, d'un garçon tonnelier fur un bourgeois de Mullhaufen, & ne pouvant fe procurer le payement de ces fix fols, il s'étoit plaint à Halwille, pour-lors baillif à Enfisheim. C'étoit plus qu'il n'en falloir à ce baillif, pour fe livrer à toute l'infolence de fon caractere. Il fit fommer les magiftrats &

*La ville de Mullhaufen dénonce les outrages d'Halville aux Cantons. 1468.*

les bourgeois de Mullhaufen de payer fur le champ les fix fols Bâlois, à dédommager le courrier, porteur de la fommation des fraix du voyage, & à fe foumettre au payement des dommages & intérêts tel qu'il lui plairoit de les fixer. Les Magiftrats méprifent la fommation de l'infultant baillif, & le dénoncerent aux Suiffes, qui, bleffés d'une telle indignité, réfolurent d'en punir l'Auteur. Berne & Soleure qui venoient de recevoir Mullhaufen au nombre de leurs alliés, envoyerent dans cette ville une garnifon de 200 hommes (1), & les hoftilités commencerent de part & d'autre avec beaucoup de vivacité.

Les huit Cantons affemblés en diete à Baden, & réfolus de faire ceffer ces troubles, & de protéger Schaffhaufen & Mullhaufen, crurent pourtant, avant que de rien entreprendre, devoir notifier dans les formes la réfolution de l'affemblée au baillif Autrichien d'Enfisheim, & ils lui depêcherent un meffager d'Etat du Canton d'Unterwald. La réponfe d'Halwille fut auffi fimple que cruelle; il fit noyer le meffager d'Etat. Les Suiffes outragés coururent à la vengeance; 7000 des leurs allerent fe porter fur l'Obfenfeld; ils préfentent bataille aux ennemis, qui jugerent prudemment ne pas devoir accepter le défi (2). Le refte des troupes Helvetiques vint fe joindre à ces

*L'Armée Suiffe affiege Valdes-hut.*

7000 hommes, & l'armée entiere marcha du côté de Valdeshut, place très forte, dont le fiege avoit été réfolu (3). Les Suiffes étoient plus redoutables en bataille rangée, qu'ils n'étoient heureux dans les fieges; & Valdeshut, bien fortifiée, & défendue par une forte garnifon, paroiffoit affurer aux affiégeans une très-longue réfiftance; mais les confédérés étoient déterminés à périr fous les murs de cette ville, ou s'en emparer, lorfque le Duc d'Autriche, qui eut mieux fait de punir fon baillif, que de le foutenir dans fes iniquités, fit des propofitions d'accomodement; &, par la

*Sigismond demande la paix, & l'obtient.*

médiation du Comte Palatin, de l'Evêque de Bâle, du Margrave de Hochberg & des députés des villes de Nurenberg & de Bâle, parvint à fe procurer la paix à des conditions fort dures. Il eft vrai qu'on ne lui demanda que dix mille florins, mais comme il n'avoit pas cette fomme, ce qu'on n'ignoroit pas, il ne lui fut donné qu'un terme fort court pour la payer, & il engagea pour fûreté du payement toutes les feigneuries du Brifgaw & de la Forêt noire, donnant pouvoir aux Suiffes de s'en faifir, s'il manquoit de remplir fes engagemens; enforte que c'étoit une acquifition fûre pour les Cantons, qui n'ignoroient pas qu'à l'expiration de ce court délai qu'ils fixoient, Sigismond feroit hors d'état de fe dégager. Il fut encore honteufement obligé de reftituer au Bourguemaître Amftaad les 1800 florins que fon baillif Hindorff lui avoit extorqués; enfin, on lui fit pro-

(1) Schilling. p. 16.
(2) Idem p. 20.
(3) Tfchachd. p. 193. Tfchudi 688. Schilling. p. 24.

mettre une conduite plus honnête de la part de ses officiers envers la ville de Mullhausen.

Sigismond avoit le malheur d'être mal obéi par ses sujets, peu estimé des étrangers, & méprisé de ses ennemis. Malgré la triste expérience qu'il avoit faire du peu de cas qu'on faisoit de ses ordres & de ses projets de vengeance, il ne pouvoir se corriger de l'habitude qu'il avoir contractée de concevoir de hauts desseins, & d'agir avec la plus absurde imprudence. L'événement justifia l'espérance des Suisses, le délai prescrit au Duc d'Autriche, s'écoula, il ne put payer les dix mille florins, & aux termes du traité, les Suisses se saisirent des Seigneuries de Brisgaw & de la forêt noire qu'il avoit engagées. Sigismond devoir s'attendre à ce procédé, qui étoit une suite naturelle & très-légitime de l'engagement fort inconsidéré qu'il avoir promis de remplir. Cependant, comme si on lui eut usurpé ces terres, il cria à l'injustice, jura de se venger, & alla à la Cour du Roi de France Louis XI, qu'il tenta d'engager dans une ligue contre les Cantons. Louis XI ne fut rien moins que disposé à servir le ressentiment du Duc; & il étoit d'autant plus éloigné d'embraffer sa cause, que lui-même, rempli du desir d'abaisser la puissance exceffive de Charles le Hardi, Duc de Bourgogne, avoit jeté les yeux sur les Suisses, qu'il regardoit comme la nation la plus capable de concourir au succès des projets qu'il avoit médités contre ce Souverain (1).

Triste situation de Sigismond.

Sigismond tente d'intéresser Louis XI à ses projets de vengeance. 1469.

Peu satisfait de la Cour de Louis, le Duc d'Autriche se tourna du côté de Charles le Hardi, & s'étant rendu auprès de ce Prince, à Arras, il en obtint tout ce qu'il desiroit, non pas gratuitement, mais en lui engageant le Comté de Ferette; le Sundgaw; l'Alsace, le Brisgaw & quatre villes frontieres, que Charles promit de mettre à couvert de toute insulte & de toute entreprise de la part des Cantons. Le Duc d'Autriche avoit, par ce traité engagé des états qui ne lui appartenoient point. Les Suisses informés du succès de sa négociation, crurent qu'il leur seroit facile d'engager Charles le Hardi a renoncer à l'alliance qu'il avoit contractée; ils se tromperent. Les Bernois eurent recours aux plus vives sollicitations pour s'assurer de l'amitié du Duc de Bourgogne: l'intérêt personnel de ce Souverain prévalut. Rodolphe Margrave de Hochberg & le Comte de Neufchatel firent les plus grands efforts pour servir les Cantons auprès de l'allié de Sigismond; (2) leurs soins furent inutiles; & déja Charles le Hardi avoit confié le Gouvernement des pays récemment cédés, à Pierre de Hagenbach; homme violeur, & mortel ennemi de la Nation Helvetique. Ce Gouverneur ne tarda point à donner contre lui les plus justes sujets de mécontentement. Il affecta un mépris insultant pour les Suisses, autorisa toutes les violences, toutes les vexations commises par ses Officiers, & permit à Habsberg, bailli de Lauffenbourg, de faire élever à Monenthal; dans le bailliage de Schenkenberg, du Canton de Berne, un poteau aux armes de Bourgogne. Les Bernois envoyerent des députés à Charles pour se plaindre de cette injure, & ils ne furent point écoutés; le Sénat de Berne écrivit à Pierre de Hagenbach, & il ne daigna point répondre (3).

Il se ligue avec le Duc de Bourgogne.

Charles le Hardi maltraite les Suisses par ses Officiers. 1470.

(1) Schilling. p 70. Tschachtl. p. 203. Tschud. p. 702. Chron. de Bourgogn. p. 840.
(2) Chron de Neufchatel.
(3) Tschachtl. Regist. de Bern. p. 216.

Sect. VI.
Histoire de
la Suisse
1443-1501.

Informé, des mécontentemens des Bernois, Louis XI profitant en Politique habile de ces circonstances, chargea Pierre Diesbach, qui étoit à sa Cour, d'aller proposer à la République de Berne une alliance avec la France. Cette proposition accueillie, & les ambassadeurs de Louis s'étant rendus à Berne, où le trouvoient alors les députés de Zug, de Schweitz & de Zurich, les articles du traité d'alliance furent acceptés par le Sénat, & ils portoient, que les deux parties alliées, ne donneroient au Duc de Bourgogne, ennemi des deux Etats, ni aide, ni secours, mais qu'elles s'entresecourroient contre lui, toutes les fois que l'une d'elles en seroit requise par l'autre.

Louis XI se ligue avec les Bernois contre le Duc de Bourgogne.
1471.

Cependant Charles le Hardi & Louis XI faisoient les plus grands préparatifs; les Cantons n'avoient point accédé au traité de Berne avec le Roi de France; mais comme ils faisoient des vœux pour ce dernier, & qu'ils étoient irrités contre le Duc de Bourgogne, auquel ils étoient résolus de refuser tout secours, ils firent défense à tous leurs alliés ou sujets, de prendre part à cette guerre, & rappellerent même sous peine de la vie deux citoyens de Berne qui servoient dans l'armée de Charles.

Vexation & attentats des officiers du Duc de Bourgogne contre les Suisses.
1472.

A la faveur de ces troubles, & de ces démêlés, le Duc Sigismond espéroit de pouvoir s'exempter de payer les 1800 florins qu'il devoir au Bourguemaître de Schaffhausen, suivant les conditions du traité de Waldshut, & il autorisoit de toute sa puissance les iniques entreprises de ses officiers contre les Suisses; il protégeoit sur-tout les iniquités de Berenger de Hindorff & de Bernard d'Eptingen, qui, ne gardant plus de mesures, attaquerent ouvertement les Suisses par-tout où ils en trouverent, prirent au-dessous de Brisac des négocians, se saisirent de leurs marchandises, & conduisirent ces particuliers dans les prisons d'un château, d'où ils ne sortirent que par le secours des Strasbourgeois, qui les en retirerent à main armée. Ce fut pendant le cours de ces hostilités, ou plutôt de ces brigandages, que les Cantons de Schweitz, d'Uri, de Lucerne & d'Unterwald, firent avec les habitans du pays de Valais un traité d'alliance perpétuelle (1).

Voyage de Frederic III à Bâle.
1473.

Frederic III, qui, sans paroître autoriser directement les injures que le Duc de Bourgogne & ses officiers faisoient aux Cantons, voyoit avec plaisir humilier ces anciens ennemis de sa maison, se rendit à Bâle suivi d'une cour brillante & nombreuse. Pierre de Hagenbach, détesté des Suisses par le mal qu'il leur avoir fait, & celui qu'il avoir voulu faire, vint à Bâle auprès de l'Empereur, & se fit suivre d'une troupe de domestiques richement vêtus, & qui portoient sur les manches de leurs habits trois dez brodés, avec ces deux mots allemands pour devise (ich pass), je joue aux dez. Les Suisses regarderent cette expression comme un nouvel outrage; (2) & ils étoient d'autant plus fondés à se croire désignés par cette devise, que Hagenbach ne cessoit de les menacer d'une guerre prochaine de la part de Sigismond son maî-

Charles le Hardi irrite les Cantons.

tre; menaces justifiées par les Ambassadeurs de Charles le Hardi, qui avoient déclaré aux Cantons assemblés à Lucerne, que le Duc de Bourgogne ayant pris Sigismond & Berenger de Hindorff sous sa protection, son intention étoit de les défendre envers & contre tous de corps & de biens (3).

(1) Tschachtl. p. 258.
(2) Id p. 288.
(3) Commines. T. 4. p. 357.

Cette déclaration acheva d'irriter les Suisses, & la République de Berne chargée de demander satisfaction à Charles le Hardi, lui députa Nicolas de Scharnachtal & Pierre de Woberen, qui, ayant joint ce Prince, lui représenterent avec autant de force que de liberté, qu'au mépris de la bonne intelligence qui avoir si long-tems régné entre le Corps Helvetique & les Ducs de Bourgogne, par la plus repréhensible infraction du traité de Waldshut, le baillif Hagenbach, commettoit les plus iniques vexations, gênoit la liberté du commerce des habitans de Mullhausen, & qu'il avoir porté la licence jusqu'à intercepter leurs denrées de premiere nécessité: qu'on interceptoit les revenus de leurs terres du Sundgaw & d'Alsace; que Berenger de Hindorff, coupable des oppressions les plus punissables, n'eût pas dû être protegé par un Prince équitable: que si le Duc de Bourgogne croyoit avoir à se plaindre, les Cantons accepteroient volontiers la médiation du Pape, de l'Empereur, ou bien de l'Electeur Palatin: qu'ils s'attendoient à lui voir désavouer la conduite de Hagenbach; & qu'enfin, il étoit des injures que la nation la plus patiente & la plus pacifique, ne pouvoit dissimuler sans se déshonorer (1). A ces plaintes, le Duc de Bourgogne ne répondit qu'avec la plus insultante hauteur, traita les Ambassadeurs des Cantons avec mépris, & les renvoya durement après leur avoir fait essuyer les humiliations les plus revoltantes. Hagenbach enhardi par cette approbation en devint beaucoup plus insolent; il s'attacha à maltraiter les citoyens les plus distingués de Colmar, de Schlestat, de Strasbourg & de Bâle, il mit des garnisons dans les villes de Rheinfeld, Seckingen, Brisach, Waldshut & Lauffenbourg, ne parlant que de punitions exemplaires, contre quiconque oseroit, ou lutter contre lui, ou refuser d'obéir a ses ordres.

Les Suisses profondement ulcérés renoncerent à toute voie de médiation, & se préparerent à soutenir une nouvelle guerre; ils formerent alliance avec l'Evêque de Strasbourg, s'allierent ensuite avec celui de Bâle, & se liguerent avec les villes de Colmar, de Strasbourg, de Schlestat & de Bâle.

Le principal Auteur de ces troubles, le Duc Sigismond, qui avoir cru gagner beaucoup à ce désordre, & qui n'en retiroit que le mépris du nouvel allié auquel il avoir cédé la plus belle partie de son héritage, se repentoit, mais trop tard, de l'imprudence irréparable qu'il avoit eue de confier le soin de sa vengeance à Charles le Hardi. Foulés par Hagenbach, ses anciens sujets réclamoient vainement sa protection contre l'oppresseur qu'il leur avoit donné: Hagenbach n'avoit aucun égard à les représentations, & méprisoit ses ordres. Lorsqu'il avoir confié la défense de ses Etats à Charles le Hardi, il s'étoit flatté d'épouser Marie, fille de ce Prince, mais il ne tarda pas à s'appercevoir, que le Duc de Bourgogne n'avoit cherché qu'à le tromper, comme il avoit déja trompé plusieurs souverains en leur offrant en mariage sa fille, qui ne fut accordée à aucun d'eux; mais plus cruellement déçu dans ses espérances, non-seulement Sigismond n'obtint point Marie, mais il ne lui fut pas possible de retirer ses Provinces des mains du Duc. Profondement ulcéré des procédés de son allié, il abandonna par ressentiment ses intérêts qu'il avoit embrassés par désir de vengeance, & il se rapprocha de Fré-

Sect. VI.
Histoire de
la Suisse
1443-1501.

Berne leur
envoie des
Ambassadeurs.
1474.

Ils sont durement renvoyés.

Le Duc Sigismond est trompé dans ses vues.

(1) Schilling. p. 95. Chron. de Bourg. Tschachtl. p. 304.

deric fon coufin & du Roi de France: car l'Empereur fecondoit de toute fa puiffance les vues de Louis XI, dans la crainte où il étoit d'avoir à foutenir lui même une guerre contre le Duc de Bourgogne auquel il avoit refufé d'ériger fes Etats en Royaume.

*Ligue de
Louis XI
& des Cantons contre
le Duc de
Bourgogne.*

Tandis que Sigismond flottoit dans ces perplexités, Louis XI concluoit avec les huit Cantons une ligue défenfive contre le Duc de Bourgogne, (1) & faifoit de vives inftances pour engager les Suiffes à faire leur paix avec le Duc d'Autriche (2). Les Cantons qui n'en vouloient plus à Sigismond depuis qu'ils lui avoient enlevé prefque toutes fes poffeffions de la Haute-Allemagne, firent peu de difficultés d'entrer dans les vues du Roi de France : le plan de ce traité fut projeté dans une dicte., & envoyé à Louis, qui en approuva tous les articles. Par ce traité, qui fut nommé *l'union héréditaire*, les Cantons après s'être affurés la poffeffion de toutes leurs conquêtes fur la maifon d'Autriche, promirent de veiller à la confervation des Etats du Duc Sigismond; mais cette promeffe, énoncée d'une maniere obfcure, eft devenue dans la fuite le fujet de beaucoup de conteftations (3). Engagés dans la guerre qui alloit éclater contre Charles le Hardi les Suiffes crurent devoir faire part à leur alliée, Blanche Vifconti, Ducheffe de Savoie, du lien qui les

*Les Cantons
font trompés
par Blanche
Vifconti.*

uniffoit à Sigismond; & ils la prierent d'avoir égard au traité qu'elle avoit contracté avec eux, & par lequel elle s'étoit engagée à ne pas donner paffage fur les terres, aux troupes qui pourroient être deftinées contr'eux. Blanche Vifconti fit à leur lettre une réponfe telle qu'ils la defiroient: mais ils furent bien furpris, lorfqu'ils apprirent que malgré l'honnêteté de cette réponfe, le Baron de Laffara, à la tête d'une multitude de fujets du Duc de Savoie, marchoit contre les Suiffes pour Charles le Hardi.

Les Bernois d'autant plus étonnés, qu'ils avoient eû la plus entiere confiance pour la Ducheffe de Savoie, fe hâterent d'écrire au Comte & à l'Evêque de Genève, d'interpofer leurs bons offices auprès de Blanche Vifconti, à laquelle ils le repréfenter combien la République feroit fachée de déclarer la guerre, fi elle permettoit une infraction auffi manifefte au traité

*Politique
artificieufe
du Duc de
Bourgogne.*

de leur alliance (4). Le Duc de Bourgogne inftruit des difpofitions des Suiffes, & de leurs follicitations auprès de la Ducheffe de Savoie, eut recours, en cette occafion, à fa politique ordinaire; & cette politique étoit de flatter & de tromper ceux qu'il étoit le plus ambitieux d'accabler. La bonne foi fimple & crédule des Suiffes rendoit ce moyen infaillible. Il chargea le Comte de Romont qui étoit à la Cour de Blanche; d'envoyer des Ambaffadeurs aux Suiffes: & ces Ambaffadeurs, tous fujets du Duc de Bourgogne (5), allerent de Canton en Canton, repréfenter combien Blanche defiroit de vivre

en

(1) Par ce traité Louis XI promettoit 2000 francs de penfion par an à chaque Canton, & 200,00 florins pour les frais de la guerre. Schilling. p. 125.

(2) Schilling. p 108.

(3) Leibnitz. Cod. Diplom. part. II.

(4) Les Bernois avoient alors pour la maifon de Savoie la plus haute confidération, ils écrivoient ainfi, le 19 Mars 1474, à Blanche Vifconti, Ducheffe Douairiere. *Divi quondam Sabaudiæ, incluffimi Duces, qui rem noftram publicam haud Segniori Studio ac fuam continuis incrementis aluerunt &c.* Ruchat. Hift. de la Suiffe.

(5) Ces Ambaffadeurs étoient Henri de Colombier, Seigneur de Veuillerens, & Jean
Al-

en bonne intelligence avec ses voisins; qu'à l'égard du Duc de Bourgogne, ils savoient que, comme ses ancêtres, il les avoit toujours chéris & traités comme ses propres sujets: qu'il n'ignoroit point que des puissances mal intentionnées cherchoient à rompre les liens de cette douce concorde: qu'il étoit faux, qu'en traitant avec le Duc d'Autriche, il leur eut promis, comme on le leur avoit dit, une protection particuliere contr'eux: qu'il n'avoit reçu les pays que Sigismond lui avoit engagés qu'après s'être assuré que s'il ne les recevoir pas, le Duc d'Autriche les remettroit en d'autres mains; que du reste, il n'avoit traité avec Sigismond que dans la vue pacifique de lui ménager un accommodement avec les Suisses. Que quant à Pierre de Hagenbach, il n'avoit point eû connoissance de ses vexations, & qu'actuellement qu'il en étoit informé, il avoit nommé des juges pour lui faire son procès.

Cette déclaration n'annonçant que de bonnes dispositions, séduisit les Suisses; & les Cantons de Schweitz, d'Uri, d'Unterwald, de Lucerne & de Zug, prierent les Ambassadeurs de témoigner à Charles leur plus vive reconnoissance. Colombier & Alliard ne furent point aussi heureux à Berne & Soleure; ils firent leur adroite harangue devant le Sénat de Berne; quelques expressions déplurent à plusieurs Sénateurs, qui répondirent avec aigreur, & la contestation se seroit fort échauffée, si le Garde des sceaux & le Trésorier de la République, se rengeant du côté des Ambassadeurs, n'eussent interprété à l'avantage des Suisses les expressions qui avoient offensé les Sénateurs. La querelle s'appaisa à l'avantage de Charles, auquel la République fit répondre que jamais aucun sujet de plainte n'avoit diminué l'attachement & le zele qu'elle lui avoit voués, qu'elle le prioit seulement de réprimer les vexations de Pierre de Hagenbach, & de garantir les Bernois ainsi que la ville de Mullhausen, des injustices & des oppressions de cet officier violent & inique. Soleure fit la même déclaration, (1) & le Duc de Bourgogne ne douta point qu'il ne fut parvenu au but qu'il s'étoit proposé. Cependant il ne falloit pas moins que l'extrême crédulité des Suisses, pour ne pas appercevoir les desseins du Duc de Bourgogne, qui ne cherchoit évidemment qu'à tromper les Cantons par de fausses apparences d'amitié, & qui, dans le même tems, écrivoit qu'il falloir gagner du tems & attendre que d'autres circonstances permissent de faire avec avantage la guerre aux Suisses (2). Il y avoit si peu de bonne foi dans ses promesses, que lors même qu'il les faisoit, il autorisoit les attentats de Pierre de Hagenbach, qui établissoit à son gré des péages, opprimoit les habitans de Mullhausen, insultoit les Bâlois, & exerçoit d'atroces violences sur le territoire de Berne.

*Vues de Charles.*

*Tirannie de Pierre de Hagenbach.*

Alliard, tous deux très-capables de seconder les vues de Charles le Hardi, & d'endormir les Suisses. Aussi remplirent-ils cette commission avec le plus grand succès, si toutefois, il y a du succès à tromper. *Instruct. des Ambassad. de Bourg.* Commines. T. 4. p. 442.

(1) Commines. T. 4 p. 445.

(2) Charles le Hardi écrivit à Sigismond: *Item, & pour, ce semble, que, pour le plus certain, l'on doit délayer pour cette saison de mouvoir ladite guerre, & dès maintenant à tout événement, les dits ambassadeurs requerront à monsit Sr. d'Autriche, qu'il veuille dire & déclarer la forme & maniere comme il lui semble que l'on pourroit le plus avantageusement envahir & faire la guerre aux dits Suisses. Instruct. des Ambassadeurs envoyés au Duc d'Autriche.* Commines T. 4 p. 392.

Sect. VI.
*Histoire de
la Suisse
1443-1501.*

Pour prix de l'engagement d'une partie de ſes Etats, Sigismond *le ſimple* avoir reçu de Charles 100,000 florins; il fut aſſez heureux pour ſe procurer cette ſomme de Louis XI, & il la dépoſa à Bâle, demandant que les terres qu'il avoit engagées lui fuſſent rendues. Il n'obtint rien, & ; ſous divers prétextes, Charles refuſa de remplir les conventions du traité; (1) & piqué contre les anciens ſujets du Duc d'Autriche, qui deſiroient de rentrer ſous ſa domination, il lâcha contr'eux Hagenbach, qui ſe préparant à ruiner & ſaccager, Briſach, fut ſurpris & arrêté par les bahitans. Sigismond furieux, forma une Cour criminelle, dans laquelle il admit les députés des villes Suiſſes

*Hagenbach
eſt arrêté,
condamné à
perdre la
tête, eſt
exécuté.*

les plus maltraités par cet officier. Son procès fut bientôt inſtruit, & ſur les preuves complettes & multipliées de ſes crimes il fut condamné à périr ſur l'échafaud. La ſentence fut preſque auſſi tôt exécutée que prononcée (2).

*Courroux
du Duc de
Bourgogne.*

Charles ſentant combien la perte du miniſtre de ſes vengeances lui étoit préjudiciable, n'écouta que la colere qui l'animoit, & donna ordre à Etienne, frere de Hagenbach, de ravager le Comté de Ferrette, & de laver dans le ſang des habitans, celui de ſon frere; verſé par la main du bourreau. Cet ordre cruel fut ponctuellement rempli. Cependant le Duc de Bourgogne, qui ne perdoit jamais ſes intérêts de vue, feignit d'être encore plus courroucé contre Sigismond que contre les Suiſſes; & ſe flattant de pouvoir encore les tromper, il chargea ſes ambaſſadeurs de repréſenter à ceux de Berne, de Zurich & de Lucerne, combien ils devoient ſe méfier d'un nouvel allié tel que le Duc d'Autriche, dont la maiſon avoit été dans tous les tems leur ennemie; au-lieu qu'ils avoient toujours été en bonne intelligence avec les Ducs de Bourgogne: qu'ils n'oubliaſſent point que Louis XI, encore Dauphin, s'étoit ligué avec les Autrichiens pour écraſer la Suiſſe: que de ſon côté il conſentoit à oublier l'injure qui lui avoit été faite, en envoyant ſur l'échafaud Pierre de Hagenbach, dont la conduite & les vexations euſſent dû être ſoumiſes à ſa juſtice, & dont peur-être les griefs euſſent pû être réparés, & les plaintes qu'on en avoir faites, terminées à l'amiable.

Les preuves que l'inſtruction du procès d'Hagenbach avoient fournies,

(1) Sigismond le ſimple n'eût pas été plus heureux, quand même Charles le Hardi lui eût rendu ſes Etats. La plus grande partie de ſes terres étoient au pouvoir des Cantons, qui très-certainement n'étoient point diſpoſés à s'en deſſaiſir: c'étoit une ſuite très-naturelle des imprudences & des fauſſes démarches du Duc d'Autriche, de ſe voir joué de toutes parts, & dépouillé de ſes poſſeſſions.

(2 Les accuſations qu'Henri Iſelin portoit contre Hagenbach. 1°. d'avoir fait décapiter quatre hommes à Thann, ſans forme de procédure. 2. D'avoir violé les privileges de la ville de Briſach; d'avoir deſtitué de ſa propre autorité pluſieurs Conſeillers. 3°. d'y avoir mis garniſon étrangere, toléré ſon brigandage, & réſolu de faire maſſacrer la bourgeoiſie. 4°. D'avoir violé pluſieurs femmes & religieuſes. Jean Jenni répondit à ces accuſations pour Hagenbach 1°. Que ç'étoit par ordre de ſon Prince qu'il avoit fait décapiter ces quatre perſonnes, comme coupables de rebellion 2°. Que les habitans de Briſach avoient prêté ſerment au Duc de Bourgogne, ſans ſe réſerver leurs privileges, que cependant il ne les avoit chargés d'aucun impôt. 3°. Qu'il y avoit mis garniſon par ordre de ſon maître. 4° Que pour ce qui étoit des actes de luxure qu'on lui reprochoit, pluſieurs de ſes juges n'en étoient pas moins coupables que lui; mais il n'avoit jamais eu beſoin d'employer la force Sa ſentence de mort fut exécutée le ſoir même. *Mém. du tems.* fol. 335. Tſchatchtl. f. 334. Haferar. T. 2. p. 180. Schilling. p. 114., 118 & 119.

des véritables deffeins de Charles, avoient trop éclairé les Suiffes, pour qu'ils puffent, du moins fi-tôt, fe laiffer furprendre par fa feinte amitié. Il s'étoit formé contre lui un parti fort puiffant à Berne, où, à la vérité il lui reftoit encore une faction, mais compofée feulement de quelques anciennes maifons. Adrien Babenberg étoit à la tête de ce parti: mais Nicolas Diesbach, Avoyer de la République, étoit à la tête du parti oppofé; (1) il parvint à faire rele-guer Babenberg; & la guerre fut prefque unanimement réfolue par la Répu-blique, contre le Duc de Bourgogne. Les villes d'Alface alliées des Suiffes, envoyerent des députés à la diete Helvetique, pour leur demander du fe-cours; & les Ambaffadeurs de la Ducheffe de Savoie s'y rendirent, & dé-clarerent que cette Princeffe étoit dans l'intention d'obferver la plus exacte neutralité.

Les Cantons, après avoir balancé quelque tems entre Charles & Sigismond, fuivirent l'exemple de Berne, & déclarerent la guerre au Duc de Bourgogne. Ce n'étoit feulement pas pour la défenfe des domaines de Sigismond, que ce Prince avoit aliénés pour leur faire la guerre, que les Suiffes fe déclarerent contre Charles, comme l'obferve l'Auteur de l'*Hift. de la confédération Hel-vetique.* Liv. 5. p. 232, mais par le jufte reffentiment des injures reçues, & par la connoiffance des projets que le Duc de Bourgogne avoit formés con-tr'eux. Quoiqu'il en foit, les Bernois, fuivis de leurs alliés de Soleure, de Bienne & de Fribourg, allerent affiéger Héricourt, & furent joints fous les murs de cette place par les Troupes des autres Cantons, celui d'Unterwald excepté, parce qu'ayant des conteftations à terminer avec le Duc d'Autriche, il n'avoit pas voulu prendre part à cette guerre, avant que ces différens euf-fent été réglés. L'armée des Suiffes, forte de 18000 hommes, affiégeoit cette place, lorfque Thibaut de Neufchatel, Maréchal de Bourgogne, tenta, fuivi de 5000 hommes, de s'y jeter: mais fa tentative ne fut rien moins qu'heureufe, & il fut repouffé avec perte de 2000 hommes; Héricourt fe rendit, & les alliégeans remirent auffi-tôt cette place à fon Sigismond.

Détrompé par l'expérience, & convaincu qu'il ne lui feroit pas poffible de lutter contre tant de Puiffances réunies, Charles le Hardi, gagna, par la voie des négociations, ce que la force de fes armes n'avoit pû lui procurer, c'eft-à-dire, l'avantage de n'avoir à combattre, en divers tems, & féparé-ment, que l'une après l'autre, chacune des trois nations liguées actuellement contre lui. Ce fut dans cette vue, qu'à force de promeffes, qu'il étoit bien réfolu de ne pas tenir, il conclut à Verviers une treve de neuf années avec le Roi de France, & qu'il fit la paix avec l'Empereur. Frédéric III & Louis XI s'étoient folemnellement engagés à ne confentir à aucun traité de paix avec Charles, fans y comprendre les Suiffes; cependant ils ne firent dans leurs traités aucune mention d'eux; enforte qu'ils refterent feuls expofés aux armes & à la vengeance du Duc de Bourgogne.

Sect. VI.
*Hiftoire de la Suiffe* 1443-1501.

*Berne lui déclare la guerre.*

*A l'exemple de Berne, tous les Can-tons décla-rent la guer-re au Duc de Bourgogne.*

*Le Duc de Bourgogne s'accommo-de avec Louis XI & l'Empe-reur.* 1445,

(1) Nicolas Diesbach,, Chevalier, Baron de Signaw, Avoyer régnant, étoit fort attaché à la France: il étoit généreux, populaire, éloquent: quoiqu'il eut paffé l'âge de 74 ans, il avoit confervé toute fon activité; il étoit entreprenant, & par tant de quali-tés réunies, extrêmement chéri du Peuple. Il mourut, fans enfans, Guillaume de Dies-bach, Chevalier, fon coufin germain, hérita de fes grands biens. Anshelm. fol. 179 & fuiv.

Sect. VI.
Histoire de
la Suisse
1443-1501.

*Les Suisses soutiennent seuls la guerre.*

Cet abandon des deux Puissances étonna les Cantons, mais n'abattit point leur courage; ils furent les premiers à se mettre en campagne, firent de violentes irruptions sur les terres de Bourgogne, (1) s'emparerent de Pont-Arlier, où 1300 soldats de Lucerne & de Soleure, assiégés par 12000 Bourguignons, repousserent les assiégeans, & ne s'éloignerent de cette ville qu'après l'avoir brûlée, ainsi que le château. Pendant que cette petite armée poussoit de ville en ville ses conquêtes jusqu'au centre des Etats du Duc, les troupes Strasbourgeoises, jointes aux soldats de Lucerne, de Berne & de Bâle, & commandés par le Comte de Thierstein, s'emparerent d'une grande-partie de la Franche Comté, & elles eussent conquis le reste, si la crainte de la peste qui désoloit cette contrée, ne les eût obligées de se retirer; (2) Anroine, Bâtard de Bourgogne les suivit dans leur retraite, mais n'osant les attaquer, il se jeta sur la Lorraine, dont il facilita la conquête à Charles le Hardi.

*Infidélité de la Duchesse de Savoie à ses engagemens.*

La Duchesse de Savoie avoit promis d'observer la neutralité; mais, au mépris de ses engagemens, elle permettoit à ses sujets de prendre les armes pour le Duc de Bourgogne; elle donnoit passage par ses états aux alliés du Duc, & autorisoit les vassaux à faire des hostilités sur les terres des alliés des Suisses. La République de Berne se plaignit amérement de ces procédés: la Duchesse de Savoie justifia sa conduite; mais dans le même tems, elle fit proposer aux Cantons assemblés en diete à Lucerne, d'abandonner les intérêts de Sigismond & de s'unir à Charles; & tandis qu'elle assuroit les Bernois de sa fidélité aux promesses qu'elle leur avoit faites, ses émissaires tentoient d'aigrir les sept-Cantons contre Berne, & elle leur proposa une alliance, à l'exclusion de cette République, qu'elle finit, lorsqu'elle crut l'avoir rendue assez suspecte, par accuser hautement d'avoir suscité cette guerre. Cette Princesse garda dans sa haine, si peu de ménagemens que Jacques de Savoie, Comte de Romont & Baron de Vaud, Maréchal de Bourgogne, donna ordre à ses sujets, de traiter en ennemis les alliés & les sujets de Berne: lui-même peu de tems après, restant dans ses états, ne se contenta point d'approuver ces excès; mais il alla lui-même faire enlever deux chars, qui, chargés de marchandises, venoient de Nuremberg, & maltraita cruellement les conducteurs (3). Il chassa les troupes Suisses du pays de Vaud, & mit garnison étrangere dans toutes les places.

*Les Bernois déclarent la guerre à Jacques de Savoie, font une irruption sur ses terres.*

Justement indignés, les Bernois se liguerent avec les Valaisans, déclarerent la guerre à Jacques de Savoie, se mirent dès le lendemain en campagne, & leurs troupes réunies à celles de Fribourg, s'emparerent de Morat, de Payerne, d'Estavayé, qu'elles prirent d'assaut, & où elles passerent au fil de l'épée plus de 1500 hommes; (4) reduisirent tous les châteaux des environs, se

(1) Les Bernois pour s'avancer plus facilement dans ce pays, fortifierent le château de Nidau, & y firent transporter les armes qu'ils trouverent à Arlier, place dont ils s'étoient emparés au mois de Septembre de l'année précédente. Tschachtl. p. 404.
(2) Schilling. p. 188 & suiv.
(3) Bien des Auteurs ont rapporté l'origine de la guerre de Bourgogne à l'enlèvement de ces deux chars; ils se sont trompés, la guerre étoit avant déclarée de part & d'autre.
(4) Chroniq. du pays de Vaud. p. 160.

rendirent maîtreffes d'Efclées, (1) furent jointes fucceffivement par les troupes des autres Cantons, & de conquête en conquête, dè triomphe en triomphe, s'avancerent jufqu'au-delà de Morges, & euffent affiégé la ville de Genève, fi elle ne fe fût rachetée du fiege pour une fomme de 26000 florins,
qu'elle paya auffi-tôt qu'elle en fut fommée (2).

Cette courfe victorieufe & conquérante fut entreprife & terminée en trois
femaines (3). Toutefois, quelqu'éclatans que fuffent les fuccès des Suiffes,
il eft inconteftable qu'il y avoit pour eux du danger à continuer cette guerre,
& qu'ils étoient inférieurs en force à Charles & à fes alliés. Ils le fentoient,
& ils n'étoient point éloignés d'accepter la paix; mais ils ne la vouloient
qu'autant que le Duc d'Autriche & leurs alliés y feroient compris. Rodolphe, Margrave de Hochberg, fe donna beaucoup de mouvemens pour calmer cet orage, & les Cantons avoient confenti à une treve de trois mois:
mais Rodolphe en ayant fait la propofition à Charles, ce Prince la rejeta
avec la plus infultante hauteur (4). Le Margrave de Hochberg qui n'avoit
eû que les plus-eftimables vues dans les démarches qu'il avoit faites, piqué de
la maniere dont le Duc l'avoit accueilli, & d'ailleurs ami des Suiffes, leur
remit, comme une marque de fon eftime & de fa confiance la garde de la
ville de Neufchatel, où ils jeterent une nombreufe garnifon.

*Le Duc de
Bourgogne
rejette avec
hauteur tou-
tes les pro-
pofitions
qu'on lui
fait.*

Cependant Jacques de Savoie, continuant la guerre avec toute la fureur que
lui donnoit le defir le plus véhément de fe venger, furprit Yverdun, où il
n'y avoit que 70 Lucernois, qu'il affiégea avec 1500 hommes, dans la citadelle, où s'étoient retirés ces braves guerriers, qui, n'ayant plus de munitions
de guerre, ni de vivres, fe défendoient toujours, & faifoient des forties fi
fréquentes, fi terribles, que Jacques de Savoie n'ofant réduire ces braves défenfeurs au defefpoir, ni donner l'affaut au château, fe retira. Irrité par cette
réfiftance, le Comte de Romont furprit Grandfon, & enleva le Capitaine de
Stein, mais les foldats de ce courageux Capitaine fe jeterent dans le château
& refuferent de fe rendre. Les affiégeans & les bourgeois eux-mêmes de
Grandfon conduifirent de Stein fous les murs de la citadelle, & menacerent
la garnifon de le pendre, fi elle ne fe tendoit à l'inftant même. L'intrépide
de Stein exhorta fes foldats à ne faire aucune attention à ce qu'on feroit de
lui, mais à faire tous leurs efforts pour conferver la citadelle; fa fermeté raf-
fura les fiens, & en impofa fi fort aux ennemis, qu'ils fe retirerent, conduifirent de Stein prifonnier à Uzaret, d'où il fut dans la fuire échangé contre le
Général des Bourguignons.

Charles le Hardi s'avançoit contre la Suiffe, à la tête d'une armée de

---

(1) Il ne reftoit plus de tous les affiégés que 18 hommes vivans; ils eurent la tête tranchée. Le Valet de leur Capitaine, Pierre de Coffonai fut feul épargné pour avoir fervi
de Bourreau en cette occafion.

(2) Gollut p. 872.

(3) Lorfque cette armée fe retira, elle dévafta la campagne, excepté les terres qui
appartenoient à l'Evêché de Laufanne; les Baronies de Laffara & d'Aubonne; ainfi que
la terre de Bavois, par égard pour Adrien de Babenberg, gendre de Laffarra; & par
confidération pour le Comte de Gruyere, Baron d'Aubonne, & pour Jacques de Gle-
reffe, Seigneur de Bavois.

(4) Schilling. p. 258.

·S·ct. VI.
·Hiſtoire de
la Suiſſe
.1443·1501.

100,000 hommes; il pénétra dans le pays de Vaud, paſſa par Orbe, & vint former le ſiege de Grandſon, qu'il emporta dès le troiſieme jour; mais le château, dont les Bernois avoient doublé la garniſon, après la retraite de Jacques de Savoie, ſe défendit avec la plus rare valeur; les Bernois & les Fribourgeois vinrent au ſecours de cètte place; ils tenterent de s'y jeter, mais inutilement.  Le Duc de Bourgogne, impatient & honteux de voir ſon armée arrêtée par un château de ſi peu d'importance, fit faire à la garniſon des propoſitions honorables & très-avantageuſes, par un de ſes gentils-hommes,, Luc de Ronchant (1).  Les aſſiégés manquoient d'artillerie; ils n'avoient plus de poudre; il étoit impoſſible qu'ils fuſſent délivrés, & plus impoſſible encore, que, dénués de tous moyens défenſifs, ils puſſent réſiſter à une ſi formidable armée; les propoſitions qui leur étoient faites honoroient leur courage; ils les accepterent & rendirent le château; mais par la plus atroce perfidie, Charles fit noyer toute cette garniſon compoſée de 450 hommes (2).

Activité du
Duc de
Bourgogne,
propoſitions
honorables
aux aſſiégés.

Cet acte d'inhumanité pénétra les Suiſſes de fureur, & réſolus de venger leurs compatriotes, ils marcherent au nombre de 20000 contre le Duc de Bourgogne; leur avant-garde peu nombreuſe, s'avança juſqu'au delà de Grandſon (3), & prit poſte dans la plaine de Lacombe Ruaux: ils y furent attaqués par une troupe de 100 Archers, les détachemens Suiſſes les plus proches accoururent au ſecours de leur avant-garde; les bataillons ennemis vinrent de leur côté ſoutenir les agreſſeurs: la bataille s'engagea; Charles comptant trop ſur ſa ſupériorité, s'avança précipitamment ne donnant même pas le tems au reſte de ſon armée de le ſuivre.  Les troupes de Schweitz, de Berne, de Soleure, de Fribourg & de Bienne, ſe mirent, ſuivant l'uſage Helvetique, à genoux pour implorer le ſecours de la toute-puiſſance.  Les Bourguignons croyant qu'ils demandoient grace, jeterent de grand cris: mais quelques momens après, les Suiſſes, leur priere faite, ſe releverent, & formerent un Bataillon quarré, qui préſentoit de tous côtés un front hériſſé de lances.  La cavalerie Bourguignone attaqua ce bataillon, ne put l'entamer, & à chaque attaque, fut repouſſée avec beaucoup de perte.  Cependant le reſte des troupes des Cantons s'approchoient ſucceſſivement, & ſe joignoient, à meſure qu'elles arrivoient, à ce bataillon, qui groſſiſſoit conſidérablement, & devenoit plus formidable de moment en moment.

Bataille de
Grandſon.

Crainte de
Charles.

Charles le Hardi, témoin de la perte des liens, des progrès ſucceſſifs & rapides de ce corps inébranlable, tomba dans le découragement.  Les premiers

---

(1) Jean Waller, Capitaine de la garniſon fut le premier à prêter l'oreille aux inſinuations de Ronchant, qui avoit reçu 100 florins de la garniſon en reconnoiſſance de ſes bons offices.  Le nom de famille de Ronchant, étoit St Louis, Seigneur de Ronchant, vivoit en 1486, & il fut témoin dans le teſtament de jean IV d'Arberg, Comte de Valengin.  Tſchachtl.

(2) Ronchant avoit, ou feignoit d'avoir reçu quelqu'offenſe de ceux de Soleure; il ſe joignit au Comte de Romont, à Philippe Margrave de Hochberg & à ceux d'Yverdun pour engager le Duc à cette cruauté.  Les Bernois firent arrêter le Margrave Rodolphe, pere de Philippe, qui ſe trouvoit à Berne, & le firent garder à vue dans la Tour de Lombach.  Tſchachtl. fol 619 & 623.

(3) Jean de Neufchatel, Seigneur de Grandſon, ſe rendit au Duc de la maniere la plus lâche; il ſuivit l'armée de ce Prince, & fut tué devant Nanci, quoiqu'il eut toujours fait tout ce qui dépendoit de lui pour n'être point tué. Chroniq. de Neufchatel.

rangs de ses troupes, après plusieurs attaques inutiles, se retirerent vers le corps de l'armée, & ce corps déconcerté comme son chef, prenant cette évolution pour une fuite, prit le chemin du Camp, observant très-peu d'ordre: les Suisses, sans déranger leur ordre de bataille, suivirent l'armée ennemie, & atteignirent l'infanterie, qui, au premier choc s'ébranla & fut mise en déroute. Cette déroute fut bientôt si générale, & la terreur des Bourguignons si forte, que les Suisses les chassant devant eux, les poursuivirent jusqu'à Montagny, & en firent un horrible carnage. Et finissant comme ils avoient commencé, ils se jeterent à genoux & rendirent graces à Dieu de l'importante victoire qu'ils venoient de remporter.

On sait que Charles le Hardi fut le Prince le plus fastueux de son tems: aussi évalue-t on à un million de florins, les effets précieux & les richesses que les Suisses prirent dans son camp (1). Ils s'emparerent aussi de Grandson, & se distribuerent environ trente gentils-hommes, qui avoient été faits prisonniers de guerre: mais les soldats de Berne & de Fribourg, se souvenant de la cruauté exercée contre la garnison du château de Grandson, massacrerent ces prisonniers, & ne laisserent la vie qu'au seigneur de Darin, qui fut échangé contre Pandolphe de Stein (2). La garnison Bourguignone de Vauxmarais redoutant la valeur des Suisses & l'esprit de vengeance qui les animoit, abandonna le château, & fut assez heureuse pour se sauver.

Tous les Auteurs contemporains assurent que les Suisses ne perdirent dans cette mémorable journée que 50 hommes, (3) & qu'il y eut 10000 morts du côté des Bourguignons.

Les Cantons confédérés après s'être partagés le butin, les meubles & effets précieux enlevés du camp de Charles, reprirent en triomphe la voie de leurs divers Cantons. Ils n'avoient point à craindre, du moins de quelque tems leurs ennemis. Le Duc de Bourgogne rassembla les débris de son armée à Nozeret, où il s'étoit retiré, il fit de nouveaux préparatifs, prit les mesures qu'il crut les plus propres à assurer la vengeance; & résolu de rentrer en Suisse, se proposa de commencer ses opérations par le siege de Berne & de Fribourg. Présomptueux autant qu'il l'étoit, il douta si peu du succès de son entreprise, qu'il donna par avance la ville de Berne au Comte de Romont, celle de Fribourg à la Duchesse de Savoie, & les principales maisons de ces deux villes aux officiers qu'il estimoit le plus, mais c'étoit là précisément céder la peau de l'ours avant que de l'avoir abattu. Les Suisses, qui n'avoient pas été consultés dans ces dispositions, les rendirent inutiles: Charles plein

---

(1) On conserve fort soigneusement dans l'arsenal de Berne plusieurs pieces d'artillerie, & les mousquetons des gardes du Duc, qui lui furent enlevés en cette occasion. On montre aussi plusieurs riches tapis, & les tapisseries avec lesquelles ses tentes étoient décorées. Nos chroniques rapportent *que le gros diamant* qui fait aujourd'hui le plus riche ornement de la Thiare du Pape, fut acheté à Lucerne, en 1492, pour 5000 mille florins du Rhin, par Guillaume Diesbach, fils de l'Avoyer de ce nom; Guillaume Diesbach le vendit à Bartholomé Mery Seigneur de Stratlinger, pour 5400 florins: celui-ci le vendit à des marchands de Gênes pour 7000 florins: ces marchands le cederent au Duc de Milan pour 11000 ducats · Jules II l'acheta du Duc de Milan. *Mémoires du tems.* fol. 635 Amelot de la Houssaye. Mém. Hist. Tom. 1. p. 594.
(2) Schilling p. 291 Tschachtl. p. 631.
(3) Commines. L. C.

Sect. VI.
*Histoire de
la Suisse
1443-1501.*

*Son armée
rentre en
Suisse,*

de confiance vînt camper à Lausanne, & son armée fut en très-péu de jours prodigieusement augmentée par les secours que lui fournirent la Duchesse de Savoie & le Comte de Romont.

Les Fribourgeois & les Bernois ravitaillerent les places qu'ils prévoyoient devoir être les premieres attaquées, telles que Morat & Grandson : les Cantons envoyerent mille hommes dans Fribourg. Jacques de Savoie reprit tout le pays qui lui avoit été enlevé. Guillaume de Diesbach & Petermann de Woberen marcherent contre Romont, qui, défendue par Jacques de Savoie, secondé par une garnison de 4000 hommes, obligea les Assiégeans de se retirer. Les Valaisans plus heureux, combattirent, & mirent en dérouce un corps de 3000 Lombards qui venoient joindre leurs armes à celles des Bourguignons.

L'acharnement de Charles, & les efforts qu'il faisoit pour accabler les Suisses, engagerent les Bernois à écrire au Roi de France, pour lui recommander, non les Cantons menacés par le plus irréconciliable des ennemis, mais les enfans de Savoie, (1) que la crédulité de leur meré, disoient-ils, exposoit à être tôt ou tard dépouillés de leurs états, par ce même Duc de Bourgogne, qui ne cherchoit qu'à affoiblir ses voisins, afin d'accroître sa puissance des débris de leur fortune : ils invitoient le Roi à attaquer ce Souverain dans ses états dégarnis alors de troupes, tandis que les Cantons lui livreroient bataille sur bataille en Suisse, où ils ne cesseroient de le tenir dans la plus embarrassante occupation.

L'Evénement justifia la sagesse des précautions des Suisses. En effet, une partie de l'armée de Charles, forte de 60000 hommes, alla investir Morat; (2) où le Duc se rendit quelques jours après avec le reste de ses troupes. Jacques de Savoie étoit campé au nord de cette ville avec 8000 hommes, le lac étoit gardé par un corps de 30000 hommes, commandés par Antoine, Bâtard de Bourgogne, & le reste de l'armée, sous les ordres du Duc, occupoit les hauteurs. Les troupes Bernoises commandées par Schamachtal & Woberen, défendirent les ponts contre les ennemis qui ne purent les emporter. Les Bourguignons donnerent un assaut à Morat, perdirent plus de 1000 hommes & furent repoussés. Les soldats des Cantons joignirent les Bernois, & leur armée se trouvant forte de 30000 hommes d'infanterie & de 4000 chevaux, ils résolurent de marcher contre le Duc & de lui livrer bataille. Le Chevalier Guillaume Hertter, Général de cette armée, proposa dans le Conseil de guerre de retrancher le camp pour s'assurer une retraite en cas d'événement; sa proposition fut unanimement rejettée, les Suisses ne connoissant point en présence de l'ennemi, d'autre précaution que celle de combattre jusqu'à la derniere goutte de leur sang.

Charles averti de l'approche des troupes Helvetiques, fit sortir les siennes du camp & les rangea lui-même en bataille derriere une haye vive au dessus de Morat. Il tomboit une pluie abondante, elle ne ralentit point l'ardeur des Suisses, que leur Général avoit toutes les peines du monde à retenir. Les

deux

─────────

(1) Ces enfans étoient Philibert, Duc de Savoie, Charles; Louise-Marie, mariée depuis à Hugues de Chalon ; Marie, mariée à Philippe de Hochberg.
(2) Schilinger. p. 323.

deux armées resterent en présence jusqu'à midi (1). Charles croyant que celle des Suisses ne vouloit point l'attáquer ce jour là, fit sonner la retraite: mais ses troupes n'eurent pas plutôt commencé à défiler, que les confédérés tomberent sur elles avec la plus vive impétuosité: Halwille s'empara du canon des ennemis, & s'en servit contr'eux; il se jeta dans un chemin creux, & prenant les Bourguignons en flanc, il les mit en désordre: le reste des troupes Helvetiques s'avança en bon ordre; Bubenberg, à la tête de six cens hommes, coupant la retraite des Bourguignons, & se portant entr'eux & leur camp, les mit entre deux feux, & cette manœuvre les déconcerta si fort, qu'ils prirent la fuite avec une précipitation extrême, & la plus vive terreur. Ce ne fut plus un combat, mais un massacre affreux: il n'échappa qu'un très-petit nombre de Bourguignons; tout le reste périt sous le fer des vainqueurs, ou dans les eaux du lac, où la crainte en fit précipiter un si grand nombre, qu'il fut couvert de cadavres en très-peu de momens (2). Cette victoire est une des plus signalées de toutes celles qu'a illustré la valeur Helvetique.

Les Bourguignons perdirent dans cette action environ 26000 hommes. La perte des Suisses fut presque insensible, Charles, qui laissa ses équipages au pouvoir des vainqueurs, fut si découragé par ce revers, qu'il s'enfuit précipitamment jusqu'à Morges (3). Les confédérés après s'être reposés trois jours sur le champ de bataille, (4) licentierent la moitié de l'armée, prirent leur route vers Lausanne, & s'emparerent, dans leur retraite, de Lucens & Moudon, qu'ils pillerent & brûlerent. Louis XI leur envoya des députés à Lucerne,

(1) Les Auteurs contemporains raçontent que pendant que les armées étoient en présence, les chiens qui étoient dans le camp des Bourguignons attaquerent ceux des Suisses, & qu'après un combat fort vif, les chiens Bourguignons prirent la fuite. Ils disent qu'après la priere, la pluie cessa tout à coup, & qu'il fit un beau soleil, ce qui fut regardé comme d'heureux présages.

(2) Il y a quelques années qu'on pêcha des armures d'une grande beauté du fond du lac. On ramassa quelque tems après cette journée, une prodigieuse quantité d'ossemens épars sur le Champ de bataille, ils sont conservés encore de nos jours dans une chapelle construite sur le grand chemin près de Morat, on y lit cette inscription.

DEO OPT. MAX.
CAROLI INCLYTI ET FORTISSIMI
DUCIS BURGUNDIÆ
EXERCITUS MURATHUM OBSIDENS
AB HELVETIIS CÆSAR HOC SUI
MONUMENTUM RELIQUIT.

Anno M. CCCC. LXXVI.

Peu d'inscriptions ont été aussi méritées que celle là. Tschachtl. p. 718. Schilling. p. 318.
(3) Charles fut entierement défait, & ne lui en prit point comme de la bataille précédente, où il n'avoit perdu que sept hommes d'armes, parce qu'alors les Suisses n'avoient point de gens de Cheval, &c. Le Seigneur de Contay, confessa au Roi, moi présent, qu'en ladite bataille étoient morts 8000 hommes du parti du lit Duc, & d'autres menues gens assez, & crois, à ce que j'en ai pu entendre, qu'il y avoit bien 18000 morts en tout. Les tentes & pavillons du Duc avec tout ce qui étoit dedans, vinrent à part du Duc René, comme Général de l'armée. Le Duc combattit long-tems à pié, ayant eu son cheval tué sous lui. Commines. Amelot de la Houssaye Mém. Hist. T. 1. p. 496.
(4) Les Suisses ne perdirent dans cette mémorable journée que vingt hommes. Schilling. p. 350.

chargés de ménager une treve entr'eux & la Duchesse de Savoie, & il fut convenu que dans un congrès, qui fut indiqué à Fribourg, on termineroit tous les démêlés qu'il y avoit entre certe Princesse & les Cantons. Dans ce congrès où se trouverent le Bâtard de Bourbon, Amiral de France de la part de Louis XI: l'Evêque de Genève, le Comte de Gruyere, le Duc de Lorraine, les députés du Duc Sigismond, les Evêques de Bâle, de Strasbourg, les députés du Duc de Savoie, du pays de Vaud, des huit Cantons, des villes alliées, de celles de l'Alsace, de l'Electeur Palatin, ceux de l'Evêque du Pays du Valais, il fut conclu que la ville de Genève payeroit 24000 florins: que la maison de Savoie seroit remise en possession du pays de Vaud, qui ne pourroit plus être démembré des Etats de Savoie, au moyen de 50000 florins que cette maison donneroit pour sûreté de son hypotheque sur ce pays. Grandson, Morat, Grandcourt & Cudrefin furent cédés aux Bernois & aux Fribourgeois: (1) enfin, il fut statué que la maison de Savoie payeroit aux Fribourgeois 25600 florins qu'elle leur devoir. Peu de tems après ce traité, la Duchesse de Savoie Yolande, aux sollicitations de Berne, renonça à tous ses droits sur Fribourg, qui, dès ce moment, fut mise au rang des villes libres & indépendantes.

Dans le congrès de Fribourg il avoit été délibéré que les Cantons enverroient au Roi de France des députés pour recevoir les 24000 florins que ce Souverain avoit promis pour son contingent des fraix de la guerre de Bourgogne. Ces députés reçurent l'accueil le plus distingué à la Cour de Louis XI; il leur fit non-seulement compter les 24000 florins qui furent distribués par égales portions aux Cantons; mais chacun de leurs députés reçut un présent de 20 marcs d'argent: & Bubemberg en reçut 100, comme un témoignage de l'estime singuliere que Louis XI avoit pour sa personne.

Les défaites multipliées de Charles eussent dû lui faire desirer la paix; mais son ame trop fiere ne put y consentir; excité, au contraire, à de nouveaux combats, & croyant effacer par des victoires le cruel déplaisir que lui causoit le souvenir de ses revers, il alla mettre le siege devant Nancy (2). Le Duc de Lorraine trop foible pour résister seul aux armes d'un tel Souverain, alla lui-même à Berne demander des secours à la République. Il y eut à ce sujet deux dietes à Lucerne. La saison étoit avancée, le froid très-rigoureux (3), les Cantons, sans se déclarer entierement, permirent néan-

---

(1) Morat, Grandson & Echallens ont été gouvernés depuis, alternativement par Berne & Fribourg, qui y envoyent tous les cinq ans un Baillif; tellement, que sous les Baillifs Bernois, l'administration dépend de Fribourg & réciproquement de Berne sous un Fribourgeois. Grandson fut cédé en 1424, le 26 Juin, par le Duc de Savoie, à Louis de Châlon, Prince d'Orange. Orbe, Echallens & Montagny, étoient, en 1381, de la dépendance de jean Philippe, Comte de Montbelliard, qui les tenoit des Monfauçons. Les Villersevel ont tenu une partie d'Orbe, & les trois terres passerent enfin aux Châlons par jeanne, fille d'Henri de Montbelliard, qui épousa Louis de Châlon Prince d'Orange. Grandcourt & Cudrefin, furent restitués à la maison de Savoie. Berne s'en remit en possession lors de la conquête du Pays de Vaud, en 1536. Erlach. Guichenon. T. I.

(2) Pendant ce siege, les Bourguignons firent des courses dans le Comté de Vallengin. On voit encore dans l'église du Locle deux drapeaux qui leur furent enlevés. *Chronq. de Neufchatel.*

(3) Les Cantons avoient quelques motifs qui ne leur permettoient pas de se montrer ouvertement contre Charles. Il avoit envoyé vers eux, après la bataille de Morat, un

Sect. VI
Histoire de
la Suisse
1443-1501.

Bataille de
Nancy.

Mort du
Duc de
Bourgogne.

moins au Duc René de Lorraine, de prendre à sa solde tous les Suisses qui voudroient le suivre. Il y en eut beaucoup qui se rangerent sous ses drapeaux, & ces troupes Helvetiques soutinrent avec tant d'avantage l'honneur de leur nation, que ce fut principalement à elles que le Duc de Lorraine dut la victoire éclatante qu'il remporta le 5 Janvier suivant, & qui couta la vie à Charles le Hardi, tué dans le feu du combat. La mort du Duc de Bourgogne termina enfin cette guerre, qui avoit couté tant de sang aux Bourguignons, tant de travaux aux Suisses, & dont Louis XI, qui l'avoit fomentée, sans vouloir y prendre part directement, quoiqu'il eût juré le contraire, retira les plus grands avantages, & dont il recueillit presque seul tous les fruits.

Il y avoit quelques mois que la Franche-Comté avoit envoyé des députés à Neufchatel, dans la vue de négocier une treve avec les Cantons; & cette affaire se traitoit, lorsque les députés informés de la mort de Charles, leur Souverain, se rendirent avec l'Archevêque de Besançon à Berne. L'Archevêque proposa à la part des Franc-Contois une alliance perpétuelle avec les Cantons, ou bien d'être reçus en qualité de sujets du Corps Helvetique, ne demandant pour prix de leur sujettion, autre chose que la jouissance de leurs privileges & la conservation de leurs frontieres (1). La République de Berne parut très-favorable à cette proposition; mais ne pouvant décider seule, elle renvoya les Franc-Comtois aux Cantons assemblés. L'union de la Franche-Comté paroissoit être d'autant plus avantageuse, que la Suisse fournit abondamment toutes les productions nécessaires à la vie; mais qu'elle ne fournit point de sel; au-lieu que la Franche-Comté a de riches & d'inépuisables salines; ensorte qu'au moyen de cette alliance, les Suisses n'ayant plus rien à desirer, ni à tirer de l'étranger, eussent été totalement indépendans de leurs voisins. Quelques fortes néanmoins & quelque déterminantes que parussent ces raisons, elles ne furent point en état de décider les Suisses à accepter l'offre qui leur étoit faite, & rejetant les propositions de l'Archevêque, ils firent seulement un traité de paix (2) perpétuelle avec les Franc-Comtois, qui, de leur côté s'engagerent à payer aux Cantons 150,000 florins; & ce fut vraisemblablement cette somme qui détermina les Suisses à préférer une paix perpétuelle à une alliance (3); car, il est bon d'observer qu'en tous les tems & dans toutes les occasions, lorsque les Suisses ont pû convertir en argent les propositions qui leur ont été faites, ils ont préféré l'argent, sans doute à cause de cet esprit d'économie qui les caractérise, & qui leur fait tirer, à l'avantage de la Patrie, le plus grand parti du numéraire.

Traité de
paix perpé-
tuelle des
Franc-Com-
tois avec les
Suisses.

Les Suisses
cedent pour
150,000
flor. les ef-
fets de ce
traité à
Louis XI.

Liégeois, pour leur représenter qu'il avoit été porté à les attaquer par de mauvais conseils, qu'il en avoit beaucoup de regret, qu'il leur offroit telle satisfaction qu'ils pouvoient prétendre, avec un traité d'amitié & d'alliance aux conditions qui leur paroîtroient les plus avantageuses. Mém. Histor. T. 1. p. 499.

(1) Tschachtl. fol. 829.
(2) Val. Anshelm. fol. 227.
(3) Il existe une assignation du 22 Avril 1484, sur Antoine Bayard, Receveur-Général de la province de Languedoc, de 150 liv. tournois, pour être employées au payement de 30 m. florins du Rhin, appointés aux Seigneurs d'Allemagne cette présente année 1484, sur la somme de 150 m. florins qui leur furent promis & accordés par le feu Seigneur Roi, à payer en cinq années, pour l'achat & transport qu'ils lui firent du droit qu'ils prétendoient avoir eû à la Franche Comté. Cette assignation est signée. Briannet, Bayard & Petit.

Quoiqu'il en foit, ce traité ne produifit aux Franc-Comtois qu'une fujection à laquelle ils ne s'attendoient pas en effet, Louis XI, pour qui Jean de Châlon, Prince d'Orange avoit formé un parti fort confidérable dans la Franche-Comté, offrit de payer ces 150,000 florins aux Cantons, qui lui cédérent tous leurs droits fur cette province, exigeant néanmoins, pour toute condition, que ce Monarque obferveroit la paix perpétuelle à laquelle ils s'étoient engagés. Quoique ce titre parut ne donner à Louis XI d'autre droit que celui de vivre avec les Franc-Comtois en paix perpétuelle, il le fit fervir néanmoins à s'affurer la propriété de cette province; & fûr de réuffir, il ceffa de ménager les bonnes difpofitions du Prince d'Orange, qui, piqué de fe voir négligé, abandonna fes intérêts, & ceffa de lui faire des partifans; euforte que ce Monarque fut obligé de lever des troupes pour faire valoir fes prétendus droits: mais avant que de s'engager dans cette entreprife, il envoya 150,000 florins aux Cantons par fes Ambaffadeurs, & il leur demanda qu'il lui fut permis de lever chez eux 6000 hommes qu'ils lui avoient promis (1).

Louis XI n'étoit pas le feul, qui, pour le même objet, follicitât auprès des Cantons: Maximilien Duc d'Autriche, fils de l'Empereur Fréderic III, avoit époufé Marie, l'unique héritiere de Charles de Bourgogne, & il avoit envoyé aux Suiffes des Ambaffadeurs chargés de les engager à la neutralité. Les Cantons confédérés n'euffent pas mieux demandé que de ne pas agir directement pour aucun des deux Souverains, au fervice defquels leurs fujets s'étoient enrôlés en foule & indiftinctement (2). Les Suiffes rappellerent tous ces foldats (3), & envoyerent des députés au Roi de France pour folliciter une treve en faveur de la Bourgogne; ils ne furent pas feulement écoutés (4).

Irrités de l'accueil fait à leurs envoyés, les Cantons confédérés tinrent fur cette affaire deux dietes générales, auxquelles furent admis le Duc de Lorraine & l'Archevêque de Befançon, les Ambaffadeurs du Pape, de l'Empereur & du Duc Maximilien. La ligue de l'Alface y fut prolongée pour 15 années. Le Pape, l'Empereur & Maximilien, comme Duc de Bourgogne, y firent un traité d'alliance, dont l'objet étoit de s'oppofer à la conquête de la Franche Comté. Vainement Louis XI, qui voyoit cet orage fe groffir chaque jour, offrit aux Suiffes de partager, s'ils vouloient réunir leurs armes aux fiennes, la Franche-Comté avec eux, ou de leur envoyer une nouvelle fomme d'argent, s'ils vouloient lui céder tous leurs droits fur cette Province. Cette propofition fut rejetée, & de leur côté, les Suiffes exigerent de Louis, qu'il renonçât à toutes fes prétentions pour la Franche-Comté, qui, moyennant 150000 florins devoir être reçue dans leur alliance. Le traité de paix avec la Savoie fut confirmé de nouveau. Les Ducs de Lorraine & d'Autriche fe liguerent étroitement. Philibert de Savoie paya 25000 florins, & Genève 11000.

(1) Schilling. p. 387.
(2) Schilling. p. 388.
(3) Tfchachtl. 836.
(4) Anshelm. 236.

Quelque inébranlable que fut la difpofition des Cantons à obferver la neutralité, ils n'y perfifterent point, & les Suiffes s'enrollerent en foule dans les deux partis: mais beaucoup plus pour Louis XI, qui, outre les penfions confidérables qu'il payoit aux Cantons, donnoit des gratifications confidérables aux particuliers; & l'appat de l'argent, qui jadis n'avoit point d'influence fur la nation Helvetique, porta dès lors une fenfible atteinte au défintéreffement qui l'avoit caractérifée (1). Charles d'Amboife, Général de Louis XI, attira dans fon armée à force de préfens, tous les Suiffes qui fervoient fous les drapeaux de Maximilien. Cette étrange conduite mécontenta l'Empereur & Maximilien: ils s'en plaignirent aux Cantons, qui, par une conduite encore plus étrange, céderent à Louis XI, pour 200000 florins toutes leurs prétencions fur la Franche-Comté, & quelque tems après, par un traité d'alliance qu'ils firent avec le même Souverain, s'engagerent à lui fournir un fecours de 3600 hommes (2).

La Haute Allemagne avoit été fi long-tems le théâtre de la guerre, que la licence s'y étoit perpétuée, enforte qu'après la guerre de Bourgogne, il y étoit refté une multitude de foldats, qui formerent entr'eux des bandes à l'imitation des grandes compagnies qui avoient défolé la France, & non moins dangereufes, ces bandes, après avoir commis bien des excès dans les Cantons populaires, ou démocratiques, où elles s'étoient formées, répandirent le bruit qu'elles alloient contraindre les Genevois à payer la fomme qu'ils avoient promife; & fous ce prétexte 700 de ces vagabonds entrerent fur le territoire de Berne, furent joints par 2000 des leurs à Fribourg, fe firent, foit de gré, foit de force, accorder le paffage; allerent fous les murs de Genève, & euffent dévafté le pays, fi les Genevois, en donnant à chacun de ces brigands 2 florins du Rhin, ne les euffent engagés à fe retirer.

Le Corps Helvetique étoit compofé de membres qui avoient tous le même intérêt à la confervation & à la gloire de la nation: ils n'euffent jamais dû fe divifer, & par des affociations & des traités particuliers, femer entr'eux l'efprit de méfintelligence, de jaloufie & de difcorde. Les Cantons de Lucerne, de Berne & de Zurich, firent avec les villes de Soleure & de Fribourg une alliance, dont l'objet étoit de fe défendre réciproquement. Ce traité excita la jaloufie & le mécontentement des autres Cantons, qui ne jugerent toutefois pas à propos d'éclater encore, mais dont le reffentiment n'en fut pas moins aigri par le filence. Pendant cette premiere effervefcence de divifion, le Pape Sixte IV conclut une alliance avec les Cantous; celui d'Uri, fans confulter les autres, entra dans une guerre qui s'étoit élevée contre la veuve de Jean Galéas, Ducheffe de Milan, & entraînant Berne, Soleure & Fribourg dans cette querelle, en obtint un fecours de 3400 hommes. A ces affaires près, la paix régnoit, du moins extérieurement, dans la Haute Allemagne, & les Cantons confédérés continuoient de jouir en Europe d'une fi

*Marginal notes:*

Sect. VI. Hiftoire de la Suiffe 1443-1501.

Des bandes de Vagabonds marchent contre Genève.

Alliance du Pape avec les Cantons, & des Cantons avec le Roi de Hongrie. 1474.

(1) Commines affuroit que ces penfions perdroient tôt ou tard la Nation: „ Et crois, dit-il, qu'à la fin fera leur dommage; car ils ont tant accoutumé l'argent, dont ils avoient petite connoiffance auparavant, & fpécialement des monnoies d'or, qu'ils ont été fort prêts à fe divifer entr'eux". Commines T 1 p 389.

(1) Ces 3600 hommes furent les premieres troupes réglées que la France ait entretenues. Anshelm. 337.

*Fribourg &
Soleure de-
mandent à
entrer dans
la confédé-
ration Hel-
vetique.*
*1480.*

*Ces deux
villes font
reçues dans
la confédé-
ration &
forment
deux nou-
veaux Can-
tons.*

*Convenant
de Stanz.*

haute confidération, que Mathias, Roi de Hongrie, fit avec eux une alliance qui lui fut très-utile.

Excitées par le dégré de puiſſance que leur donnoit leur alliance avec trois
Cantons, les villes de Soleure & de Fribourg demanderent à être reçues
dans la Confédération; elles furent vivement appuyées par Zurich, Berne &
Lucerne. Non ſeulement le Corps Helvetique refuſa; mais Lucerne ne pouvant contracter d'alliance ſans le conſentement de tous les Cantons, ils lui firent un procès; & cette affaire eut eû inévitablement des ſuites fâcheuſes, ſi
un Hermite, fort reſpecté dans ce pays, & qui, aux miracles près qu'il ne
faiſoit point encore, paſſoit pour un ſaint, n'eût engagé les parties à prendre
des voies pacifiques pour terminer ce différend. Les Conſeils de frere Nicolas, c'étoit le nom de cet Hermite, furent écoutés; il fut choiſi lui-même
pour Arbitre, & il prononça que l'alliance faite par Lucerne avec Fribourg
& Soleure ſeroit annullée, mais que ces deux villes ſeroient reçues dans la
confédération. Conformément à cette ſentence, ces deux villes furent admiſes à la qualité de membres du L. Corps Helvétique; on leur rendit communes les conditions qui uniſſoient les huit anciens Cantons: on ajouta ſeulement, 1°. que ces deux nouveaux Cantons ne s'engageroient dans aucune
guerre ſans le conſentement des huit anciens Cantons. 2°. Que s'il leur ſurvenoit quelques différens, ils ſeroient décidés par les huit anciens Cantons,
& qu'elles ſeroient obligées de ſe ſoumettre à leur jugement. 3°. Que les
deux Cantons nouvellement admis à la confédération, ne contracteroient aucune alliance ſans leur conſentement, 4°. Qu'enfin, s'il ſurvenoit quelque
guerre entre les anciens Cantons, les deux nouveaux reſteroient neutres, &
ſeroient Médiateurs (1).

Dans la même diete où le Corps Helvetique fut accru des deux nouveaux
Cantons de Fribourg & de Soleure, il fut fait une convention, à laquelle on
a donné le nom de *Convenant de Stanz*, par laquelle il fut ſtipulé qu'à l'avenir les Cantons ne commettroient aucune hoſtilité les uns contre les autres;
qu'ils marcheroient tous au ſecours de celui d'entr'eux qui ſeroit attaqué injuſtement: que chaque ſouverain puniroit avec ſévérité ceux de ſes ſujets qui
commettroient des hoſtilités contre un des Cantons: que les crimes & délits
ſeroient jugés & punis par les juges des lieux où ces délits auront été commis; qu'aucun Canton ne protégeroit les ſujets d'un autre contre leurs ſouverains; mais qu'ils ſeroient contenus dans l'obéiſſance. Enſuite, après avoir
confirmé par ce même convenant les divers réglemens militaires faits & ſuivis
juſqu'alors, on régla la maniere dont ſeroient partagées à l'avenir les conquêtes, & il fut ſtatué que par ce partage, les biens meubles ſeroient diſtribués
par hommes également à tous ceux qui auroient concouru a la conquête,
mais les biens immeubles par portions égales aux Cantons: mais qu'il n'y auroit toutefois que les huit anciens Cantons, entre leſquels excluſivement les
immeubles ſeroient partagés (2).

L'union Helvetique ayant repris ſa force primitive au moyen de ces réglemens & de ces conventions, les Suiſſes ne s'occuperent plus que des moyens

(1) Etterlin. p. 97.
(2) Anshelm. p. 400-417.

d'étendre leur puissance. Ce fut dans cette vue que les Cantons obtinrent dé Louis XI, des lettres patentes qui assûrerent plusieurs privileges à leurs militaires en France; & ces lettres, dont lès clauses sont ponctuellement obfervées encore, & en vertu desquelles, les Suisses qui servent en France, joüissent dans ce Royaume de divers privileges, sont pour la nation d'une très-grande importance. On lit dans ces lettres patentes, que „ les Suisses „ qui sont maintenant, ou qui seront à l'avenir au service de S. M. T. C. à „ ses gages & solde, & qui sont mariés, ou habitués, qui se marieront, ou „ habitueront ci-après dans le Royaume, pourront y acquérir tous lès biens „ meubles, ou immeubles, les posséder ou en disposer par testament; ainsi „ que leurs femmes, enfans, ou héritiers, pourront les recueillir & leur „ succéder; comme s'ils étoient natifs du Royaume: à l'effet de quoi, le „ Roi les déclare autorisés & habitués, sans qu'eux, leurs femmes, ou en- „ fans, ou héritiers, puissent être tenus de payer pour raison de ce, aucune „ finance, ni indemnité dont il leur fait dès lors don, à quelque somme „ qu'elles puissent monter. Et afin que les gens de guerre de la dite na- „ tion, qui demeurent maintenant, & viendront dans la suite demeurer dans „ le Royaume, & qui seront à ses gages & solde, puissent mieux vivre & „ s'entretenir honnêtement sans être inquiétés, & que les autres aient meil- „ leur courage à s'y habituer en plus grand nombre eux & leurs veuves du- „ rant leur viduité, seront leur vie durant; exempts de toutes tailles, im- „ pôts, aides & subventions quelconques mises, ou à mettre dans le Royau- „ me, soit pour *butestensement* des gens de guerre, ou autrement, pour quel- „ que cause, ou prétexte que ce soit, & qu'ils soient aussi exempts du Guet „ & garde de porte, en quelque lieu du Royaume qu'ils demeurent ".

Des différens peu considérables s'étant élevés entre quelques Cantons, ils furent appaisés & terminés par la médiation des Bernois. Louis XI, croyant avoir tout fait pour la Nation Helvetique, & regardant les privileges qu'il donnoit par ses Lettres patentes comme devant faire oublier aux Suisses les engagemens qu'il avoir pris avec eux, négligea d'observer les traités, & surtout de faire les payemens auxquels il s'étoit obligé. Cinq Cantons lui députerent Henri Matter, Bernois, pour le prier de remplir ses promesses: il accueillit avec distinction ce député, mais ne se rendit point aux sollicitations qui lui furent faites de payer les arrérages dûs à sa nation. Cependant Louis XI étant mort quelque tems après, Charles VIII, son successeur, envoya des ambassadeurs au Corps Helvetique; ils se présenterent à la diete, & offrirent de la part de leur maître, de payer les arrérages dûs par son prédécesseur, & demanderent une prolongation d'alliance. Les députés des Cantons reçurent un accueil distingué de Charles, qui promit qu'à l'avenir les pensions seroient payées à Lyon, (1) & qui leur en fit délivrer une partie dans cette ville (2). Ce Monarque envoya de nouveaux ambassadeurs aux Suisses &

Sect. VI.
Histoire de
la Suisse
1443-1501.

Lettre Pa-
tentes de
Louis XI
en faveur
des militai-
res Suisses.

Louis XI
neglige de
remplir ses
engagemens
1481.

Mort de
Louis XI.
Charles
VIII son
Successeur
recherche
l'amitié des
Cantons.
1483-1484.

(1) Charles promit aussi de payer 150 000 florins que Louis XI s'étoit obligé de payer dans le terme de 5 années. Anshelm. p. 535.
(2) Non seulement ce payement fut fait de fort mauvaise grace; mais la somme ne fut pas délivrée en entier; encore même obliga-t-on Bartholomé Mery qui étoit allé la recevoir, de se charger de mauvaises especes: il les prit, & lorsqu'il sortit de Lyon,

Sect. VI.
*Histoire de la Suisse*
1443-1501.

*Traité de Charles VIII avec les Cantons.*

ils conclurent à Lucerne un nouveau traité avec Schweitz, Uri, Unter-wald, Zurich, Berne, Lucerne, Fribourg & Soleure. Ce traité n'est qu'une confirmation des précédens, & il ne renferme que deux nouvelles conventions, favoir, 1°. Que „ le Roi T. C. ne pourra retenir aucun foldat „ Suiffe fans le confentement des Cantons: 2°. Qu'auffi-tôt que les Cantons „ feront en guerre avec quelque Puiffance, le Roi fera obligé de la lui dé„ clarer auffi, de l'attaquer & la pourfuivre, comme fon ennemi propre, „ fans fraude, ni dol" (1). On ne fait pas précifément par quel motif les Cantons ne voulurent point ratifier ce traité; il eft vraifemblable que ce fut à caufe du peu d'exactitude dans le payement des penfions.

Un différend qui d'abord fembloit n'intéreffer que deux particuliers, donna occafion à la République de Berne de s'attacher le Munfterthal, ou la Prévoté de Motier Grandval par des Lettres de Combourgeoifie. Jean Pfiffer,

*Motier reçu dans la combourgeoifie de Berne.*
1486.

natif de Surfée, parent de Waldmann, Bourguemaître de Zurich & protégé par l'Evêque de Bâle, difputoit à Jean Meyer, bourgeois de Berne & appuyé de fon Canton, la Prévôté de Motier Grandval. L'Evêque de Bâle mit d'autorité Pfiffer en poffeffion; les Bernois irrités s'emparerent de la Prévoté, & forcerent, par la crainte de plus grandes entreprifes, l'Evêque à reconnoître leur compatriote. L'Evêque n'étoit pas content; Berne ne l'étoit pas non plus, & cette difpute eût vraifemblablement été pouffée plus loin, fi l'Evêque ne fe fût hâté de renoncer à fes droits fur la Prévoté, & de payer à la République 2500 florins pour les frais de la guerre. Ce fut très-peu de tems après les offres de l'Evêque de Bâle, que Berne reçut dans fa combourgeoifie les habitans de Motier Grandval, & par le traité qu'elle fit avec eux, ils s'obligerent à fournir à leurs propres dépens leurs foldats dans toute guerre, excepté dans celles que ce Canton pourroit avoir contre l'Evê-que de Bâle. Ce prélat n'étoit cependant rien moins que fatisfait de la renonciation forcée qu'il avoit faite de fes droits fur la Prévoté, il s'adreffa aux Cantons, qui, prononçant contre les Bernois, ordonnerent que la Prévoté de Motier feroit reftituée à l'Evêque; & par un traité entre la République &

*Traité entre l'Evêque de Bâle & Berne.*
1488-1489.

le Prince Evêque de Bâle, il fut convenu : 1°. que le village de Reiben demeureroit au pouvoir de l'Evêque; mais que la République pourroit pourfuivre & en faire enlever les malfaiteurs: 2°. Que la Valiere demeureroit au pouvoir des habitans de Buren: 3°. Que les citoyens de Bienne ne payeroient fur le lac de Nidau, aucun droit de péage pour tous les effets deftinés à leur ufage: 4°. Que le Prince Evêque de Bâle reconnoitroit la Combourgeoifie des habitans de la Prévoté avec Berne: 5°. Enfin, que Berne conferveroit la poffeffion de fa co-fouveraineté fur la montagne de Dieffe. (2).

Dans

il effuya de très-défagréables difficultés & de mauvais traitemens qui aigrirent beaucoup les Suiffes. Anshelm. Stettler.
(1) *Traités de paix* de Leonhard. T. 4. p. 10. *Traité des alliances avec la France* par Vegel. p. 14.
(2) Cette combourgeoifie exifte encore de nos jours dans toute fon étendue. Elle a été renouvellée plufieurs fois; en 1496, 1613, 1655, 1671, 1689, 1704, 1708, 1722 & en 1743; par Jean Rodolphe d'Achfelhofer, Philippe Henri Seimer, Samuel Montach, & François-Louis de Wattenvile. Ce traité fut juré par plus de 1000 hommes portant armes.

La

Dans le tems que Charles VIII avoit cru ne' pas avoir hefoin de l'affiftance ·des Suiffes, il avoit fort inexactement rempli les engagemens de fon prédé-ceffeur & les fiens: mais ce tems n'étoit· plus, & les nouveaux embarras qu'il s'étoit fufcités à lui-même, le firent penfer à agir différemment; il venoit de reduire la Bretagne, & le Duc François, fur lequel il l'avoit conquife étant mort, ne laiffoit qu'une fille, Anne, promife à Maximilien, Roi des Romains. Charles qui faifoit élever à fa Cour Marguérite, fille de Maximilien, & qu'il devoit époufer, renvoya Marguérite à fon pere, & époufa la Princeffe An-ne. t Maximilien ulcéré de cette.double injure, du renvoi de fa fille, & de la perte de celle qu'il devoit époufer, fe ligua contre la France, avec Henri, Roi d'Angleterre. L'alliance de ces deux ennemis fit faire des réflexions à Charles VIII, qui chargea l'Evêque de Montauban & Antoine de Lamet, d'aller à la dicte Helvetique affemblée à Berne, offrir aux Cantons de renou-veller les anciens traités, & de leur offrir les mêmes penfions qui leur avoient été accordées par Louis XI.

Inftruits par l'expérience, les Cantons ne fe laifferent point prendre à ces propofitions; ils refuferent de fournir des troupes au Roi T. C. pour agir of-fenfivement, & répondirent que leurs officiers vouloient fervir fans capitula-tion particuliere. Le Roi des Romains informé de ce refus, écrivit une let-tre de remerciement aux Cantons, & leur fit propofer par fes ambaffadeurs le renouvellement du traité héréditaire. Les Cantons répondirent comme ils avoient fait à Charles VIII; mais Maximilien ne défefpérant point de réuffir, fe rendit à Conftance, s'efforça d'animer les députés des Suiffes contre le Roi de France, fe plaignit amerement, & voulut leur perfuader que·le renvoi de Marguérite, offenfoit autant le Corps Helvetique que lui-même; enfin, il demanda un fecours de 6000 hommes. Il ne reçut des députés que· des re-ponfes vagues, & rien d'affirmatif: ils lui dirent, que ne pouvant rien par eux-mêmes, ils rendroient compte de fes propofitions aux Magiftrats de leurs divers Cantons; qu'à l'égard des 6000 hommes de troupes qu'il demandoit, la guerre prefque générale qui menaçoit l'Europe, ne permettoit point à la fituation de la République Helvetique de s'écarter en aucune maniere de l'ex-acte neutralité qu'il leur convenoit d'obferver; mais que s'ils ne croyoient point devoir prendre les armes, ils étoient prêts à rendre au Roi des Ro-mains des fervices plus utiles & importans par leur médiation. Maximilien accepta ces offres; & à fa follicitation les députés fe trouverent à la diete gé-nérale de l'Empire à Mayence.

De leur côté, les Cantons ayant tenu une dicte à Schweitz, Berne & Fribourg y furent chargés d'annoncer & d'offrir au Roi de France la média-tion du Corps Helvetique. Cependant les opinions furent partagées dans cette affemblée entre les deux Souverains. Berne & le refte· des Cantons ariftocratiques faifoient des vœux pour Maximilien, & vouloient qu'on re-nouvellât le traité de l'union héréditaire; (1) les autres étoient fortement at-

Margin notes:

Sect. VI.
Hiftoire de la Suiffe 1443-1501.

Situation de Charles VIII. 1490.

Propofitions de Charles VIII aux Cantons. 1491.

Maximilien recherche l'alliance des Cantons. 1492.

Divifions & debats qui agitent la diete Helvetique.

tachés à-la France. Cette oppoſition de ſentimens entraîna des débats fort vifs; la diete ſe ſépara ſans qu'il y eût rien d'unanimément ſtatué; & les états populaires, ulcérés de la ſupériorité qu'avoient tenté de prendre les Cantons ariſtocratiques, envoyerent notifier à Maximilien les bonnes diſpoſi-tions où-ils étoient à ſon égard, & la réſolution qu'ils avoient priſe en ſa fa-veur.

Moyens pris
par les Etats
populaires
pour s'aſſu-
rer la plura-
lité dans les
dietes.

Les conteſtâtions qui s'étoient élevées parmi les Cantons aſſemblés réveil-lerent l'ancienne jalouſie qui ſubſiſtoit entre les états populaires & les états ariſtocratiques; les premiers, pour s'aſſurer à l'avenir la pluralité, firent une ordonnance à Brunnen, par laquelle ils ſtatuerent, que deformais Fribourg & Soleure n'auroient qu'une voix, encore même dans les affaires qui les in-téreſſeroient directement; & qu'a l'avenir les aſſemblées ſe tiendroient de Canton en Canton. Les villes ariſtocratiques encore plus irritées s'aſſemble-rent à Zoffingue, & décidées à garder la neutralité, défendirent ſous peine de la vie à leurs ſujets de ſervir, ni pour la France, ni pour le Duc d'Autriche, Lucerne & Berne reſſerrerent par un nouveau traité les nœuds de l'alliance & de l'amitié qui les uniſſoient.

Cependant Charles VIII, ſenſible aux bons offices des Cantons qui s'étoient déclarés pour lui, leur écrivit pour leur en marquer ſa reconnoiſſance, & ac-cepta volontiers leur médiation: elle ne fut point infruĉlueuſe, & les média-teurs négocierent avec tant de zele, qu'après avoir fait conſentir la France & l'Autriche à une treve, ils parvinrent à amener ces deux Puiſſances à un traité de paix, par lequel le comté de Bourgogne fut cédé à Maximilien. (1)

Charles VIII n'avoit deſiré cette paix qu'afin d'avoir la liberté de pouſſer plus vivement la guerre au ſujet du Royaume de Naples. Quelle que fut la vigilance des Cantons, & quelques précautions qu'ils priſent pour ſe ren-fermer dans la neutralité: une foule de Suiſſes paſſerent en Italie, & allerent ſe ranger ſous les drapeaux du Roi de France. Les Cantons envoyerent des députés à l'armée françoiſe, qu'ils joignirent à Gênes; ils firent tous leurs efforts pour ramener leurs compatriotes; mais ne pouvant y réuſſir, ils furent obligés de ſe contenter d'un aĉle, par lequel le Grand Ecuyer de France & le Baillif de Dijon déclaroient que, Gaſpard de Stein & ſes collegues, dé-putés par la Nation Helvetique, n'avoient rien négligé pour engager les Suiſſes à quitter l'armée françoiſe; que d'ailleurs les officiers de Charles VIII n'auroient pas voulu conſentir à ſe voir abandonnés par une troupe ſur laquelle le Roi fondoit ſes plus grandes eſpérances.

Les Suiſſes
paſſent en
foule dans
l'armée de
Charles.
1494.

Charles lui-même écrivit aux Cantons pour leur faire la même déclaration. Les Suiſſes qui avoient pris parti dans ſon armée continuerent d'y ſervir: le Corps Helvetique ne fit pas de nouveaux efforts pour les rappeller; il n'y eut que la République de Berne, qui s'étant montrée ouvertement contre la France, perſiſta & parut ſi piquée, du moins pendant la vie de ce Monar-que, qu'elle refuſa conſtamment de renouveller ſon alliance avec les Fran-çois. (2)

Pendant la guerre de Naples, Maximilien étant monté, après la mort de

(1) Anſhelin, p. 39. Mezerai, T. 4. p. 27.
(2) Idem T. 2. p. 53.

l'Empereur son pere, sur le trône impérial, convoqua les Etats de l'Empire à Worms, où Guillaume Diesbach se rendit de la part de la République de Berne. Les membres de l'Empire envoyerent, ainsi que Maximilien, des ambassadeurs au Corps Helvetique assemblé en diete à Lucerne; & ces ambassadeurs étoient chargés de demander la levée de 10,000, ou tout au moins de 6000 Suisses, pour escorter l'Empereur à Rome. Maximilien envoya une seconde ambassade à Zurich, pour inviter les Cantons à entrer dans la Confédération générale conclue par les Etats de l'Empire pour leur commune défense. Les députés des Cantons, ne crurent pas devoir rien statuer sans l'aveu de leurs supérieurs. La République de Berne accoutumée à agir par elle seule, s'engagea, sans consulter les membres du Corps Helvetique, à ne permettre à aucun sujet de son Etat de servir contre le Duc de Milan, Louis *le More*, usurpateur de ce Duché, qu'il avoit ravi au fils de Galéas Sforce. Louis eût bien voulu s'assurer de l'appui des Suisses; mais ses négociations furent rendues inutiles par le Duc d'Orléans, qui fit offre aux Suisses de la cession à perpétuité de Locarno, Lamvis & Bellinzone, & se plaignit amérement des procédés de Louis le More, qui avoit trahi Charles VIII en Italie, après l'y avoir attiré.

*Sect. VI. Histoire de la Suisse 1443-1501.*

*Maximilien élu Empereur, envoie demander aux Cantons une levée d'hommes.*

*Ses demandes ne sont point accueillies.*

Les offres du Duc d'Orléans & ses représentations ruinerent les espérances du Duc de Milan, avec lequel les Cantons refuserent de s'allier, ils permirent, au contraire, une levée de troupes à la France, qui, en très-peu de tems y enrola 20000 hommes. Ces dispositions ne firent aucune impression sur Berne, qui, s'obstinant à garder la neutralité, défendit à tout citoyen, ou sujet de prendre parti dans cette guerre, ordonna de rigoureuses peines contre tous ceux qui seroient convaincus d'avoir enrollé dans les Etats de la République, ne fit aucun cas des menaces du reste des Cantons, & se ligua étroitement avec Zurich, Soleure & Fribourg. Cette animosité eût vraisemblablement eû des suites fâcheuses, si de plus importans événemens ne fussent venu fixer l'attention de tous les Cantons, & réunir leurs forces contre un ennemi commun, qui leur suscita la derniere guerre qu'ils aient eu à soutenir, contre des étrangers.

*Les Cantons s'unissent avec la France contre le Duc de Milan. 1495.*

*Mésintelligence entre Berne & les Cantons.*

L'origine de cette meurtriere querelle, connue sous le nom de guerre de Suabe, fut la création de la Chambre impériale, à laquelle Maximilien fit statuer que seroit remise la décision de toutes les affaires civiles de l'Empire. Dans la diete de Worms, où cette Chambre fut établie, il fut réglé, que chacun des membres de l'Empire fourniroit son contingent pour les honoraires de cette nouvelle Cour, & qu'il seroit établi un impôt du centieme denier sur tous les sujets de l'Empire, (1) pour servir aux fraix de la guerre contre les Turcs. L'Empereur Maximilien fit notifier ces dispositions aux Suisses, avec ordre de s'y conformer, & sollicita de nouveau l'accession des Cantons à la ligue d'Allemagne, & une levée de troupes. Les demandes ne furent point également accueillies par tous les Cantons; Lucerne, Unterwald, Zurich, Glaris, Zug, Soleure & Fribourg, les rejeterent comme contraires à l'alliance qui les unissoit à la France. Uri, Schweitz, Berne, & une partie d'Unterwald, se déclarerent pour le Duc de Milan. Le Pape, qui

*Demandes de Maximilien rejetées par les Cantons.*

*Le Pape les met au ban de l'Eglise.*

(1) Armundus de Comitiis. c. 8. p. 33.

Maximi-
lien leur
fufcite de
nouvelles
tracafferies.
1496.

étoit alors dans les intérêts, de Maximilien, fut très-irrité contre les Cantons, qui s'étoient montrés pour la France, & il les mit au ban de l'Eglife; tandis que de fon côté l'Empereur, pour leur donner des preuves de fon reffentiment, fit citer plufieurs particuliers Suiffes; exigea durement de l'Abbé de S. Gall, ainfi que de plufieurs villes & communautés, des contributions; & fur le refus que fit la ville de S. Gall de fe foumettre à ces contributions, que fes immunités la difpenfoient de payer, elle fut mife au ban de l'Empire. (1)

Ces actes de rigueur irriterent les Cantons; ils demanderent à l'Empereur, & aux Etats de l'Empire le prompt redreffement de ces griefs: Maximilien les renvoya à la diete de Worms; les députés du Corps Helvetique s'y prefenterent & n'obtinrent rien: l'Empereur craignant les fuites de ce reffentiment, promit de les fatisfaire à Infpruck; mais là, il fe contenta d'affranchir la ville de S. Gall du ban où elle avoit été mife, & de promettre une plus ample fatisfaction à la diete qui devoit être convoquée à Fribourg. Mais, à peu près dans le tems auquel cette affemblée devoir avoir lieu, Sigifmond étant mort, Maximilien enrichi de fa fucceffion, fit propofer aux Cantons le renouvellement de l'union héréditaire. Mais le défir de ce renouvellement étoit ce qui occupoit le moins les Suiffes, qui, fatigués de ne pas recevoir la fatisfaction qu'ils avoient demandée, fe difpofoient à fe faire juftice par les armes, lorfque Charles VIII, Roi de France, étant mort, & Louis XII lui ayant fuccédé, fe fit proclamer Duc de Milan.

1497.

Demandes
de Maximilien aux
Suiffes.
1498.

Cette proclamation allarma vivement l'Empereur; il follicita les Suiffes de ne point favorifer la caufe de fon ennemi, & de lui accorder le paffage d'une troupe de 6000 hommes qu'il vouloit envoyer dans la Franche-Comté. Les Cantons ne donnant point affez promptement leur réponfe, Maximilien revint à la charge, & demanda une levée de 6000 hommes. Cette nouvelle propofition fut très-mal accueillie, & les Cantons répondirent nettement qu'ils n'accorderoient rien, qu'auparavant ils n'euffent obtenu la fatisfaction qu'ils avoient demandée (2). Berne toujours attaché aux intérêts de Maximilieu, fit les plus grands efforts pour difpofer le refte du Corps Helvetique en faveur de ce Monarque. Cette chaleur ne fe foutint cependant pas. Le Margrave de Hochberg, Philippe, Comte de Neufchatel, combourgeois de Berne, fut mis au ban de l'Empire, & la République offenfée, envoya des troupes dans le pays de Neufchatel pour défendre les poffeffions de fon combourgeois. Cette démarche ne fatisfit point les Cantons, ils prefferent Berne de fe détacher de l'alliance du Duc de Milan; la République y confentit, envoya un député au Duc de Milan, pour faire rayer la claufe par laquelle les Bernois s'engageant à garder la neutralité, promettoient de n'affifter, ni la France, ni le Duc de Milan.

Nouvelles
contestations
entre l'Empereur &
les Cantons.

En tout autre tems, une renonciation qui paroiffoit fi autenthique, eût fatisfait les Suiffes: mais les efprits étoient alors trop aigris, & ils ne furent point fatisfaits. Un nouvel incident vint rallumer les premiers feux d'une guerre à laquelle les Cantons étoient déja trop difpofés. Trois Seigneurs,

(1) Anshe'm. p. 136-138.
(2) Idem p. 141-162.

George, Comte de Sargans & de Werdenberg; Gaudence, ou Gaudencus; Comte de Metſch, & Werner, Baron de Zimmern furent mis au ban de l'Empire. George, combourgeois de Schweitz &. de Glaris, avoit vendu aux VII Cantons le comté de Sargans : il tenta de ſe ſaiſir de Jean de Goſſenbrot, Conſeiller de Régence d'Inſpruck, qur prenoit les bains de Pfeffers. Goſſembrot fut ſauvé par les ſoins de l'Abbé de Pfeffers; & George irrité contre cet Abbé, lui fit tant de menaces & lui ſuſcita tant de tracaſſeries qu'il fut contraint, crainte de pis, de quitter le couvent. Offenſé de ces hoſtilités, l'Empereur, de concert avec la grande ligue d'Allemagne, demanda aux Suiſſes de ne point s'intéreſſer pour le Comte George : mais ce Comte étoit leur allié ; combourgeois de Glaris, & d'ailleurs, ils n'étoient rienmoins que contens de Maximilien ; ils refuſerent ſes propoſitions. D'autres motifs les engageoient à ſe montrer peu complaiſans ; & ces motifs étoient la lenteur affectée de la Régence d'Inſpruck à aplanir les difficultés qu'il y avoir entre les Griſons & le Tirol, démêlés dont les Cantons devoient être les juges.

Sect. VI.
Histoire de
la Suiſſe
1443-1501.

Il n'y avoir qu'un an que la *ligue Griſe*, & la ligue nommée de *la maiſon de Dieu*, avoient contracté une alliance avec les VII Cantons. La Régence d'Inſpruck n'avoit vû qu'avec jalouſie cette alliance ſe former; & ſous prétexte de zele & d'accélération, elle avoit indiqué aux Griſons, une journée à Feldrick pour le mois de Fevrier ſuivant : mais dans l'intervalle qui s'écoula juſqu'au jour fixé, cette Régence jeta des troupes dans toutes les places frontieres, & tenta même de s'emparer à main armée du couvent de Munſterthal (1). Les Griſons accoururent, repouſſerent les aggreſſeurs, & leur tuerent dix hommes. Cet acte d'hoſtilité fut la premiere action, & comme le ſignal de la guerre de Suabe. Les habitans de Diſentis demanderent du ſecours au Canton d'Uri, qui, non-ſeulement leur en accorda, mais demanda lui-même d'être ſoutenu par le reſte des Cantons. Dès lors, de part & d'antre on fit les plus grands préparatifs; les armées ſe mirent en campagne, & les ligueurs de Suabe s'étant emparés de Mayenfeld, y paſſerent cruellement au fil de l'épée tous ceux qui leur parurent en état de porter les armes : enſuite, après avoir laiſſé dans cette ville une garniſon de 400 hommes, ils fortifierent le paſſage de Lucienſteig : mais à peine ils croyoient avoir aſſuré le paſſage, que les Suiſſes & les Griſons paroiſſant, forcerent tout, ſe rendirent maîtres de Lucienſteig, & repouſſerent les Suabes juſqu'au delà de l'Ill. Peu de jours après, un détachement de 1000 Suiſſes ayant paſſé le Rhin, & chaſſé les Suabes encore plus loin, reprit Mayenfeld (2).

La Régence
d'Inſpruck
commence
les hoſtui-
tés.

Les Cantons
s'uniſſent
à la ligue
Griſe, contre la ligue
de Suabe.
1499.

Cette guerre intéreſſoit trop vivement tous les membres du L. Corps Helvetique, pour que la République de Berne pût reſter paiſible pendant l'orage : ſes troupes, avec celles de Fribourg & de Soleure formerent une petite armée de 4000 hommes, ſe mirent en campagne, & réunies à celles de Zurich & de Schaffhouſe, elles entrerent dans le Hegow, où elles mirent tout à feu & à ſang. Ce pays, quelque maltraité qu'il fut, n'étoit cependant pas le plus ravagé; le théatre le plus vif de la guerre, étoit ſur le Haut

Bataille de
Hard.

(1) Anshelm. p. 189.
(2) Bircken-Ehzenſpiegel. p. 1119-1110.

Rhin: une armée Allemande de 10000 hommes, étoit postée à Hard, près de Bregentz; les Suisses & les Grisons l'attaquerent avec tant d'intrépidité, que les Allemands ne pouvant soutenir la violence du choc, furent contraints de se replier vers Bregentz: Animés par cette retraite, les aggresseurs redoublerent d'efforts & les Allemands prirent la fuite, ceux du moins qui échapperent à l'épée des Suisses & des Grisons, dont la victoire fut complette, le plus grand nombre de leurs ennemis expirerent sur le champ de bataille, ou périrent dans leur fuite. Les vainqueurs après avoir exigé de fortes contributions dans le pays ennemi, se retirerent chez eux; mais ils ne purent y goûter une longue tranquillité: les Allemands irrités de leur défaite, firent de nouvelles levées, fortifierent leurs villes, & sur-tout Constance, où, vraisemblablement, ils craignoient que leurs ennemis ne portassent la force de leurs armes: En effet, ils se tromperent peu; les Suisses réunirent toutes leurs forces dans la forêt de Swaderlach, située près de Constance.; & de distance en distance, éleverent de fortes redoutes.

*Union de Louis XII avec les Suisses.*

Louis XII qui n'attendoit qu'une rupture ouverte entre l'Empereur & les Suisses, pour faire servir cette querelle à ses propres intérêts, envoya aux Cantons des Ambassadeurs chargés d'offrir au Corps Helvetique toutes les forces de la France, & de contracter avec lui une étroite alliance. Ces propositions avantageuses furent acceptées; & il fut fait un traité d'alliance pour dix années entre la France & les Cantons (1). Pendant qu'on rédigeoit à Lucerne les clauses de ce traité; une troupe de 1000 Volontaires Bernois, Lucernois & de Soleure pénétra dans le Sundgaw; ils y furent attaqués par un corps de 4000 hommes d'infanterie & de 400 chevaux; mais leur valeur suppléant au nombre, ils combattirent avec tant de courage, qu'ils obligerent les ennemis de prendre la fuite jusques au Bruderholz, après avoir perdu 600 hommes. Cette victoire ne couta qu'un seul fantassin aux vainqueurs (2).

*Bataille de Bruder-holz.*

Mais pendant que les Suisses se signaloient par ce triomphe, les Allemands, sortant de leurs retranchemens entre l'Ill & la montagne Lanzengrat, passerent le Rhin, se jeterent sur les terres de l'Abbé de S. Gall, les saccagerent, & porterent plus loin les ravages. Les Suisses les plus voisins se hâtant de rassembler leurs forces, passerent le Rhin, & allerent présenter la bataille aux Suabes; mais ceux-ci ne jugerent pas devoir sortir de leurs retranchemens. Cependant un Corps de 8000 Suabes se jeta dans le Turgaw, surprit les Suisses, & brûla ou saccagea la plûpart des villages des environs.

*Bataille de Schwader-loch.*

Retranchés à Schwaderlach, les confédérés apprenant que les Suabes, enhardis par le défaut de résistance ne gardoient aucun ordre dans leur course, sortirent brusquement de la forêt, & vinrent se jeter sur cette multitude en désordre. Les Suabes surpris, épouvantés d'une attaque aussi formidable, & à laquelle ils ne s'attendoient pas, prirent la fuite, & furent poursuivis jusqu'à Gottlieben. La perte des Suabes en cette occasion, fut de 1400 hommes, & de quinze pieces d'artillerie, dont les vainqueurs, qui en manquoient, s'emparerent (3). Une action plus mémorable, fut la bataille de

*Bataille de Frastenz.*

(1) *Recueil des traités de paix*. T. 1. p. 809.
(2) Anshelm. p. 266. Bircken. p. 1112.
(3) Bircken. p. 1113.

Fraftenz, lieu où le corps de l'armée Suabe étoit pofté & avantageufement retranché. Les Suiffes, allerent fierement les y attaquer, commandés par Wölleb, d'Uri, officier d'un très-rare mérite. Ce brave Général fit de fi habiles manœuvres, & commença lui-même l'attaque avec tant d'intrépidité, que, bleffé mortellement, il eut du moins, avant que d'expirer, la fatisfaction d'avoir fixé la victoire fous fes drapeaux, elle fut complette & fi meurtriere pour les ennemis, qu'outre 3000 morts qu'ils laifferent fur le champ de bataille, 1300 fe noyerent dans l'Ill. Cinq drapeaux, deux tentes fort riches, dix pieces de Canon, 500 arquebufes, & une prodigieufe quantité de cuiraffes & de lances tomberent au pouvoir des vainqueurs, auxquels, difent les chroniqueurs contemporains, il n'en couta que quinze foldats (1).

Accablés par tant de revers, & ne pouvant fe diffimuler à eux-mêmes la fupériorité de leurs ennemis, les Suabes implorerent le fecours de l'Empereur, qui étoit alors occupé à difputer par la force des armes la Gueldre à Charles, Comte d'Egmont. Maximilien, qui n'avoit qu'une fauffe idée de la valeur helvetique, & qui n'attendoit qu'une occafion d'accabler les Cautons, conclut une treve avec le Comte d'Egmont, & fuivi de 6000 hommes, il vint à Fribourg, rempli de defirs de guerre & de vengeance. Il commença par publier un manifefte injurieux & outrageant contre les Suiffes, qu'il traitoit de payfans mutinés, & contre la confédération Helvetique à laquelle il donnoit la qualification odieufe de rebellion contre l'Empire. Il invitoit dans ce libelle, en forme de manifefte, tous les Etats de l'Empire à fe réunir contre les Suiffes. La violence de fes expreffions décéloit fa paffion; mais elle ne fit aucune impreffion fur les Etats de l'Empire, qui, regardant cette guerre comme une querelle particuliere à l'Empereur, & qu'il eût dû fe difpenfer de s'attirer, ne parurent rien moins que difpofés à feconder fes vues; & fans s'arrêter en aucune maniere à fes menaces, les Cantons ne fongeant qu'à continuer la guerre contre les Suabes, renforcerent les troupes retranchées au Swaderloch.

Cette petite armée, forte alors de 10000 hommes, fe répandit dans le Kletgow; & y affiégea la ville de Thungen, où commandoit le Comte Rodolphe de Blameneck, irréconciliable ennemi des Suiffes, & qui, craignant de tomber entre leurs mains, s'évada précipitamment. Henri de Baldeck qui prit fa place, fe rendit à difcrétion auffi-tôt que les Suiffes parurent, & fa prompte foumiffion fauva la vie à la garnifon, que les Suiffes firent défiler en chemife à travers le camp, chaque foldat ayant une baguette blanche à la main. De Thungen, les Suiffes fe répandirent comme un torrent deftructeur dans les environs, & fe rendirent maitres de toutes les places. Mais cette courfe ne leur produifant d'autre avantage que celui d'achever la ruine d'un pays déja défolé, ils formerent le deffein de marcher contre Mersbourg, & de fe joindre enfuite aux Grifons: mais les Bernois, vouloient qu'au lieu d'épuifer les forces & le tems en opérations peu importantes, on marchât vers Gottlieben, & que là, on tentât d'attirer à un combat plus décifif la nombreufe garnifon de Conftance.

Les Suiffes balançoient entre ces deux avis oppofés, lorfqu'on apprit que e

(1) Valerius Anshelm, Auteur contemporain & Suabe, p. 501.

Sect. VI.
Histoire de
la Suisse
1443-1501.

Projets de
l'Empereur
contre So-
leure.

Expédition
des impé-
riaux dans
la Prevôté
de Motier.

Fuite des
Bernois.

Victoire des
Grisons sur
les Tirolois.

l'Empereur ayant rassemblé dans le Sundgaw une armée de 20000 hommes, se disposoit à pénétrer dans le Canton de Soleure, dont les habitans informés de cette expédition, avoient fortifié les places, & demandé du secours à Berne & à Fribourg. A cette Nouvelle, les Bernois & les Fribourgeois qui marchoient avec le reste des Suisses, ne balancerent plus, & reprirent le chemin de leur patrie, quelque mécontentement que cette séparation donnât aux troupes des autres Cantons, qui accuserent les chefs des Bernois d'être d'intelligence avec l'Empereur & les Suabes (1). Cependant Berne se hâta d'envoyer à Soleure un secours de 2400 hommes, Fribourg & Lucerne y envoyerent aussi des troupes. Les impériaux étoient dans le voisinage, & il y eut entre les deux partis bien de petits combats qui ne déciderent rien, (2) & qui n'empêcherent point les impériaux de se jeter dans la Prévôté de Motiér. Les Bernois, pour arrêter leurs courses, y envoyerent un corps de 1000 hommes, qui n'eurent pas plutôt apperçu les ennemis, qu'ils prirent honteusement la fuite, & furent poursuivis jusqu'à Bellelay par les impériaux, qui, peu contens de ce succès, reduisirent en cendres le couvent de Bellelay, & mirent le pays à feu & à sang.

L'armée de Maximilien eût pû pousser ses avantages beaucoup plus loin, & la terreur, qu'elle avoit inspiré, paroissoit lui promettre des succès plus considérables; mais contente des courses & dévastations qu'elle venoit de faire, elle se sépara; (3) & toutes les fureurs de la guerre se rallumerent sur les frontieres des Grisons, d'où les Tirolois, qui y avoient fait construire une redoute, incommodoient beaucoup leurs ennemis. Les Grisons au nombre de 10000, entreprirent de s'emparer de ce fort; il fut vivement défendu, & les Tirolois en étant sortis en force, il se donna une bataille où les deux partis se disputerent la victoire pendant près de quatre heures; la valeur des Grisons l'emporta, & les Tirolois vaincus, perdirent plus de 4000 hommes dans cette action.

Les Cantons humiliés de la supériorité des impériaux, rassemblerent leurs troupes, & firent une course dans le Hegow, où ils se proposoient de rétablir avec éclat l'honneur des armes Helvetiques; mais la mésintelligence & la dissention s'étant mises parmi les chefs, cette expédition devint inutile & cette armée eut même beaucoup à souffrir dans sa retraite par la cavalerie impériale, qui ne cessa point de la harceler. Encouragé par tant d'événemens heureux, Maximilien assembla à Feldkirch toutes ses forces, dans le dessein de porter chez les Grisons tout l'effort de la guerre. Birkheimer, l'un des généraux de cette armée, ayant eû ordre de passer l'Arlberg, & de garder le défilé de Bormio, ne rencontra dans cette contrée que des villages brûlés, des campagnes incultes, un pays dévasté. Il n'apperçut sur toute cette étendue de terrein, que deux femmes toutes nues, qui chassoient devant elles environ 400 enfans, comme les bergers chassent devant eux leurs troupeaux. Etonné de ce spectacle, Berkheimer ne savoit à quoi l'attribuer, lorsqu'il vit

ces

(1) Anshelm. p. 337-344.
(2) Fruindsberg p. 3.
(3) Anshelm. p. 344.

ces 400 enfans arrivés sur une prairie, se jeter tous à terre, arracher l'herbe & la manger avidement, preuve trop convaincante de leur extrême misere, & marque trop sensible des horreurs que la guerre entraîne (1).

Ainsi tout ce que les impériaux purent faire dans ce pays écrasé, fut d'achever sa ruine, en brûlant quelques misérables villages que le feu des hostilités précédentes avoit épargnés: mais bientôt la disette qui dévoroit cette contrée mit leur armée dans l'impossibilité de s'y soutenir, & la subsistance commençant à manquer dans le camp, l'Empereur prit très-prudemment le parti de retourner en Suahe. Peu de tems après il alla présider à une diete à Constance, où se trouverent plusieurs Princes, & beaucoup de députés des Etats de l'Empire, & où il fut résolu que les impériaux attaqueroient en même tems les Suisses à Feldkirch, à Constance, & à Dornach (2). Tout paroissoit disposé à la guerre la plus vive & la plus meurtriere; les Suisses avoient pris soin de couvrir leurs frontieres; ils avoient à Schwaderlach un corps de 6000 hommes: les troupes de Berne & de Soleure veilloient sur tous les mouvemens du Comte de Furstemberg qui étoit dans le Sundgaw, à la tête de 15000 hommes. Il y avoit aussi dans Constance une armée nombreuse, & qui parut souvent hors des murs, mais qui ne fit rien, & beaucoup moins encore, lorsque la division s'étant mise parmi tant de chefs, elle jeta dans les avis & les opérations une telle confusion, que Maximilien ne pouvant plus ni se faire obéir des soldats, ni rétablir la bonne intelligence entre ses généraux, se retira, & abandonna tout aux soins de la fortune.

Mieux obéi de sa petite armée, le Comte de Furstemberg entreprit, à la tête de 14000 fantassins & de deux mille chevaux, de s'emparer du château de Dornach. Ce fort étoit peu redoutable par lui même, & il n'y avoir pour le défendre qu'une très-foible garnison; mais elle étoit commandée par Benoît Hugi, officier rempli de mérite & de la plus rare valeur. Hugi fit part de sa situation à ses compatriotes de Soleure; & ce Canton, ainsi que tous les autres, à l'exception de Glaris, Appenzell & S. Gall, qui ne pouvoient sans risque dégarnir leurs frontieres, se hâterent d'envoyer des troupes au brave Commandant de Dornach. Les impériaux faussement persuadés que toutes les forces des Suisses étoient rassemblées au Schwaderlach, ne se tenoienr point sur leurs gardes; & sans observer aucun ordre, ils passoient le tems en fêtes & en plaisirs dans leur camp. Les confédérés instruits de la sécurité & de l'indiscipline de cette armée, résolurent de les attaquer; & pour ne leur donner aucune défiance, Nicolas Conradt, Avoyer de Soleure, se mit à l'avant-garde, fit prendre à ses troupes la croix rouge de Bourgogne; ensorte qu'ils furent reçus dans le camp, où ils pénétrerent fort avant, comme amis des impériaux; mais ils se firent connoître à l'impétuosité de l'attaque, & aux coups terribles qu'ils porterent. Informé de la cause de ce désordre, le Comte de Furstemberg conservant tonte sa fermeté, rangea en bataille l'élite de son armée, & reçut les aggresseurs avec intrépidité. Le combat fut très-sanglant & dura pendant plus de quatre heures avec un acharnement égal des deux côtés. La victoire paroissoit même prête à se

Sect. VI.
*Histoire de
la Suisse*
1443 1501.

*Diete de
Constance.
La guerre
contre les
Suisses est
résolue.*

*Siege de
Dornach.*

*Bataille de
Dornach.*

(1) *De Bello Helvet.* L. 3.
(2) Bircken. fol. 1119.

SECT. VI.
*Histoire de
la Suisse
1443-1501.*

*Les impé-
riaux font
battus &
prennent la
fuite.*

se déclarer pour les impériaux, lorsque 1200 hommes dè Lucerne & dè Zug s'avançant précipitamment, ranimerent le courage des Suisses, & donnerent une telle activité à leurs nouveaux efforts, que l'armée de Furstemberg commença par céder du terrein, & voulant se replier sur le pont de la Birs, précipita si fort sa marche, que la confusion s'étant mise dans les rangs, ce qui n'avoit été d'abord qu'une retraite, dégénéra en fuite, qui eût été fort meurtrière, si l'obscurité de la nuit n'eût point empêché les vainqueurs de poursuivre leur victoire.

*Les Suisses
ne profitent
point de
leurs avan-
tages.*

Les Suisses entrerent dans le camp des impériaux, y passerent la nuit, & le jour suivant éclairant leur triomphe, ils compterent sur le champ de bataille trois mille morts du côté des impériaux, au nombre desquels ils trouverent le cadavre du Comte de Furstemberg. Cette mémorable journée n'avoir conté que 300 hommes aux vainqueurs. Dès le lendemain les troupes de Schweitz, de Fribourg, d'Uri & de Unterwald, vinrent joindre l'armée victorieuse, & les confédérés prirent la route de Bâle; (1) mais ne voyant paroître nulle part les ennemis, ils se séparerent, au-lieu de profiter, comme ils l'eussent pû des avantages que paroissoient leur assurer les succès éclatans qu'ils venoient d'obtenir.

*Diete de
Lucerne.*

Fatigué d'une guerre qui l'épuisoit, l'Empereur desiroit de là voir cesser, & le Duc de Milan, ainsi que la France entrant dans ses vues, mais par des motifs différens, offrirent leur médiation. Cés deux Souverains cherchoient à terminer cette querelle, chacun dans l'espérance d'attirer les Suisses dans son parti, le Duché de Milan étant disputé à Jean Galéas Visconti par Louis XII, qui eût bien voulu engager les Suisses à le servir en Italie (2). Les Suisses aussi prompts à finir leurs querelles par des voies pacifiques, qu'ils l'étoient à prendre les armes lorsqu'ils se croyoient offensés, indiquerent aux Médiateurs des conférences à Lucerne: mais les propositions qui leur furent faites, & les conditions qu'on exigeoit de part & d'autre n'ayant point été acceptées, les Cantons se disposérent à recommencer la guerre avec la plus grande vivacité. Les médiateurs soutenus par beaucoup de Princés, renouvellerent si pressamment leurs sollicitations qu'il y eût une nouvelle diete convoquée à Bâle. Les débats y furent très-vifs, les Cantons eux-mêmes n'étoient pas d'accord sur leurs demandes; cependant, après une longue contestation, les députés des Cantons se réduisirent à ne demander pour toutes conditions, que le criminel sur la Turgovie; objet qui leur avoit été contesté par l'Empereur; ils demanderent aussi que les différens entre les Tirolois & les Grisons fussent accommodés à l'amiable. Maximilien souscrivit

*Traité de
paix.*

volontiers à ces conditions, & la paix fut signée à Bâle, le 22 Septembre 1499. Cê fut alors que Berne fut reçue dans la corrégence du criminel de la Turgovie (3).

Les Suisses plus calmes, ne tarderent point à être fort surpris, en songeant que cette guerre, où ils s'étoient signalés par six éclatantes victoires, qui avoient couté la vie à plus de 20000 de leurs ennemis, & aux Cantons tant

---

(1) Bircken. p. 1120. Anshelm. p. 384.
(2) Anshelm p. 386.
(3) Idem. p. 414 & suiv.

de ſoins, de dépenſes, de fatigues, ne leur avoit valu cependant qu'une juriſdiction dans une contrée dont perſonne ne leur diſputoit la Souveraineté. Ils comprirent alors qu'ils avoient fort imprudemment ſervi aux vues des voiſins qui avoient fait naître cette guerre; & qui leur avoient promis des ſecours qui n'avoient point été fournis. Cette expérience leur apprit qu'ils ne devoient combattre que pour leur pays & leur liberté; mais ne jamais entreprendre des guerres étrangeres: auſſi fut-ce la derniere qu'ils ſoutinrent au delà de leurs limites.

*Sect. VI.*
*Hiſtoire de*
*la Suiſſe*
*1443-1501.*

## SECTION VII.

*Hiſtoire de la Suiſſe depuis le commencement du ſeizieme ſiecle, juſqu'au Concile de Trente.*

L'ambition, le fanatiſme, l'intolerance & la ſuperſtition ont cauſé de cruelles ſcenes en Suiſſe, ainſi que dans le reſte des contrées Européennes, depuis le commencement juſques vers le milieu du XVI°. ſiecle. Mais ce furent l'ambition, la jalouſie & l'avidité des Souverains qui préparerent ces effrayantes ſcenes: ce furent leurs palſions qui firent ſervir, tantôt avec adreſſe, tantôt avec atrocité les feux du fanatiſme & les folles terreurs de la ſuperſtition à leurs vues intéreſſées. Mais avant que d'en venir à ces abſurdes & ſanglantes querelles, arrêtons-nous quelque tems aux progrès de la confédération Helvetique, pendant les années qui précéderent ces fameuſes diſputes de religion, & trop ſouvent d'abſurdité.

*Scenes de*
*fanatiſme*
*& de fureur*
*qui ont diſ-*
*tingué le*
*XVI°.ſiecle.*

La France & le Duc de Milan faiſoient tous leurs efforts pour ſe concilier les Suiſſes, & s'aſſurer de leur alliance. Les Cantons de Schweitz, d'Uri & d'Unterwald, profitant des avances que leur faiſoit Jean Galéas Viſconti, faiſirent cette circonſtance pour acquérir le comté de Bellinzone (1). Plus heureux que ſon rival, Louis XII, conquit le duché de Milan, & la demande trop hâtée qu'il fit de la reſtitution de ce comté, diminua beaucoup du crédit que ſes armes lui avoient acquis auprès du L. Corps Helvetique.

Maximilien informé du mécontentement des Suiſſes contre le Roi de France, ſaiſit; en politique habile, cette occaſion de demander le renouvellement de l'union héréditaire; & les Cantons de Berne, de Zurich, d'Uri & d'Unterwald, accueillirent ſes propoſitions: le traité d'union fut renouvellé; la derniere paix de Bâle fut confirmée, & ce ne fut que ſur les plaintes ameres & réiterées de Louis XII, que les antres Cantons ne s'empreſſerent point d'accéder à ce renouvellement (2). Bâle & Schaffhouſe, furent quelque tems après admiſes à la confédération Helvetique. Cette alliance fut heureuſe pour Bâle, expoſée par ſa ſituation aux attaques & aux entrepriſes de la nobleſſe de la Haute-Allemagne, qui, profondément ulcérée contre les Suiſſes &

*Renouvelle-*
*ment de l'u-*
*nion hérédi-*
*taire avec*
*Maximi-*
*lien.*
*1501.*

*Bâle reçu*
*au nombre*
*des Cantons.*

(1) Anshelm. T. 3. p. 18.
(2) Idem. T. 3. p. 30.

leurs alliés, des maux que leur avoir causés la guerre, ne cherchoient qu'une occasion, ou un prétexte de le venger.

*Schaffhouse entre aussi dans la confédération Helvetique.*

Les Bâlois, qui n'ignoroient point ces dispositions, demanderent à être reçus au nombre des Cantons, & cet avantage leur fut accordé, à la seule condition que Bâle ne pourroit, ni déclarer de guerre, ni contracter d'alliance sans leur consentement (1). Schaffhouse, environ deux mois après fut également admise dans la confédération, & forma le douzieme Canton (2). Constance desiroit d'être admise, comme Bâle & Schaffhouse, au nombre des membres du Corps Helvetique; elle le demanda du consentement de l'Empereur, qui vouloit seulement que les autres cédassent à cette ville route cette partie de la Turgovie qui est à l'Orient de la Thur. Mais les Suisses refuserent de consentir au démembrement de cette province.

*Contestation au sujet de la possession de Bellinzone.
1502.*

Pendant que de nouveaux membres ajouterent ainsi à la force & à la puissance du L. Corps Helvetique, les Cantons de Schweitz., d'Uri & d'Unterwald., ne pouvant supporter l'idée de perdre Bellinzone, menaçoient de prendre les armes pour la conservation de ce ce comté, & de rompre avec la France qui en demandoit la restitution. Cette dispute s'échauffa, & elle alloit dégénérer en hostilités, lorsque le reste des Cantons Helvetiques se donnerent beaucoup de mouvemens pour la faire cesser, & envoyerent même des Ambassadeurs à Paris, pour disposer le Roi de France à prendre des voies pacifiques. Louis XII consentit à remettre la décision de cette affaire à des Arbitres. Mais dans la diete qui fut tenue à ce sujet à Lucerne, le député d'Uri rejeta avec une hauteur à laquelle on ne s'attendoit pas, toute voie de pacification; & les trois Cantons intéressés à ne point restituer Bellinzone, s'étant déterminés à soutenir par la force leurs prétentions sur ce comté, ils envoyerent des députés au reste des membres de la confédération Helvetique, pour leur demander du secours; les Suisses promirent d'observer fidélement les obligations que leur imposoit leur alliance; mais ils demanderent qu'avant que d'en venir à cette extrémité, les trois Cantons ne se refusassent point à l'entrevue que leur demandoient les Ambassadeurs de Louis XII. Cette conférence fut tenue à Lucerne. Les Ambassadeurs de France firent valoir autant qu'il fut en eux, les droits de leur maître: leurs raisons ne persuaderent point les députés des trois Cantons, qui, au nom de leurs compatriotes, répondirent, qu'ils étoient inébranlablement résolus d'avoir recours à Dieu & à leurs hallebardes, si S. M. ne vouloir pas leur abandonner volontairement ce comté (3). Dans une seconde diete tenue à Lucerne pour le même objet, les trois Cantons persisterent dans leurs refus., & prenant les armes, ils demanderent au reste des Cantons les secours stipulés par leurs traités d'alliance. Les troupes que fournirent Zug, Lucerne, Glaris, Bâle, Fribourg, Soleure, Schaffhouse & les Grisons formerent une armée de 14000 hommes. La guerre fut déclarée, & en très-peu de jours, les Suisses se rendirent maîtres de toutes les places du Lac-majeur. Les Bernois furent vivement solli-

*Conférence & dietes sur ce sujet.
1503.*

*La guerre est déclarée.*

---

(1) Ce traité fut fait à Lucerne, le 19 Juin.1501, & les Suisses assignerent à Bâle le rang de neuvieme Canton.

(2) Le traité par lequel Schaffhouse fut reçu au nombre des Cantons, est du 10 Août de la même année 1501.

(3) Anshelm. p. 106; & suiv.

Sect. VII.
Histoire de
la Suisse
1501-1550.

Traité de
paix.

cités par les trois Cantons aggresseurs de faire une invasion dans la Bourgogne; mais ils s'y refuserent: & leur obstination à ne pas entrer dans cette province, causa beaucoup de mécontentement parmi les confédérés (1).

Louis XII qui n'avoit nulle envie de soutenir une guerre pour le petit comté de Bellinzone, qu'il ne croyoit cependant pas devoir céder, envoya en Suisse un plénipotentiaire chargé de terminer ce différend. Il le fut par la médiation des Cantons neutres, & l'on conclut par un traité de paix, que le Roi de France céderoit aux trois Cantons, & à perpétuité Bellinzone, Sonn & Medallia: peu de tems après le Corps Helvetique, qui eut pû aisément conquérir par lui-même le Duché de Milan, mais qui n'étoit entré que forcément, en quelque sorte, dans cette querelle, se hâta de profiter des dispositions de Louis XII pour la paix; & à renouveller en faveur de ce Monarque, comme Duc de Milan, le Capitulat du Milanez. Il est vrai que d'autres raisons faisoient desirer aux Suisses de jouir du repos. La licence qui s'étoit introduite chez eux pendant les dernieres guerres, avoir opéré un changement sensible dans les mœurs Helvetiques, ainsi que dans leurs opinions. Ce n'étoient plus, disent (2) les Auteurs, contemporains, ces hommes simples, ingénus, amis de la sobriété: la soif de l'or, le goût du luxe & l'attrait des plaisirs les avoient énervés; & le désir de satisfaire à une foule de besoins superflus qu'ils s'étoient faits, rendoir à leurs yeux tous les moyens d'acquérir de l'argent, permis & légitimes. La connoissance de cette corruption n'avoit point échappé aux Puissances étrangeres; & pour attirer des Suisses sous leurs drapeaux, elles faisoient des offres qui n'étoient jamais rejetées. Vainement les Magistrats supérieurs des Cantons s'efforçoient de retenir les citoyens; la force même de la constitution étoit impuissante contre l'appâs des richesses. Ce fut à ce funeste appas que les Suisses durent attribuer la perte d'environ 30000 d'entr'eux dans les guerres du Milanez: ce fut encore à cette fatale corruption, qu'ils durent rapporter la mésintelligence qui désunit les Cantons, & cet esprit de division dont les Ministres étrangers ne profiterent qu'avec trop d'habileté.

On voudroit ne pas le dire, mais la vérité ne permet pas de taire, que cet amour du gain rendit alors la Nation Helvetique peu fidelle à ses engagemens (3). Il vient d'être raconté, que l'Empereur Maximilien avoir demandé une levée de Suisses pour l'escorter à Rome: neuf Cantons lui avoient accordé 6000 hommes; mais les Ambassadeurs de Louis XII, informés de cette négociation, répandirent tant de libéralités, & firent des présens si considérables aux chefs de ces Cantons, qu'ils se les attacherent, & ceux-ci firent ajouter cette clause au traité fait avec l'Empereur, qu'en aucune circonstance ces 6000 hommes ne pourroient être employés contre le Roi de France: clause qui rendit inutile tous les effets du traité, l'objet unique de Maximilien, ayant été, non de se faire escorter à Rome par cette petite armée, mais de s'en servir pour s'emparer du Milanez.

Altération
des mœurs
Helvetiques.

Les Magistrats des
Cantons
s'oppofent
vainement
à la corruption.
1503-1504.
1505-1506.

Louis XII
rend inutiles
le secours
accordé par
les Suisses
à l'Empereur.
1507-1508.

(1) Anshelm. p. 172. & suiv.
(2) Ces Auteurs blâment beaucoup les Suisses de n'avoir pas poussé leurs conquêtes plus-loin, & ajoutent qu'il leur auroit été facile de s'emparer du duché de Milan, qui supportoit impatiemment la domination Françoise. Anshelm. p. 148. & suiv.
(3) Valer. Anshelm. p. 295 & suiv.

Sect.VII.
*Histoire de
la Suisse*
1501-1550.

Toutefois, il faut avouer aussi que ces égaremens ne se soutinrent pas, & que l'honneur national l'emporta sur la corruption; cette espece d'éclipse de l'antique vertu ne fut jamais totale, & elle ne fut même que de courte durée. En effet, quelqu'étonnantes que fussent les profusions des Ambassadeurs François, elles ne réussirent point autant qu'il s'en étoient flattés. Car dans le même tems, Jules II, irréconciliable ennemi de la France, ayant fait demander aux Cantons une levée considérable de troupes pour la défense du S. Siege; & l'Empereur, la France & la République de Venise faisant la même demande, les Cantons refuserent également de céder aux sollicitations de ces quatre Puissances, & persisterent dans la sage résolution qu'ils avoient prise de garder la neutralité. Cette conduite ferme & prudente n'empêcha cependant point les Suisses de passer en foule, & malgré la plus austere vigilance de leurs Magistrats, dans les différentes armées de ces souverains, suivant les offres plus ou moins séduisantes qu'on leur faisoit; & le plus grand nombre s'attacha à Louis XII, comme au plus libéral. Mais les profusions des Ministres de ce Monarque, ne servirent qu'à indisposer les Cantons contre lui (1). Ce fut sans doute à ce mécontentement que le Pape Jules II fut redevable de la facilité qu'il eut à déterminer les Suisses à une alliance avec le S. Siege: (2) ils lui accorderent 6000 hommes pour la défense de ses états, & pour faire rentrer le duché de Ferrare sous l'obéissance du S. Siege.

Le Pape
Jules II.
& d'autres
puissances
demandent
du secours
aux Suisses.
1509.

Alliance du
Pape Jules
II avec les
Cantons.

Louis XII qui connoissoit les véritables intentions de Jules, son ennemi, fit aux Suisses les plus fortes représentations, & leur déclara, que, n'ignorant point que le dessein du Pape étoit d'employer ces troupes contre le Milanez, il défendroit à main armée l'entrée de ce Duché. Les Cantons étoient décidés, & les menaces de Louis ne firent que hâter le départ de ces 6000 hommes pour l'Italie; mais ils furent arrêtés dans leur marche, & par les François, & par le Duc de Savoie; ensorte qu'ils furent contraints, de prendre leur route par Bellinzone; d'où passant jusqu'à Varese, où ils furent joints par 4000 Suisses, ils s'avancerent vers Chatillon.

1510.

Harcelés perpétuellement par les troupes de France & de Savoie, les Suisses prirent tour à coup l'étrange résolution de se retirer, & repassant par Bellinzone, ils rentrerent en Suisse. Guichardin prétend que ce fut la disette des vivres qui les obligea de se retirer; mais la plûpart des auteurs assurent avec plus de vraisemblance, que ce fut à force d'argent, que les François les engagerent à cette retraite hâtée (3). Pendant qu'ils retournoient dans

L'Armée
Suisse s'avance en
Italie, &
rentre précipitamment en
Suisse.

---

(1) Valer. Anshelm. p. 295 & suiv.

(2) Les Suisses avoient demandé une augmentation de pension de 20000 livres à la France, ce qui montoit à 10000 ducats. Mais le Roi, contre l'avis de ses ministres, avoit refusé d'y donner les mains; il y fut porté par un esprit d'économie qui lui étoit naturel, & par le secours qu'il espéroit de tirer des Valaisans & des Grisons. Cet esprit d'économie ne sembloit gueres s'accorder, avec les profusions de l'Evêque de Rieux, Ambassadeur de France en Suisse. Elles furent si fortes que les Magistrats de Berne furent obligés de le prier de finir ses largesses: plusieurs Sénateurs furent suspectés d'avoir reçu des présens; ce qui remplit la ville de défiance. Guichardin. L. 9. Ch. 1. Anshelm. p. 235 & suiv.

(3) Valer. Anshelm. p. 534 & suiv.

Sᴇᴄᴛ. VII.
Hiſtoire de
la Suiſſe
1443-1501.

Nouveau
ſujet de
guerre.
1511.

leur patrie, de trois courriers que les Suiſſes envoyoient en Italie, deux furent mis à mort par les François, & le troiſieme s'échappa.

Schweitz & Fribourg, dont les courriers avoient été tués, furieux de cette inſulte, prirent les armes, demanderent du ſecours à tout le Corps Helvetique, & leurs troupes ſe mettant les premieres en Campagne, allerent juſqu'à Vareſe, où elles furent jointes ſucceſſivement par celles des autres Cantons, qui n'avoient fourni que lentement leur contingent, dans l'eſpérance que cette affaire pourroit s'accommoder. *

L'armée Helvetique étoit forte de 10000 hommes, & Gaſton de Foix, Commandant du Milanez, ſe contenta de l'obſerver dans ſa marche, & de leur intercepter les vivres. Quelques jours après le Général François, qui avoit crû d'abord ne pas devoir ſe commettre, ſe préſenta à la tête de quelques troupes: les Suiſſes ſe rangerent en bataille, & Gaſton de Foix ayant paru déterminé à combattre, les troupes Helvetiques ſe rètirerent & ſe renfermerent dans Galere, d'ou elles partoient, prirent là route de Milan, & camperent à deux milles de cette capitale. Les Milanois preſque ſans garniſon, effrayés, & ne doutant point qu'ils n'euſſent inceſſamment un ſiege cruel à ſoutenir, étoient dans la plus épineuſe ſituation, lorſqu'à leur grand étonnement, ils virent ces 10000 Suiſſes, ſi menaçans, ſi redoutables, retourner ſur leurs pas; & l'on apprit bientôt qu'ayant rebrouſſé juſqu'à Côme, ils s'étoient précipitamment retirés dans leurs pays (1). On n'a jamais connu la véritable cauſe d'une auſſi ſurprenante retraite; mais il n'y a perſonne qui ne s'en ſoit douté: les Auteurs mêmes les plus favorables aux Suiſſes, conviennent avec Guichardin, que l'or des François fut le véritable mobile de cette étrange démarche; ils aſſurent tous qu'Ulric de Sax (2) avoit fait pluſieurs voyages à Milan, & qu'il avoit rapporté à ſes compatriotes les offres conſidérables de Gaſton de Foix , & que ces offres avoient été ſi éblouiſſantes, qu'elles furent unanimément acceptées par l'armée Helvetique. Anſhelm ajoute ſeulement, qu'il y avoit beaucoup de méſintelligence parmi les troupes des différens Cantons, & que les habitans d'Uri avoient même rendu de ſi mauvais ſervices aux ſoldats Bernois à leur paſſage ſur les terres de ce Canton, qu'Antoine Brugler qui portoit la banniere de Berne, avoir été publiquement inſulté. Quoiqu'il en ſoir, ſi cette retraite fit peu d'honneur aux troupes Helvetiques, la conſtance & l'attachement des bahitans du Valais pour la France, ſe ſoutint avec une fermete qui eut dû éclairer les Cantons ſur les dangereux effets de l'inſtabilité qu'ils montroient, ſoit dans leurs délibérations, ſoit dans leurs démarches.

Les Suiſſes
ſe retirent
précipitamment.

Attachement des
Valaiſins
pour la
France.

Il eſt vrai que la fidélité des habitans du Valais à leur union avec la France, étoit en partie l'ouvrage des ſoins de George Acer de Fluc, qui avoir le plus grand crédit dans le Valais, ſa patrie, & qui étoit fortement attaché à

___

(1) Guichardin. L. 10. C. 7.
(2) Le Baron Ulric de Sax avoit été à Milan, & par ſon canal, Gaſton de Foix avoit fait faire des offres conſidérables aux Suiſſes, s'ils vouloient ſe retirer. D'autres diſent que ce fut Sax qui fit les propoſitions, & que le Gouverneur refuſa les ſommes que Sax avoit demandées. On ajoute que les troupes du Canton d'Uri, de Schweitz & d'Unterwald s'étoient miſes en marche ſans en faire part au reſte de leurs alliés. Guichardin. L. 10. Anſhelm. p. 611.

*Sect. VII. Histoire de la Suisse 1501-1550.*

Louis XII. L'Evêque de Sion perpétuellement contrarié par ce citoyen, jura de le perdre, & lui suscita des affaires si graves, lui imputa tant d'actions flétrissantes, que la ville de Fribourg, dont il étoit citoyen, le raya de ses regîtres, & que s'étant rendu à Berne pour se justifier, il y fut mis en prison, traité en criminel reservé au dernier supplice, & tourmenté par la plus violente torture. Le Chevalier François Arsent, Avoyer de la République, ami de George, & comme lui, attaché à la France, parvint à assurer l'évasion de son ami, qui se sauva à Neufchatel. Les Bernois furieux, & excités par l'Evêque de Sion, se souleverent contre leur Avoyer Arsent, qui fut publiquement décapité. Cependant Acer de Fluc fut livré aux Bernois par les Neufchatelois, & son procès instruit avec moins de passion, il fut déclaré innocent & remis en liberté. Il ne fut pas plutôt libre que retournant dans le Valais, il continua à disposer ses compatriotes en faveur de Louis XII, & à les retenir dans son alliance (1).

*Ligue des Cantons avec l'Empereur, le Pape & Venise.*

Tandis que la France recevoit les plus fortes assurances de l'attachement des habitans du Valais, les Cantons persistant dans leur alliance avec l'Empereur & le Pape, renouvelloient le traité héréditaire, envoyoient des Ambassadeurs à la diete impériale qui se tenoit à Treves & en envoyoient aussi à Venise, où, de concert avec cette République & l'Evêque de Sion, récemment fait Cardinal, ils prenoient des mesures pour enlever aux François le Duché de Milan (2). Ces mesures furent si bien prises, que n'ayant envoyé en Italie qu'une petite armée de 6000 hommes, ces troupes, jointes à celles de Venise, se rendirent si redoutables, qu'à leur approche les François évacuerent toutes les places qu'ils tenoient, & que le nombre des Suisses s'accroissant de jour en jour, les Cantons s'emparerent pour leur compte de Locarno, & les Grisons se rendirent maîtres de la Valteline & de Chiavenne. La plûpart des Auteurs François assurent que les Suisses userent en vainqueurs irrités de leurs succès, & qu'ils traiterent avec la plus dure rigueur tous les officiers François qui eurent le malheur de tomber entre leurs mains. Ce qu'il y a de plus vrai, c'est que les douze Cantons se mirent en possession du comté de Neufchatel, qui appartenoit à Louis d'Orléans du chef de son épouse (3). Le Comte de Thierstein étoit au service de France, & par cette seule raison, la République de Soleure s'empara de ce comté, qui fut pourtant, quelque tems après, restitué à son ancien propriétaire, & qui ensuite,

*Les Suisses entrent en Italie. 1512.*

*Ils s'emparent du Milanez.*

(1) Le premier traité d'alliance entre le Valais & la France, est du 15 Mai 1500, & il est, presque dans toutes ses clauses, conforme à celui de Louis XII avec les Cantons. Zurlanbey. T. 4. p. 126.

(2) Anshelm. T. 4. p. 6.

(3) Jeanne de Hochberg, épouse de Louis d'Orléans. Les XII Cantons garderent le Comté de Neufchatel pendant 17 ans. François premier en sollicita vivement la restitution, & les Suisses y consentirent en 1529. La ville de Neufchatel fut solemnellement remise au commencement du mois d'Août de cette même année 1529, à Olivier de Hochberg, Seigneur de Ste Croix, Prévôt de Neufchatel, & à Jean de Morainville, Seigneur de Monstrastt, Ambassadeur de Jeanne de Hochberg. Le premier Baillif de Neufchatel pour les Cantons avoit été Louis de Diesback, & le dernier, fut Jean de Gougleberg de Fribourg. Ruchat. T. 3. p. 21. d'après le MSC. de Neufchatel.

Sect. VII.
Hiftoire de
la Suiffe
1501-1550.

enfuite, par le traité fait avec l'Evêque de Bâle, (1) & confirmé par l'Empereur Charles Quint, fut cédé a Soleure à perpétuité (2).

La réduction du Milanez ne fut pas la plus grande difficulté que les conquérans éprouverent; ce fut la poffeffion de ce duché, ou du moins, la maniere dont il devoit être partagé entre les vainqueurs, & ce fujet fit naître entr'eux de très-vives conteftations. Les Vénitiens vouloient garder pour eux Creme & Breffe, l'Empereur s'oppofoit a leurs prétentions, & vouloit même les dépouiller d'autres pays qu'il affuroit lui avoir été promis par la ligue de Cambrai. D'accord avec le Pape, les Cantons vouloient, que fans démembrer ce duché, il fut rendu en entier à Maximilien fils de Louis Sforce. Le turbulent Cardinal de Sion follicitoit de toute fa puiffance les Suiffes à déclarer la guerre aux Vénitiens. Cette oppofition d'intérêts & de prétentions donna la plus grande confiance aux Cantons, que chacune de ces Puisfances cherchoit à fe rendre favorables: auffi dans les dietes de Baden, de Zurich & de Lucerne, vit-on arriver les Ambaffadeurs du Souverain Pontife, de l'Empereur, des Rois de France, d'Angleterre, d'Efpagne, de la République de Venife, du Duc Maximilien, fils de Louis Sforce, & du Duc Réné de Lorraine.

Intrigues
du Cardinal
de Sion con-
tre les Vé-
nitiens.

Mais de tous ces Souverains, le Pape alors étoit celui qui jouiffoit parmi les Suiffes, de la plus haute diftinction, & il faut avouer qu'il la méritoit bien; car, par une très-éblouiffante générofité, il avoit accordé aux Cantons les bannieres de l'Eglife, & il les avoit décorés du titre glorieux, & qui a été, comme on fçait, bien foutenu, de *défenfeurs de l'Eglife* (3). Toutefois, ces grandes libéralités ne purent déterminer les Suiffes à accorder au Pape les fecours qu'il leur demandoit contre le Duc de Ferrare, & bien loin de fomenter les diffentions qui menaçoient l'Italie d'une nouvelle guerre, ils envoyerent au Pape, qui étoit paffé à Venife, dont il méditoit la ruine, une ambaffade folemnelle. Les Vénitiens détefté & bénis par le Pape, lui reprocherent fes intrigues contr'eux, & le Sénat fe plaignit avec amertume de la conduite peu pacifique du Pontife, & des projets de l'Empereur. Les Ambaffadeurs Suiffes offrirent vainement la médiation des Cantons; ils firent les plus grands efforts pour prévenir une rupture; mais toute leur bonne volonté ne pût empêcher la ligue, qui, peu de tems après, fut formée contre Venife, entre le Pape & l'Empereur. Les Cantons furent plus heureux rélativement à Maximilien, auquel leur fermeté inébranlable fit reftituer, comme à l'héritier légitime de Louis Sforce le duché de Milan. Il eft vrai que dans le traité fait à Baden, & auquel l'Empereur fut enfin obligé de confentir, il fut ftipulé que Maximilien payeroit aux Cantons 200,000 ducats, & une penfion annuelle de 20000 ducats, outre la ceffion à perpétuité qu'il leur faifoit des Bailliages de Valmaggio, Locarno & Lauwis. De leur côté les Suiffes s'engagerent en faveur de Maximilien & de fes defcendans à la garantie du duché de Milan (4).

Largeffes
interefées
du Pape.

Le Duché
de Milan eft
reftitué au
Fils de Louis
Sforce.

(1) Le traité fut fait en 1522.
(2) Et confirmé par Charles-Quint en 1530.
(3) Guichardin Liv. 11. Ch. 2. Anshelin. L. c. p. 41.
(4) Anshelin p. 75.

Sect. VII.
*Histoire de
la* Suisse
*1501-1550.*

Conformément à ce traité, Maximilien fut mis, par les Ambassadeurs des Cantons, en possession de son Duché, & lors de son entrée solemnelle à Milan, il donna aux Suisses les plus fortes preuves de sa reconnoissance : il ratifia le traité de Baden, fit la donnation des trois bailliages promis & parut immuablement attaché aux Cantons, auxquels il demanda qu'ils voulussent bien encore interposer leurs bons offices pour que les duchés de Parme, de Plaisance, & la Valteline lui fussent restitués.

Toutefois Louis XII ne voyoit qu'avec ombrage les liaisons des Suisses avec le Duc de Milan : il craignoit l'influence qu'avoit dans la plûpart des Cours Européennes cette nation, à laquelle la plûpart des Souverains payoient des pensions. Il desiroit d'entrer aussi dans leur confédération, & informé que Maximilien Sforce n'étoit pas en état de payer les 150000 ducats qu'il avoit promis ; il envoya M. de la Trimouille, à Lucerne pour tâcher de leur faire goûter ses projets concernant ses prétentions sur le duché de Milan. Mais ses propositions ne furent point accueillies, six des Cantons ayant déja ratifié les capitulations avec Milan.

*Guerre de
Loui con-
tre Sforce,
soutenue par
les Suisses.*

Léon X, ayant succédé au Pape Jules II, se hâta de renouveller l'alliance avec les Cantons. La République de Venise fut moins ferme dans ses anciennes alliances, & ayant fait sa paix avec la France, les Suisses en furent si mécontens, qu'ils donnerent ordre à son Ambassadeur de se retirer. Louis XII, toujours rempli du desir de s'emparer du Milanez, envoya une armée considérable en Italie : Sforce implora le secours des Suisses, qui lui promirent une levée de 12000 hommes. La fortune se déclara d'abord pour les François, mais la valeur des Suisses fixa bientôt la victoire, & la célebre journée de Novarre qui les couvrit de gloire, assura au Duc Maximilien la

*Bataille de
Novarre.*

possession du duché de Milan (1). Ces succès glorieux furent à la vérité payés par les troubles & les défiances, qui, dans plusieurs Cantons dégénérent bientôt en dissentions.

Quelques Suisses gagnés par des sommes considérables que leur faisoit passer de la part du Roi de France, la Trimouille & quelques autres Seigneurs ; se mirent à faire secretement des levées de soldats. Les Magistrats de Zurich

*Dissentions
interieures
chez les
Suisses.*

découvrirent cette manœuvre, & se hâterent de la dénoncer aux autres Cantons, ceux-ci découvrant chez eux la même trâme, sévirent contre les coupables, en arrêterent plusieurs, & en punirent même quelques-uns du dernier supplice. Cette sévérité souleva le peuple ; à Lucerne il prit les armes, & les paysans des environs de Berne se livrerent aux excès de la plus répréhensible sédition ; ils s'armerent, entrerent en foule dans la ville de Berne, mirent au pillage les maisons des principaux Magistrats, & se rangerent en bataille sur la place publique.

*Sédition.*
1513.

Cette revolte eût eû les plus facheuses suites, si Jacques de Watteville, Avoyer de Berne, conservant dans le trouble public ce sang froid qui sied si bien à la Magistrature, n'eut fait déployer l'étendard de la ville. A cette vue, cette foule de paysans mutinés, se dépouillent de la passion véhémente

(1) Conrad Engelbert de Zurich, Benoît de Weingarten, Barthelemi May, & Jean Fisching de Berne, avec Nicolas Conrad, Avoyer de Soleure, commandoient des Suisses dans cette journée.

qui les anime, & ne ſe ſouvenant que de l'obligation où ils ſont de ſuivre cet étendard, ils demandent avec autant de ſoumiſſion qu'ils venoient de montrer d'emportement, la permiſſion de ſe ranger ſous la banniere; l'Avoyer le leur refuſe, la patrie, leur dit-il, ne voulant point reconnoître des mutins pour ſes défenſeurs. — Ils avouent leur tort, & ſortent de Berne les armes baiſſées, & ſans y cauſer le plus léger deſordre (1).

Les émeutes ſuſcitées par la même cauſe dans les autres Cantons, ne furent pas auſſi faciles à appaiſer; & dans la vérité, le mécontentement du peuple étoit fondé: auſſi la conduite de quelques-uns des Magiſtrats ayant été examinée, & n'ayant été trouvée rien moins que reguliere, il y en eut pluſieurs de dépoſés, pour avoir reçu de l'argent des François.

Afin de faire diverſion à cet eſprit de zizanie qui ſe communiquoit de proche en proche, à tous les habitans des contrées Helvetiques, les Chefs des Cantons accueillirent la propoſition que l'Empereur leur fit, de faire une invaſion en Bourgogne; & ils lui accorderent une levée de 16000 hommes. Ces troupes s'étant jointes près de Gray par les impériaux, formerent une armée de 30000 hommes. Jacques de Watteville Général des Suiſſes, & le Duc Ulric de Wirtemberg qui commandoit les impériaux, s'emparerent de quelques places ſur leur route, & allerent mettre le ſiege devant Dijon (2). Cette ville étoit défendue par une garniſon de 6000 hommes, & de mille lances, ſous les ordres de la Trimouille. Les attaques furent très-vives, & l'artillerie des aſſiégeans ſi bien ſervie, que la Trimouille déſeſpérant du ſalut de la ville, prit ſur lui de traiter, ſans l'aveu de ſon maître, avec les Suiſſes, promit, quoiqu'il n'en eût aucun pouvoir, que le Roi renonceroit à tous ſes droits ſur le duché de Milan, & payeroit aux Cantons, dans un terme fort court, la ſomme de 600000 écus, & pour la ſûreté de ces promeſſes, il donna pour ôtages quatre perſonnes de haute diſtinction. De leur côté les Suiſſes ne s'engagerent à autre choſe qu'à s'en retourner chez eux, & la Trimouille n'exigea ſeulement point qu'ils ne combattroient plus contre la France: enſorte qu'ils étoient libres de venir quand ils le jugeroient encore à propos former le ſiege de Dijon. Très-ſatisfaits d'un accommodement qui ne leur impoſoit aucune ſorte de condition, les Suiſſes ſe retirerent, alléguant pour juſtifier leur ſéparation d'avec les troupes impériales, que l'Empereur n'avoit en aucune part au projet qu'ils avoient formé de cette expédition, & que d'ailleurs, ils n'avoient point reçu de lui les ſommes qu'il s'étoit obligé de leur payer. Louis XII, très-irrité de la conduite de la Trimouille, s'en plaignit amérement; il deſavoua le traité, déclarant qu'il ne conſentiroit jamais à payer aux Cantons la ſomme ſtipulée ſans ſon ordre, & qu'il étoit encore plus éloigné de ratifier la ceſſion de ſes droits ſur le Milanez (3). Le Roi de France s'expliquoit d'autant plus hautement, que la ſaiſon étoit trop avancée, pour qu'il eût à craindre, du moins pour cette année, le retour des Suiſſes en Bourgogne.

Quelle que fut cependant, ou du moins quelque véhémente que parut la

(1) Anshelm. Stettler. p. 497.
(2) Collat. Chron. de Bourg. p. 1002. Stettler. p. 506.
(3) Guichardin. L. 12, Ch. 4.

SECT. VI.
Hiftoire de
la Suiffe
1501-1550.

Supercherie
de la Tri-
mouille.

colere de Louis XII, il eft fort incertain qu'au fond; il fut faché de la retraite
des troupes Helvetiques: ce qu'il y a de plus vraifemblable, eft que la Trimouille, qui s'attendoit bien à être défavoué, ne traita point de la meilleure
foi poffible; & ce qui le prouve, eft, qu'ayant fait entendre aux affiégeans
qu'il leur remettoit pour ôtages quatre perfonnes de la plus illuftre naiffance,
il ne leur remit en effet que quatre malheureux de la plus baffe extraction,
auxquels il donna des noms connus & diftingués. Toutefois il ne parut pas
que les Cantons fuffent bien fenfibles à cette fupercherie; ils comptoient fur
le payement prochain de 600,000 écus, & contens d'avoir affuré la poffeffion paifible du Milanez à Sforce, ils envoyerent 2000 hommes dans ce duché pour s'affurer, au nom du Souverain, des chateaux qui étoient jufqu'alors
reftés entre les mains des François (1).

Le pays
d'Appenzell
eft reçu dans
la Confédé-
ration &
forme le
treizieme
Canton.

Depuis long-tems les habitans du pays d'Apenzell defiroient d'être attachés
aux Suiffes par des liens plus étroits que ceux de la combourgeoifie à laquelle
ils avoient été admis par les fept premiers Cantons, en 1411; depuis cette
époque ils avoient rendu les plus importans fervices au Corps Helvetique; ils
avoient pris part à toutes les guerres & s'étoient fans ceffe diftingués par leur
valeur, autant que par leur zele; ils avoient demandé plufieurs fois l'honneur
d'être reçus au nombre de fes membres, & ils avoient tant de titres pour obtenir cette diftinction, que leur pays fut reçu enfin dans la Confédération,
aux mêmes conditions que Fribourg; & il forma le treizieme Canton (2).
Ayant déjà eu occafion de parler de la vallée d'Appenzel, de fes productions,
des mœurs de fes habitans, & de la forme de leur gouvernement, il feroit
hors de propos de s'y arrêter encore: ajoutons feulement que vers la fin du XVIe
fiecle, en 1597, environ 85 années après l'époque de cette confédération,
le pays d'Appenzell fut divifé en deux parties, qui formerent deux Républiques différentes, dans l'une defquelles, défignée fous le nom de Roden extérieur, on profeffe la Religion reformée; & dans l'autre, ou Roden intérieur,
le catholicifme eft la feule Religion qui y foit profeffée (3). Mais quoique le
pays d'Appenzell en entier ne forme qu'un même Canton, ces deux Républiques font néanmoins totalement indépendantes l'une de l'autre; chacune d'elles fe conduit par fes propres loix, a fes Magiftrats, fes jurisdictions, & envoye un député aux dietes générales; il n'y a de commun entr'elles que le
bailliage de Rheintal, qui, appartenant à tout le Canton, eft également régi
par les deux Républiques.

Craintes &
Projets du
Pape Leon
X.

Tandis qu'en recevant au nombre de fes Cantons le pays d'Appenzell, le
L. Corps Helvetique acquéroit, à peu de chofe près, toute la force & toute
l'étendue qu'il a confervée depuis, l'Europe entiere, objet de la vafte ambition de l'Empereur Charles-Quint, s'occupoit des projets de ce puiffant
Monarque, ou étoit agitée par fes intrigues, fes négociations & fes entreprifes. Le Pape Léon X, moins puiffant que Charles, mais tout auffi ambi-

(1) Stettler. p. 506. Anshelm p. 191.
(2) Waffer Chron. Appenz p. 47.
(3) Roden vient de l'expreffion allemande Rotten, qui fignifie Cohortes. Autrefois
chaque Communauté particuliere d'Appenzell, formoit une Compagnie féparée. Waffer.
L. C. p. 3.

tieux, ne voyoit qu'avec dès yeux jaloux les deffeins & les tentatives des divers Souverains qui fe difputoient l'empire d'Italie. Il étoit fur-tout allarmé de la nouvelle qui s'étoit répandue du mariage de Ferdinand, petit-fils de l'Empereur Maximilien, avec la fille de Louis XII, à laquelle difoit-on, ce monarque devoit donner en dot le duché de Milan.

Cette alliance de Ferdinand & de Louis, donnoit au Souverain Pontife les plus vives inquiétudes; & il penfa que le Roi de France ne confentoit à cette union, que pour fe faire un appui contre la ligue formidable qui s'étoit formée contre lui. Dans cette idée, il fe perfuada que Louis renonceroit aifément à ce projet de mariage, s'il pouvoit s'attacher des alliés, dont les forces jointes aux fiennes fuffent capables de balancer celles de fes ennemis. D'après cette opinion, Léon X envoya repréfenter aux Suiffes qu'ils auroient tout à craindre, fi jamais l'Empereur, la France & l'Efpagne s'uniffoient contr'eux; & qu'il ne voyoit pas d'autre moyen de rompre cette ligue future, que de fe départir de la ceffion du Milanez qui leur avoir été promife par la Trimouille, fans l'aveu de fon maître, qui, s'ils vouloient confentir à ce défiftement, rempliroit toutes les autres conditions du traité de Dijon. Le Souverain Pontife dans le même tems qu'il faifoit porter ces propofitions aux Cantons, faifoit repréfenter à Louis XII combien il lui feroit avantageux, même relativement à fes vues fur le Milanez, de s'unir avec les Suiffes; feul moyen de fe délivrer de la crainte d'une feconde invafion dans fon royaume, crainte qui, l'obligeant de tenir fans ceffe une armée fur pié dans l'intérieur de fes états, ne lui permettoit pas même de fonger à porter la guerre au dehors, & beaucoup moins à envoyer des troupes en Italie (1).

Il négocie
auprès des
Cantons &
de Louis
XII pour
les rapprocher.
1514.

Les confeils de Léon X firent les plus fortes impreffions fur Louis XII: il envoya des Ambaffadeurs aux Cantons affemblés en diete à Zurich. Les propofitions qu'ils firent étoient très féduifantes; mais malgré le grand nombre de partifans que le Roi avoit en Suiffe, le fouvenir de la fupercherie de la Trimouille, étoit encore trop préfent, d'ailleurs, la fuite de M. de Mezieres, qui, étant retenu aux arrêts à Zurich, venoit de s'évader, aigriffoit fi fort le reffentiment de la nation, que les offres & les propofitions des Ambaffadeurs François furent rejetées avec hauteur; & pour fe venger de l'évafion de leur prifonnier, les Suiffes firent arrêter le Préfident de Grenoble à Genève; & le traiterent de la maniere la plus dure & la plus outrageante (2). Animés en proportion des efforts que faifoient pour les calmer les partifans de la France, les Cantons réfolurent d'envoyer en Bourgogne une armée de 20000 hommes, & ils envoyerent au Roi Henri d'Angleterre, dont ils recherchoient l'amitié, des Ambaffadeurs qui recurent l'accueil le plus diftingué; mais l'alliance de l'Angleterre avec les Cantons n'eut pas lieu, parce que Louis ayant fait une treve avec l'Efpagne, crut auffi devoir faire la paix: mais dans le traité qu'il conclut il y fit comprendre les Suiffes (3).

Ces différens traités de paix déconcerterent les mefures de Léon X, qui, defirant la guerre entre les diverfes Puiffances de l'Europe, dans l'efpoir

(1) Guichardin. L. 12. Ch. 3.
(2) Stettler. T. 1. p. 511.
(3) Stettler. p. 512. Guichardin. Ch. 5.

Sect. VII.
Histoire de
la Suisse
1501-1550.
qu'occupées chez elles, l'Italie resteroit tranquille, usa de nouvelles ressources, & renouvellant l'alliance du S. Siege avec les Suisses, promit de veiller
à la conservation du Milanez: & cependant par une contradiction qui devoi-
loit ses véritables vues, il ne voulut jamais permettre que le Duc de Milan,
à la conservation des Etats duquel il s'obligeoit de veiller, fut compris dans
le traité (1).

Si les partisans de Louis XII chez les Suisses n'avoient pû lui concilier l'a-
mitié des Cantons, du moins ils étoient parvenus à empêcher qu'il ne s'y fît
rien de préjudiciable à ses intérêts. Ils firent plus, & par leurs adroites intrigues, il survint de la froideur entre les Suisses & le Duc de Milan, qui se
plaignoit amerement de la licence & de l'indiscipline des troupes Helvetiques
qu'il avoit à sa solde. Il refusoit aussi de leur livrer le château de Milan: ces causes de mécontentement s'aigrirent au point qu'on parloit hautement dans les
dietes de renoncer à l'alliance de ce Prince.

Mort de
Louis XII,
& disposi-
tions de
François Ier.
1515.
Il ne falloit pas moins pour réchauffer l'ancienne amitié qu'il y avoit eû
entre les Cantons & le Duc Maximilien, que l'événement de la mort de Louis
XII. François Ier. son successeur, ne fut pas plutôt sur le trône, qu'il prit le
titre de Duc de Milan, & envoya aux Cantons un député chargé de leur demander leur amitié. Ce député fut reçu froidement, & on lui répondit que
si François Ier. ratifioit le traité de Dijon, & en remplissoit toutes les conditions, il auroit les Suisses pour amis; mais que sans cela, ils ne recevroient
de sa part aucune proposition (2).

Traité d'al-
liance entre
le Roi d'Es-
pagne, le
Duc de Mi-
lan & les
Suisses.
Cet accueil vraiment Helvetique ne rebuta point François Ier. il fit de nouvelles instances, mais avec tout aussi peu de succès. On répandit la nouvelle
d'une guerre prochaine de la France contre les Suisses: ce faux bruit ne trompa aucune des Puissances intéressées, & le Roi d'Espagne, ainsi que le Duc
de Milan se liguerent avec les Suisses, qui, dans le cas où François Ier. for-
meroit quelqu'entreprise en Italie, s'obligerent de faire passer sur les terres
du Dauphiné une armée de 12000 hommes, à condition qu'il seroit payé aux
Cantons un subside de 30000 ducats par mois; & que dans le cas où le Roi
de France poursuivroit ses entreprises en Italie, les Suisses y enverroient,
moyennant un égal subside de 30000 ducats par mois, une armée de
12000 hommes.

Les Suisses, comme l'observe Guichardin, remplirent seuls avec fidélité
les conditions de ce traité d'alliance (3): aussi furent-ils seuls chargés du
poids de cette guerre, qui leur coura beaucoup de sang, dont ils recueilli-
Guerres en
Italie.
rent beaucoup de gloire, & très-peu d'avantages. A peine ils furent informés que François Ier. rassembloit une armée à Lyon, qu'ils envoyerent des troupes occuper le passage du Mont Cenis & du Mont Genevre. Ils s'en tinrent
d'abord à leurs engagemens, n'envoyerent que 12000 hommes en Italie; mais
ils y en firent ensuite passer successivement 40000.

Jacques Trivulce & le Général la Palice pénétrerent dans le Milanez, &
le second s'empara de Ville-franche. Chargés seuls jusqu'alors de la guerre,

(1) Stettler. p. 513.
(2) Idem. p. 519.
(3) Guichardin. L. 10.

& .ne recevant de leurs alliés aucun fécours, en hommes, ni en argent, les. Suiſſes juſtement irrités, réſolurent de retourner chez eux, & ils ſe mettoient en route, lorſqu'en ſortant de Novarre, ils reçurent de la .part du Pape un léger ſecours en argent . Les troupes des Cantons de Zurich, Schiffhouſe, Bâle, Appenzell, Uri, Unterwald, ainſi que les Griſons, changeÍent de deſ- ſein, & ſe déterminant à continuer la guerre, reprirent la route de Galere: mais celles des Cantons de Soleure, Berne, Fribourg & Bienne, perſiſtant dans leur premiere réſolution, s'éloignerent & prirent la route d'Arone. Mais peu de jours après, informés de l'approche d'un nouvel envoi de Suiſſes, elles les joignirent à Domo d'Oſſella.

. Cette féparation des troupes Helvetiques, étoit l'ouvrage dés négociations du Roi François I<sup>er</sup>. auprès des Cantons : il ne ceſſoit de leur faire des propoſi- tions.. Ses offres étoient avantageuſes, les demandes des Suiſſes étoient ex- ceſſives ; François I<sup>er</sup>. conſentoit à tout, &'on avoir même indiqué une journée à Galere pour mettre la derniere main au traité projeté. Cependant les trou- pes Suiſſes qui s'étoient arrêtées à Galere preſſoient vivement celles qui s'é- toient retirées à Domo d'Oſſella de venir ſe joindre à elles.. Les chefs de ces dernieres troupes étoient diviſés d'opinion ; mais malgré le refus du plus grand nombre ; de 7000 Bernois qui étoient à Domo d'Oſſella, il n'en reſta plus bientôt qu'environ 1000, tous les autres s'étant ſucceſſivement rendus à Galere. Ce fut là, que peu de tems après, le Duc de Savoie négocia avec tant d'adreſſe & de ſuccès pour le Roi de France, que les Ambaſſadeurs des Cantons de Berne , Zurich, Unterwald, Lucerne, Bâle, Zug, Appenzell, Fribourg , Schaffhouſe & Soleure, accepterent le traité de paix , & conclu- rent avec le Roi de France une alliance qui devoit durer juſqu'à dix ans après la mort de ce Monarque (1).-

Quoique cette alliance, dans laquelle le Capitular de Milan avoit été re- nouvellé en faveur du Roi François, parut devoir ramener & aſſurer la paix, la guerre cependant ne tarda point à ſe ranimer avec plus de vivacité.- En. effet, les troupes de Glaris, d'Uri & de Schweitz, refuſerent de ratifier le traité de Galere, & quoique celles de Zurich & de Zug paruſſent diſpoſées à y accéder, elle ne réſiſterent point aux intrigues du Cardinal de Sion, & à ſon inſtigation elles reprirent le chemin de Milan, dans le deſſein d'en diſpu- ſer la conquête aux François (2).-

Les circonſtances paroiſſoient très-favorables au Roi de France ; la plus grande partie des troupes Helvetiques s'étoit retirée, le plus grand nombre des Cantons avoit accepté les propoſitions de François I<sup>er</sup> ; le Bourguemaître de Zurich , Marc Royſt, n'attendoit qu'une occaſion, ou un prétexte, pour s'en retourner en Suiſſe avec le corps qu'il commandoit ; enſorte qu'il ne reſ- toit plus à combattre, que les troupes fort peu nombreuſes de Schweitz, d'Uri & de Glaris. Elles s'avançoient vers Milan ; Trivulce informé de leur mar- che, ſortit de cette capitale, dans le deſſein d'empêcher les troupes du Pape de joindre cette foible armée ; & dans cette vue, il ſe porta à Marignan. La méſintelligence qui régnoit parmi les Suiſſes, s'étoit envenimée au point, que

SECT. VII.
Hiſtoire de
la Suiſſe
1501-1550.

Méconten-
tement des
Troupes
Helvétiques;

Le Roi de
France trai-
te avec les
troupes d'u-
ne partie
des Cantons
& elles ſe
retirent.

Alliance de
François I<sup>er</sup>.
avec une
partie des
Cantons.

Bataille de
Marignan.

(1) Strettler p. 547.
(2) Idem. p. 549.

Sect. VII
Histoire de
la Suisse
1591-1559.

Marc Royst s'étoit déja mis en marche, pour se retirer, lorsqu'un courrier vint apprendre aux Suisses qui le suivoient, que le combat étoit engagé, & que leurs compatriotes les prioient de venir à leurs secours. Les Suisses ne balancerent point, & arriverent en même tems que ceux, qui, sur la même nouvelle, étoient sortis précipitamment de Milan pour venir prendre part à cette action.

Les troupes Helvetiques formoient tour au plus une armée de 18000 hommes, très-inférieure à celle des ennemis; mais la valeur suppléant au nombre, elles attaquerent les retranchemens des François avec tant d'impétuosité, qu'elles renverserent les premieres lignes & s'emparerent d'une partie de l'artillerie. François I<sup>er</sup>. combattit en héros à la tête de sa cavalerie; l'action devint terrible, & l'acharnement fut tel des deux côtés, qu'on se battit pendant les deux dernieres heures du jour & quatre encore après le coucher du Soleil, la victoire resta indécise; les deux armées se retirerent dans leur camp; mais

Belle retrai
te des Suis
ses.

le lendemain dès l'aurore, les Suisses furieux recommencerent l'attaque du camp. La fortune paroissoit se décider en leur faveur; lorsque le Général Dalviano, à la tête des troupes Vénitiennes, accourut, & joignant ses armes à celles des François, mit les aggresseurs entre deux feux. Dans cette situation terrible les Suisses désespérant de la victoire, mais ne voulant pas du moins le céder à leurs ennemis, chargerent leur artillerie sur leurs epaules, & se retirerent à Milan en si bon ordre, avec une contenance si fiere & si menaçante, que nul d'entre les François, ni les Vénitiens, ne songea à les inquiéter dans leur retraite (1). La perte de part & d'autre fut très-considérable, & dans ces deux jours, les Suisses laisserent environ 6000 hommes sur le champ de bataille. Le reste de cette petite & redoutable armée se retira en Suisse. On compta du côté des François, à-peu-près un égal nombre de morts.

Traité d'al-
liance per-
petuelle en-
tre la France
& les XIII
Cantons.

La résistance glorieuse que le Roi venoit d'éprouver & les preuves éclatantes de valeur que les Suisses avoient données, ne fit qu'accroître le desir qu'il avoit déja de vivre en bonne intelligence avec cette nation: il donna plus d'activité à ses négociations, & huit Cantons ratifierent le traité de Galere: (2) mais les cinq autres persisterent dans leur refus d'y accéder. Cependant aucun d'eux ne prit directement intérêt à la guerre, qui, s'étant d'ensuite, se renouvella dans le Milanez; & François I<sup>er</sup>. ayant enfin consenti à abandonner aux Cantons les bailliages d'Italie, il conclut avec eux un traité de paix perpétuelle, qui depuis a servi de base & de modele à tous les traités d'alliance que la France a faits avec les Suisses. Les clauses principales de cet important traité furent, ,, 1°. Qu'il ne resteroit plus de souvenir des inimitiés passées entre les parties contractantes. 2°. Que de part & d'autre ,, on rendroit la liberté à tous les prisonniers faits dans les guerres précéden,, tes; 3°. Que les particuliers qui auroient des prétentions à soutenir les
,, discu-

(1) Guichardin. L. 12. Ch 13.
(2) Les avis des Cantons étoient toujours également partagés à ce sujet. Les Cantons de Lucerne, Berne, Zug, Unterwald, Fribourg, Glaris & Soleure, firent enfin ce traité à Zurich, sur le pié de celui de Galere. Stettler. p. 554.

„ difcuteroient par voies légales; 4o. Que les alliés des Suiffes, compris
„ dans les limites de la Suiffe, feroient reçus dans le Traité. 5o. Que le Roi
„ confirmeroit les privileges & exemptions accordés par fes prédéceffeurs aux
„ marchands Suiffes; 6o. Que les Cantons recevroient du Roi de France
„ 400,000 écus au foleil, en exécution du traité de Dijon, & 300,000 écus
„ pour les dédommager des fraix de la guerre d'Italie. 7o. Que dans les cas
„ où il furviendroit des démêlés entre le Roi de France & les Cantons, ou
„ entre les fujets des deux nations, ces conteftations feroient terminées à
„ l'amiable, ou par les voies pacifiques, & jamais par les armes. 8o. Qu'au-
„ cune des deux nations ne donneroit paffage, afile, ni retraite aux enne-
„ mis de l'autre, en fes terres, ni feigneuries, comme auffi que les deux
„ nations ne cauferoient aucun dommage, ni ne feroient aucune invafion fur
„ les terres l'une de l'autre, mais que du refte, elles ne feroient obligées de
„ s'entrefecourir que lorfque l'une en auroit été requife par l'autre: 9o. que
„ les Suiffes pourroient paffer & repaffer par la France, comme les François
„ par la Suiffe, fans trouver, ni empêchement, ni éprouver aucune forte
„ d'impofition, ni péage. 10o. Que la France payeroit à chacun des Can-
„ tons & au pays du Valais une penfion annuelle de 2000 livres, & aux Gri-
„ fous une femblable penfion annuelle de 2000 livres à partager entre leurs al-
„ liés, favoir, le Comte de Tockenbourg, l'Abbé de S. Gall, & les villes
„ de S. Gall & Mullhaufen; 11o. Que les privileges accordés par les Ducs
„ de Milan aux habitans de Bellinzone, Locarno, Lugan, Mendris & Val-
„ maggio, leur feroient confirmés par le Roi de France. 12o. Qu'à l'égard
„ de ces quatre bailliages, favoir, de Lugan, Mendris, Locarno & Val-
„ maggio, les Suiffes & Grifons feroient libres de les garder, ou de les cé-
„ der, au prix de 300,000 écus; & qu'à l'égard du comté de Bellinzone,
„ la poffeffion en refteroit aux trois Cantons de Schweitz, d'Unterwald &
„ d'Uri. 13o. Enfin, que ce traité de paix exifteroit & dureroit à perpé-
„ tuité ".

Ce font les claufes les plus effentielles de ce traité, qui renferme beaucoup
d'autres difpofitions, foit à l'égard des arbitres & juges qui feroient nommés
& établis pour terminer les différens qui pourroient furvenir entre les particuliers des deux nations, foit à l'égard des affociés des Suiffes, tels que l'Abbé de S. Gall, la ville de S. Gall & celle de Mullhaufen, qui avoient été
reçus l'année précédente dans l'affociation de la confédération, & qui furent
compris dans le traité, de même que le Valais & les trois Ligues Grifes. A
ce fujet il faut obferver ici qu'il y a de la différence entre les affociés & les
alliés des Suiffes. Les premiers ont féance dans les dietes ordinaires, & font
partie du Corps Helvetique. Les alliés font en confédération avec tour le
L. Corps Helvetique, ou avec quelques uns des Cantons en particulier. Ainfi
le Valais & les Ligues Grifes font alliés avec tous les Cantons: mais le Comté de Neufchatel & Genève ne font alliés qu'avec quelques Cantons; Genève
avec Berne, depuis 1558 & avec Zurich depuis 1584; Neufchatel, combourgeois de Berne, eft allié avec Fribourg, Soleure & Lucerne. Ainfi
Mullhaufen, depuis que les Cantons catholiques renoncerent à fon alliance,
en 1586, n'eft plus que confédérée ou alliée avec Zurich, Bâle, Berne &
Schaffhoufe.

Alliances
du Valais &
des Ligues
Grifes avec
tous les Can-
tons: & de
Genève &
Neufchatel
avec quel-
ques Can-
tons.

Sect. VII.
Histoire de
la Suisse
1501-1550.

Avant que d'en venir à l'affligeante narration des fureurs exercées en Europe par le fanatisme, ou plutôt par l'ambirion fecondée du fanatisme, on ne sauroit se dispenser de donner une idée du régime des confédérés & des alliés des Suisses, ainsi que de la nature des liens qui les attachent au L. Corps Helvetique.

De S. Gall.

Le premier des associés des Suisses, est l'Abbé de S. Gall. Les franchises des Tockenbourgeois ont occasionné en Suisse plusieurs contestations: l'Abbé Ulrick acquit, en 1468, le comté de Tockenbourg, de Petermann, Baron de Razen: les habitans de ce comté font, depuis 1436, combourgeois de Glaris & de Schweitz, Ulrick fut reçu combourgeois des mêmes Cantons: & l'Abbé, son prédécesseur, s'étoit, dès 1451, allié avec Lucerne, Zurich, Glaris & Schweitz. Ces Cantons envoyent alternativement un officier qui réside à Wil, & exerce une jurisdiction fiscale sur les anciens sujets de l'abbaye. Les droits de l'Abbé & ceux de ces différens Cantons, ont causé en divers tems bien des querelles. Ces sujets de disputes ont été presque tous réglés lors de la paix de 1718.

De l'ancienne Rhetie, ou pays des Grisons.

C'est dans cette étendue de terrein qui portoit anciennement le nom de Rhetie, qu'habitent les Grisons (1). Ils ont à l'occident les Cantons de Glaris & d'Uri; le Tirol à l'orient, le Comté de Sargans & le pays de Glaris au nord, l'Etat de Venise, le Milanez & Bellinzone au midi. Les Ostrogoths occuperent long-tems ce pays, & il fut gouverné par des Ducs, jusqu'à ce que Théodebert, Roi d'Austrasie, s'en empara en 539, (2) sous l'Empéreur Fréderic II. Les habitans de la Rhetic étant restés fidelement attachés à ce Prince, il leur accorda des privileges & des immunités fort considérables, & qui ont été la base de la souveraineté à laquelle les Grisons se sont élevés dans la suite. Mais ils ne sont parvenus à cette souveraineté qu'après s'être soustraits peu-à-peu à l'autorité des Ducs d'Allemanie: & l'on sait que Conradin, dernier Duc d'Allemanie, fut décapité à Naples en 1269.

Epoque de l'indépendance des Grisons.

Ce fut à cette époque que les Grisons devinrent tout-à fait indépendans. Cependant l'Evêque de Coire avoir chez eux beaucoup d'autorité. En 1282, ce Prince Evêque s'allia avec celui du Valais; (3) & en 1419, il contracta, de concert avec la ville de Coire, une alliance pour 51 ans avec le Canton de Zurich; environ un siecle après, en 1524., les différentes communautés de ce pays, s'associant par une confédération perpétuelle, formerent un même Corps de République (4).

Gouvernement des Grisons.

Les Grisons, quoiqu'ils soient tous compatriotes, forment trois ligues unies par un traité d'alliance perpétuelle depuis 1471. (5) La premiere de ces ligues est la haute, ou Canée (6); elle est composée de 19 communautés: la ligue Caddée qui comprend 21 communautés, est la seconde: la troisieme est celle des dix droitures. Quoique toutes ces ligues ne fassent qu'un Corps & que chacune soit composée de plusieurs communautés; cependant

(1) La dénomination des Grisons vient du mot latin Cani,
(2) Cassiodore L. 2. (3) Guler. L. C. p. 143.
(4) Simler. de Republ. Helvet. Fueslin p 145. (5) Sprecheri. Hist. Rhetica p. 10.
(6) La ligue Canée envoye à la diete générale 28 députés; la ligue Caddée 24, & la ligue des dix droitures 15.

·chaque communauté se gouverne par ses propres lóix, & a ses Magistrats, qui jugent sans appel, soit au civil, soit au criminel. Dans toutes, le Gouvernement est démocratique, excepté à Coire, où il est aristocratique. Le suprême pouvoir réside dans la·diete, ou assemblée générale, composée des députés de toutes les communautés: c'est là que l'on discute & que l'on regle les intérêts du corps, les alliances, députations,traités de paix, loix, &c. Les délibérations y sont prises à la pluralité des suffrages (1).

Nous avons vu que ce fut en 1497, qu'à l'occasion de leurs différens avec le Tirol, les ligues Canée & Caddée contracterent une alliance perpétuelle avec les sept Cantons. Les Grisons se sont depuis alliés, en 1600, avec le Valais, & en 1602, avec Berne.

Alliance des
Grisons avec
les sept Can-
tons, le
Valais &
Berne.

Le Valais, borné par le Canton d'Uri à l'orient, par le Milanez & la Savoie au midi, par le Canton de Berne au nord & au couchant, étoit jadis habité par trois peuples, peu connus, les *Lepontii Viberi*, les *Veragri*, & les *Seduni*. Le Rhone prend sa source à l'extrémité de ce pays, séparé par Morges, en haut & bas Valais. Le bas Valais est sous la souveraineté du haut. Le Valais entier est composé de sept départemens, ou *dizains*, chacun ayant sa jurisdiction, mais dont les appels se portent à l'assemblée générale, formée des députés.de chaque département, & présidée par l'Evêque de Sion (2). Six de ces dizains sont régis démocratiquement: mais Sion qui fait le septieme dizain, est gouverné suivant la.forme aristocratique. Le Capitaine général, premier Magistrat du Valais, est élu dans la diete générale par l'Evêque de Sion & les députés des dizains. C'est aussi dans cette assemblée que sont élus les Magistrats du bas Valais. Les habitans de ce pays se sont toujours distingués par leur valeur & sur-tout par leur amour de la liberté. Jadis le bas Valais étoit sous la domination des Comtes de Savoie. Rodolphe d'Asperling, de la maison de Razen, voulant faire valoir ses prétentions sur l'héritage de ses ancêtres, se mit sous la protection de l'Evêque de Genève. Cet Evêque, plus guerrier que prélat, se mit à la tête de 18000 hommes, pénétra dans le haut-Valais, battit les habitans & prit la ville de Sion. Le Valais venoit de contracter une alliance défensive avec Berne, Soleure & Fribourg; & ces Cantons envoyerent à leurs nouveaux alliés un corps de 3000 hommes. Ces troupes jointes aux Valaisans repousserent l'Evêque, le battirent complettement, s'emparerent du bas Valais, & y ruinerent toutes les places fortes (3). Unis avec Berne pour un traité d'alliance perpétuelle, les habitans du Valais, firent encore, en 1528, alliance avec les VII Cantons catholiques, Schweitz, Uri, Lucerne, Zug, Fribourg, Unterwald & Soleure.

.Mullhausen, ville située sur la riviere d'Ill dans le Sundgaw, fit en 1515, alliance avec les XIII Cantons: mais une procédure trop rigoureuse envers deux freres protégés par les sept Cantons catholiques, engagea ceux-ci à renoncer, en 1586, à l'alliance de Mullhausen, dont les députés n'ont plus été admis depuis aux dietes des Cantons catholiques.

De Mull-
hausen &
de ses allian-
ces avec les
Suisses.

---

(1) Sprecheri. *Hist. Rhet.* p. 16. . (2) Simler. *Hist. Helvet.* p. 7.
. (3) Simler. p. 32.

Sect VII.
Histoire de
la Suisse
1501-1550.

De Bienne.

La ville de Bienne, qui, déja dans le moyen âge, jouissoit d'un rang considérable & de privileges fort étendus, contracta alliance en 1336, avec Rodolphe, Comte de Neufchatel (1). Les Empereurs lui ont, en divers tems, accordé béaucoup d'immunités; & lorsque les droits de l'Empire passèrent aux Evêques Princes de Bâle, ceux-ci donnerent de nouveaux privileges à cette ville, qui se gouverne par elle-même sous la présidence du Maire, établi par le Prince (2). Bienne s'allia d'abord avec Berne, par des traités de 1278 & de 1306, & ces traités furent, en 1352, changés en alliance perpétuelle: les Biennois s'allierent aussi avec Soleure en 1382, & avec Fribourg en 1496. Cette ville est si considérable, & elle a rendu en divers tems, des services si importans aux Suisses, qu'ils lui ont donné rang de ville associée, & qu'en cette qualité, ses députés ont place dans les dietes Helvetiques.

De Genève.

Genève, qu'on nommoit dans le moyen âge Cenabum, Janoba, Janua; & plus souvent Gebenna, étoit jadis une ville des Allobroges: elle passa dans la suite sous la domination des Francs, & après la mort du Roi Charles le Gros, en 888, elle fut comprise dans le troisieme royaume de Bourgogne, & ce fut sous ces Princes que les Comtes de Genève rendirent leur puissance héréditaire. Dans la suite, les Empereurs remirent leurs droits sur Genève à l'Evêque de cette Ville, & ce fut une source de mésintelligence & de dissentions entre le Comte & l'Evêque (3). Ces différens s'appaiserent, &: le tems ayant affoibli une partie de ces droits & annulé les autres, l'Evêque Louis de Savoie & la ville firent, en 1478, alliance avec Berne & Fribourg (4). Environ 40 ans après, les Genevois, en 1519, contractèrent une alliance perpétuelle avec Fribourg. De nouvelles disputes s'éleverent entre l'Evêque & la ville; Genève fut puissamment secourue par Berne, & s'affranchit entierement des droits que jusqu'alors l'Evêque avoit exercés sur elle (5). La Réformation s'étant établie dans cette ville, en 1533, le Canton de Fribourg renonça à son alliance: mais les Genevois s'allierent perpétuellement avec Berne, en 1558, & avec Zurich, en 1584: & alliés de la France depuis 1579, ils jouissent dans ce Royaume de tous les privileges qui y sont accordés aux Suisses. Cependant le Corps Helvetique n'a voulu jamais recevoir Genève au nombre de ses associés.

De la Souveraineté de
Neufchatel.

La souveraineté de Neufchatel a pour hornes la montagne de Diesse & les terres de l'Evêché de Bâle à l'orient, la Thiele & le lac de Neufchatel au midi, le bailliage de Grandson & la Franche Comté à l'occident, & au nord, encore la Franche-Comté. Cette souveraineté appartint long-tems à la maison de Zeringue: mais lorsqu'elle fut éteinte, les Comtes de Neufchatel devinrent vassaux immédiats de l'Empire. Louis, dernier descendant mâle d'Ulrich, Comte de Neufchatel, ne laissa que deux filles, Isabelle & Verenne,

4

(1) *Promittentes guramento nostro corporaliter præstito pro nobis & nostris hæredibus prædictis videlicet Burgensibus dicti oppidi de Boylo & etiam his qui sunt ad eorum vexillum spectantes & pertinentes, ut potè illis de Beysirlon, de Menusberg, de Valle St. Senaris & à foramine Byrpertos sursum usque ad rivum de Thyle.*

(2) Le Traité de 1610, a fixé les bornes des droits respectifs du Prince & de la Ville.

(3) Spon, *Hist. de Genève.* p. 79.     (4) Id. p. 175.     (5) Idem. p. 734.

celle-ci épousa Egon, Comte de Fribourg: Isabelle héritiere de Neufchatel, épousa Rodolphe Comte de Nidau; il fut tué devant Buren, & ne laissant point d'enfans, sa veuve institua pour son héritier universel Conrad de Fribourg son neveu, fils de Verenne & d'Egon. Ce fut sous Conrad de Fribourg que la ville de Neufchatel fut admise à la combourgeoisie de Berne, en 1406. (1) Dans la suite, Philippe de Neufchatel ne laissa en mourant qu'une fille, Jeanne, qui porta le comté de Neufchatel à Louis d'Orléans Duc de Longueville. Dans un autre endroit il a été dit comment Louis d'Orléans fut dépouillé en 1512, de ce comté par les quatre Cantons de Berne, Lucerne, Soleure & Fribourg, qui après l'avoir fait régir par des baillifs, rendirent enfin cette principauté à Jeanne de Hochberg, à condition que les traités faits avec les quatre Cantons subsisteroient. Ses successeurs acquirent en 1564, la chatelainie de Bevais, & réunirent le comté de Vallengin à cette principauté. La maison de Longueville s'éteignit en 1694, en la personne de Jean-Louis-Charles d'Orléans; sa sœur, Marie d'Orléans, Duchesse de Nemours lui succéda, elle mourut en 1707, & les trois états de Neufchatel adjugerent sa succession, comme au Seigneur Suzerain de Neufchatel, à Fréderic Ier Roi de Prusse, qui, en effet, représentoit la maison de Châlon, qui, dès 1288, possédoit la Seigneurie d'Arlay pour Neufchatel. Revenons à l'Histoire des Suisses.

A force de valeur, de sagesse & de patriotisme, les Suisses étoient parvenus à occuper tout le pays, connu jadis sous le nom d'*Helvetie*. Célebre par ses victoires, redouté par la force de sa confédération, recherché par les Monarques les plus puissans de l'Europe, la Nation Helvetique paroissoit devoir jouir d'une paix d'autant plus assurée, que ne desirant plus de s'étendre au delà de ses limites naturelles, amie, ou protectrice des peuples voisins, se suffisant à elle-même, elle ne s'occupoit que du soin de cultiver ses terres, perfectionner ses loix, & maintenir la forme de son gouvernement. Mais un ferment cruel, un levain de discorde formé par l'avarice & aigri par l'ambition, virut du sein de l'Allemagne qu'il avoit infecté, agiter la paisible Suisse, & armer les uns contre les autres, les différens Cantons.

Quelles calamités, quels crimes, quelles barbaries ont causé ces disputes théologiques, d'autant plus interminables, que ceux mêmes qui les attisoient, ou qui les soutenoient avec le plus de chaleur, & trop souvent d'atrocité, ne savoient, ni sur quoi ils disputoient, ni quelle vérité substituer aux erreurs qu'on prétendoit indiquer. Il est vrai que bien des causes avoient depuis long-tems préparé ces absurdes & trop vives querelles: les matieres combustibles étoient depuis trop long-tems rassemblées, & pour les embraser, il ne falloit plus que la plus légere étincelle.

*Les troubles qui agitent l'Alemagne pénetrent en Suisse.*

(1) Rodolphe Comte de Neufchatel, avoit déja fait alliance avec Berne, sous le nom de bourgeoisie, en Février 1307. Il promit d'assister les Bernois dans leurs guerres contre tous, exceptés Jean de Châlons, les Evêques de Bâle & de Lausanne, & son oncle, le Seigneur de Montfaucon. Il fut réglé que les difficultés qui pourroient s'élever entre les sujets des contractans, seroient terminées par quatre arbitres, deux desquels seroient nommés par chacune des parties qui s'assembleroient à Milan, ou à Wasperfweil. Rodolphe promit encore de renoncer à la bourgeoisie de Fribourg. *MSC. de Neufchatel.*

Sect. VII.
*Histoire de
la Suisse
1501-1550.*

*Quelles cau-
ses ont pre-
paré ces
troubles.*

L'Europe depuis plusieurs siecles languissoit dans la nuit de l'ignorance; la corruption des mœurs, suite ordinaire de l'ignorance, étoit parvenue au dernier période de la dépravation: les guerres qui avoient successivement désolé toutes les nations Européennes, avoient accru, & en quelque sorte, autorisé cette épouvantable licence. L'affreux droit de la force étoit, dans beaucoup de contrées, & dans celles sur-tout où la guerre avoit le plus long-tems exercé ses fureurs, la seule loi connué & respectée. Les vices régnoient avec empire; & ceux qui, par état, eussent dû donner l'exemple des vertus, se montroient les plus empressés à suivre se torrent de la perversité. Ce fut dans ce tems de désordre que l'on vit le clergé braver impunément les loix de la plus commune décence, s'abandonner sans retenue aux plus honteuses, aux plus brutales passions, & se jouer, à la faveur de l'antique autorité de la superstition, du Ciel & des autels, dont ils profanoient effrontément le ministère, de la crédule multitude qu'ils égaroient, & des loix au dessus desquelles ils prétendoient que leur état avili les mettoit encore.

Le Clergé n'étoit plus composé que d'ecclésiastiques ignorans, de prélats ambitieux, de moines fainéans, avides oppresseurs, & cette perverse cohue étoit à son tour opprimée par des Papes entreprenans, dévorés du desir de la gloire & de la soif de l'or. Leur puissance temporelle que la disposition abusive des foudres & des censures avoit si fort étendue, ne satisfaisoit point leur insatiable ambition; & peu contens de ce que la foiblesse des Souverains, & l'imbécillité des peuples leur avoit accordé, ils formoient chaque jour de nouvelles entreprises, & de nouveaux projets pour attirer à eux, non-seulement toute la considérarion, mais ce qu'ils desiroient encore plus ardemment, tous les trésors des Rois, & tout le numéraire des nations. A leur exemple, les moines & les ecclésiastiques employoient toutes sortes de ruses, d'impostures, toutes sortes de moyens iniques, scandaleux, soit pour s'enrichir aux dépens des laïques, soit pour assouvir leurs perverses passions. Ainsi, tandis que les fastueux successeurs du modeste S. Pierre vendoient tout & ne donnoient rien, leur nombreuse milice composée de moines & ecclésiastiques des ordres inférieurs trompoient, & pilloient tous ceux qui leur étoient soumis; & comme ils avoient acheté à prix d'argent les dons & les dignités de l'Eglise, ils vendoient en détail tout ce qui dépendoit de leur ministere. Cette longue oppression avoit ulcéré les peuples; ils furent encore plus indignés de la vie scandaleuse de quelques Papes, qui, successivement abuserent de leur pouvoir illimité de la plus étrange maniere. Tel fut Jules II, dont la folle ambition mit l'Italie en feu, & qui, plus Général que Pape, étant un jour à la tête de son armée, jeta dans le Tybre les clefs dorées de

*Du Pape
Jules II.*

S. Pierre, & mettant l'épée à la main, s'écria: *Puisque la clef de S. Pierre est rouillée, & ne peut plus me servir, j'effrayerai les nations avec l'épée de S. Paul* (1). Ce fut encore lui, qui s'étant emparé de la ville de Bologne, pilla les biens des citoyens & exerça sur eux des cruautés que n'eussent point exercées les plus impitoyables conquérans (2).

*De Léon X.*

On assure que ce cruel Pontife décoré du titre qu'il deshonoroit, de Vicaire de Jesus-Christ, fit périr en Italie, soit par ses intrigues, soit par les guerres qu'il suscita, plus de 200,000 hommes, dans l'espace de sept ans. A

(1) Osiander. p. 16-17.     (2) Basel. *Supplem. Naucleri.*

bien des égards, Léon X, fon fucceffeur, ne fut pas meilleur Pontife. Il eft
vrai qu'il aima les fciences, accueillit les favans, les gens de lettres, les ar-
tiftes; mais il fut, comme Jules, d'une infatiable avidité, faftueux à l'excès,
il n'y avoit que fon penchant pour les femmes qui balançât fon goût pour
le fafte; du refte, à l'exemple de fon prédéceffeur, il s'occupa beaucoup
plus d'entreprifes guerrieres que de fonctions facerdotales (1). Il médita deux
grands projets, & le defir de les exécuter lui fit employer toutes fortes de
moyens pour fe procurer l'argent néceffaire à l'exécution de ces deux entreprifes; l'une d'armer les Princes Chrétiens contre les Turcs, l'autre d'embél-
lir Rome. Sa troifieme paffion étoit de fatisfaire fon goût pour le luxe, &
il n'y avoit alors dans l'Europe entiere qu'une perfonne qui portât ce même
goût auffi loin que lui: cette perfonne étoit Magdelaine fa fœur chérie, femme de François Cibo. Il falloit à Léon des fommes immenfes, des dépenfes
énormes pour réuffir dans fes vues & décorer fes palais, armer la Chrétienté
contre les Mufulmans, & contenter Magdelaine Cibo.

Les revenus de Léon X, quelqu'abondans qu'ils fuffent, ne fuffifoient pas;
il mit en ufage une nouvelle voie; ce fut de publier des indulgences, qui ef-
façoient tous les péchés, tous les crimes commis, ou à commettre; & ces
indulgences, plus ou moins cheres, fuivant l'énormité des délits, étoient multipliées à l'infini, parce que Léon X comptoit fur la crédulité fuperftideufe
des peuples, qui n'avoit point de bornes. Il fe trompa néanmoins; car il n'é-
toit pas en Europe le feul homme éclairé: la lumiere des lettres avoit commencé à percer à travers le voile de l'ignorance: l'Allemagne avoit déja plufieurs Académies, elle avoir plufieurs Univerfités. La ville de Bâle avoit fondé la fienne dès l'an 1459; & dans la diete de Worms, tenue en 1495, il a-
voit été délibéré que chaque Electeur fonderoit une Académie dans fes Etats.
Dans ces Univerfités & ces Académies, quoi qu'affez barbares encore, on
vit-renaître peu-à-peu l'amour de la fcience & de la vérité. Mais comme il
n'eft guere de bien qui ne porte avec lui fes inconveniens, cet amour de la
fcience commença à fe fignaler par le goût de la difpute; & dans ce temps la
fcience par excellence, ou plutôt l'unique fcience, étoit la Théologie fcho-
laftique, connoiffance qui n'eut été qu'importune & inutile, fi elle eut été
moins dangereufe par les égaremens & les fureurs du fanatifme auquel elle
conduifit les favans de ce fiecle.

On a dit que les Suiffes ayant envoyé 30000 hommes en Lombardie, ils
furent défaits par les François près de Marignan, & que cette cruelle bataille
leur couta 5000 hommes. Ce revers fut un nouveau fujet de mécontente-

Sect. VII.
Hiftoire de
la Suiffe
1501-1550.

Fondations
d'Acadé-
mies &
d'Univerfi-
tés.

_____

(1) On eft fort éloigné de refufer à Léon X les éloges qu'il mérite: Rome embellie
& décorée dépoferoit contre nous; mais la vérité ne permet pas de diffimuler fes pas-
fions, ni les maux qu'elles cauferent On fait que ce Pape apprenant, le 1er Octobre
1521, que les François avoient été chaffés de Milan, il fut faifi d'une joie fi violente,
qu'elle lui caufa une fievre dont il mourut. On fait que Léon X, lorfqu'il vouloit fe
délaffer, faifoit venir devant lui deux bouffons, qui difputoient à leur maniere, fur l'im-
mortalité de l'ame: l'un foutenoit l'affirmative, l'autre la négative, Léon X, à la fin de
l'une de ces difputes, moitié burlefques & moitié férieufes, dit au défenfeur de l'im-
mortalité de l'ame: Quoique tu ayes d'excellentes raifons; cependant j'approuve le fentiment
de l'autre, qui me paroit plus folide & plus propre à réjouir. Catalog. teftim. Vert. Cil.
M. 2103. Ofiander.

SECT. VII.
Histoire de
la Suisse
1501-1550.

Méconten-
tement des
Suisses con-
tre le Pape.

De Luther,
de Zuingle
& de ses
mœurs.

ment contre le Pape, qui fit la paix avec François Ier, & obtint de ce Prince, par les intrigues de la Reine Mere, Louise de Savoie, & du Chancelier Duprat, l'abolition de la Pragmatique Sanction, & la conclusion de traité fameux connu sous le nom de Concordat. Tels étoient le caractere des Papes, la corruption des mœurs & la disposition des peuples en Europe, lorsque Luther & Zuingle entreprirent, sans se connoître, sans avoir pu se communiquer leurs projets, ni concerter les moyens qu'ils mettroient en usage, de prêcher la Réformation, le premier dans la Saxe, le second dans la Suisse.

Ulrich Zuingle, originaire du Tockenbourg, issu d'une famille honnête, & né à Wildenhaus, le 1er Janvier 1484, après avoir étudié avec succès à Vienne & à Bâle, (1) fut nommé Curé à Glaris en 1506, & ensuite à Einsidlen, où il se fit respecter par la pureté de ses mœurs, par son zele pour la Religion, pas ses vertus, & son application à instruire & édifier ses paroissiens. Vif & ardent, il ne put voir sans indignation les abus du suprême Pontificat, les désordres de l'Eglise, & la perversité de la plûpart des ecclésiastiques. Il se déchaînoit avec force contre cette licence, & il étoit merveilleusement secondé par Léon de Juda son vicaire, par François Zingk, chapellain du Pape, Michel Sander & Jean Oechslein. Unis par le même zele & par le même goût pour la science, ces cinq ecclésiastiques étudierent & apprirent les langues pour lire dans les textes mêmes, Hébreux & Grecs, la parole de Dieu.

Il y avoit alors à Bâle deux hommes qui se distinguoient aussi par leur application & les progrès qu'ils avoient faits dans les sciences, Wolffgang-Fabrice Capiton, nommé Kopfflein en Allemand, & Jean Haufschein qui traduisoit son nom par le mot grec Oecolampade, qui signifie lumiere domestique (2).

Pendant que ces Savans liés par l'amitié, se livroient à l'étude & déploroient ensemble l'état de l'Eglise & des moines, le Pape Léon X, craignant, ou feignant de craindre les armes des Turcs, fit solliciter les Cantons par l'Evêque Ennius son oncle, de faire la guerre à ces infidelles. Les Suisses qui n'avoient aucune sorte d'intérêts d'attaquer les Musulmans, répondirent à Ennius que quand tous les Princes Chrétiens, armeroient contre les Turcs, ils contribueroient aussi à cette guerre, pourvu néanmoins qu'on leur fournît tout l'argent nécessaire. Les Souverains Européens firent peu d'attention aux instances de Léon, dont on connoissoit les véritables vues, & qui n'en vouloit point aux Turcs, mais à François-Marie Duc d'Urbin qui s'étoit mis en possession de son Duché, dont il étoit resté fort long-tems dépouillé.

Le Pape refusé ne se rebuta point, & donna commission au Cardinal Evêque de Sion, d'engager secretement chez les Suisses, tout autant d'hommes qu'il pourroit. Les Cantons découvrirent la manœuvre du Cardinal, & deffendirent sous de rigoureuses peines tout enrolement. Léon ne jugeant plus à propos de cacher ses projets, demanda ouvertement aux Suisses une levée

.de

_____

(1) Hotting. p. 14-15.
(2) Dans ce même tems Erasme vint à Bâle, pour y faire imprimer le nouveau Testament, qu'il avoit traduit en latin sur l'original grec, & accompagné de courtes notes, & qu'il dédia au Pape Léon X. Il s'étoit servi d'Oecolampade pour cet ouvrage, & loua beaucoup son habileté dans la préface qu'il publia sur ses notes. Wurstii. L. C.

de 6000 hommes; elle ne lui fut pas accordée, & fes émiffaires s'en dédommagerent en partie par la levée fecrete de fept enfeignes de gens de guerre
qui pafferent en Italie où ils périrent tous. Irrités de ces enrollemens, les
Cantons délibérerent en diete de faire conduire en prifon & traiter féverement
tous les émiffaires du Pape, contre lequel le Corps Helvetique étoit d'autant
plus indifpofé, qu'aucun des Cantons n'avoit encore été payé des penfions
auxquelles le S. Siege s'étoit engagé par le dernier traité d'alliance. Léon X
eut beau renouveller fes follicitations; il ne retira de la Suiffe, qu'autant
d'hommes qu'il pût s'en procurer par des enrollemens fecrets.

SECT. VII.
Hiftoire de
la Suiffe
1501-1550.

Enrollemens
fecrets faits
par les E-
miffaires de
Léon X.

· Cependant, plus ces fréquentes levées étoient féverement prohibées par les
Cantons, & plus elles étoient difpendieufes pour le Pape, qui, voyant fes
finances épuifées, ne trouva point d'autre moyen pour remplir les coffres de
fa Chambre nommée *Apoftolique*, que de vendre des indulgences par toute la
Chrétienté, à quiconque voudroit bien en acheter & y croire: (1) il donna
la commiffion d'en vendre dans une partie de la Baffe Allemagne à fa fœur
Magdeleine époufe de François Cibo, Bâtard du Pape Innocent VIII. Magdeleine confia l'exploitation de cette entreprife à Arcimbaldo Evêque Italien,
qui la remit à un Moine Allemand nommé Telzel & à d'autres Dominicains.
Dans la Suiffe la commiffion de publier les indulgences fut donnée aux Cordeliers, fous la direction de l'un d'entr'eux nommé Bernardin Samfon, Mik-
nois. On fait que ces indulgences étoient pour les péchés des vivans & des
morts: & que pour les rendre plus féduifantes, le Pape y déclaroit qu'*auffi-
tôt que l'argent feroit débourfé pour en acheter, les ames qui étoient en Purgatoire en feroient delivrées.* Léon fut fecondé avec tant de chaleur, d'effronterie & de groffiereté par les Cordeliers en Suiffe, & ceux-ci faifoient de leur
marchandife un trafic fi honteux & fouvent fi criminel, que les ames honnêtes
en eurent autant de dégoût que d'horreur. En effet, lorfque ces zélés
Cordeliers avoient tiré tout ce qu'ils avoient pû du peuple fuperftitieux, ils
étoient dans l'ufage d'aller confumer une partie du produit dans les plaifirs, les jeux & les amufemens. ·

Ceffions &
rétroceffions
de ventes
d'indulgen-
ces.

Samfon fort expérimenté dans ce genre de commerce, vint d'abord au
Canton d'Uri; il y prêcha beaucoup, mais prefque toutes fes indulgences lui
refterent: il paffa dans le Canton de Schweitz; il commença à prêcher & à
vouloir débiter fa marchandife; mais Zuingle, alors Curé d'Einfidlen, dans
ce Canton, s'oppofa fortement au vendeur d'indulgences, & en démontra l'im-
pofture & l'inutilité. Léon de Juda fon Vicaire le feconda de toute fa puiffance. Samfon outré répondit par des injures, & pour prouver la vertu des
indulgences, il eut la maladreffe de foutenir la puiffance illimitée du Souverain Pontife, & l'excellence de toutes les inftitutions Papales. Echauffé par
la difpute, Zuingle foutint que toutes ces inftitutions étoient vicieufes, directement oppofées au véritable efprit de l'Eglife, & qu'il falloit s'en tenir à la
fimplicité de la doctrine Evangélique. Comme il avoir les mœurs très-pures,
& que fes fermons n'étoient que pleins de bonnes chofes & point injurieux, il
l'emporta fur Samfon & fut envoyé au Couvent de Fahr, Monaftere de fil-

Zuingle
s'oppofe aux
ventes d'in-
dulgences.
1513.

(1) Cet expédient lui valut 500,000 ducats, & la perte de fa domination dans une partie de l'Europe: *Balæus Centur.* I.

les, avec pouvoir de difpenfer les Religieufes de chanter leurs offices, où elles ne comprenoient rien, à lire, au lieu de ces offices, la Bible traduite en
Allemand, très-propre à les inftruire, & à permettre le mariage à celles qui
ne pourroient vivre dans le célibat.

Les Religieufes trouvant la morale de Zuingle fort intelligible & fort douce, fe rendirent fans peine à fes avis, & ce fut par ce Couvent que la Réformation commença à s'introduire chez les Suiffes. De fon côté, Samfon maudit Schweitz, où il n'avoit rien vendu, & fe rendit à Zug, où il vendit
beaucoup, à Lucerne & à Unterwald, où il eut un plus grand débit encore,
& il paffa à Berne, où il pouvoir à peine fuffire aux acheteurs. Il eft vrai
que Samfon employoit les moyens les plus propres à tromper ce peuple fimple & crédule. Ses Bulles d'indulgences étoient de plufieurs efpeces, les-
unes en parchemin à un écu, pour les riches, les autres en papier, à quatre fous pour les pauvres (1). Il en avoit d'autres de plus haut prix ; un
gentil-homme d'Orbe lui en acheta une 500 ducats : un Capitaine Bernois,
nommé Von Stein, donna à ce Cordelier un beau Cheval gris en troc pour
une Bulle d'indulgences pour lui, fa Compagnie forte de 500 hommes, pour
fes ancêtres, & fes fujets de la feigneurie de Belp. Excité par le concours
des acheteurs, Samfon en vint à ce degré d'effronterie, que non-feulement
il vendit des indulgences pour les péchés commis, mais auffi pour tous ceux,
de quelqu'énormité qu'ils fuffent, qu'on feroit dans le deffein de commettre ;
& les difpenfes illégitimes qu'il accordoit dans ce cas, pour de l'argent, ne
tarderent point à éclairer fur le fcandale, le danger & l'impiété de ce genre
de commerce.

Plus Samfon devenoit odieux, & plus on eftimoit Zuingle fon antagonifte.
Les Zuricois l'inviterent à venir prêcher dans la Cathédrale de Zurich, & fes
fermons acheverent de détacher les auditeurs de la caufe de Samfon. Les
opinions de Zuingle firent d'autant plus de progrès que les livres de Luther
qui avoient déja fouftrait une partie de l'Allemagne à l'autorité du S. Siege,
fe répandirent en Suiffe, où l'on étoit frappé de la conformité des opinions
des deux ennemis déclarés des indulgences, & plus encore de la conformité
de leur doctrine à l'Evangile. Gagné pas les exhortations de Zuingle, l'E-
vêque de Conftance fit défendre à tous les Curés de fon diocefe de recevoir
Samfon, fes indulgences, ni aucun autre qui feroit profeffion de porter &

débiter pareille marchandife (2). Cet ordre n'effraya point Samfon ; il fe
préfenta à Bremgarten ; mais Henri Bullinger, Curé du lieu ne voulut point le
recevoir, & dit, qu'il perdroit la vie plutôt que de le laiffer entrer dans fon
Eglife. Peu fait à de femblables receptions, le Cordelier chargea le Curé
d'injures & finit par l'excommunier (3) Bullinger fe plaignit aux Cantons, &
l'Evêque de Conftance envoya des députés à la diete. Le Confeil de Zurich
voulant bien garder encore quelques ménagemens, ne févit point contre
Samfon, lui permit de fe retirer, à condition qu'il leveroit l'excommunication qu'il avoir lancée, & pria le Pape de rappeller ce Moine fcandaleux.
Léon X rappella à la vérité le Cordelier Samfon, mais il écrivit aux Cantons

(1) Stettler. Liv. 11.    (2) Hottinger. p. 35. 36. 40.    (3) Idem. p. 41.

qu'il avoit droit de diftribuer les indulgences, & qu'il leur ordonnoit d'y croire fous peine d'excommunication.

Cependant Zuingle encouragé par fes fuccès, continuoit de prêcher & de fe déclarer contre les indulgences, les abus de la Cour de Rome, la licence des mœurs, & les inftitutions Papales. Il étoit approuvé & foutenu par les favans de l'académie de Bâle, tous irrités contre Léon, & attachés à la doctrine qu'on nommoit Evangélique. Ses inftructions & celles de George Stehelin & de Jacob Céporin, qu'il s'étoit affociés dans fa miffion, firent tant d'impreffion, que le Confeil de Zurich fit un édit qu'il adreffa à tous les Curés, Prédicateurs, Bénéficiers & autres ayant charge d'ames, par lequel il leur étoit ordonné de ne prêcher deformais que ce qu'ils pourroient prouver par la parole de Dieu, & de paffer fous filence toutes doctrines & toutes ordonnances & inftitutions humaines: (1) Myconius, ami de Zuingle, tâchoit d'introduire à Lucerne la même Réformation; mais les Lucernois recevoient mollement fes inftructions, & difoient que Luther, Zuingle, Myconius & tous ceux qui penfoient comme eux, étant trop foibles pour rétablir la Religion dans fa pureté primitive, il valoir mieux garder le filence que de confeiller des innovations dont on ne viendroit pas à bout. Berchtold Haller par fes fermons répandit à Bâle les nouvelles opinions, & fe concilia l'amitié & la confiance des plus puiffantes familles. Balthazar Trachfel, Curé du bourg d'Art dans le Canton de Schweitz, homme fort zélé, difoit-il, pour l'avancement du regne de Dieu, vint à Zurich pour conférer avec Zuingle, & s'en retourna fi fort éclairé, qu'arrivant dans fa Cure, il fe maria, & fe fit beaucoup d'ennemis. Luther n'avoit point encore donné le fignal de ce progrès dans la Réformation.

Toutefois Léon X, qui craignoit avec raifon les prédications de Zuingle, chercha à le gagner; il lui avoit donné une penfion; Zuingle crut que fe montrant ouvertement contre le Pape, il ne lui convenoit plus de recevoir cette penfion, & il y renonça (2). On lui en fit un crime à Rome où cette démarche le fit détefter, & en Suiffe, où il eut autant d'ennemis qu'il y reftoit de partifans du S. Siege: mais le nombre de ces partifans décrût beaucoup par l'imprudence de Léon, ou de fon Nonce, Antoine Puccius, qui, ayant convoqué les Cantons à Glaris, les exhorta à n'entrer en alliance avec perfonne à l'occafion de la guerre des Turcs, le Pape pouvant avoir befoin pour une guerre plus importante des troupes Helvetiques. Les Cantons accueillirent défavorablement cette propofition, & répondirent que leurs penfions étoient fort mal payées par le Pape, qui même, dans les petites fommes qu'il payoit à compte, ne leur donnoit que de mauvais argent; que la Suiffe étoit inondée d'Italiens, qui, en vertu des bulles dont ils étoient porteurs, venoient s'empater des Cures & des meilleurs bénéfices, au préjudice des nationnaux: que la plûpart des bénéfices étoient donnés aux Soldats de la Garde du Pape qui les revendoient. Qu'une foule de prêtres accufés de meurtre, d'adultere, de viol, d'héréfie, &c. n'étoient pas plutôt mis en prifon, qu'ils étoient abfous par l'Evêque & rétablis dans leurs fonctions & bénéfices: qu'au lieu de demander fans celle de l'argent & des troupes, le Pape

Sect. VII.
Hiftoire de la Suiffe 1501-1550.

La doctrine de Zuingle.

Edit du Confeil de Zurich favorable à la Réformation. 1520.

(1) Hottinger. p. 51. (2) Idem. p. 56-57.

eut à remédier à ces desordres (1). Puccius n'étoit pas le plus fort; il promit tout & s'en alla; son successeur ne remédia à rien: & les Suisses justement irrités, chasserent tous ces étrangers, & délibérerent de mettre dans des sacs tous ceux qui viendroient se conduire de la même maniere, & de les jeter dans la riviere (2).

La rigueur de cette résolution offensa le Souverain Pontife, qui, cessant de dissimuler, fit demander aux Cantons assemblés, de protéger & de défendre par les armes l'Eglise Romaine; d'extirper la doctrine de Luther, & de brûler tous les écrits de cet Hérésiarque qu'on pourroit rassembler. Ces deux propositions exciterent de grands troubles dans la diete, & allumerent un incendie qui s'éteignit bien difficilement. A l'égard des troupes demandées, après bien des contestations, on consentit à promettre 6000 hommes au Pape. Quant à ses autres propositions, quelques-uns les accueillirent, le plus grand nombre les rejeta, regardant comme une injustice de condamner & d'extirper une doctrine avant que de l'avoir examinée, & il faut croire que dès lors ils l'avoient embrassée. Ce premier levain de discorde devint plus violent, les

esprits s'échaufferent; le Souverain Pontife déclara ouvertement la guerre au Roi de France allié des Cantons, & demanda à ceux ci les 6000 hommes qui lui avoient été promis. Les Suisses refuserent de consentir à cette levée; le Souverain Pontife lança ses foudres sur la Suisse & en excommunia les habitans. Les Magistrats mépriserent ces foudres & en craignirent si peu les effets, qu'ils firent arracher les bulles d'excommunication par-tout où les partisans du S. Siege les avoient fait afficher.

Tous les Cantons ne persisterent point également dans leur ressentiment contre le Souverain Pontife; les intrigues du Cardinal de Sion eurent tant de succès auprès des Zuricois, qu'ils accorderent des troupes au Pape; & ils furent désavoués par les autres Cantons, qui défendirent sous peine de mort à tous citoyens Suisses de s'enroller pour le service du S. Siege. Cependant le Cardinal de Sion parvint à faire en Suisse une levée de 6000 hommes, & à enroller 1000 Grisons. Mais quand on voulut les employer en Italie contre

les François, ils refuserent de servir. Ce refus n'empêcha point Léon de se rendre maître de Milan & de chasser les François de l'Italie. Il ne survécut que peu de tems à son triomphe (3). Sa mort ne ralentit, ni en Allemagne, ni en Suisse l'activité de la dissention qu'il avoit suscitée. Quelques moines allerent dans le pays de Vaud publier de nouvelles indulgences, dont le produit étoit, disoient-ils, destiné à la fabrique & à la réparation de l'Eglise de S. Sébastien, hors les portes de Rome vers les Catacombes. Les habitans du pays de Vaud ne croyoient plus à la vertu de ces indulgences: les moines qui s'étoient chargés du débit n'en vendirent point; on n'en voulut à

---

(1) Stettler. L. C. p. 584.        (2) Hottinger p. 85.
(3) Si le distique du Poete Sannazar sur la mort de Léon X, étoit fondé; ce Pape n'étoit pas irréprochable, il s'en faut de beaucoup,

Sacra, sub extrema, si forté requiritis, hora,
Cur Leo non potuit sumere? Vendiderat.

C'est-à-dire, *Etes-vous curieux d'apprendre pourquoi Léon n'a pu recevoir les sacremens à l'heure de sa mort? Parce qu'il les avoit vendus.*

aucun prix. Ce n'étoit gueres plus le tems de chercher à tromper les peuples par de telles superstitions: la puissance du S. Siege baissoit de jour en jour en Suisse; la nouvelle doctrine se répandoit de Canton en Canton; on prêchoit publiquement la Réforme à S. Gall, chez les Grisons, à Constance, dans la plûpart des villes Helvetiques. Le Pape Adrien VI exhorta vainement les peuples de l'Europe à la paix; vainement il tenta d'étouffer la nouvelle doctrine; (2) les choses avoient été poussées trop loin, & les sermons des orateurs de la Réformation avoient fait trop d'impreffion sur la plûpart des Suisses. Ils accorderent des troupes au Roi de France; mais les 16000 qu'ils envoyerent en Italie ne purent garantir François Ier des revers qu'il y éprouva; elles furent défaites, & effuyerent fur-tout, dans le combat de la Bicoque, la plus cruelle & la plus irréparable perte.

Efforts
d'Aarien
VI, contre
la Réforma-
tion.
Guerre d'I-
talie.
1522.

Ces événemens quelqu'intéreffans qu'ils fuffent, occuperent moins les Cantons, que les difputes entre les adhérans de Rome & les prédicateurs de la Réformation. Ceux-ci étoient hautement protégés par les Magiftrats, & quoique leur morale oppofée à la licence, fut infiniment plus auftere que celle qu'enfeignoient la plûpart des curés Romains fort peu réguliers dans leurs mœurs, elle avoit l'approbation publique, & l'applaudiffement des citoyens des premiers rangs. Jean Stumpf & Léon de Juda prêchoient à Zürich & attiroient la foule: Haller à Berne, étoit encouragé par Zuingle, & fes difcours avoient les plus grands fuccès. Les Lucernois fe montrerent moins favorables aux nouvelles opinions, & obligerent même les Docteurs Evangéliques de s'éloigner. Les habitans de Zug étoient moins difpofés à la Réformation, qu'ils étoient fortement follicités de recevoir, par trois curés amis & partifans de Zuingle.

L'Evêque de Conftance qui avoit d'abord paru adopter quelques-unes des idées des Réformateurs, revint fur fes pas, & écrivit fortement à Zurich au fujet de ce qu'on y mangeoit de la viande pendant le carême. Zuingle prit occafion de cette lettre & de l'arrêt des Magiftrats, pour prêcher plus fortement encore qu'il ne l'avoit fait jufqu'alors fur la néceffité de la Réformation. Dans la Vallée d'Appenzell les Chaires ne retentiffoient que de déclamations contre ce que l'on appelloit les *abus* & les *erreurs de l'Eglife Romaine*, & la nouvelle doctrine paroiffoit tendre à fon parfait-établiffement dans la Suiffe, lorfque le S. Siege faifant, pour écarter ce menaçant orage, les plus grands efforts, on vit tout à coup fe réunir contre les Réformateurs les Puiffances civile & eccléfiâftique. L'Evêque de Laufanne écrivit contr'eux & leurs opinions au Sénat de Berne. Les moines de Zurich employant les injures au défaut de raifons, dont leur exceffive ignorance ne leur permettoit pas de faire ufage, fe déchaînerent contre Zuingle avec la plus outrageante fureur. Zuingle écrivit une longue & très-forte apologie aux Cantons qui venoient de fe déclarer contre lui; & à fon exemple, les Docteurs

---

(1) Les Cantons répondirent froidement au Pape Adrien qu'ils le verroient avec plaifir travailler à rétablir la paix; fans-doute afin de lui faire fentir qu'ils trouvoient fingulieres de femblables exhortations de la part de la Cour de Rome, qui depuis tant d'années embrafoit l'Europe entière du feu de la guerre, & avoit caufé les divifions qui agitoient la Suiffe. Hottinger. p. 74. Rhan. p. 643.

Evangéliques adrefferent l'apologie de leurs opinions à l'Evêque de Constance. Haller ne trouvant à Berne que de la réfiftance, & ne recüeillant de fes prédications que des fruits très-amers, il fe découragea, craignit même, & eût fui loin de la perfécution, fi Zuingle s'oppofant à fa réfolution timide, n'eût ranimé fon zele, & ne l'eût excité à braver tout pour la défenfe de ce qu'il regardoit comme la vérité.

Œcolampade, depuis trois ans qu'il s'étoit retiré, avoit écrit plufieurs ouvrages, qui, s'étant répandus, lui avoient fufcité la haine du S. Siege & celle du clergé; il revint à Bâle, & y fut reçu avec diftinction parmi les Magiftrats, qui lui confierent la Chaire de Profeffeur en Sainte Ecriture. Le fuccès qu'avoit eu le clergé attaché à la Cour de Rome, avoit été de fort courte durée, & il étoit balancé par les progrès de la Réformation dans la plûpart des villes, fur-tout dans le Canton de Zurich, où le Sénat la protégeoit ouvertement & la favorifoit de toute fa puiffance. Déja ce Sénat zélé pour la Réforme, avoit établi, pour l'inftruction de la jeuneffe, un College fous la direction de Myconius, ami de Zuingle (1). Déja par un édit qui achevoit de devoiler fes difpofitions, ce Sénat avoir donné aux Religieufes du Couvent d'Œetenbach la liberté de fortir, la plûpart d'entr'elles uferent de cette permiffion, fe marierent, devinrent d'excellentes meres, donnerent des citoyens à l'Etat; & celles qui par leur âge, ou par d'autres motifs, aimerent mieux refter dans le Couvent, y furent laiffées fous la direction de Léon de Juda, curé de S. Pierre & proteftant déclaré.

Un attachement auffi décidé de la part du Sénat de Zurich aux opinions de Zuingle, fufcita contre celui-ci tout ce qu'il y avoit dans le Canton de Zurich d'eccléfiaftiques & de moines adhérans à la Cour de Rome; mais comme ils étoient trop ignorans pour ofer difputer contre lui, & qu'ils fentoient fa fupériorité, ils eurent, difent les Hiftoriens Suiffes, recours aux trames, aux complots; & les plus violens d'entr'eux réfolurent de le faire périr par le poignard, ou le poifon. Zuingle ignoroit profondement cette lâche conjuration lorfqu'il fut averti de prendre garde aux lieux où il achéteroit fon pain, fes alimens, & fur-tout d'avoir attention de ne pas fe rendre dans toutes les maifons où on l'inviteroit à manger, parce qu'inévitablement il y feroit empoifonné. Ces avis l'étonnerent; il fut bien plus furpris, lorfqu'un foir deux moines fe préfenterent à fa porte, à l'enrée de la nuit, demanderent à lui parler: l'on domeftique fe doutant de quelque nouvelle entreprife, lui dit de ne pas fe préfenter encore, & étant forti lui-même, les deux moines qui le prirent pour Zuingle, fe jeterent fur lui le poignard à la main, & euffent confommé leur crime, fi la voix du domeftique leur ayant fait connoître que ce n'étoit pas la victime qu'ils vouloient égorger, ils n'euffent difparu auffitôt. La nouvelle de cet attentat s'étant répandue, acheva de ruiner dans ce Canton la caufe de l'Eglife romaine: la plupart des curés Zuricois s'affem-

(1) Un autre ami encore plus célebre de Zuingle, étoit Erafme, qui, ayant découvert plufieurs erreurs, des abus & des fuperftitions, les avoit fortement attaqués par fes écrits. Mais dans la fuite, il écrivit contre les Réformateurs: il étoit à Bâle, lorfque le Pape le fit folliciter d'écrire contre Luther. Zuingle l'apprit, alla à Bale pour l'en détourner; mais fes efforts furent inutiles. Cependant la diverfité d'opinions n'altéra jamais l'amitié qu'unilfoit Zuingle & Erafme. Hotting. p. 67 69.

blèrent & réſolurent de n'enſeigner déſormais que la nouvelle doctrine; l'un
d'eux, Jean Urbain Wyſf, curé de Wiſsbach, dans le comté de Baden, prêcha contre l'invocation des ſaints, & mit dans ſon diſcours tant de force &
de véhémence, que les XII Cantons ſollicités par les eccléſiaſtiques, firent
enlever ce curé, le condamnerent à une longue priſon: publierent enſuite
un édit par lequel ils défendirent ſous de rigoureuſes peines, de prêcher à
l'avenir contre aucune des opinions, ou des inſtitutions de l'Egliſe romaine,
& écrivirent fortement aux Villes de Zurich & de Bâle pour les exhorter à
défendre la lecture, & ſur-tout l'impreſſion des livres des Réformateurs. Ces
défenſes ne produiſirent que les effets que produiſent communément les pro-
hibitions de ce genre; de nouveaux ouvrages plus forts que céux dont on
avoit interdit la lecture parurent, & de Bâle, Zurich, Genève & Neufchatel, où il y a avoir des imprimeries, il ſortoit chaque jour une prodigieuſe
quantité de nouveaux écrits.

Les diſputes Théologiques, dans leurs commencemens ſur-tout, tombe-
roient peut-être d'elles-mêmes, ſi l'autorité civile paroiſſoit n'y prendre aucune
ſorte d'intérêt; car ſouvent c'eſt elle qui les anime, les ſoutient & les perpétue,
c'eſt elle qui par une dangereuſe imprudence, prenant parti pour l'une des
deux opinions, irrite les défenſeurs humiliés de l'autre, & fomente, par la
plus déplacée des interventions, la diſcorde, la haine & le cruel fanatiſme,
qui finit tôt ou tard par égarer & enflammer les diſputans. C'eſt ce qui arriva en Suiſſe, & pendant qu'il y avoit entre les défenſeurs des deux doctrines
des diſputes publiques à Berne & à Zurich, la maniere peu décente & inju-
rieuſe employée par quelques docteurs Catholiques, leurs menaces, & la
violence des efforts qu'ils faiſoient pour ſoulever contre leurs adverſaires le
peuple & les Magiſtrats, bien loin d'écraſer le proteſtantiſme comme ils s'en
étoient flattés, lui attiroient, au contraire, de nombreux partiſans; & ceux-
ci étoient parvenus à obtenir, en pluſieurs endroits de la Suiſſe, des réglemens qui aboliſſoient la meſſe, l'invocation des Saints, le culte des images,
le célibat des Prêtres; en un mot, la plûpart des inſtitutions reçues dans l'E-
gliſe romaine. Le Pape Adrien VI, ne croyant point encore le mal auſſi conſidérable qu'il l'étoit, & ſe perſuadant encore de ramener les eſprits, faiſoit
les plus vives inſtances auprès de l'Empereur & des Princes de l'Empire contre les Luthériens; (1) & croyant la Réformation moins avancée en Suiſſe,
il écrivoit des lettres flatteuſes aux Zuricois & à Zuingle, à ce dernier ſur-
tout, qu'il cherchoit à s'attacher par les offres les plus ſéduiſantes (2). Il
ne réuſſit point, & le Sénat de Zurich, bien loin de le prêter à ſes vues,
rendit un arrêt en faveur des docteurs Evangéliques: Berne publia un Edit,
à peu de choſes près conforme à cet Arrêt. Les Religieuſes du couvent de
Koenigsfelde dans, pénétrées des principes qu'elles avoient puiſés dans les livres
de Luther, & ſupportant impatiemment les ennuis de la clôture & les lan-
gueurs du célibat, demanderent à ſortir de leur monaſtere, & firent de ſi vives inſtances, que, quoique le Sénat de Berne fut diviſé, ſur les deux Doctrines, ils ne crut pas de voir refuſer à ces Religieuſes la grace qu'elles demandoient; il leur permit de quitter le couvent; la plûpart s'en éloignerent

(1) Sleidan III. p. m. p. 76, 77.     (2) Hotting. p. 7. p. 107.

& pluſieurs d'entr'elles ſe marierent publiquement à Berne, où cependant la Réformation n'étoit pas encore complettement établie, ni auſſi avancée qu'elle l'étoit à Mullhauſen, à Bâle & à Zurich. Lucerne l'avoit rejetée, Zug n'avoit pas voulu la recevoir, & elle étoit proſcrite par le reſte des Cantons qui avoient fait contr'elle le décret le plus ſévere, tandis que le Sénat de Zurich, penſant d'une maniere toute oppoſée, faiſoit des réglemens pour ſon clergé réformé & pour l'adminiſtration des biens eccléſiaſtiques.

La Réfor-
mation s'é-
tablit à Zu-
rich.

Echauffés par leurs prédicateurs, quelques citoyens entrant en foule dans les Egliſes, y renverſerent les images, & l'on ne fit aucune attention à cette action, qui, en tout autre tems, eût été rigoureuſement punie: au contraire, on en prit occaſion de propoſer & ſoutenir publiquement les theſes contre les images & contre la meſſe. Les Cantons n'apprirent qu'avec indignation ce qui ſe paſſoit à Zurich; ils s'aſſemblerent, & rendirent un ſecond édit plus défavorable encore que le premier à la Réformation. Cette rigueur ſatisfit les partiſans de Rome, qui ne s'appercevoient pas combien, en matiere de Religion, la rigueur fait du bien à la doctrine proſcrite: il ne manquoit plus, pour hâter les progrès de la Réformation, que de lever contre les réformes le glaive de la juſtice. Cet acte de ſévérité, eut lieu, & il fit plus pour la Réformation que tous les écrits des docteurs attachés à la nouvelle doctrine. Nicolas Hottinger, exilé de Zurich, s'étoit retiré à Baden,

& il y diſoit hautement ſes opinions ſur la religion; les diſcours oppoſés à l'eſprit de l'édit publié par les Cantons bleſſa les Magiſtrats de Baden, qui firent ſaiſir & jeter dans un cachot. Il ſoutint ſes ſentimens dans les divers interrogatoires qu'on lui fit ſubir. Les VII Cantons ſouverains avec Zurich du Comté de Baden, étoient alors aſſemblés à Lucerne. Les Magiſtrats de Zurich intercéderent vivement pour Hottinger: leurs ſollicitations ne firent qu'aigrir les Cantons, qui s'étant raſſemblés à Lucerne y firent transférer Hottinger qu'ils condamnerent à la mort (1). Ce malheureux fut en Suiſſe la premiere victime que le fanatiſme immola: il ſouffrit ſon ſupplice dit-on avec beaucoup de fermeté, ou ſi l'on veut, ſa croyance, qui le faiſoit périr, lui fit braver les tourmens & la mort.

Avant que d'en venir à des extrémités encore plus violentes, les XII Cantons envoyerent des députés aux Zuricois, afin de les détourner de la Réformation; mais elle étoit trop avancée dans cette République, pour que l'on pût eſpérer de l'y faire proſcrire: auſſi les inſtances des députés furent-elles auſſi inutiles que les efforts réunis & les lettres des évêques de Lauſanne & de Conſtance. Les Zuricois, décidés à abandonner le Catholiciſme, réformerent les proceſſions, les fêtes, abolirent le culte des images, (2) & applaudirent à la démarche de Zuingle, qui, dans la vue de mettre le ſceau à ſes opinions, ou vraiſemblablement déterminé par un penchant qu'il ſe croyoit permis de ſuivre, épouſa publiquement Anne Reinhart, femme de qualité, agée d'environ 40 ans, veuve de Jean Meyer, de Knonau, Seigneur de Weiningue, elle lui donna quelques enfans. Anne étoit riche, elle apporta de grands biens au Docteur ſon époux: & ſes ennemis ne manquerent point de dire,
qu'avare

qu'avare & très-intéreffé; il n'avoit renoncé à l'ordre facerdotal & à la com.
munion de Rome que par avidité. Zuingle fit fon apologie, & il fe peut
auffi que les grands biens qu'Anne lui avoit donnés n'avoient pas été le motif
de fon mariage. Quoiqu'il en foit, à fon exemple, plufieurs Prêtres de Berne, accoutumés, fuivant l'ufage de leur fieele, à vivre avec des concubines;
embrafferent la Réformation, eurent des remords, & pour vivre plus régu.
licrement fe marierent.

Sect. VII.
Hiftoire de
la Suiffe
1501-1550.

Les Magiftrats de Berne ne furent nullement édifiés de ces mariages; ils
les cafferent & publierent un Edit, qui défendoit fous la même peine le mariage aux Prêtres. Les Bernois balançoient néanmoins encore entre les deux
doctrines; Bâle fe décidoit pour la nouvelle, par les foins & les fruits des
prédications d'Œcolampade. S. Gall & Appenzel n'avoient prefque plus de
Catholiques; il n'en reftoit qu'un très-petit nombre à Schaffhoufe. A Bien.
ne les difputes théologiques excitoient fans ceffe des troubles: le Tocken.
bourg, recevoit les nouvelles opinions; le Thurgaw fe réformoit. Le Pape
Clément VII, attribuant la défection de ces divers pays à Zurich, écrivoit
fortement contre cette République (1). Oechslein, curé de Bourg, village
près de Stein fur le Rhein, homme favant, & imbu des principes de Zuin.
gle, ayant prêché fuivant fes lumieres & fes opinions, les Cantons ordonne.
rent au Baillif du Thurgaw de le faire enlever. Ce coup d'autorité fouleva
le peuple, Oechflein étoit aimé; les habitans foulevés, tenterent de le tirer
des mains du Baillif, & furieux de n'avoir pu réuffir, ils allerent épuifer leur
colere fur un monaftere de Chartreux près d'Ittingue, où ils fe livrerent aux
excès les plus violens, & qu'ils finirent par réduire en cendres. Jean Witt,
Vice-Baillif de Stanheim accourut avec fes deux fils, & ils firent ce qu'ils
purent pour contenir la foule mutinée; ils étoient zélés partifans de la Réformation; les Cantons croyant, ou feignant de croire qu'ils avoient fecon.
dé ce foulèvement s'en prirent à eux, les firent conduire en prifon, & quelques efforts que fit le Sénat de Zurich, ils les condamnerent à mort.

Berne inter-
dit le maria-
ge aux Prê-
tres.

Supplice &
mort de deux
Réformés.

La religion, ou le fanatifme foutint leur conftance au milieu des tourmens; & leur réfignation émut le peuple & couvrit leurs juges de honte (2).
Cependant mille circonftances aigriffoient le reffentiment des Cantons contre
Zurich & paroiffoient juftifier le mécontentement des Zuricois contre les Cantons; la guerre paroiffoit inévitable, & il n'y avoit plus que quelques Cantons, moins prévenus, moins agités par le fanatifme, qui fiffent des vœux
pour la paix, & des efforts pour terminer cette dangereufe querelle par quelqu'accomodement. Les Grifons & les trois Ligues fe rangeoient du côté des
Zuricois, parce que chez eux la Réformation étant auffi complette que chez
les Zuricois, la caufe de ceux-ci leur étoit commune. Les Evêques de Bâle, de Conftance & de Laufanne fouffloient le feu de la difcorde par les confeils qu'ils ne ceffoient de donner aux Cantons Catholiques; ils écrivoient fuivant les dangereufes opinions des fanatiques, que pour peu qu'on laiffât aux
novateurs la liberté de s'élever contre leurs fupérieurs eccléfiaftiques, bientôt
on les verroit fecouer le joug des Magiftrats, & renverfer toutes les loix. Clément VII appuyoit fortement les confeils & les dénonciations des trois Evê-

Mécontente-
ment mutuel
de Zurich
& des Can-
tons.
1525.

(1) Hottinger. (2) Id. p. 185-186. & fuiv. Rhan. 660. & fuiv.

ques. Les Cantons envoyerent de nouveaux députés à Zurich, Schaffhouſe & Appenzell pour les engager à punir les ſectateurs de Luther ; avec menaces de rompre toute alliance, ſi cette derniere députation avoit le ſort de la premiere. Toutefois, malgré la rigueur de cette réſolution, neuf Cantons s'aſſemblerent en diete à Lucerne, pour rédiger un interim, peu favorable aux novateurs, & ne touchant qu'à la police extérieure de l'Egliſe, mais il fut unanimement rejeté & deſavoué par huit de ces Cantons, & ne fut publié qu'à Berne, qui, depuis quelque rems, ſembloit pencher pour la nouvelle doctrine.

Le ſeul moyen de rétablir en Suiſſe le Catholiciſme chancellant, eut été de la part de Rome.& de ſes adhérans, de remplir les promeſſes ſi ſouvent faites, de corriger les abus & de réprimer la licence qui avoient ſuſcité le zele ou le délire des novateurs (1), mais Rome étoit fort éloignée de remplir les engagemens qu'elle avoit tant de fois & ſi ſolemnellement pris à cet égard ; & le Clergé paroiſſoit moins diſpoſé que jamais à conſentir à la Réforme: il ne vouloit abandonner aucune de ſes prétendues immunités, & ce fut par ſon obſtination à conſerver toutes ſes prérogatives, quelqu'abuſives qu'elles fuſſent, qu'à la fin il ne pût en conſerver aucune, même d'entre celles qui étoient les plus légitimes (2).

Si cette conteſtation ſur les deux différentes doctrines, n'eût occupé que les eſprits éclairés, elle eût inévitablement tourné à l'avantage de la vérité, à ſuppoſer qu'elle eut pû être découverte au milieu de tant d'obſcurités: car il y a toujours à gagner, même peut-être en matiere de controverſe, lorſque les opinions ſont diſcutées par des perſonnes inſtruites, modérées & de bonne foi; mais c'eſt ce qui, pour le malheur de l'humanité, n'eſt jamais arrivé ſur des ſujets ſemblables. En Suiſſe comme ailleurs, c'étoit un tas de Moines, de Docteurs, de Théologiens, enivrés de leur ſcience, entêtés de leurs opinions, qui diſputoient, moins en hommes raiſonnables qui cherchent à s'inſtruire, qu'en énergumenes remplis de haine, & fortement animés du deſir de s'entredéchirer; ils s'elevoient les uns contre les autres,. s'inſultoient, s'outrageoient, ſe maudiſſoient au nom de Dieu, & communiquoient aux auditeurs l'eſprit de diſſention, de vertige & de-fanatiſme, dont ils étoient eux-mêmes poſſédés.. Alors, chacun ſe croyant fort éclairé, & l'étant à peu de choſes près, autant qu'il eſt poſſible de l'être ſur des queſtions tout anſſi incompréhenſibles pour les ſavans que pour les ignorans, chacun auſſi ſe croyoit en droit de s'ériger en novateur & en réformateur.

Ce fut ainſi que de chimere en chimere, d'abſurde opinion en abſurde opinion, Thomas Muntzer, homme fougueux, violent, emporté, ſe fit l'apôtre des Anabaptiſtes, & prêchant l'égalité & l'humilité chrétiennes, ſi favorables aux pauvres & ſi funeſtes aux riches, ſouleva par la véhémence de ſes déclamations, les habitans de la campagne contre leurs ſouverains: car la parfaite égalité excluant toute diſtinction de rangs, toute fortune ſupérieure, tout ordre politique & civil, Muntzer prétendoit qu'il ne devoit y avoir ſur la terre, ni autorité, ni ſubordination, ni poſſeſſion inégale de richeſſes; ſon ſyſtême ne pouvoit manquer d'avoir une multitude prodigieuſe d'approbateurs:

(1) Ruchat, Hiſt. de la Réform. T. I. p. 212.      (2) Idem. p. 268.

il en eut un très-grand nombre; & les premieres fureurs de ces payfans éclaterent dans la Suabe: leur fanatifme dangereux gagna la Franconie, la Thuringie & l'Alface. Etonné lui-même de la rapidité des progrès de fa fecte, Muntzer paffa en Suiffe, & y fit des difciples: les plus diftingués furent Conrad Grebel & Félix Mnntz, Zuricois, qui, répandant autant qu'il fut en eux, le venin dont ils étoient infectés, le communiquerent à tous ceux que l'inégalité bleffoit, & qui defiroient un nouveau partage de biens: tels furent les fujets de l'Evêque de Bâle, qui, croyant aller au ciel par le brigandage, fe mirent à piller Lauffen, & quelques autres endroits (1).

Sect. VII.
Hiftoire de
la Suiffe
1501-1550.

La Nation Helvetique agitée chez elle, faifoit encore d'irréparables pertes dans le Milanez. On fçait affez combien fut meurtriere la bataille du 24 Février 1525; journée mémorable qui coura au Roi François Ier. la liberté & la perte entiere du Milanez. Mais ces défaites; ni la perte de 10000 Suiffes enlevés par la pefte en Italie, ne purent détourner l'attention des Cantons, uniquement occupés de queftions théologiques, & de difputes de religion. Ceux-mêmes qui foutenoient, à peu de chofes près, les mêmes opinions, fe divifoient pour quelques termes, que peut-être ils n'entendoient ni les uns ni les autres, & s'accufoient mutuellement de répandre une fauffe doctrine. Luther écrivoit contre Zuingle, (2) qui réfutoit Luther. Les XII Cantors tout auffi divifés, & prétendans chercher tous à s'éclairer, ordonnerent une difpute entre les principaux défenfeurs des diverfes opinions. Baden fut défignée pour cette fameufe difpute; Zuingle invité d'y aller n'eut garde de s'y rendre; il croyoit avoir trop à craindre fa propre fupériorité & le reffentiment de fes ennemis, ainfi que la haine des Cantons contre Zurich; auffi ce Canton le lui avoir il défendu. En même tems que les Cantons le preffoient d'aller à Baden, Faber, Vicaire ou Coadjuteur de l'Evêque de Conftance, l'Official, deux Abbés & quelques Docteurs, tinrent un Confiftoire à Mersbourg, contre Jean Hugle, Miniftre de Lindau, qu'ils fommerent de renoncer à l'inftant même au Luthérianifme: Hugle refufa, & le doux Confiftoire après l'avoir dégradé, le livra comme hérétique au bras féculier pour être brûlé: l'exécution fe fit à la grande fatisfaction d'une foule de fpectateurs (3).

Défaite des
Suiffes dans
le Milanez.

Les Cantons
indiquent
une difpute
à Baden.
1526.

Dans le même tems l'Evêque de Conftance fit arrêter Pierre Spengler, Docteur fort zélé pour la Réformation; il le fit conduire à Fribourg en Brisgaw, où, par ordre de l'Evêque, il fut noyé pour n'avoir pas voulu abjurer fa croyance. Ces deux exemples, & le fouvenir de Jean Hus & de Jérôme de Prague faifoient trop d'impreffion fur Zuingle, qui refufa abfolument de céder à l'invitation des Catholiques. Cependant les députés des dix Cantons & ceux des quatre Evêques, de Conftance, Laufanne, Bâle & Coire fe rendirent à Baden, où fe trouverent, pour le Catholicifme, Jean Eckins, Profeffeur en Théologie à Ingolftadt, Faber, Mourner &c. & pour les Réformés, Œcolampade, Haller, Jacques Immeli, Stouder & quelques autres. Après une vive difpute qui fut écoutée, & fans doute fort intelligiblement comprife par les députés des Cantons, ceux-ci prononcerent qu'il ne falloit rien innover dans la Religion.

Difpute de
Baden.

(1) Stettler. T. 1. p. 635.    (2) Sleidan.    (3) Hottinger. p. 300-301.

Sect. VII.
Hiſtoire de
la Suiſſe
1501-1550.

Sentence
différem-
ment reçue
par les Can-
tons.

Cette ſentence ne fut point également accueillie par les Cantons. Bâle, Mullhauſen & S. Gall laiſſerent aux Docteurs la liberté de prêcher comme ils voudroient, & de répandre telles opinions qu'ils jugeroient à propos. Les habitans de Schaffhouſe vouloient s'éclairer, & ne ſavoient de quel côté ils trouveroient la lumiere. Ceux de Glaris & d'Appenzell plus décidés & beau-coup plus ſages, laiſſerent à chacun la liberté de croire & de prier Dieu com-me il le jugeroit à propos. Le Thurgaw, Coire, le Tockenbourg & le Rheintal, ſe rangerent ſans héſiter, du parti de Zurich, dont ils avoient em-braſſé la doctrine. A Berne les citoyens étoient diviſés entre les deux opi-nions. Une partie du Sénat, tous les chanoines du Chapitre, le corps en-tiers des tanneurs & une multitude de citoyens favoriſoient la Réformation de toute leur puiſſance, & avoient perpétuellement à lutter contre le reſte des citoyens fortement attachés au Pape & au Catholiciſme. Ce fut à peu-près dans le tems de ces troubles, que les Genevois, fatigués du joug que vouloit leur impoſer le Duc de Savoie, firent une alliance pour 25 années avec Berne & Fribourg; (1) & dès lors Genève fut libre.

Alliance
avec Berne
& Fri-
bourg.

Violente ré-
ſolution des
Cantons Ca-
tholiques.

Cependant les Cantons déterminés à prendre, pour mettre fin aux trou-bles, la voie de la rigueur, puiſque celle de la conciliation avoir été juſqu'a-lors inutile, réſolurent d'exclure de la confédération ceux des Cantons ou la Réformation avoit été reçue; & comme Zurich avoit montré la plus grande obſtination, les Cantons catholiques lui refuſerent durement de le regarder déſormais comme membre du L. Corps Helvetique, &. de renouveller avec lui l'ancienne alliance.

1527.

Berne, Bâle, Schaffhouſe & Appenzell avoient dans toute cette affaire exactement ſuivi l'exemple de cette République, auſſi dès que la connoiſſance de cette ſévere délibération leur fut parvenue, leurs députés ſe haterent de ſe rendre à Zurich, pour concerter, ſoit les moyens de prévenir une ruptu-re, ſoit ceux d'oppoſer avec le moins de riſque poſſible, la force à la force, s'il falloit abſolument en venir à cette extrémité (2). Ce n'étoit ſeulement point les uns contre les autres que les Cantons étoient en méſintelligence, le même eſprit de diviſion, le même ſujet de diſcorde agitoient le repos de chaque paroiſſe; les Souverains, ou Magiſtrats étoient ſans ceſſe occupés à rétablir la tranquillité; mais ſuivant les principes, les opinions & la doctrine qu'ils avoient eux-mêmes adoptée: enſorte que la doctrine & les opinions des Souverains étant en pluſieurs endroits oppoſées à celles des habitans, cette diverſité ne faiſoit qu'accroître le trouble, au lieu de le calmer.

Diviſions
& méſintel-
ligences qui
agitent la
Suiſſe.

Cauſes qui
augmentent
les troubles.

L'agitation étoit encore plus violente dans les pays ſoumis à pluſieurs Can-tons, tel qu'étoient le Thurgaw, le Rheintal, les Comtés de Sargans & de Baden, où chacun des Cantons qui y exerçoit une portion de Souveraineté, prétendoit y établir la doctrine qu'il avoit embraſſée, à l'excluſion de toute autre (3). Dans l'eſpoir ſi ſouvent déçu de concilier des intérêts ſi fort op-poſés, on indiqua une nouvelle diete à Berne des Catholiques contre les Ré-formés. L'expérience eut dû faire connoître l'inſuffiſance, ou même le dan-ger de ce moyen, plus propre à aigrir les eſprits déjà diviſés, qu'à leur in-

(1) Cette Alliance fut jurée le 12 Mars 1526. chi. Roſet. Liv. II. ch. 9.
(2) Stettler. MSC. (3) Hottinger. p. 389.

fpirer des idées de concorde & de paix. Les quatre Evêques qui avoient
fait éclatrer leur zelé pour la Cour de Rome, & leur intolérance par des
écrits remplis de déclamations & d'injures, & par tant d'actes violens, refuferent d'assister à cette dispute, qu'ils regardoient comme insultante pour le
Catholicisme, dont on mettoit ainsi les dogmes & les maximes en problême.
Celui de Lausanne écrivit aux Bernois une lettre qui n'étoit nullement pasto-
rale, dictée peut-être par le zele de la Religion, mais par un zele si amer,
qu'elle étoit infiniment plus propre à irriter & ulcérer des esprits déja prévenus, qu'à les adoucir, les instruire & les édifier.

Les Bernois étoient violemment agités par la lettre de l'Evêque de Lausanne
lorsqu'ils en reçurent une pleine d'avis injurieux & d'exortations si menaçantes de la part des VII Cantons Catholiques, qu'ils crurent devoir y répondre
à-peu-près sur le même ton. L'Empereur leur écrivit aussi, & dans leur
réponse ils montrerent la fermeté la plus-inébranlable. Cependant le tems
indiqué pour la dispute étant arrivé, & une foule de sayans de l'un & de
l'autre parti s'étant rendus à Berne, cette fameuse conférence, qui ne devoit
aboutir qu'à aigrir & perpétuer la querelle, s'ouvrit par la premiere des the-
ses qui devoient être soutenues, suivant les conventions faires entre les défenseurs des deux Doctrines (1). Haller & Œcolampade prononcerent des
discours éloquens, très-vifs, & dans lesquels ils firent tous leurs efforts
pour prouver la justesse & la vérité de leurs opinions. On disputa ensuite sur
la Primauté & le Vicariat de S. Pierre. Chacun demeura dans son sentiment.
Le Souverain Pontife fut aussi vivement défendu qu'il avoit été attaqué.
Zuingle se signala parmi ses aggresseurs par un discours qui fit l'admiration
de son parti. La dispute recommença, s'échauffa beaucoup, & fut ranimée
par les discours de Capiton, de Trægher ou Traiguer & Bucer.

Après de longs & très-vifs débats, il arriva, ce qu'on eût dû prévoir,
que les deux partis opposés protesterent l'un contre l'autre. Quand ensuite
on voulut continuer, on s'apperçut que les Théologiens de Lausanne s'étoient
secretement retirés: (2) s'éloigner dans des cas semblables, c'est avouer, dirent leurs adversaires du moins tacitement sa défaite. L'absence de cés théologiens, fut prise pour un avantage par les Réformés: leur éloignement ne
changea rien à l'ordre des conférences: on disputa sur les commandemens
de l'Eglise, sur la redemption par Jésus-Christ seul, sur l'admission ou la re-
jection de la présence réelle, sur la messe, question au sujet de laquelle
Haller prononça un discours qui lui suscita beaucoup d'ennemis & lui fit aussi
un très-grand nombre de partisans. On épuisa, sans se convaincre, tout ce
qu'il y avoit à dire pour ou contre la médiation de Jésus-Christ seul & l'utilité,
ou l'inutilité de l'invocation des Saints: on agita beaucoup l'institution du
Purgatoire, son existence, ou sa non existence; le Culte mal établi, ou bien
institué des images, des pratiques, &c. (3)

A la Suite de cette dispute qui avoit duré plusieurs jours, les Bernois beaucoup plus indécis qu'ils ne l'avoient été auparavant, demanderent conseil à
toutes les personnes éclairées & de considération qu'il y avoir en ville, &c.

Sect. VII.
Histoire de
la Suisse
1501-1550.

Commence-
mens de la
dispute à
Berne.

---

(1) Hottinger: p: 402. Sleidan. Chron. Bern. M S.C.
(2) Act. p. 150.          (3) Sleidan. Liv. 5.

Sect.VII.
Histoire de
la Suisse
1501 1550.

Indécision
des Bernois.

Le Conseil
abolit la
messe &
fait brûler
les images.

Edit pour la
Reforma-
tion.

1528.

chacun conseillant d'après ses maximes & ses opinions, la diversité de ces avis ne fit qu'ajouter à la perplexité des Magistrats. Cependant comme il paroissoit que tout l'avantage de la dispute avoit été du côté des Novateurs, depuis, la retraite de leurs Antagonistes, les Magistrats assemblés en Conseil Souverain délibérerent que la messe seroit abolie à Berne, avec cette réserve néanmoins, que s'il se trouvoit quelqu'un qui put convaincre par l'Ecriture Sainte les Magistrats d'erreur dans ce décrèt, ils recevroient ses observations & ses instructions de bon cœur: quant au reste du Canton, il fut réglé que chaque Curé, ou Pasteur s'en tiendroit à ce qu'il avoir souscrit, en attendant de nouveaux réglemens. Quand cet arrêt eut été rendu public, les Magistrats firent renverser & démolir tous les autels dans les Eglises, ils en firent ôter toutes les images qui furent publiquement brulées.

Ces innovations furent reçues si paisiblement, que les Magistrats enhardis par ce succès, & voulant frapper le dernier coup, assemblerent toute la Communauté dans l'Eglise, firent prêter à chacun serment de soutenir & défendre le Grand & le Petit Conseil dans tout ce qu'ils jugeroient à propos d'entreprendre pour le bien de l'Eglise & celui de l'Etat. Assurés alors de ne plus trouver d'opposition, ni de résistance, ils dressèrent, en treize articles un édit de Réformation, (1) par lequel ils dépouillerent les quatre Evêques de Constance, Bâle, Lausanne & Sion, de toute jurisdiction spirituelle, par cela seul, qu'ils n'avoient pas assisté à la dispute, où ils n'eussent pas, disoit-on, manqué de se rendre, s'ils eussent cru pouvoir y maintenir leur Doctrine & leur puissance par la parole de Dieu. Cet édit ordonna l'abolition de la messe, la destruction des autels, l'enlèvement des images, l'abolition des fêtes, des vigiles, des 4 tems, des offices des morts, &c. permit le mariage aux Prêtres, aux Religieuses, l'usage des viandes, &c.

Les Magistrats voulant que tout chez eux portât à l'avenir l'empreinte de cette grande révolution, firent changer la marque de la monnoie, & à la tête de la légende de S. Vincent, Patron de la ville, qu'elle avoit porté jusqu'alors, ils substituerent l'écu de Berne avec cette Legende: BERCHTOLD. V. ZÆRING DUX FUNDATOR. Cette monnoie a subsisté jusques en 1670, qu'on substitua au fondateur de la ville le nom de Dieu, par cette Légende: DOMINUS PROVIDEBIT.

Les habitans du Pays de Hasle refusent de se soumettre à l'édit.

Le Conseil se hâta de faire publier son édit dans toute l'étendue du Canton. Il n'y eut que les habitans du pays de Hasle, qui, persistant dans le Catholicisme, & refusant de se soumettre, prirent les armes, appellerent à leur secours les Unterwaldiens & en reçurent un corps de 800 hommes qui s'emparerent de Brientz avant que les troupes Bernoises eussent pû se rassembler (2). Par sa prudence & son activité l'Avoyer d'Erlach appaisa cette sédition; & la République craignant avec raison des troubles plus considérables, fit une alliance défensive avec Zurich, les Villes de Constance & de S. Gall, elle admit quelque tems après Bienne dans cette alliance, à laquelle accéderent ensuite Mullhausen & Bâle (3): car Bâle, ainsi que Schaffhouse, une partie du Canton de Glaris & la Vallée entiere d'Appenzell, penchoient beau-

(1) Sleidan. Liv. 7. Stettler. Hottinger.    (2) Stettler. T. 2. p. 1. 7.
(3) Bullinger. L. 19. Ch. 4. Stettler. L. c. p. 20.

coup pour la Réformation, & le plus grand nombre y profeſſoit ouvertement la nouvelle Doctrine, lorſqu'enfin la Réformation y fut établie immuablement comme à Berne (1).. La plus grande partie des Griſons avoient adopté les mêmes opinions déja dès 1526: enſorte qu'il n'y avoir plus que cinq Cantons où le Catholiciſme fut encore la Religion dominante & profeſſée à l'excluſion de toute autre.

Il y avoir un an que ces cinq Cantons avoient contracté une alliance avec le Valais, ſous cette condition particuliere, que toutes les fois qu'il s'agiroit du maintien de la Religion catholique, les obligations de ce traité prévaudroient ſur toutes ſortes d'engagemens antérieurs. Ces Cantons étoient hautement protégés par le Pape qui avoit le plus grand intérêt à les appuyer; & par le Roi Ferdinand dont le Catholiciſme étoit de la plus outrée intolérance. Excités par ces deux Puiſſances, encouragés par leurs propres forces, & vivement échauffés par le fanatiſme, ces cinq Cantons paroiſſoient ne reſpirer que la guerre, l'extinction & le maſſacre de tous les Sectateurs des nouvelles opinions.

La rupture ſembloit inévitable, lorſque Schaffhouſe, Appenzell, Fribourg, Glaris, Soleure & les Griſons propoſerent des moyens de conciliation, & offrirent de ſe rendre médiateurs dans cette querelle. Leur offre fut acceptée, & ils commencerent par travailler à raccommoder les Bernois avec Unterwald. Berne conſentit volontiers à l'accommodement propoſé par les médiateurs, à condition que Zurich y ſeroit compris: mais les Zuricois n'ayant point été conſultés, refuſerent d'entrer dans cet accommodement, & les cinq Cantons plus irrités contre Zurich que contre tous les autres pays réformés, refuſerent d'entrer avec cette République en aucune ſorte de négociation. Les Bernois ainſi que les médiateurs envoyerent aux cinq Cantons des députés qui furent mal reçus, & qu'à peine on voulut écouter. Cet accueil ne fit qu'aigrir les eſprits; un nouvel incident vint allumer le feu de la guerre.

Baden appartenoit à pluſieurs Cantons, qui étoient ſucceſſivement chargés de ſon Gouvernement: c'étoit alors le tour d'Unterwald d'y envoyer un Baillif, & ce Canton nomma à cette Magiſtrature Antoine Abacher; Berne & Zurich refuſerent de le reconnoître. Ce refus étoit injuſte; Uri, Zug, Lucerne & Schweitz parurent diſpoſés à ſoutenir l'élection d'Unterwald, & à inſtaller Abacher par la force des armes. Les Zuricois qui n'attendoient qu'un prétexte pour éclater, ſaiſirent celui-ci, & après avoir envoyé 200 hommes dans les Bailliages libres & 500 dans Bremgarten, ils s'emparerent du Couvent de Mourri. Cette hoſtilité fut le ſignal de la guerre, on s'arma de tous côtés, & le reſſentiment mutuel étoit ſi vif, qu'on ne fit aucune arrention aux ſoins généreux des Bernois pour pacifier la querelle. Les offres que les Cantons neutres firent de leur médiation furent rejetés: Zurich violemment irrité des ſecours étrangers demandés & reçus par les Cantons Catholiques, fit imprimer & répandit un manifeſte très-amer, leva 4000 hommes, ſous les ordres de George Berguer, & envoya trois détachemens pour s'aſſurer du Thurgaw, de Notre-Dame des Hermites & du Gaſter (1). Berne de ſon côté, étroitement unie à Zurich, leva deux corps, l'un de 6000 hom-

Sect. VII.
Hiſtoire de la Suiſſe
1501-1550.

Alliance des Cantons Catholiques avec les Bernois.
1529.

Les Zuricois couvrent leurs frontieres & s'emparent d'un Couvent.
1529.

*Les Bernois
au nombre
de 10000
hommes ſe
tiennent en
Campagne.*

mes, commandé par l'Avoyer Sébaſtien Diesbach & Gaſpard Mulinen, l'autre de 4000 hommes ſous les ordres de l'Avoyer Jean d'Erlach & de Bernard Tilmann: cette République eut grand ſoin de couvrir ſes frontières, ſoit
du côté de Lucerne, ſoit du côté d'Unterwald.

Les cinq Cantons ne montroient, ni moins d'ardeur, ni moins d'activité,
leur armée étoit campée à Baar; celle de Zurich étoit poſtée à Cappel : on
n'attendoit de part & d'autre que le moment dé combattre, & l'impatience
étoit égale dans les deux armées.   Celle des cinq Cantons étoit déterminée
à aller attaquer les Réformés dans leur poſte, & déja les Catholiques s'étoient
ébranlés pour cette entrepriſe, lorſque le pacifique Jean Aibli, Land-Amman
de Glaris, ſe donna tant de ſoins auprès des Chefs des cinq Cantons, que
ceux-ci conſentirent à un armiſtice, (1) Aibli fut propoſer la même ſuſpen-
ſion d'armes aux Zuricois, & il fut vivement appuyé par le député de Soleure & par le Banneret de Fribourg.   Zuingle qui étoit dans l'armée des

*Zuingle
s'oppoſe à la
Treve.*

Réformés, combattit de toute ſa puiſſance les raiſons d'Aibli, & prétendit
que cette trève n'étoit qu'un ſtratageme, & que les Catholiques ne montroient
des ſentimens pacifiques, que pour avoir la liberté de faire de plus grand préparatifs; & attirer aux Réformés une plus cruelle guerre.   Zuingle fut écouté, mais ſes exhortations ne réuſſirent qu'en partie; les Zuricois conſentirent
à la treve, qui à la vérité, ne fut acceptée qu'à des conditions qui la ren-
dolent preſqu'inutile, ou du moins qui ne laiſſoient eſpérer qu'un calme de
très-courte durée.   En effet, ces conditions furent que les cinq Cantons ar-

*Conditions
de la Treve.*

més pour le Catholiciſme conſentiroient que les habitans des bailliages communs ſe réformaſſent ſi la pluralité des voix étoit pour la nouvelle Doctrine;
qu'ils renonceroient à l'alliance du Roi Ferdinand, & qu'elle ſeroit annulée:
que déſormais les cinq Cantons ne tiendroient point de dietes particulières,
ſur-tout lorſqu'il ſeroit queſtion de délibérer ſur des affaires qui intéreſſe-
roient le L. Corps Helvetique; que toutes les ordonnances faites par les villes Réformées ſubſiſteroient dans toutes leurs diſpoſitions; que les fraix de la
guerre ſeroient ſtipulés par des arbitres dans le terme d'un mois: &, que ſi
cette clauſe n'étoit pas exécutée, les ſix villes Réformées, ſeroient autoriſées
à interdire le commerce aux cinq Cantons (2).

Ce calme ne ſe ſoutint pas; il ne peut y avoir de paix durable entre des
Peuples diviſés par des motifs de Religion, & également attachés à leurs
opinions théologiques; auſſi les différens Cantons plus dociles aux mouvemens de zele qui les agitoient, qu'attentifs à ſuivre les principes d'une ſaine
politique, ne s'occuperent-ils de part & d'autre, pendant la durée de cet armiſtice que du ſoin de recommencer la guerre avec plus de fureur & d'a-
trocité (3).

*Reſſenti-
ment des
Cantons Ca-
tholiques.*

Une foule de motifs tous puiſés dans les égaremens d'une piété fanatique
aigriſſoit cette haine mutuelle & générale.   Le Sénat de Bâle voulant achever ſon ouvrage, ſéculariſoit les moines & portoit les derniers coups au Catholiciſme expirant dans ce Canton. Zurich renouvelloit ſon édit de Réformation

(1) Bulling. L. 19.
(2) Ce traité eſt du Samedi après la Fête du S. Jean Baptiſte, le 23 Juin 1529.
(3) Stettler. l. c. p. 27-35. Bullinger. Hiſt. MSC. L. 20 Ch. 20 & 21.

tion & y ajoutoit des articles encore plus forts: Berne réformoit le Clergé, & s'attachoit à réformer en même tems les mœurs des Citoyens: Glaris en travaillant au rétabliſſement de la concorde, faiſoit auſſi des réglemens ſur la Religion: S. Gall convertiſſoit l'Egliſe Catholique en Temple Proteſtant; dans le Thurgaw, le Tockenbourg, le Gaſter, les bailliages libres, la Réformation avoit fait de tels progrès, qu'il n'y reſtoit plus de traces de l'ancien culte: ces progrès irriterent le zele des Cantons Catholiques, & leur pieté trop exaltée dégénérant en fanatiſme, ils ſe ſignalerent par une action atroce qui bleſſoit également l'humanité & le droit des gens. Le miniſtere d'Oberkirch, dans le Galter, étant venu à vaquer, le Docteur Jacob Keyſer, miniſtre de Schwertzenbach, dans le Canton de Zurich, fut nommé pour remplir cette place. Keyſer ne pouvant quitter ſon Egliſe avant la S. Martin, alloit tous les Samedis prêcher à Oberkirch; un jour paſſant près d'Eſſenbach dans un bois, il fut enlevé par quatre hommes & conduit à Schweitz, où ſon procès inſtruit en ſept jours, il fut condamné au feu par ſes juges Catholiques (1).

Le Canton de Glaris, ſur le territoire duquel cet attentat s'étoit commis, procéda contre cet enlèvement: Zurich ſe plaignit plus hautement encore; intercéda pour le Miniſtre, & envoya même des députés: les habitans de Schweitz n'eurent aucun égard, aux plaintes, ni aux ſollicitations, & Keyſer périt, au nom de Dieu, ſur le bucher. Le Roi Ferdinand inſtruit des troubles qui agitoient la Suiſſe, écrivit aux Cantons pour leur recommander la concorde & la paix: mais ſa lettre peu chrétienne n'étoit rien moins que propre à donner du goût pour la paix; étant remplie d'invectives & de malédictions contre les Réformés & les Réformateurs: il eût été lui-même attiſer les feux du fanatiſme, ſi les Turcs, qui alors tenoient Vienne aſſiégée, ne lui euſſent ôté la liberté de prendre part aux affaires des Suiſſes (2).

Mort vio-
lente du
Miniſtre
Keyſer.

Lettre du
Roi Ferdi-
nand aux
Cantons.

En Allemagne, les Réformés & les Réformateurs avoient également à combattre, tantôt dans des diſputes publiques, tantôt, & plus ſouvent les armes à la main contre les Catholiques. La diete de l'Empire s'étant aſſemblée à Spire, les Catholiques entreprirent d'y faire paſſer, à la pluralité des ſuffrages, un décret qui reſtraignoit la liberté de conſcience, accordée par un autre décret publié il y avoit trois ans. Les Electeurs de Saxe & de Brandebourg, les Ducs de Lunebourg, le Landgrave de Heſſe, & le Prince d'Anhalt, firent une proteſtation ſolemnelle contre ce décret, & en appellerent à l'Empereur, qui étoit alors en Eſpagne. Les Villes de Strasbourg, Nuremberg, Ulm, Conſtance, Reutlingue, Winsheim, Memmingue, Lindau, Kempten, Heilbrun, Iſny, Weiſſembourg, Nordlingue & S. Gall ſe joignirent à ces Princes, firent & ſignerent leur *proteſtation* & leur appel: & c'eſt de là qu'eſt venu pour le remarquer en paſſant le nom de *Proteſtans*, ſous lequel on a depuis déſigné les Réformés (3).

L'une des cauſes qui retarderent le plus en Suiſſe, comme en Allemagne, les progrès de la Réformation, fut la diverſité des opinions des Docteurs ſoi diſans Evangéliques. Chacun d'eux ſe regardant à l'excluſion de tous les autres, comme le véritable & le ſeul interprête de la parole ſainte, l'inter-

_____

(1) Rhan. p. 707.    (2) Hottinger. p. 468.    (3) S'cidan. Liv. VI. p. 171-173.

prêtoit à sa maniere, & prétendoit qu'on érigeât en article de foi, son interprétation quelque peu raisonnable & souvent quelqu'abfurde qu'elle fut.    Il y
avoit beaucoup de ces Docteurs, & par cela même une étonnante multiplicité d'opinions & d'interprétations oppofées les unes aux autres; (1) chacune avoit fes défenfeurs; on commençoit par difputer, on finiffoit par fe haïr.
Les fectes fe multiplioient; & comme la lecture de l'Ecriture Sainte étoit la
grande occupation de tout le monde, & qu'il n'y avoit perfonne, même parmi le Peuple, qui ne fe crut affez éclairé pour entendre & expliquer le texte;
ce texte devenoit la bafe des plus monftrueufes & des plus licentieufes erreurs.
Les uns y voyoient clairement l'ordre exprès de renverfer & détruire toute
puiffance civile, tout ordre de Magiftrature; les autres y trouvoient énoncée
la loi de fuivre fans égard & fans frein tous les penchans de la nature; & tous
ces interprêtes, plus ou moins dangereux, plus ou moins égarés, avoient de
nombreux Sectateurs, qui, féduits par leurs Chefs, agités par le fanatifme,

excitoient, au nom de Dieu, le feu de la difcorde, & infpiroient autant
qu'il étoit en leur puiffance, la haine qui les animoit.    Cette manie étrange
d'inftruire & de dogmatifer étoit commune à tous, aux plus éclairés, comme
aux plus ignorans.

Le zele de la Religion avoit d'abord animé deux favans docteurs de ce fiecle.    On avoit vu Luther en Allemagne & Zuingle en Suiffe, inconnus l'un
à l'autre, s'élever en même tems contre les mêmes abus introduits dans l'E-
glife, abus qui leur paroiffoient, difoient-ils, des plus frappans & fcandaleux (2).
Zuingle & Luther furent contrariés; ils s'échaufferent.   Rome qui peut-être
avec plus de douceur eût pû les ramener, les perfécuta, & ils abandonnerent
Rome & la Religion Romaine.    Cependant comme ils voulurent l'un & l'autre fonder de nouveaux dogmes, interprêter toute la parole divine, & fixer
immuablement les points les plus épineux, ils ne tarderent pas à fe partager fur des queftions fcholaftiques, fur des mots vuides de fens & qui ne
pouvoient être intelligibles, ni pour eux, ni pour qui que ce fut.

Altier, impérieux & infultant, Luther fe déchaîna violemment contre Zuingle, qui, plus doux, plus modéré, mais tout auffi obftiné que Luther, perfifta dans fes opinions & réprouva fans ménagement celles de fon antagonifte.
Le Landgrave Philippe de Heffe, grand admirateur de Luther, quoique
plein d'eftime pour Zuingle, chercha à réunir ces deux Théologiens; il eft
poffible de terminer à l'amiable les conteftations les plus graves entre deux
Souverains: il eft poffible d'infpirer des defirs de concorde & de paix à deux
armées prêtes à fe charger: mais on n'a jamais vu deux Théologiens une fois
divifés & qui fe font déclarés inconciliables, fe réunir: il faudroit que l'un
des deux avouât fon erreur, & de pareils aveux font malheureufement incompatibles avec l'amour-propre de la plûpart des favans.    Philippe de

Heffe fe flatta de venir à bout de cette grande entreprife, & il fixa une
conférence à Marpourg, (3) à laquelle il invita de comparoître, Luther,
Jufte Jonas, Ofiander, Mélanchton, Agricola & Brentius de la fecte Allemande: & Zuingle, Œcolampade, Hedron & Bucer de la fecte Helveti-

_____

(1) Bullinger. Hift. MSC. L. 20. Ch. 21.        (2) Scultet. Annal. Evangel. T. 2.
(3) Hotting. Sleidan.

que, qui parurent difpofés à entrer en négociation; les deux partis dreffèrent & fignerent une confeffion de foi en 15 articles, fur lefquels ils étoient parfaitement d'accord, à l'exception d'un feul point, qui étoit à la vérité le plus important, & fur lequel il ne fut pas poffible de les rapprocher : ce point concernoit la préfence divine dans l'hoftie, que les uns affuroient être réelle & les autres facramentale; grands mots fur lefquels ils difputoient fans ceffe, qu'ils croyoient tous entendre & que peut-être nul d'entr'eux ne comprenoit.

Quoiqu'il en foit, inébranlable dans fon fentiment, Zuingle envoya par les députés de Zurich, de Berne & de Bâle, fa confeffion de foi à Charles Quint qui étoit à Augsbourg (1). L'Empereur fit de nouveaux efforts pour rapprocher les Proteftans de l'Eglife Romaine; il ne put y réuffir; il voulut du moins les réunir & il ne fut pas plus heureux. Fatigué de l'aigreur de leurs difputes, & de la longueur de leur interminable querelle, il rendit fort inconfidérément un Edit, qu'il eût bien dû prévoir qu'on n'obferveroit pas. Par cet Edit, il ordonnoit à tous les membres de l'Empire de fuivre la Doctrine de l'Eglife Romaine jufqu'à la tenue d'un Concile (2). Charles-Quint étoit, fans contredit, le plus puiffant Monarque de fon-fiecle, mais eût-il été mille fois plus puiffant encore, il ne dépendoit pas de lui de forcer les Proteftans d'obferver une Doctrine qu'ils avoient rejetée: auffi jamais Edit ne fut plus mal exécuté, & la gloire de braver fa puiffance, ne fit qu'enflammer le zele des Réformés. Ceux de la Suiffe firent une étroite alliance avec Philippe, Landgrave de Heffe & avec la ville de Strasbourg. Il eft fingulier que le Roi François Ier, ami des fciences & des arts, & qui pourtant faifoit cruellement brûler dans fes Etats tous les Luthériens qu'on lui dénonçoit, fit les plus vives inftances pour être reçu dans la Ligue des Proteftans Suiffes avec le Landgrave de Heffe.

Les Réformés Helvetiques avoient trop d'horreur pour les fupplices que l'on faifoit fubir en France aux Sectateurs du Proteftantifme pour accepter les propofitions de François Ier; elles furent rejetées (3). Philippe de Heffe eut defiré d'étendre cette Ligue & de l'unir avec celle de Smalkalde; mais l'Electeur de Saxe, zélé Luthérien, étoit le Chef de la Ligue de Smalkalde, & il vouloit que les Cantons Evangéliques commençaffent par embraffer le Lutherianifme (4); les Suiffes s'y refuferent, & l'union des deux Ligues ne put avoir lieu. Ainfi les Proteftans, Luthériens, Zuingliens, &c. qui d'abord avoient voulu travailler de concert à réformer ce qu'ils appelloient les abus de la puiffance eccléfiaftique, & ceux qu'ils prétendoient s'être introduits dans la Doctrine; divifés eux-mêmes par quelques inutiles, ou incompréhenfibles queftions théologiques, arrêtoient les progrès de cette Réformation qu'ils avoient tant à cœur. De leur côté les Princes qui étoient entrés foit par leurs opinions, foit par politique dans ces vues de Réforme, lui nuifoient confidérablement, au-lieu de la feconder. L'ambition des uns, l'avidité des autres, ne leur permirent point de fe renfermer dans les bornes qu'ils euffent dû fe prefcrire. Ils avoient commencé par demander que le

(1) Hospinian Hift. Sacram. p. 167. Hotting. p. 521. (2) Scultet. p. 287.
(3) Hottinger. p. 540. (4) Sleidan. L. 8. p. 215.

Sect. VII.
Hiftoire de la Suiffe 1501-1550.

Charles-Quint cherche à les réunir, & ne réuffit point.

Ligue des Cantons Proteftans avec le Landgrave de Heffe & la ville de Strasbourg.

Ligue de Smalkalde.

Avidité des Princes.

Sect. VII.
Histoire de
la Suisse
1501-1550.

Clergé fût inftruit & édifiant, mais ils finirent par vouloir s'emparer des biens de ce même Clergé. Les bons Catholiques convenoient que le relâchement des mœurs s'étoit introduit dans leur ordre; ils defiroient que la pureté de leur état fut rétablie; mais nul d'entr'eux ne convenoit qu'il fut permis de toucher aux biens eccléfiaftiques.

L'entreprife des Princes réunit tous les membres de la hyérarchie, & cette réunion forma dans l'Europe entiere un parti d'autant plus formidable, qu'il n'y avoit ni méfintelligence, ni difpute, ni divifion entre ceux qui le com-

Difpofitions
des Reformés
d'Allema-
gne & des
Cantons E-
vangeliques.

pofoient. D'un autre côté, les Proteftans d'Allemagne menacés par l'Empereur, foudroyés par le S. Siege, provoqués par le Clergé, fe préparoient à venger & à foutenir par les armes, l'excellence de leur Doctrine, tandis que les Cantons Evangéliques s'engagoient fans le vouloir dans la guerre fufcitée par l'imprudente vivacité des habitans de Glaris & de Zurich. Ces deux Cantons partageoient avec Schweitz & Lucerne les droits de protection qu'ils exerçoient tour à-tour fur l'Abbé de S. Gall & fes anciens fujets, c'eft-à-dire, fur les habitans des terres que cette Abbaye poffédoit avant 1468, époque de l'acquifition du Tockenbourg, faite par l'Abbé Ulrich Rosch. Conformément aux traités faits avec cette Abbaye, ces quatre Cantons envoyoient tour-à-tour un officier fur ces terres, chargé d'y veiller aux droits refpectifs de l'Abbé & de fes fujets. Il n'y avoit jamais eû de conteftations au fujet de l'élection, ou de l'exercice des fonctions de cet officier, qui y rempliffoit fa charge fous le titre de Landshauptmann (1).

Entreprife
de Zurich
& de Glaris,
fur les terres
de l'Abbaye
de S. Gall.

En 1529, l'Abbé Gheifsberguer étant mort, les moines de S. Gall s'affemblerent, & élurent, fuivant l'ufage, Kilian Kæuflin pour leur Abbé. Cette élection étoit bien faite, mais Zurich & Glaris étant Proteftans, ne voyoient qu'avec douleur l'opulence de l'Abbé Catholique de S. Gall. Ils refuferent de reconnoître Kilian Kæuflin. L'injuftice de ce refus étoit évidente: l'Abbé fe retira avec fes moines à Wolfourt près de Brégence, & fut vivement appuyé par Marc de Hohen-Ems, Baillif Autrichien à Bregence, qui promit de l'inftaller par la force. Les fujets de l'Abbé de S. Gall étoient prefque tous Proteftans, & impatiens de fecouer le joug d'un Seigneur Catholique, Prêtre & moine; ils fe mirent fous la protection de Zurich & de Glaris. Ces Cantons qui n'attendoient que cette démarche pour exécuter leur projet, fe déclarerent auffi-tôt adminiftrateurs des biens de l'Abbaye & defferent un plan d'adminiftration. Schweitz & Lucerne avoient fur cette Abbaye les mêmes droits, mais ces deux Cantons penfoient différemment, & irrités de l'entreprife de Glaris & de Zurich, ils s'oppofoient à ce plan d'adminiftration (2). La caufe des deux premiers Cantons étoit mauvaife, Strasbourg, Berne & Bâle s'efforcerent de les faire défifter de leurs injuftes prétentions. Les neuf Cantons neutres fe joignirent à Berne, à Bâle & à Strasbourg: ils propoferent des moyens de conciliation: les Glarifiens & les Zuricois ne voulurent rien céder. Pendant la conteftation Kæuflin, Abbé fans revenus, & exilé, mourut; les moines lui donnerent pour fucceffeur Dietbelm, dont la condition ne fut pas plus heureufe que celle de fon prédéceffeur. Zurich & Glaris continuerent de refter en poffeffion de tous les biens,

Lucerne
s'oppofe aux
entreprifes
de Glaris &
de Zurich.

---

(1) Hottinger. p. 552-563.    (2) Stettler. L. 4.

de l'Abbaye, & ufant en maîtres des droits & des revenus de l'Abbé qu'ils avoient dépouillé; ils affranchirent pour 14000 florius les habitans du Toc-kenbourg de toute dépendance envers l'Abbaye de S. Gall.

Lucerne qui ne pouvoir, ni rien vendre, ni rien adminiftrer dans les ter-res de cette Abbaye, voulut du moins faire à fon tour un acte d'autorité; elle nomma un Landshauptmann, fuivant le droit qu'elle en avoit; mais les an-ciens fujets de l'Abbé de S. Gall fe trouvoient trop bien de l'adminiftration des deux Cantons Réformés pour fouffrir d'autres officiers que ceux qui leur féroient envoyés par les deux feuls Adminiftrateurs qu'ils voulu(Tent recon-noître, & ils refuferent de recevoir le Landshauptmann de Lucerne (1). Ce fujet de divifion étoit affez puiffant pour caufer de grands troubles, un nou-vel incident vint aigrir ce ferment de difcorde.

Sect. VII.
Hiftoire de
la Suiffe
1501-1550.

Par le traité de Cappel les V Cantons s'étoient engagés à payer dans un terme convenu les fraix de la guerre. Rien n'étoit plus jufte que de remplir cette condition; le terme du payement s'étoit écoulé, & les cinq Cantons qui avoient différé fous différens prétextes, finirent par refufer ouvertement de payer (2). Pendant que cette conteftation s'animoit, les Genevois oppri-més, foulés, attaqués par les Savoyards, implorerent le fecours de Berne, Fribourg & Soleure, dont les troupes aguerries délivrerent Genève de fes ennemis, & forcerent le Duc de Savoie à renoncer à fes prétentions fur cette Ville, qui néanmoins eut autant à fouffrir de fes Libérateurs, qu'elle avoir eu à fe plaindre des Savoyards & du Duc de Savoie, mais ces événemens peu importans, ne fixoient pas l'attention des Suiffes, qui, divifés par leurs fana-tiques idées en matiere de Religion, ne s'occupoient que des moyens de fe faire les uns aux autres le plus de mal poffible. Par tout où les Catholiques formoient le plus grand nombre, les Proteftans étoient opprimés, & par-tout où ceux-ci avoient la force en main ils étoient oppreffeurs. Dans les Bailliages communs, les Réformés fe plaignoient des entraves qu'on mettoit à la liberté de confcience: ils formoient des plaintes ameres fur la dureté des traitemens qu'on leur faifoit fubir, & fur l'atrocité des dénonciations que l'on portoit contr'eux auprès des Souverains étrangers. Quelques Citoyens modé-rés s'épuifoient en fages exhortations, donnoient d'utiles confeils, propo-foient des négociations, & n'étoient point écoutés: les Zuricois paroiffoient les plus animés; les conditions qu'ils propofoient étoient fi dures, ou fi hu-miliantes, qu'ils fe rendoient chaque jour plus odieux aux Cantons Catholi-ques. Une précaution infpirée à ces derniers par la plus mauvaife politique, acheva de les rendre fufpects aux Réformés, & hâta la malheureufe guerre qui éclatta bientôt (3).

Nouveau fu-
jet de dif-
corde.

Genève at-
taquée par
les Sa-
voyards &
delivrée par
les Suiffes.

Jean-Jacques de Médicis, fils, dit-on, d'un Médecin de Milan, nom-mé Bernardin, & auquel on donnoit le fobriquet de *Medieffino* qu'il changea en celui de Médicis. (4) ce Jean-Jacques aima paffionnement la guerre dès fa plus tendre jeuneffe, mais il n'aimoit qu'elle feule: du refte il étoit fourbe, dur, cruel, fanguinaire, rempli d'une dévorante ambition, & capable de tous les crimes, pour peu qu'il les crût propres à fes vues. Il avoit inhu-

Guerre de
Mufs.
1531.

(1) Scultet. p. 315-327.    (2) Rhan. 700-725.    (3) Hotting. p. 555.
(4) Sprecher. L. IV. p. 182-183.

Sect. VII.
Histoire de
la Suisse
1501-1550.

Sujet de
cette guerre.

mainement affassiné Hector Visconti; à la follicitation de Jérôme Moron, qui; pour récompense avoit donné à l'affassin le gouvernement du Château de Muff; situé près du lac de Côme. Médicis s'étoit fignalé ensuite par beaucoup de brigandages & par quelques exploits qui lui avoient acquis de la réputation parmi les gens de guerre. Il avoit pris les armes pour l'Empereur Charles Quint contre François Ier & il avoit remporté quelques glorieux avantages fur les 6000 Grifons qui avoient combattu fi malheureusement devant Pavie, dans l'armée Françoise.

Guidé par ses seuls intérêts, Jean-Jacques de Médicis étoit paffé du fervice de l'Empereur à celui de la France pendant la captivité du Roi François Ier; mais bientôt déterminé par les triomphes de Charles Quint, il avoit abandonné la caufe de François, & avoit eu l'honneur de faire fa paix avec l'Empereur. Enorgueilli par ses fuccès, & fe croyant au deffus des petits Souverains d'Italie, il prétendit pouvoir traiter d'égal à égal avec François Sforce, fon maître, Duc de Milan, & s'arrogeant dans fes terres tous les droits de la fuprême puiffance, il fe donna les titres de Marquis de Muff & de Comte Souverain de Lecco. Encouragé par la terreur qu'il infpiroit dans le voifinage, il s'empara à force ouverte de tous les héritages des environs qu'il trouvoit à fa bienféance, & forma le hardi projet d'ufurper la Valteline, fertile, & beau Pays dont il vouloit fe faire une riche Principauté. Des troupes Efpagnoles que le Duc de Milan congédia, Médicis prit 900 hommes, fortifia les châteaux de fon gouvernement, fitués fur les frontieres du Milanez & de la Valteline, & fit des préparatifs qui annonçoient de fi mauvais deffeins, que les Grifons allarmés envoyerent à François Sforce des députés, chargés de favoir fi c'étoit par fes ordres que le Gouverneur de Muff fe conduifoit ainfi. Ces députés reçurent du Duc de Milan la réponfe la plus fatisfaifante, & ils s'en retournoient, lorfque Jean-Jacques de Médicis, intéreffé à laiffer croire aux Grifons qu'il n'agiffoit que par ordre du Duc de Milan, fit égorger fur la route ces députés, par des affaffins à fes ordres (1).

Ambitieux
projets fur la
Valteline.

Allarmes
des Grifons.

Peu de jours après ce dernier attentat croyant avoir pris les plus infaillibles mefures pour le fuccès de fon expédition, Jean-Jacques à la tête de fes troupes fe jeta fur la Valteline, & moitié de force, moitié par la trahifon d'un moine Dominicain, il fe rendit maître du Bourg & du château de Morbegno, qu'il fortifia, & où il mit une nombreufe garnifon fous les ordres de Gabriel fon frere. Les Grifons ne furent pas plutôt informés de cette invafion, qu'ils marcherent contre le Gouverneur de Muff. La fortune fe déclara d'abord pour eux, mais ayant formé fans précaution le fiege du château de Morbegno, ils furent repouffés & perdirent beaucoup de monde (2).

Les Grifons
marchent
contre Médicis.

La nouvelle de cet échec allarma leurs compatriotes : ils demanderent du fecours aux Suiffes; les Cantons Réformés s'emprefferent de leur accorder des troupes: les Cantons Catholiques leur en accorderent auffi, à l'exception des cinq qui étoient alors en conteftation avec les Zuricois, & qui, croyant en avoir bientôt befoin eux-mêmes, déclarerent qu'ils ne vouloient pas faire la guerre au Chatelain de Muff, ç'étoit ainfi qu'on nommoit Jean-Jacques de

(1) Sprecher. p. 193-194.　　(2) Idem. p. 195.

Médicis. Les troupes Suisses marcherent au nombre de 4000 hommes vers la Valteline (1): celles de Glaris de Zurich, du Tockenbourg & du Thurgaw, arriverent les premieres, & allerent se rendre au camp des Grisons, devant Morbegno, les autres arriverent plus lentement, & allerent camper sur le bord opposé du lac près de Menasio.

Sect. VII. Histoire de la Suisse 1501-1550.

Le Chatelain de Muss attendoit trois mille lances que son beau-frere Wolf Théodoric lui envoyoit; mais ces troupes ne purent parvenir jusqu'à lui, les habitans du Tirol & l'Evêque de Trente, alliés des Grisons ayant refusé de leur donner passage (2). La garnison de Morbegno, vivement pressée par les Suisses, & manquant de vivres & de provisions, tenta de s'échapper; mais elle fut si vivement poursuivie dans sa fuite, qu'elle périt presque entiérement, soit par l'épée des ennemis, qui en égorgerent environ 300, soit dans les eaux du lac, où un grand nombre de fuyards se précipiterent: ceux qui resterent furent faits prisonniers.

Les Suisses & les Grisons s'emparent de Morbegno.

Les Suisses & les Grisons maîtres de Morbegno, se disposoient à aller former le siege du Château de Muss, quand le Duc de Milan, craignant encore plus le voisinage des troupes Helvetiques que l'ambition de Médicis, envoya dans leur camp un député chargé de leur offrir de joindre ses armes aux leurs. Les Suisses qui ne se doutoient point des motifs de François Sforce, accepterent ses offres avec reconnoissance, & par leur traité avec ce Prince, il fut stipulé, qu'il y auroit une paix stable, & une liberté entiere de commerce entre les habitans des Cantons & les Milanois: que le Duc feroit seul & à ses dépens la guerre à Médicis: qu'il ne quitteroit point le siege commencé qu'il ne se fut emparé du Château de Muss, & qu'aussi-tôt qu'il s'en seroit rendu maître, il le raseroit, ainsi que la Tour d'Olonia: qu'il renonceroit à toutes ses prétentions sur la Valteline, Chiavenna & Bormio: que des 2000 hommes que Zurich & les Grisons fourniroient pour la continuation de cette guerre, le Duc en tiendroit 1200 à sa solde, les 800 autres restant à la solde des Grisons & des Zuricois: que les places dont le Duc s'empareroit, resteroient en sa possession, à la charge par lui de payer 30000 florins d'or aux Grisons & aux Suisses, trois ans après la fin de la guerre (3).

Crainte du Duc de Milan & son alliance avec les Suisses & les Grisons.

Ce traité parut également avantageux aux deux parties. Le Duc de Milan continua, comme il s'y étoit engagé, la guerre contre le rebelle Médicis, qui, après d'inutiles efforts & une vaine résistance, implora la médiation de l'Empereur Charles-Quint & du Roi Ferdinand & fit faire même des propositions à Sforce. Le Duc refusa d'entrer en négociation, sous le très-plausible prétexte, qu'il ne pouvoit rien statuer sans l'aveu de ses alliés. Médicis allarmé demanda du secours au Roi de France, & pour en obtenir, il lui offrir les places de Muss & Lecco: mais François Ier, ne jugeant point à propos de se brouiller avec la Nation Helvetique & les Milanois pour la défense de la mauvaise cause d'un sujet rebelle qui vouloit s'ériger en tyran, rejeta toutes les propositions de Médicis (4). Celui-ci étoit vivement assiégé dans le château de Muss par les Suisses, qui s'en fussent emparés, si les Mi-

Continuation de la guerre contre Médicis.

---

(1) Man. Lauf. p. 365. Rhan. p. 720.    (2) Sprecher. p. 197.
(3) Sprecher. p. 198.    (4) Idem. p. 199-200.

lanois euſſent eû plus d'activité, & ſi Médicis n'eût pas été ſervi par des traîtres de l'armée confédérée, ſur les avis qu'ils lui donnerent, il fit une vigoureuſe ſortie & battit les aſſiégeans dans la montagne où ils s'étoient poſtés dans
la vue de canonner plus facilement le château: mais ce ſuccès ne fit que retarder de quelques jours la défaite du Gouverneur, qui, preſſé par les deux
armées & ne pouvant plus tenir, n'eut d'autre parti à prendre, que celui de
tenter de fléchir la juſte colere du Duc de Milan (1). Ce Prince voulut
bien avoir égard aux ſollicitations de l'Evêque de Verceil & de Marin Ca-
racciolo, Ambaſſadeur de l'Empereur: les deux Chefs de l'armée confédérée
convinrent de concert avec Sforce, que Jean-Jacques de Médicis, qu'on eût
pû ſans injuſtice faire périr pour ſes uſurpations, ſes crimes & les brigandages, emporteroit avec lui toute ſon argenterie, ſeroit payé des terres qu'il
étoit obligé de remettre au Duc de Milan, & ſe retireroit dans le Dioceſe de
Verceil. Le Château de Muſſ fut raſé, ainſi que la ville de Lecco & la
guerre finit.

Médicis fait
ſa paix avec
le Duc de
Milan.

Il n'y avoit eu que huit Cantons qui euſſent fourni des troupes au Duc de
Milan; les V Cantons Catholiques n'avoient voulu donner aucune ſorte de
ſecours, & ce refus avoit beaucoup augmenté la défiance des Cantons Réformés. Ceux-ci ne douterent point qu'il n'y eut quelque mauvais deſſein formé par les Catholiques. Cette crainte engagea les Bernois à prendre des précautions; & dans le tems même qu'ils envoyoient 1500 hommes
aux Griſons, ils leverent un corps de 8000 hommes, pour s'en ſervir en cas
d'événement. Les Zuricois encore plus animés, vouloient abſolument la
guerre, & ſouffroient impatiemment les ſoins que ſe donnoient les Cantons
neutres pour la prévenir. Il eſt vrai que les Cantons catholiques avoient
promis de chatier ceux de leurs ſujets, qui inſulteroient aux Réformés en général & aux Zuricois en particulier; mais bien loin de remplir cet engagement, les Catholiques toleroient fort complaiſamment les aggreſſeurs des Proteſtans; & les habitans de Zurich ne pouvoient ſe rappeller ſans indignation
d'avoir entendu proférer contr'eux, dans les aſſemblées générales des petits
Cantons les injures les plus atroces. Excités par ce ſouvenir, autant qu'ils
l'étoient par le zele animé de leurs miniſtres, ils convoquerent dans la ville
de Zurich une diete de Réformés, & là, réiterant leurs plaintes, ils finirent
par déclarer qu'ils ne croyoient pas qu'il y eut d'autre moyen de réprimer
leurs détracteurs, qu'une expédition de guerre.

Mécontente-
ment des
Cantons Ré-
formés con-
tre les Can-
tons Catho-
liques.

Les députés des autres villes, moins irrités, ou moins ſenſibles, tacherent de calmer les Zuricois; & comme la guerre de Muſſ ne faiſoit alors que
de commencer, il fut réſolu de ſuſpendre, du moins pour quelque tems tout
acte d'hoſtilité, & de tenter encore les moyens de pacification qu'on croiroit
les plus propres à réunir entr'eux les Membres du Corps Helvetique (2). Les
députés des V Cantons parurent dans cette dicte; ils ſe juſtifierent des plaintes qu'on faiſoit contre leurs compatriotes, & ſe plaignirent à leur tour des
injures & des invectives des Réformés contre les Catholiques.

Ces

(1) Ce qui détermina Médicis fut la perte de Gabriel ſon frere, & d'Alviſio Borce-
tio de Côme, ſes deux plus fermes appuis, & qui furent tués en deux différentes rencontres. Sprech.    (2) Wurſtes. L. c.

Ces conférences qui n'avoient fervi qu'à accroître la haine mutuelle des deux partis, étoient à peine terminées, que l'Etat de Zurich fut très-furpris de re-cevoir une lettre du Pape Clément VII, remplie de flatteufes promeffes & d'exortations à rentrer dans le fein de l'Eglife (1). Clément VII étoit plein de bonnes intentions, mais il prenoit fort mal fon tems, & fa lettre ne fit aucune impreffion fur les Magiftrats de Zurich, qui, chaque jour plus enflammés du défir de fe vénger, envoyerent des députés dans toutes les villes Réformées, pour leur perfuader d'armer contre les Catholiques (2). Les députés agirent fi vivement auprès des Bernois, que ceux-ci convoquerent une nouvelle diete proteftante à Araw; mais il n'y eut que les habitans de Zurich qui conclurent à la guerre; leurs alliés penferent unanimément, qu'une telle réfolution ne devant être prife qu'à la derniere extrémité, il falloir diffimuler encore, gagner du tems, & le bien garder d'en venir à des hoftilités.

Sect. VII.
Hiftoire ae
la Suiffe
1501-1550.

Lettre du
Pape Clé-
ment VII à
Zurich.

Cependant comme d'un côté les injures des Cantons cathóliques continuoient, & que d'un autre, les V Cantons refufoient hautement de payer, comme ils s'y étoient engagés, les fraix de la guerre de Cappel, les Cantons réformés délibérerent d'interdire, au terme du traité, tour commerce aux cinq Cantons (3): ç'étoit hâter la guerre, au lieu de la prévenir. Auffi cette délibération n'eut pas plutôt été rendue publique, que toute la Nation Helvetique ne s'occupa plus que de plans de campagne & de guerre. Glaris, Fribourg & Soleure plus modérés, propoferent divers moyens de pacification; la France offrit auffi fa médiation: on obtint des deux partis qu'il y auroit un Congrès à Bremgarten: mais dans ce Congrès les efprits s'aigrirent au-lieu de fe rapprocher. Les Réformés demandoient qu'on laiffât aux Miniftres, la liberté de prêcher la Réformation dans les Cantons Catholiques; cette demande étoit d'autant plus déraifonnable & d'autant plus injufte, qu'il s'en falloit de beaucoup que dans les lieux où la Réformation étoit profeffée on permit aux Prêtres Catholiques de prêcher: les Cantons Catholiques fe réduifirent à demander que pour préliminaire on levât l'interdiction du commerce. Cette propofition étoit plus jufte, elle fut cependant rejetée, & les deux partis perfifterent opiniâtrément dans leur refus.

Interdiction
du Commer-
ce aux cinq
Cantons.

Congrès à
Bremgar-
ten.

L'efprit de zizanie divifoit tous les membres du Corps Helvetique, & les plus petites caufes entraînoient de violentes querelles, fur-tout entre les Cantons de différente religion: celui de Bâle avoir toujours été inconteftablement en poffeffion du Landgraviat de Sifsgaw: le Canton de Soleure préten-doit que Gemper, Hochwald & Dorneck, compris dans ce Landgraviat, lui appartenoient en toute fouveraineté. Il fut d'abord convenu que ce démêlé feroit remis en arbitrage: mais les Magiftrats de Soleure, craignant que la fentence ne leur fût pas favorable, & ne voulant point renoncer à leurs prétentions, ils révoquerent le confentement qu'ils avoient donné à un arbitrage, & en ligne de fouveraineté ils firent dreffer une potence entre Schauenbourg & Cemper.

Ce coup d'autorité fut un fignal de guerre: Soleure & Bâle armerent, & ils étoient prêts à en venir aux mains, lorfque par l'entremife des Can-

---

(1) Hotting. p. 571.     (2) Wurftif. L. VIII. p. 598.     (3) Hotting. p. 574.

tons neutres, on convint d'un second arbitrage; (1) enfin, après bien des difficultés ce différend fut terminé. La querelle des Catholiques & des Réformés ne fut point aussi facile à appaiser; au contraire, tout, jusqu'aux négociations, contribuoit à la rendre plus vive & plus inconciliable. Il y eut

vainement un second Congrès à Bremgarten, il n'eut pas plus d'effet que le premier (2). Les deux partis étoient animés chacun par ses docteurs, ou ses prédicateurs: quelques-uns ont assuré que Zuingle se rendit incognito à Brèmgarten, & qu'il s'y donna les plus grands mouvemens pour persuader aux Réformés de se désister de l'interdiction du commerce, dont il prévoyoit les plus funestes suites: d'autres en convenant qu'il prit beaucoup de soins dans cette affaire, assurent qu'il alla trouver les députés de Berne, & fit auprès d'eux les plus vives instances pour les engager à ne rien céder aux Catholiques (3). Les Médiateurs proposerent divers moyens de conciliation, & ces moyens furent également rejetés par les deux partis. Ce qu'il y a de vrai, à l'égard de Zuingle, c'est qu'ayant essuyé quelques désagrémens à Zurich, de la part de quelques citoyens peu amis de la Réformation, il demanda son congé au Conseil de la République. Les Magistrats qui avoient en lui la plus entiere confiance, le presserent avec tant d'instance de rester dans son poste, qu'il consentit à continuer ses fouctions. Toutefois, comme s'il eût prévu que cette guerre lui seroit fatale, il fit tous ses efforts pour en détour-

ner ses concitoyens: mais les Zuricois persisterent dans leur résolution. Ils répandirent un manifeste, où, sous le voile du zele religieux, il étoit facile d'appercevoir la véhémente colere dont ils étoient animés (4).

L'Etat de Soleure fit de nouveaux efforts pour la paix, ils furent inutiles: ils demanderent du moins une treve de courte durée, elle fut refusée, & Zurich demanda du secours à Berne. Cette précipitation déplut beaucoup aux villes Réformées. Les V Cantons instruits de cette semence de division parmi les Réformés, appellerent au soutien de leur cause tous leurs alliés, s'assurerent des forces des habitans du Valais, s'adresserent au Duc de Savoie, & au Pape Clément VII qui donna ordre à J. B. de Insula, ou Delile, Evêque de Veroli, de rassembler des troupes, pour les Cantons Catholiques dans le Duché de Milan. Les Zuricois n'ignoroient point ces préparatifs, & ils reçurent des Grisons un secours de 1500 hommes, qui camperent à Kaltenbrunnen, dans le Gaster.

Déja les V Cantons avoient déclaré la guerre à Zurich, mais par la plus adroite politique, & dans la vue de diviser les Réformés, afin de les attaquer avec plus d'avantage les uns après les autres, ils n'envoyerent aucune déclaration de guerre aux Bernois. Cette ruse réussit, & les Zuricois avant que de se mettre en campagne, ayant demandé une conférence aux Bernois pour se concilier sur le plan des opérations, les derniers répondirent qu'ils n'avoient encore reçu aucune déclaration de guerre, que c'étoit aux habitans de Zurich à répondre comme ils l'entendroient à celle qui leur avoit été faite: que tout ce qu'ils avoient à leur conseiller, étoit de se tenir sur leurs gardes, & de ne rien faire avec précipitation: que du reste ils ne manquassent

(1) Wurstis. L. VIII Ch. 9.　(2) Hotting. p. 571.
(3) Wurstis. L. VIII. p. 598.　(4) Hotting. p. 574.

point à leur donner avis de tout ce qui fe paſſeroit.  Quant à nous, ajouterent - ils, nous fommes prêts ; nous n'attendons que votre fommation, nous
avons fortifié nos poſtes ; & nous fommes fort furpris de ce que vous nous
écrivez fi peu, tandis que nos Baillifs & nos Gouverneurs de l'Argaw nous
ont informés de la marche des Lucernois, & des préparatifs des petits Cantons (1).

Sᴇᴄᴛ. Vɪɪ.
Hiſtoire de
la Suiſſe
1501-1550.

Les Bernois étoient en effet exactement inſtruits ; car les Lucernois, joints
aux troupes des quatre petits Cantons, s'étoient jetés dans le Bailliage des
Frey-Æmpter, & avoient ravagé le pays, lorſqu'un corps de 600 Zuricois,
fuivi de 6 pieces de canon, parti fous le commandement de George Goeldlin, qui avoir ordre de ne point s'engager dans une action, s'étoit allé poſter
du côté de Cappel (2).  L'armée des ennemis groſſiſſoit de moment en moment.
Les Zuricois qui juſqu'alors s'étoient montrés fi vifs & fi ardens, per-
diſent un tems précieux en vaines délibérations, & ne firent enfin partir que
trois petits corps.  Les Bernois fe mirent en marche, mais avec très-peu
d'ordre ; & n'ôſant rien entreprendre fuivant le commandement très-inconfidéré
qu'ils en avoient reçu.  Pendant cette inaction, l'armée des V Cantons fe
forma à Zug, & il fut réfolu que l'on attaqueroit les Zuricois à Cappel.
Goeldlin qui n'avoit avec lui dans ce poſte que 1200 hommes, n'apprit
la marche des ennemis qu'au moment même où il fut attaqué : il fe défendit
très-courageuſement, & fon canon tint quelque tems les aggreſſeurs écartés.
La banniere de Zurich marcha à fon fecours ; mais de 4000 hommes qui
fuivoient cette banniere, à peine 2000 eurent le tems de joindre Goeldlin.
Zuingle étoit au nombre de ces 2000 Zuricois ; étoit-ce pour animer par
fa préfence la valeur de fes compatriotes, dans une guerre qu'on croyoit
intéreſſer la Religion ? Etoit-ce dans la vue de tenter, fuivant les circonſtances qui fe préfenteroient, de nouveaux moyens de pacification ? C'eſt ce que
l'on ignore ; mais Zuingle eût beaucoup mieux fait de prier à Zurich pour
les combattans, que de combattre lui-même.

Premieres
hoſtilités.

Bataille de
Cappel.

Quoiqu'il en foit, les deux armées ennemies fe trouvant en préfence, &
les Réformés ayant l'avantage du poſte, les deux partis fe canonnerent depuis midi juſqu'à trois heures (3).  Alors les Zuricois fe perfuadant que, fatigués de l'inutilité de leurs tentatives, les ennemis ne feroient plus d'attaque,
fe préparoient à paſſer tranquillement la nuit dans ce lieu même, lorſque
Jean Jouch, d'Uri, officier expérimenté, tomba tout-à-coup, fuivi de 300
hommes ; fur l'armée des Réformés, & l'allarma tellement par fon impétuofité, que la terreur s'emparant des Zuricois, ils commencerent à perdre du
terrein.  Zuingle dit-on fit les plus grands efforts pour les rappeller au combat.  Le reſte des troupes des Cantons Catholiques profitant de ces momens
de confufion, fondirent fur les ennemis, acheverent de les mettre en déroute,
& en firent périr un très-grand nombre relativement à la foibleſſe de l'armée vaincue. Zuingle fut enveloppé dans le malheur de cette journée : bleſſé
d'un coup de pierre qui l'avoit étendu à terre, il fe releva, & fut renverſé
encore par la foule des fuyards & des vainqueurs : il fe mit difent les Réformés à prier Dieu avec beaucoup d'ardeur. Un Catholique lui ayant demandé

Victoire des
Catholiques.

---

(1) Stettler. p. 47.    (2) Rhan. p. 730.    (3) Hottinger. p. 582.

Sect. VII.
Histoire de
la Suisse
1501-1550.

Mort de
Zuingle.

Caractere de
ce Réforma-
teur.

Revers es-
suyés par
les Cantons
Réformés.

Ils sont en-
core vain-
cus.

s'il vouloit se confesser, & Zuingle ayant fait signe qu'il ne le vouloir pas, un officier du parti des V Cantons lui donna un coup de pique sous le menton & acheva de le tuer (1). Son cadavre resta dans la foule des morts jusqu'au lendemain, mais alors ayant été reconnu par les Catholiques, ils lui firent mille indignités, croyant couvrir par là sa mémoire d'ignominie, & ne songeant point qu'ils se déshonoroient eux-mêmes par la brutalité de ces excès. Ils tinrent contre ce cadavre un Conseil de guerre, & le jugeant comme traître à la Nation & hérétique, ils le firent écarteler par le bourreau de Lucerne. Leur rage n'étant point encore assouvie, ils le firent brûler sur un bucher, & mêlerent à ses cendres, des cendres de pourceau, afin que ceux des Réformés qui voudroient en recueillir, eussent en même tems des cendres d'un animal immonde. C'est ainsi que périt, & c'est avec cette atroce indignité que fut traité après sa mort Zuingle, qui, peut-être s'étoit laissé en plus d'une occasion entraîner trop loin par son zele; mais qui, pour avoir conçu une trop forte haine contre le Catholicisme, ne se rendit pourtant jamais répréhensible ni par ses mœurs, ni, dit-on, par la pureté de ses intentions. Les Réformés en parlent avec vénération, les Catholiques le maudissent: les uns & les autres se trompent peut-être également: Zuingle fut homme, & il eut les foiblesses de l'humanité; il fut Théologien, & il montra, comme tous les Docteurs de son tems, beaucoup d'obstination dans la dispute, & plus encore dans ses opinions; il s'étoit persuadé qu'elles étoient vraies; si c'étoit à lui de juger, si ceux qu'il combattoit étoient ou n'étoient pas dans l'erreur? C'est autre chose.

Cependant la fortune avoit abandonné la cause des Réformés, & leur prudence ne fit rien pour rappeller les faveurs de la fortune; au contraire, ils commirent faute sur faute, & l'espece de vertige avec lequel ils se conduisoient ne fit que multiplier leurs défaites. Ils se retirerent à Bremgarten, & au-lieu de rester réunis, ils se partagerent de nouveau, & employerent le peu de forces qui leur restoient à piller quelques misérables villages: mais le peu de butin qu'ils firent ne les rassura point; & Chrétien Itti, à la tête de 700 Catholiques seulement, ayant rencontré un détachement de 4000 Réformés de Zurich, de Bâle, de S. Gall & de Schaffhouse (2), il osa les attaquer fierement; malgré leur supériorité, les Réformés s'abandonnant à la terreur, furent encore complettement battus par cette poignée de soldats, & ils perdirent 830 hommes, 11 pieces de Canon & 5 drapeaux (3).

Découragés par ces revers, & très-peu contens des Zuricois, les Tockenbourgeois qui n'avoient aucun intérêt bien direct dans cette guerre, firent leur paix particuliere, & leurs troupes se retirerent (4). Le Canton d'Appenzell, la Comtesse de Neufchatel, plusieurs villes protestantes de la Suabe, les Ministres du Roi de France, du Duc de Savoie, & du Prince de Baden offrirent leur médiation, les Catholiques ne paroissoient point éloignés de la paix, les Bernois la desiroient, les Zuricois s'obstinerent à continuer les hostilités: Cependant trop foibles pour lutter plus long tems contre leurs ennemis, & craignant de s'attirer encore l'inimitié des Puissances médiatrices, ils

(1) Hottinger. p 586.     (2) Bullinger. Hist. MSC. Thuan. T. I. p. 80.
(3) Stettler. Chr. MSC.     (4) Hottinger. p. 594.

firent enfin leur paix particuliere, & accepterent les conditions qu'ils avoient si long-tems refufées ; (1) Berne accéda à ce traité, qui, ayant fervi de loi fondamentale à la Nation Helvetique jufqu'en 1712, mérite d'être connu.

Par le 1ᵉʳ article de cet important traité, les V Cantons Catholiques & le Valais fonr reconnus libres de profeffer le Catholicifme. Sans qu'au fujet de leur Religion, ils puiffent être inquiétés en aucune maniere. De leur côté, les V Cantons promettent également de laiffer aux Cantons Réformés & à leurs adhérans toute liberté dans l'exercice de la Religion Proteftante. Du refte, les fujets des Bailliages libres, ceux de Mellingen, de Bremgarten, du Tockenbourg, de Wefen & du Gafter, ne font point compris dans cette paix.

2°. Les Cantons Catholiques & les Cantons Réformés, jouiront paifiblement de leurs droits dans les Bailliages communs. Si dans ces territoires il y a quelques paroiffes proteftantes qui veuillent rentrer dans le fein du catholicifme, elles feront libres de faire à cet égard comme elles jugeront à propos, & elles ne feront inquiétées, ni à raifon de leur perfévérance, ni à raifon de leurs changemens, les biens de l'Eglife feront partagés entre les prêtres catholiques & les miniftres proteftans, & les particuliers n'auront point entr'eux des querelles, ni ne s'infulteront pour caufe de religion.

3°. Les Cantons Proteftans, ainfi que les Cantons Catholiques auront foin d'obferver mutuellement leurs anciennes alliances ; & les Zuricois ne fe mêleront en aucune maniere des affaires qui furviendront dans les lieux où ils n'ont point d'autorité.

4°. Zurich s'oblige de renoncer à tous les traités nouveaux par lui faits.

5°. Les Zuricois reftitueront aux V Cantons les 2500 ecus payés par ceux-ci pour les fraix de la précedente guerre.

6°. Les conteftations contre les ecléfiaftiques, ou au fujet de leurs biens, feront portées devant les juges civils.

7°. Tous les dommages caufés pendant la derniere guerre, feront eftimés & rembourfés.

8°. Les prifonniers faits de part & d'autre feront échangés, & ceux qui ne pourront l'être, feront rendus au moyen d'une rançon modérée & raifonnable.

Ce traité terminoit à la vérité la guerre, mais il n'éteignoit point l'animofité mutuelle qui l'avoit allumée, au contraire, il humilioit les Réformés par le ton de fupériorité que les Catholiques y avoient pris, & fur-tout par l'affectation qu'ils y avoient marquée de donner à la Religion Romaine, la dénomination d'ancienne, vraie & indubitable foi Chrétienne, tandis qu'on ne qualifioit la croyance des Réformés que de Religion nouvelle. Les Zuricois fentirent combien étoit humiliant pour eux ce ton d'autorité; mais les circonftances les obligerent de céder & de diffimuler. Les Bernois plus fenfibles continuerent les hoftilités, & aimerent mieux fupporter feuls le fardeau de la guerre, que de foufcrire à de femblables conditions (2). Mais leurs

*Sᴇᴄᴛ. VII. Hiftoire de la Suiffe 1501-1550.*

*Ce traité tout à l'avantage des V Cantons Catholiques humilie les Réformés.*

*Les Bernois continuent feuls la guerre.*

---

(1) Rhan. p. 737.
(2) Les Bernois n'étoient cependant alors rien moins que riches: ils emprunterent, pour continuer cette guerre, 10 mille écus des Strasbourgeois, par l'entremife de Bâle, qui leur avoit déja prêté 1000 florins du Rhin. Inftrum. de Bâle. p. 130.

troupes & celles de leurs alliés, mal payées & épuisées de fatigue, après une marche inutile, laisserent des garnisons dans Bremgarten, dans Mellingen, & se partageant en trois corps, prirent le chemin.d'Araw & de Lentzbourg. Les V Cantons instruits de cette espece de dispersion, envoyerent contr'elles une petite armée de 12000 hommes, qui se jeta sur les terres de Berne, mais y trouvant une résistance à laquelle les V Cantons ne s'étoient point attendus, cette armée se retira à son tour, & alla porter ailleurs ses fureurs & ses vexations.

Pendant le cours de cette guerre inégale, les habitans de Raperschweil qui avoient depuis quelque tems embrassé le Protestantisme, reçurent ordre des V Cantons de leur livrer Jos. Kilchmeyer leur Pasteur. Les Magistrats de Raperschweil envoyerent demander du secours à Zurich; mais les Zuricois qui venoient de se lier par le traité de paix, & qui n'étoient, ni dans l'intention, ni en état de se rembarquer dans une nouvelle querelle, se contenterent de répondre, qu'ils intercéderoient autant qu'il seroit en eux auprès des Cantons Catholiques, en faveur de ce Pasteur. Kilchmeyer évita prudemment par la fuite les traitemens qui lui étoient destinés. Il y avoir à Raperschweil beaucoup de Catholiques: ceux-ci se voyant soutenus par les V Cantons, & croyant les circonstances favorables, prirent les armes & s'emparerent de quelques portes de la ville. Les Réformés s'armerent aussi; mais quelques-uns de ces derniers prirent la fuite, aimant mieux s'éloigner de leur patrie, que d'y entretenir la guerre civile. Par leur retraite, le nombre des Catholiques fut le plus fort, & ils eussent accablé les Réformés, si le parti de ceux-ci n'eût été soutenu par les paysans des environs attachés à la même Religion. Alors il demanderent la pleine liberté de l'exercice de leur croyance; les Catholiques la leur accorderent à condition que les paysans se retireroient. Les Réformés eurent l'imprudence d'y consentir; mais à peine leurs défenseurs s'étoient éloignés, qu'une nombreuse troupe de soldats du Canton de Schweits entra dans la ville, & s'unit aux Catholiques, dont le parti se trouva incomparablement le plus fort. La plûpart des Réformés prirent la fuite; les uns allerent s'établir à Zurich, les autres ailleurs: ceux qui resterent dans Raperschweil furent saisis, maltraités & conduits en prison, condamnés à de fortes amendes, & bannis ensuite à perpétuité. Ce fut par ces moyens, disent les Réformés, que les V Cantons rétablirent pour toujours le Catholicisme dans cette Ville (1).

Cependant les Bernois, dont l'armée s'affoiblissoit de jour en jour, rappellerent, dans la vue de la renforcer, les garnisons de Bremgarten & Mellingen. Ces deux villes ne furent pas plutôt abandonnées à leur propre force, que l'armée des V Cantons s'avança contr'elles: les Bernois n'étoient plus en état de les défendre; elles étoient elles mêmes hors d'état de résister; elles se soumirent & n'obtinrent la paix qu'à des conditions fort dures (2). Les Cantons Catholiques peu contens même de cette premiere humiliation, exigerent quelque tems après de ces deux villes une promesse écrite de rétablir le Catholicisme & de le maintenir. La supériorité étoit trop décidée du côté des cinq Cantons, pour que Berne pût se flatter d'être traitée plus avan-

(1) Rhau. p. 738. Hotting. p. 599-600.     (2) Hotting. 602. Rhan. p. 739.

tageufement que Zurich; elle accepta les offres qui lui furent faites par quelques médiateurs d'accéder au traité de paix fait avec les Zuricois. Les Bernois furent même obligés de s'engager à payer 3000 écus aux cinq Cantons
en dédommagement des pertes fouffertes par le couvent de Mouri, & à permettre aux rebelles de Grindelwald de rentrer chez eux. Quant aux fraix
de la guerre évalués à 5000 écus ils furent rembourfes par Zurich & Berne (1).

Sect. VII.
Hiftoire de
la Suiffe
1501.1550.

Les Bernois
font forcés
d'accéder au
dernier trai-
té de paix.

C'eft ainfi que fut terminée cette guerre très-imprudemment fufcitée par
les Zuricois, encore plus mal conduite, & qui fit un tort irréparable à la
Réformation: en effet, l'Abbé de S. Gall fut remis en poffeffion des terres
& revenus de fon abbaye; la ville de S. Gall lui paya 10000 florins pour les
dommages qu'il avoir foufferts, & il accorda la liberté de confcience à fes
anciens fujets (2). L'affranchiffement très-injufte des Tockenbourgeois fut
déclaré nul, & ils perdirent la fomme qu'ils avoient donnée pour l'acquérir;
& les Cantons Catholiques renouvellerent leur alliance avec l'Evêque & le
pays du Valais.

Les villages du bailliage de Grandfon appartenant en commun au Canton
Proteftant de Berne & au Canton Catholique de Fribourg, avoient embraffé
la Réformation; il s'éleva de nouveaux différens entre ces deux Etats, le
premier voulant que la Meffe fut abolie dans ce bailliage, & les Fribourgeois prétendant, au contraire, que la Réformation y fut profcrite. Berne
y envoyoit des Miniftres que Fribourg ne vouloir pas qu'on y reçut, & les
Fribourgeois y envoyoient des Prêtres qui y étoient encore plus mal accueillis par les Réformés. Après bien des débats, des conteftations, les deux
Etats fentant la néceffité d'arrêter par de fages réglemens, le cours de ces défordres, eurent une conférence à Berne & ftatuerent: 1°. Que leurs fujets
des deux Religions vivroient enfemble en bonne intelligence: 2°. Que les
Réformés auroient un Temple dans lequel ils pourroient faire prêcher tous
les jours, fans éprouver de contradiction, à condition que de leur côté, ils
ne troubleroient point les Catholiques dans leurs fêtes. 3°. Que chacun dans
ce bailliage auroit liberté entiere de confcience, & pourroit aller à fon gré,
foit au prêche, foit à la meffe. 4°. Que dans les lieux où la meffe a été
fupprimée à la pluralité des voix, elle reftera abolie; comme auffi elle fub-
fiftera dans les lieux où elle a été confervée; & que toutefois dans ces lieux-
mêmes, les Réformés auront la liberté d'y avoir un prêche. 5°. Que les
miniftres des Réformés & les prêtres des Catholiques s'abftiendront de toute
qualification injurieufe au fujet de leurs adverfaires, dans leurs fermons; mais
qu'ils pourront propofer leurs fentimens & refuter par de bonnes raifons la
doctrine oppofée. 6°. Que toute perfonne, qui, pour caufe de religion,
en infultera une autre, foit en paroles, foit par voie de fair, fera détenue
en prifon pendant trois jours & trois nuits au pain & à l'eau, & payera en
fortant un écu d'or d'amende, quant à ceux qui feront hors d'état de payer
cette amende, ils refteront en prifon pendant fix jours & fix nuits, également au pain & à l'eau. A l'égard des femmes qui tomberont dans la même faute, elles feront condamnées à la moitié de ce châtiment, & à la moitié de cette amende. 7°. Qu'enfin, il fera défendu de rien gâter, ni dé-

Différens
entre Berne
& Fri-
bourg, au
fujet de la
Religion
dans le
Bailliage de
Grandfon.
1532.

Sages règle-
mens qui
terminerent
cette affaire.

(1) Rhan. p. 742-747.     (2) Bulling. MSC.

*Embarras
de Genève
alliée des
deux Can-
tons divisés
de Religion.*

truire à l'avenir dans les Eglises, sans l'intervention expresse de l'autorité des Seigneurs (1).

Alliée avec Berne & Fribourg, mais toujours en garde contre les intentions du Duc de Savoie & ses projets d'envasion, Genève cultivoit autant qu'il lui étoit possible la protection & l'amitié de ces deux Cantons; mais l'un étant Réformé & l'autre Catholique, il étoit bien difficile de se concilier l'attachement de l'un sans s'exposer au mécontentement de l'autre. D'ailleurs, les Genevois commençoient à goûter la Réformation, & les mauvaises difficultés que leur Evêque leur avoit faites, ainsi que l'excessive licence du Clergé, n'avoient pas peu contribué à leur faire préférer la nouvelle Doctrine. Plusieurs l'avoient embrassée, & s'étoient laissé persuader par les ministres Guillaume Farel & Antoine Saunier, qui y avoient prêché si hautement, & avec tant de véhémence le Protestantisme, que les Catholiques dont le nombre étoit encore très-considérable & le plus fort dans cette ville, les avoient contraints d'en sortir. Antoine Froment, ministre Protestant fort zélé, fort ardent, & même un peu fanatique, avoit hardiment pris la place de Saunier & Farel: ses sermons faisoient à Genève la plus forte impression. Les Fribourgeois instruits des progrès qu'y faisoit la Réforme, firent tous leurs efforts pour y fixer le Catholicisme chancelant. Il y eut des querelles, & elles s'échauffèrent au point que les Réformés envoyerent des députés à Berne pour lui demander sa protection. Berne écrivit aux Genevois en faveur de la nouvelle doctrine; cette lettre irrita les Catholiques contre les Réformés; les citoyens se divisèrent, la discorde s'accrut, le peuple se battit à outrance dans les rues, les bourgeois s'insultèrent avec atrocité, chaque jour éclairoit une nouvelle émeute.

*Meurtre
d'un Cha-
noine Fri-
bourgeois.*

Dans l'une de ces rixes, le Chanoine Werli de Fribourg, qui eut mieux fait d'être à l'église qu'au milieu des séditieux, fut battu en battant les autres, & si cruellement blessé, qu'il resta mort sur la place. La mort de ce Chanoine causa une affaire très-grave, les Fribourgeois demanderent justice du meurtre de leur concitoyen! & ils se disposoient à se venger sur les malheureux Genevois (2), lorsque Berne à force d'instances, appaisa cette affaire, & parvint même à obtenir pour les Genevois une entière liberté de conscience, jusqu'au retour de l'Evêque, qui en effet ne tarda point à arriver.

*L'Evêque
use de ri-
gueur & ne
réussit point.*

La présence de ce Prélat, fort peu agréable aux Genevois ulcérés, par ses hautes prétentions, n'étoit rien moins que propre à réunir les deux partis. D'ailleurs, les Réformés ne pouvoient espérer rien d'heureux de la part d'un tel juge: leurs craintes ne tarderent point à s'accroître par la conduite du Prélat, qui, sous prétexte du meurtre de Werli, fit arrêter & conduire en prison plusieurs notables citoyens, comme coupables de la mort du Chanoine. Les Magistrats de Genève, la plûpart attachés à la Réformation ne virent point d'un œil tranquille ce coup d'autorité, & par leurs soins, il s'éleva un conflit de jurisdiction entre les Syndics de la ville & le Prélat, pour savoir à quels Magistrats il appartenoit de juger les prétendus meurtriers

de

_____

(1) M S. Croofs.    (2) Stettler. T. 2. p. 58. Spon. Hist. de Genèv. T. 1. p. 424 496.

de Werli. Cette conteſtation fut pouſſée trés-vivement; le plus grand nombre n'étoit pas, il s'en falloit de beaucoup, du côté du Prélat, qui, ne ſe
ſentant ni le plus fort, ni bien chéri dans cette ville, prit prudemment le parti
d'abandonner ſes indociles diocéſains, & de ſe retirer en Franche-Comté (1).

. Moins timide que l'Evêque, ou plus zélé, peur-être pour le Catholiciſme, Fribourg continuoit de protéger hautement dans cette ville les prêtres, les prédicateurs de l'Egliſe Romaine, & de s'oppoſer aux travaux des
miniſtres Proteſtans. Les Fribourgeois étoient merveilleuſement ſecondés
par le moine Guy Furbity, Dominicain fort ignorant, mais d'une violence
extrême, & qui prêchoit en Energumene contre les Réformés. Ses ſermons
attiroient, contre ſon attente, plus de Sectateurs au Proteſtantiſme, que n'en
faiſoient les exhortations des miniſtres. Toutes ſes déclamations n'aboutis-
ſoient qu'à entretenir le déſordre à Genève. Berne & Fribourg également
ambitieux d'opérer ce que l'un & l'autre appelloient la converſion des habitans de cette ville, envoyerent le même jour des députés aux Genevois, Berne, pour demander que l'injurieux Furbity fut chaſſé de Genève, & que l'on
y rappellât le miniſtre Farel, ou que l'on renonçât à la combourgeoiſie avec
les Bernois; Fribourg pour demander, ou que les Genevois ne comptaſſent
plus ſur leur combourgeoiſie avec Fribourg, ou qu'ils défendiſſent aux ministres de prêcher.

Cette double députation étoit d'autant plus embarraſſante pour Genève
que, quelque parti qu'elle prît, elle étoit aſſurée de perdre inévitablement
un allié. Guillaume Farel, plus attaché aux progrès de ſa doctrine qu'à toutes les combourgeoiſies & à toutes les alliances de la terre, choiſit ces circonſtances critiques, & montant en chaire, il prêcha avec plus de véhémence
que jamais ſur les avantages du Proteſtantiſme. Informés de cette harangue
les Fribourgeois n'écoutant que leur reſſentiment, & nullement les regles
d'une ſaine politique, renvoyerent fierement à Genève les lettres de combourgeoiſie: elles furent reçues tout auſſi fierement, & dès ce jour, le Catholiciſme s'affoiblit de moment en moment à Genève. Les miniſtres Réformés prêcherent librement: les Proteſtans embraſés d'un zele qu'ils croyoient
très-ſaint, brûlerent des images, renverſerent des autels; les moines, bien
loin de s'oppoſer à ces actes de violence, n'oſoient ſe montrer. Les Magiſtrats la plûpart décidés pour la nouvelle doctrine, les autres indécis, indiquerent une diſpute publique entre les docteurs des deux Religions (2). Les
raiſons des défenſeurs du Proteſtantiſme parurent les meilleures aux yeux des
juges, qui déja ſuivoient les mêmes opinions; les Théologiens Catholiques,
avancerent beaucoup d'aſſertions, ils eurent le malheur d'échouer, & la réformation fut ſolemnellement établie à Genève, le 27 Août 1535.

Charles-Quint, par égard pour la ſituation de l'Evêque de Genève, &
s'étant déclaré pour le Duc de Savoie, recommanda leurs intérêts à la diete
Helvétique aſſemblée à Baden; mais quelque puiſſante que fut la protection
de ce Monarque, elle ne put déterminer les Cantons à prendre aucune ſorte
de part dans les affaires des Genevois: celles du Duc de Savoie ſur-tout leur
étoient devenues d'autant plus indifférentes, qu'ils étoient fort mécontens de

(1) Stettler. T. 2. L. 3. p. 70-81.    (2) Roſet. Hiſt. MS. de Genève.

Sect. VII.
Histoire de
la Suisse
1501-1550.

ce Prince, qui avoit difoient-ils manqué à fes engagemens avec les Suiffes. Il n'y eut que Berne qui fut d'avis de mettre en négociation les prétentions du Duc fur la ville de Genève, au fujet des droits que l'Evêque lui avoit cédés fur cette ville ; mais les Genevois étoient trop intéreffés à ne jamais rentrer fous la domination de ce Souverain, pour qu'ils vouluffent reconnoître la légitimité de ces droits : craignant même quelqu'entreprife de la part du Duc de Savoie, ils fe mirent en état de défenfe, & Claude de Savoie, Citoyen de Genève, reçu bourgeois de Berne, follicita fi vivement les habitans de ce Canton, qu'il engagea le Capitaine Wildermet de Bienne, & Erhard Burger de Nidau, à amener quelques foldats à Genève.　Ce petit fecours fut

Une poignée
de Suiffes
bat un corps
de 4000 Sa-
voyards.
1536.

fuivi de 400 hommes de Neufchatel, Valengin, Bienne & de la côte du petit Lac.　Cette foible troupe s'avançant du côté de Gingins, fut arrêtée dans fa marche par un corps de 4000 Savoyards poftés aux environs de Gingins. Quelque peu vraifemblable qu'il fut qu'une fi petite troupe pût lutter contre un corps auffi confidérable, Burger & Wildermet ne balancerent cependant point, & fondant avec impétuofité fur les Savoyards, ils les mirent en déroute, en tuerent deux cens & forcerent les autres à prendre la fuite.

Berne rap-
pelle fes
Troupes,
& fes or-
dres ne leur
parviennent
point.

Cette levée de Suiffes s'étoit faite dans le Canton de Berne, à l'infçu des Magiftrats, qui vouloient obferver la neutralité : ils ne furent pas plutôt informés de la marche de ces foldats, que, fans égard à la victoire qu'ils venoient de remporter, ils leur envoyerent des députés, pour leur ordonner de rentrer dans le Canton.　Le Baillif de Lullin dans le pays de Vaud, favorifoit les Genevois, il arrêta fous de mauvais prétextes ces députés, & les amufa de maniere qu'ils ne purent porter les ordres dont ils étoient chargés (1).

Genève af-
fiégée par le
Duc de Sa-
voie, em-
ploie le fe-
cours de
Berne.

Toutefois, quoique Berne défapprouvât la levée qui avoit été faite, elle ne s'en intéreffoit pas moins à Genève fon alliée ; elle demanda même pour cette ville une fufpenfion d'armes, que le Duc de Savoie ne voulut point accorder.　Ce refus irrita les Bernois, & ils réfolurent d'obtenir par la force, ce que ce Prince ne vouloit point donner par la voie pacifique des négociations.　Il eft vrai que les circonftances paroiffoient très favorables au Duc de Savoie, & que fans trop de préfomption, il fembloit pouvoir fe flatter de réduire bientôt les Genevois.　En effet, tout ce qu'il y avoit de citoyens Catholiques dans cette ville, s'étoient rendus auprès de lui, & le fervoient contre leur patrie, qu'il tenoit étroitement bloquée, & dans une fituation fi allarmante, que les Genevois firent répréfenter à Berne qu'ils étoient perdus fans reffource, eux & la Réformation dans cette ville, s'ils n'étoient fecourus au plus vîte.

Berne dé-
clare la
guerre au
Duc de Sa-
voie.

Le danger étoit imminent, il toucha les Bernois, qui, peu contens de promettre aux Genevois des forces fuffifantes pour les déliver, renoncerent folemnellement à leur alliance avec le Duc de Savoie, & lui déclarerent la guerre.　La pofition embarraffante de Genève ne fut pas la feule raifon qui détermina les Bernois à cette guerre : ils avoient de plus graves motifs de mécontentement contre le Duc de Savoie ; & ces motifs rendoient leur démarche très-légitime.　En effet, depuis le traité de S. Julien, par lequel tous les différens entre ce Prince & Genève paroiffoient terminés, le Duc

(1) Stettler. T. 2. p. 3. p. 98-104.

n'avoit ceffé d'inquiéter, foit par lui-même, foit indirectement les Genevois; & de fon côté Berne n'avoit ceffé d'interpofer fes bons offices & les
plus grands efforts, pour infpirer à l'ennemi des Genevois des fentimens plus
doux & des projets moins évidemment injuftes.

Le Duc de Savoie bien loin de feconder les foins officieux de la République de Berne, s'étoit au contraire encore plus confirmé dans le deffein de réduire & d'accabler les Genevois.   Dans cette vue, il prit à fon fervice Jean-
Jacques de Médicis, ce Chatelain de Muff fi juftement dépouillé de fes terres par le Duc de Milan, & qui, par l'atrocité de fon ame, & la temérité
de fes entreprifes, n'étoit que trop capable de fervir la haine du Souverain
qui l'employoit.   Médicis, encore plus irrité contre les Suiffes que le Duc de
Savoie ne l'étoit contre Genève, avoir tenté d'exécuter un projet bien digne
de lui.   Cet homme cruel avoit payé quarante incendiaires qui s'étoient,
par fes ordres, répandus dans les Cantons de Zurich & de Berne, dont ils
s'étoient engagés de réduire en cendres toutes les villes, les bourgs & les villages.   Déja ils avoient commencé l'exécution de leur affreux complot,
lorfque l'un d'entr'eux, moins adroit que fes complices, fut découvert & arrêté à S. Gall au moment où il mettoit le feu à quelques maifons de cette ville.   Les aveux que lui arracherent les douleurs de la torture, éclairerent les
habitans de ces deux Cantons fur les dangers qu'ils couroient, & fur les précautions qu'ils avoient à prendre; mais ces précautions n'empêcherent point
les émiffaires de Médicis, de mettre le feu à Berne, qui perdit confidérablement dans le violent incendie que ces fcélérats avoient allumé (1).

Jacques de
Médicis,
répand en
Suiffe qua-
rante incen-
diaires.

Pendant que Médicis faifoit exécuter ces criminelles entreprifes, le Duc
de Savoie irrité des fecours que Genève trouvoit dans les deux Cantons, s'é-
toit jeté fur les terres de Grandfon, d'Echallens, d'Orbe, & les avoit cruellement ravagées (2).   Cependant les Genevois fecondés par quelques milices
que le Roi de France leur avoir envoyées fous les ordres du Capitaine Monr-
bel, faifoient des forties heureufes fur les Savoyards qui tenoient leur patrie
bloquée (3).   Montbel, dans chacune de ces forties, remportoit toujours
quelque nouveau fuccès, & la terreur que fes armes avoit infpiré aux ennemis, donnoit les plus grandes efpérances aux Genevois, lorfque ceux-ci apprirent que l'armée de Berne leur alliée, compofée de 6000 hommes, fous
les ordres de Neguelin, marchoit à leur fecours, & s'étoit affemblée fous
Morat.   Cette armée fe hâta d'avancer en effet, & paffa, fans éprouver aucune réfiftance jufqu'à Echallens près de Morges: elle apperçut quelques
troupes ennemies, mais elles fe retirerent & abandonnerent aux Bernois cette
ville, ainfi que Rolle, où les Bernois reçurent pour leurs Cantons, l'hommage des vaffaux du Duc.

6000 Ber-
nois s'avan-
cent au fe-
cours de Ge-
nève.

A St. Julien, les Chefs de cette petite armée reçurent des députés du Gouverneur de Milan, qui offroit de fe rendre Médiateur entre Berne, Genève
& le Duc de Savoie: ce fut là auffi que ces mêmes chefs recurent, des députés de la Franche-Comté, qui demanderent que cette province fut maintenue dans la neutralité: & des députés du Valais, qui prierent qu'il fut per-

(1) Savien. p. 127. Stettler. p. 74.     (2) Wurfteifen L. 8. ch. 15.
(3) Spon. Hift. de Genève. T. 2. p. 2. & fuiv.

Sect. VII.
*Histoire de
la* Suisse
1501-1550.

mis à leurs compatriotes de reprendre une partie du Chablais sur laquelle ils avoient des droits incontestables. Neguelin, Zumbach, Frisching & Zimmerman, chefs de l'armée Bernoise, refuserent la médiation du Gouverneur de Milan, promirent aux Franc-Comtois la sûreté de leurs frontieres, & permirent aux habitans du Valais de s'emparer de toute la partie du Chablais située au de-là de la Darance (1). Dans la même vue d'assurer leurs propres conquêtes sur le Duc de Savoie, les Bernois inviterent les Fribourgeois à se mettre à force armée en possession de Romont & de Rue, qui étant dans le voisinage de Fribourg, convenoient beaucoup à ce Canton. Les Fribourgeois n'eurent garde de se refuser à cette invitation; le désir de s'étendre s'accroissant même à mesure que les moyens leur en étoient offerts, ils demanderent qu'on les laissât se rendre maîtres du château St. Denis de Vaurus, Estavayé, la Molliere, Susspierre, la Tour & Vevay. Berne ne s'opposa point à ces nouvelles demandes; mais l'armée Bernoise s'étant emparée dans ce même tems de la Tour & Vevai, les officiers de cette armée résolurent dans un Conseil de guerre de ne jamais consentir à la cession de ces deux places, puisque c'étoit eux qui les avoient conquises pour leur Canton.

*Charles-
Quint s'em-
pare du Du-
ché de Mi-
lan.*

Un nouvel incident vint enflammer cette guerre naissante. François Sforce, Duc de Milan, mourut, & l'avide Charles-Quint ne perdit pas un instant à se mettre en possession de ce Duché, sur lequel il avoit des droits fort litigieux, l'entreprise de l'Empereur ranima les anciens desirs de François Ier sur ce Duché; & ce Monarque alors se disposoit aussi à faire valoir les prétentions qu'il avoit du chef de sa mere sur les Etats du Duc de Savoie. Afin

*François Ier,
qui veut
aussi s'em-
parer du
Milanez,
se lie avec
les Bernois.*

de lier ces deux intérêts, François Ier fit la guerre au Duc de Savoie, tant au sujet de ses prétentions sur la Savoie, que dans la vue de s'ouvrir sur ses terres un passage dans le Milanez, mais avant que d'entreprendre cette expédition, croyant devoir se rendre les Bernois favorables, il envoya à Berne des Ambassadeurs, chargés de notifier à cette République le dessein qu'il avoit formé de s'emparer des Etats de Savoie, priant les Bernois de ne rien entreprendre contre Chambéry, où il se proposoit d'envoyer une armée: cette proposition étoit trop conforme aux desseins de la République pour qu'elle ne fût point acceptée avec empressement. Cependant Yverdun assiégé depuis quelque tems par l'armée Bernoise, & hors d'état de résister, se rendit, ainsi que son château: & deux jours après cette intéressante conquête, les troupes Bernoises allerent à Payerne, où l'Avoyer Jacques de Watteville, suivi du Banneret de Vogt & de deux Magistrats, s'étant rendus aussi, firent aux Fribourgeois la cession solemnelle des places & des villes que la République avoir promis de leur remettre (2).

*Rivalité en-
tre les deux
Cantons de
Berne &
Fribourg.*

Malgré l'exactitude que Berne montroit à remplir ses engagemens avec Fribourg, il y avoit peu d'union entre ces deux Cantons: jaloux l'un de l'autre, la diversité des religions avoir considérablement aigri leur rivalité, & les plus petits incidens suscitoient entr'eux des différens considérables. Le Comte de Gruyere refusa de prêter à Berne l'hommage que cet Etat croyoit lui être dû pour les terres qu'il possédoit. Le Comte seul n'eût pas osé refuser cet hommage; mais il étoit soutenu par Fribourg & le reste des Can-

(1) Stettler. p. 81. & suiv.        (2) Stettler. p. 84-87.

tous Catholiques, qui, comme Fribourg, ne voyoient qu'avec beaucoup d'ombrage l'aggrandiſſement ſucceſſif de la puiſſance des Bernois. Après de longs débats, il fut convenu que les terres du Comte reſteroient ſoumiſes à l'hommage envers Berne, & que la perſonne du Comte ſeulement ſeroit diſ-penſée de rendre cet hommage: accord ſingulier, & par lequel les Cantons Catholiques reconnoiſſoient de la maniere la plus autentique les droits de Berne ſur les terres du Comte de Gruyere, ce qui étoit néanmoins le princi-pal & même l'unique objet de la conteſtation (1). Cependant il ne reſtoit plus aux troupes Bernoiſes que le château fort de Chillion à ſoumettre, & elles furent puiſſamment ſecourues dans cette expédition par les Genevois, qui envoyerent quatre bateaux montés de pluſieurs compagnies & de quel-ques pieces d'artillerie devant ce fort, qui ſe rendit. Les vainqueurs en-foncerent les priſons, & rendirent la liberté à Bonnivard, Prieur de S. Vic-tor, qui depuis près de ſept années y étoit dans les fers, & à trois députés de Genève que les Savoyards avoient enlevés à Coppet il y avoit un an, & qu'ils avoient fait transférer auſſi dans les priſons de ce château.

Alliée depuis dix ans avec les Cantons de Fribourg & de Berne, la ville de Lauſanne étoit néanmoins, à quelques égards, ſujette à ſon Evêque, & elle l'étoit auſſi entre autres, du Duc de Savoie, au ſujet de quelques droits qu'il n'y exerçoit qu'avec beaucoup de difficulté; par les oppoſitions perpétuelles de l'Evêque. Les démêlés de ces deux maîtres tournant toujours au déſavantage des Lauſannois, ceux-ci avoient crû ne pouvoir mieux faire pour ſe ſouſtraire un peu à cette double domination, que de s'allier avec ces deux Cantons, qui avoient défendu leurs privileges contre les entrepriſes de l'Evêque Sébaſtien de Montfalcon. Ce Prélat vivement ulcéré contre Ber-ne, lui avoir juré une haine irréconciliable; & quelques lettres qu'il avoit écrites & qu'on intercepta, dévoilerent l'intelligence qu'il entretenoit avec les ennemis les plus envenimés de cette République. Allarmé dès ſuites fâ-cheuſes que pourroit avoir contre lui la découverte de ſes trames ſecretes, Sébaſtien de Montfalcon, ne ſe crut plus en ſûreté à Lauſanne, & il s'étoit hâté de s'en éloigner (2). Sa fuite ne mit que ſa perſonne à l'abri du reſ-ſentiment de Berne, dont l'armée à ſon retour de l'expédition de Chillion, s'empara du temporel de l'Evêché, prit poſſeſſion de la ville & du château de Lauſanne, des quatre paroiſſes de la Vaux, ainſi que de Lucens & d'A-venche; enſorte que ſans avoir de combat à livrer, Berne en trois mois éten-dit & aſſura ſa domination preſque ſur le pays entier de Vaud, ſur la baron-nie de Gex & ſur la plus grande partie du Chablais.

Pendant que la République de Berne reculoit ainſi ſes frontieres, les Ge-nevois dégagés de leurs anciens oppreſſeurs les Savoyards, & plus jaloux de la liberté qu'ils venoient de ſe procurer qu'ambitieux de faire des conquê-tes, avoient borné toutes leurs hoſtilités à la priſe de quelques châteaux con-ſtruits aux portes de leur ville; s'en étoient aſſurés la poſſeſſion, & avoient raſé celui de Gaillard, d'où leurs anciens ennemis leur avoient tant de fois

Sect. VII. Hiſtoire de la Suiſſe 1501-1550.

Les Lucer-nois fhique-tes par le Duc de Sa-voie & par leur Evê-que, s'al-lient avec Berne & Fribourg.

Genève dé-gagée de ſes ennemis, s'allarme des préten-tions de Berne.

(1) Stettler. p. 89-95.
(2) Pluſieurs de ces Lettres de l'Evêque de Lauſanne ſont encore dans les Archives de Berne. Ruchat. T. 5. p. 479.

caufé de fi cruels dommages... Mais ils n'étoient pourtant fortis d'une fujection que pour tomber fous une autre, & cette idée les inquiétoit beaucoup.
En effet, les Bernois en qualité de leurs libérateurs & de conquérans des
terres de leurs ennemis, prétendoient qu'ils avoient fuccédé aux droits jadis
exercés par les Ducs de Savoie & par les Evêques fur la ville, ainfi que fur
toute l'étendue du comté de Genève. Ces droits étoient génans, quelques-
uns même très-accablans; les Bernois étoient les plus forts, & leurs prétentions confternoient les Genevois, auxquels le Seigneur de Vevay s'efforçoit de perfuader que le feul moyen pour eux de fe mettre à l'abri de cette
nouvelle Souveraineté, étoit de recourir à la protection du Roi de France.
Les citoyens de Genève étoient prêts à fuivre le confeil du Seigneur de Vevay, lorfque Berne informée de la démarche qu'ils alloient faire, fe hâta,
pour la prévenir, de renouveller l'alliance entr'elle & cette ville; & par un
nouveau traité on régla la part que les Genevois & la République auroient
chacun aux biens de l'Evêché. Par ce traité, le Prieur de S. Victor & le
Vidomat reftèrent en entier à Genève, Berne ne fe refervant d'autre droit que
celui d'appel & de haute juftice (1).

Entre les Souverains, leurs différens, après avoir occafionné des guerres,
des combats, finiffent toujours par des traités de paix plus ou moins ftables,
mais qui rendent le calme aux Puiffances belligérantes. En matiere de Réligion il en eft tout autrement; les différentes opinions fufcitent des querelles,
qui au lieu de fe terminer vont toujours croiffant, & finiffent communément
par des haines mutuelles, atroces, fanatiques, & d'autant plus pernicieufes
à la tranquillité publique, qu'elles font interminables. Les Docteurs Luthériens, & les Docteurs de la Réforme, fe détestoient les uns les autres, & cependant cherchoient, les uns de bonne foi, le plus grand nombre en apparence feulement, à réunir les deux doctrines. Il y eut à cet effet une con-

Confeffion
de foi adop-
tée par les
deux Partis.
1537.

férence indiquée à Bâle; les Docteurs du Luthéranifme & ceux de la Réformation s'y rendirent, & après bien des débats, ils dreffèrent de concert
une confeffion de foi fur tous les points de la Réligion, & qui devoit être
préfentée au futur Concile, qui à coup fûr l'eût rejetée, attendu qu'un Concile ne reçoit de confeffion de foi que celle qu'il prefcrit lui-même.

Quoi qu'il en foit, cette confeffion de foi fut celle qu'on a depuis défignée
fous le nom de premiere Helvetique, pour la diftinguer d'une autre qui
fut faite dix-neuf ans après, beaucoup plus étendue, & qui fut reçue par
tous les Etats réformés Helvetiques, à l'exception de Bâle & de Neufchatel qui s'en tinrent à la premiere. La fureur de dogmatifer, qui caufoit dans

ces tems tant de difputes & de querelles, entraîna auffi Jean Calvin à Genève (2): & c'eft d'après la célébrité que s'acquit cet homme, à la vérité fort verfé dans la fcience Théologique, mais violent, & emporté, que
les Réformés ont pris en France le nom de Calviniftes. La Doctrine de Cal-

---

(1) Spon. T. 2. p 14. T. 3. p. 359 Ruchat. T. 5. p. 502.
(2) Calvin, protégé par la Reine de Navarre, fœur de François I, avoit dogmatifé
dans quelques maifons de Paris, & il fut obligé de s'évader. Il réfigna deux bénéfices
qu'il avoit; il paffa à Poitiers, où il fe fit quelques Difciples. Informé à tems des ordres donnés contre lui il s'échappa encore & fortit du royaume pour ne plus y rentrer.
Jurieu Apologie. T. 2. p. 287.

vin s'étoit répandue dans la plûpart des Provinces Françoises: il falloir éclairer ceux qui suivoient ces opinions, si on les croyoit dans l'erreur; les laisser s'égarer, s'ils ne vouloient absolument point s'instruire, ou tout au plus
les exilér, s'ils faisoient des prosélites. François I<sup>er</sup> s'y prit différemment,
& à la vérité le moyen qu'il mit en usage étoit fort propre à diminuer le nombre des Sectateurs des nouvelles opinions; mais il étoit cruel, & peu digue
du caractere & des lumieres de François I<sup>er</sup>, qui faisoit jeter sur les buchers
tour autant de Réformés qu'on lui en dénonçoit.

Sect. VII.
Histoire de
la Suisse
1501-1550.

Cette intolérance affligea vivement Zurich, Bâle, Berne & Strasbourg;
ces villes solliciterent fortement auprès du Monarque François la liberté des
Réformés; elles n'obtinrent rien, & le Roi T. C. continua de faire brûler
tous les Protestans qui refuserent d'abjurer leur Doctrine. A cette cause de
mécontentement, s'en joignirent d'autres, qui aigrirent les Bernois contre
le Roi de France. Ce monarque refusoit sous différens prétextes de livrer à
cette République, ainsi qu'il s'y étoit engagé, les titres relatifs aux pays
qu'elle avoir conquis aux environs de Chambéry; d'ailleurs, il protégeoit hautement la Duchesse de Nemours, dont les sujets de ses terres de Foucigni
faisoient des incursions fréquentes sur les terres dépendantes du Canton de
Berne: irrités par ces diverses causes de mécontentement, les Bernois résolurent de n'accorder aucune levée d'hommes chez eux au Roi de France,
ni à l'Empereur. Les Zuricois prirent la même résolution, & n'épargnerent
ni soins, ni sollicitations, ni démarches pour faire entrer dans leurs vues le
reste des Cantons Helvetiques (1); mais ils ne firent que d'inutiles efforts.

Causes de
mécontente-
ment des
Bernois con-
tre la Fran-
ce.

Les Cantons, sur-tout les Catholiques, n'avoient à se plaindre, ni de
François I<sup>er</sup>, ni de l'Empereur; & Fribourg avoir plusieurs contestations à
terminer avec Berne, qui ne vouloir point se soumettre pour les terminer à
la forme du Droit Helvetique. Suivant cette forme, c'étoit au Canton qui
avoir une action à intenter qu'appartenoit le droit de choisir un arbitre dans
son propre Canton. Cette dispute alloit s'échauffer, lorsque par la médiation
des Cantons confédérés, il fut convenu que dans les cas où Berne deman-
deroit, ce seroit à elle à choisir un arbitre dans le Canton d'Uri, ou dans
celui de Schweitz; que dans le cas où ce seroit Fribourg qui intente-
roit l'action, les Fribourgeois prendroient leur arbitre dans le Canton de
Bâle, ou de Zurich.

Division
entre Berne
& Fri-
bourg.

A ces légers différens près, la Suisse jouit d'un calme que rien n'interrom-
pit pendant quelques années: il n'y eut que quelques disputes particulieres &
très-peu importantes au sujet des deux Doctrines; & à cet égard même,
chaque Canton se conduisoit suivant ses maximes, & n'étoit point inquieté
par les autres. Comme la Nation n'étoit point en guerre, les particuliers
Suisses prenoient, ainsi qu'ils l'ont fait depuis, parti pour les diverses Puissances de l'Europe, s'enrolloient sous les différens drapeaux des Souverains
étrangers, & soutenoient par leur valeur, l'honneur & la gloire du nom
Helvetique (2).

Les Cantons
jouissent
d'un calme
heureux.
1538-1548.

Si les Cantons goûtoient les avantages de la paix, ce n'éroit point que
s'ils l'eussent voulu, ils n'eussent eû plus d'une fois l'occasion d'entrer en

(1) Stettler. p. 104.   (2) Zurlauben. T. 4. p. 187-227.

Sect. VII.
*Histoire de
la Suisse
1501-1550.*

*Demandes
de la Chambre Impériale à quelques villes Suisses.*
1543.

guerre: mais leur patience & leur fermeté obtinrent ce que peut-être ils euſſent eû plus de peine à le procurer par la voie des armes. L'Empereur Charles-Quint, que le déſir de dominer excitoit perpétuellement à de nouveaux
projets, à de nouvelles entrepriſes, renta de rétablir contre les Suiſſes des
droits dont la légitimité n'avoit jamais été bien démontrée, & qui, d'ailleurs,
étoient depuis très-long-tems éteints. D'après les ordres de cet Empereur,
la Chambre impériale demanda aux villes de Schaffhouſe, Bâle & Mulihau-
ſen, ainſi qu'à l'Evêque de Coire & à l'Abbé de S. Gall des contingens conſidérables, comme membres de l'Empire, & ſous prétexte d'une guerre qu'il
y auroit bientôt à ſoutenir contre les Turcs.

Ces villes & ces prélats s'adreſſerent au Corps Helvetique; celui-ci ſe
plaignit à l'Empereur & à la Chambre, de l'injuſtice de cette demande directement contraire à la liberté nationale. L'Empereur répondit vaguement; la
Chambre impériale ne ſe déſiſta point de cette prétention, mais elle ne la
pourſuivit pas non plus, & l'affaire demeura indéciſe alors (1); mais environ un an après, la Chambre impériale ayant fait de nouvelles demandes
aux Bâlois, ceux-ci s'adreſſerent aux Cantons, qu'ils voulûrent même engager à envoyer, au nom de la Nation entiere, une ambaſſade à la diete de
Worms; cette propoſition ne fut point acceptée, & Bâle fut obligée d'envoyer à Worms des députés particuliers qui obtinrent les plus brillantes promeſſes, mais rien de déciſif. Cependant les importunités de la Chambre impériale ſe rallentirent, & Bâle n'eut plus, du moins de bien long-tems, à ſe
plaindre de nouvelles tracaſſeries. A peu près dans ce tems, les Cantons ob-

*Paix entre
François &
Charles-
Quint. Les
Suiſſes y
ſont compris.*
1544.

*Concile de
Trente.*
1545-1546.

tinrent enfin pour le Comté de Bourgogne, une neutralité de quatre années.
La paix venoit d'être ſolidement établie entre l'Empereur Charles-Quint &
le Roi de France, dont tous les différens furent terminés par le Traité de Cre-
pi; traité dans lequel les XIII Cantons furent auſſi compris.
L'Europe ne s'étoit que trop long-tems occupée de guerre; le Pape fixa
ſon attention par un autre ſpectacle bien plus utile, ſavoir le Concile de Trente, qu'Albert Roſin, ſon Nonce, vint annoncer aux Suiſſes. Ce Concile,
ſi célebre, par les déciſions & les reglemens qui y furent faits, & ſi célebre
encore, dit Fra Paola, par l'eſprit d'intrigue & de cabale qui y régna, s'aſſembla, & le Pape en fit faire l'ouverture le 13 Décembre 1545, avec une
pompe & une magnificence vraiment impoſante. Tous ces grands préparatifs n'en impoſerent cependant point aux Suiſſes, qui montrerent beaucoup
d'éloignement pour cette aſſemblée, quelques ſoins que ſe donnât le Pape
qui les envoya inviter une ſeconde fois. Les Cantons Catholiques n'en pen-
ſoient pas plus favorablement que les Cantons Réformés, ils refuſerent les
uns & les autres d'y paroître, & ce Concile lui-même, qui, après des débats inutiles, des querelles fort violentes, & des intrigues fort peu édifian-
tes, ſe diſperſa bientôt après, juſtifia l'opinion que les Cantons en avoient
eue: (2) & il faut avouer qu'il ſe paſſa des choſes ſinguliers dans les commencemens de cette aſſemblée générale de l'Egliſe.

*Troubles en
Allemagne.*

Les troubles qui régnoient dans les premiers jours de la tenue de ce Concile,
n'étoient cependant qu'une foible image de la confuſion, du deſordre & du fanatiſme

(1) Stettler. p. 131.     (2) Stettler. p. 140-159.

tifime qui mettoient l'Allemagne en feu. L'ambition déguifée avec affez de maladreffe fous les apparences du zele & de la piété, faifoit fervir la Religion de prétexte aux vués & aux entreprifes de la Politique, & fe jouoit en même tems de la crédulité des Princes & de l'imbécillité fuperftitieufe des Peuples: car, qui ne fait que ce fut au nom facré de la Religion que la Politique, armée des feux du fanatifme, alluma la guerre de Schmalkalde? Les deux partis qui déchiroient l'Empire fous les étendarts du Catholicifme & du Luthéranifme, cherchoient également à attirer les Suiffes, dont les armes euffent inévitablement décidé la victoire en faveur de celle des deux caufes qu'ils euffent embraffée. Le Souverain Pontife leur adreffa le bref le plus preffant pour les engager à fe déclarer contre les Proteftans. Le L. Corps Helvetique étoit lui même divifé entre les deux Religions; mais il fe réunir en cette circonftance, & fans égard au bref, n'écoutant que les confeils de la plus rare prudence, il déclara au Pape, que les Cantons n'ayant aucune forte d'intérêt à entrer dans les démêlés de l'Empire, ils étoient invariablement décidés à la neutralité.

L'Empereur ne fut pas fur ce point plus heureux que le Pape; & les Suiffes répondirent nettement à fon Ambaffadeur; qu'il avoit inutilement tenté de cacher le véritable but de fes projets, que la Nation Helvetique avoir démêlé fes vues; & que fon unique objet étoit de divifer les Cantons, en cherchant à perfuader aux uns, qu'il n'avoit entrepris cette guerre que pour défendre & foutenir la dignité de l'Empire, & aux autres, qu'il n'avoit pris les armes que par zele & pour la défenfe des intérêts de la Religion: mais que, quels que puffent être fes deffeins, l'intention des Suiffes étoit de refter tranquilles chez eux, & d'obferver fidellement leurs traités avec Sa Majefté impériale. La Ligue de Smalkalde fit de nouvelles démarches auprès des Cantons Réformés; & ceux-ci, fans fe laiffer ébranler, fe contenterent de lui répondre, qu'ils étoient liés par des traités avec l'Autriche & la Bourgogne, que c'étoit de là que tous les Cantons tiroient une partie de leurs vivres; (1) que s'ils avoient la foibleffe de confentir à prendre intérêt dans cette guerre, ce feroit vraifemblablement, puifque c'étoit une querelle de Religion, avec les Proteftans qu'ils fe ligueroient, que les Cantons Catholiques ne manqueroient pas d'entrer dans le parti oppofé, ce qui entraîneroit inévitablement en Suiffe une guerre inteftine, funefte au L. Corps Helvetique, & que le feul moyen de fe mettre à l'abri d'un tel malheur étoit d'obferver la plus exacte neutralité.

· Dans la crainte d'avoir à effuyer de nouvelles inftances, foit de la part du Pape, foit de la part de l'Empereur, ou du côté de la Ligue de Schmalkalde; les Cantons affemblés en diete à Baden, réfolurent d'obferver avec la plus intacte fidélité leurs traités réciproques, de veiller avec la plus patriotique attention à leur fûreté mutuelle, & à s'entrefecourir mutuellement avec un zele fraternel (2). Cette délibération prife folemnellement & rendue publique, délivra la nation de toutes les importunités auxquelles les eût vraifemblablement expofés la fuire de la guerre de Schmalkalde. Cette conduire fage & prudente acquit au L. Corps Helvetique la plus haure confidération en

Sect. VII.
Hiftoire de la Suiffe 1501-1550.
Guerre de Schmal-kalde.

Bref du Pape aux Suiffes & leur réponfe.

Diete & fage réfolution des Suiffes. 1547.

(1) Thuanus. T. 1. p. 141. Sleidan. L. 17 & 18.     (2) Stettler. p. 182.

Sect. VII.
Histoire de
la Suisse
1501-1550.

*Estime de
Henri II
pour la Na-
tion Helve-
tique.*

1548.

*Le Pape &
l'Empereur
se brouillent.*

*Charles-
Quint mé-
nage les
Protestans,
& publie le
Grand inte-
rim.*

Europe; en France sur-tout, où le Roi Henri II, venant de succéder à François 1er, son Pere, afin de prouver aux Suisses quelle estime il avoir pour eux, invita, dès le commencement de son regne, les Suisses à être parains d'une Princesse dont la Reine venoit d'accoucher (1). Le L. Corps Helvetique choisit dans les Cantons de Schweitz, de Zurich, d'Unterwald & de Soleure les Ambassadeurs qui devoient représenter en France, la Nation dans cette grande cérémonie; & ces Ambassadeurs reçurent à la Cour de Henri II l'accueil le plus distingué. Le Roi leur témoigna l'intérêt le plus vif, & leur recommanda de persister dans la concorde, qui, en les unissant, les rendoient si respectables aux Puissances Européennes.

Il ne falloit pas moins que la sagesse & le slegme Helvetiques pour engager les Cantons à rester attachés à la neutralité qu'ils s'étoient imposée, au milieu des mouvemens, des troubles & des guerres qui divisoient les nations, & qui donnoient chaque jour à l'Europe une face nouvelle. Paul III, & Charles Quint après avoir vêcu en bonne intelligence pendant quelques années, se diviserent, se brouillerent, & devinrent ennemis encore plus attentifs à se nuire mutuellement, qu'ils n'avoient marqué auparavant de zele à s'entresecourir. C'étoit pour servir les vues du Pape que Charles avoir déclaré la guerre aux Protestans: à peine il fut brouillé avec le Souverain Pontife, que son zele pour la religion se ralentissant en proportion du changement qui s'étoit opéré dans ses intérêts politiques, il commença à ménager les Protestans, qu'il avoir jusqu'alors si vivement persécutés. Mais comme il avoir hautement embrassé les idées de Rome, & qu'une conduire promptement opposée eût paru trop inconséquente, il entreprit de ménager les deux partis, & pour les rapprocher, il publia un formulaire, ou une confession de foi, qu'il voulut faire observer sous le nom de *grand interim*, & qui, comme il eut dû s'y attendre, mécontenta également les deux partis, qu'il s'étoit si mal à propos flatté de réconcilier.

Constance, récemment réformée, refusa de recevoir ce formulaire; Charles mit cette ville au ban de l'Empire, & chargea son frere Ferdinand de l'exécution de cette sentence. Constance demeura ferme dans la résolution, conserva la réforme & perdit la liberté (2). Cependant Charles irrité contre Rome, accusoit le Pape Paul III des malheurs qui accabloient la Chrétienté. Paul à son tour accusoit Charles-quint & la maison d'Autriche de semer la discorde parmi les Suisses. A quelques égards ils avoient raison l'un & l'autre.

Le Duc de Savoie croyant les circonstances favorables demanda la restitution de ses états, & menaça de l'obtenir par les armes, si on continuoit de la lui refuser. A cette demande, inattendue alors, se joignirent de nouvelles tracasseries de la part de la Chambre impériale, qui sous divers prétextes recommença à inquiéter les Cantons (3). Le plus grand nombre de ceux-ci crurent que la plus sage précaution qu'il y eut à prendre au milieu de ces embarras, étoit de former une étroite alliance avec la France. Le traité fut

(1) Cette Princesse étoit Madame Claude, qui, dans la suite, fut mariée à Charles II, Duc de Lorraine.
(2) Sleidan. L. 21. Thuanus. L. 5.     (3) Stettler. p. 153-161.

bientôt rédigé, & il portoit entr'autres claufes; ,, que fi le Roi voûloit faire
,, rentrer fous fa domination les pays d'Italie poffédés par François I, en 1521,
,, il étoit libre d'en tenter l'entreprife; que dans ce cas, les Cantons, ni leurs
,, alliés ne feroient obligés de le foutenir; mais qu'auffi-tôt qu'il fe feroit ren-
,, du maître de ces états, les Suiffes & leurs alliés feroient tenus de les dé-
,, fendre en fon nom, de même que toutes les autres terres du royaume de
,, France: que dans le cas où le Roi voudroit recouvrer la ville de Bologne
,, & le comté Bolonnois, la Nation Helvetique feroit obligée de l'affifter de
,, fes troupes: qu'enfin, ce traité d'alliance feroit, de part & d'autre, obfer-
,, vé pendant la vie du Roi Henri II, & dureroit cinq ans après fa mort "(1).

La plûpart des Cantons avoient affifté à la réduction de ce traité, qu'ils a-
voient accepté avec autant d'empreffement que de fatisfaction: mais ils n'é-
toient pas tous également difpofés en faveur de la France; ceux de Berne &
Zurich, ulcérés de la perfécution que les Religionnaires éprouvoient dans ce
royaume, refuferent obftinément d'entrer dans cette alliance, de laquelle ils
étoient fortement détournés par leurs prédicateurs, qui, au-lieu de fe borner à prêcher la morale, déclamoient fans ceffe, & avec une violence plus
répréhenfible que louable, contre les fervices étrangers (2). Leurs fanari-
ques difcours eurent beaucoup de fuccès dans ces deux Cantons; mais
ils n'en eurent point chez les Grifons qui demanderent à être compris
dans ce traité d'alliance, comme alliés avec l'Abbé de S. Gall. Les habitans du Valais & la ville de Mullhaufen defirerent auffi d'être compris dans ce
même traité, & y furent nommés fpécialement, & ils obtinrent du Roi Henri
II, une lettre qui fut annexée au traité d'alliance (3).

Toutefois, quelqu'unanimité qu'il y eût entre les divers membres du Corps
Helvetique, l'Empereur y avoir auffi des partifans; & ceux-ci étoient même
les plus accrédités d'entre les citoyens des divers Cantons. La divifion qu'il
y avoir entre les amis de la France & ceux de l'Empire fomentoit fans ceffe
des troubles, peu confidérables à la vérité, mais qui faifoient craindre de
plus fâcheufes fuites. L'influence de l'Empereur fut telle, qu'il parvint dans
la Ligue des dix droitures, & même dans quelques Cantons, à faire condamner à de groffes amendes les partifans les plus diftingués de la France (4).
Charles-quint avoir déterminé, il y avoir environ 31 ans, en 1518, les trois
Ligues à faire avec lui une alliance perpétuelle, pour le Tirol, les comtés
de Feldkirch, de Pludent, Hoheneck & Bregentz: & en vertu de ce traité,
il pouvoir fous mille prétextes inquiéter la Nation Helvetique & réclamer
l'affiftance des trois Ligues. Beaucoup de perfonnes inftruites de fa politique,
& craignant avec raifon, que tôt ou tard, il ne fe fervît de cette ancienne
alliance pour fufciter des troubles, s'éleverent contre cette multiplicité de
traités qui menaçoient beaucoup plus le repos de la République qu'ils n'af-
fermiffoient fa tranquillité. Leurs obfervations firent la plus forte impreffion
fur un très-grand nombre de leurs compatriotes: les uns les trouvoient fort
juftes, les autres les blâmoient, les efprits s'échaufferent, & les Magiftrats
eurent beaucoup de peine à éteindre ces femences de difcorde (5).

*Sect. VII.*
*Hiftoire de*
*la Suiffe*
*1501-1550.*

*Traité d'al-*
*liance entre*
*les Cantons*
*& laFrance*
*1549.*

*Berne &*
*Zurich re-*
*fufent*
*d'entrer*
*dans cette*
*alliance.*

*Divifions en*
*Suiffe entre*
*les Parti-*
*fans de*
*Charles &*
*ceux de la*
*France.*

*Influence*
*de Charles*
*en Suiffe.*

(1) Stettler. p. 162. (2) Thuanus. T. 1. L. 6. p. 503. (3) Zurlauben. T. 4. p. 233.
(4) Sprecher. *Helvet. Rhet.* p. 23. (5) Stettler. p. 164.

SECT. VII.
*Histoire de la Suisse 1501 1550.*

*Emeute dans le Valais.*

La diffention fut portée plus loin dans le Valais, divifé entre les partifans de l'Empereur & ceux de la France; les premiers furent les plus forts, & plufieurs villages des Communautés attachées au parti François furent pillés & cruellement ravagés.. Ce ne fut qu'avec beaucoup de peine qu'enfin le Banneret Antoine Tillier & Glado May, Seigneur de Stratlingen, fecondés par les députés des Cantons, parvinrent à pacifier les deux factions, & à rétablir la tranquillité publique..

## SECTION VIII.

*Hiftoire de la Suiffe depuis l'an 1550, jufqu'au commencement du dix-feptieme fiecle..*

*Sages mefures des Cantons pour maintenir la paix.*

*1550.*

La méfintelligence qui divifoit les Suiffes au fujet des alliances nationnales, foit avec l'Empereur, foit avec la France, n'avoit cependant point dégénéré encore en diffention générale; les partifans des François & ceux de l'Empire, n'étoient pas tous également extrêmes, également outrés; & les troubles qui s'étoient élevés, s'étoient réduits à quelques reffentimens particuliers, & dans le Valais à une efpece d'émeure, vive à la vérité, mais courre, paffagere & qui n'eut pas été plutôt appaifée que tour rentra dans l'ordre accoutumé.

Les Suiffes, indépendamment de leurs opinions particulieres, foit à l'égard des alliances contractées, foit relativement à la diverfité des deux religions, fe réunirent, ne fongerent qu'au bien de la Patrie, & ne s'occuperent que des moyens d'établir folidement la paix & de la perpétuer. La fageffe de leur conduite fut fi refpectée, que par confidération pour eux, les Puiffances Européennes voulurent bien confentir à ménager bien voifins de cette fage nation. En effet, l'Alface menacée de devenir le théatre de la guerre, fut affranchie de ce danger par la feule recommandation des Suiffes

*Les Suiffes s'intereffent pour 4 villes de l'Alface auprès de Henri II.*

*1551-1552.*

auprès de Henri II, prêt à porter fes armes dans cette contrée.. Déja même ce Souverain, fuivi d'une nombreufe armée, s'étoit avancé dans la baffe Alface, lorfque plufieurs députés des Cantons vinrent lui recommander les villes de Colmar, Enfisheim, Schleftadt, & Strasbourg, depuis long-tems amies du L. Corps Helvetique, & d'où ils tiroient leurs denrées les plus néceffaires. Senfible à la follicitation des Suiffes Henri II leur répondit que par égard pour eux il vouloir bien épargner le pays de Sundgaw; à condition que l'on rendît les prifonniers François qui y étoient détenus; mais que quant aux quatre villes pour lefquelles ils s'intéreffoient, fon intention n'avoit jamais été de leur nuire, les connoiffant pour amies des Suiffes, quelques mécontentemens qu'il eut contre les Strasbourgeois, qui en avoient mal ufé à fon égard, & maltraité fes gens (1), Afin même de faire connoître aux Cantons combien il leur étoit attaché, quelque tems après Henri II voulut bien,

(1). Stettler. p. 173. Wurfteifen. L. 8. & 21. p. 625. Thuan. L. 10. p. 67.

à leur requisition, accorder une prolongation de trois ans pour la neutralité de la Franche-Comté. (1).

Quelque fidélité qu'il y eut de part & d'autre dans l'observation du dernier traité d'alliance entre la France & les Cantons, l'Empereur Charles-quint, toujours dans l'espérance de s'attacher les Suisses, ou du moins de les détacher de ses ennemis, ne négligeoit aucun moyen de se les rendre favorables. Ce fut dans cette vue que Ferdinand Gonzague, Gouverneur de Milan pour l'Empereur; renouvella le *Capitulat* avec la Nation Helvetique, l'affranchit de tous droits d'impôts & de gabelle, & consentit à ce que tous les différens qui pourroient survenir entre les Suisses & le Duc de Milan fussent jugés & terminés par le droit-Helvetique (2). En même tems, Charles-quint eut soin de faire répandre par ses émissaires & ses partisans dans les Cantons, les bruits les plus désavantageux à la France. Mais aucun de ses moyens ne réussit; les Suisses accepterent avec reconnoissance les concessions du Gouverneur de Milan; écouterent avec indifférence les nouvelles répandues au désavantage des François, & resterent immuablement attachés à Henri II, à l'Ambassadeur même duquel ils accorderent une levée de 10000 hommes. Il est vrai que cet Ambassadeur, Sébastien de l'Aubespine, Abbé de Basse-fontaine, négocia avec tant d'adresse, d'habileté & de bonheur, qu'à son départ, les Suisses étoient entiérement dans les intérets de Henri II, qui acheva de se concilier leur attachement par les égards qu'il eut pour leur intervention dans l'importante affaire de la succession de Neufchatel (3).

Cette affaire en effet, étoit fort épineuse; François II, Duc de Longueville & Prince souverain de Neufchatel étoit mort sans enfans il y avoit deux ans, en 1551 : sa mere Marie de Lorraine, veuve en secondes nôces de Jacques V, Roi d'Ecosse, & qui en qualité de tutrice de son fils mineur, gouvernoit cette principauté avec Claude, Duc de Guise son pere, réclama cette succession, qui lui fut disputée par Jacqueline de Rohan, au nom de son fils Léonor d'Orléans, Marquis de Rothelin, & par Jacques de Savoie Duc de Nemours, l'un & l'autre étant cousins germains du Duc de Longueville & petits fils de Jacqueline de Stochberg. Les trois aspirans à la succession discuterent leurs droits devant les trois Etats de Neufchatel; tribunal composé du Gouverneur de la souveraineté qui y préside, mais qui n'a, ni le droit de délibérer, ni celui de décider; de quatre Conseillers d'Etat, & de quatre Conseillers de la ville (4). Après un long & mur examen des droits respectifs des prétendans, ce tribunal adjugea la succession de Neufchatel & cette principauté à Léonor d'Orléans & au Duc de Nemours par indivis, à condition qu'ils se concilieroient entr'eux sur l'administration, & qu'elle seroit exercée en un seul nom.

Marie de Lorraine, Reine d'Ecosse, & qui avoit par les Ducs de Guise ses freres, le plus grand crédit à la Cour de France, appella de cette sentence au Parlement de Paris. Le tribunal qui venoit de juger, avoir été dans

Sect. VIII. Histoire de la Suisse 1550-1604.

Tentatives de Charles pour rendre les Cantons défavorables à la France.

Les Suisses accordent une levée de 10000 hommes à la France. 1553.

Discution concernant la succession de Neufchatel.

Le tribunal de Neufchatel l'adjuge à Léonor d'Orléans & au Duc de Nemours.

(1) Stettler p. 174. (2) Idem. p. 170. (3) Stettler. p. 179.
(4) Les Audiences & les Etats de Neufchatel sont au fond la même chose; mais il y a cette différence, que les audiences générales sont l'assemblée de tous les Etats - & que les Etats sont l'abrégé des audiences générales.

tous les tems en possession de décider souverainement sur pareille matiere. Les Neufchatelois mécontens de l'appel formé par la Reine d'Ecosse, s'en plaignirent amerement à la République de Berne, qui écrivit au Roi. Henri II répondit obligeamment aux Bernois; mais d'une maniere vague au sujet des Neufchatelois, & il laissa le Parlement de Paris prendre connoissance de cette affaire. Les Neufchatelois s'adresserent encore à Berne, & lui réprésenterent si vivement combien l'appel de la Reine d'Ecosse, & l'approbation que le Roi donnoit à cette démarche, blessoient l'indépendance & les privileges des habitans de cette souveraineté, & combien une telle conduire étoit opposée à l'alliance perpétuelle formée avec la France, traité dans lequel Neufchatel étoit compris, que les Bernois renouvellerent leurs instances auprès de Henri II, & lui firent de si fortes représentations, que ce Monarque s'empressa de leur écrire, que les ayant toujours regardés comme les anciens amis de la Couronne, il seroit prêt dans tous les tems à leur donner des preuves de son attachement aux alliances qu'il avoit contractées avec eux; que dans cette affaire sur-tour, il avoir donné des ordres si positifs, que les Suisses verroient combien il étoit attentif à ce que les Cantons & les Etats qu'ils protégeoient, ne fussent jamais inquiétés dans la jouissance de leurs droits. Conformément à cette promesse, le Parlement de Paris cessa de connoître de cette affaire, & la Reine d'Ecosse ne suivit point son appel. Le Duc de Nemours reçut en France un dédommagement qui le satisfit, & par sentence du Conseil de Berne, Léonor d'Orléans demeura seul Prince de Neufchatel.

· Quelque considération que l'on eût néanmoins en Europe pour la nation Helvetique, les Cantons ne purent cependant obtenir d'aucune des Puissances Catholiques de la modération pour les Protestans, qui, féveres eux-mêmes & très-peu tolérans, où ils se trouvoient les plus forts, étoient cruellement persécutés par-tout où le Catholicisme étoit la Réligion dominante. Ils l'étoient en Allemagne, où malgré la paix de Passau (1) qui paroissoit avoir accordé une liberté entiere de conscience, le fanatisme ne cessoit d'exercer ses fureurs, & où la guerre continuoit toujours. Ils l'étoient encore plus en France où la multitude soulevée par les moines, & le Roi tourmenté par la superstition, punissoit avec la derniere rigueur & par de cruels supplices les malheureux Religionnaires (2). Cette rigueur extrême, mécontentoit beaucoup les Suisses qui s'irriterent de l'intolérance de Henri, & qui applaudirent à l'intolérance également outrée de Calvin, par les dénonciations & les déclamations fanatiques duquel l'ombre & insensé Michel Server fut brulé vif à Genève, suivant quelques-uns moins pour ses opinions, que pour avoir osé lutter contre le fougueux Réformateur (3).

Quelques différens s'éleverent entre Berne & Fribourg, au sujet des terres de Michel, Comte de Gruyeres, dernier mâle d'une maison illustre, & qui, outre le comté de Gruyeres, étoit possesseur des vallées de Rougemont, Château d'Axdun & Gessenay, des baronnies d'Aubonne, de Coppet, de Rolle & d'Oron, des seigneuries de Mont Palesieux, Corbierre, Montservant & la Tour de Tremes. Malgré la vaste étendue de ses domaines, ce seigneur ac-

---

(1) Thuan. L. 10 p. 88.　(2) Stettler. p. 178.
(3) Spon. Hist. de Geneve. T. 2. p. 67. Sleidan. Liv. 25.

çablé de dettes, s'étoit mis par son inconduite dans la plus embarrassante situation.   Ses terres qui étoient à la bienséance de Fribourg & de Berne, é-
toient engagées à ces deux Cantons qui lui avoient fait des avances si considérables, qu'ils en étoient les principaux hypotéquaires, une foule d'autres
particuliers pourfuivoient aussi le payement des sommes également prêtées au
Comte de Gruyeres, dont les dettes avoient abforbé la fortune.   Berne & 
Fribourg après quelques légeres contestations sur le partage qu'il y avoir à
faire de ces diverses seigneuries entre les deux Etats, s'arrangerent entr'eux,
& de concert avec le reste des créanciers, Berne se mit en possession de tout
ce que le Comte occupoit au-dessus de Montbovan, & des terres que ce seigneur avoir dans le pays de Vaud: Fribourg garda le reste (1).   Quoique
cette maniere d'acquérir n'eut rien que de très-légitime, l'accroissement considérable que ces terres donnoient à la domination des deux Cantons, & la
facilité qu'ils avoient eu d'étendre ainsi leurs frontieres, inspira aussi des desirs d'agrandissement aux voisins des Bernois & des Fribourgeois.   Les habitans du Valais, chercherent les premiers les moyens d'ajouter des possessions
nouvelles à leurs anciennes possessions; & ils crurent n'avoir rien de mieux,
ni de plus aisé à faire que de s'emparer du Val d'Aoste.   Mais c'étoit là fort
mal imiter l'exemple des deux Cantons, qui n'avoient fait que se mettre en
possession de domaines qui leur étoient engagés, & qu'ils ne faisoient que
prendre en payement des sommes qui leur étoient dues: au-lieu que les Valaisans n'avoient ni droits, ni hypoteques fur le Val d'Aoste; mais ils imaginerent que c'étoit pour cela même que cette maniere d'acquérir feroit pour
eux d'autant plus avantageuse.   D'après cette idée ils songerent sérieusement
à exécuter le projet de l'invasion qu'ils avoient méditée; & ils le mettoient
en état d'assurer le succès de cette usurpation, lorsque les Ambassadeurs du
Roi de France informés de ce dessein, en porterent des plaintes aux Cantons.   Ceux-ci interposerent leur autorité, les habitans du Valais reconnurent l'injustice de cette entreprise, & s'en désisterent (2).

Une affaire plus importante occupoit alors les Cantons, c'étoient le trouble & les dissentions qui agitoient violemment Luggaris au sujet des deux religions, dont les sectateurs animés de la plus forte haine mutuelle, se mé-
naçoient sans cesse, & chaque jour étoient prêts à en venir aux mains.   Ce
ne fut qu'avec bien de la peine que les Cantons parvinrent à prévenir la guerre intestine que cette discorde n'eut pas manqué d'occasionner; & à force
de soins, d'exortations & de démarches, ils firent enfin consentir les deux
parties à remettre le jugement de leur querelle à la décision de deux arbitres, l'un de Glaris & l'autre d'Appenzell.   Ces arbitres peserent les raisons
des deux parties, & déciderent que les Catholiques formant le plus grand
nombre à Luggaris, les Réformés feroient libres de se retirer dans celui des
Cantons Protestans qu'ils voudroient choisir, & qu'ils pourroient emporter a-
vec eux tous leurs effets.   En exécution de cette sentence, de soixante familles de Réformés qui sortirent de cette contrée, la plupart allerent s'établir à Zurich & y porterent des biens infiniment plus précieux que de l'or ou
des meubles de prix, leur industrie, qui depuis a rendu Zurich l'une des
villes les plus florissantes de la Suisse.

(1) Salt. T. 9. p. 47. Stettler. p. 185-188.     (2) Stettl. p. 137.

Sect.VIII.
Histoire de
la Suisse
1550-1604.

Projet in-
juste des ha-
bitans du
Valais.
1555.

Dissentions
dans le
Luggaris
au sujet des
deux Reli-
gions.

Les Réfor-
més de Lug-
garis se re-
tirent à
Zurich.

De semblables émigrations encore plus imprudemment ordonnées ont depuis enrichi beaucoup d'autres pays aux dépens de la France, qui a perdu irrévocablement le produit très-considérable qu'elle retiroit de l'industrie d'une foule de Réformés que l'intolérance a contraints de s'exiler. Genève dans le même tems s'illustroit, se peuploit & s'embellissoit par le même moyen qui fixoit l'industrie & les arts à Zurich; elle recevoit dans ses murs & donnoit asile à une foule de familles Françoises, Italiennes & Angloises, que la persécution & l'intolérance avoient forcées de s'éloigner de ces divers Gouvernemens (1). Cette multitude de nouveaux Réformés, la tranquillité qu'ils trouvoient à Genève, la nouvelle source de richesses qu'ils y portoient, les marques de reconnoissance & d'amitié que les Chefs de la République leur donnoient, irriterent la jalousie de quelques Genevois Catholiques, qui prenant pour de saintes inspirations les impulsions intolérantes de leur fanatisme, tramerent le complot infernal de faire périr en même tems tous ces nouveaux concitoyens. Heureusement cette perfide conspiration fut découverte, ses auteurs furent, comme ils le méritoient, punis du dernier supplice, & ces étrangers n'eurent plus de pareils attentats à redouter (2).

Il y a eu plus d'une fois occasion de dire que, soumis aux Cantons, le Thurgau étoit régi tour à-tour par chacun de ces Etats: mais ceux-ci n'avoient jamais été d'accord sur leurs droits respectifs au sujet de l'administration de la justice criminelle dans ce pays (3). Il y avoir eu sur ce point, bien des contestations, que les circonstances, ou l'obstination des parties avoient perpétuées; les Cantons s'assemblerent pour les terminer, & tous les différens furent réglés à Baden d'une maniere invariable (4).

Charles-quint par le plus généreux effort de philosophie, ou par la plus irréparable des inconséquences, avoit abdiqué à Bruxelles, en faveur de Philippe son fils, la couronne d'Espagne; il lui avoit en même tems cédé les Pays-Bas, le Comté de Bourgogne & le Duché de Milan. Quelques jours après cette abdication qui fut tant admirée & si fort blamée en Europe, Charles fit notifier par un Ambassadeur sa démarche aux Cantons, & leur écrivit pour leur recommander les intérêts de Philippe, sensibles à cette attention, les Suisses renouvellerent pour le comté de Bourgogne, le traité d'union héréditaire avec le nouveau Roi d'Espagne (5). Peu de tems après Charles aussi dégouté de la couronne impériale, qu'il avoit été de tous les royaumes soumis à sa puissance, se démit de cette auguste dignité en faveur de Ferdinand son frere; & alla dans un Couvent de l'Estramadure cacher le reste
de

---

(1) Simler. L. 11. Sleidan. Liv. 26.     (2) Spon. T. 2. p. 71.
(3) L'étendue du Thurgau est fort considérable; il contient plus de 50 paroisses. Sigismond d'Autriche en céda la souveraineté aux VII anciens Cantons en 1460. L'Empereur Sigismond avoit vendu en 1415 la justice criminelle de cette province & le Landgericht à la ville de Constance; qui dans la suite, en 1499, fut obligée de céder ce droit aux X Cantons. Depuis cette époque les Suisses avoient deux Officiers dans la Thurgovie. Les droits de souveraineté & la justice civile étoient administrés par un Baillif nommé par les VII Cantons: la justice criminelle & les appellations y sont administrées par un Land-ammann établi par les X Cantons. Une régie aussi mêlée faisoit naître beaucoup de contestations: & par le traité de Baden, du 17 Septembre 1555, tous les cas qui pourroient dépendre de la jurisdiction criminelle, furent invariablement réglés.     (4) Valdkirch, T. 2. p. 389.     (5) Stettler. p. 190.

Sect. VIII.
*Hiſtoire de la Suiſſe 1550-1604.*

de ſa vie, goûter les douceurs du repos, ou dévorer peur-être les remords de ſes abdications.

Cependant le Roi de France rompant la treve qu'il avoit faite pour cinq ans à Vaucelles, avec Charles, envoya ſous les ordres du Duc de Guiſe, une armée en Italie, & une autre en Flandres, ſous les ordres du Connétable de Montmorenci (1). Cette infidélité à un traité auſſi récent irrita la plû-part des Puiſſances Européennes; elle déplut encore davantage à la nation Helvetique. L'Abbé de Baſſe-fontaine, Ambaſſadeur du Roi de France au-près des Cantons, juſtifia autant qu'il put, la démarche de ſon maître, & prétendit que Philippe ayant manqué le premier à cette treve en inſultant les terres du ſouverain Pontife allié de la France, Henri ne pouvoir ſans man-quer au plus ſacré des engagemens, ſe diſpenſer de protéger ſon allié, & de repouſſer la force par la force. Cette bonne ou mauvaiſe juſtification fut vi-vement appuyée par l'Evêque de Terracine, & Gaſpard de Silinen, Capi-taine des Gardes de Paul IV, envoyés par le Pape à la diete de Baden, pour ſe plaindre amerement des entrepriſes de Philippe, & implorer contre lui le ſecours de la nation Helvetique.

*Le Roi de France fait la guerre au Roi d'Eſ-pagne. L'Ambaſ-ſadeur du Roi de France au-près des Cantons juſ-tifie la dé-marche de ſon maître. 1557.*

Les accuſations de l'Abbé de Baſſe-Fontaine, & les plaintes des émiſſai-res de Paul IV firent impreſſion ſur les Cantons; ils ne prirent pourtant au-cune réſolution, ne cru:ent pas devoir déclarer ouvertement la guerre au Roi d'Eſpagne; mais permirent cependant aux agens du ſouverain Pontife & à ceux du Roi Henri II d'engager tout autant de Suiſſes qu'ils en trouveroient de diſpoſés à ſervir dans leur armée (2). La levée fut peu conſidérable; mais dans la ſuite, après la bataille de S. Quentin, la nation accorda au Roi de France 14000 hommes, & ce ſecours décida les ſuccès de Henri dans cette guerre (3). Le Maréchal de Briſac à la tête d'un corps d'armée gardoit la vallée d'Aoſte. Le voiſinage de ces troupes alarma les habitans du Vallais, ſous la protection deſquels ceux de la vallée d'Aoſte s'étoient mis quelques jours avant l'arrivée du Maréchal de Briſac, dans l'eſpoir que l'interceſſion d'un pays ami & allié de la France, les garantiroit de l'invaſion & des dan-gers qui menaçoient le reſte des Etats du Dùc de Savoie. La République de Vallais n'étoit point en état de protéger par la force des armes le Val d'Aoſte: elle conjura le Maréchal de Briſac d'épargner cette contrée; & il eut tant d'égard à leur ſollicitation, que par l'exacte diſcipline qu'il fit obſer-ver, les nabitans d'Aoſte n'eſſuyerent aucune ſorte de dommage de la part des François.

*La Suiſſe accorde 14000 hommes à la France.*

Pendant ces mouvemens Berne s'occupoit ſans ceſſe du ſoin de ſa puiſſance, & à maintenir le rang conſidérable qu'elle s'étoit aſſuré. Dans cette vue, elle cher-cha à renouveller avec Genève ſon alliance, dont le terme expiroit. Genève deſiroit auſſi ce renouvellement; mais les difficultés qui s'éleverent de part & d'autre ſur les conditions que l'une des parties vouloir preſcrire & que l'autre ne croyoit pas devoir accepter, retarderent la concluſion de cette af-faire, qui ne fut même terminée que par l'intervention de tout le L. Corps Helvetique; & au-lieu d'un ſimple renouvellement, l'alliance fut rendue perpétuelle à la ſatisfaction de Berne, comme à celle des Genevois (4). Les

*Renouvelle-ment d'al-liance entre Genève & Berne.*

---

(1) Thuan. L. 17. p. 404.    (2) Stettler. p. 193.    (3) Thuan. L. 19. p. 517.
(4) Stettler. p 196. Spon. *Hiſt. de Genève.* T. 2. p. 79.

Sect.VIII.
*Hiſtoire de
la Suiſſe
1550-1604.*

*Genève veut
être miſe au
nombre des
Cantons &
elle eſt refu-
ſée.*
1558.

*Paix de Châ-
teau Cam-
breſis.*
1559.

foins que les Cantons s'éroient donnés pour hâter la conclufion de ce traïcé, & l'intérêt qu'ils avoient paru prendre à Genève, donnerent à cette République des idées d'agrandiſſement, & elle fe ſtatta de l'eſpoir d'être admiſe au nombre des membres de la Confédération Helvetique, & d'être auſſi érigée en Canton. Elle en fit la demande aux Cantons aſſemblés ; mais la plus grande partie de ceux-ci refuſa d'y conſentir, & quelques tentatives qu'elle ait renouvellées depuis, elle a toujours trouvé la même oppoſition (1). Sans doute le L. Corps Helvetique ſe trouvant aſſez fort, & craignant qu'un plus grand nombre de confédérés ne nuiſît à l'union générale, s'eſt immuablement déterminé à reſter tel qu'il eſt.

Pendant que Genève tentoit d'acquérir un plus haut dégré de puiſſance & d'autorité, la paix de Château Cambreſis, qui ſembloit devoir rendre le calme aux Etats de l'Europe, préparoit de nouvelles ſemences de diſcorde. Les Suiſſes furent les premiers qui eurent à ſouffrir des diſſentions occaſionnées par ce traité de paix. Les XIII Cantons, ainſi que les Griſons, le Vallais, Mullhauſen, la ville & l'Abbé de St. Gall avoient été compris dans ce traité, par lequel Philippe Duc de Savoye fut remis en poſſeſſion de ſes Etats (2). Le pays de Vaud faiſant partie des anciens domaines de ce Souverain, il endemanda la reſtitution à Berne & à Fribourg : mais ces deux Cantons necroyant pas devoir ſe déſſaiſir d'un pays qu'ils avoient conquis, refuſerent de remplir des conditions qui n'avoient pu être preſcrites fans leur conſentement.    Le Duc de Savoye irrité de ce refus s'adreſſa au reſte des Cantons & leur propoſa de s'allier avec lui. Schweitz, Lucerne, Unterwald, Uri, Zug. & Soleure accepterent cette alliance; & les Bernois craignant de ſe voir abandonnés par le reſte de leurs alliés, mais décidés à garder le pays de Vaud, & à faire les plus grands efforts pour conſerver leur conquête, garnirent leurs frontieres de troupes, & ſe diſpoſerent à ſoutenir la guerre avec la plus grande vigueur. L'Eſpagne, la France & les Cantons confédérés offrirent leur médiation entre Berne & le Duc de Savoye; après bien des débats au ſujet de Genève que le Duc de Savoye ne vouloit pas que l'on comprît dans la négociation, la République de Berne accepta la médiation; mais à condition qu'elle ſeroit libre d'accepter ou de refuſer les propoſitions. qui lui ſeroient faites. Le premier plan de pacification fut rejeté à la follicitation des Genevois qui repréſenterent que, s'il étoit accepté, il ne pourroit. plus y avoir de communication entre leur ville & Berne. On fit des changemens à ce premier plan, & les conditions ayant été remiſes à la déciſion de quelques arbitres, ceux-ci dans leur ſentence ménagerent avec tant d'habileté les intérêts du Duc de Savoye & ceux de Berne, que les conditions furent agréées de part & d'autre; & par le traité qui fut conclu, il fut convenu que les Bernois rendroient au Duc de Savoye le Chablais & les hailliages de Gex, du Ternier & de Gaillard, à condition qu'ils retiendroient pour eux le pays de Vaud. Ce traité avoit été, quelques jours auparavant, précédé d'un accord, par lequel il avoit été ſtatué que la Religion Réformée établie par les Bernois dans les pays reſtitués au Duc de Savoye, y feroit confervée; que l'alliance entre Berne & Genève ſeroit maintenue; qu'il y auroit

*Alliance du
Duc de Sa-
voye avec
VI Cantons.*
1551.

*Berne ſe
prépare à
ſoutenir la
guerre.*
1562.

*Traité d'accommodament,*

(1) Stettler. p. 197.    (2) Dumont. *Corps Diplomatiq.* T. 5. p. 40.

une conférence particuliere où feroient examinées les prétentions de Philibert fur Genève, & qu'il ne prendroit, ni n'éxigeroit aucun acte d'hommage en qualité de Comte de Gruyere, de-Seigneur ou Baron, ou d'aucun e des autres tertes comprifes dans le traité d'arrangement entre lui & les Bernois (1).

Le haut dégré de confidération que la nation Helvetique avoir acquis en Europe, rendoir peu furprenante l'intervention des Rois de France & d'Efpagne dans la conteftation qui divifoit Berne & le Duc de Savoye. Cette confidération étoit telle en effet, que les Ambafladeurs de cette nation recevoient dans la plupart des Cours Européennes, les mêmes honneurs qui y étoient rendus aux Ambafladeur des plus puiffans Monarques. Melchior de Lufli Ambafladeur des VII Cantons Catholiques, foutint l'honneur de fa patrie avec une dignité impofante dans la feconde feffion du Concile de Trente. Il demanda avec une fi noble fermeté la préféance fur l'Ambafladeur de Cofme, Duc de Florence, qu'elle lui fut accordée fans difficulté. Peu content d'un rang qu'il ne croyoit pas qu'on dût lui difputer, Lufli demanda encore la même préféance fur l'Ambafladeur de l'Electeur de Baviere: fa prétention parut mal fondée, & elle lui fut refufée; l'Ambafladeur des VII Cantons protefta contre le refus; cefla de fe trouver aux affemblées du Concile & s'éloigna de Trente (2).

Quoique le Roi, François II. n'eut fait, pour ainfi dire, que le montrer fur le trône, fon règne de très-courre durée prépara les calamités qui pendant bien des années défolerent enfuite la France. L'ambition des Guifes, abufant de l'autorité que le Souverain leur avoir confiée, entreprirent de lutter contre les Princes du fang, & d'être à leur exclufion, chargés du gouvernement pendant la minorité du Roi. Les grands, pour profiter des troubles, fe diviferent entre les Guifes & les Princes. Les deux partis étoient nombreux; ils étoient redoutables; il ne manquoit aux chefs qu'un prétexte de faire éclatter leur haine mutuelle; la Religion fur ce prétexte, & fous ce voile impofant, ils remplirent la Cour de factions, de brigues, agiterent le Royaume, défolerent les provinces & armerent les citoyens les uns contre les autres.

Chacune des deux factions imploroit le fecours des Suiffes. Charles IX, pour fon malheur & celui de l'humanité, venoit de fuccéder à fon frere. Il recourut à la nation Helvetique; les Cantons Réformés firent les plus grands efforts pour engager le refte des membres de la confédération, à garder la neutralité, dans cette guerre où la Religion & le bien de l'Etat n'étoient que les prétextes des projets les plus perfides. Les Cantons Catholiques s'émurent au feul nom de Religion, & accorderent à Charles IX, 5000 hommes, qui, fous les ordres de Guillaume Frölich, Chevalier & Sénateur de Soleure, pafferent en France, & rendirent, aux dépens d'une partie des François, les fervices les plus effentiels à la Couronne.

Les Cantons Réformés plus conféquens dans leurs démarches, fe conduifirent avec autant de fageffe que de modération; ils euffent pu auffi envoyer au Prince de Condé, qui les en preffoit vivement, des troupes qui fe fuffent

(1) Cet acte d'accommodement eft daté de Laufanne, du 30 Octobre 1564: il fut garanti dans le mois d'Avril fuivant par les Rois de France & d'Efpagne, Stettler: p. 284-289.
(2) Amelot. Mém. Hift. T. 1. p. 72.

*(marginal notes:)*
Sect VIII. Hiftoire de la Suiffe. 1550-1604.

Fermeté de Lufli Ambaffadeur des VII Cantons Catholiques aupres du Concile de Trente. 1564.

Malheurs prepares pendant le Regne de François II.

Divifion des François fous Charles IX.

Les Cantons Catholiques fourniffent du fecours à Charles IX.

*La Répu-
blique de
Berne rap-
pelle les Of-
ficiers &
les ſoldats
partis de ſon
Canton.*

baignées dans le ſang des François Catholiques; ils préférerent d'obſerver une exacte neutralité, & refuſerent conſtamment les ſecours qui leur étoient demandés (1). Quelques-uns des principaux Bernois firent ſecretement des levées qu'ils conduiſirent à Lion; mais les Magiſtrats de la République n'en furent pas plutôt informés qu'ils envoyerent à Lion un député chargé de porter à ces troupes l'ordre de rentrer dans le Canton. Le Prince de Condé plus heureux chez les Vallaiſans & les Neufchatelois, avoit obtenu quatre compagnies du Vallais & trois du Comté de Neufchatel. Les Cantons Catholiques s'empreſſerent de rappeller ces compagnies, mais quelques preſſans que fuſſent les ordres qu'ils leur envoyerent, quelques fortes que fuſſent les inſtances de Charles IX, les Vallaiſans refuſerent conſtamment de rappeller les quatre compagnies qu'ils avoient accordées au Prince de Condé, & elles reſterent à Lion (2).

Cependant les grands ſervices que les Suiſſes Catholiques avoient rendus à la Couronne, leur valeur, & la fidélité des Cantons Réformés à garder la neutralité furent ſi agréables à Charles IX, qu'auſſi-tôt qu'il fut parvenu à ſa majorité, il envoya des Ambaſſadeurs chargés de propoſer à tous les Cantons confédérés, Catholiques & Proteſtans, Zurich ſeul excepté, le renouvellement des anciennes alliances. La nation Helvetique s'aſſembla en diete à Fribourg, & de tous les Cantons il n'y eut que Zurich & Berne qui refuſerent de conſentir à ce renouvellement; les autres accepterent la propoſition du Roi de France., & le traité fut conclu pour toute la vie du Roi & pour cinq ans après ſa mort. Par l'un des articles de ce traité qui fut ratifié par Charles IX, quelques mois après au Pont de Marſan en Gaſcogne (3), les Suiſſes promettoient de ne point donner de ſecours aux pays jadis poſſédés par François Ier, dans le cas où le Roi de France en entreprendroit la conquête.

*Renouvelle-
mens d'al-
liance entre
les Cantons
& la France
1565.*

Les députés des Griſons avoient ſouſcrit à cette clauſe, cependant elle excita chez eux de très-vives émeutes. Le parti Eſpagnol prétendant même que le Milanez étoit compris dans cet article, qu'il croyoit contraire au traité de l'union héréditaire avec la maiſon d'Autriche, s'en plaignit amèrement, & les Cantons ne parvinrent qu'avec beaucoup de difficulté à diſſiper ce trouble naiſſant. La Cour d'Eſpagne fut tout auſſi mécontente que les Griſons attachés à cette couronne, & ſes Ambaſſadeurs en Suiſſe, demanderent aux Cantons d'expliquer cet article & de nommer expreſſément le Milanez dans le traité d'union. Mais les Cantons rejeterent obſtinément cette propoſition, & ſe refuſerent au traité d'alliance que Philippe leur faiſoit auſſi propoſer par ſes Ambaſſadeurs (4).

*Le Pape
Pie IV re-
nouvelle
l'alliance
avec les
Cantons Ca-
tholiques.*

La concorde uniſſoit les Suiſſes, mais il étoit un ſouverain turbulent, ombrageux, que cette bonne intelligence offuſquoit, & qui ſe propoſa, ſi non de la rompre entierement, du moins de l'affoiblir tour autant qu'il ſeroit en ſa puiſſance. Ce ſouverain étoit l'inquiet Pie IV, qui pour répandre la zizanie parmi les Suiſſes, renouvella l'alliance du S. Siege avec les Cantons Ca-

(1) Zurlauben Hiſt. Milit. des Suiſſes. T. 4. p. 283. & ſuiv.
(2) Stettler. p. 207-209. De Thou. L. 31. p. 233.
(3) D'AL Hiſt. des Suiſſes. T. 9. p. 236.    (4) Stettler. p. 217.

tholiques. Par ce traité de renouvellement qui fut juré folemnellement à Lucerne, Pie IV s'engageoit à fournir aux Suiffes Catholiques 20000 Crones, & mille hommes à fes dépens, dans les cas où les Cantons Catholiques feroient attaqués par quelques Souverains étrangers, ou bien dans le cas où ils feroient attaqués dans leurs propres Cantons: il s'engagea auffi à ne prendre pour Capitaine de fes gardes qu'un bourgeois de Lucerne (1). De leur côté, les Cantons Catholiques promirent d'accorder au Pape, lorfqu'ils en feroient requis, une levée de 4 ou 5000 hommes. Ce traité ne fit qu'ajouter de nouveaux fujets de foupçon aux motifs preffans de méfiance, qui depuis quelque tems divifoient les Cantons, & portoient une fâcheufe atteinte à la force des liens de leur confédération.

Tout en effet, fembloit annoncer une diffention prochaine & méditée entre les divers membres du L. Corps Helvetique, & on eut dit que les Cantons Catholiques ne cherchoient par leurs démarches & leurs engagemens qu'à irriter contr'eux les Cantons Réformés, foit par l'ardeur avec laquelle ils fecondoient la perfécution qu'on exerçoit en France contre les Proteftans, foit par leur indifférence fur les mouvemens du Duc d'Albe & du Duc de Savoye, qui tenoient des troupes nombreufes fur les frontieres de la Suiffe; le Duc d'Albe pour avoir des fecours prêts à fournir & à conduire dans les Pays Bas à Marguérite d'Autriche, contre le Prince d'Orange; & le Duc de Savoye, fous prétexte de mettre fes Etats à l'abri des entreprifes que pourroit tenter le Duc d'Albe; mais avec plus de vérité pour envahir & accabler Genève, qui lui refufoit conftamment de lui reftituer le Vidomat, qu'il réclamoit, & pour foumettre les Genevois eux mêmes, qu'il ne ceffoit de preffer de le reconnoître pour fouverain (2).

Fribourg de fon côté, déclaroit qu'il ne défendroit point les Genevois contre le Duc de Savoye; & par la plus injufte des prétentions, les Fribourgeois demandoient par avance la moitié des conquêtes que la République de Berne feroit dans le cas où elle embrafferoit la caufe de Genève, & le tiers fi les Genevois tiroient du fecours du Vallais (3). Mais bien loin de penfer à tourner leurs armes contre le Duc de Savoye, les habitans du Vallais ne fongeoient qu'à terminer par des voies pacifiques leurs différens avec ce fouverain, auquel ils offroient de rendre toutes les terres & feigneuries fituées au deçà de la France, à l'exception toutefois de Monthey qu'ils prétendoient appartenir depuis plufieurs fiècles à leur Republique, en vertu de la donation qu'ils affuroient, fans preuves, avoir été faite à S. Théodore, leur Patron, par l'Empereur Charles-Magne (4).

Les foupçons des Cantons Réformés contre les Cantons Catholiques, le foin trop affecté que ceux-ci paroiffoient prendre de juftifier ces foupçons, rempliffoient la Nation Helvetique de méfiances, de craintes, & jetoient dans les affemblées générales la plus grande méfintelligence. Telle étoit la gênante fituation de Berne & des Cantons Proteftans, lorfque le Prince de Condé leur envoya demander d'offrir au Roi leur médiation, pour pacifier les troubles de la France. Les Suiffes Catholiques s'étoient ouvertement dé-

(1) Rhan. C. 308. Waldkirch. p. 415.　(2) Spon. T. 2, p. 121.
(3) D'Alet. T. 9. p. 263.　(4) Stettler. p. 237.

Sect. VIII.
*Histoire de
la Suisse*
1550-1604.

*Sage con-
duite des
Bernois.*
1568.

clarés pendant ces troubles, & avoient envoyé levées fur levées en France contre les Religionaires. Berne & les Cantons Réformés pouvoient, ce femble, fans violer les loix de la neutralité, faire des démarches pour terminer cette guerre; ils crurent cependant ne devoir rien faire à ce fujet, & ils n'accepterent point la propofition du Prince de Condé, dans la crainte de fournir aux Cantons Catholiques le prétexte qu'ils fembloient attendre, & de donner occafion à la guerre inteftine que les efprits trop ulcérés de part & d'autre, paroiffoient defirer (1). Les Bernois fe conduifirent avec la même prudence à l'égard de l'Efpagne qui, dans le même tems, fit demander aux Suiffes, fi, en vertu du traité d'union héréditaire, ils ne donneroient point de fecours à la Bourgogne dans le cas où la France attaqueroit cette province. Les Cantons fe partagerent fur cette propofition, cinq l'accueillirent & s'engagerent à fournir des fecours; mais Berne, Glaris, Bâle, Zurich, Fribourg, Schaffhoufen, Appenzell & Soleure rejeterent la propofition de l'Efpagne, & déclarerent qu'ils ne lui fourniroient point des fecours contre la France (2).

Dans la fermentation violente qui agitoit la nation, il n'y avoir qu'un feul événement qui put rétablir la concorde, & il ne falloir pas moins pour réunir les divers membres de la confédération, qu'un péril commun qui les menaçât tous. Heureufement ce danger qu'on ne prévoyoit pas, vint refferrer des nœuds qui paroiffoient prets à fe rompre. Wolfgang de Baviere, Duc des Deux-Ponts, avoir raffemblé une armée nombreufe qu'il conduifoit en France au fecours des Proteftans. Bâle, ne s'étoit point prêtée à la propofition que lui avoir faite Wolfgang de lui avancer une fomme d'argent dont il avoir befoin pour l'entretien de cette armée. Irrité du refus, Wolfgang menaça Bâle de conduire fes troupes dans ce Canton & de prendre par force bien au de-là de l'avance qu'on n'avoir pas voulu lui faire (3). Moins allarmée qu'offenfée de ce ton menaçant, Bâle fe plaignit aux Cantons affemblés en diete à Zurich. Auffi fenfibles à l'injure faite aux Bâlois, que ceux-ci l'avoient été eux-mêmes, les Cantons envoyerent par un courier une lettre au Duc des Deux-Ponts, non pour le prier, mais pour lui dire que la Nation Helvetique attendoit de lui, non feulement qu'il renonçât au deffein qu'il prétendoir avoir formé contre Bâle mais qu'il eut foin d'épargner dans fon paffage l'Alface & le Sundgaw, pays ami des Suiffes, & compris dans le traité d'union héréditaire. Mais avant que de favoir comment le Duc des Deux Ponts fe conduiroit, les Cantons fe mirent dans l'état le plus impofant de défeufe, & réfolurent unanimément de garantir Bâle de toute infulte. Cependant Wolfgang de Baviere étonné du ton impérieux des Cantons, & bien plus furpris encore de leurs préparatifs pour la défenfe des Bâlois, répondit que fon intention n'avoit jamais été d'offenfer aucun des membres du L. Corps Helvetique; & que ne pouvant fe difpenfer de paffer dans l'Alface & le Sundgaw, il auroit la plus grande attention fur fes troupes, afin qu'elles ne caufaffent aucune forte de dommage. Il remplit fon engagement & fon armée traverfa, fans y faire aucun dégat, le Sundgaw, Montbelliard & la Franche Comté (4).

(1) Stettler. p. 227.   (2) Id. p. 229.   (3) De Thou. L. 45. p. 183.   (4) Stetti. p. 229.

L'unanimité que les Suisses avoient montré dans cette occasion se soutint, les soupçons s'évanouirent, & les Cantons substituerent à leurs défiances passées, ces anciennes maximes d'union & d'amitié qui les avoient rendus si respectables aux Puissances voisines. Berne s'étoit obstinément refusée à toutes les propositions du Duc de Savoye, jusqu'à ce qu'il eût lui-même réglé ses différens avec Genève, & renoncé à ses haures prétentions sur cette ville, qui, de tous côtés, environnée des terres & états de ce Prince, étoit gênée dans son commerce, n'y ayant aucune regle invariablement établie à leur égard, dans les états du Duc pour les droits de péage, de transit, &c.

Le Duc Emmanuel-Philibert avoir le plus grand intérêt de vivre en union avec les Bernois, mais cette République ne vouloir consentir à aucun traité, à moins que Genève n'y fût comprise; & le Duc Emmanuel fut obligé de ratifier le traité fait sous le nom de *Convenant* en 1544, par les arbitres de Bâle, & d'accorder aux Genevois toutes les renonciations qu'ils avoient demandé. Lorsque cet ancien différend eut été terminé, les Bernois renouvellerent pour vingt ans les anciens traités d'alliance entre la République & la maison de Savoye.

C'étoit à Berne que Genève devoit en très-grande partie la liberté & l'état florissant dont elle jouissoit: c'étoit autant la nation Helvetique que les Genevois eux-mêmes, que la République de Berne avoir servi en obligeant cette ville, qui étoit par sa situation comme le boulevard de la Suisse. La considération qu'elle avoir acquise, sa nombreuse population, & plus que tour l'amitié qui lioit les Bernois & les Genevois, engagerent les premiers à solliciter fortement les Cantons de recevoir Genève dans la confédération Helvetique: mais les mêmes motifs qui avoient fait refuser cette proposition il y avoir quelques années, le firent encore rejeter. Berne alors s'adressa aux Cantons de Fribourg & de Soleure, & leur demanda pour Genève des lettres de combourgeoisie : cette demande fut accordée, mais à des conditions que Genève refusa, parce que les unes lui paroissoient gêner la liberté de son commerce, & les autres trop onéreuses. En effet, les Fribourgeois & les Soleurois ne voulant donner à ces lettres de combourgeoisie qu'un terme de 35 ans, exigeoient que dans le cas où les Cantons fourniroient, du secours à Genève, elle soudoyeroit les troupes qui lui seroient envoyées, ils exigerent encore que les Genevois ne pourroient contracter aucune alliance sans le consentement des trois Cantons, qui de leur côté cependant seroient libres de contracter des alliances sans le consentement des Genevois. Toutefois après quelques difficultés Genève consentit à ne point faire de traité sans le consentement des trois Etats, mais elle ne voulut supporter que le quart des fraix nécessaires à la solde des troupes qui lui seroient envoyées. Cette résistance irrita les trois Etats, qui dès lors rompirent toute négociation à ce sujet (1).

Le Duc de Savoye fut plus heureux, & il ne trouva point d'obstacles à renouveller son alliance avec les Cantons d'Uri, Schweitz, Unterwald, Lucerne & Zug. Berne ne voulut point entrer dans ce traité (2); mais quoique cette République eut été de l'avis de Soleure & Fribourg au sujet de la

Sect. VIII.
*Histoire de la Suisse 1559-1604.*

*Berne oblige le Duc de Savoie à se désister de ses prétentions sur Genève.*
1570.

*Alliances entre Berne & la maison de Savoye.*
1571.
*Berne tente de faire recevoir Genève dans la Confédération & ne réussit pas.*
1572 1573

(1) Stettler. p. 248.     (2) Idem. p. 259.

combourgeoisie demandée par les Genevois, elle ne cessa point pour cela de s'intéresser à eux, & de leur rendre de bons offices. Ce fut à cette zélée alliée que Genève fut redevable de l'avantage d'être reçue par le Roi Henri III, dans tous les droits & privileges accordés à la nation Helvetique par le traité de paix perpétuelle; avantage qui fut même étendu à tout le pays de Vaud: à la sollicitation des Bernois Soleure s'engagea à conserver & défendre Genève, & à prendre le pays de Vaud sous sa garantie.

Quelque puissante néanmoins que fut la République de Berne, elle ne mit point les Genevois à l'abri des entreprises & des attentats même du Duc de Savoye. Charles qui venoit de succéder à Emmanuel Philibert son pere, n'eut rien de plus à cœur que de faire valoir par la force & la surprise toutes les anciennes prétentions de sa maison sur la souveraineté de Genève. Dans cette vue, il se ménagea des intelligences dans cette ville, y entretint des traîtres qui l'avertissoient de tout ce qui s'y passoit, fit avancer des troupes, & chercha à s'attacher, ou du moins à s'assurer de la neutralité du Roi de France & du Canton de Soleure, quoiqu'il n'ignorât point le traité qui venoit d'être juré, & par lequel Henri III & Soleure avoient promis, l'un de garantir & l'autre de défendre Genève.

Berne n'attendit point que l'orage éclatât, & mettant 4000 hommes sur pied, elle commença par pourvoir à la sûreté des frontieres; elle envoya ensuite des députés à Charles qui répondit d'une maniere vague, continua à envoyer des troupes, & à entretenir des traîtres à Genève. Les projets du Duc de Savoie n'étoient plus secrets, & la nation Helvetique ne pouvoir garder le silence; elle envoya une députation solemnelle à Charles pour lui demander de retirer ses troupes, dont le nombre & le voisinage ne pouvoient que donner de violens soupçons à la confédération. Avant que de s'expliquer sur la destination de ses troupes, le Duc de Savoye demanda que Berne déclarât positivement si elle vouloir ou ne vouloir point tenir ses alliances. Berne répondit d'une maniere tout aussi ambigue, & la contestation qui s'animoit de jour en jour, eut inévitablement fini par une guerre, si à la sollicitation des Ambassadeurs de Henri III, les Cantons n'eussent enfin obtenu du Duc de Savoye qu'il retireroit ses troupes, à condition que Berne retireroit en même temps les siennes. Ce préliminaire fut exécuté de part & d'autre, & les douze Cantons furent reçus pour arbitres; (1) mais ils ne purent parvenir à terminer cette querelle, quelques soins qu'ils se donnassent dans les différentes dietes qui furent tenues à ce sujet. Toutefois si ces dietes ne produisirent point l'effet que l'on en attendoit; elles furent du moins très-heureuses pour Genève: car ce fut pendant le cours de ces conférences que Zurich le détermina à accéder au traité d'alliance perpétuelle de Berne & de Genève: Alliance qui subsiste encore de nos jours entre ces trois Républiques, Genève, Berne & Zurich (2).

Mais pendant que les Suisses fortifioient par des traités heureux leur concorde mutuelle, la France donnoit à l'Europe & à la postérité l'exemple affreux du plus horrible fanatisme. Le massacre infernal de la S. Barthelemi, ralluma dans ce royaume les flammes mal éteintes de la guerre civile; les mal-

(1) Spon. T. 2. p. 139-143.      (2) Idem, p. 144.

malheureux Réligionnaires périrent prefque tous fous les coups de leurs concitoyens; quelques-uns échapperent aux fureurs de la perfécution, & allerent ailleurs chercher un afile qu'ils n'avoient pu trouver dans leur patrie;
le fils du refpectable Amiral de Coligny alla, fuivi de M. de Laval, & d'une
multitude de Proteftans François fe refugier à Berne; d'autres pafferent à Genève, à Laufanne & dans les villes réformées de la Suiffe. La veuve du brave Coligny, Jacqueline d'Entremont alla en Savoye, croyant trouver dans la
patrie une fûreté que la France égarée refufoit aux longs & importans fervices que fon illuftre époux avoir rendu à la Couronne & à l'Etat. Mais la
veuve de Coligny ne fut pas mieux traitée, à peu de chofe près, en Savoye,
que le grand Coligny l'avoir été en France; à peine elle s'y fut rendue, que
le Duc de Savoye, la fit arrêter & étroitement renfermer en prifon, où, malgré les vives inftances de Berne, Jacqueline d'Entremont digne d'un fort
moins déplorable, paffa le refte de fes jours (1).

Indigné, furieux de la perfidie atroce avec laquelle on avoir raffemblé les
Proteftans François à Paris pour les y égorger, Condé ne refpirant que haine
& que vengeance, implora le fecours de Bâle & de Berne, & ne put rien
obtenir, même des Cantons Proteftans, qui ne voulant point rompre la neutralité qu'ils s'étoient impofée, fe contenterent d'offrir leur médiation, foit
pour eux, foit pour le refte des Réformés qui étoient encore en France.

Les Cantons Catholiques bien loin d'imiter cet exemple, manquant par religion à la fidélité de leurs engagemens, accordent 13 Compagnies au Roi
d'Efpagne contre les Pays-Bas, donnent vingt Compagnies en France pour
aider les François Catholiques à achever de répandre le fang des François Proteftans, & envoyeur une députation folemnelle à Henri III, pour l'exciter à
des rigueurs nouvelles contre les fectateurs de la reforme (2).

Cependant la plûpart des Bernois euffent voulu que la République leur eût
permis de voler au fecours des Religionnaires de France, & l'intérêt qu'ils
montrerent pour cette caufe, engagea le Prince Palatin Cafimir & le Prince de
Condé à faire lever fecretement 13 compagnies dans ce Canton, & dans le
pays de Bienne & de Neufchatel: cette troupe embrafée du defir de fervir
leur religion perfécutée, s'étoit déja mife en marche & étoit affemblée fur
les terres de l'Evêché de Bâle, lorfque des députés de Berne viennent lui
porter l'ordre de retourner dans le Canton; elle refufe d'obéir & dans le
courroux qui l'anime, elle infulte aux députés, & ne veut pas même écouter
les repréfentations que lui fait l'Ambaffadeur de France.

Cette troupe étoit fans contredit coupable, puifqu'elle refufoit d'obéir aux
Chefs de la République; mais au fond, les Bernois avoient autant de droit
de défendre les Proteftans de France, que les Suiffes Catholiques en avoient
d'envoyer du fecours aux François de leur Religion. Cependant les Cantons
Catholiques fe plaignirent amerement de la marche de ces 13 Compagnies, &
prétendirent même rendre Berne refponfable de cette levée. Dans tout autre
tems peur-être l'injuftice de ces plaintes eut vivement ulceré la République
de Berne; mais alors elle ne fe montra fenfible qu'à la défobéiffance de cette
troupe, & tous les Officiers qui avoient eu part à cette levée furent mis en

Sect. VIII.
Hiftoire de
la Suiffe
1550-1604.

Maffacre de
la S. Bar-
thélemi.

Indigne
traitement
que le Duc
de Savoye
fait à la
veuve de
l'Amiral de
Coligny.

Conduite
des Cantons
Catholiques.
1575.

Levée fe-
crete de 13
Compagnies
pour les
Proteftans
François.

(1) Stettler. p. 239-246.    (2) Idem. 248.

Sect. VIII.
Histoire de
la Suisse
1550-1604.

Les Cantons
Catholiques
envoyent
6000 hom-
mes à Hen-
ri III.
1576-1577.

Traités par-
ticuliers de
Berne.
1578-1579.

Grégoire
XIII seme
la zizanie
parmi les
Cantons.
1580-1581.

prison par ordre du Magistrat & condamnés à de fortes amendes (1). Ce fut pendant l'espece de trouble que cette affaire occasionna, que cette République renouvella son alliance avec le Vallais. Tandis que les Cantons Catholiques taxoient d'infidélité aux traités cette levée secrete de 13 Compagnies, ils envoyoient à Henri III un Corps de 6000 hommes sous les ordres de Pfeiffer, Avoyer de Lucerne. Toutefois quelle que fut la vigilance des Magistrats de Berne, ils ne purent empêcher Tillement de lever secretement une troupe de 200 hommes pour la garde du Prince Casimir. Ce foible secours excita encore la jalousie des Cantons Catholiques, ils s'en plaignirent aux dietes, mais il ne paroît pas que cette levée fut bien vivement condamnée par le plus grand nombre, ni qu'elle indisposât assez les chefs du Canton de Berne pour qu'ils ordonnassent le rappel de ces 200 hommes. Des objets plus importans occupoient alors cette République; elle renouvelloit & rendoit perpétuelle sa combourgeoisie avec Soleure, & remettoit la souveraineté de Valengin à la Duchesse de Longueville, qui l'annexa & l'incorpora aussi-tôt à la Principauté de Neufchatel, après avoir remboursé les Bernois, qui avoient des hypotheques considérables sur le Comté de Valengin (2).

La paix & l'union sembloient se rétablir parmi les Suisses, & la modération des Cantons Réformés paroissoit leur avoir enfin concilié l'amitié des Cantons Catholiques. Mais ce retour de concorde déplut au Pape Grégoire XIII, qui, suivant l'antique maxime, *divide & impera*, crut que le moyen le plus sûr de maintenir & d'accroître sa puissance dans ce pays étoit de faire naître parmi les divers membres de la confédération de nouveaux sujets de mésintelligence. Dans cette vue, politique à la vérité, mais fort peu charitable, Grégoire envoya en Suisse, François Evêque de Vercel en qualité de Nonce; & François sous prétexte de visiter les Eglises, forma différentes intrigues, & eut plusieurs conférences avec les Chefs des Etats de la Religion Catholique. Informés de la conduite de ce Nonce, & des audiences qu'on

(1) Stettler. p. 251-255.
(2) Le Comté de Valengin, ancien apanage de la maison de Neufchatel, dans la branche des Comtes d'Arberg, fut légué en 1523, par testament de Louise d'Arberg, Comtesse de Valengin, à René Comte de Chalant, son mari. De sa seconde femme, René eut deux filles, Philiberte, l'aînée, fut mariée à Joseph, Comte de Tourniel, & Babelle, la Cadette, à Frédéric Madruzze, Comte d'Avy. René mourut en 1566, après avoir fait deux testamens; par le premier il instituoit héritiere sa fille aînée, & par le second la cadette. Le Comte d'Avy, pour prévenir le Comte de Tourniel son beaufrere, renouvella le traité de combourgeoisie que les Comtes de Valengin avoient fait anciennement avec Berne. Le Comte de Tourniel fit ses protestations, & les deux beaux freres plaiderent devant les Etats de Neufchatel. D'Avy déclina ce Tribunal, se présenta au Sénat de Berne & demanda un Juge neutre. Le Sénat le trouvant fondé, sollicita en sa faveur la Duchesse de Longueville & les Cantons de Fribourg & de Soleure. Cette affaire né fut point terminée avant la mort du Duc de Longueville, en 1576; & le Comte de Tourniel fatigué d'une aussi longue indécision, s'empara par force, secondé par les habitans de Neufchatel, du château & du comté de Valengin. Les Bernois auxquels il importoit peu dans le fond, que ce fut l'un ou l'autre des aspirans à ce Comté qui en fût en possession, mais qui étoient intéressés à s'assurer des sommes qu'ils avoient avancées sa ce Comté, agirent légalement, en vertu de leur hypotheque, & se firent adjuger le comté de Valengin, le 2e Mars 1579. Au reste, la Princesse Marie de Bourbon, Duchesse Douairiere de Longueville, à laquelle Berne avoit remis ce Comté, ne put s'en mettre en possession qu'en 1584, par un traité qu'elle fit avec les Comtes de Tourniel & d'Avy.

lui avoit accordées, les Cantons Réformés fe plaignirènt amerement à la diete nationale, & repréfenterent fortement que fuivant lés ftatuts convenus en
1547 il avoit été décidé *qu'aucun Canton en particulier n'écouteroit les propofitions des miniftres étrangers, qui ne pourroient être entendus qu'en pleine
diete.* Et en effet, cette réfolution ayant été regardée depuis qu'elle avoir
été prife, comme une loi fondamantale, c'étoit manquer effentiellement à
la confédération Helvetique, que de traiter en particulier avec l'Evêque de
Vercel. Auffi les Cantons Proteftans furent-ils fi fort irrités du peu de fatisfaction qu'on leur avoir donnée dans la diete, que le même Nonce du Pape s'étant hafardé quelques tems après à paffer par Berne, reçut ordre de
fortir fur le champ des terres de la République; il fut même gravement infulté à fon départ par la populace ameutée, qui ne doutoit point, ainfi que
les Magiftrats, que l'alliance récemment faite par les Cantons Catholiques
avec l'Evêque de Bâle, & l'établiffement des Jéfuites à Fribourg ne fuffent
l'ouvrage de ce Nonce (1).

Sect.VIII.
Hiftoire de
la Suiffe
1550-1604.

LeNonce eft
infulté par
la populace
de Berne, &
reçoit l'ordre
de fortir fur
le Champ
des terres
du Canton.

Cette méfintelligence entre les Catholiques & les Proteftans n'empêcha cependant point tous les Etats Helvetiques, Zurich feul excepté, de renouveller leur alliance avec la France; mais il n'y eût que les Cantons Catholiques qui confentirent à recevoir le Calendrier Grégorien, & qui, à cet effet
retrancherent onze jours, du 10 au 22ᵉ Janvier (2). Toutefois fi ces Etats fe
montroient favorables pour tout ce qui venoit de Rome, ils n'en étoient ni
moins fufceptibles, ni moins féveres à l'égard de quiconque leur paroiffoit
offenfer leurs droits, ou l'autorité fouveraine, dont ils étoient en toutes circonftances extrêmement jaloux. La ville de Mullhaufen en fit une trifte expérience, & pour un fujet très-peu important en lui-même, elle perdit la
protection, & pour jamais l'alliance de ces Cantons.

Renouvelle-
ment d'al-
liance avec
les Cantons
& la France.
1582-1583.

Deux freres nommés les Fininguer, établis à Mullhaufen, eurent contre
un particulier quelques différens au fujet d'un petit héritage fitué dans la jurifdiction d'un gentilhomme de la maifon de Ze-Rhin. Les Fininguer firent
citer devant le tribunal de ce gentilhomme ce particulier, qui, combourgeois
de Mullhaufen, déclina la jurifdiction, & fut appuyé par le Magiftrat de la
ville, qui décida, que nul combourgeois ne pouvoir être traduit devant un
juge étranger. Ce n'étoit là qu'une conteftation, concernant les formalités
légales; les Fininguer fe crurent offenfés par la décifion du Magiftrat, &
l'un d'eux qui étoit cabaretier, refufa de payer les droits impofés fur les gens
de fa profeffion: il fut décrété de prife de corps; les deux freres s'enfuirent,
fe retirerent à Bâle, & demanderent aux Cantons Catholiques, & enfuite à
la diete nationale juftice contre le Juge de Mullhaufen. Les Cantons & la
diete enffent du impofer filence aux plaintes indécentes de ces deux particuliers; mais elles furent fi graves & fi fréquentes, que les Etats Catholiques
envoyerent des députés à Mullhaufen pour recommander les droits des Fininguer. Ceux-ci accompagnerent les députés, & fiers de la protection qu'ils
s'étoient procurée, ils fe conduifirent avec tant d'infolence, que le Magiftrat
indigné, les fit mettre en prifon. Tour citoyen qui manque à fon Juge, féant
fur le tribunal, mérite fans contredit d'être puni: Le Magiftrat infulté fe fe-

Contefta-
tions fufci-
tées par
deux parti-
culiers de
Mullhau-
fen.
1586.

Le Magif-
trat de
Mullhaufen
infulté fur
fon tribunal,
fait mettre
en prifon les
deux coupa-
bles.

(1) Stettler. p. 269. (2) Idem. p. 283-284.

roit manqué à lui-même s'il eût laissé cette injure impunie. Les Cantons Catholiques penserent tout différemment, & se croyant eux-mêmes gravement insultés par l'emprisonnement des Fininguer, ils renoncerent à l'alliance de Mullhausen (1). Les deux freres avoient parmi la populace beaucoup de connoissances & d'amis; ils en avoient aussi parmi la bourgeoisie; elle se souleva, mit aux fers le sécrétaire de la ville Schillinguer, & déposa tumultuairement le Bourguemestre Ziegler.

Sect. VII.
Histoire de
la Suisse
1550 1604.

Les Cantons Réformés désapprouverent avec raison, la rigueur outrée des Etats Catholiques; mais ceux-ci persisterent dans leur renonciation à l'alliance. La bourgeoisie de Mullhausen toujours soulevée, cassa le Conseil, & établit un gouvernement démocratique. Les Etats Réformés y envoyerent des députés qui ne furent seulement point écoutés: les Etats Catholiques y en envoyerent à leur tour, & ceux-ci furent reçus avec les marques de la plus grande vénération; les bourgeois leur demandant à grand cris de rentrer dans l'alliance, les députés des Etats des deux Religions se retirerent, & les habitans, devenus furieux, sacrifierent plusieurs Magistrats & les condamnerent à la mort. Ces victimes de la haine publique étoient au moment d'être exécutées, lorsque des troupes envoyées par les Cantons Réformés arriverent assez à tems pour arracher les Magistrats des mains de leurs bourreaux. L'ancien gouvernement fut rétabli, mais jamais, depuis cette époque, Mullhausen n'est rentrée dans l'alliance des Cantons Catholiques (2). Les Etats Réformés se sont donnés tant de soins, que cette ville a conservé son indépendance de l'Empire, qu'elle a été comprise aussi dans les alliances des Etats Helvetiques protestáns avec la France, & qu'elle a même droit de séance dans les dietes nationales, convoquées pour recevoir les lettres de créance des Ambassadeurs de France; assemblées auxquelles on donne le nom de dietes de légitimation (3).

Les Magis-
trats de
Mullhausen
sont pris &
condamnés à
la mort par
la bour-
geoisie
soulevée.

L'affaire des Fininguer n'eût été dans tout autre tems, qu'une contestation légere; mais dans ces circonstances où les Suisses étoient divisés par la haine qu'inspire aux esprits échauffés la différence de Culte & de Réligion, cette querelle particuliere ne servit que de prétexte aux Cantons Catholiques, moins irrités vraisemblablement du juste chatiment des Fininguer, que de l'intérêt qu'ils virent prendre aux Cantons Réformés pour les Magistrats de Mullhausen. Quoiqu'il en soit; ce différend aigri par beaucoup de motifs, ne tarda point à être suivi de nouvelles divisions.

Nouvelle
division en-
tre les Can-
tons.

La même diversité de Doctrine qui déchiroit la France, & qui depuis tant d'années y animoit les citoyens à leur mutuelle destruction, n'influoit que trop sensiblement sur la conduite des Cantons & sur les résolutions opposées les unes aux autres qui étoient prises dans les divers Etats. La ligue avoit fixé les Suisses Catholiques dans son parti; le Roi de Navarre cherchoit à attirer dans le sien les Cantons Réformés. Ceux-ci envoyerent des députés aux confédérés Catholiques: on disputa vivement de part & d'autre; Appenzell & Glaris promirent de ne se départir jamais des clauses & conditions des alliances: les Cantons Catholiques toujours invariables dans leur obstination déclarerent, qu'il ne pouvoir y avoir de vraie & durable union en Suisse, tant

(1) Stettler. p. 293-313.    (2) Idem. p. 389.    (3) Idem. p. 389.

Sect. VIII.
Histoire de
la Suisse
1550-1604.

Intrigues
du Pape en
Suisse.

Alliance
des Cantons
Catholiques
avec le S.
Siege & des
Cantons Ré-
formés &c.
avec l'Es-
pagne.
1587-1588.
Conspiration
contre Lau-
sanne décou-
verte.
1589.

Projets du
Duc de Sa-
voye sur Ge-
nève & le
Pays de
Vaud.

qu'elle resteroit séparée par la Religion. Cette dure décision blessa les Réformés qui envoyerent une députation au Roi de France, pour l'assurer de leur fidélité à leurs alliances, & pour le conjurer de ralentir la persécution contre les Huguenots (1). De son côté, le Pape envoia en Suisse, en qualité de Nonce, Santomio, sous-maître d'hôtel & Evêque de Tricatis, avec ordre, de faire renoncer les Cantons Catholiques à leur alliance avec la France, & de les engager à s'allier avec le S. Siege & le Roi d'Espagne. Santomio, vivement secondé par Pfeiffer, Avoyer de Lucerne, parvint à obtenir pour le S. Siege une alliance sous la dénomination de die Geildene stand, ou pour la conservation & la défense de la Religion; trop supérieure aux foibles négociations des Puissances humaines, pour que les alliances des Etats & des souverains, soient nécessaires à sa conservation. Quelques mois après les Cantons de Schweitz, d'Uri, de Lucerne, Underwald, Zug & Fribourg, formerent une étroite alliance avec l'Espagne. Cependant les deux factions qui divisoient la France, firent en Suisse de nombreuses levées. Les Ligueurs en tirerent un corps de 4000 hommes, & le Roi de Navarre trois Régimens, qui firent à Anneau une honteuse capitulation (2). Mais, par le même zele pour la doctrine Réformée, Zurich & Berne resserrerent encore leurs liens par une alliance nouvelle.

Pendant que ces divers intérêts occupoient les Etats Helvetiques, Lausanne étoit menacée d'un orage cruel. Isbrand de Crouza & George Ancel, patriotes zélés découvrirent une affreuse conspiration, quelques momens avant qu'elle éclatât. La liberté, la vie des citoyens, les droits & les prérogatives de la ville eussent été irrévocablement anéantis sans cette découverte. Les Magistrats de Lausanne écarterent le premier danger; Berne envoya à leur secours une forte garnison; le Duc de Savoye se plaignit amerement d'être soupçonné d'avoir eu part à ce complot. Ces soupçons n'étoient pas destitués de vraisemblance, & la République de Berne qui croyoit avoir des preuves contre ce Souverain, demanda au reste des Cantons des sûretés contre les entreprises qu'on le croyoit dans le dessein de tenter. Les députés du Duc chercherent vainement à le justifier; leurs raisons parurent insuffisantes aux Cantons, & ils demanderent que le Duc s'expliquât nettement, & qu'il dît sans détour s'il vouloir, on ne vouloir pas observer les articles de la paix de 1564.

Charles-Emmanuel, Duc de Savoye, étoit alors occupé d'une affaire plus importante, que celle des suites de la conspiration de Lausanne; & il ne songeoit qu'aux moyens de faire réussir ses anciens projets sur Genève & le Pays de Vaud (3). Afin de trouver moins de résistance dans l'exécution de ses desseins, il y avoit plusieurs années qu'il falloir vivement solliciter le Roi de France, de renoncer aux engagemens qui assuroient à Genève la protection & le secours de ce Monarque. Il s'étoit aussi adressé au Pape Sixte V, qui avoir armé en sa faveur, mais qui ayant manqué son entreprise en Angleterre, avoir aussi abandonné la cause du Duc de Savoye (4), que cette défection n'empêcha point de continuer à traiter les Genevois en ennemis, d'af-

(1) De Thou T. 6. p. 686. (2) Idem. T. 7. p 42. (3) Spon. T. 2. p. 149.
(4) Mezerai. T. 3. p. 748. De Thou. T. 7. p. 373.

Sect.VIII.
*Histoire de
la Suisse
1550-1604.*

*Traité du
Roi de Fran-
ce avec
Berne &
Genève.*

fembler des troupes nombreufes, & de fe ménager des intelligences dans Ge. nève ainfi qu'à Laufanne.  Appuyé en France par la faction des Guifes, il s'étoit emparé du marquifat de Saluces.

Le Roi de France informé des juftes mécontentemens de Berne & de Genève contre le Duc de Savoye, promit aux Genevois le plus puiffant fecours, & les engagea à agir offenfivement contre le Duc. François de Sanci, après avoir réuffi dans cette négociation, fe rendit à Berne & propofa à la République un traité offenfif contre le même Souverain, foit qu'elle fît la guerre à fes fraix ou à ceux du Roi; mais dans ce dernier cas, Sanci demanda au nom de fon maître un emprunt de 100,000 écus d'Or, le Roi engageant pour la fureté de cette fomme tous fes domaines, & s'obligeant à laiffer les bailliages de Gex & tout le Chablais en propriété aux Bernois.  Ce traité fut à peine conclu, (1) que les Cantons de Berne, de Soleure, de Glaris & les Grifons affemblés en diete à Soleure, permirent une levée à Sanci, qui forma trois régimens, chacun de 4000 hommes.  Il obtint auffi des banquiers de Genève 20,000 Ecus, & par un traité particulier, il promit, pour le Roi, que cette ville conferveroit en toute fouveraineté les bailliages de Ternier & Gaillard, ainfi que les terres de St. Victor, de Courfille, Waches & Chaumont (2); & pour la fureté du rembourfement des fraix que cette guerre coutoit aux Genevois, le Foucigny leur fut hypothéqué.

*L'armée
Helvetique,
paffe au fer-
vice du Roi
de France.*

La fortune feconda les efforts de Genève, dont les troupes s'étoient déja emparées de beaucoup de châteaux, lorfque M. de Sanci arrivant à la tête de l'armée Françoife, au lieu de profiter des avantages que lui offroient les circonftances, & de pénétrer, comme il l'eût pu facilement dans la Savoye, fe contenta de fe rendre maître de quelques places fituées fur le lac.  Il avoir des vues très différentes de celles que les Genevois lui avoient fuppofées, & qu'ils lui defiroient: elles ne tarderent point à fe dévoiler, & il propofa, au moment où on s'y attendoit le moins, de mener l'armée Helvetique au fecours du Roi de France (3).  Genève fut confternée, le régiment de Berne refufa d'accepter cette propofition; mais la République n'étant plus en état de réfifter aux volontés du Monarque François, Sanci en obtint la liberté de conduire en France les troupes deftinées à la défenfe des Genevois contre le Duc de Savoye.  Les Bernois fe réduifirent à demander du moins qu'ils ne fuffent point obligés d'abandonner Genève & le Pays de Vaud avant le 23 de Mai.  Sanci ne voulut pas leur accorder cette légere fatisfaction, & preffé lui-même de voler à la défenfe de fon maître, il mena précipitamment l'armée Helvetique à Langres, d'où s'étant avancée jufqu'à Pontoife cette armée fe couvrir de gloire à la bataille d'Jvry (4).

*Les troupes
Bernoifes
fuivent
Sanci à
Pontoife.
1589.*

Cependant les Bernois trop attachés à leurs Alliés pour les laiffer fans fecours, fe hâterent de lever un Corps de 3000 foldats pour remplacer l'armée de Sanci (5).  Charles-Emmanuel étonné des efforts & plus encore des fuccès & des reffources de cette République, lui fit porter des propofi-

(1) Ce traité fut figné le 23 Février 1589. Stettler. p. 336. .   (2) Spon. p. 172.
(3) Guichenon. т. 2. p /19.  (4) Stettler. p. 347-356.
(5) Spon. Hift. de Genève. p. 246.

tions de paix, & par la lenteur & l'adreffe de fes négociations, il parvint
à retarder la marche de cette nouvelle armée & à gagner affez de tems pour
raffembler toutes fes forces. Alors, rompant les négociations qu'il avoir fait
entamer, il recommença les hoftilités contre Genève avec la plus grande vivacité. Irrités des moyens qu'on avoir employés pour les tromper, les Bernois réfolurent de faire les plus grands efforts, & envoyerent contre le Duc
une armée de 10000 hommes fous le commandement de Jean de Watteville,
Avoyer. Mais au lieu de marcher directement contre les Savoyards, Wat- *Berne en-*
teville n'avança qu'à petites journées, vers Gentoux, aux environs de Genè- *voye une ar-*
ve, & fe laiffa tromper encore par le Duc qui lui fit perdre en vaines né- *mée de*
*10000 hom-*
gociations, en conférences inutiles, & en treves infidieufes un tems pré- *mes contre*
cieux, & que les Genevois, abandonnés à leurs feules forces, employoient à *le Duc de*
défendre courageufement leur patrie. *Savoye.*

Après bien des délais, l'armée Bernoife marcha enfin aux ennemis, les *Victoire des*
rencontra près de Hifoire, & les battit complettement. Au lieu de profiter *Bernois.*
des avantages qu'elle pouvoir tirer de ce fuccès, l'armée victorieufe, en partie gagnée par les émiffaires du Duc, fe mutina fous de mauvais prétextes,
& par une faute encore plus confidérable, fut rapellée par la République, qui
ne laiffa à Benoît d'Erlach & à Jacques Diesbach, que dix compagnies
pour défendre le Chablais & le pays de Gex. Ce rappel rendit au Duc de
Savoye une fupériorité fur laquelle il ne comptoir plus; il fe bâta d'en profiter, & les dix compagnies Bernoifes ne pouvant lutter contre lui, il fe fût
aifément emparé du Pays de Vaud, fi deux obftacles que toute fa fupériorité
ne pouvoir furmonter, ne s'y fuffent oppofés (1). L'Ambaffadeur d'Efpa- *Mort*
gne, refufa au nom du Roi fon maître de confentir à cette conquête, & la *d'Henri III.*
mort de Henri III atrocement affaffiné par les mains d'un moine fcélérat,
changea la face des affaires.

Le Duc ne pouvant plus, du moins dans ces circonftances, compter
fur l'appui de l'Efpagne, parut fincerement difpofé à la paix, & Berne qui
la defiroit encore plus fincérement, nomma des députés chargés de convenir
des articles & des conditions du traité. Ces députés étoient dans les intérêts
du Duc, & dans le projet de paix & d'alliance qu'ils rapporterent de Nion
à Berne pour y être ratifié, ils n'avoient pas rougi d'inférer un article par lequel la République s'engageoit à abandonner entierement Genève.

Cette lâche convention indigna les Bernois, les fujets du Canton fe fouleverent, la France & les Cantons Proteftans, s'oppoferent à ce traité, que
les Magiftrats de la République n'étoient nullement dans l'intention d'approuver. L'Avoyer de Watteville qu'on foupçonnoit, avec quelque vraifemblance,
d'être d'intelligence avec le Duc de Savoye, fouleva contre lui les habitans
de Berne; & le Confeil fut contraint de le dépofer pour prévenir une revolte (2). Le projet de paix fut rejeté, & l'on refufa toute alliance avec le
Duc fous les conditions propofées & foufcrites par les députés.

Pendant cette conteftation, Genève feule foutenoit tout le poids de la *Genève*
guerre, & la valeur des habitans fe fignaloit chaque jour par des actions hé- *feule foutint*
*le poids de*
roïques (3). Zurich, Bâle & Schaffhoufe offrirent leur médiation; elle *la guerre.*
*1590-1591.*

(1) Stettler. p. 347-356. (2) Idem. p. 354. Haller. Ch. MS. (3) Spon. p. 235-275.

fut acceptée, & pendant trois années on tint infructueufement plufieurs conférences: elles n'aboutirent à rien., par l'obftination du Duc qui refufoit de renoncer à aucune de fes prétentions fur Genève. Fatiguée d'une auffi longue réfiftance, la France preffa vivement les Cantons de réunir leurs armes contre la Savoye ; mais le Duc avoir chez les Suiffes un fort parti, & les Cantons refuferent auffi opiniatrement de déclarer la guerre à ce Souverain., que celui-ci refufoit d'abandonner fes droits au Vidomat de Genève. Après une longue négociation, les Cantons lui offrirent enfin une alliance, & Genève voulut s'engager, à lui accorder le paffage des troupes, & à lui offrir tous les ans un faucon à titre d'hommage.

Il eft très-vraifemblable que Charles-Emmanuel eût volontiers accepté ces conditions, qui légitimoient fes prétentions, & mettoient en quelque forte Genève à fa difcrétion, par les troupes qu'il auroit eu la liberté de faire entrer fous prétexte de paffage, [III] la France ne fe fut vivement oppofée à cet arrangement auffi bizarre qu'imprudent (1).

Cependant l'abjuration de Henri IV rendit enfin le calme à la France, & ce calme s'étendit à tous les pays & à tous les Souverains qui avoient directement ou indirectement pris part à ces troubles cruels. Le Duc de Savoye fut compris dans la treve que le Roi de France fit avec les Ligueurs, & ce bon Monarque fit auffi jouir Genève de cette treve, & de la paix qui la fuivit, & qui dura, pour la Suiffe & les Genevois jufqu'à celle de Vervins en 1598.

Il n'y avoir que la crainte d'un Vengeur auffi redoutable que Henri IV., qui put contenir le Duc de Savoye ; mais malgré cette crainte, & les déclarations formelles du Roi de France, il ne laiffa point d'inquiéter les Genevois, & de chercher à faire valoir par la force fes prétentions fur le Vidomat. Cependant pour marquer quelque déférence aux volontés de Henri IV, il indiquoit des conférences qu'il avoit foin de rendre infructueufes, paroiffoit defirer d'entrer en accomodement, rejettoit toutes propofitions d'arrangement, & follicitoit le Pape Clément VIII, d'obtenir de Henri qu'il fe détachât de l'alliance de Genève ; il alla même jufqu'à offrir à ce Monarque pour prix de cet abandon, le marquifat de Saluces (2). A ces offres peu décentes, Henri ne répondit qu'en déclarant la guerre au Duc de Savoye, fur lequel ce puiffant Monarque prit en trois mois la Breffe & la Savoye, & pour favorifer les Genevois, fit démolir le fort de Sainte Cathérine, qui les avoit fi fouvent & fi longtems incommodés.

La France
déclare la
guerre au
Duc, &
en trois mois
prend la
Breffe &
la Savoye.
1600 1601.
Henri IV
donne la
paix à la
Savoye.
Le vain defir de combattre, ou l'injufte ambition de conquérir, n'avoit point armé Henri IV ; auffi fe montra-t-il peu difficile pour rendre la paix au Duc de Savoye vaincu, & qui par le traité de Lion, lui rétabli dans fes Etats, conferva le marquifat de Saluces & céda au Roi de France la Breffe, le Bugey, le Valromay & le pays de Gex. Genève fut comprife dans ce traité; (3) &, garantie par un titre auffi folemnel, elle fe croyoit dans la plus inaltérable fécurité, lorfque, toujours rempli du defir de faire valoir fes anciens droits, quoiqu'il y eut expreffément renoncé, le Duc, par un attentat auffi contraire aux droits des nations qu'il l'étoit à l'humanité même, tenta

(1) Stettler. p. 372.    (2) Spon. p. 345.    (3) Idem. p. 367.

Sect. VIII.
Hiftoire de
la Suiffe.
1550-1604.

Conjuration
du Duc de
Savoye con-
tre Genève.
1602.

Traité de
paix entre
Genève &
la Savoye.
1603.

Soulèvement
des fujets
de Bâle.

1604.

Guerre de
la France
contre l'Ef-
pagne, &
conduite des
Suiffes.

tenta de furprendre la ville, & de laver dans le fang des habitans, la réfiftance qu'ils lui avoient oppofée. Charles de Simiane, Seigneur d'Albigny,
étoit chargé d'exécuter cette odieufe & meurtriere conjuration; & déja il y
avoir à Genève 200 conjurés armés, & prets à remplir les ordres fanguinai-
res dont i's étoient chargés, lorfque le fecret du complot tranfpira; les confpirateurs furer tous arrêtés, il n'en échappa qu'un très- petit nombre à la
jufte rigueur de la vengeance publique; ils fe défendirent & furent maffacrés;
13 d'entr'eux furent pris par les Genevois & expirerent au gibet (1).
  Indignés de ce procédé les Cantons Proteftans tinrent à ce fujet deux dietes à Araw, & leur premier foin fut d'envoyer aux Genevois une garnifon de
1000 hommes.   Cette affaire eut eu inévitablement les plus fâcheufes fuites,
fi les Cantons de Bâle, Soleure, Schaffhoufe, Glaris & Appenzell, ne fe
fuffent hâtés d'offrir leur médiation; elle fut heureufe, & la paix fut fignée
à St. Salon, le 21 Juillet 1603.  Mais quelle qu'eut été la prévoyance des
Mediateurs, Genève fut inquiétée en différentes circonftances par la Savoye,
& ce ne fut dans la fuite, qu'en 1675, que toutes les anciennes conteftations
entre la maifon de Savoye & la République de Genève furent terminées par
un traité définitif.
  Tandis que la paix de St. Salon affuroit à Genève fon repos & fa liberté,
l'efprit de diffenffion agitoit violemment l'un des Etats Helvetiques. Trop de
févérité de la part des Adminiftrateurs de la République de Bâle, & le goût
de la liberté fi fort incompatible chez les Républicains, avec l'obéiffance
à des ordres qu'ils croyent deftructifs de leurs droits & de leurs privileges,
avoient foulevé il y avoir deux ans les fujets de ce Canton, qui même s'é-
toient ouvertement révoltés.  Les XII Cantons avoient interpofé leur médiation & leur autorité; mais l'inflexibilité des Magiftrats Bâlois, le mécontentement des fujets qui fe prétendoient opprimés, avoient rendu cette médiation
infructueufe, & certe difpute ne put être entierement calmée & terminée
qu'en 1604. (2). Mais ces légers mouvemens, ne font dans un Corps auffi bien
conftitué que l'eft la Confédération Helvétique, que des crifes paffageres, qui
n'influent en aucune maniere fur la vigueur de fa conftitution, & qui fouvent,
au contraire, ne fervent qu'à foutenir les forces, ou même à lui donner un
nouveau degré d'énergie.
  La France ayant, à-peu-près dans ce tems, déclaré la guerre à l'Efpagne,
les Suiffes demanderent & obtinrent la neutralité en faveur de la Franche-
Comté, qui efpéroit auffi que le L. Corps Helvetique la prendroit fous fa
garantie: mais cette province ne put obtenir cette garantie de plufieurs des
Cantons (3) qui crurent devoir s'y oppofer par ménagement pour la France;
(4) & il eft vrai qu'ils recevoient les marques les plus diftinguées d'eftime &
de confidération de la part de Henri IV, le premier des Rois de cette Monarchie qui ait tenu en Suiffe des Ambaffadeurs ordinaires.  Ce furent ces

(1) Spon p 368-403.    (2) Stettler. p. 364-374.    (3) Idem p. 381.
(4) Nicolas de Watteville. Baron de Château Vilain, Chevalier de l'ordre de l'Annon-
ciade, rendit des fervices effentiels à la Franche-Comté dans cette occafion: il poffédoit Château Vilain & d'autres terres en Bourgogne, du chef de fa mere, qui étoit de
la maifon de Chanvray: il époufa une Grammont de jous, & fut la tige des Marquis
de Watteville de Franche-Comté.

Ambassadeurs M. M. de Silleri & de Vic qui renouvellerent un traité d'alliance. Dans ce traité qui fut conclu par le Duc de Biron, l'alliance fut déterminée à la vie du Roi & à celle de son successeur. Onze Cantons y souscrivirent; mais Berne & Zurich différerent d'y accéder jusqu'à ce que les répétitions que ces Etats avoient à faire à la couronne fussent liquidées: Berne y accéda peu de tems après, & eut même l'avantage de faire comprendre le pays de Vaud dans la paix perpétuelle; d'obtenir que l'accord fait avec le Roi Henri III, pour Genève, seroit maintenu dans toute sa force, & que les troupes Bernoises ne seroient jamais employées pour cause de Religion, ni contre les Réformés (1). Les Bernois pleins de reconnoissance, envoyerent, revêtu du caractère d'Ambassadeur extraordinaire, Jacques de Diesbach à la Cour de Henri IV, qui lui fit l'accueil le plus flatteur & le plus distingué (2).

# SECTION IX.

### *Histoire de la Suisse depuis l'an 1604 jusqu'à nos jours.*

Cause de la
ruine de
l'ancienne
concorde des
Cantons.
1604-1620.

LEs faits rapportés jusqu'ici, ne démontrent que trop combien la diversité de culte & de doctrine a cruellement influé sur le repos, la force & l'union des membres différens du L. Corps Helvetique; puisqu'avant l'époque de l'introduction des nouvelles opinions religieuses, les Suisses ne formoient qu'une vaste République, dont l'amitié & le patriotisme resserroient sans cesse les liens de concorde nationale. Tel fut, comme nous l'avons vu, l'état heureux des Suisses jusqu'au commencement du XVIe siecle; mais Zuingle, en 1506, prêchant les nouvelles opinions, ce que n'avoient pu faire depuis l'établissement de la liberté Helvetique, l'ambition, la haine, la jalousie & les forces réunies des Puissances étrangeres, fut l'ouvrage de quelques disputes théologiques. L'aigreur se mêla dans ces disputes; l'esprit de haine sépara les Sectateurs des deux Doctrines, & leur ressentiment mutuel étouffant tout patriotisme, dégénéra en une guerre atroce, & que le fanatisme fit pousser jusqu'aux derniers excès de la férocité. Il est vrai que le traité de paix qui termina cette funeste guerre en 1531, laissa à chaque Canton la liberté de professer la Religion qu'il jugeroit à propos; mais ce traité de paix n'éteignit pas, il s'en fallut de beaucoup, les sentimens d'antipathie & de discorde qui animerent les Suisses. Leur confiance mutuelle s'étoit totalement évanouie: le zele de chaque parti pour les opinions qu'il avoir adopté, fomenté par le fanatisme des ministres & des prêtres, enracina des haines que le tems ne put affoiblir. Jaloux des projets, des desseins & des entreprises les uns des autres, ils ne songerent qu'à se nuire mutuellement dans leurs vues. Quelles qu'ayent été les intentions des Réformateurs, l'innovation qu'ils ont introduire, a porté le coup le plus irréparable à la nation, & la Reformation à, comme s'exprime l'auteur de l'*Etat de la Suisse*, fendu en deux le Corps Helvetique.

Maux que
les disputes
de religion
ont fait
à la Con-
fédération
Helvetique.

(1) Stettler. p. 405.        (2) Traité politique, &c. des Alliances. p. 397.

Sect. IX.
*Hiftoire de
la Suiffe
depuis l'an
1601 juf.
qu'à nos
jours.*

En effet, depuis ces changemens, ce n'eft plus que la Religion qui dirige
plus ou moins directement en Suiffe toutes les actions publiques. Les dietes
générales ne font plus qu'une vaine cérémonie, où tout fe paffe en inutiles
& fatigantes formalités: elles ne font plus affemblées que pour régler les affaires des baillages communs; & comme elles ne font que le fimulacre des anciennes affemblées de la nation, on n'y voit que les apparences extérieures
d'une union, qui, depuis 1515, n'exifte plus parmi les Suiffes. Toutes les
affaires publiques, pour peu qu'elles foient importantes, font difcutées & réglées dans les dietes particulieres des deux Religions; celles des Réformés à
Araw, celles des Catholiques à Lucerne, qui étant le plus puiffant de ces derniers Cantons, eft auffi celui qui a la plus grande influence dans les dietes,
comme Zurich dans celles des Cantons Proteftans (1).

Quelques précautions qui euffent été prifes dans les traités d'alliance, foit
de la part des Suiffes & de leurs alliés, foit de la part des Souverains avec
lefquels ces alliances avoient été contractées pour prévoir tous les obftacles
qui pourroient affoiblir, ou détruire ces liens; la haine & le fanatifme qu'infpira la diverfité des Religions, ne trouva que trop de moyens, finon de détruire, du moins de rendre en plufieurs circonftances, ces alliances inutiles.

Comme depuis la fin du XVIe fiecle jufqu'à nos jours, il ne s'eft paffé en
Suiffe que quelques événemens relatifs à cette divifion mutuelle fufcitée par la
diverfité des Doctrines, ou auxquels du moins, elle a fervi de prétexte, &
que d'ailleurs le L. Corps Helvetique n'a eu aucune guerre étrangere à déclarer, ni à foutenir, il n'y a qu'à s'arrêter à ce petit nombre de diffenffions in-
teftines; feuls matériaux que cette nation ait fourni à l'hiftoire, depuis l'an
1531, jufqu'à nos jours (2).

Vainement les Grifons, dans la vue de fe fortifier, s'affurerent du fecours
de la France par une alliance étroite avec cette Puiffance. Par ce traité le
Roi T. C. s'étoit engagé à défendre de toutes fes forces les Grifons, qui de
leur côté s'étoient obligés de donner aux troupes françoifes, exclufivement à
celles de toute autre Nation, le libre paffage dans leur pays. Cette alliance
avoir été de part & d'autre fidelement obfervée & plufieurs fois renouvellée, lorfque Charles-Quint, après avoir conquis le Duché de Milan, s'occupa des moyens d'affurer une communication libre entre ce Duché & les
Etats d'Allemagne. Le feul obftacle qui empêchoit cette communication
étoit la Valteline fituée entre le Milanez & le Comté de Tirol. Charles

fit les plus grands efforts pour fe procurer ce pays; mais fes foins, fes promeffes, fes menaces, fes négociations échouerent; & vivement irrité d'une
réfiftance à laquelle il ne s'étoit point attendu, il donna ordre au Marquis
de Fuentes, Gouverneur de Milan, de bâtir un Fort à l'embouchure de
l'Ade, de fe faire des créatures parmi les habitans de la Valteline, & de tenter tous les moyens poffibles de foulever ces habitans contre leurs Souverains.
Le Marquis de Fuentes n'étoit que trop capable de remplir dans toute leur
étendue les ordres de fon maître (3). Ses fuggeftions néanmoins ne réuffirent qu'en partie. Il fe fit des intelligences dans la Valteline, y fouffla l'efprit
d'indépendance, de mécontentement & d'infubordination.

(1) *Droit public de l'Europe*, par M. Mably.
(2) *Etat & délices de la Suiffe*. T. 4. p. 100.      (3) Idem. p. 101.

Ce ne fut cependant que fort long-tems après, que le fanatisme alluma l'incendie, préparé par ces semences de dissensions, la Politique anima, autant
qu'il fut en elle, les disputes théologiques, & aigrit les sectateurs des deux
Doctrines, au point, qu'en 1620, les Grisons Catholiques plus nombreux
que les Réformés, & comptant sur le secours du Souverain ambitieux qui les
excitoit, leverent hautement l'étendard de la rébellion, & embrasés du feu
du fanatisme, firent éclatter leur révolte par le massacre de tous les Grisons
Protestans: égarés & corrompus par les ames atroces qui les avoient excités
à cet horrible massacre, ils joignirent la perfidie à la cruauté, & après s'être
baignés dans le sang de leurs compatriotes, ils se souleverent contre leurs légitimes Souverains, & implorerent l'assistance du Gouverneur de Milan, qui,
animé par le succès de ses soins, ne manqua point à leur envoyer promptement un secours considérable.    La Maison d'Autriche profita avec autant d'a-
dresse que de célérité de cette conjoncture, & tandis que les Espagnols s'emparoient de la Valteline, ainsi que du Comté & de la Ville de Chiavenne,
d'où ils chafferent barbarement les Réformés, l'Archiduc Léopold envoyoit
de nombreuses troupes dans la vallée de Munster, sous la conduite d'un Officier Grison d'une naissance distingnée, mais citoyen perfide, qui traître à sa
patrie avoir eu la lâcheté de vendre la liberté & les droits de ses concitoyens
à la maison d'Autriche.

Ces horreurs & ces perfidies eussent dû réunir les Grisons contre leurs oppresseurs; mais ceux-ci avoient eu soin de les animer d'une trop forte haine
mutuelle; ils étoient divisés entr'eux & enflammés de la plus violente antipathie.   Les Catholiques abhorroient les Réformés; ceux-ci détestoient les
Catholiques, & n'étoient pas moins divisés entr'eux par une foule d'opinions
qui avoient succité mille disputes, & partagé la secte en une foule de branches, tout aussi irréconciliables les unes avec les autres, que les Catholiques
étoient irréconciliables avec les Protestans.

Ces divisions fatales subsisterent dans toutes leurs forces, pendant près de
dix années, & pendant ce long & cruel orage, les Grisons ne songerent pas
même à la nécessité où ils étoient de se réunir contre leurs ennemis communs:
Bien loin de là, les plus animés d'entre les Catholiques de la *Ligue Haute*,
excités par l'Evêque de Coire, l'un des plus déterminés & des plus absurdes
fanatiques de son tems (1), seconderent de toute leur puissance les ennemis
de la patrie, dans le fol espoir que par eux la Religion Romaine triomphe-
roit du Protestantisme: & d'après cette idée, ils penserent perdre irrévocablement la Valteline, ainsi qu'ils avoient perdu les terres de leurs autres sujets,
dont les Espagnols s'étoient déjà emparés.

Il y avoit plus de cent ans que les Princes de la Maison d'Autriche, avoient
confirmé solemnellement les privileges des dix *Droitures* ou jurisdictions. Il
est vrai qu'ils y envoyoient des gouverneurs; mais ils ne pouvoient y prendre
possession de leur gouvernement que du consentement du peuple, & après
avoir solemnellement juré qu'ils ne se mêleroient que des fonctions de leur

(1) Les Grisons avoient fait de sages réglemens pour borner l'autorité de l'Evêque de
Coire.  Ces réglemens subsisterent peu, par les efforts successifs des Evêques de Coire
à les renverser, & à rentrer dans leurs anciennes prétentions. *Droit public de l'Europe.*
T. I.

emploi, & nullement d'aucune des affaires de l'Etat. Ces Gouverneurs ne pouvoient ni ordonner des confiscations, ni, en matieré criminelle, s'écarter de la fentence prononcée par les juges du pays; à moins que ce ne fût pour en adoucir la rigueur. L'Archiduc Léopold tenta de renverfer entiérement cette conftitution en 1620, & pour y réuffir, il demanda aux Grifons affemblés en diete, qu'ils retranchaffent totalement de leur confédération la Ligue entiere des dix jurifdictions. Cette demande dévoiloit ouvertement fes vues; les Grifons la rejeterent, & Léopold, pour fe venger, prohiba l'entrée du grain & du fel dans leur pays. Ce trait d'injuftice allarma les Grifous; ils s'en plaignirent par des députés à l'Archiduc lui-même, qui fe plaignit à fon tour de différentes infractions fur lefquelles il demandoit fatisfaction: il ne l'obtint pas, & ceffant de fe contraindre, il demanda hautement la fouveraineté de la baffe Engadine, dont il s'étoit déja emparé, celle des dix jurifdictions, avec le rétabliffement des deux cloîtres, & celui de la Religion Catholique. Cette nouvelle demande fut refufée, il s'y attendoit, & il fe rendit maître, non-feulement des pays dont il avoir exigé la fouveraineté, mais encore de la Haute Engadine, de la terre de Meyenfeld & par là de la troifieme ligue toute entiere.

Les habitans de Méyenfeld s'étoient rendus aux conquérans, à condition qu'on les laifferoit libres dans l'exercice de leur Religion: Léopold le leur avoir promis: mais à peine il eut pourvu à la fûreté de fa conquête, qu'il y introduifit le Catholicifme, & perfécuta vivement les Réformés. Excités par fon intolérance, & autorifés par fes ordres, les Autrichiens traiterent les habitans de ce pays avec la dureté la plus humiliante. Peu contens de leur avoir ôté leurs armes & leurs privileges, ils exerçoient fur eux la plus cruelle tyrannie, réduifoient les hommes en efclavage, violoient les femmes, & forçoient les payfans à leur fervir de bêtes de fomme (1). Le refte des Grifons voyoient avec douleur l'affligeante fituation de leurs compatriotes de la troifieme Ligue; mais ils n'ofoient les fecourir, craignant eux-mêmes l'empire de tels maîtres, & ne fe croyant point affez forts pour faire la guerre à la Maifon d'Autriche, qui faifoit redouter fa puiffance dans l'Allemagne & dans la plûpart des Contrées Européennes.

Tel fut, pendant environ trois années l'état des malheureux Grifons; mais puiffamment fécourus en 1624, par la France, jaloufe de la puiffance de la Maifon d'Autriche, par Zurich, Berne & le Vallais, les Grifons fecouerent ce joug trop accablant, reprirent tous les pays que les Autrichiens leur avoient envahis, renouvellerent à Coire, l'alliance des trois Ligues, firent rentrer fous leur obéiffance tous leurs fujets, à l'exception des habitans de la Valteline, qui ne voulurent point fe remettre fous la domination de leurs anciens maîtres, préférant de fe donner à la France, ainfi que ceux de Chiavenne. La France rendit aux Crifons les comtés de Chiavenne & de Bormio; mais elle garda la Valteline, qui lui fut enlevée par les Efpagnols, fur lefquels les François l'ayant reptife de la fuite, ils la rendirent aux Crifons en 1635, en leur impofant néanmoins la dure condition de profcrire dans ces trois pays la religion Réformée (2).

Sect. IX.
Hiftoire de la Suiffe depuis l'an 1604 jufqu'à nos jours.

L'Archiduc Léopold s'empare de la Valteline & des trois ligues. 1621-1649.

1621-1649.
Les Conquerans accablent les habitans.

Les Grifons fecourus par la France, Berne & Zurich, reprennent les pays conquis.

Les Efpagnols enlevent la Valteline à la France.

(1) Etat & délices de la Suiffe. p. 107l    (2) Idem. p. 103-109.

Sect. IX.
Histoire de
la Suisse
depuis l'an
1604. juf-
qu'à nos
jours.

Les Grisons
renoncent à
l'alliance
des François
& se liguent
avec l'Em-
pereur.

Capitulat
de Milan.

1621-1649.
Ils se réuni-
sent pour
chasser de
leur pays
les Capucins
& les Jé-
suites.

Inutilités
des tentati-
ves des Jé-
suites & des
Capucins
pour s'éta-
blir chez
les Grisons.

Mécontens de cette condition, & beaucoup plus encore de ce que la France, leur alliée vouloit leur imposer des loix, les Grisons crurent que l'alliance de la maison d'Autriche, quelque désagrément qu'ils en eussent éprouvé, leur convenoit mieux que l'alliance des François: ils ne se souvinrent point combien cette domination leur avoir été peu favorable; & avec quelle rigueur elle avoit soutenu les Evêques de Coire, & la Religion Catholique dans la Valteline. Pendant qu'ils paroissoient pancher pour cette maison, les Ministres de l'Empereur achevèrent de les déterminer, en leur proposant de s'allier avec ce Monarque aux conditions les plus avantageuses pour eux. Eblouis par ces propositions les Grisons les acceptèrent, & prenant prétexte de quelques excès, ou plutôt de quelques imprudences échappées aux François en 1637, ils entreprirent de les chasser de tous les forts qu'ils occupoient, soit dans la Valteline, soit dans les comtés de Chiavenne & Bornio. Cette expédition réussit, & après de longues négociations, & beaucoup de conférences à Milan, l'alliance projettée fut conclue sous le nom de Capitulat en 1639.

Ce traité n'étoit rien moins que favorable aux Grisons: il l'étoit aussi fort peu à l'Empereur; on ne s'y occupa presque point d'intérets politiques; la plupart des articles de cette capitulation sont relatifs à l'exercice de la Religion Catholique dans la Valteline (1). Cependant quelqu'insuffisant que fut ce traité il ramena le calme chez les Grisons qui profitèrent de ce rems de tranquillité, pour rétablir les Eglises des deux Religions qui avoient été détruites pendant les derniers troubles. Ces rétablissemens les occupèrent, sans division, jusqu'en 1646; & les deux partis, Catholiques & Protestans, se réunirent pour chasser du pays un tas de capucins qui s'y étoient enracinés. Ils firent même unanimement une loi fondamentale qui interdisoit par toute l'étendue de ce pays tout ordre nouveau de moines.

Le souvenir de la discorde que les moines avoient soufflée dans ces contrées, ne fut pas le seul motif de cette loi; l'intention des Grisons étoit en la portant de se délivrer pour jamais des importunes tentatives des Jésuites, qui cherchoient sans cesse à s'y introduire, quoiqu'ils en eussent été exclus par des arrêts solemnels & réitérés (2). Cet ordre de moines le plus tenace de tous avant sa dissolution, ne se rebuta point; mais les efforts & ses souplesses échouèrent, & jamais ils ne purent s'établir dans les trois ligues. A leur exemple, les capucins cherchèrent aussi à s'y établir, & ils s'y prirent avec tant d'adresse, qu'ils mirent dans leurs intérets beaucoup de Grisons; mais le plus grand nombre ne voulut point de ces habitans onéreux & inutiles, lorsqu'ils n'ont point occasion de se rendre pernicieux.

Cette affaire produisit des disputes, &, pour des Capucins, la tranquillité publique eut vraisemblablement été troublée, si l'Evêque de Coire, prévoyant les désordres que pourroit entraîner cette querelle, n'eut pris le sage parti de congédier deux capucins ses Confesseurs, qui intriguoient beaucoup en faveur de leur ordre. L'exemple de l'Evêque fit la plus heureuse impression sur les Catholiques des trois ligues: ils s'assemblèrent, & résolurent unanimement de ne jamais souffrir chez eux, ni Jésuites ni Capucins. Il ne manquoit plus à cette résolution que celle d'expulser tout le reste des moines qui s'y étoient engendrés.

(1) Etat & délices de la Suisse. p. 107.       (2) Idem. T. 3. p. 307.

'Il restoit à la maison d'Autriche d'anciennes & grandes prétentions sur le Prétigaw ; & ces droits eussent pu tôt ou tard occasionner des divisions fâcheuses ; mais en 1649, l'Archiduc Ferdinand-Charles vendit aux communautés du Prétigaw, toutes les prétentions que la maison d'Autriche avoir sur elles : & ce traité de vente, qui fut ratifié par l'Empereur, acheva d'assurer le repos dans ce pays.

La paix dont le L. Corps Helvetique a joui depuis ce dernier trouble, n'a cependant point été constamment inaltérable. Il est vrai que les Suisses n'ont été inquiétés par aucune Puissance étrangere, depuis la fin du XV° siecle ; mais ils ont été, quoique très-rarement, en guerre les uns contre les autres. Celle qui agita leur confédération en 1712, fut précédée de beaucoup de contestations, & de vives querelles, au sujet des privileges des habitans du Tockenbourg ; privileges qui depuis très-longtems irritoient la jalousie & l'ambition de l'Abbé de St. Gall, c'est aux prétentions outrées des prélats de cette Abbaye, que la Suisse est redevable des seules dissensions qui ont interrompu le calme dont elle a d'ailleurs joui depuis le Capitulat de Milan, en 1539, jusqu'à nos jours (1).

Il y avoit cinquante-six années qu'il n'y avoit eu que quelques légers différens, mais point de guerre entre les Cantons, lorsque l'Abbé de S. Gall y en occasionna une très-sanglante, & plus cruelle qu'aucune de celles qui avoient, en différentes circonstances, désolé ce pays depuis près de deux cens vingt années. Les violences outrées que ce Prélat entreprit tout-à-coup d'exercer sur les Tockenbourgeois, eurent les plus fâcheuses suites, quelques moyens que l'on employât pour engager cet Abbé, Prince de l'Empire, à respecter des privileges qu'il prétendoit avoir le droit de violer impunément. Aucun titre pourtant n'autorisoit les prétentions, ni sa conduite. En effet ; depuis plus de trois cens ans les Tockenbourgeois jouissoient de privileges si beaux & si étendus, qu'ils avoient presque tous les avantages de la souveraineté. Ces privileges étoient d'autant plus précieux aux Tockenbourgeois, qu'ils les tenoient des derniers Comtes Souverains du Tockenbourg. Fréderic, le dernier de ces Seigneurs, étant mort sans enfans en 1436, sa succession fut recueillie par deux freres, Hildebrand & Peterman, Barons de Raren, & issus par les femmes de la maison de Tockenbourg. Hildebrand mourut sans posterité, & Peterman son frere, vendit au prix de 14500 florins. le comté de Tockenbourg à Ulric, Abbé de S. Gall, qui l'année suivante, 1470, confirma par un acte authentique les privileges dont les habitans jouissoient depuis la concession qui leur en avoit été faite.

Pour juger de l'attachement des Tockenbourgeois à ces privileges, il suffit d'en rapporter les principaux. Ils avoient le droit 1°. de tenir des assemblées générales pour y faire des ordonnances & des réglemens, sauf le droit de leur seigneur : 2°. d'avoir un Conseil général, ou Régence composée de personnes notables qui s'assemblent communément à Lichtenstein, capitale du pays : 3°. de juger les procès & contestations suivant le droit coutumier observé depuis plusieurs siecles dans ce pays. 4°. De juger définitivement & sans appel : 5°. d'obliger l'Abbé à ne prendre pour ses officiers, & sur-tout pour son

____

(1) *Etats & délices de la Suisse. p. 305-308.*

Sect. IX.
Histoire de
la Suisse
depuis l'an
1604 jusqu'à nos
jours.

1650-1685.
Calme du
L. Corps
Helvetique.

Sujet de la
guerre des
Tocken-
bourg.

Privileges
des Tocken-
bourgeois.
1650 1685.

Sect. IX
Histoire de
la Suisse
depuis l'an
1604 jus-
qu'à nos
jours.

1650-1685.

Baillif, que des Tockenbourgeois. 6°. De rester fideles à l'alliance étroite & particuliere de combourgeoisie avec les Cantons de Schweitz & de Glaris; alliance en vertu de laquelle ils peuvent donner du fecours à ces deux Cantons & en recevoir d'eux fans confulter, & même fans le confentement de l'Abbé. 7°. D'avoir des compagnies entieres au fervice étranger, indépendamment & fans l'aveu de l'Abbé leur feigneur. 8°. D'avoir une liberté entiere de commerce, & de faire à ce fujet toutes les ordonnances qu'ils jugeront à propos. 9°. Enfin, de donner & affurer aux Réformés pleine liberté de confcience, & d'avoir les temples communs avec leurs combourgeois Catholiques (1).

A la faveur de ces privileges, les habitans vécurent en bonne intelligence avec leur feigneur, depuis 1440, jufqu'à 1530, que l'Abbé ayant tenté d'y porter atteinte, les Cantons de Zurich & de Glaris, protecteurs & alliés des To-kenbourgeois, chafferent, ainfi qu'il a été dit ailleurs, l'Abbé Kilian Kœufflin, alienerent divers effets de l'Abbaye, & vendirent aux habitans tous les droits qui étoient reftés à l Abbé. On a eu occafion de dire auffi que les V Cantons Catholiques ayant pris la défenfe de l'Abbé Kilian, & eu tout l'avantage, Zurich & S. Gall furent contraints de rendre tout ce qu'ils avoient pris ou vendu, & de rétablir Kilian; ce qui cependant ne fut fait qu'après que l'Abbé eut juré de maintenir les Réformés dans l'entiere liberté de confcience.

Les Abbés
de S. Gall
cherchent à
dépouiller
le Tocken-
bourg de fes
privileges.

Blaafer, Abbé, fuccelfeur de Kilian, fe croyant difpenfé de tenir les engagemens de fon prédécelfeur, inquiéta les Réformés, & redemanda la fouveraineté du Tockenbourg que Zurich avoit vendue aux habitans. Blaafer étoit fortement foutenu par les Cantons Catholiques; & les Tockenbourgeois furent contraints de renoncer à l'achat qu'ils avoient fait; mais en confentant à rendre la fouveraineté à l'Abbé, ils fe réferverent, fous la garantie des Cantons Catholiques, les droits & privileges dont ils avoient joui depuis 1440; ils fe réferverent auffi la liberté de confcience, & elle leur fut folemnellement accordée (2).

Injuftice &
vexations
de l'Abbé
de S Gall
contre les
Réformés du
Tocken-
bourg.

Quel qu'authentiques néanmoins que fuffent ces traités, il n'empêcherent point les Abbés de S. Gall d'inquiéter, d'opprimer même, autant qu'il fut en eux, les Tockenbourgeois, les Réformés fur-tout, qui, fatigués des vexations qu'on exerçoit contre eux, fe plaignirent hautement en 1601, de l'inquifition fecrete à laquelle on vouloit les foumettre. Leurs plaintes toucherent peu l'Abbé, qui ajoutant au poids de l'opprelfion, entreprit de les contraindre, en 1632, de ne pas s'écarter des canons de l'Eglife Romaine au fujet des degrés de parenté qui excluent le mariage. Les communautés Tockenbourgeoifes s'affemblerent & envoyerent des députés à l'Abbé Pius, pour fe plaindre de l'injuftice de fes innovations. L'Abbé Pius reçut fort mal ces députés, & condamna ces Communautés à 100 ecus d'amende.

Vainement les Cantons Réformés intercéderent pour les Proteftans du Tockenbourg; l'Abbé fut inflexible; & déjà il en étoit venu dès l'année 1664, à une perfécution ouverte. Il fit mettre en prifon un miniftre qui, dans une affemblée de Religionnaires, leur avoir, fuivant leur ufage, expliqué dans le Temple le Catéchifme de Heidelberg. Il voulut que fon baillif affiftât à leur

Sy-

(1) Mémoire fur la guerre arrivée en Suiffe en 1712. p. 3 & 8.
(2) Confédération Helvetique. L. 9.

Synóde; & ce baillif prétendoit avoir le droit de s'y comporter avec autant de hauteur que d'indécence.  Les Cantons Proteſtans repréſenterent vivement à l'Abbé ſon injuſtice & les dangers auxquels il s'expoſoit lui-même par une conduite auſſi repréhenſible.  L'Abbé Gallus qui occupoit alors la chaire de S. Gall, s'irrita de ces remontrances, & montra plus de ſévérité aux Réformés; la perſécution alla contr'eux toujours croiſſant: il leur fut défendu d'avoir chez eux des livres de leur Religion, & un Proteſtant ayant contrevenu à cette défenſe, il fut inhumainement condamné à mort & exécuté, par cela ſeul qu'on avoir trouvé dans ſa maiſon quelques livres écrits & publiés par des Auteurs de ſa croyance.

Sect IX.
Hiſtoire de
la Suiſſe
depuis l'an
1604 juſ-
qu'à nos
jours.

Les Cantons
Réformés
font des re-
montrances
à l'Abbé qui
s'en offenſe.

Bizarrerie
des loix qu'il
impoſe.

·L'intolérance de l'Abbé de S. Gall devint outrée, inſupportable, & ſes ordres étoient d'autant plus oppreſſifs, qu'ils étoient de la plus ridicule abſurdité.  D'après ſes bizarres ordonnances, quand dans le Tockenbourg deux perſonnes de différente doctrine ſe marioient enſemble, il étoit défendu, ſous peine de 50 Livres d'amende, au Réformé, de prier Dieu avec ſes enfans. Quand un Pere Proteſtant mouroit, on tentoit tous les moyens poſſibles d'écarter les enfans, & de les enlever à leur mere Réformée, ou à leur tuteur s'il étoit Proteſtant: on corrompoit l'eſprit & les mœurs de ces enfans, & à force de leur inſpirer le goût des plaiſirs, on les engageoit dans des dettes ruineuſes, & alors on les jetoit en priſon, où on les menaçoit de les laiſſer périr de miſere, s'ils refuſoient d'abjurer le Proteſtantiſme (1).

Il faut avouer toutefois que ce n'étoit point ſeulement par intolérance, ni par un zele outré pour la Religion que les Abbés de S. Gall, montroient cette rigueur: ils perſécutoient preſqu'auſſi vivement les Tockenbourgeois Catholiques, & les vexations que ceux-ci avoient à ſouffrir, n'étoient gueres moins accablantes; enforte que l'unique ſyſtême de ces Abbés oppreſſeurs, étoit d'écraſer la liberté & les privileges du Tockenbourg, dont ils vouloient ſe rendre les maîtres abſolus.  Il eſt vrai qu'ils avoient commencé par les Réformés; mais uniquement dans la vue d'animer contr'eux les Catholiques, afin que les premiers une fois abattus, il fut d'autant plus facile d'accabler enſuite les autres.  Mais ils ne purent réuſſir, leur projet fut découvert, & les Tockenbourgeois Catholiques & Proteſtans, reſterent conſtamment unis, & prirent, autant qu'il fut en eux, les plus ſages meſures contre ce deſpotiſme, dans le Conſeil-Général de Régence, formé de Conſeillers des deux Religious (2).

Projets de
l'Abbé de
S. Gall con-
tre les Toc-
kenbour-
geois.

· Les Cantons de Schweitz & de Glaris avoient voulu renouveller en 1681 : le Traité d'alliance & de combourgeoiſie qui ſubſiſtoit entr'eux & les Tockenbourgeois; mais l'Abbé Gallus s'étoit oppoſé ſans raiſou à ce renouvellement; & quelques remontrances qu'on lui fit, il ne voulut point le permettre: Il mourut dans ces pacifiques diſpoſitions.  Le Cardinal Sfondrati, ſon ſucceſſeur, quoi qu'Italien & Catholique très-zélé, fut fort doux, & l'on n'eut qu'à ſe louer de ſa ſageſſe & de ſa tolérance: mais par malheur, il ne garda l'Abbaye que juſqu'en 1696; & le moine Burgiſſer, ſon ſucceſſeur, fut le plus dur, le plus ambitieux, & le plus exigeant des ſouverains.  Dès la 2e année de ſon gouvernement, il penſa exciter dans la Suiſſe une guerre

(1) Mém. ſur la guerre arrivée en Suiſſe en 1712. p. 5 & 10.    (2) Idem. p. 9.

Sect. IX.
*Histoire de
la Suisse
depuis l'an
1604 juf-
qu'à nos
jours.*

de Religion; car il.étoit tout auffi fanatique qu'orgueilleux & altier. Heureufement pour le repos. du L. Corps Helvetique, les Cantons Catholiques
ne déférerent point à fes violentes fuggeftions, & les Cantons Réformés mé-
priferent fes menaces.. Il exerça fur les Tockenbourgeois toute la turbulence
de fon caractere.. Il entreprit de violer fucceffivement tous les privileges du
pays & des habitans, auxquels, contre toute franchife,. il envoya des bailliffs
étrangers;. il augmenta les anciens péages,. & en établit de nouveaux, s'ap-
propria exclufivement tout le commerce du vin, du bled & de toutes les der-
rées de premiere néceffité. Les Tockenbourgeois étoient obligés d'acheter
de lui le droit de vendre ces denrées, le peuple ne pouvoit s'en procurer
que des traitans commis par lui, & les hôtes étoient obligés d'acheter du
bailliff feul le. vin à un demi fou plus cher qu'il ne leur. étoit permis de le
vendre (1).

*Tirannie de
Burgiffer,
Abbe de
S. Gall.*

Après avoir enlevé tous les codes, toutes les chartres des privileges, l'Abbé fe mit en poffeffion, foit à vil prix, foit par des mauvaifes conteftations,
des meilleures terres & des plus belles maifons du pays.. Son. avidité n'étoit
point encore affouvie; il mit en ufage de nouveaux moyens de vexation.. On
ne pouvoir, ni recueillir, ni partager une fucceffion fans la préfence d'un
Officier de l'Abbé, dont le droit de féance étoit payé très-cherement, &
fouvent abforboit la meilleure partie de la fucceffion. Les malheureux Tockenbourgeois étoient violemment tourmentés de toutes les manieres: ils étoient
expofés à des dénonciations toujours favorablement écoutées &. rigoureufement fuivies, fans que les accufés puffent jamais connoître leurs accufateurs;
& la plus fimple accufation ,. entraînoit. inévitablement la confifcation des
biens.. Dans les inventaires, ou les encheres, les officiers de l'Abbé fe fai-
fiffoient de tout, & l'Abbé, de fon côté, ufurpoit tout &. vendoit tout, jufqu'à la permiffion de fe marier.. On ne pouvoit oppofer de digue à cette dévorante avidité ; car pour détruire par avance tous les obftacles, l'Abbé .voit
défendu. les affemblées générales:: il avoit aboli l'autorité de la Régence; enforte que ce Confeil national ne pouvant plus faire. des ordonnances, tout
étoit régi fous le nom de l'Abbé (2).

*Moyens
qu'il met en
ufage pour
opprimer les
Tucken-
bourgeois.*

Quelqu'oppreffif que fut ce defpotifme, les Tockenbourgeois le fouffri-
rent pendant huit ou neuf ans, fans oppofer à ces vexations d'antre réfiftance que l'inutile réclamation de leurs franchifes &. de leurs privileges; mais
l'Abbé Burgiffer, abufant avec la plus revoltante infolence de cette modération, pouffa par fes excès leur patience à bout.. Les Tockenbourgeois excédés, ne fe fouleverent point, ne prirent point les armes contre leur titan;
ils firent à la vérité éclatter leurs murmures; ils fe plaignirent hautement de
leur oppreffeur; mais ils n'entreprirent point encore de repouffer la force par
la force. Cè ne fut que vers la fin de 1706, que, perfécutés depuis 1696,
& ne voyant d'autre remede à leur calamité, ils implorerent la protection des
Cantons leurs alliés.

*Leur pa-
tience épui-
fée ils s'a-
dreffent aux
Cantons
leurs alliés.*

Burgiffer qui eût du s'attendre à cette démarche, en fut pourtant tout auffi
offenfé que s'il n'eût eu aucune raifou de la prévoir, &. cherchant de fon côté

(1) *Etat de la Suiffe.* T. III. p. 317.
(2) *Mém. fur la arrivée en Suiffe en* 1712. p. 9, 12.

à s'appuyer contre les Cantons, alliés des sujets qu'il opprimoit, il prétendit & publia, pour engager l'Empereur dans sa querelle, qu'en qualité de Prince de l'Empire, il n'avoit rien à démêler avec la confédération helvetique, dont il n'étoit point membre, & que tenant de l'Empereur le Tockenbourg, à titre de fief, les Cantons n'avoient rien à voir, ni à régler chez lui (1).

Cette déclaration de Burgisser étoit d'autant plus ridicule, qu'il ne pouvoit ignorer l'alliance & la combourgeoisie qui subsistoient entre les Tockenbourgeois & les Cantons de Schweitz & de Glaris; traité qu'il savoit avoir été confirmé par l'un de ses prédécesseurs, Ulric, en 1470. Ce qui rendoit cette déclaration encore plus absurde, étoit la connoissance que Burgisser ne pouvoit se dispenser d'avoir de deux anciens traités faits par ses prédécesseurs avec les Cantons de Zurich, Lucerne, Schweitz & Glaris, sous la protection desquels les Abbés de St. Gall s'étoient mis à perpétuité, pour la conservation de leurs biens, de leurs droits & de ceux de l'Abbaye. Par le second de ces traités, l'Abbé avoit promis pour lui & ses successeurs, de ne recourir jamais à aucune autre protection qu'à celle des quatre Cantons, à la décision desquels il s'étoit obligé, pour lui, & ceux qui lui succéderoient, de soumettre tous les différens qui pourroient s'élever entre l'Abbé & les Tockenbourgeois, sur quelque sujet que ce pût être. Enfin, par la paix de Westphalie, conclue à Munster, en 1648, il avoit été stipulé que les Cantons, leurs alliés, confédérés & combourgeois, resteroient pour jamais affranchis de la dépendance de l'Empire & de l'Empereur (2).

L'Abbé Burgisser n'ignoroit, ni ces traités, ni les droits évidens qu'avoient les deux Cantons de défendre leurs combourgeois; mais il ne cherchoit qu'un prétexte de susciter des troubles & des guerres; il y parvint par la mauvaise foi de ses procédés & par la hauteur révoltante de ses déclarations. Au gré de son attente, il réussit à faire, d'une querelle qui lui étoit particuliere, une affaire nationale, & à répandre la discorde parmi les différens Etats de la confédération Helvetique. En effet, les Tockenbourgeois las du joug qu'on leur avoit forcément imposé & qui s'aggravoit de jour en jour, s'assemblerent, & délibérérent de faire les derniers efforts pour recouvrer avec la liberté, leurs droits & leurs privileges. Le Conseil de Régence ordonna, d'après cette résolution à tous les habitans de se pourvoir d'armes en quinze jours afin d'être en état de se défendre s'ils étoient attaqués.

Cet ordre étonna les Cantons qui s'assemblerent en diete, les Réformés avec les Catholiques à Lucerne. Schweitz & Glaris proposerent envain plusieurs moyens de pacification; l'Abbé les rejeta, & ses députés parlerent sur un ton si impérieux dans les conférences qu'ils eurent en 1706, avec les deux Etats, que toute négociation, pensa être rompue (1). Cependant il y eut encore une diete générale tenue dans les vues de terminer cette affaire; & dans cette diete les députés de l'Abbé déclarerent hautement aux Suisses assemblés, que ce n'étoit point à eux à se mêler de cette contestation; que l'Abbé Burgisser étant Prince de l'Empire, c'étoit en cette qualité, & nulle-

---

(1) *Mém. sur la guerre arrivée en Suisse en 1712. p. 14-15.*
(2) *Etat de la Suisse. T. III. p. 329.*
(3) *Mém. sur la guerre arrivée en Suisse en 1712. p. 9-14.*

ment comme membre du L. Corps Helvetique, qu'il poſſédoit le Comté de Tockenbourg.

Cette propoſition offenſante & fauſſe à tous égards, ſurprit étrangement les Cantons, qui furent tous, Catholiques & Réformés, auſſi irrités les uns que les autres contre l'Abbé. Cependant celui-ci réuſſit à force d'intrigues à perſuader aux Cantons de Lucerne & d'Uri de prendre ſes intérêts: il tenta auſſi d'entrer en accommodement avec Schweitz: Zurich en fut très-alarmé, & envoya à Berne des députés chargés d'engager cette République à ne point abandonner la cauſe des Tockenbourgeois. Schweitz cependant réſiſta aux ſollicitations de Burgiſſer, prit la réſolution de défendre la liberté des habitans du Tockenbourg, & à cet effet, ordonna à ſa milice de ſe tenir prête à marcher au premier ordre (1).

La République de Berne n'avoit aucun lien qui l'attachât à ces habitans; ils lui étoient étrangers, & cette affaire ne l'avoit occupée que par l'intérêt qu'elle avoit pris par juſtice & par humanité, à la ſituation d'un pays accablé ſous la plus dure des oppreſſions. Mais enfin le même eſprit de juſtice & d'humanité détermina les Bernois à concourir avec les Zuricois au rétabliſſe- ment ce peuple dans la poſſeſſion de ſes libertés, & à le maintenir contre quiconque tenteroit de l'aſſujettir.

Revenus du mécontentement que leur avoit donné la déclaration offen- çante des députés de l'Abbé de S. Gall, & perſuadés d'après les ſuggeſtions du Prélat, qu'il importoit infiniment à la Religion que les Tockenbourgeois fuſſent opprimés & avilis, les Cantons Catholiques réſolurent de leur côté, de concourir à cette perſécution; & dans cette idée, ils firent de grands pré- paratifs, & ſe munirent d'armes, de vivres, & de munitions, comme s'ils euſſent eu deſſein d'en venir inceſſamment à une guerre ouverte (2). Plus modérés dans leur conduite, les deux Cantons de Berne & Zurich crurent devoir faire un dernier effort auprès de l'Abbé Burgiſſer; mais ce moine pré- ſomptueux reçut leurs propoſitions avec un dédain inſultant, & ne fit qu'ap- peſantir ſur ſes ſujets le joug du deſpotiſme.

Cependant les Tockenbourgeois raſſurés par la certitude des ſecours des deux Cantons, s'aſſemblerent en diete, au nombre de plus de huit mille hommes armés, promirent par ſerment de s'entreſecourir, de ſe ſoutenir mu- tuellement & de combattre juſqu'à la mort, pour la défenſe commune & le rétabliſſement de leurs privileges. Le Conſeil de Régence fut rétabli dans cette même aſſemblée; les Tockenbourgeois, pour prouver combien ils étoient immuablement décidés à rentrer dans leurs droits, nommerent aux charges publiques, & firent les réglemens qu'ils crurent devoir être les plus utiles dans les circonſtances où ils ſe trouvoient (3). L'Abbé Burgiſſer in- formé de ce qui ſe paſſoit dans cette aſſemblée y fit proteſter de la nullité de tout ce qui s'y feroit. Les habitans avant que de ſe ſéparer, répondirent à cette proteſtation par un écrit dans lequel ils demandoient à l'Abbé; 1º. Qu'il les rétablit dans tous leurs droits, dans tous leurs privileges, & qu'il les pro-

---

(1) *Mém. ſur la guerre arrivée en Suiſſe en* 1712. p. 13.
(2) *Droit public de l'Europe.* T. 1.
(3) *Etat & délices de la Suiſſe.* T. 3. p. 322-335.

Sect. IX.
Hiſtoire de
la Suiſſe
depuis l'an
1604 juſ-
qu'à nos-
jours.

Proteſta-
tion de l' Ab-
bé de S Gall,
& réponſe
des habitans
du Tocken-
bourg.

Diſcorde
parmi les
Tocken-
bourgeois.
Suite de la
querelle en-
tre les Toc-
kenbour-
geois.
1686-1712.

Troubles du
Tocken-
bourg &
diviſions des
Cantons.

Les Toc-
kenbour-
geois ſe
réuniſſent.

régeât comme leurs peres avoient été protégés par Ulric ſon prédéceſſeur: 2°. Qu'il annullât toutes les ſentences illicites, injuſtes ou oppreſſives que lui ou ſon bailliſ avoient prononcées contr'eux; 3°. Qu'il laiſſât les deux doctrines également paiſibles, ainſi qu'elles l'étoient dans le Thurgaw: 4°: Qu'il reſtituât aux Réformés leurs biens eccléſiaſtiques: 5°. Qu'il caſſât & renvoyât tous les étrangers auxquels il avoit donné des charges dans le Tockenbourg, & qu'il leur ſubſtituât des gens du pays; 6°. Qu'il éteignît l'établiſſement injuſte qu'il avoit fait de l'évocation des appels à ſon couvent: 7°. Qu'il relachât enfin tous les Tockenbourgeois qu'il avoit fait jeter dans les priſons, & qu'il y retenoit.

Quelqu'union qu'il y eût eu juſqu'alors entre les habitans du Tockenbourg, & quelque néceſſaire que le danger rendît cette concorde, elle ne le ſoutint pas. Les Catholiques témoignerent le plus grand mécontentement de ce que les Réformés ſembloient, par le 4ᵉ Article de ces demandes, vouloir rétablir leur Religion ſur l'ancien pié, former des conſiſtoires, s'aſſembler dans les égliſes; en un mot, y jouir de la même liberté qu'ils avoient dans les lieux où leur Religion étoit dominante (2). Les Catholiques ne s'en tinrent point à de ſimples murmures; mais ils menacerent leurs concitoyens Proteſtans de s'oppoſer à force ouverte à tous les changemens qu'ils tenteront de faire à l'état actuel de leur Religion. Surpris avec raiſon d'une telle conduite, les Réformés après avoir réclamé la déliberation générale qui leur avoit aſſuré leur ancienne liberté, proteſterent que, quoiqu'il en pût arriver, ils paſſeroient outre, & ſe maintiendroient dans le plein exercice de leur culte: & en effet, ils entreprirent d'entrer dans les égliſes après le ſervice des Catholiques, pour y réciter leurs offices; mais les portes leur furent fermées, & ils furent contraints de s'aſſembler dans les cimetieres: les eſprits s'échaufferent, la querelle s'anima, le fanatiſme l'envénima, on en vint des injures à des voies de fait; & dans quelques villages il y eut des deux côtés pluſieurs perſonnes tuées, & beaucoup de bleſſés.

Pendant que les Tockenbourgeois employoient à s'entredétruire des jours & des forces qu'ils euſſent du conſerver à leur commune défenſe, les Cantons diviſés prenoient parti, les uns pour l'Abbé de S. Gall, les autres pour les ſujets opprimés, & cette malheureuſe affaire ranimoit tous les anciens ſujets de haine entre les Etats Catholiques & les Etats Proteſtans. Cependant les troubles des Tockenbourgeois furent enfin pacifiés, & à force de ſoins & d'exhortations, les principaux habitans de ce pays parvinrent à terminer cette querelle. Le peuple aſſemblé de nouveau, il fut unanimement délibéré que les égliſes feroient communes aux habitans des deux Religions, & qu'ils y auroient tour à tour le libre exercice de leur culte. Glaris ſe joignit à Zurich, à Berne & à Schweitz, & les 4 Cantons réſolurent de défendre comme leur propre cauſe celle des ſujets de S. Gall. A peu près dans le tems que ces Etats prenoient cette réſolution, Burgiſſer qui commençoit à craindre les ſuites de la guerre qu'il s'étoit ſi fort empreſſé de ſuſciter, écrivit aux Bernois en termes fort honnêtes, & paroiſſoit ſi diſpoſé à ſe relâcher de

(1) Etat & délices de la Suiſſe. T. 3. p. 334.
S s 3

Sect. IX.
Histoire de
la Suisse
depuis l'an
1604 juf-
qu'à nos
jours.

fes prétentions, qu'on fe flatta de trouver peu d'obftacles à un accommo-dement (1).

Une affaire importante, & qui intéreffoit tous les Cantons, les uns direc-tement, les autres indirectement vint fixer leur attention & fufpendit pour quelque tems la difpute élevée au fujet des droits refpectifs de l'Abbé de S. Gall, & des Tockenbourgeois. La Princeffe Marie Ducheffe de Nemours, qui avoit fuccédé dans le Comté de Neufchatel à l'Abbé d'Orléans, fon fre-re, en 1697, mourut au mois de juin 1707, fans laiffer d'enfans. Divers Princes & Seigneurs firent valoir leurs prétentions fur cette fouveraineté, foit par eux-mêmes, foit par leurs envoyés. Ces prétendans, au nombre de 15, paroiffoient plus ou moins fondés dans leurs demandes.

1o. Le Roi de Pruffe prétendoit à cette fouveraineté en qualité de Prince d'Orange, & comme ayant les droits des Princes de ce nom, héritiers de la Maifon de Châlons, feigneurs du Comté de Neufchatel. 2°. Le Prince de Conti, en vertu du teftament de l'Abbé d'Orléans, frere de la Ducheffe de Nemours. 3°. Le Prince de Carignan, de la Maifon de Savoye, comme Coufin Germain de la Princeffe Marie. 4. Le Prince de Montbeillard, comme defcendant de la Maifon de Châlons. 5°. La Ducheffe de Lesdi-guieres, comme aînée de la Maifon d'Orléans-Longueville. 6°. & 7°. Le Comte de Matignon & le Marquis de Villeroi, comme proches parens de la Ducheffe de Nemours. 8°. 9o. & 10°. Les Marquis d'Alegre & de Mail-ly, & le Baron de Monjouet, comme defcendans de la maifon de Châlons. 11°. Le Prince de Naffau-Siegen, en qualité de defcendant de la même Maifon. 12°. La Dame de Neuchâtel-Soiffons, en vertu d'une donation à elle faite par la Ducheffe de Nemours. 13°. Le Prince de Baden, par le droit de confraternité, pratiqué en Allemagne, & qui avoit été établi entre la Maifon de Hochberg & fes prédéceffeurs. 14°. Le Prince de Furftem-berg. 15°. Enfin, le Canton d'Uri réclamoit cette fouveraineté comme lui étant dévolue par l'extinction de la maifon de Longueville, attendu que lorfque les Cantons rendirent le comté à Jeanne de Hochberg, en 1529, après dix ans de poffeffion, le Canton d'Uri ne voulut point y confentir (2).

Louis XIV
appuye ceux
des préten-
dans qui font
fes fujets.
1686-1712.

Jamais les Etats de Neufchatel auxquels feuls il appartenoit de décider fur cette conteftation, n'avoient eu à juger une auffi importante affaire. Louis XIV qui s'intéreffoit vivement pour ceux d'entre les prétendans qui étoient fes fujets, fit dire aux Neufchatelois, & aux Cantons leurs alliés, par fon Ambaffadeur en Suiffe, qu'il ne fouffriroit jamais, qu'on prononçât en faveur d'aucun Prince étranger; & que dans ce cas, il feroit par les armes juftice aux prétendans François que le jugement des Etats auroit exclus de cette prin-cipauté (3).

Les Etats
de Neufcha-
tel adjugent
cette fouve-
raineté au
Roi de
Pruffe.

Les menaces, ni la puiffance de Louis XIV ne prévalurent point fur la juftice que les Etats de Neufchatel crurent devoir à celui de ces prétendans qui leur parut le mieux fondé. Ils s'affemblerent, & après un mûr examen, ils prononcerent leur fentence le 3 Novembre 1707, & adjugerent le Comté de Neufchatel & Valengin au Roi de Pruffe, par droit de reverfion, comme

(1) Droit public de l'Europe. T. 1.
(2) Etat de la Suiffe. T. 3. p. 223-224.　　(3) Ibid. p. 225.

réuniſſant en ſa perſonne tous les droits des anciens Princes de Châlons, ſeigneurs ſouverains du comté.

. Les habitans de la châtellenie de Landron qui étoient Catholiques, refuſèrent d'abord de reconnoître le Roi de Pruſſe; mais les troupes qu'on leur envoya les forcerent bientôt à rendre hommage à ce ſouverain, qui depuis a joui paiſiblement de cette Principauté (1).

Cette importante affaire ne fut pas plutôt terminée, que lés Cantons s'occuperent à finir enfin celle du Tockenbourg, où, par les intrigues de Burgiſſer, les anciens troubles au ſujet de la Religion s'étoient renouvellés. Il y eut pluſieurs querelles, & des combats même très-vifs, entre les Catholiques & les Réformés. Les Cantons Proteſtans prirent parti pour les Religionnaires; les Etats Catholiques ſoutinrent l'Abbé, & les habitans de leur Religion: cependant les uns & les autres étoient également diſpoſés à terminer par des voies de pacification cette longue diſpute. Mais autant ils ſe montroient zélés pour un arrangement amiable, autant le turbulent Burgiſſer, s'occupoit à perpétuer la diſcorde entre les Tockenbourgeois. Il vint à bout de gagner le Canton de Schweitz, qui entrant dans ſes vues, ſe détacha de la cauſe qu'il avoit juſqu'alors embraſſé avec la plus généreuſe chaleur.

Enhardi par la force & la ſupériorité des Cantons qui le ſoutenoient, l'Abbé publia un manifeſte, dans lequel il juſtifioit ſes prétentions, autant qu'il eſt poſſible de juſtifier l'uſurpation la plus évidente & le plus inique deſpotiſme (2). Schweitz perſiſta dans les derniers engagemens qu'il avoit pris en faveur de l'oppreſſeur, & il porta ſon zele pour le nouveau parti qu'il venoit d'embraſſer, juſqu'à faire trancher la tête à Stadler; l'un de ſes baillifs, pour avoir eu part aux derniers changemens arrivés dans le Tockenbourg, & pour avoir favoriſé la Régence de ce pays. De ſon côté l'Abbé de S. Gall ſe ſignala par des actes de violence tout auſſi revoltans. Au lieu de condamner cette conduite tyrannique, les Cantons Catholiques l'approuverent, & voulurent engager les Cantons Réformés à aider le moine Burgiſſer dans ſes injuſtes entrepriſes, ou du moins à teſter neutres entre lui & le peuple qu'il fouloit.

Les Etats Proteſtans bien éloignés d'abandonner, à l'exemple de Schweitz, les malheureux habitans du Tockenbourg, prirent en leur faveur les plus fermes réſolutions. Après de longues & inutiles négociations, Burgiſſer impatient d'affermir ſon autorité, envoya des troupes dans pluſieurs châteaux, & ſe ſaiſit des poſtes les plus importans du pays. Berne & Zürich firent auſſi marcher des troupes: les Tockenbourgeois prirent les armes, & la guerre alloit éclater, lorſque la dicte Helvetique aſſemblée à Bâle, interpoſa ſa médiation, écouta les députés de l'Abbé & ceux du Tockenbourg, & ſtatua que Burgiſſer retireroit ſes troupes des poſtes qu'elles occupoient, que la milice Tockenbourgeoiſe ſe retireroit pareillement; & qu'à l'avenir ſi l'un des deux partis en venoit à des hoſtilités, les Cantons déſintéreſſés ſe rangeroient du côté de ceux qui ſeroient attaqués.

. Cet arrangement fut accepté de part & d'autre: les Tockenbourgeois rappellerent leurs troupes: Burgiſſer refuſa de rappeller les ſiennes, à moins

(1) Etats de la Suiſſe. T. 3. p. 225.
(2) Mém. ſur la guerre en Suiſſe en 1712. p. 42-46.

SECT. IX.
Hiſtoire de la Suiſſe depuis l'an 1604 juſqu'à nos jours.

L'Abbé de S. Gall ſuſcite de nouveaux troubles dans le Tockenbourg.

Violences & injuſtices de la part de l'Abbé de S. Gall & du Canton de Schweitz.

Sect IX.
Histoire de
la Suisse
depuis l'an
1604 juſ-
qu'à nos
jours.

*Les Cantons*
*Catholiques*
*prononcent*
*en faveur de*
*l'Abbé de*
*S. Gall*
*1686-1712.*
*Proteſta-*
*tion des Can-*
*tons Rifor-*
*més.*

qu'on ne lui garantît tous les droits qu'il prétendoit exercer & ceſ droits étoient précifément le ſujet de la querelle (1). Des arbitres, s'aſſemblerent à Baden, & ne terminerent rien ; les Cantons Catholiques prirent ſur eux de juger cette affaire, & prononcerent en faveur de l'Abbé de S. Gall. Les arbitres Réformés proteſterent hautement contre cette ſentence ; mais Burgiſſer ſe hâta de faire ſommer les Tockenbourgeois de s'y ſoumettre. Le Conſeil de Régence leur défendit, au contraire, de ſe conformer à ce jugement, qu'ils déclarerent partial & injuſte ; enſorte que cet arbitrage qui devoit ramener le calme, devint une nouvelle ſource de haine & de diſcorde.

L'Abbé fit fortifier ſes châteaux, remplit les magaſins, raſſembla ſes troupes, & proteſta qu'il alloit en venir aux dernieres extrémités, ſi ſes ſujets rebelles refuſoient d'obéir à la ſentence des arbitres. Mais afin de s'aſſurer par avance du ſuccès de ſes hoſtilités, il commença par gagner, au moyen des plus ſéduiſantes promeſſes, ſept des communautés du Tockenbourg, qui en haine des Réformés ſe rangerent de ſon côté. Fier de cet appui & beaucoup plus encore du ſecours que lui avoient promis les Cantons Catholiques, il envoya les milices de cinq communautés aſſociées, reconnoître & occuper les principaux paſſages, & les poſtes les plus importans du pays. Le reſte des Tockenbourgeois courut aux armes, & leurs troupes s'emparerent de deux couvens ſitués dans des poſitions avantageuſes (2). Ce fut là le ſignal de la guerre ; Zurich arma auſſi pour ces habitans, & Berne leur fournit 4000 hommes ; les V Cantons Catholiques leverent une armée conſidérable, dont le nombre & la force engagerent les Bernois à envoyer de leur côté de nouvelles milices dans tous les lieux expoſés aux incurſions des ennemis.

*Les V Can-*
*tons arment*
*pour l'Abbé*
*de S. Gall.*

Les Zuricois eurent d'abord quelqu'avantage & s'emparerent d'un cimetiere & d'un pont d'où ils chaſſerent 200 hommes des troupes de l'Abbé ; ils ſe mirent auſſi en poſſeſſion de Frauwenfelden, & firent prêter ſerment de fidélité au pays de Thurgaw. Les V Cantons Catholiques firent les plus grands efforts pour empêcher la jonction des troupes de Berne & de Zurich ; mais ils ne purent y réuſſir, & les deux Cantons réunis, s'emparerent de Klingnau, Keyſerſtuhl, Zurzac, & la ville de Weyl Capitale de l'Abbé dans le Thurgaw, & où il avoit jeté une garniſon de 4000 hommes (3).

*Propoſitions*
*frauduleu-*
*ſes.*

Bremgarten & la province libre, tomberent au pouvoir des Bernois, qui, maîtres de Mellingen, euſſent pouſſé plus loin leurs conquêtes, ſi, trompés par des propoſitions avantageuſes d'accommodement, ils n'euſſent pas congédié la plus grande partie de leurs troupes. Mais au lieu de ratifier leurs promeſſes, les Cantons Catholiques, abuſant de la bonne foi des Bernois de la plus étrange maniere, ne furent pas plutôt informés de l'affoibliſſement de l'armée Bernoiſe, que raſſemblant toutes leurs forces, ils attaquerent le reſte de ces troupes, les accablerent, & en paſſerent un grand nombre au fil de l'épée. La ſituation des deux Cantons protecteurs des Tockenbourgeois étoit très-facheuſe ; ils réunirent toutes leurs forces, & leur armée d'environ 9000 combattans ; fatiguée, excédée, avoit à lutter contre celle des Cantons

Ca-

(1) Mém. ſur la guerre en Suiſſe en 1712. p. 43-52.
(2) Etat de la Suiſſe. p. 254 260.
(3) Journal de la guerre de 1712. p. 2.

Sect. IX.
Hiftoire de
la Suiſſe
depuis l'an
1604 juſ-
qu'à nos
jours.

Bataille de
Villemer-
gue.
1686 1712.

Catholiques, forte de 18000 hommes, qui étoit en préſence, & qui paroiſſoit dans la plus grande impatience de combattre.

Malgré l'inégalité du nombre, les Bernois ne refuſerent point la bataille,
qui fut donnée le 25 Juillet 1712, journée mémorable & vraiment glorieuſe
pour les Bernois (2). On combattoit des deux parts avec tout l'acharnement que peut inſpirer la haine aigrie par le fanatiſme ; après huit heures
d'un combat obſtiné, la victoire ſe décida enfin pour les Bernois ; l'armée
Catholique prit la fuite, après avoir laiſſé 2000 morts ſur le champ de bataille, 500 hommes que la terreur fit précipiter dans le ruiſſeau, & 350 priſonniers, la plupart bleſſés : pluſieurs drapeaux & beaucoup de canons reſterent au pouvoir des vainqueurs. Les Bernois n'eurent de leur côté, que
240 morts, & 300 bleſſés, parmi leſquels étoient pluſieurs Officiers de diftinction.

Conſternés de leur défaite, les Cantons Catholiques ſe répentirent, mais
trop tard, des fauſſes propoſitions qu'ils avoient fait faire aux Bernois ; &
la perte qu'ils venoient d'éprouver, ralentiſſant leur zele pour l'Abbé de S.
Gall, ils rechercherent ſincerement la paix (2). Zurich & Berne qui avoient
déja accepté la plupart des propoſitions, & qui avoient ſigné le traité conclu
à Araw, ſept jours avant la bataille de Villemergue, le 18 Juillet ; (traité
que les Cantons Catholiques avoient refuſé de ratifier,) ſe prêterent volontiers
même ; aux deſirs de ces Cantons ; & par un nouveau traité, conclu & ſigné
à Araw, & qui n'étoit qu'une confirmation du premier, contenant ſeulement
quelques nouvelles clauſes, cette longue & trop meurtriere querelle fut enfin terminée. L'importance de ces traités, & l'état fixe qu'ils donnent aux
prétentions & aux droits des Cantons Catholiques, & des Cantons Proteſtans, engagent à en rapporter ici les principaux articles.

1°. Les Cantons de Zurich & de Berne, poſſéderont en propre le comté
de Baden, avec ſes dépendances, en y comprenant la ville de Bremgarten (3).

2°. Toute la partie des bailliages libres, appellés communément *Frey-
Æmter*, qui s'étendra juſqu'à la ligne droite tirée de Lunckhofen à Farwangen, ſera cédée à ces deux mêmes Cantons, en conſervant tous les
droits à celui de Glaris, qui n'a point pris part à la derniere querelle. L'autre partie des bailliages libres reſtera à ſes anciens maitres. Le Canton de
Berne ſera aſſocié à la ſouveraineté des ſept vieux Cantons, & ſon tour de
Régence ſuccédera à celui de Zurich (4).

3°. Zurich & Berne poſſéderont la ville de Rapperſchweil avec ſes dépendances : ce dernier Canton ſera admis au droit de ſouveraineté ſur la Thurgovie, le Rheintal & le pays de Sargans, & il exercera ſa régence immédiatement après le Canton de Zurich (5).

(1) *Journal de la guerre de* 1712. p. 3-4.
(2) *Mém. ſur la guerre arrivée en Suiſſe en* 1712. p. 47-51.
(3) Ce pays avoit appartenu juſqu'alors aux huit vieux Cantons, qui l'avoient conquis en 1415, ſur la maiſon d'Autriche.
(4) Les *Frey Æmter* avoient été conquis par les ſept vieux Cantons ſur la maiſon
d'Autriche, en même tems que le Comté de Baden.
(5) La Thurgovie & le Rheintal ont été conquis ſur la maiſon d'Autriche par les ſept
vieux Cantons. Appenzell en devenant Canton, fut admis à la co-ſouveraineté ſur cette

Sect. IX.
*Histoire de
la* Suisse
depuis l'an
1604 juf-
qu'à nos.
jours.

4°. Stein ne fera plus compris dans la souveraineté de la Thurgovie. La régence de cette ville appartiendra à fes Bourgeois, fans nuire cependant aux droits des Cantons de Berne, de Fribourg & de Soleure.

1*er* Traité
Art. 1.
1*er* Traité
Art. 2.
1686 1712.
1*er* Traité
Art. 1.

5°. On annulle & caffe le traité de paix de 1531 : il fera regardé comme non avenu, celui d'Araw devant déformais faire loi entre les Cantons.

60. Les Cantons de Zurich & de Berne promettent de laiffer une entiere liberté de confcience aux habitans des pays qui leur font cédés; de nommer aux dignités eccléfiaftiques des fujets pris tour-à-tour dans les cinq louables Cantons Catholiques, qui en partageront la fouveraineté, & de n'établir aucun nouvel impôt. Les bourgeois qui voudront s'établir dans quelqu'autre contrée de la Suiffe, ou même chez les étrangers, ne payeront aucun droit d'aubaine, ni de fortie pendant deux ans.

1*er* Traité.
Art. 2.

7°. Dans les provinces qui font foumifes à des Cantons de différente Religion, les Proteftans jouiront des mêmes privileges que les Catholiques; il y aura une parfaite égalité entr'eux. Les accufations & les informations fecretes y feront abolies. Les Orphelins auront des Tuteurs de leur Religion. L'une fera appellée la Religion Catholique, & l'autre la Religion Evangélique; & il eft également défendu à ceux qui les profeffent, d'employer des termes injurieux ou des railleries en parlant de leur culte refpectif. Un criminel condamné à mort, fera affifté par le miniftre qu'il demandera.

1*er* Traité.
Art. 2.

8°. Les Catholiques & les Proteftans auront leurs Fonds-Baptifmaux &c. leurs cimetieres particuliers, dans les lieux où l'Eglife eft commune aux deux Religions. Les premiers qui y feront l'office, feront obligés d'en fortir à huit heures du matin en Eté & pendant le Printems, & à neuf heures, dans les autres faifons, à moins qu'on ne prenne à l'amiable d'autres arrangemens. Si ceux d'une Religion veulent faire bâtir une Eglife à leur ufage, ils le pourront à leurs dépens. Dès lors ils perdront tout droit fur l'Eglife dans laquelle ils avoient part; on leur permet cependant de traiter pour cette renonciation, c'eft-à-dire, que les Proteftans qui voudront, par exemple, élever un temple, pourront faire part de leur projet aux Catholiques, & voir en quoi ceuxci veulent contribuer à leur entreprife, afin d'avoir une Eglife, dans laquele ils foient feuls les maîtres d'exercer leur Religion.

1*er* Traité
Art. 2.

9°. On partagera les charges & les Magiftratures entre perfonnes des deux Religions. Le Greffier de la Thurgovie fera Catholique, & la charge de Land-Amman, dans le même pays, fera poffédée par un Evangélique. La premiere Magiftrature du Rhéintal & de Sargans fera entre les mains d'un Catholique, & la feconde dans celle d'un Proteftant. Les autres Officiers tant civils que militaires, comme Baillifs, Juges du lieu, Huiffiers, Officiers ordinaires, Procureurs, Avocats, &c. feront en nombre égal des deux Religions. Toutes les affaires concernant le droit de Régale, & les ordonnances générales du Gouvernement, de la Police & du Militaire, feront portées à l'affemblée générale des Cantons Co-fouverains, qui nommeront un nombre égal de Commiffaires choifis dans les deux Religions, pour porter un jugement définitif. Dans les dietes générales, il y aura deux Secrétaires, l'un Catho-

derniere Province, c'eft-à-dire, fur le Rheintal. Les fept vieux Cantons avoient acheté le comté de Sargans des derniers Comtes de ce nom, ainfi qu'on en a rendu compte dans l'un des premiers livres de cette hiftoire.

Sect. IX.
Histoire de la Suisse depuis l'an 1604 jusqu'à nos jours.

Hique, l'autre Evangélique ; leurs protocoles feront lus en pleine affemblée & feront rendus conformes.

10°. On ne pourra conftruire aucune fortification dans les feigneuries communes; & fi les Cantons Co-fouverains venoient à avoir la guerre entr'eux, aucun des deux partis ne pourra folliciter, ni obliger les fujets communs à prendre les armes en fa faveur (1).

1er Traité Art. 2.
1636-1712.

Pendant les troubles du Tockenbourg, & long-tems même avant cette époque, la Confédération Helvetique, refpectable par l'union de fes membres, & beaucoup plus encore par la fageffe de fes loix, & par le fuccès de fes armes, avoit acquis en Europe une telle célébrité, que la plûpart des Puiffances recherchoient fon amitié, & qu'alors, comme de nos jours, les Gouvernemens s'empreffoient de recourir aux Suiffes, & de s'allier, foit avec le L. Corps Helvetique, foit avec quelqu'un de fes Etats particuliers. C'eft ainfi que les Suiffes ont contracté en divers tems des alliances avec le S. Siege, l'Empire, la Cour de Turin, la maifon d'Autriche, le grand Duché de Tofcane, &c. Mais ces alliances n'ayant été faites que pour un tems borné, & ordinairement pour la durée du Prince avec lequel elles ont été contractées, & les quatre ou cinq premieres années de fon Succeffeur, ce font moins des traités que de fimples capitulations fur les levées des troupes promifes par les Cantons, fur leur folde, leur difcipline & leurs privileges. Il n'en eft point de même des Traités d'Araw, qui font devenus pour le L. Corps Helvetique une loi fondamentale qui fixe invariablement les droits refpectifs des Cantons Catholiques & des Cantons Réformés. Il n'en eft pas non plus de même du Traité qui fut conclu dans la même année 1712, à la Haye entre le Canton de Berne & les Provinces-Unies, ce traité étant fait à perpétuité, mérite auffi d'être rapporté du moins quant à fes principaux articles.

Alliances des Suiffes avec divers Puiffances de l'Europe.

1712-1760.

1°. Les Etats généraux des Provinces-Unies, & le louable Canton de Berne fe promettent une étroite & perpétuelle amitié.

Traité de la Haye Art. I.

2°. La République de Berne défendra les Provinces-Unies, fi on les attaque dans leur propre domaine, ou dans la barriere qui leur fera donnée par la Paix. Les Etats Généraux feront les maîtres d'employer les troupes de ce Canton, qu'ils tiennent à leur fervice, pour la défenfe de tous les pays que la couronne de la Grande-Bretagne poffede en Europe.

Art. 2.

3°. Le Canton de Berne laiffera aux Etats-Généraux les vingt-quatre compagnies de fes troupes qui font à leur fervice ; mais fi quelque Puiffance étrangere l'attaque directement par quelque hoftilité commife fur fes terres, ou indirectement dans fa barriere, il pourra les rappeller. Si cette République n'eft en guerre qu'avec quelqu'autre Canton du Corps Helvetique, il ne lui fera pas libre d'exiger des Etats-Généraux le renvoi de fes vingt-

Art. 4, 7 & 11.

(1) Telles font les principales difpofitions des deux Traités d'Araw, l'un de 18 Juillet, & l'autre du 9 Août 1712. Ces difpofitions ne reglent que, les affaires des deux Religions, & rien concernant les privileges des Tockenbourgeois, ni les prétentions de l'Abbé de S. Gall. Ces deux derniers objets furent réglés invariablement par un nouveau traité, en 1719, ainfi qu'on le verra plus bas : car les difficultés que ne ceffa de fufciter l'Abbé Burgiffer fufpendirent jufqu'alors la décifion définitive des intérêts des habitans du Tockenbourg.

Sect. IX.
Histoire de
la Suisse
depuis l'an
1604 juf-
qu'à nos
jours.

quatre compagnies; mais les Provinces-Unies lui payeront dans ce cas, un subfide équivalant à la paye qu'elle donnera à ces troupes. Elles payeront encore le même subfide, fi le Canton de Berne, ayant à foutenir une guerre étrangere, ne demande pas le rappel de fes vingt-quatre compagnies. En fuppofant leur rappel, le Canton de Berne s'engage à les rendre aux Etats-Généraux, dès qu'il aura fait l'on accommodement. Pendant la paix les Provinces-Unies pourront réduire chacune des vingt-quatre compagnies à 150 hommes.

Art. 4.

4°. Toutes les fois que les Provinces-Unies foutiendront une guerre défenfive, la République de Berne, leur permettra de faire chez elle une levée de 4000 hommes, & fournira les recrues nécéffaires pour tenir ce corps de troupes complet; à moins qu'elle ne foit elle-même en guerre, ou qu'elle n'ait de juftes raifons de craindre des hoftilités de la part de quelqu'un de fes voifins.

Art. 5.

5°. Les Etats-Généraux s'engagent à prendre la défenfe du Canton de Berne, de la ville de Genève, fa barriere, & de fes Combourgeois les Comtés de Neufchatel & de Valengin, Bienne & Munfterthal, toutes les fois, que quelque Puiffance les attaquera.

Art. 10
& 12
1712:1760.

6°. Les vingt-quatre compagnies Bernoifes qui font à la folde des Etats-Généraux, ne feront données qu'à des bourgeois de la ville de Berne, ou à des fujets du Canton. Lorfque les Provinces-Unies feront des levées dans le pays de Berne, le Canton en nommera les Capitaines.

Art. 17.

7°. Il ne fera point permis d'employer les compagnies Bernoifes au préjudice des traités que les louables Cantons du Corps Helvetique ont fait avec la France & la maifon d'Autriche. Mais comme ces alliances font purement défenfives, la République de Berne ne fouffrira point que la France, ou la maifon d'Autriche fe fervent de fes fujets au-delà des termes prefcrits, ni que ces Puiffances les employent contre les Provinces-Unies, ou contre leur barriere.

Convention, entre les Provinces-Unies & le Canton de Berne, du 5. Janvier 1714.

Par une nouvelle convention qui ne contient que des détails peu intéreffans au fujet de la difcipline des Suiffes, & qui, fignée par les Etats-Généraux, & le Canton de Berne, à la Haye, le 5 Janvier 1714, n'eft en quelque forte, qu'une addition au traité dont on vient de rapporter les plus importantes difpofitions, il eft ftipulé que les troupes Bernoifes, à la folde des Etats-Généraux ne ferviront que fur terre: qu'on ne pourra les tranfporter par mer dans aucun pays étranger; à l'exception néanmoins du Royaume de la Grande-Bretagne.

Traité d'alliance entre la Hollande & les ligues Grifes, du 19 Avril 1713.

Les avantages effentiels que la Hollande retira des troupes Bernoifes, lui fit defirer de s'allier auffi avec les ligues Grifes, dont les armes avoient acquis beaucoup de réputation pendant les guerres d'Italie. Le traité d'alliance entre les ligues Grifes & les Provinces-Unies, conclu à la Haye, le 19 Avril 1713, porte en fubftance les conventions fuivantes.

Art. 1.

1°. Il y aura à perpétuité une union défenfive entre les Etats-Généraux des Provinces-Unies & les ligues Grifes.

Art. 2.

2°. Les ligues Grifes s'engagent à défendre les poffeffions des Etats-Généraux & leur barriere. Les Provinces-Unies pourront employer les Grifons qu'ils foudoyent, à la défenfe de tous les Etats que la Grande-Bretagne poſſéde en Europe.

3o. Les Etats-Généraux conferveront toujours à leur fervice dix compagnies de Grifons, & il fera permis aux Officiers qui les commanderont, de faire dans le domaine des Ligues-Grifes, les recrues néceſſaires pour completter ce corps de troupes. Si les Ligues-Grifes font obligées de foutenir une guerre defenfive, les Provinces-Unies leur donneront par forme de fubfide, une fomme pareille à celle que leur coute actuellement l'entretien des dix compagnies Grifonnes, & de leur Etat-Major. Dans ce cas, les Ligues pourront employer les deux tiers de leurs Officiers, fi les Etats-Généraux font en paix, & un tiers feulement, s'ils font en guerre. A l'égard des dix compagnies, on ne les rappellera dans aucun tems, ni dans aucune circonftance.

4o. Si les Etats Généraux fohr attaqués par quelque Puiſſance étrangere, ils leveront un corps de 2000 hommes & les recrues fur le territoire des Ligues, à moins qu'elles ne foient elles-mêmes en guerre, ou qu'elles ne foient fondées à la craindre.

5o. Les Etats-Généraux promettent de défendre en route occafion les Ligues-Grifes, leur pays & leur fouveraineté. Ils accedent au traité qu'elles ont paſſé avec l'Angleterre, le 13 Mars 1707; (1) & s'engagent à employer leurs bons offices pour en procurer l'entiere exécution.

Les dix Compagnies Grifonnes à la folde des Provinces-Unies, feront données à des fujets des Ligues; & les Etats-Généraux pourront les réduire chacune à 150 hommes en tems de paix.

Les divers traités d'alliance que le L. Corps Helvetique, ou quelques-uns de fes Cantons en particulier avoient faits en différentes circonftances avec là France, furent renouvellés par un nouveau traité, conclu & figné à Soleure, le 9e Mars 1715, entre Louis d'une part, & les Cantons Catholiques & la République de Valais de l'autre. Ce traité eft fort étendu: mais quelques multipliés qu'en foient les articles, ils fe réduifent aux conditions fuivantes.

1o. Tous les traités d'alliance conclus entre la France & le L. Corps Helvetique, feront fidelement obfervés.

2o. L'alliance de Soleure eft contractée au nom de tous les Rois de France,' Succeſſeurs de Louis XIV. Ils la ratifieront à leur avenement au trône, & promettront d'en remplir exactement les articles. Les Cantons Catholiques de la Suiſſe & la République de Valais, renouvelleront en même tems leurs promeſſes. Alors on pourvoira aux chofes qui n'auront pas été prévues dans ce traité; & on remédiera aux abus que la différence des conjonctures & le laps du tems auront pu apporter dans l'obfervation de quelque engagement.

3o. Si le Royaume de France eft attaqué par quelque ennemi étranger, ou domeftique, les Cantons Catholiques permettront, dix jours après qu'ils en auront été requis, de faire chez eux une levee qui n'excédera pas le nom-

Sect. IX. Hiſtoire de la Suiſſe depuis l'an 1654 juſqu'à nos jours.

Art. 3 & 6.

Art. 4.

Art. 5.

1712-1760.

Art. 7.

Traité de S'leure, entre la France & les Cantons Catholiques uit 9 Mars 1725. Art. 2.

Art. 3.

____

' (1) Ce Traité du 13 Mars 1707, fut conclu à Coire, entre l'Empereur Jofeph & la Reine Anne d'une part, & les Grifons de l'autre Les Ligues avoient permis aux troupes impériales le libre paſſage fur leurs terres, à certaines conditions que les Cours de Vienne & de Londres ne fe hâterent cependant point de remplir.

Sect. IX.
Histoire de
la Suisse
depuis l'an
1604 juf-
qu'à nos
jours.

bre de 16000 hommes. Elle se fera aux dépens du Roi très-Chrétien, qui en nommera les Officiers. Ces troupes ne seront employées que sur terre. Dès que la guerre sera terminée, le Roi de France les renvoyera, après avoir payé la solde qui leur sera due, jusqu'au jour de leur arrivée dans leurs maisons.

*Art. 4.*

4°. Si le L. Corps Helvetique, ou quélque Canton en particulier, est attaqué par une Puissance étrangere, le Roi très-Chrétien lui donnera tous les secours convenables. S'il est troublé par une güerre domestique, ce Prince employera ses bons offices pour porter les parties à un juste accommodement.

*Art. 5.*

Mais en cas que cette voie ne réussisse pas, il employera ses forces, sans exiger aucun subside, & obligera l'aggresseur à rentrer dans les regles prescrites par les alliances que les Cantons ont contractées. Les Rois de France prendront toujours sous leur protection & sous leur garantie les traités que les Cantons feront entr'eux.

*Art. 20.*

5°. Le Roi de France ne permettra à aucun de ses sujets de servir quelque Puissance que ce puisse être contre le Corps Helvetique. De leur côté, les louables Cantons, ni leurs sujets, ne pourront jamais agir hostilement contre la couronne de France, soit en attaquant ses armées, soit en entrant sur les terres de sa domination.

*Art. 22.*
*1712-1763.*

6°. Si quelque successeur de Louis XIV vouloir rentrer en possession des terres & domaines énoncés dans l'alliance que François Ier contracta en 1521, avec le corps Helvetique, les Cantons lui refuseront tout secours (1).

*Art. 23.*

7°. Dans le cas que les Suisses se liguassent avec la France pour faire la guerre, à quelque ennemi commun, les contractans conviendront des opérations militaires, & ne concluront que de concert des traités de treve, de suspension d'armes & de paix.

*Art. 27.*

8°. Aucun des contractans ne souffrira sur les terres les ennemis de l'autre. On leur refusera le passage & tout secours.

*Art 34.*

9°. Si la France vouloir attaquer le S. Siege, l'Empire, la maison d'Autriche, la Seigneurie de Florence, ou quelqu'autre allié du Corps Helvetique, les Cantons & la République de Valais se reservent la faculté de ne point l'aider. Mais dans le cas que le Roi très-Chrétien fut attaqué par quelqu'une de ces Puissances, les contractans lui fourniront des secours.

*Art. 29.*

10°. On donnera de part & d'autre passage aux troupes qui marcheront pour la défense de l'un des contractans, ou qui n'iront même qu'au secours de quelqu'un des alliés. On observera sur la route une discipline exacte, & les soldats payeront en argent comptant tout ce qui leur sera fourni.

*Art. 35.*

11°. L'alliance des Rois de France, comme la plus ancienne du corps Helvetique, sera préférée à celle de toutes les autres Puissances.

L'Abbé de
S. Gall re-
fuse d'accé-
der aux trai-
tés d'Araw.

Quelques sages qu'eussent été les mesures prises, en 1712, par les Cantons Catholiques & par les Etats Helvetiques Réformés, pour assurer la paix aux habitans du Tockenbourg, l'Abbé Burgisser refusa d'accéder au traité, &

(1) Les Domaines désignés dans cet article, sont les Etats d'Italie sur lesquels les Rois de France avoient des prétentions, qui causerent de si funestes guerres sous Charles VIII, & ses successeurs, jusqu'à Henri II. Louis XIV, dans le traité de Soleure, prend les titres de Duc de Milan, Comte d'Ast, Seigneur de Gênes, &c. Titres qui n'ont jamais été réalisés.

continuant de fufciter des troubles autant qu'il le pouvoit, les Cantons victorieux, Zurich & Berne s'emparerent de toutes les poffeffions : l'Abbé furieux, mais trop foible pour lutter contre les conquérans, fe plaignit amerement dans la diete de Ratisbonne; il parvint même à engager le College à
prendre connoiffance de cette affaire. Mais les deux Cantons firent des remontrances fi juftes, & prouverent avec tant d'évidence qu'une telle conteftation ne pouvoir être jugée, ni par les Princes de l'Empire, ni par l'Em-
percur lui-même, que le College fe défifta & reconnut fon incompétence.

L'Abbé & les Cantons entrerent en négociation; & leurs plénipotentiaires
drefferent plufieurs articles, qui furent acceptés des deux parties, à la fatisfaction des Tockenbourgeois, dont tous les privileges fureur conférvés & confirmés. Cependant l'inquiet Bürgiffer revenant fur fes pas, refufa d'accepter
les conditions propofées, & ne voulut fe foumettre à aucun des articles convenus par les plénipotentiaires. Indignés de ces tracafferies, les Cantons de
Zurich & de Berne, afin de le punir, envoyerent des troupes en garnifon
dans plufieurs de fes terres, & réçurent l'hommage des habitans.

Bürgiffer mourut enfin, & comme il avoit feul excité tous ces troubles,
fon fucceffeur auffi modéré que Burgiffer avoir été injufte & turbulent, approuva les articles convenus, & fut en conféquence mis en poffeffion du Mó-
naftere de S. Gall, & de toutes les terres qui en dépendent. Quelque tems
après, pour prévenir de pareils troubles, on conclut à Baden, le 15 Octobre
1718, un nouveau traité qui confirmant les deux traités d'Araw, y ajouta de
nouvelles conventions qui fixent immuablement les droits de l'Abbé de S.
Gall, & les privileges des habitans du Tockenbourg.

Par le traité de Baden, il fut réglé que le comté de Tockenbourg feroit fujet de l'Abbaye de S. Gall; mais qu'il confervera tous fes anciens privileges :
que le Confeil de ce pays fera compofé de trente Catholiques & de trente
Proteftans, choifis par les habitans mêmes : que ce Confeil, chargé d'impofer les contributions, veillera à la confervation des droits du pays & à fes intérêts : que dans le cas où l'Abbé & le Chapitre refuferont juftice aux Tockenbourgeois, ceux-ci feront les maîtres de recourir à leurs alliés, & de
demander leur protection : que les habitans de ce comté profefferont à leur gré,
la Religion Catholique, ou la Religion Proteftante : que chacune de ces
deux Religions aura un égal nombre de Magiftrats : que les revenus du comté feront divifés en deux parts, l'une pour l'Abbé de S. Gall, & l'autre
pour être mife dans la caiffe du pays, &c. Pour ne point tranfcrire ce traité
renfermant plus de quatre-vingt articles; nous ne rapporterons que ceux par
lefquels l'Abbé reconnoiffant les droits & privileges de fes fujets, la conftitution de ce pays eft fixée de maniere à n'avoir plus à craindre les infractions
qu'elle a éprouvées de la part de l'Abbé Burgiffer.

1°. Le devoir du Confeil de la Province eft de veiller à la confervation des
droits & des privileges du pays en général, ou de ceux de l'une & de l'autre
province (le haut & le bas Tockenbourg) de peur qu'ils ne fouffrent quelque
préjudice; de porter fes plaintes devant le Prince, avec tout le refpect qui
lui eft dû, & de lui demander fa protection, en cas qu'il furvienne quelque
grief. Si fes plaintes ne font pas écoutées, il doit, fans autre forme de procès, porter l'affaire dans les lieux deftinés pour cela. Il eft pareillement char-

Sect. IX.
Hiftoire de
la Suiffe
depuis l'an
1604 juf-
qu'à nos
jours.

L'Abbé fe
refufe à tout.

Il meurt,
Son fucces-
feur accepte
les condi-
tions propo-
fées.
Paix de
Baden.

1712-1767.

Paix de
Baden.
Art. 2.

Sect. IX.
*Histoire de*
*la Suiffe*
*depuis l'an*
1604 juf-
qu'à nos
jours.

gé de régler les impôts, les tributs & les dépenfes militaires, d'en dreffer les comptes, de les arrêter, & de toutes les autres chofes de cette nature. Néanmoins il ne doit aucunement fe mêler des affaires du Prince, ni de celles qui concernent les juftices particulieres de l'une ou de l'autre province.

*Art. 4.*

2o. Les membres du Confeil de la province feront tenus de fe lier par ferment, qu'ils procureront l'avantage du révérendiffime Prince & ceux du pays; qu'ils écarteront tout ce qui pourroit être préjudiciable; qu'ils veilleront foigneufement à la confervation des privileges du pays, & qu'ils travailleront à enlever tous les obftacles par les voies d'accommodement, ou de droit.

*Art. 5 & 6.*

3o. Le Confeil s'affemblera une fois chaque année, à certain jour: mais il lui fera libre de s'affembler outre ce jour marqué, toutes les fois qu'il le jugera néceffaire: de façon néanmoins que la veille du jour fixé, on informera le baillif du Prince, que l'affemblée fe tiendra le lendemain. Si pareillement dans ces fortes d'affemblées, il fe prefente quelque chofe qui intéreffe le Prince, il fera néceffaire de lui en donner avis, ou à fon baillif.

*Art. 8.*

4o. Le baillif du Tockenbourg préfidera en ces affemblées. Le Prince établira 24 juges, qu'il choifira dans toutes les communautés du pays; favoir, un dans chacune des 22 paroiffes, & deux, ou dans le Liechtenfteig, ou dans Wattweyl. Ces juges feront perfonnes de qualité propres à gérer les affaires, de bonne renommée; douze de la Religion Evangelique, & autant de la Catholique Romaine.

*Art. 10, 11, 12, 18.*

5o. Le Confeil exercera la juftice criminelle, qui s'adminiftrera au nom & fous l'autorité du Prince. Le pouvoir de faire & de publier les ordonnances & les loix, qui regardent l'avantage de tout le pays, appartiendra au baillif & au tribunal criminel, dans les affaires où il n'échoira point peine corporelle, mais feulement une amende pécuniaire. Aucun naturel du pays ne pourra être emprifonné s'il peut donner caution. Le droit d'accorder des graces appartiendra abfolument au Prince.

*Art. 19.*

6o. Les amendes pour caufe de délit, & prononcées par le Confeil criminel, feront adjugées au Prince, de même que les biens des malfaiteurs, qui auront été exécutés à mort, de ceux qui fe feront donnés eux-mêmes la mort, des fugitifs qui auront mérité la mort, & qui y feroient condamnés de droit, s'ils étoient préfens. Cependant le Révérendiffime Prince, déclare, par clémence, & par affection paternelle envers les habitans du pays, qu'il fe contentera de la moitié defdits biens pour les fraix des procédures.

*Art. 27-42.*

7o. Pour les greffiers des juftices, le Prince propofera à chaque communauté des fujets pris dans la juftice-même & capables de cette fonction. Alors la Communauté en choifira un, avec cette condition néanmoins, que lorfque l'official du Prince fera d'une Religion, le greffier fera de l'autre. La nomination du baillif du Tockenbourg appartient au Prince-Abbé, à qui il eft libre de choifir un naturel du pays, ou un étranger.

8o. De peur de préjudicier aux droits & aux prétentions de qui que ce foit, le préfent traité ne décidera rien touchant le droit de milice, ou des armes, ni de tout ce qui en dépend. On n'accordera le droit de neutralité à perfonne, fi non à l'occafion de l'hommage à mutation de Prince; il faudra premierement le confentement du Prince, & enfuite, du moins, celui de la moi-

*Art. 44, 45, 46, 48, 50.*

·moitié des habitans du Tockenbourg qui feront préfens. · On ne donnera ·à perfonne le droit d'habitant, lorfque la Communauté s'y oppofera. · Tous les habitans du Tockenbourg jouiront de la liberté du commerce, fans en excep-·ter celui du fel.· Le Prince s'engage à n'établir fur les chemins, ou les ponts, aucun nouvel impôt, ni tribut,· qui puiffe être à charge, ou préjudiciable, ·en quelque façon que ce foit, aux Tockenbourgeois, ·& de ne point hauffer ·ceux qui font établis.

9°. ·Dans toute l'étendue du Tockenbourg, ·le culte de la Religion Catho-·lique Romaine, ·& l'exercice de la Religion Evangélique, feront abfolument libres dans leur entier, ·& pour tout ce ·qui y a du rapport; ·enforte qu'il ne ·fera permis à perfonne de troubler les ·uns, ou ·les autres, de quelque façon que ce foit, &c.

Ce traité ne terminoit feulement pas les anciens différens, toutes les con-teftations qui euffent pû s'élever, y paroiffoient très-fagement prévues: ·mais le 44ᵉ article laiffoit dans l'indécifion, un objet qui avoit fourni plus d'une fois aux Abbés de St. Gall occafion d'exciter des méconrentemens, ·& de s'ar-roger des droits qui leur avoient toujours été conteftés par les habitans du Tockenbourg. Il étoit convenu par cet article, que de peur de préjudicier, aux droits ·& aux prétentions de qui que ce fûr, il ne feroit rien décidé con-cernant le droit de milice, ou des armes, ni de tout ce qui en dépend. En 1734, cet article fut le fujet d'une difpute entre l'Abbé ·& les Tockenbour-geois, chacun des deux partis prétendant avoir exclufivement le droit de lever des troupes, le différend fut foutenu de part ·& d'autre avec beaucoup de vi-vacité, ·& il eft vraifemblable qu'il eût replongé le Tockenbourg dans les mê-mes troubles qui l'avoient fi fort agité en 1712, fi les Cantons de Zurich ·& de Berne ne fe fuffent empreffés ·de calmer la difpute. Ce ne fut qu'après beaucoup d'années de débats, de négociations ·& de propofitions tour à tour faires ·& rejetées par les deux partis, qu'enfin, il fut réglé, par un traité en-tre l'Abbé ·& les Habitans, qu'il y auroit un Confeil de guerre dans le Toc-kenbourg, compofé d'un nombre égal de perfonnes·des deux Religions, def-quelles l'Abbé nommeroit la moitié avec le préfident, ·& le pays l'autre moi-tié. Il fe paffa encore quelque tems avant que ce traité fut figné: ·& ce ne fut qu'en 1759, qu'il fut accepté unanimement par le Confeil-Général du pays. Par ce même traité, on termina d'une maniere invariable plufieurs différens qui reftoient à régler entre les habitans des deux Religions, de mê-me que plufieurs conteftations qui fubfiftoient encore entre l'Abbé ·& quelques Communautés Tockenbourgeoifes.

·  On ne croit pas devoir rendre compte ici des différens traités conclus entre quelques uns des Cantons ·& la France; ·attendu qu'ils ne font qu'une exten-fion de celui qui fut conclu dans la derniere année du regne de Louis XIV, entre la France ·& le Corps Helvetique, ·à Soleure, le 9 Mars 1715. Tel eft le Traité fait entre le Roi Louis XV ·& Jacques Sigifmond, Evêque de Bâ-le, Prince du S. Empire Romain, conclu à Soleure, le 11 Septembre 1739, ·& ratifié à Verfailles, ·le 22 du même mois. Telle eft encore la convention entre le Roi Louis XV ·& Jacques Sigifmond, Evêque de Bâle, pour la re-ftitution réciproque des déferteurs, faite à Soleure, le dit 11 Septembre 1739. Il y a quelques momens, qu'il a été dit, que lorfque les habitans de Neuf-

Tome XXXIX.                    V v

Sect. IX,
Hiftoire de
la Suiffe
depuis l'an
1604 juf-
qu'à nos
jours.

Art. 63.

Nouvelle
conteftation
entre l'Abbé
de S. Gall
& les
Tockenbour-
geois.

Les Cantons
de Berne &
de Zurich
travaillent
à terminer
ce diffé-
rend.

Traité entre
l'Abbé de
S. Gall &
les habitans
du Tocken-
bourg.

Traité entre
Louis XV
& l'Evêque
de Bâle.
1715-1769.

chatel perdirent la Ducheffe de Nemours, il y eut tant de Princes qui prétendirent à fa fucceffion, qu'on refta fort long-tems à favoir quel feroit le Souverain qui feroit déclaré fon légitime & plus proche fucceffeur. Il y avoir à prononcer entre plufieurs Princes & Etats; & dans leur nombre, ceux dont les droits paroiffoient les mieux fondés étoient Fréderic I, Roi de Pruffe, & George I, Electeur de Hanovre, qui a occupé depuis le trône de la Grande-Bretagne: c'étoit évidemment à l'un ou l'autre des deux que devoit appartenir la Principauté de Neufchatel & de Valengin. Après qu'ils eurent promis, ainfi que tous les autres prétendans, & juré l'obfervation de neuf articles généraux, qui confirmoient les privileges accordés au peuple en différentes circonftances par les anciens Souverains; la Régence adjugea, du confeutement du Peuple, en 1707, la Souveraineté au Roi de Pruffe.

L'un des plus précieux de ces privileges, eft celui par lequel le jugement définitif, dans toutes les conteftations qui peuvent furvenir entre le Souverain & les fujets de la Principauté, eft attribué au Tribunal du pays même, le Canton de Berne n'étant établi juge, que dans le cas où les conteftations feroient élevées entre le Prince & la Régence de cette Ville. Un différend de cette

efpece eut lieu en 1767, & occafionna des troubles, qui penferent être funeftes aux Neufchatelois, & qui cauferent même la mort. de quelques-uns d'entr'eux.

Anciennement, la ville de Neufchatel, régiffoit elle-même la perception des impôts, des droits & des revenus du Prince, dans la Souveraineté, ce qui emportoit l'abolition totale des fermes qu'on eut pû, fans ce privilege, introduire dans le Pays. Cet ufage, obfervé de tems immémorial, fut confirmé en 1707, & reçut une nouvelle force par fes 9 articles généraux, & par le ferment folemnel que fit le Comte de Matternich, au nom de Fréderic I, de maintenir les peuples dans la jouiffance des *bonnes & anciennes coutumes écrites & non écrites, defquelles les peuples avoient notoirement ufé dans les tems paffés.* Mais, foit qu'il n'y eût jamais eû que la ville de Neufchatel qui eût joui du privilege de la Régie, foit que le refte des habitans de la Souveraineté euffent laiffé perdre ce droit, il étoit d'ufage auffi, du moins depuis bien des années, que les impôts & revenus domaniaux fuffent régis par les Fermiers du Roi. Il eft vrai, qu'à chaque renouvellement de Bail des Fermes, le Magiftrat de Neufchatel avoit fait des remontrances pour foutenir les droits, bien ou mal fondés du pays; mais, ces remontrances avoient été conftamment infructueufes; la ville de Neufchatel feule, avoit été maintenue dans fon droit de régie; le refte de la Souveraineté avoit eû des fermiers établis par le Prince.

Lors du renouvellement du bail de ferme, en 1767, non-feulement le Magiftrat de Neufchatel foutint les prétendues immunités du pays, mais il refufa même de laiffer inférer dans la feuille d'avis, l'avertiffement de la monte des fermes qu'il avoir été jufqu'alors d'ufage d'y inférer: il défendit à tout Neufchatelois, fous peine d'être exclu & deftitué du droit de bourgeoifie, de prendre part aux fermes, & prétendit que le Souverain n'avoit pas le droit d'expulfer un étranger, quelque fufpect qu'il lui fut, de la ville de Neufchatel. Quelqu'étendu que puiffe être le pouvoir des Magiftrats de Neufchatel, il eft conftant que d'auffi hautes prétentions & des refus auffi formels, ne pouvoient gueres manquer d'offenfer un Souverain jaloux de fon autorité, & fort

fort Inftruit fur les moyens de la faire refpecter. Auffi M. Derschau, Minif-tre plénipotentaire du Roi de Pruffe, d'après les ordres & les inftructions du Souverain, informé de la chaleur qu'avoient montré, pour les intérêts de la ville & du pays, M. de Montmollin, Maire de Valengin; M. Pavy, Maire de la Côte, & M. Pavy, Lieutenant-Colonel des milices, tous trois Confeil-lers d'Etat, les fufpendit, pour un tems illimité de leurs emplois refpectifs, & les interdifit de toutes leurs fonctions.

Sect. IX.
Hiftoire de
la Suiffe
depuis l'an
1604 juf-
qu'à nos
jours.

Ces trois Confeillers, ne le croyant rien moins que légalement punis, dé-manderent à M. Derschau copie du refcrir du Roi concernant leur fufpenfion. Le Miniftre ne jugeant pas devoir leur accorder cette demande, ils recouru-rent au Confeil d'Etat, qu'ils conjurerent de leur faire donner communication des faits qu'on leur imputoit, afin qu'à la faveur d'une procédure reguliere, ils fuffent en état de produire leurs moyens de défenfe. Le Confeil d'Etat fe contenta de répondre, que la requête de ces trois accufés feroit communiquée à M. Derschau, pour y être délibéré en fa préfence par le Confeil. Cepen-dant le Miniftre plénipotentaire du Roi de Pruffe, n'étant point encore faris-fait de ce premier acte de rigueur, affembla le Confeil d'Etat, annonça la deftitution totale des trois Confeillers, déclara leurs emplois vacans, & dictant au Secrétaire d'Etat l'acte de deftitution, y fit inférer que S. M. regardant le procès de ces trois Meffieurs comme fait & parfait, entend connoître feul du démérite de leurs actions, comme leur légitime Souverain.

Le Magiftrat de Neufchatel croyant ne voir dans la conduite du Miniftre du Roi que la deftruction des privileges de la ville, s'adreffa fort imprudemment au Sénat de Berne, comme juge des différens furvenus entre le Roi & les fu-jets de la Principauté. Dans le Mémoire envoyé à ce fujet à Berne, le Ma-giftrat, outre les plaintes qu'il formoit contre M. Derschau, fe plaignoit fort amèrement auffi de la déférence du Confeil d'Etat aux volontés du Souverain, & de la conduite de M. Michel, Vice-Gouverneur de Neufchatel, fur ce que les députés des corps & communautés de la Principauté s'étant affemblés, & qua-tre d'entr'eux, ayant été chargés d'aller préfenter leurs remontrances au Vice-Gouverneur, & ayant demandé audience, M. Michel leur avoit répondu, qu'il n'avoit, ni audience à donner, ni remontrances à recevoir de leur part, & qu'ils n'avoient qu'à s'adreffer à M. de Derschau à Berne. Afin même qu'on ne doutât point de fes intentions, le Vice-Gouverneur chargea le Maire de la ville de déclarer de fa part aux quatre Miniftraux, qu'il avoit ordre ex-près du Roi de ne prendre aucune part., & de ne fe mêler en aucune maniere-re, de tout ce qui peut-être relatif à l'objet de la miffion de M. de Der-fchau dans ce pays.

Le Magif-
trat de
Neufchatel
porte le dif-
férend au
Sénat de
Berne.

A ce Mémoire, le Miniftre du Roi, réfidant à Berne, répondit, au nom de fon maître: 1°. Que le rétabliffement de la Régie ayant été demandé in-compétemment par les quatre Miniftraux & les quatre bourgeoifies, le Roi demandoit juftice contre des fujets audacieux qui ofoient le troubler dans le libre exercice de fes droits de Souverain; 2°. Que le Magiftrat ayant ofé dé-fendre d'inférer l'avertiffement des montes des fermes dans la feuille d'avis. Ce Magiftrat fût pour jamais dépouillé de ce droit, qui eft une partie de l'au-torité fouveraine, & que deformais, il ne fût plus rien imprimé à Neufcha-tel que de l'approbation du Prince & de fon Repréfentant. 3°. Que le Magiftrat ayant menacé de l'expulsion ceux qui prendroient part aux fermes, il fut condamné à défavouer cette conduite punissable, & à donner au Roi telle satisfaction qu'il voudra, ou que le Sénat de Berne reglera. 4°. Qu'il soit défendu au Conseil, ou à la générale - Bourgeoisie de Neufchatel, de suspendre, ni de destituer aucun bourgeois, sous quelque prétexte que ce soit, sans le consentement du Prince, auquel seul appartiennent de tels actes d'autorité: 5°. Qu'en aucun cas, le Conseil ne puisse convoquer les corps & communautés de l'Etat sans la permission du Gouvernement qui pourra la refuser; de telles assemblées étant illicites, & ne pouvant qu'occasionner des troubles: 6°. Qu'il soit défendu au Conseil de se joindre à aucun corps, ou communauté, soit pour faire des remontrances, soit pour prendre fait & cause, le Souverain ne pouvant plus, ni ne voulant tolérer ces sortes de conjonctions arbitraires & illicites, dont l'effet ordinaire est de susciter de mauvaises difficultés, troubler le repos public & attenter à la puissance souveraine : 7°. Que Neufchatel & Valengin n'ayant pas des loix fondamentales, & ce défaut ne pouvant qu'entraîner la mésintelligence entre le Prince & les sujets, en les mettant dans une défiance perpétuelle, il soit incessamment dressé un Code du droit public de l'Etat, tiré des droits du Prince, des franchises, libertés & privileges dont les peuples ont joui & jouissent encore; Code, qui servira de constitution fondamentale de l'Etat, & renfermera les regles, d'après lesquelles l'autorité souveraine doit être exercée: 8°. Que sous prétexte de son droit de police, le Magistrat de Neufchatel ne prétende plus que le Gouverneur de l'Etat ne puisse pas faire sortir de la ville un étranger: & que déformais le Gouverneur seul soit en droit de faire sortir tout étranger qui lui sera suspect. Enfin, que le Conseil & la bourgeoisie de Neufchatel soient condamnés à la réparation la plus authentique envers le Roi de Prusse.

Sur ces huit articles, la ville de Neufchatel ne répondit qu'à quatre, & ne dit rien sur les 2, 3, 4 & 8e, donnant pour raison de son silence, que ces articles, intéressant encore plus les habitans de la campagne que les bourgeois de Neufchatel même, elle étoit sans qualité pour répondre, & que le Roi devoir faire citer les Corps & Communautés du pays devant le juge compétent. A l'égard des 1, 5, 6 & 7e articles, ses réponses, sa défense, & les exceptions qu'elle opposoit, parurent avoir si peu de fondement au Sénat de Berne, que la ville fut condamnée, avec dépens, à répondre à ces 4 derniers articles; & à l'égard des 4 autres, 2, 3, 4 & 8e, le Sénat prononça, savoir:

1°. Sur le refus fait par la ville de laisser insérer l'avertissement de la monre des fermes dans la feuille d'avis, que la ville est incompétente & nullement fondée à faire de pareils refus, qu'à la vérité, l'inspection sur l'imprimerie lui restera comme par le passé; mais, qu'à l'avenir, rien ne pourra s'imprimer que du consentement des Censeurs du Prince & de la ville, & que l'inspection suprême sur ses Imprimeurs, appartiendra uniquement au Prince: 2°. Sur la destitution, prononcée par la ville, de ses bourgeois qui prendroient part aux fermes; que pour réparation de l'insulte faite à l'autorité royale par cette résolution, la générale bourgeoisie seroit assemblée, & que là seroit biffée cette résolution indécente & attentatoire; qu'ensuite, les 4 Ministraux & le Conseil de ville se transporteront en corps, au château de Neufchatel, & en présence du Vice - Gouverneur, siégeant au Conseil d'Etat, y reconnoitront avoir manqué au refpéct dû au Roi, fuppliant très-humblement S. M. de recevoir leur fincere repentir, & de vouloir bien leur rendre fa proteétion royale & paternelle. 3°. Sur la compétence de la ville à fufpendre & exclure quelqu'un de fon droit de bourgeoifie ; que la ville pourra, il eft vrai, expulfer de la bourgeoifie ; mais, que l'infpeétion fupérieure de ce droit de police fera refervée au Gouvernement, comme inhérente à la Souveraineté ; 4°. Enfin, fur la queftion, favoir. fi la ville a droit de refufer qu'un étranger qui y demeure foit expulfé, quand le Prince le demande ; que lorfque la Régence requerra le Magiftrat de faire fortir de la ville des étrangers qui lui feront fufpeéts, & qui ne pourront pas juftifier les motifs de leur féjour, il devra obéir fans réfiftance.

Les Neufchatelois, foit qu'ils reconnuffent leurs torts, foit qu'ils ne crusfent pas pouvoir réfifter à la force, fe foumirent à cette fentence, & écrivirent même au Sénat de Berne, pour lui faire part de fon obéiffance : mais, perfiftant à foutenir leurs droits fur les autres quatre articles, & n'ayaur cependant point fourni des moyens de défenfe fur les obfervations & la réponfe de M. de Derfchau, ils furent condamnés par contumace. Mais, fous prétexte qu'ils avoient protefté d'avance contre le jugement qui feroit prononcé fur ces objets, ils refuferent de fe foumettre. Le Sénat de Berne ayant en main des moyens pour les y forcer, décreta, le 28e Mars 1768, que les Neufchatelois feroient contraints par la force des armes, & que dans cette vue, on enverroit contr'eux 800 hommes d'Infanterie, 200 chaffeurs, 200 chevaux avec 36 pieces de canon, & douze pieces de campagne. Informés de cette menaçante délibération, les bourgeois de Neufchatel, prirent au plus vîte la réfolution de fe foumettre, & d'en informer le Sénat de Berne. Il étoit tems qu'ils donnaffent des marques de leur obéiffance ; car, déja 100 grenadiers Bernois avoient pris pofte aux ponts & fur la riviere qui fépare les deux Etats, malgré les lettres preffantes des Cantons de Lucerne, Fribourg & Soleure, qui follicitoient les Bernois de ne point en venir encore à cette fâcheufe extrémité.

Il fembloit que la foumiffion des Neufchatelois à la fentence du Sénat de Berne devoir entierement terminer cette conteftation, & elle le fut en effet, à l'égard des difficultés furvenues concernant les prétentions de la bourgeoifie, & des droits du Souverain. Mais, cette affaire fur la caufe violente, à laquelle donna lieu l'imprudence d'un homme, qu'on foupçonnoit, bien ou mal à propos, d'avoir agi contre les intérêts de fes concitoyens. Cet homme étoit M. Gaudot, Avocat-Général de Neufchatel, lequel étoit depuis environ une année à Berne au fujet de cette grande conteftation. La bourgeoifie très-ulcérée, foit d'avoir perdu fon procès, foit d'être tombée dans la difgrace du Prince, accufoit ce Magiftrat d'avoir envenimé les chofes, & de les avoir portées au point où elles étoient. Mr. Gaudot étoit alors l'objet de la haine publique ; & par malheur pour lui, il revint à Neufchatel, au moment où les habitans étoient le plus amèrement aigris. Pour comble d'imprudence, il rentra en ville dans le caroffe de M. Derschau, qui, ayant foutenu les intérêts du Roi de Pruffe, & après le jugement rendu contre les Neufchatelois, étoit regardé par ceux-ci comme leur oppreffeur.

Vv 3

SECT. IX.
Histoire de
la Suisse
depuis l an
1624 jus-
qu'à nos
jours.

M. Gaudot mit pied à terre à la porte de la ville, pour se rendre chez lui : Quelques jeunes-gens l'apperçurent, & s'animant les uns les autres contre ce Magistrat qu'on les avoit accoutumés à regarder comme un très-mauvais Citoyen, ils le suivirent, l'accablant d'injures & d'imprécations. D'autres jeunes gens se joignirent aux premiers; la populace s'attroupa, & en peu de momens la rue fut remplie de monde. L'Avocat-Général fut cependant assez heureux pour gagner sa maison, où il se renferma : mais le tumulte devint plus bruyant à la porte, contre laquelle quelques-uns frapperent à grands coups, tandis que les autres jetoient des pierres contre les fenêtres de la maison. M. Gaudot, malgré la foule qui gardoit toutes les avenues de sa retraite, fit parvenir au maître Bourgeois, ou Chef de la bourgeoisie un billet par lequel il lui apprenoit le tumulte excité à sa porte, le danger qu'il couroit, & le parti que la nécessité alloit lui faire prendre, de se servir de ses armes à feu, si l'on ne contraignoit cette insolente populace de se retirer.

Attroupe-
ment de la
Populace
devant la
maison de
M. Gaudot.

Le Chef de la bourgeoisie convoqua aussi-tôt les quatre Ministraux; ils envoyerent au plutôt deux Sautiers, ou gardes, en manteau de livrée, chargés d'ordonner au peuple de s'éloigner de cette rue, & de faire cesser le tumulte : mais les séditieux étoient trop animés, pour obéir à cet ordre, ils n'écouterent seulement point les gardes, qui revinrent une seconde fois tout aussi infructueusement. Les quatre Ministraux fort allarmés de ce soulèvement, engagerent le Chef de la bourgeoisie à se rendre lui-même avec eux, & revêtu de toutes les marques de sa dignité, auprès des mutins, espérant que du moins la présence du Magistrat leur en imposeroit.

Les Ministraux & le Maître Bourgeois trouverent la rue si remplie de monde qu'ils eurent la plus grande peine à y pénétrer; mais, ils s'efforcerent en vain d'appaiser la fumeur : On se contenta de respecter leurs personnes, sans qu'il parût que la fureur contre l'objet de la haine publique s'adoucit en aucune maniere. Cependant les cinq Magistrats parvinrent jusqu'auprès de la maison de l'Avocat-Général, d'où sortit brusquement M. Zietben, Officier Prussien, les yeux étincellans & la canne levée. La vue de cet Officier irrita vivement les séditieux; on lui arracha la canne, on tira son épée, & la populace encore plus courroucée, le pressa de tous côtés, au point qu'il en eût été étouffé, si les Magistrats, accourant à son secours, ne fussent parvenus à le dégager, & lui donner le tems de se refugier promptement dans la maison la plus prochaine. Alors, quelques-uns des plus mutins crierent aux armes, & peu de momens après, on vit arriver plusieurs personnes armées de fusils. Le danger devenoit plus pressant de moment en moment. Le Magistrat donna ordre à l'Aide-Major d'aller, à la tête d'un nombre suffisant de bourgeois armés, dans la maison où l'Officier Prussien s'étoit refugié, & de le conduire en toute sûreté à son logement. L'Aide-Major remplir avec succès cette commission, & peu de tems après, le tumulte cessa, & les mutins se retirerent au coucher du soleil. Mais la cessation du désordre ne calma point l'inquiétude des Magistrats, qui, craignant une nouvelle émeute, s'assemblerent à l'hôtel-de-ville, ordonnerent pour la nuit une garde bourgeoise, placerent des sentinelles, & firent courir des patrouilles. La Chef de la bourgeoisie, peu content de ces précautions, rendit compte au Vice-Gouverneur de tout ce qui venoit de se passer; & fit partir à onze heures du soir un exprès pour Berne, chargé d'une lettre adreffée au Sénat de ce Canton, & qui contenoit une relation exacte de cette tumultueufe journée.

Cependant, graces à la vigilance du Magiftrat & à l'activité des patrouilles, la nuit fut tranquille, à l'exception du bruit occafionné par les pierres, qu'à la faveur de l'obfcurité, on jetoit de tems en tems contre la porte & les fenêtres de l'Avocat-Général. Le lendemain, 25 Avril 1768, le calme parut, dès le matin, fi bien rétabli, que le Confeil de ville s'affembla, fuivant l'ufage: mais, pendant qu'il étoit affemblé, M. Gaudot, Capitaine, & frere de l'Avocat-Général, fe rendit fort imprudemment auprès de la maifon de fon frere, & y rencontrant quelques perfonnes du peuple, que le hafard, ou leurs affaires conduifoient vraifemblablement dans le même quartier, où elles étoient fort paifibles, il leur ordonna impérieufement de s'éloigner, entreprit de les chaffer, & les traita fort mal.

Quelqu'irrités que fuffent ces bourgeois de ces menaces fi déplacées, & de ces injures, ils fe contenterent d'environner ce Capitaine, de le défarmer, & fans lui faire aucune forte d'infulte, de le reconduire chez lui. Cependant au ton impérieux de cet Officier, la populace s'attroupa, la rue fe remplit, & le tumulte devenant encore plus véhément qu'il ne l'avoir été le jour d'auparavant, le Confeil informé de cette nouvelle émotion, fit armer la compagnie des grenadiers, avec ordre de fe tenir fur la place, & prête à agir au premier ordre. On avoit délibéré auffi fur les moyens les plus fûrs d'arracher l'Avocat-Général à la fureur du peuple foulevé; & les Magiftrats refterent affemblés. Toutefois, jufqu'à midi, l'émotion ne parut point s'augmenter: mais, alors, les féditieux s'excitant les uns les autres, s'attrouperent en plus grand nombre, & femblerent difpofés à pouffer la violence aux plus grands excès.

Le Vice-Gouverneur remit aux quatre Miniftraux un écrit, par lequel il les chargeoit de mettre en fûreté l'Avocat-Général, & de lui procurer les moyens de fortir librement de la ville. Les Magiftrats profitant du premier moment où le tumulte paroiffoit s'appaifer, envoyerent de toutes parts chercher une voiture qui pût tranfporter M. Gaudot hors de Neufchatel: mais, on ne trouva, ni caroffe prêt à partir, ni voiturier qui ofât s'expofer au danger; & ce ne fut que par autorité, qu'on put déterminer, ou plutôt contraindre le meffager de Bâle à fournir une voiture & quatre chevaux. Quelque diligence pourtant que l'on mit dans les préparatifs de ce voyage précipité, la populace fe doutant du départ prochain de l'Avocat-Général, vint en foule, & remplir la rue où logeoit ce Magiftrat; enforte que le caroffe du meffager de Bâle, précédé de deux gardes à la livrée de la Ville n'eut pas plutôt paru, que le peuple en furie fe jeta deffus, le renverfa, le mit en pieces; & le Cocher n'eut que le tems de couper les rênes des chevaux, & de les amener au plus vîte.

Dès-lors la populace ne gardant plus de mefures, enfonça les portes de la maifon de l'Avocat-Général, entra dans les appartemens, brifa tour, & commit les plus grands défordres, cherchant de chambre en chambre l'objet de fa fureur. Le Vice-Gouverneur & les Magiftrats, ne purent plus contenir cette foule effrénée, qu'un nouvel incident rendit encore plus implacable. M. Faiwager, l'un des membres du Grand-Confeil, & neveu de M. Gau-

Sect. IX.
Hiftoire de
la Suiffe
depuis l'an
1604 jufqu'à nos
jours.

1768.

Nouv. eau
foulevement.

Ordres donnes par les
Magiftrats.

Soins infructueux
des Magiftrats pour
faire évader
M. Gaudot.

dot, entra auſſi dans la maiſon de ſon oncle, & pénétrant dans la chambre, où ce dernier, qu'il vouloit défendre, le tenoit caché, il ouvrit la fenêtre, & ſe montrant armé de deux piſtolets, il menaça les ſéditieux de tirer ſur les plus hardis. Ces menaces ne firent que rendre l'émotion plus vive ; les Magiſtrats ayant voulu ſe rendre ſur le lieu du déſordre, furent repouſſés & contraints de ſe retirer. Le Vice-Gouverneur donna ordre à la compagnie de grenadiers, d'aller garder la maiſon aſſiégée, & d'en faire retirer les mutins, Mais l'exécution de cet ordre étoit impraticable dans ce moment, où la téméraire imprudence de l'Avocat-Général & de ſon neveu, avoient violemment enflammé la colere du peuple.

M. Farwager venoit de tuer, d'un coup de piſtolet un bourgeois ; il ne ceſſoit, ainſi que ſon oncle, de tirer indiſtinctement ſur toutes les perſonnes aſſemblées devant la porte, & contre ceux qui étoient aux fenêtres des maiſons voiſines, tandis que les domeſtiques de l'oncle & du neveu, jetoient ſur la foule, des pierres & des pieces de bois, de l'étage le plus exhauſſé. Les bourgeois outrés de rage, s'armerent, réſolus de venger ceux d'entr'eux qui avoient été bleſſés ; & accourant de nouveau dans la maiſon de M. Gaudot, pénétrerent juſqu'à ſon appartement, enfoncerent les portes, & tirerent ſur lui trois coups qui le renverſerent mort.

Les Magiſtrats informés de ce malheur, ordonnerent à l'inſtant même de prendre toutes les précautions pour qu'on ceſſât du moins d'inſulter le cadavre : mais, il ne parut pas que c'eût été l'intention de la populace ; car, auſſi-tôt que la foule ſoulevée apprit le meurtre de l'Avocat-Général, elle pouſſa de grands cris de joie, & ſa vengeance aſſouvie, elle fut auſſi paiſible, qu'elle venoit d'être agitée. Le Maire de la Ville & les quatre Miniſtraux, afin de prévenir tout nouvel accident, envoyerent une nouvelle troupe de grenadiers renforcer la garde déja placée devant la maiſon de l'Avocat-Général, d'où ils firent même tranſporter au château les effets, ainſi que le cadavre.

La nuit fut ſi tranquille, qu'au ſilence général qui régnoit dans Neufchatel, un étranger qui y fût arrivé alors, eût eû bien de la peine à ſe perſuader que peu d'heures auparavant, il y avoit eû la plus violente émotion. Cependant les Magiſtrats eurent ſoin d'écrire dès le lendemain au Sénat de Berne, pour l'informer exactement de tout ce qui s'étoit paſſé. De ſon côté, M. Derſchau profondement ulcéré contre les Neufchatelois, & peut-être craignant, ſi cet aſſaſſinat reſtoit impuni, que la populace excitée à de nouvelles fureurs, ne s'en prît à lui-même, écrivit au Canton de Berne pour lui demander huit cens hommes de troupes, qui lui furent accordées. Ce Canton ne jugeant même pas ce ſecours ſuffiſant, invita les Cantons de Lucerne, Fribourg & Soleure, à prendre part à cette affaire, & à faire partir chacun 150 hommes pour être mis en garniſon à Neufchatel.

Ces trois Cantons ne balancerent point à ſe joindre aux Bernois, mais, en ſe réſervant expreſſément qu'auſſi-tôt qu'on auroit procédé contre les auteurs de la mort de M. Gaudot, les Cantons travailleroient de concert à rétablir la conſtitution de Neufchatel. Les Bernois, avant le départ des troupes, écrivirent aux Neufchatelois pour leur annoncer l'arrivée prochaine de

cette

cette garnifon, les affurant qu'on ne l'envoyoit qu'afin de rétablir l'autorité du Gouvernement & du Magiſtrat, d'affermir le repos des citoyens, & la profpérité publique; ſans bleſſer en aucune maniere les droits, les privileges & la liberté des bourgeois: qu'enfin, auſſi long-tems que ces troupes ſéjourneroient à Neufchatel, elles y obſerveroient la plus exacte diſcipline, ſans inquiéter, en aucune maniere, ni endommager, ſoit dans ſes biens, ou dans ſa perſonne, quiconque ſe montreroit tranquille. Les Magiſtrats Neufchatelois témoignerent dans leur réponſe aux Bernois la plus entiere confiance, & à peine leur lettre étoit partie que les troupes Suiſſes entrerent à Neufchatel, au nombre de 800 hommes, tandis que le Général Lentulus reſtoit campé à Anet, avec un corps de 1400 hommes.

On s'étoit vraiſemblablement attendu dans les 4 Cantons à la plus forte réſiſtance de la part des Neufchatelois; car, outre les pieces de campagne qui ſuivoient chaque corps, & quatre haubits qu'avoient les troupes Bernoiſes, les quatre Cantons avoient muni ces ſoldats de caiſſons, & d'aſſez de munitions de guerre, pour faire & continuer un long ſiege. Toutefois cette garniſon entra ſans obſtacle & fut reçue ſans nulle ſorte de difficulté par les bourgeois. Ceux-ci furent cependant allarmés de la maniere rigoureuſe avec laquelle les Suiſſes commencerent d'en uſer. En effet, leurs Chefs donnerent ordre à quatre maiſons de loger chacune quarante grenadiers Bernois; & l'une de ces maiſons étoit celle du Banneret de Neufchatel, ou Chef de la bourgeoiſie. Cet ordre exécuté avec une ſévérité à laquelle on ne s'étoit point attendu, effraya ſi fort les citoyens qui demeuroient dans ces quatre maiſons, que les abandonnant, ils s'enfuirent loin de la ville.

A cette rigueur près, néceſſaire peut-être après ce qui s'étoit paſſé, les troupes Suiſſes ne cauſerent aucune ſorte d'incommodité. Et cette garniſon vécut en très-bonne intelligence avec les Neufchatelois. La procédure contre les meurtriers de l'Avocat-Général fut ſuivie avec la plus grande rigidité. Les Magiſtrats promirent une récompenſe de 200 louis à quiconque découvriroit les auteurs de cet aſſaſſinat, même l'impunité pour le dénonciateur, s'il avoit été lui-même l'un des complices de ce meurtre. Douze perſonnes furent décrétées de priſe de corps, & l'on apprit par les informations, qu'un garçon perruquier étranger, avoit été l'un des principaux auteurs de la mort de M. Gaudot. Les quatre Cantons convaincus, que cet aſſaſſinat étoit le malheureux effet de l'imprudence de l'Avocat-Général, ſecondé par ſon neveu, & non un complot médité, & qu'il eût dépendu des Magiſtrats d'empêcher d'abord une partie de la garniſon, ainſi que le Général Lentulus. De ſon côté, le Vice-Gouverneur fit publier un mandement, par lequel il étoit ordonné à tous ceux d'entre les bourgeois qui s'étoient éloignés, de revenir dans l'eſpace de 16 jours, ſous peine d'être punis ſéverement. Cette ordonnance ulcéra les Neufchatelois beaucoup plus que n'eût pû le faire la plus nombreuſe garniſon. Celle-ci, en effet, ne venoit que rétablir le calme, au lieu que le Vice-Gouverneur violoit ouvertement les droits & les privileges des bourgeois: car, par ſes loix fondamentales de cet Etat, il eſt permis à tout citoyen de quitter le pays quand il le juge à propos, ſans être obligé de rendre compte des motifs de ſon abſence, & ſans qu'il ait à craindre pour la propriété de ſes biens. Le Vice-Gouverneur s'arrogeoit une autorité

Sect. IX.
*Histoire de
la Suisse
depuis l'an
1604 juſ-
qu'à nos
jours.*

*Le Calme
eſt rétabli.*
1768.

*Concluſion.*

que le Souverain lui-même n'avoit point, puiſque par une autre loi fondamentale de Neufchatel, le Prince n'eſt point en droit de punir un criminel par
la confiſcation de ſes biens, lorſque ce criminel n'eſt pas ſous ſa puiſſance. Or,
les bourgeois de Neufchatel ne vivent point ſous la puiſſance du Souverain du
Neufchatelois: auſſi, cette ordonnance n'eut-elle aucune exécution; les bourgeois que la crainte avoir éloignés de leur patrie, s'empreſſerent d'y rentrer
auſſitôt qu'ils furent informés du rétabliſſement du calme, qui depuis n'a éprouvé aucune ſorte d'altération.

Tels ſont les événemens les plus importans qui ſe ſont paſſés en Suiſſe, depuis Céſar juſqu'à nos jours. Graces à ſa valeur, à la ſageſſe de ſes loix, à ſon
amour de la liberté, & ſur-tout, graces à ſa modération, cette Nation eſt, à
tous égards, l'une des plus heureuſes de l'Europe. Contens de leur ſituation,
& ne voulant point ſacrifier leur liberté au vain deſir de s'agrandir, les Suiſſes ſe ſont eux-mêmes impoſé la loi de ne ſe mêler jamais des conteſtations
qui s'élevent entre les nations étrangeres. Amis de la paix, du moins dans leur
patrie; toute leur ambition ſe borne à en écarter les fureurs de la guerre; &
dans cette vue, ils obſervent une exacte neutralité, ne ſe rendent garants d'aucun engagement, & ne cherchent d'autre avantage dans les guerres qui déſolent
le reſte des peuples Européens, que celui de vendre indiſtinctement des hommes à leurs alliés, & aux Puiſſances qui leur demandent des troupes. Leurs
loix les rendent aſſez puiſſans, & ils ne veulent pas l'être davantage. La nature du pays qu'ils habitent aſſure leur tranquillité; car il ne peut tenter l'ambition d'aucune des Nations voiſines. D'ailleurs, fortifiés par leurs rochers &
leurs montagnes, accoutumés aux armes, & guerriers par caractere, les Suiſſes pourroient, ſi on les attaquoit, ſe défendre contre toutes les forces réunies
de l'Europe. Liés par des traités de confraternité avec les Griſons, le Vallais,
Neufchatel, Genève, Mullhauſen, S. Gall, &c., ils ſont toujours prêts à
les défendre contre les ennemis qui les attaqueroient: mais, ces traités ne ſont
point du tout contraires à la neutralité que le L. Corps Helvetique s'eſt fait
une Loi de garder: car, les XIII Cantons n'ont point à craindre que ces petits Etats les expoſent jamais à ſoutenir une guerre bien conſidérable, ni bien
diſpendieuſe; & d'un autre côté, ces alliés auſſi modérés que les Suiſſes eux-
mêmes, n'ont, ni le déſir de s'étendre, ni l'ambition de conquérir, ni aſſez
de puiſſance pour former de grandes entrepriſes: ils reſpectent leurs voiſins,
& forment, par leur ſituation, une barriere qui couvre la Suiſſe; enſorte qu'il
eſt du plus grand intérêt de la Confédération-Helvetique de défendre ces
Etats, qui ſont le boulevard de ſa propre tranquillité.

Les Suiſſes n'out qu'un ennemi à redouter; ils l'ont méconnu pendant beaucoup de ſiecles, ils l'ont fort long-tems mépriſé; mais on aſſure qu'il commence à répandre chez eux ſes funeſtes influences. Cet ennemi cruel eſt le luxe,
qui, dit-on, s'introduit auſſi dans leurs Cantons. Ce vice, fléau deſtructeur,
a perdu les Etats les plus floriſſans; ſi les Suiſſes ceſſent de lui oppoſer leur antique ſobriété, leur ſageſſe, leur modération, quels ravages cruels, irréparables, ne fera-t-il pas chez eux!

*Fin de l'Hiſtoire de la Suiſſe.*

# HISTOIRE

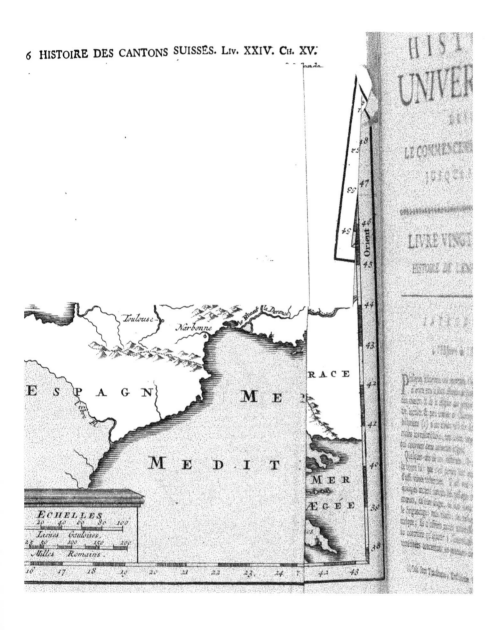

# HISTOIRE
# UNIVERSELLE
## DEPUIS
## LE COMMENCEMENT DU MONDE
## JUSQU'À PRÉSENT.

❊❊❊❊❊❊❊❊❊❊❊❊❊❊❊❊❊❊❊❊❊❊❊❊❊❊❊❊❊❊❊❊❊❊❊❊

## LIVRE VINGT-CINQUIEME.
### HISTOIRE DE L'EMPIRE D'ALLEMAGNE.

*INTRODUCTION:*

*à l'Histoire de l'Empire d'Allemagne.*

Plusieurs historiens ont entrepris d'écrire l'Histoire d'Allemagne; la plûpart d'entre eux se sont efforcés de remonter à l'origine de la langue, des loix, des mœurs & de la religion des peuples qui habiterent les premiers cette partie inculte & peu connue de l'Europe. Les recherches multipliées de ces historiens (1) n'ont abouti qu'à des fables plus ou moins absurdes, plus ou moins invraisemblables, tant il étoit impossible de percer à travers les ténebres qui couvrent cette ancienne origine.

*Histoire d'Allemagne. INTRODUCTION.*

Quelques-uns de ces historiens, & ce sont les plus estimables, ont avoué de bonne foi: que c'est perdre fort inutilement le tems que de l'employer à d'aussi vaines recherches. Il est vrai que l'on trouve dans les ouvrages de quelques anciens auteurs des passages où il est parlé des Allemands, de leurs mœurs, de leurs usages, de leur valeur, ou, si l'on veut, de leur goût pour le brigandage: mais réunis, ces passages isolés ne forment aucune chaîne historique; ils n'offrent aucun éclaircissement qui puisse satisfaire: ils ne font au contraire qu'ajouter à l'incertitude qui résulte des fables trop long-tems accréditées concernant les premiers habitans de l'Allemagne.

*Difficulté de remonter à l'origine des premiers habitans de l'Allemagne*

(1) Tels sont Timosthene, Eratostheme & une foule d'autres.

Xx 2

C A R T
DE LA PARTIE OCCII
DE L'EMPIRE R
Dressée par I.B. Nolin (
Contenant l'État & cet
vers le milieu de 4<sup>e</sup>.

# HISTOIRE UNIVERSELLE

## DEPUIS

## LE COMMENCEMENT DU MONDE

### JUSQU'A PRÉSENT.

❋❋❋❋❋❋❋❋❋❋❋❋❋❋❋❋❋❋❋❋❋❋❋❋❋❋❋❋❋❋❋❋❋❋❋❋❋❋

## LIVRE VINGT-CINQUIEME.

### HISTOIRE DE L'EMPIRE D'ALLEMAGNE.

---

## *INTRODUCTION.*

### *à l'Histoire de l'Empire d'Allemagne.*

Plusieurs historiens ont entrepris d'écrire l'Histoire d'Allemagne; la plûpart d'entre eux se sont efforcés de remonter à l'origine de la langue, des loix, des mœurs & de la religion des peuples qui habiterent les premiers cette partie inculte & peu connue de l'Europe. Les recherches multipliées de ces historiens (1) n'ont abouti qu'à des fables plus ou moins absurdes, plus ou moins invraisemblables, tant il étoit impossible de percer à travers les ténebres qui couvrent cette ancienne origine.

Quelques-uns de ces historiens, & ce sont les plus estimables, ont avoué de bonne foi: que c'est perdre fort inutilement le tems que de l'employer à d'aussi vaines recherches. Il est vrai que l'on trouve dans les ouvrages de quelques anciens auteurs des passages où il est parlé des Allemands, de leurs mœurs, de leurs usages, de leur valeur, ou, si l'on veut, de leur goût pour le brigandage: mais réunis, ces passages isolés ne forment aucune chaîne historique; ils n'offrent aucun éclaircissement qui puisse satisfaire: ils ne sont au contraire qu'ajouter à l'incertitude qui résulte des fables trop long-tems accréditées concernant les premiers habitans de l'Allemagne.

(1) Tels sont Timosthene, Erastotheme & une foule d'autres.

De tous ceux qui se sont occupés de ces anciens peuples, les uns les ont entièrement ignorés, & les autres ne les ont connus que fort imparfaitement: en sorte qu'il y auroit en nous autant de présomption que d'inutilité à entreprendre ici de donner une juste idée des mœurs, de la religion & des coutumes de la nation, ou des nations qui, dans les tems les plus reculés, se fixerent ou errerent dans les déserts & les forêts de l'Allemagne. Nous savons seulement que ces Allemands se rendirent très-célebres par leur valeur, à-peu-près vers le tems du regne de (1) Caligula; qu'ils se firent redouter par leur brigandage guerrier. Mais quel étoit précisément leur caractere? Quelle étoit leur législation, & la forme de leur gouvernement? Lesquels de leurs défauts ou de leurs bonnes qualités, ils ont transmis à leurs descendans? C'est là ce que nous ignorons profondément, & ce que vraisemblablement nous ne connoîtrons jamais. S'il est vrai qu'ils ayent été nos peres, nos ancêtres, comme quelques-uns l'ont pensé (2), contentons nous de nous croire modestement au-dessus d'eux, quoiqu'il soit très-possible qu'à beaucoup d'égards, ils valussent incomparablement mieux que nous. Du reste, n'oublions jamais que tout ce que nous savons des premiers possesseurs de l'Allemagne se réduit à des fables que les auteurs, soit anciens, soit modernes, ont pris soin de repéter, qui se sont transmises d'âge en âge, & qui pour avoir acquis quelque degré d'autorité, n'en sont pas moins invraisemblables.

Comment nous seroit-il possible de nous procurer quelque connoissance au sujet de la véritable origine des loix ou des mœurs des anciens Allemands? Parmi eux il n'y avoir ni savans, ni historiens; il ne pouvoir pas même y en avoir, puisque l'usage des lettres & de l'écriture leur étoit tout à fait inconnu: quant aux écrivains postérieurs & étrangers à l'Allemagne, ils n'en ont parlé que très-superficiellement, & il est très-probable même que la plûpart d'entre eux ne les ont point connues.

Exceptons néanmoins de cette foule d'écrivains mal instruits & d'historiens très-peu dignes de foi, le savant M. Pelloutier, qui dans son excellente *Histoire des Celtes* s'est approché d'aussi près qu'il étoit possible de l'origine des peuples de l'ancienne Germanie & de ceux de l'ancienne Allemagne, qu'il prouve être descendus les uns & les autres des Celtes, seule nation qui dans les tems les plus reculés occupa l'Europe presqu'entiere. Cette Histoire très-estimable, de M. Pelloutier, n'est point assez connue; elle mérite cependant de l'être, car c'est là seulement qu'il est permis de prendre l'idée la plus exacte que l'on puisse se former de l'état de l'ancienne Allemagne (3).

(1) Il ne paroît pas que le nom d'*Allemani* ait été connu des Romains avant le regne de Caracalla qui prit le titre d'*Allemanique*. Aurelius vict. in vit. ant. *Carac.*

(2) C'a été l'opinion de tous ceux qui ont rendu le mot latin *Germanie* par celui d'Allemands, comme a fait d'Ablancourt, qui n'a pas fait attention que le mot *Allemani* ne se trouve nulle part dans Tacite.

(3) L'*Histoire des Celtes* par M Pelloutier a été cruellement mutilée, il y a quelques années, par un écrivain fort obscur, qui a sçu travestir le stylé de M. Pelloutier qu'il croyoit diffus & louche, & a été assez vain pour se persuader qu'on aimeroit mieux lire son bavardage que les raisonnemens énergiques du docte Pelloutier: il appelle corriger un stile diffus, dire en deux ou trois pages d'un stile plat & dur, ce que le savant Pelloutier a dit avec autant de précision que de clarté en cinq ou six mots. Ce qu'il y a non de louche mais de stupide, c'est le travestissement de l'excellente *Histoire des Celtes,*

*Hist. d'Al-*
*lemagne*
*depuis les*
*premiers*
*tems juf-*
*qu'à Char-*
*lemagne.*

Quelque ridicules que foient les opinions que l'on a-tour-à tour foutenues, concernant les anciens peuples de la Germanie & de l'Allemagne, il eft vrai que les Ingevones, les Ifterones & les Hermiones furent les plus ancien-nes peuplades de la Germanie, qui d'Orient en Occident s'étendoit des bords de la Viftule jufqu'aux rives du Rhin; & du Midi au Nord, du Danube juf-qu'aux extrémités de la Mer baltique. Il eft encore vrai que les Sueves, les Vandales, les Gambres & les Narfés pénétrèrent & fe fixerent en Germanie & même en Allemagne, où ils prirent fucceffiyement les noms de Teutons, de Tongres, & celui d'Allemands qu'ils avoient, comme nous venons de l'obferver, du tems de l'Empereur Caligula (1).

# SECTION I.

*Hiftoire d'Allemagne depuis les premiers tems où les Peuples qui habiterent ces Contrées furent connus, jufqu'au tems de Charlemagne, en 800.*

Avant de raconter les évenemens divers qui fe font anciennement paffés en Allemagne, nous penfons devoir circonfcrire d'abord le théâtre où ils fe paffèrent, & c'eft le moyen, fuivant nous, le plus fûr de ne pas confon-dre, comme l'ont fait tant d'écrivains, les anciens peuples d'Allemagne avec des nations qui n'eureut rien de commun avec eux. L'étendue que nous don-nerons à ce pays fera donc depuis le 22e degré de longitude, jufques au 37e, en y comprenant la Boheme avec la Siléfie, & depuis le 45e degré de latitu-de feptentrionale, jufques au 55e; enforte que toutes ces contrées fout bor-nées à l'Orient par la Hongrie, la Boheme & la Pologne, au Nord par la Mer baltique & le Dannemarck; à l'Occident par les Pays-Bas, la France & la Suiffe & au midi par les Alpes, quoiqu'une partie du Tirol foit au delà des Alpes.

Nous retomberions dans nos incertitudes fi nous voulions favoir quels furent les peuples qui jadis occuperent cette étendue de pays; & toutes les recher-ches que nous ferions à ce fujet ne pourroient nous conduire qu'à de vagues conjectures: nous avons confulté les auteurs les plus eftimés, & ils nous ont appris qu'il faut bien fe garder de confondre les Allemands avec les Germains, & que la Germanie étoit entierement diftincte de l'Allemagne. L'opinion la plus générale & la mieux prouvée eft encore que les anciens Allemands étoient un peuple formé de diverfes nations, ainfi que l'indiquoit leur dénomination, compofée du mot *all* qui fignifioit *tout* & du mot *man* qui vouloit dire

qui n'avoit befoin ni de commentaire, ni de correction, & beaucoup moins encore d'un commentateur fec & pefamment prolixe.

(1) Voyez dans le fecond § de la Section fuivante, la formation étymologique du mot *Allemands*, ou plûtôt *Allemans*.

SECT. I.
Hist. d'Al-
lemagne
depuis les
premiers
tems juf-
qu'à Char-
lemagne.

*homme.* Il paroît que cette opinion fut aussi celle de Tacite, qui difoit, „je
„ ne place point entre les peuples de la Germanie ceux qui cultivent les
„ champs Decumates, quoiqu'ils se soient établis au delà du Rhin & du Da-
„ nube; ce font les plus inconnus des Gaulois, & la misere excitant leur
„ hardieffe, ils se sont emparés d'un pays dont on se difputoit la possession (1).

Avant Caracalla, personne, dans l'Empire Romain, n'avoit connu les Allemands, quoique les Germains y fuffent très-connus, ce fut cet Empereur
férocement imbécile qui prit le surnom d'*Allemanique*, pour avoir tenté de
combattre, auprès du Mein, contre les Allemands, nation nombreufe &
guerriere, difent les historiens qui ont parlé de cette expédition (2).

C'eft précifément ce surnom qui prouve combien se sont trompés ceux qui
ont confondu l'Allemagne avec la Germanie, & les Germains avec les Allemands car on sçait que ce même Empereur eut aussi la puérile vanité de se décorer du titre de *Germanique;* & qu'il faifoit gloire de ces deux surnoms,
qu'il suppofoit marquer les victoires qu'il avoir remportées sur ces deux nations, qu'on savoit en effet être diftinctes l'une de l'autre.

Il eft vrai que ces deux peuples étoient voifins & limitrophes: c'eft vraifemblablement ce voifinage qui a fait tomber dans l'erreur ceux qui les ont
regardés comme formant un même corps de Nation: mais les auteurs judicieux & éclairés ont évité cette méprife, qui en entraîne une foule d'autres.

*Auteurs qui
ont parlé
avec le plus
de certitude
des Alle-
mands.*

Procope sur-tout a bien sçu diftinguer les limites qui féparoient l'Allemagne de
la Germanie, puifqu'il a dit expreffément qu'au deffus des Thuringiens demeuroient les Sueves & les Allemands, nations, ajoute-t-il, puiffantes & jaloufes de leur liberté (3).

Toutefois, il faut croire que ces deux derniers peuples n'en formerent qu'un,
fous deux diverfes dénominations: en effet, Paul Diacre dit formellement que
les Sueves n'étoient autres que les Allemands, & ceux ci les Sueves. Pon-
tanus affure de même que ces deux expreffions *Sueves* & *Allemands* ne dé-
fignent qu'un même peuple (4).

Quelques favans ont prétendu que les Allemands ont pris leur nom du lac
*Lemanus* ou Leman près de Genève: plufieurs autres ont dit, avec plus de
probabilité, que ce nom leur venoit de la Riviere *Alemanus*, aujourd'hui
l'*Almal* qui se jette dans le Danube aux environs de Kelheim. Enfin, Hir-
tius, d'après Capitolin, dit que le mot *Allemand* vient de l'expreffion *Al-
maenner* qui fignifie toutes fortes d'hommes, nom qu'adopta la Ligue qui se
fit pour fecouer le joug des Romains, & dans laquelle entrerent toutes les
nations depuis l'Illyrie jufqu'à la Gaule (5).

*Diverfité
d'opinions
fur l'origine
de ce peuple.*

Il n'eft point étonnant qu'on ignore la véritable origine des Allemands,
puifqu'on ne fait pas même, fi, long-tems après qu'ils se furent raffemblés en
corps de Nation, ils formoient un feul, ou plufieurs gouvernemens. Ammien Marcellin dit que trois Rois Allemands vinrent trouver l'Empereur Julien; & ces trois Rois suppofoient trois peuples indépendans les uns des autres, quoique de la même Nation & ayant une commune origine. On fait

(1) *Leviffimus quifque Gallorum & inopia audax dubiæ poffeffionis, folum occupaffere.* Tacit.
Hift. C. 29. (2) *Aurelius Vict. in Vita Carac.* (3) Procop. *de Bello Goth.* L. 1.
(4) Paul Diac. *de Geftis Longobardorum.* L. 3. c. 18.
(5) Capitol. *in vit. Anton. Philof.* c. 22.

auſſi que les Allemands demeuroient entre le Danube, le Rhin & le Mein. S. Jérome aſſure qu'ils occupoient un tiers de l'ancienne Germanie, que, pro fitant de la foibleſſe de l'Empire Romain, ils s'étendirent juſqu'au pays de Heſſe, & que, peu contens de poſſéder au midi la partie la plus conſidérable de la Suabe & de la Rhétie, ils paſſèrent le Rhin, s'arrêterent ſur les frontieres de la Gaule, qu'ils ravagerent, & allerent s'emparer de la Suiſſe. Ce fut probablement ce voiſinage de Genève, du lac *Lemanus* & la conformité des noms qui engagerent Iſidore, Evêque de Seville à écrire que l'on appelloit Hallemands les Peuples qui habitoient le long du Fleuve Leman (1).

*Hiſt. d'Allemagne depuis les premiers tems juſqu'à Charlemagne.*

Pour ne plus revenir ſur cette diſcuſſion, auſſi fatiguante pour nous, qu'aride peut-être pour la plûpart de nos lecteurs, nous dirons que quelques autres écrivains ont aſſuré que la riviere de Lech ſéparoit les Allemands des Bavarois. Quoiqu'il en ſoit, tous les auteurs conviennent, & Ammien Marcellin dit poſitivement que du moment qu'ils eurent commencé à ſe faire connoître, les Allemands, toujours prêts à former quelque nouvelle entrepriſe, ne ceſſèrent plus d'inquiéter les Romains: Chrocus un de leurs Rois, après avoir été pris & promené dans toutes les villes qu'il avoit ſaccagées, eut la tête tranchée. Un autre Roi de cette Nation, fut inhumainement attaché au-gibet, où il expira. Mais on avoit beau remporter des victoires ſur cette nation ; vainement on traitoit leurs Princes & leurs Généraux avec une rigueur atroce: toujours indociles & toujours indomptables, les Allemands vaincus ou victorieux étoient conſtamment les premiers à recommencer les hoſtilités ; ſoit contre les Romains, ſoit contre les peuples de leur voiſinage, & ſur-tout contre les Bourguignons avec leſquels ils eurent des fréquentes diſputes, tantôt à cauſe des limites des deux pays, & tantôt à cauſe des ſaliñes auxquelles les uns & les autres prétendoient avoir un droit excluſif (2). Juſqu'à ce que nous ſoyons parvenus aux tems où les faits & les évenemens relatifs à l'Allemagne ont été mieux connus & plus exactement ſuivis par les hiſtoriens qui s'en ſont occupés, nous nous contenterons de raſſembler dans la ſuite de cette Section, tous les faits que nous trouverons épars dans les différens écrivains, ſans nous aſſujettir à aucune chaîne hiſtorique, qui vraiſemblablement n'a été négligée par ces auteurs, qu'à cauſe de l'impoſſibilité où ils ſe ſont trouvés d'obſerver l'ordre chronologique dans leurs narrations.

*Caractere belliqueux & entreprenant des Allemands.*

La valeur de Germanicus & l'éclat de ſes victoires, le bonheur de Tibere & la crainte qu'il inſpiroit par ſa ſévérité, avoient fait une ſi forte impreſſion ſur les Germains, que depuis quelques années ils ſembloient avoir renoncé à leur inquiétude naturelle: leurs hoſtilités n'allarmoient plus l'Italie, & pendant les regnes, courts à la verité, de Pertinax, de Didius Julianus & de Sévere, ils s'abſtinrent de toute irruption ſur les terres de l'Empire; ils paroiſſoient même ſi fort préférer les douceurs de la paix aux agitations de la guerre, qu'ils ne formerent aucune entrepriſe pendant les deux premieres années du regne de Caracalla: mais alors l'extreme folie de cet Empereur les engagea à reprendre les armes. Ce n'étoit pourtant pas directement aux Germains

_____

(1) Iſidor. *Origin.* L. 9. Servius in *Comment. Virgil.* in 4. *Georg. verſ.* 275.
(2) Ammian Marcell. L. 28. c. 25. Gregor. Tur. Hiſt. Franc. L. 5. c 30-32.

Sect. I.
Hist. d'Al-
lemagne
depuis les
premiers
tems jus-
qu'à Char-
lemagne.

Extrava-
gante expé-
dition de
Caracalla.
A. 214.

qu'en vouloit l'imbécille successeur de Sévere. Souillé du sang de ses sujets & détesté par ses atrocités, autant qu'il étoit méprisé par la corruption de ses mœurs, Caracalla, s'imaginant tout à coup être un excellent Général, par cela seul qu'il étoit très féroce, fit d'immenses préparatifs contre les Celtes & les Allemands; contre ces derniers sur-tout qui étoient une ligue de tous les peuples compris entre le Mein, les sources du Danube & celles du Rhin. Caracalla ne doutant point que sa présence seule ne reduisît cette nation guer-riere, se mit, afin de se rendre plus formidable encore, à la tête d'une armée innombrable, & rencontrant sur les rives du Rhin les ennemis qu'il étoit ve-nu chercher, il y fut cruellement battu & son armée complettement défai-te (1). La honte de cet échec ne déconcerta point l'Empereur; & son ex-travagante vanité lui suggéra un moyen qu'il étoit seul capable d'employer; il offrit des sommes immenses aux Allemands, à condition qu'ils auroient l'air de le craindre & de fuir devant lui: cette proposition parut fort ridicule aux Allemands, mais comme elle leur étoit aussi très-avantageuse, ils se firent bien payer, & consentirent non à prendre la fuite, mais à faire une retraite.

Victoire des
Allemands
& triomphe
de Cara-
calla.

Quant à l'insensé Caracalla, il retourna à Rome, où malgré l'opprobre dont il s'étoit couvert, il se fit décerner par la lâcheté du sénat, les honneurs du triomphe, & pour comble d'extravagance, il se décora lui-même du titre d'Allemanique, comme s'il eut exterminé en bataille rangée ces mêmes Al-lemands qui venoient de le vaincre (2).

Les succès que les Allemands avoient eus dans cette expédition étoient bien propres à les exciter à rentrer sur les terres de l'Empire, aussitôt qu'ils en au-roient l'occasion: aussi ne tarderent ils point à recommencer les hostilités, & à faire des incursions sur les provinces Romaines. Il est vrai qu'ils n'eurent pas toujours le bonheur de n'avoir à combattre que contre des Généraux aussi méprisables que l'avoit été Caracalla; mais du moins se firent-ils toujours re-specter, & lors même que la fortune ne seconda pas leurs entreprises, ils ne cefserent point d'être regardés comme les plus formidables des ennemis de Ro-me. Sous Maximien, ils passerent en foule dans les Gaules, & y commirent des ravages affreux, s'emparant des richesses des villes, & désolant les cam-pagnes par les plus violentes dévastations. Galba, le plus habile & le plus redouté des Généraux Romains, parvenu à l'Empire, & voulant rétablir la gloire du trône des Césars, dirigea sa marche contre les Allemands qu'il re-gardoit comme les plus dangereux ennemis de sa puissance, il commença par s'emparer des passages du Rhin, & par leur présenter bataille: le combat fut sanglant; on se battit de part & d'autre avec une égale valeur: la victoire de-meura incertaine dans cette premiere action, qui fut suivie de plusieurs autres tour aussi peu décisives. La fortune parut seconder les Allemands plus fré-

Les Alle-
mands obli-
gent les Ro-
mains à de-
mander la
paix.

quemment que les Romains, qui furent à la fin obligés de demander la paix, & qui pour l'obtenir leur offrirent les conditions les plus honorables & les plus avantageuses (3).

Le calme que ce traité procuroit à l'Empire se soutint pendant le reste du regne de cet Empereur; mais à peine il fut mort, que les Allemands repre-

nant

1) Aurelius Vict. in Vit. Carac.        (2) Dio Cass. in exerptif. Val. 6. 751-759.
Voyez aussi cette Histoire Universelle, Tom. XLV. p. 13-23. (3) Zozim. Aurel. Vict.

ınant avec une nouvelle activité l'exécution de leurs anciens projets, passerent le Rhin, sous la conduite de Chrocus, leur Roi, le plus cruel des hommes & le plus intrépide, comme le plus impitoyable des guerriers. Guidés & animés par un tel chef, les Allemands porterent leurs pas sur les deux Germanies, supérieure & inférieure, qu'ils parcoururent en conquérans, le fer & la flamme à la main, dévastant tout, saccageant tout, & n'éprouvant de résistance que sous les murs de Treves, qui refusa de leur ouvrir ses portes. Trop impatients de poursuivre le cours de leur expédition, ou plutôt de leur brigandage, les Allemands se jeterent dans la Belgique, prirent Metz qu'ils pillerent, allerent s'emparer de Langres, & après en avoir massacré la plus grande partie des habitans, reduisirent la ville en cendres. Avant ce dernier acte de fureur, S. Didier Evêque de Langres, se flattant mal à propos de toucher le cœur atroce de Chrocus, se revêtit de ses habits épiscopaux, & le crucifix à la main, accompagné d'une partie de son clergé, il alla conjurer les Allemands de faire grace à de malheureux citoyens qui jamais ne les avoient offensés; le barbare Chrocus ne répondit qu'avec mépris à la pieuse harangue de S. Didier, & le fit mettre à mort ainsi que tous ceux qui avoient osé le seconder dans cette généreuse démarche (1).

Cependant, altérés de sang & chargés de butin, les Allemands passerent de la Belgique dans l'Auvergne, où ils se signalerent par les plus horribles attentats. Gergovia, ville forte, ôsa arrêter cette foule de dévastateurs; Chrocus en forma le siege, s'en rendit maître, en fit fermer les portes, &, pendant plusieurs jours, les vainqueurs ne s'occuperent que de meurtre & de pillage: la ville fut ensuite incendiée & ses murs rasés; ensorte que bientôt il ne resta plus sur la terre aucune trace de Gergovia ni de la nombreuse population qu'elle renfermoit.

Les fureurs de Chrocus avoient répandu la consternation dans la province entiere; une partie des habitans s'en étoient éloignés, les autres s'étoient renfermés avec leurs richesses dans le fort de Grese en Gevaudan. Les Allemands ne tarderent point à venir former le siege de cette place, mais la résistance des assiégés lassa le farouche Chrocus, qui se vengea sur S. Privat qu'il fit périr après lui avoir fait souffrir pendant plusieurs jours les tortures les plus cruelles. Par bonheur pour l'humanité, l'impitoyable Chrocus tomba entre les mains d'un officier de l'Empereur; il fut chargé de chaînes, conduit de contrée en contrée dans toutes les villes où sa barbarie avoit fait couler tant de sang & livré aux bourreaux, qui ne pouvoient inventer des supplices assez cruels pour punir un tel monstre (2).

La prise & la mort de Chrocus rendirent pour quelque tems le calme aux provinces de l'Empire; les Allemands, que le seul espoir du pillage avoir engagés dans cette expédition, allerent rapporter chez eux le butin dont ils s'étoient chargés, & ce ne fut que quelques années après, dans le commencement du regne de Claude, que, ligués avec les Sueves & les Marcomans, ils franchirent les Alpes & pénétrerent en Italie, où ils commençoient de porter le ravage & la désolation, quand l'intrépide Claude marcha à leur rencontre & les força de renoncer à leurs projets; ils ne purent résister à sa valeur, & cha-

Hist. d'Allemagne depuis les premiers tems jusqu'à Charlemagne.

Hostilités & fureurs de Chrocus & des Allemands.

Ravages exercés par les Allemands & mort de Chrocus.

Expédition des Allemands en Italie.

(1) Gregor. Tur. Hist. Franc.    (2) Id. L. 1. c. 30-32.
Tome XXXIX.                    Y y

SECT. I.
Hist. d'Al-
lemagne
depuis les
premiers
tems jus-
qu'à Char-
lemagne.

A. 270.

cun de ces alliés se hâta de rentrer dans son pays (1) : mais malheureusement pour l'Empire, la mort arrêta Claude au milieu de ses victoires. . La nouvelle de cet événement ne se fut pas plutôt répandue, que les provinces Romaines furent inondées de Barbares, parce qu'Aurelien n'avoit ni la valeur.ni les talens de Claude son prédécesseur.

De tous ces peuples ennemis de l'Empire, les Allemands se montrerent les plus empressés à le défoler. Ligués avec les Marcomans & les Juthonges, ils commencerent par ravager la Vindelicie, également voisine de l'Empire & de la Germanie, & ils se disposoient à porter une seconde fois la désolation dans le sein de l'Italie, quand Aurelien, s'approchant des bords du Danube, surprit leur armée, en mit une partie en déroute, & tint l'autre bloquée entre son camp & le fleuve. . La position des Allemands étoit très-fâcheuse; ils en sentirent le danger, & envoyerent à l'Empereur des députés, qui, sans descendre à des prieres déshonnorantes, offrirent & demanderent la paix, consentant à se retirer; pourvu qu'on leur fît les présens ordinaires, & qu'on leur payât la même quantité d'or qu'on avoit coutume de leur donner avant la guerre: Aurelien, qui ne s'attendoit guere à entendre parler; avec tant de fermeté, des ennemis qu'il regardoit comme vaincus, répondit durement aux députés. Mais il fut cruellement trompé dans ses espérances; les Allemands, qu'il tenoit comme renfermés & qu'il se proposoit d'écraser, échapperent à sa vigilance, & s'avancerent vers l'Italie avec tant de célérité, qu'ils avoient ravagé le Milanez, lorsqu'Aurelien les suppofoit loin encore des Alpes, où il esperoit de pouvoir les arrêter ; . Il fut très étonné de ne pouvoir les rencontrer que sur la rive méridionale du Pô, aux environs de Plaisance: ils tenterent de s'opposer au passage des troupes Romaines; alors, changeant de maniere de combattre, ils parurent vouloir éviter d'en venir à une action; ils sembloient fuir devant Aurelien, qui, trompé par cette apparence de crainte, engagea son armée dans un poste très-désavantageux; alors les Allemands attaquerent les Romains avec tant d'impétuosité, que dès le premier choc, les légions prirent la fuite; elles furent poursuivies & en partie massacrées. La nouvelle de cette honteuse défaire répandit la terreur & la consternation dans Rome: où l'on attendoit à tout moment de voir arriver les vainqueurs. Les portes de la ville furent fermées; & l'Empereur aussi effrayé que le reste des citoyens, fit ouvrir les livres des Sibylles (2).

Victoire
complette
des Alle-
mands.

Les Allemands ne favoient que vaincre, & ils ignoroient l'art de profiter des avantages que leur offroit la victoire; ils dédaignerent d'aller saccager Rome, où ils n'eussent trouvé dans ces momens de terreur qu'une très-foible résistance, & divisant leur armée en trois corps, ils dévasterent l'Italie. Aurelien profita de leur faure, & rassemblant une nombreuse armée, il marcha, contre les Allemands, affoiblis par le partage imprudent qu'ils avoient fait de leurs forces; il les défit séparément en trois combats différens, l'un à Fano, l'autre à Plaisance & le troisieme à Ticinum. .

Aurelien
remporte à
son tour la
victoire.

Il ne paroit cependant pas que ces trois victoires des Romains eussent été bien completes, puisque les Allemands chargés d'un immense butin, repas-

---

(1) Aurel Vict in vita Claudii p. 264 & seq Ammiam. Marcell.
(2) Aurelius Vict. p 215-218. Dexip. Legat. p. 7-13.

ferent de l'Italie dans les Gaules, qu'ils ne ceffèrent de ravager pendant deux ans, & où le même Empereur fut contraint de paffer à la tête d'une armée nombreufe, pour tâcher d'arrêter le cours de ces défolations, & où il rétablit plufieurs villes, entre antres Orléans & Dijon, qui avoient été détruites dans ces dernieres hoftilités; mais fi les foins d'Aurelien réparerent en partie les dommages caufés par les Allemands dans les Gaules, il n'eut pas du moins la gloire de les vaincre, foit qu'ils fe fuffent retirés à fon approche, foit qu'il n'ôfât en venir à une action décifive. Sous Tacite & Probus, fes fucceffeurs, les Provinces Romaines furent tour-à-tour ravagées par une foule de nations étrangeres, mais rien n'indique que les Allemands ayent alors renouvellé leurs courfes, ni tenté aucune entreprife fur les terres de l'Empire; auffi dans la lettre que Probus écrivit au Sénat après avoir humilié les Germains & fait fur eux les plus importantes conquêtes, n'eft-il fait aucune mention des Allemands ; & très-certainement Probus étoit trop vain pour ne par parler d'eux, lui qui nomme avec tant de complaifance dans cette lettre tous les différens peuples qu'il a foumis (1).

Très-peu de tems après la mort de l'Empereur Probus, les Allemands reprirent tout-à-coup les armes, paffèrent-le Rhin & allerent en foule fe jeter dans les Gaules. Les hiftoriens affurent qu'ils ne gagnerent rien dans cette expédition, par les foins que les Empereurs Diocletien & Maximien avoient pris, de faire tout renfermer dans des places fortifiées: les mêmes auteurs difent que les Allemands ne trouvant ni campagnes à dévafter, ni villes à faccager, fe retirerent fans combattre, & fans avoir pu faire aucune forte de butin. Il y a bien peu de vraifemblance dans ces affertions; ce qu'il y a de plus vrai eft que les Allemands, n'eurent aucun défavantage dans cette entreprife & qu'ils n'eurent même point à lutter contre les légions Romaines: cependant les Empereurs Diocletien & Maximien, après avoir fait la paix avec les Francs, les Saxons & quelques autres nations Germaniques, fe décorerent eux-mêmes du titre d'*Allemaniques* (2). On ne voir pas à quel propos; à moins qu'ils ne regardaffent comme une victoire le bonheur qu'ils avoient eu de préferver les provinces des incurfions de ce peuple formidable, & de le contenir dans le pays qu'il occupoit.

Le titre d'*Allemanique*, pris par les Empereurs Maximien & Diocletien avoit fi peu de réalité que, lorfque ces deux Empereurs eurent fait deux Céfars, Galere & Conftance, avec lefquels ils partagerent l'Empire, les Allemands recommencerent leurs courfes & leurs hoftilités. Conftance qui dans le partage des provinces avoit eu pour fon département la Germanie d'en deçà le Rhin, marcha à la rencontre des ennemis, leur livra bataille & fut fi complettement battu, que les Allemands le pourfuivirent prefque fous les murs de Langres, où le nouveau Céfar eut inévitablement terminé fa carriere fi on ne l'eût fait entrer dans la ville, au moyen d'une corde qu'on lui jeta du haut des remparts. Les Allemands, ne pouvant plus fe flatter de faifir la proye qui leur échappoit, fe répandirent dans les environs; mais l'ardeur du pillage qui les entraînoit ne tarda point à leur être funefte. Conftance, qui»

(1) Zozim. *in Prob. Vit.* L. 1. p. 864. Bucherius. Belg. L. 7.
(2) Valer. Res Franc. L. 1. p. 11-12.

Yy 2

*Hift. d'Allemagne depuis les premiers tems jufqu'à Charlemagne.*

*Nouvelles expeditions des Allemands.*

*A. 286-300.*

*Vanité ridicule des Empereurs Diocletien & Maximien.*

*Défaite de Conftance.*

Sect. I.
Hist. d'Al-
lemagne
depuis les
premiers
tems juf-
qu'à Char-
lemagne.

peu de momens auparavant, s'étoit cru trop heureux d'échapper à la poursuite d'aussi formidables vainqueurs, n'eut pas plutôt appris qu'ils s'étoient
dispersés dans la campagne où ils se chargeoient de butin, que ralliant ses
soldats, il sortit de Langres, alla charger les Allemands & en fit une si cruelle
boucherie, disent quelques historiens, qu'ils perdirent en cette occasion plus
de 60 mille hommes. Il fit aussi un nombre si prodigieux de captifs qu'il
en repeupla les villes d'Amiens, de Beauvais & de Langres, que ces mêmes
prisonniers avoient saccagées quelques jours auparavant (1). Il est bien vrai-
semblable qu'il y a dans ces recits beaucoup d'exagération, & l'on ne croit
pas que Constance ait été assez imprudent pour introduire comme citoyens
dans ces villes, ces mêmes ennemis qui les avoient détruites en partie, &
qui n'eussent pas manqué d'y appeller leurs compatriotes qui avoient sans
cesse les yeux fixés sur les Gaules, où ils desiroient tant d'aller s'établir & vivre indépendans.

A. 300.336.

Les faits qui se passerent relativement aux Allemands sous le regne de
Constantin ne sont guere mieux connus que ceux qui s'étoient passés sous les
regnes de ses prédécesseurs; on ne connoît ces événemens que par les recits
qui en ont été faits par les panégyristes ridiculement outrés de ces Empereurs,
& il n'y auroit guere de prudence à suivre de semblables guides. Nous dirons donc que rien n'est moins prouvé que ce prétendu massacre des Allemands aux environs de Langres, & qu'il n'est rien de moins probable que le
don prétendu fait par Constance, à ces mêmes Allemands, de trois villes des
Gaules.   Ce qu'il y a de plus vrai est que deux Rois Francs, Ascaric & Ra-
Cruauté de
Constantin
envers deux
Rois Francs.
gaise ayant attaqué l'Empereur Constantin, & ayant eu le malheur de tomber entre ses mains, Constantin, abusant cruellement de sa victoire, les fit
charger de chaînes & après les avoir fait traîner à la suite de ville en ville
jusqu'à Treves, il les fit jeter dans l'arene & les fit combattre contre des bêtes
féroces qui ne manquerent point de les déchirer, à la grande satisfaction des
prélats chrétiens qui ne rougirent pas d'applaudir à cet acte d'inhumanité,
à cause sans doute que ces deux Rois n'étoient pas des chrétiens comme
eux, ni comme Constantin, qui, passant peu de tems après chez les Francs,
à la tête d'une nombreuse armée, les battit en plusieurs rencontres, & fit
une prodigieuse quantité de prisonniers auxquels on fit subir le sort qu'on
avoit impitoyablement fait souffrir à Ragaise & Ascaric (2).

Soutenus des Vangiones, des Tubantes & des Allemands, les Francs tenterent de venger l'injure faite à leurs Rois, mais ils furent encore battus, forcés de repasser le Rhin en desordre & de rentrer dans leurs cantons. Tant
de défaites paroissoient devoir faire perdre aux Allemands & aux Francs l'envie de renouveller leurs entreprises sur les terres de l'Empire: mais c'étoient
précisément ces désastres & le souvenir des succès qui jadis avoient couronné
leurs efforts, qui les excitoient perpétuellement à de nouvelles expéditions. A
peine ils furent informés de la mort de Constantin & de l'avènement de Constant & de Constance à l'Empire, qu'ils recommencerent leurs courses & leurs
hostilités: ils rentrerent dans les provinces d'où ils avoient été tant de fois

(1) Aurel. Vict. Zozime.
(2) Eutrop. p. 587. Pumenius. Bucherius. Bel. Panegyr. IX. p. 197.

contraints de s'éloigner, & malgré tous les efforts des armes impériales, ils y restèrent, & ne repassèrent le Rhin que gagnés par les sommes immenses qui leur furent payées par Constant, qui, par cette voie flétrissante & peu sûre, acheta leur retraite (1).

*Hist. d'Allemagne depuis les premiers tems jusqu'à Charlemagne.*

*A. 336-355.*

Ce fut à peu près vers le tems de cette expédition que les Allemands & les Saxons secondèrent Magnance, Seigneur Franc, dans l'exécution du projet hardi qu'il avoit formé de s'emparer du trône impérial. Les Francs ne prirent aucune part à cette entreprise de leur compatriote : ils ne songeoient qu'à s'emparer de quelqu'une des provinces Romaines & de s'y établir ; aussi lorsque Magnance, vainqueur & meurtrier de Constant, se fut armé contre Constance, seul concurrent qu'il eût à redouter, Constance, dans la vue d'arrêter les progrés de l'usurpateur, invita les Francs à se jeter dans les Gaules, leur promettant de leur ceder en propriété tout le pays dont ils se rendroient maîtres. Ces offres furent acceptées ; mais l'Empereur n'ayant plus rien à redouter de Magnance, se repentit des conditions qu'il avoit proposées : & voulut contraindre par la force les Francs à lui rendre ce qu'il leur avoir si solemnellement donné. Son entreprise ne fut point aussi heureuse qu'il l'avoit espéré, & ce ne fut que par un traité de paix qu'il put se délivrer des hostilités des Allemands & des Francs : mais il ne fut pas plus fidele à remplir les conditions de ce nouveau traité ; il fut puni encore par les succès des Francs, des Allemands & de la plûpart des peuples de la Germanie, qui se jeterent sur les provinces de l'Empire, où ils commirent dés ravages affreux (2).

*Mauvaise foi de l'Empereur Constance qui en est puni.*

Trop foible pour lutter contre tant & de si formidables ennemis, Constance décora Julien du titre de Céfar, & l'envoya dans les Gaules avec ordre d'en chasser ces essains de dévastateurs. Moins par la force de ses armes que par les ressources heureuses de sa politique, & par la confiance qu'inspiroient ses grandes qualités, Julien engagea les plus redoutables d'entre ces ennemis, les Allemands & les Francs, à vivre en paix avec l'Empire. Cette paix fut de courte durée ; & fort peu de tems après les Allemands ayant repris les armes, furent défaits, près de Strasbourg ; si complettement, dit Zozime, admirateur fanatique de Julien & par cela même très-peu digne de foi, qu'ils laissèrent soixante mille morts sur le champ de bataille ; massacre d'autant plus étonnant, que des historiens, moins outrés & mieux instruits, assurent que l'armée Allemande n'étoit forte que de trente cinq mille hommes au plus (3).

*Victoire de Julien.*
*356-361.*

Cependant Julien poursuivit ses avantages, fit des courses dans le pays ennemi & déconcerta si fort les Allemands par son activité, qu'ils lui envoyerent demander la paix, offrant de lui payer, s'il vouloit la leur accorder, un tribut d'hommes & d'argent. Ce ne fut qu'après avoir ravagé les rives du Rhin, que Julien consentit à leur accorder une treve de dix mois, à condition qu'ils entretiendroient une forte garnison dans le Fort de Trajan, que l'on croit être aujourd'hui le château de Cromberg, que le vainqueur n'avoit fait réparer que pour les contenir.

De part & d'autre cette treve fut religieusement observée ; & à peine elle fut expirée, que Julien, se hâtant de reprendre les armes, entra en Allemagne

(1) Amm. Marcellin. L. 5.   (2) Ammian. Marcellin. Hist. L. 15.
(3) Libanius. Orat. 12. Amm. L. 17.

à deſſein de la ravager: mais les Allemands prévinrent les deſaſtres dont ils étoient menacés, en demandant la paix, qu'ils n'obtinrent pourtant, obſerve Ammien Marcellin, qu'à des conditions fort onéreuſes.

Ce fut vraiſemblablement la honte de ces conditions & le déſir de s'en af-franchir, qui, peu de tems après, engagerent les Allemands à entrer dans la ligue formée par les Francs & quelques Nations Germaniques contre le repos de l'Empire (1). Après bien des hoſtilités, Julien qui avoit conſtamment fixé la victoire ſous ſes drapeaux, fit une paix avantageuſe à l'Empire avec les Germains & les Francs. Il ne paroît pas que l'Allemagne ait été compriſe dans ce traité, puiſque dès l'année ſuivante, Julien marcha contre divers Sou-verains Allemands, qui avoient recommencé la guerre: il les vainquit, & ce ne fut qu'alors que l'Allemagne & la Germanie ceſſerent d'inquiéter l'Empire: il faut néanmoins avouer que ſi les Allemands & les Germains reſpectoient alors les provinces Romaines, c'étoit bien moins par crainte, que pour ne pas enfreindre des conventions beaucoup plus honorables pour eux que pour la majeſté de l'Empire. On voit en effet que, dès le commencement du regne de Valentinien, les peuples alliés envoyerent vers cet Empereur des dépu-tés, chargés de renouveller les anciennes alliances & de recevoir les préſens; ou plutôt les ſubſides qui leur étoient païés tous les ans, par les ſucceſſeurs des Céſars. Or, cette eſpece de tribut ne prouve guere la ſujetion de ceux qui le recevoient: il eſt vrai qu'Urſace qui en cette occaſion repréſentoit l'Empereur Valentinien, montra peu d'égards à ces envoyés, qu'il traita mê-

me fort durement; mais il eſt vrai auſſi que ces députés, indignés, refuſerent les préſens accoutumés, déclarerent la guerre à l'Empire, & ſouleverent toutes les nations voiſines du Rhin, à la tête deſquelles, pénétrant dans les Gaules & rencontrant l'armée Romaine, ils lui livrerent bataille & remporterent une victoire qui couta des torrens de ſang aux vaincus (2).

Jovin, Général de Valentinien eut quelque tems après la gloire de réparer la honte de cet échec: il joignit les Allemands près de Châlons ſur Marne, tomba ſur leur armée avec l'impétuoſité de la foudre, leur tua ſix mille hom-mes, en bleſſa quatre mille, & diſperſa le reſte. Randon, Prince Allemand, enflammé du déſir de venger & ſes compatriotes & un de Rois de ſa nation que les impériaux avoient eu l'inhumanité de faire expirer au gibet, ſurprit Ma-yence, & en fit maſſacrer les habitans. L'Alſace fut la même rems étoit en

proie aux fureurs de Viticabe, fils de Vadomaire, Souverain Allemand, que les Romains avoient indignement traité. La crainte du reſſentiment de Viti-cabe porta Valentinien à uſer d'un moyen plus digne d'un brigand que d'un Empereur; il eut recours à des aſſaſſins, qui, par ſes ordres, égorgerent ce jeune Prince. N'ayant plus rien à redouter du fils de Vadomaire, l'Empereur, à la tête d'une puiſſante armée, marcha contre les Allemands, les rencontra à Labodun, aujourd'hui Ladenbourg ſur le Neckre, &, malgré le poſte avantageux qu'ils occupoient, leur livra bataille, les vainquit, après avoir lui même perdu une partie de ſes troupes: il fit impitoyablement paſſer au fil de l'épée tous ceux des ennemis qui n'avoient pas reçu la mort dans le feu du combat (3).

(1) Voy. le XIIIe Tom. de cette Hiſtoire: Liv. 4. Chap. 14.
(2) Amm. L. 27. Zozime, L. 3.    (3) Ammian. Marcellin. Hiſt. L. 28.

Ce ne fut qu'après s'être raffafié de fang & de carnage, que Valentinien, bon Général, mais le plus atroce des hommes, confentit à donner la paix aux Allemands. Le barbare par cette paix ne cherchoit qu'à les tromper; auffi ne tarda-t-il pas à violer la foi du traité, & à faire conftruire, au mépris des conditions qu'il avoit juré d'obferver, plufieurs forts au delà du Rhin, & dans l'intérieur de l'Allemagne, Cette infraction, ou plutôt cette perfidie pénétra les Allemands d'indignation, ils tenterent; mais vainement de s'oppofer à la conftruction de ces fortereffes, & furent obligés de fouffrir cette humiliation.

Jadis les Romains affectoient de paroître généreux lorfqu'ils avoient la fupériorité : ce n'étoit plus leur caractere, & les defcendans de ces mêmes Romains fi grands, fi magnanimes, ne craignoient point de fe déshonorer par les plus lâches perfidies. Les Saxons & les Francs en firent une cruelle expérience : les deux peuples ligués avoient fait une defcente dans la Grande - Bretagne, & s'étoient maintenus dans cette Ifle contre les troupes Romaines qu'ils avoient repouffées; à la fin cependant ils furent battus fur mer, près des Orcades, par Théodore, pere de l'Empereur de ce nom. Ils fe dédommagerent de cet échec par les fuccés multipliés qu'ils eurent dans la Belgique, où ils avoient fait une incurfion. Fatigués néanmoins de combats, ou peut-être n'ofant point tenir devant une armée nombreufe que Sévere conduifoit contre eux, ils demanderent la paix; elle leur fut accordée aux conditions qu'ils rendroient tous les prifonniers qu'ils avoient faits, & qu'ils livreroient l'élite de leurs troupes, pour être incorporée dans les armées de l'Empire. Les Saxons & les Francs acceptèrent ces conditions; mais à peine leur plus vigoureufe jeuneffe fut au pouvoir du perfide Sévere, qu'il leur tendit des embuches & tomba fur eux avec toutes fes forces. Les Saxons furieux de cette noire trahifon, fe batirent en défefpérés, vendirent cher leur vie, & périrent tous les armes à la main. Cependant tous les peuples voifins également indignés de cet acte de perfidie, fe fouleverent, & Maerin ou Macrien, Roi des Allemands, Prince rempli de courage, & très-habile Général, fe difpofa à punir cette odieufe infraction au droit des gens (1).

Valentinien, pour détourner l'orage qui le menaçoit & empêcher Macrien d'exécuter le projet de vengeance qu'il avoit médité, envoya des ambaffadeurs aux Bourguignons, nation féroce, indomptée & la plus implacable ennemie des Allemands; il leur offrit fon alliance, & les invita à fe liguer avec lui. Les Bourguignons qui ne cherchoient qu'une occafion d'accabler les Allemands acceptèrent volontiers l'invitation de l'Empereur, & raffemblerent leurs meilleures troupes; ils pafferent fur le Rhin au nombre de plus de quatre vingt mille hommes, tous foldats d'élite. Ils furent très-furpris de ne trouver au rendez-vous, ni Valentinien qui avoit promis de venir y prendre le commandement de l'armée, ni les légions qu'il s'étoit engagé de fournir pour cette expédition : ils l'attendirent quelques jours; &, pour mieux connoître fes intentions, ils lui envoyerent demander de fournir du moins des troupes d'obfervation, afin de couvrir leur retraite, dans le cas d'un événe-

(1) Id. L. 28. p. 375. Il eft bien étonnant qu'Ammien Marcellin, l'un des plus judicieux hiftoriens, fe foit oublié au point, non feulement de juftifier cette atrocité de Sévere, mais encore d'en faire l'apologie : c'eft là le feul reproche qu'on puiffe faire à cet auteur; mais il faut avouer que ce reproche eft grave & bien fondé.

ment fâcheux: L'Empereur, comptant trop fur les effets de la haine mutuelle des deux nations, reçut fort mal ces députés, & refufa très-durement toute efpece de fecours: il fut trompé dans fon attente, & les Bourguignons irrités de cette violation manifefte du traité qu'ils avoient conclu, bien loin de tourner leurs armes contre les Allemands, les employerent contre Valentinien, & égorgerent tout autant de fujets de l'Empire qu'ils en trouverent, braverent la colere de l'Empereur & ne parlerent plus qu'avec mépris de fa lâche perfidie. A peine ils fe furent éloignés, que Macrien traverfant le Rhin, fe jeta fur les terres de l'Empire, où il commit les plus cruelles dévaftations.

Enflammé de courroux, Valentinien tenta de faire enlever Macrien: il n'y réuffit pas; mais il porta le fer & la flamme dans les états de ce Prince, dont il donna la fouveraineté à Trommaire, qui n'en jouit que peu de jours, & fortit de fon nouveau royaume pour aller commander quelques troupes Allemandes dans la Grande-Bretagne.

Cependant l'Empereur ne fut pas plutôt parvenu à fortifier les rives du Rhin, qu'il conçut le deffein d'étendre les frontieres de l'Empire au delà du Danube. Dans cette vue, il entreprit de faire conftruire une forterefle dans le pays de Quades: Gabinius, Souverain de cette nation, fe plaignit de cet acte de fouveraineté; il alla trouver Marcellien, digne favori de l'Empereur, & qui dirigeoit cette entreprife: Marcellien reçut avec diftinction le Souverain des Quades, parut très-difpofé à faire cefler les travaux, le pria de refter quelques jours auprès de lui pour conférer fur cet objet, & le fit atrocement affaffiner dans un feftin auquel il l'avoit invité (1). Les Quades furieux, traverfent le Danube, cherchent inutilement le traître Marcellien qui avoit pris la fuite, mettent tout à feu & à fang, fe liguent avec les Sarmates, & vont défoler la Mefie: Théodofe, que fes grandes qualités éleverent dans la fuite au trône des Céfars, battit les Sarmates: & Valentinien que ce fuccès ne raffuroit point encore, craignant d'avoir à combattre en même tems les Allemands & les Quades, conclut la paix avec Macrien, & ne rougit pas même, pour appaifer ce Souverain irrité, & le plus puiffant Prince de l'Allemagne, d'avilir la majefté de l'Empire par l'efpece de prééminence qu'il céda, dans le traité, au Souverain dont il vouloit fe concilier l'amitié.

Valentinien ne jouit que peu de tems des fruits de fa cruelle & lâche politique: dans un excès de colere il fe rompit une veine: le fecours des Médecins fut inutile, & la terre fut délivrée de ce monftre de perfidie, d'infolence & de cruauté. C'eft à lui néanmoins que des panégyriftes mercenaires ont eu la baffeffe de prodiguer des éloges qui ont été ftupidement repétés par quelques hiftoriens (2).

Ce n'étoit feulement point en Occident que les Impériaux fe voyoient dans la néceffité d'avoir toujours les armes à la main, foit pour fe défendre contre les hoftilités des anciens ennemis de l'Empire, foit pour repouffer les peuples réunis, qu'ils avoient foulevés par leurs injuftices & leurs vexations. L'Empire n'étoit pas moins agité en Orient, où les Goths, nation puiffante

&

(1) Amm. Marcel. L. 29 p. 408. Zozim. L. 46. 745. (2) On ne peut lire fans dégoût la baffeffe de ces éloges proftitués au traître Valentinien; l'on ne conçoit pas comment Ammien Marcellin, auteur d'ailleurs fi fage, a pu louer cet Empereur.

& redoutable, fortie du nord de la Germanie, s'étendoient jufqu'aux confins de la Dacie , & s'étoient confondus avec une foule de peuples. Cette nombreufe nation étoit divifée en deux branches, celle des Oftrogoths, ou Goths orientaux, & celle des Weftrogoths, ou Vifigoths, ou Goths occidentaux: elle étoit alors gouvernée par deux Rois, également illuftres par l'éclat de leur naiffance, les Oftogroths par un Souverain iffu des Amales, & les Goths par un Chef defcendu des Baltes. Pendant long-tems les Goths avoient été déchirés par des guerres civiles; mais ils s'étoient réunis contre des ennemis communs; & ces terribles ennemis étoient les Huns, peuple farouche, atroce, innombrable, & qui, précédé de la terreur que fon nom infpiroit, chaffoit devant lui toutes les nations. Cet innombrable effaim de guerriers formidables tomba tout à coup fur les Oftrogoths gouvernés par Ermanaric, qui paffoit pour l'Alexandre de fon fiecle. Ce Souverain très-digne de lutter contre les Huns, par l'immenfité des conquêtes qu'il avoit faites & par fon caractere farouche & guerrier, ne fe fentit point le courage d'arrêter le fléau qui fondoit fur fes états, & pour n'en être pas le témoin, il fe donna la mort: Victimir fon héritier, termina plus glorieufement fa vie, en combattant contre les Huns, & Videmir fon fils abandonna fon fceptre & fon pays à ces cruels ufurpateurs : il ne reftoit plus du fang royal qu'Aténaric, qui, trop fier pour plier fous les Huns, entreprit de les vaincre, & fut vaincu lui-même. Les Vifigoths, alors effrayés & ne fougeant qu'à s'éloigner de leur pays en proie aux fureurs de ces barbares, allerent conjurer l'Empereur Valens de les protéger & leur permettre de vivre fous fes loix. Valens leur accorda une partie de la Thrace à condition qu'ils en cultiveroient les terres, & ces contrées furent bientôt couvertes de l'innombrable foule de ces fugitifs.

En demandant d'être reçus fous la protection & comme fujets de l'Empire, les Goths n'avoient pas entendu fe foumettre à toutes les loix tyranniques que l'injuftice & l'avidité voudroient leur impofer : cependant ils furent fi cruellement vexés dans leurs nouvelles poffeffions, qu'après avoir inutilement demandé, au maître de l'Empire, juftice contre leurs oppreffeurs , ils fe liguerent avec les Alains, & firent même entrer dans la confédération ces mêmes Huns qui avoient été auparavant leurs plus cruels ennemis; enforte que l'on vit tout à coup fe former une armée innombrable. Ces peuples alliés & armés n'effrayerent point Valens: il marcha contre eux avec toutes fes forces, & les ayant rencontré dans la petite Scythie, il leur livra bataille: le combat dura depuis l'aurore jufqu'à la nuit fuivante , la victoire demeura incertaine ; mais l'avantage parut refter du côté des barbares, qui, peu de jours après, triompherent avec plus d'éclat; mais ils payerent cher ce fuccès, & furent enfuite complettement défaits. Ils réparerent cet échec, & battirent à leur tour les légions Romaines. Mais, au lieu de retirer de leur victoire tous les avantages qu'elle leur offrit, ils allerent échouer devant Byzance qu'ils tenterent vainement de prendre d'affaut (1).

Les Romains fe vengerent avec autant de perfidie que d'atrocité du fuccès de leurs ennemis. Quand les Goths avoient été reçus fur les terres de l'Em-

_____

(1) Amm. Marceil. Zozim. L,

Sect. I.
Hift d'Al-
lemagne
depuis les
premiers
tems juf-
qu'à Char-
lemagne.

Cruauté des
Romains.

pire, une des conditions que Valens avoit exigé, étoit que les plus jeunes d'entre les Goths lui feroient remis comme ôtages, & qu'il les enverroit
en Afie; cette condition avoit été remplie, & la dire jeuneffe fut difperfée dans les contrées Afiatiques, au delà du mont Taurus. Après leur déroute, les Romains prirent l'affreufe réfolution d'exterminer toute cette jeuneffe. Jule, Gouverneur d'Orient fe chargea de l'exécution de ce déteftable
complot, il écrivit à tous ces jeunes Goths de fe trouver à un même jour,
qu'il leur fixoit, dans les métropoles, où ils recevroient de la munificence de
l'Empereur des conceffions de terres, & de l'argent, afin, leur marquoit-il,
que déformais il n'y eût plus de différence entre eux & les anciens fujets de
l'Empire. Les jeunes Goths, fans défiance, fe rendirent tous aux lieux indiqués, & ils ne furent pas plutôt affemblés fur la place publique qu'ils y furent impitoyablement mis à mort (1).

Les Goths n'avoient eu jufqu'alors que trop de fujets de haïr les Romains;
cette derniere atrocité les remplit de fureur: aux Alains & aux Huns leurs
alliés, ils joignirent les Sarmates, les Quades, les Marcomans, toutes les
nations d'au delà du Danube; & ces peuples réunis, portant le fer & la
flamme de contrée en contrée, par-tout où ils paffoient, on ne voyoit que
des villes réduites en cendres, des campagnes dévaftées & inondées du
fang de leurs cultivateurs. La Thrace, la Macédoine, la Dardanie, la Méfie,
la Pannonie, la Dalmatie; l'Epire, l'Achaïe furent tour-à-tour parcourues
& ravagées par ces exterminateurs, d'autant plus impitoyables, qu'ils ven-
goient le meurtre de leurs enfans. Des portes de Conftantinople au pied des
Alpes Juliennes ils firent couler à torrens le fang Romain. Dans les tranfports
de leur rage, les Goths n'épargnerent rien; & telle étoit la fureur qui les
animoit, qu'ils croyoient fe venger en infultant à la religion reçue par leurs
ennemis; dans cette expédition les églifes furent horriblement profanées, les
femmes publiquement outragées, violées & maffacrées (2).

Gratien defirant de s'oppofer à ce torrent que rien ne paroiffoit capable d'arrêter, s'éloigna des rives du Rhin pour marcher contre les barbares: mais à
peine il s'étoit mis en route, que les Allemands, impatiens de fecouer le joug,
traverferent ce fleuve à la faveur des glaces, pénétrerent dans l'Alface, & y
commirent tant de ravages, que l'Empereur retournant fur fes pas, vint à
leur rencontre, &, quoiqu'inférieur en nombre, les attaqua, les battit, maffacra une partie de leur armée, & ne donna la paix au refte des Allemands,
qu'après en avoir exigé de nombreux ôtages, qu'il incorpora dans fes
troupes.

L'Allemagne pacifiée, l'Empereur reprit la route de l'Orient, & confia le
commandement des légions Romaines à Théodofe, qui alla dans la Thrace;
où il battit les barbares, qui y laifferent une foule de morts fur le champ de
bataille (3), mais pendant que les armes Romaines profpéroient en Orient;
pendant que Gratien s'affocioit Théodofe à l'Empire, les Francs & les Allemands, toujours indociles & toujours indomptables, firent encore une irruption dans la Belgique, qu'ils pillerent. Gratien, qui s'étoit refervé l'Occident,

(1) Jornandef de Reb Goth. Orof. L. 7.    (2) Amm. Marcell. Jornandef. Zozime
(3) Zozim. Gregor. Tur. Jornandef.

*Hift. d'Al-*
*lemagne*
*depuis les*
*premiers*
*tems juf-*
*qu'à Char-*
*lemagne.*

fe hâta de s'y rendre, prit les mefures les plus fages pour contenir ces peuples inquiets, & s'approcha de l'Italie, afin d'être plus en état de feconder Théodofe contre les Goths, qui alloient dévafter la Thrace & les provinces voifines. Leur armée étoit innombrable, mais elle étoit fans difcipline & la méfintelligence divifoit les chefs, ambitieux de commander à l'exclufion les uns des autres. Informé de ces divifions, Théodofe en profita, & tombant fur cet immenfe corps au moment où il étoit le moins attendu, il remporta la plus éclatante victoire, & accepta les propofitions de paix que lui firent les Quades, les Marcomans & les Oficas auxquels il impofa des conditions beaucoup moins onéreufes qu'ils ne s'y étoient attendus.

Tour paroiffoit annoncer à l'Empire des jours paifibles & glorieux, mais fes ennemis n'étoient contenus que par la crainte; & la haine qu'ils avoient vouée à Rome n'étoit rien moins que changée: auffi la nouvelle d'une maladie de Théodofe, le plus habile & les plus redouté des deux Céfars, ne fut pas plutôt répandue, que les Goths reprirent les armes, & foutenus par ces mêmes Marcomans qui venoient de demander la paix, ils allerent ravager la Theffalie & la Macédoine: Théodofe n'avoit que peu de troupes, & il ofa tenter de s'oppofer à cette foule de brigands; il fut battu par la trahifon d'une foule de Marcomans, de Quades & d'Alains, qu'il avoit eu l'imprudence d'incorporer dans fes légions: fa défaire fut fi complette, qu'il eut beaucoup de peine à fe réfugier prefque feul à Theffalonique; mais bientôt, à force de foins & de travaux, il fe vit en état de réparer fes pertes, & de venger la gloire de fes armes. Effrayés de fes préparatifs & redoutant encore plus fa valeur, les Goths, quoique vainqueurs & fupérieurs en nombre, lui demanderent la paix, la permiffion de fe retirer au delà du Danube, & d'être regardés comme fujets de l'Empire. Contre l'avis de fes Généraux qui opinoient à exterminer cette nation turbulente, l'Empereur confentit aux demandes des Goths: ils mirent bas les armes, abandonnerent ces provinces qu'ils avoient envahies, & fe retirerent au delà du Danube (1).

*Défaite de*
*l'Empereur*
*Théodofe, fa*
*victoire, il*
*donne la*
*paix aux*
*ennemis.*

Sans-doute cette paix ne fut pas commune à tous les barbares, puifque très-peu de tems après Fritigerne, Alatée & Saphrax, trois de leurs chefs, ligués avec les Allemands toujours impatients de fe fignaler contre les Romains, recommencerent les hoftilités & firent des progrès fi rapides dans les provinces occidentales de l'Empire, que Gratien, vivement alarmé, leur demanda la paix, & pour l'obtenir, leur accorda des terres dans la Pannonie & la Méfie; poffeffions qui expofoient inévitablement l'un & l'autre Empire aux courfes de ces peuples entreprenans. Auffi ces trois chefs, ambitieux d'étendre leur nouvelle domination, méditerent la conquête de l'Epire, de toute la Grece, & firent dans cette vue les plus grands préparatifs. Mais la fageffe & la bonne conduite de Théodofe détournerent ce nouvel orage, & par fes vertus il parvint à fe faire aimer des Goths, autant qu'il s'en étoit fait redouter par fa valeur & fes talens militaires (2). Gratien, qui n'avoit ni la prudence ni les lumieres de fon collegue, imagina d'imiter fon allié, & pour fe faire aimer auffi des anciens ennemis de l'Empire, il combla les Francs & les Alains de tant de bienfaits, qu'il pénétra d'indignation fes pro-

*Les Alle-*
*mands ra-*
*vagent les*
*provinces*
*occidentales*
*de l'Empire.*

(1) Amm. Marcell. Zozime. Xiphilin. Jornandes. (2) Xiphilin. Jornandes. *de Reb. Get.*

Sect. I.
Hist. d'Al-
lemagne
depuis les
premiers
tems juf-
qu'à Char-
lemagne.

pres fujets. Maxime l'un de fes Généraux, qu'il avoit envoyé dans la Grande-Bretagne, excitant cette indignation, fe mit à la tête des mécontens qui le proclamerent Augufte, & alla fe préfenter fur les rives du Rhin, où les légions de Gratien, loin de repouffer le rebelle, l'inviterent à paffer dans leur camp & le reconnurent pour Empereur. Gratien, dans le premier moment de fa colere, marcha contre l'ufurpateur, qui corrompit les troupes de fon rival, & fe fit reconnoître pour feul & légitime maître de l'Empire d'Occident. Le malheureux Gratien fans fujets, fans foldats, fans reffources, s'enfuit de ville en ville, & fut lâchement affaffiné par Andragarius, Lieutenant de Maxime. Celui-ci, délivré de fon concurrent, crut devoir fe foutenir fur le trône par les mêmes moyens qui l'y avoient conduit, favoir par des injuftices, des crimes & des cruautés. Il entreprit de faire mourir Juftine, veuve de Gratien, & Valentinien fon jeune fils; mais celui-ci fut fecouru par Théodofe qui vola à fa défenfe, remporta fur Maxime une victoire complette, le fit prifonnier & paroiffoit difpofé à lui laiffer la vie, lorfque les principaux officiers de fes gardes, ne voyant en lui que le meurtrier de Gratien & un fcélérat également prêt à attenter, s'il en avoit l'occafion, aux jours de Theodofe, l'enleverent & lui trancherent la tête (1).

Ce fut pendant ces troubles que deux hordes de Francs, Cattes & Brueteres, liguées avec les Allemands, fe jetterent dans la Belgique, elles furent commandées par Genebalet, Sunnon, & Marcomer, pere de Pharamond, regardé par plufieurs hiftoriens comme le premier Roi de France, quoique du tems de Pharamond il n'ait exifté aucun royaume de ce nom; ils firent beaucoup de ravages & fe retirerent, chargés de butin, aux environs de Cologne, où ils fe croyoient à l'abri de toute pourfuite. Les légions Romaines allerent cependant les attaquer dans cet afile, mais elles y furent honteufement battues: la plûpart des foldats, du côté des Romains, périrent dans cette action, & ceux qui échapperent au glaive du vainqueur, furent réduits en fervitude.

Services
rendus par
Arbogafte
à Valenti-
nien &
mort de
l'Empereur.

Encouragés par la gloire de ce fuccès, les vainqueurs reparurent dès l'année fuivante dans les provinces Romaines, mais alors, Valentinien, feul maître de l'Empire d'Occident, envoya de fi puiffans fecours contre eux, qu'ils furent défaits à leur tour, & contraints de demander la paix. L'un de fes Généraux, Arbogafte, bon guerrier, homme fier, ou rempli d'ambition, qui avoir à la vérité rendu les plus importans fervices, mais qui prétendoit vivre dans la plus entiere indépendance, parla avec tant de hauteur, que Valentinien, foit de chagrin, foit par quelque autre caufe, mourut: Arbogafte fut foupçonné de l'avoir fait périr; il avoir la confiance de l'armée, elle lui offrit de le proclamer Empereur; il refufa le trône & y fit élever Eugene, homme d'une naiffance obfcure, mais qui s'étoit illuftré par fa valeur, fes fervices & fes talens. Théodofe refufa de le reconnoitre, & la guerre fut déclarée entre les deux Céfars. La plus forte partie de l'armée que commandoit Arbogafte, Général d'Eugene, étoit compofée d'Allemands, de Francs & de Germains qu'il s'étoit attachés. La fortune le favorifa, & il remporta la victoire, mais dès le lendemain de fa défaite; Théodofe ofa encore atta-

(1) Sulpic. Sever. Zozim. L. 4. Alex. L. 4.

quer son vainqueur, & une victoire complette lui fit oublier le malheur qu'il avoit essuyé la veille. Eugene, dépouillé des marques de sa dignité, fut conduit devant ce vainqueur aux pieds duquel il se prosterna pour lui demander la vie ; mais il fut massacré par les gardes de Théodose (1).

A cette suite d'orages succéda un calme de huit années. Les Allemands & les diverses nations Germaniques parurent sincerement reconciliés avec les Romains. Les poëtes contemporains disent même que dès-lors les mœurs de ces peuples s'adoucirent, qu'ils cultiverent paisiblement leurs champs, & semblerent préférer l'agriculture, que jusqu'àlors ils avoient entierement négligée ou même méprisée, à ce désir barbare qui les portoit sans cesse à parcourir, le fer & la flamme à la main, les contrées étrangeres (2). Mais cet intervalle de repos fut court, & l'Europe fut bientôt plongée dans de nouveaux malheurs. Depuis long-tems le trône des Césars étoit ébranlé, & ne n'avoit été qu'à force de travaux, de guerres, de combats, de valeur & de fermeté, que Théodose avoir retardé la ruine de l'Empire, auquel il avoir même rendu une partie de son ancien éclat : mais ce grand Souverain mourut, & ne laissa pour lui succéder que deux Princes foibles, Arcade & Honorius, gouvernés par deux Ministres également perfides, ambitieux & scélérats, Rufin, qui, enflammé du désir de régner, tenta, pour s'élever au trône, de donner en mariage sa fille au jeune Arcade, Empereur d'Orient, & Stilicon, Général couvert de lauriers, mais qui ne conseillant de nouvelles guerres que pour se rendre necessaire & s'attacher les légions, dissipoit les trésors de l'Empire ; & faisoit créer chaque jour de nouveaux impôts, dans la vue de rendre l'Empereur odieux.

Encore plus furieux qu'humilié d'avoir essuyé un refus, Rufin, pour se venger, invita le fier Alaric, Roi des Visigoths à pénétrer dans la Grece les armes à la main ; & Alaric se disposoit à seconder les complots du ministre, quand Stilicon, ennemi de Rufin, arrêta les premieres hostilités de ce Souverain, qui cependant ne parut craindre Stilicon, qu'afin de faire avec plus de liberté les préparatifs qu'exigeoit la grande expédition qu'il avoit méditée. En effet, deux ans après, il franchit le Danube à la tête d'une nombreuse armée, & marcha contre les Romains ; Stilicon lui présenta bataille ; le combat fut long & meurtrier ; la victoire demeura indécise ; mais ce qui fait présumer que l'avantage resta du côté des Visigoths, est que le Général des Romains fournir quatre mille livres d'or à Alaric pour l'engager à se retirer (3).

A peine les Visigoths avoient repassé le Danube, qu'on vit entrer en Italie une innombrable armée d'Ostrogoths, de Lygiens, de Herules, de Gothons & d'une infinité d'autres barbares, commandés par Radagaise, Roi des Ostrogoths, qui ne se proposoit rien moins que de conduire cette foule de brigauds à Rome & de leur en abandonner le pillage. Au premier avis de la marche de ces dévastateurs, le timide Honorius courut se cacher à Ravenne, mais tandis qu'il se préparoit à se sauver, par mer, à Constantinople, Stilicon, à la tête de quelques légions seulement, arrêta les ennemis dans les val-

Hist. d'Allemagne depuis les premiers tems jusqu'à Charlemagne.

Paix generale, & nouveaux troubles. 395 - 402.

Ravages des Visigoths en Italie.

Les Ostrogoths fondent en Italie.

---

(1) Sosomen. L. 7. c. 32. Nicephore. L. 12. (2) Claudien. in Vit. Stilicon. Ambros. Vu. c. 36. Baronn. ad annum, 396. (3) Zozime. L. 5. Paul Diac. L. 2.

Sect. I.
Hist. d'Al-
lemagne
depuis les
premiers
tems juf-
qu'à Char-
lemagne.

lées de la Toscane, les battit, prit Radagaise en vie, & après lui avoir fait
essuyer mille outrages, le fit mourir dans les supplices.

Ce n'avoit été ni pour son maître qu'il travailloit, ni pour la gloire de l'Empire que Stilicon avoit combattu: son but avoit été de donner aux Romains,
à l'armée surtout, la plus haute idée de ses talens: il crut qu'il étoit tems d'en
venir à l'exécution de ses hardis projets, & pour mieux s'assurer du succès,
il se ligua secrettement avec les Allemands, les Saxons & les Germains, leur
envoya des sommes très-considérables, & les détermina à passer en Italie., où
son dessein étoit de se mettre à leur tête, persuadé que les Romains le regardant comme le seul capable de les sauver, s'empresseroient de lui offrir le
trône de l'Empire. Cependant les Allemands & le reste de ses alliés passerent en foule dans les Gaules; rien ne leur résista; les campagnes furent
cruellement ravagées, les villes saccagées ou réduites en cendres: à mesure
qu'ils avançoient, les peuples se déclaroient pour eux. Les habitans de la
grande Bretagne ne voulant ni entrer dans cette grande ligue, ni continuer
d'obéir à Honorius, élurent pour Empereur Marc., officier de réputation,
mais qui ne répondant point à ce qu'on attendoit de lui, fut déposé, ainsi que
son successeur appellé Gratien, auquel les Bretons substituerent un soldat
nommé Constantin, connu par sa valeur & qui se montra digne du haut rang
auquel on l'avoit élevé (1).

Le nouvel Empereur se ligua avec les Bourguignons & les Allemands auxquels il donna l'Alsace & quelques provinces voisines; il affermit son Empire, dont il fixa le siege à Arles, & envoya fierement proposer à Honorius de
l'associer au partage du Monde. L'Empire étoit de toutes parts en proye aux
fureurs & aux vengeances des nations, mais il avoit encore de plus grands
malheurs à redouter, & bientôt on apprit qu'Alaric, ce formidable Roi des
Visigoths, qui, de concert avec Stilicon, avoir fait répandre la fausse nouvelle de sa mort, s'approchoit à la tête d'une armée formidable, & qu'il étoit
déjà sur les frontieres de l'Italie. Avant que d'y entrer il envoya demander
au Sénat qu'on lui payât les sommes qu'on lui avoit promises pour l'engager à
rester en Epire. Le Sénat fut obligé, pour remplir cet engagement, de
créer des impôts, & de donner à ce dangereux ennemi l'Acquitaine en propriété (2).

Alaric ren-
tre en Italie
à la tête des
Visigoths.

Alaric n'agissoit que par les conseils de Stilicon, dont les perfidies & les
complots furent enfin dévoilés. Honorius indigné, lui fit perdre la vie, & refusa d'exécuter le traité conclu avec les Visigoths. Alaric furieux, entra en
Italie, s'empara des rives du Tibre, réduisit Rome à l'extrémité; & ne consentit à s'éloigner qu'à condition qu'on apporteroit dans son camp tout ce
qu'il y avoit dans la ville d'or & de meubles précieux.

Les Romains n'étoient plus ces fiers maîtres du monde, inaccessibles à la
crainte, & incapables d'acheter par la moindre bassesse l'éloignement des dangers les plus effrayans: ils allerent en foule se prosterner aux pieds d'Alaric,
qui touché de leurs larmes, voulut bien se contenter de six mille livres d'or,
de quatre mille robes de soie & de trois mille tapis de pourpre. Le Sénat
promit de remplir ces conditions, & Alaric se retira vers la Toscane, quand

_____

(1) Salvien. L. 6 & 7. de Prov. Dei. Oros. L. 7.      (2) Zozime. L. 6.

l'imbécille Honorius, prenant cette retraite pour un aveu de la foiblesse & de la crainte des ennemis, défendit au Sénat d'exécuter les loix du traité. Le Roi des Visigoths justement indigné de ce nouveau trait d'infidélité, retourna sur ses pas, campa devant les murs de Rome, imposa de nouvelles conditions, exigea la Norique, la Venetie, la Dalmatie, dédaigna de s'asseoir sur le trône de l'Empire, y plaça le préfet Attale, & conduisit ses troupes à Ravenne d'où il vouloit arracher & punir le lâche Honorius (1).

Mais ce n'est pas ici le lieu de raconter les malheurs & les fautes d'Honorius & de ses successeurs, ni les désastres qui accabloient tour à tour & souvent à la fois l'Italie; ces faits sont étrangers à l'histoire particuliere du pays & de la nation dont nous nous occupons: nous dirons seulement que, tandis que l'Empire d'Occident étoit en proye aux vengeances des Visigoths; tandis que la mort du foible Honorius étoit suivie de nouveaux troubles, tandis que les Francs possesseurs & conquérans d'une partie des Gaules y formoient une monarchie qui devoit être un jour l'un des plus brillans & des plus respectables. Gouvernemens de l'Europe, tandis que la plûpart des autres nations se partageoient les provinces les plus considérables de l'Empire, enfin tandis que de nouveaux essaims de dévastateurs, venus du fond du nord & conduits par l'illustre & farouche Attila, venoient subjuguer les peuples & donner des loix à l'Europe, l'Empire d'Occident touchoit aux derniers momens de sa ruine (2).

Odoacre fils d'Hengiste, fondateur du royaume des Saxons dans la Grande-Bretagne, étoit passé en Italie; il se fit ouvrir les portes de Rome, y entra en triomphateur, commanda aux Sénateurs de s'assembler pour recevoir ses ordres; & le Sénat aveuglément soumis à ses volontés, envoya déclarer à Zénon, Empereur d'Orient, que les Romains renonçoient desormais à avoir un Empereur particulier, reconnoissoient Odoacre pour leur Souverain, leur Chef; le priant de lui accorder le Patriciat. Zénon refusa de consentir à cette demande; & Odoacre qui n'avoit nul besoin de l'aveu du Souverain d'Orient, abolit le titre d'Empereur, prit celui de Roi d'Italie, & s'assujettit la plûpart des peuples qui s'étoient fixés dans les Provinces Romaines, qu'ils avoient conquises (3).

Pendant ces tems d'agitations; d'usurpations & de complots, les Allemands qui formoient l'une des nations les plus belliqueuses de l'Europe, ne resterent pas dans l'inaction. La Norique & la Rhétie qu'ils possédoient à titre de conquête, ne satisfaisant point leur ambition, ils franchirent le Rhin sous la conduite d'un chef nommé Gibula, & se jeterent sur le territoire de Cologne soumis à la domination de Sigebert, chef des Francs Ripuaires. Sigebert ne se sentant point assez fort pour repousser d'aussi puissans aggresseurs, appella à son secours Clovis, qui possédoit une partie des Gaules qu'il avoit érigée en Royaume, déjà connu en Europe sous le nom de France. Clovis qui ne voyoit qu'avec inquiétude les progrès des Allemands, se bâta de répondre aux desirs de Sigebert, & marchant contre les Allemands, il les rencontra auprès de Tolbiac qui depuis a pris le nom de Zulpic. Le com-

(1) Sosomenes. L. 9. c. 6. Zozime. L. 5.    (2) Voy' le Vol. XIIIe de cette Histoire. Histoire des Huns.    (3) Fredeg c. 7. Marius Episc. in Chron. Procop. de Bell. Goth. Cassiodor.

Hist. d'Allemagne depuis les premiers tems jusqu'à Charlemagne.

État de l'Europe Ruine de l'Empire d'Occident. 476-488.

Odoacre se fait Roi d'Italie, & éteint le titre d'Empereur d'Occident.

Succès des Allemands & leur défaite à Tolbiac. 496.

Sect. I.
Hist. l'Al-
lemagne
depuis les
premiers
tems jus
qu'à Char-
lemagne.

bat que les deux armées se livrerent fut terrible; mais la victoire, disent les chroniqueurs contemporains, demeurant indécise entre l'un & l'autre parti, Clovis jura d'adorer le Dieu de Clotilde son épouse, Princesse Catholique, s'il parvenoit à vaincre & à chasser les ennemis: il les vainquit en effet, Gibula demeura parmi les morts; les Allemands privés de leur chef, & cruellement battus, furent contraints de rentrer dans leur pays, où Clovis récemment catholique, porta à son tour le ravage, la terreur & la mort (1). Ce ne fut qu'à la follicitation de Théodoric, Roi d'Italie, son allié, qu'il consentit à leur donner la paix, à condition qu'ils lui payeroient un tribut annuel, & que leurs chefs ne prendroient plus la qualité ni le titre de Rois. Le reste de la vie de ce Monarque, ne fut plus qu'une suite de victoires; mais malgré sa conversion au christianisme, elle n'en fut pas moins un horrible tissu d'attentats & de crimes qui font frémir l'humanité & qui flétriront à jamais sa mémoire (2).

489 & suiv.
Change-
gemens en
Europe par
la ruine de
l'Empire
d'Occident,

La ruine totale de l'Empire d'Occident changea entierement la face de l'Europe : de nouveaux Gouvernemens s'établirent sur les débris du trône des Césars; l'Espagne fut assujettie aux Visigoths & aux Sueves; Rome avilie obéissoit aux Ostrogoths, & leur Roi Théodoric, successeur d'Odoacre, donnoit des loix à l'Italie: il sortoit chaque jour de nombreuses colonies du sein de l'Allemagne, où cependant nul étranger n'étoit admis, & les provinces méridionales étoient menacées par les Huns. Ces formidables Huns, bien éloignés alors de songer qu'un jour ils seroient soumis aux Allemands, étendoient leur domination dans la Rhétie & la Baviere. Les Francs encore plus puissans, ne conservant de leur ancienne patrie que la Franconie dont ils avoient pris leur dénomination, avoient soumis tous les peuples compris entre les Pyrénées, l'Océan, le Rhin, le Rhône & la Méditeranée; les Allemands eux mêmes étoient leurs tributaires.

Cependant Clovis étoit mort; & ses états étoient passés à Thierry, Clotaire, Childebert & Clodomir ses fils : la Franconie & tout cet espace compris, entre le Rhin & la Meuse étoient le partage de Thierry, qui à ces possessions ajouta le Rovergne, l'Auvergne, l'Albigeois & le pays d'Uzès ainsi que le tribut des Allemands & celui des Thuringiens: Metz fut la capitale de son royaume qui fut appellé Austrasien ou Oriental. Childebert régna dans Révolutions qui se succé-dent à la Cour d'Au-strasie. Paris, Clotaire à Soissons, & Clodomir à Orléans. Les Danois oserent troubler Thierri dans ses possessions, & ils furent contraints de repasser la mer. Comme Clovis, grand guerrier & lâche assassin, Thierry, couvert du sang de ses proches, admiré par ses grandes qualités, détesté par ses crimes, mourut couvert de gloire & rassasié de crimes. Théodebert son fils lui succéda; il régna glorieusement, rendit vains les complots de ses oncles, & se fit si fort admirer, que l'Empereur d'Orient rechercha son alliance & lui envoya des Ambassadeurs (3).

Cet Empereur étoit Justinien, Prince foible, ambitieux du titre de Législateur; Souverain injuste & affectant le zele le plus vif pour la justice : il
avoit

(1) Gregor. Tur. c. 15. Gest. Rer. Franc. c. 37. Hinnemar. in Vit. Rhemig.
(2) Gregor. Tur. c. 15. Rouc. Monach. L. 2.        (3) Piocop. Hist. Goth. L. 1.
Gregor. Tur. L. 3. c. 24.

avoit le bonheur d'être servi par d'excellens ministres & par d'habiles généraux : il forma le projet d'abattre la puissance des Ostrogoths en Italie & de
renverser leur trône. Ce trône étoit occupé par le plus scélérat des hommes,
Théodat, qui, pour s'élever au rang qu'il bruloit d'usurper, avoit poignardé
lui-même l'illustre Amalasonte, fille de Théodoric, le plus juste des Rois,
qui n'avoit commis d'autre faute que celle d'élever ce perfide au rang suprême en l'associant à son trône. La crainte de perdre le fruit de tant de crimes
engagea Théodat à envoyer des Ambassadeurs au Roi d'Austrasie, auquel il
fit offrir la Provence & deux mille livres d'or, s'il vouloit le secourir contre
l'Empereur Justinien. Cette proposition fut acceptée, & les François ligués
avec les Germains résolurent de fermer aux Impériaux l'entrée de l'Italie.
Fidelle en apparence à les engagemens, Théodebert passe en Italie à la tête
d'une armée considérable, & au lieu de servir les Ostogroths contre les Impériaux, il tourne ses armes contre l'un & l'autre parti, remporte des victoires & paroît enchaîner la fortune qui couronne ses perfides projets (1).

Justinien plus fait pour faire rédiger ses caprices en loix, que pour gouverner les peuples, & pour occuper un professorat qu'un trône, frémit de terreur au bruit des exploits du Roi d'Austrasie, & eut la lâcheté de lui envoyer
des Ambassadeurs, chargés de confirmer les traités qu'il avoir faits au sujet de
la Provence & des villes d'Italie dont il s'étoit emparé ; afin même de se
l'attacher il porta la bassesse jusqu'à ordonner par un édit que toute monnoie
qui porteroit l'empreinte du Roi d'Austrasie, auroit cours dans toute l'étendue de l'Empire d'Orient.

Plus Justinien témoignoit de déférence à Theodebert, plus celui-ci le méprisoit : aussi ne tarda-t-il point à se liguer avec les Lombards, les Gepi-
des, les Allemands & les Germains, pour punir l'Empereur d'avoir osé prendre les titres de *Francique*, de *Germanique* & d'*Allemanique*. Le Roi
d'Austrasie, joignant l'insulte à la menace, fit frapper des médailles sur lesquelles il se fit représenter avec tous les attributs de la dignité Impériale, &
décoré des titres de Seigneur & d'Auguste, affectés aux seuls Empereurs. Il
se disposoit à aller assiéger Justinien dans Constantinople, quand la mort le
renversa lui-même : il fut amerement regretté de ses peuples. Theobald son
fils encore jeune, lui succéda : Justinien persuadé de l'inexpérience de ce nouveau Souverain, se plaignit vivement par des Ambassadeurs qu'il lui envoya,
de la mauvaise foi de Theodebert à exécuter les traités, & demanda la restitution des places que les Austrasiens occupoient dans la Venetie & la Ligurie :
mais il fut trompé dans son attente : Théobald ou Thibaut répondit avec beaucoup de fermeté, refusa de rien restituer, & l'Empereur n'eut garde de persister dans sa demande, & encore moins dans ses reproches (2).

Cependant la guerre entre les Ostrogoths & les Romains se soutenoit en
Italie avec la plus grande vivacité, Narsés, Général des Impériaux, avoit réduit les ennemis aux plus dures extrémités : ceux-ci implorerent le secours
de Théobald : ils furent fortement appuyés par les Allemands, aux généraux
desquels il permit de lever dans ses états une armée de 60 mille hommes,

(1) Fortunat. L. 2. c. 12. Procop. L. 3. Greg. Tur. L. 3. c. 36.
(2) Facund. Victor. *in Chronic.* Liberau.

Sect. 1.
Hist. d'Al-
lemagne
depuis les
premiers
tems juf-
qu'à Char-
lemagne.

Victoire de
Narsés.

489 & suiv.

Les Alle-
mands font
une nouvelle
ex; édition
en Italie.

qu'ils conduifirent en Italie. Narfés étoit alors occupé à réduire Cumes. Les généraux Auftrafiens s'imaginerent qu'un eunuque, en perdant la virilité avoir aufli perdu tout fon courage, ils ne connoiffoient pas le brave & généreux Narfés; il eft vrai qu'ils eurent d'abord des fuccès brillans : les Allemands fur-tout fe diftinguerent par leur valeur, & plus encore par la haine qui les animoit contre les Chrétiens: car l'Allemagne entiere étoit encore plongée dans les ténebres & les fureurs de l'idolatrie: mais affoiblis bientôt eux-mê-mes par la pefte, ils furent cruellement battus par Narfés, & leur armée en-tiérement exterminée. Le fenfible Théobald conçut une fi vive douleur de cette perte, qu'il n'y furvêcut que peu de tems, & comme il ne laiffoit point d'enfans, les Seigneurs Auftrafiens s'affemblerent & déférerent la couronne à Clotaire, defcendant de Clovis.

Pendant les troubles violens qui agiterent le regne de Clotaire, ou du moins peu de tems après, les Lombards jeterent en Italie les fondemens de leur puiffance (1): ils fe rendirent maîtres des places les plus confidérables de ces belles contrées, y créerent plufieurs Duchés, & formerent des def-feins fur la Savoie & le Dauphiné. D'un autre côté, Chilperic, méfufant des bontés de Sigibert fon pere, Roi d'Auftrafie, fe ligua contre lui avec Gontran fon autre frere, mais Sigibert, foutenu par les Allemands, les vainquit l'un & l'autre, & eut encore l'indulgence de leur donner la paix. Le perfide Chilpe-ric ne profita de cette grace que pour donner de nouvelles preuves de fon in-gratitude: il ravagea une partie des états du Roi d'Auftrafie, qui, appellant à fon-fecours les Allemands & les Bavarois, fe mit à leur tête & jura de punir enfin les infidélités de fon ennemi. Chilperic fut encore battu, mais le vain-queur périt fous le poignard de deux affaffins, armés par l'horrible Frede-gonde, digne confidente & confeil de l'ingrat Chilperic (2).

Le fils de Sigebert, Childebert, fut reconnu Roi d'Auftrafie, & il eut régné avec gloire s'il n'eut pas écouté les perfides infinuations de Fredegonde, qui, pour mieux le perdre, l'engagea à rompre avec les plus fermes appuis de fa puiffance. Cependant l'Empereur Maurice envoya des Ambaffadeurs au Roi d'Auftrafie, dont il réclamoit du fecours contre les Lombards, cha-que jour plus entreprenans, & qui menaçoient d'affujettir l'Italie entiere à leur domination. Afin de décider plus promptement Childebert, Maurice lui fit compter cinquante mille écus d'or. Le jeune Souverain à la tête d'une armée d'Auftrafiens & d'Allemands paffa en Italie, & s'y fignala par les fuccès les plus éclatans: mais Autaire, Roi de Lombards, fachant qui l'a-voir déterminé à fe déclarer pour les Romains, lui offrit des préfens plus confidérables que ceux qu'il avoit reçus de Maurice, & Childebert ne ba-lança point à lui donner la paix: il promit même fa fœur en mariage à Autai-re: mais lorfqu'il crut avoir infpiré la plus entiere confiance aux Lombards, il fondit inopinément fur eux avec les Allemands & les Impériaux, commit des ravages affreux dans la Lombardie, & donna fa fœur Clodofinde en ma-riage à Recarede, Roi des Vifigoths en Efpagne (3).

Autaire, vivement irrité, fe ligua contre Childebert avec le Duc de Baviere,

(1) Marius in Chronic. Greg. Tur. L. 4. c. 35.       (2) Flodoard. L. 2. c. 4.
Aimoin. L. 3. Fredeg. in Chronic. c. 15-17.     (3) Paul Diac. de Geft. Longobard.
L. 3. c. 17. Gregor. Tur. L. 4. c. 32.

qui avoit reçu auffi des mécontentemens de la part du Roi d'Auftrafie. Celui-ci fit paffer une puiffante armée en Italie ; mais elle n'y eut aucun fuccès, & fut prefque entierement moiffonnée, par une maladie contagieufe ; enforte que Childebert fut contraint de fe reconcilier avec les Lombards à des conditions peu avantageufes pour lui.

Le Roi d'Auftrafie fut plus heureux dans fes hoftilités contre les Bavarois, qu'il obligea de rentrer dans le devoir. Le calme parut fe rétablir ; mais il fe foutint peu, graces au caractere affreux de Fredegonde, qui remplir la Cour de Childebert & la France de crimes & d'horreurs. Implacable dans fes vengeances, elle avoit juré la mort du Roi d'Auftrafie, & celle de Brunehaut fa rivale & mere de Childebert. Ses complots furent découverts; les affaffins armés par cette furie, périrent dans les fupplices : mais l'intrépide Fredegonde, à la tête d'une armée, marcha contre les deux ennemis dont elle avoit médité la ruine. Peu contente de remporter une victoire complette fur les Auftrafiens & les Allemands réunis, elle fufcita de nouveaux affaffins, & recueillit le premier fruit de fes crimes à la mort de Childebert, qui périt empoifonné, par Fredegonde fuivant les uns, ou par Failube fa femme, fuivant les autres : il eut de la valeur, de grandes qualités, mais peu de bonne foi (1).

Cet événement confterna les Auftrafiens, & pénétra de joye l'impitoyable Fredegonde; il ne lui reftoit plus que quelques victimes à immoler, les jeunes enfans que Childebert laiffoit, & Brunehaut dont elle étoit impatiente de répandre le fang: mais elle périt elle-même, & tranfmit au jeune Clotaire fon fils toute la haine qui l'avoit animée contre Brunehaut. On fait par quel honteux & terrible fupplice ce barbare Souverain la fit périr; on fait avec quelle atroce fureur il extermina la maifon entiere des Rois d'Auftrafie.

Les Maires du palais, fes complices, traiterent avec lui comme avec un égal; c'étoit à leurs perfides trâmes qu'il devoir fa puiffance, & il n'ofa fe refufer aux conditions qu'ils lui prefcrivirent, ce fut dès lors que les Maires du Palais, s'arrogeant l'autorité fuprême, ne laifferent au monarque avili qu'un vain titre de Roi.

Dagobert, fils aîné de Clotaire, fe fignala par un acte de perfidie envers Crodoalde, Roi d'Auftrafie que, contre la foi des fermens, il fit inhumainement mettre à mort. Cependant ce même Dagobert fut le légiflateur des Auftrafiens : & ces loix qui laiffoient fubfifter le duel, les jugemens par les épreuves, & une foule d'autres pratiques encore plus fuperftitieufes & plus nuifibles à la tranquillité publique, prouvent combien le voile de l'ignorance & de la ftupidité étoit épais dans les premiers tems de la monarchie Françoife.

Cependant les Saxons fatigués & honteux du tribut qu'ils payoient au Roi d'Auftrafie, réfolurent de s'affranchir de cette marque de dépendance & d'infériorité. Dans cette vue, ils envoyerent des députés à Dagobert, chargés de lui propofer, ou de renoncer à ce tribut, ou de fe difpofer à la guerre. Le Roi d'Auftrafie accepta le dernier parti, marcha contre fes nouveaux ennemis, fut d'abord vaincu; fixa enfuite la victoire, & regardant la mort de Clotaire fon pere, Roi de Neuftrie & de Bourgogne, comme une occafion favorable de s'aggrandir, conçut le deffein de s'emparer des couronnes de Neuf-

(1) Flodoard. L. 2. c. 4. Almoin. L. 3. Fredegaire *in Chronic.* c. 15-17.

Sect. I.
Hist. d'Al-
lemagne
depuis les
premiers
tems jus-
qu'à Char-
lemagne.

trie & de Bourgogne, au préjudice d'Aribert son frere, comme il avoit usurpé le trône d'Austrasie au préjudice de la postérité de Childebert (1). Le
succès couronna encore cette inique entreprise, &, pour tout dédommagement
des possessions qu'on usurpoit sur lui, Aribert, à la sollicitation de Pepin,
Maire du Palais du Souverain d'Austrasie, obtint l'Aquitaine, avec la permission de la posséder sous le titre de Roi. Dagobert toujours guidé par les
Conseils de ce même Pepin, alla fixer à Paris, le siege de sa domination,
au grand mécontentement des Austrasiens, qui ne se voyoient privés qu'avec
une extrême douleur de la présence de leur Prince.

Fortune
éclatante
de Samon
élevé au
trône des
Sclaves.

Dagobert se livra dans la nouvelle capitale aux plaisirs les plus avilissans; il
se déshonoroit par les plus excessives débauches, tandis qu'un de ses sujets
s'illustroit chez les Sclaves, qui, en reconnoissance des services qu'il leur avoit
rendus, l'éleverent au rang suprême. Cet homme étoit Samon, originaire du
Sennegau, & qui avoir long-tems exercé en Germanie la profession de mar-
chand. Il se montra digne du trône, où ses vertus, la sagesse de ses conseils,
sa valeur & ses qualités éminentes l'avoient fait parvenir. A la premiere
nouvelle de son étonnante fortune, une foule de marchands Austrasiens, autrefois liés avec lui, s'empresserent d'aller dans ses états, persuadés qu'ils y
recevroient l'accueil le plus distingué; mais ils furent trompés dans leur attente; à peine ils eurent mis le pied sur les terres des Sclaves, qu'ils y furent
pillés & dépouillés (2).

Dagobert à qui les marchands Austrasiens rendirent compte du malheur
qu'ils venoient d'éprouver, envoya des ambassadeurs à Samon pour lui demander raison de cette action commise contre le droit des gens. Samon parut d'abord disposé à réparer l'offense; il offroit même son amitié à Dagobert.
Mais Sichaize, l'un des ambassadeurs & le plus imbécille des fanatiques répondit brusquement, que les Serviteurs de Dieu, c'est-à-dire de Dagobert,
refuseroient toujours avec indignation, l'amitié des chiens; car c'étoit ainsi
que dans ces tems on nommoit les idolâtres, & les Sclaves l'étoient. Samon, justement irrité de cet excès d'insolence, fit chasser les ambassadeurs (3).

Cette querelle fut le sujet d'une cruelle guerre. Dagobert, secondé par les
Lombards & les Allemands, tenta de se venger des Sclaves; il ne réussit pas:
au contraire, dans le tems qu'il se disposoit à porter tout le feu des hostilités
chez ses ennemis, ceux-ci vinrent l'attaquer dans les propres états.

Trop entraîné par son penchant aux plaisirs pour s'occuper de la gloire de
sa couronne, Dagobert abandonna le soin de sa vengeance aux Saxons, qui
promirent de chasser Samou de la Thuringe où il s'étoit établi, pourvu qu'ils
fussent déchargés du tribut auquel ils étoient assujettis. Le Roi d'Austrasie
accepta cette condition; les Saxons ne purent obliger les Sclaves de renoncer
à la possession de la Thuringe, & les Austrasiens, indignés de la lâcheté du
Monarque & des impôts, chaque jour plus accablans, dont il les surchargeoit,
se souleverent, environnerent son palais, & demanderent à grands cris un
Roi qui vécut parmi eux, & qui les gouvernât suivant leurs loix. Le lâche
Dagobert consentit à cette demande, & présenta Sigebert son fils, à peine âgé

(1) Predeg. c. 56 in gest. Dagob. c. 15.        (2) Id. c. 22 43.
(3) Id. in Gestis Dagob. c. 27.

de 4 ans aux Auftrafiens, qui le reconnurent pour Roi, l'emmenerent à Metz, & laifferent Dagobert à Paris, où il acheva de fe déshonorer par une action infâme, & pour laquelle il n'eut garde de confulter Pepin (1).

Douze mille Bulgares échappés au fer des Abares leurs vainqueurs, s'étoient réfugiés avec leurs familles dans les états de Dagobert, qui leur avoit donné la Baviere pour azile, avec promeffe de les y protéger de toute fa puiffance: ils comptoient fur la parole du Souverain, &, la regardant commé facrée, ils fe croyoient à l'abri de tout danger; mais une nuit qu'ils étoient enfevelis dans le fommeil, les Bavarois fondirent inopinément fur eux, & les exterminerent tous, à la referve de fept cens qui fe fauverent & allerent implorer la pitié de Samon. Le Roi des Sclaves penfoit mieux que Dagobert; il leur fit un accueil favorable, & ne viola ni les droits de l'humanité, ni ceux de l'hofpitalité.

Dagobert ne furvécut gueres au maffacre des Bulgares, & tranfmit fes états à Clovis II, le deuxieme de fes fils. Cependant Sigebert ne s'illuftroit pas plus fur le trône d'Auftrafie que Dagobert ne s'étoit illuftré à Paris. Vaincu & humilié par les Thuringiens, il s'étoit livré à une dévotion imbécille, minutieufe, & aux confeils de Grimoald, indigne fils de Pepin & le plus fcélérat des hommes. Ce Maire ambitieux étoit parvenu, de concert avec Didon, Evêque de Poitiers, à fe faire livrer Dagobert, jeune enfant, fils unique de fon maître, & après l'avoir fait tranfporter à l'extrémité d'une Province d'Angleterre, il avoit fait répandre le bruit de la mort de ce Prince. D'après cette fauffe nouvelle, le traître, fous prétexte que Sigebert l'avoit adopté avant la naiffance de cet enfant, obligea les ordres de l'état à lui déférer la couronne. Mais les grands d'Auftrafie, accoutumés à ne reconnoître pour leurs Souverains que les defcendans de leurs Rois, fe fouleverent, & livrerent l'ufurpateur à Clovis II, Roi de Neuftrie & de Bourgogne, qui le punit de fes attentats. Le fort du jeune Dagobert n'en fut gueres plus heureux: Clovis retint pour lui la couronne d'Auftrafie, enforte que Childeric fon fils réunit les trois royaumes de Bourgogne, d'Auftrafie & de Neuftrie: mais celui-ci abufa de fa puiffance, ou plutôt il laiffa les Maires du Palais étendre trop loin leur autorité, & il mourut poignardé par des affaffins.

La mort de Childeric rendit à Dagobert non la couronne, mais le rang de fon pere: il régna fur la Neuftrie & la Bourgogne: mais les Auftrafiens, refufant d'avoir rien de commun avec les Neuftriens qu'ils déteftoient, fe donnerent pour chef, fans toutefois lui accorder la qualité de Roi, Angefile, gendre de Pepin, qui avoit été Maire du Palais fous Sigebert. Angefile ne jouit que peu de jours de fon autorité; il fut affaffiné par Gondoin, jeune ingrat qu'il avoit comblé de bienfaits (2). Pepin, fils d'Angefile, venga la mort de fon pere avec tant de valeur & d'éclat, que les Seigneurs Auftrafiens, pénétrés d'admiration, le nommerent leur chef: il fit fervir fa puiffance au bonheur de fa nation, & pour travailler avec plus de fuccès à la félicité publique, il s'affocia Martin, fon parent, avec lequel il prit de fi fages mefures, qu'il fit rentrer fous fon obéiffance les Allemands, qui, profitant des derniers troubles, avoient formé des entreprifes contre les Auftrafiens.

Marginal notes (right side):
- *Hift. d'Allemagne depuis les premiers tems jufqu'à Charlemagne.*
- *Mort de Dagobert & accroiffement exceffif des Maires du Palais.*
- *Sageffe valeur & habileté de Pepin Maire du Palais.*

(1) Greg. Tur. L. 2. c. 7.    (2) Anonym. in Vit. S. Lamberti.

Sect. I.
Hist. d'Allemagne
depuis les
premiers
tems jus-
qu'à Char-
lemagne.

Toutefois si les deux Princes furent heureux dans cette guerre contre les Allemands, ils ne le fureur point contre les Neustriens, qui peu de tems après remporterent sur eux une victoire complette. Pepin se déroba par la suite aux fureurs des vainqueurs, Martin son associé fut pris, &, contre la foi jurée, impitoyablement mis à mort par Ebroin, Maire du Palais de Neustrie, homme dur, tyran sanguinaire, & que Thierry ne gardoit auprès de lui, que parce qu'il lui eut été trop dangereux de l'éloigner. Pepin sut profiter

des vices d'Ebroin, qui tomba sous le fer d'Ermenfroi, excité à cet acte de vengeance par le politique Pepin. Celui-ci suscita tant de divisions dans les états de Thierry, qu'il finit, après quelques années de guerre & d'intrigues, par se faire déférer toute l'autorité de la justice & des armes dans les deux Royaumes de Neustrie & de Bourgogne: autorité puissante qu'il exerça avec habileté sous le titre de Maire, réuni à celui de Prince d'Austrasie.

Pepin étant parvenu au rang qu'il avoit tant ambitionné, Thierry ne fut plus qu'un vain simulâcre de Roi. Perpétuellement relegué dans un château de plaisance, il n'en sortoit qu'une fois l'année, pour aller dans un char trainé par des bœufs, se montrer au peuple assemblé, suivant l'usage, au champ de Mars (1). Lorsque Pepin eut affermi sa puissance dans les trois royaumes qu'il gouvernoit en maître, il reprit un ancien projet qu'il avoit formé de subjuguer entierement les Allemands & les nations Germaniques. Rubolde, Duc des Frisons fut le premier qu'il vainquit, & qui fut trop heureux d'acheter la paix au prix de la plus grande des deux Provinces de Frise, & qui s'étendoit depuis le bras gauche du Rhin jusqu'au Fleuve aujourd'hui nommé par les Hollandois le *Zuiderzée*. Il la céda toute entiere à Pepin, & ne conserva l'autre qu'en s'obligeant à un tribut. Les Allemands & les Bavarois, également battus en plusieurs rencontres, furent contraints aussi de se soumettre.

Pepin continua de régner glorieusement, sans prendre néanmoins le titre de Roi, qu'il étoit le maître de substituer à ceux de Prince d'Austrasie & de Maire du Palais de Bourgogne & de Neustrie (2). A sa mort, il transmit sa puissance à ses trois petits fils, auxquels Plectrude, leur ayeule, s'efforça de conserver toute l'autorité. Dans cette vue, elle prit sous le nom d'Arnoud, l'aîné des trois Princes, la régence d'Austrasie, & voulut faire reconnoitre Théodalt, le plus jeune des trois, pour Maire du Palais de Neustrie & de Bourgogne, conformément aux dernieres volontés de Pepin: mais les Neustriens, ne voulant pas consentir à être gouvernés par une femme & un enfant, se donnerent tant de soins pour rappeller au Roi Dagobert qu'il portoit une couronne, que ce Prince rougissant enfin de la honteuse oisiveté dans laquelle il étoit engourdi, prit la résolution de régner par lui-même.

Trop fiere pour céder la puissance qu'on vouloit lui ravir, Plectrude menaça les Neustriens, mit sur pied une armée & en confia le commandement à Théodalt, qui fut battu. La colere & le ressentiment de Dagobert n'étoient pas alors ce que Plectrude avoir le plus à craindre; son ennemi le plus redoutable étoit Charles, fils naturel de Pepin, & que, pour la sûreté de ses pupilles, elle avoir fait renfermer à Cologne dans une étroite prison. Charles, plein

---

(1) *Gesta. Reg. Franc.* c. 47-48.     (2) Paul Diac. L. 6.

de valeur, de prudence & d'habileté; ce Charles que ses victoires multipliées firent dans la suite surnommer *Martel*, trompa la vigilance de ses gardes, s'é-vada, prit les armes & au-lieu de les tourner contre sa persécutrice & ses ennemis particuliers, il marcha contre les Neustriens qui poursuivoient leur victoire, & parvint, après plusieurs combats, à les chasser de l'Austrasie, dont-il se fit proclamer Prince. De là il marcha vers Cologne, dont-il se rendit maître; & dédaignant de se venger de Plectrude qui étoit tombée en sa puissance, il se contenta de la mettre hors d'état de lui nuire, pardonna à ses ennemis; battit les Neustriens, força Chilperic leur Roi, successeur de Dagobert III, de descendre du trône, y plaça Clotaire, que la mort enleva peu de tems après, & lui substitua ce même Chilperic qu'il avoir détrôné, mais auquel il ne rendit que le titre de Roi, se reservant à lui seul toutes les fonctions & toute la puissance de la Royauté.

On sait quels furent les succès & les victoires éclatantes de Charles Martel: il ne vouloit pas prendre le titre de Roi, quoiqu'il fut plus que Roi, quoique les souverains les plus puissans recherchassent son alliance, quoiqu'il fut en Europe, l'arbitre de la paix & de la guerre & qu'il disposât des couronnes. Il mourut comblé de gloire, & sa mort fut l'époque de la grandeur de Pepin (1).

Avant que de mourir, Charles, disposant en maître des états qu'il avoit gouvernés comme Duc & Maire du Palais, avoir donné à Carloman la Suabe avec une partie de la Suisse, c'est-à dire, l'Allemagne; & la Principauté d'Austrasie: il avoir déclaré Pepin héritier de la Neustrie ainsi que de la Bourgogne, & n'avoit donné que des portions détachées de ces deux Royaumes à Grippon, son troisieme fils. Quant à la Frise & à la Saxe, il n'en disposa point, ne supposant pas que les peuples de ces pays, qui n'avoient jamais voulu consentir à reconnoître sa puissance, voulussent se soumettre à ses enfans.

Charles Martel avoir été l'admiration des peuples de Neustrie & de Bourgogne, ils voioient dans le jeune Pepin son fils les grandes qualités du pere, sa valeur, son habileté; aussi le sceptre que Charles avoir tant illustré prit entre les mains de son fils encore plus d'éclat; il dévint tel qu'il devoit être pour être transmis à Charlemagne, digne successeur d'un tel pere & d'un tel ayeul.

L'avénement des deux Princes, Carloman & Pepin le bref, ne fut rien moins que paisible; ils eurent des obstacles à surmonter, des factions à détruire, des provinces entieres à soumettre en Neustrie, les Allemands & les Bavarois à combattre; mais leur courage, leur sagesse, & sur-tout la bonne intelligence qui les unit, l'emporterent sur les efforts réunis des ennemis & des rebelles qui tenterent vainement de les écarter du trône (2). Le plus actif, le plus dangereux, le plus envénimé de ces ennemis, étoit Somnichilde; que Charles Martel avoit épousée en secondes noces & qui fut mere de Grippon. Somnichilde, irritée de l'injustice qu'elle accusoit Charles Martel d'avoir faite à son fils, s'étoit liguée avec les Allemands & le Duc de Baviere, qui, guidés par ses conseils, entreprirent de se délivrer du joug des Austrasiens, & com-

(1) *Gest. Antisti: Coloneus. Secund. Continuat.* Fredeg. c. 110.    (2) Id: Append.
*Gest. Reg. Franc.*

mirent de violentes hoftilités; mais ce fut fur eux-mêmes & fur leur alliée que Pepin & Carloman firent retomber l'orage. Somnichilde fut arrêtée avec Grippon, & confinée pour le refte de fes jours dans un monaftere. Mais avant que de fe venger des complôts de leurs ennemis, du Duc de Baviere fur-tout, qui, malgré la conftante oppofition des deux freres, avoit époufé Hiltrude leur fœur, & refufoit de faire à Carloman l'hommage de fon Du-ché, ils eurent de cruelles difputes à foutenir & à terminer avec les évêques & le clergé de leurs états, qui noircirent de la plus déshonorante maniere les mœurs & la conduite de Charles Martel: toutefois les deux freres par-vinrent à éteindre ce fujet de difcorde, & marcherent enfuite contre Odillon Duc de Baviere. Celui-ci, feconé par les Saxons, les Sclaves & les Alle-mands, tenta de difputer à fes beaux-freres le paffage du Leck, mais il fut forcé dans fon camp, complettement battu, fon armée difperfée, & lui-même obligé de prendre la fuite (1).

Peu content de ce fuccés, Carloman pénétra dans la Saxe, réfolu de pu-nir les Saxons des fecours qu'ils avoient donnés aux Bavarois. Cette expé-dition fut d'autant plus heureufe pour Carloman, qu'il n'avoit du qu'à lui-même fes triomphes & fes victoires: fon frere n'avoit pu l'accompagner: il avoit été contraint de voler au fecours de la Neuftrie en proye aux hoftilités du Duc d'Aquitaine qui y mettoit tout à feu & à fang.

Quelque éclatans qu'euffent été les fuccès de Carloman, il n'étoit rien moins que capable de régir par lui-même un Gouvernement étendu. Foi-ble, pufillanime & très-facile à fe décourager, Carloman, ne fe fentant pas affez fort pour fupporter le poids d'une couronne, defcendit bientôt du trô-ne, & alla végéter dans l'obfcurité d'un cloître. Pepin lui fuccéda au pré-judice de Drogon, qui, fils de Carloman fe vit dépouiller de la fucceffion paternelle. Grippon, quelqu'amitié que lui témoignât fon frere, qui, l'ayant fait fortir de la prifon de Neufchatel, l'avoit fait venir à fa cour où il le traitoit en frere & en ami; Grippon, ne pouvant oublier qu'il étoit auffi fils de Char-les Martel, regardoit comme autant d'injures les bienfaits que Pepin verfoit fur lui, & la retraite de Carloman lui parut une occafion favorable de faire revivre les droits (2). Il commença par fe plaindre amerement des injufti-ces de Pepin, qu'il peignit des plus noires couleurs. Bientôt il parvint à fe faire un parti dans la cour même de fon pere, & paffa en Germanie, où il agit avec tant d'activité, qu'il fe fit quelques alliés: les Saxons fe montrerent les plus empreffés à foutenir fes intérêts: mais Pepin ne donna pas le tems à fes ennemis de fe rendre plus formidables, & pénétrant en Saxe, il y por-ta le ravage & la défolation, mit en fuite Grippon, qui, dans fa retraite, alla s'emparer de la Baviere, & ne fut point affez heureux pour conferver cette conquête: Pepin, ne tarda pas à la lui enlever: il triompha de tous fes ennemis, qu'il contraignit à lui demander la paix: il la leur accorda, & fut même affez généreux pour les accabler de bienfaits. Peu content de pardonner à Grippon, il lui donna encore la ville de Mons & douze comtés confidérables.

Pepin

(1) Secund. Continuat. Fredeg. Geft. Reg. Franc. Fuldenf. Mœtenf.　　(2) Annal. Tetiam. Petavium.

Pepin, couvert de gloire, redouté des Puiſſances étrangeres, admiré, reſpec-té des ſujets de Childéric, qui n'avoit du pouvoir & de la majeſté du rang ſuprême que le titre de Roi ; Pepin aſpiroit en ſecret au trône de ce foible Monarque, très-peu digne en effet, de porter la couronne : mais quelque entiere, & illimitée que fut l'autorité du Maire du Palais, il n'oſoit détrôner ouvertement Childeric. Toutefois, dévoré du déſir de régner, il mit adroi-tement le Pape dans ſes intérêts. Zacharie occupoit alors la chaire de S. Pierre, & Zacharie auſſi ambitieux que Pepin, ne s'occupoit depuis long-tems que des moyens de ſe former un Etat des débris de celui de Conſtanti-nople (1). Le Maire du Palais lui envoya pour ambaſſadeurs, Burchard Evê-que de Wurtzbourg & Fulrade, qui, après avoir fait un éloge pompeux des vertus, des grandes qualités & ſur-tout de la magnificence & de l'ame recon-noiſſante de Pepin, propoſerent au Pontife cette ſinguliere queſtion, ſavoir; lequel de deux Princes étoit le plus digne de régner, celui qui, lachement endormi ſur un trône, que le hazard de la naiſſance lui avoit tranſmis, vi-voit, ou plutôt végétoit dans une oiſiveté ſtupide, ne s'occupant ni du bon-heur de ſes ſujets, ni des intérêts de la nation ; ou bien celui qui, toujours les armes à la main, veilloit ſans ceſſe pour la gloire de l'Etat, & n'étoit oc-cupé que de la félicité publique ? Il eſt très-vraiſemblable que le Pape Za-charie avoit d'avance préparé ſa réponſe : car il ne balança point à décider que celui là devoir inconteſtablement être Roi, qui, méritant le plus de porter la couronne, avoit en main la puiſſance.

Le même intérêt qui avoit dicté la déciſion de Zacharie guida auſſi la con-duite d'Etienne ſon ſucceſſeur, qui, également embraſé du déſir de poſſéder l'Exarchat & le Pentapole que les Lombards venoient d'enlever aux Grecs, envoya des émiſſaires à Pepin, pour s'aſſurer ſa protection. Pepin, afin de mieux réuſſir dans l'uſurpation qu'il méditoit, ne négligea rien de ce qu'il crut pouvoir flatter l'ambition exceſſive d'Etienne ; il le traita, dans une entrevue qu'ils eurent, avec le plus grand reſpect, lui fit rendre des honneurs écla-tans : car n'étant rien moins qu'affermi ſur le trône où il n'étoit pas même encore aſſis, il avoir le plus grand intérêt à s'étayer de l'approbation, toute puiſſante alors, du ſouverain Pontife & du Clergé. En effet, il n'ignoroit pas que les Grands murmuroient & plaignoient l'infortune de Childeric : il n'ignoroit pas non plus que le rang qu'il uſurpoit appartenoit inconteſtable-ment à Drogou & aux autres enfans de Carloman qui y avoient les droits les plus évidens (2).

Etienne ſervit l'uſurpateur avec le zele le plus vif ; il lui donna, dans une aſſemblée ſolemnelle, l'abſolution du parjure dont il s'étoit ſouillé en dépo-ſaut Childeric, auquel en qualité de Maire du Palais, il avoit fait ſerment de fidélité.

Informé dans ſa retraite, de la réſolution qui anéantiſſoit ſes droits, Carlo-man ſort de ſon cloître, va faire les reproches les plus ſanglans au ſouverain Pontife, gagne avec les Lombards la plus grande partie des ſeigneurs de Tre-ves, d'Alſace, de Cologne & de l'Electorat de Mayence, qui, tous conſé-

Hiſt. d'Al-lemagne depuis les premiers tems juſ-qu'à Char-lemagne.

Pepin uſur-pe la couron-ne de France & eſt ſe-condé par le Pape, qu'il enrichit.

Mécontent-tement des Grands.

(1) Annal. Meҭenſ. Nazarian. Telian. Petav. Fuldenſ.  (2) Id. Annal. Lauretham.
Telian. Petavian.

Sect. I.
Hist. d'Allemagne depuis les premiers tems jusq'uà Charlemagne.

dérés, vont repréfenter à Pepin que, vouloir appuyer les prétendons du Pape contre Aftolphe, Roi des Lombards, anciens alliés des Auftrafiens & des François, c'eft la plus odieufe des injuftices.

Pepin fentir la force de ces repréfentations; mais elles n'affoiblirent point fon zele pour Etienne; il lui avoit promis le Pentapole en récompenfe des fervices qu'il avoit reçus du S. Siege, & quoiqu'il n'eut eu aucun droit de difpofer de ce pays inconteftablement foumis à la couronne de Lombardie, il réfolut de faire valoir de toute fa puiffance la donation qu'il en avoir faite. Il fit dans cette vue les plus grands préparatifs, & raffemblant fous fes drapeaux toutes les nations établies entre l'Yffel, l'Elbe, la Mer d'Allemagne, l'Océan, les Pyrenées & les Alpes, il entra en Italie, fe jeta fur les Etats d'Aftolphe, porta le ravage & la mort jufqu'au portes de Pavie, & força le Roi de Lombardie de céder, par traité de paix, au Pape & à fes fucceffeurs la plus belle contrée de fes états (1).

Victoire de Pepin fur les Lombards.

La force avoit dicté ce traité: Aftolphe le rompit auffi-tôt qu'il eut appris la retraite de Pepin, & il alla affiéger le Pape Etienne dans Rome. Mais les armes des Lombards, la juftice de leur caufe, la bonne foi d'Aftolphe & fa valeur échouerent contre les artifices d'Etienne, fes pieufes fraudes, la puiffance de Pepin & le bonheur de fes armes.

Ce fuccès & l'empreffement de tous les fouverains à rechercher l'alliance de Pepin, avoient élevé ce Prince au plus haut degré de gloire; la fuite étendue de fa domination & les victoires qu'il avoit remportées le faifoient regarder comme le plus puiffant & le plus formidable des Monarques de fon fiecle. Son autorité, fa gloire n'en impoferent pourtant point aux Saxons qui ne craignirent pas de l'irriter par des hoftilités. Ils en furent cruellement punis: Pepin après avoir ravagé leur pays, les attaqua près d'un lieu nommé Sitime, en fit un affreux carnage, & les obligea de demander la paix, qu'ils n'obtinrent qu'à condition qu'ils continueroient de payer à la couronne de France le tribut auquel ils étoient affujettis, & dont ils avoient tant de fois & fi vainement tenté de s'affranchir (2).

Et fur les Saxons.

773.

Au milieu de fa marche victorieufe, Pepin trouva un ennemi auquel il ne lui étoit pas poffible de réfifter; il fe fentit atteint d'une maladie mortelle, & il employa fes derniers momens à affurer dans fa Maifon la puiffance qu'il y avoir fondée: il commença par faire de fages réglemens pour la tranquillité de fes Peuples; enfuite, partageant fes Etats entre fes enfans, il donna l'Auftrafie & l'Aquitaine à Charles; en qui il connoiffoit les plus grandes qualités; & voulut que Carloman, fon fecond fils eut la Neuftrie & la Bourgogne (3).

Les premiers jours de Charles furent peu paifibles; il eut des factions à diffiper & des rebelles à combattre: il les vainquit & fe montra digne fucceffeur de Pepin. Malgré les prieres & les exhortations intéreffées du fouverain Pontife, il choifit pour époufe la fœur du Roi des Lombards. Il eft vrai que ce mariage ne fut rien moins qu'heureux: Charles plus connu fous le nom de Charlemagne, étoit le plus ambitieux & le plus inconftant des hommes; peu de jours après, fon époufe fût chaffée de fon lit, pour y recevoir Hildegarde, de la nation

Avénement de Charlemagne à la couronne.

(1) Anaftaf. in vit. Stephan. Pap. Eginhar. Cordemoy. Hift. Franc.    (2) Annal. Metenf.    (3) Annal. Metenf.

*Hift. d'Al-*
*lemagne*
*depuis les*
*premiers*
*tems juf-*
*qu'à Char-*
*lemagne.*

.des Sueves; & Hildegarde fut à fon tour facrifiée à de nouvelles amours & rem-
placée par d'autres époufes. Cependant Carloman mourut & laiffa deux enfans;
Charles ne leur permit point de fuccéder à leur pere: il s'empara de leurs Etats,
& les vit avec indifférence aller implorer le fecours des Lombards. Tandis
.qu'ils y étoient bercés des plus flatteufes efpérances, le Roi d'Auftrafie étoit
en Saxe où il jetoit les femences de cette guerre cruelle, qui, pendant trente
trois ans devoit être fi funefte à fes propres fujets & à fes ennemis. Il ravageoit
la Weftphalie, & remportoit autant de victoires qu'il livroit de combats.    Il
.fufpendit le cours de fes triomphes, pour aller en Italie, accabler Didier, Roi
.des Lombards, qu'il battit & mit en fuite (1).

  Ce fut à la fuite de fon expédition en Lombardie, que Charlemagne fe
.rendit à Rome, où le Pape Adrien lui fit rendre les mêmes honneurs que l'on
.avoit jadis rendus aux Empereurs & aux Exarques. En reconnoiffance, Charles ratifia la donation faite au S. Siege par Pepin, qui n'avoit eu aucune forte
.de droit de difpofer des provinces dépendantes de la couronne de Lombardie.
Le bienfaiteur d'Adrien s'arracha aux honneurs dont on le combloit à Rome,
.pour fe jeter encore fur la Lombardie, où il fixa la victoire fous fes drapeaux,
.fit Didier prifonnier de guerre, le rélégua dans un monaftere, & fe fit cou-
.ronner Roi des Lombards.

  L'accroiffement de la puiffance de Charlemagne, & les preuves qu'il avoit
.donné de l'excés de fon ambition, allarmoient également, & les Romains,
.qui craignoient qu'il ne fut tenté de venir fonder un trône à Rome, & l'Em-
.pereur de Conftantinople, qui craignoit encore plus qu'il ne prît envie à ce
.conquérant de s'emparer de la Venetie, de la Pouille & de la Calabre, feuls
débris qui reftaffent aux Grecs de leur ancienne puiffance en Occident.

  Il eft très-vraifemblable que Charles eût juftifié les allarmes des Romains
& de l'Empereur d'Orient, fi de nouvelles hoftilités ne l'euffent rappellé en
.Saxe, pour arrêter les progrès des Weftphaliens, qui, ayant chaffé de leur
pays toutes les garnifons Auftrafiennes, avoient été ravager la Heffe, les bords
de l'Yffel & planter leurs drapeaux fur les rives du Rhin. Charles, hâtant fa
.marche, étoit près de fes ennemis, qu'ils le croyoient encore au delà des
.Alpes: ils apprirent bientôt à leurs dépens combien il étoit dangereux d'irri-
.ter un tel conquérant; ils furent vaincus plufieurs fois, & contraints d'abandonner tout ce pays dont-ils s'étoient emparés (2).

  Tandis que Charlemagne étoit occupé à cette expédition, il ne ceffoit de
.recevoir des émiffaires du Pape Adrien, dont l'ambition augmentoit à mefure
qu'il étendoit fa puiffance, faifoit chaque jour de nouvelles demandes, & toujours au nom de S. Pierre: car, à en croire les Pontifes d'alors, S. Pierre fi
modefte tant qu'il vécut, S. Pierre qui ne pofféda ni Royaumes, ni provinces, ni villes, ni maifons, afpiroit, depuis qu'il jouiffoit de la félicité célefte,
à la domination de la terre. Quoiqu'il en foit, l'adroit Adrien donna tant
de foupçons à Charles fur les deffeins qu'il fuppofoit à l'Empereur de Conftantinople, que des bords du Wefer, Charlemagne, volant fur les rives du Pô,
ralluma le flambeau de la guerre, dévafta les plus belles Provinces de l'Italie,

---

(1) Paul. Diac. *Hift. Longob.* L. 4. *Annal.* Eginh.  (2) Spelman. Eginh. Lauresh.
*Annal. Metenf.*

Sect. I.
Hift. d'Al-
lemagne
depuis les
premiers
tems juf-
qu'à Char-
lemagne.
& fervit merveilleufement l'avidité Papale, croyant défendre les droits de fa couronne.

Ce fut au retour de cette expédition que Charles convoqua une affemblée générale des Germains à Worms, pour y délibérer en commun, fuivant l'ancien ufage, fur les intérêts de la nation, & ce fut dans cette affemblée que la guerre fut réfolue contre les Saxons qui fe difpofoient à recommencer les hoftilités. Charles les prévint, les battit, fit couler des torrens de fang, ne leur accorda la paix qu'à condition qu'ils fe feroient Chrétiens; converfion d'autant plus finguliere, que tandis que les foldats du vainqueur tenoient le glaive fufpendu fur la tête des Saxons, des Prêtres les inondoient d'eau baptifmale (1).

De nouvelles victoires attendoient, fur les rives de l'Ebre, Charles qui y fut appellé par Ibinalarabi, l'un des Chefs des Sarrafins, Gouverneur de Saragoffe, chaffé de fon gouvernement par Abderame, Roi de Cordoue. A la tête d'une armée encore plus redoutable par le nom de fon Général que par le nombre des foldats, Charles paffa en Efpagne, humilia les Sarrafins, s'empara de leurs plus belles provinces, & revint en Allemagne, où le célebre Wittékind avoit engagé les Saxons dans une nouvelle revolte. Animés par un tel chef, les Saxons avoient dévafté la Weftphalie, & avoient pénétré en Franconie, où ils commettoient des ravages affreux.

Charlemagne, impatient de punir ce peuple indocile, prenoit la route de fes états & ne refpiroit que vengeance, lorfque fon armée tomba dans une embufcade que lui avoit dreffée Louis, Duc des Gafcons & le plus envenimé des ennemis de Charles, qui fut entierement défait en cette malheureufe rencontre; fon armée prefqu'entiere fut maffacrée, fes bagages pris, & pour comble de difgrace, il perdit dans cette action fes plus braves Guerriers, & entre autres le célebre Roland fi fameux parmi les Romanciers. Louis ne jouit pas long tems du fruit de ce fuccès: Charles, enflammé de courroux, porta le ravage, la terreur & la mort dans la Gafcogne, prit Louis & le fit pendre. Avant que d'aller humilier & punir les rebelles d'Allemagne, Charles s'arrêta en France, y publia de fages loix, pourvut à la tranquillité publique, & alla vifiter les villes les plus confidérables de ce Royaume: Retournant enfuite fur fes pas, il traverfa le Rhin, & s'approcha des Weftphaliens, commandés par Wittékind fur les bords de la Lippe (3).

La feule approche de Charlemagne porta le trouble & la confternation dans le cœur des rebelles, qui, malgré tous les efforts de Wittékind, prirent la fuite, & ne reparurent bientôt après que pour tomber aux genoux du Monarque, qui voulut bien oublier leur revolte. Charles connoiffoit l'indocilité naturelle des Saxons, & croyant ne pouvoir s'en faire obéir qu'autant qu'ils feroient retenus par le frein de la religion, il fit publier une loi terrible, & telle que la plus farouche intolérance auroit pu la dicter. Par cette loi de fang, il ordonna que quiconque refuferoit de fe convertir au Catholicifme, ou fe diroit chrétien pour fe difpenfer de recevoir le baptême, feroit mis à mort. Bientôt le fanatifme trouva moyen d'étendre cette loi barbare à une infinité de cas, & la perfécution la plus violente fut allumée. Du refte,

---

(1) Anonym. Annal. Geftor. Acarol.        (2) Annal. Eginh Lauresh.

Charles défendit, fous les plus grandes peines, aux vaincus de s'aſſembler fous quelque prétexte que ce fût (1).

Le nombre & la vaſte étendue des états de Charles lui faiſoient ſentir combien il étoit difficile de tenir ſous le joug tant de nations de caractere différent : il prit la réſolution de faire part de ſes couronnes à ſes enfans ; & d'ériger en Royaumes, en faveur de ſes deux puinés, Carloman & Louis, l'Italie & l'Aquitaine. A peine il étoit débaraſſé de ces ſoins, qu'il eut à ſe défendre contre les Sclaves qui avoient fait des courſes en deçà de la Sale, & contre les Saxons, que l'infatigable Wittékind avoit engagés dans une nouvelle revolte. Charles envoya ſes Généraux ; mais la victoire s'étoit décidée pour les ennemis : le Monarque irrité, prit le commandement de l'armée, entra en Saxe, où il reçut l'hommage des villes qui n'avoient eu aucune part à la revolte : les chefs mêmes de ces villes, lui ayant livré 4500 ſoldats qui avoient combattu ſous les drapeaux de Wittékind, Charles tranſporté de courroux, les fit tous inhumainement maſſacrer. Cet acte de barbarie ſouleva les villes Saxonnes qui juſqu'alors lui étoient reſtées ſoumiſes, & il eut autant d'ennemis que la Saxe renfermoit d'habitans. Cependant la fortune couronna toutes les entrepriſes de Charles, & juſques à ſes crimes : il triompha des rebelles & les traita non en maître qui punit, mais en tyran féroce qui ſe venge. Son inhumanité ne lui réuſſit pas ; elle parut ranimer au contraire la valeur des rebelles, qui ſoutenus par le courage héroïque de Wittékind, lui oppoſerent une telle réſiſtance, que, renonçant enfin aux voies de rigueur, il offrit aux Saxons la paix à des conditions plus favorables qu'ils n'euſſent pu en eſpérer ; ils mirent bas les armes, conſentirent à reconnoître ſa puiſſance dont-ils ſe déclarerent les vaſſaux, comme ils le ſont aujourd'hui de l'Empire, & conſerverent leurs privileges & leurs loix (2).

Cette guerre terminée après trente trois ans d'hoſtilités, Charles tourna ſes armes contre Taſſillon, Duc de Baviere, avec lequel pourtant il ſe réconcilia, celui-ci n'ayant oſé lutter contre un tel ennemi. Cette bonne intelligence ne ſe ſoutint que peu de tems : Taſſillon étoit trop inquiet & trop imprudent pour vivre conſtamment paiſible : il ſe ligua avec les Huns, & tandis qu'il méditoit de nouvelles hoſtilités, le Duc de Benevent ſe préparoit auſſi à entreprendre une nouvelle guerre, de concert avec Irene, qui ne gardant plus de meſures, voulut ſoumettre les Romains au joug de ſon Empire. L'activité, la prudence & ſur-tout le bonheur de Charles diſſiperent ces orages : il humilia le Duc de Baviere, le dénonça comme coupable de félonie, dans une aſſemblée générale, lui fit faire ſon procès, & le fit condamner à perdre la tête : mais content de l'avoir dépouillé de ſon Duché qu'il réunit à ſes états, il le relégua pour toujours dans un monaſtere. Les Huns ne firent que d'inutiles tentatives pour venger Taſſillon ; ils échouerent & la fortune du Monarque l'emporta auſſi ſur Irene & le Duc de Benevent qui s'efforcerent vainement d'affoiblir ſa puiſſance en Italie (3).

Ses divers ennemis abattus, Charles employa le loiſir que lui laiſſoit la paix, à rétablir la police intérieure de ſes états & à en chaſſer l'ignorance. Dans

Hiſt. d'Allemagne depuis les premiers tems juſqu'à Charlemagne.

775 & ſuiv.

Atroce rigueur de Charles. Soumiſſion des Saxons.

Il s'empare du Duché de Baviere.

---

(1) Annal. Geſt. a Carol.     (2) Eginhard. Annal. Geſt. à Carol.     (3) Id. Theoph. in vit. Carol.

· Sect. I.
Hift. d'Al-
lemagne
depuis les
premiers
tems juf-
qu'à Char-
lemagne.
cette vue il publia des réglemens très-fages, & fonda des écoles publiques dans la plûpart des villes confidérables. Il fe fit admirer auffi par les loix qu'il porta pour réprimer la corruption des mœurs & effrayer les vices, l'ufure, l'adultere, la violation des fermens furent les principaux objets de fes loix pénales.

Tandis que Charles fe livroit tout entier aux foins de l'adminiftration, des nations indociles fe fouleverent contre lui, & bientôt il fut obligé de prendre les armes contre les Wilfes, habitans de la Poméranie & de Mecklenbourg qui ne cefferent de faire des courfes fur les terres des Auftrafiens. Charles ne fit que fe montrer à la tête de fon armée, & les Wilfes vaincus, furent, dès le premier combat, obligés de lui demander la paix, & de lui jurer fidélité. Il falloir de plus grandes forces pour réduire les Huns : mais Charles fut con-traint de fufpendre cette expédition pour éviter les fuites d'une maladie épidé-

Il eft obligé
de condam-
ner fon fils
qui avoit
conjuré con-
tre lui.
mique qui ravageoit fes troupes (1). Il fe rendit à Ratisbonne, où il ap-prit avec douleur que la jeune Fartrade, fa femme, fille d'un Comte de Fran-conie, qu'il avoit époufée & qu'il aimoit éperdument, lui avoir aliéné par fes hauteurs & fes injuftices la plus grande partie de la nobleffe. Les Grands s'étoient ligués contre lui, & avoient à leur tête Pepin, fon propre fils, jeu-ne Prince inquiet, dévoré d'ambition, & jaloux de la préférence qu'il croyoit que fon pere donnoit à fes autres enfans. Pepin, que Charles avoir eu de fon mariage avec Himiltrude qu'il avoit répudiée, excité par les Grands, avoit juré aux pied des autels d'immoler fa famille à fon reffentiment, & fur-tout Carloman & Louis fes deux freres: il avoit promis auffi d'envelopper fon pè-re dans le maffacre, & déjà les conjurés avoient fixé le jour de l'exécution de ce complot affreux.

Charlemagne, averti des horribles projets médités contre lui, fit arrêter les coupables, qui furent tous condamnés à perdre la tête : mais ne pouvant fe re-foudre à envoyer fon fils fur l'échaffaud, le Monarque attendri commua la peine, & rélégua à perpétuité le perfide Pepin dans un monaftere (2).

Délivré du danger qui l'avoit menacé, Charles fe flattoit de jouir enfin d'un calme heureux, lorfqu'il fut obligé de réprimer les hoftilités des Saxons du Wefer, qui fe fouleverent en même tems que les Huns reprenoient les armes; euforte qu'il eut à la fois deux ennemis également dangereux à com-battre.

Au milieu de ces foins & de ces inquiétudes, Charlemagne trouvoit des momens pour fe livrer à fon goût pour les fciences, & pour former les plus vaftes projets, entre autres celui de joindre le Pout-Euxin à l'Océan Ger-manique; il avoir lui-même tracé le plan du canal qu'il fe propofoit de faire creufer; il fit même commencer l'exécution de cet ouvrage, qui, fi les cir-conftances euffent permis de l'achever, eut été fans contredit le plus beau

monument que ce Monarque eut pu ériger à fa gloire. Il faifoit travailler à ce grand ouvrage, quand il fut informé d'une nouvelle révolte des Saxons, qui, embrafés de fanatifme pour leur ancienne Religion qu'on les avoit obli-gés d'abjurer, avoient chaffé les miffionaires, renverfé les Eglifes, & rétabli les Idoles.

---

(1) Annal. Gtft. à Carol.   (2) Id. Theophil. in vit. Carol. Moctfia. Loifel.

Ces nouvelles allarmantes n'empêcherent point Charlemagne de préfider à un concile, le plus célebre qui fe foit jamais tenu en occident, & qui fut affemblé dans le camp du Monarque, près du Mein, au-même endroit où depuis fut conftruite la ville de Francfort. Tandis que dans cette affemblée, Charles donnoit des preuves de fon zele pour le Catholicifme, fon adroite politique femoit la difcorde parmi fes ennemis (1). Ce moyen lui réuffit; les Saxons fe foumirent, & afin de n'avoir plus à craindre de tels foulèvemens, il tranfporta les deux tiers de cette nation dans les diverfes Provinces de fes Etats. Cette difperfion n'empêcha pourtant point les Saxons indociles de fe foulever encore très-peu de tems après; & Charles, pénétré d'indignation, abandonna leur pays à la fureur du foldat, qui y mit tout à feu & à fang, & y extermina plus de 30 mille hommes.

A peu près dans le même tems les Huns, après bien des hoftilités qui n'avoient fervi qu'à les épuifer, furent entierement foumis: Charles commençoit à goûter les douceurs de la paix, quand des Ambaffadeurs de Rome vinrent lui annoncer la mort du Pape Adrien & l'élection de Léon III, qui lui envoyoit les clefs du fépulcre de S. Pierre & l'étendard de Rome, afin de lui marquer qu'il le reconnoiffoit pour le Roi des Romains & fe déclaroit fon vaffal. Ce Monarque quelque zélé qu'il fut pour la religion doutoit fi peu de fa préeminence fur le fouverain Pontife qu'il fit partir des commiffaires pour recevoir en fon nom les fermens de Léon III, ainfi que ceux des Romains (2).

*Hift. d'Allemagne depuis les premiers tems jufqu'à Charlemagne.*

## SECTION II.

*Hiftoire d'Allemagne, depuis l'avènement de Charlemagne a' la Couronne de l'Empire, en 800 jufqu'à la mort de Louis II, en 875.*

Quelque violentes que fuffent les tempêtes qui agitoient fon regne, Charles, en quelque forte, fupérieur à l'humanité, ne négligeoit rien de ce qui lui paroiffoit devoir éternifer fa gloire & le fouvenir de fon goût pour les arts; il fit conftruire à Aix-la Chapelle une Eglife de la plus éminente beauté, & un palais dont les vaftes portiques, pouvoient contenir une armée. Il fit auffi jeter, fur les bords du Wefer, les fondemens de la ville d'Hereftal, qui fubfifte encore fous ce nom.

Tous les Souverains s'empreffoient d'envoyer des Ambaffadeurs à Charlemagne, de reconnoître fa fupériorité, & de rechercher fon alliance. Il n'y avoit que les Saxons qui, toujours remuans & toujours remplis du défir de recouvrer leur ancienne indépendance, bien loin de confentir à lui rendre hommage, fe fouleverent de nouveau. Il jura de tirer de leur crime la plus éclatante vengeance, & déjà il commençoit à leur faire fentir les effets de fon

*Charles paffe en Italie.*

(1) Eginh. Annal. Cordemoy. *Hift. Franc.* (2) Platin. Anaftaf. *Epiftol. Carol. ad Angilb.*

courroux, lorsqu'il reçut des Ambassadeurs du Pape Léon III, qui l'envoyoit conjurer de voler à son secours contre le clergé Romain que les neveux du dernier Pape avoient soulevé contre lui. Charles passa les Alpes, & se présenta devant les murs de Rome où il fut reçu avec les honneurs les plus éclatans. Il prononça, comme Monarque & Juge suprême, entre le Pape & ses persécuteurs, qui furent condamnés. Pénétré de reconnoissance Léon lui proposa de lui faire conférer la couronne de l'Empire, dont Irene s'étoit rendue indigne en faisant mourir son fils. Charles qui préféroit à ce titre celui de Roi de France; Charles dont la puissance étoit affermie à Rome, ainsi que dans le reste de l'Italie, pensa comme Odoacre avoit pensé, rejeta cette proposition & défendit même qu'on lui en parlât davantage (1).

Il est vrai que la puissance de Charlemagne étoit telle qu'il n'y avoit point de titre qui put en relever l'éclat. Cependant il est bien difficile qu'ambitieux comme il l'étoit, de toute espece de gloire, il ait sincerement dédaigné le titre d'Empereur. Quoiqu'il en soit, il en fut bientôt décoré; car comme il assistoit à la messe solemnelle de la nuit de Noel, & qu'il étoit incliné auprès de l'autel, le Pape Léon, qui vraisemblablement ne regardoit pas comme bien sérieuse & de bien bonne-foi la défense qui lui avoir été faite, ceignit un diadême sur le front de Charles, & se prosterna devant lui : aussitôt les voutes de l'Eglise retentirent des cris de *vive Charles*, *toujours Auguste*, *Empereur des Romains*. Le nouvel Empereur porta la modestie où la dissimulation jusqu'à paroître fort peu content de l'espece de violence qu'on venoit de lui faire, & il protesta que s'il eut prévu les démarches de Léon, il se fût éloigné de Rome. Quoiqu'il en soit, cette nouvelle ne se fut pas plutôt répandue, que l'Impératrice Irene, craignant tout d'un tel voisin, se hâta de lui envoyer des Ambassadeurs, chargés de lui proposer d'unir les deux couronnes & de l'épouser, afin que l'Empire de la terre ne fut plus divisé. Charles approuva ce projet & ne balança point à accepter cette proposition, qui pourtant ne fut point suivie, parce que très-peu de tems après Nicephon, ayant précipité du trône l'Impératrice Irene, la relégua dans l'Isle de Lesbos, s'empara de ses trésors, de la couronne Impériale, & envoya des Ambassadeurs à Charles pour justifier ce que sa conduite sembloit avoir d'irrégulier.

Pendant qu'Irene, dépouillée de son autorité ne conservoit à Lesbos de sa puissance évanouie que le souvenir accablant de ses fureurs & de ses crimes, les armes de l'Empereur d'Occident prospéroient en Hongrie, en Espagne & en Saxe. Nicephon qui, pour se maintenir sur le trône qu'il venoit d'usurper

avoit le plus grand intérêt à ménager un aussi redoutable monarque, lui céda autentiquement l'Empire d'Occident avec le titre de César & d'Auguste, qu'il n'étoit point en état de lui disputer, & par cet acte de cession il régla les limites des deux Empires qui eurent pour bornes les états de Venise & ceux de l'Eglise; de maniere que la Sicile & la partie la plus éloignée de l'Italie, à l'exception de quelques places seulement, demeurerent sous la domination des Grecs (2).

Tout sembloit concourir à la gloire de Charles & dans le même tems qu'il
affer-

(1) *Annal. Metens.* Moissel. Eginh. Loisei. *Annal. Gest.* à Carol.    (2) Summonte
*Hist. di Napol.* L. I.

affermiſſoit ſa puiſſance en Italie, il terminoit la guerre de Saxe, qui duroit depuis trente années. Afin de n'avoir plus de revoltés à réprimer dans ce pays, il obligea dix mille Saxons d'au delà de l'Elbe de paſſer avec leurs fa-milles, les uns dans le pays des Allemands, les autres dans la Flandre & le Brabant, où il les diſperſa. Il ne lui reſtoit plus qu'un ennemi à ſoumettre, Godefroi chef des Danois, & qui depuis long tems lui faiſoit la guerre avec acharnement. La mort de Godefroi rétablit le calme, & l'Empereur jouit enfin de la ſatisfaction de voir la paix aſſurée dans ſes vaſtes états, & toutes les nations s'empreſſer à rechercher ſon alliance & ſon amitié. Il reçut des Ambaſſadeurs & des riches préſens des Maures, des Perſes, des Huns, des Grecs, & des Anglois qui reconnoiſſoient tous ſa puiſſance, lui rendoient une forte d'hommage, & lui marquoient la plus entiere déférence (2).

Pour terminer glorieuſement ſa carriere, il ne manquoit à Charlemagne que d'aſſurer dans ſa famille, avec le titre d'Empereur la poſſeſſion des ſcep-tres qu'il avoit réunis. Dans cette vûe, il prit la réſolution de partager dès ſon vivant, ſes Etats entre ſes fils, & de prévenir par un teſtament les trou-bles que leur ambition ou leur rivalité pourroit ſuſciter après ſa mort. Il avoit eu cinq femmes: mais de ces cinq épouſes, Hildegarde avoir été la ſeule qui lui eut donné des enfans mâles, & c'étoit d'elle qu'il avoir eu ſes trois fils, Charles, Pepin & Louis. Dans une diete qu'il avoit convoqué à Thionville, & où s'étoient rendus tous les Seigneurs de l'Empire, il dit quelles étoient ſes volontés au ſujet du partage de ſes états: les grands qui compoſoient cette aſſemblée applaudirent à ſes diſpoſitions, & jurerent de s'y conformer, mais bientôt elles devinrent inutiles par la mort de Charles & de Pepin, le premier n'ayant point d'enfans & Pepin ne laiſſant qu'un fils natu-rel, Bernard, à qui Charlemagne donna le Royaume d'Italie. La mort de Pepin & de Charles ne laiſſoit à l'Empereur, que Louis, Roi d'Aquitaine pour lui ſuccéder, & il n'en fut que plus preſſé de l'aſſocier à l'Empire: en effet il tint à Aix une diete ſolemnelle compoſée des évèques, des abbés, des ducs, des oncles de l'Empereur & de tous les ſeigneurs François, qu'il conjura de reſter fidelles à ſon fils, leur demandant s'ils conſentoient qu'il lui conférât le titre d'Empereur: ils y conſentirent tous, & Charles couvert de l'habit impérial; la couronne ſur la tête, & ſuivi de tous ceux qui compo-ſoient cette diete, ſe rendit à l'égliſe d'Aix, & s'avançant du grand autel ſur lequel étoit placée une autre couronne, il ordonna à ſon fils de la prendre & de ſe couronner lui-même, tant il étoit perſuadé que ce n'étoit que de Dieu ſeul & point du tout du Pape qu'il tenoit le ſceptre impérial (3). Louis obéit à ſon pere; le peuple le proclama Empereur; Charlemagne ne ſongea ſeulement point à envoyer à Rome faire part de cette nouvelle au ſouverain Pontife, & beaucoup moins encore à lui demander ſon conſentement: il étoit trop perſuadé qu'il ne tenoit rien de Rome, & que bien loin d'être dans au-cune ſorte de dépendance du Pape, le ſouverain Pontificat dépendoit de lui en très-grande partie, ainſi que l'avoit reconnu le Pape Adrien, qui, en lui confirmant le Patriciat de Rome, y avoir attaché le droit de nommer au S. Siege. Ce qu'il y a de bien évidemment prouvé, c'eſt que Charlemagne,

*Hiſt. d'Al-lemagne, 800-875.*

*Charlema-gne partage ſes Etats entre ſes fils. 806.*

*Il aſſocie ſon fils Louis à l'Empire. 813.*

(1) Chron. Moiſſiacenſe. ad ann. 808.    (2) Eginh. Vita Car. C. 9. Thegan. Cap. 5·6.

Sect. II.
H*ft.* d'Al-
lemagne,
800 - 875.

foit en qualité de Patrice de Rome, foit par fa dignité d'Empereur d'Occident, regarda conftamment le Pape comme l'on inférieur, & à bien des égards
comme fon fujet, & qu'il n'imagina jamais qu'un jour les fouverains Pontifes
porteroient leurs prétentions & leurs excès d'ambition jufques à difputer
de pouvoir & de prééminence avec fes fucceffeurs.

Peu de jours après que Louis eut été proclamé Empereur, fon pere le
renvoya chargé de préfens; leur féparation fut douloureufe; on vit pour la
premiere fois Charlemagne verfer des larmes, lorfque fon fils vint prendre
congé de lui; auffi étoit-ce pour la derniere fois qu'il le voyoit: car peu
de tems après le départ du Roi d'Aquitaine, Charlemagne fut attaqué d'une
fievre fi violente, qu'en huit jours elle le conduifit au tombeau, il expira le
28 Janvier 814 dans la 72e année de fon âgé, dans la 47e de fon regne, la
42e depuis la conquête d'Italie, & la 14e après fon élection au trône impérial.

Mort de
Charlema-
gne.
814,

Son Carac-
tere,

Charles fut fans contredit un conquérant illuftre, & le plus grand des
fouverains de fon tems; il tenoit de la nature, des difpofitions heureufes, &
de l'éducation, des talens d'autant plus eftimables qu'ils étoient très-rares dans
fon fiecle; c'eft de fon regne que les lettres datent leur naiffance en France
& en Allemagne. Peu content de les protéger, il les cultiva lui-même; mu-
ficien & poëte, on croit que ce fut lui qui compofa le poëme, long-tems
regardé en Europe comme un excellent ouvrage, fur la mort du célebre Roland; il établit des univerfités, des écoles célebres. Au goût des fciences &
des arts, il unit beaucoup de zele pour la religion, & ce zele fut quelquefois févere & fanatique jufqu'à l'atrocité. Il augmenta confidérablement le
domaine des Papes, auxquels il étoit bien éloigné de penfer qu'il fourniffoit
des armes redoutables, que leur ingratitude & leur ambition tourneroient
contre fes fucceffeurs. Il eft vrai qu'à fon égard la reconnoiffance du S. Siege
ne s'eft jamais démentie; il fouffre même que dans plufieurs églifes ou l'in-
voque comme faint; tandis qu'à Mets on fait tous les ans un fervice pour le
repos de fon ame. Ce n'eft pas que nous ne penfions, qu'à ne confidérer
que fes grandes qualités, & même quelques vertus qu'il eut, Charlemagne
n'ait mérité les honneurs de l'apothéofe; mais enfin, Charlemagne fut devoré de l'ambition la plus outrée; il fut conquérant, & les guerres qu'il
entreprit ne furent fouvent rien moins que juftes: Charlemagne Spoliateur
des fils de Carloman fon pere; Charlemagne qui reçut neuf femmes dans fa
couche, à titre d'époufes & de concubines; Charlemagne toujours entraîné
par la fougue de fes paffions impérieufes, qui déshonora prefque toutes
fes victoires par fon impitoyable dureté envers les vaincus; ce conquérant infatiable qui eût égorgé la moitié de l'efpece humaine, pour foumettre l'autre à fes loix; ce vainqueur peu généreux, qui fit inhumainement périr la
plûpart de fes prifonniers dans les fers; ce farouche dévaftateur de la Saxe,
qui en extermina prefque tous les habitans, fous prétexte de les convertir:
Charlemagne enfin fut un excellent Général, un grand Monarque, habile &
profond politique; on peut même le regarder, fi l'on veut, comme le plus
grand homme d'état qui eut encor paru; mais il faut avouer que cet illuftre
Charlemagne eft un étrange Saint.

Louis, Roi d'Aquitaine recueillit feul la vafte fucceffion de Charlemagne: il
fut de nouveau proclamé Empereur & reconnu pour Roi de la Nation Fran-

çoife ; enforte qu'à l'exception de l'Italie, fur laquelle régnoit Bernard, fils naturel de Pepin, Louis réunit tous les Sceptres que Charlemagne avoit portés. Mais en lui tranfmettant fes droits & fes couronnes, Charlemagne n'avoit pu tranfmettre fon courage, ni fon ambition, ni fon habileté. Doux, bienfaifant, & peu fenfible à la gloire des armes, Louis ne montra fur le trône que les vertus paifibles d'un citoyen ordinaire. Son extrême facilité à donner fa confiance à des gens qui en abufoient ; la foibleffe qu'il eut de pardonner aux traîtres qui l'avoient trompé, aux ingrats qui ne s'étoient fervis de fes bienfaits que pour attenter à fon autorité, lui firent donner le furnom de *Débonnaire :* mais un Prince trop débonnaire n'étoit pas digne d'occuper le premier trône de la terre, & de porter la couronne que Charles venoit d'illuftrer.

Ce ne fut cependant point dans les premiers jours de fon regne que Louis apprit aux factieux qu'ils pouvoient tout ofer : au contraire, il commença par donner de fa juftice & de fa fermeté les plus impofantes idées. Deux freres, hommes d'Etat, diftingués par leurs talens, encore plus que par l'éclat de leur naiffance, & proches parens du Monarque, avoient eu toute la confiance, du dernier Empereur, & à force d'intrigues ils s'étoient élevés au plus haut degré d'autorité. Ces deux freres étoient Adelard & Vala, unis par l'amitié, n'entreprenant rien l'un fans l'autre, & remplis en apparence de piété; mais tous deux également dévorés d'ambition. Adelard, Abbé de Corbie avoit été pendant plufieurs années à la tête des confeils de Pepin, Roi d'Italie, & fon adminiftration, qui n'avoit été heureufe ni pour fon maître, ni pour le peuple, l'avoit été beaucoup pour lui ; de maniere qu'il étoit parvenu à la plus énorme opulence. Vala avoir rempli le même pofte auprès de Bernard, & il s'étoit conduit exactement comme fon frere. Le peuple murmuroit, & Charlemagne trop prévenu en leur faveur, les confoloit de la haine publique par de nouveaux bienfaits: mais Louis, connoiffant depuis long-tems leurs rapines & leurs vexations; étant d'ailleurs informé qu'ils l'avoient deffervi de toute leur puiffance auprès de l'Empereur: fon premier fut de les éloigner de fa cour: Adelard même fut dépouillé de fon Abbaye: quant au pieux Vala, il ne put foutenir fa difgrace, & dans fon défefpoir, il alla fe faire moine (1).

. Ce coup d'autorité fit dans l'efprit des peuples le plus grand honneur à Louis. Il leur donna bientôt une occafion nouvelle de l'admirer & de lui fuppofer une réfolution inébranlable de foutenir fes droits. Des factieux avoient formé à Rome des projets, ou peut-être des complôts contre le Pape Léon, qui, les prétendant convaincus, les fit mourir dans les fupplices. Informé de cet acte de fouveraineté, Louis en fut vivement irrité, & il envoya Bernard, Roi d'Italie, à Rome, pour y prendre des informations fur ce fait. Le fouverain Pontife, juftement allarmé du mécontentement de Louis, fe hâta d'envoyer en Allemagne des députés chargés de le juftifier (2) mais ce qui bientôt le dégagea tout à fait de l'embarras où il s'étoit jeté, fut une maladie qui le mit au tombeau, fon fucceffeur Etienne IV s'empreffa d'exiger de tout le peuple Romain le ferment de fidelité au nom de l'Empereur, & ce ferment démontre que la fouveraineté de Rome appartenoit pleinement au chef de l'Empire. Etienne pour fe rendre Louis favorable, fit plus encore, il

(1) Vita Adalh. n. 3. Act. Bened. pag. 319. (2) Eginh. ad 5. Ann. Aftron.

.Ccc 2

*Hift. d'Allemagne, 800-875.*

*Avénement de Louis le débonnaire au trône Impérial. 814.*

*Il commence par donner des preuves de fermeté.*

*Son autorité fur Rome & fur le Pape.*

Sect. II.
Hist. d'Al-
lemagne,
&co 875.

alla en France préſenter ſon hommage à l'Empereur qui tenoît ſa cour à Rheims, & le ſacra de nouveau, cérémonie ſuperflue dont Louis n'avoit aucun beſoin.

Le Pontificat d'Etienne fut aſſez court. Paſchal ſon ſucceſſeur envoya dès les premiers jours de ſon pontificat une lettre à Louis par laquelle il proteſtoit que c'étoit malgré lui-même qu'on l'avoit forcé d'accepter la Thiare, qu'il ſavoit bien ne pouvoir légitimement tenir que des mains du maître de l'Empire (1). Les excuſes de l'adroit Paſchal parurent ſi ſatisfaiſantes à Louis, qu'il confirma par un acte autentique les donations faites à l'Egliſe Romaine par Pepin & par Charlemagne. Il ajouta même à ces libéralités, déjà plus que conſidérables, la ville & le duché de Rome, ainſi que les Iſles de Corſe, de Sardaigne & de Sicile. S'il faut s'en rapporter aux aſſertions du S. Siege, Louis, ne gardant plus de meſures dans ſa prodigalité, conſentit par le dernier article de ce même decret, que lorſque la chaire de S. Pierre viendroit à vaquer, les Romains fuſſent libres d'élire un Pape & de le faire conſacrer (2).

Sa prodiga-
lité envers
le S. Siege.

Il n'eſt pas vraiſemblable, quoique Rome puiſſe alléguer, que Louis, qui donnoit alors pour la premiere fois une marque de foibleſſe & de puſillanimité, ſe ſoit oublié à ce point, & qu'il ait tout à coup renoncé à la plus importante prérogative de ſa couronne, à ſa ſuprématie ſur Rome & le S. Siege (3), quoiqu'il en ſoit, Louis ne tarda point à donner par excès de tendreſſe paternelle, une preuve bien mieux conſtatée de foibleſſe & d'imprudence, & ce fut là, l'époque des chagrins & des malheurs qui remplirent le reſte de ſa vie. Dans une diete qu'il tint à Aix la chapelle, il déclara la réſolution qu'il avoit priſe d'aſſocier à l'Empire Lothaire, l'aîné de ſes trois fils; & afin que les deux autres n'euſſent point à ſe plaindre de cette préférence, il déclara Pepin Roi d'Aquitaine, & Louis Roi de Baviere.

Partage
imprudent
de la cou-
ronne Impé-
riale.
817.

Ce partage prématuré, devoit inévitablement entraîner des troubles & des guerres; car Louis n'étant rien moins qu'aſſuré de la docilité des trois freres, également ambitieux de poſſéder, chacun excluſivement, l'entiere ſucceſſion de Charlemagne, & ſe dépouillant lui-même de la force & de l'autorité dont il avoit beſoin pour les contenir, il ſe mettoit hors d'état de réprimer l'abus qu'ils feroient tentés de faire de leur puiſſance: mais il n'étoit ni aſſez prévoyant ni aſſez politique pour ſe douter des ſuites que pouroit avoir ſa démarche inconſidérée, & il ne conſultoit alors que les mouvemens de ſon cœur tendre & affectueux.

Dans le tems que Louis s'aſſocioit ſes fils, il étoit trop occupé du plaiſir de les élever au rang ſuprême pour ſonger au dangereux ennemi, que ce partage alloit lui ſuſciter. Cet ennemi étoit Bernard, Roi d'Italie, qui, en ſa qualité de fils de Pepin, qui étoit fils de Charlemagne, avoit déjà témoigné combien il étoit mécontent de voir préférer Louis même. Auſſi ne fut-il pas plutôt informé de l'aſſociation de Lothaire au trône Impérial, qu'il leva des troupes & s'avança juſqu'aux Alpes, dans le deſſein de faire retracter par la force des armes des diſpoſitions qu'il prétendoit injuſtes.

(1) Eginh. Ann 8. 7. Aſtron. 817. (2) On ſoupçonne avec raiſon ce dernier article d'avoir été inféré frauduleuſement. Louis ne pouvoit donner la Sicile qui appartenoit à l'Empereur de Conſtantinople. (3) Fleuri Hiſt. Eccl. Tom. X. L. 46.

Quelque décidé néanmoins que Bernard parut être à défendre la caufe, dès la premiere nouvelle de la marche de l'Empereur, qui, fuivi d'une puif-fante armée, étoit déjà aux environs de Châlons fur Saône, il ne vit plus que le danger dans lequel il s'étoit jeté. Tous les projets de guerre l'abandon-noient; & changeant tout à coup de réfolution, il congédia fon armée, eut recours à la clémence de fon oncle dont il connoiffoit le cœur tendre & com-patiffant, & alla fe jeter à fes pieds. Il fut trompé dans fon attente: Louis ne jeta qu'un regard froid & févere fur fon neveu: il lui ordonna de le fuivre à Aix la Chapelle, où, dans une diete, tous les coupables furent condam-nés à mort: le nombre en étoit très confidérable, & l'Empereur, après avoir long-tems balancé entre l'indulgence & la rigueur, prit le parti de commuer la peine: il fit crever les yeux à Bernard & à tous les complices laïques. Quant aux évêques & aux prélats qui étoient entrés dans cette faction, ils fu-rent dépofés dans un concile.

Cet acte de rigueur, ou pour donner aux chofes le nom qui leur convient, ce trait de barbarie envers Bernard & fes complices étonna beaucoup de la part de Louis, qui depuis quelque tems ne paffoit point de jour fans donner quelque preuve nouvelle de foibleffe, d'inconftance & de pufillanimité; auffi ne tarda-t-il point à revenir à fon vrai caractere.

Il eft des hommes, & malheureufement c'eft peut-être le plus grand nom-bre, que la févérité peut feule retenir dans la foumiffion, & qui ne reftent fideles que par crainte: tels étoient la plûpart des grands de la cour de Louis: tels étoient fur-tour les évêques & le clergé de fes états. Tant qu'il avoit parlé en monarque abfolu, on avoir refpecté fes ordres; mais à peine il fe fut relaché de cette fermeté; qu'on ceffa de lui obéir; on commença par de légeres infractions, & l'on finit par les plus odieux complots.

De tous les défauts de Louis le plus confidérable, & le plus dangereux pour lui même, dans le rang qu'il occupoit, étoit de ne connoître aucun mi-lieu entre les extrêmes; également outré dans les bienfaits qu'il répandoit & dans les peines qu'il décernoit, dans fes haines & fes attachemens, il paffoit rapidement, & à l'égard des mêmes perfonnes, de la plus forte averfion à la plus aveugle amitié, du plus grand éloignement à la plus entiere confiance. Il fentit qu'il avoit trop durement puni les complices de fon neveu Bernard, &, pour réparer ce que la punition avoit eu de trop rigoureux, il fit une ef-pece d'aveu public de l'injuftice de la condamnation qu'il avoit prononcée: peu content de pardonner à tous ceux qui avoient eu part à l'entreprife du Roi d'Italie, il leur rendit leurs biens & les rétablit dans leurs emplois: Ade-lard & Vala furent compris dans cette amniftie, le premier, avec fon ab-baye qui lui avoit été fi juftement ôtée, & qui lui fut rendue, obtint à la cour une place très-importante, & qui lui affuroit plus de crédit, c'eft-à-dire plus d'occafions de nuire, d'opprimer & de cabaler qu'il n'en avoit eu jufqu'alors (1). Il eft vrai qu'Adelard fut merveilleufement fecondé par les évêques, qui, abufant de la foibleffe de Louis, formerent des projets auxquels ils n'euffent jamais ofé fonger fous un maître moins inconftant & moins pufillanime. Il

Hift. d'Al-lemagne, 800-875.

Sévérité ou-trée de Louis. 818.

Sa foibleffe & fa pufil-lanimité.

Il rappelle les rebelles qui abufent de fa bien-faifance.

(1) Eginh. n. 821. Aftron. Vit. Lud. Pii.

avoit eu la maladreffe de leur laiffer appercevoir la facilité qu'il avoit à fe tourmenter lui-même par des fcrupules puériles, & dès lors ils s'attacherent à le
remplir de remords; ceux même d'entre les évêques qui avoient le plus fortement condamné la conduite des prélats engagés dans la conjuration de Bernard, & qui avoient le plus hautement approuvé la fentence de l'Empereur,
furent les plus empreffes à repréfenter à Louis qu'il avoit commis le plus é-
norme des délits, non pas précifément en faifant perdre la vûe à fon neveu,
mais en étendant fes vengeances jufques fur les miniftres du Seigneur, toujours
refpectables qu'elle qu'eut été leur conduite; & toujours affranchis de la jurifdiction des hommes: en un mot, les fourbes lui réprefentoient que l'exil
prononcé contre Adelard, Prêtre & Abbé, étoit un crime prefque irrémiffi-
ble aux yeux de la Divinité: ils lui réprefentoient qu'un tel attentat exigeant
la plus folemnelle réparation, il étoit effentiellement obligé d'en demander
publiquement pardon à ceux qu'il avoit offenfés, & à ceux qu'une femblable
ufurpation des droits facrés de l'encenfoir avoit fcandalifés.   L'imbécille Monarque convint de tout & s'humilia devant les traîtres qui le faifoient tomber dans l'aviliffement: ils n'en furent point fatisfaits; & pour fe réconcilier a-
vec le Ciel qu'il croyoit avoir courroucé, l'Empereur convoqua une affemblée
générale & là il dégrada la majefté fouveraine jufqu'à reconnoître fes fautes
dans les termes les plus déshonorans, conjurant les évêques de vouloir bien
lui pardonner fa préfomption & fon indocilité (1).

Il fe livre
aux confeils
des évêques
qui le trom-
pent & l'a-
viliffent.
822.

Cette fcene revoltante fut l'époque des défaftres du fils de Charlemagne:
les évêques, abufant de leur triomphe, ne tarderent que peu de tems à fufciter au maître de l'Empire des embarras cruels, & à lui faire effuyer des
nouvelles indignités.  Pafchal qui occupoit alors la chaire de S. Pierre, leur
donna le fignal de la revolte, & pour premier acte d'infubordination, il fe
porta lui-même à des excès qui ne furent enfuite que trop fréquemment
imités (2).  Le Pape Léon III, en plaçant fur la tête de Charlemagne une
couronne que ce Monarque protefta ne pas lui avoir demandée, s'étoit perfuadé qu'en cette circonftance il exerçoit un acte de fupériorité: auffi dès ce
moment, Léon & fes fucceffeurs ne fongerent plus qu'à fe rendre entierement indépendans, & à brifer le joug qui les affujettiffoit malgré eux à la
puiffance impériale: mais le tems étoit venu où ils pouvoient tenter d'affranchir fa thiare; & la foibleffe de Louis leur préfentoit l'occafion la plus favorable.  Pafchal, afin d'en profiter, ne balança point à fe fouiller d'un crime.

L'Empereur avoit envoyé fon fils Lothaire à Rome pour y veiller à l'adminiftration de la juftice, & Pafchal le traitoit avec d'autant plus de diftinction, qu'il le craignoit & qu'il le déteftoit: mais il diffimula fes fentiments,
eut pour lui les plus grands égards & le couronna Empereur; cérémonie
d'autant plus inutile qu'il y avoit déjà plufieurs années que ce Prince étoit
affocié à l'Empire.  Dans le nombre de ceux qui s'étoient le plus fincérement attachés à Lothaire fe diftinguoient fur tout Théodofe, Primitier de l'E-
glife Romaine & Léon fon gendre.  Pafchal qui n'avoit vu ce zele qu'en
frémiffant de jaloufie, avoir publiquement loué leur conduite, & donné les
plus grands éloges à la fidélité qu'ils témoignoient à leur légitime maître:

(1) Aftron. Theg. de Geft. Ludov.    (2) Aftron. L. 19.

mais à peine celui-ci se fut éloigné de Rome, que le Pape fit arrêter le Primitier & son gendre, leur fit crever les yeux & ensuite décapiter (1).

L'atrocité de cet assassinat ne resta point cachée; la nouvelle s'en répandit, & Louis, ne pouvant se persuader que le souverain Pontife se fût rendu coupable de cet acte de barbarie, envoya pour la seconde fois Lothaire à Rome, afin d'y prendre les plus exactes informations. Soit que le fils de l'Empereur se conduisit mal-adroitement dans cette commission, soit qu'ayant des lors formé les desseins qu'il fit éclater dans la suite, il crut devoir par avance ménager le souverain Pontife; il n'apprit rien de ce qu'il étoit chargé de découvrir, & Paschal en fut quitte pour protester sur la foi du serment, & devant le peuple assemblé, qu'il n'avoit eu aucune part à la mort du Primitier & de son gendre. Louis ne demandoit pas mieux que d'être dispensé de prononcer une sentence de rigueur; cette affaire ne fut pas poussée plus loin, & Paschal étant mort eut pour successeur Eugene II. A peine Eugene avoit pris possession du souverain Pontificat que Lothaire alla à Rome pour y affermir l'autorité impériale, sur laquelle le S. Siege ne cessoit point d'empietter: il fit au nouveau-Pontife des reproches amers sur la maniere inique dont on avoit traité tous ceux qui s'étoient montrés fideles à son pere ou à lui-même: il dit sans détour qu'il étoit excédé des plaintes qu'on lui adressoit chaque jour contre la conduite des Papes, contre les injustices & les prévarications des Magistrats de Rome: il condamna ceux-ci à des restitutions considérables, &, afin d'arrêter les progrès des usurpations du S. Siege; il fit une constitution par laquelle, bornant le pouvoir des Papes, des Ducs & des juges, il prescrivit en maître les devoirs qu'ils avoient à remplir. Dans cette constitution, à l'observation de laquelle les successeurs de Louis ne veillerent point avec assez d'attention, Lothaire marqua de la maniere la plus précise la souveraineté de l'Empereur sur le Pape & sur Rome (2).

Mais tandis que Lothaire rétablissoit à Rome l'autorité impériale, Louis par de nouvelles bassesses avilissoit à Aix la Chapelle le sceptre de l'Empire. En effet, dans une assemblée générale, Vala, se dechaînant avec une insolence vraiment monachale contre les désordres de l'Etat, porta l'audace jusqu'à dire que c'étoit à Louis qu'il falloir imputer les désordres publics; à lui, qui loin de remplir les fonctions que son rang & sa dignité lui prescrivoient, s'appliquoit aux affaires de la religion, dont il ne lui étoit pas permis de se mêler. Ce discours séditieux fut applaudi du plus grand nombre, & Louis au lieu de chatier par une punition exemplaire la licence de Vala, s'excusa lâchement sur la pureté de ses intentions, & demanda que l'on examinât sa conduite dans un concile. Les applaudissemens qu'on avoit prodigués, au propos de Vala prouvoient qu'il y avoit déjà un parti de formé contre l'Empereur; & celui-ci ne méritoit que trop le mépris avec lequel le peuple écouta sa vile justification. Les factieux ne manquerent point à entretenir ces sentimens d'indignation publique, & bientôt l'Empereur apprit que l'esprit de revolte & de sédition, gagnant de proche en proche, il ne lui restoit plus de sujets sur la fidélité desquels il put compter. La rebellion éclata dans le même tems dans plusieurs provinces, & tandis que les Normands & les Sarrasins

(1) Eginh. an. 823. Theg. cap. 30.    (2) Coint. ann. 824.

---

*Hist. d'Allemagne, 800-875.*

*Louis néglige de punir l'outrage qu'on lui fait.*

*Fermeté de Lothaire.*

*Audace de Vala & lâcheté de Louis. 828.*

fe difpofoient à profiter de ces troubles, qu'ils fomentoient de toute leur puiffance, des ennemis plus dangereux encore fe mirent à la tête des mécon. tens, & porterent le défordre qui agitoit l'état au plus haut degré de violence: ces ennemis étoient les trois fils, également ingrats, également perfides de Louis.

Ces Princes, peu contents des bienfaits que l'Empereur avoit verfés fur eux, craignoient que la même facilité qu'il avoit eu de partager avec eux fa puiffance, ne l'engageât à fe dépouiller de ce qui lui reftoit, en faveur de Charles le Chauve, leur jeune frere, & leur crainte, qui pourtant ne pouvoit autorifer leurs crimes, n'éroit que trop fondée. Après la mort d'Ermengarde, leur mere, l'Empereur avoit époufé en fecondes noces Judith, fille de Guelfe, Comte de Baviere: Judith avoit toutes les qualités que l'on eût defiré dans Louis fon époux; mais fes rares talens & fon mérite fupérieur étoient infiniment au deffous de fon ambition. A peine elle fut mariée qu'elle entreprit de gouverner l'Empire, même à l'exclufion de fon époux, qui éperduement paffionné pour elle, la laiffa difpofer des charges & des dignités qu'elle donnoit & qu'elle ôtoit au gré de fon caprice. De ce fecond mariage étoit né Charles le Chauve: il étoit encore au berceau, que l'ambitieufe Judith ne s'occupoit que du foin de lui affurer un rang digne du pere dont il étoit né (2).

Efclave dévoué aux volontés de fon époufe, Louis penfa comme elle, fe répentit du partage qu'il avoit fait, & par les confeils de Judith, il publia à Worms, un édit par lequel, partageant de nouveau fa fucceffion, il donnoit au jeune Charles tout le pays compris entre le Rhin, le Mein, le Necre & le Danube, la Rhetie aujourd'hui le pays des Grifons, la Bourgogne transjurane, c'eft-à-dire toute cette contrée occupée aujourd'hui par les Suiffes & Genève. Lothaire & Louis de Baviere fon frere, vivement ulcerés de cette difpofition, jurerent d'en empêcher l'exécution, ils eurent peu de peine à attirer dans leur parti le plus grand nombre des évêques; la nobleffe, mécontente du gouvernement de Judith, fe déclara pour eux, & Vala qui, par l'excès d'audace qu'il avoir montré à la diete d'Aix la Chapelle, avoit acquis parmi le peuple la plus haute confidération, fortit encore de fon cloître & alla fe ranger du côté des Princes rebelles (1).

L'Empereur Louis n'ignoroit point le complot qu'on tramoit contre lui, & croyant déconcerter les factieux, il fit venir auprès de lui Bernard, Comte de Barcelone & Gouverneur de la frontiere d'Efpagne, homme qui s'étoit fait une éclatante réputation de courage & d'habileté; mais qui n'étoit que violent, d'une ambition effrenée & de la plus revoltante préfomption. Bernard commença par mécontenter les grands & les principaux officiers de l'Empire, qu'il entreprit d'humilier, dépouillant les uns de leurs charges, & voulant contraindre les autres à refpecter fes volontés: il irrita le peuple par les plus infupportables vexations: les efprits s'aigrirent; la foule des rebelles s'accrut; Bernard devint l'objet de l'exécration publique, & il n'avoit pour lui que Louis qu'il rendoit odieux, & Judith que l'on accufoit hautement d'avoir pour le nouveau miniftre plusque de l'amitié.

Le

(1) Eginh. ann. 829.     (2) Vit. Vala. n. 7. Tom. 5.

Le mécontentement étoit porté au plus haut degré d'effervefcence, lorfqu'on apprit que les Bretons s'étoient foulevés; l'Empereur comptant mal à propos que le hefoin de l'état rameneroit fes enfans à leur devoir, affembla fes troupes à Aix la Chapelle, il fe mit à leur tête, & il fe difpofoit à partir pour aller foumettre la Bretagne, lorfque la plus grande partie de fon armée refufa de le fuivre dans cette expédition.

*Hift. d'Al-
lemagne,
800-875.*

*Louis eft
abandonné
de fon ar-
mée.*

Le nombre des mutins étant trop confidérable pour que l'Empereur pût fe flatter de les réduire, il partit avec le peu de foldats qui voulurent l'accompagner, & crut faire beaucoup que d'amener avec lui Louis, Roi de Baviere. Il avoit envoyé Lothaire en Italie, & avoit donné ordre à Pepin fon troifieme fils de venir le joindre avec fes troupes d'Aquitaine. Il fut mal obéi; Lothaire n'eut pas plutôt reçu avis du départ de fon pere, qu'il rentra en France, dans la réfolution d'y faire valoir par la force des armes, fes droits contre le dernier partage fait en faveur de Charles; & Pepin, au-lieu de conduire fes troupes à fon pere leva fans ménagement l'étendard de la révoite, & lui déclara la guerre.

Il ne reftoit donc plus à l'Empereur que Louis, Roi de Baviere; mais celui-ci le quitta brufquement, & alla à Corbie, méditer & trâmer des complots avec le moine Vala. Tandis qu'il y prenoit des mefures pour affurer le fuccès de fes projets, Pepin marchoit, fuivi d'une formidable armée, contre le petit nombre des troupes impériales; enforte que Louis, hors d'état de tenir la campagne, prit le parti de congédier le Comte Bernard, qui courut fe réfugier à Barcelone; de renfermer Judith dans un monaftere à Laôn, & d'aller fe renfermer lui-même à Compiegne. Il y fut bientôt fuivi par Pepin, d'autant plus animé à pourfuivre fon entreprife, qu'un détachement de fes troupes avoir enlevé Judith, qui avoir été conduite dans fon camp. Pepin la menaça de la faire périr, fi elle n'acceptoit les deux conditions qu'il lui prefcrivoit, l'une de prendre le voile, & l'autre d'aller engager fon époux à fe faire moine lui-même. Judith porta cette dure propofition à Louis, qui répondit qu'il confentoit qu'elle fe fit religieufe, puifqu'on l'y forçoit; mais qu'il ne prendroit le même parti que de l'avis des feigneurs & des évêques affemblés.

Judith retourna porter cette réponfe à Pepin, & elle fut tout de fuite conduite à Poitiers, où, dès le jour même de fon arrivée, on lui fit prendre le voile. Le Roi d'Aquitaine convoqua dans le Palais de Compiegne une affemblée des grands & des évêques; Louis y parut dans un état d'abaiffement qui pénétra de douleur la plûpart des affiftans, mais qui ne fit aucune impreffion fur fes enfans. Lothaire qui étoit venu recueillir le fruit de fes complots, voulut bien, en fe refervant toute l'autorité, laiffer à fon pere le titre d'Empereur; mais il le confia à une troupe de moines, auxquels il ordonna de lui infpirer le goût du cloître & de la vie monachale. Louis qui n'avoit pas l'ame affez forte pour être Empereur, ne vouloit pourtant pas d'un froc; & les moines, ne gagnant rien fur lui par leurs exhortations, imaginerent de faire leur fortune en le rétabliffant fur le trône. L'un d'eux nommé Gombaut, homme adroit, intriguant, entreprit de défunir les trois Princes, & il fe donna tant de foins; il agit avec tant d'adreffe, qu'il détacha du parti des rebelles les Rois de Baviere & d'Aquitaine: enforte que Lothaire, fe trouvant feul,

*Son réta-
bliſſement.*

n'eut plus d'autre eſpérance que celle de faire ratifier dans une diete générale tout ce qui s'étoit fait. Cette reſſource tourna contre lui-même : Louis fortifié par le retour de ſes deux fils, devint le plus puiſſant, & Lothaire fut contraint d'aller ſe jeter à ſes pieds, lui-demander pardon de ſes crimes & implorer ſa clémence. Les principaux complices furent condamnés à périr ; mais Louis ſe contenta de les diſperſer dans des monaſteres : Judith quitta le voile, revint auprès de ſon époux, & moins foible que lui, elle accabla, autant qu'il fut en elle, ſes ennemis du poids de ſa vengeance ; elle fit déclarer Lothaire déchu de l'aſſociation à l'Empire, & fit donner aux Rois de Baviere & d'Aquitaine quelques villes, en faveur de leur retour à l'obéiſſance (1).

Le calme eut été ſolidement rétabli, s'il eut dépendu de Louis de penſer & d'agir avec autant de fermeté que Judith : mais pour ſon malheur ; il étoit le plus foible & le plus inconſtant des hommes : ſe croyant à l'abri de tout orage, il accorda aux rebelles une amniſtie générale, il les rétablit dans leurs biens, & n'excepta perſonne de cette grace, pas même le moine Vala, qui répondit inſolemment, que n'étant point coupable il n'avoit point de grace à accepter, & qu'il n'avoit rien fait qu'il ne fût prêt à faire encore. Le comte de Barcelone fut rappellé auſſi ; mais il ne trouva plus à la cour de Louis le crédit qu'il y avoir eu ; c'étoit alors le moine Gombaut qui, s'étant emparé du miniſtere, gouvernoit tout en maître, l'Empereur, Judith & l'Empire. Bernard indigné de la préférence qu'on donnoit à un tel rival, ſe conduiſit comme, en la place, Gombant ne ſe ſeroit peut-être pas conduit : il forma des intrigues, s'aſſura de quelques factieux, & s'éloignant tour-à-coup de la cour, il alla engager les trois Princes du premier lit dans une nouvelle revolte : il eut peu de peine à les perſuader & ils unirent leurs intérêts.

*Imprudence de Louis & nouveaux troubles.*

Celui de ſes trois fils ingrats, dont l'Empereur ſe défioit le plus, étoit Pepin Roi d'Aquitaine, & il ſe diſpoſoit à le faire rentrer dans le devoir, dont il le ſoupçonnoit avec raiſon de s'être écarté, lorſqu'il apprit que toute la Baviere étoit en armes, & que le Roi Louis marchoit en force vers l'Allemagne, qu'il avoit réſolu d'enlever au jeune Charles. Pour la première fois l'Empereur, montrant une activité dont-on le croyoit incapable, alla à la rencontre des rebelles, les contraignit de s'éloigner de l'Allemagne, & pourſuivit cette expédition avec tant de chaleur, que le Roi Louis n'eut bientôt d'autre reſſource que celle de venir demander grace à ſon pere, qui eut encore la foibleſſe de lui pardonner. Lothaire uſa du même moyen & il lui réuſſit. Il ne reſtoit plus de rebelles, du moins armés, que Pepin & le Comte Bernard ; l'Empereur leur envoya ordre de venir le trouver ; ils obéirent ; leur grace ne fut pas complette ; Bernard fut dépouillé de toutes ſes charges & Pepin fut envoyé à Treves, qui lui-fut aſſignée pour priſon : mais ſes gens l'enleverent ſur la route, & il alla en Aquitaine recommencer les hoſtilités. Outré de tant de perfidies, Louis le déſhérita ſolemnellement, & donna l'Aquitaine à Charles, qui n'avoit alors que neuf ans.

*Victoires de Louis.*
833.

Lothaire & le Roi de Baviere qui avoient mérité une condamnation tout auſſi rigoureuſe, & qui craignoient que tôt ou tard elle ne fût auſſi pronou-

(1) *Vit. Ludov. Pii. ad ann.* 83.

·cée contre eux, fe lierent étroitement ; & fous prétexte de défendre un
frere injuftement dépouillé, ils prirent les armes. Lothaire alla lever en Italie
une nombreufe armée, à la tête de laquelle il revint, accompagné du Pape
Grégoire IV, qu'il avoit engagé à le fuivre dans cette fcandaleufe expédition, où l'on voyoit le Souverain Pontife fous les drapeaux d'un fils armé
contre fon pere (1).

Les deux Princes rebelles réunirent leurs troupes ; l'Empereur marcha
contre eux, & il eut le malheur de les rencontrer entre Rothfeld & Strasbourg; il étoit réfolu de terminer cette querelle par une action décifive. Lothaire, ne voulant rien donner au hazard, fit demander par le Pape quelques
jours de treve, paroiffant difpofé à préférer la voie de la conciliation. Le
traître fe fervit de ce délai pour débaucher, à force d'argent & de promeffes,
les troupes impériales; de maniere que l'Empereur, fe trouvant prefque feul
dans fon camp, avec fon époufe & Charles fon fils, ils y furent inveftis, faits
prifonniers & conduits devant les deux Princes. Là, dans une affemblée tumultueufe, Louis fut dépofé comme indigne & incapable de régner; Lothaire
fut proclamé Empereur; Judith fut conduite en exil à Tortone dans le Milanez,
& les Etats des Rois de Baviere & d'Aquitaine accrus de ceux de Charles
dont on le dépouilla. Le Pape qui dans cette horreur avoit joué le rôle le
plus odieux, s'en retourna en Italie, proteftant qu'on l'avoit trompé, mais
ne perfuadant perfonne.

Lothaire fatisfait de fes fuccès déshonorants, fit renfermer fon pere à Sois-
fons dans un monaftere, rélégua Charles fon frere dans l'Abbaye de Pruim,
& ne rougit point d'engager par contrainte fon pere à s'accufer devant une
affemblée générale, des fautes les plus capitales & des vices les plus énormes.
Louis, ne pouvant mieux faire, fe foumit à tout: Ebbon, l'atroce Ebbon, Archevêque de Rheims, écrivit fous le nom de l'Empereur, qui n'ofa le défavouer, la confeffion la plus aviliffante, & il la lut dans l'églife de S. Médard
à Soiffons devant le peuple affemblé. L'Empereur détrôné, qui affiftoit à
genoux à cette outrageante cérémonie, fe reconnut coupable de toutes les
horreurs qu'Ebbon avoit jugé à propos de lui imputer. Il n'eut pas plutôt
fait cet aveu, qu'après lui avoir arraché fon épée, fon baudrier, fes habits,
on le revêtit d'un cilice, & le fit conduire, comme un coupable convaincu,
dans une petite cellule de monaftere, où, par grace, on voulut bien lui permettre de paffer dans la pénitence le refte de fes jours (2).

Cet attentat de Lothaire & des évêques contre leur Souverain fit fur le
peuple une impreffion toute oppofée à celle qu'ils en avoient attendu; des
cris d'indignation s'éleverent de toutes parts. Les deux freres de Lothaire,
le Roi de Baviere & Pepin, qui jufqu'alors avoient partagé fon ingratitude;
détefterent fon crime, & jurerent de réparer leurs fautes en défendant la caufe
de leur pere, qu'ils n'avoient que trop fouvent trahie. Louis, Roi de Baviere,
fut le premier à prendre les armes; il marcha contre Lothaire, qui, n'ofant
l'attendre, s'enfuit précipitamment à Compiegne, en menant avec lui fon
pere prifonnier : mais il apprit bientôt que tous les peuples étoient également
foulevés & que Pepin, brulant d'impatience de venger l'injure de fon pere,

(1) Nitard. Lib. 1. *Annal. Bertin.* & *Fuld.* ad ann. 833. (2) Aftr. Thegan. *cap.* 44.

Sect. II.
Hist. l'Al-
lemagne,
800-875.

Rétabliffe-
ment de
Louis &
hoftilités de
Lothaire.
835.

étoit à la tête d'une formidable armée. Cette défection générale allarma vivement Lothaire, qui, fortant précipitamment de Compiegne, & laiffant l'Empereur & Charles dans l'Abbaye de S. Denis, alla chercher un azile dans le Royaume de Bourgogne. Louis le Débonnaire & Charles ne resterent que peu de tems dans leur nouvelle prifon; les grands & le peuple, y accourant en foule, les arracherent l'un & l'autre de leur captivité, & firent remonter Louis au trône impérial (1).

Les premiers foins de l'Empereur rétabli dans fes droits, furent de répandre des bienfaits: il rendit à Pepin le Royaume d'Aquitaine, & il alla, fuivi du Roi de Baviere à Aix la Chapelle, où Judith fon épouse vint le joindre. Les coupables s'attendoient au plus rigoureux chatiment, & il n'étoit pas de fupplice qu'ils ne méritaffent: ils furent cependant trompés dans leur attente, & le cœur de Louis, étoit encore plus généreux, ou pour parler avec plus de vérité, plus foible, que leur crainte n'étoit fondée; au lieu de décerner des peines capables d'effrayer à jamais les factieux, il fit publier une amniftie générale contre tous ceux qui s'étoient revoltés. Le feul Ebbon fut excepté de cette grace, & Lothaire ne le fut point; au contraire, fon pere l'invita, le fit folliciter de venir le trouver, l'affurant qu'il n'avoit rien à craindre, & qu'il le recevroit en pere tendre & indulgent; mais Lothaire, déterminé à périr s'il ne pouvoir ravir le fceptre impérial; Lothaire inacceffible au refpect filial, rejeta toute voie de conciliation; & il la rejeta d'autant plus fierement, que, ligué avec les Comtes Malfride & Lambert, il venoit de remporter quelques fuccès contre un détachement de l'armée impériale.

Paix.

La fortune ceffa enfin de feconder l'injuftice, & le Roi d'Aquitaine, ayant uni fes forces à celles de l'Empereur, Lothaire n'ayant plus aucune efpérance de fe foutenir, prit enfin le parti de la foumiffion, il alla trouver fon pere, qui le reçut avec bonté, lui rendit l'Italie, lui permit d'aller la gouverner; mais en lui déclarant que s'il ofoit reparoître en France, fans en avoir reçu l'ordre, il n'auroit plus de grace à efpérer. Lothaire étoit évidemment le plus foible, il obéit, & prit la route d'Italie; Pepin fe retira en Aquitaine, Louis Roi de Baviere dans fes états, & le calme fut rétabli.

Ses difgraces paffées, & fur-tout les inconféquences de fon époux, avoient éclairé l'Impératrice Judith fur fes intérêts & fur ceux de fon fils Charles: elle changea de conduite à l'égard des trois Princes fes ennemis: ne pouvant les perdre, elle garda avec eux des ménagements, & ne s'attacha qu'à les rendre favorables à fon fils; toute fon ambition fe réduifoit alors à conferver à ce jeune Prince, après la mort de l'Empereur, la portion d'héritage qu'elle lui avoit fait donner. Dans cette vue, elle ne négligea rien pour gagner l'amitié de Lothaire, auquel elle fit même efpérer une nouvelle affociation à l'Empire: mais de nouveaux événemens troublerent la bonne intelligence qui régnoit depuis quelque tems dans la famille Royale (2).

Judith, comptant trop fur l'approbation des trois Princes, & fur les bonnes difpofitions qu'ils lui témoignoient, obtint de l'Empereur un nouveau Royaume pour fon fils, & ce Royaume étoit la Neuftrie. Cet accroiffement de puiffance ulcéra les trois freres, qui, réfolus de s'oppofer à l'agrandiffement

<hr/>

(1) Act. depof. Tom. 7. Conc. p. 1686.     (2) Annal. Fuld. & Bertin.

de Charles, s'aboucherent, & étoient prêts à soutenir leurs oppositions par la force des armes, lorsque la mort enleva l'un des trois, Pepin Roi d'Aquitaine. Ce Royaume également envié par Lothaire & par le Roi de Baviere, ils renoncerent l'un & l'autre au dessein qu'ils avoient formé; chacun d'eux ne s'attachant plus qu'à faire passer sur sa tête la couronne que Pepin laissoit. Ils étoient également injustes dans leurs desirs & leurs prétentions; car Pepin laissoit des enfans qui devoient naturellement lui succéder au trône, mais ces enfans étoient très-jeunes, & leur sort touchoit peu leurs oncles. Lothaire fut le plus heureux; en effet, peu de tems après, l'Empereur, déterminé par les conseils de Judith, partagea de nouveau tout l'Empire entre Lothaire & Charles: en sorte que Louis, Roi de Baviere, fut totalement oublié dans ce partage, ainsi que Pepin & Charles, les deux fils que le Roi d'Aquitaine avoit laissés. Les peuples de ce dernier Royaume se souleverent en faveur des deux jeunes Princes, & le Roi de Baviere prit de son côté les armes contre l'Empereur & Lothaire. Louis le Débonnaire dissipa tous ses mouvemens par son activité; il alla soumettre l'Aquitaine, & déjà il marchoit de triomphe en triomphe contre le Roi de Baviere, quand une fievre violente vint l'arrêter au milieu de sa course. Ce mal fit des progrès, & il étoit difficile qu'accablé de chagrin & toujours obligé de lutter contre des fils ingrats, la plus légere maladie ne fût pour lui très-dangereuse: celle-là fut bientôt déclarée mortelle; Louis sentit ses derniers momens s'approcher; il envoya une couronne, un épée & un sceptre d'or à son fils; mais en lui faisant dire qu'il ne lui transmettoit l'Empire qu'à condition qu'il vivroit en bonne intelligence avec ses freres.

Louis mourut le 20 de juin 840, dans la 64e année de son âge & la 27e de son regne: il fut peu regretté; car il n'avoit su ni se faire craindre, ni faire respecter son autorité. Ce n'est cependant pas qu'il fut sans talens; il eut même d'excellentes qualités; mais jusqu'à ses vertus tout en lui prit l'empreinte de la foiblesse de son ame. Son zele pour la religion eut été trop respectable, s'il eut su mettre des bornes à sa dévotion, qui chez lui dégénéroit en imbécillité. Par excès de piété il regardoit un évêque comme un être au-dessus de l'humanité, & il eut la stupidité de soumettre le sceptre à la crosse: ensorte que, tandis qu'il passoit la plus grande partie de son tems, ou à confier ses scrupules à ses directeurs, ou prosterné au pied des autels, les évêques gouvernoient impérieusement l'Etat, qui se trouvoit fort mal d'une telle administration. Par bonté paternelle il engagea ses fils à lui manquer; intéressés à faire maître en lui scrupules sur scrupules, les prélats qui gagnoient infiniment à la délicatesse de sa conscience, le firent descendre à mille bassesses, & à force de le rendre dévôt ils le rendirent méprisable: ils lui persuaderent que c'étoit s'humilier devant Dieu que de s'avilir devant les hommes; il les crut, & n'osa point les réprimer toutes les fois qu'ils attenterent au droit sacré de la suprême autorité. En un mot, sans la foiblesse de Louis, jamais le S. Siege n'eut formé le projet qu'il exécuta dans la suite avec tant de succès au préjudice de l'Empire. Le regne d'un Monarque foible & pusillanime est le plus grand des maux que puisse éprouver un Etat (1).

*Hist. d'Allemagne, 800-875.*

*Nouveaux troubles. 837.*

*Mort de Louis. 840. Son caractere.*

(1) *Vit. Ludv. Pii.* Nitar. L. 1. Spéner. T. 1. L. 3. c. 3.

Sect. II.
Hist. d'Al-
lemagne,
800 - 875.

*Lothaire
Empereur
veut dé-
pouiller ses
freres.*

Peu content de partager avec son pere le droit de l'Empire, l'ambitieux Lothaire n'avoit pas craint, pour régner seul, de s'armer contre son bienfaiteur, de soulever les provinces, de faire entrer dans ses complots une foule de factieux, & de tenter de ravir la couronne & la vie à l'auteur de ses jours. La même ambition qui l'avoit porté à ces détestables excès, le rendit insensible aux tendres exhortations & aux dernieres volontés de son pere. A peine il eut reçu le sceptre, qu'oubliant les conditions auxquelles il lui avoit été transmis, il conçut le dessein de dépouiller ses freres, & de réunir sur sa tête l'entiere succession de Charlemagne, dont il n'avoit que la dévorante ambition, sans posséder aucune de ses grandes qualités. Son premier soin fut de rassembler une armée, à la tête de laquelle il alla porter le ravage & la désolation dans les états de Charles le Chauve, qui, pour éviter de plus irréparables malheurs, fut contraint de céder une partie de ses provinces à l'usurpateur, & d'accepter les conditions onéreuses qui lui furent offertes.

. Bientôt Charles & Louis Roi de Baviere se liguerent & unirent leurs forces, résolus d'obliger le nouvel Empereur de se contenter du partage auquel il avoit consenti du vivant de leur pere. Toutefois, avant que d'en venir aux dernieres extrémités, ils lui envoyerent des Ambassadeurs pour l'inviter à s'en tenir au partage fait par Louis le Débonnaire, & qu'il avoit lui-même confirmé par le serment le plus solemnel.

L'Ambassade des deux Monarques n'eut aucun succès; leur proposition fut très-durement rejetée, & ils furent contraints de recourir à des voies plus efficaces. Ebloui par les avantages qu'il avoit remportés, & se flattant de fixer constamment la victoire sous les drapeaux, Lothaire encore plus impatient que ses freres de venir à une action décisive, marcha au devant d'eux,

*Il est battu.*

& les armées des trois Princes se rencontrerent aux environs d'Auxerre. Le combat dura peu, mais il fut terrible, Lothaire complettement défait, fut contraint de prendre la fuite, & cette journée sanglante, si connue dans l'histoire sous le nom de *bataille de Fontenay*, lui eut inévitablement couté l'Empire, si les vainqueurs, aussi ambitieux que lui, eussent voulu profiter de leurs avantages. Il alla se réfugier à Aix la Chapelle, d'où il passa en Saxe, rendit pour de l'argent, aux habitans la permission de retourner au paganisme, se ligua avec Heriolde, Chef des Normands, & tenta vainement de réparer les pertes: il n'essuya que des revers, & fut contraint de fuir devant ses freres. Pour comble de disgrace, Lothaire qui n'étoit plus heureux, fut abandonné par les évêques, qui l'avoient soutenu jusqu'alors, & qui ne balancerent point à le déclarer déchu de la portion du Royaume de France que Louis le Débonnaire lui avoit assigné par son testament.

Accablé de la défection des évêques & hors d'état de lutter contre ses freres réunis, Lothaire qui avoit si fierement rejeté toute proposition de paix, se hâta de la demander aux conditions que ses freres voudroient lui imposer.

*Paix entre
l'Empereur
& les fre-
res.*
843.

Il leur envoya témoigner le regret qu'il avoit de la conduite passée, & leur fit représenter que s'ils vouloient absolument le resserrer dans les bornes étroites de son Royaume d'Italie, il ne lui seroit plus possible de soutenir avec éclat la dignité impériale qui lui seroit inévitablement disputée par l'Empereur Grec. Appaisés pas ces soumissions, Louis & Charles, consentirent à mettre fin à leurs hostilités. Par le traité qui fut conclu, Louis, Roi de Baviere,

èut avec la Germanie, plufieurs villes & territoires èn deçà du Rhin, & prit *Hift. d'Al-*
le tître de Germanique ou de Roi de Germanie: l'Italie & la qualité d'Em- *lemagne,*
perenr refterent à Lothaire, qui obtint avec tout le pays d'entre le Rhin & *800 - 875.*
l'Efcaut, le Hainaut, le Cambrefis, quelques contrées en deçà de la Meufe,
depuis fa fource jufques au confluent de la Saône & du Rhône, & depuis
ce confluent, tous les pays fitués fur les bords du Rhône jufqu'à la mer.
Quant à Charles le Chauve, il eut tout le refte de la France, dont il prit dès
lors le tître de Roi (1).

Pendant que les trois freres partageoient les terres & les couronnes de la plus
belle partie de l'Europe, on s'occupoit à Rome à donner un fucceffeur au
Pape Gregoire qui venoit de mourir. Les voix fe réunirent en faveur de   *Tentatiize*
Sergius II qui fe fit confacrer, fons en avoir obtenu la permiffion de l'Empe- *de Sergius*
reur, au mépris de fes obligations les plus indifpenfables, & du ferment qu'il *II.*
avoit lui - même prêté à Lothaire, du tems de Louis le Débonnaire; ferment
par lequel il avoit promis, comme tous les Romains, de ne point confentir
qu'un Pape élu fût confacré avant qu'il eut prêté ferment de fidélité en préfence du commiffaire de l'Empereur (2).

Juftement irrité de l'attentat de Sergius, Lothaire envoya fon fils Louis,
qu'il déclara Roi d'Italie, à Rome pour s'y plaindre de cette infraction, &
pour empêcher qu'à l'avenir on ne nommât fans fa permiffion au fouverain
Pontificat. Louis remplir avec dignité cette commiffion; il fit refpecter les
droits de fon pere; Sergius s'excufa du mieux qu'il put, & couronna Louis,
qu'il proclama Roi des Lombards. Cependant les Sarrazins & les Normands
qui, profitant des troubles du regne de Louis le Débonnaire, avoient exercé
des ravages affreux fur les terres de l'Empire, étoient paffés en Italie où ils
ne ceffoient de piller & de dévafter. Les troupes que Lothaire envoya contre eux furent battues, le nouveau Roi de Lombardie tenta de les arrêter à la
tête d'une nombreufe armée, & il fut complettement défait.

Tandis que l'Italie étoit en proie aux fureurs & aux brigandages de ces dé- *Sa mort &*
vaftateurs; Léon fuccédoit à Sergius, que la mort avoir mis au tombeau. *élection du*
Léon étoit élu, mais il n'étoit pas confacré, &. les Romains n'ofoient faire *Pape Léon*
cette cérémonie fans la permiffion de Lothaire. Cependant les Sarrazins & *IV.*
les Normands continuoient leurs déprédations; & la crainte qu'ils ne vinffent *847.*
affiéger Rome fit que l'on confacra Léon, mais en proteftant que l'on ne
prétendoit point déroger à la fidélité due au chef de l'Empire: Léon fe hâta
d'envoyer faire les mêmes proteftations à Lothaire qui avoir fait paffer fon fils
à Rome, où ce dernier, par ordre de fon pere, fut couronné Empereur.
L'éclat & la majefté de fes tîtres ne ramenerent point la victoire fous fes drapeaux; les Normands & les Sarrazins eurent conftamment l'avantage fur lui,
& ils le contraignirent de s'enfuir de ville en ville (3).

Les Romains, imputant à Lothaire le malheur de fes armes, murmuroient
hautement, & paroiffoient ne fupporter qu'avec impatience le joug des François. Le Pape Léon IV, qui, comme fes prédéceffeurs, ne tendoit qu'à
rendre le S. Siege indépendant de toute Puiffance temporelle, excitoit la hai-

---

(1) Sigebert *ad ann.* 843. *Formula fæderis. Ludov. & Carol. apud* Chefn. T. 2 p. 381.
(2) *Annal. Bertin. ad ann.* 844.   (3) Id. *ad ann.* 844. 45. 46. 47.

Sect. II.
Hifl. d'Al-
lemagne,
800-875.

Complôt de
Léon IV.
contre l'Em-
pereur.

ne des Romains contre les Impériaux, & il forma le projet, ou pour donner aux chofes leur vrai nom, il trama le complot d'appeller les Grecs & de chaffer les Impériaux de Rome. Daniel, maitre de la milice, auquel le Pape fit part de fes deffeins, en eut horreur, & il alla les revéler à Louis, qui revint promptement à Rome, fans fe faire annoncer. Léon IV, qui ne fe croyoit point découvert, lui fit l'accueil le plus diftingué : Louis ne fe laiffa point éblouir par ces honneurs: il affembla les Seigneurs François & Romains, leur dévoila le plan de la confpiration, & ordonna à l'auteur du complot de fe juftifier s'il lui étoit poffible. Léon, qui ne fe déconcertoit pas aifément, nia tout avec ferment, & demanda que Daniel fût puni comme calomniateur. Louis ne punit point Daniel; il regarda Léon comme un traître, & parut néanmoins fe contenter de fon défaveu, qui prouvoit évidemment que Rome appartenoit à l'Empereur, & que celui-ci étoit le fupérieur du Pape.

Le nouvel Empereur fortit de l'Italie; Léon IV, forcément obligé de refter Vaffal de l'Empire, mourut, & eut pour fuccéffeur Benoît III, qui envoya vers Lothaire & Louis pour leur faire part de ce qui s'étoit paffé & obtenir leur confentement à fon élévation au fouverain Pontificat. Ces Princes qui favorifoient le Prêtre Anaftafe, Cardinal dépofé depuis dix-huit mois dans un concile tenu à Rome, défapprouverent l'élection faite; mais, ne pouvant obliger les Romains de procéder à une nouvelle élection, ils furent contraints de donner leur confentement à la confécration de Benoît.

Dans cette derniere conteftation il n'y eut que Louis qui montra quelque chaleur, Lothaire dont le génie inquiet & le caractere turbulent avoient caufé tant de maux, reftoit depuis quelque tems dans l'inaction. La poffeffion du rang fuprême paroiffoit l'en avoir dégoûté; les grandeurs ne le flattoient plus, & il avoit abandonné à fon fils, les rênes du gouvernement; bientôt il lui céda le trône tout entier. Atteint d'une maladie mortelle, il fe fit transporter à l'Abbaye de Pruim dans les Ardennes, & y prit l'habit de moine après avoir formellement renoncé à l'Empire & à tous fes Etats. Il mourut le 28 Septembre 855, âgé de 60 ans, après un regne de 15 années, & laiffant peu de regrets. Il eut quelque valeur, mais il fut le plus ambitieux des hommes: Souverain fans juftice & fils dénaturé, il fut très-mauvais frere, & cependant bon & généreux Roi (1).

L'Empire n'étoit plus ce qu'il avoit été fous Charlemagne: cette vafte monarchie partagée en plufieurs gouvernemens indépendans les uns des autres ne reconnoiffoit plus la fuprématie d'un Chef: chacun de ces gouvernemens obéiffoit à une loix d'un Souverain, qui, abfolu dans fes états, ne voyoit dans le poffeffeur du trône de l'Empire qu'un égal, dont l'autorité ne s'étendoit point au delà des bornes de fa domination. Louis le Débónnaire les avoir fi fort reftraintes ces bornes, lorfqu'il avoir partagé fa puiffance entre fes enfans, qu'à fon avènement au trône, Louis II, fon petit-fils, ne poffeda, pour foutenir l'éclat de la dignité impériale, que la neuvieme partie, tout au plus, de cette immenfe étendue de pays qui, quarante ans auparavant, étoit affujettie à l'Empire François. En effet fes deux fieres, Lothaire

&

(1) Spener. Hifl. Germ. Univ. ad ann. 855.

& Charles régnoient, l'un en Auftrafie à laquelle il avoit donné fon nom, & que l'on appelloit Lotharinge ou Lorraine, & Charles poffédoit la Provence, à titre de Royaume, tandis que Charles le Chauve continuoit de régner fur la France proprement dite, Charles fon fils fur l'Aquitaine, & que Louis, oncle du nouvel Empereur, étoit Roi de Germanie.

A peine Lothaire fut mort, qu'il s'éleva une vive conteftation entre fes trois fils, au fujet du partage de fa fucceffion: mais après de longs démêlés, la difpute fe termina par un accommodement, qui n'empêcha pourtant pas les trois freres, finon de fe haïr, du moins de s'infpirer mutuellement la plus grande défiance. Comme chacun d'eux, jugeant de fes freres par fes propres difpofitions à leur égard, croyoit avoir à craindre des entreprifes, ils s'étayerent, Lothaire de l'appui de Charles le Chauve, & l'Empereur de l'alliance de Louis le Germanique: Charles, Roi de Provence, étant trop foible & fes états trop peu étendus pour qu'ils tentaffent l'ambition de fes freres, il ne crut point devoir prendre par avance des miefures contre eux, & ne forma aucune ligue; auffi fut-il celui des trois qui vécut le plus tranquille (1).

Cependant Louis II, qui d'abord avoit paru fi peu content de la portion qu'il avoit à recueillir dans la fucceffion de Lothaire, ne fe montra dans la fuite rien moins qu'ambitieux: fatisfait du trône impérial & du Royaume d'Italie, il mit tous fes foins à conferver & à défendre fa dignité & fes états, fans chercher à les agrandir & à s'illuftrer par des conquêtes. Mais pour conferver l'Italie, il falloit en chaffer les Sarrazins qui ne ceffoient d'y faire des incurfions, dans cette vue il fe mit à la tête d'une puiffante armée, paffa les Alpes, & pénétra jufqu'aux environs de Rome. Le Pape Benoit III, fuppofant au Monarque d'autres deffeins que le projet de combattre les Sarrazins, lui envoya fort indifcretement demander dans quelle vue il s'approchoit de Rome accompagné de tant de troupes (2)? Louis, maître de l'Italie, & par fa qualité d'Empereur maître abfolu de Rome, n'ayant aucun compte à rendre au Souverain Pontife, qui n'étoit lui-même que vaffal de l'Empire, répondit aux députés du S. Siege que fon deffein étoit de fe conduire en Italie, ainfi qu'à Rome, comme un bon Souverain étoit obligé de fe conduire dans les terres de fa domination.

Cette réponfe ne calma point les allarmes du Pape; il mourut, & Louis II fit élire & confacrer en fa préfence Nicolas I, de la modération & de la déférence duquel il fe croyoit très-affuré. L'Empereur fe trompa; Nicolas à la vérité avant que de monter au trône Pontifical avoit paru le plus modéré des hommes, & fur-tout très-zélé pour les droits & la prééminence de la dignité impériale: mais à peine il fut affis fur la chaire de S. Pierre, qu'il penfa tout différemment, fut encor plus ambitieux que fes prédéceffeurs, & eut des prétentions infiniment plus outrées. Il eft vrai que Louis contribua lui-même par la plus ridicule & la plus inconfidérée des démarches à fuggérer à Nicolas les plus hautes idées au fujet de la prééminence de la Papauté fur l'Empire. Un jour que ce Pontife alloit à cheval lui rendre vifite dans fon camp, Louis, par un excès de zele, courut au devant de Nicolas, prit fon cheval par la bride, le conduifit à quelques pas,

____

(1) *Annal.* Bert. ad ann. 856.    (2) Annal. Bertin. ad ann. 863.

*Démarche
imprudente
& baſſe de
Louis II.
858.*

& en quittant cette aviliſſanté attitude, s'inclina juſqu'aux étriers du Pape; de maniere, que quelques-uns des ſpectateurs penſerent qu'il lui baiſoit les pieds. Si Louis tomba dans cet excès de baſſeſſe, il fut inexcuſable; mais quelque minutieuſe que fût ſa dévotion, on ne peut le croire: ce qu'il y a néanmoins de trop vrai, c'eſt que·cet acte d'humilité, trop fréquemment réitéré depuis par des Souverains, fut regardé par Nicolas comme il l'a été par ſes ſuc-ceſſeurs, comme un aveu de la ſoumiſſion que le chef de l'Empire doit au Pontificat & comme une preuve de la ſupériorité de la Thiare ſur la Couronne de Charlemagne.

*Mort du Roi
de Provence
& partage
de ſes états.*

Tandis que Louis II donnoit à la cour de Rome des titres qui devoient devenir dans la ſuite ſi funeſtes à ſes ſucceſſeurs, il reçut la nouvelle de la mort de Charles, Roi de Provence ſon frere: il partit auſſi tôt, ſe rendit en Provence, & tâcha d'engager les grands à lui déférer la couronne. Lothaire, Roi d'Auſtraſie, ne chercha point à captiver la bienveillance des grands de Provence, & il demanda hautement la part de ce Royaume qui lui revenoit comme frere & héritier du dernier roi. Soit que l'Empereur ſentit la juſtice d'une telle demande, ſoit qu'il ne ſe crut pas aſſez fort pour ravir par la violence des armes ce qu'il ne pouvoit s'approprier ſans injuſtice, il céda la moitié de la Provence à Lothaire, & repartit pour l'Italie. Mais à peine il eut paſſé les Alpes que Charles le Chauve, trouvant la Provence à ſa bienſéance, ſe diſpoſa à envahir la portion de ce Royaume que l'Empereur s'étoit reſervée. (1).

Il y avoit quelque tems que le Roi d'Auſtraſie, dégouté de Ingelberge ſa femme, l'avoit répudiée, & avoir même fait approuver ce divorce par quelques conciles. Nicolas, qui ſaiſiſſoit toutes les occaſions d'étendre ſa puiſſance temporelle à la faveur du pouvoir illimité de ſa puiſſance ſpirituelle, n'eut garde de reſter dans le ſilence ſur cette affaire. Il commença par caſſer les conciles qui s'étoient montrés ſi favorables à Lothaire, & il dépoſa enſuite les ·Archevêques Theutgaude & Gonthier, qui l'un & l'autre avoient autoriſé le ſcandaleux mariage de Lothaire avec Valdrade: ils méritoient leur dépoſition, & dans cette affaire Nicolas n'avoit pas excédé les bornes de ſa juridiction (2): cependant les deux Prélats ſe rendirent en Italie auprès de l'Empereur, qu'ils animerent ſi vivement, que ce Prince tranſporté de colere, partit ſur le champ, pour Rome, déterminé à uſer de la plus extrême rigueur, ſi les·deux Archevêques n'étoient pas inceſſamment rétablis. Informé de la colere de ·Louis & des motifs qui l'amenoient à Rome, Nicolas, qui connoiſſoit le caractere inconſéquent & foible du Monarque, crut lui en impoſer par l'éclat & la pompe d'une repréſentation puérile. D'après cette idée il raſſembla tout ſon clergé, ſe revêtit des habits pontificaux, & alla en proceſſion au devant de l'Empereur, qu'il rencontra auprès des degrés de l'égliſe de S. Pierre.

*On anime
Louis II
contre le
Pape.*

·L'eſpérance du Pape étoit fondée: à la vue de tant de prêtres, chacun un cierge allumé à la main, & ſur-tout à l'aſpect du Souverain Pontife décoré de tous les attributs de ſon rang, Louis, étonné, confondu, ſentit le feu de la colere s'éteindre dans ſon cœur; & il eut vraiſemblablement fini par embraſſer les genoux de celui qu'il avoit réſolu de maltraiter, ſi les gens qui le

(1.) Annal. Bert. Spener. *Hiſt. Germ. Univ,* ad ann 864.     (2.) *Ann. Meteuſ.* 865.

suivoient euffent eu autant de respect qu'il en avoir pour les proceffions. Celle-ci ne leur en impofa point, au contraire, ils fe jeterent fur le peuple & fur le clergé qu'ils accablerent de coups, rompirent la croix, foulerent aux pieds les bannieres; & fans doute ils euffent tout auffi peu menagé le Souverain Pontife, s'il n'eût très-prudemment pris la fuite & ne fe fût fauvé hors de Rome (1).

L'Empereur fut très-fenfible à ces violences, & peu de jours après il fut attaqué d'une fievre un peu forte: il n'en falloit pas tant pour lui perfuader que la Divinité courroucée vengeoit fon Lieutenant fur terre, & le bon Louis ne vit dans la maladie légere dont-il étoit atteint que le commencement des punitions terribles auxquelles il fe croyoit déja condamné par le Ciel: épouvanté par les terreurs de fa propre imagination, il envoya Ingelberge fon époufe folliciter le Pape d'oublier ce qui s'étoit paffé, de lui rendre fa confiance & de le reconcilier avec Dieu qu'il avoit irrité. Nicolas voulut bien fe laiffer fléchir; il alla trouver l'Empereur, & le refultat de leur conférence fut que Louis approuvant la conduite du Pape, laiffa les deux Prélats dépoffédés de leurs Archevechés & les envoya en France.

Son raccommodement avec le Souverain Pontife ne rendoit point à Louis II la Provence que Charles le Chauve lui enlevoit par la force des armes. Le Pape fatisfait de la docilité du petit-fils de Charlemagne, agit encore pour lui dans cette affaire; il écrivit au Roi de France, & dans la lettre finguliere qu'il lui adreffoit, il difoit qu'il feroit très-malheureux que l'Empereur fût obligé de fe fervir contre les fideles du glaive qu'il avoir reçu de S. Pierre; qu'il devoit lui être permis de gouverner en Souverain les Royaumes qui lui étoient échus par fucceffion, confirmés par l'autorité du S. Siege, de même que par la couronne impériale que le Souverain Pontife avoit mis fur fa tête. On voit que dès lors les fucceffeurs de S. Pierre ne diffimuloient plus leurs prétentions, & qu'ils ne cachoient plus les droits qu'ils s'étoient arrogés fur les fceptres des Rois, ni leur prétendue prééminence fur la dignité impériale (2).

Dans le tems que Nicolas écrivoit cette lettre, fi faftueufement ridicule, fa puiffance tomboit, & fon autorité ceffoit d'être refpectée à Conftantinople; où Photius, ufurpateur du fiege de cette capitale, vivement irrité d'avoir été condamné par la cour de Rome, dépofoit Nicolas dans un concile qu'il avoit convoqué exprès & faifoit reconnoitre Louis II pour Empereur. Photius ne s'en tint point à fes premieres démarches, & dans les lettres accompagnées de riches préfens qu'il envoya à Louis & à Ingelberge fon époufe, il les follicitcit de chaffer de Rome Nicolas, qu'il prétendoit ne pouvoir plus occuper le S. Siege, dès le moment qu'il avoit été condamné par un concile (3).

Ces démêlés eccléfiaftiques étoient très-peu intéreffans pour Louis II; qui ne voulut y prendre aucune part: il n'étoit alors occupé qu'à profiter de la fupériorité de fes armes fur les Sarrazins qu'il avoir complettement battus; il leur enleva fucceffivement Capoue, Matera place très-forte qu'il brula, & alla les affiéger à Bari, où ils lui oppoferent la plus ferme réfiftance.

(1) Sigonius. Anaft. & alii.    (2) Nic. Epift. Pont. Rom.    (3) Fleuri. Hift. Eccl.
Tom. II. L. 50.

Hift. d'Allemagne, 800-875.

Le Pape eft mis en fuite & remords de Louis. 864.

Letre finguliere du Pape à Charles le Chauve.

Viéteire de Louis fur les Sartazins.

Pendant qué Louis fignaloit fa valeur contre les Sarrazins, il reçut la nouvelle de la mort de fon frere, Roi d'Auftrafie; & ce Prince ne laiffant point
d'enfans, l'Empereur avoir fans contredit de grandes prétentions à ce trône.
Mais fes oncles, Louis, Roi de Germanie, & Charles le Chauve prétendoient y
avoir encore plus de droit que lui. L'Empereur étoit éloigné, & dans des
circonftances qui ne lui permettoient point de quitter l'Italie; le Roi de Germanie étoit retenu depuis quelques mois dans fon palais par une maladie, ces
difpofitions étoient très-favorables à Charles le Chauve; il fut en profiter,
marcha vers la Lorraine, y pénétra, & fe rendit à Metz où il fe fit couronner Roi.

Adrien II, qui venoit de fuccéder au Pape Nicolas envoya des Légats au
Roi de France pour lui repréfenter l'injuftice qu'il y auroit à enlever à Louis
un fceptre qui lui appartenoit évidemment: mais les Légats étoient encore en
route, que Charles étoit couronné: & quand même ils feroient arrivés avant
cette cérémonie, quelle apparence que leurs repréfentations euffent fait'
quelque impreffion fur Charles, qui, étant le plus fort, fe croyoit auffi le
mieux fondé?

. Affez indifférent fur la perte de la Lorraine, Louis II ne s'occupoit que du
foin de la guerre qu'il faifoit aux Sarrazins: ceux-ci fe défendoient toujours
avec la même valeur dans la ville de Bari, qui ne fut emportée qu'après un
fiege de quatre ans. La prife de cette place affuroit la délivrance prochaine
de l'Italie, où les Sarrazins ne pouvoient plus fe foutenir; & cette guerre
glorieufement terminée l'Empereur fe difpofoit à foutenir & défendre fes
droits fur la Lorraine, lorfque le Duc de Benevent, chargé de la défenfe de
ce duché contre les Sarrazins, y leva l'étendard de la revolte, appella les
Grecs à fon fecours, & entraîna dans la défection prefque toute la partie
méridionale de l'Italie (1).

Ce foulèvement quelque imprévû qu'il fut ne déconcerta point l'Empereur; il marcha contre les rebelles. Le Duc de Benevent, ne pouvant efpérer de l'emporter à force ouverte, eut recours à la perfidie: il alla trouver
l'Empereur, lui témoigna le repentir le plus amer, obtint fon pardon de
Louis, qui, après avoir congedié fes troupes, entra dans Benevent & alla
loger chez le Duc. Ce dernier, ne fuppofant pas que rien pût s'oppofer à

l'exécution du complot qu'il avoit tramé, s'affura de quelques complices, &
au moment où l'Empereur dormoit fans défiance dans fon appartement, le
Duc fe mit à la tête de fa troupe, afin de le furprendre & de s'affurer de fa
perfonne. Heureufement Louis fut averti à tems; il fe fauva dans une tour &
s'y défendit pendant trois jours avec la plus grande valeur: mais il eut inévitablement été forcé de céder au nombre, fi l'Evêque de Benevent n'eût obtenu à force de prieres qu'on le laifferoit fortir, après qu'il auroit fait ferment
ainfi que l'Impératrice fon époufe, la Princeffe fa fille & tous ceux de fa fuite
qu'en aucun tems il ne fe vengeroit ni ne chercheroit à fe venger de l'outrage
qu'on venoit de lui faire. Louis II fut contraint de faire ce ferment; mais
à peine il fut libre, qu'il alla à Ravennes, où le Pape Adrien, fucceffeur de
Nicolas, vint l'abfoudre lui & les fiens de ce ferment arraché par la violence.

(1) Annal. Bertin. 871. Metenf. 872.

L'année fuivante Louis II, s'étant rendu à Rome, le Pape le couronna Roi de Lorraine: couronnement qui ne fit point chanceler Charles le Chauve fur le trône dont il s'étoit emparé.

L'Empereur, profitant des bonnes difpofitions d'Adrien & du peuple Romain, fe plaignit vivement des trahifons du Duc de Benevent qu'il fit déclarer traître à fon Souverain & ennemi de l'Etat. Louis II, marcha contre lui; mais le Duc fontenu par les Grecs, fe défendit avec tant de vigueur, que les armes impériales ne purent le réduire (1).

Cette guerre fe foutenoit de part & d'autre avec la plus grande chaleur, lorfquè la mort mit fin au Pontificat d'Adrien, & ce fut une perte très-fenfible pour l'Empereur; car Jean VIII, qui fut élevé à la Papauté, étoit étroitement lié avec le Duc de Benevent; de manière que l'Empereur qui d'ailleurs n'avoit eu jufqu'alors aucun avantage fur lui, fut obligé de lui pardonner à la priere du nouveau Pontife.

La guerre de Benevent terminée, à la verité moins glorieufement que celle des Sarrazins, Louis vécut paifiblement encore pendant quelques années, & mourut fans laiffer d'enfans mâles, après un regne d'environ 20 années. Ses vertus le firent refpecter de fes fujets & même des Puiffances étrangeres; fa valeur le rendit formidable à fes ennemis; il avoit toutes les qualités qui forment les grands généraux, & cependant il eut affez de modération pour dédaigner la gloire des conquêtes, à laquelle il préféra celle de défendre fes états. Ce qui prouve que Louis II fut en effet un Monarque très-refpectible font les éloges que plufieurs fouverains Pontifes lui ont donné. Il eft vraifemblable au refte, qu'ils l'euffent moins loué, s'il leur eût témoigné moins de déférence, & s'il fe fût plus fortement oppofé aux droits qu'ils pretendoient avoir de difpofer de la couronne impériale & des fceptres des Souverains (2).

*Hift. d'Allemagne, 800-875.*

*Louis II fe réconcilie avec le Duc de Benevent. 875.*

*Sa mort & fon caractere.*

## SECTION III.

*Hiftoire d'Allemagne, depuis le regne de Charles le Chauve, en 876, jufqu'à la fin du Regne de Henri II en 1024.*

Le partage imprudent fait par Louis le Débonnaire avoit été la premiere époque de l'affoibliffement de l'Empire: ce qu'il avoit perdu de fa puiffance fous ce Monarque il ne l'avoir pu recouvrer fous Lothaire, & malgré fa valeur & fa vigilance Louis II n'avoit pu la lui rendre. Mais il n'étoit refervé qu'à Charles le Chauve d'avilir la gloire de l'Empire par les moyens honteux dont il ne rougit point de fe fervir pour l'emporter fur Louis le Germanique, fucceffeur naturel du dernier Empereur. En effet, à peine Louis II fut mort, que le Pape Jean VIII, ambitieux d'acquérir au S. Siege le droit de créer les

(1) Fleuri. *Hift. Eccl.* Tom. II. L. 52.   (2) *Annal.* Bert. *Fuld.* 875. *Metenf.* 873.

Empereurs, envoya des Ambassadeurs au Roi de France, pour l'inviter à venir à Rome recevoir la couronne impériale, qu'il lui offroit comme étant seul
le maître d'en disposer. Tout autre que Charles le Chauve eut rejeté ces offres; il se hâta de les accepter, & passant en Italie, suivi d'une puissante armée, il fut reçu à Rome comme on y eût reçû Charlemagne lui-même, &
le jour de Noel il fut couronné Empereur. Le nouveau Chef de l'Empire
ne fut point ingrat envers son bienfaiteur, il fit des présens magnifiques à
Jean VIII, au Sénat & au peuple Romain : ces libéralités ne l'épuiserent
point; dès son entrée en Italie il s'étoit emparé des trésors de Louis II (1).

Afin de constater & de légitimer s'il étoit possible le droit qu'il venoit d'u-
surper, Jean VIII, dans une nombreuse assemblée d'évêques & de comtes,
déclara que c'étoit lui, qui, par la plénitude de sa puissance, avoit élu le Roi
de France pour successeur de Louis II : il fit signer cette déclaration par tous
ceux qui formoient l'assemblée, & le nouvel Empereur, bien loin de protester
contre un tel acte, y souscrivit lâchement; on assure même qu'il céda au Pape & au S. Siege la pleine souveraineté, qui jusqu'alors avoit appartenue au
Chef de l'Empire, sur Rome & sur les terres de l'Etat Ecclésiastique.

Cependant Louis le Germanique, ulcéré de cette élection, envoya Carloman son fils aîné en Italie, pour y défendre ses intérêts, & il entra lui-même
en France à la tête d'une nombreuse armée, mais Charles trompa Carloman,
eut l'adresse de lui faire croire qu'il lui cederoit une partie des domaines du
feu Empereur, & entamant quelques conférences à ce sujet, il fit repasser
son frere Louis en Germanie, où peu de tems après il mourut.

Quatre ans avant sa mort Louis avoit réglé entre ses trois enfans, Carloman, Louis & Charles-le-Gros, le partage de la succession: il avoit assuré à
Carloman l'aîné la Baviere, la Boheme, la Carinthie, l'Esclavonie & tout
le Pays qui compose aujourd'hui l'Autriche & une partie de la Hongrie. Louis
eut pour sa part la Franconie, la Saxe, la basse Lorraine, Cologne & quelques autres villes sur le Rhin. L'Allemagne, c'est-à-dire tout le Pays compris
au de là du Mein jusqu'aux Alpes, fut assigné à Charles-le-Gros; ensorte que
Carloman fut Roi de Baviere, Louis Roi de Germanie & Charles Roi d'Allemagne (2).

Il étoit évident que Charles le Chauve avoit usurpé l'Empire sur Louis son
frere aîné, & il étoit lui-même si fort persuadé de l'injustice de cette usurpation, que peu de jours avant la mort de ce Prince il lui avoir fait offrir des
dédommagemens par l'Evêque de Beauvais; mais Louis étoit mort; il laissoit
une vaste succession, elle tenta l'avide Charles, qui, peu content d'avoir dépouillé le pere, voulut aussi dépouiller les enfans. Dans cette vue, il ras-

sembla ses troupes & marcha vers Cologne. Le Roi de Germanie mit de
son côté une armée sur pied, & s'avança contre son oncle, auquel il envoya
cependant des Ambassadeurs pour le prier de ne pas tenter d'envahir des pays
sur lesquels il n'avoit aucun droit. Charles qui se croyoit le plus fort rejeta
cette priere & continua sa route: bientôt les deux armées se rencontrerent, &
Louis avant que d'en venir aux dernieres extrémités, envoya faire encore des
nouvelles représentations à l'Empereur. Celui-ci parut cette fois mieux dis-

(1) Spener. Histor. German. Univ. Tom. I. L. 3. Ch. 4.   (2) Id. Tom. I. L. 6. Ch. 4.

pofé ; il écouta favorablement les Ambaſſadeurs, & fit répondre à ſon neveu qu'il ne tiendroit point à lui que cette conteſtation ne fût bientôt terminée, & qu'il lui enverroit inceſſamment des Agens pour régler tout & aſſurer la paix. Mais ce n'étoit là qu'une ruſe ; & tandis qu'il amuſoit ſon neveu, il faiſoit défiler ſon armée par des chemins écartés ; enſorte que dès la nuit ſuivante il tomba tout à coup, à la tête de 50. mille hommes ſur les ennemis, qu'il s'étoit flatté de ſurprendre. Mais Louis informé du projet de ſon oncle s'étoit mis en défenſe. Charles fut ſurpris, ſon armée fut taillée en pieces, il eut lui-même bien de la peine à échapper au maſſacre ; & il s'en ſauva preſque ſeul, diſent les hiſtoriens contemporains, ſa terreur étant telle, qu'il ne s'arrêta qu'au monaſtere de S. Lambert ſur la Meuſe , où il alla ſe réfugier (1).

Hiſt. l'Al-lemagne, 876-1024.

Tandis que loin de ſes états Charles déſhonoroit ſes armes par la plus honteuſe des défaites, & qu'il ſe déshonoroit lui-même par la plus injuſte des guerres, les Normands entrés en France par la Seine, s'étoient emparés de la ville de Rouen, & l'Italie étoit en proye aux fureurs & aux dévaſtations des Sarrazins. L'Empereur ne put arracher aux Normands les conquêtes qu'ils avoient déja faires ; mais il les empêcha de s'étendre plus loin. Après avoir pourvu à la ſureté des provinces où ils n'avoient pas encore pénétré, il chargea Louis ſon fils de la régence du Royaume, & paſſa en Italie avec un corps de troupes, en attendant ſon armée à laquelle il avoir donné ordre de venir le joindre inceſſamment, mais il l'attendit en vain ; les Seigneurs qu'il avoir mécontentés refuſerent de prendre aucune part à cette expédition ; ils s'oppoſerent même au départ des troupes, ſous le prétexte très plauſible que le Royaume menacé par les Normands avoit beſoin de toures ſes forces : de maniere que Charles, ſe voyant preſque ſeul, fut obligé de retourner ſur ſes pas ; & déjà il étoit prêt à rentrer en France, lorſqu'il fut atteint d'une légere fievre au paſſage du mont Cenis. Cette maladie n'étoit rien moins que dangereuſe ; mais le Juif Sedecias, ſon medeçin, payé on ignore par qui, lui fit prendre, en guiſe de remede, un breuvage empoiſonné, qui le mit au tombeau le 6 d'Octobre 877. A l'âge de 54 ans, dans la 38e année de ſon regne en France, & la deuxieme après avoir été couronné Empereur (2).

Il eſt battu par le Roi de Naviire, 876.

Charles le Chauve étoit par ſes talens & ſes qualités fort au deſſous du rang qu'il occupoit ; dévoré d'une ambition inſatiable, il n'avoit qu'une médiocre valeur ; capable de former des grands projets, de vaſtes entrepriſes, il ne ſavoit ni les exécuter, ni prévoir les obſtacles. Mais il fut conſtamment heureux, & ſon bonheur lui tint lieu de prudence. Les puiſſances étrangeres redouterent ſes armes ; mais il n'étoit ni craint, ni reſpecté dans ſes états. Il y étoit haï par ſes hauteurs & ſes injuſtices, il y étoit mépriſé par ſes foibleſſes & ſes inconſéquences ; il fut le fléau de ſes freres, & voulut être l'oppreſſeur de ſes neveux. Sa mémoire ſeroit à jamais flétrie & ſon nom mis dans la liſte trop nombreuſe des mauvais Rois, ſi les gens de lettres qui aſſurent aux Souverains l'eſtime ou le blâme de la poſtérité, ne s'étoient attachés

Ses ſujets refuſent de l'accompagner en Italie. Il meurt empoiſonné. 877. Son caractere.

(1) Sigibert. ad ann. 877. & Aimoin. Contin. cap. 34. Bertin. ad ann. 877.          (2) Annal. Fuld. Met, &c.

à parler de lui avec éloge. Il est vrai qu'il aima les sciences & les belles lettres: mais parcequ'il affecta d'imiter les usages des Grecs, parce qu'il imagina de changer le nom de Compiegne en celui de *Carlopolis*; parcequ'il donna le nom d'*Alpha* à un monastere qu'il avoir fondé; enfin par ce qu'il répandit quelques bienfaits sur les gens de lettres (1), falloit il que ceux-ci, dissimulaut ses injustices, érigeant ses vices en vertus, le comblassent d'éloges, & portassent la bassesse jusqu'à lui donner le surnom de Grand? il faut avouer que dans ce tems les gens de lettres étoient bien vils.

*Carloman
Empereur.*

Charles le Chauve avoit usurpé la couronne sur Louis, Roi de Germanie, qui eut du naturellement succéder à Louis II: il paroissoit donc juste qu'après la mort de Charles, le sceptre impérial rentrât dans la maison de Louis, Roi de Germanie, & passât dans les mains de Carloman, Roi de Baviere, son fils aîné. Ce Prince ambitionnoit ce rang; & la crainte de ne pas y parvenir le fit agir de maniere à mériter d'en être exclus. En effet il se hâta d'écrire au Souverain Pontife des lettres flatteuses & soumises, par lesquelles il le conjuroit de l'élire, & lui promettoit d'enrichir l'église Romaine. Le Pape saisissant avec habileté cette occasion, répondit impérieusement à Carloman qu'il lui enverroit un état de ce que le S. Siege exigeoit, & que lorsque les conditions auroient été acceptées, il recevroit une ambassade solemnelle pour le conduire à Rome, où la couronne de l'Empire lui seroit déférée (2).

La réponse du Pape mécontenta le Roi de Baviere, qui peut-être, rougissant de s'être avili, ou soupçonnant la cour de Rome d'être dans les intérêts de Louis le Begue, fils de Charles le Chauve, envoya ordre à Lambert, Duc de Toscane d'aller à la tête de quelques troupes, accompagné d'Adalbert Marquis de Toscane, à Rome, & d'y exiger en son nom le serment de fidélité. Ces deux Généraux remplirent rigoureusement cette commission, & afin de prévenir tout ce qui pourroit s'opposer dans Rome dont ils s'étoient rendus maîtres, ils commencerent par arrêter Jean VIII, qu'ils firent renfermer; mais le Pape trouva le moyen de tromper la vigilance de ses gardes; il s'échappa, excommunia Lambert & Adalbert, se sauva en France, & alla tenir un concile à Troies, où il couronna Roi Louis le Begue.

*Le Pape est
pris, il s'é-
chappe &
se sauve
en France.*

Quelques jours après cette cérémonie, deux évêques présenterent à Jean une lettre prétendue écrite par Charles le Chauve, qui désignoit son fils pour son successeur à l'Empire, & au Royaume d'Italie. D'après cette lettre, ces Prélats presserent Jean de confirmer la donation que Charles faisoit à son fils. La réponse du Pape fut très-adroite; il produisit de son côté une donation, toute aussi vraie que la lettre, & par laquelle Charles donnoit l'Abbaye de S. Denis à l'église Romaine. Que votre maitre, dit le Pape, aux évêques, confirme cette donation, & je suis prêt à lui confirmer à mon tour la dignité impériale, Louis eut la prudence de ne pas accepter cette proposition; il est vrai qu'il manqua l'Empire, mais Jean n'eut point l'abbaye de S. Denis.

*Réponse
adroite de
Jean VIII.*

Egalement irrité contre le Roi de Baviere, qui avoit usé de violence, & contre le Roi de France qui avoir refusé d'acheter l'Empire, le Souverain
Pon-

(1) V. *Dissert. de M. l'Abbé*, le Beuf. *sur l'Etat des sciences dans les Gaules*, &c.
(2) Fleuri. *Hist. Ecc.* Tom. II. L. 52.

Pontife alla tenir à Rome pluſieurs conciles dans leſquels il s'efforça de faire procéder à l'élection d'un Roi d'Italie: mais ſes ſoins furent inutiles, & les évêques s'obſtinerent à vouloir Carloman pour ſouverain. L'intention du Pape étoit de placer la couronne de Charlemagne ſur la tête de Boſon, beau-frere de Charles le Chauve; il fut encore mal ſecondé dans ce projet par Boſon lui-même, qui comptant peu ſur la protection du S. Siege en cette occaſion, aima mieux aller ſe faire couronner Roi de Provence, que de tenter une entrepriſe dont il ne pouvoit guere attendre aucun ſuccès.

Pendant qu'en Italie le Pape s'occupoit des moyens d'élever un Prince ami de Rome au trône impérial, qui n'étoit point vaquant; Carloman qui en étoit poſſeſſeur languiſſoit accablé d'infirmités, & le mauvais état de ſa ſanté ne lui permettoit pas de s'oppoſer aux démarches de Jean VIII auſſi efficacement qu'il l'eût fait s'il eût été libre d'agir: mais il jouiſſoit pleinement de la puiſſance impériale (a) & malgré les proteſtations du Pape, il n'en étoit pas moins reconnu pour légitime Roi d'Italie & Souverain de Rome. Il mourut le 22e de Mars 880, & ne laiſſa d'autre poſtérité qu'Arnoul, ſon fils naturel (1).

*Mort de
Carloman,
Charles le
Gros lui
ſuccede.*
880.

La mort de Carloman paroiſſoit devoir être ſuivie d'une guerre très-violente, entre Louis Roi de Germanie, & Charles le Gros Roi d'Allemagne, ſes deux freres, qui en effet, ſembloient avoir des droits égaux au trône impérial; mais ils ſentirent l'un & l'autre combien pourroient leur être nuiſibles & funeſtes les ſuites d'une telle querelle. Le plus prudent des deux, le Roi de Germanie conſentit, à céder à ſon frere Charles le Gros, le titre d'Empereur, & il obtint en dédommagement tous les autres états qu'avoit poſſédés Carloman, à l'exception de la Carinthie que les deux Souverains donnerent à Arnoul. De leur côté Louis & Carloman, ſucceſſeurs de Louis le Begue, renoncerent en faveur du nouvel Empereur à leurs prétentions ſur l'Italie (2).

Les Souverains qui pouvoient ſeuls ſe diſputer le ſceptre de l'Empire étoient trop d'accord entre eux, pour que le politique Jean VIII, crût devoir s'oppoſer au traité qu'ils venoient de conclure; &, quelque ulcéré qu'il fut de n'avoir pas été conſulté dans ces diverſes ceſſions, il n'eut garde de les déſipprouver hautement; au contraire, il s'empreſſa d'y applaudir, & hâta par ſes invitations le voyage de Charles le Gros à Rome, où il fut couronné le jour de Noël 880.

De tous les Princes qui euſſent pu ſuccéder à Carloman, le moins capable de tenir les rênes de l'Empire étoit Charles le Gros. Hors d'état de ſe conduire lui-même, timide juſqu'à la plus déshonorante lâcheté, irréſolu, penſant à peine, minutieuſement dévot, inconſéquent, preſque imbécille & toujours diſpoſé à ſe laiſſer gouverner, il apprit avec indifférence les ravages affreux que, dès les premiers jours de ſon élévation au premier trône de l'Europe, les Normands avoient exercés dans différentes provinces de ſes Etats. On lui dit qu'il convenoit qu'un Empereur repouſſât la force par la force;

---

(a) S'il en faut croire *Sigonius*, & quelques autres, Charles le gros, du conſentement de Carloman ſon frere, prit le titre d'Empereur, & ajoutent-ils, lily a en Lombardie pluſieurs Chartres du dernier, toutes datées de Baviere, où il ne ſe nomme que Roi de Baviere & d'Italie: *Puffendorf. L. V. C.* 2.

(1) *Annal. Fuld.* 880. (2) Spener. *Hiſt. Germ. Univ.* Tom. I. L. 3. Chap. 5.

il rassembla des armées nombreuses, se mit à leur tête, marcha contre les ennemis, & au lieu de leur présenter bataille, il leur demanda la paix, qu'il n'obtint qu'à de honteuses conditions. Sa terreur même fut telle, qu'il donna en souveraineté la Frise à Godefroi, l'un des Chefs des Normands (1).

La conduite de Charles étoit encore plus méprisable dans son Royaume d'Italie. Pour assouvir l'avidité de quelques favoris qui abusoient de sa stupidité, il dépouilla le Duc de Spolette qui lui avoir rendu des services essentiels, & donna ses terres à ces favoris. Cependant le mépris général que l'on avoir pour lui n'empêchoit point que sa puissance ne s'accrût de jour en jour : Louis, & Carloman Roi de France moururent, & les Seigneurs François lui présenterent la couronne, au préjudice de Charles le simple, fils de Louis le Begue. Louis, Roi de Germanie étoit mort sans laisser d'enfans, & l'Empereur recueillit encore cette vaste succession ; ensorte qu'il se vit possesseur de tous les Royaumes qui, sous Charlemagne, avoient formé l'Empire d'Occident : mais la tête de Charles étoit trop foible pour supporter tant de couronnes.

*Sa puissance*

Honteux de l'avilissement de leur maître & du traité qu'il avoir fait avec Godefroi, quelques grands inviterent celui-ci à une conférence, où ils le poignarderent ; ensuite rassemblant quelques troupes, ils tomberent sur les Normands qu'ils taillerent en pieces. Furieux du meurtre de leur chef & de la honte de leurs armes, les Normands, au-lieu de s'en prendre aux Germains, dirigerent leur vengeance contre l'Empereur lui-même, & pénétrerent en France où il étoit alors ; ils porterent la terreur, le ravage & la mort jusqu'aux portes de Paris. A force de représentations, on parvint à faire comprendre à l'Empereur combien il seroit pour lui déshonorant de souffrir plus long-tems d'aussi sensibles outrages : il parut animé du désir de se venger. A ses ordres son armée se rassembla ; elle étoit formidable, il voulut la commander en personne, & alla se poster à Monmartre, résolu en apparence, d'obliger les Normands qui tenoient Paris assiégé, ou de se retirer, ou d'en venir à une action décisive. A cette fermeté on ne reconnoissoit plus Charles ; on lui applaudissoit, on s'efforçoit de le maintenir dans ces généreuses résolutions, & l'on s'attendoit à une bataille, lorsque Charles envoya demander la paix aux Généraux des Normands, auxquels pour l'obtenir, il donna des sommes si considérables, qu'elles épuiserent ses trésors (2).

*Il se couvre d'opprobre.
885.*

Ce nouveau trait de lâcheté pénétra d'indignation les soldats & les sujets de Charles, & il falloit que le mépris qu'ils lui témoignerent fût bien sensible, puisqu'il s'en apperçut, & que honteux, mais trop tard, de l'opprobre dont il s'étoit couvert, il en eut un tel repentir, qu'il tomba malade, mais cette maladie, au-lieu de lui rendre le courage & la fermeté que la nature lui avoir refusés, ne fit qu'achever d'altérer sa raison, & il tomba dans une profonde & irremédiable stupidité.

Luidward, Evêque de Verceil étoit le principal Ministre de Charles le Gros qui, le soupçonnant de trop de familiarité avec l'Impératrice, le chassa de sa Cour. Luidward, furieux & tout entier à la vengeance, se retira auprès d'Arnoul, Duc de Carinthe, & se donna tant de soins que les Seigneurs Germains

(1) Reginh. Gest. Norm. ad ann. 882. (2) Id. Abbo, de Bellis. Pavins. Urb. L. 2.

déposerent tout d'une voix Charles le Gros, & élurent en sa place le Duc Arnoul. A peine celui-ci eut été proclamé Roi de Germanie, que l'Empereur, également méprisé dans ses divers Etats, se vit abandonné de tout le monde, ensorte qu'il ne lui resta pas même un domestique pour le servir. Contraint de sortir de son Royaume, rejeté de tous, il tomba dans une si profonde misère, que sans les libéralités de l'Archevêque de Mayence qui voulut bien lui faire assigner, par Arnoul, les revenus de quelques terres dans la Suabe pour sa subsistance, il seroit mort de faim inévitablement. Ainsi, dans l'espace de quelques jours, Charles du plus grand Potentat de la terre dévint le plus misérable des hommes, il acheva de languir & de végéter dix mois après sa déposition & mourut en 888, à Richtenau près de Constance, n'ayant joui que six semaines de la cession d'Arnoul en sa faveur (1). Il ne laissa qu'un fils naturel nommé Bernard, ayant répudié sans aucun sujet son épouse Richarde, fille du Roi d'Ecosse, qui se retira dans le monastère d'Andelau. On attribue à Charles d'avoir été le premier qui fit ajouter aux Actes & autres expéditions la date de l'Ere chrétienne. Quelque misérable & quelque méprisé que fut Charles le Gros, il conserva pourtant jusqu'à sa mort, avec la dignité impériale, les titres de Roi de France, d'Italie, & la souveraineté, quoique sans exercice, des différens états qu'il avoit possédés, la Germanie exceptée. Ce ne fut qu'à sa mort que l'ambition des Souverains & des Princes qui aspiroient au rang suprême s'embrasa; & la vaste succession qu'il laissoit à recueillir fut le sujet des plus vives querelles & de guerres très-meurtrieres. La moitié de l'Italie reconnut pour Roi Bérenger, fils du Duc de Frioul, &, par sa mere, petit-fils de Louis le Débonnaire; mais le reste de l'Italie ne voulut d'autre Roi que Guy, Duc de Spolette, ce même Guy que Charles le Gros avoir dépouillé de ses biens, & qui, par sa mere, étoit petit-fils de Pepin.

Tandis que l'Italie avoir deux Rois, la France n'en avoir point encore, & la nation assemblée élut, après quelques débats & du consentement d'Arnoul, Roi de Germanie, Eudes, Comte de Paris. Rodolphe se saisit du sceptre de la haute Bourgogne, & il se fût emparé du trône de Lorraine, si le Roi de Germanie, prévenant ses desseins, ne l'eût contraint par la force des armes d'y renoncer & de lui demander la paix. Le plus courageux & le plus redouté des Princes descendans de Charlemagne étoit sans contredit le Roi de Germanie, ainsi que l'éprouverent les Normands & les Sclaves ou Sarmates, qui, ayant osé faire une irruption dans ses états, en furent honteusement chassés (2) le Duc de Moravie Suintebold ne fut pas plus heureux; il renoir la Boheme de la libérale autorité d'Arnoul, & il eut l'ingratitude de se revolter contre son bienfaiteur: il fut battu, humilié, mais son vainqueur, satisfait de l'avoir soumis, lui laissa ses états, dont il étoit le maître de le dépouiller.

La domination d'Arnoul ne s'étendoit cependant point encore sur l'Italie, où Bérenger & Guy se disputoient la dignité impériale. La fortune & la victoire paroissoient se déclarer pour Guy quand son concurrent, allarmé, appella fort imprudemment Arnoul à son secours. Le Roi de Germanie, enchanté qu'on

Hist. d'Allemagne, 876-1024.

Les Germains le déposent & placent Arnoul sur le trône.

Mort de Charles le Gros.

Etat de l'Empire & de l'Europe.

(1) Spener. Hist. German Univ. L. 3. chap. 5. Fuld. Met. Reginb. ad ann. 891.

(2) Luitprand. L. 1. Annal.

*Guy & Be-
renger se
disputent la
couronne
d'Italie &
de l'Em-
pire.*

lui offrit l'occasion d'accabler ses compétiteurs, promit de secourir Bérenger de toute sa puissance; & en effet, Guy étant alors le plus fort, l'intérêt d'Arnoul étoit de remettre l'égalité entre eux, ensorte que, s'affoiblissant l'un par l'autre, il pût plus aisément ensuite les accabler tous deux. Pendant qu'il se disposoit à prendre part à cette querelle, le Duc de Spolette, profitant de ses avantages, se rendit à Rome, où il avoit un parti puissant. Il se fit couronner Empereur par le Pape Formose, qui ne balança point à faire cette cérémonie, & qui même poussa la complaisance jusqu'à couronner Lambert, fils de Guy. A peine cette cérémonie, qui ne donnoit que de très-vagues prétentions à l'Empire, fut faite, que le secours promis par le véritable Empereur, Arnoul, entra en Italie sous la conduite de Zuentibolde, fils naturel du Roi de Germanie. Zuentibolde trompa la confiance de son pere, & se laissa gagner par le Duc de Spolette qui le corrompit à force d'argent. Informé de la conduite de son fils, Arnoul alla lui-même en Italie, & par les avantages qu'il fit remporter à Bérenger, il rétablit l'égalité entre les deux concurrens. C'étoit là tout ce que desiroit l'adroit Arnoul qui, voyant ses deux rivaux en état de s'affoiblir mutuellement, les laissa s'entredétruire & retourna en Germanie, où dans une dierte, il donna, du consentement des Seigneurs, qu'il n'obtint pourtant qu'avec bien de la peine, la Lorraine à Zuentibolde (1).

*Arnoul va à
Rome où il se
fait couron-
ner Empe-
reur.*

Cependant, Bérenger, ne pouvant l'emporter sur son rival, qui chaque jour gagnoit de nouveaux avantages, envoya demander pour la seconde fois du secours au Roi de Germanie, lequel à la tête de quelques troupes, ayant pénétré en Italie, marcha droit à Rome où le Pape Formose s'empressa de lui conférer la couronne impériale. Ainsi ce Souverain Pontife se trouva avoir couronné quatre Empereurs en fort peu de tems, Guy, Lambert, Bérenger & Arnoul. Celui-ci commença par faire décapiter plusieurs Seigneurs Romains attachés au parti de Guy, & se fit ensuite prêter serment de fidélité par le Peuple.

L'Empereur Arnoul, cessa d'unir ses intérêts à ceux de Bérenger; mais tout paroissant tranquille en Allemagne, il resta quelque tems en Italie pour y appaiser les troubles que le schisme de deux Papes y causoir, & mettre fin aux factions de Guy, Duc de Spolette, de Lambert son fils, & de Bérenger. Guy, étant mort, son fils Lambert se trouvant hors d'état de résister à Arnoul, prit la fuire, & fut poursuivi jusqu'aux extrémités d'Italie, où Arnoul l'assiéga, dans l'endroit qu'il avoit choisi pour sa retraite. Le danger où il se trouva, suivant quelques historiens, engagea sa mère, Agiltrude, à employer l'artifice ; elle gagna un des domestiques d'Arnoul pour donner dit-on un breuvage léthargique à ce Prince, dont l'effet fut si violent qu'il fut trois jours sans s'éveiller. L'allarme causée par cet accident, donna le tems à Lambert de s'évader. En attendant Bérenger eut des succès considérables qui lui firent espérer de se voir bientôt paisible possesseur de l'Empire : aussi se fit-il couronner par le Pape Etienne VI, qui se prêta aussi complaisamment à cette cérémonie que le Pape Formose. Mais bientôt la fortune abandonna Bérenger ; à peine il eut été couronné, que Lambert le chassa de Rome & de la plus grande partie de l'Italie (2). Arnoul, n'ayant pu se ren-

(1) Spener. Hist. Germ. Univ. ad ann. 895.; (2) Fleury. Hist. Eccl. T. 11. L. 54.

dre maître de la perfonne de ce Prince, pourfuivit fes conquêtes, s'empara d'une grande partie de l'Italie, &, après cette glorieufe expédition, il retourna en Allemagne. Enfuite il repaffa encore en Italie, prit Rome d'affaut & fe fit couronner par le Pape.

On voit affez que le véritable chef de l'Empire, Arnoul, s'inquiétoit peu des querelles de Lambert & de Bérenger, & il fe difpofoit à les obliger l'un & l'autre de le reconnoître feul pour légitime poffeffeur du trône impérial, quand la mort le furprit à Ratisbonne, au mois de Décembre de l'année 900. il ne laiffa qu'nn fils naturel & un fils légitime ; le premier étoit Zuentibolde, Roi de Lorraine, & l'autre Louis, qui n'avoit que fept ans lors de la mort de fon pere. Celui-ci fut amerement regretté, & il mérioit de l'être par fes rares talens, fa valeur, fa juftice & les plus refpectables qualités.

Le fils d'Arnoul, Louis, n'étoit encore qu'un enfant ; mais cet enfant étoit, en Germanie, & l'unique defcendant de Charlemagne dont la mémoire étoit encore dans la plus grande vénération. Auffi les grands de Germanie ne balancerent point à reconnoître le jeune Louis pour Roi, malgré l'extrême foibleffe de fon âge. Hatton & Orton, le premier, Archevêque de Mayence, le fecond, Duc de Saxe, furent déclarés Régens du Royaume, & les évêques, qui vraifemblablement ne prirent point l'avis des feigneurs, eurent la démence d'écrire au Pape Jean IX, fucceffeur d'Etienne, qu'on auroit attendu fa permiffion pour procéder à l'élection d'un Roi, fi des raifons preffantes ne les euffent forcés de hâter leur choix ; & ces raifons ajoutoient-ils ; c'étoit la crainte des Payens (1).

Ces Payens dont parloient les évêques de Germanie étoient les Hongrois, peuple brave, fier, indocile, entreprenant, & qui, comptant fur les troubles & les diffentions qui pour l'ordinaire accompagnent la minorité des Rois, s'étoient jetés dans la Baviere, où ils exerçoient des ravages affreux. Ils ne tarderent point à être punis de leur brigandage ; Léopold, Duc de Baviere marcha contre eux, les atteignit, leur livra bataille, remporta une victoire éclatante, mais ne fut pas profiter de fes avantages: au-lieu de les exterminer comme il l'eût pu, il leur donna le tems de revenir de la terreur qu'il leur avoit infpirée, de réparer leurs pertes & de recommencer, fort peu de tems après, la guerre avec une nouvelle fureur.

Pendant que Léopold fe fignaloit en Baviere, Zuentibolde, en Lorraine, fe faifoit chaffer du trône par fes fujets, révoltés de fa tyrannie, offrirent la couronne à Charles le Simple, Roi de France. Mais l'imbécille Charles n'étoit pas en état de profiter de cette offre, & Louis, Roi de Germanie, fe faifit du fceptre de Lorraine. Zuentibolde voulut le lui difputer les armes à la main, mais il fut vaincu ; il périt même dans le combat, & la Lorraine fut réunie à la Germanie (2).

Pour avoir un trône de plus Louis n'en fut ni plus heureux ni plus tranquille, les grands de fon Royaume étoient partagés en deux factions, & les deux partis avoient pour chefs, l'un, Conrad de Franconie, & l'autre, Albert Comte de Bamberg. A force de foins & de valeur, Louis, quoiqu'à peine âgé de douze années, parvint à diffiper l'une & l'autre faction : il engagea les

(1) Sigebert. Spener. Hift. Germ. Lib. 3. c. 6. (2) Id. ad ann. 901-902.

Marginal notes:

*Hift. d'Allemagne, 876-1024.*

*Mort d'Arnoul 900. Son caractere.*

*Louis l'Enfant fils d'Arnoul lui fuccede.*

*Louis réunit la Lorraine à la Germanie.*

Sect. III.
Hist. d'Allemagne,
876-1024.

Seigneurs & Conrad de Franconie lui-même, à rentrer dans le devoir: il n'y eut qu'Albert qui ne voulut entendre à aucune proposition d'accomodement. Louis étoit assez puissant pour le reduire par la force; il n'y eut point recours, & Hatton, Archevêque de Mayence, employant la plus lâche des perfidies, se rendit maître de la personne du Comte, qui fut condamné à perdre la tête (1).

Ces dissentions civiles étoient très-favorables aux vûes des Hongrois; aussi recommencerent-ils les hostilités avec la plus implacable fureur. La Baviere fut le premier théatre de leur férocité; ils y mirent tout à feu & à sang; Léopold qui les avoit repoussés une fois avec tant de gloire, espérant fixer encore la victoire sous ses drapeaux, marcha contre eux, fut cruellement battu, & demeura lui-même au nombre des morts; les Hongrois profiterent mieux de leur triomphe que le Duc Léopold n'avoit profité de ses avantages; ils se répandirent comme un torrent dans la Saxe, dans la Thuringe & dans l'Allemagne, incendiant, pillant les villes, désolant les campagnes, & portant en tout lieu la consternation & la mort. Louis, trop courageux pour voir d'un œil tranquille ces cruelles hostilités, assembla une puissante armée, voulut la commander en personne, rencontra les Hongrois, & fut si complettement vaincu qu'il se vit forcé de demander la paix, qu'encore il ne pût obtenir qu'en le soumettant à un tribut humiliant.

Défaite de Louis l'Enfant.

Ce malheureux événement pénétra Louis d'un tel chagrin qu'il en tomba malade, & mourut à Ratisbonne le 21 Janvier 912, à l'âge de vingt ans, & sans laisser d'enfans mâles de son mariage avec Luitgarde ou Melchilde de la famille de Wittekind. Doué par la nature d'excellentes qualités, il n'eut ni le tems, ni la liberté de les faire servir au bien public. En lui finit en Germanie la postérité de Charlemagne; elle subsistoit encore en France, où elle occupoit le trône; mais elle y étoit si fort dégénérée; que dès lors on pouvoir l'y regarder comme totalement éteinte. Les descendans de ce Monarque illustre languissoient accablés sous le poids de la couronne; leur imbécillité autorisoit les attentats des grands seigneurs du Royaume, & favorisoit les projets d'envahissement des Normands qui ne cessoient de désoler l'Etat. La situation déplorable où se trouvoient l'Empire, la France, l'Italie & la Germanie étoit l'effet du partage imprudent de Louis le Débonnaire & de son excessive tendresse pour Charles le Chauve (2).

Il meurt de chagrin.
912.

Depuis qu'ils avoient déposé Charles le Gros, & fait passer son sceptre dans les mains d'Arnoul, les Germains regardoient ce Royaume, qui jusqu'alors avoit été héréditaire, comme purement électif. A la mort de Louis les Seigneurs de ce Gouvernement s'assemblerent, & offrirent la couronne à Otton, Duc de Saxe. Otton étoit fort vieux & sans ambition; il avoit depuis plusieurs années à se défendre contre Conrad, Duc de Françonie, le plus cruel & le plus obstiné de ses ennemis. C'étoit ce même Conrad qui sous Louis l'Enfant, avoit été le Chef d'une faction puissante. Otton étoit sans doute le plus généreux des hommes, car peu content de refuser la couronne de Germanie qui lui étoit offerte, il conseilla aux Seigneurs qui le pressoient de

Otton est élu Roi de Germanie, refuse la couronne & la fait donner à Conrad son ennemi.

(1) Luitp. Otto. Frising. Cron. Lib. 6. Cap. 15. (2) Luitpraud. Lib. 2. cap. 7. Cronogr. Sax. 912. Spener. Lib. 9. 911.

l'accepter, d'élire en sa place le même Duc de Françonie, dont il avoit tant
à se plaindre, mais qu'il estimoit cependant, & qu'il jugeoit le plus digne de
régner. Ce conseil désintéressé fut suivi, Conrad fut élu, & bientôt sa conduite justifia le choix qu'on avoit fait de lui, & les avis d'Otton (3).

A peine ce nouveau Roi de Germanie avoit reçu la couronne, que les Hongrois entrerent dans la Germanie; mais ils fureut repoussés avec perte par Conrad, à la tête des Allemands & des Bavarois. La défaite qu'ils avoient éprouvée étoit si considérable, qu'on croyoit leur avoir ôté jusqu'au désir de faire à
l'avenir de semblables expéditions; mais bientôt ils furent rappelés en Germanie
par Arnolphe ou Arnoul, Duc de Baviere, tige de l'illustre maison de Baviere,
qui depuis, & de nos jours encore, a occupé le trône impérial. On ignore précisément qu'elle étoit la naissance de ce Prince, & s'il étoit fils de l'Empereur
Arnoul ou du Duc Léopold, qui, sous le regne précédent, s'étoit signalé
avec tant d'éclat contre les Hongrois. Quoiqu'il en soit, Arnoul tiroit, suivant l'opinion commune, son origine des Carlovingiens. Il étoit par ses vertus, sa valeur & ses grandes qualités bien digne de descendre d'un héros tel
que Charlemagne, & le seul défaut qu'il eut, fut l'extrême jalousie qu'il mou-
tra de l'élévation de Conrad; il ne put le voir sur le trône, & résolu de tout
tenter pour l'en faire descendre, il se ligua avec Gilbert Duc de Lorraine, &
tous deux entreprirent de détrôner Conrad: mais ils ne réussirent point; au
contraire, ils furent accablés, & Arnoul fut contraint de quitter ses états de
Baviere & d'aller chercher un azile chez les Hongrois (1).

Gilbert Duc de Lorraine poursuivit l'entreprise qu'il avoit commencée avec
son allié; mais, trop foible pour lutter seul contre Conrad, il demanda du secours à Charles le Simple, qui, croyant avoir des droits sur la couronne de
Germanie, saisit avec empressement cette occasion de les faire valoir. Comme si ce n'eût pas été assez de ces ennemis déjà trop redoutables, Conrad en
avoir encore un dans ses propres états, & celui-ci l'inquiétoit d'autant plus,
que les plus fortes considérations l'empêchoient d'en venir contre lui à une
rupture ouverte. Cet ennemi étoit Henri, Duc de Saxe, fils de ce généreux
Otton qui avoir refusé de s'asseoir sur le trône & qui y avoit fait monter son rival. Tandis que Conrad, délibéroit sur les moyens qu'il devoit employer
pour repousser le Duc de Lorraine, & son allié, les Hongrois, excités par
Arnoul, rentrerent dans la Germanie, qu'ils ravagerent presque dans toutes ses
parties; ensorte que Conrad eut à la fois trois violentes guerres à soutenir.
La vûe du danger ne le déconcerta point; il commença par se défendre contre les plus puissans de ces ennemis, les Hongrois, sur lesquels il eut d'a-
bord quelque avantage, mais qu'il ne put contraindre à sortir de la Germanie
où ils continuerent d'exercer de si violentes hostilités, que, pour les engager à lui donner la paix, le Roi de Germanie fut contraint de se soumettre
au même tribut qu'ils avoient exigé de son prédécesseur. Les armes de Conrad furent plus heureuses contre le Duc de Lorraine & le Roi de France; il
les vainquit tous deux & tailla leur armée en pieces.

Il ne restoit plus au Roi de Germanie que le Duc de Saxe à réduire; mais
il échoua contre lui, & son frere Eberhard fut complettement battu près

Hist. d'Al-
lemagne,
876-1024.

*Hostilités
des Hon-
grois.*

*Et du Duc
de Lorraine
ligué avec
Charles le
simple.*

*Conrad paye
un tribut
aux Hon-
grois.*

(1) Ditmar. Merseburgen. Lib. 6. 325.      (2) Hepidann. Annal. ad ann. 913.
Ditmar. Annal. L. 1.

SECT. III.
Hift. d'Al-
lemagne,
876-1024.

d'Ersbourg par les Saxons. Occupé à réparer cette perte, Conrad eut encore à repousser les Hongrois, qui, pour la troisieme fois, s'étoient jetés dans
la Germanie, & qui s'y rendoient d'autant plus redoutables, qu'ils avoient à
leur tête ce même Arnoul Duc de Baviere qui avoit conseillé cette derniere
expédition. Vainement le Roi de Germanie employa contre ses ennemis
toutes les ressources de sa prudence & tout le feu de sa valeur; ses armes furent constamment malheureuses, & le chagrin qu'il ressentit de ses défaites,
ou, suivant quelques auteurs contemporains, les blessures qu'il avoit reçûes
le conduisirent au tombeau. Avant que de mourir il imita le même trait de
générosité qui l'avoir élevé au trône, & rassemblant auprès de lui Eberhard
son frere & les Grands du Royaume, il leur dit que de tous ceux qui pouvoient aspirer à la couronne, il n'en connoissoit point qui fut plus digne d'ê-
tre élu que Henri, Duc de Saxe; ce même Henri qui depuis plusieurs années,

Mort de
Conrad &
élection
d'Henri
l'Oyseleur.

lui faisoit une guerre cruelle (1). Conrad, après ce sacrifice si respectable &
si rarement imité, mourut à Quedlinbourg, après un regne de sept ans. Il
n'eut point le titre d'Empereur; Louis l'Enfant, son prédécesseur, ne l'avoir pas
porté non plus; mais l'un & l'autre l'avoient mérité par leur valeur & leurs
talens, & il y avoit bien plus de gloire à être jugés dignes de la couronne
impériale que de la recevoir des mains intéressées du Souverain Pontife.

Eberhard docile au conseil de son frere, alla présenter les ornemens impériaux à l'ennemi de sa maison, à Henri, Duc de Saxe, que sa passion pour la
chasse à l'oiseau, & à laquelle on le trouvoit occupé, fit dans la suite surnommer l'Oiseleur. Conformément aux dernieres volontés de Conrad, les
grands de Germanie assemblés, reconnurent pour leur Souverain Henri, qui
accepta le sceptre; mais qui se refusa constamment, on ignore par quels
motifs à la cérémonie du couronnement (2).

Les mêmes ennemis domestiques qui avoient troublé le regne de Conrad
parurent disposés à agiter celui du nouveau Souverain: mais s'ils avoient résisté à la force des armes du dernier Roi, ils ne résisterent point aux bienfaits de Henri, qui les en accabla & les désarma tous. Le plus implacable
d'entre eux étoit Arnoul, Duc de Baviere, par les conseils & les démarches
duquel les Hongrois avoient tant de fois dévasté la Germanie. Le Roi, pour
l'engager à vivre désormais tranquille, lui accorda les privileges les plus flatteurs & les plus importans. Il lui assura la possession de la Baviere, de toute
la Norique, & lui abandonna le droit de disposer de tous les bénéfices. Satisfait de ces conditions, Arnoul mit bas les armes, & ne s'en servit plus contre la Germanie.

Traité de
Bonne.
923.

Gilbert, Duc de Lorraine & Charles le Simple, Roi de France, bien éloignés
des mêmes dispositions pacifiques, recommencerent la guerre; mais leurs hostilités ne durerent que peu de tems, & les échecs multipliés qu'ils essuyerent
les engagerent l'un & l'autre à demander la paix: elle leur fut accordée, &
les deux Rois, s'étant rendus à Bonne, y conclurent ce traité si connu dans
l'histoire sous le nom de *pactum Bonnense*, par lequel Charles le Simple, renonçant à toutes ses prétentions sur les états de Henri, celui-ci assura la possession
de la Lorraine au Duc Gilbert (3).

La

(1) Otto. Frifing. L. 6. c. 16. Spener. L. 4. c. 2.     (2) Id. c. 3. Godfridus. Vita Henric. p. 17. p. 474.     (3) Aventinus. Bojoar. L. 4. p. 292.

La paix que le Roi de Germanie étoit enfin parvenu à se procurer ne fut pas pour lui un tems d'inaction, d'oisiveté ou de plaisir: il se consacra tout entier au bien de son Royaume & au bonheur de ses sujets: il fit les plus utiles établissemens, publia les plus sages loix, aguerrit ses troupes, fit bâtir & fortifier plusieurs villes en Saxe, mit fin au brigandage des voleurs qui désoloient ses états, non par la rigueur des supplices, (Henri n'étoit pas cruel,) mais en accordant aux brigands un pardon général, à condition qu'ils serviroient dans son armée; ils accoururent tous se ranger sous ses drapeaux: ce fut encore à Henri que l'Allemagne dut l'institution des Tournois (1).

Le Roi de Germanie étoit occupé de ces soins vraiment dignes d'un Souverain, quand des Ambassadeurs Hongrois vinrent lui demander le tribut auquel les circonstances l'avoient contraint de se soumettre; ces circonstances étoient entierement changées; les troupes de Germanie étoient disciplinées & la noblesse ne demandoit qu'à signaler sa valeur & son zele. Henri pour toute réponse fit présenter aux Ambassadeurs un chien galeux auquel on avoir coupé la queue & les oreilles. Si vos maîtres leur dit-il fierement, exigent un autre tribut, qu'ils viennent le chercher eux-mêmes. Outrés de cette injure les Hongrois, rassemblant toutes leurs forces, allerent ravager la Thuringe, la Saxe, la Franconie & l'Allemagne: mais ils goûterent peu de tems le plaisir de la vengeance: battus d'abord par les Thuringiens & les Allemands réunis, ils furent quelques jours après totalement défaits au siege de Mersbourg, où Henri les tailla en pieces; ceux d'entre eux qui étoient échappés au massacre périrent dans leur fuite, assommés par les paysans. Ce fut à l'occasion de cette importante victoire que l'armée de Germanie, se rassemblant au tour de la tente du Roi, le salua Empereur & *Pere de la patrie* (2).

Le dernier de ces titres étoit infiniment plus cher à Henri que toutes les couronnes; cependant il y avoit déjà quelque tems qu'il songeoit à faire valoir les droits que sa qualité de Roi de Germanie sembloit lui donner au trône de l'Empire; & les Hongrois soumis, il se disposoit à aller en Italie pour y demander ou pour y prendre de force la couronne de Charlemagne. lorsqu'il fut attaqué à Erfort, d'une maladie qui dès le premier jour fut jugée mortelle. Son état consterna la nation entiere; lui seul n'en fut point allarmé: il assembla les grands du Royaume, leur fit promettre qu'ils lui donneroient pour successeur Otton son fils, & mourut sans regretter la vie, quoique couvert de gloire, le 20 de Juillet 936, dans la 18e année de son regne & la 60e de son âge. Henri fut redouté par sa valeur, respecté par sa sagesse, admiré par ses qualités éminentes. Il est vrai qu'il aima les plaisirs; mais il ne leur sacrifia aucun des momens qu'il devoit aux prétentions de son rang. Il laissa trois fils de Mathilde sa seconde femme, savoir Otton qui lui succéda, Henri qui fut Duc de Baviere & Brunon qui par sa science & sa pieté se distingua dans l'état ecclésiastique (3).

Malheureusement Mathilde, par prédilection pour son jeune fils Henri, troubla bientôt l'Empire & remplit la cour de factieux. Elle n'ignoroit pas les droits d'Otton; elle savoit aussi quelles avoient été les dernieres volontés de

*Hist.* d'Allemagne, 876-1024.

*Sagesse du gouvernement de Henri.*

*Ses succés contre les Hongrois.*

*Sa mort. 936. Son caractere.*

(1) Spener. *Hist. Germ. ad ann.* 925.      (2) Id. L. 4. c. 3. *ad ann.* 933.
(3) Wittickind. L. 1. Otto. Frising. Chron. L. 6.

fon époux: elle ne craignit pourtant pas de fufciter les plus grands troubles, & le defir de voir fon jeune fils fur le trône de Germanie l'emportant en elle fur la juftice & le patriotifine; elle demanda hautement que Henri fut préféré à fon frere aîné, parce que, difoit-elle, le dernier étoit né avant que fon pere fut Roi, au-lieu que l'autre étant né, pour ainfi dire, fur le trône, y avoit par cela même des droits plus évidens. Sans-doute ce raifonnement étoit de la plus rare abfurdité; mais il fit une forte impreffion fur une parue des Seigneurs, tant on étoit éclairé dans le Xe fiecle: heureufement pour Otton la mémoire de fon pere étoit trop refpectée & à la fin Mathilde & fon fils fuccomberent; Otton fut unanimement reconnu & folemnellement couronné.

Conduite in-
jufte d Ot-
ton envers
les Ducs de
Baviere.

Le premier acte de fouveraineté que fit Otton fut un acte d'injuftice; les fils du Duc Arnoul, Eberhard, Arnoul & Herman devoient fuccéder au Duché de Baviere, & comme ils le poffédoient paifiblement depuis la mort de leur pere, ils ne jugerent point devoir en faire la demande à Otton; parce qu'ils craignoient que cet acte ne fournît tôt ou tard aux Rois de Germanie un prétexte de difpofer de cet Etat comme dépendant de leur couronne. Sans examiner leurs motifs, Otton accufa les trois freres de défobéiffance, &, fans attendre qu'il fe juftifiaffent il les dépouilla de leurs poffeffions. Il eft vrai qu'il ne les réunit pas dès lors à fa couronne; il connoiffoit trop la force du droit héréditaire des Ducs de Baviere, pour vouloir, dès les premiers jours de fon régne foulever contre lui tous ceux qui, ayant un femblable droit, auroient à craindre auffi la même ufurpation: il conféra donc ce Duché, mais feulement à vie, à Berthold, oncle paternel des trois freres, & lorfque celui-ci, qui étoit déja fort âgé, fut mort, Otton, qui étoit le plus fort, inveftit de ce Duché Henri fon propre frere au préjudice des enfans d'Eberhard & de Herman, quoiqu'il ne put ignorer qu'à fuppofer que ceux-ci euffent été réellement coupables de félonie, leurs enfans, n'ayant point trempé dans leurs crimes, ils ne pouvoient être dépouillés du patrimoine de leur pere, ni privés de leur droit héréditaire (1).

De plus importantes affaires occuperent bientôt le Roi de Germanie. Elevé par Mathilde, le Prince Henri ne voyoit qu'avec douleur, fon frere fur un trône qu'il fe perfuadoit devoir feul occuper. Ligué avec Eberhard, avec Gilbert, Duc de Lorraine, & affuré de l'appui de Louis d'Outre-mer, Roi de France qui avoit promis de le feconder dans cette entreprife, Henri prit les armes, & ne fut point heureux. Déja Gilbert s'étoit emparé de la Lorraine; mais Otton la reconquit encore plus rapidement, & pour fe venger de Louis d'Outre-mer, qui eut beaucoup mieux fait de s'affermir fur fon trône ébranlé par fes propres fujets, que de prendre part aux diffentions des Royaumes voifins, Otton fe liant avec les grands du Royaume de France, qui ne fongeoient à rien moins qu'à détrôner leur maître, paffa en France, dont il fut proclamé Roi à Attigny par les principaux Seigneurs de l'Etat, à la tête defquels étoient Hugue le Grand, Herbert Comte de Vermandois, le Duc de Normandie & Hugue le Noir, qui lui firent hommage.

Louis chanceloit fur fon trône & il fentoit le fceptre s'échapper de fes

(1) Glaffey. in Hift. Germ. Poleni. Thefaur. 4. p. 883 & feq.

:mains, lorfque, pour fon bonheur, le Roi de Germanie fut obligé de retourner en Saxe, pour s'oppofer aux hoftilités de fon frere: mais avant que
de s'éloigner de France, il y laiffa pour fes Lieutenans Orton & Conrad qui
défirent entierement les deux alliés de Henri, Eberhard & Gilbert; le premier fut même tué dans le combat, & Gilbert, dans fa fuite, fe noya dans
le Rhin (1).

La mort de ces deux Chefs abattit entierement le parti de Henri, qui fe
voyant prefque feul, fut contraint, après avoir cherché pendant quelque tems
un azile qu'il ne put trouver nulle part, de recourir à la clémence de fon
frere. Otton, quelque raifon qu'il eut d'être irrité contre lui, fe laiffa fléchir aifément; il l'aimoit, &, peu content de lui pardonner, il lui confia le
gouvernement du Duché de Lorraine. Mais Henri, qui étoit d'un caractere
inqu'et & turbulent, excita des troubles en Lorraine. Son frere le rappella
en Saxe; il n'y fut ni plus foumis, ni plus paifible; il s'y fouleva encore:
mais enfin, n'éprouvant que des défaites, & honteux de la guerre qu'il faifoit
à un frere qui ne ceffoit de le combler de bienfaits, il reconnut fes torts, détefta fon ingratitude & fe réconcilia fincerement avec Otton, qui lui donna
l'inveftiture du Duché de Baviere vacant par la mort de Bethold ; & pour
dédommager en partie la Maifon de Baviere de l'injuftice qu'il lui faifoit,
Otton fit Comte Palatin Herman, fils du Duc Arnoul (2).

Le Roi de Germanie, n'ayant plus ni fujets rebelles à foumettre, ni factieux à réprimer, étoit le maitre de fe venger avec éclat du fecours que
Louis d'Outre-mer avoit fourni au Duc de Lorraine: il lui étoit alors d'autant plus facile d'accabler Louis, que ce Monarque fe trouvoit dans la plus
inquiétante fituation. Les Seigneurs de fes Etats, toujours déterminés à l'o-
bliger de defcendre du trône, avoient foulevé les provinces; ils étoient maîtres de l'armée, & il ne reftoit plus d'efpérance au malheureux Monarque.
Otton le crut affez puni, & il ceffa d'appuyer le parti des Seigneurs; il fit
plus, il fe déclara hautement pour le Souverain, avec lequel il eut, vers les
montagnes de Vofges une conférence à la fuite de laquelle il engagea les
François à renouveller leur ferment de fidélité à Louis.

Les foins d'Otton n'eurent cependant point encore tout le fuccès qu'il en
avoit attendu. Le chef des factieux en France, Hugue le Grand, qui afpiroit au trône, & qui avoit beaucoup plus de partifans qu'il ne reftoit au fouverain de fideles fujets, parcourut les provinces à la tête d'une armée nombreufe & continua la guerre: Louis tenta de l'arrêter; il fut battu, & eut
même le malheur de tomber en la puiffance de fon ennemi. Informé de cet
événement, Otton envoya ordre à Hugue de relâcher fon prifonnier. Hugue
refufa d'obéir, & Otton, paffant le Rhin à la tête d'une armée de cent mille
hommes, entra en France, à fon approche Hugue allarmé rendit la liberté à
fon Roi: les deux Souverains marcherent contre les rebelles; mais cette guerre
fe foutint encore quelque tems: l'avantage reftoit toujours du côté des deux
Rois; cependant, quoique la fortune fecondat la caufe la plus jufte, la France n'en étoit pas moins ravagée, tantôt par les troupes des Souverains, &

(1) Hermand. & Marian. Scot. *ad ann.* 938.  (2) Spener. *Hift. Germ. Univ.*
*ed ann.* 946-947.

tantôt par celles des rebelles.  A force d'activité pourtant, de valeur & de politique, Otton parvint à faire cesser ces sanglantes hostilités; il rétablit la paix entre les deux partis à la satisfaction de Louis, qui rentra dans tous ses droits, & même à la satisfaction de Hugue le Grand, que le Roi de Germanie estimoit, & auquel il donna sa sœur en mariage.

Otton étoit à peine rentré dans ses Etats, qu'il se vit obligé de marcher contre les Danois, pour se venger du massacre d'une colonie Saxonne établie par Henri l'Oiseleur, sur les frontieres du Dannemarck, & qu'ils venoient d'exterminer: il pénétra dans leur pays, qu'il ravagea ; il vainquit en bataille rangée Harolde leur chef, qui fut contraint de lui rendre hommage, & même de se faire baptiser pour remplir l'une des conditions de paix que le vainqueur lui avoir imposées (1).

Tant de succès, tant de triomphes inspirerent au Roi de Germanie le desir de faire rentrer l'Italie sous la domination du sceptre de Germanie, & de réunir sur sa tête la couronne de l'Empire que la plûpart de ses prédécesseurs avoient portée.  Les circonstances lui étoient favorables; il n'avoit plus d'ennemis à repousser, ni d'alliés à soutenir, & l'Italie déchirée par les plus cruelles divisions ne demandoit qu'un maître assez puissant pour l'asservir & en chasser les tyrans qui la désoloient.  Bérenger, après la mort de Guy & de Lambert, ses deux compétiteurs, étoit resté seul possesseur de l'autorité souveraine; mais il n'avoit pas joui long-tems des douceurs de la Royauté; il avoit été détrôné par Louis, fils de Boson, Roi de Provence, & Louis, plus ambitieux que le rival qu'il venoit de terrasser, étoit allé à Rome recevoir la couronne impériale des mains du Pape, qui prodiguoit le titre d'Empereur à quiconque le lui demandoit.  L'Empire plus imaginaire que réel de Louis, avoit été très-court, & Bérenger qui l'avoit surpris à Verone lui avoir fait crever les yeux.  La vengeance de Bérenger étoit à peine assouvie, qu'il tomboit lui même sous le fer assassin, de ceux qui appellerent en Italie Rodolphe Roi de Bourgogne, qu'ils firent couronner Empereur, le chasserent deux ans après & firent passer le sceptre d'Italie dans les mains de Hugue, Comte d'Arles.  Celui-ci plus heureux que ceux qui l'avoient précédé avoit régné pendant 20 ans, & avoit transmis sa puissance à Lothaire son fils, qui fut empoisonné par Bérenger, fils du Marquis d'Ivrée & de Gilette fille de Bérenger que Louis avoit traité si cruellement à Verone (2).

La Lombardie avoit été le théâtre des attentats, des crimes & des vengeances atroces de ces divers usurpateurs, & le reste de l'Italie avoit refusé de se soumettre à leur autorité, qui, quoique la plûpart d'entre eux se fussent fait donner le titre d'Empereur, ne s'étendoit point sur Rome, plus malheureuse encore & mille fois plus agitée que la Lombardie.  A la faveur du schisme qui déchiroit l'Eglise, des scélérats couverts de crimes, des femmes sans mœurs, d'infâmes courtisanes donnoient insolemment des Loix & abusoient avec impunité du pouvoir qu'ils avoient usurpé dans la capitale de la Chrétienté, où la plus affreuse corruption régnoit avec empire.  L'assassinat & le parjure, le sacrilege & la prostitution étoient dans ces malheureux tems les

(1) Hermold. L. 1. c. 9. Adamus. Hist. Ecel. L. 2. c. 2.        (2) Ditmar. L. 2.
Otto Frising. L. 6.

feules vertus pratiquées à Rome, & la perverſité la plus outrée déshonoroit
le ſanctuaire.

Tels & plus violens qu'on ne pourroit les dépeindre étoient les troubles qui déſoloient l'Italie, & telle étoit la déplorable ſituation de Rome, lorſqu'Otton fut appellé dans ces contrées par la jeune Adelaïde, Veuve du Roi Lothaire. Au milieu de la corruption générale Adelaïde étoit peut-être alors la ſeule femme en Italie qui donnât l'exemple des mœurs, & qui reſpectât la vertu. Maîtreſſe de Pavie, elle y étoit violemment menacée par Bérenger, qui, dans la vûe d'affermir ſa puiſſance, avoit projetté d'unir ſon fils Adalbert avec la veuve de Lothaire, & qui, à force de perſécution vouloit la contraindre à conſentir à ce mariage. C'étoit pour s'affranchir de cette tyrannie qu'Adelaïde avoit imploré le ſecours d'Otton, qui ayant lui-même des vues fur l'Italie, ſe hâta de s'y rendre, après avoir déſigné pour ſon ſucceſſeur en Germanie Ludolphe ſon fils, auquel il venoit de donner le Duché d'Allemagne.

L'expédition d'Otton fut auſſi glorieuſe que rapide; Bérenger fut chaſſé; Adelaïde délivrée de l'oppreſſion s'unit à ſon libérateur, qui étoit veuf auſſi, & qui dans une aſſemblée générale qu'il avoit convoquée à Rome, ſe fit proclamer Roi de Lombardie. Bérenger & Adalbert ſon fils, ne pouvant eſpérer de lutter contre un tel rival, eurent recours à ſa clémence; ils vinrent ſe jeter à ſes pieds, le reconnurent pour leur Souverain, & en récompenſe de cette ſoumiſſion, qui n'étoit cependant qu'apparente, obtinrent le gouvernement de l'Italie, que le trop généreux Otton eut la facilité de leur confier (1).

Tandis que le nouveau Souverain de Lombardie y faiſoit reconnoître ſon
autorité, Ludolphe ſon fils levoit en Germanie l'étendard de la rebellion; & il étoit puiſſamment ſecondé dans ſon crime par Frideric, Archévêque de Mayence, & par les fils du Duc Arnoul. A la première nouvelle de ces troubles, Otton vola au ſecours de ſes états. Son mariage avec Adelaïde avoir rempli de jalouſie le cœur de Ludolphe, ſoit qu'il aimat lui même la veuve de Lothaire, ſoit qu'il craignit que cette jeune femme ne nuiſit à ſes intérêts; quoiqu'il en ſoit, les révoltés allerent ravager la Baviere & mirent Augsbourg au pillage: mais ce fut là que s'éteignit la fureur de Ludolphe par les ſoins, les prieres & les négociations heureuſes de S. Udalric, évêque d'Augsbourg, & qui, au moment où l'armée du pere & celle du fils étoient prêtes à en venir aux mains, parvint à les réconcilier & à étouffer juſqu'au ſouvenir de leur reſſentiment paſſé (a).

Cependant les Hongrois que le fils du Roi de Germanie avoit eu l'imprudence d'appeller pour fortifier ſon parti, étoient entrés dans les états d'Otton,
& après avoir exercé les plus affreux ravages depuis le Danube juſqu'à la Forêt noire, ils tenterent de ſe rendre maîtres d'Augsbourg. Mais toujours zélé

---

(1) Spener. *Hiſt. Germ. Univ.* L. 4. c. 4. ad ann. 950-51 52.
(a) Suivant *Puffendorf* L. V C. 2 L'Empereur aſſiegea Ratisbonne où Ludolphe s'étoit ſauvé & d'où il fit demander ſon pardon par quelques Prélats; l'Empereur, ajoute-t-il, leur refuſa la grace de ſon fils, ce qui le détermina à ſe ſauver une ſeconde fois; mais après, pendant que ſon Pere étoit à la chaſſe, il alla ſe jeter à ſes piés & fit tant par ſes diſcours que ſon Pere céda aux mouvemens de la nature & le pardonna.

pour les intérêts de fon Roi, St. Udalric s'expofa prefque feul & fans armes à ces effaims d'ennemis furieux: le généreux Evêque leur oppofa une réfiftance fi courageufement foutenue, qu'elle donna au Roi de Germanie le tems de venir au fecours d'Augsbourg & de fon défenfeur. Informés de fon approche les Hongrois allerent à fa rencontre dans l'efpérance de le furprendre; mais ils furent furpris eux-mêmes & fi cruellement battus, qu'ils n'oferent plus former de nouvelles entreprifes (1).

Pendant qu'en Germanie Otton repouffoit les Hongrois, l'ingratitude tentoit en Italie d'envahir fon autorité. C'étoient les traitres Bérenger & Adalbert qui, à la faveur des troubles qu'ils avoient excités, efpéroient le remettre en poffeffion de la puiffance fouveraine. Otton qui croyoit le parti des factieux moins nombreux qu'il ne l'étoit fe contenta d'envoyer Ludolphe contre eux: mais ce Prince au milieu de fes triomphes fut furpris par la mort, & fon pere, vivement preffé par le Pape Jean XII de venir défendre fes états d'Italie avant que de paffer les alpes, fit reconnoître pour fon fucceffeur Otton fon fils du fecond lit, qui n'avoit que fept ans, & il partit fuivi d'une formidable armée. Adalbert & Bérenger, n'ofant point mefurer leurs forces avec celles d'un fi puiffant Monarque, fe tinrent conftamment renfermés dans quelques fortereffes, & le laifferent paifiblement fe remettre en poffeffion du Royaume d'Italie (2).

Solemnellement couronné à Pavie, Otton prit la route de Rome, où il fut reçu en Souverain & couronné Empereur des mains du Pape, qui fit ferment entre fes mains, ainfi que les grands & tous les citoyens de Rome, de ne jamais manquer à l'obéiffance qu'ils lui juroient, & fur-tout de n'affifter en aucune forte Adalbert ni Bérenger.

Quoique le Souverain Pontife n'eût fait en cette occafion que ce qu'avoient déjà fait plufieurs de fes prédéceffeurs, & qu'il ne pût fe difpenfer de reconnoître la fuprématie de l'Empire, Otton lui témoigna tout autant de reconnoiffance que s'il lui eut été redevable réellement de la couronne Impériale; non-feulement il confirma en faveur du S. Siege les donations de Pepin & de Charlemagne; non-feulement il eut l'imprudente facilité de confirmer la donation trop exceffive de Louis le Débonnaire; mais il y ajouta le don de 7 Villes de Lombardie, fur lefquelles il eft vrai qu'il fe referva la fouveraineté, de même que par le même acte, écrit en lettres d'or & confervé à Rome dans le chateau Saint-Ange, l'Empereur fe referva pour lui & fes fucceffeurs la fouveraineté & la jurifdiction en dernier reffort fur Rome, ainfi que fur toutes les terres comprifes dans cette donation, ftipulant en fon nom & en celui du Roi Otton fon fils, comme le Pape ftipuloit en fon nom & en celui de fes fucceffeurs à perpétuité.

Quelque folemnel qu'eut été le ferment du Souverain Pontife, il l'oublia bientôt, ainfi que le fouvenir des bienfaits qu'il tenoit des libéralités de l'Empereur, au mépris de fes promeffes, par la plus déshonorante des perfidies; à peine Otton s'étoit éloigné de Rome, que Jean fe reconciliant avec Adalbert & Bérenger, promit de les fecourir de toute fa puiffance contre l'Empe-

(1) Contin. Reginh. & Hoppid. ad ann. 255.          (2) Luitpraud. L. 6. C. 6. Otto
Frifing. L. 6. c. 19.

reur, qui ne pouvant ajouter foi à la première nouvelle qu'on lui donna d'un tel changement, envoya quelques uns de ſes confidens à Rome avec ordre de s'inſtruire du fait. ; Ils le trouvèrent très-exact, & ils apprirent même que le Pape Jean XII, livré à la plus crapuleuſe débauche, ſouillé de tous les crimes, capable de plus horribles trahiſons, étoit depuis long'tems dans le conſtant uſage de juror & de ſe parjurer. Otton, très-étonné du recit dè ſes envoyés, eſpéra que le Pape, fort jeune encore, à peine âgé de dix-huit ans, jugeroit biéntôt plus murement & ſe corrigeroit : mais Jean ne ſe corrigea point, au contraire,. il s'enfonça chaque jour davantage dans les vices & les débordemens (1).

Hiſt. d'Allemagne, 876-1024.

Perfidie & crimes de Jean XII.

Irrité des crimes de Jean, ſcandáliſé de ſa conduite, Otton revint pour la ſeconde fois à Rome, d'où le Pape avoit eu la précaution de s'enfuir accompagné d'Adalbert, & emportant avec lui la plus forte partie du tréſor de l'Egliſe. Dès ſon arrivée, l'Empereur convoqua un concile dans lequel une foule de prêtres, de grands & de ſimples particuliers accuſerent le Pape Jean XII des crimes les plus revoltans, les preuves étoient plus que complettes, & ce chef ſcélérat de l'égliſe fut convaincu d'homicide, de ſacrilège, de parjure, de viol, d'inceſte avec ſes parentes & avec ſes deux ſœurs, d'impieté, d'idolatrie; en un mot de toutes les horreurs qui peuvent rendre un homme abominable. D'après ces informations les plus juridiques, Jean XII fut dépoſé, & Léon élevé au Pontificat.

Il eſt dépoſé & Léon élu.

En les affranchiſſant d'un tyran tel que Jean XII, Otton croyoit avoir rendu aux citoyens de Rome le ſervice le plus eſſentiel; & ne penſant point avoir quelque choſe à craindre au milieu d'un peuple qu'il venoit de ſouſtraire à l'oppreſſion, il renvoya la plus grande partie de ſes troupes: mais à peine il les eut congédiées, que les Romains ingrats, & excités par les créatures de Jean, ſe ſoulevèrent contre lui, & euſſent exécuté le complot qu'ils avoient tramé de lui ôter la vie, ſi l'Empereur, inſtruit de la conjuration, ne ſe fût hâté d'en prévenir l'éclat. Les plus coupables furent pris & périrent dans les ſupplices ; le reſte des Romains renouvella le ſerment de fidélité entre les mains de l'Empereur, qui, peu de jours après, ſe rendit à Spolette: il ne fut pas plutôt ſorti de Rome, que, ſecondé par les rebelles, Jean y rentra & en chaſſa Léon: mais il ne put ſe livrer aux vices & aux crimes que quelques jours; il fut tué lui-même par un Romain qui ſe vengeoit, de l'affront qu'il lui faiſoit en abuſant de ſa femme (2).

Toujours ingrats & rebelles les Romains aſſemblés, ſans égard à l'élection canoniquement faite de Léon VIII, ſe donnèrent Benoit pour Souverain Pontife. Otton juſtement indigné vint mettre le ſiege devant Rome, où le Pape Benoit ſe défendit avec une opiniâtreté que l'on eut appellée valeur & fermeté s'il eut eu à ſoutenir une meilleure cauſe : à la fin cependant les Romains, encore plus preſſés par la diſette & la famine que par les armes des aſſiégeans, ouvrirent à ceux-ci les portes de la ville. Otton n'y reſta que peu de jours, en ſortit, & bientôt paſſa de l'Italie dans ſes états d'Allemagne, faiſant conduire à ſa ſuite l'Anti-Pape Benoit ainſi que Bérenger, qui fût, avec ſa femme, envoyé en exil. Leur fils Adalbert ſuſcita quelques nouveaux

(1) Fleuri. Hiſt. Eccl. T. 12. L. 56. Spener. T. 4. c. 4. (2) Fleuri. T. 12. L. 56.

troubles en Italie; mais ils furent aisément appaisés par le Duc Burchard que l'Empereur y avoit envoyé.

Léon ne tint que peu de tems le Souverain Pontificat; il mourut, & Otton fit élire l'évêque de Narni qui prit le nom de Jean XIII, & qui se fit tant détester par ses hauteurs & le ton despotique qu'il prenoit avec les Romains, que ceux-ci se souleverent & le chasserent de Rome. Irrité d'une telle conduite & pensant que c'étoit lui-même qu'on avoit voulu offenser dans la personne de Jean, Otton rentra dans Rome & y rétablit le Souverain Pontife, après avoir fait pendre les principaux auteurs des derniers soulèvemens. Ce fut dans ce voyage que le Pape Jean couronna Empereur le jeune Otton, qui étoit passé en Italie avec son pere. Celui-ci qui songeoit à le marier accepta les propositions de Nicephore Phocas, Empereur de Constantinople qui avoit offert sa belle-fille Théophanie en mariage au jeune Prince. Mais Otton, ayant pris dans la réponse qu'il avoit envoyée à Constantinople par ses Ambassadeurs la qualité d'Empereur d'Occident, Nicephore Phocas prétendant qu'il ne devoit y avoir sur la terre d'autre Empereur que lui, fut trèschoqué de ce titre, accueillit fort mal les Ambassadeurs, parla avec tant de mépris du Roi de Germanie, & s'exhala en propos si injurieux, que ceux-ci se hâterent de retourner auprès de leur maître pour lui rendre compte de tout ce qui s'étoit passé. Otton, trop fier pour souffrir une injure, déclara la guerre à Nicephore; mais celui-ci assez insolent pour outrager, & trop lâche, trop foible pour lutter contre l'Empereur d'Occident, eut recours à la plus atroce des perfidies: il envoya des Ambassadeurs à Otton, avec ordre de le conjurer d'oublier le passé, de lui rendre son amitié, & de lui déclarer en même tems que la Princesse Théophanie qu'il avoit fait passer en Calabre, n'y attendoit plus que des Envoyés & des ordres pour se rendre auprès de son jeune époux (1).

Atrocité de
Nicephore
Phocas,
& vengeance
d'Otton.
971.

Incapable de trahison l'Empereur étoit sans défiance, & sans doute tout autre Souverain que lui eût également ajoûté foi aux discours de ces Ambassadeurs. Peu content d'envoyer en Calabre un détachement de son armée, il fit partir presque toute la noblesse qui l'accompagnoit, afin de recevoir la Princesse Théophanie avec plus d'honneur. Mais à peine ces troupes & ces Seigneurs furent entrés dans la Calabre, qu'ils furent inopinément attaqués, & massacrés par une foule de Grecs placés en embuscade. A cette accablante nouvelle Otton transporté de courroux assembla toutes ses forces, qui, sous les ordres de son fils, allerent exterminer ou faire prisonniers tous ces Grecs. Le jeune Otton, pour se venger encore plus complettement, se saisit de la Pouille & de la Calabre; ensorte que l'atrocité de Nicephore, lui couta les deux seules provinces que l'Empire d'Orient possedat en Italie. Les Grecs de Constantinople indignés, non de la juste vengeance qu'Otton avoit tirée de l'injure qu'il avoit reçue, mais de la perfidie de leur Souverain, qui d'ailleurs se faisoit détester par ses injustices & les cruautés, se souleverent, animés par Jean Zimiscés, qui poignarda Nicephore & fut proclamé Empereur. Son premier soin fut d'appaiser Otton, &, pour y parvenir, il lui céda la Pouille

(1) Wittickind. L. 3. p. 661.

le & la Calabre qui à la vérité n'étoient plus fous fa domination, & envoya en Italie la Princeffe Théophanie, que le jeune Otton époufa (1).

L'Empereur ne furvécut que peu à ce mariage, & mourut d'apoplexie à Mersbourg, après un regne glorieux de 36 ans, comme Roi de Germanie, & de 11 comme chef de l'Empire. Il mérita par fes talens, fes bonnes qualités & fes éminentes vertus le furnom de *Grand* que fes contemporains lui donnerent, que fes actions juftifierent, & que la poftérité lui a confirmé. Capable, comme Charlemagne, de former les plus hardis projets, il étoit tout auffi en état de les exécuter; mais il étoit moins ambitieux dans fes vues, moins injufte dans fes entreprifes, & fur-tout moins cruel dans fes guerres & après fes victoires. Il fit zélé pour Rome; mais il fut diftinguer les intérêts de l'Eglife des intérêts du Pape. Il ne commit qu'une injuftice, & ce fut à fon avénement au trône, lorfqu'il dépouilla les Ducs de Baviere de leurs états, à cette faute près, la vie entiere d'Otton le Grand, ne préfente que des vertus à refpecter & des talens à admirer. Ce Prince avoit époufé en premieres noces Edith fille d'Edouard Roi d'Angleterre, dont il avoit eu Ludolphe, & Lutgarde mariée à Conrad le Sage, Duc de Lorraine. Otton avoit en outre d'Adelaïde, Veuve de Lothaire, Otton II, qui le fuccéda, Henri & Brunon, morts fort jeunes, Adelaïde, Abbeffe de Gundersheim & Mathilde Abbeffe de Quedlinbourg.

Otton II, étoit trop jeune pour régir fes différens Royaumes, lorfque la mort lui enleva fon pere; mais, pour le bonheur des peuples, l'Impératrice Adelaïde prit les rênes de l'adminiftration, & gouverna avec tant de fageffe, qu'on ne s'apperçut point de la perte que l'Empire avoit faite. Adelaïde après fa mort, arrivée en 999, fut comptée au nombre des faintes; elle mérita auffi le premier rang entre les plus illuftres fouveraines de fon fiecle. Elle fut cependant calomniée par l'envie, & dès qu'Otton fon fils fut en état de régner par lui-même, on le prévint fi fort contre les vues d'ambition que l'on fuppofoit à fa mere, que celle-ci, pour ne pas occafionner des troubles, aima mieux céder à la cabale, fe retirer auprès de Conrad, Roi de Bourgogne fon frere, & attendre que le tems & le fouvenir des fervices qu'elle avoit rendus à l'Empire, l'euffent juftifiée. Son attente ne fut point trompée; Otton ne tarda point à fe repentir de la facilité qu'il avoit eu d'écouter les délateurs de fa mere; il les éloigna de fa cour, fit prier Adelaïde d'y revenir, & depuis, le fils & la mere vécurent dans la plus douce intelligence (2).

Cependant Henri, Duc de Baviere, furnommé le *Querelleur*, & coufin germain d'Otton, crut devoir profiter de la jeuneffe & de l'inexpérience du jeune Monarque: il leva l'étendard de la rebellion, &, foutenu par quelques évêques, il fe fit proclamer Empereur. Son regne fut très-court: Otton le fit rentrer dans le devoir, &, content de l'avoir humilié, il confentit à lui pardonner, ainfi qu'à fes complices. Dans le nombre de ceux qui avoient pris les intérêts du Duc de Baviere fe diftinguoit Herolde, Roi de Dannemark, qui, fuivi d'une puiffante armée, s'étoit déja avancé jufques vers la rive de l'Ebre. L'Empereur alla à fa rencontre, & à force de pru-

(1) Otto Frifing. *Chron.* L. 6. c. 24. (2) *Vit. Adelaïd. per. Odilionem. Bibliot. Cluni.* p. 354.

dence, d'activité & de bonheur, il contraignit les Danois à lui demander la paix, qu'ils n'obtinrent qu'après s'être soumis à un tribut. Des bords de l'Ebre l'Empereur passa rapidement en Boheme, pour en punir le Duc qui s'étoit aussi déclaré pour les rebelles. Celui-ci fut vaincu; ses états furent ravagés, & le vainqueur, obligé de retourner sur ses pas, alla combattre encore, & reduire Henri, qui, s'étant revolté de nouveau, fut battu, fait prisonnier, privé de son Duché, & pour toujours envoyé en exil (1).

*Guerre de
Lorraine.
977.*

A ces troubles succéda une guerre plus importante & qui fut beaucoup plus meurtriere, entre l'Empire & la France, au sujet du Comté de Hainault. Brunon, frere d'Otton le Grand & Archevêque de Cologne, ayant été fait Duc, ou plutôt, nommé Gouverneur de la Lorraine, avoit dépossédé Reinier *au long Cou* de son Comté de Hainault, dans la basse Lorraine, & il l'avoit donné à Raynold & Garnier, au préjudice de Reinier & Lambert, fils du Comte dépouillé. Ceux-ci s'étoient retirés fort irrités à la cour de France, & ils n'attendirent qu'une occasion de rentrer dans leurs droits. Cette occasion se présenta enfin; Brunon, le spoliateur de leur pere, mourut, & aussi-tôt qu'ils en eurent appris la nouvelle, ils allerent, suivis de quelques troupes françoises attaquer les deux possesseurs du comté de Hainault. Leur expédition fut heureuse, & dans un combat qu'ils livrerent aux environs de Peronne, Raynold & Garnier demeurerent au nombre des morts. Animés par ces triomphes, Lambert & Reinier allerent dévaster toute la basse Lorraine, & ils eussent porté le ravage plus loin encore, si l'Empereur n'eut volé à la défence de ce pays: il contraignit les deux Comtes de s'enfuir, & il leur reprit le comté de Hainault dont il donna l'investiture à Arnoul & à Godefroi deux seigneurs de sa cour (2).

*Et entre la
France &
l'Empire.*

Otton regardoit cette guerre comme entierement terminée; & déjà depuis deux ans, Arnoul & Godefroi possédoient paisiblement le comté de Hainault, quand Lambert & Reinier rentrerent en Lorraine, suivis d'une très-forte armée commandée par Charles Martel, frere de Lothaire, Roi de France & par Hugue Capet, ce chef illustre de la troisieme race des Monarques François. Arnoul & Godefroi défendirent avec courage leurs possessions; mais ils étoient trop foibles pour lutter contre des forces aussi supérieures; ils furent contraints de céder, & Reinier ainsi que Lambert furent rétablis dans le Hainault. Lothaire, excité par le succès de cette expédition à de plus importantes entreprises, résolut de profiter de ses avantages pour tenter de conquérir tout l'ancien Royaume de Lorraine. Otton, qui pénétroit les vues du Roi de France & qui vouloit s'y opposer, mais sans commettre ses armes & sans engager son peuple dans une guerre meurtriere & dispendieuse, se conduisit en politique consommé; & sacrifiant en apparence les intérêts de la couronne & même de sa gloire, il offrit le Duché de la basse Lorraine à Charles, frere de Lothaire, à condition qu'il le tiendroit à hommage & comme relevant de la couronne de Germanie. Une souveraineté telle que l'étoit alors le Duché de la basse Lorraine tenta Charles; il accepta la proposition & mécontenta toute la noblesse Françoise qui ne voyoit qu'avec indignation le frere de son Roi devenir le vassal d'une Phissance étrangere.

*Politique
d'Otton.*

(1) Lambert. Schaff. Sigeb. *Chron. Sax.*     (2) Ditmar. L. 3. Gemblac. ad ann.
977-78-80.

Très-content d'être parvenu à opposer Charles à Lothaire, Otton se croyoit à la veille de recueillir les fruits de ce trait de politique, & déja il regardoit la France comme plongée dans des troubles & des divisions qui ne lui laisseroient plus ni le tems, ni la liberté d'entreprendre des guerres étrangeres: mais lorsqu'il se croyoit le plus assuré du succès, Lothaire, sous pretexte que son frere avoit traité sans sa participation, fit une irruption soudaine dans la Lorraine, l'envahit presque en entier, & se rendit à Metz, où la plûpart des Seigneurs Lorrains, toujours disposés à reconnoître le plus fort pour leur Souverain, lui rendirent hommage. Lothaire, s'éloignant encore plus brusquement de la Lorraine qu'il n'y étoit entré, marcha du côté d'Aix la Chapelle, où l'Empereur étoit, & il fit tant de diligence, qu'il pénétra dans cette ville sans éprouver aucune sorte de résistance. Il marcha droit au palais de l'Empereur, qui alloit se mettre à table, lorsqu'averti du danger qui le menaçoit, il se sauva précipitamment, & laissa le repas qu'on alloit lui servir, au Roi de France, qui après avoir ravagé tout le pays, rentra couvert de gloire dans son Royaume (1).

Il étoit tems que Lothaire revint dans ses Etats; car Otton, vivement ulcéré de l'affront qu'il avoit reçu, étoit déja en Champagne à la tête d'une armée de soixante mille hommes. Satisfait de ravager cette province, l'Empereur ne s'y arrêta point; il marcha du côté de Paris, en forma le Siege, & brula même un des fauxbourgs: mais, averti de la marche de Lothaire qui s'approchoit à la tête de toutes, ses forces, accompagné du redoutable Hugue Capet & du Duc de Bourgogne, Otton leva le siege, décampa; mais ne put empêcher que son arriere-garde ne fut très-maltraitée; il fut lui-même vivement poursuivi jusques dans la forêt d'Ardene. Il eut à son tour quelques avantages, & ces hostilités également glorieuses & funestes aux deux partis continuerent jusqu'à l'année suivante, que la paix fut faite, aux conditions que la Lorraine demeureroit, mais seulement à titre de bénéfice, à l'Empereur, qui reconnoîtroit le droit de la couronne de France sur ce pays (2).

La paix solidement établie entre les deux Puissances, Otton tourna ses regards sur l'Italie, qui depuis quelques années étoit violemment agitée. Benoit IV, successeur de Jean XIII, mort en 972, avoit été étranglé par l'ordre du Sénateur Crescentius, qui régnoit en tyran sur le Pape & sur Rome. Boniface VII, usurpateur du S. Siege avoit été chassé de Rome & s'étoit retiré à Constantinople; & Benoit VII, dont l'Empereur avoit approuvé l'élection, occupoit la chaire pontificale: mais les intrigues de Boniface VII, qui avoit une foule de partisans à Rome, ne laissoient pas Benoit tranquille, il avoit chaque jour des factieux à réprimer, ou à se préserver des complots & des conjurations qu'on ne cessoit de former contre lui. Indigné de tant d'attentats, Otton prit la résolution d'en punir les auteurs, & il alla à Rome pour exécuter ce projet. Il l'exécuta en effet, mais d'une maniere atroce & qui a flétri pour jamais sa mémoire (3).

Satisfait en apparence de la soumission des Romains & des honneurs qu'on lui rendoit, Otton fit publier qu'il vouloit leur en témoigner sa reconnoissance; il fit en effet préparer au Vatican un festin magnifique, auquel il envoya

_____

(1) Glaber. L. 2. C. 3. (2) Daniel Hist. de France. (3) Spener. Hist. Germ. Univ.

SECT. III.
*Hift.* l'Al
lemagne ,
876-1024.

*Action atro-
ce d'Otton.*

inviter tous les Seigneurs qui lui étoient fuspects, avec les Magiftrats & les-députés des villes: ils s'y rendirent tous ; mais au moment où ils alloient fe mettre à table, une troupe de gens armés pénétra dans la Salle, fe jeta fur les profcrits, & à mefure qu'on lifoit une lifte dans laquelle ils étoient defignés, on les traînoit hors de la Salle & on leur perçoit le cœur à coups de poignard.　Une foule de Seigneurs périrent dans cette horrible boucherie, qui valut à l'Empereur le furnom de fanguinaire, que l'exécration publique lui donna.

Les Romains, furieux des cruautés d'Otton, n'attendoient pour venger la mort de leurs concitoyens que l'occafion de punir, fans s'expofer eux-mêmes, le tyran qui les avoit fi violemment offenfés: cette occafion ne tarda-point à fe préfenter:. Bafile & Conftantin, fucceffeurs de Jean Zimifcés, Empereur d'Orient qui venoit d'être empoifonné, avoient pris, par les confeils de Boniface VII, qui ne ceffoit de cabaler contre Otton & le Pape, la réfo-lution de porter la guerre en Italie & de reprendre la Pouille & la Calabre. Ligués pour cette expédition avec les Sarrazins, ils avoient envoyé dans la Pouille une puiffante armée, qui avoit fait rentrer cette province, ainfi que la Calabre fous la domination des Grecs.　Otton, impatient de reconquérir ces pays, raffembla toutes fes troupes, fe mit à leur tête, fe rendit maître de la plûpart des places de la Pouille, s'avança enfuite vers la Calabre, & ren-contra les Sarrazins & les Grecs réunis auprès de Bifignano.. Les armées des deux partis étoient en préfence, & toutes deux animées d'un égal defir de combattre; elles en vinrent bientôt à une action décifive.　C'étoit là le mo-ment que les Italiens attendoient pour venger ceux de leurs concitoyens qui avoient été fi cruellement affaffinés à Rome.　Les Romains & les Bénéven-tins donnerent le fignal de la vengeance; à l'inftant où la bataille s'engagoit ils abandonnerent Otton, & furent imités par le refte des Italiens; enforte que les Allemands refterent feuls expofés à la fureur des ennemis, qui en firent un horrible carnage (1)..

*Manicre
dont les Ita-
liens fe ven-
gent des
cruautés de
l'Empereur.*

Otton par une fuite précipitée eut le bonheur de fe dérober au maffacre de fes troupes: il fe fauva feul, & dirigeant fa courfe du côté de la mer il apperçut près du rivage, une barque & s'y refugia ; mais à peine elle fe fut-mife en mer, qu'il s'apperçut qu'il n'avoit évité un danger que pour tomber dans un autre, & qu'il étoit au pouvoir des Pirates: il fut pourtant affez heu-reux pour n'en être point reconnu; il leur promit une forte rançon, & ils lui rendirent la liberté, auffi tôt qu'ils furent arrivés à un petit port de Sicile.

Les Sarrazins & les Grecs, maîtres de la Calabre, de la Pouille, d'une par-tie de l'Italie, & n'ayant point à craindre l'armée Allemande qu'ils avoient exterminé, pouvoient facilement s'emparer de Rome; ils n'y allerent point; & tandis qu'ils perdoient un tèms précieux à reduire quelques places qui te-noient encore pour l'Empereur, celui-ci raffemblant de nouvelles troupes, recommença les hoftilités; non contre les Grecs, mais contre les Bénéven-tins, qui par leur trahifon avoient irrité fa vengeance: il alla s'emparer de Bénévent, qu'il livra pendant trois jours au meurtre, au viol, au pillage, & qu'il fit confumer enfuite par les flammes.　Sa colere affouvie, il marcha

*Victoire
d'Otton II.*

(1) Helmoldus, *Cron. Sclavon.* L. 3. c. 13..

*Hi∫t. d'Al-*
*lemagne,*
*876-1024.*

*Sa mort.*
*983.*

contre les ennemis, les rencontra, les attaqua, les vainquit, & en fit un tel maffacre, qu'on défigna, depuis, cette journée de fang & d'horreur par le nom de *pâle mort des Sarrafins* (1).

Vainqueur & fatisfait d'avoir fi glorieufement rétabli l'honneur de fes armes, Otton II, dans une affemblée qu'il avoit convoquée à Vérone, fit élire Otton fon fils Roi d'Italie, & fe rendit quelques jours après à Rome. Il y tomba malade, confeffa publiquement fes fautes, parut fe repentir des torrens de fang qu'il avoit fait couler, & mourut le 7 Décembre 983. L'on foupçonna qu'il avoir été empoifonné, il étoit fort jeune encore, & dans la 11e année de fon regne. Il eut de la valeur, beaucoup d'activité, des talens ettimables, quelques heureufes qualités; mais il fut cruel, très-facile à s'irriter, atroce & implacable dans fes vengeances: il ne fut point aimé: auffi ne fouciat-il point de faire rien pour l'être (2). Il avoir eu de Théophanie fon époufe Otton III, qui régna après lui; Sophie, Abbeffe de Gundersheim, Adelaïde, Abbeffe de Quedlinbourg; Judith, mariée à Bretiflas, Duc de Boheme, qui l'enleva d'un Monaftere; & Mathilde, époufe d'Ezon ou Renfroi, Comte Palatin du Rhin.

*Otton III,*
*Roi de*
*Germanie.*

Appellé à Rome par fon pere, pour y être couronné Empereur; quoiqu'il n'eut que fept ans, Otton III s'étoit mis en route fous la conduite de Jean, Archevêque de Cologne, lorfque celui-ci reçut la nouvelle de la mort du Monarque; il rammena le jeune Prince à Aix la Chapelle, où il le couronna folemnellement Roi de Germanie: mais tandis qu'il s'occupoit de ce couronnement, Henri Duc de Baviere, ce Henri *le querelleur* qui s'étoit déjà tant de fois revolté, fe fouleva encore, prit hautement le titre de Roi, fut fecondé par plufieurs Princes, eut du fuccès, fit des conquêtes, fe rendit même maître de la perfonne du jeune Souverain & n'en fut pourtant pas plus heureux dans fon entreprife. Le parti du Prince légitime l'emporta; Henri fut contraint de lui rendre la liberté & de lui demander la paix; mais comme, malgré fes défaites, il étoit encore affez puiffant pour fe faire craindre, il fut remis en poffeffion de la Baviere par Adelaïde & Théophanie, qui avoient pris les rênes du gouvernement pendant la minorité d'Otton III.

Sous prétexte de veiller aux intérêts du jeune Souverain, Lothaire, Roi de France, qui avoit formé le projet de s'emparer de la Lorraine, fe rendit maître de Verdun. On démêla fes vues à la cour d'Otton III; on l'envoia d'abord prier de fe difpenfer de veiller aux intérêts d'Otton; enfuite on fit marcher des troupes contre lui, & il fut obligé d'évacuer Verdun, & de s'en ténir au traité fait avec Otton (3).

La minorité du nouveau Roi de Germanie fut troublée par les incurfions des Sclaves, des Polonois, des Bohémiens & des Abotrites, qui, jugeant les circonftances favorables, pénétrerent en Allemagne; mais ils furent repouffés avec beaucoup de perte, ainfi que les Normands, qui de tems en tems infeftoient les côtes de Germanie.

Pendant que, fous la régence d'Adelaïde & de Théophanie, le regne d'Otton III commençoit fous les plus glorieux aufpices, Rome étoit accablée

---

(1) Otto Frifing L. 6. *Chron.* cap 26.      (2) Spener. *Hift. Germ.* ad ann. 983.
(3) Guill. Nangius. *Continuat.* Fradoard. Sigebert. *ad ann.* 984-985.

*Tyrannie
& cruauté
du Sénateur
Crefcence.*

par la plus oppreffive des tyrannies, & le defpote qui y exerçoit fes fureurs étoit le Sénateur Crefcentius, homme farouche, impitoyable, ennemi de fa Patrie comme il l'étoit de la Religion, & qui ne fe propofoit rien moins que d'anéantir en Italie la Puiffance Impériale & de renverfer en même tems le Siege Pontifical: rien n'étoit facré pour Crefcentius, ni la vie des hommes, ni l'honneur des femmes; il ne refpeétoit rien. A fes ordres une foule de fcélérats, miniftres de fes cruautés, s'efforçoient de foulever le peuple contre l'autorité d'Otton, & Crefcentius pour rendre la papauté, dont il avoit juré la ruine, méprifable, éleva fucceffivement fur la chaire de S. Pierre des hommes fans mœurs, impies, facrilegés, ce que Rome en un mot, avoit de citoyens les plus vils & les plus corrompus. De cette fuite de Pontifes Jean XV, étoit le feul qui eut été canoniquement élu, & qui montrat quelques vertus; auffi le Sénateur Crefcence, qui lui avoir juré une haine immortelle l'obligea-t-il de s'exiler de Rome & d'aller chercher un azile en France, d'où il envoya conjurer Otton III de venir à fon fecours (1).

*Otton III
eft couronné
Empereur à
Rome &
rétablit le
calme.
996.*

Le Roi de Germanie en qui la prudence & la valeur devançoient les années gouvernoit par lui-même. Crefcence le craignoit; il fut inftruit des follicitations de Jean XV, & feignant des remords, il rappella le Souverain Pontife à Rome où il lui fit l'accueil le plus diftingué. Cependant Otton III, qui avoit réfolu de délivrer les Romains & l'Italie, alla, fuivi d'une partie de fes forces, fe faire facrer Roi à Milan: ce fut-là qu'il reçut des députés de Rome qui en lui apprenant la nouvelle de la mort du Pape Jean XV, le prioient de défigner celui qu'il vouloit qu'on élût, il leur dit que fon intention étoit que Brunon, fon parent, fut élevé au fuprême Pontificat. Brunon réunit les fuffrages, & fut confacré fous le nom de Grégoire V. Otton fe rendit à Rome, y fut couronné Empereur des mains du Pape, à la priere duquel il voulut bien pardonner à Crefcentius fes attentats & fes crimes paffés. Toutefois, la tendreffe du nouvel Empereur pour fon parent ne l'empêcha point de faire un décret, par lequel il fut arrêté que la couronne impériale appartiendroit déformais au Roi de Germanie, exclufivement à tous les autres Souverains, & que toute l'autorité des Papes à cet égard, fe reduiroit au privilege de faire à Rome la cérémonie du couronnement (2).

*Nouvelle
revolte de
Crefcence.*

Après avoir affermi la fuprématie du trône impérial, rétabli l'obfervation des loix & le calme dans Rome, Otton III en fortit, & ne tarda point à reprendre la route de fes états d'Allemagne; mais à peine Crefcentius fut inftruit de l'éloignement de l'Empereur, que reprenant toute fon audace, raffemblant fes fatellites & donnant le fignal de la revolte, il fe livra à l'ambition, au vice & à la dépravation de fon caractere cruel, ufurpateur & fcélérat: il chaffa le Pape Grégoire, & plaça de fon autorité la thiare fur la tête de Philagate, Grec fans mœurs, & qui prit le nom de Jean XVI. Otton étoit à peine rentré en Germanie qu'il reçut la nouvelle de cette revolte; il en fut fi vivement irrité, que confiant le foin de l'adminiftration à fes fœurs Mathilde & Adelaïde, il retourna fur fes pas, hâta fa marche, rencontra Grégoire fugitif à Pavie, & prit avec lui la route de Rome, d'où l'antipa-

(1) Fleury. Hift. Ecclef. T. 12. L. 57.　(2) Platiran. in vita Greg. V. Guntherus. Ligne. L. 6. c. 1.

pe Jean s'étoit précipitamment éloigné; mais ce malheureux étant tombé entre les mains de quelques gens de la fuite de l'Empereur, ils lui arracherent les yeux & lui couperent la langue & le nez.    Sans doute, quelque fcélérat qu'eut été Jean & de quelques crimes qu'il fe fut fouillé, ce chatiment étoit affez rigoureux & très-certainement affez exemplaire; cependant le Pape Grégoire ne le trouvant pas encore affez puni; le fit promener dans toutes les rues de Rome couvert d'habits facerdotaux fales & déchirés & monté à rebours fur un âne dont il tenoit la queue entre les mains.    Il paroît que Grégoire ne donna pas dans cette occafion une preuve bien édifiante de charité chrétienne.

Quant à Crefcentius qui s'étoit renfermé dans le château S. Ange, l'un de fes confidens l'ayant engagé, par trahifon & à force de lui promettre qu'il feroit pardonné, d'en fortir, il fut livré à l'Empereur, qui lui fit trancher la tête & pendre fon corps par les pieds.    Crefcence méritoit très-certainement de mourir & Otton, en le puniffant du dernier fupplice, ne fit qu'un acte de juftice: mais peu de jours après cette exécution il prit pour fa concubine la veuve de ce même Crefcentius, & brula pour elle de l'amour le plus violent: on trouva cette paffion peu décente, & quelques mois après il parut aux remords d'Otton qu'il la condamnoit lui-même; car il alla, nuds pieds, en pélérinage à S. Michel du Mont Gargan, moine très-célebre par fa rare piété.    L'Empereur paffa le carême entier de l'an 999 dans ce monaftere, chantant, pfalmodiant avec les moines, revêtu d'un cilice & couché fur la dure.    Il promit folemnellement à S. Romuald d'abdiquer l'Empire & de fe faire moine; mais il faut croire que fa converfion n'alla point jufqu'à promettre de renoncer à fon commerce très-fçandaleux avec la veuve de Crefcence, auprès de laquelle il fe bâta de retourner auffi-tôt qu'il eut fini fa pénitence à S. Michel du Mont Gargan (1).

Cependant la mort ayant mis fin au Pontificat de Grégoire V, Otton lui fit donner pour fucceffeur Gerbert, jadis dépoffédé de l'Archevêché de Rheims pour avoir cabalé contre fon Roi Lothaire, & refugié en Germanie, où il s'étoit livré tout entier à l'étude des Sciences: c'eft ce même Gerbert qui s'é. toit rendu fi fameux par l'invention des horloges à roues, & que fes contemporains regardoient comme magicien; tant on étoit éclairé dans ce fiecle. Gerbert fut confacré fous le nom de Sylveftre II (2).

Otton III, après avoir édifié les moines par fon affiduité aux exercices monaftiques, & fcandalifé fes fujets par fa paffion pour la veuve de Crefcence, fortit de Rome, prit la route de fes états, & à quelques lieues de Gnesne, voulut marcher nuds pieds vers cette ville, où il eut le pieux défir d'aller vifiter le tombeau de S. Adalbert dont le cadavre s'étoit mis depuis quelques jours à faire des miracles qui donnoient à ce lieu la plus grande célébrité.    Satisfait des honneurs que Boleflas lui faifoit rendre dans fes états, Otton le couronna Roi de Pologne, lui fit des préfens magnifiques, & les deux Souverains furent fi coureux l'un de l'autre, que pour mieux cimenter leur amitié, ils marierent Rixa niece de l'Empereur avec Miecflas, fils du Roi Boleflas (3).

(1) Ademarus. Monachus. S. Eparchii. pag. 169.    (2) Fleury. Hift. Ecclef. T. 12. liv. 57.    (3) Dugloffus. Hiftor. Polon. L. 2. p. 131.

*S Romuald
prédit à Ot-
ton III
qu'il mour-
ra & Ot-
ton se livre
à la terreur.*

Otton se remettoit à peine des fatigues d'un si long voyage, qu'une irrup-tion des Sarrazins en Calabre l'obligea de retourner précipitamment en Italie. Il ne songeoit qu'à combattre les ennemis, lorsqu'à Pavie, il fut abordé par S. Romuald, qui venoit le sommer, de la part du Ciel, de remplir la pro-messe qu'il avoit faite d'abdiquer la couronne & d'embrasser l'état monastique. L'Empereur, étonné & plus fâché encore qu'on le fît souvenir d'un vœu qu'il avoit oublié, promit à S. Romuald de s'acquiter aussitôt que, vainqueur des Sarrazins, il auroit été visiter Rome. ,, Si vous y allez, lui dit S. Romuald du ton le plus imposant, vous ne reverrez plus Ravenne": cette sinistre prophétie fit sur l'esprit d'Otton la plus forte impression: dès-ce moment il se crut mort, s'humilia, & cependant continuant sa route avec le Pape Syl-vestre, il contraignit les Tiburtins, qui s'étoient soulevés d'intelligence avec les Romains, à rentrer dans le devoir. Les Romains indignés de leur soumission refuserent de les imiter & fermerent les portes de leur ville aux chefs de l'E-glise & de l'Empire. Cependant peu de jours après ils se soumirent: l'Empe-reur, campé aux environs de Rome & craignant quelque nouveau souleve-ment, appella auprès de lui tous les évêques de Germanie qui étoient à sa suite; car depuis la prédiction de Romuald, il étoit dans la plus grande agi-tation & ne trouvoit du soulagement à son inquiétude que lorsqu'il se voyoit environné de prêtres & de moines: le sommeil avoit fui de ses yeux; il pas-soits les nuit dans les larmes, les jours dans le jeune & la priere. Dans un de ces momens de terreur & de remords, l'Empereur s'entretenant avec Heribert Archevêque de Cologne sur les moyens les plus sûrs de désarmer la colere celeste & d'obtenir le bonheur éternel; ils convinrent que celui des deux qui le premier arriveroit sain & sauf en Allemagne, fonderoit un monastere sous l'invocation de la Vierge, & à cet effet, Otton donna plusieurs terres consi-dérables au Prélat, qui ne risquoit rien par cette convention; car il jouissoit d'une santé parfaite & de la plus grande tranquillité d'esprit; au-lieu que l'Em-pereur, violemment tourmenté par la crainte, ne dormoit plus, ne prenoit presque plus d'aliment, dépérissoit à vue d'œil, & l'on assure même que la Veuve de Crescentius avoit pris un moyen infaillible de réaliser la prophétie de Romuald. Plusieurs Historiens certifient qu'elle avoit fait prendre du poi-son à son dévot amant, qui, arrivé à Paterno petite ville d'Italie, y mourut le 28 Janvier 1002, âgé d'environ 30 années, après un regne de 18 comme Roi, & de 5 comme Empereur.

*Mort d'Ot-
ton III.
1002.*

*Son carac-
tere.*

De tous les successeurs de Charlemagne il n'y en avoit point eu de plus pieux, ni de plus brave qu'Otton III; il surpassoit tous les guerriers de son siecle en valeur & tous les moines de son tems en piété: aussi acquit-il par ses armes une gloire éclatante, & l'amitié des moines par les dons immenses qu'il leur fit. Ils doivent le regarder encore de nos jours comme un très-grand saint; car c'est de lui, ainsi que de son pere & de son ayeul, que les ecclé-siastiques & les monasteres d'Allemagne tiennent les deux tiers au moins des biens qu'ils possèdent. Mais avec toute sa dévotion Otton eut paru plus grand Prince s'il se fut moins abandonné à son amour pour la veuve de Crescentius; & s'il eut eu moins de crédulité à la prédiction de Romuald (1).

Otton

(1) Spencr. *Hist. Germ.* T. 1. L. 4. cap. 6.

Otton III ne laiſſoit point d'enfans & les ſeigneurs de Germanie n'étoient rien moins que d'accord ſur le ſucceſſeur qu'ils lui donneroient. L'Archevê- que de Cologne Heribert fixa leur indéciſion par un coup d'autorité qu'on ne lui eût pas permis ſi on l'eût prévu, & qui pourtant lui réuſſit; il donna, ſans conſulter perſonne, les ornemens Royaux à Henri, Duc de Baviere, fils de Henri le *Querelleur* & petit-fils de Henri l'*Oiſeleur*. On prit la démar- che hardie d'Heribert pour une action inſpirée par le ciel même; car dans ce tems on croyoit beaucoup au merveilleux. On applaudit à Heribert; les Seigneurs confirmerent ſon choix, & Henri fut ſolemnellement couronné, ainſi que Cunegonde ſon épouſe.

En plaçant Henri ſur le trône de Germanie, l'Archevêque de Cologne ne faiſoit que s'acquitter de la reconnoiſſance qu'il lui devoit comme prêtre & comme prélat; car jamais Prince n'avoit porté auſſi loin le reſpect pour la condition ſacerdotale ou monaſtique: auſſi poſſédoit-il au degré le plus émi- nent les vertus qui font les Saints. Il poſſédoit de même toutes les qualités qui diſtinguent un excellent moine & ſa dévotion étoit d'une ſuperſtition ou- trée. Par un effet de cette ſuperſtition, il accrut ſi fort les richeſſes & les privileges des Monaſteres, qu'il en acquit le ſurnom très-mérité de *Pere des Moines*. Au reſte, la piété de ce Prince n'étoit rien moins qu'attirante; il étoit ſombre, défiant, ſoupçonneux, toujours triſte, toujours mélancolique, il n'étoit donc pas étonnant qu'il eût un goût ſi décidé pour la ſolitude, le ſi- lence & l'obſcurité des cloitres. Toutefois la vérité eſt que malgré ces lu- gubres diſpoſitions, Henri fut ambitieux, qu'il ſe rendit recommandable par ſa valeur, qu'il ſe fit eſtimer par ſa prudence, & qu'il montra un zele très- louable pour la gloire & la proſpérité de ſon pays (1).

Quelques Princes qui avoient autant de prétentions que Henri à la couron- ne de Germanie, ne la virent placer qu'avec beaucoup de déplaiſir ſur ſa tête: ils ſe ſouleverent, & furent appuyés dans leur revolte par le Duc de Boheme & par les Polonois: mais l'activité de Henri & le bonheur de ſes armes diſ- ſiperent en peu de jours cet orage qui paroiſſoit ſi menaçant; il rétablit le calme, & en profita pour aller affermir ſon autorité en Italie où elle n'étoit rien moins que reſpectée (2). En effet, les Italiens s'étoient hâtés après la mort d'Otton III, de ſe donner pour Souverain un chef ſous lequel ils puſ- ſent jouir de l'indépendance à laquelle ils ne ceſſoient point d'aſpirer. Ce chef étoit Hardouin, ou Arduin, Seigneur Lombard, & petit-fils de Bérenger le jeune. Il s'étoit fait couronner Roi d'Italie, & prétendoit ſe maintenir con- tre toutes les forces des Germains. Mais à l'approche de Henri, ce Souve- rain, oubliant ſa réſolution, deſcendit lâchement du trône & s'enfuit, le Roi de Germanie, ne le redoutant point aſſez pour s'attacher à le pourſuivre, s'ar- rêta à Pavie où les factieux du parti de ſon rival excitèrent une ſi violente ſé- dition que la moitié de la ville fut incendiée, & que Henri ne ſe ſauva de leurs mains qu'en ſe précipitant du haut des murs: il ſe caſſa une jambe dans ſa chute, & cet accident l'enflammant de colere, il rentra dans Pavie avec toutes ſes troupes, fit périr dans les ſupplices les chefs des revoltés, & reprit la route de ſes Etats d'Allemagne.

*H. d'Al-lemagne. 876-1024.*

*Henri II eſt élu Roi de Germa-nie.*

*Troubles en Germanie.*

*Et en Italie.*

(1) *Auctor. Vitæ Henrici.* in vit. Meinw. c. 11.  (2) Adelboldus *in vit. Henrici. Cap* 7-9-12.

Otton se remettoit à peine des fatigues d'un si long voye  ..u'une irrup-
tion des Sarrazins en Calabre l'obligea de retourner précip  i    nt en Italie.
Il ne songeoit qu'à combattre les ennemis, lorsqu'à Pavie i   t abordé par
S. Romuald, qui venoit le sommer, de la part du 'Ciel,  :    plir la promesse qu'il avoit faite d'abdiquer la couronne & d'embrasse '    monastique.
L'Empereur, étonné & plus fâché encore qu'on le fit souv :   'n vœu qu'il
avoit oublié, promit à S. Romuald de s'acquitter aussitôt c :    nqueur des
Sarrazins, il auroit été visiter Rome. ,, Si vous y allez, u  ..S. Romuald
du ton le plus imposant, vous ne reverrez plus Rave e : cette sinistre
prophétie fit sur l'esprit d'Otton la plus forte impression: le, ce moment il
se crut mort, s'humilia, & cependant continuant sa route \ , l Pape Syl-
vestre, il contraignit les Tiburtins, qui s'étoient soulevé à ir :eil·gence avec
les Romains, à rentrer dans le devoir. Les Romains indign de leur soumission
refuserent de les imiter & fermerent les portes de leur vil au< chefs de l'E-
glise & de l'Empire.   Cependant peu de jours après ils s oumirent: l'Empereur, campé aux environs de Rome & craignant quelq: nouveau souleve-
ment, appella auprès de lui tous les évêques de Germa e qui étoient à sa
suite; car depuis la prédiction de Romuald, il étoit dans a plus grande agi-
tation & ne trouvoit du soulagement à son inquiétude q: lorsqu'il se voyoit
environné de prêtres & de moines: le sommeil avoir fui e ses yeux; il pas-
soits les nuit dans les larmes, les jours dans le jeune & l oriere. Dans un de
ces momens de terreur & de remords, l'Empereur s'entr enant avec Heribert
Archevêque de Cologne sur les moyens les plus sûrs d desarmer la colere
celeste & d'obtenir le bonheur éternel; ils convinrent q' celui des deux qui
le premier arriveroit sain & sauf en Allemagne, fonderc un monastere sous
l'invocation de la Vierge, & à cet effet, Otton donna plusieurs terres considérables au Prélat, qui ne risquoit rien par cette conve ion; car il jouissoit
d'une santé parfaite & de la plus grande tranquillité d'esp t; au-lieu que l'Empereur, violemment tourmenté par la crainte, ne dorm it plus, ne prenoit
presque plus d'aliment, dépérissoit à vue d'œil, & l'or assure même que la
Veuve de Crescentius avoit pris un moyen infaillible d réaliser la prophétie

de Romuald.   Plusieurs Historiens certifient qu'elle ave fait prendre du poi-
son à son dévot amant, qui, arrivé à Paterno petite vi d'Italie, y mourut
le 28 Janvier 1002, âgé d'environ 30 années, après u: regne de 18 comme
Roi, & de 5 comme Empereur.

De tous les successeurs de Charlemagne il n'y en oit point eu de plus
pieux, ni de plus brave qu'Otton III; il surpassoit tou les guerriers de son
siecle en valeur & tous les moines de son tems en pié : aussi acquit-il par
ses armes une gloire éclatante, & l'amitié des moines par les dons immenses
qu'il leur fit. Ils doivent le regarder encore de nos jour comme un très-grand
saint; car c'est de lui, ainsi que de son pere & de son ayeul, que les ecclésiastiques & les monasteres d'Allemagne tiennent les eux tiers au moins des
biens qu'ils possèdent. Mais avec toute sa dévotion Ot n eut paru plus grand
Prince s'il se fut moins abandonné à son amour pour la euve de Crescentius,
& s'il eut eu moins de crédulité à la prédiction de Ro uald (1).

Otton

(1) Spener. *Hist. Germ.* T. 1. L. 4. cap. 6.

Otton III n laiſſoit point d'enſans & les ſeigneurs de Germanie n'étoient rien moins que 'accord ſur le ſucceſſeur qu'ils lui donneroient. L'Archevê- que de Cologne Heribert fixa leur indéciſion par un coup d'autorité qu'on ne lui eût pas per s ſi on l'eût prévu, & qui pourtant lui réuſſit; il donna, ſans conſulter p onne, les ornemens Royaux à Henri, Duc de Baviere, fils de Henri le *Qu elleur* & petit-fils de Henri l'*Oiſeleur*. On prit la démar- che hardie d he bert pour une action inſpirée par le ciel même; car dans ce tems on croy : beaucoup au merveilleux. On applaudit à Heribert; les Seigneurs conu erent ſon choix, & Henri fut ſolemnellement couronné, ainſi que Cuni g de ſon épouſe.

En plaçant H ri ſur le trône de Germanie, l'Archevêque de Cologne ne faiſoit que s'acq er de la reconnoiſſance qu'il lui devoit comme prêtre & comme prélat; r jamais Prince n'avoit porté auſſi loin le reſpect pour la condition ſacerd le ou monaſtique: auſſi poſſédoit-il au degré le plus émi- neu: les vertus q font les Saints. Il poſſédoit de même toutes les qualités qui diſtinguent u excellent moine & ſa dévotion étoit d'une ſuperſtition ou- trée. Par un eff de cette ſuperſtition, il accrut ſi fort les richeſſes & les privileges des M aſteres, qu'il en acquit le ſurnom très-mérité de *Pere des Moines*. Au rel , la piété de ce Prince n'étoit rien moins qu'attirante; il étoit ſombre, dé nt, ſoupçonneux, toujours triſte, toujours mélancolique, il n'étoit donc pa étonnant qu'il eût un goût ſi décidé pour la ſolitude, le ſi- lence & l'obſcuri des cloitres. Toutefois la vérité eſt que malgré ces lu- gubres diſpoſitior, Henri fut ambitieux, qu'il ſe rendit recommandable par ſa valeur, qu'il f fit eſtimer par ſa prudence, & qu'il montra un zele très- louable pour la g ire & la proſpérité de ſon pays (1).

Quelques Prin s qui avoient autant de prétentions que Henri à la couron- ne de Germanie, e la virent placer qu'avec beaucoup de déplaiſir ſur ſa tête: ils ſe ſouleverent, & furent appuyés dans leur revolte par le Duc de Boheme & par le Polonc : mais l'activité de Henri & le bonheur de ſes armes diſ- ſiperent en peu jours cet orage qui paroiſſoit ſi menaçant; il rétablit le calme, & en pro i pour aller affermir ſon autorité en Italie où elle n'étoit rien moins que re ectée (2). En effet, les Italiens s'étoient hâtés après la mort d'Otton III, le ſe donner pour Souverain un chef ſous lequel ils puſ- ſent jouir de l'ind endance à laquelle ils ne ceſſoient point d'aſpirer. Ce chef étoit Hardouin, o Arduin, Seigneur Lombard, & petit-fils de Bérenger le jeune. Il s étoi t couronner Roi d'Italie, & prétendoit ſe maintenir con- tre toutes les forc des Germains. Mais à l'approche de Henri, ce Souve- rain, oubliant la ſolution, deſcendit lâchement du trône & s'enfuit. le Roi de Germanie, ne redoutant point aſſez pour s'attacher à le pourſuivre, s'ar- rêta à Pavie où les factieux du parti de ſon rival exciterent une ſi violente ſé- ditiou que la mo é de la ville fut incendiée, & que Henri ne ſe ſauva de leurs mains qu'en e précipitant du haut des murs: il ſe caſſa une ſa chute, & cet ccident l'enflammant de colere, il rentra dan toutes ſes troupes fit périr dans les ſupplices les chefs c la route de ſes Ets d'Allemagne.

*Hiſt. d'Al- lemagne, 876-1021.*

*Henri II eſt élu Roi de Germa- nie.*

*Troubles en Germanie.*

*Et en Italie.*

(1) *Auctor. Vitæ Henrici.* in vit. Meiſw. c. 11. Cap. 7 · 9 · 12. (2)

Il étoit tems que Henri II rentrât dans fes Etats où les Sclaves qui venoient d'y faire une incurfion, exerçoient de cruels ravages. Il arrêta leurs hoftili- tés, les battit, & peu content de les foumettre il exigea d'eux un tribut au- quel ils furent contraints de fe foumettre. Bolcflas, Duc de Boheme, princi- pal auteur de cette irruption fut dépofé, & Bolcflas fon fils obtint du vain- queur le Duché de Boheme. Les Polonois tenterent une nouvelle incurfion fur les terres de Germanie, & furent repouffés avec perte: la fortune fecon- da la valeur & l'activité de Henri, qui, après avoir rendu le calme à la Ger- manie, affembla les Etats du Royaume, & par les fages délibérations qu'il fit prendre, affermit la fûreté publique (1).

Une guerre nouvelle obligea bientôt Henri de reprendre les armes. Bau- douin, Comte de Flandre & vaffal de la couronne de France s'empara de Va- lenciennes qui appartenoit au Comte Arnoul, vaffal du Roi de Germanie. Celui-ci fe croyant avec raifon offenfé par cet acte d'ufurpation, prit le parti d'Arnoul. De fon côté Robert, Roi de France, crut devoir foutenir la caufe, quelque injufte qu'elle fut, de Baudouin fon vaffal. Le Roi de Germanie fut le premier à fe mettre en campagne; il alla affiéger Valenciennes, mais ne put s'en rendre le maître. Les Normands, les François & les Flamands le contraignirent même de renoncer à fon entreprife. Ces hoftilités continuerent jufqu'à l'année fuivante, & la querelle fut terminée alors à l'avantage de Bau- douin, auquel Valenciennes refta, à condition qu'il en rendroit hommage au Roi de Germanie. Le principal auteur de cette guerre avoit été le turbulent Evêque de Metz, Thierry, frere de Cunegonde; c'étoit lui qui avoir fufcité tous ces troubles; fon beau-frere Henri convoqua contre lui un concile, dans lequel le Prélat fut fufpendu de toutes fonctions facerdotales, jufqu'à ce qu'il fe fût juftifié des fautes & des attentats dont on l'accufoit.

Pendant que Henri II combattoit pour la défenfe de fon vaffal, les Hon- grois, abjurant les erreurs du Paganifme, embraffoient la religion chrétienne par les foins de Gizelle fœur de Henri II & qui ayant été demandée en ma- riage par Weick, Chef des Hongrois, ne vouloit confentir à cette union que fous la condition qu'avant de fe marier Weick fe feroit baptifer. Weick étoit éperdument amoureux de Gizelle; il fe fit inftruire des vérités de la religion chrétienne, fe convertit, & prit fur les fons de baptême le nom d'E- tienne; enflammé de zele, il devint l'Apôtre de fes peuples qui ne réfifterent point à fes exhortations, & fur-tout à l'exemple de fes vertus: Rome pour le récompenfer de fon zele, fe hâta, lorfqu'il fut mort, de le mettre au nombre des Saints (2).

De fon côté Henri, qui ne vouloir point le céder en pieté au Roi Etienne récemment converti, fe fignaloit en Germanie par des actes de zele qui lui attachoient les prélats de fon Royaume: il voulut ériger un Eveché à Bam- berg, ville de Franconie; mais Bamberg étoit du diocefe de l'évêque de Wurtzbourg qui ne voulut confentir à céder cette ville qu'à condition qu'il ob- tiendroit le titre d'Archevêque & qu'il feroit le métropolitain du nouvel évê- que de Bamberg. Jean XVIII refufa d'accorder ce titre & voulut que l'évéché de Bamberg fut foumis à l'Archevêque de Mayence. Trompé dans fes efpérances l'évêque de Würtzbourg refufa de donner Bamberg: Henri pour terminer cette difpute affembla un concile, pria les prélats de délibérer, fe profterna devant eux, & obtint par fon humilité ce qu'on eût vraifemblablement refufé à fes ordres (1).

Tandis que Henri s'occupoit à préfider à des conciles, Hardouin fe faifoit des partifans en Italie, dont il cherchoit ouvertement à fe rendre Souverain. Informé des démarches & des prétentions de ce conquérant, Henri paffa les alpes à la tête de fon armée; mais à peine il eut mis les pieds en Italie, qu'Ardouin effrayé prit lâchement la fuite; & alla fe faire moine à Frutare en Lombardie; il vécut dans le cloître d'une maniere édifiante pendant cinq ans, mourut, & fut regardé par plufieurs comme un grand Saint. Quant au Roi de Germanie, il fe fit couronner Roi d'Italie à Milan, & peu de jours après il alla recevoir à Rome, ainfi que Cunegonde fon époufe, la couronne impériale des mains du Pape Jean XVIII, qui pour cette cérémonie avoir fait faire un ornement nouveau; c'étoit une pomme d'or enrichie de deux cercles de pierreries croifés & qui foutenoient une croix d'or. Le Souverain Pontife, dit le Moine Glaber, en faifant préfent à Henri II de cette pomme, prétendoit lui faire entendre que l'Empire eft foumis à la Papauté; & en effet, ajoute-t-il, quoi de plus raifonnable que nul Prince de la terre n'ofe prendre le titre d'Empereur, que celui à qui le Pape aura fait préfent de cette emblème, qui fignifie d'une maniere fi marquée la prééminence du fuprême pontificat & les bornes de la dignité impériale. C'étoit comme l'on voir, un puiffant raifonneur que ce moine Glaber (2).

La cérémonie du couronnement avoit embrafé l'âme d'Henri d'un tel zele pour la religion, que pendant fon voyage de Rome en Germanie, ayant été rendre vifite à Odillon, Abbé de Clugni, pour lequel il avoit la plus refpectueufe amitié, il fit préfent à l'Abbaye de fa couronne, de fon fceptre, de la pomme d'or qu'il avoit reçu de Jean XVIII & de fes habits impériaux. En reconnoiffance de ces préfens Odillon & fes moines, fe piquant à leur tour de générofité, firent à l'Empereur l'honneur très-énorgueilliffant de l'affocier à leur Communauté, & même de l'affurer qu'il feroit déformais regardé comme un véritable moine de la maifon de Clugni. Cette diftinction pénétra de joye Henri II, qui, pour en témoigner fa fatisfaction à fes confreres, fe recommanda fortement à leurs prieres, & afin qu'ils daignaffent fe fouvenir de lui, donna à cette Abbaye, qui n'étoit déja que trop riche, des terres très-confidérables en Alface (3).

Les honneurs que Henri venoit de recevoir à Clugni, lui firent naître l'envie d'aller vifiter d'autres maifons religieufes; il fe rendit à celle de Corbie, en Saxe, il y fut fi fort étonné de la vie toute mondaine, & même, ajoutent les chroniqueurs du tems, des mœurs brutalement corrompues des moines, qu'il entreprit de les réformer, & d'en faire renfermer feize des plus mutins. Il ne fut point affocié au monaftere de Corbie; mais il fut fi content de lui-même, pour avoir ramené, finon la religion, du moins les déhors de la vie monaftique dans cette Abbaye, que fon zele s'accroiffant de

*Hift. l'Allemagne, 876-1024.*

*Henri II couronne Empereur. 1013.*

*Liberalité de l'Empereur envers les monafteres.*

(1) Fleury. Hift. Eccl. L. 58. (2) Ditmar. L. 7. p. 400. (3) Fleury. Hift. Eccl. L. 58.

*Il veut fe
faire moine
lui-même.*

jour en jour, il en vint au point de vouloir abfolument abdiquer l'Empire, fe féparer de Cunegonde fon époufe, & s'envelopper d'un froc. Dans cette vue, il fe rendit auprès de Richard, Abbé de S. Vannes à Verdun, & lui demanda avec inftance l'habit de moine.

Heureufement Richard étoit un homme de bon fens; il eut pitié du délire de Henri II; mais croyant devoir tirer parti de fa manie, pour l'avantage des peuples, il le fit venir devant fa communauté affemblée, & l'interrogant gravement, il lui demanda quelle étoit fa véritable vocation? d'être moine, répondit l'Empereur en fondant en larmes; promettez donc, repartit l'Abbé, que jufqu'à la mort vous obéirez à vos fupérieurs. Je le promets, s'écria Henri, avec toute la joye que lui infpiroit l'efpérance d'être dès ce jour même revêtu d'un froc: eh bien Henri, continua l'Abbé, je vous reçois pour moine, & me charge dès à-préfent du foin de votre ame: mais, comme votre Abbé & votre fupérieur, je vous ordonne de retourner gouverner l'Empire; & par votre fermeté, votre conftance à rendre la juftice, j'attends de vous que vous procuriez le bonheur de l'Etat autant qu'il vous fera poffible (1).

Henri II, fort confterné de l'ordre qu'il recevoir, en fut profondement affligé; mais il obéit, & crut ne plus devoir fonger à abandonner les rênes du gouvernement: la conduite de Richard fut univerfellement applaudie. Il eft fingulier qu'avec tant de foibleffe Henri eut autant de fermeté qu'il en montroit en tout ce qui concernoit les fonctions du rang fuprême & la gloire de l'Empire. Très-peu de tems après la fcene paffée au monaftere de Verdun, les Bohemiens & les Polonois, jugeant qu'un Souverain qui paroiffoit fe pufillanime ne pouvoit être que fort peu redoutable par fa valeur, prirent les armes & firent une violente incurfion dans fes états: mais dès la premiere nouvelle de leurs hoftilités, l'Empereur marcha contre eux & leur infpira une telle terreur, qu'ils fe hâterent d'offrir des otages, de promettre de réparer le mal qu'ils avoient fait & de demander la paix, qu'ils n'obtinrent qu'à des conditions pour eux fort onéreufes.

*Les victoi-
res fur les
Polonois &
les Bohe-
miens.*

On étoit étonné de voir dans le même homme les qualités minutieufes d'un moine & les vertus d'un grand Monarque; & il faut avouer qu'il n'y a guéres eu d'autre Souverain qui ait fçu allier des qualités auffi incompatibles. Sur le trône, Henri fe montroit même au-deffus de fon rang; au fond d'un cloître il eût été le plus humble & le plus pieux des réligieux: fon goût pour la retraite ne lui faifoit rien négliger de ce qu'il croyoit pouvoir contribuer à faire refpecter fa puiffance ou à maintenir & accroître la fplendeur de l'Empire. Rodolphe, Roi de Bourgogne, fatigué de l'indocilité de fes peuples & ne pouvant les contraindre à l'obéiffance, prit le parti de nommer l'Empereur héritier de fon Royaume, à condition qu'il en foumettroit les provinces revoltées. L'Empereur les força par les armes de rentrer fous le joug, réunit le fceptre de Bourgogne à la Germanie, &, par fes foins, fa prudence & fa médiation il termina les querelles particulieres qui divifoient les Seigneurs de fes Etats.

*Le Royau-
me de Bour-
gogne réuni
à la Ger-
manie.
1016.*

Il y avoir deux ans que la Germanie goûtoit les douceurs de la paix lorfque des nouvelles facheufes obligerent Henri de raffembler fes troupes, pour

(1) Fleury. Miracul. Beati Rich. fæc. Sext. Bénéd. p. 533.

s'oppofer aux Grecs, qui ne ceffoient de former des entreprifes fur les provinces d'Italie, qu'ils regardoient toujours comme ufurpées fur l'Empire d'Orient. Bafile régnoit à Conftantinople; il poffédoit quelques terres en Italie, mais très-peu étendues, & il ne laiffoit pas d'y tenir un Gouverneur auquel il ordonna de lever un tribut non feulement fur le petit nombre d'habitans qui vivoient fur ces terres, mais encore fur tous ceux qu'il prétendoit lui être affujettis dans ces contrées. Ce Gouverneur, afin de mieux remplir cette commiffion au gré de fon maître & des Grecs, s'empara de la province prefqu'entiere de Benevent, appartenant à l'Eglife, depuis l'expulfion des Lombards: cette ufurpation confterna le S. Siege, qui avoit bien la force d'excommunier, mais non celle de repouffer ce Gouverneur entreprenant. Heureufement pour le Pape Benoît VIII, Raoul, gentil-homme Normand que le Duc Richard II avoit contraint de s'éloigner de fa patrie, alla trouver le Souverain Pontife, & lui offrit de chaffer les Grecs, non-feulement de Benevent, mais encore de l'Italie entiere. Benoît reçut ces offres avec reconnoiffance, & Raoul eut en effet quelques avantages; mais n'étant accompagné que d'un très-petit nombre de troupes, & ne pouvant gueres compter fur les Italiens auxquels il étoit fort égal de payer des impôts au Pape où à Bafile, Raoul alla trouver Henri II, qui, quelque eftime qu'il eut pour le Normand, ne fe fut peut-être pas fi promptement déterminé à cette expédition, fi le Pape ne fût venu lui-même le vifiter à Bamberg & le conjurer de marcher à la défenfe du patrimoine de S. Pierre (1).

On fent combien Henri que la vue d'un fimple moine réjouiffoit, fut enchanté de la vifite du Souverain Pontife: auffi dans les tranfports de fa joye, donna-t-il, avec moins de prudence que de zele à l'églife Romaine la ville & l'évêché de Bamberg avec une redevance annuelle d'un cheval blanc enharnaché & de cent marcs d'argent: & s'empreffa-t-il, après avoir folemnellement confirmé toutes les donations faites au S. Siege depuis Pepin, de raffembler une nombreufe armée, à la tête de laquelle il paffa les Alpes aecompagné de Raoul & de Benoît VIII: la fortune & la victoire feconderent fes armes; il reprit Benevent, chaffa les Grecs de l'Italie entiere, donna des terres très-confidérables à ces braves Normands qui s'étoient diftingués dans cette guerre, & ne fe doutant point qu'il jetoit les fondemens de cette Monarchie des deux Siciles, que l'on vit bientôt s'élever malgré Rome & l'Empire fur les débris de la puiffance des Grecs (2).

Henri fe propofoit de faire un plus long féjour en Italie; mais une maladie contagieufe commençant à ravager fon armée, il repaffa promptement les Alpes & fe rendit en Germanie, où jufqu'à la fin de fon regne, il ne s'occupa plus que des moyens d'affermir la tranquillité publique. La feule action d'éclat qui fe paffa dans ces dernieres années, fut l'entrevue de l'Empereur avec Robert, Roi de France; entrevue dans laquelle Robert fit des préfens de la plus grande magnificence à Henri, qui, pour ne pas fe laiffer furpaffer en libéralité, fit à fon tour préfent au Monarque François d'un livre d'Evangiles & d'un reliquaire, dans lequel étoit une dent qu'on difoit avoir été de S. Vin

*Marginal notes (right):*
Hift. d'Allemagne, 876-1024.

Guerre en Italie.

Succès de Henri II en Italie. 1022.

---

(1) Auctor. Vit. Henrici II. p. 337. d'Egly. & le Tome 37e de notre ouvrage.   (2) Hift. des Rois des deux Siciles, par Md.

cent, martir. Aux yeux du bon Henri le préfent de ce reliquaire équivaloit la donation de cinq à fix Provinces. Les deux Monarques très-contens l'un de l'autre, renouvellerent leur traité d'alliance; & la paix qu'ils fe jurerent. fut fi folide, qu'elle fubfifta pendant plufieurs fiecles entre la France & l'Empire (1).

Les deux Souverains avóient pris la réfolution d'aller enfemble à Pavie pour faire part au Pape de certains articles qu'ils vouloient lui faire figner: mais au moment où ils fe propofoient de partir, ils reçurent la nouvelle de la mort de Benoît VIII. Henri n'eut prefque pas le tems de donner des larmes

à la perte de fon ami, la mort l'ayant furpris lui-même dans le mois de Juillet 1024, âgé de 52 ans, dans la 22ᵉ année de fon regne comme Roi de

Germanie & dans la 10ᵉ comme Empereur. Ce Monarque fut fans doute un modele de piété, il en eut même plus qu'il n'en eut fallu de fon tems pour faire le plus refpectable des moines; mais il eut auffi la plus rare valeur; il eut des grandes qualités & fe montra digne non feulement du trône d'Allemagne, mais de commander même à la terre entiere; il n'eut qu'un défaut, celui de porter jufqu'à la plus ruineufe profufion fes libéralités envers les monafteres: auffi dès le fiecle fuivant fut-il très folemnellement canonifé par le Pape Eugene III. Une foule de Moines, très-mauvais chroniqueurs, s'emprefferent d'écrire l'hiftoire de fa vie, & la plûpart de ces hiftoires font fort curieufes par les abfurdités qui y abondent. Ces chroniqueurs ont prefque tous affuré que Henri II aimoit fi fort la chafteté, qu'il garda la plus inviolable continence avec l'Impératrice Cunegonde fon époufe. Si ce fait eût été vrai, l'Empereur Henri II eut été fans contredit un fort mauvais époux, & il étoit trop éclairé pour profaner ainfi le facrement du mariage dont le but ne fut jamais de garder la continence; d'ailleurs, ce qui démontre l'énormé ftupidité de cette anecdote, c'eft la plainte publique que cet Empereur fit devant la diete affemblée à Francfort, fur la ftérilité de Cunegonde, & le défir qu'il montra plus d'une fois d'en venir à un divorce. Ce qui démontre encore la fauffeté de cette prétendue continence c'eft la jaloufie qui tourmenta cet Empereur, dont les foupçons fur la fidélité de Cunegonde allerent jufques à l'obliger de fe foumettre à l'épreuve du fer chaud; ce qu'elle fit, dit-on, fans éprouver aucune fenfation douloureufe. Au refte, les foupçons de Henri n'étoient vraifemblablement pas fondés; car à peine il fut mort, que la fidele Cunegonde s'enferma dans un monaftere, où elle fut fimple religieufe, pendant le refte de fa vie; tant fon époux lui avoit infpiré le goût du cloitre, & elle fut canonifée auffi (2).

(1) Glaber. Lib. 3. c. 2. Sigebert. ad ann. 1023. Selon la convention, les deux monarques devroient fe rendre chacun de fon côté dans un bateau, à une diftance égale des deux bords de la Meufe ; mais Henri croyant ces précautions inutiles, partit de fon camp dès la pointe du jour, accompagné de fon époufe & de quelques gentil-hommes, pour aller à Yvoi furprendre agréablement le Roi de France; qu'il offrit des riches préfens, & qui difent d'autres ne voulut accepter que ce que l'on vient de dire.
(2) Auctor. Vit. Henri II. Spener. Hift. Germ. Univ. ad ann. 1024.

## SECTION IV.

*Hiſtoire d'Allemagne, depuis la mort de Henri II en 1024, juſqu'à la mort de Henri V en 1125.*

H enri ne laiſſoit point d'enfans, & ſon trône vacant enflâma l'ambition de tous les Princes d'Allemagne. Les principaux d'entre les concurrens étoient les deux Conrads de Franconie, couſins germains: les Seigneurs d'Allemagne balançoient ſur le choix & ne pouvant s'accorder, ils demanderent à l'Archevêque de Mayence auquel des deux il donnoit la préférence: à Conrad le Salique, répondit le Prélat ſans héſiter: c'eſt donc lui que nous éliſons, dirent unanimement les Seigneurs; & Conrad le Salique fut couronné Roi d'Allemagne ou de Germanie; car dès lors on donnoit indifféremment l'une ou l'autre de ces deux dénominations à ce Royaume

Par ſa naiſſance, Conrad étoit fait pour occuper un trône, on le ſurnommoit le Salique, parce que ſa maiſon tiroit ſon antique origine d'un peuple particulier de Francs appellé Salien: d'ailleurs, il n'étoit pas étranger à la couronne d'Allemagne, étant petit fils d'une fille d'Otton le grand: mais ſes vertus, ſa bienfaiſance, ſon amour pour la gloire, ſon activité, ſa prudence lui méritoient encore plus un ſceptre qu'il n'en étoit digne par le foible avantage d'être iſſu d'une longue ſuite d'illuſtres ayeux. L'Allemagne applaudit au choix du nouveau Souverain; mais ſon concurrent Conrad, Duc de Franconie, ne pouvant lui pardonner ſon élévation, ſe ligua avec Erneſt II, Duc de Suabe, & Frideric Duc de la haute Lorraine, & tenta de ſe procurer par la force le rang que la volonté libre des Electeurs lui avoir refuſé. Sa démarche ne lui réuſſit point; non ſeulement Conrad le Salique s'affermit ſur le trône, mais il fit reconnoître encore ſon jeune fils Henri pour ſon ſucceſſeur (1).

L'Italie étoit beaucoup moins diſpoſée que l'Allemagne à obéir à Conrad le Salique; les Italiens tant de fois ſubjugués, & toujours enivrés de l'eſpoir de l'indépendance, commencerent par mettre en cendres le palais de leur Roi à Pavie, enſuite ayant beſoin d'un Chef capable de les étayer dans leur révolte, ils envoyèrent offrir à Robert, Roi de France la couronne de Lombardie & celle de l'Empire. Robert ne ſe laiſſa point éblouïr par l'éclat de ces couronnes, qui ne dépendoient point de ceux qui prétendoient en diſpoſer: il rejeta leurs offres, & tenta cependant de s'emparer de la Lorraine; entrepriſe dans laquelle il échoua. Conrad, ſuivi d'une petite armée, ne fit que ſe montrer au-delà des Alpes, & auſſi-tôt ces Italiens ſi turbulens, & qui avoient juré de tout ſacrifier à ce qu'ils appelloient leurs droits & leur liberté, ne firent aucune ſorte de réſiſtance au Monarque, qui ſe fit couronner à Mi-

*Hiſt. d'Allemagne, 1024.1125.*

*Conrad le Salique eſt élu Roi d'Allemagne.*

*Il paſſe en Italie.*

(1) Wipo. *Vit. Conrad. Sal.* pag. 423.

Il eft cou-
ronné Em-
pereur.
1027.

lan & à Monza, avant que de fe rendre à Rome où le Souverain Pontife l'a-voit invité d'aller recevoir la couronne impériale.

Ce Souverain Pontife, fucceffeur de Benoît VIII, étoit Jean XIX. Il fit un accueil diftingué au Roi d'Allemagne & d'Italie qui fut couronné Empe-reur ainfi que Gifelle fon époufe. Les Romains lui prêterent ferment de fidélité ; il alla s'affurer de l'obéiffance des diverfes provinces d'Italie, & fe hâta de repaffer en Allemagne, où Conrad fon coufin, ligué avec quel-ques Princes voifins, & toujours dévoré du défir de régner, avoit repris les armes (2).

La préfence de Conrad répandit la confternation parmi les rebelles ; leurs hoftilités cefferent ; mais la juftice du Souverain offenfée n'étoit pas fatisfaite, & pour faire punir les coupables, il convoqua une diete : les revoltés y fu-rent tous condamnés ; le Duc Erneft fut pris & renfermé en prifon pour le refte de fa vie ; Conrad & Frideric Duc de Lorraine éviterent le chatiment qu'ils méritoient en recourant à l'indulgence de l'Empereur, qui voulut bien encore leur pardonner. Le Duc de Carinthie fut moins heureux ; il refta exi-lé pour le refte de fes jours.

Générofité
de Conrad.

Dans le tems que Conrad le Salique vengeoit ainfi par la rigueur des loix fa juftice offenfée, il donnoit aux Souverains un rare exemple de générofité. Mifeco, Roi de Pologne, ayant contraint Otton fon frere, à force d'injuftices, de s'éloigner de fa patrie, le Prince fugitif alla chercher un azile à la cour du Roi d'Allemagne. Celui-ci touché de fes malheurs, lui donna des troupes, à la tête defquelles Otton marcha contre fon oppreffeur, & eut fur lui de fi grands avantages, que Mifeco fe vit à fon tour obligé de quitter fes états & de fe retirer auprès d'Udalric, Duc de Boheme, qu'il regardoit comme fon plus fidele ami : mais Udalric trompa fon efpérance, & le perfide eut l'atro-ce baffeffe d'écrire à l'Empereur qu'il étoit prêt de lui livrer fon hôte. Con-rad juftement indigné fe hâta d'envoyer cette lettre à Mifeco lui-même, en lui confeillant de chercher un azile plus fûr & de fe confier déformais à des amis moins traîtres. Pénétré de ce trait de générofité, Mifeco vint fe livrer lui-même à l'Empereur, qui, peu content de lui donner la paix, le recon-cilia avec Otton fon frere. Udalric comparant avec l'aviliffante démarche qu'il avoit faite cette conduite magnanime, eut honte de fa perfidie, & vint en demander pardon à Conrad le Salique (1).

Ses victoires
fur les Fri-
fons.

Cependant un Souverain que le Roi d'Allemagne regardoit comme le plus fidele de fes alliés, Etienne, Roi de Hongrie, époux de Gifelle, niece ou fœur de l'Empereur, prit tout à coup les armes & déclara la guerre à Conrad, fous prétexte qu'on lui retenoit injuftement la Baviere qu'il prétendoit lui ap-partenir, comme faifant partie de la dot de fon époufe ; mais par les foins du jeune Henri, fils de l'Empereur, le Roi Etienne fe défifta bientôt de fes pré-tentions, mit bas les armes & fe réconcilia avec fon ennemi, qui, prefque dans le même tems, fut contraint de marcher contre les Frifons & quelques autres peuples du voifinage, dont les incurfions défoloient les provinces fron-tieres de l'Allemagne. Il les battit ; la plus grande partie fut maffacrée, & le refte s'enfuit pour ne plus reparoître.

Ro-

(1) Glaber. L. 4. Otto Frifing. L. 6. c. 29.     (2) Alberic. ad ann. 1026. Albert.
ad ann. 1027.

Rodolphe, Roi de Bourgogne, ainſi qu'on a eu occaſion de le dire, avoit
inſtitué l'Empereur Henri II, héritier de ſon Royaume: à la mort de Rodolphe, Conrad le Salique voulut comme il en avoit le droit, s'en mettre en
poſſeſſion pour le changer en province de l'Empire: mais Eudes, Comte de
Champagne, ſe prétendant le plus proche héritier de Rodolphe, s'oppoſa hautement aux deſſeins de l'Empereur, & tenta de s'emparer de la Bourgogne à
force ouverte: il ne réuſſit point; Conrad le battit en pluſieurs rencontres, &
ſe fit ſolemnellement couronner Roi de Bourgogne à Genève. Peu éblouis
par le ſuccès de Conrad les Bohémiens, les Polonois & quelques peuples
Sclaves entreprirent, à peu près dans le même tems, de faire une incurſion
ſur les terres d'Allemagne: ils furent cruellement repouſſés, & leur tentative
ne fit que fournir à l'Empereur une occaſion de plus d'ajouter à l'éclat de
ſa gloire (2).

Tant de bonheur & une ſi brillante ſuite de victoires ne purent engager
les Romains à demeurer fideles & ſoumis: dans l'eſpérance que le ſoin de
gouverner ſes états d'Allemagne ne permettroit point à l'Empereur de venir
défendre ſa puiſſance au ſein de l'Italie; ils ſe ſouleverent, prirent les armes,
&, ſuivant leur uſage, commencerent par déclarer qu'ils ne vouloient plus
reconnoître le chef de l'Empire pour leur Souverain. Conrad, accoutumé à
leur turbulence & à leur indocilité, s'allarma peu de ces murmures ſéditieux,
& ce ne fut qu'après avoir aſſiſté à la célébration du mariage de Henri ſon fils
avec la Princeſſe Cunegunde, fille de Canlit le Grand, Roi de Dannemark,
que paſſant les Alpes, il alla à Milan où le Peuple vint en foule implorer ſa
juſtice contre la tyrannie & les vexations d'Heribert, Archevêque & oppreſſeur
des Milanois. L'Empereur ne voulant point juger ſeul cette affaire, convoqua une diete, & donna ordre à l'Archevêque de répondre aux accuſations
qu'on portoit contre lui: je ne connois ni juge, ni ſupérieur, répondit inſolemment le Prélat Heribert; ce que j'ai, de quelque maniere que je l'aye
acquis, je prétends le garder, & nulle puiſſance ne me contraindra de le rendre. Vainement Conrad le Salique s'efforça d'amener Heribert à des ſentimens plus doux; il ne put rien en obtenir, & cet excès d'audace le faiſant
avec raiſon regarder comme l'un des principaux auteurs de la revolte des Romains, il fut ſaiſi & conſtitué priſonnier: mais il trompa la vigilance de ſes
gardes, & ſe fortifia ſi bien dans Milan, qu'il y tint une année entiere contre la plus grande partie des forces de l'Empire. Heribert avoit plus de valeur que n'en exigeoit ſon état; mais il étoit auſſi le plus méchant des hommes: il trama le complot de faire poignarder l'Empereur, & il attira dans
ſa conjuration les Evêques de Crémone, de Verceil & de Plaiſance: mais
leur ſecret fut mal gardé, & Conrad averti à tems, fit arrêter les trois Evêques qu'il envoya priſonniers au delà des Alpes (2).

Cependant l'Archevêque de Milan ſe défendoit toujours, & rejetoit toute
propoſition d'accommodement: le Pape irrité de tant d'obſtination, l'excommunia, & ſon archeveché fut donné par Conrad le Salique à Ambroiſe, Chanoine de Milan. Mais Ambroiſe ne put ſe mettre en poſſeſſion de ſon nouveau bénéfice, & ſes terres furer entierement ravagées par les factieux atta-

---

(1) Wipaud. *Vit. Conrad. Sal.* p. 431-434-439. (2) Fleury. *Hiſt. Eccl.* T. 12.

chés au parti d'Heribert, qui se maintint jusqu'à sa mort dans son Archevêché. Il est vrai que Conrad, qui au fond n'étoit que foiblement intéressé dans cette affaire, ne faisoit pas de bien violentes hostilités; il se contentoit seulement d'empêcher le Prélat de faire, hors les murs de Milan, tous les maux & tous les ravages qu'il vouloit y faire. L'Empereur laissant à d'autres le soin de cette guerre, se rendit à Crémone, où il reçut la visite du Pape. De Crémone il alla à Parme qui fut pillée, brulée en partie, une foule d'ha-bitans-massacrés, à la suite d'une querelle qu'ils avoient prise avec les Al-lemands.

Conrad pour s'arracher à ce spectacle très-affligeant pour une ame aussi sensible que la sienne, passa le Pô & se rendit avec l'Impératrice au Mont Cassin, où il reçut les plaintes de la communauté entière contre Pandolfe; Prince de Capoue, qui depuis douze années ne cessoit de les opprimer. Il y avoir déja long-tems que Henri, pour délivrer l'Abbaye du Mont Cassin des vexations de ce Prince, l'avoit emmené en Allemagne; mais Conrad, peu de tems après son avénement au trône, ayant permis à Pandolfe, qu'il croyoit corrigé, de retourner à Capoue, il n'y étoit venu que pour faire éprouver à ces religieux de nouvelles persécutions: il s'étoit emparé de tous les biens du monastere, & laissoit languir dans l'indigence des moines, sans contredit les plus opulens de la chrétienté. Conrad justement indigné d'une telle con-duité, punit Pandolfe, & le dépouilla de sa Principauté, dont il donna l'in-vestiture à Gaïmar Prince de Salerne (1).

Mort de
Conrad le
Salique.
1039.
Son c.rac-
tere.

L'Empereur resta peu de jours au Mont Cassin, & la peste qui avoit déja ravagé une partie de son armée, & qui avoit fait périr Cunegonde sa belle fille, l'obligea de passer promptement en Allemagne, mais il portoit lui mê-me dans son sein le funeste levain de cette maladie, & il mourut subitement à Utrecht, le jour de la pentecôte 1039. Il fut amérement regretté de ses peuples, & il méritoit bien leurs regrets par sa bienfaisance, par son zele pour la justice, & par la sagesse de son gouvernement. Quoique d'un ca-ractere doux & pacifique, il se vit obligé d'être perpétuellement armé. Il remporta presque autant de victoires qu'il livra de combats, & ses triomphes multipliés le firent admirer de tous les Princes de son siecle.

Henri, fils de Conrad le Salique; Henri, surnommé le noir, on ne sait trop pourquoi, succéda sans trouble à son pere. A peine il fut assis sur le trône que les Polonois, l'envoyerent conjurer de venir les secourir contre les hostilités des Bohémiens, qui, commandés par Bretislas leur Duc, avoient fait une irruption en Pologne, où ils commettoient des ravages cruels. Henri III se mit à la tête d'une armée moins formidable par le nombre que par la discipline des soldats & l'activité de leur chef; il entra en Bohemé, qu'il ré-duisit à une telle extrémité, que Bretislas humilié vint se jeter à ses pieds & demander la paix, qui lui fut accordée (2).

Henri III se montra d'autant moins difficile qu'il lui tardoit d'avoir terminé avec les Bohémiens, pour aller se venger d'un ennemi contre lequel il étoit vivement irrité; cet ennemi étoit Pierre, fils de Guillaume, Duc de Bourgo-

---

(1) Leo Ostiensis. Chron. Cassin. L. 2. c. 95.　　(2) Spener. Hist. Germ. Univ. ad
ann. 1040-1041.

gne, appellé au trône de Hongrie, par Giſelle veuve du Roi Etienne, &
qui avoit ſecondé les Bohémiens de toute ſa puiſſance contre les Polonois &
les Allemands. Au moment où Henri ſe diſpoſoit à marcher contre ſon ennemi, celui-ci fut détrôné par les Hongrois, ſcandaliſés de ſes débauches
& fatigués de ſes vexations; ils placerent ſa couronne ſur la tête d'Ovon,
beau-frere de S. Etienne. Le Monarque dépoſſédé, ſans appui, ſans alliés
& ſans reſſource, eut la noble confiance d'aller chercher un azile à la Cour
même de Henri, qui dès lors, oubliant le ſujet de plainte que Pierre lui avoit
donné, ne vit en lui qu'un Prince malheureux: il prit généreuſement ſa défenſe, marcha contre Ovon, le vainquit, & rétablit le Roi légitime ſur le
trône. Mais à peine il ſe fut éloigné, qu'Ovon recommença la guerre; il
eut même des avantages: cependant Pierre l'emporta à la fin ſur l'uſurpateur, qui fut fait priſonnier de guerre & eut la tête tranchée (1).

Quelques troubles qui s'éleverent en Bourgogne furent heureuſement étouffés dès leur naiſſance par l'activité du Roi d'Allemagne, qui eut plus de difficultés à pacifier la Lorraine, où Godefroi le Hardi, fils de Gozelon, prétendoit ſe maintenir malgré Henri ſon Souverain, qui lui refuſoit l'inveſtiture des
deux Duchés qui formoient alors ce pays. Cependant, après bien des conteſtations & même quelques hoſtilités, ce vaſſal rebelle fut obligé de ſe ſoumettre, & par le regret qu'il témoigna des moyens violens qu'il avoit employés,
il fut remis en poſſeſſion de la baſſe Lorraine ou du Brabant, tandis que le
Comte Albert de Namur reçut l'inveſtiture du Duché de la haute Lorraine ou
de la Moſellane, qui comprenoit toute cette partie qui ſeule a retenu depuis
le nom de Lorraine (2).

Ces hoſtilités & ces troubles n'étoient que des mouvemens fort légers com-
parés à la violence, aux déſordres, aux crimes, aux fureurs qui déſoloient
alors l'Italie. Trois concurrens également animés les uns contre les autres ſe
diſputoient la chaire de S. Pierre, ſur laquelle ils avoient été placés également tous trois. Ces Pontifes étoient Benoit IX, Sylveſtre III & Grégoire VI.
Le premier étoit celui qui paroiſſoit avoir le plus de droits à la poſſeſſion ex-
cluſive de la thiare; il avoit immédiatemens ſuccédé à Jean XIX, & il avoit
été canoniquement élu & conſacré, quoiqu'il n'eut que douze ans lors de
ſon élection. Mais bientôt les électeurs ne voulant plus d'un Pape enfant,
l'avoient chaſſé, & reconnu pour Souverain Pontife l'Évêque de Sabine, qui
avoit pris le nom de Sylveſtre III. Bien des gens néanmoins déteſtoient l'E-
vêque de Sabine, & regrettant Benoit; ils le rappellerent; comme ils ſe
trouvoient les plus forts ils le placerent pour la ſeconde fois ſur la chaire de
S. Pierre: mais il ne put s'y maintenir, & fut obligé d'en deſcendre, pour y
laiſſer monter l'Archiprêtre Jean Gratien, qui ſe fit appeller Grégoire VI.
Jean Gratien étoit eſtimé par la régularité de ſes mœurs, & on ne lui reprochoit d'autre faute que celle de n'avoir obtenu qu'à prix d'argent, les clefs &
les filets de S. Pierre. Cette accuſation bien ou mal fondée, lui ſuſcita
beaucoup d'ennemis, & autoriſa les deux autres Papes à lui diſputer la dignité pontificale. Ces trois chefs de l'Egliſe, tout entiers à la haine, ſe maudiſſoient les uns les autres, s'excommunioient, s'anathématiſoient, avoient

Hiſt. d'Al-
lemagne,
1024-1125.

Succès de
ſes armes.

Troubles de
Lorraine.

Schiſme &
malheureux
état de l'I-
talie.
1046.

(1) Annal. Hildesheim. ad ann. 1042 44·45. (2) Frodoard. in Chron. Sigebert.

chacun fes partifans; & ces trois factions-perpétuant le fchifme occafionnoient dans l'Italie entiere la plus monftrueufe anarchie. On voloit; on faccagoit, on violoit & on incendioit impunément dans les villes; les grands chemins étoient infeftés d'affaffins; & la licence étoit portée au point, qu'à Rôme même les partifans des différens Pontifes, fous prétexte de foutenir les droits de ceux-ci, fe difputoient l'épée à la main, jufques dans le Sanctuaire, les offrandes des fideles que les plus forts enlevoient & alloient publiquement confommer en fêtes diffolues avec des proftituées (1).

Touché de tant de maux & réfolu de les faire ceffer, Henri III paffa en Italie; mais avant que d'entrer à Rome, il convoqua un Concile auquel il invita Grégoire VI & non fes deux compétiteurs, qu'ils regardoient comme dèux facrileges & deux intrus: cette diftinction flatta Grégoire de l'efpoir de fe voir enfin paifible poffeffeur de la chaire de S. Pierre. Il fut trompé dans fon attente; on examina les moyens qu'il avoit employés pour s'élever au Pontificat, & il fut reconnu que la fimonie y avoit eu plus de part que l'infpiration du S. Efprit. Cette découverte fit perdre le S. Siege à Grégoire, & Henri s'étant rendu à Rome, y fit élire Pape le Saxon Suidger, Evêque de Bamberg, qui prit le nom de Clément II, & couronna le Roi d'Allemagne Empereur, & fon époufe Agnès Impératrice. Après avoir fait jurer les Romains que déformais ce ne feroit qu'après en avoir obtenu, de lui ou de fes fucceffeurs, la permiffion qu'ils éliroient le Pape, Henri prit la route de la Pouille, & delà paffa en Allemagne où des troubles nouveaux exigeoient fa préfence.

Godefroi mécontent de n'avoir que la baffe Lorraine, & ne voyant qu'a-vec une extrême jaloufie le Duché de la haute Lorraine poffédé par un au-tre, prit les armes, fecondé par Baudouin Comte de Flandre, & alla attaquer Albert de Namur qu'il vainquit, & qui même fut tué fur le champ de ba-taille. Cette victoire n'accrut point cependant la domination de Godefroi; au contraire, elle lui attira de fâcheufes affaires: Henri III, juftement irrité de cet acte de revolte & d'ufurpation, l'accabla, le foumit, & le priva de fon Duché, qu'il daigna néanmoins lui rendre fort peu de tems après.

De tous les Gouvernemens de l'Europe celui qui étoit alors le plus vio-lemment agité étoit la Hongrie. Pierre n'avoit pu ni fe faire aimer, ni fe faire craindre de fes indociles fujets, & la haine qu'ils lui avoient vouée étoit telle, qu'ils avoient confpiré contre fa vie. Le complot fut découvert;

les trois principaux chefs de la conjuration, périrent dans les fupplices, & pour affouvir fa vengeance, Pierre fit arracher les yeux au plus grand nombre des complices. Cette rigueur, bien loin d'effrayer les Hongrois, ne fit qu'ajou-ter à leur haine, & ils envoyerent offrir fecrettement la couronne aux trois neveux du feu Roi Etienne, André, Bela & Leventa, qui s'étoient depuis long-tems retirés en Pologne. Bela, le plus fage des trois, refufa ces offres féduifantes; elles tenterent fes deux freres; ils pafferent en Hongrie, où dès leur arrivée les Hongrois, ne mettant plus de bornes à leur haine & à leur fu-reur, fe faifirent de Pierre, lui creverent les yeux, maffacrerent fes officiers, égorgerent trois évêques, poignarderent plufieurs prêtres, faccagerent les

(1) Fleuri. Hift. Eccl. Tom. 12.

Hift. d'Al-
lemagne,
1024-1125.

églifes, renverferent les autels, profanerent les chofes faintes, & rétablirent les antiques fuperftitions payennes.

Les Hongrois fe trouvoient puiffamment foutenus dans leur fanatifme par Leventa, l'un des deux ufurpateurs. Leventa avoit juré de rétablir le Paganifme, & en exécution de fon vœu, il abolit dans fes états, autant qu'il dépendoit de lui, jufqu'aux traces de la vraie religion. Mais l'impie fut arrêté au milieu de fon entreprife, & une mort prématurée délivra le bon-fens, l'humanité & la religion de ce Prince forcené. Audré fon frere, qui gémiffoit en fecret de ces excès, mais qui n'ofoit s'y oppofer, ne fe vit pas feul poffeffeur du trône, qu'il s'empreffa de ramener à la foi catholique fes fujets égarés. Tandis qu'il s'occupoit du foin de rétablir folidement le catholicifme, l'Empereur Henri s'avançoit des frontieres de Hongrie, réfolu de venger le Roi Pierre. Ses tentatives ne furent point heureufes, du moins alors : il fufpendit fes hoftilités, afin de veiller de plus près à des affaires pour lui plus importantes que celles des Hongrois, qui, fatisfaits du Roi qu'ils s'étoient donnés, n'avoient point appellé l'Empereur à leur fecours.

Mort des
Papes Clément II &
Damafe II.
Léon leur
fuccede.

Clément II, étoit mort; il avoit eu pour fucceffeur Damafe II, qui vingt-trois jours après fon élection étoit paffé du S. Siege dans le tombeau. Henri III, intéreffé à ce qu'il eût fur la chaire de S. Pierre un ami de l'Empire, & d'ailleurs ufant de fes droits, affembla une diete à Worms, & y fit élire Pape, Brunon Evêque de Toul, prélat fage, modefte, refpectable, qui refufa long-tems la Papauté, fupplia l'Empereur & ceux qui l'avoient élu de jeter les yeux fur un autre, ne put rien obtenir, & fut contraint d'accepter le fuprême Pontificat (1).

Commencemens de la
fortune de
Hildebrand.

Dans fon voyage de Worms à Rome, où il alloit en habit de pélerin & à pied prendre poffeffion du S. Siege, Brunon s'étant arrêté à l'Abbaye de Clugni, il y fut abordé par le plus intrigant des moines, le plus ambitieux des hommes & le plus audacieux des fourbes, ce moine étoit Hildebrand, qui dans la fuite fe rendit fi fameux fous le nom de Grégoire VII. Hildebrand qui dès lors étoit fortement occupé des moyens de fe mettre en état d'exécuter les vaftes & hardis projets qu'il avoit médités, profitant avec adreffe de la picufe fimplicité de Brunon, lui confeilla d'abdiquer une dignité qui, difoit-il, ne lui avoir été rien moins que canoniquement conférée, l'Empereur n'ayant aucun droit de difpofer du fuprême pontificat. Facile à allarmer, la confcience de Brunon fut fi vivement effrayée des représentations du moine, que, fe dépouillant auffi-tôt de toutes les marques extérieures qu'on l'avoit forcé de porter fur fon habit de pélerin, il fe rendit à Rome où il demanda que fon élection fut autorifée par le peuple & le Clergé, ce qui s'étant fait & Brunon alors ne doutant plus que ce ne fut le ciel même qui lui ordonnoit de fe laiffer confacrer, il accepta la thiare, & prit le nom de Léon IX. D'après les affurances des Hongrois qui avoient promis de mettre bas les armes, pourvû qu'on leur pardonnât leurs hoftilités paffées, Léon retourna en Allemagne, afin, en apparence, d'agir comme médiateur entre l'Empire & la Hongrie, mais beaucoup plus dans la vue d'engager Henri III à fournir

(1). Spener. Hift. Germ. Univ. ad ann. 1049.

des fecours contre les Normands établis en Italie, où chaque jour ils étendoient leur domination (1).

André, Roi de Hongrie, qui avoir follicité le Pape de lui faire obtenir la
paix, & de venir lui-même s'intéreffer pour les Hongrois auprès de l'Empereur, changeant tout à coup de deffein, voulut abfolument continuer la
guerre, & défavoua hautement les démarches que Léon n'avoit faites qu'à fes
follicitations. Le Souverain Pontife irrité de fe voir jouer, menaça le Monarque d'excommunication; mais les Hongrois peu fenfibles aux foudres eccléfiaftiques, firent une irruption dans la Baviere; André leur Roi, attirant fur
fes terres l'Empereur à la tête de fes troupes, trouva le moyen de couper les
vivres & le fourrage à l'armée Impériale, qui bientôt éprouva toutes les horreurs de la famine; fléau qui fut fuivi de la pefte & de la diffenterie; enforte
qu'après avoir vu périr la plus grande partie de fes foldats, Henri III fut

contraint de remmener le refte en Allemagne. Il n'y refta qu'autant de tems
qu'il lui en falloit pour réparer fes pertes, & raffemblant une armée nombreufe & formidable, il rentra en Hongrie, qu'il ravagea dans toutes fes parties,
défit les Hongrois en bataille rangée, leur tua 26 mille hommes, fit 3 mille
prifonniers, s'empara d'une partie de ce Royaume, & força le Roi André à
accepter toutes les conditions qu'il voulut lui prefcrire.

Cependant Léon IX obtint de l'Empereur des fecours contre les Normands, & à la tête des troupes qui lui furent fournies, il fe bâta de paffer
les Alpes & de marcher contre fes ennemis. Léon étoit un fort refpectable
Pontife, mais un très-mauvais général; battu complettement, il alla fe refugier dans une petite ville, où, affiégé par les vainqueurs, il fut contraint de fe
rendre prifonnier & de les abfoudre de l'excommunication qu'il avoit prononcée contre eux, il ne furvécut que peu de jours à fa difgrace, & à fa mort
les Romains députerent auprès de Henri III le moine Hildebrand, chargé de
le prier d'élever au pontificat Gebehard ou Gerard évêque d'Eichftat. Ce-

Victor II
élu Pape par
les foins de
Hildebrand.

lui-ci n'étoit rien moins qu'ambitieux de cette dignité; l'Empereur même qui
avoit en lui la plus entiere confiance, étoit très-affligé de le perdre. Mais
l'adroit Hildebrand applanit tous les obftacles; & prit un tel afcendant fur le
Monarque qu'il l'engagea à défigner Henri fon fils pour fucceffeur à l'Empire: enfuite il conduifit à Rome Gerard, qui, fous le nom de Victor II, tint
le Siege pendant deux ans & trois mois (2).

Enhardie par la molle condefcendance de Henri III, l'ambition de Hildebrand ne craignit plus d'éprouver des difficultés. Cet homme qui ne perdoit
point de vue la chaire de S. Pierre où il étoit réfolument décidé de fe placer,
fe propofa dès lors, non-feulement d'affranchir le S. Siege de la fupériorité
qu'il étoit obligé de reconnoître dans la couronne Impériale, mais encore de
l'élever fort au-deffus du trône de l'Empire.

Tandis que Hildebrand méditoit ces hardis projets, Henri III qui, par fa
complaifance pour ce moine intrigant, hâtoit, fans s'en douter, la décadence de l'Empire en Italie, fe rendoit odieux en Allemagne par le ton defpotique & dur qu'il prenoit avec les Seigneurs du premier rang, avec ceux mê-

_____

(1) Léo Oftienfis. Chron. Caffin. Lib 2. c. 82.     (2) Sigebert. annal. Hildesheim.
ad ann. 1054.

mes auxquels il étoit redevable du trône de Germanie. A mesure qu'il tendoit à l'autorité absolue, il devenoit méfiant, soupçonneux & souvent très-in-
juste. Il imagina que le Duc de Carinthie songoit à se revolter, & d'après
cette idée, il se saisit du duché de Carinthie dont il donna l'investiture à son
fils. Comme si cette usurpation n'eut pas été assez révoltante, l'Empereur,
sans daigner consulter les Seigneurs, ni assembler, suivant la loi, les Etats du
Royaume, fit quelques jours après couronner ce même fils Roi à Aix la Chapelle. Henri III, par ce nouveau trait de despotisme, excita contre lui la
haine publique, & sur-tout l'aversion des Seigneurs, qui ne voyoient qu'en
frémissant, la puissance du Souverain, qu'ils n'avoient jusqu'alors regardé que
comme leur chef, devenir oppressive & arbitraire (1).

L'Italie ne tarda guères à partager le mécontentement de l'Allemagne, &
Henri III n'eût pas plus de ménagement pour les Seigneurs & les Princes
de ce pays qu'il n'en avoit pour ceux de ses autres états. Le Duc Godefroi
ayant épousé Béatrix, fille de l'Empereur Conrad le Salique & veuve du
Marquis de Toscanie, il maria Godefroi le Bossu son fils avec Mathilde, fille de
cette même Béatrix & du Marquis de Toscane. Le haut degré de puissance
auquel ce double mariage élevoit la maison du Duc Godefroi de Lorraine
remplit de jalousie la plûpart des Princes d'Italie; & les plus ulcérés d'entre
eux allerent l'accuser auprès de l'Empereur de vouloir envahir l'Italie. Quoique destituée de toute vraisemblance, cette accusation allarma vivement Henri III, qui, ne prenant conseil que de sa défiance, assembla une armée &
passa en Italie: mais le Duc Godefroi s'en étoit déjà éloigné, & laissant à
Béatrix sa femme le soin de le justifier auprès de l'Empereur son frere, il
s'étoit retiré en Lorraine, ne doutant point que cet orage ne retombât sur la
tête de ses délateurs. Il fut trompé dans son attente, Henri III ne voulut
entendre aucune justification, &, pour punir la sœur d'avoir épousé Godefroi, il la contraignit de le suivre en Allemagne.

Les Princes d'Italie très-contents du succés de leur accusation, irriterent
de plus en plus la colere de l'Empereur & lui persuaderent que le Cardinal
Frideric, frere de Godefroi, avoit promis des sommes immenses au Duc pour
l'aider dans sa revolte. Henri crut ou feignit de croire toutes ces délations,
& le courroux auquel il se livra fut tel que le Cardinal Frideric, ne se croyant
point en sureté, courut se renfermer & prendre le froc au Mont Cassin. Le
Duc son frere se conduisit avec plus de fermeté: après avoir tenté tous les
moyens honnêtes de détromper Henri III, il ne crut pas devoir se laisser lâchement opprimer, & résolu de repousser la force par la force, il prit les
armes, se déclara ouvertement l'ennemi de l'Empire, & reconquit en peu de
jours toutes les places qui lui avoient été enlevées: par cette mâle résistance
Godefroi parvint à se justifier beaucoup mieux qu'il n'eût fait par des soumissions (2). Henri III, fut très-faché d'avoir poussé à hout son beau-frere,
& il étoit fort inquiet sur les suites que pourroit avoir cette guerre, lorsqu'heureusement pour lui le Pape Victor II, se rendant médiateur entre les deux
freres, vint exprès en Allemagne pour terminer cette querelle qui finit à la
satisfaction de Godefroi.

(1) Spener. Hist. Germ. Univ. T. 1. Lib. 5. c. 3.      (2) Chronograph. Sax. Conrad
Ursperg. ad ann. 1055.

Hist. d'Al-
lemagne,
1024-1125.

Henri III
devient in-
juste, op-
presseur, &
se fait haïr.

Troubles
d'Italie, &
injustice de
Henri III.

Sect. IV.
Hist. d'Al-
lemagne,
1024-1125.

Dispute en-
tre le Roi
d'Espagne
& l'Empe-
reur.
1055.

Ce fut après avoir reconcilié les deux beaux-freres que Victor II, envoya Hildebrand en France, en qualité de son légat, assembler un concile à Tours. Henri III, qui devenoit de jour en jour plus inconféquent dans ses démarches, envoya des ambassadeurs à ce concile chargés de lettres pour Hildebrand, dans lesquelles il se plaignoit amerement de ce que, par la plus téméraire des entreprises, Ferdinand Roi de Castille, prenoit le nom & la qualité d'Empereur. Ce n'étoit certainement pas à un concile, & sur-tout à un concile préfidé par Hildebrand que Henri devoit adresser de semblables plaintes; car c'étoit évidemment reconnoître un juge supérieur, & Hildebrand dans la fuite ne manqua pas de tirer parti de cette fausse démarche. Par une seconde inconféquence tout aussi singuliere., dans le même tems que Henri soumettoit sa dignité à une jurisdiction supérieure, il soutenoit dans ces lettres que l'Espagne étoit un fief relevant de l'Empire, & cette proposition étoit de la plus évidente faussété. Il y faisoit entendre aussi que tous les Royaumes de l'Europe devoient être regardés comme autant de fiefs de l'Empire. Cette prétention étoit si manifestement absurde, qu'aucun des Souverains de l'Europe ne daigna y répondre, tant ils étoient persuadés qu'elle se refutoit d'elle-même (1).

Conduite de
Hildebrand,

Les Peres du Concile de Tours, moins éclairés par les lumieres du S. Esprit que visiblement guidés par les conseils de Hildebrand, voulurent prononcer comme juges dans cette contestation: ils répondirent aux ambassadeurs de Henri qu'ils examineroient mûrement cette affaire. En effet, ils l'examinerent aussi long-tems qu'il le falloit, pour établir & constater la supériorité du tribunal du Pape sur le trône Impérial; & le Pape Victor ayant prononcé en faveur de Henri, envoya en Espagne des Ambassadeurs qu'il chargea de sommer Ferdinand de quitter à l'instant la qualité d'Empereur, les autorisant même à lancer sur lui l'excommunication, pour peu qu'il balançât à se soumettre.

La menace des foudres de l'Eglise conterna si vivement le Conseil d'Espagne & Ferdinand lui-même, qu'oubliant dans ces momens de terreur leur fierté naturelle, les ministres Espagnols, ainsi que le Monarque, alloient renoncer à l'indépendance de ce Royaume & se foumettre à l'Empereur, si le brave Rodrigue Dias de Vivar, si célebre sous le nom de Cid n'eût, par ses fieres réponses aux Ambassadeurs, & par la vigueur de ses conseils à Ferdinand, empêché celui-ci de se déshonorer par une telle soumission & ses ministres de facrifier leur patrie à la puérilité de leur terreur panique: son courage ranima celui des Espagnols, & le Roi rassuré par la valeur du Cid, répondit aux Ambassadeurs de Victor qu'il s'opposeroit de toute sa puissance aux injustes prétentions de Henri. En effet rassemblant une nombreuse armée Ferdinand en donna le commandement à Diaz de Vivar qui passa les Pirenées, alla jusqu'à Toulouse, & delà envoya une ambassade au Pape pour le prier de nommer des députés, afin d'écouter les raisons du Monarque d'Espagne & de juger de la validité de ses titres. Victor II, consentit à cette demande, & le Cardinal de Sabine se rendit en Espagne en qualité de légat. Henri III, qui au fond préféroit en cette occasion les voyes juridiques à la force des armes, envoya de son côté des Ambassadeurs. Ils s'assemblerent à

Tou-

(1) Mariana. Hist. Génér. d'Espagne.

Touloufe avec les Légats du Pape : ceux-ci, après avoir pefé les droits des deux Monarques, prononcerent en faveur de Ferdinand, & déciderent que l'Empereur n'avoit ni ne pouvoir prétendre aucune forte d'autorité fur les divers Royaumes de l'Europe ; décifion inutile & qui ne donnoit aucune prééminence de plus aux têtes couronnées : car l'intervention du Souverain Pontife n'ajoutoit ni ne diminuoit rien à l'indépendance & aux droits de la royauté (1).

*Hifi. d'Allemagne, 1024-1125.*

· Depuis que Henri III, par fes fauffes démarches aüprès du S. Siege, avoit affoibli la fuprématie de fa dignité ; depuis qu'en Allemagne il avoit voulu rendre fon autorité defpotique, il n'avoit effuyé que des revers. Il eut à fe plaindre des Sclaves, & comptant trop fur la fupériorité de fes forces, il alla les attaquer à la tête de fes troupes : mais il fut malheureux ; fon armée périt dans cette expédition qui lui couta une partie de fa gloire & de fes meilleurs Généraux. A cette difgrace fuccéderent des calamités publiques, encore plus affligeantes : l'Allemagne fut ravagée par la pefte, la famine, & fes habitans confternés eurent à effuyer de violentes fecouffes de tremblemens de terre (2).

Pour fe diftraire de tant d'infortunes, ou dans la vue de défarmer le ciel qu'il croyoit irrité, l'Empereur invita le Pape à venir le trouver en Saxe, & le Souverain Pontife fe rendit à Goflar où il célébra la fête de la nativité de la Vierge. Peu de tems après cette entrevue Henri III, étant à Bothfeld, il y tomba malade, & y mourut fept jours après, le 5 Octobre 1056, âgé de 38 années, après un regue de 17 ans comme Roi & de 14 comme Empereur. Il eut de la valeur, il eut auffi de la prudence ; il avoit une haute idée de la majefté de fon rang ; mais il fut-très-ambitieux, plus avare encore, & de la févérité la plus outrée. Son orgueil fut infupportable, & fes fujets ne furent à fes yeux que des efclaves qu'il dépendoit de lui de laiffer vivre ou de faire mourir. Auffi le plaça-t-on dans la très-nombreufe lifte des Tyrans, & il faut avouer qu'il ne négligea rien pour être rejeté de la claffe des bons Rois. Avec tant de hauteur, avec un penchant fi décidé au defpotifme, Henri III étoit cependant foumis en imbécille aux évêques & fur tout pénétré de la fupériorité de la thiare fur la couronne de l'Empire : auffi les dernieres années de fon regne furent-elles une fuite continuelle d'inconféquences & même quelquefois d'inconcevables lâchetés (3). Il avoir époufé en premieres noces Cunelinde fille de Canut, furnommé le grand, Roi de Dannemarc, dont il n'avoit eu qu'une fille nommée Béatrix & qui fut Abbeffe de Gandersheim. De fon fecond mariage avec Agnès, fille de Guillaume V, Duc d'Acquitaine, il eut, Mathilde, mariée à Rodolphe, Duc de Suabe ; Judith mariée à Bolcflas, Duc de Pologne ; Sophie époufe de Salomon, Roi de Hongrie. Henri fuccefleur de fon Pere ; Conrad, Duc de Baviere ; Gifele, morte Religieufe ; & Adelaïde, Abbeffe de Quedlinbourg.

*Mort de Henri III. 1056. Son caractere.*

L'Empereur, que la mort venoit de moiffonner, avoit profondément ulcéré les Seigneurs les plus puiffans de l'Etat, & foulevés contre le defpotifme, ils réfolurent de maintenir leurs privileges & leurs droits contre les prétentions

*Henri IV lui fucce.de.*

---

(1) Mariana. *Hift. Génér. d'Efpagne.* L. 9.     (2) Spener. *Hift. Germ. Univ. ad ann.* 1056.     (3) Mariana. Scot. Spener *ad ann.* 1056.

du nouveau chef de l'Empire. Mais ils prirent un fort mauvais moyen; & ce moyen fut de laisser aux gens d'église le soin de circonscrire au Souverain les bornes de son autorité. Rome qui ne songeoit alors qu'à étendre sa domination, & les prélats de Germanie qui ne cherchoient qu'à seconder les vues du S. Siege remplirent l'Allemagne de troubles & de divisions: car ce n'étoit qu'à la faveur des troubles que les Souverains Pontifes pouvoient s'élever à ce haut degré de puissance temporelle auquel ils aspiroient. Les circonstances étoient très-favorables à ces vues; le sceptre de l'Empire étoit entre les mains d'un enfant; car Henri IV n'avoit encore que cinq ans, & l'Impératrice Agnès sa mere qui tenoit les rênes du gouvernement, étoit peu capable de faire respecter la majesté du rang de son pupille.

Victor II, qui étoit encore en Allemagne, réconcilia l'Impératrice Agnès avec Godefroi, Duc de Lorraine & avec le Comte de Flandre; il pacifia les diverses querelles particulieres qui divisoient les Seigneurs, passa les Alpes, & alla mourir en Toscane. La plus grande partie des citoyens de Rome & du Clergé desirerent de voir sur la chaire de S. Pierre le Cardinal Frideric; celui-là même qui, pour se dérober au ressentiment de Henri III, s'étoit fait moine au Mont Cassin dont il avoit été élu Abbé. Frideric refusa long-tems; il accepta enfin, & n'eut pas plutôt été consacré sous le nom d'Etienne IX, qu'adoptant des idées nouvelles, changeant de caractère & formant de vastes projets, il conçut le dessein d'élever son frere Godefroi, Duc

de Lorraine sur le trône de l'Empire occupé par Henri IV. Ce projet étoit sans contredit d'une injustice outrée, mais il flattoit Etienne & il étoit si-fortement déterminé à le remplir, que, partant pour la Toscane où il avoit donné le rendez-vous à son frere, il ordonna aux cardinaux, aux évêques & au peuple Romain, que s'il venoit à mourir dans ce voyage, on laissât le S. Siege vacant jusqu'au retour du sous-Diacre Hildebrand, & que l'on n'en disposât que d'après ses conseils (1).

Etienne avoir pressenti sans doute ce qui devoir lui arriver, car à peine il entroit en Toscane, qu'il mourut subitement: cette nouvelle ne se fut pas plutôt répandue à Rome, que quelques-uns d'entre les principaux citoyens s'assemblant de nuit, élurent assez peu canoniquement, Jean, évêque de Velétri, qui prit le nom de Benoit X. Hildebrand qui revenoit d'Allemagne en Italie, fut très-mécontent de cette élection, & s'arrêtant à Florence, il écrivit de-là à plusieurs citoyens, d'après la réponse desquels il élut pour Pape, Gerard, évêque de Florence, qui fut nommé Nicolas II. Cependant le plus grand nombre des Seigneurs Romains qui n'avoient vôté ni pour Benoit, ni pour Nicolas, envoyerent à Henri IV des députés, chargés de le prier de leur désigner qui il voudroit pour Pape, les deux élections qui avoient été faites leur paroissant également invalides. Henri IV & les Seigneurs de Germanie approuverent l'élection de Gerard, & le Duc Godefroi eut ordre de le conduire à Rome.

Nicolas n'occupa que pendant deux ans la chaire de S. Pierre; mais il s'y soutint assez long-tems pour tenir au Palais de Latran un concile qui fut la premiere source des guerres qui dès lors ne cesserent plus de diviser le sacer-

(1) Fleury. Hist. Eccl. Tom. 13. Liv. 60.

doce & l'Empire: en effet, ce fut dans ce concile que le Pape, au mépris du serment de ses prédécesseurs, & contre la reconnoissance qu'il devoir au chef de l'Empire qui l'avoit préféré à Benoit, fit statuer que désormais l'é-lection des Papes seroit faite par les cardinaux seuls, & exclusivément à tous autres; ensorte que dans ce decret on ne faisoit pas même mention du con-sentement de l'Empereur, jusqu'àlors regardé comme essentiel; au contraire, Nicolas déclara hautement dans ce même concile que c'étoit à lui seul qu'ap-partenoit le droit de nommer au trône impérial. Ses prétentions irriterent la cour d'Allemagne, & dès lors commença de fomenter la haine entre les deux Puissances (1).

*Hist. d'Al-lemagne, 1024 1125.*

*Concile de Latran & premiere semence de guerre.*

Nicolas qui ne se doutoit peut-être pas de tout le mal qu'il venoit de faire, mourut, & sa mort fut suivie de beaucoup de divisions parmi les Romains, qui ne pouvoient s'accorder sur le successeur qu'ils lui donneroient. Les moins turbulens députerent en Allemagne le Cardinal Etienne; il y fut très-mal accueilli, & le jeune Monarque refusant de lui donner audience, le ren-voya avec les lettres qu'il avoit apportées. Cependant Hildebrand qui à Rome agissoit en maître, fit élire pour Souverain Pontife, l'Evêque de Luc-ques, Anselme, qui prit le nom d'Alexandre II. Ce choix ne fut point ap-prouvé par les évêques de Lombardie, qui, presque tous simoniaques & con-cubinaires, redoutoient l'austérité des mœurs du Pape qu'on venoit d'élire. Ils se liguerent, s'assemblerent, potesterent qu'ils ne regarderoient jamais l'E-vêque de Lucques, comme chef de l'Eglise. Quelques-uns d'entre eux pas-sant en Allemagne, allerent présenter au nom de l'Italie entiere, qui ne les en avoir pas chargés, une couronne à Henri IV, & représenterent à l'Impé-ratrice Agnès, qu'il étoit tems que son fils usât de son autorité, & qu'ils le supplioient d'ordonner qu'on donnât un Pape à l'Eglise.

D'après les représentations de ces députés, dans une diete générale tenue à Bâle, & où se trouvoient la plûpart des prélats de Lombardie, Henri IV fut solemnellement couronné & nommé Patrice des Romains. On s'occu-poit de ces objets lorsqu'on apprit l'élection d'Anselme, qui se fit consacrer sans attendre le consentement du Roi de Germanie: cette infraction à la cou-tume constamment observée irrita si vivement l'Impératrice Agnès & son Conseil, que l'on fit procéder tout de suite à l'élection d'un Pape, & les voix se réunirent sur l'Evêque Cadalus ou Cadalous, de Parme qui prit le nom d'Honoré II (2).

*Agnès & Henri font élire un Pape.*

Tandis que pour se venger des Romains l'Impératrice Agnès disposoit du suprême Pontificat, elle étoit menacée elle-même d'un violent orage. Ja-loux de la confiance dans l'Evêque d'Augsbourg qu'elle avoir fait son princi-pal Ministre, les Seigneurs avoient résolu non-seulement de ruiner le crédit du Ministre, mais d'ôter à Agnès la régence du Royaume: à la tête de cette faction étoit l'Archevêque de Cologne, Hannon, homme d'une naissance assez obscure, mais que son mérite avoit élevé aux premieres dignités, & qui depuis a été mis par Rome dans la liste des Saints. Il faut croire que Han-non n'eut recours en cette occasion à l'intrigue & à la violence qu'afin de

---

(1) Fleury. Tom. 9. *Conc.* pag. 11. Gratien. *Dist.* 23. c. 1.    (2) Spener. *Hist. Germ. Univ.* T. 1. Lib 5. c. 4.

Les Sei-
gneurs for-
cent Agnès
d'abandon-
ner l'admi-
niftration de
l'Etat.
1062.

faire ceffer les defordres qui régnoient en effet à la cour d'Allemagne, &
pour être à portée de donner des principes plus fains & de meilleurs exemples à Henri, qu'on élevoit très-mal. Ce fut dans cette vûe que ce Prélat
enlevant le jeune Souverain, il le conduifit à Cologne où il fe fit déférer le
gouvernement du Royaume. Agnès trop foible pour lutter contre un fi puiffant rival, & abandonnée des Seigneurs qu'elle avoit mécontentés, foutint
avec beaucoup de fermeté ce renverfement de fortune : elle s'éloigna d'Allemagne & fe retira à Rome, où elle confacra le refte de fes jours à la plus
auftere pieté (1).

Le nouveau Régent affemblant un confeil à Augsbourg, y fit dépofer Cadalous & reconnoître Alexandre II pour feul & légitime Pape : il fit auffi
plufieurs réglemens qui furent approuvés & qui méritoient de l'être. Afin
que toutes les parties de l'adminiftration fuffent également bien remplies, Hannon, qui n'avoit réellement en vûe que le bien public, voulut partager le
foin de la régence avec Sigefroi, Archevêque de Mayence : mais pour le malheur du Monarque & des peuples, ils s'affocierent encore Adalbert, Archevêque de Breme, Prélat d'une naiffance illuftre & quoique vieux, fort actif &
fort éclairé. Adalbert avec des talens diftingués & même quelques vertus
avoit une ambition déméfurée : il laiffa l'embarras des affaires à fes deux affociés, & ne s'attacha qu'à gagner l'efprit du jeune Souverain ; il eut très-peu
de peine à y réuffir, auffi attira-t-il bientôt à lui feul toute l'autorité. Afin
de la conferver il flatta lâchement, fervit même tous les penchans de fon
maître, dont fa complaifance fervile eut bientôt corrompu les mœurs.

L'Archevêque de Breme plaça auprès du Roi le Comte Werner, jeune
Seigneur d'une perverfité outrée, orgueilleux, infolent & cruel jufqu'à la
férocité, d'une avarice extrême, défiant, foupçonneux & calomniateur. Werner & Adalbert réuffirent trop bien ; & tandis que le Roi fe plongeoit dans
les plaifirs honteux qu'on lui procuroit, les deux confidens difpofoient de
tout à la cour, vendoient les évêchés, les dignités, & s'enrichiffoient des
dépouilles de quiconque avoit le malheur de leur déplaire, ou celui de tenter leur dévorante avidité. A l'exemple des deux favoris chacun fe prévalut
de la jeuneffe du Prince & de fon goût pour la débauche : la certitude d'obtenir à prix d'argent les dignités, autorifa les crimes : les plus foibles s'unirent enfemble contre l'oppreffion des plus forts ; des querelles fanglantes s'é-
leverent, & le fang des malheureux fut atrocement répandu jufques fous les
yeux du Monarque, ainfi qu'il arriva dans une affemblée d'évêques préfidée
par Henri IV dans l'églife de Goflar. En vertu d'un ancien privilege,
l'Abbé de Fulde avoir dans les affemblées de ce genre la préféance fur l'Evêque de Hildesheim ; l'Evêque Hefilon, le plus audacieux des hommes,
avoit mis dans fes intérêts le Comte Egberd, coufin germain de Henri ; &
qui fe faifoit un noble amufement de maffacrer des hommes : tandis que les
domeftiques de l'Abbé de Fulde, préparoient pour le tems de vêpres la place de leur maître, Egberd fortit, fuivi de quelques gentils-hommes de derriere l'autel & tomba fur ces domeftiques ; ceux-ci appellerent au fecours
leurs camarades, qui accoururent tous, & alors commença entre les deux

(1) Gefta. Pontif. apud Baron. ad ann. 1064.

partis un combat furieux. L'Evêque de Hildesheim s'élançant dans la chaire excitoit delà la nobleſſe; (1) Henri crioit de toutes ſes forces pour contenir le peuple; les combattans s'acharnoient les uns contre les autres; le ſang ruiſſeloit, & le farouche Egbert le poignard à la main égorgeoit juſques ſur l'autel. Effrayé de cette ſcene d'horreur, Henri eut bien de la peine à mettre ſa perſonne en ſûreté & à ſortir de l'égliſe pour gagner ſon Palais; le carnage dura jnſques bien avant dans la nuit. Le lendemain, le jeune Monarque voulut que l'on examinât très-rigoureuſement cette affaire; mais Egbert étoit ſon couſin; il étoit l'ami de Werner; & il protégeoit lui-même l'Evêque d'Hildesheim, auſſi l'Abbé de Fulde, qui même ne s'étoit pas montré durant cette querelle, étant déclaré l'aggreſſeur, prévint ſa diſgrace, s'exiloit lui-même, & courut ſe renfermer dans ſon Abbaye. Dans le reſte des Etats de Henri la décence & l'humanité n'étoient pas plus reſpectées qu'elles l'avoient été dans l'égliſe de Goſlar.

La Hongrie étoit preſque tour auſſi vivement agitée que l'Allemagne, le Roi André ayant engagé les Seigneurs du Royaume à reconnoitre Salomon ſon fils pour ſon ſucceſſeur, Béla, frere d'André, cria à l'injuſtice, s'aſſura de l'appui de quelques Seigneurs, & paſſa en Pologne auprès de Boleſlas II qui prit les armes en ſa faveur. De ſon côté, Henri vivement ſollicité par André, lui envoya une armée conſidérable qui ſe joignit à celle du Roi de Hongrie, ligué avec les Bohémiens. A la tête de tant de troupes, & d'ailleurs défendant la plus juſte des cauſes, André ſe flattoit de fixer la victoire: il ſe trompa; il fut battu; les Allemands & les Bohémiens furent contraints d'abandonner le champ de bataille, & le Roi de Hongrie cruellement trahi par les milices de ſon royaume, fut pris, & ſi fort maltraité par ſes propres ſujets, qu'il mourut quelques jours après (2).

Le perfide Bela commençoit à peine à jouir du fruit de ſon uſurpation, qu'il périt enſéveli ſous les ruines de ſon palais écroulé. Le Roi d'Allemagne réſolut de placer ſur ce trône Salomon, fils d'André, qui en effet y avoit tout le droit, & il y réuſſit: Joas, fils de Bela, céda le ſceptre à ſon concurrent & la Hongrie ſe ſoumit à Salomon, qui peu de jours après épouſa la ſœur de Henri IV. Ce fut à-peu-près dans ce tems que le Roi d'Allemagne envoya Hannon en Italie, pour faire rentrer dans le devoir les Romains prêts à ſe revolter, ſous prétexte que le Roi avoir voulu leur donner Cadalous pour Pape: ils feignoient ſans-doute d'oublier que c'étoit par cette même autorité que Cadalous avoit été dépoſé. Alexandre reçut Hannon avec diſtinction, qui ne laiſſa pourtant pas de lui faire des reproches de ce qu'il avoit pris poſſeſſion du Souverain Pontificat, ſans en avoir obtenu le conſentement du Roi d'Allemagne. Alexandre n'avoit nulle bonne raiſou à alléguer & gardoit le ſilence; mais le fier Hildebrand répondit pour lui que le Roi n'avoit aucune ſorte de droit ſur l'élection des Papes. Cette aſſertion ne fut pas réfutée aſſez efficacement; le Souverain Pontife, aſſembla un concile, & fit ſommer Cadalous, d'y comparoitre; il ne crut pas devoir ſe rendre à la ſommation; fit encore quelques foibles tentatives pour ſaiſir de nouveau la

(1) Fleury. *Hiſt. Eccl.* T. 13.        (2) Lambert. Schaff. *ad ann.* 1063.

thiare, mais elles ne furent point heureufes; il mourut de chagrin, & Alexandre refta feul poffeffeur des clefs (1).

Adalbert & Werner continuoient d'opprimer l'Allemagne, le premier par
fes injuftices, le fecond par fes rapines & les excès de fa férocité. Sigefroi,
Hannon, & les Seigneurs les plus illuftres du Royaume, réfolus de faire ceffer
cette accablante tyrannie, indiquerent une diete à Tribur, & comme le Roi
s'y rendoit il perdit en chemin fon favori Werner, qui, dans une querelle
que fes gens avoient prife dans un mauvais village, & qu'il cherchoit à enflammer, reçut à la tête un coup de bâton fi violent, qu'il en mourut prefqu'au même moment. Cependant Henri IV ne fut pás plutôt arrivé à
Tribur, que les chefs des mécontens lui déclarerent qu'il n'avoit que l'un de
deux partis à prendre, ou celui de renoncer au trône, ou bien celui de renoncer à l'amitié de l'Archevêque de Breme. Henri n'avoit que feize ans, il
étoit très-mal élévé, mais Henri étoit fier, & ne pouvant fe réfoudre à
donner fatisfaction aux mécontents, il balançoit, différoit, & ne favoit pourtant comment fe tirer de ce mauvais pas. Adalbert lui confeilla de s'enfuir
dès la nuit fuivante & d'emporter avec lui fon tréfor. Ce confeil parut excellent au jeune Monarque; mais il ne put le fuivre; le fecret de fon départ
tranfpira & les mécontens firent fi bonne garde, que lui ni l'Archevêque ne
purent s'évader: enforte que le lendemain le Roi fut forcément obligé de

confentir à l'éloignement d'Adalbert, qui fut honteufement chaffé. Par fa
retraite les Archevêques de Mayence, & de Cologne furent chargés de l'adminiftration & le Roi peu de tems après époufa Berthe, fille d'Otton, Marquis d'Italie: mais comme c'étoit à la follicitation preffante des Seigneurs
qu'il avoit conclu ce mariage, il n'eut jamais pour Berthe, que beaucoup
d'indifférence. D'ailleurs, il n'étoit pas poffible que Henri, plongé comme
il l'étoit dans le libertinage, fut fufceptible d'une paffion honnête (2).

Au milieu des fêtes données au fujet de fon mariage, Henri apprit la nouvelle d'une revolte des Saxons, & n'étant point faché de cet événement qui
lui fourniffoit un prétexte de s'éloigner d'une femme qu'il n'aimoit pas, il
raffembla fes troupes, marcha contre les Saxons, & n'effuya que des défaites
dans la longue guerre qu'il leur fit. Il eut plus de bonheur contre les
Sclaves qui oferent fe revolter auffi; il les vainquit, en fit un horrible carnage, & fouilla fa victoire par l'inhumanité de la vengeance qu'il exerça contre
les vaincus.

Non obftant ces troubles & malgré la violence de ces guerres Henri continuoit de vivre dans la plus affreufe licence. Infenfible aux remontrances &

aux exhortations de Hannon il s'abandonnoit à la plus exceffive débauche:
Suivi, même dans fon camp, de deux ou trois concubines, elles ne fufifoient
pas à l'affouviffement de fes brutales paffions, & les filles ou les femmes de
fes fujets, pour peu qu'il entendit parler de leur beauté, n'étoient point à l'a-
bri de fes outrageantes pourfuites: s'il ne pouvoit les féduire à force de promeffes, il employoit la violence, les faifoit traîner dans fon palais, où,
après les avoir cruellement déshonorées il les contraignoit d'époufer fes domeftiques. Souvent afin d'écarter tout obftacle qu'il prévoyoit pouvoir s'op-

(1) Sigebert. ad ann. 1067.   (2) Lambert. Schaff. 1066 1067. Monach. Hervéld.

poſer à ſes déſirs, il faiſoit mettre à mort ou les peres ou les maris de celles qui avoient le malheur de lui plaire.

A l'exemple de leur maître les ſoldats de Henri, livrés au plus épouvantable brigandage, pilloient & dévaſtoient les provinces, & le Prince, qui partageoit avec eux leurs rapines, ſouffroit tout, permettoit tout & autoriſoit hautement ces déſordres. Environné de lâches confidens, de favoris preſqu'auſſi corrompus que lui, ſon cœur étoit inacceſſible aux gémiſſemens & aux plaintes des malheureux. Atroce de ſang froid, ſouvent il ſe faiſoit un jeu de la vie des hommes, & ceux auxquels il témoignoit le plus de confiance étoient les plus expoſés à ſa perfide cruauté: dans le tems même qu'il paroiſſoit vouloir les accabler de ſes bienfaits, il les faiſoit ſecrettement mettre à mort, & habile dans l'art de diſſimuler, il ſe montroit inconſolable de leur perte. Etoit-il étonnant que ſous un tel Monarqne, les poſtes les plus éminens & les dignités eccléſiaſtiques ne s'obtinſſent qu'à prix d'argent. Il vendoit tout, & ſouvent, après avoir pourvu, au moyen d'une forte ſomme, un Eccléſiaſtique d'une évêché, il le faiſoit dépoſer comme ſimoniaque, par la ſeule raiſon qu'un autre lui offroit une plus grande ſomme du même bénéfice. Henri IV n'avóit encore que dix-huit ans, & dans le paralelle, il l'eût emporté ſur Neron (1).

Chaque jour plus dégouté de Berthe ſon épouſe, Hénri voulut briſer les nœuds qui l'attachoient à elle; mais n'ayant aucun prétexte de divorce, il fit part à l'Archevêque de Mayence, Sigefroi, du deſſein qu'il avoit conçu, & lui promit, s'il le faiſoit réuſſir, d'obliger les Thuringiens à lui payer la dîme. Il n'en falloit pas tant pour ſéduire l'avide Sigefroi, qui ne rougit point de déclarer publiquement que le ciel même s'oppoſoit au mariage du Roi avec Berthe, pour laquelle il avoit un tel éloignement, qu'il n'avoit pas été en lui de conſommer ſon mariage. D'après cette déclaration, Henri aſſembla un concile à Mayence, ne doutant pas qu'il n'y obtint tout ce qu'il déſiroit: mais le Pape Alexandre informé de cette trame ſcandaleuſe, envoya un Légat en Allemagne avec ordre de dire à Henri que s'il perſiſtoit, le Souverain Pontife ſeroit force de l'excommunier, & que jamais il ne le couronneroit Empereur: tous les Seigneurs ſe joignirent au Légat & firent au Roi de ſi fortes repréſentations, que, quelque déſir qu'il eût de ſe ſéparer de Berthe il n'oſa paſſer outre (2).

Dans le tems que Henri ſe déshonoroit par l'excès de ſes débauches, ſe rendoit odieux par ſes vexations, & ſe faiſoit abhorrer par ſes crimes & ſes atrocités, il embraſſa généreuſement la défenſe de Baudouin, Comte de Flandres, injuſtement dépouillé de ſes états par Robert le Friſon; & cette action généreuſe lui eût fait le plus grand honneur ſi d'ailleurs il eut montré quelque diſpoſition à changer de conduite: mais ſes débordemens dans tous les genres s'accroiſſoient de jour en jour, & afin d'être mieux ſecondé dans ſes goûts, il rappella auprès de lui l'Archevêque de Brême Adalbert, ce même ſcélérat qui avoit corrompu ſes mœurs. Adalbert n'avoit pas changé de caractere, & les conſeils qu'il donna à ſon maître furent ſi violens &

*Il veut faire caſſer ſon mariage & ne réuſſit pas. 1069.*

---

(1) Hiſt. Belli. Sax. Fleuri. Hiſt. Eccl. Monach. Herveld.

(2) Lambert, Schaff. ad ann. 1069.

Sect. IV.
Hist. d'Al-
lemagne,
1024-1125.

Ses injusti-
ces & ses
Vexations.

fi docilement fuivis, que les peuples, fatigués d'un joug trop oppreffif, parurent difpofés à un foulèvement. Henri n'en devint que plus dur & plus
fanguinaire; fes foupçons lui tenoient lieu de preuves, & quiconque avoit le
malheur de lui infpirer de la défiance, étoit puni comme coupable convaincu, fans qu'il lui fut permis de fe juftifier. Ce fut ainfi que les Ducs de
Baviere, de Saxe & de Carinthie furent dépouillés de leurs poffeffions, &
leurs duchés conférés à d'autres Seigneurs.

Très content de ces actes d'iniquité, Henri chargea les peuples d'impôts,
& fa domination dévint fi accablante, que la plûpart de fes fujets, excédés de
fes hauteurs, foulés par fes vexations, chercherent les moyens de fe fouftraire
à cette tyrannie. Le mécontement général fut pouffé fi loin, que le Pape
Alexandre II, qui en fut informé, & qui d'ailleurs étoit très-irrité du peu
d'égard que le Roi d'Allemagne avoit eu pour les remontrances que fon Légat lui avoir faites à la diete de Mayence, prit une fort étrange réfolution,
celle de recevoir contre Henri une accufation de Simonie, & fur ce prétexte, de le fommer de venir à Rome pour fe juftifier. Henri méprifa, ainfi
qu'il le devoit cet acte comme un attentat aux droits de fa couronne (1).
Alexandre n'eut pas le tems de pourfuivre cette affaire; il mourut, il fut remplacé par le moine Hildebrand, de tous les hommes le plus capable de pourfuivre l'entreprife de fon prédéceffeur.

Hildebrand
Pape fous le
nom de Gré-
goire VII.
1073.

Hildebrand, qui fous le nom de Grégoire VII, troubla fi violemment l'Europe, & qui porta fi loin les prétentions de Rome, étoit de la plus baffe naiffance; mais il avoit reçu de la nature un génie très-élevé, un efprit vif, actif, entreprenant; il étoit d'une ambition outrée & d'une intrépidité que nul
danger n'étoit capable d'allarmer: fes qualités fi effentielles aux grands hommes & aux grands fcélérats étoient foutenues par les mœurs les plus intégres,
par une conduite pure, auftere même & par un zele amer & inflexible pour la
religion. Hildebrand auroit pu être le Pontife qu'il falloit à l'églife dans ce tems
de fimonie & de défordre, où les bénéfices fe vendoient & s'achetoient publiquement, où les prêtres donnant l'exemple de la corruption, vivoient fans
fe contraindre avec des concubines, & plufieurs même d'entre eux en Allemagne fe marioient folemnellement, où enfin les unions inceftueufes étoient
permifes pour de l'argent: Hildebrand eut été le Pape qu'il eut fallu, fi aux
mœurs pures qui le caractérifoient, il n'eût joint le plus dévorante ambition
& fort peu de délicateffe dans le choix des moyens.

Ses princi-
pes & fes
projets am-
bitieux.

En fa qualité de chef vifible de l'églife & des chrétiens, Hildebrand crut
ou feignit de croire que quiconque, féculier ou eccléfiaftique, vivoit dans les
Gouvernemens où le Catholicifme étoit la religion dominante, étoit foumis
à fa jurifdiction. Un autre principe de Hildebrand étoit que, Lieutenant de
Dieu fur terre, & la terre appartenant à Dieu, elle appartenoit par cela même à fon Lieutenant, & qu'en conféquence les Papes avoient le droit de difpofer des couronnes, & de détrôner les Rois & de délier les fujets du ferment
de fidélité: auffi la maxime qu'il avoir fans ceffe à la bouche étoit *que maudit
foit celui qui n'enfanglante pas fon épée*; & comme il tenoit dans fes mains
l'épée de S. Pierre, qui ne l'enfanglanta qu'une fois & qui en fut févérement

(1) Lambert. Schaff. Chron. Sax.

ment repris,· il en· fit par excès de zele, le plus cruel ufage ; & cette épée dans fa main répandit des torrens de fang. Pour prouver que le Pape étoit le maître de tous les fceptres, il renverfa le trône de Pologne, & priva Boleflas III du nom & du titre de Roi ; depuis le jour qu'il s'affit fur la chaire pontificale jufqu'à fa mort, il ne ceffa point de lancer la foudre, & à force de la lancer il lui fit perdre une partie de fa force & de fes vertus ; car prefque tous les potentats de l'Europe, frappés d'anathême, fentirent à la fin que l'anathême injufte n'empêche ni de régner ni de bien gouverner les peuples ; mais ce fut fur-tout fur Henri IV que Grégoire VII fe déchaîna avec le plus de violence & de fcandale: ce n'étoit pas précifément qu'il eût à cœur la converfion d'Henri;· mais c'eft qu'il étoit offenfé de ce qu'en fa qualité de futur Empereur, ce Prince ne manqueroit pas de prétendre à la prééminence que fa couronne lui donnoit fur la dignité pontificale (1).

Quelque décidé néanmoins que fut Grégoire VII à affranchir le S. fiege de toute dépendance, il n'ignoroit pas qu'il ne pouvoir agir en vertu de fa dignité, qu'autant qu'il feroit reconnu pour Pape en Allemagne, & qu'il ne le feroit que lorfque Henri IV auroit confirmé fon élection. Il s'y prit d'une maniere très-adroite pour obtenir, fans le demander, ce confentement dont il ne pouvoit fe paffer. Il envoya dire au Roi d'Allemagne, par des députés qu'on l'avoit élevé au pontificat; mais, qu'il le prioit de ne pas confirmer fon élection, parce que, s'il reftoit Pape, il étoit réfolu de ne pas laiffer impunis les crimes dont ce Prince s'étoit fouillé. D'un autre côté, les Evêques d'Italie & d'Allemagne, effrayés de l'auftérité de Grégoire, agirent fortement auprès d'Henri pour l'engager à caffer cette élection faite fans fon ordre, & qui d'ailleurs lui déviendroit fatale à lui-même, fi un ambitieux tel que Hildebrand, demeuroit poffeffeur du S. Siege. Prévenu contre Grégoire, Henri envoya le Comte Eberhard à Rome, pour obliger le Pape élu à fe défifter de fa dignité, s'il ne tendoir pas bonne raifon de fa conduite. Eberhard fut reçu avec diftinction par le Souverain Pontife, qui répondit avec tant de foumiffion & protefta fi fortement qu'il ne fe laifferoit point confacrer jufqu'à ce que, par une députation expreffe, il fut affuré du confentement du Roi d'Allemagne, que Henri fatisfait de fa reponfe, & bien éloigné de fe former d'un tel Pontife l'idée qu'on lui en avoit voulu donner, fe hâta de lui envoyer un député pour confirmer fon élection & affifter à fon facre (2).

Henri ne tarda point à connoître le rival qu'il s'étoit en quelque forte donné lui-même. L'Evêché de Lucques vint à vaquer & on y nomma Anfelme, prêtre pieux, fort attaché à fes opinions, & qui s'étoit perfuadé que les Puiffances féculieres n'avoient nul droit de conférer les dignités eccléfiaftiques, & qu'enfin un prêtre ne pouvoit fans avilir fon caractere, confentir à recevoir l'inveftiture des mains d'un Souverain quel qu'il fût. D'après cette opinion Anfelme n'eut garde de demander au Roi d'Allemagne, ainfi qu'il devoir, l'inveftiture de l'Evêché de Lucques: il fut confirmé dans fon fentiment par Grégoire VII qui lui écrivit de perfifter dans fa pieufe réfolution, & de ne rien folliciter d'Henri, jufqu'à ce que ce Prince eût changé de conduite & fe fût reconcilié avec le S. Siege; reconciliation, ajouta-t il, à laquelle tra-

(1) Fleury. Hift. Eccl. T. 13. L. 62.   (2) Otto Frifing. Chronic. L. 6. c. 34.

*Hift. d'Allemagne ; 1024-1125.*

*Sa politique adroite.*

*Ses premieres démarches contre Henri IV.*

Sect. IV.
Hift. d'Al-
lemagne,
1024-1125.

vailloient actuellement l'Impératrice Agnès, la Comtesse Béatrix, & sa fille
Mathilde, qui dès lors étoit sous la direction de Grégoire. D'après ces avis,
Anselme alla à Rome pour y être sacré par le Souverain Pontife: mais les
députés d'Henri s'y oppoferent fortement & défendirent au Pape-de-la-part
de leur maître, de sacrer Anselme: de sorte que le Pape, croyant devoir alors
céder aux circonstances, qui ne lui permettoient point de résister; l'Evêque
de Lucques, fut contraint d'aller en Allemagne recevoir l'investiture, dont il
eut tant de chagrin, que dégoûté de l'épiscopat, il alla se faire moine. Cèpen-
dant l'autorité d'Henri IV souffroit des cruelles atteintes en Allemagne: les
peuples soulevés contre la dureté de son gouvernement, travailloient à briser le
joug qui chaque jour leur dévenoit plus intolérable. Les Saxons, les Thuringiens
& les Bavarois se liguerent & prirent les armes; mais avant que d'en venir aux
dernieres extrémités; ils firent préfenter au Roi un mémoire signé par les députés de leurs nations, & dans lequel ils demandoient pour condition de
l'accommodement, qu'il chassât & ses favoris & cet essaim de concubines
qu'il traînoit à sa suite; qu'il rétablir Otton dans son Duché de Baviere, &
qu'il supprimât les impôts accablans dont il surchargeoit les peuples. Henri,
plein d'indignation, répondit très-durement aux députés: ils se retirerent, &
les trois peuples liguées marchoient déja contre lui, quand les chefs des Saxons reçurent une lettre du Pape, qui les exhortoit à une suspension d'armes,
les avertissant qu'il faisoit dans le même tems une pareille invitation au Roi;
afin que de part & d'autre on restât tranquille, jusqu'à ce qu'il eût pris connoissance de cette division, leur protestant de faire justice contre quiconque se
trouveroit coupable, sans crainte ni égard pour personne.

Ses intri-
gues.

Comme si ce n'eut pas été assez de cette injure pour irriter la fierté naturelle
d'Henri, le Pape qui vouloir le pousser à bout, tint à Rome un concile dans
lequel, après avoir renouvellé les censures & les decrets de ses prédécesseurs,
contre les simoniaques & les ecclésiastiques mariés ou concubinaires, il excommunia tous ceux qui recevroient d'un laïque, quelqu'il fût, l'investiture d'un
bénéfice, ainsi que tous laïques qui tenteroient de s'arroger ce droit. Ces premieres hostilités ne satisfaisant point encore Grégoire VII, il envoya des Légats
en Allemagne, chargés de terminer les dissentions publiques, & de réconcilier à
l'église le Roi qui s'en séparoit par sa conduite tyrannique, par les ventes publiques qu'il faisoit des bénéfices, & par la corruption extrême de ses mœurs (1).

Henri pa-
roit soumis
aux volon'és
du Pape.

Henri IV se trouvoit dans une très-embarrassante situation: détesté de ses
peuples, prêts à se soulever, haï des grands qui ne cherchoient qu'un prétexte de l'abandonner, il avoir le plus grand intérêt à ménager la cour de
Rome, & il la ménagea si bien, que par ses soumissions, il rompit toutes les
mesures des Légats, qui comptant sur sa résistance s'étoient proposés de porter les choses à l'extrémité. Le Roi consentit à tout, & ne refusa pas même de demander l'absolution, en pêcheur vraiment repentant de ses fautes,
aussi dans la lettre qu'il écrivit à ce sujet, sous les yeux & vraisemblablement
sous la dictée des Légats, avouoit-il tous ses torts, & demandoit-il d'une
maniere très-soumise le secours & les conseils du Souverain Pontife: sans-
doute qu'il ne songeoit pas à toutes les conséquences qu'un Pape tel que Hildebrand tireroit de cette lettre contre la prééminence de la dignité impériale.

(1) Conc. Rom. fub Greg. VII. 4-10. Conc. Edit. Paris.

·Les prêtres d'Italie & d'Allemagne montrerent beaucoup moins de soumis- *Hist. d'Al-*
sion aux decrets du concile de Rome. Ils prétendirent que c'étoit une in- *lemagne,*
justice extrême & une affreuse tyrannie de vouloir les obliger à vivre comme *1024-1125.*
des Anges, eux qui, pourvus de sens comme le reste des hommes, ne pouvoient absolument s'en interdire l'usage: & d'après cette excuse, ils refuse- *Lettres du*
rent constamment de se séparer de leurs femmes. Cependant Grégoire VII, *Pape à*
affectant la plus grande satisfaction du repentir du Roi d'Allemagne, résolut *Henri IV.*
de si bien l'enlacer dans ses pieges, qu'il ne pût plus en sortir: il lui écrivit
deux lettres, l'une pour le féliciter de son retour à l'Eglise, l'autre pour lui
faire part de la situation des Chrétiens de la Palestine & pour le prier de leur
fournir du secours contre les infideles, le conjurant d'y aller lui-même, &
lui faisant entendre qu'à son retour de ce voyage, il lui laisseroit gouverner
l'Eglise Romaine (1).

Dans le même tems que le Pape écrivoit ces lettres flatteuses, il tenoit un
concile à Rome, dans lequel il frappoit d'excommunication cinq des princi-
panx Seigneurs d'Allemagne, Officiers de Henri IV, sous prétexte que c'é-
toient eux qui lui conseilloient de vendre les bénéfices; & il leur ordonnoit
de venir incessamment à Rome, pour se justifier. Henri IV étoit vivement
irrité de tant d'attentats; mais la crainte de s'attirer une nouvelle guerre, occupé comme il l'étoit alors contre les Saxons revoltés, l'engagea à se contraindre encore & à dissimuler; il marcha contre les Saxons commandés par
Otton, Duc de Baviere. Les deux armées également impatientes de combattre, ne furent pas plutôt en présence que la bataille s'engagea: elle fut
longue, terrible & meurtriere. Henri se comporta dans cette action décisive
en Général consommé & en soldat intrépide; la victoire demeura long-tems
incertaine; mais enfin le Monarque la fixa sous ses drapeaux, les Saxons furent taillés en pieces, & la Saxe entiere se soumit au Roi, qui entra triomphant à Goslar: ce fut là que les Légats du Pape vinrent le sommer durement de comparoître à Rome, le lundi de la seconde semaine du carême, le
menaçant, en cas de désobéissance, d'être excommunié ce jour là même (2).

Qu'on juge de l'impression que devoient faire de pareilles menaces sur l'a- *Indignation*
me d'un Monarque jeune, naturellement fier, & récemment couronné des *d'Henri*
mains de la victoire. Henri frémir d'indignation, chassa honteusement les *contre les*
Légats, & envoya ordre aux évêques & abbés de ses états de se trouver à *attentats de*
Worms le 23 Janvier de l'année suivante. Il avoit pris la résolution de dé- *Grégoire*
poser Grégoire, imaginant qu'il ne seroit jamais tranquille tant qu'il auroit à *VII.*
lutter contre la violence & les artifices d'un tel ennemi: mais il étoit plus *1075.*
facile de former un tel projet que de l'exécuter (3).

Les circonstances néanmoins paroissoient très-favorables aux vues d'Henri:
la plûpart des évêques d'Allemagne & d'Italie étoient vivement ulcérés contre
Grégoire, & ils féconderent d'abord de toute leur puissance les desseins du
Roi d'Allemagne. L'Archevêque de Ravenne, Guibert, qui aspiroit au suprême pontificat & qui étoit alors à Rome, s'assura, à force d'argent, des suffrages de tous les prélats ennemis de Grégoire, & se lia étroitement avec

(1) Lambert. Schaff. *ad ann.* 1074.    (2) *Vit. Henrici* IV. p. 134. *Epist. Henr. ad*
*ann. & alios.* p. 195.    (3) Lambert. Schaff. p. 240-245.

Sect. IV.
Hift. l'Al-
lemagne,
1024-1125.

Attentat
fur Grégoi-
re VII.

Cincius, Préfet de la ville. Cincius le plus fourbe des hommes & le plus atroce des fcélérats, excommunié pour fes crimes & les ravages qu'il avoit commis fur les terres de l'Eglife, entra facilement dans les vues de Guibert, alla dans la Poüille trouver Robert Guifchard & les autres Normands, avec lefquels il prit des mefures pour enlever Grégoire & le faire mourir. Il écrivit & fit part de ce complot à Henri, qui ne fut point affez généreux pour le défapprouver & en donner avis à fon ennemi. Cincius, accompagné d'une troupe choifie d'affaffins, rentra dans Rome la veille de Noël, & pénétrant avec fes complices, jufques dans la Chapelle où le Souverain Pontife célébroit la meffe de minuit, ils fe jeterent tous fur lui le fabre à la main; l'un d'entre eux voulant même lui trancher la tête lui fit au front une large bleffure: ils l'arracherent de l'autel, le frapperent de mille coups, le dépouillerent de fes ornements, & le traînerent par les cheveux jufqu'au palais de Cincius, où il fut jeté garotté dans une chambre obfcure.

A la nouvelle de l'attentat commis fur la perfonne du Souverain Pontife le peuple furieux accourut au palais de Cincius, &, malgré la réfiftance des conjurés, le Pape fanglant, meurtri, prefque déchiré, fut arraché de leurs mains: on vouloir le rapporter dans le Palais Pontifical; il n'y voulut point confentir, &, fans donner la plus légere marque de reffentiment, il alla de fang froid achever la meffe (1).

Cependant le tems indiqué par Henri ne fut pas plutôt arrivé, que les évêques & abbés Allemands & Italiens fe rendirent à Worms où le Monarque les attendoit, le Cardinal Hugue-le Blanc, le plus mauvais des prêtres & le plus intriguant des hommes y vint auffi. Récemment dépofé par Grégoire pour la perverfité de fes mœurs, Hugue ne refpirant que fureur & vengeance, préfenta une hiftoire, par lui compofée, de la vie & des avantures du Souverain Pontife, qu'il chargeoit de tous les crimes, & fur tout de n'être parvenu au S. Siege qu'à prix d'argent, & à force d'attentats & de fourberies. La calomnie étoit évidente, du moins quant aux mœurs de Grégoire; mais dans cette affemblée il étoit détefté, & les évêques déclarant unanimement qu'il ne pouvoit être Pape, fignerent tous fa dépofition.

Affemblée
de Worms.
1076.

Le Roi fe hâta d'envoyer des lettres en Lombardie ainfi que dans la Marche d'Ancone, & les évêques de ces Provinces, qui étoient dans les mêmes difpofitions que ceux du concile de Worms, foufcrivirent à la dépofition du Souverain Pontife. Henri IV, bien éloigné de prévoir combien lui couteroit un jour le triomphe qu'il goutoit alors, abufa de fes avantages, & écrivit à Grégoire des lettres remplies de fiel. Ce qu'il y a de fingulier dans ces lettres, eft que ce Prince en foutenant qu'il ne tenoit, comme il étoit très-vrai, fa puiffance que de Dieu feul, & qu'il n'avoit nul juge, ni fupérieur fur la terre, en conclut fort ridiculement qu'il ne peut être dépofé pour aucun crime, fi ce n'eft, dit-il, qu'il abandonne la foi: enforte qu'il avouoit, qu'un Roi qui renonce à la religion peut-être légitimement dépofé. Cette opinion lui avoit été probablement fuggérée par les évêques de l'Affemblée de Worms (2).

Grégoire
VII y eft
dépofé.

Un Clerc ofa fe charger de porter à Rome les lettres infultantes de Henri;

(1) Fleury. Hift. Eccl. T. 13. L. 62.  (2) Spener, Hift. Germ. Univ. ad ann. 1076.

& en effet, il fut affez audacieux pour les préfenter au Pape qui étoit à la tête d'un concile : le Clerc fans fe déconcerter, ordonna au clergé de fe trouver le jour de la pentecôte en préfence du Roi d'Allemagne pour y recevoir
un Pape de fon choix; Hildebrand, ajouta-t-il, ne méritant plus d'être regardé que comme un loup raviffant. Ce trait d'audace indigna le peuple;
la milice de Rome environna le hardi meffager du Roi d'Allemagne, & il eût
été maffacré, fi Grégoire, fe jetant entre la milice & lui, ne lui eût fauvé la
vie, en le couvrant de fon corps.

Cet acte de générofité honoreroit beaucoup la mémoire de Grégoire VII,
s'il ne l'eût gâté lui-même, quelques momens après, par un trait d'impôftu-
re qui paroîtroit aujourd'hui fort ftupide, & qui dans ce tems d'ignorance &
de crédulité fit l'admiration des Romains : je ne crains rien, leur dit Grégoire ; voici le figne que le ciel m'a envoyé du triomphe de l'Eglife fur fon perfécuteur. Ce figne étoit un œuf de poule, autour duquel le Pontife avoit
fait peindre un ferpent, qui armé d'une épée, d'un écu & paroiffant vouloir
s'élever en haut, étoit contraint de fe replier en bas. A la vûe du prétendu
prodige, le peuple profterné, voyant diftinctement, ainfi que le lui expliquoit le Pape, Henri dans le ferpent, rendit graces à Dieu de la protection
qu'il donnoit à fon Lieutenant fur la terre : celui-ci fans perdre de tems ex-
comunia folemnellement l'Empereur, & déliant fes fujets du ferment de fidélité, il défendit à qui que ce fût de le fervir comme Roi (1).

Grégoire n'en étoit point venu à ce grand coup d'éclat, fans avoir pris la
réfolution de le foutenir de toute fa puiffance, & par de nouveaux attentats.
Il envoya une prodigieufe quantité de lettres aux Princes & aux évêques d'Allemagne & d'Italie, dans lefquelles affurant comme un principe inconteftable
que le Pape a le droit de dépofer les Souverains, il exhortoit les Allemands à
élire un autre Roi par l'autorité du S. Siege, & du confentement de l'Impératrice Agnés : car Agnés, mere de Henri IV, retirée à Rome depuis quelques
années, y vivoit dans les exercices de la plus grande piété, écoutoit Grégoire
fon directeur, comme elle eut écouté Dieu lui-même, approuvoit toutes fes
démarches, & depuis que fon fils étoit anathématifé le regardoit comme juftement dévoué à l'exécration publique fur la terre & aux flammes infernales
dans toute la durée de la vie future. Agnés penfoit comme la Comteffe Béatrix & Béatrix comme fa fille Mathilde, qui, récemment veuve de Godefroi
le boffu, & maîtreffe d'une partie de l'Italie, étoit humblement foumife aux
volontés de Grégoire fon directeur, abhorroit par piété Henri fon plus proche parent, & prodiguoit fes revenus au Pape, pour l'aider à foutenir fes
prétentions & même fes plus audacieux attentats, qu'elle ne manquoit pas de
regarder comme émanés du ciel même (2).

Cependant l'Empereur en butte à la fanatique haîne de fes plus proches parentes, fe vit en peu de jour réduit à la plus effrayante fituation ; à peine la
nouvelle de fon excommunication eut pénétré dans fes Etats, qu'il fut abandonné de la plûpart de fes fujets & de prefque tous les Seigneurs, qui, tout
auffi éclairés que le peuple, ne voyoient dans le Roi, foudroié par le Vatican, qu'un monftre, la proie des enfers & un objet d'exécration. Tout le

(1) *Vit. Grég. VII.* T. 10. *Conc.*      (2) Dominizo. L. 1. Lambert. p. 234.

monde fuyoit fa préfence, & il ne reftoit plus auprès de lui que quelques amis, qui peu faits pour leur fiecle, exhortoient leur maître à ramener le Peuple par la vigueur de fa conduite, & à méprifer ces foudres qui ne tiroient leur force, que de la ftupidité des fots & de la crédulité des ames pufillanimes. Ils lui repréfentoient qu'il étoit évident que le Pape n'employoit le prétexte de la religion que pour élever fa puiffance au-deffus de celle des Rois, & qu'il falloit fe hâter à le contraindre de l'abfoudre, en employant contre, lui la force des armes plus actives & plus efficaces que l'excommunication.

Ces difcours étoient fort fenfés; ils étoient très-analogues à la maniere de penfer d'Henri IV, mais-malheureufement perfonne ne penfoit auffi fortement que lui fur ce fujet, d'ailleurs, par fa conduite injufte & violente il avoit foulevé le peuple & les Seigneurs, qui ne cherchoient qu'un prétexte de lui faire éprouver tout leur reffentiment. Plufieurs d'entre les grands, faififfant avec avidité l'occafion favorable que Grégoire leur préfentoit, fe liguerent entre eux, & indiquerent une affemblée folemnelle à Tribur, afin, difoient-ils, de remédier aux maux qui déchiroient l'Eglife, ou plutôt afin de détrôner Henri, après les ordres qu'ils en avoient reçus du Pape. L'indication de cette affemblée fut le fignal d'une défection générale. Avant le 16 d'Octobre jour fixé, le peu d'évêques & de gentils-hommes qui jufqu'alors, étoient reftés attachés à Henri, le quitterent & fe joignirent au refte des confédérés; enforte que Tribur fut à peine affez confidérable pour contenir la foule d'évêques, des grands & des gentils-hommes, qui s'y rendirent de toutes les provinces du Royaume, & tous réfolus de concourir à la dépofition du Monarque. Ce fut-là le feul fujet qui fut agité dans cette mémorable affemblée; on délibéra pendant fept jours entiers, & l'on fent de quel ftile étoient écrits les mémoires qui furent publiquement lus contre Henri, qu'on accufa des crimes les plus horribles, & qui à la verité s'étoit fouillé de quelques-uns dans les premieres années de fon regne (1).

Le malheureux Roi d'Allemagne, tandis que la plus forte partie de fes fujets s'occupoient à Tribur de fa dépofition, étoit à Oppenhein en deça du Rhin avec une petite troupe de foldats qui lui étoient reftés fideles. Il envoya plufieurs députés à l'affemblée propofer divers accommodemens; on rejeta toutes les conditions qu'il offrit; on ne voulut pas même lui permettre, en abandonnant les rênes du Gouvernement, de conferver le nom & les marques de la royauté: un excommunié, lui fit-on répondre, eft au-deffous des plus abjects d'entre les hommes, & il ne doit lui refter ni titre, ni propriété.

Ulcéré de tant d'injures Henri prit la réfolution de s'enfevelir fous les débris du trône plutôt que de recevoir la loi de fes fujets: il attendit intrépidement l'armée des confédérés, qui n'imaginant pas qu'un petit nombre de foldats foudroiés par Rome ainfi que leur général, euffent l'infernale audace de tenir devant une armée nombreufe, & qui agiffoit par les ordres de Dieu même, communiqués par fon vicaire, marcherent contre Henri. Mais à fa fiere contenance & au bon ordre de fa troupe, les confédérés, quoique très-

(1) Bertholde. Conftante. ad ann. 1076.

ſûperiéurs en nombre; prenant des ſentimens plus pacifiques, envoyerent dire à Henri qu'ils vouloient bien s'en rapporter au jugement du Pape; qu'ils
engageroient Grégoire à ſe rendre pour le jour de la purification, à la ville
d'Augsbourg, afin d'y prononcer ſur cette grande affaire; que s'il ne levoit
point l'excommunication avant l'année expirée, le Roi ſeroit déchu du trône;
qu'enfin, pour prouver que de ſon côté il agiſſoit de bonne foi, il eût à renvoyer tous les excommuniés qui l'entouroient, à retirer ſa garniſon de
Worms, & à y retablir l'Evêque, qu'il en avoit chaſſé (1).

Henri qui le trouvoit dans la plus affligeante ſituation, & qui, n'eſpérant
plus de pouvoir conſerver la couronne, avoit pris le parti de périr les armes
à la main en défendant ſes droits, ſe crut trop heureux d'évirer, même aux
conditions honteuſes qui lui étoient offertes, le péril imminent auquel il étoit
expoſé: il remplit ces conditions, renvoya d'auprès de lui les excommuniés, & voyant combien il lui étoit eſſentiel d'être abſous avant l'expiration
de l'année preſcrite, il ſe détermina à aller demander lui·même ſon abſolution au Pape. Henri ne tarda point à ſe mettre en route, accompagné ſeulement de ſa femme; de Conrad ſon fils & d'un gentil-homme Allemand, ne
trouvant ni ſujet ni domeſtique, qui vouluſſent le ſervir, tant on avoit alors
les excommuniés en horreur. De Spire juſqu'en Italie, Henri ne trouva que
des obſtacles & n'eſſuya que des injures, perſonne ne vouloit le recevoir;
tout le monde le rejetoit, & ſon beau-frere même, Amédée Comte de Savoye, ne conſentit à lui permettre le paſſage par ſes Etats, que moyennant
la ceſſion de cinq évêchés en Italie à la bienſéance du Comte.

Henri IV fut un peu conſolé de cette ſuite de diſgraces lorſqu'il fut en Italie, où la nouvelle de ſon arrivée ne ſe fut pas plutôt répandue, que tous
les évêques & les Seigneurs Lombards, moins intimidés qu'on ne l'étoit ailleurs des ſoudres de Grégoire, s'empreſſerent de le voir & de lui fournir des
ſecours; de maniere qu'en peu de jours il ſe vit à la tête d'une nombreuſe
armée (2).

Tandis que le Roi d'Allemagne alloit chercher en Italie ſon abſolution,
le Pape partoit pour l'Allemagne, dans le deſſein d'y achever la ruine du
Roi: mais le Pontife fut étrangement ſurpris, quand on lui apprit que l'ennemi qu'il pourſuivoit, étoit en Italie. A cette nouvelle Grégoire incertain
ſi c'étoit pour ſe venger, ou bien pour être abſous que Henri avoit entrepris
ce voyage, retourna ſur ſes pas, & par les conſeils de la fidele Mathilde,
toujours tendre & toujours allarmée pour ſon directeur, il alla s'enfermer dans
la forterreſſe de Canoſſa en Lombardie, où il reconcilia à l'Eghſe pluſieurs
évêques & Seigneurs Allemands excommuniés, qui vinrent nuds pieds le conjurer de les délivrer des liens de l'Anathême que ſa main paternelle avoir lancés ſur eux. Mais il n'y conſentit, qu'après leur avoir fait promettre par
ſerment qu'ils ne communiqueroient point avec leur Souverain, à moins qu'il
ne ſe ſoumit lui·même à ce qui lui ſeroit ordonné par le Ciel, c'eſt-à-dire
par le Chef de l'Egliſe (3).

Henri dont l'intérêt le plus preſſant étoit alors de ſatisfaire cet homme vio-

Hiſt: d'Al-
lemagne
1024-1125.

Il va en
Italie pour
ſe faire ab-
ſoudre.

(1) Brunaut. Hiſt. Bell. Sax. p. 211. (2) Spener. Hiſt. Germ. Univ. ad ann. 1077.
(3) Fleury. Hyſt. Eccl. T. 13. Lib. 62.

Sect. IV.
Hist. d'Al-
lemagne,
1024-1125.

Conduite re-
voltante de
Grégoire
VII.
1077.

lent, le fit si vivement folliciter par la Comteffe Mathilde, qu'après bien des refus, le Pape voulut bien laiffer entrevoir qu'il pourroit fe laiffer fléchir; mais à condition qu'avant tout, le Monarque lui envoyeroit fa couronne, tous les ornemens royaux, & qu'il s'avoueroit publiquement indigne du trône : les députés de Henri frémirent d'indignation : Grégoire demeura long-tems inflexible; enfin il confentit que le Roi vint auprès de lui & fur tout qu'il fe foumit à tout ce qui lui feroit ordonné.

Il falloit ou perdre fon rang, ou effuyer cette humiliation. Le Roi, quelque idée qu'il eut de Hildebrand, étoit pourtant bien éloigné de prévoir à quel excès cet ancien moine fe porteroit : il promit tout, & fe rendit à la premiere porte du Fort de Canoffa, entouré d'une triple enceinte de murs. Là, l'audacieux Hildebrand lui fit donner ordre de renvoyer fa fuite; Henri IV obéit, & paffa aux pieds du mur de la feconde enceinte; où il reçut un nouvel ordre de quitter fes habits, de ne garder aucun des attributs de la Royauté, de fe couvrir d'une fimple tunique, de jeuner & de s'occuper pendant un jour entier à implorer la miféricorde divine.

Le Roi fe répentit, mais trop tard de fa démarche aviliffante; il étoit indigné des outrages qu'on lui faifoit; mais trop avancé pour retourner fur les pas, il fe détermina à effuyer encore cette injure. Grégoire eut l'inhumanité de le laiffer ainfi, prefque nud & dans la faifon la plus rigoureufe de l'année, pendant trois jours & trois nuits en plein air, entre la deuxieme & la troifieme enceinte. Ce ne fut que le matin du quatrieme jour que le Roi fut admis enfin à l'audience du Pape, qui, après lui avoir parlé fur le ton le plus infultant, lui ordonna de fe préfenter à la diete des Seigneurs Allemands, au tems & au lieu qui feroient indiqués par le Souverain Pontife. Promettez, ajouta-t-il, de vous foumettre au jugement, quel qu'il foit, que je prononcerai; promettez de garder ou de quitter le trône fuivant que vous me paroîtrez innocent ou coupable : jurez de ne porter aucune marque de votre dignité royale; & de ne vous mêler en aucune maniere de l'adminiftration de vos états jufqu'à ce que je vous aye jugé : enfin, à fuppofer que je vous trouve innocent, & que vous reftiez Roi, promettez de m'être conftamment fidele & foumis : car, fi vous manquez à quelqu'une de ces conditions, je déclare par avance que l'abfolution que je vais vous donner fera nulle, & que, reputé convaincu de tous les crimes dont on vous accufe, vous ferez pour jamais déchu de la couronne (1).

Le Pape étoit le plus fort à Canoffa : Henri fit toutes les promeffes qu'on exigeoit de lui, & il en fut dreffé un acte qu'il figna, & qui fut foufcrit & cautionné par plufieurs Seigneurs. Enfin l'altier Grégoire, d'autant plus fatisfait qu'il s'étoit affuré du droit de prononcer fur les accufations portées contre le Roi d'Allemagne, donna enfin cette abfolution fi défirée; & après s'être fait pendant trois jours un jeu cruel d'humilier ce Souverain, il lui donna un feftin fomptueux, le traita avec une magnificence vraiment royale, & le fit remettre à fes gens, au delà de la premiere enceinte du Fort.

Il eft évident que Grégoire avoir fait tout ce qu'il étoit poffible de faire pour conftater la fuprématie de la dignité pontificale fur le fceptre des Rois:
de

(1) Lambert, Schaff. p. 243. Fleury, Hift. Eccl. T. 13. Lib. 62.

*Hist.* l'Al-
lemagne,
1024-1115.

de son côté Henri IV étoit très-content d'avoir, au prix des soumissions qu'on avoir exigées de lui, ôté à ses sujets tout prétexte de rebellion, & il se croyoit désormais affermi sur son trône. L'événement trompa la politique de ces deux ennemis, A la nouvelle de ce qui venoit de se passer à Canossa, les Seigneurs & les évêques Lombards éclaterent en murmures & contre la barbare insolence de Grégoire & contre les lâches soumissions par lesquelles, suivant eux, Henri s'étoit déshonoré (1). Leur indignation s'exhaloit en plaintes ameres, quand le Pape qui ignoroit leurs dispositions, leur envoya un évêque, chargé d'absoudre ceux d'entre eux qu'il avoit excommuniés pour avoir pris le parti de leur légitime Prince; l'arrivée de ce Prélat ranimant toute leur colere, ils déclarerent qu'ils ne vouloient pas être absous, attendu qu'ils regardoient comme nulle l'excommunication lancée par un Simoniaque chargé de mille crimes; ils ajouterent que le Roi s'étoit couvert d'un opprobre éternel, & qu'il avoit indignement trahi l'Eglise & l'Etat qu'il devoit protéger. Enfin, l'animosité des Lombards s'échauffa à un tel point, qu'ils prirent la résolution de déposer Henri, de reconnoître pour leur Roi, Conrad son fils, encore enfant, d'amener celui-ci à Rome, & de l'y faire couronner Empereur par le Pape qu'ils éliroient en la place du Moine Hildebrand.

Informé de ces résolutions, & jugeant par leur violence même combien Grégoire étoit détesté en Lombardie, Henri, pour se reconcilier avec les Lombards & leur prouver que tout ce qu'il avoit fait n'étoit qu'un jeu de sa politique, rompit hautement le traité de Canossa, accusa Grégoire de tous les troubles qui agitoient l'Italie & l'Allemagne & envoya prier les Lombards de le seconder dans le dessein où il étoit d'abattre ce tyran, oppresseur de l'Eglise & des Rois. Mais pendant qu'il se réunissoit avec les Lombards, les Seigneurs Allemands indiquoient une assemblée à Forcheim en Franconie & envoyoient solliciter le Pape de s'y rendre, afin d'y présider à la déposition de Henri & à l'élection d'un autre Roi (2). Le Pape triomphoit & croyoit inévitable la ruine de sa victime, dont-il connoissoit le changement. Il feignit de le croire toujours soumis, & l'envoya sommer de remplir ses promesses & de se rendre en Allemagne, où il le trouveroit lui-même pour juger entre lui & ses peuples. Henri, dissimulant de son côté, prétexta l'importance des affaires qui le retenoient en Italie, demanda un plus long délai, & cependant fit fermer tous les passages & garder toutes les avenues, pour empêcher son ennemi de se rendre en Allemagne (3).

Mais si Grégoire ne put aller à Forcheim, les Légats n'éprouvant point les mêmes difficultés s'y rendirent. L'assemblée fut très-nombreuse, & après de longues délibérations, les Seigneurs réunis chez l'Archevêque de Mayence, Sigefroi, déposerent Henri, & déférerent sa couronne à Rodolphe, Duc de Suahe, auquel ils prescrivirent tant & de si dures conditions, qu'il ne lui restoit presque que le titre de Roi.

*Henri est
déposé &
Rodolphe
élu Roi
d'Allema-
gne.*

Elu le 15 Mars 1077 Rodolphe, quinze jours après fut, solennellement couronné en présence des Légats. Il se hâta d'envoyer au Pape des ambassa-

(1) Lambert. p. 251.   (2) Albert. Uspercg. *ad ann.* 1076-1077.
(3) Fleury. *Hist. Eccl.* T. 13. L. 62.

deurs chargés de l'affurer d'une obéiffance aveugle. Les foumiffions du nouveau fouverain fembloient devoir flatter Grégoire ; mais il. parut très-irrité de
tout ce qui s'étoit paffé dans l'affemblée de Forcheim, prétendant que Rodolphe n'eût dû recevoir la couronne que par fon ordre ou par fon confeil.
Il écrivit aux légats d'exhorter les deux Rois à attendre paifiblement auquel
d'entre eux il jugeroit devoir remettre le fceptre, leur ordonnant de reconnoître & confirmer celui des deux qui paroîtroit le plus foumis au S. Siege &
d'excommunier celui qui feroit la moindre réfiftance.

Les partifans de Rodolphe ne favoient comment concilier la. colere de
Grégoire , avec les foins qu'il avoit pris pour en venir à la dépofition d'Henri
IV, & ils ne concevoient pas comment il pouvoit refufer fon approbation
à un événement qu'il avoir préparé lui-même. Il étoit cependant bien facile de s'appercevoir que Grégoire, perfuadé comme il l'étoit de fa puiffance
abfolue, avoit voulu fans contredit détrôner Henri IV, mais qu'il avoit voulu
en même tems difpofer lui-même de la couronne d'Allemagne ; au-lieu que
cette élection, la faifant paffer fur la tête de Rodolphe, fembloit limiter l'au-
tori.é du fuprême pontificat.

Cependant Grégoire VII triomphant en partie, fortit enfin de Canoffa pour
retourner à Rome, au grand regret de Mathilde, qui, avant qu'il fe féparât
d'elle, fit donation à l'Eglife de tous fes Etats, c'eft-à-dire de la Tofcane
entiere & d'une partie de la Lombardie. Cette donation faite par une femme à fon directeur, & par cette raifou, très-peu valide en elle même, l'étoit
d'autant moins dans cette occafion, que la plûpart des provinces données
étant des fiefs rélevants de l'Empire, Mathilde ne pouvoit en difpofer, au
préjudice d'Henri, qui en fa qualité de Roi d'Allemagne, avoir le titre
d'Empereur futur, & qui d'ailleurs, étant le plus proche parent de Mathilde, devoit naturellement lui fuccéder ; auffi cet acte de libéralité fut-il
un nouveau fujet de divifion entre le Sacerdoce & l'Empire (1).

Cependant, afin de ménager la crédulité des peuples, Henri témoignoit en
apparence le plus grand refpect pour le S. Siege, tandis qu'il ne fongeoit
qu'aux moyens de fe venger avec éclat des attentats du Souverain Pontife.
Son armée dévenoit de jour en jour plus formidable ; & ne doutant point
qu'il ne fût en état d'accabler le Duc de Suabe fon rival, il marcha contre
lui, & les deux armées fe rencontrerent à Blanckenheim en Saxe : Henri fe
hâta d'engager le combat ; la bataille fut terrible, & la victoire fe déclara
pour Rodolphe, qui, tandis que fon ennemi s'enfuyoit, envoya des ambaffadeurs porter à Rome la nouvelle de fon triomphe.

Grégoire
excommunie
Henri. Eft.
dépofé. Clé-
ment 111 eft
élu Pape.
Grégoire VII, qui pour fe décider n'attendoit que de favoir de quel côté
la fortune fe rangeroit, ne balança plus, & approuvant la caufe du plus fort,
il la déclara la plus jufte, excommunia Henri IV, lui ôta fon royaume, &
adreffant la parole aux apôtres Pierre & Paul, il leur recommanda d'ôter encore la force & la puiffance des armes au Prince qu'il anathématifoit. Il
paroit que S S. Pierre & Paul, n'eurent pas toute la déférence poffible à
la recommandation de leur repréfentant ; car dès ce moment il parut que
c'étoit juftement la force de Rodolphe qui déclinoit, à mefure que fon ennemi, maudit & excommunié, réparoît fes pertes paffées.

(1) Cron. Caffin. L. 3. c. 49.

En effet Henri IV, déja supérieur à son rival par la force de ses troupes, & celle de ses alliés, fatigué des injures & des attentats de Grégoire, résolut de le punir par le même moyen que cet ennemi cruel avoit mis en usage pour le détruire: Dans cette vue les Evêques de son parti s'assemblant, déposerent Hildebrand, & élurent Pape, Guibert, Archevêque de Ravennes, qui prit le nom de Clément III. On sait que les decrets portés dans ce Conciliabule, étoient des tissus d'injures, de calomnies & d'horreurs contre Grégoire, qui n'avoit que trop souvent usé des armes qu'on ne faisoit alors que tourner contre lui (1).

Henri rendit à Clément III tous les honneurs qu'il devoit rendre à la dignité pontificale; il lui promit de le conduire à Rome & d'y recevoir de ses mains la couronne impériale, mais avant que de remplir ces promesses, il falloit se délivrer du rival qu'il avoit en Allemagne; aussi fut-ce contre Rodolphe, que Henri dirigea tous ses efforts. A la tête d'une très-grande armée, & accompagné du célebre Godefroi de Bouillon, qui n'avoit alors que vingt ans, il pénétra en Saxe, & marcha contre Rodolphe, résolu de lui enlever & le sceptre & la vie: les deux armées se rencontrerent le 15 Octobre 1080 sur la riviere nommée l'Elster, près de Naumbourg. Egalement impatiens d'en venir aux mains, les deux rivaux donnerent en même tems le signal du combat: la victoire fut d'abord disputée de part & d'autre avec la plus intrépide valeur, & le succès paroissoit se décider du côté de Rodolphe, quand le jeune Godefroi de Bouillon, ranimant son courage & l'ardeur des troupes, s'élança dans les bataillons ennemis, & fondit sur Rodolphe, qu'il renversa à demi mort. Un cavalier du parti d'Henri s'avança, & d'un coup de sabre fit tomber la main droite du malheureux Duc de Suabe, dont la chûte abattit le courage de son armée; elle s'abandonna à la terreur, & la plus grande partie des Saxons furent massacrés. Rodolphe mourut le lendemain, & dans le regret qu'il témoigna, dit on, d'avoir usurpé le trône, il accusa le Pape & quelques évêques des démarches qu'il avoit faites. Il fut plaint de tous ceux qui formoient son parti; il le fut même de la plûpart des sujets d'Henri; car, à la faute près qu'il avoit faite de servir la vengeance de Rome, Rodolphe avoit des qualités qui lui méritoient l'estime générale. Grégoire à Rome étoit bien éloigné de se douter du revers que sa cause éprouvoit en Allemagne: il comptoit si fort au contraire, sur la supériorité de Rodolphe, son protegé, qu'il avoit hautement prédit quelques jours auparavant, que bientôt il mourroit un faux Roi, croyant désigner Henri IV, qui tout maudit qu'il étoit, se couvrir de gloire & tourna la prédiction contre son rival. Pour comble de bonheur, dans le même tems que ses armes triomphoient en Saxe, elles avoient des succès éclatans en Italie, où elles remportoient une victoire signalée sur les troupes de la Comtesse Mathilde en Lombardie. Malgré tant de disgraces, Grégoire, conservant toute sa fierté, rejeta tous les conseils qu'on lui donnoit de se reconcilier avec son ennemi; & ne pouvant se résoudre à plier devant le Souverain qu'il vouloit écraser, il s'occupa tout entier des moyens de réparer ses pertes, & d'assouvir la haine irréconciliable qu'il avoit vouée à son ennemi. A cet effet il envoya des

Hist. d'Allemagne, 1024-1125.

Victoire d'Henri sur Rodolphe qui perit. 1080.

(1) Conciliab. Brixin. Tom. 10. Concil. Spener. ad ann. 1080,

*Grégoire*
*ranime les*
*rebelles.*

lettres en Allemagne, pour exhorter les rebelles à perfifter dans leur revolte, à ne pas trop fe preffer de donner un fucceffeur à Rodolphe, & fur-tout à exiger, du Roi qu'ils éliroient, un ferment par lequel, fe reconnoiffant le vaffal du Souverain Pontife, il promettroit d'obéir, quelques ordres qui lui fuffent envoyés de la part du S. Siege (1).

Tandis que le turbulent Grégoire fouffloit en Allemagne le feu de la difcorde & de la rebellion, il fe reconcilioit avec les Normands qu'il avoit excommuniés, & qu'il combla de bénédictions après leur avoir fait promettre qu'ils feroient déformais fes vengeurs & fes amis. C'étoient Robert Guifchard, Jourdain, Prince de Capoue, & quelques autres Seigneurs qui avoient fait ces promeffes fur lefquelles le Pape fondoit fes plus flatteufes efpérances : mais il vit bientôt s'évanouir tous les projets de guerre & de vengeance, qu'il avoit formés d'après cette ligue qu'il croyoit ne devoir plus fe rompre.

Henri, croyant n'avoir plus rien à craindre en Allemagne, depuis la déroute des Saxons, étoit paffé en Italie, où pendant qu'il célébroit la fête de Pâques, à Vérone, le Pape du haut du Vatican lançoit fes foudres contre lui ; mais il fembloit que les excommunications ajoutaffent à la valeur naturelle de ce Prince, qui, fuivi d'une forte armée, marcha vers Rome, accompagné de l'Antipape Clément. Les Romains lui refuferent l'entrée de la ville, & lui oppoferent une fi vigoureufe réfiftance, qu'après avoir dévafté les environs de cette capitale, il fut contraint de rentrer en Lombardie, où la Comteffe Mathilde, faifant les plus grands efforts en faveur de Grégoire, arma prefque tous les vaffaux & épuifa tous fes tréfors, tant elle étoit ambitieufe de faire triompher fon directeur contre fon plus proche parent. Mathilde étoit mal fecondée par Robert Guifchard, qui, n'ayant au fond aucun intérêt dans cette guerre, & brulant du défir d'unir l'Empire d'Orient à fes nouveaux Etats, étoit paffé, du confentement même du Pape, dans la Grece, où, par des victoires éclatantes fur les Vénitiens alliés d'Aléxis Comnene, il s'étoit ouvert la route de Conftantinople. Il eft très-vraifemblable que Robert Guifchard, feroit monté fur le trône d'Orient, fi les inftances réitérées du Pape & les fuccès d'Henri IV. ne l'euffent obligé d'interrompre le cours de cette expédition. (2).

*Succès de*
*Henri en*
*Italie.*
*1081.*

La Saxe & l'Allemagne, depuis que le vainqueur de Rodolphe avoit paffé les Alpes réfolurent de fe choifir un nouveau Souverain, & élurent Herman, Duc de Luxembourg, qui, peu riche & peu puiffant, leur parut d'autant plus propre à occuper le trône, qu'ils vouloient un Roi qui ne pût prendre d'autorité qu'autant que le Pape & les Allemands voudroient bien lui en laiffer. Herman, élu le 10e. Août 1081, fut facré dès le lendemain ; mais contre l'attente de Grégoire, cette nouvelle répandue en Italie fit peu d'impreffion fur Henri, qui ne craignoit point affez ce rival pour marcher contre lui, & qui d'ailleurs croyant avec raifon que fon plus grand intérêt étoit de fe rendre maître de Rome, vint l'affiéger avec de nouvelles forces, & demeura devant fes murs pendant la plus grande partie de l'été : il ne put y pénétrer tant étoit vigoureufe & foutenue la réfiftance que le Souverain Pontife lui oppo-

*Herman,*
*Duc de*
*Luxem-*
*bourg eft*
*élu Roi par*
*les rebelles.*

(1) Otto Frifing. L. 1. Fleury. *Hift. Eccl.* T. 13. L. 62. (2) *Hiftoire des Rois des deux Siciles,* par M. d'Egly. Item Tom. 37. de notre ouvrage.

foit. Fatigué de l'inutilité de ses efforts & accablé par la chaleur de la sai- Hist. d'Al-
son, Henri le retira en Lombardie, laissant le commandement de l'armée à lemagne,
l'Antipape Clément; qui, s'acquitant avec distinction des fonctions du généralat, 1024 1125.
ravagea la campagne & enleva les moissons des Romains.

Herman, le nouveau Roi tenta vainement, pour secourir Grégoire; de
faire une invasion en Suabe: rien ne lui réussit, & il fut contraint de rentrer en Saxe. Toujours animé du désir de s'emparer de Rome, Henri revint
pour la troisième fois y mettre le siege; & sachant que l'on excommunication
étoit le principal motif de la haine que lui témoignoient les Romains, il commença par rendre la liberté à plusieurs évêques qu'il tenoit en captivité, protestant hautement qu'il ne vouloit entrer dans Rome, que pour y recevoir la
couronne impériale des mains de Grégoire qu'il étoit prêt à reconnoître pour
seul & légitime Pape (1).

Informés de ces dispositions les Romains qui ne refusoient de recevoir Hen- Henri ga-
ri, qu'ils ne haïssoient que par ce qu'il étoit excommunié, & qui d'ailleurs gne les Ro-
étoient très-fatigués de ces hostilités, preferent si vivement le Pape, que mains.
craign[ent] une défection générale, il consentit à entamer une négociation avec
son ennemi, auquel les Romains promirent, à l'insçu du Pontife, d'élire un
autre Pape, si Grégoire se refusoit à la cérémonie du couronnement. Le
Souverain Pontife, qui ne se doutant point de ce traité secret, ne songeoit à
rien moins qu'a se reconcilier avec Henri, promit d'assembler incessamment un
concile pour terminer toutes ces contestations; & le Roi d'Allémagne jura
de son côté, de laisser les passages libres à tous ceux qui voudroient s'y rendre. Fidele à l'on engagement il n'excepta de ce traité que les députés des
rebelles d'Allemagne, qu'il fit & qu'il avoit certainement le droit de faire arrêter en chemin.

Les Romains, à l'expiration du terme dont ils étoient convenus avec Henri pour son couronnement, firent part au Pape du traité qu'ils avoient conclu, lui déclarant qu'ils ne vouloient plus souffrir de ces lenteurs, & qu'il eût à
le couronner solemnellement avec l'onction sacrée, ou bien, que pour les dégager, il lui donnât simplement une couronne. Grégoire consentit à ce dernier point, & promit de jeter du haut du château S. Ange une couronne
aux pieds du Roi, qui refusa cette forme de couronnement, en effet très-in- Il est cou-
jurieuse. Il s'appliqua à gagner les Romains, les uns par des menaces & les ronné par
autres par des bienfaits: il y réussit enfin au moyen d'une somme considérable l'Antipape.
qu'Alexis Comnene lui avoit envoyée pour l'engager à porter la guerre dans 1084.
les états de Robert Guischard. Henri laissa les états de Robert tranquilles,
& répandit si à propos cet argent, que les portes du palais Latran lui furent
ouvertes. Le peuple étoit pour lui; mais les nobles restoient attachés à Grégoire, qui se tenoit caché dans le château S. Ange. Henri fit venir son Antipape, & celui-ci mit solemnellement la couronne Impériale sur la tête de son
bienfaiteur (2).

La nouvelle des succès du nouvel Empereur fut reçue avec acclamation
par les Lombards, qui se flattoient qu'une fois maître de Rome, il pouroit
chasser les Normands dont ils ne voyoient qu'avec beaucoup de jalousie la

(1) Acta Greg. VII. c. 3. Epist. Boll. L. 15.    (2) Spener. ad ann. 1084.

domination s'étendre de jour en jour. Mais les Normands de leur côté, pénétrant la disposition des Lombards, résolurent de les gagner de vitesse &
de traiter avec Henri en l'absence de leur chef; à cet effet les principaux
d'entre eux allerent le trouver avec Didier, Abbé de Mont-Callin, zélé partisan de Grégoire, & qui ne consentoit à cette démarche que pour sauver
son monastere de la destruction dont l'Empereur l'avoir menacé; mais Didier,
quelque interêt qu'il eut à ménager ce Monarque, refusa de lui jurer fidélité
& de recevoir de sa main l'investiture de l'Abbaye du Mont-Callin, prétextant qu'il ne pouvoir rien recevoir de lui, que lorsqu'il auroit été couronné
Empereur; car Didier ne regardoit point comme une cérémonie légale le
couronnement fait par l'Antipape.

Le siege du château S. Ange, se poursuivoit toujours avec la plus grande
vigueur, & Grégoire ne pouvant plus tenir, se trouvoit dans une très-inquiétante situation, quand il reçut la nouvelle de l'arrivée prochaine de Robert Guischard, qui, laissant à Boëmond son fils le soin de continuer la guerre
en Orient, accouroit au secours du Pape, & étoit déja aux environs d'Otrante, Henri ne se sentant point en état de lutter contre Robert & son armée,
leva le siege & se retira du côté de la Lombardie, Grégoire VII sortit du
château S. Ange par les soins de Robert, qui alla faire rentrer plusieurs villes
& plusieurs châteaux sous la domination du S. Siege.

A peine le Pape se vit libre qu'assemblant un concile il y renouvella l'excommunication contre l'Antipape, l'Empereur & leurs partisans; mais le
grand nombre de ceux-ci l'effrayant, il s'éloigna de Rome & crut trouver
un azile plus sûr à Salerne, où en effet il demeura jusqu'à sa mort sous la
protection de Robert. Henri ne resta guere plus long-tems à Rome, & y
laissant l'Antipape il se rendit en Lombardie, d'où il passa en Allemagne.
Excités par les évêques & commandés par quelques grands, les Lombards se
jeterent sur les terres de la Comtesse Mathilde, dont les vassaux ne purent
d'abord faire qu'une foible résistance; & même dès la premiere action ils furent completement battus; mais bientôt se réunissant, ils tomberent à leur
tour sur les Lombards, en massacrerent la plus grande partie & disperserent
le reste (1).

Les mêmes factions qui désoloient l'Italie accabloient l'Allemagne, divisée
en deux partis, l'un de ceux qui reconnoissoient Henri IV pour Roi, & Clément III pour Pape, l'autre de ceux qui ne vouloient obéir qu'à Herman
comme leur Souverain, & à Grégoire VII comme seul & légitime Pape. Egalement excédés d'hostilités & de combats, les uns & les autres parurent desirer dans le même tems de voir finir ces trop cruelles dissentions: ils s'assemblerent dans la vûe de terminer cette querelle par la voie d'un accommodement. Henri fut invité à se rendre à cette assemblée; mais comme une telle démarche eût compromis ses droits, & qu'il ne connoissoit d'autre assemblée légitime dans ses états que celles qu'il convoquoit lui-même, il refusa
d'y paroître. Herman se conduisit tout différemment, & il s'y trouva, de
même que le Légat de Grégoire: on disputa de part & d'autre avec la plus
grande vivacité; les uns soutinrent qu'ils étoient fondés à ne vouloir plus

(1) Berthold. ad ann. 1084.

obéir à un Prince excommunié, & les autres moins fanatiques & plus raifonnables, aſſurerent que cette excommunication étoit nulle. La querelle
s'échauffa, chacun reſta dans ſon opinion, & l'aſſemblée fut diſſoute ſans
qu'on y eut rien décidé.

Herman, pour ſuppléer à l'inſuffiſance de cette aſſemblée, convoqua un concile à Quedlinbourg; mais comme cette aſſemblée n'étoit compoſée que de
ſes partiſans & de ceux de Grégoire, il y fut décidé que les jugemens du
Pape n'étant & ne pouvant être ſujets à reviſion, tout ce que Grégoire avoit
fait étoit de la plus inébranlable validité. D'après cette déciſion on prononça
l'anathême contre l'Antipape & tous ſes adhérans, & les decrets de ce concile
ou plutôt de ce conciliabule furent tous ſouſcrits par Herman, qui s'y donnoit
le titre de Roi des Romains. Henri IV, croyant devoir oppoſer concile à
concile, en convoqua un où il aſſiſta lui-même, ainſi que les Légats de Guibert: tous ceux qui s'y trouverent reconnurent par écrit Henri IV pour ſeul
Roi, Guibert pour ſeul Pape, regardant comme ſchiſmatiques, excommuniés & anathêmes tous ceux qui défendoient la cauſe ou d'Herman ou de
Grégoire (1).

Ainſi loin de s'éteindre le ſchiſme augmentoit chaque jour de violence
& de fureur, & le véritable auteur de ce ſchiſme, Grégoire VII, qui par
ſon ambition outrée & ſes hauteurs faiſoit ſi cruellement dévaſter l'Italie &
l'Allemagne, étoit fort dangereuſement malade à Salerne. Entouré d'évêques
& de cardinaux qui, le voyant au dernier moment de ſa vie, le conjuroient
de leur indiquer celui qu'il jugeoit le plus digne de lui ſuccéder, il déſigna
trois ſujets. Didier, Abbé du Mont-Caſſin, Otton, évêque d'Oſtice & Hugues,
Archevêque de Lyon. On lui demanda encore s'il vouloit pardonner à ſes ennemis; les uns aſſurent qu'à cette demande il témoigna le plus grand remords
d'avoir allumé le feu de la guerre par ſon acharnement contre Henri: mais
ces remords n'étoient guere dans le caractere de l'implacable Hildebrand;
auſſi le plus grand nombre ſoutient avec plus de vraiſemblance qu'il répondit: à l'exception de Henri ſoi-diſant Roi, & de Guibert ſoi-diſant Pape,
j'abſons tous ceux que j'ai excommuniés; j'ai aimé la juſtice, j'ai haï l'injuſtice, & c'eſt pour cela même que je meurs en exil. En effet peu de momens après il mourut à Salerne le 25 juin 1085.

Il y auroit de l'injuſtice à ne pas reconnoître dans Grégoire VII, de très-
grandes qualités; il eut même beaucoup de zele pour la Religion; mais ce
zele fut trop dévorant, quelquefois même trop atroce: il le croyoit de bonne
foi au-deſſus de tous les Monarques, & pour faire reſpecter ſa ſuprématie, il
ſe fit un jeu cruel d'humilier les Rois & de ſoulever les Papes contre eux, ſon
pontificat fit couler des torrents de ſang: néanmoins c'eſt ce Pape que Rome a cru devoir placer au nombre des ſaints: ce fut Paul V, qui le cannoni-
ſa en 1609, & même en ſon honneur on a dreſſé dans la ſuite un office particulier; mais cet office injurieux à l'indépendance des trônes & à la puiſſance
des Rois, a été ſévérement proſcrir dans tous les états de l'Europe, où, un
ſeul excepté, on eſt très éloigné de croire à la ſainteté de Hildebrand (2).

(1) *Annal.* Hildeshein. Spener. *ad ann.* 1085.     (2) Fleury. L. 63 & 3. *Diſc.*
*ſur l'Hiſt. Eccl.*

Conformément aux intentions du dernier Pape, Didier, Abbé du mont Cas
sin fut élevé au pontificat malgré sa longue résistance, car pendant près de
deux ans, il refusa de consentir à son élection; mais enfin il se laissa sacrer,
prit le nom de Victor III, se hâta d'envoyer des Légats en Allemagne pour
y notifier sa promotion, & confirmer les anathèmes prononcés par son prédécesseur contre l'Empereur Henri IV. Didier eût bien mieux fait de commencer son Pontificat par des bénédictions que par des anathèmes & des malédictions; les lettres portées à Spire furent lues publiquement & en présence
de l'Empereur lui-même, auquel les Catholiques, fatigués de tant de dissentions, promirent toute leur assistance pourvû qu'il se fît absoudre de l'excommunication; mais Henri ne cessoit de répéter qu'il n'avoit pas besoin d'absolution, parce qu'il ne pouvoit être excommunié: de manière qu'il convenoit
que s'il eût réellement encouru l'anathème, il eût pu être légitimement dépouillé de l'Empire: c'étoit ainsi qu'on pensoit dans ce tems. Quoiqu'il en
soit, les Catholiques ne pouvant vaincre son obstination, résolurent de ne
plus faire avec lui ni paix, ni treve.

Quelque animés pourtant que fussent les partisans de Rome ils commençoient à être très-fatigués des troubles & des divisions: déjà les Saxons moins
zélés pour l'usurpateur Herman, l'avoient obligé de se retirer en Lorraine où
peu de tems après il fut tué dans un simulacre de siege qu'il faisoit faire à ses
soldats pour les exercer. Les Saxons de ce tems, nation trop inconstante &
trop indocile pour obéir long-tems au même Souverain, furent à peine rentrés sous les loix de Henri, qu'ils s'en répentirent; ensorte que, renonçant
de nouveau à la fidélité qu'ils lui avoient promis, ils se donnerent pour Roi
Echbert, Marquis de Saxe; mais Echbert fut encore plus malheureux qu'Herman. Complettement battu par l'Empereur, pendant que ses sujets fuyoient,
il alla se cacher dans un moulin où il fut poignardé, suivant les uns par un
des soldats du parti contraire, & suivant les autres, par un assassin aux gages
de l'Abbesse de Quedlinbourg, sœur de Henri.

Le Pape Victor étoit mort, & l'évêque d'Ostia, son successeur, sous le nom
d'Urbain II écrivit de tous les côtés pour annoncer aux Catholiques qu'il sui-
vroit d'aussi près qu'il lui seroit possible la conduite de Grégoire VII; & une
telle déclaration préparoit à des cruelles guerres. Les Romains, fatigués des
dépenses énormes auxquelles les avoit exposés l'Antipape Guibert, lui avoient
fait promettre par serment qu'il ne tenteroit plus de s'emparer du suprême
pontificat. Henri lui-même l'eût volontiers abandonné si les évêques & les
prélats du parti de cet Antipape & qu'il avoit ordonnés n'eussent détourné
l'Empereur de ce projet, persuadés avec raison qu'ils seroient inévitablement
déposés avec Guibert, & sacrifiés comme lui à la reconciliation des chefs des
deux partis.

Si d'un côté Henri se laissoit persuader par les évêques schismatiques,
de l'autre Urbain ne songeoit à rien moins qu'à donner la paix à l'Europe;
au contraire, pour fortifier son parti il engagea Mathilde âgée alors de 43 ans
à donner sa main à Guelfe, fils du Duc de Baviere; & Mathilde enchantée
de trouver une occasion de témoigner sa déférence au Souverain Pontife, lia
son sort à celui de ce jeune Prince, malgré l'extrême disproportion de son
âge

âge (1). Cependant il ne paroît pas que cette union fut anſſi favorable aux ennemis d'Henri qu'Urbain s'en étoit flatté, ils eſſuyerent des pertes très-conſidérables, & leurs armes furent conſtamment malheureuſes. Il eſt vrai que Henri IV échoua dans les tentatives qu'il fit pour attirer dans ſon parti Louis II, Comte de Thuringe, auquel l'Archevêque de Magdenbourg écrivit à ce ſujet les plus preſſantes lettres; mais Louis, attaché aux intérêts de Rome juſques au fanatiſme, répondit au Prélat par un torrent d'injures contre Henri IV, qu'il accuſoit des crimes les plus noirs.

Hiſt. d'Allemagne, 1074-1125.

Informé de quelques avantages que ſes ennemis venoient de remporter en Italie, l'Empereur s'y rendit, réſolu d'y reprendre la ſupériorité: il réuſſit, les terres du Duc Guelfe furent cruellement ravagées, malgré la vigoureuſe réſiſtance de Mathilde ſon épouſe, qui, contrainte elle-même de ſe renfermer à Mantoue y ſoutint pendant une année entiere tous les efforts des armes impériales, mais enfin, elle fut contrainte de céder & de fuir devant le vainqueur. Les Romains allarmés des ſuites que pouroit avoir la priſe de Mantoue & craignant la colere de l'Empereur, rappellerent, dans la vue de l'appaiſer, l'Antipape Guibert qu'ils rétablirent ſur le ſiege pontifical. Urbain excommunia Guibert & l'Empereur. Accoutumé à l'anathême, celui-ci ne ſe fût même pas apperçu de la foudre lancée ſur ſa tête, ſi dans le même tems Conrad ſon fils ne ſe fût revolté contre lui; &, s'il faut s'en rapporter aux hiſtoriens contemporains, même à ceux qui paroiſſent les plus favorables à l'Empereur, c'étoit lui qui avoit forcé ſon fils à lever l'étendard de la rebellion.

Succès d'Henri en Italie. 1090.

Henri IV avoit épouſé en ſecondes noces Adelaïde, & peu de jours après il avoit conçu pour elle une haine violente, qui, s'accroiſſant de jour en jour, alla de ſa part juſqu'aux plus ſanglans outrages. Peu content d'avoir fait renfermer ſon épouſe dans une étroite priſon il envoya pluſieurs hommes l'inſulter, leur ordonnant même d'uſer de violence, ſi elle ſe refuſoit à la brutalité de leurs entrepriſes. Comme ſi ces traitemens n'euſſent pas été déja, continuent ces mêmes hiſtoriens, aſſez affreux, Henri voulut que Conrad ſon fils allât, comme les autres, outrager Adelaïde & en abuſer, ſoit de gré, ſoit de force. Conrad frémir d'horreur à la ſeule propoſition de ce crime, & l'Empereur irrité de ce refus, lui dit qu'il ne le reconnoiſſoit plus pour ſon fils, & qu'il ſavoit bien qu'il étoit né d'un commerce adultere entre ſa mere & un Seigneur de Suabe, auquel on prétend en effet que Conrad reſſembloit beaucoup. Quoiqu'il en ſoit, le jeune Prince refuſant d'outrager ſa belle mere, & profondement ulcéré contre l'Empereur, quitta bruſquement ſa cour, ſe réunit à Guelfe & aux confédérés, alla en Italie dont il fut couronné Roi par l'Archevêque de Milan, & ſe ligua auſſi avec Roger, Roi de Sicile, dont il épouſa la fille (2).

Revolte de Conrad contre l'Empereur ſon pere. 1091-1094.

La revolte de Conrad fixa la ſupériorité du côté des confédérés, enſorte que Henri, éprouvant chaque jour des nouvelles pertes, & voyant ſes ſoldats l'abandonner par troupes, il courut s'enfermer dans une fortereſſe, où ſe dépouillant de toutes les marques de ſa dignité, il ſe livra à une ſi violente

---

(1) Berthold. ad ann. 1086. Spener. Hiſt. Germ. Univ.    (2) Dodechinus. ad ann. 1093.

douleur, que dans fon défefpoir il eut plus d'une fois attenté à fa vie, fi lès amis ne l'en euffent empêché. Les armes de Conrad & celles du Duc Guelfe, profpéroient en Lombardie; mais celui-ci, fans qu'il parut y avoir aucune forte de mécontentement entre lui & Mathilde fon époufe, s'en fépara, proteftant hautement qu'il n'avoit point confommé fon mariage avec elle. Ils demeurerent féparés, & malgré ce divorce, la faction de Conrad étoit fi puiffante, qu'Urbain tint un concile à Plaifance au milieu de la Lombardie, celle de toutes les provinces qui jufqu'àlors étoit reftée le plus fortement attachée à l'Empereur. Ce concile fut fi nombreux, que, n'y ayant point à Plai-fance d'Eglife, ni de place affez vafte pour contenir tous ceux qui s'y étoient rendus, le Souverain Pontife fut obligé de tenir les féances en pleine campagne.    Ce fut devant cette grande affemblée que parut Adelaïde, époufe de Henri, qui, s'étant fauvée de fa prifon, vint révéler tous les outrages qu'elle avoit effuyés & rendre compte de la vie forcément débordée à laquelle l'Empereur l'avoir contrainte de s'abandonner durant fa captivité: Urbain la difpenfa de la pénitence qu'elle eut mérité de fubir, fi elle eût confenti à cette fuite continuelle d'adulteres: il la laiffa libre de difpofer d'elle-même, & elle alla fe renfermer dans un monaftere, où elle acheva de vivre dans les exercices de la plus grande piété.    La publicité des crimes d'Henri acheva de foulever contre lui tous fes fujets; la plùpart de ceux-mêmes qui lui étoient reftés attachés l'abandonnerent (1).

Le Pape témoignoit le plus grand zele pour le jeune Conrad, qui, à la vérité lui avoir promis la plus aveugle déférence. Sûr de ce Prince, Urbain vint en France, & alla tenir à Clermont en Auvergne ce concile fameux, dans lequel, après avoir excommunié l'Empereur & l'Antipape, le Souverain Pontife eut la hardieffe d'excommunier auffi Philippe le Bel, dans fes propres Etats.    Il eft vrai que Philippe avoit fcandaleufement répudié la Reine Berthe & plus fcandaleufement encore époufé Bertrade dont le mari vivoit encore. Mais la conduite de Philippe le Bel, eut-elle encore été plus répréhenfible, le Souverain Pontife étoit inexcufable de venir dans le royaume de ce Monarque l'excommunier, foulever fes fujets, allumer le flambeau de la difcorde & bleffer d'une maniere auffi outrageante les droits & l'indépendance de la couronne.    Dans ce même concile le Pape ne quitta point la foudre fans en avoir frappé auffi tous les Laïques, Rois ou Princes qui donneroient l'inveftiture des bénéfices, & tous les eccléfiaftiques qui la recevroient ou qui prêteroient ferment de fidélité entre les mains des Rois, étant une chofe indigne, difoit audacieufement le fanatique Urbain, que des mains qui avoient l'honneur de tenir tous les jours le corps du Seigneur, fuffent tenues, en figne de fujetion, par des mains profanes & fouvent impudiques.    Il y avoit bien loin du difcours d'Urbain, à la conduite de ceux d'entre fes prédéceffeurs qui ne fe croyoient légitimement Papes que lorfqu'ils avoient prêté ferment entre les mains de l'Empereur (2).

Mais le plus important des actes de ce concile & celui qui eut pour l'Europe les plus cruelles fuites, fut la publication de la premiere croifade; publication faite par Urbain, aux vives follicitations de Pierre l'hermite, prê-

(1) Fleury. Hijl. Eccl. Lib. 63.    (2) Roger. Hoveden. p. 1. annal.

tre du Diocefe d'Amiens, d'après le récit exagéré duquel, le Souverain Pontife, fit un difcours fi pathétique ·fur l'état des Chrétiens de la Paleftine, & fur ce qu'il appelloit la juftice qu'il y auroit à aller envahir ce pays, légitimement poffédé par les Turcs, que toute l'affemblée en fut vivement touchée: enforte qu'il fut unanimement réfolu que l'on entreprendroit inceffamment cette malheureufe guerre, & que tons ceux qui voudroient y prendre part, porteroient, pour marque de leur enrollement, une croix d'étoffe rouge fur leurs habits, origine du nom de croifade qui fut donné à ces folles expéditions. Hift. d'Allemagne, 1024-1125.

· Le concile de Clermont, difent les hiftoriens de ce tems, n'eut pas plutôt pris fin, que les évêques allerent dans leurs diocefes prêcher la croifade; & afin d'y attirer plus de monde, ils fe mirent à annoncer de la part du Ciel une remiffion totale de tous crimes, fut-ce des plus noirs attentats. C'eft là l'époque de la naiffance de cette branche de commerce fi fertile pour Rome, qu'on appelle indulgence, & que la pieufe adreffe du clergé rendit en peu de tems fi floriffante. Bientôt on vit une foule d'hommes & de femmes ·de tout âge & de route condition entourer les évêques & les conjurer de ·leur donner des indulgences, en proportion de l'argent qu'ils en offroient : les Seigneurs vendoient ou engageoient à vil prix leurs châteaux & leurs terres, le frere fe féparoit du frere, le fils quittoit la maifon paternelle, les débiteurs affurés d'évirer la pourfuite de leurs créanciers, les libertins dans l'efpérance de fe livrer à leur goût pour les plaifirs, les moines pour fe délivrer de l'ennui de leurs cloîtres, prenoient les habits militaires; des femmes traves-ties & attachées aux Croifés: tous quittoient leurs biens, tous s'éloignoient de leur patrie; enivrés de débauche, de fanatifme & de fureur, tous courroient s'enfoncer dans la Paleftine, & engraiffer la terre fainte de leur fang(1). Publication de la 1ᵉ croifade.

Le défir de délivrer la Paleftine n'étoit cependant point le motif le plus preffant d'Urbain, fon but étoit d'obliger par cette diverfion les Sarrazins à repaffer en Orient, & par·là il comptoit mettre l'Italie à l'abri de leurs incurfions: il vouloit auffi affoiblir leur puiffance en Efpagne, où en effet leurs forces allerent depuis en décroiffant. Urbain d'ailleurs penfoit que la plûpart des fchifmatiques, profitant de cette occafion pour fe reconcilier à l'Eglife, abandonneroient Henri IV: mais fur-tout il penfoit que cette expédition, réuniffant tous les chrétiens, feroit ceffer les guerres particulieres qu'ils fe faifoient depuis plus de deux ans dans prefque tous les Gouvernemens de l'Europe, où l'on voyoit les Seigneurs divifés entre eux & les vaffaux perpétuellement armés les uns contre les autres.

Les Souverains, indépendamment de leur zele pour la religion, croyoient appercevoir les plus grands avantages dans ces croifades, qui les débarefferoient de la plus grande partie d'une nobleffe indocile & d'une foule de Seigneurs, qui fe prétendoient les égaux & non pas les fujets de leurs maîtres: d'ailleurs, ces entreprifes leur fourniffoient des pretextes d'établir des impôts que les peuples-payoient fans murmurer, & dont le produit étoit employé à des ufages contraires à fa deftination. Il faut avouer cependant que l'enthoufiafme, ou fi l'on veut le fanatifme, de cette premiere croifade ne fe communiqua Motifs du zele des Souverains pour les Croif. &c.

(1) Guill. Tyr. L. 1. c. 2.

SECT. IV.
Hift. d'Al-
lemagne,
1024-1125.

point des peuples aux Souverains ; car il n'y en eut aucun qui abandonna fes états pour aller en Paleftine. Les deux Monarques les plus puiffans de l'Europe, excommuniés tous deux & tous deux faifant fort peu de cas de ces cenfures, étoient trop occupés chez eux à maintenir leur propre autorité contre les entreprifes des Papes & contre la revolte de leurs peuples, pour fonger à ces conquêtes éloignées. Ils fe contenterent de laiffer à leurs fujets & à leur vaffaux la liberté de prendre la croix (1). En Allemagne, un prêtre nommé Gotefcalc, ou Gottfchalck, raffemblant par fes exhortations environ quinze mille foldats, fe mit à leur tête & paffa en Hongrie, où cette petite armée exerça de fi cruels ravages, que les Hongrois foulevés s'armerent, & allerent l'inveftir de toutes parts : les croifés mirent bas les armes, comptant fur les promeffes qu'on leur avoit faites de leur laiffer la vie & la liberté de fe retirer : mais ils ne furent pas plutôt défarmés qu'ils furent tous exterminés.

Premier
défaftre des
Croifes d'Al-
lemagne.

Cependant les croifés rendirent en Italie la fupériorité au Pápe Urbain : ils le rammenerent à Rome qu'ils lui foumirent, à l'exception du château S. Ange, qui étoit en la puiffance des partifans de Guibert. Chaffé de Lombardie par les troupes de la Comteffe Mathilde, Henri fut contraint de paffer en Allemagne, où les Seigneurs, fatigués de la guerre qu'ils faifoient depuis fi longtems à leur légitime Souverain, & n'étant point excités par les plus turbulents d'entre eux qui étoient paffés en Orient, lui jurerent un retour fincere & le plus invariable attachement. Encouragé par ces difpofitions l'Empereur crut enfin pouvoir venger fon autorité offenfée : à cet effet, dans une diete convoquée à Mayence, où il fit mettre Conrad au ban de l'Empire, il défigna Henri fon fecond fils pour fon fucceffeur. Afin de témoigner fon zele pour la tranquillité publique, il s'occupa du foin de réprimer bien des abus qui s'étoient introduits à la faveur des diffentions paffées. La ville de Mayence avoit beaucoup fouffert, il y avoit peu de tems, d'une fédition que des malintentionnés y avoient fufcitée : Henri fit faire de rigoureufes recherches des auteurs du défordre, dans l'intention d'effrayer par l'exemple du châtiment ceux qui feroient tentés d'imiter ces factieux ; mais c'étoit précifément l'Archevêque de Mayence, qui, par des motifs particuliers d'intérêt & de vengeance, avoit tramé & fait exécuter le complot de cette fédition, & il frémit des pourfuites que l'Empereur avoit ordonnées. Informé des allarmes du Prélat, Henri fit ceffer toute recherche ; mais l'Archevêque, fe croyant trop coupable pour mériter un tel ménagement, ou ne comptant point affez fur l'indulgence de Henri, continua de craindre, & s'enfuit en Thuringe où il alla tramer des complots encore plus criminels (2).

Les grands
fe réuniffent
à Henri IV.

Rome & le fanatifme effuyerent une fenfible perte, celle d'Urbain, qui, avant que d'avoir pu exécuter une partie de fes vaftes projets, mourut, après un pontificat de onze ans quatre mois & quelques jours ; mais avant que de defcendre au tombeau, il avoit eu la douce confolation d'être inftruit des fuccès des croifés, qui, ayant pris Jérufalem fur les Turcs, avoient choifi pour Roi de cette ville & de quelques villages des environs le fameux Godefroi de Bouillon, qui eut beaucoup mieux fait de ne pas accepter cette couronne. En effet de tous les Gouvernemens de la terre, fans en excepter même la

_____

(1) Fleury. 6. Difc. fur l'Hift. Eccl. (2) Albert. Stad. Urfperg. Spener. ad ann. 1097.

République de S. Marin, il n'y en avoit point de plus petit ni de plus pauvre que ce Royaume tant vanté par les Poëtes & par les Romanciers. La domination de ce monarque ne s'étendoit guere au delà de l'enceinte des murs de Jérusalem : car son autorité n'étoit pas absolue dans ces villages, habités en très-grande partie par des Turcs & par quelques chrétiens du pays, moins attachés aux Francs qu'ils ne l'étoient aux Turcs. C'est cependant pour conserver ce chétif royaume que l'Occident s'est épuisé pendant près de deux cens années (1).

*Hist. d'Allemagne ;.* 1024-1125.

*Fondation du Royaum de Jérusalem.*

Tandis que les croisés fondoient sur les fables de la Palestine le trône de Jérusalem, les Romains élevoient au Pontificat le Cardinal Rainier, qui se fit sacrer sous le nom de Paschal II. Ce Paschal, aussi ambitieux, aussi fougueux, aussi entreprenant que ses prédécesseurs, adopta toutes leurs idées au sujet de l'agrandissement de l'autorité temporelle de l'Eglise : pour abattre le parti des Schismatiques, il poursuivit à main armée l'Antipape Guibert ; celui-ci effrayé de l'orage & beaucoup plus encore des désastres multipliés que ses partisans essuyoient, s'enfuit à Citta di Castello, & mourut subitement dans la vingtieme année de son intrusion.

La mort de l'Antipape présentoit à Hénri une occasion heureuse de faire proposer au S. Siege des voyes de conciliation ; mais il étoit trop irrité des désastres qu'il avoit éprouvés en Italie, trop impatient d'y rétablir, par la force des armes temporelles, l'autorité que la force des armes spirituelles lui avoit fait perdre, pour songer à de tels moyens. Se croyant assuré de la fidélité des troupes d'Allemagne, pour braver Rome, il fit consécutivement élire trois Antipapes, Albert, Théodoric, & Maginulphe ; leur pontificat fut aussi court que malheureux : dès le jour même de son élection, Albert fut pris, par les troupes de Paschal & jeté dans un cachot : Théodoric, étant tombé aussi 35 jours après son élection entre les mains de les ennemis, fut renfermé dans un monastere à perpétuité. Maginulphe, fourbe insigne, qui se faisoit nommer Silvestre IV, & qui, par des superstitions prétendues magiques & des grossieres prédictions sur sa grandeur future, tentoit de séduire le peuple, fut chassé honteusement de Rome, & mourut dans l'opprobre & dans l'indigence : ensorte que Paschal demeura sans rivaux sur la chaire pontificale.

*Hénri fait élire consécutivement trois Antipapes. Leur sort.* 1099.

Pendant que ces Antipapes se faisoient enchaîner & mépriser en Italie, Henri IV faisoit couronner à Aix la Chapelle, Henri son second fils, sans se douter qu'il fomentoit dans son sein un serpent qui dans peu causeroit sa derniere ruine. Mais alors le jeune Henri paroissoit si soumis aux volontés de son pere ; il juroit, en apparence avec tant de bonne foi, de ne jamais se mêler, du vivant de son bienfaiteur, du gouvernement de l'Empire, qu'il eût trompé la prudence du plus habile politique : il se laissa pourtant gagner bientôt par les mêmes artifices qui avoient égaré son frere Conrad, mort depuis peu en Italie, où il gouvernoit conjointement avec le Pape & la Comtesse Mathilde. La cour de Rome, vivement affligée de la mort de ce Prince, parut adopter le bruit qui se répandit au sujet de sa mort : les ennemis de l'Empereur accuserent celui-ci d'avoir fait empoisonner son fils ; sur le tombeau

*Mort de Conrad. Henri son frere est couronné Roi.*

(1) Fleury. *Sixieme discours sur l'Hist. Eccl.*

duquel on aſſuroit ſtupidement qu'il s'étoit opéré des miracles; comme ſi le
Ciel eût voulu témoigner qu'il avoit autoriſé la revolte de ce Prince contre
ſon pere, parce que le S. Siege l'avoit autoriſée. Au reſte, à ce crime près,
Conrad étoit digne du rang auquel il vouloir s'élever : on admiroit en lui
d'excellentes qualités, une rare bienfaiſance, une valeur éprouvée & beaucoup de modération.

La mort de Conrad déconcertoit d'autant plus les vues de Paſchal, qu'il
croyoit, aiſſi que l'Allemagne entiere, le jeune Henri dans les intérêts de
ſon pere, auquel d'ailleurs le S. Siege ſçavoit que la nobleſſe & le peuple
étoient depuis quelque tems attachés : auſſi déſéſpérant de le perdre, Paſchal
entreprit de le ramener à l'obéiſſance de la cour de Rome, & pour y réuſſir
il lui écrivit dans les termes les plus modérés, le priant de ſe trouver à un
concile qu'il devoir tenir inceſſamment à Rome, afin d'y rétablir la bonne intelligence entre l'Empire & le ſacerdoce : Henri promit de s'y rendre ; mais
enſuite, craignant de compromettre ſon autorité, s'il y paroiſſoit, & ſoup-
çonnant dans le Pape l'intention de n'aſſembler ce concile que pour empié-
ter ſur les droits du trône Impérial, il manqua à ſa promeſſe, & ne crut pas
même devoir s'en excuſer : au contraire, il prit des meſures pour créer des
nouveaux Antipapes, & prolonger le ſchiſme à la faveur duquel il croyoit

pouvoir beaucoup mieux maintenir les droits de ſa couronne. Sa conduite
irrita ſi vivement le Pape, que des l'ouverture du concile, il confirma devant
une foule de peuple, & en préſence des députés des diverſes nations l'excommunication prononcée contre ce Monarque par Grégoire VII & par
Urbain II (1).

A force d'être foudroyé l'Empereur ne craignoit plus la foudre, & ſes
partiſans ſe jouoient hautement du courroux du Pape & de ſes Anathêmes. Le
tems étoit déja paſſé où la ſeule menace d'excommunication répandoit ſur les
peuples la terreur & la conſternation. D'ailleurs, Henri, par la ſageſſe & la
prudence de ſes actions, par la douceur de ſon gouvernement, effaçoit depuis
quelque tems l'impreſſion défavorable que ſes déſordres paſſés avoient donné
de lui. Pour achever de gagner l'affection des Allemands, il fit publier le
projet qu'il ſuppoſoit avoir formé d'aller à la terre ſainte & de ſe mettre à la
tête des croiſés : ce deſſein fut généralement approuvé du peuple, qui regardoit un tel voyage comme la preuve la plus forte qu'un Prince Chrétien pût
donner de ſon zele & de ſa piété. Les grands y applaudirent, dans l'eſpérance d'acquérir pendant ſon abſence une autorité qu'il les empêchoit d'uſur-

Il feint de
vouloir paſ-
ſer en Pa-
leſtine.
1102.

per. Mais de tous ceux qui parurent les plus ſatisfaits de ce deſſein, le jeune Henri fut celui qui put le moins contenir la joye qu'il en reſſentoit ; tant
il étoit flatté des promeſſes que ſon pere lui faiſoit de lui confier les rênes du
Gouvernement : mais l'Empereur les trompa tous, & il ne ſongeoit à rien
moins qu'à faire l'inutile voyage de la Paleſtine (2).

A peu près dans ce tems, l'évéché de Bamberg étant venu à vaquer, Henri IV, y nomma ſon chapelain Otton, & lui donna l'inveſtiture par la croſſe
& l'anneau. Otton, quelqu'enchanté qu'il fut de ſon élévation, ſe répentit

_____

(1) Hiſt. Gener. Conc. T. 10.    (2) Conrad. Urſperg. Spener. Hiſt. Germ. ad
ann. 1102.

d'avoir fouffert que l'Empereur lui mît au doit l'anneau épifcopal & la croffe à la main; car c'étoit cette cérémonie qui caufoit alors la plus violente difpute entre le S. Siege & l'Empire. Les remords du nouvel évêque de Bamberg furent tels, qu'après avoir écrit au Pape pour lui témoigner fes regrets & lui demander fes ordres, il fe rendit à Rome, & y reçut de nouveau l'inveftiture des mains du Souverain Pontife.

*Hift.* d'Al-
*lemagne ,*
*1024-1125.*

Henri IV fut peu fenfible à la démarche d'Otton; il y avoir long-tems qu'il étoit accoutumé à l'ingratitude des hommes, & il ne fongeoit qu'à goûter tranquillement les douceurs du calme qu'il s'étoit enfin procuré. Ce calme dura peu, & fut fuivi des plus cruels orages. Bercé de l'efpérance de régner en l'abfence de fon pere, le jeune Henri attendoit impatiemment le départ dé l'Empereur pour la Paleftine; mais ne voyant aucune forte d'apparence à ce départ, il s'abandonna à toutes les idées que lui infpira fon mauvais cœur, forma des liaifons fecrettes avec Rome, & trâma des complots dignes de fon caractére impétueux, inquiet & turbulent. Sous les dehors de la mbdération & du défintéreffement le jeune Henri cachoit la noirceur d'un cœur faux & ingrat, la diffimulation & la foupleffe d'un fourbe, l'atroce eruauté d'un tyran & la valeur brutale d'un foldat: d'une avarice infatiable, d'une ambition effrenée, il avoir l'art de voiler fa fcélérateffe des plus féduifantes apparences (3).

*Mécontin-*
*tement du*
*jeune Henri*
*contre fon*
*pere.*

Il y avoit long-tems que ce jeune Prince entretenoit une correfpondance affidue avec le Souverain Pontife, qui ne ceffoit de l'exhorter à venger l'honneur de la Religion outragée par l'Empereur fon pere. Satisfait de fe voir approuvé par le chef de l'églife, l'ingrat ne balança plus, & fous prétexte que plufieurs Seigneurs de l'Etat refufant de reconnoître l'Empereur à caufe de la derniere excommunication, il pourroit naître de cette divifion des défordres qu'il étoit obligé en confcience de prévenir en prenant en main les rênes du Gouvernement, il déclara que la Religion ne lui permettoit point de communiquer avec fon pere jufqu'à ce que celui-ci fut abfous. Après avoir ainfi préparé les efprits à l'exécution de fes complots, il quitta brufquement la cour de fon pere, & fe retira en Baviere dont il avoit fçu gagner les Seigneurs, ainfi qu'une partie des nobles de la haute Allemagne & de la Franconie (1).

*Ligue entre*
*la cour de*
*Rome & le*
*jeune Henri*

Allarmé des fuites que pourroit avoir la retraite de fon fils, Henri mit en ufage tous les moyens poffibles de le ramener à des fentimens plus honnêtes; il ne put rien gagner fur cette ame vraiment féroce, & d'autant plus dangereufe qu'elle couvroit fes attentats du voile de la juftice & de la piété. Le monftre commença par condamner le fchifme, & par déteſter publiquement ce qu'il appelloit les crimes de fon pere; enfuite il promit par ferment obéïffance aveugle au Pape Pafchal, entre les mains de fes Légats, & entra dans la Saxe à la tête de la nobleffe de Suabe, du haut Palatinat & de la Franconie. Toujours avides de changement les Saxons fe déclarerent contre l'Empereur, dont le fils indiqua un concile à Northaufen en Thuringue, auquel il laiffa préfider les dits Légats, n'y paroiffant lui-même qu'en

*Le Prince*
*prend les ar-*
*mes contre*
*l'Empereur*
*fon pere.*
*1105.*

I l

---

(1) Sigebert. Dodechin. Conrad. Urfperg.  (2) Otto Frifing. Conrad. Urfperg.
*Autor. Vitæ Henrici IV.*

Sect. IV.
Hift. d'Al-
lemagne,
1074-1125.

fimple particulier, & affectant le plus profond refpect pour les évêques : car c'étoit là le moyen de juftifier fa revolte aux yeux du peuple & d'engager en même tems le clergé dans fa caufe. Il protefta hautement, & même en répandant des larmes, que ce n'étoit point dans la vue de gouverner l'Empire qu'il avoit pris les armes; qu'au contraire, bien loin de fouhaiter la dépofition de fon pere il étoit pénétré de douleur, toutes les fois qu'il fongeoit aux fautes & aux crimes de ce Monarque égaré, auquel il étoit prêt de fe foumettre, à l'inftant où venant lui-même à réfipifcence, il fe foumettroit lui-même à S. Pierre & à fes fucceffeurs; ce difcours hipocrite féduifit la multitude au point qu'on fit de toutes parts des prieres publiques pour la converfion du pere & la profpérité du fils.

Cependant le jeune ufurpateur commençant les hoftilités, eut des fuccès, qui, lui infpirant de lui-même & de fes talens militaires les plus hautes idées, lui firent commettre des fautes dont fon pere profita avec habileté. Par une fuite fimulée il attira fon fils prefque feul à Ratisbonne, d'ou il croyoit l'Empereur encore éloigné : mais celui-ci qui y avoir des intelligences, y arriva prefque auffi-tôt que fon fils, qui fut contraint de s'enfuir précipitamment. Le danger qu'il venoit de courir le rendit plus prudent; il raffembla toute fon armée, rappella les Saxons, & alla camper vis-à-vis de fon pere près de cette même ville. Les deux armées refterent en préfence durant trois jours, & le fils profita fi habilement de ce voifinage, qu'à force de promeffe, il corrompit une partie des chefs des Impériaux; enforte que la veille de la bataille qui devoit fe livrer, l'Empereur fe vit cruellement abandonné de la meilleure partie de fes troupes, & dans la crainte fondée d'être lâchement trahi par le refte. Réduit à cette extrémité, il prit le feul parti qu'il eût à choifir; il fe fauva fecrettement, fe retira en Mifnie, & apprit quelques jours après, que, maître de Spire & du tréfor Impérial qui y étoit dépofé, le jeune ufurpateur avoir convoqué à Mayence pour le jour de Noël une affemblée générale des princes & des évêques d'Allemagne (2).

Henri IV
trahi, eft
contraint de
s'enfuir.

Effrayé des délibérations qui vraifemblablement feroient prifes dans cette affemblée, Henri IV forma le hafardeux projet de s'y rendre lui-même, à la tête de tout ce qui lui reftoit d'amis, de troupes & de fujets fideles, & il fe mit prefqu'auffi-tôt en route. Son fils très-inquiet d'une telle démarche, qu'il n'avoit pas prévue, & craignant que la préfence de l'Empereur ne rompit toutes fes mefures, eut recoyrs au plus lâche & au plus déteftable des artifices: il alla, d'un air pénétré de remords, fe jeter aux pieds de fon pere, & les arrofant de larmes, il le conjura d'oublier fes attentats.

Henri IV, trop facile à fe laiffer toucher, embraffa le perfide, & s'oublia au point de lui donner toute fa confiance. Il étoit néanmoins fermement réfolu de fe rendre à la diete, & c'étoit là fur-tout ce que fon fils avoit le plus à cœur d'empêcher : mais ne pouvant y réuffir il lui perfuada de n'y paroître du moins qu'avec très-peu de fuite, afin qu'aucun des Seigneurs de l'affemblée ne crût qu'il venoit s'y venger des rebelles & décerner des châtiments. Henri IV, que fon mauvais génie précipitoit vers fa ruine, fuivit encore ce confeil, & partit, fuivi feulement d'une très foible efcorte & accompagné de fon fils.

Atroce per-
fidie du fils
de l'Empe-
reur.

(1) Maimbourg. Otto Frifing. L. 7. Cap. 9.

fils. Arrivés auprès d'un château fitué au voifinage de Mayence, le Prince représenta à l'Empereur qu'excommunié comme il l'étoit, il étoit à craindre que l'Archevêque ne lui refufât l'entrée de la ville, & que, pour ne pas être expofé à un tel affront il feroit de fa prudence de s'arrêter dans ce château & d'y paffer les fêtes de Noël: en attendant, continua le perfide, j'irai ouvrir l'affemblée, & je ménagerai fi bien votre reconciliation avec les Princes, que vous n'appercevrez en eux aucune trace de mécontentement. Le crédule Monarque fe laiffa perfuader, & tandis qu'il entroit feul dans ce château, où il fut auffi-tôt renfermé dans une chambre, fous la garde de trois fatellites qui l'accablerent d'injures, & lui firent éprouver les plus indignes traitemens, fon fils Henri courut à Mayence, où toute réfolution étant prife d'avance dans la diette, il fut unanimement conclu que l'Empereur feroit dépofé & que la couronne pafferoit fur la tête de fon fils.

*Hift.* d'Al-lemagne, 1024-1125.

Les Archevêques de Mayence & de Cologne, l'Evêque de Worms & un gentil-homme nommé Guibert, furent députés pour aller notifier cette inique délibération à Henri IV, & ils remplirent cette commiffion au gré de l'ufur-patenr du trône Impérial. Ils allerent trouver Henri IV, déjà préparé à des cruelles nouvelles, par l'inflexible brutalité de les gardes, qui depuis trois, jours le laiffoient périr de faim & de foif. Ces envoyés lui dirent avec beau-coup de dureté que le feul moyen de conferver fa vie étoit de leur remettre à l'inftant même les ornemens Impériaux. Henri fans leur répondre fe retira dans fa prifon, & revenant quelques momens après, revêtu des ornemens de fa dignité; *c'eft de Dieu,* leur dit-il en s'affeyant, *& du confentement des Princes de l'Empire que j'ai reçu ces marques de la royauté: jamais on n'obtiendra de moi que je les cede: mais fi vous n'êtes inacceffibles à la crainte de la vengeance du Ciel, & fi vos ames ne font point fufceptibles de remords, ôfez porter vos mains fur votre maître.* Ce difcours ne fit d'au-tre impreffion fur les quatre députés que celle de les irriter. Ils fe jeterent fur le Monarque, lui arracherent violemment la couronne, le tirerent bruta-lement de fa chaife, le dépouillerent de tous fes vêtemens, & s'en retour-nerent précipitamment à Mayence remettre ces dépouilles au Prince ufurpa-teur du trône de l'Empire.

*Violences exercées fur l'Empereur, qui eft dé-pofé.*

Cependant le jeune Henri affectant la plus vive trifteffe & voulant encore donner à fa conduite dénaturée une apparence de juftice, transféra l'affem-blée de Mayence à Ingelsheim, afin, dit-il, d'un ton pénétré de douleur, d'y entendre la juftification de l'Empereur dépofé. A Ingelsheim à force de menaces on obtint de l'infortuné Henri IV tous les aveux que l'on vouloit en arracher, & la crainte de périr dans les tourmens le fit defcendre aux plus aviliffantes démarches. Il s'avoua coupable de tous les crimes, & indigne de régner: l'efprit entierement affoibli par fes malheurs, il dit que fon abdication étoit volontaire, & que ne voulant plus fonger qu'au falut de fon ame, il commençoit par demander pardon à tous ceux qu'il avoit offenfés: enfuite fe jetant publiquement aux pieds des Légats, il les conjura de le relever de fon excommunication. Les barbares le repoufferent avec mépris, lui difant qu'il n'y avoit que le Pape qui pût abfoudre un tel excommunié. Il falloit

(1) Otto Frifing. Mainbourg. *Dec. de l'Emp. L.* 3.

que les menaces que l'on avoit faites à Henri agiſſoient bien puiſſamment ſur lui , puiſqu'il pria lâchement les princes de l'Empire de lui laiſſer du moins la vie en récompenſe du ſacrifice qu'il faiſoit de la couronne : on ne daigna ni lui répondre , ni le raſſurer , & l'on élut en ſa préſence Henri ſon fils Roi de Germanie ; les évêques & les Seigneurs laïques lui préterent ſerment , après que les Légats eurent confirmé ſon élection par l'impoſition des mains (1).

Quelque affligeante & cruelle que fut la ſituation du Monarque détrôné , il eut du moins la conſolation d'apprendre que tous ſes ſujets ne l'avoient pas abandonné , & que tous les eccléſiaſtiques ne participoient pas aux attentats de Rome & des évêques d'Allemagne. En effet, le clergé de Liege lui reſta

conſtamment attaché , & refuſa généreuſement d'approuver la conduite du Pape & des Légats. Paſchal irrité de la fidélité que les eccléſiaſtiques de Liege gardoient à leur légitime Souverain, les avoit excommuniés & il avoit même engagé Robert, Comte de Flandre, à leur faire la guerre, mais bien loin de ſe laiſſer intimider , ils avoient répondu à ces actes d'iniquité par un manifeſte dans lequel ils prouvoient que le Pape ni le S. Siege, n'avoient aucune ſorte de droit ni de ſupériorité ſur le ſceptre des Rois, & combattoient fortement le prétexte d'héréſie employé par la cour de Rome pour étendre ſa puiſſance.

Henri IV un peu remis de ſa premiere conſternation, conçut des eſpérances de rétabliſſement , & ſe perſuada qu'il pourroit remonter ſur le trône s'il parvenoit à fléchir le Pape par ſes ſoumiſſions : dans cette idée il réſolut d'aller lui-même à Rome, dût-il y eſſuyer les mêmes humiliations que Grégoire VII lui avoit fait ſubir à Canoſſa. Mais par malheur pour lui, l'Em-

pereur régnant ſe douta de ce projet, & afin de l'empêcher de faire ce voyage , il ne lui permit point de ſortir d'Ingelsheim qu'il lui avoit donné pour priſon. Pour comble de barbarie, il le réduiſit à une telle extrémité, qu'il manquoit même de pain : il tomba dans une telle indigence, que pour vivre , il ne lui reſta d'autre reſſource que celle de ſolliciter un canonicat dans l'égliſe de Spire , bénéfice que l'évêque qu'il avoir élevé à l'Epiſcopat eut l'ingratitude de lui refuſer (2).

Excité par ſa miſere même, Henri s'échappa d'Ingelsheim , & alla preſque ſeul juſqu'à Cologne, où il eut le bonheur de trouver tous les habitans favorablement diſpoſés. Il profita avec autant d'intelligence que d'activité de cette lueur de bonne fortune, & après avoir fortifié Cologne, d'où il chaſſa l'Archevêque, l'un des plus zélés partiſans de Henri V, il paſſa dans les Pays-bas, & raſſemblant le peu de troupes qu'il lui fut poſſible de ſe procurer, il ſe rendit à Liege, d'où il écrivit à tous les Princes Chrétiens, qu'il s'efforçoit d'intéreſſer dans ſa cauſe : mais il étoit le plus foible, & nul d'entre eux ne

Tentatives
d'Henri
IV pour
remonter au
trône de
l'Empire.

daigna lui répondre. Il écrivit auſſi au Pape, & lui marqua qu'il ne ſouhaitoit rien tant que de ſe reconcilier avec l'Egliſe. Mais il avoit beau jurer beau proteſter qu'il déſiroit ardemment d'être abſous, on s'obſtina à le tenir pour hérétique, ſchiſmatique & l'on procéda contre le petit nombre de partiſans qui lui reſtoient avec la plus violente rigueur. Paſchal donna l'exem-

_____

(1) Auctor. Vitæ Henr. IV.　　(2) Otto Friſing. Main. Spener. & alii.

ple de ce farouche fanatifme ; il fit exhumer l'Antipape Guibert, enterré de- *Hift. d'Al-*
puis cinq ans à Ravennes, & fit jeter fes cendres dans la mer. Mais cette lemagne,
miférable vengeance n'empêcha point Werner qui commandoit pour Henri IV 1024 1125.
à Aquin, de gagner quelques Romains, & de faire élire un Pape fous le nom
de Sylveftre. Celui ci jouit peu des honneurs du Pontificat, & fut honteufement chaffé de Rome par les partifans de Pafchal.

Tandis que la fortune abandonnoit en Italie l'ufurpateur de la Thiare, elle
continuoit de feconder en Allemagne l'ufurpateur du trône de l'Empire, Henri
V, occupé depuis quelque tems des moyens de réduire Cologne récemment
fortifiée : pendant qu'il affiégeoit cette ville, il reçut des lettres de fon pere qui
dans le même tems écrivit aux principaux d'entre les Seigneurs qui foutenoient
la caufe de fon fils. Dans fa lettre au ravifleur de fon trône, Henri IV lui
reprochoit avec force, mais fans injures, fon ingratitude, les traitemens indignes auxquels il n'avoit pas rougi de fe porter contre fon Souverain & l'auteur de fes jours, & il le conjuroit en finiffant de lui faire iuftice & de le laiffer vivre en paix, déclarant qu'il appelloit au Pape & à l'Eglife Romaine de
toutes les horreurs qu'il effuyoit.

A ces plaintes Henri V répondit par un manifefte outrageant, & il s'a-
vança avec fes troupes jufqu'à Aix la Chapelle : delà, fur le refus que l'évêque de Liege faifoit de le reconnoître pour maître, il envoya une partie de
fon armée pour s'emparer d'un pont fitué entre Liege & Maftricht, les autres paffages étant tous occupés par les troupes de Henri, Duc de Lorraine,
qui s'étoit déclaré pour l'Empereur dépofé (1). Henri Duc de Lorraine
étoit l'un des plus habiles Généraux de fon tems ; informé du deffein de l'u-
furpateur, il mit la plus forte partie de fon armée en embufcade, & envoya
l'autre fous la conduite de fon fils entre Maftricht & Liege, comme pour y
défendre le pont. Le jeune Duc, conformément aux inftructions de fon pere, *Victoire de*
réfifta foiblement aux premieres attaques, & tout à coup fe mit à fuir du *Henri IV.*
côté où l'armée de Lorraine étoit en embufcade, & où par ce ftratagême il
attira toutes les troupes du Roi qui y furent taillées en pieces. La déroute
fut complette, & pour comble de difgrace, les fuyards, qui, échappés au
maffacre, s'étoient jetés en foule fur le pont, s'y prefferent tellement & y
étoient en fi grand nombre, que le pont s'écroulant fous eux, ils tomberent dans la Meufe & y périrent prefque tous (2).

Irrité de cette défaite qui le couvroit de honte, l'ufurpateur ne pouvant
fe venger du Duc de Lorraine par la force des armes, le mit au ban de
l'Empire, & envoya propofer à fon pere une conférence à Aix la Chapelle,
où il l'invitoit à fe rendre dans huit jours. Cette fois l'Empereur ne fe
laifla point tromper, & protefta encore qu'il foumettroit fa caufe & fes droits
aux jugemens du Pape & de l'Eglife. Mais il n'eut pas le tems d'entendre
prononcer les juges fupérieurs qu'il avoit l'imprudence de reconnoître, &
tandis qu'il s'efforçoit de remonter au trône il fut atteint d'une maladie très- *Sa mort.*
violente qui du premier inftant fut jugée mortelle. Les malheurs, les dif- 1106.
graces les humiliations qui depuis fi long tems l'accabloient & abreuvoient fon
ame d'amertume, lui rendoient la vie trop pénible, pour qu'il defirât d'en

voir prolonger le cours; il tourna toute fes vues du côté du Ciel, témoigna
le regret le plus vif fur les vices & les égaremens de fes premieres années, détefta publiquement fes fautes, reçut de la maniere la plus édifiante
les fecours de l'Eglife, envoya fon anneau & fon épée à fon fils comme des
gages du defir qu'il avoit de fe reconcilier avec lui avant que d'expirer; &
mourut le 7 d'Aouft 1106, âgé de 55 ans & dans la 50 année de fon regne.
La nouvelle de la mort de fon pere pénétra Henri V d'une joye farouche; il
ne voulut recevoir ni l'épée ni l'anneau qu'on alla lui préfenter, &, fils de-
naturé il porta la barbarie, jufqu'à fe plaindre hautement de n'avoir pu exercer fur le cadavre de fon pere la haine qu'il lui avoit vouée; haine de Cannibale, qu'il s'efforça encore d'affouvir, & qui l'engagea à affiéger avec fes
troupes les Liégeois pour les punir d'avoir accueilli Henri IV & lui avoir.don-
né les honneurs de la fépulture: enforte que pour appaifer ce monftre, les
citoyens de Liege furent contraints d'exhumer le corps de l'Empereur de-
funt, & de le livrer à Henri, qui l'envoia à Spire, & le fit placer hors de
l'églife dans un cercueil de pierre, ne voulant point permettre, difoit il, qu'on
enterrât le corps d'un excommunié; ce ne fut que cinq ans après qu'on porta
en cérémonie au tombeau de fes ayeux le corps de cet Empereur. . Quelque

horreur qu'infpire la conduite de Henri V, on ne peut fe difpenfer pourtant
d'avouer que fon pere méritoit en très-grande partie les malheurs qu'il
avoit effuyés. Sa jeuneffe fut un tiffu de crimes, d'injuftices & de cruautés:
il fe rendit coupable des plus noirs forfaits, il pouffa la débauche dans tous
les genres jufqu'aux plus criminels excès; mais il faut avouer auffi qu'il s'attacha dans la fuite, autant qu'il fut en fa puiffance & que fes ennemis le lui
permirent, à faire oublier à fes peuples la tyrannie & les defordres de fa jeuneffe. On eft forcé de convenir encore qu'il eut de grandes qualités & d'é-
minentes vertus. Guerrier illuftre, excellent Général, il livra 72 batailles,
& dans la plûpart enchaîna la victoire fous fes drapeaux. . A fa rare valeur
il joignit une jufteffe d'efprit peu commune, une pénétration qui du premier
inftant lui faifoit faifir & former les plus vaftes projets, une éloquence naturelle qui ramena plus d'une fois fes ennemis les plus cruels, une figure en
même tems agréable & majeftueufe, une bienfaifance qui finit par lui gagner
l'affection des peuples & des grands. Henri eut été le plus grand des Mo-

narques, s'il n'eût pas eu le malheur de recevoir une déteftable éducation, .
il tenoit fes talens & fes vertus du fond heureux de fon caractère, fes vices
de fes inftructeurs & de la vile adulation de fes courtifans, qui le rendirent
trop fouvent injufte, imprudent, orgueilleux, foupçonneux & cruel. Les fcélérats qui abuferent de fon enfance, opprimerent la nation, & firent regarder
les commencemens de fon regne comme celui d'un tyran abhorré. Son plus
grand malheur enfuite fut d'avoir à défendre les droits de fa couronne contre
Hildebrand & fes fucceffeurs. Ce furent eux & non fes vices qui le firent
détefter: ce furent eux qui le pourfuivant avec acharnement, & le repréfentant fans ceffe comme un impie & un fcélérat, fouleverent fes fujets, armerent contre lui fes fils dénaturés & fes plus proches parens. Henri IV fut le
premier Empereur que les fouverains Pontifes avoient ofé excommunier, &
ce n'étoit qu'en le pourfuivant jufqu'à la mort, & même au delà du tombeau, que Rome pouvoir ou du moins qu'elle croyoit pouvoir légitimer cette

entreprife. Mais vainement les partifans de Rome fe font conftamment atta- Hiſt. d'Al-
chés à flétrir la mémoire de ce Monarque; au-lieu de l'horreur qu'ils ont lemagne,
cherché à infpirer contre lui, on ne voit dans ce Prince qu'un Souverain 1024-1125.
plus malheureux que coupable & plus à plaindre qu'à haïr.

Paifible poffeffeur du trône d'Allemagne & du trône de l'Empire. Henri V.
n'eût pas plutôt recueilli le fruit de fes crimes, que cherchant à gagner par
une conduite moins affreufe les efprits que fon ingratitude envers fon pere
avoit revoltés, il accorda une amniftie générale à tous ceux qui s'étoient revoltés contre lui, n'exceptant de cette grace que le Duc de Lorraine, qu'il
dépouilla de fon duché, & dont il inveftit le Comte de Louvain (1).

Aux bienfaits que le nouvel Empereur répandoit & au refpect qu'il témoi- Politique &
gnoit encore pour Rome, les peuples fe flattoient de jouir fous fon regne d'un diſſimula-
calme heureux & durable, mais ni Rome, ni les peuples ne connoiffoient le tion de
caractere profondement diffimulé d'Henri V. Ce n'étoit que pour arriver au Henri V.
but de fon ambition qu'il avoit juré au Pape une déférence aveugle : auffi la
premiere chofe qu'il fit auffi-tot qu'il fe vit paifible poffeffeur de l'Empire,
fut d'oublier fes fermens & de paroître même fe repentir d'avoir, par fes promeffes, accru l'orgueil d'une Puiffance dont il fe crut intéreffé à reftreindre les
prétentions & les prérogatives.

Pafchal II, prefqu'auffi content que Henri V de la nouvelle de la mort
de Henri IV, fe hâta de fe mettre en route pour venir conférer avec le nouvel Empereur fur la complaifance duquel fon ambition avoit fondé les plus
flatteufes efpérances & les plus grands projets d'agrandiffement ; il s'arrêta
quelque tems en Lombardie à Guaftalla fur le Pô, où pendant qu'il tenoit
un concile il reçut des Ambaffadeurs de la part de Henri V, qui l'envoyoit
prier de le confirmer dans fa dignité. C'étoit bien là l'intention du Pape;
mais avant, il vouloit avoir des affurances encore plus pofitives de l'obéiffance
future de l'Empereur; car, quelque bonne opinion qu'il en eût, il ne voulût rien mettre au hazard, & au fond, il craignoit avec raifon que celui qui
pour un fceptre avoit foulé aux pieds les loix les plus facrées de la nature, ne
fût tenté, pour conferver l'indépendance du trône qu'il avoit ravi, d'oublier
fes anciens amis, & même de fe déclarer contre la cour de Rome, à laquelle il devoit fes fuccès. Pafchal avant que de répondre directement à la Méſintelli-
demande de Henri V, dont il vouloit fonder les intentions, renouvella dans gence entre
le concile les decrets de fes prédéceffeurs, contre les droits des Souverains, le Pape &
& contre l'ufage où ils étoient de donner l'inveftiture des bénéfices. Au mé- Henri V.
contentement que les Ambaffadeurs montrerent, le Pape eût peu de peine à
juger de la maniere de penfer de leur maître, & dès lors renonçant à pourfuivre fa route, dont la porte lui étoit encore fermée, dit-il en foupirant, il
alla en France prier le Roi de protéger l'Eglife contre la tyrannie d'Henri,
qui fe propofoit de foutenir par les armes des prétentions qu'il avoit lui-même
condamnées du vivant de fon pere (2).

Henri, quelque mécontent qu'il fut de l'azile que le Pape avoir trouvé en
France, ne croyant pas devoir cependant fe brouiller avec cette Puiffance,

(1) Otto Frif Lib 7. Mainbourg. Urfperg.     (2) Hiſt. des Conc. T. 10, Fleuri.
Hiſt. Eccl. L. 65. Mainbourg. Dec. de l'Emp.

dissimula son mécontentement; & envoya des Ambassadeurs à la même cour, chargés de déclarer de sa part le desir qu'il avoit de terminer les différens qui sembloient devoir s'élever entre le sacerdoce, & l'Empire. Cette demande parut juste & la ville de Châlons fut indiquée pour. lieu de la conférence. Paschal, bien assuré que l'Empereur n'y viendroit pas, s'y rendit, suivi d'un cortege nombreux d'archevêques & d'évêques françois. Mais les Ambassadeurs de Henri V, qui sans doute avoient reçu des ordres de leur maître, retarderent tant leur marche, qu'ils obligerent le Pape de les attendre trois jours au delà du terme indiqué. Cette ambassade, à la tête de laquelle on voyoit Albert, Chancelier & premier Ministre de l'Empire, étoit nombreuse & composée de l'Archevêque de Treves, des Evêques d'Halberstat & de Munster, de plusieurs Comtes & Ducs, parmi lesquels se distinguoit Guelfe, Duc de Baviere, qu'à sa taille élevée, à son air formidable, au son terrible de sa voix & à l'epée nue qu'il faisoit toujours porter devant lui, on eût plutôt pris pour un

géant qui va combattre, que pour un ministre chargé d'une négociation. La conférence s'ouvrit: Paschal trembloit déjà à la vûe de tant de Seigneurs armés & qui ne paroissoient rien moins que disposés à le traiter avec un inviolable respect, quand l'Archevêque de Treves prit la parole, & après avoir salué le Pape d'un ton affectueux, plaida pour la conservation des droits de son maître, avec la plus vive & la plus mâle éloquence. A son discours très - peu flatteur pour la cour de Rome, le Pape fit répondre, par l'Evêque de Plaisance, que jamais le Souverain pontife ne permettroit à aucun Prince quelqu'il fût, de donner l'investiture des bénéfices. L'orateur alloit étendre cette proposition quand le terrible Guelfe se levant & jettant sur le Pape & sur son interprête des regards furieux, se mit à faire des cris épouvantables. A ce signal les gentils-hommes & Seigneurs Allemands se leverent en même tems; ce n'est pas ici, dirent-ils, en regardant le Pape avec des yeux enflammés de colere; c'est à Rome que nous irons vuider cette querelle à coups d'épée.

Après ces mots ils sortirent brusquement, & quelques démarches que fit le Souverain Pontife on ne voulut entendre aucune de ses propositions, ni rien conclure avec lui, & il alla tenir à Troyes un concile, où Henri prévoyant que l'on s'occuperoit encore des investitures, envoya de nouveaux Ambassadeurs pour y défendre les droits de sa couronne. L'Empereur ne se trompoit pas; toujours obstiné dans ses vûes, Paschal renouvella les decrets de ses prédécesseurs contre ses prérogatives qu'il prétendoit avoir été très-injustement usurpées sur la Thiare par les Rois d'Allemagne. Mais les Am-

bassadeurs déclarerent avec tant de fermeté que jamais ils ne souffriroient que dans cette assemblée, ni ailleurs on décidat rien sur cette affaire, que le Pape voyant l'impossibilité de réussir, accorda un délai d'une année au Chef de l'Empire; terme auquel il l'invitoit à se rendre lui-même à Rome afin d'y assister à l'examen qui seroit fait de cette grande affaire dans un concile général (1).

Henri V, durant le cours de cette année, n'eut gueres le tems de songer aux moyens de terminer ses démêlés avec le S. Siege: des affaires plus importan-

(1) Conc. T. 10.

tes l'occupoient tout entier. La Flandre, la Boheme s'étoient foulevées, & par fa vigilance & fon activité, il parvint à rétablir le calme dans ces deux provinces : mais à peine il y avoit affermi fon autorité, que des troubles nouveaux & qu'il avoit fufcités lui-même, l'appellerent en Hongrie & en Pologue, où la fortune & la victoire ne le feconderent point. Mécontent de Coloman, Roi de Hongrie, Henri V avoit tenté d'élever fur ce trône Almus frere du Monarque Hongrois, que l'Empereur avoit réfolu de dépouiller de fes Etats : mais Coloman s'étant ligué avec Boleflas III, Duc de Pologne ; celui-ci dans la vûe d'empêcher les troupes impériales de pénétrer en Hongrie, avoit fait une incurfion en Boheme, où fon armée obtint & conferva une fupériorité marquée fur les troupes de l'Empereur, qui, pour le venger, alla dévaster la Siléfie & mettre le fiege devant Lubeck, place très-forte ; il échoua, & fut contraint de lever fort précipitamment le fiege. Il n'en fut que plus irrité contre Boleflas, qui craignant pour fes états, envoya demander la paix, mais les conditions que Henri propofa étoient fi dures, que Boleflas, réfolu de périr plutôt que de les accepter, changea de maniere de combattre, & au lieu d'expofer fes troupes évita le combat, fe contentant de dreffer des embufcades à l'ennemi, & de ne l'attaquer que pendant la nuit. Ce nouveau plan d'hoftilités lui réuffit, & les troupes Impériales, battues en détail & excédées de fatigue, étoient déjà fort affoiblies, quand Henri furieux de ne pouvoir engager les Polonois à une action décifive, entreprit le fiege de Glogau fur l'Oder, dans l'efpérance de fe dédommager par la prife de cette ville des pertes qu'il avoit effuyées.

Henri preffa fi vivement les affiégés, que ceux-ci ne fe croyant plus en état de tenir, demanderent à capituler, & promirent de fe rendre fi dans cinq jours leur fouverain ne venoit les fecourir avec une armée affez forte pour réfifter aux affiégeans : cette propofition fut acceptée, & quelque diligence que fit Boleflas pour affembler des troupes & voler au fecours de cette place, il crut qu'il ne lui feroit pas poffible d'y venir avant l'expiration du délai couvenu : mais à force de prieres, de promeffes & de menaces il engagea les députés de Glogau à perfuader à leurs concitoyens de rompre le traité. Les affiégés, quelque facheufe que fut leur fituation, profitant du peu de tems qui leur reftoit, fe préparerent à foutenir un nouveau fiege. Ils éleverent à la hâte les murs & les ramparts, pour arrêter la premiere furie des ennemis. Ils creuferent de larges foffés, rétablirent les fortifications, & fe mirent en un tel état de défenfe, que lorfque Henri, courroucé du refus des affiégeans de remplir la capitulation, eut recommencé le fiege, les Impériaux furent repouffés avec perte : tranfporté de colere, & voulant, à quel prix que ce fût fe rendre maître de la place, Henri V raffembla routes fes forces, fit mettre au devant des premiers rangs les ôtages qu'il s'étoit fait donner lors de la capitulation, & ordonna un nouvel affaut, perfuadé que les habitans de Glogau ne confentiroient jamais à expofer les jours de leurs enfans. Il fut encore trompé dans cet efpoir, & la fidélité à leur Prince l'emportant dans les affiégés fur la tendreffe paternelle, ils ne balancerent point à méconnoître dans cette occafion leurs propres eufans. L'attaque fut très-vive du côté des Allemands ; mais la réfiftance des affiégés fut plus vigoureufe encore : enforte qu'après plufieurs affauts fort meurtriers, les troupes impériales, répouffées de

tous côtés; furent contraintes de renoncer au fiege, & de fe retirer fort précipitamment.  Boleflas fe mit à leur pourfuite, les atteignit & les attaqua
avec tant de valeur, que dès le premier choc, elles prirent honteufement la
fuite & furent en partie maffacrées: la déroute fut fi complette, que l'Empereur pour fe dérober au vainqueur, &, n'en être pas reconnu, s'enfuit feul,
& fans porter fur lui aucune marque de fa dignité (1).

. Plus étonné encore de la valeur de fon ennemi qu'ulcéré de fes pertes,
Henri V, ne fongea qu'à fe reconcilier avec le Duc de Pologne.  La paix
fut bientôt faite entr'eux, & afin de la mieux cimenter, l'Empereur donna
fa fœur en mariage à Boleflas, & lui remit Chriftine fa fille entre les mains,
afin de la marier auffi-tôt qu'elle feroit en âge avec Uladiflas, Prince de
Pologne.

Cette guerre terminée, Henri s'occupa tout entier de fa querelle avec la
cour de Rome & après avoir déclaré dans une affemblée générale des Seigneurs du Royaume le deffein, où il étoit d'aller, dès le mois d'Aouft fuivant, 1110, à Rome pour y recevoir la couronne de Charlemagne & y réunir
l'Italie à l'Allemagne ; il hâta fi fort les préparatifs de cette expédition qu'en
très-peu de tems il fe vit à la tête de 50 mille hommes d'infanterie & de
30 mille chevaux.  Il la divifa en deux corps; l'un pénétra en Italie par la
vallée de Trente, tandis qu'à la tête de l'autre Henri V paffa par la Savoye,
traverfa la Lombardie, réduifit en cendres Novare qui avoit refufé de lui ouvrir les portes, fe rendit à Milan & s'y fit couronner Roi d'Italie par l'Archevêque.  Après avoir traité avec la Comteffe Mathilde, il fe
remit en route, & paffa l'Apennin dans les jours les plus rigoureux de l'hiver.  Les députés qu'il avoit envoyés à Rome pour y régler les conditions
de fon couronnement, traiterent avec les Romains, ne pouvant traiter avec
le Pape, qui, agité par la terreur, s'étoit allé cacher dans la Pouille (2).
Par ce traité il fut convenu que le Roi d'Allemagne renonceroit par écrit aux
inveftitures, & qu'il laifferoit jouir le Pape & fes fucceffeurs de tout ce que
les Empereurs avoient donné au S. Siege; que de fon côté le Pape promettoit d'ordonner aux Evêques d'Allemagne de rendre au Roi tous les biens que
l'Eglife tenoit de la libéralité des Empereurs, & qu'il leur défendroit fous
peine d'excommunication de rien retenir ni ufurper de ce qui appartenoit originairement à la couronne.

Pafchal, à qui on envoya une des deux copies de ce traité, en fut comblé
de joye; Henri V en fut tout auffi fatisfait, & pour le ratifier, il n'y ajoûta
que cette claufe, que les échanges ftipulés des inveftitures avec les biens que
les Evêques tenoient des Empereurs, feroient folemnellement confirmés par
l'Eglife & les Princes d'Allemagne; car Henri étoit bien affuré que jamais
les Evêques ne confentiroient à fe défaifir de leurs poffeffions, & que leur
refus annullant le traité, le droit des inveftitures demeureroit à la couronne (3).

Cependant le Pape Pafchal comptant fur la folidité du traité, fe hâta de retourner à Rome où le Monarque ne tarda point à fe rendre, il y fut reçu a-
vec

(1) Spener. T. 1. L. 5. c. 5. Rev. de Pol. par M. l'Abbé des Fontaines.
(2) Conrad Urfperg. Albert. Stad. Spener. ad ann. 1110.    (3) Id. ad ann. 1111
Urfperg. Conrad. & alii.

vec les plus grands honneurs : après avoir fuivant l'ufage baifé les pieds du
Papè, dont il fe propofoit d'enchaîner les bras, ils pafferent l'un & l'autre
dans une falle en attendant la cérémonie du couronnement. Là le Souverain
Pontife demanda au Roi qu'il renonçât de vive voix & par ferment aux inveftitures, comme il y avoir renoncé par écrit. Le Roi dit qu'aux termes
mêmes du traité, il ne pouvoit s'engager plus avant fans avoir pris fur ceï objet les avis des évêques de fa fûite, avec lefquels il alla conférer auffi tôt
dans la facriftie. Chacun d'eux protefta qu'il ne confentiroit jamais à être
dépouillé des biens dont fon Eglife jouiffoit aux titres les plus légitimes; &
fort irrités de la propofition qu'on leur faifoit, ils dirent très amerement au
Souverain Pontife que c'étoit en lui une injuftice manifefte, une ufurpation
évidente que de vouloir ainfi difpofer de leurs biens. Pafchal foutint que
rien n'étoit plus jufte que de rendre aux fuccefleurs des prodigues des pos-
feffions qu'on tenoit de la libéralité outrée de leurs ancêtres. Rendez donc,
lui répondirent les Prélats, les Provinces & les Etats que le S. Siege n'eût
jamais eus fans l'extrême prodigalité de quelques Empereurs; qui n'avoient
même, du moins pour la plûpart, aucun droit fur ces Etats, ni fur ces pos-
feffions.

Cette querelle s'anima vivement, & le Pape ainfi que l'Empereur s'échauf-
foient, lorfqu'excités par l'Archevêque de Mayence & l'Evêque de Saxe,
Henri V ordonna à les gardes de fe faifir du Pape, qui fut conftitué prifonnier, ainfi qu'un grand nombre de cardinaux, d'évêques & de prêtres. Ce
nouvel acte de rigueur ne fervit'qu'à rendre le Souverain Pontife plus obftiné
dans fon refus; & pendant qu'on le conduifoit en prifon, les Allemands fe
jetant en foule dans l'églife de S. Pierre, la pillerent, fe faifirent de ce
qu'elle renfermoit de plus précieux, & s'élançant l'épée à la main fur le Pape
qui vouloit fortir, ils firent un horrible maffacre : enfuite fatigués de répandre du fang, ils prirent une multitude de malheureux qu'ils conduifirent
à Henri V. Encore plus barbare que les foldats, Henri, qui n'avoit aucun
fujet de fe plaindre des habitans de Rome, fit égorger fous fes yeux une partie de ces citoyens, en fit dépouiller & battrè cruellement plufieurs, & jerer
tout le refte dans des cachots affreux. Dans cette horrible fcene, on n'eut
aucun égard au Sexe, à l'âge ni au rang. Henri & les prélats d'Allemagne
exhortoient les foldats au meurtre, il n'y eut que Conrad, Archevêque de
Salsbourg, qui témoigna hautement fon indignation, & s'efforça, au péril même de fa vie, d'arrêter les bras homicides des foldats & du Souverain (1). Cependant les Romains furieux de cette atrocité, s'armerent & firent main baffe
fur tous les Allemands qu'ils rencontrerent dans les rues : la nuit n'arrêta
point le cours de leur vengeance; & dès le lendemain, ils allerent en plus
grand nombre attaquer les gens de la fuite du Roi, qui voulant prendre la
défenfe de fes fujets, penfa périr lui-même: il fut renverfé de cheval, bleffé
au vifage, & il ne dut la vie qu'à la fidélité du Comte Otton, Gouverneur
de Milan, qui, pour dégager fon maitre & faciliter fon évafion, lui donna
fon cheval. Les Romains irrités de le voir s'échapper de leurs mains, fe
jeterent fur Otton, le tuerent, le hacherent en pieces, & donnerent aux

(1) Petrus Diac. Cron. Caffin. L. 4.

chiens fon cadavre à manger: cette fureur & ce défir de vengeance fe foutinrent plufieurs jours, & les Romains excités à délivrer le Pape qu'on s'obftinoit à retenir en prifon, jurerent tous entre les mains de l'Évêque de
Tufculum qu'aucun d'entre ieux n'obéiroit au Roi Henri, que le Souverain,
Pontife n'eût été remis en liberté.

Informé du ferment que les Romains venoient de faire, Henri V, ne fe-
croyant plus en fureté à Rome, en fortit précipitamment, faifant conduire à
fa fuite le Pape dépouillé de fes ornemens & lié comme un malfaiteur, il le menaça de le faire périr dans les fupplices s'il différoit plus long-tems à le fatisfaire; Pafchal inacceffible à la crainte ne fe laiffa point intimider, & il eut très-vrai-
femblablement répondu par des excommunications aux menaces du Souverain;
fi les Cardinaux & les Evêques, prifonniers comme lui, ne lui euffent repréfenté les dangers que Rome courroit par la fituation de fes habitans, expofés à
toutes les horreurs d'une ville prife d'affaut, & périffant fous le glaive des
Allemands.    Les malheurs de Rome & non les fiens furent feuls capables d'é-
mouvoir le Souverain Pontife: il fe laiffa fléchir, après deux mois de la plus
dure captivité. Les principaux articles du traité furent que le Pape accorderoit à Henri le droit de donner les inveftitures par la croffe & par l'anneau;
qu'il ne l'inquiéteroit plus fous quel prétexte que ce fût, enfin, qu'il le couronneroit inceffamment.   De fon côté Henri promit de rendre au Pape, aux
Cardinaux & au refte des prifonniers Romains la liberté dans deux jours, de
reftituer tout ce qui avoit été enlevé dans le dernier defordre, enfin, d'obéir
au S. Siege & à Pafchal, fauf l'honneur du Royaume & de l'Empire; comme les Empereurs avoient obéi aux prédéceffeurs de ce Pape.

Reconcilia-
tion & trai-
té entre
l'Empereur
& le Pape.
1111.

Pour qu'il ne reftât plus rien à régler, avant que de rendre la liberté à fes
prifonniers, Henri voulut que la bulle au fujet des inveftitures fut expédiée tout
de fuite, & il fallut envoyer chercher à Rome le fceau du Souverain Pontife &
un Secrétaire, qui paffa la nuit à rédiger les articles de cette bulle, que Pafchal fut dès le lendemain matin obligé de figner. Alors le Prince & le Pape
allerent enfemble à S. Pierre; le Roi d'Allemagne y fut folemnellement couronné Empereur, & quelques jours après il fe mit en route pour l'Allemagne
très-content d'avoir humilié la cour de Rome, foutenu la gloire de l'Empire & défendu les droits de fa couronne.

Henri eft
couronné
Empereur,
& s'en re-
tourne en
Allemagne.

Dès fon arrivée dans fes états, Henri V fit enfin inhumer le corps de fon
pere, réparant, en quelque forte, mais trop tard, fon ingratitude par de magnifiques funérailles.    De Spire il alla tenir fa cour à Mayence, & donna
l'inveftiture de cet archevéché, vaquant depuis quelque tems, à Albert fon
Chancelier.

Henri V s'étoit vengé avec éclat de tous les attentats que les prédéceffeurs
avoient foufferts, en tant d'occafions de la part de la cour de Rome. Il regardoit comme inviolables les conditions qu'il avoit forcé le Pape d'accepter;
& en effet, elles paroiffoient d'autant plus facrées, que lors de la cérémonie
du couronnement, le Souverain Pontife; célébrant la meffe, avoit de fon pur
mouvement, & devant une multitude innombrable de peuple, rompu l'hoftie
en deux, & ne s'en refervant qu'une partie, il avoit donné l'autre à Henri V
en lui difant à haute voix: ,, comme cette partie eft féparée du corps du Sau-
,, veur, ainfi foit féparé du royaume de J. C. celui de nous deux qui enfreindra

-, les claufes du traité que nous avons figné. Il faut croire pour l'honneur de
Pafchal, qu'en cette occafion il étoit très-éloigné de fonger à violer le traité; car fi réellement il eut dès lors penfé à en enfreindre les articles, il eut
été le plus impie des hommes & le plus déteftable des parjures (1).

Quoiqu'il en foit, à peine l'Empereur étoit forti de l'Italie, que les Cardinaux fe plaignirent hautement du traité qu'on venoit de conclure. Pafchal
au lieu de leur impofer filence, parut les approuver. Il alla quelque tems
après dans la campagne de Rome, & dès les premiers jours de fon abfence,
ces mêmes Cardinaux s'affemblant de leur autorité, & faifant un decret contre le Pape & la bulle qu'il avoit délivrée à l'Empereur, ils confirmerent tout
ce qui avoir été tenté de plus audacieux, par Grégoire, Victor & Urbain,
renouvellant les anathêmes fi fréquemment lancés contre les laïques qui donnoient l'inveftiture des bénéfices. Ce conciliabule attentoit évidemment au
droit du Souverain Pontificat, & toutefois Pafchal, bien loin d'en être offenfé, écrivit aux Cardinaux avec la plus grande modération, & leur dit que
n'étant point infaillible dans fa conduite, s'il avoit confenti à quelque acte
qui préjudiciât à fa dignité où à fes droits, il ne l'avoir fait que pour éviter
les malheurs qui menaçoient Rome, les Cardinaux eux-mêmes & l'Italie
entiere. (2).

Pafchal ne s'en tint point à cette premiere démarche, & bientôt affectant
les plus vives allarmes d'un fchifme prochain, il affembla un grand concile à
Rome dans l'églife de Latran, & là, proteftant contre la violence qui lui a-
voit arraché fon confentement à la ceffion des inveftitures, il fit déclarer nul
tout ce qui s'étoit fait à ce fujet, & défendre fous peine d'excommunication, à qui que ce fût, de fe conformer à la bulle que l'Empereur n'avoit obte-
nue que par des voyes tyranniques. Ainfi Pafchal condamnoit en un tems
ce qu'il avoit non feulement accordé dans un autre, mais ce qu'il avoit encore confirmé par le ferment le plus folemnel; mais il fe contenta d'être
fimplement parjure, & n'ufa point en cette occafion des armes dont fes prédéceffeurs s'étoient fi fréquemment fervis contre les Empereurs. Il rompit
hautement avec le chef de l'Empire, mais ne l'anathématifa point: fes légats
moins modérés, ne cefferent de lancer les foudres de l'Eglife fur la tête de
Henri V: le Cardinal Connon fur-tout, Evêque de Paleftine & Gui Archevêque de Vienne, prodiguerent de la plus fcandaleufe maniere les excommunications. Ils affemblerent fréquemment des conciles dans lefquels ils ne
s'occuperent que du foin d'accabler le chef de l'Empire fous le poids des
cenfures. Gui alla même jufqu'à déclarer au nom du S. Efprit, qui très-
affurément ne l'infpiroit point alors, que l'inveftiture des bénéfices reçue de
la main des laïques étoit la plus affreufe & la plus infernale des héréfies.
La partie la plus nombreufe du Clergé penfoit comme Connon & Gui; la
plus éclairée au contraire foutenoit qu'il n'y avoir dans les inveftitures aucune
apparence d'héréfie, cette querelle divifa l'Europe prefque entiere; on é-
crivit de part & d'autre avec un zele outré: il n'y eut que le favant & célébre Yves de Chartres qui difcuta cette matiere avec autant d'impartialité que
de bon fens.

(1) Conrad Urfperg. Petrus. Diac.    (2) Id. Mainb. Spener. ad ann. 1112.

*Hift. d'Al-
lemagne,
1024-1125.*

*Indécence
de fa con-
duite, &
audace de
fes légats.
1112 1114.*

Sect. IV.
Hift. l'Al-
lemagne,
1024-1125.

Tandis que la querelle du Souverain Pontife & du chef de l'Empire agitoit
la plûpart des Gouvernemens d'Occident, l'Empereur de Conftantinople envoya au Pape des Ambaffadeurs chargés de lui témoigner combien leur maître
avoir été affligé des mauvais traitemens que le Pape avoit effuyé: ils étoient
encore chargés de lui déclarer que ce Monarque étoit difpofé à défendre par
les armes l'autorité du S. Siege, ou bien d'envoyer fon fils, qui comme lui
n'afpiroit qu'au bonheur de recevoir, à l'exemple des anciens Empereurs, la
couronne des mains du chef vifible de l'églife. Flattés de cette démarche,
les Romains répondirent aux Ambaffadeurs d'Alexis qu'ils recevroient le Prince fon fils avec la plus vive fatisfaction: & en effet, ils fe hâterent de faire
partir une troupe de fix cens hommes pour fervir d'efcorte au Prince de Conftantinople, auffi-tôt qu'il feroit arrivé fur les frontieres d'Italie (1). Mais
ce projet de voyage n'eut pas lieu, & l'on ignore dans quelle vue Alexis avoit
hafardé cette démarche qui fuppofoit tout au moins des deffeins fur le trône
de l'Empire d'Occident.

Ambaffa-
deurs de
l'Empereur
de Conftan-
tinople à
Rome.

1114-1115.

Cependant les fréquens anathêmes lancés par les Légats du Pape commençoient à nuire à Henri; non qu'on le crut féparé de la communion, parcequ'il étoit déclaré tel par quelques fanatiques, mais parcequ'on ne cherchoit
qu'un prétexte de fe fouftraire à la dureté de fon gouvernement: car fon caractere altier, impérieux, exigeant & févere lui faifoit prefque autant d'ennemis, qu'il y avoir de princes & de grands dans l'Empire. L'Archevêque de
Mayence, fon Chancelier avoit eu le malheur de lui déplaire, & Henri l'avoir
fi durement traité, que le Prélat offenfé avoir trâmé des foulèvemens. C'étoit
une ligue où entrerent quelques villes d'Italie, les Saxons, les Weftphaliens, & d'autres ainfi que Fréderic, Archevêque de Cologne, Godefroi de
Louvain, Duc de Lorraine, Gerhard, Comte de Juliers, Fréderic, Comte d'A-
rensberg &c. Henri en fut inftruit, & il fit mettre l'Archevêque de Mayen-
ne en prifon. Ce coup d'autorité ne fit qu'irriter les efprits, & les Seigneurs
Saxons, animés par le Cardinal Thierri, Légat du S. Siege, leverent les premiers l'étendard de la revolte. L'Empereur, pour prévenir les rebelles, marcha contre Cologne, il en fit le fiege, & fe voyant contraint de l'abandonner, en ravagea tous les environs; il prit Juliers, fit prifonnier Gerhard,
Comte de cette ville, & enfuite il paffa dans la haute Allemagne pour y lever des
troupes. Le Duc Lothaire, Général des confédérés, pendant ce tems, faccagea
gea les terres ennemies; mais Henri ayant mis fon armée fur pied, marcha
contre eux & bientôt fe vit maître de la Weftphalie entiere. Après, il affembla une diete à Goflar, où fe plaignant des rebelles, il demanda que
quelques-uns fuffent mis au ban de l'Empire & qu'on leur fît la guerre: fa
demande fut accordée; & fe mettant de nouveau en campagne malgré la
faifon rigoureufe, Henri s'empara de Bronfwic & de Halberftad. Ces nouveaux fuccès porterent Lothaire à faire des propofitions d'accomodement, qui
furent rejetées. Celui-ci vivement piqué alla livrer bataille à l'Empereur,
battit entierement fon armée, refta maître du champ de bataille & de tout le
butin que les Impériaux avoient fait l'année précédente. Henri avec les débris de fes troupes, fe fauva à Mayence. Les Saxons & les autres rebelles

Factions &
foulèvemens
contre
Henri V.

(1) Cron. Caffin, L. 4. c. 46.

profitant de leur avantage, tinrent à leur tour une diete à Goflar, où l'affaire
·des inveflitures fut·décidée en faveur du Pape, & Henri & fes partifans déclarés excommuniés.·· Celle que l'Empereur tint fur cela à Mayence, pour
détruire ce qui s'étoit fait contre lui, fut peu nombreufe, & ceux qui y affi-
flerent parurent faire peu de cas de ce qu'il demandoit; enforte que Henri
étoit menacé d'éprouver le même fort qu'il avoit fait lui-même effuyer à fon
pere. Heureufement pour lui, la mort ravit le Cardinal Thierri, l'ame &
le chef de cette rebellion, & les Saxons n'étant plus foutenus par les confeils
& les déclamations de ce fanatique, montrerent beaucoup moins de chaleur
auffi-tôt qu'il fut mort, ils ne fongerent plus à attaquer Henri, & fe contenterent de fe mettre-eux mêmes en état de défenfe (1).

. L'Empereur à peine délivré des intrigues de Thierri & de la crainte des
hoftilités des Saxons, reçut la nouvelle de la mort de la Comtelle Mathilde,
qui laiffoit une vafte fucceffion à recueillir. Comme chef de l'Empire & le
plus proche parent de la Comtelle, Henri étoit celui qui, exclufivement à
tous les autres, devoit naturellement lui fuccéder. Mais ce fut encore là une
nouvelle caufe de guerre entre lui & le Pape, qui prétendoit que les dona-
tions-faites par Mathilde au S. Siege annulloient tous les droits de la nature & de la loi. Réfolu d'obtenir par la force, ce que l'ufurpation tentoit de
lui ravir, Henri, fuivi d'une nombreufe armée, paffa en Italie, & pendant
qu'il formoit le liege de quelques places en Ligurie, il envoya prier le Pape
de lever les excommunications fi ridiculement portées contre lui dans des conciles nationaux. Pafchal n'eut garde de lui accorder cette demande; au contraire affemblant un nouveau concile à Rome, il renouvella les decrets de
Grégoire concernant les inveflitures, & confirma tout ce que fes Légats
avoient fait. Ulcéré de cette injure, Henri marcha rapidement vers Rome,
dans la réfolution de fe faifir encore de la perfonne de Pafchal; mais celui ci
ne fe fentant point le courage de l'attendre, s'étoit fauvé à Benevent. L'Empereur entra dans Rome, où il avoir une faction puiffante, qu'il fortifia encore en donnant Berthe fa fille en mariage à Ptolomée, chef du parti contraire
au Pape: enfuite il fe fit couronner de nouveau par l'Archevêque de Brague,
fous pretexte que fon premier couronnement, fait par un homme auffi facile à rompre les traités que l'étoit le Souverain Pontife, n'étoit pas plus valide que la bulle des inveflitures, qu'il avoir fi lâchement enfreinte (2).

Quelque reffentiment que témoignât l'Empereur, il envoya pourtant des
députés à Pafchal, afin de tâcher-d'en venir à un accommodement : mais
leurs intérêts étoient trop oppofés, & il fallut renoncer de part & d'autre à
toute voie de négociation. Les chaleurs de l'été obligerent l'Empereur de
s'éloigner de Rome, où Pafchal entra auffitôt & par fa préfence déconcerta
tellement Ptolomée & fes adhérans, qu'ils lui demandèrent la paix. Elle
leur fut refufée, & Pafchal s'occupoit tout entier de préparatifs de guerre,
lorfqu'il fut furpris par la mort, au milieu de ces foins très-peu pontificaux.
Jean Gaëtan lui fuccéda fous le nom de Gelafe II, & l'élection fe fit fans
que l'on témoignât la moindre déférence pour le Chef de l'Empire. Mais
pendant qu'on revêtoit le Pape élu des ornemens de fa dignité, Cincio Fran-

Hift d'Al-
lemagne,
1024-1125.

Guerre en-
tre le Pape
& l'Empe-
reur qui
paffe en
Italie.
1116-1117.

Election tu-
multueufe
du Pape
Gelafe II.

(1) Spener. Hift, Germ. L. 5. c. 5.   (2) Maimbourg. Spener. Fleury. Petrus. Diac. L. 4.

gipani, ou par zele pour l'Empereur, ou par ressentiment de ce qu'on n'avoit pas nommé un Cardinal auquel il s'étoit intéressé, accourut, suivi d'une troupe de gens armés, entra dans l'église, se saisit du Pape, l'accabla de coups, le traîna par les cheveux jusques dans sa maison où il l'enferma. Le Peuple furieux de cet attentat, courut délivrer le Pontife & le ramena en triomphe au Palais de Latran.

Accablé de fatigue & de coups Gelase II se mit au lit, & il commençoit à peine à s'endormir, lorsqu'on vint l'enlever encore: mais c'étoit cette fois des amis qui venoient le dérober à la colère de l'Empereur, récemment arrivé au Vatican, & fort irrité de ce qu'on avoit osé procéder sans ses ordres à cette élection: le malheureux Gelase avoit été si durement traité par Frangipani qu'il ne pouvoit presque pas se soutenir: la crainte lui donna des forcas, il se sauva par dessus une terrasse, & alla passer le reste de la nuit chez un simple bourgeois, qui voulut bien lui donner azile. Le lendemain Gelase se vit dans une plus facheuse situation; son hôte ne pouvoit plus le garder, & il n'y avoit aucun moyen de s'enfuir par terre, toutes les issues & les chemins étant occupés par les Allemands, qui le cherchoient de tous côtés. Dans cette extrémité le Pape & quelques personnes qui l'accompagnoient, s'embarquerent sur le Tibre pour gagner la mer, & après bien des périls evités, ils arrivèrent enfin à Terracine d'où ils se rendirent à Gaëte. Henri envoya des députés au Souverain Pontife pour le prier de revenir, l'assurant qu'il n'avoit rien à craindre; mais Gelase répondit qu'il alloit d'abord se faire sacrer, & qu'ensuite il se préteroit à la négociation (1).

L'Empereur offensé d'une telle réponse, & résolu de se venger avec éclat, assembla le clergé qui lui restoit attaché, & fit élire Pape Maurice Bourdin, ce même Archevêque de Brague excommunié pour l'avoir couronné, & qui prit le nom de Grégoire VIII. Gelase ne pouvant s'opposer par la force à cette élection, tint un concile à Capoue, & excommunia Grégoire & l'Empereur. Mais quoique foudroyé, l'Antipape resta paisiblement à Rome, où en reconnoissance du haut rang auquel Henri venoit de l'élever, il le couronna de nouveau Empereur.

Les Normands qui tenoient pour Gelase, rassemblerent leurs forces & marcherent contre Henri dans la résolution de le combattre: il avoit peu de troupes, & ne jugeant pas à propos de hasarder une bataille, il prit la route d'Allemagne. Informé de ce départ, & invité par le Prince Normand à venir reprendre possession du S. Siege Gelase se rendit secrettement à Rome, où il se tint caché jusqu'à ce que ses fidelles Normands fussent arrivés près de lui. Mais pour son malheur, les Frangipannis informés de son séjour à Rome, le cherchèrent avec tant de soin, qu'un matin au point du jour, qu'il étoit allé célébrer la messe dans une petite Eglise, ils y accoururent suivis d'une troupe de satellites & pénétrerent dans l'Eglise les armes à la main: Le petit nombre de personnes que le Pape avoit à sa suite, le défendirent, & le sanctuaire fut le théatre d'un combat meurtrier, très-sanglant & qui dura depuis le matin jusqu'au coucher du soleil. La plupart des défenseurs de Gelase furent massacrés, & il eut lui-même bien de la peine à échapper aux

(1) Mainbourg, Spiner, Fleury, Petrus Diac. Ursperg. ad ann. 1118.

Frangipanni: ses habits déchirés, le visage ensanglanté, & le corps meurtri de coups; monté sur un mauvais cheval, il s'enfuit seul; & la crainte bien fondée d'essuyer encore des plus cruels outrages, le détermina à passer en France, où il arriva bientôt & se retira dans l'Abbaye de Clugni.

Excédé de fatigue & peu sensible aux honneurs du pontificat qui ne lui avoient procuré que des injures, des affronts, des humiliations, des coups & des disgraces, Gelase fut atteint d'une maladie qui en très-peu de jours le réduisit à l'extrémité. Il fit venir auprès de lui les Cardinaux qui, lui étant restés attachés, l'avoient suivi en France, & il leur désigna pour son successeur le Cardinal Connon, Evêque de Palestine; mais Connon qui avoit été témoin des malheurs de Gelase refusa le pontificat, & conseilla d'élire Gui, Archevêque de Vienne; Gelase y consentit, & mourut fort peu de jours après le 29 Janvier 1119.

Gui étoit de l'illustre maison des Comtes de Bourgogne; il réunit tous les suffrages, fut élu Pape & sacré sous le nom de Caliste II. Quoique Connon eut hautement refusé le Pontificat, il n'en aimoit pas moins à exercer autant qu'il lui étoit possible les fonctions de Pape: en effet, dans les Conciles qu'il avoit tenus depuis peu à Cologne & à Frislar, il avoit solemnellement excommunié Henri, tandisque les Seigneurs d'Allemagne indiquant une diette à Wurtzbourg, avoient pris la résolution d'y déposer l'Empereur s'il refusoit d'y comparoître (1).

Allarmé de ces dispositions Henri, dans l'espoir d'affermir son autorité chancelante, parut dans ses états, & pour mettre fin aux troubles qui agitoient l'Allemagne, il convoqua une assemblée générale des évêques & des seigneurs à Tribur, promit de satisfaire le Souverain Pontife & les mécontens de ses états. Ces promesses parurent sinceres aux députés de Caliste qui s'étoient rendus à Tribur, & elles l'étoient en effet. Il fut convenu que désormais l'Empereur donneroit les investitures sans crosse & sans anneau. De leur côté les ministres du Pape promirent de sa part, qu'on rendroit à Henri & aux siens toutes les possessions qui leur avoient été prises durant le cours des dernieres hostilités. On convint que ces conditions seroient encore plus solemnellement jurées de part & d'autre, & que la clause concernant les investitures seroit exécutée à Mouzon, aussi-tôt que l'Empereur auroit été y attendre le Pape, qui s'y rendroit de Rheims, où alors il étoit occupé à tenir un Concile.

Le Souverain pontife étoit au comble de la joye; il aimoit sincérement la paix, & bien persuadé que l'Empereur agissoit de bonne foi, il partit de Rheims, après avoir recommandé aux prélats assemblés de faire des prieres publiques pour le succès de son voyage. Caliste n'étoit plus qu'à une petite distance du lieu de la conférence, lorsqu'on vint l'avertir de se tenir sur ses gardes, & que l'Empereur à la tête d'une armée de 30 mille hommes étoit campé sous les murs de Mouzon. Une pareille escorte pour une conférence parut fort étrange à Caliste, qui, agité de violens soupçons retourna promtement sur ses pas, alla se renfermer dans un château appartenant à l'Archevêque de Rheims, & envoya à Henri des députés chargés de lui présenter les conditions que ses ministres avoient signées par ses ordres, & de le pres-

*Les Seigneurs d'Allemagne veulent déposer Henri V.*

*Paix entre le Pape & l'Empereur.*

_____

(1) Conrad. Ursperg. Mainbourg. Spencr. ad ann. 1119.

Mauvaise
foi d'Henri
IV.

fer d'y satisfaire. Henri qui en effet n'étoit pas venu à la tête de 30 mille hommes pour signer un traité; commença par désavouer tout, & nia qu'il eût rien promis; l'Evêque de Châlons offrir de jurer le contraire; l'Empereur convaincu, prenant pour prétexte de sa mauvaise foi l'impossibilité où il étoit d'exécuter un semblable traité sans savoir si réellement il ne préjudicioit point à son autorité, demanda un délai de vingt quatre heures pour conférer avec les Seigneurs, sans le consentement desquels il ne pouvoit conclure, disoit-il, une affaire aussi importante. Ce délai ne lui suffit point encore, & lorsqu'il se fut écoulé, il en demanda un plus long, & voulut qu'on lui donnât le tems d'assembler une diete générale composée de tous les Seigneurs d'Allemagne. Indignés de sa mauvaise foi les députés du Pape ne voulant plus négocier avec lui, partirent brusquement & sans prendre congé (2).

Caliste, jugeant avec raison qu'il n'y avoit rien à compter sur un Prince qui sembloit se faire un jeu de violer les sermens les plus sacrés, s'en retourna continuer à Rheims les séances du concile que son absence avoit interrompues. Louis le Gros assistoit en personne à ce Concile, & ce fut en sa présence que le Pape porta un decret qui fut unanimement approuvé, & par lequel les investitures des évêchés & des abbayes, données par des Laïques étoient sévérement défendues. Ce fut encore en la présence du Monarque François, que le Pape faisant apporter 427 cierges allumés, qui furent distribués aux Evêques & aux Abbés, il prononça une sentence d'excommunication contre l'Empereur, & dans l'instant tous ces cierges furent éteints; car alors & même bien long-tems après un cierge éteint à la suite d'une sentence d'excommunication, paroissoit quelque chose de terrible, & d'épouvantable: on a pensé différemment depuis dans bien des pays de l'Europe, & l'on a imaginé que cette extinction de cierges étoit l'emblême de la foiblesse & de l'évanouissement de la foudre pontificale. Quoiqu'il en soit, Henri ne pardonna point à Louis le Gros d'avoir permis une telle excommunication dans ses Etats, sur-tout en sa présence, & dès lors lui vouant une haine irréconciliable, il fit serment de se venger de cet affront aussi tôt qu'il lui seroit possible.

Vengeance
du Pape.

Cependant Caliste très-content de son voyage en France, & de tout ce qui s'étoit passé au Concile de Rheims, reprit la route d'Italie. Son rival, l'antipape Grégoire s'étoit rendu si méprisable aux Romains par l'excès de ses débauches, & si fort odieux par la violence de ses vexations, que craignant qu'ils ne le livrassent à Caliste, il prévint l'arrivée de celui-ci, sortit secrettement de Rome, & se sauva à Sutri, place forte & défendue par une garnison impériale. Il s'y croyoit en sureté; mais Caliste, secondé par les troupes que lui fournit Guillaume, Duc de Pouille & de Calabre, alla l'assiéger. Les habitans de Sutri n'étoient rien moins que disposés à se sacrifier pour Bourdin, & pour mettre fin à des hostilités qui exposoient leur ville, ils le livrerent aux soldats du Pape. Ceux-ci l'accablerent d'injures, le couvrirent de baillons, & le faisant monter à rebours sur un chameau la queue entre ses mains, en guise de bride, une peau de mouton toute sanglante sur le dos, en guise de chappe d'écarlate, ils le conduisirent à Rome

&

(1) Fleury. T. 14. Lib. 67. Mainbourg. Decad. de l'Emp. L. 4.

& l'abandonnerent à la populace, qui l'eût inévitablement mis en pieces, fi, par un trait de clémence bien digne de louange, Califte lui-même ne fût venu le retirer des mains de la foule irritée: il ne voulut point le punir du dernier fupplice & fe contenta de le reléguer dans un monaftere, ce trait de modération fait beaucoup d'honneur à Califte; mais il lui en feroit encore davantage, fi quelques jours après, par un trait d'orgueil un peu ridicule, il n'eût fait expofer aux yeux du public un tableau où il étoit repréfenté fur un char de victoire, & foulant Bourdin à fes piés. On trouva que dans ce tableau Califte avoir plus l'air d'un conquérant que d'un Pontife, & que fi Bourdin figuroit affez bien le diable, S. Michel étoit fort mal repréfenté (1).

Au tableau faftueux près, le Pape s'étoit très-bien conduit; il méritoit fes fuccès & il ne lui reftoit plus pour être au comble de la joye, que de triompher d'Henri. A cet égard encore il étoit puiffamment fecondé en Allemagne par une foule de Seigneurs mécontens, violemment animés par Albert, qui faififfoit toutes les occafions de faire éclater fon reffentiment. Forcé de fe tenir éloigné de Mayence, dont il étoit Archevêque, Albert y entretenoit une correfpondance affidue avec les chefs du parti qu'il y avoit, & qui y fomentoient des mouvemens féditieux. L'Empereur fatigué des difpofitions des habitans de cette ville, réfolut d'en faire le fiege, & envoya des ordres pour cette expédition. Albert furieux fouleva la Saxe entiere, où il s'étoit retiré: profitant, ou plutot abufant de l'autorité que lui donnoit fa qualité de Légat du S. Siege, il affembla les Evêques & les Seigneurs Saxons, peignit Henri comme l'oppreffeur du Catholicifme, comme un monftre de tyrannie & contre lequel tout Catholique étoit en confcience obligé de prendre les armes. Il promit des pardons, des indulgences & la gloire célefte à quiconque fe déclareroit contre le Souverain excommunié. Les Saxons ne réfifterent point à l'appas des indulgences; ils s'armerent, le Légat fe mit à leur tête, & alla fe pofter aux environs de Mayence, où l'Empereur, fuivi de fes troupes, s'étoit déja rendu: les deux armées en préfence étoient à la veille d'en venir à une action décifive, quand les plus modérés des deux partis fongeant aux malheureufes fuites que pourroit avoir ce combat, demanderent à terminer cette querelle par une conférence. L'Empereur qui fouffroit de fe voir obligé de s'armer contre fes fujets, confentit à cette demande; on choifit douze médiateurs dans chacun des deux partis, & ceux-ci convinrent que dans trois mois on tiendroit à Wurtzbourg une affemblée générale pour rétablir entierement la paix (2).

Cette affemblée produifit tous les effets heureux qu'on en avoit attendus: la paix fut folidement conclue, & il fut défendu fous peine de la vie à tout citoyen de prendre les armes & de troubler le repos public; & comme l'excommunication du Souverain étoit le prétexte ordinaire dont les factieux fe fervoient, il fut envoyé deux députés, Brunon, Evêque de Spire & Arnoul, Abbé de Fulde à Rome, pour conjurer le Pape au nom de l'Allemagne entiere de convoquer un concile général, afin de rétablir la bonne intelligence entre le Sacerdoce & l'Empire.

*Hift. d'Allemagne, 1024-1125.*

*Succès du Pape Calixte.*

*Troubles en Allemagne & Paix 1122.*

(1) Petrus. Diac. Cron. Caff. T. 4. c. 70.   (2) Urfperg. ad ann. 1121. Spener. ad eund. ann.

De tous les Papes qui jusqu'alors avoient occupé le S. Siege, Caliste étoit sans contredit le plus prudent, le moins ambitieux; il maintenoit les droits dont ses prédécesseurs avoient joui, & il le devoit à sa dignité; mais il ne cherchoit pas à s'en arroger des nouveaux; il eut même cédé quelque chose de ses intérêts pour assurer la paix. Il se montra peu difficile, & il fut convenu entre lui & les députés, que l'Empereur renonceroit à l'investiture par la crosse & l'anneau; que les élections canoniques & les consécrations libres auroient lieu dans les Eglises d'Allemagne; que l'Eglise de S. Pierre seroit remise en possession des terres & des droits dont elle avoit été dépouillée depuis le commencement de cette querelle: de son côté le Pape consentit que déformais les élections des Evêques & des Abbés du Royaume d'Allemagne, fussent faites en présence du Prince où de ses commissaires, & que l'investiture fut donnée par le sceptre ou par un bâton. A l'égard des bénéfices d'Italie, il fut stipulé que ceux qui y seroient nommés seroient obligés de recevoir l'investiture du Pape six mois après leur nomination.

Ces conditions arrêtées, des députés accompagnés de trois Légats retournerent en Allemagne, où dans une diete générale l'Empereur, après quelques légeres difficultés, signa le traité, de concert avec les Princes & les Seigneurs d'Allemagne. Le Cardinal d'Ostie, l'un des Légats donna l'absolution à Henri, qui envoya des présens magnifiques à Caliste, avec lequel il vécut déformais en bonne intelligence (1).

Ainsi finit la trop fameuse dispute au sujet des investitures. A bien apprécier les choses, cette querelle n'étoit au fond qu'une puérilité; car qu'importoit au fond, qu'un bénéficier fut investi par une crosse, un anneau, un sceptre ou un bâton?

Henri V n'avoit montré tant d'empressement à conclure la paix avec le S. Siege, qu'afin de n'avoir plus aucun obstacle qui retardât l'exécution du projet qu'il avoit formé de se venger avec éclat de Louis le Gros, Roi de France, auquel il ne pardonnoit pas d'avoir souffert qu'on l'excommuniât à Rheims: c'étoit cette ville même où il avoit reçu un si sanglant affront qu'il avoit résolu d'attaquer & de réduire en cendres. Son beau-pere, Henri, Roi d'Angleterre étoit en guerre avec la France, & cette circonstance étoit très-favorable au chef de l'Empire, qui croyoit qu'en joignant ses armes à celles des Anglois, il lui seroit facile d'accabler les François auxquels il déclara la guerre, après s'être ligué avec Henri. Il étoit convenu entre le beau-pere & le gendre que tandis que le premier entreroit en France par la Normandie, l'autre pénétreroit par la Champagne. Dans cette vûe l'Empereur rassembla une nombreuse & formidable armée composée de Lorrains, d'Allemands, de Bavarois, de Saxons & de la plûpart des peuples établis au delà du Rhin (2).

Il s'en falloit de beaucoup que Louis le Gros fut en état de dissiper ce menaçant orage, & de lutter en même tems contre l'Empire & l'Angleterre: il avoit à se défendre lui-même contre une partie de ses sujets indociles, & soulevés par l'ambition inquiète & entreprenante des grands vassaux, qui refusant de reconnoître la souveraineté de la couronne, s'érigeoient en tyrans, & quoiqu'obligés de donner du secours au Roi, refusoient audacieusement de

<hr>

(1) Pandolph. Subdiac, in vit. Greg.　(2) Spener; ad ann. 1124. Daniel; Hist. de France. T. 2.

le fervir, toutes les fois qu'ils ne le voyoient pas affez fort pour les y con-<br>
·traindre. Auffi Louis le Gros, depuis qu'il étoit monté fur le trône, avoit<br>
été perpétuellement armé contre ces turbulens rivaux de fon autorité ; & ce<br>
·furent les guerres qu'il fut obligé de faire ou de foutenir contre eux qui lui<br>
avoient valu le furnom de *Batailleur*. La fituation du Roi de France étoit<br>
alors d'autant plus inquiétante, que l'Angleterre occupoit une partie du ro-<br>
yaume, & étendoit fa domination prefques jufqües aux portes de Paris ; Louis<br>
·étoit comme affiégé dans fa capitale , & hors d'état de faire parvenir fes<br>
ordres dans les provinces éloignées, qui d'ailleurs obéiffoient moins au Roi<br>
qu'aux grands vaffaux.

Ce fut au milieu de ces inquiétudes que Louis reçut la nouvelle de la<br>
·marche de l'Empereur qui venoit fondre fur la France avec toutes les forces<br>
de l'Allemagne. Déja le bruit de cette irruption imprévue avoir confterné<br>
la plûpart des François ; mais il n'allarma point Louis, qui convoquant une<br>
affemblée des Seigneurs du royaume, leur peignit avec tant de force les dan-<br>
gers qui les menaçoient eux-mêmes, qu'oubliant leurs intérêts particuliers,<br>
remettant à d'autres tems l'exécution de leurs projets ambitieux, & le réu-<br>
niffant tous pour la défenfe commune, ils promirent au Roi de le fervir de<br>
toûte leur puiffance & de combattre jufqu'à la mort pour la patrie (1).

En cette occafion les grands furent exacts à remplir leurs promeffes, &<br>
Louis fut fi bien fecondé, qu'en peu de jours il fe vit à la tête de l'armée la<br>
plus nombreufe. Une partie de fes troupes commandée par le brave Cliton,<br>
alla du côté de la Normandie s'oppofer aux efforts des Anglois, tandis qu'à<br>
la tête du refte de l'armée, compofée, (dit Suger Abbé de S. Denis) de plus<br>
de deux cent mille hommes, le Roi marcha contre les Allemands & alla fe<br>
pofter fous les murs de la ville de Rheims. Quoique fuivi d'une armée pref-<br>
qu'auffi formidable, l'Empereur qui comptoit encore plus fur la difcorde qui<br>
divifoit les François & fur l'indocilité des vaffaux que fur fes propres forces,<br>
fut très-furpris de la défenfe vigoureufe que l'on fe difpofoit à lui oppofer.<br>
Effrayé de l'appareil terrible de l'ennemi qu'il venoit attaquer il n'ofa point<br>
avancer, & prétextant quelque mouvement au-delà du Rhin, il fortit préci-<br>
pitamment & remmena honteufement fes troupes dans fes états. Les Anglois<br>
ne flétrirent point la gloire de leurs armes par une fuite également précipitée ;<br>
mais lâchement abandonnés par leurs alliés, ils ne tenterent aucune entreprife<br>
confidérable, & bientôt, fatigués d'une guerre inutile & ruineufe ils deman-<br>
derent la paix, que Louis le Gros leur accorda.

·Ce fut à-peu-près dans le même tems que le Pape Califte étant mort à<br>
Rome, les voix fe réunirent en faveur de Thibaut, Cardinal-prêtre, qui prit<br>
le nom de Céleftin : mais on étoit encore affemblé dans l'églife, & le nou-<br>
veau Pontife alloit fe mettre en poffeffion de fa dignité, quand Frangipanni<br>
& quelques autres d'entre les principaux Romains, fuivis de gens armés en-<br>
trerent dans l'églife, proclamerent Pape Lambert, Evêque d'Oftie, & le re-<br>
vêtirent d'une chappe rouge. Cette double élection, l'une tumultueufe & faite<br>
par des gens qui n'avoient aucun droit de nommer au Pontificat, l'autre lé-<br>
gale & canonique eût inévitablement été fuivie d'un fchifme violent, fi le bon<br>
Céleftin, facrifiant fes droits & fon rang à la tranquillité de l'Eglife & des

(1) Spener. & Daniel, ib. & Mezeral. *Hift. de France.*

*Honoré II
eſt élu Pape.*

peuples, n'eut cédé ſes prétentions à ſon rival, qui fut alors nommé par le Sacré College & prit le nom de Honoré II. (1)

En ſe reconciliant avec Rome, & en ſe faiſant abſoudre, Henri V s'étoit flatté d'éteindre les guerres civiles, de contenir les factieux & les rebelles qui, ſous prétexte de ſon excommunication, avoient tant de fois agité les Etats. Son eſpérance fut déçue: ſes hauteurs & l'apreté de ſon caractere le faiſoient trop déteſter pour qu'il pût compter ſur la libre ſoumiſſion des peuples. A peine il étoit de retour de ſon expédition en France, qu'il fut contraint d'aller affermir ſon autorité, que les Hollandois ſoulevés ne vouloient plus reconnoître. Les habitans de Worms ſe ſouleverent très-peu de rems après, & il fut encore obligé d'aller aſſiéger cette ville, qu'il prit par compoſition & où il décerna contre les coupables des ſupplices terribles, croyant par cet exemple effrayer quiconque ſeroit tenté de ſe revolter encore. Il ſe trompa cependant, & ſa ſévérité irritant les habitans de la ville de Ruſſic, ils ſe jeterent ſur ſes officiers, & ſe fuſſent jetés ſur lui-même, s'il ne ſe fût dérobé à leur fureur par une prompte fuite. Tranſporté de colere il revint bientôt en force, inveſtit la ville, la prit d'aſſaut, l'abandonna au pillage, au maſſacre, & finit par la réduire en cendres. Mais plus il faiſoit éclater ſa vengeance, plus il ſentoit qu'il étoit abhorré: cette idée, affligeante en effet, lui cauſa une ſombre mélancolie, qui en peu de jours l'affoiblit au point, qu'il

*Mort
d'Henri V.
1125.
Son carac-
tere.*

connut lui-même qu'il ne lui reſtoit plus que peu de rems à vivre. Ses derniers jours furent affreux, & tels que devoit être la fin d'un tyran. L'image de ſon pere qu'il avoir opprimé avec tant d'inhumanité, étoit ſans ceſſe devant lui: ſes remords déchirans s'exhaloient en cris & en gémiſſemens; il paſſoit tour-à tour de la plus violente douleur aux fureurs du déſeſpoir, & cette ſituation accablante & trop méritée achevant de le conſumer, il mourut le 23 de Mai 1125, après un regne de 19 années. Il eut ſans-doute la plus intrépide valeur; il ſoutint avec fermeté, preſque toujours avec autant de gloire que de ſuccès, les droits de ſa couronne & la prééminence de ſa dignité: mais il fut cruel & perfide; il fut d'une avarice inſatiable; il opprima ſes peuples, & il en fut l'exécration. De ſon mariage, en 1114, avec Mathilde d'Angleterre, il ne laiſſa point d'enfans, & ſes ſujets regarderent ce défaut comme un bien parce qu'ils diſoient que d'un tel monſtre il n'eût pu ſortir qu'une affreuſe poſtérité (2).

Il reſta deux fils de ſa ſœur Agnès, ſavoir, Fréderic de Hohenſtauffen, Duc de Suahe & d'Alſace; & Conrad, Duc de Franconie, mais la mort de Henri V mit fin à la troiſieme race maſculine de Souverains qui avoient occupé juſqu'alors le trône de l'Empire; celle de France, celle de Saxe & celle de Franconie. Les deux premieres avoient produit des Princes fort pieux, mais très-peu de grands Souverains, & ce ne furent que les ſucceſſeurs d'Otton qui, par leur valeur & leurs qualités éminentes, ſe montrerent dignes d'être les ſucceſſeurs de Charlemagne. La maiſon de Franconie qui étoit montée ſur le trône en 1024 l'occupa juſqu'à 1125; quelques grands princes l'illuſtrerent, mais il n'y en eut gueres qui méritaſſent d'entrer en paralele avec les ſucces-

_____

(1) Fleury. Hiſt. Eccl. L. 67.      (2) Otto Friſ. Alberic. Conrad. Urſperg. Spener. ad ann. 1125,

feurs d'Otton. N'oublions pas de dire en finissant cette Section, que Mathilde, veuve de Henri V, retourna auprès de Henri I, Roi d'Angleterre son pere, & qu'ayant épousé fort peu de tems après, Geoffroi Plantagenet elle donna à la Grande - Bretagne une nouvelle dynastie de Rois.

## SECTION V.

*Histoire d'Allemagne, depuis la mort d'Henri V en 1125, jusqu'à l'avenement d'Otton IV au trône de l'Empire en 1208.*

Henri V avoit regardé les deux Princes ses neveux comme ses enfans; & quelque tems avant sa mort, les traitant comme ses successeurs, il leur envoya les ornemens impériaux. Ces deux princes étoient à tous égards trèsdignes de ce rang; mais ils avoient aux yeux des peuples un vice qui les excluoit du trône, & ce vice étoit le malheur d'être les neveux de Henri, dont la mémoire, ainsi que celle de ses deux prédécesseurs, étoit abhorrée des Allemands, qui craignoient trop d'être opprimés, tant que le sceptre resteroit dans la maison de Franconie, pourqu'ils songeassent à l'y perpétuer. D'ailleurs, les Seigneurs d'Allemagne étoient impatiens de rentrer dans leurs droits, & de jouit de la prérogative que les loix fondamentales leur donnoient d'élire un Souverain: ensorte qu'il fut résolu qu'à la domination héréditaire de la derniere maison régnante, on substitueroit une sorte de République librement soumise à un chef, qui resteroit dans une dépendance perpétuelle des Etats de l'Empire. D'après ce nouveau plan, on ne s'occupa nullement de Conrad, ni de Frideric, & Lothaire ou Ludor, Prince Saxon qui ne pensoit à rien moins qu'à régner, réunissant tous les suffrages fut élu à Mayence le 30 Août 1125 (1).

Lothaire, de l'ancienne maison des Comtes de Querfurt, content de ses comtés de Supplembourg, d'Arnsberg &c. ne s'occupoit que des moyens de passer paisiblement le reste d'une longue vie, qu'à son âge très - avancé, il croyoit devoir bientôt finir, car il avoit alors 87 années. Il s'étoit jadis signalé par les armes, & il s'étoit rendu très - formidable à la tête des Saxons revoltés contre Henri IV; pour tout dire en un mot, c'étoit par ses rebellions que Lothaire s'étoit fait un grand nom: aussi Henri V, en haine de son pere, s'étoit hâté de combler de bienfaits ce chef des revoltés, auquel il avoir donné le duché de Saxe Meinunguen, c'est-à-dire la haute Saxe. Bientôt [par son mariage en 1113 avec Richilde, Rebecca ou Richenza, fille unique de Henri le Gros, Duc de la Basse Saxe & dernier descendant de Henri l'Oiseleur,] Lothaire se vit possesseur de la Saxe entiere, & il n'en fut ni plus paisible ni moins entreprenant. Henri V ne l'avoit si richement récompensé, que parcequ'il s'étoit montré l'un des plus obstinés ennemis de Henri.

(1) Spener. *Hist. Germ. Univ.* T. 1. L. 4.

Sect. V.
Hist. d'Al-
lemagne,
1125-1203.

Motifs qui
furent élire
Lothaire II

IV: ce motif méritoit bien l'ingratitude dont Lothaire paya les dons de son bienfaiteur, contre lequel il se revolta plusieurs fois, toujours prêt à soute-nir les prétentions du pape contre les droits & les intérêts de la couronne im-périale. Il s'étoit distingué sur-tout dans la trop sanglante querelle des inves-titures, & il fut tant zélé à seconder les vûes du S. Siege, que la cour de Rome se crut beaucoup plus redevable à la valeur, à l'intrépidité, &, pour tout dire, au caractere factieux & turbulent d'un tel défenseur, qu'elle ne l'étoit à ses propres forces & aux foudres du vatican, aussi, dès la mort de Henri V les Légats du S. Siege se donnerent tant de soins, & l'inquiet Al-bert, Archevêque de Mayence forma tant d'intrigues, qu'ils parvinrent à fai-re déférer la couronne d'Allemagne à Lothaire. Il faut cependant avouer que Lothaire, quoiqu'avec beaucoup de défauts, avoit de grandes qualités, il étoit brave, ardent, hardi, entreprenant, dévoré du délit de la gloire, bon général, ami de la justice, ami de la patrie, fort économe, avare même, d'une prudence, qui souvent dégénéroit en dissimulation & même en mau-vaise foi (1).

Les entreprises ou plutôt les usurpations des derniers Empereurs avoient éclairé les Etats & les membres de l'Empire sur leurs vrais intérêts, & ils ne procéderent au couronnement du nouveau Souverain qu'après avoir fait rentrer sa puissance dans ses anciennes bornes. On lui laissa tout l'éclat de la représentation: on lui laissa le droit de répandre des graces, la plus belle sans contredit & la plus précieuse des prérogatives de la royauté; mais il fut sta-tué que déformais les biens des proscrits reviendroient, non au Roi, com-me auparavant, mais aux Etats, & que du reste, les Princes accusés ne pour-roient être condamnés que dans une assemblée générale, & par le jugement des autres princes: on régla qu'à l'avenir le Souverain ne choisiroit plus une

Nouvelles
Capitula-
tions.

ville particuliere pour sa résidence: mais qu'il parcouroit successivement tou-tes les provinces, iroit de ville en ville, suivi de sa cour, qui, comme lui, seroit habituellement en voyage: enfin il lui fut défendu de faire construire ou de fortifier des places: on lui ôta le droit d'établir des impôts, en un mot on ne lui laissa que le pouvoir d'être juste & de faire du bien, & l'on prit les moyens les plus sages & les plus efficaces de l'empêcher de faire du mal.

Lothaire souscrivit à ces nouveaux reglemens, & fut couronné à Aix la Chapelle en présence du Nonce du Pape le 13e Septembre 1125. Dans une diete qu'il tint à Magdebourg, il donna sa fille aînée Gertrude en mariage à Henri le superbe Duc de Baviere. Il fit aussi résoudre la guerre contre le Duc de Boheme, qui avoit dépossédé un Seigneur nommé Otton. Cette guerre ne fut d'abord rien moins qu'heureuse pour Lothaire: elle fut encore plus funeste pour Otton qui y perdit la vie: mais dans la suite Lothaire ré-tablit la gloire de ses armes avec tant de succès, que le Duc de Baviere fut contraint de demander la paix (2).

1127-1130.

Conrad & Frideric ne pouvoient oublier que Henri V leur avoit envoyé les ornemens Impériaux. Résolus d'obtenir par la force des armes le rang au-quel les Etats & les Seigneurs d'Allemagne ne leur avoient pas permis de s'é-lever, ils déclarerent la guerre à l'Empire, & publierent l'intention où ils.

étoient d'envahir la couronne. Le Pape Honoré, allarmé pour le Roi d'Allemagne, le défendit de toute sa puissance, & excommunia les rebelles: mais sa foudre fut impuissante, & n'ajoûta point à la force des armes de Lothaire, qui, successivement assiégé à Nuremberg & à Spire, fut contraint d'abandonner ces villes aux ennemis. Cependant la fortune se déclara bientôt pour lui; la Franconie entiere fut enlevée à Conrad; Nuremberg, Ulm, Spire & plusieurs autres places rentrerent sous la domination de là couronne d'Allemagne. Conrad, désespérant de reprendre sur Lothaire la supériorité dans ce pays, forma, & dans le même tems exécuta un nouveau plan d'hostilités. Il passa rapidement les Alpes & se fit en Italie un parti si nombreux, si redontable, qu'il parvint en très-peu de jours à se faire couronner Roi par Anselme, Archevêque de Milan (1).

Par cela même que le Pape Honoré s'étoit déclaré pour Lothaire, celui-ci étoit odieux aux Italiens qui avoient offert la couronne Impériale à Charles le Bon Comte de Flandre, fils de S. Canut, Roi de Danemark: mais Charles n'aspiroit qu'à la couronne des Saints, & il fut aussi insensible aux offres des Italiens, qu'il l'avoir été à celles des Chrétiens de la Palestine, qui s'étoient inutilement efforcés de lui faire accepter le royaume de Jérusalem pendant la prison de Baudouin II.

Cependant à mesure que les armes de Conrad prospéroient en Italie, son parti s'affoiblissoit en Allemagne, où par la prudence, les soins & l'activité de Lothaire, il ne restoit presque plus de rebelles: mais un événement fâcheux vint accroître les troubles, au moment où l'on espéroit de les voir entierement cesser. Honoré mourut, & sa mort fut suivie d'un schisme affreux, à la faveur duquel les dissentions se ranimerent en Allemagne. Avant que de publier la nouvelle de la mort d'Honoré, les plus anciens d'entre les Cardinaux, craignant que les deux factions qui divisoient les Romains, attachés les uns à Lothaire, les autres à Conrad, ne rendissent l'élection d'un Pape trop tumultueuse, s'assemblerent & élurent Grégoire, Cardinal de S. Ange, qui se fit sacrer sous le nom d'Innocent II. Les Cardinaux que l'on n'avoit pas invités à venir donner leurs suffrages, furent très-offensés de la démarche de leurs confreres, & pour leur prouver que le S. Esprit étoit aussi pour eux, ils élurent un Pape, & ce fut Pierre Léon, qui prit le nom d'Anaclet II. Pierre étoit le plus fort; il se rendit maître de Rome d'où il obligea Innocent de s'éloigner & d'aller chercher un azile en France (2).

Quoique possesseur du S. Siege & reconnu par les Romains pour légitime Pape, Anaclet crut qu'il lui importoit d'attirer dans son parti le Roi d'Allemagne, & il lui écrivit dans les termes les plus flatteurs & les plus pressans; mais Lothaire ne lui fit aucune réponse; l'Antipape lui écrivit encore & lui fit écrire par tous les Cardinaux de son parti. Lothaire garda le silence & ne se déclara pour aucun des deux Pontifes; c'étoit le parti le plus sage qu'il eût à prendre, & c'est ainsi que tous les Souverains devroient en user pour le bonheur des peuples & la paix des états, auxquels au fond, il importe très-peu que quelques prêtres assemblés & divisés d'opinions & de suffrages élisent deux ou trois Papes au lieu d'un.

(1) Otto Frising. de Gest. Frid. I. L. 10. Spener ad ann. 1127. 28. 29. 30.
(2) Fleury. Hist. Eccl. T. 14. L. 67.

Roger II, Duc de Sicile ne pensa, ni ne se conduisit comme Lothaire, & il ne resista point aux offres séduisantes d'Anaclet, qui lui donna la sœur en mariage, & lui accorda avec le titre de Roi l'investiture de la principauté de Capoue & de la seigneurie de Naples; ensorte que Roger se trouvant assez puissant pour joindre la réalité du pouvoir à la magnificence de la bulle que le S. Siege daignoit lui envoyer il se fit couronner Roi à Palerme. Telle fut l'origine du Royaume de Sicile, d'abord fondé par l'usurpation des Normands, & ensuite érigé en Monarchie par un Antipape (1).

Le nouveau Souverain resta fidellement attaché à son bienfaiteur, qui ne comptoit dans son parti que très-peu de Princes chrétiens. Le plus grand nombre tenoit pour Innocent; la France, l'Espagne, l'Angleterre l'avoient adopté pour Pape, & Lothaire, après avoir long tems balancé entre les deux concurrens avoir confirmé la premiere des deux élections dans le concile de Wurtzbourg. Il avoit même écrit à Innocent II, pour le prier de se rendre en Allemagne. Flatté de cette invitation, & d'ailleurs intéressé à ménager un Souverain aussi puissant, Innocent qui étoit en France se rendit à Liege, où il fut reçu par les Princes d'Allemagne & sur-tout par Lothaire avec des marques de respect & de vénération qui l'étonnerent, nonobstant la haute idée qu'il eut des égards que les Souverains devoient à sa dignité. Mais sa surprise cessa bientôt, & dès le premier entretien qu'il eut avec Lothaire, il

comprit aisément à quoi aboutiroit le respect du Roi de Germanie. En effet, celui-ci lui dit sans détour qu'en qualité de Roi d'Allemagne, il prétendoit succéder à tous les droits de ses prédécesseurs, & que l'une de leurs plus grandes prérogatives ayant toujours été de donner l'investiture par la crosse & l'anneau, il entendoit d'autant moins perdre ce droit, qu'inalienable de sa nature, il n'avoit pu être cédé par Henri V, & qu'Anaclet lui-même avoir offert de le restituer. Au mot d'investiture Innocent & les Cardinaux de sa suite pâlirent & resterent pétrifiés. Lothaire demandoit une prompte réponse, & menaçoit d'en venir aux dernieres extrémités: les Cardinaux allarmoient le Souverain Pontife en lui représentant qu'il se trouvoit en la puissance d'un Roi fier, impérieux, & qui pouroit bien le traîter comme Henri V avoit traité Paschal. Innocent ne savoir que résoudre: heureusement pour lui, S. Bernard étoit du nombre de ceux qui le suivoient; ce fut à lui qu'il s'adressa pour tâcher d'étouffer dans sa naissance cette dispute qui pouvoit avoir des suites si cruelles. S. Bernard comme l'on sait, le plus adroit des négociateurs & le plus éloquent des hommes de son siecle, il em-

ploya avec tant d'art la force & la séduction de son éloquence, qu'il parvint à persuader à Lothaire de se contenter du droit d'accorder l'investiture par le sceptre, & il fut statué entre les deux puissances qu'avant que de s'en retourner, Innocent couronneroit Lothaire, Roi de Germanie; que celui-ci à la tête d'une armée iroit à Rome en chasser l'Antipape, & rétablir sur le S. Siege Innocent, qui le couronneroit Empereur (2).

Ce traité fut exécuté d'aussi bonne foi qu'il avoir été conclu: Le Souverain Pontife retourna en France. Tandis que Lothaire se rendit en Allemagne, d'où

(1) Hist. des Rois des deux Siciles, par M. D'Egly. Pontif. d'Innocent II. par Dom Jean de Lanes.

(2) Otto Frising. Hist. du

.d'où s'éloignant bientôt après à la tête d'un corps de deux mille hommes feulement, il s'avança vers l'Italie. De fon côté, le Pape entra par les montagnes
.de Gênes en Lombardie : il s'arrêta quelques jours à Plaifance, & en attendant Lothaire il y tint un concile, dans lequel on comprend qu'il n'eut garde
.d'oublier d'excommunier & de réexcommunier fon rival Anaclet. L'entrevue du Pape & du Roi de Germanie fe fit à Roncailles, & ils convinrent
.du jour auquel ils fe trouveroient l'un & l'autre à Rome, où ils étoient perfuadés qu'Anaclet n'oferoit les attendre. Ils fe trompoient tous deux : le
parti d'Anaclet étoit fort puiffant à Rome, & Anaclet lui-même étoit fincerement perfuadé de la légitimité de fon élection ; d'ailleurs, Lothaire n'avoit
avec lui qu'un corps de deux mille hommes, & avec fi peu de troupes, il
.n'y avoir gueres apparence de forcer l'Antipape, auprès duquel S. Bernard
épuifa vainement toutes les reffources de fon efprit & de fon éloquence.
L'Antipape rejeta obftinément toute propofition, & déclara qu'il étoit réfolu
d'oppofer à la force la plus inébranlable réfiftance (1).

Irrité des refus d'Anaclet, Lothaire déterminé à tout tenter, fit avancer fon
petit corps de troupes, & il ne s'attendoit guere à réuffir : mais ils fut fi bien
fecondé par la fortune, que les défenfeurs d'Anaclet fort mal à propos effrayés, allerent s'enfermer dans des fortereffes, & fe faififfant des hauteurs de
Rome, elles laifferent le Pape Innocent en poffeffion du palais Latran.
Quelques jours après Innocent très-enchanté de ce fuccès auquel il ne s'é-
toit point attendu, couronna Lothaire Empereur, non dans l'églife de S.
Pierre, fuivant l'ufage, parcequ'elle étoit encore au pouvoir d'Anaclet,
mais dans la petite églife de S. Sauveur. En reconnoiffance des foins & du
zèle du nouveau chef de l'Empire, le Souverain Pontife lui donna & à Henri, Duc de Saxe & de Baviere fon gendre, pendant leur vie feulement, toutes
les terres que la Comteffe Mathilde avoir jadis poffédées en Italie ; mais à condition de les tenir à hommage à l'églife de Rome & d'en payer un tribut annuel. Euforte que le Chef de l'Empire ne rougir pas de s'avilir au point de
dévenir le Vaffal de l'Evêque de Rome. Auffi pour monument de ce triomphe, Innocent fit-il peindre un tableau auffi injurieux que le diftique qu'on
lifoit au bas (1).

Tout alors concourroit à combler les vœux d'Innocent II, & tandis que
par intérêt, Lothaire lui facrifioit l'honneur de fa couronne, les Génois &
les Pifans lui foumettoient Civita Vecchia. Cependant maître des forts les
plus importans de Rome, l'Antipape Anaclet occupoit encore une partie très-
confidérable de cette capitale ; les fréquentes forties de fes troupes incommodoient beaucoup Lothaire, qui ne pouvant fe flatter de reduire cette troupe
de rebelles avec le peu de foldats qu'il avoir, & qui d'ailleurs, hors d'état
de fupporter plus long-rems les grandes chaleurs de l'été, ne crut pas devoir
faire un plus long féjour en Italie & reprit la route d'Allemagne : fon départ
ranima les efpérances d'Anaclet & de fes partifans, dont le nombre s'accrut
au point, qu'Innocent très-peu en fûreté à Rome, en fortit & fe retira à Pife.

D'importantes affaires rappelloient Lothaire en Allemagne, où fa préfence

(1) Surius *in vita S. Robert.*
(2) *Rex venit ante foras jurans prius Urbis honores,*
    *Poft homo fit Papæ, fumit quo dante coronam.*

Sect. V.
Hift. d'Allemagne,
1125-1208.

Hoftilitez
de Conrad,
& fon Trai-
té avec Lo-
thaire.

étoit d'autant plus néceſſaire, que Conrad & Frideric toujours dévorés du deſir de régner, s'étoient revoltés pour la ſeconde fois & étoient à la tête d'une très-redoutable faction. Il n'étoit point de l'intérêt du Pape que ces diſſentions occupaſſent & retinſſent en Allemagne l'Empereur, de la protection duquel il avoir le plus preſſant beſoin, auſſi le Souverain Pontife ſe hâta d'envoyer en qualité de ſon Légat, S. Bernard, qui, par ſon éloquence & ſon habileté dans l'art de négocier, engagea les rebelles à accepter les propoſitions qui leur furent faites & à ſigner un traité par lequel il fut convenu qu'oubliant de part & d'autre tout ce qui s'étoit paſſé, les priſonniers faits pendant les dernieres hoftilités ſeroient rendus ſans rançon; que les deux partis ſupporteroient chacun les frais & les dommages faits pendant la guerre, que Conrad enfin ſeroit reconnu pour le ſucceſſeur de Lothaire au trône de l'Empire & que juſqu'à ſon avènement à la couronne, il occuperoit, après l'Empereur, le premier rang dans les dietes générales. Sans doute les Princes d'Allemagne intervinrent dans ce traité; car il ne dépendoit ni de Lothaire, ni de Conrad de diſpoſer ainſi de la couronne élective de l'Empire (1).

La nouvelle de ce traité de paix cauſa la plus vive ſatisfaction au Pape Innocent II: il eut alors peu de peine à ramener à ſon obédience les rebelles d'Italie, partiſans de Conrad & de l'Antipape Anaclet; celui-ci profitant de l'éloignement de l'Empereur avoir fait ravager les Provinces d'Italie attachées à ſon val, par Roger, Roi de Sicile, ſeul Souverain de la Chrétienté qui ſe fût déclaré hautement contre le Pape légitime: allarmé du ſuccès des Siciliens déja maîtres de Capoue, de Bénévent & de pluſieurs villes conſidérables, Innocent écrivit à Lothaire des lettres fort preſſantes pour l'inviter à venir au plutôt, s'oppoſer aux hoftilités de Roger, qu'il traitoit d'uſurpateur de la couronne de Sicile, qu'il avoit reçue des mains de l'Antipape, & dont le chef de l'Empire avoir ſeul le droit de diſpoſer.

Un autre uſurpateur beaucoup plus redoutable inquiétoit alors Lothaire, c'étoit Alphonſe VIII, Roi de Léon & de Caſtille, qui, dans une aſſemblée générale des Prélats, des Grands & des particuliers les plus diſtingués de ſes Etats, avoit fait délibérer qu'il prendroit déformais le titre, le rang & la qualité d'Empereur, avec toutes les marques de la dignité impériale. La nation avoir applaudi à cette délibération, & l'Archevêque de Tolede avoir fait la cérémonie du couronnement. Les écrivains contemporains aſſurent tous que le Pape Innocent, conſulté ſur cette entrepriſe, l'avoit approuvée, & qu'elle n'avoit été faire que d'après ſes conſeils & ſon conſentement. On a de la peine à croire qu'Innocent, qui avoit de ſi grandes obligations à Lothaire, eut approuvé une ſemblable uſurpation, dans le tems même qu'il imploroit le ſecours de ſes armes contre Anaclet, & que ce n'étoit que par lui qu'il pouvoir eſpérer de l'emporter ſur ſon rival. Il eſt vrai qu'Innocent avoir formellement déclaré, par le diſtique injurieux mis au bas du tableau du couronnement de Lothaire, ſes prétentions au droit de diſpoſer de la couronne impériale: il eſt vrai que comme ſes prédéceſſeurs il tendoit de route ſa puiſſance à l'autorité abſolue; il eſt inconteſtable enfin que la cour de Rome déſiroit ardemment de ſe ſouftraire à la domination des Allemands. Ces conſi-

(1) Otto Friſ. Spener. Hiſt. Germ. T. 1. L. 5. c. 6.

dérations rendent affez vraifemblable ce confentement donné par Innocent à l'entreprife d'Alphonfe (1).

Quoiqu'il en foit, il eft certain que le Roi de Caftille prit dès lors le titre d'Empereur; titre qui étoit regardé comme très-légitime à Rome, puifque S. Bernard lui-même écrivant à l'infante Sanche, lui donna la qualité de fœur de l'Empereur des Efpagnes, & que Pierre, Abbé de Cluni; dans une lettre qu'il adreffoit au Pape Innocent II difoit expreffément, ,,l'Empereur d'Efpa-,, gne, l'un des plus puiffans Princes de la Chrétienté, a pour votre Sainteté ,, un refpect filial, &c.

La démarche d'Alphonfe étoit fans contredit bien directement oppofée aux droits & aux intérets de Lothaire, cependant il ne paroît pas que ce Monarque fit aucune tentative pour difputer au Roi d'Efpagne un titre qui n'appartenoit qu'au chef de l'Empire d'Allemagne. Il ne paroit pas qu'il fut mécontent du Souverain Pontife; puifqu'au contraire, dès le commencement de l'année 1136 il paffa les Alpes fuivi d'une nombreufe armée, & alla répandre la terreur dans toutes les parties de l'Italie. La plûpart des provinces s'étoient déclarées pour Anaclet, qui graces à la force des armes de Roger, en avoit vu paffer fous fon obédience toutes les contrées, jufques fous les murs de Rome. L'Empereur fut occupé pendant toute une année, à rétablir fon autorité en Lombardie, & à y faire reconnoître Innocent pour feul & légitime Pape.

Lothaire ayant divifé fon armée en deux corps, avoir confié le commandement de l'un à Henri, Duc de Saxe & de Baviere fon gendre, qui, accompagné d'Innocent, avoir pris fa route par la Campanie, tandis qu'à la tête de l'autre, l'Empereur s'étoit avancé vers la Marche d'Ancone. Il avoir été convenu entre le beau-pere & le gendre qu'après avoir, chacun de fon côté, foumis tout ce qui oferoit leur réfifter, ils fe réuniroient fous les murs de Rome dont ils formeroient le fiege, fi les habitans leur en fermoient les portes, & d'où ils chafferoient l'Antipape & fes adhérans. L'expédition du Duc Henri fut heureufe & brillante: il foumit la Campanie entiere: Lothaire fe fignaloit par des fuccès tour auffi éclatans; Roger avoit fui devant lui, & s'étoit retiré en Sicile avec les Normands. Les troupes impériales, après avoir foumis la Pouille, allerent fe repofer & camper au voifinage d'Amalfi.

Ce fut de là que le Pape, qui étoit venu joindre l'Empereur, envoya ordre à Raynold, Abbé du Mont-Caffin de venir le trouver. Raynold avoir été jufqu'alors un des plus zélés partifans d'Anaclet; mais celui-ci étoit le plus foible: les ordres d'Innocent étoient preffans; il fallut obéir, & Raynold fe mit en route, accompagné de quelques moines. Il n'étoit plus qu'à une petite diftance d'Amalfi, quand le Pape lui envoya dire, qu'avant d'entrer dans le camp il vint, nuds piés, lui demander pardon; lui jurer fidélité & anathématifer Anaclet. Raynold étoit tout au moins auffi fier qu'Innocent II; il ne voulut point fe foumettre à cette humiliation, & il en appella à l'Empereur, à la décifion duquel il promit de fe conformer. Lothaire accepta volontiers la qualité de juge entre les moines & le Pape; il affembla un concile dans lequel on excommunia les Religieux & l'Abbé de Mont-Caffin, pour

(1) Mariana. Hift. Hifp.L. 10. ad ann. 1135.

*Right margin notes:*

*Hift. d'Allemagne, 1125-1208.*

*Lothaire paffe encore en Italie. 1136.*

*Ses fuccès.*

*Contefta-
tions entre
Innocent &
Lothaire.*

avoir reconnu Anaclet. Les excommuniés fe plaignirent de la rigueur de cette fentence ; plufieurs prirent parti pour eux. Après d'affez vives contestations, l'Empereur fe rangea du côté des moines, & envoya prier le Pape de leur pardonner. Le Souverain Pontife n'en voulut rien faire , & exigea qu'ils lui prêtaffent auparavant ferment de fidélité. Lothaire offenfé de cette obftination, protefta qu'il fe fépareroit lui-même de l'églife Romaine, pour peu que le Souverain Pontife perfiftât dans fes refus. Effrayé de cette menace Innocent fe défifta de fes prétentions, & fe contenta de la part des moines du Mont Caffin , du ferment d'obéïffance, les difpenfant de lui prêter ferment de fidélité (1).

Peu de jours après cette conteftation Lothaire marcha vers Salerne , fuivi de fon armée, foutenue d'une flotte confidérable , commandée par Guibald, Abbé de Stavelo. Salerne fe rendit à l'Empereur : le Pape prétendit que c'étoit à lui qu'elle devoit fe rendre , & que cette ville appartenoit au S. Siege : Lothaire lui contefta ce droit : ils étoient fort aigris l'un contre l'autre , & bientôt ils eurent une difpute encore plus férieufe , au fujet du droit d'établir un Duc de la Pouille ; droit que le Pape prétendoit avoir , & que l'Empereur mieux fondé foutenoit n'appartenir qu'à lui. Cette querelle fut accommodée , & l'Empereur donna ce Duché à Raynulfe fon parent , qui en fut invefti par l'étendard, que Lothaire & Innocent tenoient en même tems.

Les deux chefs moitié d'accord & moitié divifés fe rendirent à Bénévent , où ils apprirent la nouvelle de la défection de l'Abbé du Mont-Caffin , qui , ligué avec Roger, Roi de Sicile , avoit demandé des troupes étrangeres pour fe défendre contre les impériaux. Juftement indigné de tant d'ingratitude Lothaire fit arrêter Rainold , & fe rendit lui même avec l'Impératrice au monaftere du Mont-Caffin : l'infidelle Abbé fut dépofé & l'Empereur fit élire en fa place l'Abbé de Stavelo (2).

Il ne reftoit plus de villes qui tinffent pour l'Antipape : Lothaire & Innocent allerent à Rome d'où Anaclet, trop foible pour leur réfifter , & trop coupable pour les attendre , s'étoit précipitamment éloigné. Les Romains paroiffoient tranquilles & foumis ; le fchifme étoit, du moins en apparence, entierement éteint, & l'Empereur croyant qu'il ne lui reftoit plus rien à faire, fe remit en route pour gagner la Tofcane , & de là rentrer dans fes Etats d'Allemagne , mais il n'étoit pas encore arrivé fur les frontieres d'Italie, que les fchifmatiques avoient repris les armes : Roger, Roi de Sicile , qui attendoit avec une flotte nombreufe le départ de l'Empereur, n'eut pas plutôt appris que ce monarque s'éloignoit, qu'il fit une defcente dans la Pouille, où, il porta le fer, la flamme & la deftruction : il s'empara de la plûpart des villes, ravagea les provinces entieres, & rendit à l'Antipape Anaclet toute la fupériorité qu'il avoit laiffé prendre fur lui.

*Anaclet re-
prend la fu-
périorité.*

Par malheur pour Innocent II , Lothaire étoit alors hors d'état de s'oppofer à ces hoftilités, depuis quelques jours il éprouvoit les douleurs d'une maladie cruelle, malgré laquelle cependant il s'obftinoit à pourfuivre fa route : mais arrivé au pied des Alpes, il ne lui fut pas poffible d'aller plus loin ; & il mourut le 4 Décembre 1137 , dans un petit village, où plutôt il s'étein-

<hr>

(1) Fleuri. Hift. Eccl. T. 14. L. 68.        (2) Chron. Caffin. c. 118.

gnit, âgé de près de 100 années dans la 13 dé fon regne comme Roi, & dans la 5ᵉ comme Empereur. Aux qualités brillantes des héros, il joignit les vertus d'un grand homme: il remporta prefque autant de victoires qu'il livra de combats, & il fut obligé d'être prefque toujours les armes à la main, quelque defir qu'il eut de paffer dans le calme & la paix les dernieres années de fa vie; mais l'amour de la juftice l'emporta fur ce defir, & la juftice, ainfi que le zele de la religion préfiderent à toutes fes entreprifes : ce zele fut très-vif, il le fut même plus qu'il n'eût du l'être; car on lui reprochoit de préférer le foin des affaires de l'Eglife à celui des affaires de l'Empire. Généreux fans oftentation & bienfaifant fans prodigalité, il aimoit à protéger les opprimés, à foulager les malheureux; on l'appelloit le pere des pauvres, & ce furnom qu'il méritoit, le flattoit plus que ceux de grand, d'illuftre &c., que l'adulation à fi fréquemment prodigués à tant de méchans Rois. Ce fut lui qui eut la gloire, fi c'en eft une, de tirer du milieu des ruines d'Amalfi le Digefte de Juftinien qu'il y découvrit; & comme ce manufcrit étoit très-difficile à lire, il le fit tranfcrire par un jurifconfulte Allemand, qui en multiplia les copies. Quant à l'original, Lothaire en fit préfent à la ville de Pavie, d'où il eft paffé dans la bibliotheque du Grand-Duc de Tofcane. C'eft là l'époque de la naiffance du droit civil Romain en Europe, qui d'abord fût enfeigné dans les écoles, enfuite confulté dans les tribunaux d'Italie, & qui fut, de proche en proche, adopté dans tous les Gouvernemens. Il n'eft pas décidé encore fi la découverte du Digefte a été plus utile que funefte à l'Europe, & fi les loix de Juftinien ont empêché plus d'injuftice, qu'elles n'ont favorifé de conteftations injuftes, fi elles ont plus fervi à éclairer les juges qu'elles n'ont multiplié les détours de l'infidicufe chicane (2).

Lothaire, Duc de Saxe eut deux filles, Gertrude qu'il avoit donnée en mariage à Henri le fuperbe, Duc de Baviere, & Hedwige qui avoir époufé Louis le Barbu, premier Landgrave de Thuringe, & defcendant par Charles, Duc de Lorraine, de Louis d'Outremer, Roi de France. Quelques momens avant fa mort, Lothaire avoir remis à fon gendre Henri les ornemens royaux, afin de témoigner que c'étoit lui qu'il défignoit pour fon fucceffeur à la couronne de Germanie: mais cette couronne étoit élective, & les Seigneurs Allemands ne trouvant Henri le Superbe déja que trop puiffant, refuferent de fe conformer aux dernieres volontés de l'Empereur & fe donnerent pour Souverain Conrad III, Duc de Franconie, fils de Frideric, Comte de Hohenftauffe & d'Agnès, fille de l'Empereur Henri IV.

Cette élection fut unanime, & le nouveau monarque fut couronné à Aix la Chapelle, fans effuyer aucune contradiction, ce ne fut que quelques mois après que Henri le Superbe, irrité de fe voir exclus du trône d'Allemagne, fouleva les Saxons & fufcita des troubles: mais ils furent bientôt étouffés, par l'activité de Conrad, qui contraignit les Saxons à venir lui rendre hommage, & Henri le Superbe à lui livrer les ornemens impériaux qu'il gardoit depuis la mort de Lothaire. Plein du defir de fe venger, Henri fe revolta ouvertement, ne put entraîner perfonne dans fa rébellion, fut mis au ban de l'Empire, & dépouillé de fes Duchés, qui furent donnés, la Saxe à Albert

(1) Chron. de Domini Jean Carion. Spener. L. 5.

S s s 3

*(marginal notes, right column)*

*Hift. d'Allemagne, 1125-1ac 8.*

*Mort de Lothaire II. 1137.*

*Son caractere.*

*Conrad III Empereur, il foumet Henri le fuperbe.*

l'Ours, Marquis de Brandebourg & coufin du profcrit, la Baviere à Léopold V, Landgrave d'Autriche. -

Furieux de fe voir traiter en fujet rebelle, lui qui fe prétendoit l'égal du
Souverain, Henri le Superbe marcha à force contre Albert l'Ours, fur lequel
il conquit la Saxe, & déjà il étoit en route pour aller fe remettre en poffeffion de la Baviere, lorfque la mort vint mettre fin à tous fes projets de vengeance. Mais il laiffoit un fils qui n'étoit que trop en état de fuivre les hardis projets de fon pere: c'étoit Henri, que fon courage fit dans la fuite furnommer le Lion: il étoit encore dans l'enfance, & Guelfe fon oncle, frere
de Henri le Superbe embraffa hautement fa défenfe, intéreffa les Saxons à la
caufe de fon pupile, & vraifemblablement il n'auroit pas tardé à s'emparer
de la Baviere, fi Conrad ne fe fut hâté de voler au fecours de Léopold qu'il
avoit invefti de ce duché.

Il y eut plufieurs combats entre les deux partis, & la victoire demeura indécife: il paroit cependant que le Roi de Germanie eut l'avantage, puifque
Guelfe alla fe renfermer au château de Weinsberg, où il fut affiégé. Ce fut
pendant ce fiege que prirent naiffance ces deux factions célebres des Guelfes
& des Gibelins, qui dans la fuite porterent leur haine mutuelle à de fi terribles excès. Du côté du haut Rhin, fur les confins de l'Italie & de l'Allemagne étoient deux puiffantes Maifons, fort jaloufes l'une de l'autre, cherchant à dominer exclufivement l'une à l'autre, & qui depuis long-tems s'é-
toient voué une haine irréconciliable: ces deux maifons étoient celle de
Henri Gibelin, & celle de Guelfe d'Aldorf, la premiere étoit la plus illuftre, par l'avantage qu'elle avoir d'avoir donné naiffance à cinq Empereurs;
favoir, Conrad le Salique, les trois derniers Henris & Conrad III. Si la maifou de
Guelfe d'Aldorf n'avoit pas produit des Rois de Germanie, ni des chefs de l'Empire, elle prétendoit avoir la fupériorité comme plus ancienne, & d'ailleurs
elle comptoir plufieurs Ducs de Boheme. Cette difpute de préféance étoit
fort animée lorfque Conrad vint affiéger le château de Weinsberg. Guelfe
s'y défendit avec la plus grande valeur & dans une fortie qu'il fit, il donna à
fes gens pour mot de ralliement fon nom de Guelfe; tandis que Frideric, frere
de Conrad & qui commandoit aux affiégeans, pour mot du guet le nom de Gibelin qui étoit celui de fa maifon: de-là vinrent ces
deux factions ennemies, qui pendant plufieurs fiecles ne cefferent de s'entre-
détruire, fe déclarant toujours, celle des Guelfes pour les Papes, & celle
des Gibelins pour les Empereurs (1).

Le premier combat que les deux partis fe livrerent ne fut pas heureux pour
Guelfe qui perdit beaucoup de monde & fut contraint de fe retirer en défordre dans fon château, où il fe défendit jufqu'à ce que réduit à la derniere extrémité il demanda à capituler. L'Empereur lui fit répondre qu'il lui feroit
permis de fe retirer & qu'il ne feroit point inquieté dans fa retraite. Mais
l'époufe de Guelfe, difent quelques Chroniqueurs, fe défiant de la bonne foi
de Conrad, lui envoya demander un fauf-conduit pour elle & toutes les dames de fa fuite, avec la liberté de prendre fur elles tout ce qu'elles pourroient
emporter: l'Empereur accorda cette demande, & fut, ajoûte-t-on, étran-

(1) Spener. Hift. Germ. Univ. L. 1. c. 2.

gement furpris de voir fortir du château l'époufe de Guelfe & toutes les autres femmes, chacune emportant fon mari fur fes épaules. Nous n'avons garde de garantir la vérité de ce fait: ce qu'il y a de plus affuré eft que les hoftilités durerent fort long-tems encore & que fatigué d'une guerre qui l'épuifoit, Conrad III, pour avoir la paix, rendit enfin la Saxe à Henri le Lion, à condition qu'il fe défifteroit de fes prétentions au Duché de Baviere en faveur de Henri Jafemergot, frere uterin de Conrad, & de Léopold, mort depuis quelque tems (1).

La paix que la ceffation de ces hoftilités rétablit en Allemagne, permit à Conrad III de fonger enfin aux moyens de pacifier auffi les troubles qui depuis tant d'années défoloient l'Italie; les diffentions publiques n'avoient plus le fchifme pour caufe, car l'Antipape Anaclet étoit mort, & par un traité de paix Innocent II avoit confirmé à Roger le royaume de Sicile, le Duché de la Pouille & la principauté de Capoüe; enforte que la bonne intelligence régnoit dans ces contrées entre le Pape & les différens Souverains: mais par excès de zele, par le defir trop véhément de rétablir les bonnes mœurs, un homme rempli de bonnes vûes altéra cette bonne intelligence & fufcita de nouveaux troubles: cet homme étoit l'honnête & trop bouillant Arnaud de Breffe, jadis difciple d'Abeilard, & qui fcandalifé de la perverfité des mœurs, de la vie toute licentieufe, & plus encore de l'énormité des richeffes du Pape, des Evêques, des Abbés & des Moines, entreprit de les ramener tous à l'antique pauvreté évangelique; & pour cela, il fe mit à déclamer avec beaucoup de violence contre les abus & les vices qui fouilloient le Sanctuaire. Comme dans fes difcours publics il ne ceffoit d'exhorter les chefs de la Hyerarchie à reftituer aux peuples les biens immenfes qui leur en étoient venus, ou à titre de donnation, où à titre d'ufurpation; fes fermons eurent, comme il devoir s'y attendre, le fuccès le plus étonnant, & le clergé ne paroiffant rien moins que difpofé à fuivre les confeils qu'Arnaud de Breffe lui donnoit, les Evêques & les Moines furent bientôt méprifés & hais. Dire au clergé de fe défaifir de fes poffeffions, c'étoit fans contredit l'attaquer par l'endroit le plus fenfible: auffi Arnaud de Breffe ne tarda-t-il gueres à être déclaré hérétique & condamné comme tel dans un concile; pourfuivi par les prêtres & par les moines, foudroyé par le Pape & condamné par un concile, Arnaud de Breffe fut contraint de quitter l'Italie & d'aller chercher un azile en Suiffe où il refta jufqu'à la mort du Pape Innocent II, qui ceffa de régner & de vivre le 24ᵉ de Septembre 1143 (2).

Céleftin, fucceffeur d'Innocent, n'avoit tenu les clefs de S. Pierre que pendant cinq moïs, & quand Lucius II, eut été élu, les Romains fur qui les harangues d'Arnaud de Breffe, de retour en Italie depuis quelque tems, avoient fait la plus forte impreffion, étoient très-difpofés à reprendre eux-mêmes le Gouvernement de leur ville, & à en dépouiller le Pape, afin de le rapprocher d'autant plus de la perfection de la pauvreté évangelique. Arnaud les exhortoit de toute fa puiffance à l'exécution de ce projet, & leur retraçant la gloire des habitans de Rome, dans le tems de la République;

Hift. d'Allemagne, 1125·1208.

Troubles d'Italie. 1142.

Entreprife des Romains.

(1) Joan. Trithenius. Chron. ad ann. 1140. deric. L. 2. c. 20.  (2) Otto Frif. de rebus geffis Frideric. L. 2. c. 20.

Sect. V.
Hift. d'Al-
lemagne,
1125-1208.

lorfqu'ils régnoient fur la terre foumife, il leur confultoit de reconftruire le Capitole, tel qu'il étoit fous le grand Scipion ; de rétablir l'autorité du Sénat, & de redonner l'exiftence à l'ordre des Chevaliers.

C'étoit une manie fort ancienne chez les habitans de Rome de fe croire réellement iffus de ces illuftres Romains qui floriffoient dans le tems le plus glorieux de la République. Echauffés par les difcours & les promeffes d'Arnaud, ils commencerent par créer des Sénateurs, & choifirent enfuite pour Patrice, Jourdain, frere de l'Antipape Anaclet. Toutefois comme ils prévoioient que Conrad ne manqueroit pas de s'oppofer au rétabliffement de la République, ils lui écrivirent, & pour lui faire prendre le change, ils lui dirent qu'ils ne vouloient, par ces innovations, dont peut-être des mal-intentionés ne manqueroient pas de l'informer, que rétablir la gloire de l'Empire, & lui rendre toute cette fplendeur qu'elle avoir eue du tems des plus célebres Empereurs. De fon côté le Pape Lucius envoya demander du fecours à Conrad contre des entreprifes qu'il affuroit être encore plus contraires aux intérêts du fceptre Impérial, qu'à ceux du fuprême pontificat. Conrad ne répondit ni à l'une ni à l'autre de ces lettres, & il laiffa les Romains lutter contre la domination papale, dans la perfuafion que fon autorité ne pouvoir que gagner à l'affoibliffement de la puiffance Pontificale. Mais Conrad agiffoit en très-mauvaife politique ; il eut du appuyer de la force de fes armes les Romains, qui contre leur intention, lui préfentoient l'occafion la plus favorable de venger les droits de l'Empire & de faire rentrer les villes d'Italie fous fon obéiffance il parut très-indifférent à tout ce qui fe paffoit alors dans ce pays, où il n'alla pas même pour y recevoir la couronne des mains du Souverain Pontife: il eft vrai qu'il n'en fut pas moins généralement reconnu pour légitime Empereur (1).

Mauvaife
politique de
Conrad.

Plus forts par la neutralité de Conrad, les Romains cafferent le préfet de leur ville, abolirent cette dignité, & contraignirent les principaux citoiens à reconnoître l'autorité du nouveau Patrice: afin qu'il n'y eut chez eux rien qui bleffât l'égalité républicaine, ils abattirent les tours des palais de quelques Seigneurs, celles fur-tout des Cardinaux, & allerent en armes fommer Lucius II de céder au Patrice tous les impôts dont il recevoit le produit. Lucius qui croyoit encore, pouvoir leur en impofer en leur parlant en maître, rejeta fort vivement cette demande, & le peuple irrité courut s'emparer du Capitole: le Souverain Pontife fuivi d'un petit corps d'affez mauvaifes troupes, marcha contre les revoltés ; mais il ne fut point heureux, & dans le combat qui fut donné fous les murs du Capitole, Lucius fut fi rudement frappé d'un coup de pierre, qu'il en mourut quelques heures après.

Le Succeffeur de Lucius, Eugene III voulut ufer auffi d'autorité & ne réuffit pas: il employa la force & fut plus d'une fois chaffé de Rome ; enfin il fut contraint de demander la paix & d'accepter les conditions que les Romains lui propoferent (2).

Seconde
Croifade.

Eugene eut plus de bonheur dans la publication de la feconde croifade : fecondé par l'éloquence du très zélé Bernard, il engagea la plûpart des Souverains de l'Europe dans cette expédition auffi folle que ruineufe & meurtriere. A la voix de S. Bernard, qui, de France où il venoit de donner la

croix

(1) Fleurl. Hift. Eccl. L. 69. (2) Otto Frif. Chron. L. 7. Spener. L. 6. c. 2.

‘croix à Louis VII furnommé *le Jeune*, étoit paffé en Allemagne, l'Empereur, après avoir fait quelques difficultés, fe croifa auffi à Spire dans une diete générale. A l'exemple du Monarque, Frideric, Duc de Suabe fon neveu fe croifa, & fut imité par une foule de feigneurs & de gentil-hommes. Une paix générale réunit tous les Princes Chrétiens: chacun d'eux voulut contribuer à cette expédition; de nombreufes armées furent levées de toutes parts; les Rois épuiferent leurs tréfors; les Seigneurs vendirent à vil prix leurs poffeffions; & tandis qu'ils enrichiffoient les monafteres acquereurs de leurs héritages, ils couroient avec leurs vaffaux, engraiffer de leur fang les champs de la Paleftine (1).

*Hift.* d'Allemagne, 1125-1203.

*Conrad part pour la Paleftine.* 1147.

Conrad atteint de l'épidémie générale raffembla toutes les forces de l'Empire, & prenant les devants, il partit vers le tems de Pâques de l'année 1147, à la tête d'une armée de plus de 100 mille hommes, après avoir pris cependant la précaution de faire élire Roi Henri fon fils aîné, qu'il fit couronner à Aix la Chapelle. S'étant embarqué fur le Danube à Ratisbonne il ne fut pas plutôt arrivé fur les frontieres des deux Empires d'Orient & d'Occident, qu'il s'apperçut des mauvaifes intentions de l'Empereur des Grecs pour les croifés: cet Empereur étoit Emanuel Comnene, Souverain altier, débauché, cruel, diffimulé jufqu'à la perfidie, & qui avoit juré la perte des croifés. Il reçut avec tous les dehors de la plus fincere amitié les Ambaffadeurs de Conrad, promit de fournir aux Allemands des vivres en abondance, & d'avoir foin qu'ils ne manquaffent de rien dans toute l'étendue de fon Empire, à condition qu'elles gardaffent une exacte difcipline & qu'elles ne commiffent aucun excés dans leur marche. Mais tandis que Manuel prenoit avec les Ambaffadeurs de Conrad des engagemens qu'il étoit bien réfolu de ne pas remplir, il étoit agité par les foupçons que lui infpiroit la défiance naturelle, & que les circonftances ne lui faifoient paroître que trop fondées. En effet, l'Empereur de Conftantinople étoit alors en guerre avec Roger, Roi de Sicile, qu'il favoit être d'intelligence avec les croifés; enforte que craignant que ceux-ci ne formaffent quelque projet d'invafion dans fes états, il crut devoir les prévenir, & prendre contre eux les mêmes précautions qu'il eut prifes contre des ennemis déclarés: dans cette vûe, après avoir fait fortifier fes places, il envoya de nombreux détachemens avec ordre d'inquiéter les croifés dans leur marche; & dans le même tems faifant fa paix avec les infideles, il leur promit de faire périr les croifés ou par la faim, ou en les engageant dans des lieux difficiles, d'où ils ne pouroient plus fe dégager.

*Perfidie de l'Empereur de Conftantinople.*

Cependant les troupes Impériales qui ne fe doutoient point de la perfidie des Grecs avançoient toujours, & elles arriverent enfin à Conftantinople. Les deux Empereurs étoient beau-freres, ayant époufé les deux filles de Bérenger, Comte de Luxembourg & de Sulbach; ils étoient d'ailleurs liés par des traités: Manuel Comnene s'étoit folemnellement engagé à fecourir & à fervir de toute fa puiffance les croifés. Malgré tant de raifons de fe confier l'un à l'autre, leur entrevue fut très-froide : Manuel, qui ne defiroit rien tant que de voir fon beau-frere s'éloigner, avoit eu foin de faire préparer des

---

(1) Dom de Lanco. *Hift. du Pontif. d'Eugene III.*

Sect. V.
Hift. d'Al-
lemagne,
1125-1208.

Fâcheufe
fituation des
Croifés.

vaiffeaux de tranfport, & il preffa beaucoup fon départ, quoiqu'il fut qu'il·
avoit été convenu entre Conrad & le Roi de France, que le premier atten-·
droit les François à Conftantinople.. L'Empereur d'Allemagne infifta vainement fur les engagemens qu'il avoit pris; Manuel fit tant d'inftances, que
Conrad craignant, s'il s'obftinoit à demeurer, que fon beau-frere, dont il
avoir démêlé le caractere faux & perfide, ne lui coupât les vivres, fe mit
en route, & traverfant la Bithynie s'avança vers la Lycaonie (1)..

Cependant averti par Comnene de la marche des Allemands, le Soudan
de Conium, étoit allé les attendre avec une armée innombrable au paffage
des montagnes dans les défilés defquelles il falloit néceffairement s'engager·
pour arriver en Lycaonie. Avant que de parvenir à ces montagnes, les·
troupes Allemandes avoient été déjà très-fatiguées par les attaques prefque·
perpétuelles des Grecs, qui, placés en embufcade dans tous les détroits des·
montagnes, ne ceffoient de les inquiéter & de maffacrer tous ceux des fol-
dars qui avoient l'imprudence de s'écarter du corps d'armée. Comme fi ces·
défagrémens n'euffent point encore fuffi, les Impériaux avoient en même tems,
à lutter contre la faim, & ce n'étoit qu'à force ouverte qu'ils pouvoient fe procurer des vivres. Peu content de tous ces moyens, l'Empereur de Conftantinople avoit trâmé un complot dont il fe promettoit le plus grand fuccès,
& qui lui faifoit efpérer de recevoir bientôt la nouvelle de la deftruction entiere de l'armée de Conrad: cette armée n'avoit d'autres guides
que ceux que Comnene lui avoit donnés, & ces guides avoient ordre de l'é-
garer, de la conduire par les vallées, les montagnes, les défilés les plus·
dangereux à paffer, en un mot dans tous les lieux où il favoit que les infideles feroient poftés en embufcade (2)..

Obligé de fe fier à ces guides, Conrad arrivé à Nicomedie les confulta fur·
la route qu'il avoir à tenir pour arriver le plus promtement qu'il lui feroit pos-
fible à Antioche, & fur la quantité de vivres dont il devoir faire provifion.
D'après les affurances que lui donnerent ces traîtres, il ne prit des vivres que
pour huit jours, & s'engagea dans les défilés les plus difficiles. Mais les huit·
jours écoulés, les vivres manquerent tout-à-fair, & l'armée fe trouva prefqu'auffi loin de la Lycaonie qu'elle en avoir été éloignée lors de fon départ de
Nicomedie.. Pour comble d'infortune, les guides qui avoient trompé Conrad, fe fauverent dès la nuit fuivante, abandonnant les Allemands au milieu
des montagnes, où il étoit pour eux tout auffi dangereux de refter, que d'a-
vancer ou de reculer.. Il fallut cependant le déterminer, & pour fon malheur, cette armée qui déja commençoit à être exténuée par la diete, prit à
gauche, au-lieu de prendre à droite; enforte qu'elle s'égara dans les déferts
de la Cappadoce, où bientôt fa fituation fut affreufe & prefque défefpérée.

Ce fut dans cette violente crife que l'on vint avertir Conrad de la marche
du Soudan de Conium, qui venoit, dans la réfolution d'accabler les Allemands:
cet avis n'étoit que trop fûr, & quelques momens après, le camp de l'Empereur fut invefti de tous côtés par les infideles qui faifoient pleuvoir fur les·
Impériaux une grêle de flèches: cette premiere attaque fit périr une foule
d'Allemands, & ce ne furent pas les plus malheureux: en effet, Conrad ayant·

( 1) Otto Frif. de geftes Feider.    (2) Guill. de Tyr. L. 16. c. 10. Nicetas L. 1.

voulu ranger le refte de fes troupes en bataille, cette armée accablée de faim, de foif & de fatigue, les chevaux harraffés, déferrés, il ne fut pas poffible aux Impériaux d'en venir à un combat, ni de fe mettre à l'abri des fréquentes attaques des ennemis, qui firent un horrible carnage des Allemands. Dans cette extrémité Conrad bleffé de deux coups de fléche, perdant fon fang, & accompagné feulement d'un petit nombre de foldats, ne chercha qu'à fauver fa vie & eut bien de la peine à s'échapper, abandonnant fes bagages, ainfi que les bleffés, qui furent tous ou paffés au fil de l'épée ou menés en captivité. Quant à l'Empereur d'Allemagne, il erra long-tems en fugitif, & gagna la ville de Nicée, avec une très-foible efcorte d'Allemands, refte de la plus floriffante armée que l'on eut vue depuis long-tems, & qui, fans les atroces perfidies de Manuel Comnene, eut feule été capable de conquérir tout l'Orient (1).

*Hift. d'Allemagne,* 1125-1208.

*Déroute & maffacre des Allemands.*

Par bonheur pour Conrad, les François & Louis à leur tête, venoient d'arriver à Nicée, où il ne tint point au Roi de France que l'Empereur n'oubliât fes difgraces paffées: mais fa fituation étoit fi déplorable, que ne pouvant paroître avec tout l'éclat de fon rang, & ne jugeant pas convenable à fa dignité d'être comme à la fuite & à la folde du Monarque François, il s'embarqua au port d'Ephefe, & eut la lâcheté de retourner à Conftantinople, où il n'eut dû paroître que pour fe venger avec éclat de toutes les indignités que lui avoir fait effuyer le traître Manuel, qui ne le craignant plus l'accueillit avec diftinction, & le retint dans fon palais jufqu'au printems fuivant, tems auquel Conrad avoit promis d'aller accomplir un vœu à Jérufalem.

On fait que le Roi de France ne fut pas plus heureux que Conrad dans cette expédition: on fait qu'il effuya même de plus cruelles infortunes, puifqu'outre de voir fes troupes très-fréquemment battues, Eléonor fon époufe, éperduement & même très-indécemment amoureufe de Raimond de Poitiers, lui fit le plus fenfible outrage. Louis fe conduifit exactement comme le Chef de l'Empire; il alla de même accomplir un vœu, & les deux infortunés Monarques fe rencontrerent en même tems à Jérufalem: là ils fixerent, avec Baudouin III, un jour & un lieu d'affemblée pour y délibérer fur les affaires des Chrétiens de la Paleftine, & Ptolemais, ou Acre, fut choifie pour le lieu de la conférence (2).

Ce fut dans cette affemblée que l'on convint que ce qu'il y avoir de plus avantageux à faire pour le bien de la religion étoit d'entreprendre le fiege de Damas. Cette réfolution prife, les trois Souverains firent de nouvelles dépenfes & ordonnerent de fi grands préparatifs, que bientôt on vit fous leurs drapeaux une très-formidable armée, qu'ils diviferent en trois corps. Baudouin III, Roi de Jérufalem à la tête de l'avant-garde, donna le premier affaut: mais Damas étoit l'une des plus fortes places de l'Orient, défendue par une très-nombreufe garnifon, & vraifemblablement les affiégeans euffent été cruellement repouffés, fi Conrad accourant au fecours du Roi de Jérufalem, n'eut obligé les affiégés de fe jeter dans la ville & d'abandonner une partie des remparts, cet avantage ranima le courage & l'efpérance des affié-

*Succès, & défaite des Croifés.* 1148.

(1) Daniel. *Hift. de Franc.* Mainbourg. Spener. (2) Guili. de Tyr. Mainbourg. *Hift. des Croi.* L. 4.

geans. Délà les assiégés très-vivement pressés, songoient à s'enfuir de Da-mas, lorsqu'ils eurent recours à un expédient qui, à la honte des assiégeans, réussit. Ils corrompirent à force d'argent quelques uns des Seigneurs croisés, & les traîtres, par les fausses raisons qu'ils alléguerent, persuaderent aux trois Monarques d'interrompre l'attaque, & de transporter le camp de l'autre côté de la ville, où ils assurerent que les murs étoient plus foibles. Cette nou-velle opération n'eut pas été plutôt exécutée, que les assiégés reprirent la supériorité, tandis que les assiégeans éloignés des canaux, manquant d'eau & souffrant beaucoup de la soif, ne pouvant d'ailleurs se procurer des four-rages pour la cavalerie, ni des vivres pour eux-mêmes, se virent en très-peu de jours réduits à la situation la plus fâcheuse. Manquant de tout, sans res-source, sans espérance Conrad & le Roi de France furent contraints de lever le siege, pour ne pas achever de ruiner le peu de troupes qui leur restoient. L'Empereur indigné de tant de trahisons, & toujours également facile à se laisser tromper, s'embarqua sur les vaisseaux de Manuel, auprès duquel il alla passer quelques jours en Achaïe (1).

L'Empereur Manuel qui étoit toujours en guerre avec le Roi de Sicile, proposa à Conrad, qui avoit quelques raisons aussi de se plaindre du Roi Nor-mand, de tourner ses armes contre ce Souverain; & Conrad oubliant que son beau-frere étoit l'auteur de toutes ses disgraces, eut la foiblesse de se liguer avec lui, & d'entreprendre une guerre à laquelle il n'avoit lui-même aucun intérêt. Ses forces réunies à celles de l'Empereur d'Orient n'intimiderent pas Roger, qui remporta sur les deux Monarques les avantages les plus con-fidérables, ensorte que Conrad aussi humilié d'échouer contre le Roi de Sicile, qu'il l'avoit été d'être battu par le Soudan de Syrie, prit enfin le parti de s'en retourner en Allemagne, après avoir laissé morts ou captifs chez les infideles plus de 100 mille combattans, qui avoient eu le malheur de le suivre dans cette folle expédition.

A son retour dans ses Etats, l'Empereur trouva ses sujets fort mécontens de S. Bernard, auquel ils reprochoient, en apparence avec trop de raison, d'avoir par ses sermons & ses promesses séduisantes excité les Princes & le peuple à prendre les armes contre les infideles, & d'avoir, pour seconder les vues du Souverain Pontife, causé à l'Europe Chrétienne des malheurs irréparables, la perte de plus de 500 mille Chrétiens & la ruine presque en-tiere de plusieurs Gouvernemens. A ces reproches S. Bernard répondoit fort pieusement qu'il n'y avoit ni de la faute du ciel, ni de celle du Pape, ni même de la sienne, si les promesses qu'il leur avoit si fréquemment répé-tées n'avoient point été remplies; mais que les Croisés ne devoient s'en pren-dre qu'à eux-mêmes, à leurs crimes, à leur licence, à leurs débordemens, & sur-tout à la mésintelligence qui avoir divisé les chefs de cette expédition, enfin aux trahisons & aux perfidies des Grecs (2).

Plus consolant encore que S. Bernard, le Pape Eugene écrivit à Conrad une fort longue lettre, très-peu propre à lui faire oublier les désastres qu'il avoit éprouvés, & dans laquelle il s'épuisoit en lieux communs sur l'insta-

_____

(1) Spener. Hist. Germ. L. 6. c. 2.        (2) Daniel Hist. de Franc. Spener. Main-bourg, &c.

bilité, des chofes humaines, & raſſembloit infatigablement les exemples les
plus connus, tirés de l'Ecriture Sainte & même de l'hiſtoire profane. Conrad III. eut l'ingratitude de n'être nullement émerveillé de l'éloquence d'Eugene, & il ne ſongea plus qu'aux moyens, ſinon de réparer les grandes
pertes qu'il avoit faites, du moins de rétablir la gloire de ſes armes, ſi fort
ternies en Paleſtine. Les Polonois lui préſenterent l'occaſion qu'il cherchoit,
& prompt à la ſaiſir, il leur déclara la guerre pour un ſujet très-mince. En
effet Boleſlas III, dernier Duc de Pologne, ayant partagé ſes états entre ſes
quatre enfans, Uladiſlas, Boleſlas, Miecſlas & Henri, les Etats avoient dé-
féré à l'aîné des quatre freres, Uladiſlas, le titre de Duc, & avoient ſtatué
que ſes trois freres jouiroient paiſiblement, chacun de la portion qui lui étoit
échue en partage. Les quatres freres avoient accepté ces conditions, mais
bientôt Uladiſlas entreprit de dépouiller Boleſlas, Miecſlas & Henri. A peine
il eut formé ce projet évidemment injuſte, qu'il déclara la guerre à ſes trois
freres: il ne fut point heureux: ſes freres le battirent, lui enleverent à lui-
même ſa portion d'héritage paternel, & profiterent ſi bien de leurs avantages, que contraint de s'éloigner de la Pologne, il alla chercher un azile à la
cour de Conrad, dont il implora le ſecours (1).

L'Empereur eut dû ſe contenter de reconcilier Uladiſlas avec ſes freres:
il eût du ſur-tout ne pas oublier que Uladiſlas ayant été l'aggreſſeur & mal
fondé dans ſes prétentions, c'étoit évidemment entreprendre une guerre injuſte que de le ſeconder dans ſes vues d'uſurpation, mais alors Conrad ne
cherchoit que le prétexte d'une guerre, afin de rétablir en Europe ſa gloire
qu'il étoit déſeſpéré d'avoir ſi fort obſcurcie en Aſie: auſſi s'empreſſa-t-il d'envoyer ſommer Boleſlas le Friſé, que les Polonois avoient reconnu pour leur
Duc, de reſtituer inceſſamment les Etats à Uladiſlas. Cette demande impé-
rieuſe fut rejetée: Conrad s'y-attendoit, & raſſemblant ſes troupes, auxquelles ſe joignirent les Bohémiens & les Moraves, il étoit prêt à entrer en Pologne, quand Boleſlas qui faiſoit conſiſter ſa gloire à épargner le ſang de ſes
ſujets, pour détourner l'orage qui menaçoit ſes états, envoya demander un
ſauf-conduit à l'Empereur; il l'obtint, & paſſant dans le camp Impérial, il
fut admis au conſeil: il parla avec tant de force de la conduite injuſte, uſur-
patrice de leur frere; il montra tant de prudence & tant de fermeté en même
tems, que l'Empereur, honteux d'avoir entrepris la défenſe d'une mauvaiſe
cauſe, ſe repentit de s'être engagé ſi avant: mais plus il s'étoit engagé, plus
il lui eut été glorieux de ſe déſiſter hautement de cette entrepriſe par cela
ſeul qu'elle étoit injuſte; & c'eſt pourtant ce qu'il n'eût point fait, ſi pour
le déterminer, Boleſlas, qui n'ignoroit pas combien la guerre de Syrie avoir
épuiſé les tréfors de l'Empire, ne lui eût offert des ſommes très-conſidérables & gagné par ſes largeſſes les principaux officiers de ſa cour. L'Empereur ne tint pas contre cette maniere de plaider, & prétextant le mauvais
état de ſa ſanté, qui n'avoit jamais été ſi floriſſante, il abandonna Uladiſlas à
ſa mauvaiſe fortune, congédia ſes troupes, & ſe retira. On fut très-embarraſſé
à décider quelle avoir été des deux expéditions la plus honteuſe, ou celle de
Syrie ou celle de Pologne.

*Hiſt.* d'Al-
lemagne,
1125-1208.

*Guerre de
Conrad con-
tre les Po-
lonois.*

(1) *Révol. de Pol.* par M. l'Abbé des Fontaines,

Cette apparence de guerre s'étoit à peine évanouïe que l'Empire fut menacé de nouveaux troubles de la part de Henri le Lion, qui, appuyé par Guelfe
fon oncle, renouvella fes prétentions fur la Baviere, prit les armes & exèrça
des cruelles hoftilités: mais Frideric de Suabe, neveu de l'Empereur fe donna tant de foins & fit tant de démarches auprès de Guelfe & de Henri, que
cette querelle fut terminée alors, ou plutôt fufpendue, car dans la fuite elle
fe ralluma avec la plus grande fureur, & fit couler, comme on aura occafion de le dire, des torrens de fang en Allemagne (1).

Conrad III, reconcilié avec Guelfe & Henri le Lion, s'occupoit alors d'u-
ne affaire très-importante & dont il défiroit le fuccès avec plus d'ardeur encore qu'il n'avoit defiré, il y avoir quelques années, de conquérir la terre-fain-
te. Ce grand projet étoit d'obtenir du Pape Eugene la canonifation de l'Empereur Henri II. Il falloit qu'alors on eut en Allemagne une bien haute idée
de l'apothéofe romaine; car les Princes, le Clergé, les Prélats & les villes
féconderent Conrad avec le zele le plus ardent; enforte que le Pape Eugene,
accablé chaque jour d'une foule de lettres, follicité de toutes parts, & preffé
vivement de répondre aux inftances d'une Nation entiere, ordonna aux deux
Légats qu'il avoit envoyés en Allemagne de fe tranfporter dans tous les lieux
où Henri avoit fait quelque féjour, de s'informer exactement des circonftances de fa vie, & fur-tout de tenir une note exacte des miracles plus ou moins
étonnans que l'on affuroit s'opérer chaque jour fur fa tombe. Les procès-ver-
baux des Légats furent tels que le défiroient l'Empereur & fes fujets; les informations prouverent que Henri avoir vécu faintement, & qu'il faifoit, depuis qu'il étoit mort, des chofes merveilleufes: auffi Eugene s'empreffa-t-il
d'envoyer à l'Evêque & au Chapitre de Bamberg la bulle qui plaçoit irrévocablement Henri au nombre des Saints; & d'après cette bulle, la fainteté de cet
Empereur eft fondée 1°. fur ce qu'il avoir mené fur la terre la vie d'un vrai
Moine; 2°. fur ce qu'il avoir été fi chafte, que même il n'avoit jamais approché de fa femme légitime; fait évidemment faux, ainfi que nous avons
pris foin de le dire, pour l'honneur même de Henri; 3°. fur ce qu'il avoir
fondé l'évêché de Bamberg, & enrichi prodigieufement les monafteres.
Quant à ce fait il eft que trop connu, & on s'en plaint encore en Allemagne; 4°. fur ce qu'il avoir converti la Hongrie & fon Roi Etienne: c'étoit
pourtant la femme d'Etienne qui l'avoit converti, comme à fon tour Etienne
avoit converti les Hongrois; 5°. fur ce qu'il avoir été très-charitable envers
les pauvres; & c'eft fans contredit de tous les chefs de cette bulle le plus
vrai, car la charité fut la vertu dominante de Henri, & celle qui lui mérita

le plus les honneurs de l'apothéofe: 6°. enfin fur l'infinie multitude de miracles
qui fe faifoient fur fon tombeau; la vérité pourtant eft que ces miracles n'ont
jamais eu autant d'authenticité que ceux que le fameux Paris opere chaque
jour dans fon Cimetiere de S. Médard. D'après toutes ces raifons, Eugene
ordonna que Henri feroit faint, qu'il jouiroit à perpétuité de l'éclat de l'au-
réole, & qu'il feroit fêté tous les ans dans l'églife chrétienne comme Con-
feffeur (2).

(1) Helmold. Chron. Sclav. L. 1. c. 72. Spener.      (2) T. 10. Conc. Epift. 7.
Colonn. 1051.

Cependant, quelque enchanté qu'il fût d'avoir contribué à faire un faint, Conrad commençant à être fatigué du calme de la paix, forma le projet d'aller en Italie, de fe faire d'abord couronner à Rome, & de paffer enfuite dans la Pouille, pour y faire la guerre à Roger, auquel il ne pardonnoit pas de l'avoir battu en Orient. Mais un accident imprévu dérangea ce beau plan; & cet accident fut la mort qui vint furprendre l'Empereur au milieu de fes préparatifs de voyage & de guerre. On ne fait pas au vrai quelle fut la caufe de fa mort, & bien des hiftoriens affurent qu'il fut empoifonné; mais ils ne difent ni par qui, ni par quelle raifon. Ce qu'il y a de mieux conftaté eft que Conrad fentant qu'il ne lui reftoit plus que peu de tems à vivre, défigna Friederic, Duc de Suabe fon neveu pour lui fuccéder; car il avoir perdu Henri fon fils aîné (1), peu de tems après qu'il l'eut fait couronner, & Friederic fon fecond fils étoit encore au berceau.

*Hist. d'Allemagne, 1125-1208.*

*Mort de Henri. 1152.*

Conrad III expira le 15 de Février 1152, après un regne de 13 ans. On a dit de lui qu'il fut doux, d'une rare bonté, fort libéral & très-pieux: mais en même tems on affure qu'il fut très-borné, hors d'état de former des grands projets, mais très-facile à fe laiffer éblouir par les grandes entreprifes, dont on lui développoit le plan, & qu'il étoit incapable d'exécuter. Du refte, dans fa conduite & fes manieres il étoit d'une fimplicité qu'on eût pris quelquefois pour l'effet d'une ftupidité naturelle: à force de douceur il fut foible; & cependant malgré cette douceur, il fut intrépide dans les combats, mais toujours ou prefque toujours malheureux dans fes armes. La majefté de l'Empire s'avilit dans fes mains; il affoiblit fa puiffance en Occident, pour aller déshonorer fes armes dans la Paleftine, tel fut Conrad qui mérite une place diftinguée parmi les médiocres Souverains (2).

*Son caractere.*

Conformément aux volontés du dernier Empereur les Princes & les Prélats affemblés à Francfort, déférerent d'une voix unanime la couronne de Germanie à Friederic, furnommé Barberouffe, qui éprouva d'autant moins de difficulté, que, lié par le fang aux deux maifons rivales des Guelfes & des Gibelins, on efpéroit qu'il éteindroit ces funeftes femences de diffention & de guerre civile. En effet, fi quelqu'un eût été capable de rétablir la bonne intelligence entre ces deux factions, c'eut été fans contredit ce Prince, que les hiftoriens contemporains fe font tous attachés à nous repréfenter comme le plus fage des hommes, le plus illuftre des fouverains & le plus grand des héros. Ingénieux, vif, ardent, éclairé, il joignit aux plus rares talens de l'efprit, des mœurs douces, honnêtes, une ame généreufe, un cœur compatiffant; il étoit acceffible à tous; & jamais les malheureux ne le quitterent fans être foulagés dans leurs peines. Négociateur adroit, excellent politique, homme d'état habile, il étoit encore regardé comme un des meilleurs généraux de fon fiecle; & il eft vrai que par fon expérience, fes lumieres, & plus encore par fon bonheur il avoit infpiré aux troupes de l'Empire une.

*Friederic I. Empereur.*

(1) Henri, qui gouvernoit l'Empire pendant l'abfence de fon Pere en Paleftine, avoit donné des preuves de fa fageffe & de fa vertu. Informé de la fituation déplorable de fon pere, dans un pays éloigné, fans argent & prefque fans troupes; il trouva moyen de lui faire paffer des fommes immenfes fans lever un dénier fur le Public. On dit auffi que le chagrin fur la perte de ce digne fils altera beaucoup la fanté naturellement foible de Conrad.

(2) Otto Frif. Chron. L. 7. Urfperg. Spencer. ad ann. 1152.

telle confiance, qu'elles croyoient marcher à une victoire certaine routes les fois que c'étoit sous ses ordres qu'elles marchoient à l'ennemi. Egalement soldat & capitaine, on le voyoit intrépide dans les périls, & conserver en même tems la plus grande tranquillité d'esprit dans la chaleur de l'action. Modeste au sein de la victoire, ce n'étoit que dans le revers qu'il montroit quelque fierté. Ouvert, ingénu, incapable de tromper & de dissimuler, il donnoit aisément sa confiance, & ne pardonnoit pas aux traîtres qui en abusoient, ce n'étoit gueres qu'à leur égard que sa justice devenoit sévere, & inexorable.

L'Europe entiere regarda l'élévation de Frideric au trône d'Allemagne comme un présage assuré de la grandeur prochaine de l'Empire. La cour de Rome en fut vivement allarmée, & n'apprit qu'en frémissant que le sceptre de Charlemagne étoit enfin passé dans les mains d'un Prince vraiment digne de le porter: aussi la cour de Rome s'empressa-t-elle d'applaudir au choix que la nation Germanique avoit faite, & elle en témoigna autant de satisfaction qu'elle en étoit mécontente en effet. Mais Frideric, fortement occupé du bonheur de ses sujets, afin de prévenir les troubles qui avoient agité les regnes précédents, se crut intéressé à bien vivre avec Rome, & se persuada qu'en rendant à la dignité Pontificale le respect extérieur qui lui étoit du, le S. Siege, par intérêt & par reconnoissance, le ménageroit à son tour, & sur-tout qu'il n'abuseroit pas de l'empire que la crédulité publique lui donnoit sur les consciences (1).

Sa politi-
que à l'égard
de la Cour
de Rome.

Dans cette vûe le nouveau Souverain n'eut pas plutôt été couronné, qu'il envoya Hilin & Eberard, le premier Archevêque de Trêves, le second Evêque de Bamberg, à Rome en qualité d'Ambassadeurs, pour faire part de son élection au Pape Eugene III, aux Romains & à l'Italie entiere. D'après les ordres de leur maître Eberard & Hilin proposerent au Souverain pontife une ligue offensive & défensive contre les ennemis des deux Puissances, c'est-à-dire contre les Grecs qui cherchoient à rentrer en Italie, contre les Romains toujours prêts à se soulever, enfin contre les Normands, qui, peu contens d'avoir fondé le Royaume de Sicile, étendoient chaque jour leur domination sur les terres de l'Eglise. Frideric faisoit offrir au Pape de soumettre la terre entiere à Rome, à condition seulement qu'Eugene le seconderoit de ses armes spirituelles, c'est-à-dire, qu'il excommunieroit tous ceux à qui le Roi de Germanie déclareroit la guerre.

Il faut croire que Frideric, lorsqu'il proposa cette ligue, songeoit, à l'exemple d'Otton le Grand, de Henri III & de quelques autres Empereurs, à faire valoir les chimériques prétentions de la couronne Impériale sur tous les trônes d'Occident. Mais il eut fallu qu'Eugene, pour entrer comme allié dans un aussi vaste projet eût eu le même degré d'ambition; & Eugene affectoit le plus grand détachement des choses terrestres; ou pour lui rendre plus de justice, Eugene étoit trop ambitieux lui-même pour adopter ce plan, qui sous les plus brillantes apparences d'agrandissement, ne lui offroit qu'un affoiblissement inévitable de préséance & d'autorité. En effet, quels

avantages pouvoir-il se flatter de retirer de l'accroissement de la domination

Im-.

(1) Hist. Germ. Univ. T. 1. L. 6. c. 3.

Impériale? n'étoit-il pas évident que plus celle-ci feroit étendue, & plus la dignité Pontificale auroit été foumife à l'Empire d'Allemagne (1).

Eugene rejetant avec la plus édifiante modération les offres éblouiffantes des ambaffadeurs, fe borna feulement à conclure le traité de ligue offenfive & défenfive que le Roi d'Allemagne lui faifoit propofer. Les principales conditions de ce traité furent que Frideric ne feroit ni paix ni treve avec Roger, Roi de Sicile, que du confentement du Pape; qu'il maintiendroit de toute fa puiffance les Romains dans l'obéiffance qu'ils devoient au Souverain Pontife, dont il défendroit la dignité par la force de fes armes, comme devoit le faire un digne & véritable fils de l'Eglife Romaine; qu'il aideroit, autant qu'il lui feroit poffible, le S. Siege à recouvrer les terres que les ennemis avoient ufurpées fur le patrimoine de S. Pierre, enfin qu'il ne fouffriroit point que les Grecs fe rendiffent maîtres d'aucune place d'Occident en deçà de la mer. De fon côté, le Pape promettoit d'honorer Frideric comme fon fils; de lui donner la couronne Impériale auffi-tôt qu'il fe rendroit à Rome; de l'aider en tout ce qu'il pourroit à maintenir & accroître fa dignité; d'excommunier, à fa premiere demande, quiconque attenteroit aux droits de l'Empire; de n'accorder ni place, ni territoire en deçà de la mer à l'Empereur de Conftantinople, mais d'employer toutes fes forces pour le repouffer, toutes les fois que les circonftances l'exigeroient. L'exécution de ces conditions fut jurée de part & d'autre, & l'on eut dit que l'amitié la plus inviolable alloit réunir le Sacerdoce & l'Empire (2).

La paix jurée entre les deux Puiffances paroiffoit devoir durer éternellement: mais dans le même tems que l'on apprenoit en Europe l'accord qui venoit d'être conclu à Rome, on apprenoit auffi qu'il venoit d'être rompu, & que la haine mutuelle du Sacerdoce & de l'Empire venoit de fe ranimer avec toute fon ancienne vivacité, à l'occafion d'une inveftiture que Frideric avoit donnée. L'Archevéché de Magdebourg étoit vacant, & le clergé s'étant affemblé, fuivant l'ufage, pour élire un Archevêque, les voix avoient été partagées entre le Doyen & le Prévôt de Magdebourg, enforte qu'aucun des deux concurrens ne voulant céder fes prétentions, on eut recours à l'Empereur, qui, après d'inutiles efforts pour tacher d'engager l'un des deux concurrens à fe défifter, perfuada au Doyen & à ceux qui l'avoient élu de nommer Archevêque, Guicmanje une Evêque de Zeitz, d'une très-illuftre maifon: il fut élu, & Frideric conformément à la convention arrêtée entre Pafchal II. & l'Empereur Henri V, fit venir Guicman & lui donna l'inveftiture de cet archevêché.

Le Prévôt de Magdebourg irrité de fe voir enlever un bénéfice fur lequel il avoit compté, alla à Rome, & fe plaignit amerement à Eugene contre Guicman & l'Empereur qu'il accufa d'avoir donné l'inveftiture, par la croffe & l'anneau. Eugene encore plus ulcéré que le Prévôt, jura de venger l'Eglife de l'ufurpation de fes droits, s'exhala en menaces, & fe préparoit à ufer des voyes de rigueur, quand il reçut une lettre de onze Prélats d'Allemagne, qui, dans la vûe de prévenir les fuites de cette affaire, s'efforçoient de juftifier la démarche de l'Empereur. Trop jaloux de fon autorité pour fe laiffer fléchir

*Hift. d'Allemagne, 1125 1208.*

*Traité entre le Pape & l'Empereur.*

*Méfintelligence entre le Pape & Frideric I.*

(1) Otto Frif. Hift. Frid. L. 5. Baron. ad ann. 1152.     (2) Fleuri. L. 69. T. 14.

Sect. V.
Hist. l'Al-
lemagne,
1125-1208.

Courroux.
d'Eugene.

par une telle apologie, le fier Eugene s'offença des remontrances des Prélats, qu'il accusa fort durement dans sa réponse d'avoir sacrifié la dignité é-
piscopale aux vûes ambitieuses d'un Souverain, qui, même avant que d'avoir
acquis aucune connoissance de ses droits & de ceux de l'Eglise, montroit
contre ses supérieurs une audace aussi reprehensible. Eugene en finissant, pro-
testoit de ne pas laisser une telle entreprise impunie, & défendoit aux Prélats d'appuyer la détestable cause de Frideric par leur crédit & leurs conseils (1).

Dans le nombre des Prélats qui s'étoient efforcés de fléchir le Pape, se diftinguoit Otton, Evêque de Freisingue, fils de l'Impératrice Agnès & de S. Léopold, Margrave d'Autriche qu'elle avoit épousé en secondes noces; ensorte
que le bon Evêque étoit frere uterin de Frideric le Borgne, pere de l'Empereur régnant: c'est ce même Otton duquel il nous reste huit livres de chroniques de l'Empire; ouvrage fort exact pour les faits. Otton se donna fort
inutilement beaucoup de soins pour terminer cette querelle; il ne put réussir;
& l'Empereur ne voulant point absolument céder ses droits, Eugene envoya
deux Légats en Allemagne pour déposer Guicman, & pour juger la cause de
l'Archevêque de Mayence, accusé depuis plusieurs années de dissiper les
biens de son Eglise. Les deux Légats ne purent remplir qu'en partie les ordres du Souverain Pontife; Frideric I s'empressa de les seconder en tout ce
qui lui parut ne pas excéder le pouvoir du chef de l'Eglise; & dans une
diete qu'il tint exprès à Worms l'Archevêque de Mayence, convaincu des
plus grandes malversations, ayant été déposé, le Prince fit nommer au siege
de Mayence, par quelques députés du Clergé & du Pape, Arnold, son chancelier. L'Empereur permit encore aux Légats de déposer l'Evêque d'Eich-
lter, Bouchard, qui, dans la décrépitude, étoit entierement incapable de remplir aucune des fonctions de l'épiscopat. Ce n'étoit point encore là le principal objet de la mission des deux émissaires du Pape, qui, encouragés par
ces dispositions, entreprirent d'étendre leur autorité sur l'Archevéché de

Sa mort.

Magdebourg: mais l'Empereur leur défendit de passer outre; & de crainte
qu'ils ne fussent tentés de s'obstiner dans cette entreprise, il les fit sortir de ses
états, & les renvoya fort mécontens à Rome, où ils n'étoient point encore
arrivés, que le Pape Eugene étoit mort, & avoit eu pour successeur Conrad,
Evêque de Sabine, vieillard fort respectable, doux, modéré, sans ambition
& qui occupa le S. Siege sous le nom d'Anastase IV (2).

Délivré des inquiétudes que commençoit à lui donner le caractere altier &
turbulent d'Eugene, Frideric s'occupa du soin de rétablir le calme en Allemagne, fort agitée alors par l'ancienne & très-vive querelle qui depuis si
long-tems divisoit Henri le Lion, Duc de Saxe & Henri Jasamergott, Duc de
Baviere. Nous avons eu occasion de dire dans l'histoire du regne d'Otton le
Grand, que cet Empereur ayant dépouillé du duché de Baviere Eberard, Arnoul & Herman fils d'Arnolphe, avoir ensuite reconnu l'injustice de cette spo-
liation, & que pour la réparer en partie, il avoit rendu à Léopold, fils d'Eberard le Margraviat d'Autriche renfermé alors dans le duché de Baviere, &

(1) Tome 10. Concil. Epist. 8. Col. 1051.
Spener. ad ann. 1152.

(2) Otto Fris. Hist. Frid. I. L. 2.

qui, outre l'Autriche, telle qu'elle est actuellement, comprenoit encore la
Carinthie, la Styrie, la Carniole, le Tirol, le comté de Gorice, en un mot,
toute cette étendue de pays anciennement connue sous le nom de Norique.
Comme les possessions qu'Otton le Grand céda au Duc Léopold faisoient partie des pays héréditaires de la Maison de Baviere, ses successeurs au Margraviat d'Autriche, espérant toujours de rentrer dans la totalité de leurs biens
patrimoniaux, réclamerent sans cesse leurs droits & ne laisserent échapper aucune occasion de faire valoir leurs prétentions. Hezilon même, petit-fils du
Duc Eberard, tenta de recouvrer par la force des armes ce duché, qu'il s'é-
toit flatté que l'Empereur Henri ne refuseroit pas à la justice de sa cause:
mais il fut obligé de se désister de son entreprise, & ce ne fut que bien des
années après en 1049, que l'Empereur Henri III restitua le duché de Baviere à Conrad, arriere petit-fils de Herman, troisieme fils d'Arnolphe. Conrad étant mort sans enfans, la Baviere passa pour la seconde fois dans des
mains étrangeres; elle fut possédée par les Guelfes, qui de pere en fils, la
transmirent à Henri le Superbe. On a vu que celui-ci ayant été mis au ban
de l'Empire par Conrad III, Léopold, Margrave d'Autriche, & descendant
d'Arnolphe fut investi de ce duché. Léopold eut pour successeur Henri Jasamergott son frere, auquel Henri le Lion fils de Henri le Superbe disputa la
Baviere, comme ayant été usurpée sur lui. C'étoit là le sujet qui en divisant
ces deux Princes, partageoit l'Allemagne entiere, les deux compétiteurs
ayant chacun dans l'Empire un parti très-puissant. Celui de Henri le Lion
paroissoit néanmoins devoir l'emporter; car ce Prince, adroit courtisan, étoit
fort aimé de Frideric I, qui, pour l'obliger, fit citer aux dietes de l'Empire
Henri Jasamergott: mais celui-ci, qui connoissoit l'intention de l'Empereur
n'eut garde de comparoître; ensorte que par un jugement prononcé à Goslar
en 1154 il fut condamné à se désister du duché de Baviere en faveur de Henri
le Lion, Frideric promettant de le dédommager à la premiere diete, de la
perte que l'exécution d'un tel jugement lui faisoit éprouver (1).

Quelque désir qu'eut l'Empereur de satisfaire entierement Henri le Lion,
& de le mettre en possession du duché de Baviere, de plus pressans intérêts
ne lui permettoient pas de rester plus long-tems en Allemagne, & la revolte
qui commençoit à éclater de toutes parts en Italie l'appelloit au delà des Alpes, où il se hâta de se rendre suivi de quelques troupes. La premiere ville
qui osa se déclarer ouvertement contre lui fut Verone, dont les habitans lui
fermerent insolemment les portes, sous prétexte qu'ils ne devoient le reconnoître pour leur Souverain, que quand il auroit été couronné par le Pape:
à cette déclaration déjà très-offensante, ils ajoûterent que s'il vouloit leur donner une somme d'argent qu'ils fixerent, il seroit reçu dans la ville. Frideric, satisfait en apparence de la proposition, fit payer à l'instant même la
somme demandée, entra dans Verone, & fit pendre seize des principaux
citoyens. Il soumit la Lombardie, prit Tortone d'assaut, la livra au pillage & aux flammes; il ne fut pas aussi heureux devant Milan dont il fut obligé d'abandonner le siege, & il alla se faire couronner à Pavie, Roi des
Lombards (2).

*Hist. d'Al-
lemagne.
1125-1208.*

*Cause des
Troubles
d'Allema-
gne.
1154.*

*Frideric
passe en
Italie. Ses
succès.*

(1) Guntherus Ligur. Lib. I.   (2) Spener. Hist. Germ. Univ. T. I. L. 6. c. 3.

Le vieillard Anasthase IV n'étoit plus, & le Pape Adrien IV son successeur avoit été contraint de se refugier à Viterbe, ne pouvant plus rester à Rome, où le peuple excité par les discours d'Arnaud de Bresse étoit perpétuellement armé, au nom de Dieu, contre toute Puissance temporelle & spirituelle. Le nouveau Pontife ignoroit quelles étoient les véritables dispositions de Frideric I; & avant que de se lier avec lui, il lui envoya trois Cardinaux, chargés de diverses propositions, & entre autres de demander qu'il leur livrât Arnaud de Bresse qui, pour son malheur, se trouvoit alors parmi les Impériaux. Frideric qui eut sacrifié tous les déclamateurs de la terre plutôt que de céder le plus foible de ses droits, ne fit nulle difficulté de livrer Arnaud de Bresse aux Cardinaux, qui l'envoyerent fortement enchaîné à Rome, où d'après les jugemens du clergé assemblé, le préfet le fit bruler publiquement, & jeter ses cendres dans le Tybre. Arnaud étoit un fanatique; ses harangues portoient le Peuple à la licence; il excitoit des séditions, il méritoit d'être renfermé pour le reste de sa vie: mais étoit-ce au clergé à condamner Arnaud de Bresse à périr dans les supplices? nous ne le croyons pas (1).

La mort d'Arnaud de Bresse n'affermit pas la bonne intelligence entre Adrien & Frideric, dont les députés qu'il avoit envoyés au Pape, afin d'y convenir des conditions de son couronnement, ne purent obtenir aucune reponse, le Souverain Pontife ne voulant pas s'expliquer avant le retour des Cardinaux qu'il avoit envoyés au Roi d'Allemagne; & celui-ci qui se défioit autant du Pape que le Pape se défioit de lui, ne voulut rien promettre non plus avant que ses députés fussent de retour. Heureusement pour les deux Souverains, leurs envoyés s'en retournant de part & d'autre, se rencontrerent en chemin & après avoir délibéré entr'eux, ils allerent trouver Frideric dans son camp près de Viterbe & il s'engagea par serment à donner au Souverain Pontife toutes les suretés. On convint du jour de l'entrevue, & Adrien se mit en route pour venir trouver l'Empereur qui envoya au devant de lui plusieurs Seigneurs Allemands à la tête d'un détachement de ses troupes. Cette nombreuse escorte accompagna le Pape jusqu'à la tente de Frideric; mais celui-ci ne venant point, suivant le ridicule usage, tenir l'étrier au Souverain Pontife, les Cardinaux s'imaginerent qu'un Souverain qui oublioit à ce point le respect qu'il devoit au chef de l'Eglise, avoit inévitablement formé de funestes desseins, ils se persuaderent qu'on vouloit les arrêter, & d'après cette terreur panique, ils s'enfuirent, & coururent se renfermer dans Citta di Castello, forteresse imprenable, d'où le Pape Adrien se repentoit fort vivement de s'être éloigné.

Affectant plus de tranquillité qu'il n'en avoit réellement, Adrien descendit de cheval & s'assit de fort mauvaise humeur sur le fauteuil qui lui étoit preparé. L'Empereur parut alors, se prosterna devant le Pape, & après lui avoir baisé les piés, puisque telle étoit l'étiquette il se releva & s'approcha pour recevoir le baiser de paix: Adrien le lui refusa jusqu'à ce qu'il lui eût rendu l'honneur que tous les chefs de l'Empire, disoit-il, avoient rendu à ses prédécesseurs, & cet honneur consistoit à lui tenir l'étrier. Frideric soutint que cette absurde cérémonie n'étoit ni décente ni religieuse & ne voulut

(1) Fleury. Hist. Eccl. T. 15. L. 70.

pas s'y foumettre. Cette difpute s'échauffi, & elle eut été le fujet d'une
guerre très-vive, fi, d'après les confeils des Seigneurs de fa cour Frideric,
le moins obftiné des deux, ne fe fut enfin déterminé à faire la fonction d'é-
cuyer le lendemain, à la vue de toute fon armée. Comme c'étoit malgré
lui qu'il fe fe prêtoit à cette puérilité, il s'en acquita de fort mauvaife grace,
& fe préfenta à la gauche du Pape pour tenir l'étrier. Adrien, fcrupuleux
obfervateur de l'étiquette lui en témoigna fa furprife; ,, c'eft la première
fois, lui répondit l'Empereur que je fais un pareil métier & vraifemblablement ce fera auffi la derniere; qu'importe que ce foit ou l'étrier droit ou l'é-
trier gauche que je tienne"? Il fallut bien que le Pape fe contentât, & fatisfait d'avoir humilié le fuccesfeur de Charlemagne, il l'admit au baifer de
paix (1).

Adrien IV & l'Empereur s'avançoient vers la capitale du monde chrétien,
lorfqu'entre Rome & Sutri, Frideric fut rencontré par des députés Romains,
qui, de la part de leurs concitoyens, vinrent le haranguer, & lui dirent que
les habitans de Rome lui offriroient la couronne Impériale, à condition qu'il
les délivreroit du joug du Souverain Pontife; qu'il rendroit à leur ville fon
ancienne fplendeur; qu'il rétabliroit l'ordre des chevaliers; qu'il rendroit aux
Romains tous les privileges dont ils jouiffoient autrefois, enfin, qu'il payeroit aux officiers chargés de le recevoir au capitole cinq mille livres, & qu'il
jureroit de défendre jufqu'à la mort les habitans de Rome.

Indigné d'un tel excès d'audace : ,, Rome n'eft plus ce qu'elle fut," (répondit fièrement l'Empereur) : il eft faux que vous ayez le droit de me donner ou de me refufer la couronne Impériale : je tiens de Charlemagne &
d'Otton qui ont conquis & Rome & l'Italie fur les Grecs & les Lombards
fans le fecours d'aucune Puiffance. Je fuis incontestablement votre maître,
& vous vous flattez en vain que le Sicilien pourra vous affranchir de ma domination : à quel titre ofez-vous exiger de moi des fermens? eft-ce aux fujets à
prefcrire des loix à leur Roi"? Les députés fort furpris de cette réponfe, à
laquelle pourtant ils euffent du s'attendre, dirent qu'ils alloient rendre compte
de leur commiffion aux Romains, & qu'ils ne tarderoient pas à revenir vers
l'Empereur. Mais celui-ci fe défiant avec raifon des habitans de Rome, &
ne voulant pas leur donner le tems de fe fortifier dans leur rébellion, envoya
dès l'inftant même un corps de mille hommes choifis, avec ordre de fe faifir
de la ville Léonine & de l'églife de S. Pierre; il partit lui-même le lendemain au point du jour, précédé par Adrien qui étoit allé l'attendre à l'églife
de Ste. Marie de la Tour. Ce fut-là que Frideric reçut folemnellement la
couronne de l'Empire; cérémonie à la fuite de laquelle il eut une conteftation
fort vive avec le Souverain Pontife, au fujet de l'indécent tableau dont nous
avons eu déjà occafion de parler, & où l'on voyoit l'Empereur Lothaire II
recevant à genoux la couronne des mains d'Innocent II, & où on lifoit deux
vers fort offenfans pour les fuccesfeurs de Lothaire. Adrien ne pouvant fe
difpenfer de convenir des torts d'Innocent II, promit de faire effacer ce diftique & d'ordonner qu'on ôtât ce tableau qu'on voyoit expofé dans le palais
de Latran (2).

(1) Heiff. T. 2. Edit. 1731. in 12. (2) Fleuri. Hift. Eccl. L. 70.

Hift. d'Al-
lemagne,
1125 1208.

Puérile con-
teftation en-
tre le Pape
& l'Empe-
reur.

Audacieu-
fes propofi-
tions des
Romains.

Cependant les Romains irrités de ce que Frideric s'étoit fait couronner fans avoir demandé leur confentement, fe jeterent fur quelques-uns de fes écuyers qu'ils rencontrerent à S. Pierre & ils les maffacrerent dans l'églife même. L'Empereur furieux accourut à la tête de fes troupes & attaqua les Romains qui fe battirent avec la plus grande valeur. Le combat dura plufieurs heures, mais enfin la victoire fe déclara pour Frideric, & les Romains laifferent plus de mille des leurs fur le champ de bataille, & plus de deux cens prifonniers entre les mains du Souverain, qui ne fe croyant point en fûreté à Rome, en fortit avec Adrien. Le Pape & l'Empereur arrivés aux environs de Tibur ou Tivoli les habitans de cette ville vinrent en préfenter les clefs à Frideric, auquel ils déclarerent qu'ils fe donnoient pour jamais. Le Souverain Pontife & le clergé de Rome protefterent fort vivement contre cette donation, & foutinrent que Tibur, appartenant à l'églife Romaine, les Tiburtins n'avoient ni le pouvoir ni le droit de changer de maître. Le Pape en cette occafion étoit évidemment fondé; Frideric reconnut les droits de l'églife Romaine & la laiffa en poffeffion de cette ville. La crainte de n'avoir bientôt plus de foldats, par les progrès d'une maladie contagieufe qui commençoit à ravager fon armée, engagea Frideric à reprendre la route de fes états d'Allemagne, & il alloit fe mettre, en marche, quand des Ambaffadeurs de Manuel Comnene, Empereur de Conftantinople vinrent le conjurer, de la part de leur maître, de faire la guerre au Roi de Sicile, leur ancien ennemi commun, & d'aller envahir la Pouille. Adrien feconda de toute fa puiffance les Ambaffadeurs de Manuel; mais, outre que l'armée Impériale n'étoit pas en état d'entreprendre une telle expédition, Frideric n'avoit alors aucun interêt bien preffant d'entrer en guerre avec les Siciliens; Roger n'étoit plus, & Guillaume fon fils qui tenoit le fceptre, ne s'étoit pas encore déclaré l'ennemi de l'Empire. C'étoit ce Guillaume que fon exceffive avarice & fon extrême cruauté firent avec tant de raifon furnommer dans la fuite le Mauvais (1).

Pendant l'abfence de Frideric les anciennes querelles s'étoient vivement rallumées entre les différens Seigneurs d'Allemagne, & l'Empereur s'occupa tout entier du foin d'étouffer ces femences de divifion. La plus enflammée de ces querelles étoit celle de Henri Jafamergott contre Henri le Lion. Celui-ci étoit le confident, le favori, l'ami même du Souverain, qui, jugeant définitivement fur cette conteftation adjugea la totalité du duché de Baviere à Henri le Lion: mais les Etats de Baviere trouvant cette fentence inique, & refufant de s'y conformer, fe déclarerent pour Henri Jafamergott, ainfi que tout le refte des Etats de l'Empire: enforte que l'Empereur voyant tous les membres du corps Germanique, prêts à prendre parti contre lui, réforma fa fentence, &, par le nouveau partage qu'il fit entre les deux concurrens, il adjugea à Henri le Lion la Baviere propre, c'eft-à-dire telle à peu près qu'elle eft de nos jours, & en détachant le margraviat d'Autriche, qu'il érigea en duché, il en inveftit Henri Jafamergott à titre de fief & de duché, relevant immédiatement de l'Empire: de maniere que le premier qui ait porté le titre de Duc d'Autriche a été ce même Henri Jafamergott (2).

Une autre querelle divifoit depuis quelques années la plûpart des Seigneurs

(1) Guill. Tyr. L. 18.　　(2) Otto Frif. Hift. Frid. L. 2.

d'Allemagne, ils avoient pris parti les uns pour Herman, Comte Palatin, & les autres pour Arnold, Archevêque de Mayence, brouillés pour quelque légers intérêts, ennemis irréconciliables, perpétuellement armés l'un contre l'autre, & qui, chacun à la tête de son nombreux parti, troubloient & souvent dévastoient les états d'Allemagne. Après bien des efforts pour reconcilier ces deux Seigneurs, Frideric ne pouvant en venir à bout, convoqua une diete à Worms & les y fit citer l'un & l'autre: mais ils étoient trop animés, trop remplis du desir de se faire justice à eux-mêmes par la force des armes, pour vouloir recourir à des voyes juridiques, & ils ne parurent ni l'un ni l'autre à la dicte, qui, suivant les loix, les condamna tous deux à porter à pied, chacun un chien sur ses épaules; car c'étoit dans ce tems la peine imposée aux perturbateurs du repos public. Arnold, à cause de son grand âge, fut dispensé de ce voyage: mais le Comte Palatin fut contraint de subir la peine imposée, &, les épaules chargées d'un gros chien, il alla d'un comté à un autre, aux termes de la loi, se donner en spectacle au Peuple.

Les soins de Frideric eurent tout le succès qu'il en avoit attendu; il rétablit le calme en Allemagne, remédia aux desordres, fit d'excellentes loix, parcourut lui-même les provinces où il assura le repos, remit en vigueur les loix qui y avoient été trop long tems négligées, laissa par-tout des marques de sa bienfaisance, & passa en Pologne afin de rétablir Uladislas sur le trône d'où ses trois freres l'avoient obligé de descendre. Conrad III, ainsi qu'on l'a dit, déterminé par les libéralités de Boleslas IV, usurpateur du trône de Pologne, avoit abandonné le malheureux Uladislas. Trop grand, trop généreux & trop intégre pour se laisser corrompre, Frideric à la tête d'une formidable armée fit une irruption en Pologne, où Boleslas & ses deux freres se disposerent à lui opposer la plus vigoureuse résistance. Afin de détruire plus surement & avec moins de risques les troupes impériales, ils diviserent leur armée en trois corps, ne s'attacherent qu'à dresser des embuscades aux ennemis, & sur-tout à ravager les campagnes & à rendre les places hors d'état de soutenir un siege. Les historiens Polonois assurent que ces moyens réussirent au point que les Allemands affamés, affoiblis & ravagés par la dissenterie furent réduits à une si déplorable situation, que Frideric, afin d'éviter sa ruine totale, se hâta de proposer une conférence aux trois Princes, qui y consentirent; permirent à Uladislas de revenir auprès d'eux, & promirent au chef de l'Empire un secours de trois cens lances pour la guerre d'Italie: enfin, ces mêmes auteurs assurent que pour mieux cimenter ce traité, l'Empereur donna sa niece Adelaïde à Miecslas. Les historiens Allemands ne conviennent point-du-tout de cette prétendue supériorité des armes Polonoises: ils soutiennent au contraire, que Frideric remporta sur les Polonois la victoire la plus complette. En effet, aux conditions du traité imposées par l'Empereur, il paroît bien que Boleslas, puisqu'il fut obligé de consentir au rétablissement de son frere, n'étoit pas le plus fort; il ne perdit cependant point le rang qu'il avoit usurpé, parce qu'à peu près dans ce même tems, Uladislas mourut à Aldenbourg (1).

A son retour de cette expédition Frideric étant allé tenir sa cour à Besan-

(1) Spener, ad ann. 1157. Otto Fris. Hist. Frid. L. 2.

çon, il y reçut des Ambaffadeurs de la plûpart des Souverains de l'Europe qui s'empreffoient de rechercher fon amitié, & qui lui faifoient offrir des préfens. Le Pape Adrien IV lui envoya auffi des Ambaffadeurs; mais ce ne fut ni pour lui demander fon amitié, ni pour lui dire des chofes agréables; au contraire c'étoit pour le menacer & l'irriter. La caufe de cette démarche étoit une aventure récemment arrivée à Efquil, Archevêque de Lunden, qui s'en retournant de Rome en Danemark, avoir été volé fur les grands chemins d'Allemagne & arrêté par quelques brigands, qui même le retenoient en prifon. Frideric ignoroit profondement cette aventure, au fujet de laquelle Adrien dans fa lettre foutenoit à l'Empereur qu'il en avoit eu connoiffance, & que fans doute il l'approuvoit puifqu'il laiffoit Efquil entre les mains de ces brigands. Le S. Pere toujours fur ce ton infultant, reprochoit à Frideric de n'avoir que de l'ingratitude pour le S. Siege, auquel il devoir, difoit-il, & la couronne & les plus grands bienfaits (1).

La lettre du Souverain Pontife lue dans une affemblée générale par le Chancelier de l'Empire pénétra de colere & d'indignation les Seigneurs de la fuite de l'Empereur: ils n'étoient déja que trop irrités, lorfque l'un des Légats fe levant, commenta de la plus outrageante maniere la lettre du Pontife, & foutint qu'en effet c'étoit de lui que le Roi d'Allemagne tenoit le fceptre de l'Empire. A cette déclaration hardie, Otton de Baviere, Maréchal de l'Empire ne pouvant plus fe contenir, tira fon épée, & fe jetant avec fureur fur le Légat il lui eut percé le cœur, fi le bon Frideric ne fe fut élancé entre lui & l'Ambaffadeur de Rome, auquel il fauva la vie, mais qu'il fit partir, ainfi que fon collegue, dès le lendemain matin pour l'Italie, avec ordre de ne s'arrêter nulle part, jufques au delà des frontieres d'Allemagne (2).

Frideric comprenant qu'Adrien n'en étoit venu à cet acte d'hoftilité, qu'après avoir tout préparé pour le renouvellement des anciennes divifions, fe hâta, dans la vûe d'arrêter, s'il étoit poffible, les effets de fes mauvaifes intentions, d'envoyer à tous les Souverains de l'Europe une lettre circulaire dans laquelle il rendoit au compte exact de ce que le Pape venoit d'entreprendre, fans doute pour faire fuccéder une guerre funefte à l'union qui depuis quelque tems régnoit entre le facerdoce & l'empire: il leur envoyoit auffi copie de la lettre d'Adrien, qu'il commentoit avec autant de juftefse que de modération.

Pendant que l'Empereur prenoit ces mefures contre les entreprifes du S. Siege, les Légats arrivés à Rome fe plaignirent avec tant d'amertume de l'infultant accueil qu'on leur avoir fait, qu'Adrien ne confultant plus que fon fentiment, écrivit avec beaucoup de violence aux Evêques d'Allemagne une lettre dans laquelle après avoir fontenu comme un fait affuré que Frideric avoit publié un édit pour défendre à fes fujets quels qu'ils fuffent d'aller à Rome, il ordonnoit à ces Prélats de ne rien négliger pour ramener ce Monarque aux fentimens de déférence qu'il devoit à l'églife Romaine (3).

Très-étonnés de cette lettre les Evêques d'Allemagne répondirent au Souverain Pontife avec beaucoup de fermeté, & tandis qu'ils tachoient, pour fes
pro-

(1) Radev. Hift. Frid L. 1. Fleury. L. 70.  (2) Id. ibid. Guntbierus. L. 6.
(3) Radev. L. 1. Mainbourg. Dec. de l'Emp. L. 5.

propres intérêts, de lui faire entendre raifon, Frideric réfolu d'aller en Italie, raffembla fes troupes & envoya devant lui Raynold fon Chancelier & le Comte Palatin Otton de Baviere, ceux-ci arrivés en Lombardie y firent reconnoître l'autorité de l'Empereur; & à l'empreffement des villes & des peuples à fe foumettre Adrien comprenant qu'il ne feroit pas le plus fort, fe bâta de faire des démarches pour appaifer le Monarque dont il redoutoit la préfence en Italie, dans cette vûe il lui envoya deux Légats qui s'étant rendus à Augsbourg, furent admis à fon audience, le faluerent refpectueufement de la part du Souverain Pontife, qui par leur bouche lui témoignoit le déplaifir amer qu'il reffentoit d'avoir encouru, fans l'avoir mérité & par un méfentendu, la colere & l'inimitié d'un fi puiffant Monarque: & afin que de femblables méprifes ne puffent plus troubler à l'avenir la bonne intelligence qui devoir régner entre les deux Puiffances, Adrien fit remettre par fes Légats à Frideric I un acte authentique par lequel il reconnoiffoit formellement que le fceptre de l'Empire ne relevant de perfonne, ne dépendoit que de Dieu feul, & que lorfque l'Empereur jugeoit à propos d'aller à Rome & de recevoir la couronne, ufage qui depuis quelque tems ne s'obfervoit plus, le Pape ne faifoit autre chofe que lui donner l'onction facrée , & remplir une cérémonie qui au fond, ne fignifioit rien (1).

Une déclaration auffi expreffe ne laiffant plus aucune forte de doute fur la reconnoiffance que le S. Siege faifoit de la fupériorité de l'Empire & de fon indépendance, Frideric, fatisfait du Souverain Pontife lui rendit fon amitié, renvoya les Légats chargés de préfens; mais ne renonça point à fon voyage d'Italie; au contraire, il fe rendit à Roncailles ou Roncaglia où il avoit indiqué une affemblée générale. Cette affemblée fut très-nombreufe, & non-feulement la plûpart des Evêques & des Seigneurs d'Italie s'y trouverent; mais il y vint auffi les Confuls & des députés des différentes villes de Lombardie, ainfi que quatre fameux Docteurs qui enfeignoient le droit Romain dans l'Univerfité de Boulogne, la plus célebre alors de toute l'Italie: récemment reconciliées les deux Puiffances fe brouillerent encore au fujet d'un acte d'autorité que l'Empereur fit dans cette affemblée , & qui ulcéra fi vivement le Pape Adrien, qu'il fe fût vraifemblablement porté aux dernieres extrémités s'il eut vécu affez pour fuivre les confeils de fon reffentiment. Frideric en effet , ayant donné ordre aux quatre Docteurs de Boulogne de faire une exacte recherche de tous les droits régaliens qui lui appartenoient comme chef de l'Empire; ces Docteurs aidés dans cette opération épineufe de vingt-huit autres Jurifconfultes, trouverent que ces droits, démontrés appartenir à Frideric, étoient les duchés, les marquifats, les comtés, les confulats, les monnoies , les fubfiftances des troupes ou fourrages, ainfi que les péages & produit d'autres impôts, les moulins, les pêcheries, enfin le cens réel · & la capitation. D'après ces découvertes , tous ceux des Evêques & des Seigneurs qui fe trouverent à Roncailles ne firent nulle difficulté de renoncer à ces droits régaliens en faveur de l'Empereur, qui en confirma la poffeffion à tous ceux qui en avoient des titres valables, & reçut d'eux le ferment de fidélité en ce qu'ils tenoient de l'Empire (2).

Hift. d'Allemagne, 1125-1203.

Nouveau fujet de querelle entre le Pape & l'Empereur.

(1) Radev. Epift. Adrian. ad Frid. L. 1. Spener. Fleury. reb. Laudenfibus.          (2) Otto Morena de

Sect. V.
Hift. d'Al-
lemagne,
1125-1203.

torité fut d'excommunier Alexandre II & fes principaux adhéra , Afin de donner plus d'énergie à cette foudre très-impuiffante en effet da les mains d'Octavien, Frideric publia en Allemagne & en Italie un édit , r l quel il ordonnoit à tous les évêques & prélats de reconnoître Victor fot pe ue d'ê. tre bannis de fes états. Alexandre de fon côté excommunia Frid ic & délia fes fujets du ferment de fidélité ; mais nul d'entr'eux ne le cru pour cela délié. L'Evêque de Lizieux fervoit plus efficacement Alexandre ue celui-ci ne fe fervoit lui-même par fes grands coups d'éclat. Les lettre le ce pré. lat aux Roix de France & d'Angleterre produifirent un tel effet, ic, malgré la neutralité qu'il avoir promife, Louis le jeune convoqua tous es évêques de fes états à Beauvais , tandis qu'Henri II, quoique fon amb: ideur eût foufcrit à l'élection de Victor, affembloit de même tous les évê les d'An. gleterre & dans ces deux conciles Alexandre fut reconnu pour il & vrai . Pape, dès lors Louis agit ouvertement en faveur du Pape recon i, & mit dans fon parti Manuel Comnene , Empereur de Conftantinople , ui balan- çoit encore entre les deux concurrens. Les Rois d'Efpagne, de Hongrie, de Danemark & de Norvege imiterent ceux de France & d'Angl erre, en- forte qu'il ne refta plus dans l'obédience de Victor que l'Allemag e & une partie de l'Italie.

Concile de
Touloufe.
1161.

Afin qu'il ne reftât plus de doute fur la légitimité du pontificat 'Alexan- dre, les Rois de France & d'Angleterre convoquerent de nouveau n conci- le à Touloufe ; ils y affifterent en perfonne : il y vint des Ambaf feurs de routes les Puiffances de la chrétienté, & de Frideric lui - même : après le plus mûr examen, Alexandre fut encore confirmé dans la Papaut, Victor déclaré Antipape, Schifmatique, & comme tel excommunié par le peres du concile qui étendirent l'excommunication fur tous les adhérans de Victor, quels qu'ils fuffent (1).

Cette défection prefqu'univerfelle ne déconcerta pas Frideric : ppofant concile à concile il en tint un à Lodi, dans lequel l'Antipape, una nement reconnu, foudroyant à fon tour Alexandre & fes partifans, étendit Anathê. me jufque fur les Confuls de Milan, par la feule raifon qu'ils oppofe nt une très-forte réfiftance à l'Empereur qui les renoir affiégés. Cependant malgré leur valeur, un ennemi plus redoutable encore que l'Antipape & le armes de Frideric, la famine preffa fi vivement les affiégés, que ne pou i t plus tenir, ils envoyerent des députés à Lodi, pour annoncer à l'Empere qu'ils fe rendoient à difcrétion : il confentit à leur laiffer la vie, mais ce ne fut s avoir fait entierement démolir Milan. Bâle & Plaifance fur t trai- ec moins de rigueur, & la Lombardie entiere rentra fous la don ation. le (2).

é dès fuccès de Frideric, & ne fe croyant plus en fûreté à ome, e quitta l'Italie, alla fe refugier en France & convoqua un cc cile à er, uniquement afin d'y excommunier l'Empereur, & fes pa fans: fant à Clermont en Auvergne, il fe difpofoit à lancer encre la es ennemis, lorfqu'il reçut des nouvelles qui le jeterent li - mê

---

plos. Daniel Hift de Fr. T. 2. (2) Radev. L. 2. Albér S ad ann. 1162.

me dans une très-inquiétante situation. En effer, l'Empereur voyant qu'à l'exception de lui & de quelques évêques, personne ne vouloir reconnoître Victor, & lui-même ne voulant point absolument Alexandre pour Pape, imagina pour lire, disoit-il, cesser le schisme de faire déposer les deux possesseurs du S. Siege, & de faire procéder ensuite à une élection nouvelle. Il espéroit d'autant plus de réussir dans cette entreprise, que Constance de Castille, Reine de France, & protectrice zélée d'Alexandre étant morte, Louis le jeune venoit d'épouser Adelaïde, fille de Thibaut, Comte de Champagne & sœur des Comtes de Blois, de Champagne & de Sancerre. Victor étoit leur proche parent & le Comte de Champagne, ami zélé de Frideric, étoit le favori du Roi de France & son beau-frere, qui, se déterminant par les conseils, goûta le projet de l'Empereur, avec lequel il eut à ce sujet une conférence à S. Jean-de-Laune entre Dijon & Dôle, à laquelle devoit assister Victor, qui en effet se mit en route pour s'y rendre. Alexandre de son côté, invité par Louis le jeune de venir à cette conférence, ne crut pas devoir y paroître, s'en excusa, & promit seulement d'y envoyer quelques Cardinaux, non afin qu'on y examinât ses droits, qu'il ne prétendoit point soumettre au jugement de qui que ce fût, mais afin de lever tous les doutes s'il existoit personne qui balançât à le reconnoître pour seul légitime Pape (1).

Hist. d'Allemagne, 1125-1208.

Frideric tente de faire déposer le Pape & l'Antipape.

Louis qui s'étoit en quelque sorte engagé à mener avec lui le Souverain Pontife, ne pouvant le déterminer à ce voyage, s'avança seul, jusqu'aux environs de Dijon, d'où il envoya des députés à l'Empereur. Celui-ci apprenant qu'Alexandre ne seroit point présent à la conférence, reçut fort mal ces députés, accusa fort durement le Roi de France de l'avoir trompé & les congédia sans leur donner d'autre réponse. Le Roi de France n'étoit accompagné que d'une faible escorte; il savoit que l'armée Impériale étoit aux environs, & craignant que, pour se venger, l'Empereur n'abusât de la supériorité de ses forces, lui envoya dire par de nouveaux députés qu'il n'y avoit pas de sa faute si Alexandre n'étoit pas venu, qu'il alloit le presser plus fortement encore de se trouver à la conférence, où il espéroit qu'il se rendroit incessamment. Mais dans le même tems Louis dépêcha des couriers à Henri, Roi d'Angleterre qui étoit, à la tête de ses troupes, en Normandie, pour le prier de se hâter de venir à son secours. Henri dès l'instant même qu'il reçut ces envoyé se mit en route avec toutes ses forces. Au bruit de la marche l'Antipape Victor qui ne voyoit déjà qu'avec beaucoup de crainte une foule d'évêques François tous attachés à Alexandre, accourir au lieu de la conférence, craignit avec raison qu'elle ne lui fut pas aussi favorable qu'il s'en étoit flatté. Son protecteur étoit alors encore plus embarrassé; son armée manquoit absolument de vivres, & il ne lui restoit plus d'autre parti à prendre que celui de se retirer. Mais pour ne pas manquer à sa dignité, il envoya son chancelier à Louis, avec ordre de lui déclarer qu'en sa qualité de Roi des Romains & de protecteur de l'Eglise, c'étoit à lui seul, avec les évêques de l'Empire qu'il appartenoit de prononcer entre les deux compétiteurs du suprême pontificat, & que les évêques de France & des autres Puissances devoient s'en rapporter à la décision qui seroit prise à ce sujet dans l'assemblée

Son mécontentement contre le Roi de France.

(1) Acta Alex. T. Ced. Vatican ad ann. 1162. Daniel. T. 2.

Adrien très-mécontent de la démarche des Evêques & des Seigneurs, beaucoup plus irrité encore de ce que les officiers de l'Empire exigoient & percevoient le droit de fourrage jufques fur les poffeffions de l'églife Romaine, écrivit à l'Empereur une lettre en termes affez modérés, mais où on ne laiffoit pas d'entrevoir beaucoup d'aigreur & des menaces mêmes. Frideric en fut très-offenfé, & ordonna à fon fecrétaire d'écrire la réponfe dans le ftile des anciens Romains, c'eft-à-dire de mettre au haut de la lettre le nom de l'Empereur avant celui du Pape, de lui dire *toi* au-lieu de *vous*, &c; vengeance puérile & plus digne d'une femme que d'un potentat auffi puiffant que Frideric. Le fecrétaire remplit ces ordres fi fort au gré de fon maître, que le Souverain Pontife ne fe fentant plus le courage de diffimuler l'injure, répondit dans le ftile le plus infultant, reprocha à Frideric des excès auxquels il n'avoit jamais fongé, & finit par le menacer de le priver de la couronne s'il continuoit de manquer de refpect au S. Siege & de recevoir l'hommage des Evêques d'Italie.

Cette correfpondance devenoit de jour en jour plus injurieufe & plus amere de part & d'autre; à travers les menaces & les emportemens on remarquoit pourtant dans les lettres de Frideric des raifonnemens très-preffans, & auxquels il n'étoit gueres poffible à la cour de Rome de répondre. Adrien y répondit cependant; mais ce fut, affure-t-on en exhortant par fes lettres les Milanois & quelques autres villes d'Italie à la revolte contre leur légitime Souverain: plufieurs Evêques fcandalifés de cette maniere de difputer tacherent d'adoucir la colere du Pape: ils ne gagnerent rien: il envoya en Allemagne quatre Légats chargés de faire à Frideric des propofitions fort dures; & entre autres de renoncer aux droits régaliens fur les terres de la domination de l'Eglife, à la reftitution de plufieurs terres jadis poffédées par la Comteffe Mathilde, de tout le pays depuis Aqua-pendente jufqu'à Rome, du Duché de Spolette & des îles de Sardaigne & de Corfe. L'Empereur n'eut garde de fe foumettre à ces conditions; il en propofa à fon tour qu'Adrien rejeta; la querelle s'enflammoit chaque jour davantage, & il eft vraifemblable qu'elle eût eu les plus funeftes fuites, fi la mort d'Adrien & les événemens qui la fuivirent n'euffent fait oublier cette conteftation (1).

En effet les Evêques & les Cardinaux affemblés dans l'églife de S. Pierre pour procéder à l'élection d'un Souverain Pontife, ne pouvoient s'accorder fur celui qu'ils devoient nommer; & ce ne fut qu'après trois jours de délibérations & de débats, que tous les fuffrages, à l'exception de trois, fe réunirent fur Roland Cardinal & Chancelier Romain, qui prit le nom d'Alexandre III. Quelqu'animée qu'eur été cette élection, les trois Cardinaux qui avoient refufé leurs voix à Roland, perfiftant à ne vouloir pas le reconnoître pour Souverain Pontife, fe réunirent & élurent Pape un d'entr'eux nommé Octavien. On ne fe doutoit pas dans l'églife de S. Pierre de cette feconde promotion, & l'on y étoit occupé à revêtir Alexandre de la Chappe d'écarlate, lorfque, tout auffi irrité que s'il eût été légitimement élu, Octavien entra dans l'églife, & s'élançant fur Alexandre, s'efforça de lui arracher la chappe; mais ne pouvant en venir à bout, il en prit une autre qu'il avoit eu

(1) Fleury. Hift. Eccl. L. 70.

la précaution de faire apporter & s'en revêtir. Les deux Cardinaux qui l'a-voient élu firent ouvrir les portes de l'églife, dans laquelle fe jeterent des troupes de gens armés, afin d'appuyer par la force les prétendus droits d'Oc-tavien, que fes partifans proclamerent fous le nom de Victor II. (1)

La premiere démarche de chacun des deux concurrens fut de chercher à fe rendre l'Empereur favorable; mais Frideric penchoit d'autant plus pour Oc-tavien, que celui-ci avoir hautement foutenu fes intérêts dans toutes les oc-cafions, au-lieu qu'Alexandre étoit précifément l'un des Légats qui lui avoient apporté la lettre d'Adrien, & celui-là même qui lui avoir parlé avec tant de hauteur à Befançon; auffi reçut-il fort mal les Nonces d'Alexandre. Cepen-dant afin de garder dans cette affaire les apparences de la modération & de l'impartialité, l'Empereur indiqua un concile à Pavie, auquel il cita les deux Papes élus, mais tandis qu'il s'occupoit à écrire aux Cardinaux & aux Evê-ques pour les inviter à venir à cette affemblée, les deux Pontifes fe donnoient les plus grands foins pour fe concilier l'amitié des Rois de France & d'An-gleterre.

Henri II, le premier des Plantagenets, régnoit alors en Angleterre, & Louis VII furnommé le Jetune occupoit le trône de France. Arnoul, Evêque de Lizieux & ami zélé d'Alexandre le fervoit puiffamment auprès de Henri II, qui étoit déjà fur le point de fe déclarer en fa faveur, lorfqu'il reçut des let-tres par lefquelles l'Empereur lui donnant avis du concile, qu'il avoir con-voqué à Pavie, le prioit de ne prendre aucun parti entre les deux Pontifes, jufqu'à ce que cette affemblée eût prononcé fur cette double élection. Henri II eut égard aux follicitations de Frideric, & Alexandre en fut d'autant plus allarmé, qu'il favoit que le Roi de France avoir réfolu de ne fe déterminer que d'après le parti que prendroit Henri II.

Les Souverains de Hongrie, de Dannemark, de Bohême déférerent, com-me la France & l'Angleterre, aux follicitations de l'Empereur, & routes les Puiffances attendirent paifiblement la décifion du concile de Pavie, qui s'af-fembla, & où fe rendirent en perfonne les Rois de Hongrie, de Danemark & le Duc de Bohême, les Ambaffadeurs de France & d'Angleterre, environ cinquante Evêques feulement d'Italie & de diverfes Provinces de l'Empire. Enfin Octavien, qui, bien affuré de l'amitié de Frideric, fe flattoit de l'em-porter fur fon rival (2). Celui-ci en effet, prévoyant que cette affem-blée on n'agiroit que par les ordres de l'Empereur n'eut garde de s'y rendre. Octavien ne fut point trompé dans fon attente, & fur les fauffes rélations qui furent faires des deux élections, Victor fut unanimement reconnu pour Pape légitime; & tous les affiftans foufcrivirent à cette décifion, à l'exception tou-tefois de l'Ambaffadeur de France, qui, déclarant que fon maître attendroit pour fe décider d'être mieux informé de tout ce qui s'étoit paffé à Rome, promit de garder jufqu'alors une neutralité parfaite.

Dès le lendemain de cette décifion Victor fut folemnellement reçu à Pavie; l'Empereur lui rendit tour les refpects d'ufage, lui tint l'étrier, lui haifa les piés, le conduifit à l'autel, & le premier ufage que l'Antipape fit de fon au-

---

(1) Radev. Lib. 2. c. 43. Otto Morena. p. 826. Daniel. Hift. de France. T. 2.

(2) Arnulphi Ep. ad Alex.

torité fut d'excommunier Alexandre II & fes principaux adhérans, Afin de
donner plus d'énergie à cette foudre très-impuiffante en effet dans les mains,
d'Octavien, Frideric publia en Allemagne & en Italie un édit, par lequel il
ordonnoit à tous les évêques & prélats de reconnoître Victor fous peine d'ê-
tre bannis de fes états. Alexandre de fon côté excommunia Frideric & délia
fes fujets du ferment de fidélité; mais nul d'entr'eux ne fe crut pour cela
délié. L'Evêque de Lizieux fervoit plus efficacement Alexandre que celui-ci,
ne fe fervoit lui-même par fes grands coups d'éclat. Les lettres de ce prélat aux Roix de France & d'Angleterre produifirent un tel effet, que, malgré
la neutralité qu'il avoir promife, Louis le jeune convoqua tous les évêques
de fes états à Beauvais, tandis qu'Henri II. quoique fon ambaffadeur eût
foufcrit à l'élection de Victor, affembloit de même tous les évêques d'Angleterre & dans ces deux conciles Alexandre fut reconnu pour feul & vrai
Pape, dès lors Louis agir ouvertement en faveur du Pape reconnu, & mit
dans fon parti Manuel Comnene, Empereur de Conftantinople, qui balançoit encore entre les deux concurrens. Les Rois d'Efpagne, de Hongrie,
de Danemark & de Norvege imiterent ceux de France & d'Angleterre, enforte qu'il ne refta plus dans l'obédience de Victor que l'Allemagne & une
partie de l'Italie.

Afin qu'il ne reftât plus de doute fur la légitimité du pontificat d'Alexandre, les Rois de France & d'Angleterre convoquerent de nouveau un concile à Touloufe; ils y affifterent en perfonne: il y vint des Ambaffadeurs de
toutes les Puiffances de la chrétienté, & de Frideric lui-même: après le
plus mûr examen, Alexandre fut encore confirmé dans la Papauté, Victor
déclaré Antipape, Schifmatique, & comme tel excommunié par les Peres du
concile qui étendirent l'excommunication fur tous les adhérans de Victor,
quels qu'ils fuffent (1).

Cette défection prefqu'univerfelle ne déconcerta pas Frideric: oppofant
concile à concile il en tint un à Lodi, dans lequel l'Antipape, unanimement
reconnu, foudroyant à fon tour Alexandre & fes partifans, étendit l'Anathême jufque fur les Confuls de Milan, par la feule raifon qu'ils oppofoient une
très-forte réfiftance à l'Empereur qui les renoit affiégés. Cependant, malgré
leur valeur, un ennemi plus redoutable encore que l'Antipape & les armes
de Frideric, la famine preffa fi vivement les affiégés, que ne pouvant plus
tenir, ils envoyerent des députés à Lodi, pour annoncer à l'Empereur qu'ils
fe rendoient à difcrétion: il confentit à leur laiffer la vie, mais ce ne fut
qu'après avoir fait entierement démolir Milan. Bâle & Plaifance furent traitées avec moins de rigueur, & la Lombardie entiere rentra fous la domination
Impériale (2).

Effrayé dès fuccès de Frideric, & ne fe croyant plus en fûreté à Rome,
Alexandre quitta l'Italie, alla fe refugier en France & convoqua un concile à
Montpellier, uniquement afin d'y excommunier l'Empereur & fes partifans:
enfuite paffant à Clermont en Auvergne, il fe difpofoit à lancer encore la
foudre fur fes ennemis, lorfqu'il reçut des nouvelles qui le jeterent lui-mê-

(1) *Concil. Tolof.* Daniel *Hift de Fr.* T. 2.      (2) Radev. L. 2. Albert. Stad.
Dodech. Spener. *ad ann.* 1162.

me dans une très-inquiétante situation. En effet, l'Empereur voyant qu'à l'exception de lui seul & de quelques évêques, personne ne vouloit reconnoître Victor, & lui-même ne voulant point absolument Alexandre pour Pape, imagina pour faire, disoit-il, cesser le schisme de faire déposer les deux possesseurs du S. Siege, & de faire procéder ensuite à une élection nouvelle. Il espéroit d'autant plus de réussir dans cette entreprise, que Constance de Castille, Reine de France, & protectrice zélée d'Alexandre étant morte, Louis le jeune venoit d'épouser Adelaïde, fille de Thibaut, Comte de Champagne & sœur des Comtes de Blois, de Champagne & de Sancerre. Victor étoit leur proche parent, & le Comte de Champagne, ami zélé de Frideric, étoit le favori du Roi de France & son beau-frere, qui, se déterminant par ses conseils, goûta le projet de l'Empereur, avec lequel il eut à ce sujet une conférence à S, Jean-de-Laune entre Dijon & Dôle, à laquelle devoit assister Victor, qui en effet se mit en route pour s'y rendre. Alexandre de son côté, invité par Louis le jeune de venir à cette conférence, ne crut pas devoir y paroître; s'en excusa, & promit seulement d'y envoyer quelques Cardinaux, non afin qu'on y examinât ses droits, qu'il ne prétendoit point soumettre au jugement de qui que ce fût, mais afin de lever tous les doutes s'il existoit personne qui balançât à le reconnoître pour seul légitime Pape (1).

Louis qui s'étoit en quelque sorte engagé à mener avec lui le Souverain Pontife, ne pouvant le déterminer à ce voyage, s'avança seul, jusqu'aux environs de Dijon, d'où il envoya des députés à l'Empereur. Celui-ci apprenant qu'Alexandre ne seroit point présent à la conférence, reçut fort mal ces députés, accusa fort durement le Roi de France de l'avoir trompé & les congédia sans leur donner d'autre réponse. Le Roi de France n'étoit accompagné que d'une foible escorte; il savoir que l'armée Impériale étoit aux environs, & craignant que, pour se venger, l'Empereur n'abusât de la supériorité de ses forces, il lui envoya dire par de nouveaux députés qu'il n'y avoit pas de sa faute si Alexandre n'étoit pas venu, qu'il alloit le presser plus fortement encore de se trouver à la conférence, où il espéroit qu'il se rendroit incessamment. Mais dans le même tems Louis dépêcha des couriers à Henri, Roi d'Angleterre, qui étoit, à la tête de ses troupes, en Normandie, pour le prier de se hâter de venir à son secours. Henri dès l'instant même qu'il reçut ces envoyés, se mit en route avec toutes ses forces. Au bruit de sa marche l'Antipape Victor qui ne voyoit déja qu'avec beaucoup de crainte une foule d'évêques François tous attachés à Alexandre, accourir au lieu de la conférence, craignit avec raison qu'elle ne lui fut pas aussi favorable qu'il s'en étoit flatté. Son protecteur étoit alors encore plus embarrassé; son armée manquoit absolument de vivres, & il ne lui restoit plus d'autre parti à prendre que celui de se retirer. Mais pour ne pas manquer à sa dignité, il envoya son chancelier à Louis, avec ordre de lui déclarer qu'en sa qualité de Roi des Romains & de protecteur de l'Eglise, c'étoit à lui seul, avec les évêques de l'Empire, qu'il appartenoit de prononcer entre les deux compétiteurs du suprême pontificat, & que les évêques de France & des autres Puissances devoient s'en rapporter à la décision qui seroit prise à ce sujet dans l'assemblée

*Hist. d'Allemagne, 1125-1208.*

*Frideric tente de faire déposer le Pape & l'Antipape.*

*Son mécontentement contre le Roi de France.*

(1) *Acta Alex. ex Cod. Vatican ad ann.* 1162. *Daniel.* T. 2.

Sect. V.
Hift. d'Al-
lemagne,
1125-1208.
qu'il alloit indiquer. Louis fourit à ce difcours; répondit qu'il n'avoit jamais
imaginé que l'Empereur & les évêques de l'Empire fuffent, exclufivement aux
autres Souverains & aux autres évêques de la Chrétienté, les feules brebis que
le fils de Dieu eut confiées aux foins de S. Pierre; & quittant brufquement
le Chancelier de Frideric, il fit mettre fes troupes fous les armes, leur ordonnant de fe tenir fur leurs gardes, de crainte de furprife. Louis n'avoit rien
à craindre, & Frideric, pour décamper, n'avoit pas attendu le retour de fon
Chancelier. Ce fut-là qu'aboutit cette grande négociation, dont Victor &
fon protecteur avoient attendu de fi grands effets (1).

*Les foins de Frideric pour l'Antipape echouent.*

Cependant l'Empereur ne prévoyant pas quelle feroit l'iffue de cette conférence y avoir invité le Roi de Danemarck, celui de Hongrie & le Duc de
Bohême. Les deux derniers ne chercherent aucun prétexte pour fe difpenfer
de s'y rendre; ils avoient embraffé le parti d'Alexandre dont ils ne croyoient
pas que l'Empereur fut autorifé à mettre les droits en compromis. Valdemar plus pufillanime, fe laiffa gagner par les égards que Frideric & l'Antipape avoient eus pour Raoul fon fecrétaire, & contre les avis & les inftances
d'Abfalom, Evêque de Rofchild, fon confident, il eut l'imprudence de fe
mettre en route. Abfalom, quoiqu'il ne prévit rien d'heureux de cette démarche, fuivit fon maître, qui, à fon arrivée à Metz eut tout lieu de fe repentir de ne s'en être point rapporté à fon confident. En effet, l'Empereur

*Il abufe de fa fupério- rité contre le Roi de Danemark.*
*1162.*
le reçut froidement, lui fit des reproches amers de fa lenteur à venir, & finit
par exiger qu'il lui fit hommage de fon Royaume de Danemarck, & qu'il le
reconnut pour fon Souverain. Valdemar étoit prefque feul; il fut contraint
d'obeir, & cet hommage forcément accordé, le rendit odieux à la narion
Danoife (2).

Cependant l'Antipape Victor tint à Metz un concile dans lequel il fit éloquemment difcourir quelques Evêques fur la légitimité de fon pontificat. A la
fuite des ces déclamations il procéda à l'excommunication d'Alexandre, fortement appuyé par les Rois de France & d'Angleterre, qui, dans leur camp,
lui rendoient les honneurs les plus diftingués, l'accompagnoient par-tour où
il alloit, marchant même fort humblement à pied, tandis qu'il étoit à cheval.
Alexandre s'occupoit à tenir concile fur concile; le plus folemnel fut celui de
Tours, auquel affifterent 17 Cardinaux 124 Evêques 414 Abbés & une foule
innombrable d'Eccléfiaftiques & de Laïques. Arnoul, Evêque de Lizieux dif-
ferta fort éloquemment, &, fuivant l'érudition de fon fiecle, prouvant par
les raifonnemens les plus abfurdes la fuprématie d'un Pape légitime fur tous les
légitimes Souverains de la terre, il finit par prédire que l'Empereur fe con-
vertiroit, & qu'on l'entendroit confeffer publiquement la fupériorité de la thiare fur le fceptre Impérial.

Frideric n'étoit rien moins que difpofé de vérifier la prédiction d'Arnoul;
il étoit alors occupé de deux grands objets, l'un de balancer la force du concile de Tours par des conciles oppofés, & l'autre à mettre fin aux troubles que
fon abfence avoir occafionnés en Allemagne. Dans l'un de ces foulèvemens,
qui pour lors étoient très-fréquens, Arnold, Archevêque de Mayence avoir

---

(1) Spener. *Hift. Germ. Univ.* ad ann. 1162. Daniel *loco citato.*　　(2) Helmoldus
*Chron. Sclav. L. I*

été tué trois ans auparavant, & la plûpart des habitans de cette ville, pour se
dérober à la punition que ce meurtre méritoit, avoient pris la fuite: les murailles de la ville avoient été abattues, par ordre de l'Empereur, qui se laiffant néanmoins fléchir, avoit pardonné à plusieurs des coupables, & avoit
indiqué une assemblée à Mayence même, pour y procéder contre quelques-
uns des auteurs de cette sédition. Il s'occupoit de cette affaire, lorsqu'il reçut la nouvelle de la mort d'Octavien, qui étoit expiré à Luccques, après
avoir porté le nom de Pape pendant quatre années & demi (1).

Octavien étoit mort à tems; encore quelques jours, & il eut eu la douleur de
survivre à son pontificat, car il ne restoit plus dans son parti que deux Cardinaux, Guy de Crème & Jean de S. Martin. Le premier fut bien recom-
pensé de son zele; les Schismatiques d'Italie & d'Allemagne l'élurent Pape,
& il prit le nom de Paschal III. Frideric confirma son élection, & jura publiquement sur les S. Evangiles qu'il ne reconnoîtroit pour Pape, que lui &
ses successeurs. Mais malgré ses sermens & son élection, l'Antipape eut le
désagrément de voir le Schisme s'affoiblir de jour en jour; il apprit même en
frémissant que, gagnés à force d'argent, les Romains se déclarant pour Alexandre & remettant à son Vicaire l'Église de S. Pierre & le Comté de Sabines,
avoient pris la résolution d'envoyer vers Alexandre des députés chargés de le
conjurer de revenir à Rome. Mais dans le même tems que les Romains se
soumettoient à Alexandre, le Roi d'Angleterre, Henri II paroissoit disposé à
changer de parti & à passer dans celui de l'Antipape. Ce n'étoit pas que ce
Monarque eut des raisons particulieres d'être irrité contre Alexandre; mais il
étoit impatient de se venger de l'insolence & de punir l'ingratitude de Thomas Becquet, Archevêque de Cantorbery, le plus avide, le plus ambitieux
& le plus turbulent des hommes. Suivant les loix d'Angleterre, c'étoit aux
juges séculiers qu'appartenoit le droit de connoître des délits commis par les
Ecclésiastiques & de décerner contre eux les punitions qu'ils avoient encou-
rues. Thomas Becquet comblé de bienfaits de son Souverain, entreprit audacieusement de s'arroger ce droit, & soutint avec toute la hauteur dont il étoit
capable, que les ecclésiastiques, de quelques crimes qu'ils se rendissent coupables, n'étoient pas justiciables des Officiers du Prince. L'Obstination de
Becquet enflamma cette querelle, & plutôt que de se soumettre à l'autorité
de son Souverain, il quitta l'Angleterre, & alla chercher un azile en France. Alexandre qui avoit le plus grand intérêt à ménager Henri, défendit hautement la cause du Prélat, & Louis, qui eut dû chasser de ses états un factieux
qui y répandoit une doctrine aussi contraire aux droits & à l'indépendance
des têtes couronnées, eut la foiblesse de se déclarer le protecteur de Becquet, auquel il assigna des revenus considérables. Vivement ulcéré de ce
procédé, Henri, pour se venger en même tems de Becquet, de Louis &
du Pape, résolut de se liguer avec Frideric contre le Pape & l'imprudent
Monarque (2).

D'après cette résolution Henri II envoya deux députés en Allemagne, &
dans une diète assemblée à Wurtzbourg, l'Empereur jura en leur présence

(1) Fleury. L. 70. Robert de Monte ad hanc annum.     (2) Résol. d'Angl. par
P. d'Orléans. T. 1.

*Hist. d'Al-
lemagne,
1125-1208.*

*Mort de
l'Antipape
Victor. Guy
de Crème
lui succede
sous le nom
de Paschal.
III.
1164.*

*Henri II.
Roi d'An-
gleterre
quitte le
parti d'Al-
exandre.*

& devant toute sa cour, que de sa vie il ne reconnoîtroit pour Pape Roland, ni aucun de ceux de son parti: tous les Seigneurs d'Allemagne firent le même serment, tandis que de leur côté les envoyés d'Angleterre promirent par écrit que leur maître observeroit tout ce que l'Empereur s'engageroit à observer. Ce ne fut à la verité que forcément que les Evêques qui assistoient à cette diete, prêterent ce serment à Frideric, qui, très-content de l'alliance qu'il venoit de faire avec le Roi d'Angleterre, se rendit à Aix la Chapelle, où il convoqua une nouvelle diete. Ce fut-là qu'il fut procédé à la canonisation de Charlemagne, qui fut mis au nombre des saints par l'autorité d'un Empereur Schismatique & d'un Antipape excommunié; car ce fut au nom de Paschal & de Frideric que fut faite cette canonisation; aussi dans la plûpart des Eglises de l'Empire continue-t-on de célébrer l'anniversaire de Charlemagne, comme pour les autres défunts (2).

Quelque sujet qu'eussent Paschal & Frideric d'être contens de la situation actuelle de leurs affaires, ce n'étoit cependant qu'en Allemagne qu'elles paroissoient prospérer, & par tout ailleurs la fortune s'étoit déclarée en faveur du parti opposé. Rome & l'Italie étoient soumises au Pape Alexandre, fortement appuyé par Guillaume II, surnommé le Bon, Roi de Sicile, & qui venoit de succéder à Guillaume Ier son pere, surnommé le Mauvais; Manuel Comnene, Empereur de Constantinople lui envoioit par des Ambassadeurs des présers magnifiques, & lui offroit toutes les forces de l'Empire d'Orient, à cette seule condition que le S. Siege lui rendroit la couronne Impériale d'Occident, à laquelle, disoit-il, les Souverains de Constantinople, véritables successeurs des Césars, avoient incontestablement plus de droit qu'un Prince Allemand; de son côté, la France assuroit la cour de Rome des plus puissans secours; ensorte que tout paroissoit annoncer au Pape Alexandre le plus brillant succès.

Informé de la puissante ligue qui s'étoit formée contre lui, Frideric, dans la vûe de prévenir ses ennemis, & résolu de rétablir son Antipape à Rome, d'où il vouloit chasser le Souverain Pontife, rassembla toutes ses forces, passa pour la quatrieme fois en Italie, soumit la Lombardie entiere, envoya devant lui, à la tête d'un corps considérable de troupes, Rainold, Archevêque de Cologne & Christian, Archevêque de Mayence, avec ordre de ravager les environs de Rome, tandis qu'il continueroit le siege de la ville maritime d'Ancone dont les habitans, corrompus à force de présens, s'étoient déja rendus à Manuel Comnene. Ils résisterent avec la plus intrépide valeur aux assauts réiterés de Frideric, qui ne put les réduire qu'après un siege long & fort meurtrier. Maître une fois d'Ancone, il y entra en vainqueur irrité, & punit sévérement les plus coupables d'entre les habitans.

Quelque empressement qu'eussent montré les différentes villes de la Lombardie à se soumettre, ne pouvant néanmoins supporter la tyrannie des Gouverneurs Impériaux elles tinrent par députés une assemblée dans laquelle elles formerent une ligue pour leur commune défense, & résolurent d'aller relever les murs de Milan, abatus par l'Empereur quatre ans auparavant. Confor-

(1) Spener. Hist. Germ. L. 1. T. 6. c. 3.

Hift. d'Allemagne, 1125-1208.

formément à cette délibération les confédérés allerent en force mettre les citoyens de Milan en état de fe défendre contre les forces de l'Empire (1).

Frideric étoit trop occupé à pourfuivre fon expédition contre les Romains, pour aller s'oppofer à l'entreprife des villes confédérées. Les deux Archevêques s'étoient rendus maîtres pour lui de toutes les places fituées aux environs de Rome, & ce fut vers cette capitale qu'il s'avança, tandis que fes généraux lui gagnoient, à force d'argent, une partie des Romains, qui allerent en foule jurer fidélité à l'Empereur & à Pafchal. Mais peu de jours après ces mêmes Romains fe laiffant gagner auffi par l'argent d'Alexandre, rentrerent dans fon parti tout auffi promptement qu'ils s'en étoient détachés. Pour lui donner des preuves de la fincérité de leur retour & de leur zele, ils s'affemblerent au nombre de 40 mille hommes, & allerent attaquer Tufculum qui tenoit pour l'Empereur. L'Archevêque de Mayence tenta de diffiper cette foule de transfuges; mais ils fe battirent avec tant de valeur, que l'Archevêque & fes foldats étoient prêts à prendre la fuite, quand s'avançant à la tête de fa divifion, l'Archevêque de Cologne vint rétablir le combat; il fut terrible & funefte aux Romains, qui, battus à leur tour & complettement défaits, furent contraints de céder la victoire, après avoir laiffé plus de 8 mille morts fur le champ de bataille (2).

Combat des Romains contre les Troupes Impériales.

Cependant Frideric s'avançant de fuccès en fuccès, vint camper fous les murs de Rome: dès fon arrivée il fe rendit maître du château S. Ange & de l'Eglife de S. Pierre: enforte que le Pape fut contraint d'aller fe renfermer avec les Cardinaux dans le Palais des Frangipani. Il eft vrai que le Souverain Pontife eut la confolation de voir les habitans de Rome lui témoigner le plus grand zele & braver pour fa défenfe les troupes Impériales. Leur réfiftance fut telle, que Frideric défefpérant de réuffir par la force, fit propofer à Alexandre de renoncer au Pontificat, offrant de fon côté d'engager Pafchal à abdiquer, de faire procéder à une nouvelle élection, de rendre la paix à l'églife, enfin, de ne plus fe mêler de l'élection des Papes, & de rendre aux Romains avec tous leurs prifonniers le butin qu'on avoit fait fur eux. Ces propofitions parurent d'autant plus favorables aux Romains qu'ils étoient excédés de cette guerre, dans laquelle au fond ils n'avoient aucun intérêt bien direct, mais les évêques & les cardinaux étoient fort éloignés de penfer comme le peuple; & le Pape Alexandre, pour fe dérober aux importunités & aux cris des habitans de Rome, qui ne ceffoient de le preffer, fe traveftit en pèlerin & fortit promptement de la ville, où Pafchal fit fon entrée, fe mit en poffeffion de la chaire Pontificale, & couronna l'Empereur ainfi que fon époufe Béatrix, aux acclamations des Romains, qui lui prêtant ferment de fidélité jurerent de ne reconnoître que lui pour Empereur, & pour vrai Pape que Pafchal (3).

Alexandre fort de Rome; & l'antipope couronné Friderie. 1167.

Le triomphe de Frideric étoit très-éclatant, mais il fut auffi de fort courte durée; car peu de jours après fon couronnement, une maladie contagieufe ravagea fi cruellement fon armée, que la voyant réduite à un très-petit nombre de foldats, il fe crut obligé de fe retirer & de prendre fort promptement

(1) Chrono Sax. Monach. Weingarten. Spener. Fleury.    (2) Otto de S. Blafio. c. 21. Acerbus Morena. p. 842-843-844.    (3) Conrad. Urfperg. Roderic. Dodechin.

Sect. V.
Hift. d'Al-
lemagne,
1125-1208.

*Cruelle fi-
tuation de
Frideric.*

la route d'Allemagne. Ce voyage fut pour lui très-pénible; il fut même humiliant: les villes de Lombardie qui s'étoient déjà confédérées quand la fortune secondoit ses entreprises, l'arrêtoient à chaque instant dans sa marche & lui fermant tous les passages, lui ôtoient jusqu'à l'espérance de fuir. Dans cette extrémité il étoit prêt à suivre le conseil d'un chartreux qui lui avoir dit qu'il n'avoit d'autre parti à prendre que de se réconcilier avec l'Eglise; & déja il avoit chargé du soin de son accommodement quelques prélats qui alloient entrer en négociation, quand le Marquis de Montferrat obtint du Comte de Morienne le passage des troupes Impériales. Assuré de sa retraite, Frideric se bâta de rétracter la parole qu'il avoit donnée, & partant de nuit, déguisé en valet, il traversa le comté de Bourgogne & gagna l'Allemagne (1). Triomphans de l'humiliante retraite à laquelle ils avoient obligé Frideric, les Lombards ne doutant point qu'il ne vînt aussi-tôt qu'il lui seroit possible pour se venger avec éclat, prirent la résolution de fonder une ville assez forte pour arrêter les Allemands & leur interdire le passage: cette résolution fut exécutée presque aussi-tôt qu'elle eut été prise, & ils donnerent à cette nouvelle ville le nom d'Alexandrie, en l'honneur du Pape Alexandre, c'est cette même ville que les Impériaux nommerent par dérision Alexandrie *de la Paille*, sans-doute pour faire entendre aux Lombards qu'elle seroit encore plus promptement détruite qu'elle n'avoit été élevée: ils se tromperent; Alexandrie de la Paille est encore de nos jours une des villes les plus-considérables du Milanez.

Il dépendoit d'Alexandre de rendre la situation de Frideric son ennemi encore plus inquiétante qu'elle n'étoit, en acceptant les propositions que lui envoya faire pour la seconde fois Manuel Comnene, qui lui offroit des trésors immenses & les secours les plus abondans, pourvû qu'il voulut seulement lui accorder la couronne impériale. Manuel offroit plus encore, puisqu'il s'engageoit à opérer la réunion de l'Eglise Grecque à l'Eglise Romaine: ces brillantes offres n'ébranlerent point Alexandre, & on ne sauroit donner trop d'éloges à sa modération; ce qu'il y a de singulier est que dans le même tems que Comnene travailloit à réunir l'Empire d'Occident à celui de Constantinople, Frideric tout aussi ambitieux, formoit le projet de réunir l'Empire d'Orient à celui d'Allemagne, & l'on assure même qu'il prenoit déja le titre d'Empereur des Grecs.

*Offres de
Manuel
Comnene
Empereur
d'Orient.*

Frideric n'avoit que trop tardé à paroître en Allemagne, où des querelles particulieres agitoient les provinces, menaçoient l'Etat des plus violens désordres, & où les esprits paroissoient disposés à une guerre civile. De tous ces différens, le plus vif & celui qui paroissoit le plus interminable étoit celui qui divisoit Henri le Lion, Duc Saxe & de Baviere & la plûpart des Princes de l'Empire, irrités de son ambition & offensés de ses hauteurs. Ce ne fut qu'à force de soins, de prudence & d'activité que Frideric parvint à étouffer ces semences de division, & à rétablir le calme dont on n'espéroit plus de jouir. Ensuite, dans une diete convoquée à Bamberg, il fit élire Roi d'Allemagne Henri son fils, quoiqu'il touchât à peine à sa quatrieme année (2). N'oublions pas de remarquer que l'Antipape Paschal III, étant mort le 20e Sep-

*Henri VI
Couronné
Roi d'Alle-
magne.
1168.*

(1) Fleuri, *Hift. Eccl.* T. 15.      (2) Spener. Hift. *Germ. ad ann.* 1169.

tembre 1168, les fchifmatiques lui donnerent pour fucceſſeur Jean, Abbé de Strume, qui prit le nom de Califte III. Il ne reſtoit plus à l'Empire d'autre guerre à foutenir ou à terminer que celle qui s'étoit allumée dès le commencement de ce regne entre la cour de Rome & l'Empereur, & cette gueire auſſi difpendieuſe que meurtriere avoit épuifé l'Allemagne de foldats & de numéraire. Le Peuple murmuroit, & les grands conjurerent Frideric de fe raccommoder avec le S. Siege. Il y paroiſſoit d'autant plus intéreſſé lui-même, que fon parti diminuoit de jour en jour, en proportion de l'accroif-fement fenſible que prenoit celui du Souverain Pontife. Soit que Frideric defirât fincerement de mettre fin à cette malheureufe conteſtation, ſoit qu'il ne voulut que paroître difpofé à feconder les vûes de fes fujets, il envoya pour fon ambaſſadeur en Italie l'Evêque de Bamberg, avec ordre de ne communiquer les propofitions dont il le chargeoit qu'à Alexandre feul. Celui-ci fe doutant que le but de Frideric étoit par cette conduite miſtérieufe de le rendre fufpeêt aux Lombards, ne voulut entendre le Prélat qu'en préfence des députés des villes de la Lombardie. Ce fut à Veroli qu'il alla donner audience à l'Evêque de Bamberg, qui conformément aux ordres de fon maître, déclara au Pape que c'étoit à lui feul & en particulier qu'il avoit ordre de parler.

Après bien des débats Alexandre confentit à entendre l'Ambaſſadeur, qui lui déclara que Frideric ne vouloit plus agir contre fa perfonne, & qu'il promettoit de maintenir les ordonnances, mais Alexandre le preſſant, pour fa-voir ſi l'Empereur promettoit de lui obéir & de le reconnoître pour Pape, l'Evêque répondit avec tant d'ambiguïté, qu'Alexandre revenant au lieu où étoient les députés Lombards, dit pour toute réponfe à l'Ambaſſadeur, qu'il étoit bien étonné qu'il fe fut chargé de femblables propofitions, qu'il étoit manifefte que l'Empereur ne vouloit pas le reconnoître pour Souverain Pon-tife, quoiqu'il fut reconnu par tous les Souverains de la chrétienté; que du reſte, ſi fon maître vouloit fincerement fe reconcilier à l'églife Romaine il le trouveroit prêt à l'honorer plus que tous les Princes de la terre (1).

D'après les prepofitions que venoit de faire l'Evêque de Bamberg, il étoit évident en effet que l'Empereur n'avoit eu d'autre but, d'un côté que de feindre d'agir de bonne foi, & de l'autre de gagner aſſez de tems pour faire les préparatifs d'une expédition nouvelle à laquelle il fe difpofoit; auſſi fon ambaſſadeur ne lui eut pas plutôt rendu compte de la réponfe d'Alexandre, que, raſſemblant toutes fes forces & pénétrant pour la cinquieme fois en Lombardie, Frideric par la prife & le fac de Suze, infpira tant de crainte à quelques villes, qu'elles réfolurent de fe détacher de la ligue contre l'Em-pereur: telles furent Aſti, Tortone, Cremone, Côme, &c. Ce Prince fit alors mettre le fiege devant Alexandrie de la paille qu'il s'étoit propofé de rênverfer de fond en comble, mais quelque fupériorité qu'il eut par le nombre de fes troupes fur les Lombards, ceux-ci fe défendirent avec tant de valeur, qu'il échoua devant Alexandrie, fut contraint de lever le fiege & de fe retirer à Pavie d'où il envoya faire des nouvelles propofitions au Souverain Pontife (2).

(1) Conrad. Urfperg. Spener. Fleury & alii. (2) Otto de S.Blafio. c. 22. Dodech. ad ann. 1174.

*Hiſt d'Al-lemagne, 1125-1208.*

*Négocia-tions de Paix entre Alexandre & Frideric. 1170.*

*1174. Nouvelle expédition de l'Empe-reur en I-talie. Elle n'eſt pas heurtufe.*

Alexandre qui defiroit fincerement de voir ceffer ces troubles, entra de bonne foi en négociation & envoya trois Cardinaux à Pavie, pour y défendre de concert avec les députés des villes de la Lombardie, fes droits & ceux de cette province contre les Ambaffadeurs de Frideric qui s'y étoient rendus auffi : cette conférence ne fut rien moins que pacifique ; les miniftres de l'Empereur ne voulurent rien céder ; enforte qu'après plufieurs féances, les négociateurs ne pouvant rien conclure fe féparerent plus aigris que jamais les uns contre les autres. Les hoftilités recommencerent avec une nouvelle vivacité ; Frideric fit les plus grands efforts contre fes ennemis, & fes efforts ne produifirent d'autre effet que celui de l'affoiblir chaque jour davantage : de maniere que craignant d'être obligé de demander la paix à des conditions onéreufes, il fongea férieufement à terminer cette guerre meurtriere pour fes troupes & fort peu glorieufe pour lui. Mais avant que d'en venir à une reconciliation, il voulut faire les derniers efforts contre les Lombards, auxquels il en vouloir bien plus encore qu'au S. Siege ; dans cette vûe il donna ordre à tour ce qui lui reftoit de troupes en Allemagne de venir le joindre ; enforte qu'avec fon renfort il devoit avoir fous fes ordres l'armée la plus formidable qui eut encore paffé les Alpes.

Tandis que Frideric fe flattoit de réduire la Lombardie entiere, le Souverain Pontife employoit les plus infaillibles moyens de l'affoiblir & de ravir fur lui la fupériorité, en effet gagnés par fes préfens & fes promeffes, la plûpart des Princes d'Allemagne abandonnerent tout-à coup le drapeau de l'Empire & fe retirerent avec leurs troupes.

Henri le Lion, Duc de Saxe & de Baviere, fous prétexte que la confcience ne lui permettoit pas de défendre la caufe d'un excommunié fut celui qui donna le fignal de la défection & qui fe retira, fuivi des troupes Saxonnes & Bavaroifes qui formoient la partie la plus confidérable de l'armée de l'Empire. Toutefois, dans le même tems où cette retraite imprévue diminuoit les forces de Frideric, il lui vint de nouvelles troupes d'Allemagne, à la tête defquelles il marcha contre les Lombards, qu'il ne rencontra que trop tôt pour fon malheur. En effet, les deux armées ne furent pas plutôt en préfence, que la bataille s'engagea ; elle fut meurtriere & funefte aux troupes Impériales, qui, quoiqu'elles firent des prodiges de valeur, enfoncées du premier choc, furent mifes en déroute & en partie maffacrées ; Frideric lui-même courut dans cette action terrible les périls les plus imminens, abandonnant aux ennemis, avec l'honneur de la victoire, fes bagages & fon camp (1).

La fortune avoir entierement abandonné la caufe de l'Empereur, qui craignant avec raifon de voir s'éloigner tous ceux qui jufqu'alors lui étoient reftés attachés, prit la réfolution de fe reconcilier fincérement avec Alexandre, & nomma des négociateurs, qui fe rendirent, munis de pleins pouvoirs, auprès du Souverain Pontife à Agnanie. Le Pape avoir fur le chef de l'Empire les plus grands avantages ; il étoit le plus fort, & il dépendoit de lui d'accabler l'ennemi qu'il avoit déjà terraffé, il ufa cependant de la plus grande modération, accueillit avec diftinction les miniftres de l'Empereur, &

(1) Otto de S. Blaf. Cap. 23. Dodech. Spener. ad ann. 1176.

après une négociation de quinze jours, il fut-convenu que tous les membres de l'Eglise Romaine jouiroient d'une entière sûreté pour leurs personnes & leurs biens; que le chef de l'Empire rendroit au Pape la préfecture de Rome, ainsi que tous les biens de la Comtesse Mathilde. L'Observation de ces articles préliminaires fut jurée de part & d'autre; dès l'année suivante, après bien des débats, le Pape & l'Empereur se rendirent à Venise, où Frideric ayant solemnellement abjuré le Schisme, & promis obéissance au Pape Alexandre & à ses successeurs, fut absous de l'excommunication & réuni à l'église Catholique (1).

Comme Alexandre & Frideric, malgré la haine qui les avoit si long-tems divisés, s'estimoient l'un l'autre, leur reconciliation fut parfaite, & l'attachement mutuel qu'ils se témoignerent étoit également sincere de part & d'autre. Afin de mettre le dernier sceau à cette paix, qui, après tant de troubles, rendoit enfin le calme à l'Italie & à l'Allemagne, le souverain Pontife tint un Concile à Venise, où, en présence des Evêques & Abbés d'Allemagne & d'Italie qui s'y étoient rendus, en présence de l'Empereur, du Doge, des envoyés du Roi de Sicile, des députés des villes de Lombardie, & d'une multitude innombrable de peuple, fut prononcée l'excommunication contre quiconque troubleroit la paix qui venoit d'être faite (2).

La nouvelle de cette reconciliation causa la joie la plus vive aux Italiens & aux Allemands: ceux-ci ne tarderent pas à revoir leur Souverain dans ses états, & les Romains se hâterent d'envoyer des députés à Alexandre pour le prier de revenir à Rome faire cesser les maux que sa longue absence y avoir causés. Il se rendit à leurs desirs, & fut reçu avec acclamation. Abandonné de Frideric, l'Antipape Caliste, après avoir inutilement cherché de l'appui, ne trouvant nulle-part ni protecteurs, ni adhérans, prit le généreux parti de se rendre auprès d'Alexandre lui-même, aux pieds duquel & en présence de tous les Cardinaux il abjura le Schisme; il n'eut point à se repentir de cette démarche, qui eût été très-hazardeuse sous tout autre Pontife; Alexandre l'accueillit avec bonté, lui pardonna généreusement & versa sur lui tant de bienfaits, que Caliste n'eut point à regreter sa dignité passée (3).

L'éloignement de l'Empereur avoit été funeste à la tranquillité publique en Allemagne, & sur-tout depuis le retour d'Henri le Lion, dont l'inquiéte ambition avoit suscité bien des troubles. Frideric ne lui pardonnoit point sa défection, & il ne fut pas fâché qu'il lui fournit lui-même l'occasion de se venger, en rendant justice à ceux de ses sujets que ce Seigneur turbulent & usurpateur ne cessoit d'opprimer. Sur ses refus réiterés de venir rendre compte de

*Hist. d'Allemagne*, 1125 1208.

*Paix entre le Sacerdoce & l'Empire* 1176-1177.

*Sage conduite & bonne foi du Pape Alexandre.*

*Troubles en Allemagne & punition d'Henri le Lion, Duc de Baviere.* 1179 1180.

(1) *Chronogr. Saxon.* Albert Stad. Conrad, Ursperg, &c. Les historiens différent un peu sur ce point, mais Romuald, Evêque de Salerne, témoin oculaire, & d'après lui Sigonius & d'autres racontent, que Frideric ayant rassemblé les débris de son armée, battit à son tour les Lombards & n'en fit pas moins négocier avec le S. Pere. A l'entrevue dont il fut convenu & qui eut lieu devant l'église de S. Marc à Venise, l'Empereur (disent-ils) s'étant approché du Pape pour baiser ses pieds, celui ci en fut attendri jusques aux larmes, il le releva d'abord, lui donna le baiser de paix & ils resterent ensemble à Venise environ six semaines. Tout ceci fait voir la fausseté de ceux qui veulent que le Pape ait mis son pied sur la tête de l'Empereur en prononçant ces paroles du Psalmiste : *Tu marcheras sur l'aspic & sur le basilisc.* Frideric n'étoit pas Prince pour supporter cet affront. (2) Fleury. *Hist. Eccl.* Liv. 74. (3) F. *Idem eodem.* Lib.

fa conduite, le Duc fut mis au ban de l'Empire, déchu de tous ſes fiefs & états, privé de ſes vaſtes domaines, ſon Duché de Saxe transféré à Bernard, fils d'Albert l'Ours, & ſon Duché de Baviere à Otton le Grand, de Witels-bach, deſcendant de la branche formée par Arnolphe, ſecond fils du Duc Arnolphe, chef de cette illuſtre Maiſon à laquelle ce Duché fut enfin reſtitué (1).

Quelque méritée que fut la diſgrace d'Henri le Lion, il étoit ſi préſomp-tueux qu'il ſe flatta que l'Allemagne entiere s'armeroit en ſa faveur, & dans cette eſpérance il ſe déclara ouvertement l'ennemi de l'Empire: mais il fut cruellement trompé dans ſon attente; perſonne ne voulut le ſeconder dans ſa revolte, & il ſe vit abandonné de tout le monde; il parut alors reconnoître ſes torts, & ſon repentir tardif n'eut pas plus de ſuccès que n'en avoient eu ſes menaces; vainement il eut recours aux prieres, aux ſoumiſſions. il reſta dépouillé de tous ſes biens, éloigné de la cour de ſon maître & déteſté des Princes qu'il avoit ſi ſouvent offenſés par ſes hauteurs.

Mort du
Pape Ale-
xandre. Lu-
cius III
lui ſuccede.
1181.

Tandis qu'en Allemagne Henri le Lion voyoit paſſer irrévocablement ſes états en d'autres mains, Rome & l'Italie faiſoient une perte ſenſible; celle du Pape Alexandre III, dont le ſucceſſeur fut Ubalde, évêque d'Oſtie, qui prit poſſeſſion du S. Siege ſous le nom de Lucius III. A peu près deux ans avant ſa mort Alexandre avoit fait ſtatuer dans un concile, qu'à l'avenir on ne reconnoîtroit pour Pape canoniquement élu que celui qui auroit réuni les deux tiers des ſuffrages. Ce reglement fut ſtrictement obſervé à l'égard de Lucius, & ce fut même alors que les Cardinaux commencerent à jouir du droit d'élire, ſeuls & à l'excluſion du clergé & du peuple Romains le Sou-verain Pontife.

Ubalde eut plus de peine à ſe concilier l'amitié des Romains, qu'il n'en avoit eû à déterminer en ſa faveur les ſuffrages des Cardinaux, & il eſt vrai qu'il ne dut s'en prendre qu'à lui-même de la haine qu'on lui voua. Suivant un uſage conſtamment pratiqué, les Papes en prenant poſſeſſion de leur digni-té, juroient de ne pas s'écarter de certaines coutumes fort cheres aux habi-tans de Rome, & qui faiſoient partie de leurs privilèges. Au lieu de faire ce ſerment, auquel ſes prédéceſſeurs n'avoient fait nulle difficulté de ſe ſou-mettre, Lucius jura au contraire, que jamais il n'obſerveroit ces coutumes. Irrités de cette eſpece de déclaration de guerre les Romains prirent les armes, allerent dévaſter, par le fer & la flamme, toutes les poſſeſſions du nouveau Pape, le pourſuivirent fort vivement lui-même & le contraignirent de prendre la fuite, il alla ſe jeter dans les bras de Chriſtian, Archevêque de Mayence & chancelier de l'Empereur. Chriſtian à la tête d'une puiſſante armée d'Alle-mands, marcha contre les Romains, & déja il avoit remporté quelques avanta-ges très-conſidérables lorſqu'il mourut ſubitement à Tuſculum, pour avoir bu, dit-on, de l'eau d'une fontaine que ſes ennemis avoient empoiſonnée. Sa

mort nuiſit beaucoup aux affaires de Lucius; les Romains regagnerent la ſu-périorité, l'armée Allemande n'ayant plus de chef ſe diſſipa; & Lucius eût été perdu ſans reſſource ſi un Protecteur puiſſant ne fût venu à ſon ſecours (2).

(1) Déduction des droits de la maiſon de Baviere. Edit. de Munich 1741.
(2) Arnold. Lubec. Spener. T. 1. L. 6, cap. 3.

Ce puissant défenseur du Souverain Pontife étoit Frideric Ier, qui, après avoir tenu à Mayence une diete pour armer Chevaliers Henri & Frideric ses deux fils, passa les Alpes, & alla trouver Lucius à Verone qui s'y tenoit renfermé. L'Empereur étoit accompagné d'une si brillante suite d'évêques, de seigneurs, & il s'étoit rendu à Verone tant de cardinaux, d'évêques, de prélats & d'abbés; qu'il prit fantaisie à Lucius de tenir un concile, dont les premieres séances furent troublées par un différend qui s'éleva entre le Pape & le chef de l'Empire, au sujet de l'Archevêché de Treves, auquel Frideric avoit nommé le Prévôt Rodolphe, tandis que le chapitre élisoit Wolmar, fortement protégé par le Souverain Pontife. Celui-ci, quelqu'intérêt qu'il eut à ménager Frideric, ne voulut pas que Treves eut d'autre Archevêque que Wolmar; l'Empereur jura qu'il soutiendroit de toute sa puissance le Prévôt Rodolphe, & le siege de Treves resta vacant pendant sept ans que dura cette querelle (2).

Dans les commencemens de cette dispute Frideric pria le Pape d'absoudre, faire grace & réhabiliter les ecclésiastiques qui, sous son prédécesseur avoient été ordonnés par des Schismatiques. Lucius trouva d'abord cette demande très-juste, & elle l'étoit en effet, il y consentit; mais dès le lendemain, se repentant d'avoir témoigné quelque déférence aux sollicitations de l'Empereur, il désavoua sa promesse & renvoya cette affaire à un autre concile. Lucius n'étoit pas un modele de reconnoissance; il devoit tout à Frideric, dont les armes le défendoient contre les Romains soulevés; c'étoit pour le défendre & le rétablir sur la chaire Pontificale que Frideric avoit passé les Alpes; & Lucius ne répondoit que par des refus offençans à toutes les propositions que lui faisoit son protecteur; ce n'étoit gueres le moyen d'entretenir la bonne intelligence entre le Sacerdoce & l'Empire. Quelques jours après Frideric pria le Souverain Pontife de couronner Empereur son fils aîné, Henri. Je n'en ferai rien, répondit Lucius, à moins que vous n'abdiquiez l'Empire, car il ne sçauroit y avoir à la fois deux chefs de l'Empire.

Quelque patient que fut l'Empereur Frideric, il étoit si fort indigné de ces procédés peu honnêtes qu'il eût fini par éclater, si le désobligeant Lucius eut eu le tems de l'irriter encore; mais il cessa de refuser & de vivre le 24 de Novembre 1185. Son successeur, Hubert Crivelli, qui se fit sacrer sous le nom d'Urbain III, fut moins complaisant encore. Celui-ci n'attendoit pas qu'on lui demandât pour mécontenter; il se plaignoit sans cesse, & les plaintes étoient fort ameres, celles sur-tout qu'il faisoit au sujet des terres que la Princesse Mathilde avoit données à l'Eglise, & qu'il ne pouvoit s'accoûtumer de voir entre les mains de l'Empereur, qui s'en étoit remis en possession; il ne lui pardonnoit pas de s'être emparé des revenus de plusieurs monasteres de filles qu'il avoit abolis (3). De son côté, Frideric se plaignoit vivement de l'indécence avec laquelle le Souverain Pontife soutenoit la canse de Wolmar, élu par le chapitre, Archevêque de Treves, contre les droits de Rodolphe, que l'Empereur avoit nommé à cet Archevêché.

Quelque irrités que fussent l'un contre l'autre, le chef de l'Eglise & le chef de l'Empire, il est très-vraisemblable qu'ils se seroient rapprochés, si le jeu-

<hr>

(1) Arnold Lubec & Spener eod. Loco.　　(2) Fleury. Hist. Eccl. L. 74.

ne Roi Henri, fils de Frideric I, n'eût mis tous fes foins à enflammer cette querelle; Henri d'un caractere turbulent, inquiet, injufte, avide, décidément méchant ne cherchoit que les occafions ou de faire du mal, ou de s'arroger des droits qui ne lui appartenoient pas. En Lombardie, il envoya chercher un Evéque, auquel il demanda froidement de qui il avoit reçu l'inveftiture; le Prélat lui répondit que ne poffédant ni régales, ni officiers, ni cour roya-le, c'étoit du Souverain Pontife qu'il s'étoit cru obligé de la recevoir. Henri fans s'émouvoir ordonna à fes gens de fe faifir de l'Evêque, de l'accabler de coups, & de le traîner dans la boue: cet ordre fut très ponctuellement rempli, fous les yeux du Prince que les jeux de cette nature amufoient infiniment. L'obftination de Wolmar à vouloir abfolument occuper le fiege de Treves fut anffi pour Henri un très-heureux prétexte de fuivre la dureté naturelle de fon caractere; il pourfuivit cruellement Wolmar, l'empêcha de jouir des revenus de fon bénéfice, perfécuta fort vivement fes partifans, les écrafa & confifqua leurs maifons à fon profit. Indigné de tant de vexations Urbain III menaça l'Empereur qui les fouffroit, de l'excommunier s'il ne venoit inceffamment rendre compte de fa conduite (1).

Frideric fit d'autant moins d'attention aux menaces du Pape, qu'il étoit alors fort occupé du mariage de fon fils avec Conftance, héritiere de Guillaume II, Roi de Sicile, & fille pofthume de Roger, à laquelle la couronne de Sicile étoit fubftituée au défaut d'héritiers mâles de la part de Guillaume II, qui n'avoit eu en effet point d'enfans: enforte que les barons Siciliens promirent par ferment de reconnoître le mari de Conftance, Henri, pour leur Roi, fi Guillaume venoit à mourir fans poftérité. Ce mariage fut célébré avec beaucoup de pompe à Milan, où Frideric fut de nouveau couronné Roi par l'Archevêque de Vienne, Henri par le Patriarche d'Aquilée, & Conftance par un Evêque Allemand (2).

Mariage du
Roi Henri
avec l'He-
ritiere au
trône de
Sicile.

Urbain III n'avoit pas été confulté fur cette union à laquelle il fe fut, s'il eût pu la prévoir, fortement oppofé, tant il redouroit le voifinage d'un Souverain tel que Henri; auffi n'en reçut-il la nouvelle qu'en frémiffant d'indignation, & dans les tranfports de la colere qui l'agitoit, il fufpendit de toutes fonctions eccléfiaftiques les prélats qui avoient fait la cérémonie de ces couronnemens & tous les Evêques qui y avoient affifté.

Ce qui fembloit le plus ulcérer le Souverain Pontife étoit la froide indifférence avec laquelle il favoit que l'Empereur traîtoit les prétentions, les plaintes, les ordres & les menaces même de la cour de Rome. Frideric en effet, fans daigner même envoyer notifier au Souverain Pontife le mariage de fon fils, n'eut pas plutôt formé cette union, qu'il prit la route de fes états d'Allemagne, où dès fon arrivée il fit fermer tous les paffages de l'Italie, afin qu'aucun de fes fujets ne pût aller à Rome: & pendant qu'il fe précautionnoit ainfi contre les mauvaifes intentions qu'il fuppofoit à Urbain, il demandoit aux feigneurs d'Allemagne & aux évêques affemblés par fes ordres à Gelnhaufen, comment, attaqué fort injuftement par Urbain III, ils lui confeilloient de répouffer des entreprifes qui attentoient évidemment aux droits de la couronne (3).

Par

(1) Spencr. Hift. Germ. Univ. ad anu. 1185.    (2) Id. ad ann. 1186. Fleury. L. 74.
(3) Arnold. Lubec. L. 3. c. 17-18.

. Par l'avis de l'Archevêque de Mayence on écrivoit, au nom de tous les évêques d'Allemagne une lettre au Pape, dans laquelle on lui repréſentoit avec beaucoup de force toutes les raiſons que le chef de l'Empire avoit de ſe plaindre de lui, & les évêques finiſſoient par le conjurer de donner inceſſamment, pour peu qu'il déſirât la paix des peuples & ſon propre repos, ſatisfaction à l'Empereur. Cette lettre que des députés allerent préſenter à Urbain l'enflamma de colere, & il déclara hautement qu'il étoit réſolu de frapper l'Empereur d'excommunication : mais il étoit alors à Verone, & les habitans de cette ville lui proteſterent fort vivement qu'amis & ſerviteurs de Frideric, jamais ils ne ſouffriroient qu'on lui fit un tel outrage dans leur ville & en leur préſence. Urbain perſiſta dans ſa réſolution, & ſortant de Verone, il alla chercher un autre lieu, d'où ſans rien craindre pour lui même, il pût commodément lancer ſa foudre ſur la tête qu'il vouloit abſolument proſcrire: déjà il s'étoit arrêté dans un lieu où il ſe croyoit en ſureté, déjà il étoit diſpoſé pour le grand coup d'éclat, & la foudre étoit prête à partir de ſes mains, lorſqu'il fut inopinément frappé lui-même par une mort très prompte. Son ſucceſſeur Grégoire VIII, ne fit que ſe montrer ſur le S. Siege, il paſſa deux mois après dans le tombeau, & la thiare alla ſe placer ſur la tête de Clément III, moins foudroyant, quoiqu'aimant plus la guerre que ſes prédéceſſeurs (1).

Clément III en effet, ne s'occupa que d'une choſe, de dépeupler l'Europe pour tâcher de reconquérir la Paleſtine, dévaſtée & conquiſe en très-grande partie par Noradin, Soudan d'Alep, preſque ſans défenſeurs depuis la mort de Baudouin III, Roi de Jeruſalem, & menacée par ce terrible Saladin ou Salaheddin, qui, aſſaſſin du Calife d'Egypte, en avoit uſurpé la Couronne, & ne ſe propoſoit rien moins que d'envahir tout l'Orient. Effrayés de l'orage qu'ils voyoient ſe préparer contre eux, les chrétiens de la Paleſtine ſe hâterent d'envoyer demander du ſecours en Occident: mais alors les Souverains Occidentaux étoient trop diviſés entre eux, pour qu'ils euſſent le tems de ſonger ſeulement aux Chrétiens de la Paleſtine, où le brave Amauri, frere de Baudouin III, après quelques efforts contre les Turcs mourut, & laiſſa ſon trône, fort mal affermi, à ſon fils Baudouin IV qui étoit encore au berceau: devenu majeur, celui ci ſe montra digne de ſon rang, & combattit avec la plus rare valeur; mais il fut attaqué d'une funeſte maladie, de la Lepre, qui ne lui laiſſant point l'eſpérance de vivre, lui donna ſeulement le tems de prévenir, autant qu'il le pouvoit, les déſordres que cauſeroit inévitablement l'ambition de quelques grands qui ſe diſputeroient ſon ſceptre: car Baudouin n'avoit point d'enfans. Il maria ſa ſœur Sibille, veuve du Marquis de Montferrat à Gui de Luſignan qu'il déſigna pour ſon ſucceſſeur. (2).

Au murmure de tous les Seigneurs de la cour, irrités de cette préférence, & au peu de talens de Gui de Luſignan, Baudouin reconnoiſſant qu'il avoit mal choiſi, revoqua ſes diſpoſitions, fit couronner Roi ſon neveu Baudouin, fils de Sibille & du Marquis de Montferrat, & mourut peu de jours après. Le jeune Souverain Baudouin V ne ſurvécut que fort peu de tems à ſon on-

Hiſt. d'Allemagne, 1125-1208.

Violente Colere & mort du Pape. Grégoire VIII lui ſuccede, & Clément III à Gregoire VIII. 1187.

Croiſade, & Etat de la Paleſtine.

(1) Arnold. Lubec. L. 3. C. 17-18.      (2) Maimbourg. Hiſt. des Croiſades. L. 5.
Fleury L. 74. Daniel Hiſt. de Fr. T. 2.

Sect. V.
Hist. d'Al-
lemagne,
1125 1208.

*Perfidie de
Raymond,
Comte de
Tripoli.*

cle, & passa du trône au tombeau. Alors le Comte Raymond de Tripoli &c
Gui de Lusignan se disputerent fort violemment la couronne, qui resta au-
plus fort, à Gui de Lusignan. Son rival Raymond de Tripoli, furieux de se
voir supplanté, se ligua en secret avec le plus cruel ennemi des chrétiens,
avec Saladin, auquel il promit de livrer la Palestine, & pour y réussir, il
feignit de se reconcilier avec Gui de Lusignan qu'il trahit de la maniere la
plus atroce. Il fut trompé lui-même par Saladin, qui croyant très-légitime-
de manquer sa parole à un traître, ne se vit pas plutôt possesseur de la Palestine, qu'il n'eut plus pour le Comte de Tripoli qu'un souverain mépris.
Il est vrai que celui-ci mourut de chagrin & de regret: mais ses remords
tardifs n'adoucirent point la situation déplorable des chrétiens de la Palestine,
auxquels il ne restoit plus en Asie qu'Antioche, Tyr & Tripoli, lorsqu'ils
envoyerent conjurer le Pape & les Souverains de la Chrétienté en Occident,
de voler à leurs secours.

Le recit des malheurs des habitans de la Terre Sainte enflamma le zele
du Souverain Pontife & toucha vivement la plûpart des Princes Chrétiens,
ils résolurent d'entreprendre une nouvelle Croisade, dans laquelle s'engagerent Philippe Auguste, Roi de France, Henri II, Roi d'Angleterre, & Frideric I, qui montrant pour cette expédition la plus vive ardeur, convoqua
une diete solemnelle à Mayence & y reçut la croix des mains du Légat. A

*Frideric I.
se croise.
1188.*

son exemple Frideric, Duc de Suabe son second fils & la plûpart des Seigneurs
d'Allemagne séculiers & ecclésiastiques s'empresserent de prendre la croix.
Le peuple accourut en foule pour se croiser aussi, & le zele qu'on montroit
pour cette guerre fut si vif, que l'Empereur, craignant qu'à la fin l'Allemagne ne se dépeuplât tout-à-fait, fit défendre à quiconque n'auroit pas au-
moins la valeur de trois marcs d'argent de se croiser (1).

Après avoir fixé le rendez-vous de ses nombreuses troupes à Ratisbonne,
pour le départ, Frideric envoya des Ambassadeurs à Saladin, pour le sommer
de rendre la Terre Sainte, ou pour lui déclarer la guerre dans le cas de refus, & Saladin, qui ne demandoit pas mieux que de combattre, accepta la

*Ses traités
avec l'Em-
pereur de
Constanti-
nople & le
Soudan de
Cogni.*

guerre. Frideric envoya en même tems un Ambassadeur au Sultan de Cogni,
le plus traître des Orientaux, & qui feignant d'être ami des chrétiens, promit un
libre passage sur ses terres. L'Ambassadeur qui avoir eu ordre de se rendre
auprès d'Isaac l'Ange, qui occupoit alors le trône de Constantinople, y reçut
l'accueil le plus distingué, & Isaac, fit sans balancer avec l'Empereur un
traité par lequel il étoit convenu que les troupes Impériales passeroient librement sur les terres des Grecs, où elles trouveroient en abondance & à un
prix convenable toutes sortes de provisions; mais Isaac étoit le plus lâche des
hommes; fourbe, inconstant, avide, sans honneur, sans religion, sans mœurs;
que pouvoit-on compter en traitant avec un tel perfide? (2)

Le Roi de Hongrie avoit promis aussi le passage par son Royaume, & de
tous les Souverains qui avoient traité avec Frideric, ce fut le seul qui remplit
exactement & de bonne foi tous les engagemens qu'il avoit pris. Cependant
l'Empereur à la tête d'une armée de plus de 150 mille hommes partir de Ratisbonne, entra en Hongrie, & arriva sans éprouver la plus légere difficulté

---

(1) Arnold. Lubec. Lib. 3. Spener. L. 6. c. 3. T. 1.     (2) Nicetas *in Isaac.* Lib. 3.

jufqu'à Belgrade : mais ce fut dans la Bulgarie que les obftacles commencerent à retarder fa marche; fouvent les troupes Impériales furent obligées d'employer la force des armes pour continuer leur route & s'ouvrir des paffages: mais ce fut dès leur entrée fur les terres de l'Empire d'Orient que les obftacles fe multiplierent; là, chaque jour les convois arrêtés retardoient, ou empêchoient l'arrivée des vivres. Ifaac l'Ange, foit qu'il eut déjà promis à Saladin de faire périr Frideric & les troupes, foit que d'après les fuggeftions d'un moine Grec qui ne ceffoit de l'aigrir, il fe fut perfuadé que le véritable deffein de l'Empereur étoit, non d'aller au fecours de la Paleftine, mais de s'emparer du trône de Conftantinople, il fit fur de mauvais prétextes, fermer tous les paffages, & ne put cependant empêcher les Allemands de fe rendre maitres de Philippopoli (1).

*Hift. d'Allemagne,* 1125-1208.

*Obftacles & perfidies q l'époufe Frideric.*

Furieux à cette nouvelle & levant hautement le mafque, Ifaac l'Ange retint prifonniers les Ambaffadeurs de Frideric, dont il ne parloit plus que de la plus outrageante maniere, & envoya ordre à Manuel Camyze fon Général, de faire aux Croifés le plus de mal qu'il lui feroit poffible; mais un détachement de ceux-ci, au nombre de 50 mille hommes, marcha contre les Grecs qui furent taillés en pieces. Ifaac étoit encore plus lâche qu'infolent, & dès la premiere nouvelle qu'il reçut de la défaite de Manuel Camyze, il rendit la liberté aux envoyés de Frideric, & fit partir lui-même des Ambaffadeurs chargés de conjurer l'Empereur d'oublier tout fujet de plainte & de renouveller le traité. Frideric vainqueur & vivement offenfé, accueillit froidement ces envoyés, leur déclara que pour punir leur maitre, il refteroit avec toutes fes troupes pendant tout l'hyver dans la Thrace; que du refte il exigeoit qu'Ifaac l'Ange lui fournît au printems fuivant, tous les vaiffeaux dont il auroit befoin pour paffer en Afie, & que ne voulant point être trompé une feconde fois, il entendoit qu'on lui livrât 24 des principaux officiers de la cour de Conftantinople pour ôtages, & 800 autres perfonnes prifes indiftinctement parmi les fujets d'Ifaac. Celui-ci fe foumit lâchement à ces conditions, & fe hâta de les remplir, tant il redoutoit alors Frideric qui paffa l'hyver à Andrinople, & dès les premiers jours du printems, fe remit en marche (2).

*Ses victoires* 1189.

*Humiliation de l'Empereur de Conftantinople.*

Les troupes Impériales ne furent arrêtées, ou retardées par aucune forte d'obftacles jufqu'à ce qu'elles arriverent fur les terres de Caïcosroes Soudan de Cogni, autrefois Iconium. Mais Caïcofroes, qui s'étoit engagé à leur donner paffage, étoit encore plus fourbe & plus perfide qu'Ifaac l'Ange. A peine les Allemands eurent mis les pieds fur fes terres qu'ils furent obligés d'avoir toujours les armes à la main, tantôt pour fe dégager des embufcades dans lefquelles ils tomboient, & tantôt pour fe défendre contre les Turcs qui les attaquoient avec fureur dans les défilés des montagnes, & fur les bords du Meandre ou Madre. L'Empereur d'Allemagne furieux de tant de trahifons trompa les infideles à fon tour, les attira par une fuite fimulée dans une embufcade, tomba fur eux, en fit un horrible carnage, s'ouvrit un libre paffage, & s'avança vers Cogni dans la réfolution ou de périr ou de fe rendre maître de cette place.

*Perfidie du Soudan de Cogni, qui eft vaincu.*

(1) Tagenon *defcript. exped. Afiat.* Maimbourg. *Hift. des Croifades.* L. 5. (2) Otto de S. Blaf. Godefrid. Viterb. Arnold. Lubec.

Sect V.
Hist d'Al-
lemagne,
125-120J.
Ce fut aux environs de Cogni que les Turcs se ralliant au nombre de plus de 300 mille hommes attendirent les Allemands qu'ils se flattoient d'exterminer. Leur fiere contenance ne déconcerta point l'Empereur. Il seignit encore de fuir, attira une partie des ennemis dans un lieu resserré, & pour eux très-désavantageux, fondit sur cette foule, en massacra une partie,. & dispersa le reste (1).

Bientôt il fallut en venir à une action générale & décisive. Les Turcs l'emportoient de beaucoup par le nombre sur les Croisés; mais ceux-ci plus aguerris & mieux disciplinés avoient par leur valeur & l'expérience les plus grands avantages. Le premier choc fut terrible; mais les Turcs accoutumés à le battre par pelotons & en voltigeant, se voyant contraints par les Allemands qui les avoient joints, de changer de maniere, & de combattre de pied ferme, ne purent soutenir des attaques réitérées, & ils n'étoient pas revenus de la terreur que leur avoit donné ce genre de combat, que plus de dix mille des leurs étoient déjà tombés morts sur le champ de bataille: bientôt la consternation s'empara du reste des infideles, & cette foule immense se dissipa (2).

Succès écla-
tant de Fri-
deric I,
119.

Consterné de la défaite de ses troupes le Soudan de Cogni se hâta d'envoyer offrir les conditions les plus avantageuses au vainqueur, qui lui fit répondre froidement que jamais le soin du s'ouvrir des passages ne l'avoit embarrassé, & qu'il alloit continuer sa route. En effet devant les envoyés même il se mit à la tête de son armée & s'avança vers Cogni. Contraint de le défendre, & menacé, s'il échouoit, des malheurs les plus irréparables, Caicosroes, rassembla toutes ses forces & partageant ses troupes en deux corps, il se renferma dans Cogni avec la moindre partie de son armée, & donna ordre à l'autre corps composé de plus de 200 mille hommes, de s'approcher tandis que les Impériaux seroient occupés à assiéger la ville, & de les prendre à dos. Informé de ces dispositions, Frideric divisant aussi son armée en deux corps, confia l'un au Duc de Suabe son fils, avec ordre d'aller investir & assiéger Cogni, tandis qu'à la tête de l'autre il alla s'opposer aux 200 mille Turcs qu'il savoit devoir venir attaquer les assiégeans. La ville de Cogni fut dès ce même jour assiégée, & si vivement pressée, que Caicosroes, pour ralentir la chaleur de l'assaut & tâcher de repousser les assiégeans, fit une sortie, suivi de la plus forte partie de sa garnison; mais à la vue des croisés, il fut saisi d'une telle frayeur, qu'il prit honteusement la fuire, & sa crainte se communiquant à sa nombreuse escorte elle tourna le dos aussi. Le Duc de Suabe poursuivit avec tant de vivacité cette foule de fuyards, que se jetant avec eux dans Cogni il y fit un horrible massacre des soldats ennemis & des habitans. Caicosroes épouvanté courut avec ses fils à sa cour aussi lâche que lui, se cacha au fond de son palais, abandonnant la ville & ses sujets à la colere du vainqueur (3).

Siege &
prise de
Cogni.

Tandis que le Duc de Suabe s'emparoit de Cogni, Frideric se voyoit avec sa troupe arrêté de tous côtés & violemment attaqué par les 200 mille hommes auxquels le Soudan avoir ordonné de venir fondre sur les assiégeans par derriere. Cette prodigieuse multitude n'intimida point l'Empereur, dont les soldats moins intrépides désespéroient déjà de la victoire, & commençoient à

_____

(1) Tepenon. Descript. expedit Asiat.     (2) Idem. Mainbourg. Hist. des Croisades.
(3, Hist. Hier. Incerti Autor. Otto de S. Blas. Appendix ad Raderic.

eeder du terrain, quand leur montrant l'exemple, il s'élança, les yeux étin-
çellans, au milieu des bataillons ennemis, frappant & renverſant tous ceux d'entre les infideles qui oſoient l'approcher. Ranimés, exités par ſon héroïque
valeur les Allemands ſuivent leur maître, enfoncent les eſcadrons Turcs, en
maſſacrent une partie & pourſuivent le reſte qui s'enfuit & courut ſe cacher
dans les gorges des montagnes. La déroute fut complette & le carnage eut été
plus terrible ſi Frideric, tranquille dans ces momens d'yvreſſe, n'eut rallié ſes
troupes qu'il conduiſit à Cogni, où elles furent reçues par le Duc de Suabe, couronné comme ſon pere des mains de la victoire. La priſe de cette ville dédommagea bien les vainqueurs des ſoins & des travaux que leur coutoit ſa réduction. Ils y trouverent des richeſſes immenſes & des proviſions de toute eſpece. La dot que Saladin avoit payé, il y avoit quelques jours, au Soudan ſon
gendre étoit encore amoncelée, dans le palais, elle conſiſtoit en plus de
100000 mares en or & en argent; elle paſſa toute entiere à Frideric, qui, ſa-
tisfait de reprocher publiquement à Caicosroes ſa perfidie & ſes indignes procédés, voulut bien lui donner la paix, & même lui promettre la reſtitution
de Cogni, à condition que le Soudan lui livreroit comme ôtages vingt des premiers officiers de ſa cour, & qu'il fourniroit des vivres à ſon armée tant
qu'elle reſteroit ſur ſes terres (2).

De Cogni les Croiſés marcherent vers les bords du Cydnus ou Riviere de
fer, mais avant que d'y arriver ils eurent bien des obſtacles à ſurmonter dans
ce pays, entrecoupé de montagnes, au milieu deſquelles il falloit gravir par
des défilés étroits bordés de précipices. On ſçait quel danger Alexandre avoir
couru pour avoir voulu ſe baigner dans les eaux froides du Cydnus. Frideric, à la vue de ce fleuve ſe rappella pour ſon malheur l'aventure d'Alexandre,
&, accablé par la chaleur du jour, il voulut abſolument ſe baigner dans le
Fleuve, quelques efforts que l'on fit pour l'en diſſuader. A peine il fut entré
dans le Cydnus, que ſaiſi par le froid, il tomba en foibleſſe & fut entraîné
par le courant; le ſecours fut très-prompt, & il reſpiroit encore quand on le
retira; mais il mourut quelques inſtans après (3). Ce fut ſans contredit la
perte la plus irréparable que les Allemands puſſent faire: il avoit 70 ans lorſqu'il périt & il y en avoir 40 qu'il illuſtroit le trône d'Allemagne. Les auteurs contemporains l'ont tous repréſenté comme le plus bel homme de ſon
ſiecle; ils pouvoient également en parler comme du plus grand homme de
ſon tems: nul héros ne le ſurpaſſa en valeur, en intrépidité, & depuis le
rétabliſſement de l'Empire, l'Europe n'avoit pas produit de plus habile général. Ce ne fut pourtant ni par ſes talens militaires, ni par ſon courage he-
roïque que Frideric Ier ſe rendit le plus recommandable. Ce fut par ſes vertus, par les qualités de ſon ame, par la rare bonté de ſon cœur, par le caractere d'aménité, de bienfaiſance, qu'il mérita le ſurnom glorieux de *Pere
de la Patrie*; il le fut en effet, & il aima, il regarda, il traita ſes ſujets comme ſes enfans, il fut le protecteur, l'ami, l'idole de ſes peuples. De ſa premiere épouſe, Adelaïde, fille de Thibaut, Marquis d'Hochbourg il n'avoit point eu
d'enfans, & il la répudia en 1153 pour cauſe de parenté, ſuivant les uns,
& ſuivant les autres, pour cauſe d'adultere. Il eut une nombreuſe poſtérité

(1) Nicetas *in Iſaac.* Lib 3.　　(2) Spener. *Hiſt. Germ. Univ.* T. 1. L. 6. c. 3.

**Sect. V. Hift. d'Allemagne, 1125-1208.**

**Poftérité de Frideric I.**

de Béatrix, fille de Regimbaud ou Renaud, comte de Bourgogne, fa feconde femme; il en eut cinq fils : Henri, Roi des Romains, Frideric & Conrad, qui furent fucceffivement ducs de Suabe & de Franconie, Otton, qui poffeda le Duché de Bourgogne, & Philippe, qui eut tous les biens que l'Empereur avoir rétirés des mains des Eccléfiaftiques & qui après parvint au trône de l'Empire (1).

L'Empereur, avant fon départ pour la Paleftine avoit réglé ces fucceffions: de tous fes fils celui qui donnoit les plus brillantes efpérances, étoit le brave Frideric, vainqueur des Infideles, grand guerrier, Prince généreux, auffi cher aux Allemands par fa bienfaifance qu'il étoit formidable aux ennemis par fa valeur. Il ne furvécut que peu de tems à fon pere, & fon ame fenfible eut beaucoup à fouffrir des défaftres que fes troupes effuyerent à Antioche où elles furent fi cruellement ravagées par la pefte, que de cette armée fi floriffante peu de jours auparavant, il n'en reftoit plus que 7000 hommes & environ 600 chevaux, quand le Duc de Suabe, après avoir fait faire à Tyr de magnifiques funérailles à fon pere, alla joindre l'armée des chrétiens, occupée alors au fiege de Ptolomaïs, ou Acre: dès fon arrivée Frideric fit donner un affaut général, & il fe fignaloit dans cette action d'éclat, lorfqu'il fut emporté par la maladie contagieufe qui infeftoit le camp des affiégeans. Cette mort inopinée renouvella tous les regrets des Allemands, qui ne pouvant plus fupporter un féjour qui avoit été fi funefte à leur Souverain & à leur Général, reprirent la route d'Allemagne, à l'exception d'un très-petit nombre d'entr'eux qui y refterent fous les ordres du Duc d'Autriche Léopold. (2).

**Mort de Frideric Duc de Suabe fils de Frideric I.**

La nouvelle de la mort de Frideric ne produifit aucune forte de mouvement en Allemagne, & fon fils Henri VI, élu Roi des Romains dès l'an 1169, monta paifiblement au trône & fut unanimément reconnu Roi de Germanie. Son premier foin fut d'aller affermir fa puiffance en Italie, & de s'y faire couronner Empereur par le Pape Clément III. Dans cette vue fe nouveau Souverain hâta fa marche, & fe rendit à Rome (3). Mais déjà Clément III n'étoit plus & Céleftin III fon fucceffeur différa autant qu'il fut en lui cette cérémonie; car il avoit une haine fecrette pour Henri VI, & s'il eût dépendu de lui, jamais le fceptre Impérial ne fut paffé dans les mains de ce Prince. Les Romains qui ne penfoient pas comme le Souverain Pontife, le prefferent fi vivement de couronner Henri, qu'il fut contraint d'obéir. Auffi, difent quelques hiftoriens, fit-il ce couronnement de très-mauvaife grace, & même ajoutent-ils, d'une maniere fort injurieufe: ils racontent qu'après avoir exigé de Henri une promeffe de lui reftituer Tufculum; comme il étoit affis fur un fiege fort élevé, tandis que le futur Empereur étoit devant lui à genoux, le Pape prit la couronne, non avec les mains, mais avec les pieds, la plaça fur la tête du Prince, & à l'inftant la renverfa d'un coup de pied, afin que l'on ne doutât pas du droit qu'il prétendoit avoir de faire & de dépofer les Empereurs. Quelqu'unanimité qu'il y ait dans les récits des hiftoriens contemporains fur ce fait, nous ne penfons pas que Céleftin fe foit porté à un

**Henri VI Roi d'Allemagne, va fe faire couronner Empereur. 1191.**

(1) Otto Frifing. Hift. Frider l. L. 2. c. 11. Otto de S Blafio. c. 10. (2) Maimbourg L. 5. Godefrid. Hiftor. Hier. incert. Aut. (3) Spener. Hift. Germ. Univ. T. 1. L. 6. c. 4.

tel excès d'indécence & d'outrage, ni que Henri le moins endurant des hommes eut souffert patiemment une semblable injure.

Quoiqu'il en foit, Henri, bien ou mal couronné, se livra tout entier à l'exécution des projets qui l'avoient conduit en Italie : car ce n'étoit pas pour une indifférente cérémonie &. qui n'ajoutoit rien à la réalité de sa puissance qu'il y étoit venu ; mais c'étoit pour se mettre en possession du trône de Sicile, qui, du chef de Constance son épouse lui appertenoit incontestablement, suivant les intentions du dernier Roi Guillaume II, ratifiées par les Siciliens. Toutefois, au préjudice de Constance, & malgré l'évidence des droits de son époux, à peine Guillaume II fut mort qu'il se forma une puissante faction en faveur de Tancrede, Comte de Leccio, fils naturel de Roger Duc de Pouille, celui-ci fils de Roger, Roi de Sicile. A la tête de cette faction étoit Mathieu, Vice-Chancelier du Royaume, & Mathieu, ayant mis dans son parti la plûpart des Seigneurs Siciliens, avoit fait venir à Palerme Tancrede, qu'il y fit couronner de l'aveu du Pape Clément III, qui lui donna l'investiture de ce Royaume (1).

Henri n'étant encore que Roi des Romains, avoir envoyé des troupes en Sicile pour y défendre ses droits, mais l'extrême chaleur du climat & de cruelles maladies avoient ravagé les troupes, & le parti de Tancrede y restoit le plus fort. Le nouvel Empereur impatient de recouvrer cette Couronne passa en Sicile, suivi d'une puissante armée, & il y eut d'abord des succès éclatans ; mais il échoua devant les murs de Naples dont les habitans tenoient pour Tancrede, & les troupes Impériales se trouvant considérablement affoiblies par les travaux du siege & par des maladies contagieuses, Henri fut contraint de s'en retourner en Allemagne, laissant Constance son épouse à Salerne, & distribuant les troupes dans plusieurs forteresses qui lui étoient soumises. Il n'étoit pas encore arrivé sur les frontieres d'Allemagne, que Tancrede avoir reconquis presque toutes les places que son rival avoir prises sur lui, & il acquit une telle supériorité, que les habitans de Salerne, qui s'étoient declarés ocntre lui, pour obtenir leur grace, lui livrerent Constance. Tancrede reçut cette Princesse non en prisonniere & en ennemie, mais avec la plus haute distinction ; il lui rendit tous les honneurs qu'on doit aux Souverains, & la renvoya, escortée par un nombreux détachement, à l'Empereur, en Allemagne (2).

A peu près dans le même tems qu'Henri recevoit son épouse des mains de son généreux ennemi, il le déshonoroit par la plus lâche vengeance & par le trait de la plus flétrissante avidité. Richard, Roi d'Angleterre, étoit passé en Palestine, où il s'étoit signalé par sa valeur & par ses fréquens démêlés avec plusieurs des Princes Croisés ; lié d'abord avec Philippe Auguste, Roi de France, la mésintelligence s'étoit mise entre eux, & dans leurs fréquentes contestations Léopold, Duc d'Autriche s'étoit toujours rangé du côté de Philippe Auguste (3). A Messine, Richard s'étoit étroitement lié avec Tancrede qui lui avoit promis sa fille, pour Arthur, Duc de Bretagne, neveu de Richard ; & ce projet d'alliance ne fit qu'enflammer la haine de Philippe

(1) Otto. de S Blasio. Arnold. Lubec. *Lib.* 4.   (2) Don Capecelatro *Hist. du Roy. de Naples.* & la nôtre Tom. 37.   (3) Hoveden. Annal. Angl. in Vit. Richard Reg. ad ann. 1192.

Sect. V.
H.ſt. d'Al-
lemagne,
1125-1208.

Sujet de la
haine de
Henri VI
contre Ri-
chard Roi
d'Angle-
terre.

Auguſte. Cependant ces deux chefs des croiſés, quoiqúe ſe déteſtant l'un l'autre, allerent enſemble aſſiéger Ptolemaïs, & s'en rendirent les maîtres. Léopold, Duc d'Autriche étoit auſſi de cette expédition, à la tête des Alle-mands que Frideric I avoit laiſſés en Orient, & s'étant rendu maître d'une tour, il y avoit fait arboreɾ ſon étendard. A la vue de cet étendard Ri-chard qui haïſſoit encore plus Léopold que Philippe Auguſte, & qui croyoit avoir moins de raiſons de le menager, envoya aracher cette banniere, avec ordre de la fouler aux pieds & la jeter dans un égout. Les circonſtances & l'in-térêt des croiſés ne permirent point à Léopold de ſe venger ſur le champ de cette inſulte, & quelque téms après il s'en retourna dans ſes Etats; Philippe Auguſte ne tarda pas non plus à ſe remettre en mer pour retourner en Fran-ce, & Richard demeura en Orient juſqu'à ce qu'il y reçut la nouvelle des mouvemens ſuſcités en Angleterre par Jean ſon frere, qui tentoit de s'empa-rer de la couronne. Rappellé dans ſes Etats par l'intérêt le plus preſſant, Ri-chard après avoir très-imprudemment fait partir ſa flotte, s'embarqua preſque ſeul, & ne trouvant pas ſon vaiſſeau aſſez bon voilier, prit à Corfou une ſim-ple galiote, qui, ſurpriſe par un violente tempête, fut jetée ſur la côte entre Veniſe & Aquilée (1).

Malheurs
de Richard.

Richard, craignant de s'expoſer s'il paſſoit par la France au reſſentiment du Roi Philippe Auguſte, aima mieux traverſer l'Allemagne, & il ſe déguiſa, pour ne pas être reconnu. Mais ſon traveſtiſſement le ſervit mal, il fut dé-couvert en Autriche, arrêté, & conduit à Léopold le plus envenimé de ſes ennemis: Léopold, après avoir retenu pendant quelques jours ſon captif dans une priſon fort dure, le fit conduire à l'Empereur, qui fut enchanté de trou-ver l'occaſion de ſe venger de l'alliance que Richard avoit contractée avec Tancrede ſon concurrent au trône de Sicile (2).

Auſſitôt que Henri VI eut en ſon pouvoir l'ennemi dont il avoit juré la per-te, il en fit donner avis à Philippe Auguſte, qui, plus irrité encore contre Richard que l'Empereur & Léopold, excita Jean ſans terre, avec lequel il eut une conférence, à s'emparer de la couronne, & promit de l'aider de toute ſa puiſſance. Cependant la nouvelle de la détention du Roi, ſans que l'on ſcut préciſément en quel lieu d'Allemagne il étoit detenu, s'étant répandue en Angleterre, où Richard étoit fort aimé, y cauſa les plus grands troubles, & l'on chargea les Abbés de Boxelai & Pont-Robert en Allemagne tâ-

Il eſt con-
duit priſon-
nier à
Henri VI.

cher de découvrir la priſon ou étoit renfermé l'infortuné monarque, & de s'informer de tout ce que la haine de ſes ennemis tramoit contre lui. Ces envoyés hâterent ſi fort leur courſe, qu'ils arriverent à un certain village en même tems où une troupe de ſoldats y paſſoient conduiſant fort durement Richard vers Haguenau, où l'Empereur avoit donné ordre qu'on le lui ame-nât. Quelque réſolution qu'eut priſe Henri VI de traiter avec la plus gran-de rigueur ſon captif, dès le premier entretien qu'il eut avec lui, il ne put s'empêcher de le plaindre & de s'intéreſſer à lui. Sans dégrader ſon rang, ſans ceſſer de parler en Roi, Richard ſe juſtifia de toutes les accuſations qu'on por-toit contre lui, avec tant de fermeté, & d'un air ſi touchant, que l'Empe-reur

(1) Id. & Daniel Hiſt. de France. Tom. 2.   (2) Rogerius Hoveden. ad ann. 1193.

vreur attendri, l'embraſſa & lui promit même de travailler à ſa reconciliation
avec Philippe-Auguſte. Bon & très-généreux, Richard pénétré de reconnoiſſance, promit au chef de l'Empire une rançon de 100 mille marcs d'argent; il eſt même des hiſtoriens qui aſſurent qu'il rendit le ſceptre d'Angleterre vaſſal du ſceptre de l'Empire & qu'il ſe ſoumit à un tribut de 5000 Liv.
Sterl. Mais on ne ſcauroit croire qu'un Souverain tel que Richard ait fait
une telle baſſeſſe (1).

Hiſt. d'Al-
lemagne.
1125-1208.

Henri VI étoit le plus avide des hommes, & l'offre de 100 mille marcs
d'argent éteignant dans ſon cœur tout ſentiment d'honnêteté, il ne vit dans ſon
priſonnier qu'un objet de lucre, & ſe promit de retirer les plus grands avantages de Jean ſans terre & de Philippe-Auguſte. Il ne ſe trompa point dans ſes
ſpéculations. Philippe-Auguſte ayant traité avec Jean, qui lui avoir fait hommage de la Normandie, & de tous les états que l'Angleterre poſſédoit en deça
de la mer, envoya en Allemagne un Ambaſſadeur chargé de déclarer à Richard
qu'il ne le reconnoiſſoit ni pour Roi d'Angleterre, ni pour ſon vaſſal, & Henri corrompu par l'argent & les promeſſes de Philippe eut la lacheté de permettre que dans ſes états on inſultat auſſi cruellement au Roi d'Angleterre. On
aſſure qu'il ſe fût encore plus dégradé s'il eût dépendu de lui, & que ſans les
Princes de l'Empire qui s'y oppoſèrent, il eut livré Richard au Roi de France.

Lâchs
avidité
d'Henri VI.
1193.

La conduite de l'Empereur indigna tous les Souverains, & le Pape Céleſtin
n'apprenant qu'avec horreur ces marchés déshonorans excommunia l'Empereur & le Duc d'Autriche, comme violateurs de la foi publique & des privileges des Croiſés. Depuis bien des années il n'étoit pas parti du Vatican un
coup de foudre dirigé avec autant de juſtice; l'Europe entiere applaudit à la
reſpectable ſévérité de Céleſtin, & cette excommunication eût vraiſemblablement opéré la délivrance de Richard, en dépit même de l'avare Henri, ſi un
événement inattendu ne fut venu cauſer de nouveaux troubles qui prolonge-
rent la captivité de Richard.

Sage &
reſpectable
ſévérité du
Pape.

L'Evêque de Liege, Rodolfe de Zeringhen étoit mort il y avoir quelque
tems, & Henri vouloir exclure de cet évêché Albert, frere du Duc de Louvain, qui fut cependant élu, quelques efforts qu'eut fait le Souverain pour
s'oppoſer à cette nomination: elle étoit canonique, & Henri ne pouvant la
faire caſſer, imagina, pour empêcher Albert de prendre poſſeſſion de ce bénéfice, de défendre à l'Archevêque de Cologne de ſacrer le nouveau Prélat;
mais celui-ci ſur le refus de l'Archevêque ſon métropolitain s'adreſſa au Pape,
qui lui permit de ſe faire ſacrer par un Evêque de France. Henri VI irrité
de n'avoir réuſſi ni relativement à l'élection, ni relativement à la conſécration,
eut recours au plus horrible des complots, il envoya deux troupes d'aſſaſſins,
l'une contre Albert avec ordre de le mettre à mort, l'autre contre le Duc de
Louvain avec ordre de le poignarder. La premiere de ces deux troupes remplit les intentions barbares de l'Empereur, & l'Evêque de Liege fut cruellement égorgé, mais le Duc de Louvain échappa au fer des aſſaſſins; quelques uns même de ceux-ci furent pris, avouerent tout & firent connoître
le véritable auteur de ces lâches aſſaſſinats. Cette atrocité dévoilée ſouleva contre le chef de l'Empire une foule de Seigneurs d'Allemagne qui jurerent hau-

Henri VI
fait lâche-
ment aſſaſ-
ſiner l'E-
vêque de
Liege.

(1) Rogerius Révol. d'Angleterre par le P. d'Orléans.

tement de venger la mort de l'Evêque de Liege, & de se souftraire eux-
mêmes à la tyrannie d'un monarque assassin (1).

L'orage qu'Henri voyoit se former contre lui, étoit très-menaçant, &,
pour lutter avec avantage contre ses ennemis, il crut devoir mettre dans ses
intérêts Philippe - Augufte, Roi de France, son ancien ami; enforte qu'afin
de se le rendre encore plus favorable, il résolut, s'il falloit s'assurer à ce prix
du secours de ce monarque, de lui livrer Richard. Heureusement pour le
Roi d'Angléterre, les Princes de l'Empire pénétrerent les vues d'Henri, qui
étoit déja convenu d'une entrevue avec Philippe, à Vaucouleurs sur la Meufe, s'oppoferent si fortement à ce marché infâme, que l'Empereur, craignant
de soulever l'Allemagne entiere, promit enfin de rendre la liberté à Richard,
moyennant cent cinquante mille marcs d'argent pur au poids de Cologne.
L'Angleterre s'épuisa pour rassembler cette somme; elle fut livrée à l'avide
Henri, qui quoique lié pas un traité & par des sermens, fit naître encore beaucoup d'obftacles, balança fort long-tems entre la trahison & l'honneur, &
par crainte finit enfin par exécuter le traité.

A force
d'argent Ri-
chard recou-
vre la li-
berté.
1194.

Philippe-Augufte avoit trop outragé Richard, pour qu'il ne s'attendît pas
à avoir bientôt une guerre à soutenir contre l'Angleterre; mais cette guerre
l'inquiétoit d'autant moins qu'il comptoit sur Henri VI & sur les forces de
l'Empire. Philippe comptoit mal, & sa surprise fut extrême, lorsqu'il reçut
d'Allemagne une lettre signée de l'Empereur & de tous les Princes eccléfiaftiques & féculiers de l'Empire, par laquelle ils le sommoient avec beaucoup
de hauteur de rendre inceffamment au Roi d'Angleterre toutes les Villes, Terres & Forterefles dont il s'étoit emparé durant la prison de ce Prince, le menaçant en cas de refus de l'y contraindre par la voie des armes. L'étonnement de Philippe cessa quand il apprit qu'avant que de quitter l'Allemagne,
Richard avoit conclu, avec tous ces Seigneurs & Princes de l'Empire, un
traité de Ligue offensive contre la France. Cependant, ce qui rassura Philippe contre l'espece de déclaration de guerre qu'on lui faifoit, étoit la con-
noifance qu'il avoit de ces différens Princes qui n'agissoient qu'à force d'argent, & la certitude où il étoit de l'épuisement presque roral du numéraire
en Angleterre. Auffi répondit-il avec beaucoup de fierté aux menaces qu'on
lui faifoit, & pour prouver combien peu il étoit disposé à faire la restitution
qu'on exigeoit de lui, il alla porter la guerre en Normandie qu'il conquit en
partie.

Quelqu'ulcéré que fut l'Empereur Henri VI contre Philippe Augufte, son
ancien ami, & quelque irréconciliable que fut la haine qu'il lui voua dès lors;
une affaire pour lui très importante ne lui permit pas de se livrer encore à son
ressentiment, cette grande affaire étoit la facilité que les circonftances lui offroient de recouvrer enfin le trône de Sicile, sur lequel en effet il avoit lés
plus grands droits. Depuis que Tancrede s'étoit emparé d'une partie de ce
Royaume, la guerre avoir continué entre fes troupes & les troupes Impériales, & la Sicile avoir continué d'être en proie à toutes les horreurs de la guerre civile, car les factions des deux compétiteurs étoient à-peu près égales en
forces & en nombre. Mais Tancrede vivement affligé de la mort de Roger

(1) Spener. Hift. Germ. Univ. ad ann. 1193.

son fils ainé, étoit tombé dans un tel excès de chagrin, que prévoyant lui-même fa mort prochaine il avoir fait couronner Guillaume, fon second fils Roi de Sicile, & n'avoit furvécu que peu de jours à cette cérémonie (1).

A la nouvelle de la mort de Tancrede Henri VI à la tête d'une très-forte armée fe rendit en Sicile, & eut d'autant moins de peine à conquérir ce Royaume, que Guillaume, très-jeune encore, étoit fans expérience & hors d'état de commander; il eut le malheur de tomber, ainfi que Sibille fa mere & fes deux fœurs, Albernie & Mendonie, au pouvoir d'Henri VI, qui oubliant dans ce moment la conduite honnête, généreufe & vraiment héroïque de Tancrede, à l'égard de l'Impératrice Conftance, traita fes prifonniers avec la plus barbare cruauté: le lâche fit mutiler Guillaume, lui fit bruler les yeux, &, fous prétexte que cette malheureufe famille, qu'il eût dû refpecter, trâmoit une rebellion contre lui, il la rerint dans la plus dure captivité. Avide de meurtres & altéré de fang, il fit faifir les principaux Seigneurs eccléfiaftiques & féculiers de ce Royaume; fit aveugler les uns, pendre ou bruler les autres, & en envoya plufieurs chargés de fers en Allemagne, où ils furent difperfés dans des cachots affreux. Effrayée de tant d'atrocités la Sicile entiere fe foumit au Tyran, qui fe fit couronner roi à Palerme, & qui quoiqu'affermi fur le trône, fit couler des torrens de fang (2).

Pendant qu'Henri VI fe faifoit détefter de fes nouveaux fujets, Conftance fon époufe arrivant d'Allemagne en Sicile, & furprife dans fa route par les douleurs de l'enfantement, elle fut obligée de s'arrêter à Jefi dans la Marche d'Ancone, & y accoucha d'un fils, qui ne fut baptifé que trois ans après & reçut le nom de Frideric, en mémoire de l'Empereur Frideric, fon ayeul.

Quelques mois après Henri VI ne pouvant point douter qu'il ne fut un objet d'exécration aux Siciliens, convoqua une affemblée générale des grands du Royaume, remit entre les mains de Conftance les rênes du Gouvernement, & prit la route d'Allemagne, emmenant avec lui une foule de Seigneurs Siciliens qu'il faifoit conduire en prifon, & emportant tous les tréfors qu'il avoit trouvés dans le palais des Rois Normands.

Deux projets vaftes & beaucoup plus étendus que ne le comportoient les talens d'Henri VI l'attiroient en Allemagne; l'un étoit la réfolution qu'il avoit prife de fe venger avec éclat de Philippe-Augufte, dont il fe flattoit d'humilier la puiffance, l'autre étoit encore plus impraticable, puifqu'il ne tendoit à rien moins qu'à contraindre tous les Rois de l'Europe à lui rendre hommage: car Henri VI, quoique doué de fort médiocres talens avoit auffi la vanité d'imaginer, qu'en fa qualité d'Empereur d'Occident, tous les Etats de l'Europe devoient le regarder comme leur Souverain, mais n'efpérant point de pouvoir réuffir feul, il crut devoir fe liguer, pour l'exécution d'un femblable projet, avec le Roi d'Angleterre, fur le fecours duquel le comptoir d'autant plus que ce Prince, outre les plus grandes promeffes, lui avoit laiffé des ôtages, & que, fuivant plufieurs, il lui avoit juré fidélité. Dans cette vue l'Empereur lui envoya des Ambaffadeurs qui après lui avoir préfenté de la part de leur maître une couronne d'or, le prierent de rompre la treve qu'il

(1) Dom. Capecelatro Iftoria della Cita e regno di Napolo detto di Sicilia. P. I.
(2) Spener. Hift. Germ. Univ. ad annum. 1195.

*Marginalia:*
Hift. d'Allemagne, 1125 1208.

Henri VI paffe en Sicile, fe rend maître de ce Royaume & y exerce d'affreufes cruautés. 1195.

Il fort de la Sicile en Brigand.

Ses vaftes projets. Il tente d'y affocier Richard, Roi d'Angleterre.

venoit de conclure avec Philippe-Augufte, & de faire avec toutes fes troupes, une irruption en France, tandis que l'Empereur entreroit d'un autre
côté dans ce Royaume avec toutes fes forces.

Ennemi de Philippe & des François, intéreffé d'ailleurs à recouvrer toutes
les poffeffions que les Anglois avoient en France, & que Philippe leur avoit
enlevées Richard trouva d'abord fort avantageufe pour lui la propofition qu'on
lui faifoit: mais il connoiffoit Henri VI, il connoiffoit & fes inconféquences
& fon avidité. Avant que de s'engager il voulut pénétrer les vues d'un tel
allié, dont il fe défioit d'autant plus qu'il n'ignoroit pas quelle étroite amitié
avoit, prefque dans tous les tems, uni le Roi de France & le Chef de l'Empire, & il craignoit que ce ne fût un piege qu'on lui tendoit, & que lorfqu'il
auroit rompu la treve les deux monarques ne fe réuniffent contre lui. N'acceptant donc, ni ne réjettant les propofitions d'Henri, le Roi d'Angleterre
promit aux Ambaffadeurs Allemands d'envoyer inceffamment vers leur maître, & en effet il fit partir prefqu'auffitôt fon Chancelier, Guillaume, Evêque d'Eli, avec ordre de s'affurer des véritables intentions de l'Empereur (1).

Cependant Philippe-Augufte informé de cette négociation envoya déclarer
au Roi d'Angleterre qu'il tenoit la treve pour rompue, & qu'il fe préparât à
de nouvelles hoftilités. A peine cette déclaration fut faite que la guerre fe
ralluma plus vivement que jamais entre les deux nations: elle eut été très-
vraifemblablement auffi longue que meurtriere, fi l'intérêt des deux Monarques ne les eut engagés à la terminer, & à réunir leurs armes contre les Sarrafins, qui, conduits par Boyac leur chef, faifoient de rapides progrès en
Efpagne, remportoient d'éclatantes victoires fur Alphonfe, Roi de Caftille, &
faifoient craindre aux deux Rois, de France & d'Angleterre, à Philippe fur-
tout qu'après avoir fubjugué l'Efpagne, les Sarrafins ne pénétraffent ou en
France ou en Angleterre.

Richard étoit d'autant plus difpofé à accepter la paix, que l'Evêque d'Eli
fon Ambaffadeur n'avoit été rien moins que fatisfait des réponfes & des promeffes plus éblouiffantes que folides d'Henri VI. Auffi après bien des difficultés, après bien des obftacles fufcités & furmontés de part & d'autre, les
Rois d'Angleterre & de France qui fe haïffoient l'un l'autre par cela même
qu'ils étoient également avides de gloire, s'accorderent enfin & conclurent la paix, au grand regret du Pape Céleftin III, qui craignoit qu'Henri
VI n'étant plus occupé ou à faire la guerre contre la France ou à l'exciter
entre la France & l'Angleterre, ne fût tenté de venir troubler le repos de
l'Italie.

Les craintes de Céleftin III n'étoient que trop fondées, Henri VI qui ne
fongeoit qu'aux moyens d'inquiéter la tranquillité des Peuples, méditoit
précifément alors un voyage en Italie. Le Souverain Pontife, afin de le détourner de ce deffein, lui envoya propofer une nouvelle Croifade contre les
oppreffeurs de la Paleftine. L'Empereur démêla les vues du Souverain Pontife, & fe faifant un jeu de le faire tomber lui-même dans le piege qu'il lui
tendoit, il accepta la propofition, fit les plus grands préparatifs, mais ces
préparatifs il les deftinoit à dévafter l'Italie, & non à paffer en Afie. Mais

_____

(1) Rapin Thoiras. Hift. d'Angl. Regn, de Richard, Daniel. Hift. de Fr. Tom. 3.

avant que de quitter l'Allemagne il voulut tenter de rendre le fceptre Impérial héréditaire dans fa maifon : dans cette vue, il fe donna beaucoup de
foins; ils furent inutiles; la plûpart des Princes de l'Empire, & les Saxons
fur-tout s'oppoferent fi vivement à cette entreprife, qu'il fut contraint d'y
renoncer ; & tout ce qu'il put obtenir fut que l'on éliroit Roi des Romains
Fïderic fon-fils : qui étoit encore au berceau. (1)

    Henri VI très-mécontent de n'avoir pu fixer dans fa famille le trône de
l'Empire, partit à la tête d'une nombreufe armée, & laiffant toujours croire
au Pape Céleftin qu'il alloit avec ces troupes à la défenfe des Chrétiens de la
Paleftine, il entra inopinément dans le Royaume de Naples, où il exerça des
cruautés affreufes, contre tous ceux qu'il foupçonnoit d'avoir été du parti de
Tancrede, & fur-tout contre les Normands, fur lefquels il épuifa les horreurs de la plus cruelle vengeance, fans diftinction d'âge, de fexe ou de rang,
& fans épargner même les plus proches parens de fa femme qu'il fit atrocement périr fous le fer des bourreaux. Tant d'inhumanité, tant de fureur laf-
ferent à la fin la patience de l'Impératrice, qui fe liguant avec les ennemis du Tyran, lui fit la guerre, raffembla tous les mécontens, & eut
de fi grands avantages fur lui, qu'elle le contraignit de fe refugier dans un
château, d'où on ne lui permit de fortir qu'après qu'il fe fut engagé d'aban-
ner le Royaume & de s'en retourner en Allemagne.

    Pour le malheur du peuple, Henri VI à force de contraindre fon caractere
parvint à une reconciliation, avec fon époufe dont on affure qu'il avoit juré la
mort, & avec les grands auxquels il ne préparoit pas un fort plus heureux; il
renvoya une partie de fes troupes, qu'il fit embarquer à Meffine fous le commandement de Conrad, Evêque d'Idelme & Chancelier de l'Empire. Henri faifoit répandre le bruit que, fuivant la promeffe qu'il en avoit faite à Céleftin,
ces troupes alloient en Paleftine; mais le véritable deffein d'Henri VI étoit
d'effrayer l'Empereur de Conftantinople, & de lui impofer un tribut, ou d'obtenir de lui la reftitution de tous les pays que Guillaume II avoir conquis
fur les Grecs. Cet Empereur de Conftantinople étoit Alexis l'Ange III, ufurpateur du trône, & le plus méprifable des hommes par fa lâcheté; fon fafte
ridicule & fes vices honteux. Aux menaces qu'allerent lui faire les Ambaffadeurs d'Henri, Alexis l'Ange frémit de terreur, fe foumit baffement à un
tribut, & comme fes prodigalités avoient épuifé fes tréfors, pour raffembler
la fomme à laquelle il s'étoit foumis, il dépouilla de leurs ornemens les tom-
beaux de fes prédéceffeurs, & en retira environ 14 mille marcs d'argent a-
vec un peu d'or qu'il convertit en monnoye.

    Pendant qu'Alexis l'Ange fe difpofoit à envoyer en Sicile ce tribut désho-
norant, Henri VI étoit occupé à faire le fiege d'un château qui s'étoit fous-
trait à fon obéiffance : un jour qu'aux environs de ce château, il s'étoit
excédé de fatigue à la chaffe, l'extrême chaleur de la faifon l'engagea à
paffer la nuit en plein air, mais en fe réveillant le lendemain matin, il fut
faifi d'un tel froid, qu'il en tomba malade & mourut fort peu de jours après.
C'eft ainfi que quelques chroniqueurs ont parlé de fa mort; mais le plus grand
nombre des auteurs contemporains & poftérieurs affurent qu'il mourut en

(1) Speŋer. Hift. Germ. Univ. a l ann. 1196.

---

*Marginalia (right column):*

*Hift. d'Al. lemagne, 1125-1208.*

*Vaines ten-tatives d'Henri VI pour affurer à fes def-cendans le fceptre d'Al-lemagne. 1196.*

*Il paffe à Naples & s'y fait ab-horrer. Son époufe lui fait la guerre & l'oblige à demander la paix.*

*Baffeffe d'Ifaac l'Ange III. Empereur de Conftan-tinople.*

poiſonné par l'Impératrice Conſtance ſon épouſe, qui, du même coup vengea les cruautés qu'il avoit exercées contre ſes plus proches parens, & prévint le coup fatal qu'il étoit prêt à porter à elle même (1). Quoiqu'il en
ſoit il périt à Meſſine dans la 32e année de ſon âge, la 7e de ſon regne, le
28 de Septembre 1197, & le jour de ſa mort fut pour tous ſes ſujets, ſur-
tout pour les Siciliens, un jour de fête & de réjouiſſance: car de tous les
tyrans Henri VI étoit le plus cruel & le plus exécrable.

Depuis que le Pape Céleſtin III avoit excommunié très-juſtement Henri à
l'occaſion de l'empriſonnement de Richard, l'excommunication n'avoit pas
été levée, enſorte que cet Empereur vécut & mourut dans les liens de l'anatheme. Auſſi ne fut-ce qu'avec bien de la peine que Conſtance obtint du S.
Siege la permiſſion de le faire inhumer dans le dôme de Palerme, dans un
tombeau de Porphire que l'on y voit encore. Henri VI eut tous les vices

des tyrans & des ſcélérats: il n'eût cependant dépendu que de lui d'avoir
toutes les qualités des grands rois, & de ſe faire aimer autant qu'il ſe fit déteſter: car il étoit très-inſtruit, il avoit l'ame grande, de la facilité, l'eſprit vif, une éloquence naturelle, ſoutenue d'un jugement ſolide & de beaucoup de connoiſſances: mais il étoit de la plus ſordide avarice, ſans honneur, ſans délicateſſe ſur le choix des moyens qu'il devoit employer; il ſe
jouoit de la foi des ſermens, & ſe faiſoit une eſpece de gloire de ſon irréli-
gion. A ces vices il joignoit un caractere dur, intraitable, féroce, il aimoit à voir couler le ſang, & c'étoit pour ſatisfaire cet horrible penchant,
qu'il affectoit d'être implacable dans ſes vengeances: en un mot, Henri VI
fut en même tems le plus fourbe des hommes, & le plus cruel des tyrans.
Il a plu à quelques hiſtoriens de lui donner le ſurnom de *Severe*, celui
de *Cannibale*, eſt le ſeul qu'il ait mérité (2).

Ce fut ſous le regne d'Henri que prit naiſſance l'ordre Teutonique, fondé
par le Roi & le Patriarche de Jéruſalem & quelques autres Princes Chrétiens
d'Aſie, en reconnoiſſance des ſervices que leur avoit rendus la nobleſſe Allemande, qui avoit en effet très-vaillamment combattu pour les intérêts des
chrétiens de la Paleſtine & des Rois de Jéruſalem. La bulle d'érection de
cet ordre expédiée par le Pape eſt du 22 Février de l'année 1197.

Dès que ſon époux fut mort l'Impératrice Conſtance, après avoir renvoyé
les troupes Allemandes, qui s'étoient rendues odieuſes aux Siciliens & aux
Napolitains; fit venir auprès d'elle le jeune Friederi ſon fils, & envoya l'Archevêque de Meſſine à Rome, pour demander au Pape d'accorder à ce Prince, encore dans l'enfance l'inveſtiture, avec la permiſſion de le faire couronner Roi de Sicile. Cette demande étoit très juſte; Céleſtin la refuſa cependant, & ne ſe rendit qu'à deux conditions, l'une qu'on lui payeroit dix marcs
d'argent & autant aux Cardinaux & cette ſomme fut comptée; l'autre que Conſtance affermoit par ſerment que Friederi étoit véritablement né de Henri VI;
car Henri étoit ſi déteſté qu'on avoir publié que Friederi étoit le fruit d'un
commerce adultere qu'on ſuppoſoit entre Conſtance & un jeune Seigneur de
la cour de ſon époux (3).

(1) Otto de S. Blaſio. Cap 45. Spener. Tom. I. Lib. 6. Cap. 4.    (2) Spener.
Loco citato. Dom Capecllatro *Iſtoria della citta e regno di Napoli* &c.    (3) Idem. *Hiſt. des
Rois des deux Siciles*, par M. Degly.

L'Impératrice ne furvécut qu'un an à Henri VI, auprès du tombeau du-quel elle ordonna qu'on l'enterrât. Avant que de mourir elle difpofa de fa couronne en faveur de Frideric, qui n'étoit âgé que de trois ans, & qu'elle mit fous la protection du S. Siege. On verra dans la fuire, comment il fut protégé, & contre quels puiffans ennemis il eut à fe défendre pour con-ferver le fceptre qu'ils vouloient lui ravir. Avec Conftance s'éteignit la Race Royale des Normands qui avoit occupé le trône de Sicile pendant 86 années depuis que Roger avoit pris le titre de Roi.

Henri VI étoit mort dans la douce efpérance d'avoir affermi le fceptre Im-périal dans les mains de Frideric fon fils, qu'il avoit déja fait couronner Roi des Romains. Mais ce Prince étoit encore dans l'enfance, & Henri qui comptoit beaucoup fur le défintéreffement & l'amitié de Philippe fon frere, Duc de Suabe, de Franconie & de Tofcane, l'avoit, par teftament, déclaré tuteur de Frideric & Régent de l'Empire, jufqu'à ce que le jeune Souverain, fût en état de gouverner par lui-même. Ces mefures étoient très-fages; mais l'ambition de Philippe les rendit inutiles, à peine il eut reçu la nouvelle de la mort de fon frere, que s'éloignant de l'Italie, où il commandoit les troupes Impériales, il fe rendit en Allemagne, où, foutenu par la plus grande partie des Seigneurs, fortement appuyé par l'Autriche, la Baviere, & la plûpart des Provinces de l'Empire, il fut folemnellement élu à Erford le 6 de Mai 1198. (1)

Quelqu'unanime qu'eut été l'élection de Philippe, elle ne parut point lé-gitime aux Archevêques de Cologne & de Treves, qui prétendirent qu'on n'a-voir pu élever au trône un Prince excommunié; car la vérité étoit que le Pà-pe Céleftin avoit foudroyé Philippe pour avoir envahi quelques terres dépen-dantes du patrimoine de S. Pierre. Les proteftations des deux Prélats firent une forte impreffion fur beaucoup de Seigneurs, qui s'affemblant à Ander-nach, commencerent par caffer comme nulle l'élection du jeune Frideric, faite du vivant de fon pere & celle de Philippe, & élurent enfuite le Duc de Zeringhen, Berthold, qui, s'efforçant envain de feconder la bonne volonté des Electeurs, ne put fe maintenir dans fa dignité; la couronne fut préfentée à Albert l'Ours qui fut affez prudent pour ne pas en vouloir; mais Otton, Duc de Saxe, fils de Henri le Lion fe montra moins défintéreffé, accepta le fcep-tre, & fe fit couronner à Aix la Chapelle par l'Archevêque de Cologne, tan-dis que l'on rival Philippe fe faifoit couronner à Mayence par l'Archevêque de Tarentaife (2).

Par leur naiffance illuftre & leurs grandes qualités les deux concurrens a-voient des droits égaux au trône Impérial: mais outre fes éminentes qualités, outre la réputation du plus brave & du plus éclairé des Princes de fon fiecle, Philippe, le dernier des fils de l'Empereur Frideric Barberouffe, dont la mé-moire étoit fi chere au Peuple, Philippe poffédoit des domaines immenfes en Allemagne, ainfi qu'en Italie, & à cet égard il avoit le plus grand avantage fur fon rival, qui depuis la profcription trop méritée d'Henri le Lion fon pere, n'avoit prefque plus de poffeffions en Allemagne: mais à ce défaut de

(1) Otto de S. Blafio. c. 45-46. Fleury. Tom. 16. L. 75. Spener. L. 6. Tom. 1. c. 5.
(2) Id. ibid. Maimbourg. Décad. de l'Empire. L. 5.

Sect. V.
Hift. d'Al-
lemagne,
1125-1208.

Qualités des
deux con-
currens de
l'Empire.

Alliés &
Partifans
des deux
concurrens.

Philippe
Augufte
Roi de Fran-
ce fe déclare
contre Ot-
ton.

fortune près, il étoit digne du rang fuprême par fes vertus. On admiroit en lui la plus rare valeur; & en courage il l'eût peut être emporté fur fon rival, fi ce courage eut été tempéré ou éclairé par la prudence: mais Otton ne fuivoit que les impulfions de fon intrépide valeur, & il ne fçut jamais la régler par certe fage prévoyance, & ce fang froid, vertus encore plus néceffaires aux Généraux, que la valeur & l'intrépidité. Du refte, fils de Mathilde, fœur de Richard, Roi d'Angleterre, il n'étoit pas indigne de s'affeoir fur le trône de l'Empire d'Occident.

La nouvelle de la double élection à la couronne d'Allemagne partagea les plus puiffans Souverains de l'Europe. Richard fe déclara pour fon neveu, qui voyoit anffi dans fon parti l'Italie prefqu'entiere, où les cruautés d'Henri VI avoient infpiré la plus invincible horreur pour la maifon de Suabe, & où les Italiens ne penfoient qu'en frémiffant à l'élévation de Philippe, en qui ils ne voyoient que le frere du tyran qui les avoit foulés. Quant à Philippe-Augufte, Roi de France, il ne fongeoit alors à appuyer ni l'un, ni l'autre des deux concurrens, & c'étoit pour lui-même qu'il fongeoit à former un troifieme parti & à s'élever fur les ruines des deux rivaux. C'étoit par les confeils de Marguarit, ancien Amiral de Sicile, que Philippe-Augufte avoit conçu ce grand projet, & c'étoit par les intrigues & le crédit de cet homme puiffant qu'il fe flattoit de l'exécuter.

Marguarit, après avoir été long-tems le confident & le favori de l'Empereur Henri VI, qui l'avoit fucceffivement créé Duc de Durazzo, Prince de Tarente & Généraliffime de fes flottes, avoir eu le malheur d'infpirer des craintes au Tyran; & l'impitoyable Henri l'avoit cruellement perfécuté; peu content même de le dépouiller d'une partie des bienfaits qu'il avoit répandus fur lui, il lui avoit fait crever les yeux, mais la punition que Marguarit avoit effuyé fut pour les Italiens un motif de s'attacher à lui, & bientôt il eut un parti formidable en Italie, en Sicile fur-tout, où il eut à fes ordres une prodigieufe quantité de pirates. Affuré de fes partifans il alla en France, il fe fit conduire à la cour de Philippe-Augufte, lui offrit fon fecours, fes fervices, & promit de faire déclarer en fa faveur l'Italie entiere à l'exclufion des deux Princes rivaux, pourvu qu'il voûlût feulement fe montrer au delà des Alpes à la tête d'une puiffante armée (1).

Déja le Roi de France fatisfait des propofitions de France avoit, avoit fait fes préparatifs pour fon expédition de l'Italie, & déja une nombreufe flotte étoit raffemblée à Brindes pour affurer au Monarque François la poffeffion de l'Italie: lorfqu'allant à Rome pour y prendre les dernieres mefures avec les chefs de fa faction, Marguarit fut affaffiné par un de fes gens: il périt, & fa mort renverfant le grand projet dont il étoit l'ame, Philippe-Augufte ne pouvant plus fe flatter de détruire les deux Princes rivaux, il embraffa la caufe de Philippe, contre celle d'Otton, neveu de Richard, irréconciliable ennemi de Philippe-Augufte. Les deux Monarques fe déclarerent ouvertement, l'un pour le fils d'Henri le Lion, l'autre pour le Duc de Suabe, ils agirent vivement l'un & l'autre auprès de la cour de Rome, chacun

pour

(1) Roger. de Hoved. Daniel. Hift. de France. Tom. 3.

pour celui des deux Princes qu'il protégeoit, & les deux nations se firent à ce sujet une guerre cruelle (1).

Cependant l'Allemagne partagée entre les deux concurrens étoit le théatre des plus violentes hostilités. Philippe avoit dans son parti toutes les villes situées sur le Rhin: Otton étoit aussi à la tête d'un parti formidable; mais bientôt la fortune se déclara pour son rival qui ayant remporté une victoire complette, vit passer sous ses drapeaux la plûpart des partisans de son concurrent. Premiflas II, Duc de Bohême fut le premier à se déclarer pour Philippe, qui, par reconnoissance érigeant la Bohême en royaume, le couronna lui-même à Mayence en 1199. La plûpart des Princes d'Allemagne imiterent l'exemple de Premiflas; & malgré les efforts, les soins & les intrigues de l'Archevêque de Mayence, Otton se vit abandonné presque de tous les siens, dans des circonstances d'autant plus cruelles que ses terres & ses possessions étoient en proie aux ravages affreux qu'y exerçoient les troupes victorieuses de Philippe (2).

Il ne restoit plus à Otton qu'un allié puissant & capable de le défendre encore, c'étoit le Roi Richard, son oncle. Pour comble de disgrace, dans ce tems-là même Richard périt, assassiné par un de ses sujets, & le sceptre d'Angleterre passa dans les indignes mains de Jean *Sans terre*, le plus cruel, le plus avare, le plus efféminé des Souverains de son siecle, & le plus lâche des hommes de son tems. Prince sans-foi, sans mœurs, sans religion & sans honneur, Jean ne fut pas plutôt assis sur le trône, qu'il se hâta de conclure avec Philippe-Auguste un traité par lequel le nouveau Souverain promit de ne donner aucune sorte de secours à Otton, auquel le Roi Richard avoit laissé par son testament les comtés d'Yorck & de Poitou, avec les deux tiers de son trésor. D'après le traité qu'il venoit de conclure, le Roi Jean refusa de délivrer au fils d'Henri le Lion, ce qui lui revenoit de la succession de Richard. Otton se plaignit amèrement de cette injustice au Souverain Pontife, qui écrivit fortement au Roi d'Angleterre, le menaçant d'employer contre lui les plus rigoureuses censures pour peu qu'il refusât de payer à son neveu les deux tiers du trésor que le Roi Richard avoit légués.

Le Souverain Pontife qui paroit avec tant de fermeté étoit le Pape Innocent III successeur de Célestin III mort l'année précédente, 1198. Innocent III quoiqu'élevé, depuis quelques mois seulement sur la chaire pontificale avoit déjà donné des preuves éclatantes de sa fermeté, & de l'intention où il étoit d'étendre les prérogatives de sa dignité autant qu'il dépendroit de lui. Peu content de récouvrer les domaines de l'Eglise en Italie, & d'en chasser plusieurs Seigneurs Allemands auxquels Henri VI avoit donné des terres étendues & la plus grande autorité, il voulut opérer la délivrance de tous les prisonniers Siciliens que le dernier Empereur avoit très-injustement envoyés en captivité au fond de l'Allemagne. Innocent envoya en qualité de son Nonce l'Evêque de Sutri, & écrivit aux Evêques de Strasbourg, de Spire & de Worms, de faire rendre incessamment la liberté à tous les prisonniers, & d'u-

*Hist. d'Allemagne,* 1125-1208.

*Traité de paix entre les Rois de France & d'Angleterre.* 1199.

*Conduite du Pape Innocent III.*

(1) Spener. *Hist. Germ Univ.* T. 1. L. 6. Daniel. c. 46-47. Spener. loco citato.

(2) Idem. Otto de S. Blasio.

fer même de toute la févérité, des cenfures eccléfiaftiques contre quiconque s'oppoferoit à cette délivrance (1).

Philippe, quelque peu content qu'il fut du ton d'autorité que prenoit le Souverain Pontife, n'eut garde de i'irriter par des refus; il étoit excommunié lui-même, & dans la guerre qu'il foutenoit contre fon rival, il avoit le plus grand intérêt à fe faire dégager des liens de l'anathême, auffi s'empreffa-t-il d'aller au-devant du Nonce, auquel il rendit des honneurs diftingués : l'Évêque de Sutri en reconnoiffance de cet accueil reconcilia l'Empereur à l'Eglife, & celui-ci rendit généreufement la liberté à la Reine Sibille & à fes filles, à l'Archevêque de Salerne & à fes freres, qui languiffoient dans les prifons.

Quelques foins que fe donnât Philippe pour fe concilier l'amitié d'Innocent III, ce Pontife ne s'étoit pas encore déclaré ouvertement pour aucun des deux concurrens: mais enfin, preffé de toutes parts, & fur-tout par les deux prétendans, il ne balança plus, & fe décida hautement pour Otton de Saxe contre Philippe de Suabe; il écrivit à ce fujet des lettres aux Seigneurs d'Allemagne, & à plufieurs Souverains, dans lefquelles il déclara fans détour que c'eft aux fucceffeurs de S. Pierre à difpofer des fceptres, & qu'il dépend d'eux d'élever ou de renverfer à leur gré les trônes. ,, Chaque Roi a
,, fon royaume, écrivoit-il, mais Pierre commande à tous, en fa qualité de
,, Vicaire de celui à qui feul appartient la terre & tous fes habitans.... c'eft
,, un fait inconteftable que chez le Peuple de Dieu, le Sacerdoce a été éta-
,, bli par l'ordre de Dieu même, au-lieu que ce font les hommes qui ont
,, extorqué la Royauté; auffi le fchifme a-t-il prévalu dans la Royauté &
,, jamais dans le Sacerdoce (2). Il eft évident que c'eft au S. Siege, ex-
,, clufivement à tous, qu'il appartient de nommer un fucceffeur à Henri VI:
,, trois Princes ont été élus, favoir le jeune Frideric, Philippe de Suabe &
,, Otton de Saxe: mais d'abord l'élection de Frideric étoit nulle à caufe de

,, l'incapacité de ce Prince enfant, qui avoit trois ans à peine lorfqu'il fut
,, élu: d'ailleurs, il eft déja Roi de Sicile, & fi à cette couronne il réunif-
,, foit encore celle de l'Empire d'Occident, il y auroit trop à craindre qu'é-
,, norgueilli de fa vafte puiffance, il ne refufât de faire hommage à l'Eglife,
,, ce qui cauferoit inévitablement un Schifme, c'eft-à-dire, le plus cruel des
,, maux & celui qu'il importe le plus de prévenir.... Philippe de Suabe à
,, réuni les fuffrages de la plus grande partie des Princes de l'Empire; mais
,, fon élection eft évidemment encore plus nulle que celle de Frideric, puif-
,, que tout le monde fçait que Philippe étoit excommunié pour avoir envahi
,, le patrimoine de S. Pierre; or, il eft inconteftable que l'anathême rend
,, celui qui en eft frappé, abfolument inéligible. Il eft également incontef-
,, table que fi ce Prince fuccédoit immédiatement à Henri VI, l'Empire pa-
,, roîtroit héréditaire, ce qui feroit pour l'avenir de la plus dangereufe con-
,, féquence: qui ne voit d'ailleurs qu'élever ce Prince à l'Empire, ce feroit
,, lui donner les armes les plus redoutables contre l'Eglife, depuis fi long-
,, tems expofée aux perfécutions de fa famille &c." (3).

(1) Ital. Sacra. Tom. 7. Epift. Innoc. III. Pap.    (2) Fleury. Hift. Eccl. Liv. 75.
(3) Fleury. ibid. De Negot. Imper. Epift. 26. Coll. 1. Decret. Tel. 2.

A la fuite de ces raifons d'exclufion contre Frideric & Philippe, le Pape Innocent III donnoit les plus grands éloges à Otton de Saxe, infiftoit fur fon attachement à l'Eglife, & finiffoit par décider que c'étoit lui qu'il falloit reconnoître pour Roi & qui feul méritoit la couronne Impériale. Il ne manquoit à la décifion du Souverain Pontife, que le confentement de Philippe, de la plûpart des Princes & Prélats de l'Empire, ainfi que l'aveu du Roi de France, qui ne penfoit point du-tout que ce fut à-la cour de Rome à difpofer des fceptres. Bientôt il s'éleva une nouvelle difpute entre Philippe & Innocent, qui s'étoit hâté d'envoyer en qualité de fon Légat en Allemagne l'Evêque de Paleftine, avec des lettres aux Princes & Evêques du parti d'Otton, dans lefquelles il les invitoit & les preffoit de s'affembler & de reconnoître folemnellement Otton pour Roi par l'autorité du S. Siege (1).

Le fiege de Mayence vacquoit depuis quelques mois, & fuivant les vœux de Philippe, la plûpart des Chanoines de Mayence élurent Liupold, Evêque de Worms: mais quelques-uns des Electeurs donnerent leurs voix à Sigefroi, Prévot de S. Pierre de Mayence, qui voulant fe mettre en poffeffion de fon bénéfice fut chaffé par Liupold. Sigefroi eut recours à Otton qui lui donna l'inveftiture de l'Archevêché de Mayence & chaffa à fon tour Liupold, qui déja s'étoit emparé de Binguen à main armée. Enchanté de la nouvelle de ce mince avantage, le Pape Innocent, écrivit à Otton, & lui déclara qu'il le recevoit Roi, ainfi qu'il en avoit la puiffance, & le droit par l'autorité qui lui en étoit donnée en la perfonne de S. Pierre.

Dans la vue de conftater & de faire valoir les droits tout au moins équivoques que le Pape Innocent s'arrogeoit, les deux Légats, Octavien, & Guy Paré, Evêque de Paleftrine, fe hâtant de paffer les Alpes fe rendirent en Allemagne, reçurent à Nuits le ferment d'Otton, par lequel ce Prince promit au Pape de protéger & de conferver les domaines de l'Eglife, principalement la Sicile, & allerent à Cologne où ils avoient indiqué une affemblée générale, mais cette affemblée fut très-peu nombreufe, il n'y vint que quelques Seigneurs attachés à Otton, tous les autres ayant refufé de recevoir le mandement des Légats, plufieurs leur ayant fait fermer les portes de leurs villes & de leurs maifons, quelques-uns même ayant fait périr les couriers qui leur avoient été envoyés par les deux miniftres de Rome. Quoiqu'il s'en fallut de beaucoup que leurs foins, leurs démarches & leurs intrigues euffent une partie feulement des fuccès qu'ils en avoient attendus, les deux Légats ne laifferent point de déclarer publiquement, dans l'affemblée de Cologne, Otton légitime & feul fucceffeur de l'Empereur Henri VI, & d'excommunier d'abord Philippe de Suabe & tous fes adhérans, & enfuite quiconque refuferoit fon obéiffance au Prince préféré par le S. Siege. Les Princes du parti de Philippe fe plaignirent amerement de l'indignité de cette conduite: ils écrivirent au Pape Innocent III, & dans cette lettre foufcrite par les Archevêques de Magdebourg & de Breme, par 12 Evêques, 3 Abbés, le Roi de Bohême & 12 Seigneurs; les Princes de l'Empire repréfenterent vivement au Souverain Pontife les fuites funeftes que pourroient avoir contre lui-même les attentats de fes Légats, ou les liens, à fuppofer qu'ils euffent agi par fes

Hift. d'Allemagne, 1125-1208.

Nouveau fujet de difpute entre le Pape & l'Empereur. 1200.

Intrigues & conduite des Légats de la cour de Rome. 1201.

Réclamation des Princes de l'Empire.

(1) Otto a S. Blafio. Maimbourg. Hift. de la décad. de l'Empire.

ordres. ,, Jamais, lui marquoient-ils, vos prédécesseurs ni leurs envoyés n'ont
,, osé se mêler de l'élection des Rois des Romains, soit comme électeurs,
,, soit comme juges de la validité de ce que nos prédécesseurs avoient fait
,, en semblables occasions. Autrefois l'élection du Pape ne le pouvoit faire
,, sans l'autorité de l'Empereur; & de ce que la piété de quelques Princes a
,, remis ce droit à l'Eglise, vous en prenez occasion de vous attribuer une
,, prérogative, une puissance à laquelle ni vous, ni vos prédécesseurs ne fu-
,, tes jamais autorisés ? De tous les attentats c'est ici le plus insupportable &
,, celui que nous permettrons le moins. En un mot, nous vous déclarons
,, que nous avons unanimement donné nos suffrages au sérénissime Sei-
,, gneur Philippe de Suabe, que nous l'avons élu légalement Roi des Ro-
,, mains, & que nous entendons que vous le couronniez en tems & lieu,
,, comme il est de votre devoir le plus indispensable ". (1).

Lettre of-
fensante
d'Innocent
aux Elec-
teurs de
l'Empire.

Cette lettre des Princes d'Allemagne étoit fort pressante: leurs droits &
celui de Philippe y étoient démontrés: elle ne convainquit pourtant pas Innocent III, qui bien loin de renoncer à ses prétentions, y fit une longue réponse
dans laquelle il soutenoit que les Electeurs eux-mêmes n'étoient autorisés à
procéder à l'élection du Chef de l'Empire qu'autant que ce droit leur venoit du S. Siege qui avoit transféré l'Empire des Grecs aux Germains en la
personne de Charlemagne. De ce principe Innocent déduisoit une foule de
conséquences, & chacune de ces conséquences étoit un nouvel attentat aux
droits des Electeurs, & à l'autorité du possesseur du sceptre Impérial. Il
finissoit par s'exhaler en injures contre Philippe & la maison de Suabe, &
exhortoit les Seigneurs à l'abandonner pour Otton.

Dans le même tems qu'Innocent s'efforçoit par les lettres, ses Légats &
ses émissaires d'embraser l'Allemagne des feux de la guerre civile, il recevoit
lui-même des lettres fort pressantes du Roi de France Philippe-Auguste, qui
le sollicitoit vivement de laisser paisiblement le trône de l'Empire à Philippe
de Suabe légalement élu. Les sollicitations du Monarque François ne produisirent aucun effet; le Souverain Pontife avoit juré la ruine de Philippe de
Suabe, l'élévation d'Otton de Saxe, & rien n'étoit capable de le faire changer de résolution. (2)

L'Empire d'Orient étoit alors encore plus troublé que l'Empire d'Occident; ici c'étoit l'intrigue, les attentats, la guerre ouverte qui agitoient le
trône Impérial; & à Constantinople, c'étoient des conjurations sans cesse re-
naissantes, l'assassinat, la perfidie, les crimes les plus noirs qui disposoient du
sceptre. L'usurpateur Alexis l'Ange ayant détrôné son frere Isaac, lui avoit
fait crever les yeux, mais il le fit garder si négligemment, & il craignoit si
peu de la part de ce malheureux Prince, que celui-ci eut toute la liberté
qu'il lui falloir pour concerter avec son fils Alexis, pere d'Irene, épouse de
Philippe de Suabe, les moyens qui pourroient lui procurer son rétablissement.
Alexis passa en Allemagne, trouva dans son gendre un protecteur zélé, & qui
par ses Ambassadeurs détermina une foule de François, de Vénitiens & d'Italiens croisés & rassemblés alors à Zara en Dalmatie, à chasser l'usurpateur du
trône d'Orient & à y rétablir le Prince détrôné. Les croisés seconderent si

(1) De negat. Imper. Epist. 91. L. 75. (2) Id. Daniel, Hist. de France. Fleury. ibid.
De negat. Imper. Ep. 63-64.

bien les vues de Philippe, qu'en effet Ifaac reprit le fceptre d'Orient, & gouverna conjointement avec fon fils.. Mais ces deux Souverains & leur fucceffeur Alexis furnommé Ducas Murtzuffe, ayant obftinément refufé de remplir les engagemens qu'ils avoient pris avec les croifés; ceux-ci allerent affiéger Conftantinople, s'en emparerent, élurent pour Empereur Baudouin, Comte de Flandre; & cette révolution à laquelle les armes de Philippe de Suahe contribuerent beaucòup, fit paffer le fceptre de l'Empire d'Orient dans les mains des Princes François, qui le maintinrent pendant 57 années fur ce trône environné d'orages (1).

Pendant que fes foldats s'illuftroient en Orient par des fuccès & des victoires, Philippe voyoit en Allemagne la fortune abandonner fa eaufe & couronner les entreprifes de fon rival. Il eft vrai qu'il ne dut attribuer qu'à lui-même les difgraces qu'il éprouva. Son allié le plus fidele avoit été jufqu'à-lors Premiflas II, Roi de Bohême, & dans le tems que ce Souverain, excellent Général, rendoit les fervices les plus fignalés à l'Empereur, celui-ci par la plus irréparable des imprudences, irrité de ce que le Roi de Bohême avoir répudié fa femme, entreprit de le faire dépofer. Juftement indigné d'un auffi violent procédé, Premiflas rompit dès cet inftant avec Philippe, & s'attacha fi étroitement au parti d'Otton qui lui confirma le titre de Roi; que les fujets lui donnerent le furnom d'OTTOCARE, c'eft-à-dire: *cher à Otton*; & ce furnom Premiflas le tranfmit à fes fucceffeurs qui s'honorerent comme lui d'être furnommés Ottocare (2).

Cependant à force de foins, de valeur & de bonne conduite Philippe ramena la victoire & bientôt il reprit fur fon concurrent une fupériorité marquée; une foule de Seigneurs qui s'étoient déclarés contre lui fe rendirent fous fes drapeaux. L'Archevêque de Cologne lui-même qui avoit couronné le Duc de Saxe abandonna ce dernier & fe rangea du côté du Duc de Suabe, qu'il reconnut pour feul & légitime poffeffeur de l'Empire. Allarmé de cette défection Otton voulut tenter le fort des armes; il échoua encore, fut deux fois de fuite complettement vaincu, & obligé de prendre honteufement la fuite devant Philippe, qui fans perdre de tems à pourfuivre un ennemi qui pour lui n'étoit plus redoutable, indiqua pour le jour de l'Epiphanie de l'année fuivante 1205. une dicte générale à Aix la Chapelle.

Philippe étoit évidemment le plus fort: à l'exception de l'Archevêque de Mayence Sigefroi & de quelques autres factieux, tous les Seigneurs de l'Empire le reconnoiffoient pour maître; l'Allemagne prefqu'entiere lui étoit foumife; il n'avoit plus contre lui que le Duc de Saxe, Otton, qu'il ne craignoit plus, & le Pape Innocent III qui faifoit inutilement les plus grands efforts en faveur du concurrent qu'il protégeoit & qui envoya vainement des ordres menaçans à Adolphe Archevêque de Cologne, pour le faire rentrer dans le parti d'Otton. Tandis que l'Archevêque de Mayence & l'Evêque de Cambray, fecondoient autant qu'ils le pouvoient par leurs intrigues les démarches du Pape, les Seigneurs affemblés à Aix la Chapelle, élifoient de nouveau Philippe Roi des Romains, que l'Archevêque Adolphe couronna folemnelle-

Hift. d'Allemagne, 1125-1203.

Succès d'Otton contre Philippe en Allemagne. 1204.

Philippe reprend la fupériorité fur fon rival.

---

(1) *Hift. Rom.* par l'Abbé Guyon. T. 14. *Hift. des Croifades.* (2) Conrad Urfperg. p. 275. Arnold. Lubec. L. 6. c. 5.

ment ainsi que son épouse: à cette nouvelle Sigefroi n'ayant plus rien à ménager éclata contre Adolphe & le menaça d'anathême. Innocent III encore plus irrité, écrivit à l'Archevêque de Mayence une lettre dans laquelle,
après avoir chargé Adolphe des accusations les plus atroces, il ordonna
à Sigefroi de le dénoncer excommunié au son des cloches tous les dimanches, &-de faire publier en même tems dans toutes les églises de Cologne
& des dioceses voisins, que tous les suffragans & les vassaux de l'Eglise de
Cologne étoient déchargés de l'obéissance à Adolphe, qui dans un mois seroit déposé de l'épiscopat, si dans ce délai il ne se présentoit en personne pour
subir le jugement du S. Siege (1).

Le délai accordé à Adolphe ne fut pas plutôt expiré que les commissaires
de la cour de Rome le déposerent solemnellement de l'épiscopat dans l'église
de Cologne, en présence d'Otton & de plusieurs Seigneurs, devant le peuple
& le clergé. Dans le même tems on procéda à l'élection d'un nouvel archevêque, & Brunon, Prévôt de Bonne réunit les suffrages. Dès lors une guerre
nouvelle s'alluma entre les deux archevêques & le diocese de Cologne fut exposé à toutes les horreurs qu'entraîna cette dissention. Philippe prit les armes
pour soutenir Adolphe; il entreprit le siege de Cologne, mais après plusieurs
assauts que la valeur des assiégés rendit inutiles, il s'éloigna brusquement de
cette place, & alla s'emparer de Nuits qu'il fournit à Adolphe. De-là, après
s'être assuré la possession de tout le pays situé sur le bas Rhin, il recommença
ses courses dans le diocese de Cologne qui dans très-peu de jours lui demeura entierement soumis. Otton dans l'espérance de retarder du moins les
progrès de son rival alla à sa rencontre suivi de la plus grande partie de ses
forces & accompagné du nouvel archevêque Brunon: mais il fut cruellement
battu, contraint de-fuir; ses troupes furent massacrées, Brunon chargé de
chaînes & emmené prisonnier à la suite du vainqueur (2).

Otton jugeant sa cause entierement désespérée & ne songeant qu'à se soustraire aux poursuites de son heureux rival, alla chercher en Angleterre un
azile auprès du Roi Jean son oncle, où bientôt il apprit que le Pape Innocent
III, encore plus allarmé qu'il ne l'étoit lui-même des succès de son ennemi,
commençoit à désirer sincerement la paix. En effet, le Souverain Pontife
n'eut pas plutôt reçu la nouvelle de la derniere défaite du Prince pour lequel
il s'étoit déclaré, qu'il se hâta d'envoyer le Patriarche d'Aquilée en Allemagne, avec ordre d'exhorter Philippe à ne plus protéger Liupold qui disputoit
le siege de Mayence à Sigefroi, soutenu par la cour de Rome, & pour l'engager sur-tout à accorder une treve d'un an à Otton. Philippe ne parut pas
éloigné des vues pacifiques que l'Ambassadeur de Rome cherchoit à lui inspirer, & dans une lettre qu'il écrivit au Pape & dans laquelle il discutoit ses
droits avec autant de modération que de force, il offrir d'abord d'abandonner
Liupold, pourvu que de son côté le Souverain Pontife engageât Brunon à
se désister de son élection au siege de Cologne, qui n'avoit pu être enlevé à
Adolphe, pour avoir soutenu la légitimité des droits du Souverain d'Allemagne (3).

Quelqu'enchanté que fut Innocent III de la modération de Philippe & des

(1) Fleury. Hist. Eccl T. 16. l. 76. Arnold Lubec.    (2) Godefrid. Albert. Stad.
ad ann. 1206.    (3) De negat. Imper. Epist. 138. Conrad. Ursperg. p. 310.

dispositions où il paroissoit être d'accorder à Otton une treve dont celui-ci avoit le plus grand besoin alors, il y eut encore bien des obstacles à surmonter de part & d'autre avant que de pouvoir régler les conditions du traité. Philippe désiroit la paix, & il fit ce qu'il put pour inspirer les mêmes sentimens à Otton qui étoit repassé en Allemagne où il étoit occupé de projets qui n'étoient rien moins que pacifiques. Après de longs débats, la négociation réussit enfin au gré des deux concurrens, & même du Souverain Pontife. Les Légats après avoir publiquement reçu le serment que Philippe prêta entre leurs mains d'obéir aux ordres du Pape quant aux articles au sujet desquels il avoit été excommunié, lui donnerent l'absolution & reçurent de ses mains l'Archevêque Brunon qu'ils promirent d'emmener avec eux à Rome; il permit aussi à Sigefroi de faire administrer par son vicaire le spirituel de l'église de Mayence, & il congédia les troupes qu'il avoit rassemblées contre Otton, avec lequel il jura une treve d'un an. Quant à Adolphe, il se rendit à Rome avec les Légats, fut reçu avec bonté par le Pape, qui cependant résolu de maintenir Brunon sur le siege de Cologne, confirma son ordination, & accorda au Prélat très injustement dépolé, une pension de 400 mares d'argent à condition qu'il n'inquiéteroit point son spoliateur Brunon (1).

Tandis que Philippe & le Pape Innocent se flattoient de voir la treve qui venoit d'être conclue se changer en une paix durable, Otton qui n'étoit occupé que des moyens de parvenir à rester seul sur un trône auquel il prétendoit avoir autant de droits que son rival, profitoit avec habileté du loisir que lui laissoit la treve pour lever des troupes, afin d'attaquer le Roi d'Allemagne au moment où ce Prince s'y attendroit le moins. Dans cette vue il s'étoit ligué avec Waldemar, Roi de Dannemarck, qui fit une incursion sur les terres de l'Empire, où il se rendit maître des villes de Hambourg & de Lubeck. Dès le premier avis de cette irruption Philippe, qui dans le même tems fut instruit du traité que Waldemar avoit conclu avec le Duc de Saxe, rassembla son armée, marcha contre les ennemis, & s'avança jusqu'à Bamberg, où le mauvais état de sa santé l'obligea de s'arrêter pour quelques jours. (2)

Philippe entierement guéri d'une maladie, ne songeoit plus qu'à continuer sa route, & déja par ses ordres son armée étoit en chemin, lorsque la veille du jour fixé pour son départ, s'entretenant paisiblement au palais épiscopal où il étoit logé, avec l'Evêque de Spire son Chancelier & le Comte Walbourg; Otton de Wittelsbach Comte Palatin de Baviere, fit demander à lui parler. Philippe ordonna qu'on le fit entrer, le Comte Palatin lui parla pendant quelque tems, feignit de se retirer ensuite; mais s'arrêtant à la porte de l'appartement, il prit des mains de son gentilhomme qui l'y attendoit une épée nue, avec laquelle il retourna précipitamment vers Philippe, espadonnant de tous côtés, comme s'il eut eu à combattre contre une troupe d'aggresseurs. L'Empereur ne comprenant rien à ce jeu qu'il prenoit pour un acte de folie, ou de gayeté très-déplacée, lui ordonna de s'arrêter, le lieu où il étoit n'étant nullement propre à de tels exercices: il ne fut jamais

*Hist.* d'Allemagne, 1125-1208.

*Treve d'un an entre Otton & Philippe.* 1207.

*Hostilités d'Otton, activité de Philippe.*

*Philippe meurt assassiné.* 1208.

(1) Mathi. Paris *ad ann* 1207. Arnold. Lubec. Conrad. Urlperg. S. Blasio. c. 48. Arnold Lubec. L. 7. c. 14.          (2) Otto de

plus propre, répondit bruſquement le Comte, & dans le même tems ſe jetant ſur le Prince, il lui perça le cou. Le Comte de Walsbourg, s'élança ſur l'aſſaſſin, qui le bleſſa à la joue & ſe ſauva. L'Empereur avoir reçu le coup aux veines jugulaires, & quelque ſecours qu'on lui donnât il mourut peu de momens après, le 22 de Juin 1208, après un regne de 10 ans. Le motif qui avoir porté le Comte à ce lâche aſſaſſinat, étoit le refus que Philippe avoir fait de lui laiſſer épouſer une de ſes filles qu'il lui avoir promiſe, & qu'il ne vouloir point lui accorder parce que ce Seigneur avoit été déclaré infame en pleine diete par les Princes & les Etats de l'Empire, pour avoir lâchement aſſaſſiné à la coûr de Baviere un Baron, regardé comme l'un des plus reſ-pectables Seigneurs de cette cour. (1)

    Les ennemis contre leſquels il eut ſans ceſſe à ſe défendre, les factions qu'il eut à diſſiper, ne permirent point à Philippe de s'illuſtrer autant qu'il l'eût fait, ſi des tems moins orageux lui euſſent permis de ne ſouger qu'au bonheur de ſes peuples. Il avoit toutes les qualités & routes les vertus qui font aimer & reſpecter les Souverains, il étoit juſte & n'étoit point ſévere; il étoit libéral & n'étoit point prodigue: il aimoit les lettres, les cultivoit lui-même; accueilloit avec diſtinction & recompenſoit en Roi les ſavans, les gens de lettres & les artiſtes. Quelqu'ulcéré qu'il dût être contre Otton, il eut la généroſité de reconnoître en lui des vertus éminentes, des taleus & des qualités dignes du rang ſuprême; & l'idée que ſi ce Prince lui ſurvivoit l'Em-pire lui ſeroit vraiſemblablement déféré, ne tourmenta jamais Philippe, par-ce qu'il étoit équitable & qu'il rendoit juſtice à ſon rival. (2)

    D'Irene ſon épouſe, Philippe laiſſa quatre filles; l'une fur mariée à Ferdi-nand III, Roi de Caſtille, la ſeconde à Wenceſlas III, Roi de Bohème; Ot-ton, Duc de Saxe, épouſa dans la ſuite la troiſieme, le Duc de Brabant fut le mari de la quatrieme.

＊＊＊＊＊＊＊＊＊＊＊＊＊＊＊＊＊＊＊＊＊＊

## S E C T I O N VI.

*Hiſtoire d'Allemagne, depuis Otton IV en 1209 juſqu'au tems de la mort de Conrad IV en 1254.*

L'Empereur Philippe laiſſoit une vaſte ſucceſſion à recueillir, & le ſeul héritier mâle qui y eut des prétentions fondées, étoit le jeune Fride-ric, Roi de Sicile, alors âgé d'environ 13 années, mais Frideric n'étoit pas plus tranquille en Sicile, que ne l'avoir été ſon oncle en Allemagne; des factieux puiſſans tentoient de le forcer de deſcendre du trône; pluſieurs Sei-gneurs ambitieux s'efforcerent de lui ravir le ſceptre, pluſieurs d'entre eux leverent audacieuſement l'étendard de la revolte, & pendant la minorité de ce Prin-

(1) Conrad. Urſperg. Godefrid. Spener. Arnold. & alii.    (2) Spener. Hiſt. Germ. Univ. T. 1. L. 6. c. 5.

Prince, la Sicile fut presque habituellement embrasée des feux de la guerre civile. Pour le malheur du jeune Souverain, l'Impératrice Constance sa mere étoit morte qu'il étoit encore dans l'enfance, & Marcvald d'Amenuder, Marquis de la Marche d'Ancone, qui par ordre de cette Souveraine, s'étoit retiré dans son Marquisat avec les troupes Allemandes, n'eut pas plutôt appris la nouvelle de la mort de la Régente, que rentrant dans le Royaume, & se liguant avec quelques Barons Siciliens & quelques Seigneurs Allemands auxquels Henri IV avoit donné des terres dans la Pouille en Sicile, il fit une irruption violente dans le Comté de Molisse, s'empara de beaucoup de places, pénétra de succès en succès en Sicile, & alla former le liege de Palerme, où étoit le séjour du jeune Souverain (1).

Le succès eut vraisemblablement couronné, l'attentat d'Amenader, si le Pape ne se fut hâté d'envoyer une armée au secours du Roi de Sicile : le Marquis d'Ancone fut battu, contraint de lever le liege & de se retirer, sans avoir pu obtenir la paix de l'Evêque Gautier & des Archevêques de Messine, de Mont-real & de Cesalu, tuteurs du jeune Frideric; le plus actif, le plus habile de ces tuteurs étoit Gautier, mais malheureusement pour le Monarque cet Evêque étoit aussi le plus ambitieux des hommes. A force d'intrigues & d'adresse, il parvint à écarter de la tutelle les trois Archevêques, & bientôt il jouit seul de toute l'autorité, dont il ne tarda point à abuser. Après avoir rempli de ses créations les postes les plus importans de l'Etat, & avoir disposé, sous le nom de ses maître des gouvernemens, des villes & des provinces, des comtés & des baronies, il commença à exécuter l'audacieux projet qu'il avoit conçu, & ce projet étoit de placer sur le trône de Sicile Gentil de la Pagliara son frere. En effet, celui-ci se rendit à la cour, & devint en très-peu de tems le favori du Monarque enfant, qui partageoit sa confidence entre Gentil & Marcvald, ou même Marquis d'Ancone, qui s'étoit reconcilié avec son jeune maître à la ruine duquel il ne cessoit pas de travailler. Les deux traîtres se devinerent l'un l'autre, & pour ne pas se perdre mutuellement, se liguerent, réunirent leurs intérêts & convinrent que le Prince une fois détrôné, ils se partageroient le Royaume, ensorte que l'un d'eux régneroit en Sicile, & l'autre sur la Pouille. Afin de mieux cimenter leur union, Marcvald donna sa niece en mariage au fils de Gentil qui en reconnoissance lui ceda le gouvernement de la Sicile entiere, la ville de Messine exceptée (2).

Dès lors il eut dépendu du Marquis d'Ancone, maître d'une partie du Royaume & à la tête des troupes, de faire éclater ses desseins; mais quelque tenté qu'il en fut, il étoit arrêté par la crainte d'avoir à repousser un trop puissant compétiteur, & ce concurrent redoutable étoit Gautier, Comte de Brienne, qui, gendre de Tancrede n'avoit pas renoncé à ses prétentions à la couronne de Sicile. Toutefois, pendant que Marcvald attendoit impatiemment le moment favorable à l'exécution de son entreprise, il mourut, & son associé Gentil n'osa seul poursuivre ce projet. Les craintes de Marcvald, n'étoient que trop fondées; car en effet très-peu de tems après, le Comte de Brienne réclama hautement la couronne de Sicile ; alla à Rome, se rendit favorable le Pape Innocent III, irréconciliable ennemi de la maison de Suabe,

*Hist. d'Allemagne, 1209-1254.*

*Entreprises des factieux de Sicile.*

*Conjuration contre Frideric.*

*Entreprise du Comte de Brienne sur le Royaume de Sicile.*

(1) Dom Capecelatro. *Hist. du Roy de Sicile.* (2) Idem. M. Degly. *Hist. de Sicile.*

en obtint des fecours de troupes & des lettres de recommandation très-pref-
fautes pour la plûpart des plus puiffans Seigneurs Siciliens (1).

Suivi d'une affez forte armée le Comte de Brienne fit une irruption en Sicile, & fous prétexte de faire valoir fes droits fur la Principauté de Trente &
le comté de Leccio, il s'empara de quelques villes, de plufieurs fortereffes,
battit en plufieurs rencontres les troupes de Frideric, & eut fini peur-être
par réuffir complettement dans fes vûes, fi les bleffures qu'il reçut au fiège
de Sarno n'euffent mis fin à fes hoftilités & à fa vie. La mort du Comte de
Brienne ne rendit pas le calme à l'Etat, qui continua d'être agité & le trône

*Frideric
s'affermit
fur le trône.*

fortement ébranlé jufqu'à ce qu'enfin le Roi Frideric, fe faifant déclarer majeur, prit les rênes du gouvernement, déconcerta par fa prudence & fa valeur les factieux, & pour mieux s'affermir époufa, par l'entremife du Pape qui
l'avoir perfécuté, Conftance, fille d'Alphonfe II, Roi d'Arragon & veuve d'Alberic Roi de Hongrie.

A-peu-près dans le même tems que la majorité de Frideric, fa rare fageffe
& fa valeur rendoient la paix à la Sicile, la mort de l'Empereur Philippe,
(qui avoit été trop occupé lui-même à défendre fes droits pour voler au fecours de fon neveu) ramenoit le calme en Allemagne. En effet, très-fatigués des diffentions paffées, les Princes, les Etats & les Seigneurs de l'Empire affemblés à Halberftat & enfuite à Francfort reconnurent unanimement
Otton fucceffeur de Philippe & légicime Empereur.

*Otton eft
reconnu lé-
gitime Em-
pereur.*

Le premiere démarche du nouveau chef de l'Empire fut de convoquer à
Augsbourg, une diete dans laquelle il fit procéder contre l'affaffin Otton de
Wittelsbach, dont les biens furent confifqués & qui fut condamné à perdre
la tête: mais le coupable s'étoit prudemment dérobé aux pourfuites des vengeurs de Philippe, il eft vrai qu'il ne fit qu'éviter la honte du fupplice, car
peu de tems après il fut tué publiquement en duel par Henri de Calate,
ancien Maréchal de la cour de Philippe (2).

L'Allemagne pacifiée Otton, dans une affemblée tenue à Haguenau, déclara que fon intention étoit d'aller en Italie affermir fa puiffance: ce fut dans
cette affemblée qu'à la follicitation des Seigneurs, qui cherchoient à prévenir
tout nouveau fujer de divifion entre les familles de Saxe & de Suahe, il fe
détermina à époufer Béatrix, l'une des filles de Philippe; le Pape Innocent
accorda la difpenfe; mais Otton & Béatrix étoient fi proches parens, que
malgré l'intervention du Souverain Pontife, l'Abbé de Morimond déclara hautement à Würtzbourg, devant les Légats, l'Empereur lui-même & une foule
de Seigneurs, que ce mariage inceftueux malgré la difpenfe du S. Siege, ne

*Il époufe
Béatrix fille
de Philippe.*

pouvoit être célébré, à moins qu'Otton ne commençât par jurer qu'il feroit
déformais le protecteur des monafteres & des églifes, des veuves & des orphelins, & qu'il fonderoit dans l'un de fes domaines un monaftere de l'ordre de,
Citeaux. Otton fit tous les fermens qu'on exigea de lui, époufa Béatrix, &,
après avoir fait les plus fages réglemens pour le maintien de la paix en Allemagne durant fon abfence, il paffa les Alpes, entra en Tofcane, & de Bou-
logue où il s'arrêta pour y préfider à une affemblée générale des Seigneurs du

(1) Vit. Innoc. Pap. Dom Capecelatro. *Hift. du Roi de Sicile.* (2) Spener. *Hift.*
Germ. Univ. T. 1. L. 6. c. 5.

pays, il envoya le Patriarche d'Aquilée & l'Evêque de Spire à Rome, afin d'y traiter avec le Pape sur les conditions du couronnement (1).

Cette derniere démarche de l'Empereur Otton paroissoit d'autant plus inutile, qu'avant que de partir d'Allemagne il avoit fait serment entre les mains des Légats de rendre au Souverain Pontife, l'honneur & l'obéissance qui lui étoient dus, ·de laisser libres.déformais les élections aux Prélatures, de ne point s'emparer, sous quelque prétexte que ce fût, des biens des prélats de. cedés, ni de ceux des Eglises vacantes; en un mot, de laisser à l'Eglise Ro. maine toutes les terres dont-elle jouissoit, même celles de la Comtesse Ma. thilde; enfin de conserver au S. Siege ses droits sur le Royaume de Sicile.

Comme le Pape ne proposa aux Ambassadeurs d'Otton d'autres conditions que celles auxquelles le chef de l'Empire s'étoit soumis lors de son serment, le traité fut bientôt conclu, & Otton se rendit à Rome où il fut reçu avec hon. neur par les Romains & avec la plus haute distinction par le Pape, qui, après l'avoir couronné Empereur, l'accompagna lui-même, jusqu'au Palais qui lui avoir été préparé, lui donna sa bénédiction en se séparant de lui, & le pria de se retirer dès le lendemain du territoire de Rome, où à la vérité une troupe aussi considérable ne pouvoit qu'incommoder beaucoup les habitans.

: Otton se disposoit à s'éloigner quand les Allemands & les Romains ayant pris querelle ensemble au sujet de quelques avances faites aux premiers, & qu'ils refusoient de payer ils en vinrent aux mains, & les Allemands battus, laissèrent plusieurs des leurs sur le champ de bataille.  Il étoit évident qu'ils avoient été les aggresseurs; mais Otton les soutint comme si leur cause eût été juste; il se plaignit amerement, prétendit avoir perdu en cette occasion onze cens chevaux, se retira fort irrité contre le Pape, oubliant tous les services essentiels qu'il en avoir reçus, & ne cherchant que l'occasion de se venger.  Elle se présenta bientôt: l'Empereur avoit promis de rendre à l'Eglise Romaine les terres de la Comtesse Mathilde; mais à peine il se fut éloigné de Rome qu'il refusa de faire cette restitution.  Il est vrai qu'il ne faisoit en cela qu'imiter la conduite de plusieurs de ses prédécesseurs, qui, toutes les fois qu'ils avoient eu intérêt à ménager la cour de Rome, avoient solemnelle. ment renoncé à leurs prétentions sur les mêmes terres, & qui aussi-tôt qu'ils s'étoient crus les plus forts avoient hautement refusé de remplir leurs enga. gemens.  Toutefois, nul d'entre eux n'avoit eu au S. Siege autant d'obliga. tions qu'Otton lui en avoir; c'étoit le Pape qui depuis dix ans le soutenoit, c'étoit en très-grande partie au Pape qu'il devoir son élévation, & il n'y avoit gueres que la plus noire ingratitude qui put excuser sa conduite (2).

Cependant l'Empereur peu coureur de manquer à ses fermens & de refuser la restitution des terres de la Comtesse Mathilde, alla former le siege & se rendre maître de quelques places qui appartenoient au S. Siege.  Il fit plus, & quoiqu'il eut, quelques momens avant son couronnement, juré de conserver les droits de l'Eglise Romaine sur le Royaume de Sicile, il passa, suivi de son armée, dans ce même Royaume, y eut des succès éclatans, & pensa même renverser de son trône le jeune Frideric, qu'il traitoit fort injustement

*Hist. d'Al-*
*lemagne,*
*1129-1254.*

*Il passe en*
*Italie.*

*Il est cou-*
*ronne Em.*
*pereur.*
*1209.*

*Conduite &*
*ingratitude*
*de l'Em-*
*pereur.*

(1) Arnold. Lubec. L. 7. c. 17.     (2) De neg. Imper. Ep. 192.

d'ufurpateur, fous le mauvais prétexte que la Pouille & la Sicile étoient des fiefs de l'Empire (1).

Quelque juftement indigné que fut le Pape Innocent dé la conduite & des excès d'Otton, il fut pourtant affez modéré pour ne pas en venir encore aux dernieres extrémités, & porta même les égards jufques à l'envoyer exhorter de renoncer à fes injuftes entreprifes & à garder les fermens qu'il avoit faits : mais l'Empereur, irrité fans raifon, répondit brufquement que le premier de fes fermens avoit été de maintenir & d'accroître le bien de l'Empire, & qu'il étoit d'autant moins difpofé à mettre bas les armes, que pendant les dernieres guerres, le Pape & le Roi de Sicile s'étoient emparés de plufieurs terres qui appartenoient à l'Empire. Otton eut été bien embarraffé à prouver ces faits, il favoit bien qu'ils étoient fuppofés ; mais dans la réfolution qu'il avoir prife, il ne lui falloit que des prétextes, & il étoit peu délicat fur ceux qu'il employoit.

*Mauvais prétextes qu'il allegue. Il eft excommunié. 1210.*

Le Souverain Pontife ne pouvant rien gagner par la voie de la négociation, fe crut à la fin obligé d'employer quoi qu'à regret, la force des cenfures Eccléfiaftiques, & après avoir attendu encore quelque tems, n'ayanr plus rien à efpérer, il lança contre Otton les anathêmes de l'Eglife, & nul Souverain de l'Europe ne le défapprouva. L'Empereur n'en devint que plus furieux dans fes projets de vengeance & plus violent dans fes hoftilités : il alla même jufques à faire occuper par fes troupes tous les paffages d'Italie, afin qu'aucun étranger de quelque nation qu'il fût, ne pût aller à Rome. Innocent qui favoit combien en tous lieux & jufqu'en Allemagne même on condamnoit la conduite d'Otton, lança pour la feconde fois l'anathême fur la tête de cet implacable ennemi, déclara tous fes fujets abfous du ferment de fidélité, & défendit, fous peine d'excommunication, de le reconnoître pour Empereur & de lui en donner le titre (2).

*Défection de la plûpart des Seigneurs.*

Dans les mains d'Innocent les foudres de l'Eglife, dont il n'abufoit pas, reprirent toute leur vigueur primitive, à peine cette feconde excommunication eut été rendue publique, qu'une foule de Princes & de Seigneurs, qui ne voyoient déja qu'avec indignation les excès du chef de l'Empire, l'abandonnerent, & s'éloignerent avec leurs troupes ; tels furent entre autres le Roi de Bohême, le Landgrave de Thuringe, les Archevêques de Mayence, de Treves & plufieurs autres. Cette défection ne fit qu'aigrir Otton qui continua de ravager la Pouille & la Sicile. C'étoit fur-tout dans la Pouille & dans la Calabre où, pendant que les Prélats renouvelloient dans toutes les églifés & par ordre du Pape l'excommunication, l'Empereur exerçoit les plus cruels ravages : il s'empara de la plus grande partie de ces deux provinces, & alla paffer l'hyver en Calabre, non pour s'y repofer des fatigues paffées, mais pour y méditer de nouvelles entreprifes contre le Pape, Frideric & même contre Philippe-Augufte, auquel Otton vouloit faire la guerre pour venger le Roi Jean fon oncle des conquêtes que le Roi de France avoit faites fur lui (3).

Quelques raifons que le Pape Innocent eut d'être indigné contre l'Empe-

(1) Fleury. Hift., Ecclef. Tom. 16. L. 76. (2) Dom Capecelatro. M. d'Egly. Hift. de Sicile. Mathieu Paris ad ann. 1210. (3) Godefrid. ad ann. 1211.

reur, fon amour pour la paix & même l'ancienne amitié qu'il avoit eû pour ce Monarque, & qui n'étoit point encore éteinte dans fon cœur, l'engagerent à tenter encore la voie de la négociation, il envoya vers lui l'Abbé de Morimond, chargé de lui faire les offres les plus avantageufes; le Pape alla jufques à vouloir fupporter feul tout le dommage qu'Otton avoit fait jufques, alors & même tout celui qu'à l'avenir il feroit fur les terres de l'Eglife. L'Empereur fut infenfible à tout, répondit durement à l'envoyé du Pape, & força celui-ci de prendre enfin la réfolution de le faire dépofer. Les premiers qui feconderent ce deffein de la cour de Rome furent Sigefroi, Archevêque de Mayence, le Légat du Pape, le Landgrave de Thuringe & le Roi de Bohême, qui, affemblés à Bamberg écouterent la propofition que le Légat & Sigefroi leur firent d'abandonner entierement Otton & d'élire en fa place Frideric Roi de Sicile. Le Roi de Bohême & le Landgrave de Thuringe, paroiffoient difpofés à fuivre le confeil de l'Archevêque de Mayence, mais la propofition fut fi vivement combattue par plufieurs Seigneurs, que Sigefroi ne crut pas devoir infifter; cependant pour témoigner combien il perfiftoit dans fon opinion, il excommunia de nouveau en préfence de l'affemblée le chef de l'Empire, cet acte de rigueur fouléva Henri, frere d'Otton & Comte Palatin, le Duc de Brabant & quelques autres Seigneurs, qui prenant les armes allerent porter la défolation & l'incendie dans tout le plat pays du Diocefe de Mayence. Le Duc de Brabant paffa de là à Liege, dont l'Évêque s'étoit conduit comme Sigefroi, & pénétrant dans la ville à la tête d'une troupe armée, il pilla cruellement la ville & les églifes, exigea forcément des Chanoines & des bourgeois le ferment de fidélité pour l'Empereur, fut pourtant arrêté au milieu de fes hoftilités par l'Evêque de Liege, qui à la tête d'une petite armée, lui préfenta bataille, le vainquit & le contraignit de venir à fes pieds lui demander l'abfolution (1).

Cependant Philippe-Augufte également irrité contre Otton & fon oncle, Jean fans terre, Roi d'Angleterre, concerta fi bien fes mefures avec le Pape, qu'à leur follicitation, le Roi de Bohême, le Landgrave de Thuringe, les Ducs d'Autriche & de Baviere, les Archevêques de Mayence, de Treves & de Cologne, affemblés à Bamberg vers la fin de l'année 1211, dépoferent Otton, & élurent Empereur Frideric, Roi de Sicile, alors âgé de 17 ans & qui avoit d'antant plus de droits à la couronne Impériale, que du vivant de d'Henri VI fon pere il avoir été élu Roi des Romains (2).

Vivement ulcéré de l'outrage qu'on venoit de lui faire, Otton ne refpirant que vengeance fe hâta de quitter l'Italie, pour aller défendre fes droits en Allemagne; & dans le même tems, Frideric fe difpofa auffi à aller prendre poffeffion du trône de l'Empire, mais avant que de paroître dans fes nouveaux Etats il fe rendit à Rome où le Pape Innocent & les Romains lui firent l'accueil le plus diftingué; il parcourut enfuite plufieurs villes d'Italie, qui, trèsmécontentes d'Otton, jurerent au nouvel Empereur la plus inviolable fidélité. Sûr de l'attachement de l'Italie, Frideric entra par le Trentin en Allemagne, & alla fe repofer pendant quelques jours dans la ville de Conftance qui lui

*Marginalia:*
*Hift. d'Allemagne, 1209-1254.*

*Demarches du Pape pour fe reconcilier avec Otton, qui rejette toutes propofitions.*

*Troubles & diffentions en Allemagne.*

*Dépofition d'Otton Frideric II eft élu Empereur. 1211.*

(1) Ægid de Aur. Valle. Cap. 100. 102. 103. Fleury. Hift. Eccl. T. 16. L. 76.
(2) Conrad. Urfperg. Spener. ad ann. 1211.

Sect. VI.
Hist d'Al-
lemagne,
1209-1254.

L'Allema-
gne se dé-
clare pour
Frideric.

ouvrit ses portes, tandis qu'elles furent fermées trois heures après à son concurrent Otton, qui s'étoit à peine retiré à Brisac, que les habitans le contraignirent d'en sortir.

A Vaucouleurs, sur la Meuse, entre Neuchatel & Commercy, il y eut
entre Frideric & Louis, fils du Roi Philippe-Auguste une conférence dans laquelle l'Empereur & Louis au nom de son pere conclurent un traité d'alliance.
Le nouvel Empereur fut puissamment secondé par le Pape, qui envoya ordre
aux Archevêques de Mayence & de Magdebourg ses Légats, de faire défendre dans toute l'étendue de l'Allemagne à qui que ce fût de recevoir de la
main du Tyran, car c'étoit ainsi qu'Otton étoit publiquement désigné, aucune charge, ni bénéfice. Pendant que les Légats de Rome achevoient de détacher tout le monde du parti de l'Empereur déposé, Frideric recevoit à
Mayence le serment de fidélité de la plûpart des Princes & des Seigneurs de
l'Empire (1).

Otton touchoit à sa derniere ruine, & le desir de vengeance qui l'embra-
soit, l'aveugloit au point, qu'il ne se doutoit même pas de sa situation déplorable: il se croyoit puissant encore & redoutable; il comptoit sur la fidélité de tous ceux qu'il se persuadoit être encore attachés à ses intérêts; &
dans l'espoir d'accabler ses ennemis, il se proposa de rassembler toutes ses forces, qu'il supposoit beaucoup plus considérables qu'elles ne l'étoient en effet.

Efforts inu-
tiles d'Ot-
ton contre
son rival.

Dans cette vûe il convoqua une diete générale à Nuremberg; mais il eut
la douleur de n'y voir rassemblés qu'un très-petit nombre de Seigneurs, la
plûpart sans crédit, sans possessions & sans autorité. Il lui restoit encore
quelques troupes, & il avoit immuablement pris la résolution d'en venir avec
cette petite armée à une action décisive. Mais dans le même tems qu'il se
disposoit à ce grand coup d'éclat, Frideric qui déja s'étoit fait couronner Empereur à Mayence, voyoit passer en foule sous ses étendards le plus grand
nombre de ceux qui jusqu'alors avoient marqué le plus d'attachement à Otton,
& sur lesquels ce malheureux Monarque fondoit encore toutes ses espérances: cette derniere défection lui fit voir toute la profondeur de l'abîme dans
lequel il s'étoit précipité. Il envoya des ordres & personne n'obéit; il appella ses troupes à son secours, & aucun soldat n'accourut lui offrir ses services; en un mot, abandonné de tous & ne voyant plus au tour de lui que
deux ou trois Seigneurs qui n'avoient pu consentir à s'éloigner, il fut forcément obligé de renoncer à toute espérance de rétablissement, & même de
quitter promptement l'Allemagne, pour ne pas tomber en la puissance de son
heureux rival (2).

Ligue d'Ot-
ton avec
Jean, Roi
d'Angleter-
re son oncle.
1212.

Dans sa disgrace Otton, au moment où il s'y attendoit le moins trouva
un défenseur qui fit renaître en lui, du moins pour quelque tems les plus
brillantes espérances. Ce défenseur étoit son oncle Jean, Roi d'Angleterre,
avec lequel il se ligua contre Philippe-Auguste, & contre le Pape qui venoit
d'excommunier Jean & le déclarer déchu de la couronne en faveur de Philippe-Auguste, & de jeter l'interdit sur le Royaume d'Angleterre. On sait
que la cause de cette violente dispute étoit le refus que Jean avoit fait de re-

(1) Godefrid. Conrad. Ursperg. Albert. Stad.        (2) Spener. Hist. Germ. Univ. ad
ann. 1212.

cevoir pour Archevêque de Cantorbéry un homme que le Pape vouloir élever fur le fiege. On (1) fçait auffi qu'au moment où le Roi de France après avoir fait les plus grands préparatifs, à la follicitation d'Innocent, fe difpofoit à fondre fur fon ennemi, celui-ci effrayé de la fupériorité des forces du Monarque François, & d'ailleurs, le plus inconféquent des hommes, fit tant de baffeffes auprès du Légar, offrit des conditions fi honteufes, fe foumir fi lâchement à tout ce que la cour de Rome exigeoit, remit avec une fi déshonorante indignité fa couronne, l'Angleterre & l'Irlande entre les mains du Pape, pour ne les tenir que de lui, à condition même de lui en faire hommage & de payer tous les ans à perpétuité un tribut de mille Livres fterling à la cour de Rome, que le Pape fatisfait, envoya fon Légat à Philippe-Augufte, avec ordre de lui déclarer que le S. Siege étoit content, & qu'il eût à laiffer en paix le Roi Jean & l'Angleterre (2).

Hift. d'Allemagne, 1209-1254.

Philippe-Augufte, ne crut pas devoir en cette occafion déférer aux ordres du Pape; il pourfuivit fon entreprife, & le Roi Jean, qui par fon raccomodement avec la cour de Rome croyoit avoir acquis la plus grande fupériorité, fe ligua avec le Comte de Flandre, Henri, Duc de Brabant, gendre du Roi de France, & les Ducs de Lorraine, de Limbourg, le Comte de Hollande. une foule d'autres Princes, & fur-tout avec Otton fon neveu, auquel il reftoit encore, ainfi que nous l'avons obfervé deux ou trois Seigneurs Allemands; enforte que toutes les troupes, à la tête defquelles il étoit compofoient une armée d'environ 150 mille hommes. Il étoit convenu entre Otton & fon oncle, que dans le même tems que celui ci commençant la guerre du côté de la Loire, auroit attiré la plus grande partie des forces de Philippe de ce côté, l'Empereur dépofé, fuivi des troupes des confédérés, pénétreroit en France du côté de la Flandre (3).

Plan d'hoftilités contre la France entre Otton & le Roi d'Angleterre.

Soir que Philippe fut inftruit du plan des ennemis, foit qu'il crut plus important de s'oppofer aux efforts des confédérés que d'aller en perfonne défendre les pays attaqués de la Loire, il fe rendit, fuivi d'une partie de fes troupes en Flandre, & fe porta de Tournai vers Lille, dans le deffein d'attirer les confédérés en plaine campagne, où la force de fa cavalerie lui promettoit plus de fuccès qu'il ne pouvoir fe flatter d'en avoir dans le pofte que les ennemis occupoient. Otton, toujours trop prompt à fe perfuader tour ce qu'il défiroit, imaginant que par cette marche les François ne fongeoient qu'à éviter le combat, fe mit à les fuivre jufqu'au pont de Bouvines, qu'une partie de l'armée Françoife avoir déja paffé. La bataille ne tarda point à s'engager. Nous avons raconté ailleurs les événemens de cette mémorable & terrible journée; nous dirons feulement ici qu'elle fut meurtriere & funefte pour les Princes confédérés, qu'ils furenr complettement battus: qu'Otton s'y conduifit à la vérité en héros, qu'il y fut expofé aux dangers les plus imminens, qu'il penfa même y perdre & la vie & la liberté, mais que fon intrépidité, fon bonheur & la viteffe de fon cheval le fauverent: l'aigle Im-

1214.

Bataille de Bouvines, & défaite, d'Otton.

(1) Voy. Hift. Univ. & Mod. Tom. XXX. Hift. de France. L. XXIII. Section VI.
(2) Daniel Hift de France. T. 3. Fleury. Hift. Eccl. L. 77. (3) Chronic. Belgic. Guillelm. Brito. Lib. 10.

périale qu'il faifoit porter devant lui fut prife, & préfentée à Philippe qui l'envoya fur le champ à Friederic (1).

Dès ce jour le malheureux Otton ne doutant plus que la fortune ne l'eût entierement abandonné, prit la réfolution de ne plus rien tenter pour fon rétabliffement; & fe retirant à Brunswick, il y vécut encore pendant quatre ans en fimple particulier; ne témoignant aucun regret de fa grandeur paffée, ni aucun défir de remonter au rang fuprême; il eft vrai qu'il garda conftamment les ornemens Impériaux, & que ce ne fut que peu de momens avant que de

mourir, qu'il les envoya à Friederic. La mort le furprit à Brunswick le 19 de Mai 1218, dix ans après fon élévation à l'Empire. On dit que pendant fa retraite, il témoigna les regrets les plus vifs, non d'avoir perdu la couronne, mais d'avoir mérité de la perdre; il ne fe pardonnoit point fes excès contre le Pape Innocent, qui à la verité lui avoit donné les preuves les plus fortes de bienfaifance & d'amitié. On affure que dans fa derniere maladie, le repentir d'Otton fut fi cuifant qu'en expiation de fes fautes, il fe faifoit donner tous les jours la difcipline par des prêtres; auffi l'Evêque d'Hildesheim, fut fi touché de cette auftere pénitence, qu'il lui donna l'abfolution, que le S. Siege confirma. Ce malheureux Monarque avoit d'autant plus de raifon de détefter fa conduite paffée, qu'il n'eur tenu qu'à lui de régner glorieufement. Aimé comme il l'étoit de fes fujets, eftimé chez les Puiffances étrangeres, & chéri par le S. Siege; ce fut à fon ingratitude qu'il dut attribuer & fes malheurs & fa ruine. Des deux femmes qu'il avoit époufées, Marie, fille du Duc de Brabant, qu'il repudia pour raifon de parenté, & Béatrix de Suabe, dont il étoit plus proche parent encore qu'il prit en mariage fans fcrupule, il n'eut aucun enfant; car Béatrix étoit morte à Goflar quatre jours après fes noces.

Quant à Otton, quelque raifon qu'on eut en Allemagne, ainfi qu'en Italie & à Rome d'être profondement ulcéré contre lui, on donna cependant des regrets à fa mort, parce que fes injuftices, fes excès ni fon ingratitude n'avoient pu faire oublier fes grandes qualités, ni fa rare valeur, ni la fageffe de fon gouvernement dans les premiers tems de fon regne, & tant qu'il avoit eu à lutter contre Philippe de Suabe (2).

Depuis que la mémorable journée de Bouvines avoit décidé de l'Empire, Friederic occupoit paifiblement le trône, & ce ne fut qu'à la mort de fon ancien compétiteur, qu'il commença d'éprouver des contradictions qui à la verité lui fournirent des fréquentes occafions de déployer les qualités brillantes, héroïques, cette rare prudence, cette valeur intrépide & cette grandeur d'ame qui le caractérifoient; mais qui pendant près de cinquante années agiterent violemment fon trône, perpétuerent la guerre en Allemagne, en Italie, & troublerent l'Europe prefque entiere. Ces divifions funeftes, ces guerres meurtrieres n'euffent jamais eu lieu, fi les fucceffeurs du Pape Innocent III euffent eu fa modération, fon zele pour la juftice & ce défir fincere de la paix qui formoient fon refpectable caractere : mais ne devançons point ici l'ordre des tems & des événemens.

Affermi fur le trône & fûr de la fidélité de fes peuples, Friederic n'eut pas
plu-

(1) Daniel. *Hift. de France.* Tom. 3. au regne de Philippe-Augufte.
(2) Spener. *Hift. Germ. Univ.* ad ann. 1214-1218.

·plutôt reçu la nouvelle de la mort d'Otton qu'il fe fit couronner de nouveau Roi des Romains à Aix la Chapelle, & afin de fe rendre encore plus agréable au S. Siege, dès le jour même de fon couronnement il fe croifa pour la terre fainte, ainfi que Sigefroi, Légat du Pape & Archevêque de Mayence, plufieurs Evêques & un grand nombre de Seigneurs & de Chevaliers (1). Il eft vrai que fuivant la maniere de penfer de ce tems jamais les Chevaliers d'Occident n'avoient eu d'aufli puiffans motifs de voler au fecours des Chrétiens de la Paleftine. Depuis que Boniface, Marquis de Montferrat, Baudouin, Comte de Flandres, Louis, Comte de Blois & de Chartres, Simon de Montferrar qui s'étoit fait un nom fi célébre en Europe par fes atrocités contre les Albigeois; depuis que ces illuftres chefs, à la tête d'une puiffante armée de croifés s'étoient rendus maîtres de Conftantinople, & y avoient proclamé Empereur Baudouin, une partie de ces croifés avoient été enlevés par la pefte, plufieurs s'en étoient retournés en Europe, & prefque tous les autres avoient été exterminés par le Soudan d'Alep; enforte qu'Emery de Lufignan, Roi de Jérufalem & fucceffeur de Gui fon frere, hors d'état de tenir contre les forces fupérieures des Sarrafins, avoir été contraint de faire avec eux une treve aux conditions les plus défavantageufes; il mourut, & ne laiffant qu'un fils en très-bas âge, les Seigneurs du pays envoyerent prier Philippe-Augufte de leur donner un Roi; ce Prince nomma pour occuper ce trône Jean de Brienne, qui, pour mieux affurer fes droits, époufa Marie, fille d'Ifabeau, veuve d'Emery de Lufignan. Jean de Brienne fe hâta de paffer en Paleftine; mais il trouva le Royaume dont il venoit prendre poffeffion dans le plus déplorable état, épuifé d'hommes & d'argent, prefque fans défenfeurs & pour comble d'infortune menacé d'une guerre d'autant plus cruelle, que la treve conclue par Emery avec les infideles étoit expirée, & que les Sarrafins réuniffant toutes leurs forces fe difpofoient à accabler le nouveau Souverain & à envahir fon Royaume (2).

Jean fe hâta d'envoyer demander des prompts fecours au Pape Innocent III, qui écrivit des lettres fort preffantes à tous les Princes Chrétiens d'Occident; mais alors les divers Souverains de la Chrétienté, ou en guerre les uns contre les autres, ou craignant d'expofer leurs intérêts à des invafions pour peu qu'ils ceffaffent d'être en état de défenfe, ne crurent pas devoir facrifier leurs intérêts & ceux de leurs fujets aux befoins de Jean de Brienne, quelques preffans qu'ils fuffent. Les lettres d'Innocent rendues publiques en Europe, ne refterent cependant pas fans effet, & elles en produifirent un très-fingulier, ce fut d'infpirer à un nombre prodigieux d'enfans de fe croifer: cette puérilité épidémique fut regardée par quelques imbécilles, encore plus enfans, comme une infpiration du Ciel; des prédicateurs fanatiques affurerent effrontément que Dieu vouloit abfolument fe fervir des foibles mains de ces enfans pour délivret Jérufalem, exterminer les infideles & détruire l'Empire du croiffant. On eut prefqu'en tous lieux la ftupidité de prendre pour les ordres de Dieu même les folles vifions de ces orateurs; on laiffa ces enfans fe croifer, & il y en eut jufqu'à cinquante mille qui partirent fous la conduite de quelques-uns de ces Prêtres, mais cet armement ridicule eut le fuccès qu'on devoit en attendre.

*Hift. d'Allemagne, 1209-1254.*

*Fridéric II feul Empereur fe croife pour la terre fainte.*

*Etat de la Paleftine.*

*Armement ridicule & fes malheureufes fuites.*

(1) *Pragm. Lib. 6. cap 6. Spener. loco citato.* *France.* T. 3. Maimbourg. *Hift. des Croifades.* T. 2.

(2) Nangius. Daniel. *Hyft. de*

SECT. VI.
Hist. d'Al-
lemagne,
1209-1254.

Les enfans croifés d'Allemagñe périrent tous de fatigue en chemin : ceux de France trouverent à Marfeille des Marchands qui leur fournirent des vaiffeaux, & ils s'embarquerent : mais il en périt un très-grand nombre fur mer; d'autres furent conduits en Egypte, par ces Marchands qui les vendirent aux Souverains, & de tous ceux qui reftoient encore, une partie fut égorgée par les infideles, & les autres fe hâterent d'embraffer, pour éviter la mort, la religion de Mahomet (1).

*Exhortations d'Innocent III & leurs ſucces.*

Cependant le Pape Innocent III, qui avoit eu trop de bon-fens pour approuver cette ridicule croifade, avoit affemblé un concile général à Latran, où le rendirent les Ambaffadeurs de la plûpart des Souverains de la Chrétienté. Le Souverain Pontife trouva les efprits difpofés à aller fecourir plus efficacement les chrétiens de la Paleftine, & ce fut là que les Ambaffadeurs de Frideric lui apprirent que leur maître &, à fon exemple, la plûpart des Seigneurs d'Allemagne s'étoient croifés à Aix la chapelle. Enchanté de cette nouvelle, le bon Innocent témoigna publiquement la plus vive reconnoiffance pour le zele de Frideric, dont il confirma folemnellement l'élection à l'Empire. Innocent III agiffoit de très-bonne foi, mais il faut avouer, & là force de la vérité ne nous permet pas de la diffimuler, qu'en cette occafion, ainfi qu'en plufieurs autres, il s'en falloir de beaucoup que Frideric fe conduifit avec la même fincérité (2). Il ne fongeoit alors qu'à fe faire couronner Empereur à Rome, & pour y parvenir il avoir pris des engagemens bien plus importans encore, & qu'il n'étoit rien moins que difpofé à tenir. En effer, lors de fon premier couronnement à Mayence, il avoir fait de lui même, & fans que Rome l'en follicitât, une conftitution par laquelle il avoit

*Politique & diſſimula-tion de Frideric.*

ordonné la reftitution de toutes les terres qui avoient jadis appartenu à l'Eglife Romaine, & qu'il occupoit ou que fes prédéceffeurs avoient occupées. Peu content de confentir par cette même conftitution à la libre élection des évêques, il avoit renoncé aux régales, c'eft-à-dire aux droits de recevoir les revenus des Abbayes & des Evêchés pendant leur vacance, & ce droit dont tous les Souverains de la chrétienté jouiffoient Frideric ne balançoit pas à le condamner, comme une mauvaife coutume, un abus fcandaleux, une ufurpation manifefte. Qui eut jugé de Frideric d'après cette conftitution, l'eut regardé ou comme le plus prodigue, ou comme le plus imbécille des Souverains; il n'étoit cependant alors que le plus politique, ou, pour donner aux chofes le nom qui leur convient, le plus diffimulé des hommes (3). Il ne cherchoit qu'à éblouïr & tromper Rome, & pour y parvenir il fit encore plus. Il favoit que toujours ombrageufe & défiante cette cour ne craignoit rien tant que de voir la Sicile réunie à l'Empire, à caufe de la prépondérance qu'une telle réunion donneroit inévitablement en Italie à l'Empereur fur le Souverain Pontife. Dans la vûe de diffiper ces craintes, Frideric deux ans après qu'il eut fait publier à Egra la célebre conftitution dont nous venons de parler, fit expédier à Strasbourg des lettres patentes par lefquelles il promettoit à Innocent III qu'auffi-tôt qu'il auroit été couronné Empereur à

(1) Albert. Stad. *ad ann.* 1212 Godefrid Fleury Tom. 16 Liv. 77.    (2) Goldaft. *Conftit. Imper.* T. 1. p 289. Maimbourg *Decad. de l'Emp* Liv. 8.    (3) Spener. *Hift. Germ. Univ. ad ann.* 1215. Ap. Rainald. N. 38. Fleury. L. 77.

Rome, il émanciperoit son fils Henri, auquel il laisseroit le Royaume de Sicile, pour le tenir de l'Eglise Romaine., s'engageant lui-même à ne plus prendre dès lors le titre de Roi de Sicile.

Tout autre qu'Innocent III se fut laissé séduire par ces brillantes apparences de zele & d'amitié: aussi ce bon Pontife ne désiroit rien tant que de voir Frideric à Rome, & d'avoir la satisfaction de placer sur sa tête la couronne Impériale. Il n'eut cependant point cette douce satisfaction, & il mourut à Rome le 16 de Juillet 1216, après avoir fait admirer ses vertus, chérir sa bienfaisance & respecter les grandes qualités sur la chaire Pontificale qu'il avoir si dignement remplie pendant 18 ans 6 mois & quelques jours. Son successeur Cencio Savelli, n'eut pas plutôt pris possession du S. Siege sous le nom d'Honorius III qu'il se hâta de faire part de son élection à tous les Souverains de l'Europe & aux Princes Chrétiens d'Orient; il n'oublia pas surtout Frideric qu'il exhorta très-vivement de passer à la terre sainte, ainsi qu'il s'y étoit engagé; il écrivit aussi à Jean de Brienne, auquel il promit d'envoyer des puissans secours aussi-tôt que les circonstances le lui permettroient (1).

Les soins & les exhortations du nouveau Pape, eurent plus de succès qu'il n'en attendoit lui-même. A la verité de tous les Souverains, il n'y eut qu'André, Roi de Hongrie qui rassemblant toutes ses forces, se mit à leur tête & passa cette année en Palestine; mais le Duc d'Autriche Léopold, plusieurs Evêques, beaucoup de Seigneurs se joignirent à lui & furent suivis par une multitude de croisés de toutes les nations; à leur tête se distinguoient Guillaume, Comte de Hollande, & les Seigneurs les plus illustres des Pays-Bas: l'Italie se fut vraisemblablement empressée à concourir aussi à cette expédition, si le Souverain Pontife, eut pu parvenir à faire cesser les dissentions qui divisoient la plûpart des villes armées les unes contre les autres, à reconcilier Milan, Plaisance, Pavie, & à réunir les Bénéventins qui se faisoient entre eux une guerre cruelle (2).

Quelque fortes & solemnelles que fussent les promesses de Frideric, il ne faisoit aucun préparatif pour le voyage d'outre mer qu'il avoir juré d'entreprendre; les Emissaires du S. Siege le pressèrent à ce sujet, & il leur répondit que son autorité n'étoit point encore affermie en Allemagne & en Italie, pour qu'il crut devoir abandonner les provinces de l'Empire avant que d'y avoir solidement établi sa puissance. D'ailleurs quoique Frideric regardoit comme fort inutile par elle-même la cérémonie de son couronnement à Rome, il n'ignoroit pas qu'elle en imposoit aux peuples, & il n'avoit pas encore été couronné des mains du Pape. Au fond, il est incontestable que l'Empereur eut agi très-imprudemment si dans les circonstances où il se trouvoit, il eut été en Palestine, où nul intérêt ne l'appelloit, avant que d'être allé se faire reconnoître en Italie, où il lui importoit infiniment de ramener le calme, & de mettre fin aux troubles qui, depuis tant d'années, agitoient ces contrées (3). Il est vrai que toutes ces raisons subsistant lorsqu'il avoit juré de se croiser, il avoir pris des engagemens qu'il savoit ne pouvoir pas rem-

(1) Fleury. Hist. Eccl. T. 16. L. 77.  (2) Chronic. Godefrid. ad ann. 1217. Fleury. loco citato.  (3) Spener. Hist. Germ. Univ. ad ann. 1220.

plir ; il ne cherchoit donc alors qu'à tromper le S. Siege par des fausses promesses ; & il faut avouer qu'il est bien-difficile de le justifier.

Ce qui prouve que Frideric n'avoit d'autre but que d'éblouir la cour de
Rome ; est la promesse qu'il avoit faite encore , sans en être sollicité , de renoncer au Royaume de Sicile ; il n'y renonça point ; au contraire , sous prétexte des dissentions auxquelles l'Allemagne pourroit être exposée durant son
voyage d'Italie auquel il se disposoit , il fit élire Roi des Romains Henri son
fils , encore enfant , auquel il confia le gouvernement , sous la régence d'Engelbert Archevêque de Cologne , homme d'Etat habile , sujet incorruptible ,
excellent patriote. Le Pape Honorius fut d'autant plus mécontent de cette
élection , dont il ne fut instruit que par la voix publique , que jusqu'alors il
n'avoit point douté que Frideric ne remît , ainsi qu'il s'y étoit engagé , la couronne de Sicile à ce même Prince Henri , au-lieu qu'en le faisant élire Roi
des Romains c'étoit consommer la réunion de la Sicile à l'Empire , & c'étoit
là précisément ce que Rome craignoit le plus (1).

Quoique bien persuadé d'avoir sensiblement offensé le Souverain Pontife ,
Frideric assuré d'en imposer par la supériorité de ses forces , passa les Alpes ,
traversa la Lombardie & se rendit à Rome , où le Pape , malgré toutes les
raisons qu'il avoir d'être fort mécontent , le couronna solemnellement dans l'E-
glise de S. Pierre le 22 d'Octobre 1220 , ainsi que l'Impératrice Constance
qui avoit accompagné son époux dans ce voyage. Afin d'adoucir le ressentiment d'Honorius & de lui donner après tant de sujets de plainte , quelque
satisfaction , l'Empereur toujours prompt à promettre , pour peu qu'il se crut
intéressé à séduire par de brillantes offres , reçut publiquement la croix des
mains du Cardinal Hugolin , jura d'envoyer en Palestine un puissant secours
au mois de Mars suivant , & d'aller lui-même à la terre sainte dès le mois
d'Août. Très-content de l'impression favorable que ces engagemens faisoient sur la cour de Rome , il voulut la satisfaire encore davantage , ou pour
mieux dire , la tromper encore plus sûrement : dans cette vûe il fit publier une
constitution par laquelle il décerna des peines fort sévères contre quiconque
attenteroit à la liberté ecclésiastique , soit par des impositions sur les membres du clergé , soit par des charges sur les biens des Eglises , & des peines
encore plus rigoureuses contre les hérétiques. Cette constitution acheva de
ramener le Pape , qui rougissant d'avoir eu des soupçons sur un tel Souverain , le regarda comme l'ami le plus zélé & le protecteur le plus ardent
des droits & même des prétentions du S. Siege (2).

Les circonstances étoient telles , qu'en la place de Frideric , tout Monarque éclairé se feroit vraisemblablement conduit de même. En effet , il étoit
d'une importance extrême pour l'Empereur de mettre dans ses intérêts le Souverain Pontife : car c'étoit là le seul moyen qu'il eut de faire respecter son autorité en Italie , où deux factions ennemies exerçoient les plus violentes hostilités : c'étoient les factions des Guelphes & des Gibelins , qui à l'occasion
d'une querelle particuliere avoient embrasé l'Italie entiere des feux de la
guerre civile. Buondelmonte , jeune Seigneur Florentin d'une maison puis-

Motif de la
conduite
dissimulée
de l'Empe-
reur.

(1) Albert Stad. Levold. de Northof. Chron. Spener. ad ann. 1220. (2) Godefridi
Chron. Spener. Fleury,

fante, devoit époufer une jeune perfonne de la famille des Amideï, mais la veille du jour fixé pour le mariage, il vit une autre jeune perfonne de la famille des Donati, & en fut tellement épris qu'oubliant fes engagemens, il l'époufa, fouleva contre lui la famille outragée des Amideï & fut poignardé par l'un d'eux: à la nouvelle de cet affaffinat tous fes parens prirent les armes, les Amideï fe réunirent, toute la nobleffe prit parti pour l'une ou l'autre des deux familles, & ces deux factions qui de Florence fe répandirent dans toute l'Italie, prirent le nom des deux anciennes factions d'Allemagne, c'eft-à-dire de Guelphes & de Gibelins, la premiere fe déclarant pour les Papes & l'autre pour les Empereurs; car le meurtre de Buondelmonte, n'avoit été qu'un prétexte de courir de part & d'autre aux armes, & bientôt de plus puiffans motifs de haine & de divifion animerent les factieux (1).

Frideric qui avoit pris tant de foins & fait tant de promeffes, qu'à la vérité il n'étoit gueres dans l'intention de remplir, eut bientôt occafion de fufpecter la cour de Rome, & de s'appercevoir qu'il n'avoit pas auffi complettement trompé le Pape qu'il s'en étoit flatté: en effet, malgré les ordres généraux & particuliers qu'Honorius avoit envoyés dans les diverfes parties de l'Italie, l'Empereur fut très-étonné de voir que c'étoient précifément les villes attachées à la faction des Guelphes, qui déférant le moins aux ordres du Pape pour lequel elles tenoient, fe montroient les plus difficiles à jurer obéiffance au chef de l'Empire. Quelque mécontent néanmoins que fut le Monarque, il étoit trop politique pour éclater encore, & habile dans l'art de diffimuler, il alla dans la terre de Labour, & dans deux affemblées générales des Comtes & Barons, il fit des réglemens & des conftitutions qui ne devoient être rien moins qu'agréables à la cour de Rome: car il commença par mettre un impôt fur les revenus des Eccléfiaftiques, dont à la vérité il envoya fidélement le produit en Paleftine, pour fubvenir aux fraix de la guerre fainte. Il pourfuivit très-vivement les freres du dernier Pape, Innocent III, qui s'étoient rendus maîtres de plufieurs villes de la Pouille; il exila rigoureufement les Evêques qui s'étoient déclarés pour eux, ordonna que tout Prêtre ou moine qui contreviendroit aux loix du Royaume feroit jugé par les Magiftrats & punis comme le refte des fujets; il refufa de mettre en poffeffion de leurs églifes quelques Evêques que le Pape avoit élevés à l'épifcopat, & fans confulter Rome il difpofa de quelques évêchés vacans (2).

A la nouvelle de ces entreprifes qui étoient à la vérité fort oppofées à la conftitution d'Egra, quoiqu'au fond elles ne fuffent que des droits légitimes, & dont jouiffoient pleinement tous les Souverains de la chrétienté qui n'y avoient pas renoncé comme Frideric, le Souverain Pontife fe plaignit amerement à l'Empereur lui-même, auquel il écrivit à ce fujer, & qui lui répondit qu'Empereur & Roi de Sicile, il étoit juge fuprême de tous fes fujets, & des eccléfiaftiques ainfi que des laïques; qu'auffi, plutôt que de laiffer perdre cette prérogative, il aimeroit mieux s'enfevelir fous les débris de fes trônes. Par cette réponfe peu équivoque il étoit évident que l'Empereur étoit dans l'intention de garder la couronne de Sicile, & de ne pas tenir la promeffe

Hift. d'Allemagne, 1209-1254.

*Il manque à fes promeffes & mécontente le S. Siege.*

*Sa réponfe aux plaintes du Pape.*

(1) Iftor. della città è regno di Napoli dette di Cicilia. Di D Franc. Capecelatro. T. 2.
(2) Richard. S. Germ. Dom Capecelatro. Hift. de Naples. T. 2.

qu'il avoit ſi ſolemnellement faite par ſes lettres patentes de Strasbourg ſix ans auparavant, en 1215. Telle fut la premiere querelle qui s'éleva entre l'Empereur Frideric & le S. Siege. Il n'eſt pas difficile de voir & de juger du quel côté étoit la juſtice, car s'il eſt évident que l'Empereur avoit fait des conceſſions oppoſées aux droits & à la majeſté de ſon rang & de ſa dignité, il étoit également inconteſtable qu'il les avoit faites ces conceſſions, qu'il avoit juré de les obſerver, qu'il avoit renouvellé ce ſerment à Rome, lors de ſon couronnement, & qu'il violoit manifeſtement les obligations qu'il avoit contractées (1).

Modération
d'Honorius
& nou-
velles pro-
meſſes de
Frideric.

Quoique très-mécontent, Honorius ſe conduiſit avec la plus grande modération ; le deſir le plus preſſant de ce chef de l'Egliſe étoit alors d'engager les Souverains de la chrétienté à donner des ſecours à la Paleſtine opprimée ; ce fut dans cette vûe qu'il alla à Ferentino, en Campanie. tenir une aſſemblée qu'il y avoit indiquée, & à laquelle ſe trouverent Frideric, Jean de Brienne, Roi de Jéruſalem, le Commandeur du Temple, le Maître des Chevaliers de l'ordre Teutonique & une foule de Seigneurs des diverſes nations de l'Europe. Dans cette aſſemblée il ne fut abſolument queſtion que des moyens de délivrer la terre ſainte, & aux vives inſtances du Souverain Pontife, l'Empereur promit par ſerment de paſſer en Paleſtine dans deux ans, à compter du jour de la S. Jean ſuivant, c'eſt-à-dire en 1225; afin de l'engager encore, plus fortement à faire ce voyage., Jean de Brienne lui offrit en mariage ſa fille Iolande héritiere de ſa couronne, & Frideric, veuf depuis environ une année, jura de l'épouſer (2). A peu près dans le tems que l'on délibéroit à Ferentino ſur les moyens d'épuiſer les Etats d'Occident pour tâcher de défendre contre les Turcs quelques miſérables villes & villages de l'Orient, la guerre alloit ſe rallumer entre la France & l'Angleterre. Philippe Auguſte n'étoit plus & ſon fils Louis VIII qui n'avoit ni les talens ni l'habileté de ſon pere, refuſoit avec tant de hauteur à Henri III, ſucceſſeur de Jean ſans terre la reſtitution de la Normandie & des places envahies ſur l'Angleterre par Philippe-Auguſte, que l'on ne doutoit point qu'à l'expiration très-prochaine de la treve les hoſtilités ne recommençaſſent avec la plus grande vivacité entre les deux nations ; auſſi Louis qui ne négligeoit rien pour s'aſſurer la ſupériorité dans cette guerre, ſe hâta de renouveller avec le chef de l'Empire le traité d'alliance, par lequel Frideric promit de reſter neutre, & de n'entrer en aucune ſorte de confédération avec l'Angleterre contre la France (3).

Traité en-
tre Louis
VIII, Roi
de France
& l'Empe-
reur,
1223.

Cependant le Grand-maître des Chevaliers Teutoniques s'étant rendu en Sicile où Frideric tenoit ſa cour, il ſollicita ſi vivement, que l'Empereur parut diſpoſé à paſſer inceſſamment en Allemagne, pour y hâter les préparatifs de ſon voyage d'outre mer ; mais des affaires importantes, & l'offre que les Sarraſins qui reſtoient dans ce Royaume lui firent de ſe ſoumettre à lui, ne lui permettant point de s'éloigner encore de Sicile, il ſe contenta d'envoyer, pour veiller à ces mêmes préparatifs le Grand-maître des Chevaliers

---

(1) Richard S. Germ D Capecelatro & *Hiſtoire des Rois des deux Siciles* par M. d'Egly.
(2) Albert. Stad. Godefrid. *chron. ad ann.* 1223. (3) Daniel. *Hiſt. de France.* Tom. 3.

Teutoniques, auquel il recommanda de paſſer par Rome & de remettre au Pape une lettre qu'il lui adreſſoit, & dans laquelle il exhortoit fortement le Souverain Pontife à rallumer par ſes conſeils & ſes inſtances le zele du reſte des Souverains de la Chrétienté. Quant à moi, diſoit-il, Dieu qui ſonde les cœurs, ſait avec quelle ardeur je deſire de ſeconder de toute ma puiſſance cette pieuſe entrepriſe, j'aurai s'il le faut jusques à cent galeres prêtes dans les Ports de Sicile. J'ai ordonné la conſtruction de cinquante bâtimens, chacun desquels contiendra quarante hommes & quarante chevaux. J'ai promis d'épouſer la fille & l'héritiere du Roi de Jéruſalem, & rien au monde ne me diſpenſera d'exécuter le ferment que j'en ai fait &c. Enfin en terminant ſa lettre, l'Empereur repréſentoit au Pape que l'Egliſe & lui même paroiſſoient depuis quelque-tems agir très-mollement dans cette grande affaire, & il lui conſeilloit d'envoyer de nouveaux émiſſaires éloquens & zélés dans toutes les cours de l'Europe (1).

Hiſt. d'Allemagne, 1209 1254.

Cette lettre de Frideric étoit d'autant plus ſinguliere qu'aſſurément de tous les Souverains, il étoit ſans contredit le moins diſpoſé à entreprendre le voyage d'outre mer, & qu'il étoit trop éclairé ſur les vrais interêts de l'Empire, pour avoir un zele bien vif pour de ſemblables expéditions. Quoiqu'il en ſoit, afin que Rome ne doutât ni de la ſincérité de ſes offres, ni de ſon attachement à la Religion, il ſit en même tems publier quatre conſtitutions contre les hérétiques, & qui ſemblent dictées par l'intolérance même (2).

Enchanté de la pieuſe ardeur de Frideric pour la croiſade, le Souverain Pontife, d'après les conſeils du Monarque, envoya des Légats chez toutes les nations de l'Europe Chrétienne; le Cardinal Conrad Evêque de Porto, eut le plus grand ſuccès en Allemagne; non ſeulement il y détermina la plus grande partie du peuple & des Seigneurs à ſe croiſer, mais il y parvint encore de concert avec le jeune Roi Henri & le Régent Engelbert, à engager le Comte de Suerin à rendre la liberté à Waldemar, Roi de Dannemare, & à ſon fils, que ce Comte retenoit depuis plus de dix-huit mois dans la plus dure captivité : ce fut à cette occaſion & en reconnoiſſance d'un tel bienfait, que Waldemar mit ſon Royaume ſous la protection d'Henri avec lequel il fit un traité d'alliance.

Succès d'Honorius & de ſes Légats auprès des Souverains.

L'Empereur qui ne s'étoit pas attendu aux grands effets qu'opéreroient les démarches du Pape & les exhortations de ſes Légats, ne fut rien moins qu'agréablement ſurpris d'apprendre que de toutes parts on faiſoit les plus grands préparatifs pour le voyage de la Paleſtine. Il avoit juré de s'y rendre lui-même; le tems auquel il avoit promis de ſe mettre en mer approchoit, & cependant jamais il ne s'étoit ſenti une auſſi forte répugnance à quitter ſes états pour une expédition à laquelle il n'avoit aucune ſorte d'intérêt; expédition qui juſqu'alors avoir été très-préjudiciable aux Souverains de l'Europe qui y avoient pris part, & qui n'avoit été avantageuſe qu'aux Papes, habiles à profiter de l'abſence des Empereurs, pour s'agrandir en Italie. Mais quelque inquiétantes que fuſſent cet conſidérations, l'Empereur s'étoit lié par des ſermens qu'il ne pouvoit enfreindre, & il étoit dans le plus grand embar-

(1) Ducange. Ville Hardouin p. 263. Fleury. Hiſt. Eccl. T. 16. (2) Godefrid. Monach. Petr. de Vineis. T. 1. Epiſt. 25 26 27.

Sect VI.
Hist. d'Al-
lemagne,
1209-1254.

ras, lorsque d'heureuses circonstances vinrent lui offrir un moyen, si non de
se dégager tout à-fait, du moins de retarder l'exécution des engagemens qu'il
avoit pris. Les Romains mécontens du Pape Honorius s'étoient revoltés
contre lui, l'avoient contraint de sortir de Rome & de se retirer à Tribur.
En semblables circonstances les Souverains Pontifes n'avoient d'autre ressource; ni de plus puissant protecteur à opposer aux Romains indociles que le
chef de l'Empire : aussi, bien assuré du succès de sa demande, Frideric
envoya prier le Souverain Pontife, par Jean de Brienne & le Patriarche de Jérusalem qui se trouvoit alors en Italie, de lui permettre de

Frideric II
obtient un
delai pour
son voyage
en Palesti-
ne.
1225.

différer encore de deux ans son voyage d'outre mer. Honorius qui croyoit avoir besoin d'un défenseur tel que Frideric, & qui d'ailleurs, eût
trop risqué, dans la situation où il étoit, de s'attirer un tel ennemi sur les
bras, envoya à l'Empereur deux Légats auxquels il promit que dans deux
ans il passeroit avec cinquante galeres à la terre sainte, où pendant deux années il tiendroit deux mille Chevaliers à son service; qu'en attendant le tems
fixé pour son départ, il donneroit par trois fois différentes, passage à deux
mille Chevaliers & à leurs domestiques, se soumettant à être excommunié,
s'il ne remplissoit pas à la rigueur ces conditions; & consentant que ses terres
& ses Etats fussent mis en interdit. Après que Frideric eut juré de remplir ces conventions, il fut absous de son serment, & rentrant dans la Pouille il indiqua pour la Pentecôte de l'année suivante, à Cremone une assemblée générale des Seigneurs d'Allemagne & de Lombardie (1).

Soit qu'Honorius pensât qu'après le grand service qu'il venoit de rendre à
l'Empereur, ce Monarque auroit à son tour assez de complaisance pour se relâcher un peu de son inflexibilité ordinaire lorsqu'il s'agissoit de défendre ses
droits & ses prérogatives, soit qu'en effet, le Souverain Pontife s'y crût au-

Démêlé
avec le
Pape.

torisé, il nomma, sans la participation du chef de l'Empire à cinq Evêchés
de la Pouille qui vaquoient depuis quelque tems, & la promotion faite, il se
contenta d'écrire à Frideric qu'une plus longue vacance de ces sieges leur auroit attiré trop de reproches à l'un & à l'autre; qu'au reste, il ne doutoit
pas que les Prélats qu'il avoit choisis, ne lui fussent très-agréables : le Pape
se trompa, & ces Prélats lui furent si peu agréables, qu'il ne voulut absolument point leur permettre de prendre possession de leurs Eglises (2).

Pendant que cette affaire ulcéroit l'un contre l'autre le Pape & l'Empereur,
l'Allemagne fut heureuse & paisible par la sagesse du Gouvernement d'Engelbert, Archevêque de Cologne & tuteur du Roi Henri; chacun respectoit
les vertus & admiroit les talens & l'habileté de ce Régent actif, éclairé, sur-
tout ami de la justice, & qui n'étoit sévere que contre les mauvais citoyens:
aussi le plus cruel de ses ennemis fut le Comte d'Isenberg son parent, qui
avoué d'une abbaye de religieuses, s'étoit approprié des revenus de ce monastere, & traitoit si mal les religieuses, qu'elles s'en plaignirent au Régent.
Engelbert indigné de la conduite de son parent alla le trouver en Westphalie où il faisoit sa résidence, & lui proposa quelques conditions d'accommodement avec ce monastere. Engelbert étoit juste & ces conditions obligeoient
iné-

(1) Richard. S. Germ. ap. Rainald. ad ann 1225. n. 4. Alberic.    (2) Ital. Sacr.
T. 6. Pag. 410.

inévitablement le Comte à des restitutions ; celui-ci dissimulant ses véritables sentimens, feignit de se rendre aux conseils de son parent, & convint avec lui qu'ils se trouveroient l'un & l'autre à la diete que le Roi Henri venoit de convoquer à Nuremberg. Le Régent satisfait de la docilité du Comte prit congé de lui ; mais à peine il étoit parti que le traître Isemberg envoya placer ses gens en embuscade au haut d'une montagne, dans un chemin creux, par où Engelbert ne pouvoit se dispenser de passer ; & là il fut lâchement mis à mort par cette troupe d'assassins : à la nouvelle de ce meurtre le criminel fut aisément reconnu. Il fut mis au ban de l'Empire ; ses biens confisqués, & Henri Prévôt de Bonne, successeur d'Engelbert au siege de Cologne, promit mille marcs d'argent à quiconque lui livreroit, le Comte d'Isemberg. Celui-ci fut pris ; l'Archevêque paya les deux mille mares, & quelque repentir que le criminel témoignât, l'inflexible Archevêque le fit étendre par terre, & lui fit casser lentement les bras & les jambes avec une coignée (1). Frideric donna pour successeur à Engelbert dans l'administration des affaires d'Allemagne, Louis le Sévere, Duc de Baviere, qu'il nomma Gouverneur du Roi Henri & Régent des affaires de l'Empire.

Cependant les Seigneurs d'Allemagne s'imaginant, sans raison, que l'assemblée convoquée à Cremone n'auroit pas lieu, aucun d'eux ne s'y rendit ; Frideric suivi des Barons & des Chevaliers feudataires de Sicile, alla en Lombardie, d'où il passa dans le Duché de Spolette, & ordonna aux habitans de l'accompagner en Lombardie, où il vouloit rentrer ; mais ils refuserent de s'éloigner du Duché, à moins qu'ils n'en eussent la permission du Pape dont ils étoient vassaux. L'Empereur qui n'étoit déjà rien moins que content d'Honorius, s'irrita de cette réponse & envoya des ordres encore plus pressans aux Spoletins, qui les firent passer à la cour de Rome. Honorius fut très-irrité de la conduite de l'Empereur ; & il faut avouer que les habitans du Duché de Spolette étant réellement les vassaux du S. Siege, on ne voit pas que Frideric eut aucune sorte de droit de leur ordonner de le suivre. aussi le Souverain Pontife écrivit-il une lettre assez vive à ce sujet à l'Empereur, qui répondit fort durement que s'étant toujours montré le plus zélé des Princes pour les intérêts du S. Siege, il n'avoit jamais été payé que de la plus noire ingratitude, & à ce sujet il ne manquoit pas de rappeller les efforts qu'Innocent avoir faits pour le dépouiller, dans son enfance, du sceptre de Sicile & élever un étranger sur ce trône. Cette réponse ne resta point sans replique & la correspondance s'aigrit de jour en jour ; cependant il faut avouer que ce n'étoit point le Pape qui mettoit le plus d'amertume dans ses reproches, puisqu'au contraire il finit par garder une telle modération, que Frideric revenant sur ses pas, eut honte de s'être exhalé en menaces & en injures, ne chercha plus qu'à satisfaire celui qu'il avoit offensé & répara autant qu'il fut en lui l'insultante vivacité de ses premieres lettres (2).

Toutefois, si l'Empereur céda en cette occasion & sembla même reconnoître ses torts, il se dédommagea bientôt de ce sacrifice, au préjudice de Jean de Brienne, Roi de Jérusalem, dont il venoit d'épouser la fille : car il

*Hist. d'Allemagne,* 1209-1254.

*Assassinat du Régent d'Allemagne.*

*Supplice affreux de l'assassin.*

*Injuste entreprise de Frideric.* 1226.

*Son injustice envers Jean de Brienne son beaupere.*

(1) *Vita S. Engelb. per Cæsar L. 2. cap.* 1.2.4.5.6.7.8.9. (2) Ursperg. Richard. S. Germ. apud. Rainald. Fleury, T. 16. Spener, ad ann. 1226.

exigea que fon beau-pere lui cédât fa couronne & tous les droits de la Prin-cefle fa fille, cette prétention n'étoit fondée fur aucun titre, fur aucune for-te d'engagement, & c'étoit une ufurpation manifefte, puifqu'au contraire, Frideric avoit fait entendre à Jean par le Grand-maître de l'Ordre Teutonique chargé de négocier ce mariage qu'il refteroit paifible poffeffeur de fon trône: mais Frideric étoit le plus fort, & Jean hors d'état de lui refifter, fut con-traint de lui céder fa couronne. Cette ceffion fut faite à peine, que Fride-ric, comme s'il n'eût cherché qu'à humilier fon beau-pere, exigea l'homma-ge du Seigneur de Tyr & de plufieurs Chevaliers de Syrie qui étoient en Ita-lie à la fuite du Roi Jean. Dans le même tems l'Empereur fit partir un E-vêque de la Pouille, qui, fuivi de deux Comtes & de trois cens Chevaliers de Sicile, paffa en Orient & fe rendit à Acre, où il reçut, au nom de Fride-ric les hommages de tous les vaffaux du Royaume de Jérufalem. Accablé de tant d'ingratitude, Jean de Brienne, dépouillé par fon gendre, fe retira en France & Gautier fon neveu à Rome (1). Frideric qui avoit indiqué une diete générale à Cremone, envoya ordre au Roi Henri fon fils de venir le joindre en Lombardie: auffi-tôt qu'il eut reçu cet ordre Henri fe mit en rou-te, s'avança jufqu'à Trente fuivi d'une petite armée, mais ne put aller plus avant, les Véronois ne voulant pas lui donner paffage fur leurs terres; de ma-niere qu'il fut obligé de s'en retourner en Allemagne. Cependant la diete de Cremone eut lieu; on y délibéra fort inutilement fur les moyens de contrain-dre les hérétiques de s'éloigner de l'Italie, & plus inutilement encore fur les moyens de faire rentrer les villes de Lombardie fous la domination Im-

périale. Ces villes prefque toutes confédérées contre l'Empereur, refuferent obftinément de lui obéir, & nulle d'elles ne voulut même le recevoir: en-forte qu'après la diete il fut contraint de fe retirer au bourg de S. Domain, où Conrad, Evêque de Hildesheim, prêcha fans fruit, & excommunia fans fujet les villes de Lombardie qui vouloient fe fouftraire à la domination de Frideric. Le Pape fort étonné qu'en Italie même, Conrad, fans lui en fai-re part, eut entrepris d'employer les cenfures eccléfiaftiques, annulla l'ex-communication lancée & les villes Lombardes s'imaginant que le Pape ap-prouvoit leur conduite, s'affermirent encore plus dans leur confédération. Frideric les déclara ennemies de l'Empire & fe retira en Tofcane (2).

D'autant plus affligé de cette guerre, qu'elle retardoit inévitablement l'en-voi des fecours promis aux Chrétiens de la Paleftine, le Pape Honorius fe donna tant de foins & fit tant de démarches, foit auprès de Frideric foit au-près des villes liguées, qu'il parvint enfin à faire conclure la paix, aux con-ditions que Frideric remettroit aux villes liguées tout reffentiment des inju-res, & qu'il revoqueroit toutes fentences prononcées & toutes conftitutions faites contre les confédérés; que ceux-ci de leur côté, fourniroient pendant deux ans à leurs dépens, 400 Chevaliers pour le fecours de la terre fainte; qu'ils feroient la paix avec les villes, les lieux & les perfonnes attachées à l'Empereur; qu'enfin ils obferveroient inviolablement toutes les conditions

(1) Sanat. Lib. 3 parte 2. Cap. 10. Richard. S. Germ. apud Rainald.
(2) Godefrid. Conrad. Urfperg. Spener. ad ann. 1226.

& les loix publiées par l'Eglife Romaine ou par les Empereurs & cafferoient *Hift.* d'Al-<br>lemagne,<br>1209-1254. tous ftatuts faits contre la liberté eccléfiaftique (1).

Comme le refte dès Souverains de l'Europe, le Pape Honorius ne voyoit qu'avec douleur la trifte fituation du Roi Jean de Brienne, dépouillé de fon rang par fon gendre, & peu content de lui donner le gouvernement de quelques terres de l'Eglife Romaine, dont il lui céda généreufement les revenus, il écrivit en faveur de ce malheureux Prince à Frideric, auquel il repréfenta avec autant de force que de raifon combien il avoir été injufte en trompant auffi cruellement & en dépouillant fon beau-pere. Mais la fermeté des remontrances du Souverain Pontife, ni fes exhortations ne purent rien gagner fur Frideric. Le Pape eut pourtant la prudence de ne remplir dans cette affaire que le rôle de médiateur, & il ne crut pas devoir trop infifter, de crainte de nuire à la croifade, qu'il preffoit de toute fa puiffance, & par les follicitations auprès des divers Souverains, & par les fréquentes lettres qu'il écrivit à Frideric, & dans lesquelles il ne ceffoit de lui dire que le terme auquel il avoir promis d'effectuer fa promeffe approchoit. Mais avant qu'il fut arrivé ce terme, celui de la vie du Pape Honorius s'écoula; il mourut le 18 Mars de 1227 & fut univerfellement regretté de tous les Souverains de la chrétienté; il méritoit de l'être: ami de la paix, zélé pour l'Eglife dont il connoiffoit les véritables intérêts, jufte, bienfaifant, éclairé, fa douceur le faifoit chérir; fes vertus le faifoient refpecter, il illuftra comme Innocent III la chaire de S. Pierre (2). *Mort d'Ho-<br>norius III,<br>Gregoire<br>IX lui<br>fuccede.<br>1227.*

Le Cardinal Hugolin, Evêque d'Oftie réunit les fuffrages des Cardinaux & prit poffeffion du S. fiege fous le nom de Gregoire IX. Par les talens & même par l'intégrité de fes mœurs il fut digne fans doute de fuccéder à Innocent & à Honorius. Mais à l'impétuofité de fon caractere, à l'on infatiable ambition, aux moyens violens qu'il aimoit à mettre en ufage, on croiroit que l'on unique foin fut d'imiter, autant qu'il lui étoit poffible, le fougueux Gregoire VII. Il remplit l'Italie, l'Europe prefqu'entiere de haines, de diffentions, de troubles, de guerres meurtrieres; & fon Pontificat ne fut qu'une longue fuite d'orages. A peu près dans le même tems qu'Honorius paffoit de la chaire Pontificale dans le tombeau, la mort faifoit paffer la couronne de Louis VIII fur la tête de Louis IX fon fils, encore dans l'enfance, & dont les Etats furent confiés à la régence de l'habile & fage Blanche de Caftille fa mere. Blanche commença par renouveller les anciens traités d'alliance avec l'Empire, & par ce traité Frideric & fon fils Henri, Roi des Romains s'engagerent à ne former contre la France aucune liaifon avec l'Angleterre, tandis que la Régente, en fon nom, ainfi qu'en celui de fon fils promettoit de protéger l'Empereur contre tous fes ennemis.

Lors de ce traité l'Empereur n'avoit pas encore d'ennemi bien formidable à repouffer; mais le plus dangereux & le plus implacable de ceux contre lesquels il auroit bientôt à lutter ne tarda gueres à fe déclarer: cet ennemi moins redoutable par fes forces & fa puiffance, qu'il ne l'étoit par fes intrigues & fa violence étoit Gregoire IX, qui dès les premiers jours

(1) Richard S. Germ. Rainald. *ad ann.* 1226 1227. ' | (2) Idem Fleury. *Hift.<br>Eccl.* Liv. 76. & le Tom. 37. de notre ouvrage. p. 100.

Sect. VI.
Hist. d'Al-
lemagne,
1209-1254.

Soins &
démarches
de Gregoire
IX pour la
Croisade.

de son regne employa toute son autorité à poursuivre l'entreprise de la croisade. Il écrivit à tous les Souverains, à l'Empereur sur tour, qui, suivant
les promesses qu'il avoit faites paroissoit ne pouvoir se dispenser de se mettre
incessamment en mér.   Pour l'exciter à 'cé voyage; Gregoire lui envoya' une
très-longue lettre qu'on regarda comme fort éloquente, mais où personne,
& vraisemblablement Gregoire lui-même ne pouvoit rien comprendre.   C'é-
toit une explication mistérieuse de tous les ornemens. Impériaux, ornemens,
qui, suivant le Pontife étoient autant de signes par lesquels le ciel ordonnoit
au *Chérubin armé du glaive tournoyant*, c'est-à-dire au chef de l'Empire
de quitter ses Etats & d'aller au secours des Chrétiens de la Palestine (1).
· 'Si quelque chose eût peu dégoûter de ce voyage, c'eut été cette lettre ridicule; mais il avoir sincerement résolu son départ, & dans cette vûe il se
rendit à Brindes qui étoit le rendez-vous de l'armée des croisés. Peu de tems
avant le jour fixé pour mettre à la voile, une maladie terrible & contagieuse
se mit parmi les troupes & en moissonna une grande partie; Frideric n'en fut
que plus ardent à hâter les préparatifs du voyage: mais l'air de Brindes devenant toujours plus dangereux, il crut devoir pour le bien même de l'entreprise projetée se retirer pour quelques jours à Otrante : mais il n'étoit plus
tems; & l'air empesté qu'il avoit respiré à Brindes, lui causa à Otrante une
maladie cruelle & qui fit craindre pour sa vie: il se rétablit cependant; mais
il resta si foible, qu'il ne lui fut absolument pas possible de se rendre cette
année en Orient.   Gregoire prit ce retardement pour un effet de la mauvaise
volonté de l'Empereur; & quoique rien ne fut moins équivoque que le danger qu'il venoit de courir, le Pape enflammé de courroux affecta de prendre
les raisons très légitimes de Frideric pour de vains prétextes: il se rendit à
Agnani, où après le sermon le plus fanatique sur ce texte. *Il est nécessaire
qu'il arrive des scandales*, il frappa sans ménagement l'Empereur d'excommunication, & s'en retourna à Rome, où dès son arrivée, se présenterent
à lui les Archevêques de Reggio & de Bari, le Duc de Spolette & le Comte de Malthe qui venoient de la part de l'Empereur exposer au S. siege les
raisons très valables qui ne lui avoient pas permis de s'embarquer (2).

Une mala-
die de
l'Empereur
l'empêche
de s'embar-
quer: le
Pape l'ex-
communie.
1228.

Soir que Gregoire ne cherchât qu'à pousser à bout le Monarque, soit
qu'il ne fît que suivre la pente naturelle de son caractere turbulent, il
s'obstina à soutenir que la maladie qu'on alléguoit étoit supposée, & rassemblant autant de Prélats d'Italie & même de Sicile qu'il lui fut possible, il réi-
téra solemnenellement l'anathême contre le chef de l'Empire, écrivit à tous
les Souverains des lettres dans lesquelles le chargeant d'injures & de calomnies, il déclaroit sans détour qu'il procéderoit plus rigoureusement contre
ce Souverain si les circonstances l'exigeoient; c'est à dire qu'il le ménaçoit
ouvertement de le déposer de l'Empire.

Violence de
Gregoire.

· Trop sensible & trop fier pour dissimuler d'aussi cruels outrages, Frideric pour se venger commença par répandre des manifestes, dans lesquels
il donnoit les preuves les plus évidentes & de la maladie qui l'avoit retenu à
Otrante & de l'impossibilité absolue où il avoit été de s'embarquer; ainsi qu'il

---

. (1) Fleury. Hist. Eccl. Liv. 79.    (2) Vita Gregor. IX. ap. Rainald. n. 24. Richard, S. Germ. & notre Tom. 37. ib.

*Hift. d'Al-*
*lemagne,*
*1209-1254.*

avoit défiré dé le faire. Moins modéré dans les lettres qu'il écrivit aux Souverains & dans celle fur-tout qu'il adreſſa à Henri III·, Roi d'Angleterre, il fe plaignoit avec amertume des attentats de Rome, fur les droits de la couronne Impériale, de fes vexations, de fon inſatiable avidité & fur-tout de la domination que le S. Siege prétendoit avoir fur les trônes des Rois (1). Mais tandis que. l'Empereur ne faiſoit que le plaindre, Gregoire plus fougueux tenoit à Rome un concile dans lequel après avoir réitéré l'excommunication, il menaçoit fon ennemi de faire procéder contre lui comme contre un hérétique, s'il oſoit aſſiſter au ſervice divin: s'il ne ceſſe (continuoit l'implacable Pontife) de fouler aux pieds la liberté de l'Egliſe, & de dédaigner nos cenſures, nous abſoudrons de leur ferment de fidélité tous les ſujets & principalement ceux de Sicile, de maniere qu'il fera privé de cette couronne, qui appartient ſpécialement à l'Egliſe Romaine.

Les dénouëiations de Gregoire étoient fi violentes & fes cenſures fi hazardées, que Frederic ne croyant pas devoir y déférer, affeƈta de célébrer à Barlette la fête de Paque avec la plus grande magnificence: impatient de fe venger, il fe ligua avec les Frangipani, leur acheta toutes leurs terres à un prix très-conſidérable qu'il paya comptant, les leur rendit, & les fit fendataires & Princes de l'Empire, à condition qu'ils le ſerviroient envers tous & contre tous. En reconnoiſſance de tant de bienfaits, les Frangipani exciterent dans Rome une fédition contre Gregoire, qui fut obligé d'en ſortir & de fe retirer à Pérouſe (2).

Afin de démontrer, contre les dénonciations réitérées dè Gregoire, qu'il ne deſiroit rien tant que de délivrer la terre ſainte de l'oppreſſion des Sarraſins, & que ce n'avoit été que forcément qu'il avoit différé fon voyage, Frideric fe prépara férieuſement à paſſer la mer, & après avoir pourvu à l'adminiſtration des affaires de Sicile pendant fon abſence: après en avoir nommé Bayle ou Gouverneur le Duc de Spolette Rainald; après avoir réglé entre fes enfans l'ordre de fa ſucceſſion, il s'embarqua, fuivi de vingt galeres, & d'une partie de fes troupes, laiſſant les autres au Duc de Spolette avec ordre de s'oppoſer à tout ce que le Pape entreprendroit. Mais afin que Gregoire n'eût aucun prétexte de commencer les hoſtilités, l'Empereur avant que de fe mettre en mer, lui écrivit qu'il avoit laiſſé à Rainald plein pouvoir de traiter en fon nom & même de conclure la paix avec l'Egliſe. Cette lettre fut portée à Gregoire par l'Evêque de Bari & par le Comte de Malthe, décorés du titre d'ambaſſadeurs (3).

Le Souverain Pontife ne s'étoit pas conduit auſſi violemment pour en venir fitôt à un traité de paix, d'ailleurs, il haïſſoit Rainald prèſqu'autant qu'il déteſtoit l'Empereur. Auſſi fous prétexte que le Duc de Spolette étoit un perſécuteur de l'Egliſe, il refuſa de traiter avec lui, & congédia fort brusquement les Ambaſſadeurs. C'étoit là tout ce qu'attendoit Rainald, qui fe jeta fur le patrimoine de S. Pierre & y exerça de cruelles hoſtilités; il fut excommunié; mais les foudres de l'Egliſe ne le rendirent que plus terrible dans fa vengeance. Le Souverain Pontife envoya contre lui de la cava-

---

(1) Conrad. Urſperg. Spener, *ad ann.* 1227. (2) *Afta apud* Rainald *ad ann.* 1228. (3) Conrad. Urſperg. Albert. Stad. Richard. S. Germ. Spener. Fleury. liv. 79.

lerie & de l'infanterie fous les ordres de Jean de Brienne, tout aufli irrité que le Pape, mais avec bien plus de raifon, contre l'Empereur fon gendre & fon fpoliateur.

Dès la première nouvelle que le Pape reçut de l'embarquement prochain de Frideric, il lui avoit envoyé défendre de palfer à la terre fainte, attendu, difoit-il, que ce feroit une chofe indigne qu'un Prince excommunié par l'Eglife fe montrât à la tête d'une armée qui combattoit pour l'E-

*Il y eft mal reçu par les croifés animés par Gregoire IX* glife & au nom du Seigneur. Cette défenfe n'arrêta pourtant pas l'Empereur qui arriva au port d'Acre en Paleftine, le 7e de Septembre 1228. L'accueil froid qu'on lui fit l'étonna; mais bientôt il apprit qu'il avoit été dévancé par deux freres Mineurs chargés de lettres du Pape, l'une au Patriarche de Jérufalem auquel le Souverain Pontife ordonnoit de dénoncer l'Empereur excommunié & parjure: par les autres lettres le Pape défendit aux Hofpitaliers, aux Templiers & aux Chevaliers Teutoniques d'obéir à aucun ordre de Frideric & même de communiquer avec lui. Si Gregoire IX avoit agi de concert avec les Sarrazins, il n'eut pas pu facrifier plus cruellement les intérêts des croifés, ni ceux des Chrétiens de la terre fainte. Malgré tant de dégoûts, tant d'injures, l'Empereur ne fongea qu'à combattre contre les infideles & il eut vraifemblablement affuré la fupériorité des croifés, fi les intrigues de Gregoire IX en Italie, & fes attentats réiterés lui euffent permis de refter en Orient, aufli long-tems que fa préfence y étoit néceffaire (1).

*Frideric marche contre les infideles.* Dès fon arrivée Frideric trouva que les croifés commandés par le Duc de Limbourg avoient fortifié Céfarée, plufieurs châteaux, & que pour aller librement jufqu'à Jérufalem, il ne leur reftoit plus qu'à réparer Joppé. L'Empereur fe mit à leur tête & approuvant le plan qu'ils avoient formé, il les conduifit à Joppé. Mais Meladin, fils du Soudan Saphadin, & fon fuccesfeur au Royaume d'Egypte étoit campé avec une puiffante armée aux environs de Gaza, à une journée de Joppé, tandis qu'à une égale diftance, à Naploufe étoit également campé le Soudan de Damas à la tête de troupes très-nombreufes. Il étoit évident que les croifés étoient hors d'état de tenir contre ces deux armées affez puiffantes pour les exterminer fi elles fe fuffent réunies contre eux, ce qu'elles n'euffent manqué de faire, pour peu qu'ils euffent pourfuivi leur route. Dans cette inquiétante fituation, l'Empereur en politique habile envoya deux Seigneurs à Meladin, chargés de lui dire qu'il venoit non en ennemi mais en frere; que fon deffein n'étoit pas de tenter des conquêtes, mais qu'il ne vouloir que recouvrer le Royaume de Jérufalem, comme le patrimoine du fils qu'il avoir eu de la Princeffe Yolande fon époufe, qui étoit morte peu de tems après avoir accouché de ce fils: enfin qu'en rendant Jérufalem à fon légitime Souverain, il feroit un acte de juftice, épargneroit le fang humain, & termineroit une guerre cruelle qui ne duroit que depuis trop long-tems (2).

Meladin étoit informé de la foibleffe des croifés & de la méfintelligence qui divifoit leurs chefs; il étoit le plus fort; mais il étoit jufte & préféroit la

(1) Matth. Paris, an. 1228. Spener. Fleury. *ad eund. ann.*
Fleury. *Hift. Eccl.* ad ann. 1229. *Hift. Univ.* T. 37. p. 101.

(2) Apud Rainald.

gloire de bien gouverner fes fujets à l'éclat des victoires & des conquêtes: il répondit aux envoyés de Frideric qu'il le prioit de s'expliquer plus clairement fur l'amitié qu'il paroiffoit vouloir contracter avec lui, & lui envoya des préfens magnifiques. La négociation entre les deux Souverains fe fit avec autant de fecret que d'habileté, & par le traité de treve qu'ils conclurent pour dix ans, il fut convenu que Meladin livreroit Jérufalem à l'Empereur & à fes Lieutenans pour en difpofer comme il jugeroit à-propos; que Frideric pourtant ne toucheroit point à la Mofquée ni à fon enceinte, mais qu'elle demeureroit entre les mains des Turcs, pour y faire l'exercice public de leur religion; qu'on n'empêcheroit aucun Mufulman d'aller en pélérinage à Bethléem, & que de même, fi un François étoit frappé de la majefté de ce lieu faint, on l'y laifferoit entrer pour faire les prieres, fi non, que l'on n'en fouffriroit aucun, même dans fon enceinte; qu'à Jérufalem un Mufulman qui feroit tort à un autre Mufulman, feroit appellé devant les juges de fa religion &c. Enfin il fut convenu que Bethléem, Nazareth, Tyrus & Sidon avec toutes les Bourgades, jufqu'à Joppé feroient rendus aux Chrétiens (2).

Cette treve qui, dans les circonftances où les Chrétiens fe trouvoient, étoit très-avantageufe pour eux, déplut au Patriarche de Jérufalem, ainfi qu'aux Hofpitaliers & aux Templiers, ils la traiterent de convention honteufe, quoiqu'elle affûrât aux Chrétiens précifément la poffeffion des lieux pour le recouvrement defquels ils éroient armés. Le Patriarche courroucé alla même jufqu'à défendre la célébration du fervice divin à Jérufalem, & à refufer à tous les pélérins de vifiter le S. Sepulcre.

D'après le traité qu'il venoit de conclure, l'Empereur fuivi de fon armée alla prendre poffeffion de Jérufalem, & dès le lendemain de fon arrivée, revêtu de fes habits Royaux, il fe rendit au S. Sepulchre, & faifant placer une couronne d'or fur l'autel, il fe la mit lui-même fur la tête & fe fit proclamer Roi de Jérufalem. Le grand-maître de l'ordre Teutonique exalta dans une harangue qu'il adreffa au peuple & à la nobleffe, les fervices importans que l'Empereur avoir rendus aux croifés, fe déchaîna vivement contre les eccléfiaftiques qui l'avoient traverfé de toute leur puiffance, & invita les nobles à concourir par leurs libéralités aux fortifications de cette ville. Frideric n'y refta que deux jours & les employa à écrire à divers Souverains de l'Europe: il n'oublia point d'adreffer, une lettre à Gregoire IX, dans laquelle il lui annonçoit les foins qu'il s'étoit donnés, & le fuccès qu'il en avoit obtenu.

Cependant le Patriarche de Jérufalem écrivoit dans le même tems deux lettres fur un ton bien différent, l'une adreffée au Pape & l'autre à tous les fideles: dans la premiere il accufoit l'Empereur d'avoir caufé aux croifés, depuis fon arrivée en Paleftine, les torts les plus confidérables & d'avoir feul occafionné tous les défaftres qu'il fuppofoit qu'ils avoient effuyés; il l'accufoit d'avoir reçu en préfent des concubines que le Soudan lui avoit envoyées, d'avoir indignement trahi la religion, en affectant d'imiter dans leurs mœurs les Sarrazins: enfin le dénonciateur interprétoit à fa manîere toutes les claufes du traité, qu'il prétendoit être auffi préjudiciable aux Chrétiens, qu'aviliffant

Hift. d'Allemagne, 1209-1254.

*Il conclut une treve de dix ans avec Meladin. 1229.*

*Il eft calomnié par le Patriarche de Jérufalem,*

*Vrais mo-
tifs de la
conduite de
Friderie.*

pour l'Empereur qui avoir lâchement facrifié fa propre gloire & les intérêts facrés de la religion à fes vues fur le trône de Jérufalem.

Cette lettre du Patriarche étoit fans contredit un tiffu de calomnies & d'invectives; cependant à bien confidérer les choles, on ne peut fe difpenfer de convenir que Friderie paroiffoit avoir moins confulté les intérêts & des croifés & des chrétiens d'Orient que fes propres intérêts. Il eft vrai qu'il étoit bien excufable par le befoin preffant qu'il avoir de repaffer promptement la mer, pour venir défendre fon Royaume de Sicile, qu'il favoit être en proie aux fureurs des troupes que Gregoire y avoit envoyées; or dans ces circonftances & fur-tout dans celles où fe trouvoient les croifés, fans difcipline & foulevés contre leur chef par le Patriarche & les Eccléfiaftiques, quel traité plus avantageux l'Empereur pouvoit-il faire. (1)

Ce qui détermina Friderie à quitter l'Orient auffi-tôt qu'il lui feroit poffible fut une lettre fort allarmante que lui écrivit Thomas d'Aquin, Comte d'Acerra, & par laquelle ce Seigneur lui apprenoit quelle armée nombreufe commandée par Jean de Brienne & foudoyée par le Pape, venoit de faire une violente incurfion fur fes terres, & que Jean de Brienne ne diffimuloit plus que fon deffein étoit d'accabler fon gendre & de lui ravir la couronne Impériale, comme fon gendre lui avoir enlevé le fceptre de Jérufalem. Ce qui hâtoit encore le départ de l'Empereur, que ces nouvelles allarmantes rendoient d'ailleurs indifpenfable, étoient les complots déteftables que les Hofpitaliers & les Templiers, enhardis par l'exemple de Gregoire & excités par les intrigues du Patriarche ne ceffoient de trâmer. Ils portèrent

*L'on trâme
contre fa
vie.*

leur trahifon jufqu'à écrire au Soudan Meladin, que Friderie devoit aller prefque feul & à pied, par dévotion, jufqu'au bord du Jourdain à un lieu qu'ils lui indiquèrent, & que là le Soudan pourroit facilement ou le faire enlever ou le faire mettre à mort.

Indigné de tant de perfidie Meladin envoya cette lettre à Friderie qui croyant devoir encore diffimuler l'injure, remit à d'autres tems le foin de fe venger & conçut dès lors contre ces deux Ordres la haine la plus implacable. Cependant Gregoire ne fut pas plutôt informé du retour prochain de l'Empereur, qu'il écrivit de toutes parts & demanda à tous les Souverains des fecours pour foutenir la guerre très-injufte qu'il étoit réfolu de continuer en Sicile. Ce Royaume étoit menacé des plus grands malheurs, & déjà prefque toutes les places de la Campanie & de la Pouille, étoient au pouvoir de Jean de Brienne, qui faifoit chaque jour de rapides progrès (1). Mais la nouvelle du débarquement de Friderie à Brindes ranimant le courage de fes troupes, elles ne tardèrent point à avoir des fuccès à leur tour, & Friderie eut d'autant moins de difficulté à reconquerir tout le pays qu'il avoit perdu, que Jean de Brienne, appellé par les Latins au trône de Conftantinople, étoit paffé en France pour y faire les préparatifs de fon voyage dans fes nouveaux Etats.

*Il paffe en
Sicile &
fes fuccès.*

On fait qu'il ne jouit que peu de tems de la couronne Impériale, & qu'après avoir eu la gloire de s'être affermi fur le trône de Conftantinople, il mourut & tranfmit fon fceptre à Baudouin II fon gendre, qui fut le dernier Em-

(1) Matth. Paris & Fleury. Spener. *Hift. Germ. Univ.*  (2) Conrad. Urfperg.
Godefrid, Spener. *ad ann.* 1229.

Empereur Latin, & eut la plus grande peine à se soutenir sur ce trône, malgré la protection du S. Siege, seul appui qui lui restoit.

- Irrité des succès de Frideric, Gregoire IX ne pouvant l'emporter sur lui par la force des armes, eut recours aux moyens les plus violens, & dans la vûe de l'accabler tout d'un coup, renouvellant les anathêmes dont il l'avoit frappé si fréquémment, il déclara tous ses sujets déliés du serment de fidélité. Ce coup d'éclat excita des murmures & des troubles en Allemagne, ainsi qu'en Sicile, & ces troubles augmenterent au point, que Frideric, quoiqu'il eut évidemment la supériorité sur son ennemi, voulut pourtant encore tenter de terminer cette longue & funeste querelle par la voie de la négociation. Dans cette vûe il envoya les Archevêques de Reggio & de Bari, avec le Maître des Chevaliers Teutoniques vers le Pape, & en même tems appella plusieurs Seigneurs d'Allemagne pour être arbitres de ses différens avec le Souverain Pontife. Celui-ci fit les plus grandes difficultés, & ce ne fut que l'année suivante qu'enfin l'Empereur impatient de terminer, jura en présence des deux Légats de se soumettre aux ordres de l'Eglise, & pour sûreté de l'engagement qu'il prenoit remit plusieurs places en sequestre entre les mains du Maître de l'ordre Teutonique. Peu de jours après Frideric fut absous par deux Légats, de l'excommunication, aux conditions qu'il répareroit les dommages soufferts par les Templiers, les Hospitaliers & les autres personnes ecclésiastiques, ainsi qu'il seroit statué par l'Eglise; que pour l'accomplissement du traité il donneroit pour caution à l'Eglise, des Seigneurs d'Allemagne, des villes de Lombardie, de la Marche & de la Romagne, & des Seigneurs de ces mêmes provinces qui seroient choisis par l'Eglise; que le Pape seroit remboursé des dépenses qu'il avoit faites hors du Royaume, pour conserver la liberté de l'Eglise & le patrimoine de S. Pierre (1).

Peu de jours après la conclusion de ce traité Frideric & le Pape eurent une entrevue à Anagni, d'où l'Empereur se rendit en Allemagne. Il étoit tems qu'il y parût, & sa présence y étoit d'autant plus nécessaire, que Henri son fils Roi des Romains, impatient de régner tramoit des complots & se disposoit à la revolte par les conseils de quelques factieux qui l'excitoient à profiter, à l'exemple d'Henri V, de la guerre que son pere avoit à soutenir contre Rome. La présence de l'Empereur déconcerta les rebelles; il étoit informé de tout, & afin de les mettre dans l'impuissance d'éclater il prit la résolution de se faire accompagner par son fils Henri en Italie, où il devoit aller pour faire rentrer sous son obéissance plusieurs villes qui déjà menaçoient de se soustraire à sa domination (2). Les préparatifs de ce voyage n'étoient pas faits encore que Frideric & son Chancelier l'Evêque de Ratisbonne reçurent des lettres de Gregoire II par lesquelles il pressoit l'Empereur de remplir, ainsi qu'il s'y étoit obligé, les conditions du traité auxquelles il s'étoit soumis lorsqu'il avoit été absous de l'excommunication. Il prioit aussi l'Empereur de rendre aux templiers & aux hospitaliers les biens dont il les avoir dépouillés & sur-tout de ne pas maltraiter les Lombards, que dans le même tems il exhortoit de demeurer soumis à l'Empereur.

Hist d'Allemagne, 1209-1254.

Traité de Paix avec GregoireIX 1230.

Soulèvement d'Henri, Roi des Romains.

(1) Richard. S. Germ Spener. T. 1. L. 6. cap. 6. Uspferg. Chrotf. (2) Monach. Paduanus. ad ann. 1231. Spener. ad hunc annum.

Sect. V.
Hift. d'Al-
lemagne,
1209 1254.

Conqu.ê e de
la Pruffe
par les Cha-
valiers Teu-
toniques.

Frideric promit au Pape de le fatisfaire en tout ce qu'il demandoit, & lui donna en même tems avis de l'incurfion que le Roi de Perfe, fe préparoit à faire dans-la terre fainte : le Pape avoit déjà reçu les mêmes avis de la Palef- tine même, & il en avertit tous les Souverains de la chrétienté, en les priant de fe tenir prêts à fecourir la terre fainte. Il y avoit quelque tems que l'Em- pereur avoir envoyé les Chevaliers Teutoniques, qu'il avoit emmenés d'O- rient, contre les Pruffiens & les Livoniens, peuples encore barbares, & qui vivoient dans les ténebres du Paganifme. Non- feulement les Chevaliers fub- juguerent ces peuples, mais ils conquirent fur eux un pays très- étendu, la Pruffe prefqu'entiere, & qui refta foumis à l'ordre Teutonique, jufques au tems où Sigismond, Roi de Pologne en invefit Albert, Marquis de Brande- bourg (1).

Gregoire IX avoit le plus grand intérêt à vivre en bonne intelligence avec Frideric, car les Romains s'étant foulevés contre lui, l'avoient forcé de for- tir de leur ville; il s'étoit retiré à Spolette, d'où ne fe croyant point en fûre- té il s'en alla à Anagni, & la même crainte le fit bientôt paffer à Rieti. Ce fut de là qu'il écrivit à l'Empereur de venir au fecours de l'Eglife : car Gregoire penfoit que tout ce qu'on entreprenoit contre la perfonne du Pape, étoit des entreprifes directement formées contre l'Eglife même. Il faut croire que Frideric penfoit différemment; car c'étoit lui qui fomentoit par le moyen des Frangipani, & fur tour par fes largeffes la revolte des Romains. Cepen- dant il ne manqua pas d'écrire & même d'envoyer des Ambaffadeurs à Gre- goire, pour l'affurer qu'il le feconderoit de toute fa puiffance (2).

La paix dont l'Allemagne jouiffoit depuis le retour de l'Empereur fut trou- blée tout-à-coup par les Stadingues, Peuple qui habitoit aux confins de la Saxe. On accufoit ce Peuple d'une héréfie ou plutôt des plus affreufes & ftu- pides abominations; car en pareille matiere, la haine, la fuperftition, le fa- natifme & la crédulité publique ajoutent communément beaucoup à la réa- lité des chofes. Ce qu'il y a de plus conftaté, eft que ces prétendus héréti- ques étoient indociles & très- brigands : ils étoient armés & commettoient des ravages cruels : Frideric envoya contre eux un corps de troupes; ils fu- rent complettement battus, & plus de fix mille des leurs refterent fur le

Complot du
jeune Roi
Henri con-
tre fon pere
qui lui par-
donne.

champ de bataille. La joye que caufoit à l'Empereur la nouvelle de ce fuccès fut troublée par la découverte qu'il fit d'un nouveau complot de rebellion. que fon fils Henri venoit de tramer & des foins qu'il fe donnoit pour le mettre à exécution. Frideric fit à fon fils ingrat les reproches les plus amers & voulut bien lui pardonner publiquement dans une diete qu'il tint exprès à Worms (3).

Gregoire IX ne fongeant qu'aux moyens de rétablir les affaires de la chré- tienté d'Orient, fe donnoit les plus grands mouvemens pour exciter les Sou- verains à envoyer des troupes contre les infideles. Il tint à ce fujet une af- femblée à Spolette, où l'Empereur fe rendit; on y réfolut de fe préparer à la guerre, auffi-tôt que la treve avec Meladin feroit expirée, & il n'y avoir plus que quatre années à attendre. Ce Souverain Pontife prêcha dans la

(1) Etat de l'Empire. Par Dumay. T. 1. Spener. ibid.        (2) Richard. S. Germ. ad
ann. 1232.        (3) Ap. Rainald. Fleury. Hyft. Eccl. Spener. Tom. 6. cap. 6.

grande place de Spolette, & la peinture qu'il fit des malheurs de la Paleſtine *Hiſt. d'Al-*
fut ſi vive, que la plûpart de ſes auditeurs prirent la croix. Le Souverain *lemagne,*
Pontiſe, parla auſſi dans ſon ſermon de l'obligation où les Chrétiens étoient *1209-1254.*
de ſecourir leur chef; car il eût bien deſiré qu'on l'eût ſecouru contre les Romains qui l'avoient chaſſé de leur ville; mais ce point de ſon diſcours ne fit
pas la même impreſſion; il n'y eut que l'Empereur qui lui promit hautement
de lui fournir tous les ſecours dont il auroit beſoin; enſorte que les Romains
inſtruits de ces promeſſes & ne ſe voyant point en état de lutter contre un tel
ennemi, ou plus vraiſemblablement de concert avec lui & déterminés par les
conſeils des Frangipani, conclurent leur paix avec le Pape, auquel ils permirent de retourner à Rome.

Pénétré de reconnoiſſance Gregoire IX voulant rendre à ſon tour quel- *Frideric re-*
que ſervice eſſentiel à l'Empereur, l'aida de toutes les troupes qu'il avoir *concilie les*
ſur pied contre le Roi Henri qui s'étant revolté pour la ſeconde fois, avoir *Romains*
hautement pris les armes en Allemagne contre ſon pere. Il ne fut point heu- *av c le Pape.*
reux; ſes adhérans furent battus; & pris lui-même les armes à la main, il fut *Revolte du*
conduit à Frideric, qui aſſemblant une diete à Mayence, y fit dépoſer ce fils *Roi Henri.*
ingrat de la dignité de Roi des Romains, qui fut déférée à Conrad que l'Em- *Il eſt dépoſé*
pereur avoir eu de Yolande: quant au jeune Roi dépoſé il fut conduit dans *& renfermé*
la Pouille, & enfermé à perpétuité dans un château où il mourut ſept ans *à perpetui.e.*
après (1). *1235.*

Afin qu'il ne reſtât plus en Allemagne aucune cauſe de trouble, Frideric
engagea Otton, fils d'Henri le Lion à renoncer aux prétentions que ſa qualité
de fils d'Henri le Lion lui donnoit ſur pluſieurs états. Car lorſque Henri le
Lion, eut été dépouillé de ſes poſſeſſions, ainſi que nous avons eu occaſion
de le dire, il s'étoit retiré en Angleterre d'où trois ans après, il étoit retourné
en Allemagne, & de tous les domaines qu'il avoir poſſédés avant ſa proſcrip- *Troubles en*
tion il n'avoit que Brunſwick-Lunebourg. Ses trois fils furent plus heureux *Allemagne*
dans la ſuite; Henri l'aîné eut la Palatinat du Rhin, Otton le ſecond, fut *appaiſes.*
Empereur ſous le nom d'Otton IV, & Guillaume, le dernier des enfans de
Henri, tranſmit à Otton de Brunſwick ſon fils tous les droits des anciens
Ducs de Saxe & dont la proſcription avoir dépouillé Henri le Lion. Ce fut
cet Otton de Brunſwick, qui peu ambitieux & ne cherchant qu'à plaire à
Frideric, ſe déſiſta publiquement de toutes les prétentions qu'il eut pu faire
valoir comme petit-fils de Henri le Lion, renonça au titre de Duc de Saxe
& prit celui de Duc de Brunſwick qui lui fit donné par Frideric (2).

Tandis que l'Empereur s'occupoit utilement du ſoin de pacifier l'Allemagne, l'eſprit de diſſention & d'indocilité faiſoit en Italie de rapides progrès:
les principales villes de la Lombardie, toujours prêtes à ſe ſoulever, & toujours ennemies de toute ſubordination, refuſoient hautement de reconnoître
Frideric pour leur maître, & les Plaiſantins porterent leur audace juſques à
faire pendre trois officiers de l'Empire. Frideric à la nouvelle de cette cruelle
inſulte, enflammé de courroux aſſembla toutes ſes forces, réſolu de paſſer
les Alpes, & d'autant plus impatient de ſe venger, qu'il étoit averti que le

(1) Godefrid. Alb. Stad. Spener ad ann. 1235. Hiſt. Univ T. 37. p. 102.
(2) Hiſt. de Guelfes. p. 805. 806. Albert Stad. ad ann. 1235.

Sect. VI.
Hiſt. d'Al-
lemagne,
1209-1254.

*La Lom-
bardie ſe
revolte con-
tre Frideric.*

Pape excitoit de toute ſa puiſſance, mais ſans paroître, cette rebellion. Gregoire cependant rempli comme il l'étoit du deſir de tourner toutes les forces
des Souverains de la Chrétienté du côté de la Paleſtine, & ſe donnant alors
les plus grands mouvemens pour faire hâter de toutes parts l'exécution de la
croiſade qu'il avoit méditée, ne fut pas plutôt inſtruit du deſſein de Frideric
II, qu'il lui écrivit & le conjura de ménager ſes forces pour s'en ſervir contre les infideles d'Orient, & pour lui offrir ſa médiation dans ſes différens a-
vec les Lombards (1).

S'il étoit vrai, comme ou le diſoit hautement que Gregoire IX fut l'inſtigateur de la revolte des Lombards, ſa lettre étoit une injure de plus: auſſi
n'éblouit-elle pas l'Empereur, qui lui répondit ou qu'il lui procurât une
paix honorable & avantageuſe avec la Lombardie, ou qu'il l'aidât lui-même
à ſoumettre & à chatier cette province rebelle. En même tems, bien loin
de diſcontinuer ſes préparatifs, Frideric ordonna de nouvelles levées de ſoldats, invita tous les Princes & Etats d'Allemagne à le ſeconder dans l'on expédition, indiqua au mois de Juin ſuivant, une diete générale à Parme, &
aſſigna Augsbourg pour rendez-vous général des troupes, mais afin de ne
donner au S. Siege aucun prétexte de plainte, il envoya prier Gregoire d'envoyer un Légat en Lombardie pour y négocier la paix, ſuppoſé qu'il y eût
de la poſſibilité à la conclure (2).

*Ses ſuccès
contre les
rebelles ſou-
tenus par
Gregoire
IX.*

Très-attentif en apparence à vivre en bonne intelligence avec le chef de
l'Empire, Gregoire s'empreſſa d'envoyer à Plaiſance Pecoraria, Evêque de
Paleſtine, qui avoit ordre de paſſer enſuite en Lombardie en qualité de Légat
du S. Siege. Cependant Frideric au tems marqué ſe mit à la tête de lès
troupes, paſſa les Alpes, & commença ſon expédition par l'attaque de Mantoue, dont il ravagea les campagnes voiſines, malgré les oppoſitions de Pecoraria, qu'on ſoupçonnoît avec d'autant plus de raiſon de ſoutenir les rebelles, qu'il venoit de travailler à la réunion des Plaiſſantins dont la diviſion étoit
très-favorable aux vûes de l'Empereur. La partialité de l'Evêque de Paleſtine étoit ſi marquée, & il diſſimula ſi peu ſes démarches pour les rebelles,
qu'indigné de ſa conduite ou, pour donner aux choſes leur véritable nom, de
ſa perfidie, Frideric écrivit fort vivement au Souverain Pontife, & ne lui
cacha point qu'il étoit informé du ſecours que Gregoire lui-même ne ceſſoit
de donner aux Lombards. Le Pape ſe juſtifia mal de ces reproches; il ne
crut pas même devoir déſavouer la préférence que dans cette querelle il donnoit aux Lombards, & s'exhala lui-même en plaintes fort ameres. Sa lettre
ne reſta point ſans réponſe; & des reproches les deux correſpondans en vinrent aux injures. Si Frideric accuſoit avec raiſon Gregoire de ſoutenir les Lombards, le Pape accuſoit à ſon tour avec autant de fondement Frideric d'avoir
été l'inſtigateur de tous les ſoulèvemens & de toutes les revoltes des Romains.

*Le Pape &
l'Empereur
s'accuſent
mutuelle-
ment.*

Suivant le ſtyle de ſes prédéceſſeurs, à ces accuſations il mêloit beaucoup de
menaces, auxquelles l'Empereur faiſoit d'autant moins d'attention, qu'il avoit
des ſuccès éclatans en Lombardie, & que maître de Vicence & de Verone,
il ſe flattoit de ſoumettre bientôt tout le reſte des villes rebelles. Il eut

---

(1) *Epiſt. Greg. Pap. ap.* Rainold. *a l ann.* 1236.      (2) Matth. Paris. *ad eund. ann.*
Petrus de Vineil Epiſt. Lib. 3. *Hiſt. Univ. ut ſupr.*

vraifemblablement réuffi au gré de fes defirs, fi la nouvelle qu'il reçut de la revolte du Duc d'Autriche, ne l'eut contraint de fufpendre le cours de fon expédition & d'aller s'oppofer aux rebellions d'Allemagne ; mais avant que de s'éloigner d'Italie, il envoya prier encore le Pape de s'occuper du foin de pacifier la Lombardie , où Grégoire en effet envoya deux Légats, l'Evêque d'Oftie & le Cardinal de S. Sabine (1). *Hift.* d'Allemagne, 1209-1254.

Frideric le Belliqueux , Duc d'Autriche & defcendant d'Henri Jafamergot, ayant donné fa fille en mariage à Henri , Roi des Romains, l'Empereur lui avoit cédé la Carniole, & l'avoir décoré de plufieurs dignités éminentes : mais le Roi des Romains s'étant revolté contre fon pere, Frideric le Belliqueux avoit foutenu fon gendre, & c'étoit par reffentiment de la condamnation que ce dernier avoit fubi, qu'il venoit de lever encore l'étendard de la rebellion. L'Empereur irrité ne fut pas plutôt en Allemagne, qu'il fondit fur les Etats du rebelle, s'empara du Duché d'Autriche, & dans une diete qu'il tint à Augsbourg fit mettre au ban de l'Empire Frideric le Belliqueux, avec lequel pourtant s'étant reconcilié dans la fuite, il lui rendit fon Duché, avec de nouveaux privileges (2). *Troubles d'Allemagne.*

Il y avoit déjà plufieurs années que l'Empereur Frideric étoit veuf, il fit demander en mariage Agnès , fille de Premiflas II , Roi de Bohême , que Henri III, Roi d'Angleterre, recherchoit dans le même tems, Premiflas préféra Frideric, mais Agnès qui ne vouloit ni de l'Empereur ni du Roi d'Angleterre, implora le fecours du Pape contre un mariage qu'on lui faifoit contracter malgré elle , & contre le vœu qu'elle avoit fait d'embraffer la vie religieufe : Gregoire approuva la pieufe réfolution d'Agnès, lui envoya la bulle qu'elle defiroit & Frideric fut obligé de renoncer à cette union.

Cependant l'Empereur n'eut pas plutôt mis fin aux troubles d'Allemagne, que repaffant les Alpes, il pourfuivoit en Lombardie le cours de fes conquêtes, fit rentrer la plûpart des villes fous fon obéiffance, dirigea tous fes efforts contre Milan, le centre & foyer de la rebellion, battit complettement les Milanois, livra leur ville au pillage, & fit prifonnier de guerre leur Général Teupolo, fils du Doge de Venife, qu'il envoya chargé de fers dans la Pouille où fes conducteurs avoient ordre de le faire mourir (3). *Succès de Frideric en Lombardie. 1237.*

Cette guerre s'enflammant chaque jour davantage, caufoit d'autant plus de chagrin au Souverain Pontife, qui pourtant l'avoir excitée, que retenant en Italie toutes les forces de l'Empire, elle retardoit & empêchoit même l'envoy des fecours que la cour de Rome, eut voulu faire paffer en Paleftine. D'ailleurs, on devoir d'autant moins compter fur le zele de l'Empereur pour la croifade, qu'il déteftoit hautement les François de Conftantinople depuis que Jean de Brienne, fon beau-pere en avoir été élu Empereur ; & depuis que le jeune Baudouin , ayant époufé la feconde fille de Jean, ils s'étoient mis tous deux fous la protection du Pape , ennemi déclaré de Jean Ducas, furnommé Vatace qui avoir époufé une fille naturelle de Frideric. Vatace, concurrent redoutable de Robert de Courtenay, de Jean de Brienne & de *Situation de la Paleftine.*

(1) Matth. Paris. *Vit. Greg. IX. apud* Rainald. *ad ann.* 1236. (2) Godefrid. Monach. Richard. S. Germ. Spener. Tom. 1. Lib. 6. cap. 6. (3) Petrus de Venef. *loco citato.* Spener. *Hift. Germ. Univ.* ad ann. 1237.

Baudouin II, avoit des prétentions fondées à l'Empire des Grecs, dont la couronne lui avoit été tranfmife par Théodore Lafcaris; pour les faire valoir ces prétentions, il s'étoit lié avec Azen Roi des Bulgares, & Friceric étoit, entré dans cette ligue. Jean de Brienne étoit mort & Baudouin II fon gendre, étoit venu en France, où il avoit obtenu des fecours d'argent & de troupes, qu'il avoit fait partir fous le commandement de Bethune, avec ordre d'aller au fecours de Conftantinople affiégée par Vatace. Mais Bethune, parti de France à la tête de quelques troupes, ayant cru pouvoir paffer fur les terres de l'Empire pour aller s'embarquer à Venife, fut arrêté au paffage de Lombardie par l'armée de l'Empereur, qui ne voulut permettre aux François de continuer leur route, qu'à condition que Bethune, refteroit en ôtage jufqu'à ce qu'elles fuffent embarquées, & pour répondre de tout le dommage qu'elles pourroient caufer. Ce fut à peu près dans ces circonftances que Vatace & Azen, s'étant ligués avec lui, & lui ayant même offert, fuivant quelques hiftoriens, de fe déclarer fes vaffaux s'il vouloit s'unir avec eux pour renverfer l'Empire Grec, Friceric envoya dire à Baudouin II, qui étoit encore en France, qu'il eût à lui rendre hommage des poffeffions qu'il avoit en Orient, le menaçant, s'il refufoit de fe joindre avec l'Empereur Grec (1).

Baudouin allarmé fe bâta de fe rendre à Rome, pour conjurer Gregoire IX d'engager Friceric à fe relacher de fa rigueur. Le Souverain Pontife follicita vainement l'Empereur, il n'obtint rien, & le refus qu'il effuya dans cette affaire l'avoient déjà très-vivement irrité lorfque, par une entreprife nouvelle, Friceric acheva de l'ulcérer. Anciennement l'Ifle de Sardaigne, avoir appartenu à l'Empire, mais depuis long-tems elle s'étoit fouftraite à la domination Impériale, & occupés ailleurs par des guerres prefque continuelles les Empereurs n'avoient eu ni le tems ni la liberté de faire rentrer ce pays fous leur

obéiffance. Plus d'une fois les Papes avoient imaginé de foutenir qu'en qualité de fucceffeurs de S. Pierre toutes les Ifles de la mer appartenoient au S. Siege; & l'on ne conçoit pas trop comment S. Pierre, qui n'avoit rien du tout poffédé fur la terre, pouvoit avoir tranfmis à fes fucceffeurs la poffeffion de toutes les Iles de la mer. Gregoire qui fentoit combien étoit foible & deftituée de preuves & même de taifou une femblable prétention, n'en fut que plus ardent à la faire valoir, & il imagina de foutenir que la Sardaigne étoit comprife dans la donation de Conftantin & de Louis le Débonnaire, quoiqu'ils n'euffent ni l'un ni l'autre aucun droit fur cette Ile.

D'après les allégations de Gregoire IX, les Seigneurs de l'Ile de Sardaigne, auxquels il étoit, au fond, très-indifférent de reconnoître pour leur Souverain ou le chef de l'Eglife ou le chef de l'Empire. avoient fait hommage au premier. Cette Ile étoit divifée en 4 provinces, chacune foumife à un Seigneur qui prenoit le titre de Juge, & ces juges reconnurent tenir ces provinces en fief de l'Eglife Romaine, & Ubalde, Juge ou Seigneur, du chef de fa femme Adelafie, des provinces de Galloury & de Torré, fut l'un des premiers à faire cette reconnoiffance: mais il mourut, & fa veuve époufa Enzo ou Entius, l'un des fils naturels de Friceric, qui, par ce mariage, parvint à difputer avec

(1) Suite de l'Hift. Rom. par M. l'Abb. Guyon. Tom. 14. du Cange. Hift. C. P. L. 3. n. 26

fuccès contre la cour de Rome. En effet, Entius s'empara de la plus grande partie de l'Ile, & en reçut l'investiture de l'Empereur, qui l'érigea en Royaume feudataire de l'Empire (1). ·

Il étoit évident que dans cette entreprise Frideric étoit auffi fondé tout au moins que le S. Siege croyoit l'être dans fes prétentions; il l'étoit même davantage, puisqu'on ne pouvoit nier que la Sardaigne n'eut pendant fort longtems appartenu à l'Empire. Gregoire cependant écrivit au fujet de l'ércétion de ce Royaume des lettres menaçantes à l'Empereur, & dans lesquelles il s'efforçoit de foutenir par des torrens d'injures les droits qu'il s'étoit créés lui-même fur la Sardaigne. Frideric écrivit de fon côté, non au Pape, mais aux Cardinaux, qu'il engageoit à ramener Gregoire à des fentimens plus doux, & à prévenir les fuites d'une querelle qu'il prévoyoit devoir bientôt dégénérer en une guerre ouverte.

L'Empereur ne fe trompa point, & Gregoire IX s'irritant à mefure que les Cardinaux s'efforçoient de l'appaifer, excommunia folemnellement l'Empereur, & peu de jours après réiterant l'anathême, il fit publier une bulle ou plutôt le libelle le plus injurieux, & dans lequel accufant Frideric de tous les crimes & de toutes les horreurs, il le déclaroit diffamé par tout le monde tant à caufe de fes paroles que de fes actions, & ennemi de la foi Catholique. Fier & fenfible Frideric ne put fupporter cette injure, & dans une lettre aux Romains, leur reprochant d'avoir fouffert que chez eux on lui fit un tel outrage, il les exhortoit à le venger des fureurs de Gregoire, qui dans le même têms écrivoit à tous les Princes de la chrétienté les plus violentes accufations contre fon ennemi, & à tous les Evêques pour leur ordonner de publier la fentence d'excommunication, & de renouveller dans tous les lieux de leur jüridisction, & pendant le fervice divin tous les jours de dimanche & de fête, la lecture de la Bulle (2).

Dans fa lettre circulaire à tous les Rois & Princes chrétiens l'Empereur après s'être juftifié avec autant de force que de modération de tous les crimes dont Gregoire avoir imaginé de l'accufer, raffembloit tous les fujets de plainte que le Pape n'avoit ceffé de lui donner, foit en Europe, foit en Paleftine; & les preuves de tous les faits qu'il rapportoit étoient fi fortes & fi multipliées, que le Souverain Pontife d'autant plus furieux qu'au fond il ne pouvoit s'empêcher de reconnoître la juftice de la caufe de fon ennemi, fe déchaîna de la plus fçandaleufe maniere, accabla Frideric des injures les plus atroces, répandit contre lui tout ce que la calomnie pouvoir fuggérer de plus noir, & fit tout ce qui dépendoit de lui pour qu'on le regardât en tous lieux comme le plus épouvantable des tyrans & le plus exécrable des monftres. *Une bête pleine de noms de blafphême s'eft élevée de la mer*, écrivoit-il à tous les Souverains; & dans le refte de la lettre il s'attachoit à prouver que cette bête prédire par l'Apocalipfe étoit Frideric, qu'il accufoit des plus horribles héréfics. Mais ces dénonciations étoient fi graves & fi revolcantes, qu'elles ne perfuaderent perfonne. La réponfe de Frideric à cette lettre, ne fut gueres mieux reçue; elle étoit encore adreffée aux Cardinaux, & quoi-

(1) Spener. Matth. Paris Fleury. Æneas Sylvius. *Hift. Frid.* II.   (2) Chron Abb. Stad. 1239. Spener Fleury.

*Hift.* d'Allemagne, 1209-1254.

*Lettres menaçantes de Gregoire IX.*

*Frideric II eft excommunié.* 1239.

*Lettres du Pape & de l'Empereur aux Souverains.*

qu'il s'y juftifiât pleinement de tous les crimes dont fon perfécuteur l'accufoit, il rendoit au Souverain Pontife, & avec tant de véhémence, injure pour injure, qu'on ne pouvoir pas plus hjouter foi à fes dénonciations qu'à celles qu'il cherchoit à repouffer (1).

La guerre une fois déclarée entre le Sacerdoce & l'Empire, Frideric attaqua fon ennemi par un endroit très-fenfible, & pour fe mettre tout d'un coup à l'abri des intrigues des partifans de la cour de Rome, il chaffa de fon *Conduite de Frideric.* Royaume de Sicile tous les Freres Prêcheurs & Mineurs originaires de la Lombardie, avec ordre à fes fujets de fe garder de tous les autres moines, & aux Magiftrats de veiller fur leur conduite; il fit en même tems ordonner à tous Eccléfiaftiques qui fe trouvoient alors à Rome d'en revenir inceffamment, fous peine de confifcation de leurs biens. Du refte, afin que perfonne ne pût aller à Rome fans en avoir obtenu la permiffion de la cour Impériale, Frideric fit garder tous les paffages, avec ordre de pendre quiconque fe préfentant pour entrer en Sicile, fe trouveroit porteur de lettres du Pape ou de fes adhérans contre l'Empereur. Peu content de ces précautions, Frideric maltraita lui-même avec la plus injufte dureté les moines, & furtout ceux du Mont-Caffin, qu'il accabla d'impôts, & qu'il chaffa de leur riche monaftere, à l'exception de huit qu'il y laiffa pour y célébrer le fervice divin.

Gregoire craignit, mais trop tard les fuites de l'orage qu'il avoit fufcité, mais-trop fier & trop inflexible pour retourner fur fes pas, il ne fongea qu'aux moyens d'armer s'il le pouvoir l'Europe entiere contre Frideric. Dans cette vûe, il envoya par l'Evêque de Paleftine une lettre à S. Louis Roi de France, dans laquelle il le conjuroit de défendre l'Eglife contre fes perfécuteurs. Afin même d'engager plus promptement le Monarque à cette défenfe, l'Evêque de Paleftine étoit chargé d'une feconde lettre qu'il préfenta au Roi pour être lue devant les Seigneurs François affemblés, & dans laquelle le Souverain Pontife déclaroit qu'ayant condamné & dépofé de la dignité Impériale Frideric foi-difant Empereur, il avoir élu en fa place Robert, Comte d'Artois frere du Roi de France.

Le Pape efpéroit d'autant plus de déterminer par cette offre brillante S. Louis à le fecourir, qu'il n'ignoroit pas que depuis environ une année, la cour de France & celle de l'Empire étoient en méfintelligence, & que l'Empereur même étoit foupçonné d'avoir voulu furprendre le Monarque, & fe faifir de fa perfonne dans une entrevûe qu'ils devoient avoir à Vaucouleurs, & où le Roi s'étoit rendu fi bien accompagné que Frideric, bien loin d'ofer exécuter l'entreprife dont on le foupçonnoit, n'avoit pas même cru devoir y paroître (2).

Malgré de fi puiffans motifs de fe venger, les Seigneurs François & leur maître rejeterent avec indignation la propofition de Gregoire, & répondirent fort durement à fon Légat qu'il n'appartenoit ni au Pape d'attenter aux droits des Souverains, & de difpofer des trônes, ni au frere d'un Roi

de

---

(1) Matth. Paris. Æneas Sylvius. Albert. Abb. Stadenfis. Chron. *ad ann.* 1239.
(2) Matth. Paris, *ad ann.* 1239. Daniel. *Hift. de Fr.* T. 3.

de France de recevoir de la main du Pape une couronne: fur laquelle Gregoire
ni aucun de fes prédéceffeurs n'avoient eu, ni ne pouvoient avoir aucune forte
de droit.   Mais dirent-ils au Légat s'il eft vrai, comme le Pape l'affure,
que l'Empereur ait renoncé à la foi catholique, nous ne ferons ni paix, ni
treve avec lui.   Deforte que le confeil de S. Louis, penfoit que le défaut
d'orthodoxie fuffifoit pour dépouiller un Roi de fon rang & de fon caractere.   D'après cette fanatique opinion ils fe hâterent d'envoyer des Ambaffadeurs à Frideric, pour lui demander compte de fa religion; il les fatisfit pleinement, leur prouva qu'il étoit très-zélé catholique quoiqu'ennemi du Pape, & fut très-content à fon tour des promeffes que Louis lui fit faire de
ne fe point départir de fon alliance (1).

L'Empereur eut été bien plus content encore fi le Roi de France,
pour ne pas défobliger entierement Gregoire IX n'eut pas permis à l'Evêque de Paleftine de publier & faire publier dans tout le Royaume la fentence
d'excommunication prononcée contre Frideric, & même de faire des levées d'argent fur les bénéfices pour le fecours du Souverain Pontife, qui faifoit percevoir, fous le même prétexte, des impofitions encore plus fortes en
Angleterre, & écrivoit à fon Nonce en Allemagne pour fe plaindre amerement de la fidélité de quelques uns des Seigneurs de l'Empire, affez mauvais
chrétiens, difoit-il pour refter attachés à ce détempteur injufte de la couronne Impériale, à ce brigand qui tyrannife quiconque refufe de le feconder
dans fes crimes, fes emprifonnemens, fes affaffinats & fes impiétés.   Les
Seigneurs, & même les Evêques d'Allemagne auxquels le Nonce communiqua ces lettres, bien loin de fe prêter aux vues du Souverain Pontife, parurent fort fçandalifés de fes dénonciations, & très-peu difpofés à renoncer à
l'obéiffance qu'ils devoient à leur Souverain.   Les Chevaliers Teutoniques
penferent de même, & prirent hautement le parti de Frideric, fans fe laiffer
déconcerter par les menaces de Gregoire, qui juroit de revoquer les privileges de leur ordre, pour peu qu'ils perfiftaffent à défendre leur maître (2).

Pendant que Gregoire IX ne ceffoit d'anathématifer à Rome l'Empereur
& fon fils naturel, Entius, qui venoit de s'emparer de la Marche d'Ancone,
Frideric, réfolu de fe venger avec éclat, s'avança vers Rome fuivi d'une
partie de fes forces: & de Viterbe, où il fut reçu en Souverain, il écrivit
au Roi d'Angleterre, dont il avoit époufé la fœur, & qui s'efforçoit ainfi
que S. Louis de terminer cette querelle: mais les deux ennemis que ces Monarques defiroient de reconcilier étoient trop violemment animés l'un contre l'autre & leurs intérêts étoient trop oppofés, pour que l'on pût fe flatter de les
voir renoncer à leur haine mutuelle.   Cependant quelques cardinaux allarmés
des progrès des Impériaux en Italie, tacherent de faire confentir Frideric &
Gregoire fi non à une paix complette, du moins à une treve.   L'Empereur
ne parut pas fort éloigné de cette propofition, quelque marquée que fut la
fupériorité de fes armes; mais Gregoire voulut que les Lombards fuffent
compris dans le traité; l'Empereur ne voulut point y confentir, & la négociation fut rompue.   Les Rois de France & d'Angleterre qui ne ceffoient
d'offrir leur médiation, propoferent aux deux parties de foumettre leur con-

Hift. d'Al-
lemagne,
1209-1254.

Inconfé-
quence fin-
guliere des
Seigneurs
François,
1279.

Lettres in-
lentes du
Pape.

_____

(1) Spener. Hift. Germ. Univ. ad ann. 1239.   (2) Fleury. Hift. Eccl T. 17. liv. 81.

Sect. VI.
Hiſt. d'Al-
lemagne,
1209-1254.

l'Empereur
s'oppoſe à la
tenue de ce
Concile

teſtation au jugement d'un Concile. Gregoire bien aſſuré de dominer dans une telle aſſemblée ſaiſit avidement la propoſition, promit d'aſſembler inceſſamment un Concile, envoya dire à l'Empereur qu'afin qu'on pût venir plus librement à cette aſſemblée, il falloir faire une treve & y comprendre les Lombards; Frideric rejeta obſtinément la ſeconde partie de cette propoſition, & Gregoire paſſant outre envoya de toutes parts des lettres aux Souverains, aux Evêques & aux Abbés des diverſes nations de la chrétienté pour leur marquer le rems auquel ils devoient ſe rendre à Rome, & ce tems étoit fixé au jour de Pâques de l'année ſuivante 1241. (1).

Il étoit évident que l'Empereur avoit tout à craindre des délibérations que l'on prendroit dans un telle aſſemblée, où il y avoit d'autant plus à préſumer que l'on ſe porteroit contre lui aux plus violentes extrémités, que le Pape avoit pris un ſoin particulier d'y inviter les ennemis les plus envenimés de Frideric, & ceux qui s'étoient le plus hautement déclarés contre lui, tels qu'étoient Baudouin, Empereur de Conſtantinople, le Comte de Provence, le Doge de Veniſe, le Marquis d'Eſt & une foule d'autres manifeſtement rebelles: auſſi Frideric s'oppoſa de toute ſa puiſſance à la tenue de ce Concile, dans cette vûe il écrivit aux Rois de France & d'Angleterre, & dans ſes lettres il déclaroit ſans détour, que, perſuadé que l'unique deſſein de ſon perſécuteur étoit de porter l'audace & l'injuſtice juſqu'à le faire dépoſer, il ne donneroit aucune ſûreté dans les terres de ſon obeïſſance à quiconque, eccléſiaſtiques ou ſéculiers, ſeroit appellé à ce Concile & il prioit les deux monarques de faire publier ſa déclaration dans leurs Royaumes, afin qu'aucun prélat ne s'acheminât vers Rome (2).

Peu content d'avoir manifeſté ſes intentions par ces deux lettres, l'Empereur qui avoit le plus grand intérêt à empêcher la célébration de ce Concile fit publier, en forme d'avis, une lettre anonyme pour détourner de leur projet tous ceux qui auroient été tentés de ſe rendre à Rome; & afin de mieux garder l'anonyme il diſoit de lui-même beaucoup plus d'horreurs encore qu'il n'en avoit jamais eſſuyés de la part du Souverain Pontife; il s'y répréſentoit comme un tyran ſans foi, ſans honneur, ſans humanité, comme un monſtre plus cruel qu'Hérode, plus ſanguinaire & plus impie que Néron, & qui ſe faiſant un jeu de maltraiter les eccléſiaſtiques, lors même qu'il n'avoit aucun ſujet de ſe plaindre d'eux, ne leur épargneroit en cette occaſion ni les outrages, ni même les ſupplices, lui qui traitoit avec tant d'inhumanité ſon propre fils Henri (3).

Brouillerie
entre la
France &
l'Empire.

Pendant que Frideric ſe donnoit les plus grands mouvemens pour détourner de ſe rendre à Rome tous ceux que le Pape y avoit invités, il penſa ſe brouiller cruellement avec le Roi de France, & entrer en guerre ouverte contre cette puiſſance, qui, unie avec Rome, l'eût inévitablement accablé. La cauſe de cette guerre étoit l'évêché de Liege que ſe diſputoient alors Guillaume, frere de Thomas de Savoye, oncle de Marguerite, fille du Comte de Provence; épouſe de S. Louis; & Otton, chanoine de l'Egliſe de

---

(1) Petrus de Vineis. Iib. I Matth. Paris. Fleury. T. 17. Liv. 81.     (2) Spener. Petrus de Vineis. Lib. I. Epiſt. 34.     (3) Balus. Miſcell. T. 1. Pag. 456. Fleury. loco citato.

Liege & parent de l'Empereur; celui ci apprenant que Thomas de Savoye
Comte de Flandre, frere de Guillaume, avoir attaqué Otton, envoya ordre
au Duc de Brabant & aux autres vaffaux qu'il avoit dans les Pays-Bas de défendre par les armes la caufe d'Otton, & pendant que la guerre s'allumoit
dans les Pays-Bas, Frideric envoya ordre au Comte de Provence d'entrer en
force fur les terres de Thomas de Savoye: mais le Comte, zélé défenfeur de
Guillaume refufa d'obéir, & l'Empereur irrité, prêta des troupes à Raymond,
Comte de Touloufe, & ennemi irréconciliable du Comte de Provence, avec
ordre d'attaquer celui ci.   Vivement preffé par fon ennemi le Comte de Provence implora le fecours de fon gendre S. Louis, qui marcha à fa défenfe;
enforte que la guerre étoit déja allumée entre les Impériaux & les François,
quand la Reine d'Angleterre, fille auffi du Comte de Provence & fœur de
Marguerite, Reine de France, follicita fi vivement fon mari que celui-ci obtint de l'Empereur qu'il engageroit le Comte de Touloufe à retirer fes troupes
de Provence; S. Louis qui s'étoit déja avancé à la tête d'une puiffante armée
vers la Provence, confentit à pacifier ce différend & la paix fut rétablie
entre la France & l'Empire (1).

*Hist. d'Al-
lemagne,
1209-1254.*

N'ayant plus rien à craindre du côté des François, Frideric ne fongea qu'à
profiter de la fupériorité de fes armes en Italie, où tandis que fon fils Entius
achevoit de foumettre la Marche d'Ancone, il s'emparoit lui-même de Benevent, fe rendoit maître de Fayenze & fe difpofoit à attaquer Bologne. Pendant qu'il fe flattoit de voir bientôt l'Italie entiere rentrer fous fon obeiffance,
le Légar du Pape en France raffemblant à Meaux les Evêques & les Abbés
François leur ordonna de la part du Souverain Pontife de le fuivre à Rome,
les affurant qu'ils trouveroient à l'embouchure du Rhône des vaiffeaux prêts
à les tranfporter en Italie. S. Louis qui peut-être eût du, ainfi qu'il le pouvoir, s'oppofer aux ordres du Légar, ne voulant mécontenter ni le Pape, ni
l'Empereur, ne prit aucun parti en cette occafion & laiffa aux Evêques &
aux Abbés de fon Royaume la liberté de fe déterminer ainfi qu'ils le jugeroient à propos. Raffurés par les promeffes du Légar la plûpart de ces prélats confentirent à le fuivre, fe mirent en route avec lui; mais arrivés à l'embouchure du Rhône ils n'y trouverent ni vaiffeaux, ni barques, ni efcorte,
& furent avertis que tous les paffages étoient gardés par les Impériaux. Les
plus fages d'entre eux eurent la prudence de s'en retourner chez eux; mais
le plus grand nombre perfiftant à continuer leur chemin, ils allerent fans
accident jufqu'à Gênes, où moyennant une certaine fomme, les Génois s'engagerent à les rendre en toute fûreté à Rome (2).

*Raccomode-
ment entre
S. Louis
& l'Empe-
reur.*

*Le Légat
perfuade
aux Evê-
ques de
France de
le fuivre à
Rome.*

Immuablement décidé à empêcher par toutes fortes de moyens, &, s'il le
falloir même par la voie des plus dures hoftilités, la tenue du Concile, l'Empereur, ne voulant cependant point ufer de fa fupériorité à l'egard des prélats
qu'il favoir être encore à Gênes, leur envoya des Ambaffadeurs; pour les
prier, s'ils vouloient abfolument aller à Rome, de paffer fur fes terres, afin,
leur fit-il dire, que je vous explique moi-même mes raifons, & que je vous
dévoile toutes les injuftices de Gregoire; & quand je vous aurai inftruits,

(1) Matth. Paris. *ad ann.* 1240. Daniel. *Hift. de France.* T. 3.     (2) Richard. S.
Germ. Matth. Paris. Daniel. Fleury.

alors je confentirai volontiers à ce que vous alliez au Concile, où je ne feraf nulle difficulté de foumettre ma caufe à votre jugement. Cette demande paroiffoit auffi jufte que modérée; les prélats n'y firent cependant aucune attention, & fe refufant à la propofition des Ambaffadeurs, ils s'embarquerent fur la flotte Génoife.

*Ils font pris par les Impériaux.*

Frideric qui avoit prévu le peu de fuccès de fes démarches, avoit raffemblé une puiffante flotte, qui fous le commandement d'Entius & réunie a une flotte des Pifans croifoit fur ces parages; enforte que la flotte Génoife la rencontra à la hauteur de Pife; les deux partis fe livrerent un très-rude combat; il fut long & meurtrier, tous la victoire fe rangea du côté du pavillon Impérial, la défaite des Génois fut complette, & prefque tous les prélats tombèrent au pouvoir du vainqueur, qui les envoya tous prifonniers à Pife & de-là à Naples, tous enchaînés, entaffés les uns fur les autres dans des galeres, ayant beaucoup à fouffrir de la chaleur pendant le trajet, & beaucoup plus encore des injures & des reproches des foldats. Le plus maltraité de tous parcequ'en effet il étoit le plus odieux à Frideric fut l'Evêque de Paleftine, qui à la vérité s'étoit montré le plus implacable ennemi du chef de l'Empire, contre lequel il avoit ameuté tous les prélats de France & d'Italie.

*Plaintes de S. Louis à Frideric qui relache les prélats François.*

Cependant le Roi de France informé de la détention des prélats de fon Royaume, envoya à l'Empereur deux Ambaffadeurs chargés de fe plaindre amerement de ce procédé & de demander la délivrance des captifs. Frideric rendit compte de tout ce qui s'étoit paffé & parut peu difpofé à fe relâcher de fa rigueur. S. Louis infifta, & déclara que regardant l'emprifonnement des Evêques comme une injure faite à fa perfonne, s'ils n'étoient inceffamment relachés, il employeroit la force des armes pour leur procurer la liberté. L'Empereur répondit fièrement & prétexta même que ces prélats avoient confpiré contre lui; la difpute s'aigrit, & elle eut inévitablement dégénéré en une guerre ouverte, fi l'Empereur intéreffé à ne pas accroître le nombre de fes ennemis, & craignant que le Roi de France ne fe liguât avec le Pape, n'eut pris le parti le plus fage, & ce fut de remettre tous les prélats en liberté (1).

*Irruption des Tartares dans le Nord.*

Tandis que Frideric pourfuivoit en Italie le cours de fes conquêtes, les Puiffances Européennes furent vivement allarmées à la nouvelle d'une irruption de Tartares qui fe jettant comme un torrent fur la Ruffie, y exerçoient d'atroces cruautés & plus affreux brigandages. Maîtres de Kiovie, ville capitale de l'Ukraine, ils en avoient égorgé tous les habitans, & de-là paffant en Pologne, ils y avoient porté le fer, la flamme & la deftruction; Henri, Duc de Pologne avoit tenté d'arrêter dans fa courfe cette nation féroce & belliqueufe, fes troupes avoient été battues, & il avoit péri lui-même fur le champ de bataille. Moins heureux en Bohême, les Tartares en avoient été repouffés; Peta même, le plus farouche d'entre leurs chefs avoir été tué, les deftructeurs allerent attaquer les frontieres de la Hongrie, y pénétrerent, ravagerent toutes les contrées d'au-de-là du Danube jufqu'aux environs des confins de Bohême, d'Autriche & de Pologne. Effrayé de ce terrible orage, &

(1) Nangiles. *de Geftis Ludov.* IX. Petrus de Vineis. L. I. *Ep.* 12. 13.

hors d'état de défendre son trône & ses sujets, Bela, Roi de Hongrie s'enfuit en Dalmarie, d'où il ne rentra dans son Royaume, que lörsqu'il eut reçu la nouvelle de la retraite de ces essaims dévastateurs.

Cependant Gregoire IX, informé de cette irruption, n'eut garde de manquer une aussi belle occasion de noircir Frideric, qu'il, accusa d'avoir attiré les Tartares: mais cette calomnie prit d'autant moins que les Etats de l'Empire avoient été tout aussi exposés, tout aussi menacés que la Bohême, la Pologne, la Hongrie &c. D'ailleurs, il n'y avoir aucune sorte de démêles entre Bela & l'Empereur qui écrivit à ce Souverain qu'occupé à rétablir en Italie les droits de l'Empire usurpés en partie par les Lombards, instrumens de la haine du Pape, aussi-tôt qu'il auroit obligé par la force de ses armes ce fier persécuteur à accepter la paix, il voleroit avec toutes ses troupes à la défense de la Hongrie. Il écrivoit en même tems à tous les Souverains de la Chrétienté pour les engager à porter l'inflexible Gregoire à rendre la paix à l'Italie, afin que tous les Princes de l'Occident pussent se réunir contre les Tartares (1).

Dans le même tems que Frideric faisoit tout son possible pour terminer sa querelle avec le S. Siege par la voie de la négociation, il s'avançoit de conquête en conquête vers Rome, & étoit merveilleusement secondé par le Cardinal Jean de Colone qui, envoyé dans la Marche d'Ancone, en qualité de Légat & de Général pour s'opposer aux progrès d'Entius, avoit reçu du Pape tant de sujets de mécontentement, que quittant son parti, il s'étoit rangé du côté de l'Empereur, combattoit pour l'aigle Impériale, & avoir déja pris plusieurs places sur les Romains. Maître de Tivoli, Frideric s'empara de plusieurs châteaux, & vint camper près de la Grotte ferrée, d'où il ravagea tous les déhors de Rome.

La capitale du monde chrétien étoit vivement menacée, & l'Empereur, se flattoit avec raison de reduire bientôt cette ville sous son obéissance, comme il avoir soumis la plupart de celles d'Italie, quand la mort renversa de la chaire Pontificale Gregoire IX, le 20e Août 1241, à l'âge de près de 100 ans, après un pontificat orageux d'environ 14 ans & 5 mois (2).

A ne considérer que ses talens & les vertus, Gregoire IX, avoir été l'un des plus respectables Pontifes qui eut occupé le S. Siege. Son esprit vif & pénétrant étoit orné des plus utiles connoissances; profond jurisconsulte, il passoit pour l'un des plus habiles théologiens de son siecle; austere dans ses mœurs & de la plus inaltérable intégrité, il possédoit au degré le plus éminent les vertus qui font les grands hommes & même les grands saints. Mais Gregoire eut des défauts essentiels qui ternirent ses belles qualités; devoré d'ambition, il vouloit & croyoit même avoir le droit de régner sur tous les Souverains, & ce droit chimérique, tous les moyens qu'il croyoit propres à le réaliser il ne balançoit point à les mettre en usage. Pour nuire à ses ennemis, à l'Empereur sur-tout qu'il détestoit d'autant plus, qu'il voyoit la Puissance Impériale s'étendre jusqu'aux portes de Rome, il se servit de toutes les ressources, même aux dépens de ce que la religion & l'humanité ont

Hist. d'Allemagne, 1209-1254.

Mort de Gregoire IX. 1241.

Son caractere.

(1) Albert. Abb. Stad. Chron. ad ann. 1241. Æneus Sylvius. Hist. Fred. III.
(2) Hist. Univ. Tome 37. p. 104.

de plus facré. D'ailleurs, Gregoire IX, étoit d'un caractere dur, inflexible, impitoyable, d'une diffimulation qu'il prenoit peur être - pour de la politique, mais qui n'étoit qu'une très - revoltante fauffeté de conduite. Il eft
vrai que dans l'origine, fa trop violente querelle avec le chef de l'Empire
eut pour caufe la lenteur de Frideric à remplir la promeffe qu'il avoit faite
d'aller en Paleftine: mais cette lenteur, Frideric eut - il même refufé hautement
d'exécuter l'engagement qu'il avoit pris, devoit-elle en aucun cas, porter ce
Souverain Pontife à abufer comme il le fit de la puiffance qu'il croyoit tenir
de fa dignité? Cette lenteur méritoit-elle ces excommunications, ces anathé-
mes, ces fçandaleux libelles, ces atroces calomnies & cette guerre meurtriere qui inonda l'Italie du fang de fes habitans. Frideric ne fut pas fans
contredit toujours exempt de blâme dans fa conduite envers ce Pape; mais
il avoit eu de bien plus grands torts avec Honorius III & Céleftin, qui par
leur modeftie, leur douceur, leur amour de la paix, ramenerent ce Monarque, & parvinrent mieux que Gregoire à le faire rougir de fes égaremens (1).

La haine que l'Empereur avoit conçue contre Gregoire IX, étoit fi
violente, que dans les Lettres qu'à ce fujet il écrivit aux Princes Chrétiens, il s'attacha à flétrir fa mémoire comme il s'étoit efforcé de la noircir
pendant qu'il étoit en vie. Il n'y avoit alors à Rome que dix Cardinaux,
l'Empereur en retenoit deux en prifon, l'Evêque de Paleftine & Otton, il leur
permit d'aller à Rome pour y procéder à l'élection d'un Pape, mais à condition qu'ils reviendroient enfuite fe mettre en prifon, à moins que l'un d'eux
Divifion
entre les
Cardinaux.
Election de
Céleftin IV.
fa mort.
ne fût élu. Toutefois, ils n'arriverent point à tems, & les dix Cardinaux de
Rome s'étant affemblés, ne purent s'accorder, ils fe diviferent en deux partis, l'un de fix Cardinaux, l'autre de quatre. Les cinq Cardinaux du premier
parti voterent pour le fixieme, Geoffroi, Evêque de Sabine, & les trois du
parti oppofé donnerent leurs voix au quatrieme, Romain Evêque de Porto.
Celui-ci étoit trois foupçonné d'avoir attifé le feu de la difcorde entre Gregoire & l'Empereur, qui rejeta fon élection & approuva celle de Geoffroi
La difpute s'échauffa entre les Cardinaux; pour la terminer les deux élus renoncerent à leurs droits; on procèda à une nouvelle élection; Geoffroi
réunit les fuffrages; il fe fit confacrer fous le nom de Céleftin IV, &
mourut feize jours après (2).

Les Cardinaux encore plus divifés qu'ils ne l'avoient été lors de la premiere élection de Geoffroi, ne pouvant s'accorder laifferent le S. Siege vacant pendant près d'un an & demi, malgré tous les foins que fe donna l'Empereur pour faire procéder à une élection. Quelques uns des Cardinaux
étoient morts, les autres étoient fortis de Rome, l'Evêque de Paleftine &
Otton avoient été ramenés prifonniers à Tivoli; Frideric menaçoit Rome,
continuoit de ravager les environs, jufqu'à ce que fatigué de tant d'hoftilités,
il fe retira dans fon Royaume de Sicile, après avoir rendu la liberté au Cardinal Otton, & fair conduire prifonnier dans la Pouille l'Evêque de Paleftine.

Ce fut à peu près dans ce tems que Henri, fils de l'Empereur mourut dans
fa prifon, au château de Martoran dans la Pouille; les ennemis de Frideric

(1) Petrus de Vineis. L. 1. Epift. 11. Matthieu Paris. Fleury. Hift. Fccl.
(2) Albert. Abb. Stad. Chron. ad ann. 1242. Petrus de Vineis. L. 6. 1.

répandirent à ce fujet des bruits injurieux, & l'accuferent d'avoir fait périr fon fils: la cour de Rome accrédita cette calomnie, également deftituée de preuves, de vraifemblance & de raifon. Cependant l'Empereur ne ceffoit par fes lettres de preffer les Cardinaux de s'affembler & d'élire un Pape, S. Louis leur adreffoit des lettres auffi fort preffantes, & par fes lettres il paroit que le Monarque François foupçonnoit Frideric de caufer cette longue vacance, & même de vouloir réunir la dignité Pontificale à la Puiffance Impériale. Toutefois, rien n'indique que Frideric eut formé ce projet, qui au refte a été conçu par plus d'un Empereur après lui, & fur-tout par Maximilien, qui vraifemblablement eut été auffi foible Pontife qu'il fe montra foible Empereur (1).

Depuis dix-huit mois le S. Siege reftoit vacant & les Cardinaux juftifioient le refus qu'ils faifoient de s'affembler par l'obftination de Frideric à retenir dans les prifons ceux d'entre eux qui étoient tombés en fa puiffance: il leur rendit la liberté, afin qu'il n'y eût plus de raifon qui pût retarder l'élection d'un Pape: mais les Cardinaux fe montrerent tout auffi peu empreffés de fe donner un fupérieur, & le chef de l'Empire, croyant qu'il obtiendroit par la terreur des armes, ce que l'on refufoit à fes follicitations, s'avança vers Rome, en dévafta les environs, & déjà il avoir mis le fiege devant la ville, quand les Romains lui envoyerent repréfenter qu'ils défiroient autant que lui-même de voir le S. Siege rempli, que l'élection d'un Pape ne dépendoit point d'eux, & qu'il étoit trop jufte pour vouloir les punir de la prolongation de cette vacance (2).

Moyens que l'Empereur prend pour faire hâter l'élection d'un Pape.

Les remontrances des Romains étoient fondées; l'Empereur y eut égard, & levant le fiege de Rome, il alla porter le ravage & la défolation fur les terres de l'Eglife, & fur-tour fur les terres des Cardinaux, qui dès lors fe déterminant à fatisfaire le chef de l'Empire, lui promirent d'élire inceffamment un Souverain Pontife; auffi-tôt Frideric fit ceffer les hoftilités, rendit même la liberté à l'Evêque de Paleftine, & s'en alla dans fon Royaume de Naples y attendre la nouvelle de l'élection, qui en effet ne tarda point à être faite. Les Cardinaux affemblés à Anagni le 24 de Juin 1243, élurent unanimement Sinibalde de la maifon de Fiefque qui fe fit confacrer fous le nom d'Innocent IV. Il avoit d'autant plus aifément réuni les fuffrages des Cardinaux, que ceux-ci fachant combien dans tous les tems l'Empereur l'avoir aimé, ils regardoient comme très-facile fous un tel Pontife la reconciliation du Sacerdoce & de l'Empire. Frideric n'en jugea point de même, & apprenant l'élection de Sinibalde, il s'écria pénétré de chagrin, *Sinibalde Cardinal étoit mon ami, mais Sinibalde Pape ne tardera point à fe déclarer mon ennemi:* les fuites ne juftifierent que trop ce jugement. L'Empereur cependant donna publiquement des marques de la plus vive fatisfaction, & prévenant fon ancien ami, il lui envoya une Ambaffade folemnelle pour le féliciter, & lui offrir toutes fes forces pour lui même & le bien de l'Eglife (3).

Innocent IV eft élu 1243.

Innocent IV parut fenfible à la démarche de l'Empereur & lui envoyant à fon tour trois Ambaffadeurs, il les chargea d'une lettre par laquelle le Pon-

Ses propofitions à Frideric.

tife prenant un ton conforme à fa nouvelle dignité, marquoit à Frideric qu'il le verroit avec joye rentrer, dans la communion des fideles, & qu'il s'empresseroit de le recevoir, pourvu qu'il satisfît l'Eglise fur tous les articles au sujer desquels Gregoire l'avoit excommunié: que de fon côté fi le S. Siege avoir des torts, il fe hâteroit de les réparer, & que là deffus il s'en rapporteroit au jugement d'un Concile, qu'il fe propofoit de convoquer. Ainfi dès les premiers jours de fon Pontificat, l'ami de Frideric lui déclaroit fans détour qu'il trouveroit en lui les mêmes difpofitions que Gregoire IX avoit eues pour le chef de l'Empire. Du refte Innocent IV fit demander par fes envoyés la liberté de tous les prifonniers que les Impériaux avoient pris fur la mer.

Avant que d'accorder tant de propofitions, Frideric fit auffi quelques demandes, & fur-tout que le Légar qui attifoit en Lombardie le feu de la difcorde & de la rebellion fut rappellé. Cette propofition étoit très-jufte, elle ne le parur point au Souverain Pontife, qui s'y refufa, à moins répondoit-il que Frideric n'accordât une treve aux Lombards; Innocent fe déclaroit d'autant plus volontiers pour les villes rebelles de Lombardie, que déjà par fes offres & fes promeffes il avoit attiré à fon parti plufieurs autres villes d'Italie, qui jufques là avoient gardé la neutralité, plufieurs même de celles qui avoient combattu contre ce que la cour de Rome appelloit fort improprement les intérêts de l'Eglife. Auffi le Pape ayant rétabli l'égalité de force & de puiffance entre lui & le chef de l'Empire, il fe rendit d'Anagni à Rome, où il fut d'autant plus favorablement reçu par les Romains, qu'ils le croyoient intimement lié d'amitié avec Frideric (1).

A-peu-près dans le même tems entra auffi dans Rome le Comte de Touloufe, Raymond VII, qui, excommunié par Gregoire IX fut abfous par Innocent & offrit fa médiation entre le Pape & l'Empereur. Frideric accepta cette offre, & joignit à Raymond, fon Chancelier Pierre de Vignes & Thadée de Seffa: du côté du S. Siege les négociateurs étoient l'Evêque d'Oftie & trois autres Cardinaux. Après bien des féances dans lefquelles la négociation fut plus d'une fois fur le point d'être rompue, on parvint à conclure un traité à des conditions évidemment onéreufes & très-peu honorables pour l'Empereur: les principales furent qu'il rendroit avec tontes les terres qui avoient appartenu au S. Siege avant la derniere guerre, toutes celles qu'il avoit conquifes fur les alliés de l'Eglife, qu'il écriroit de tous côtés que s'il n'avoit pas obéi à la fentence prononcée par Gregoire, ce n'avoit pas été par mépris, mais parce qu'elle ne lui avoir pas été dénoncée, & qu'il confefferoit que quant au fpirituel, le Pape, même fouillé de crimes, a la plénitude de puiffance fur tous les chrétiens, même fur les Rois; qu'il expieroit fes fautes par des jeunes & des aumônes, qu'il répareroit tous fes torts, fonderoit des hôpitaux, des eglifes, obéiroit fidelement au Pape, & que quant aux dommages qu'il avoit foufferts, il s'en rapporteroit au jugement du Souverain Pontife & des Cardinaux (2).

Négocia-
tions &
traité défa-
vantageux
à l'Empe-
reur.

L'exécution de ces conditions infiniment défavantageufes fut publiquement jurée par les négociateurs de Frideric: mais il ne jura point de les exécuter,
au

(1) Petr. de Vineis. Ep. 33. Matth. Paris. ad ann. 1243.    (2) Fleury. Hift. Eccl.
Tom. 17. Liv. 82.

au contraire, indigné qu'on eut ainfi compromis fa prééminence & avili fa dignité, il refufa d'exécuter les promeffes trop légerement faites par fes agens: mais pour mettre encore davantage la juftice de fon côté, il demandoit avant que de remplir les articles de ce traité, qu'il promettoit d'accomplir, quelque défavorables qu'ils lui fuffent, d'être abfous de l'excommunication, Innocent IV au contraire, qui bruloit de fe fignaler, refufoit cette abfolution qu'il ne vouloir donner qu'après l'exécution de toutes les conditions. Cette prétention étoit évidement injufte; il la foutint avec obftination, écrivit des lettres remplies de fiel contre l'Empereur à plufieurs Souverains & fur-tout au Landgrave de Thuringe, qu'il exhortoit de demeurer fidele au S. Siege, ce qu'il ne pouvoir faire en cette occafion fans trahir les intérêts de fon fupérieur, & lever l'étendard de la rebellion. Quelques Cordeliers, agens ordinaires de Rome dans de telles circonftances, fe trouverent faifis avec de femblables lettres; Frideric les fit pendre, envoya garder tous les paffages des Alpes, tandis que par fes ordres une prodigieufe quantité d'armateurs tenoient la mer, & empêchoient toute communication entre le Pape & les autres Puiffances. La guerre la plus violente embrafa l'Italie; les Guelfes & les Gibelins fe livrerent à toute la fureur que leur infpiroit leur haine mutuelle: Frideric écrivit à tous les Souverains, & principalement aux Rois de France & d'Angleterre, au jugement defquels il offroit de s'en rapporter (1). Plus moderé en apparence, mais plus inflexible en effet, Innocent IV proteftoit de fon côté qu'il ne demandoit que l'exécution des articles du traité, & qu'il voyoit avec douleur que Frideric ne cherchoit qu'à opprimet l'Eglife qu'il vouloir réduire en fervitude.

Cependant afin de paroître auffi zélé pour la paix qu'il l'étoit peu au fond, il feignit de vouloir aller conférer lui-même avec l'Empereur, & s'éloignant de Rome, il s'avança jufqu'à Sutri, où Frideric lui envoya dire, qu'il étoit réfolu de ne remplir aucun article du traité, avant que d'avoir été abfous, j'en fuis fâché, répondit froidement Innocent aux envoyés; mais la propofition n'eft pas raifonnable, & quelques jours après, le Souverain Pontife qui n'avoit communiqué fon projet à perfonne, fe dépouilla des marques de fa dignité, & travefti en laïque, monté fur un excellent coureur, il s'enfuit à toute bride, & fe rendit à Civita Vecchia, où l'attendoient 23 Galeres Génoifes, chacune montée de 60 hommes armés & de 140 rameurs; enforte qu'en très-peu de tems il arriva à Gênes fa Patrie, où il fut reçu au bruit des acclamations publiques (2).

Informé de la fuite du Souverain Pontife, Frideric fit garder étroitement toutes les avenuës de Gênes, mais déja le Pape avoir envoyé un Nonce en Angleterre, pour exhorter cette nation à le fecourir de troupes & d'argent. L'Empereur averti à tems fe hâta d'envoyer auffi en Angleterre des Ambaffadeurs chargés d'une lettre, qui, malgré les inftances du Nonce fut lue devant le Roi & le clergé affemblés. Dans cette lettre Frideric, après s'être juftifié au fujet du traité, offroit au Clergé Brittannique & à la nation de les délivrer des vexations de la cour de Rome & de l'énormité des fubfides qu'elle tiroit

*Hift. d'Allemgne, 1209-1254.*

*Hoftilités violentes en Italie.*

*Innocent IV s'enfuit à Gênes. 1244.*

*L'Angleterre refufe de lui donner retraite.*

_____

(1) Matth. Paris. Fleury. Spener. ad ann. 1244. Univ. ad ann. 1244.    (2) Fleury. Spener. Hift. Germ.

alors de l'Angleterre.    Ces offres furenr reçues avec tranfport & le Nonce du Pape renvoyé honteufement.

On ne veut
le recevoir
ni en Fran-
ce, ni en
Arragon.

Innocent averti du voifinage de la flotte des troupes Impériales, n'étoir rien moins qu'en fureté à Gênes.  Il fongea à le choifir une autre retraite, & il fit demander un azile en France, mais S. Louis, quoique très-dévoué à l'E- glife, étoit trop éclairé pour confondre les véritables intérêts de l'Eglife, avec ceux du Souverain Pontife, auquel il fit répondre qu'il ne pouvoir rien faire en cette occafion, fans avoir confulté les Seigneurs de fa cour; il les affembla en effet: mais alors précifément le clergé de France irritoit fi fort les Sei- gneurs par les entreprifes qu'il ne ceffoit de faire fur leur jurifdiction, que, craignant avec raifon que la préfence de leur chef ne rendît les Eccléfiafti- ques encore plus entreprenans, ils ne voulurent abfolument point confentir à recevoir le Pape, qui effuya le même refus de la part du Roi d'Arragon (1).

Rejeté des principales Puiffances de l'Europe & principalement de celles fur lefquelles il avoit le plus compté, Innocent IV fit encore une tentative du côté de l'Angleterre, & pour ne pas effuyer encore un refus il eut recours à un petit artifice dont il fe promettoit beaucoup de fuccès: il fit écrire par quelques Cardinaux au Roi & au Clergé Brittannique une lettre en forme d'avis & par laquelle ces Cardinaux confeilloient comme d'eux-mêmes aux Anglois & à leur Roi d'envoyer une ambaffade au Pape pour le prier d'ho- norer de fa préfence le Royaume d'Angleterre, auquel il avoir un droit par- ticulier.  Pour nous, continuoient les Cardinaux, nous ferons tous nos ef- forts afin de l'engager à condefcendre à votre priere.

Ce moyen puérile ne réuffit point; Henri III qui régnoit alors en Angle- terre ne donna point dans ce piége groffier, & le Souverain Pontife, fut fi fort irrité de ce fecond refus, que cédant à fon reffentiment, il eut l'im- prudence de s'écrier dans le premier mouvement de fa colere, venons d'abord à hour de l'Empereur, ou accomodons-nous avec lui; quand nous aurons a- battu ou adouci ce grand dragon, nous foulerons aifément à nos pieds tous ces petits ferpens (2).

Innocent IV fe donnoit inutilement bien des foins pour chercher au loin un azile qu'il avoir fort près du lieu qu'il habitoit.  En effet, la ville de Lyon, qui n'appartenoit point encore au Roi de France, relevoit à la vérité de l'Empire, mais fous la domination de l'Archevêque qui en étoit le Sei- gneur, & qui avoir fi bien fait valoir fon titre que depuis fort long-tems les Empereurs n'y avoient plus aucune autorité.  Ce fut là que le Pape réfo- lut de fe retirer, & qu'il fe rendit en effet dans le mois de Septembre 1244.

Il y avoir déjà long tems que le fougueux Innocent IV avoir médité les derniers coups de fa vengeance contre le chef de l'Empire.  Il ne fut pas plutôt à Lyon, qu'il fit expédier des lettres circulaires pour la convocation d'un concile dans cette ville; concile, difoit-il dans ces lettres, dont les grands objets étoient de rérablir la fplendeur de l'Eglife, de pourvoir à la défenfe de la terre fainte, réprimer les Tartares, & terminer la grande affaire entre l'Eglife & l'Empereur  Mais pour la terminer, étoit-il néceffaire en

(1) Fleury. Spener. Matth. Paris, ad eundem annum.    (2) Petrus de Vincis. L. 6. r.
Fleury. Spener.

attendant que ce concile fut assemblé d'inviter & d'ordonner à tous les évêques de la chrétienté, comme il le fit, de renouveller l'excommunication si
violemment prononcée contre Frideric ? Non, mais il falloir d'avance préparer les
esprits à la scene éclatante qui devoir se passer à Lyon, où se rendirent 144
Évêques de diverses nations, les Ambassadeurs de la plûpart des Souverains
de l'Europe, Thadée de Sessa & quelques autres agens de l'Empereur pour
y soutenir, autant qu'il leur seroit possible, les intérêts de leur maître (1).

Que pouvoient faire cependant ces agens, quelque zélés qu'ils fussent, pour
défendre les droits de l'Empereur déjà condamné par le plus grand nombre
des prélats, qui ne s'étoient rendus à Lyon, que pour y servir la vengeance
du Pape Innocent IV, aussi dans une congrégation préliminaire tenue au Re-
fectoire de S. Sixte & à laquelle furent admis les Ambassadeurs de Frideric, le
Souverain Pontife ne s'occupa-t-il qu'à prévenir les Evêques contre l'ennemi
qu'il vouloir écraser, il eut peu de peine à les persuader, & dès lors les Ambassadeurs de l'Empereur ne douterent point que sa déposition n'eût été résolue. Thadée de Sessa ne le contenta point de la justifier avec autant de force
que d'éloquence, il fit encore de sa part les offres les plus avantageuses, &
vraisemblablement elles eussent ramené les esprits, si l'inflexible Innocent n'eût
traité ces promesses de nouveaux artifices mis en usage pour détourner la foudre qui étoit prête à éclater, empêcher le Concile de rien décider, & ensuite opprimer plus surement l'Eglise & se mocquer des Evêques aussi-tôt
qu'ils seroient séparés (2).

*Les Agens
de l'Empe-
reur y dé-
fendent inu-
tilement la
cause de leur
maître.*

Les dénonciations du Pape eurent plus de succès que les protestations des
agens de l'Empereur, & les prélats refuserent obstinément de les écouter.
Deux jours après & dès la premiere séance du Concile, Innocent après avoir
célébré la messe, monta à un lieu élevé, & prononça le discours le plus pathétique & en même tems le plus injurieux, dont le sujet étoit les cinq douleurs dont il se trouvoit affligé. On sent que la plus vive de ces douleurs
étoit la guerre qu'il avoir eu à soutenir contre Frideric, aussi le peignit-
il des couleurs les plus noires. Thadée de Sessa se levant du milieu de l'assemblée réfuta vivement les délations du Souverain Pontife, & demanda au
Concile un délai pour écrire à Frideric & l'engager à venir lui-même défendre sa cause. S'il venoit, s'écria le Pape je me retirerois: je ne me sens encore préparé ni à la prison, ni au martyre. La seconde séance fut plus ora-
geuse encore, Thadée & les Ambassadeurs de France & d'Angleterre prierent inutilement qu'on prorogeât la troisieme séance, parce qu'on avoir des
nouvelles certaines de la prochaine arrivée de l'Empereur. C'étoit là tout ce
qu'Innocent craignoit; mais la demande étoit si juste qu'il ne put s'y refuser
& il fut accordé un délai de douze jours (3).

Sur les avis réitérés de ses agens, Frideric s'étoit mis en route en effet, &
déjà il s'étoit avancé jusqu'à Turin, mais informé de ce qui s'étoit passé au
Concile, & prévoyant les dispositions des Evêques, & par leur déférence a-
veugle aux volontés du Pape à quels excès on s'y porteroit, il refusa d'aller
plus loin, ne croyant pas qu'il fût digne d'un Empereur de se soumettre au jugement d'une telle assemblée, où il étoit évident que l'on finiroit par le plus

(1) *Hist. Concil.* Tom. XI. Fleury. *Hist. Eccl.* T. 17.　　(2) Matth. Paris. Fleury.
Daniel. *Hist. de France, ad ann.* 1245.　　(3) Matth. Paris. Daniel. Fleuy Spener.

Sect. VI.
Hift. d'Al-
lemagne,
1209-1254.

outrageant des attentats. Le Souverain Pontife enchanté de cette réfolution, n'en fut pas plutôt inftruit, que rappellant dès l'ouverture de la troifieme féance tout ce qu'il avoir déjà dit plufieurs fois de plus envenimé contre l'Empereur, il demanda que fur le champ on procédât au jugement. En vain Thadée de Seffa, protefta contre tout ce qu'on alloit faire; vainement il en appella au Pape futur & au Concile général: il ne fut feulement point écouté.

Sentence de
dépofition.
1245.

Innocent recueillit les voix, & un moment après prononçant la fentence, il dénonça Frideric privé de tout honneur & dignité, difpenfa de leur ferment tous ceux qui lui avoient juré fidélité, défendit à qui que ce fût de le reconnoître pour Empereur & pour Roi, déclara par avance excommuniés tous ceux qui lui porteroient fecours, protection ou afile, ordonna aux Electeurs de procéder à l'élection d'un Empereur, fe refervant à difpofer lui-même du Royaume de Sicile (1).

A cet acte d'iniquité Thadée de Seffa frémiffant de courroux; jour de colere! s'écria-t-il en fe retirant précipitamment, jour de calamité & de mifere! Innocent victorieux fourit, & entonna le *Te Deum*, comme fi le ciel eût approuvé le plus indigne des attentats. Qu'on juge de l'impreffion que dut

Courroux de
Frideric.

faire fur un Prince auffi fier & auffi jaloux de fes droits que l'étoit Frideric, une telle nouvelle. Eh quoi, dit-il, enflammé de fureur, un homme vil aura l'infolence de me précipiter du trône Impérial, moi qui n'ai point d'égal entre les Souverains: foible & téméraire Pontife! tu n'as fait par ton audace que rendre ma condition meilleure, je me croyois obligé de t'obéir en quelque chofe, ou du moins de te refpecter; maintenant je ne te dois plus rien (2).

Tour entier à la vengeance, Frideric dès ce jour ne s'attacha qu'à faire le plus de mal qu'il lui feroit poffible au Pape, à fes amis & à fes parens: il fe hâta de retourner à Cremone où il régla les affaires de l'Empire, envoya en Allemagne fon fils Conrad, afin d'y contenir les peuples dans l'obéiffance, écrivit à tous les Souverains pour les intéreffer à fa caufe, qui étoit la leur en effet; car il étoit évident que fi le Souverain Pontife pouvoit impunément brifer le fceptre de l'Empire, il fe croiroit à plus forte raifou autorifé à

Ses lettres
aux Souve-
rains.

fouler à fes pieds les couronnes. Ce fut fur-tout à S. Louis que l'Empereur écrivit avec le plus de force, contre la nullité des procédures faites par le Concile de Lyon. Ces lettres produifirent l'effet qu'elles devoient opérer, & la plûpart des Princes voyant où tendoir la fierté de la cour de Rome, condamnerent hautement la conduite d'Innocent IV, qui les menaçoit tous fi Frideric venoit à fuccomber (3).

De fon côté le Souverain Pontife, qui au fond, ne pouvoir fe diffimuler l'iniquité de fa conduite écrivit de toutes parts pour foutenir fa prétendue puiffance fur le fceptre des Rois, mais toutes fes déclarations ne lui valurent que l'approbation des moines de Citeaux, qui s'attachant plus fortement à lui, parlerent avec infolence de l'Empereur & de ce qu'ils appelloient la juftice de fa dépofition. Trop élevé, trop grand pour faire quelque attention aux injures d'une troupe de moines, Frideric s'attachoit à mettre dans fon parti les Souverains: il envoya des Ambaffadeurs à S. Louis pour le prier ou

(1) Monach. Paduanus. *Chronic.* L. 6. 1. ad ann. 1245. Spener. L. 6. T. 1. cap. 6.
(2) Spener. Monach. Paduan. *ad ann.* 1245.   (3) Petrus de Vineis. *Lib.* 1. *Epift.* 12.

de le foutenir, ou du moins de refter neutre entre lui & la cour de Rome. *Hift. d'Al-*
De tous les Princes qui régnoient alors S. Louis étoit celui qui défapprouvât *lemagne,*
le plus la dépofition de Frideric; il entreprit de reconcilier le Pape & l'Em- *1209 1254.*
pereur, & dans cette vûe il envoya prier le Souverain Pontife, de fe rendre
à Clugny: Innocent IV y alla, eut plufieurs conférences avec S. Louis & la *Soins du*
Reine Blanche, mais reftant inflexible, il ne voulut entendre à aucun acco- *Pape pour*
modement, au contraire fa haine s'accroiffant à mefure que les médiateurs *faire élire*
pacifiques s'efforçoient de le fléchir, il écrivit aux Princes & Seigneurs d'Al- *un Roi des*
lemagne pour les preffer d'élire un Empereur, leur offrant routes fortes de *Romains.*
fecours & leur promettanr même aufli-tôt que l'élection feroit faite 15000
marcs d'argent.

Les Seigneurs d'Allemagne, les Eccléfiaftiques fur-tout étoient tentés de
déférer à la follicitation d'Innocent, mais ils n'ofoient, par la crainte que
leur infpiroit le Duc d'Autriche, Frideric le Belliqueux, qui depuis fa reconciliation avec l'Empereur s'étoit inviolablement attaché à fon fervice. Les
efforts & les oppofitions de ce Prince, ne purent cependant l'emporter fur *Henri*
les preffantes inftances d'Innocent, qui leur faifoit propofer, par Philippe *Landgrave*
de Fontaine Evêque de Florence, fon Légat, homme hardi, & très-entre- *de Thurin-*
prenant, Henri Landgrave de Thuringe, qui fut enfin fi bien fervi par les *ge, élu*
intrigues de l'Evêque de Florence, qu'il fut élu Roi des Romains le 17 de *Roi des*
Mai 1246 par les Archevêques de Mayence, de Cologne & quelques autres *Romains.*
Seigneurs gagnés par les promeffes & l'argent de la cour de Rome (1). *1246.*

Cette Election très-illégale fut à peine confommée que l'Archevêque fe
mit à prêcher avec tant de véhémence une croifade contre tous les infidelles à
la tête desquels il mettoit Frideric, qu'à fes exhortations la plûpart des Princes & des Nobles fe croiferent. Très-content de ces nouvelles, le Souverain Pontife fe hâtant de remplir fes promeffes envoya au nouveau Roi Henri
des fommes très-confidérables, qui parvinrent à leur deftination, malgré la
vigilance de l'Empereur qui faifoit exactement garder tous les paffages, & *Petit fuccès*
toutes les avenues d'Italie en Allemagne. Le nouveau Roi des Romains *du nouveau*
voyoit outre une foule de Seigneurs & de Nobles, tous les Eccléfiaftiques & *Roi des*
tous les moines dans fon parti, ce qui lui fit donner par la faction contraire le *Romains.*
furnom de *Roi des Prêtres*; il indiqua une diete à Francfort; Conrad, fils
de Frideric voulut s'oppofer par les armes à cette affemblée, mais fes troupes
furent vaincues, mifes en fuite: le combat ne fut pourtant rien moins que
fanglant, & l'on affuroit hautement que fes foldats & fes officiers même,
corrompus par l'argent qu'Innocent leur avoir fait donner, l'avoient abandonné dès le commencement de cette ridicule bataille, qui fut livrée le 4 Août
1246 (2).

Ce n'étoit point affez pour le Pape Innocent qu'une partie de l'Allemagne fe
fût foulevée contre Frideric; il le pourfuivoit encore tout aufli violemment
en Sicile, où deux Légats qu'il y avoir envoyés avec des lettres par lesquelles il exhortoit les Siciliens à rompre les fermens d'obéiffance qu'ils avoient
prêtés à leur Roi, foufloient de toute leur puiffance & excitoient le feu de

---

(1) Albert. Abb. Stad. *chron. ad ann.* 1248. Spener. To. 1. (2) Petrus de Vineis.
Lib. 6. Cap. 26.

*Lettre du
Pape au
Sultan d'E-
gypte &
réponse du
Sultan.*

la revolte: ils furent puissamment secondés par les Evêques de la Pouille,
qui dans leur zele audacieux, allerent jusqu'à conspirer contre la vie de leur
légitime Souverain; mais la conjuration fut découverte & elle ne servit qu'à
rendre son principal auteur, Innocent IV, plus odieux à tout ce qu'il y avoit
en Europe de personnes sages & éclairées (1).

Entraîné par sa haine, le Souverain Pontife ne songeant ni à l'indécence
de ses démarches, ni à l'irréparable tort qu'il se faisoit à lui-même par l'atrocité des moyens qu'il employoit, tout entier au desir d'accabler l'ennemi
dont il avoit juré la perte, écrivit au Sultan Melicsaleh en Egypte, afin de
l'engager à rompre l'alliance qu'il avoir conclue avec l'Empereur, & dans
cette occasion la thiare ne rougir point d'offrir de s'unir au croissant contre le
premier des Monarques chrétiens: Melicsaleh montrant dans cette circonstance plus de pudeur & d'humanité que le chef de la chrétienté, ne lut qu'avec
indignation la lettre du Pontife. Vous nous parlez de Jésus Christ, lui répondit-
il, nous le connoissons mieux que vous, & nous l'honorons plus que vous
ne faites. Il y a entre nous & l'Empereur une alliance & une amitié réciproque; il ne nous est pas permis de faire aucun traité avec les chrétiens sans
le consentement de ce Prince, auquel nous avons envoyé les étranges propositions que vous nous faites.

Quelque surpris que fut Innocent IV de trouver dans un Mahométan
une telle fidélité à garder sa parole & ses alliances, la leçon que ce Prince lui donnoit n'excita point en lui les remords qu'elle eût nécessairement
excités dans une ame moins cruelle & moins accoutumée aux plus noirs
attentats (2).

Cependant l'Empereur craignant que la continuité des bruits calomnieux
que la cour de Rome ne cessoit de répandre, ne finît par faire des im-
pressions défavorables & que le soupçon d'hérésie ayant été le motif de sa
déposition, les peuples ne le crussent réellement hérétique, se fit examiner par l'Archevêque de Palerme, quelques autres Prélats & deux Freres

*Confession
de Foi de
Friderie II.*

mineurs, répondit en très-bon Catholique à tous les points sur lesquels
il fut interrogé, fit sa confession de foi, l'écrivit, la signa, la remit aux
examinateurs, & les pria d'aller offrir au Souverain Pontife de se purger en
tems convenable du soupçon d'hérésie dont on avoit la lâcheté de le noircir.
Ces Examinateurs se rendirent à Lyon; mais Innocent les traita d'abord d'excommuniés, comme envoyés de la part d'un excommunié, qui prenoit faussement la qualité de Roi & d'Empereur. Ce n'est point à raison de ces qualités que nous venons, répondirent avec fermeté les Prélats. nous venons de
la part de Friderie comme simple chrétien, pour rendre compte de sa foi &
pour certifier son catholicisme. Ils montrerent les pieces dont ils étoient
chargés, & offrirent de jurer que Friderie étoit très bon chrétien. Le Pape
furieux, prétendit qu'ils n'avoient aucun pouvoir de faire un tel examen,
qu'il ne les connoissoit ni comme procureurs de Friderie, ni comme envoyés,
& qu'ils méritoient d'être séverement punis pour un tel attentat. Si quelqu'un

(1) Petrus de Vineis. Lib. 2. Epist. 10. Fleury. Hist. Eccl. lib. 82.    (2) Matth.
Paris. Fleury. Hist. Eccl. L. 82.

méritoit d'être puni, c'étoit affurément Innocent IV, qui fe dèshonoroit par
fa mauvaife foi & fon iniquité (1).

· Le tems indiqué pour une conférence qui devoir le tenir à Clugni entre S.
Louis & le Pape approchoit: Frideric excédé des conjurations fans ceffe re-
naiffantes que formoient contre lui les adhérans de Rome, avoir prié le Monarque François de ménager fa paix avec le dangereux Innocent, & pour
l'obtenir il offroit d'aller paffer en Paleftine le refte de fes jours, & de tâcher
d'y recouvrer le Royaume de Jérufalem, pourvu que le Souverain Pontife
lui donnât une pleine abfolution & qu'il couronnât Empereur Conrad fon fils.
S. Louis fit les plus grands efforts pour faire accepter ces conditions qui n'é-
toient, comme on voit, rien moins que favorables au chef de l'Empire;
mais il ne put rien obtenir, & l'inflexibilité du Souverain Pontife pénétra S.
Louis d'indignation (2).

Frideric en butte à tout ce que la calomnie a de plus odieux, ayant à repouffer en Allemagne le rival que les intrigues d'Innocent & la corruption de
quelques Electeurs lui avoient fufcité, environné de traitres & de confpirateurs payés d'avance pour attenter à fes jours, étoit dans la plus violente fituation: mais il lui reftoit encore un brave & puiffant défenfeur en Allemagne,
Fridéric le Belliqueux, qui s'oppofoit avec fuccès à toutes les entreprifes du
Landgrave de Thuringe, élu Roi des Romains: mais la fortune avoir abandonné la caufe de l'Empereur, & pour comble de malheur, la mort enleva
le Duc d'Autriche, & cet événement remplit l'Allemagne de troubles, de
difcordes, de factions & de guerres civiles: car Frideric le Belliqueux ne
laiffant point d'enfans, une foule de Princes firent valoir leurs prétentions fur
le duché d'Autriche. En la perfonne de Frideric le Belliqueux s'étoit éteinte
la branche aînée de la maifon de Baviere; la branche cadette régnoit en Baviere en la perfonne d'Otton l'Illuftre, qui, par fon mariage avec Agnés, fille
unique du Comte Henoi avoir réuni le Palatinat à la Baviere. Otton l'Illuftre
ne fuppofant point que la fucceffion de Frideric le Belhqueux pût lui être
difputée, envoya Louis le Sévere fon fils en Autriche pour en prendre poffeffion; mais à peine Louis le Sévere avoir recueilli cette riche fucceffion,
que deux Princeffes iffues des derniers Ducs de Baviere Autriche, fe mirent
fur les rangs, & ces deux Princeffes étoient, l'une Marguerite, veuve de
Henri, Roi des Romains, fils de Frideric II, & qui étoit fille du Duc Léopold
VII, pere de Frideric le Belliqueux, l'autre Gertrude, époufe de Herman,
Markgrave de Bade, & fille du Duc Henri III, frere de Frideric le Belliqueux. Les Etats d'Autriche reconnurent auffi la légitimité des droits de ces
Princeffes; mais cette multiplicité de Souverains rempliffant le pays de troubles & de confufions, les Etats d'Autriche envoyerent en Italie demander un
Régent à l'Empereur, qui commit cette régence à Otton l'Illuftre. Otton
ni Louise le Sévere fon fils ne purent fe foutenir en Autriche, dont les habitans
rappelerent le mari de Gertrude, Herman, Markgrave de Bade; il y mourut
& Frideric fon fils trop jeune pour y foutenir fes droits, ne put s'oppofer
aux entreprifes que divers Princes y formerent.

(1) Apud Rainald. Fleury. Spener. *ad ann.* 1246.     (2) Matth. Paris. Spener,
Fleury. *loco citato.*

SECT. VI.
Hiſt. d'Al-
lemagne,
1209·1254.

Le plus puiſſant de ces Princes ambitieux de s'emparer de l'Autriche
étoit Wenceſlas III, Roi de Bohême: mais il n'avoit aucun titre; & pour
s'en faire un, il maria ſon fils Premiſlas III à Marguerite, fille de Léopold VII, & veuve d'Henri, Roi des Romains. Ce mariage fut à peine
célébré que Wenceſlas s'empara du duché, & fit prêter ſerment de fidélité
par les Autrichiens. On verra dans la ſuite à quoi aboutit l'entrepriſe de
Wenceſlas, en apparence ſi bien concertée (1).

Innocent IV regardant Frideric II comme entierement abattu, triomphoit, & ſuppoſant qu'il ne manquoit plus à ſa gloire que de faire couronner
ſolemnellement ſa créature, Henri Landgrave de Thuringe, il avoit déja
donné ſes ordres pour cette cerémonie, mais Conrad, auſſi Roi des Romains
ne perdoit point de vûe ſon rival & celui de ſon pere: il le rendit ſuivi d'une
nombreuſe armée aux environs du lieu où devoir ſe faire le couronnement;
Défaite &
mort d'Hen-
ri, Roi
des Ro-
mains.
Henri qui pour avoir vaincu une fois le fils de l'Empereur, ſe regardoit comme infiniment ſupérieur, s'y rendit auſſi à la tête de ſes troupes, trop aſſuré
de vaincre encore: les deux armées ne furent pas plutôt en préſence, que
la bataille s'engagea, & la fortune qui parut d'abord favoriſer Henri, l'abandonna au moment même où il regardoit ſon triomphe comme infaillible, il
fut cruellement battu, contraint de prendre la fuite, & il mourut très peu de
jours après, ſoit des bleſſures qu'il avoit reçues ſoit de honte ou de diſſente-
rie, comme l'ont aſſuré quelques auteurs (2).

La nouvelle de la mort d'Henri pénétra de douleur le Souverain Pontife:
mais cet événement ne le déconcerta point, & envoyant quatre Légats, l'un
en Allemagne pour y faire procéder à une nouvelle élection, l'autre en Italie, un autre en Eſpagne, & le quatrieme en Norvege, il leur donna ordre
de faire réitérer de toutes parts l'excommunication & l'anathême contre l'Empereur & ſes adhérans, & de ſouffler de toutes parts l'eſprit de haine & de
vengeance qui l'animoit lui-même. Mais tandis qu'Innocent excitoit de toute ſa puiſſance les feux de la rebellion & ceux de la plus violente des guerres, il étoit lui-même menacé de périr par le fer de quelques conjurés, qui
avoient tramé une conſpiration contre ſa vie. Frideric mécontent de Raoul
l'un de ſes officiers, l'avoir chaſſé, & Raoul s'étant retiré à Lyon ſe trouva par
hazard logé dans la même hôtellerie où étoit depuis quelques jours Gautier
Conſpira-
tions contre
le Pape.
d'Ocre, conſeiller de l'Empereur. L'officier congédié raconta ſes malheurs à
Gautier, qui lui dit que le meilleur moyen qu'il eût de regagner les bonnes
graces de ſon maître, étoit de tuer le Pape. Raoul goûta beaucoup ce conſeil, & ces deux conſpirateurs firent entrer dans leur complot Renaud leur
hôte, qui, lié avec pluſieurs officiers d'Innocent promit de leur ſolliciter l'entrée de la chambre où couchoit le Souverain Pontife. Les trois conſpirateurs
bien affermis dans leur complot, n'attendoient plus que le moment de l'exécution, quand Gautier d'Ocre qui ne faiſoit que diriger les deux autres par
ſes conſeils, les voyant bien inſtruits & ſur-tout inébranlables dans leur réſolution, crut ſa préſence peu néceſſaire, & s'en retourna à la cour de l'Empereur;

_____

(1) Spener. Hiſt. Germ. Univ. Tom. 1. Lib. 6. Cap. 10. Chron. Auſtraſ. ad ann. 1246.
(2) Monach. Paduan. Matth. Paris. Spener. ad ann. 1247.

pereur; Renaud le plus intrépide des deux conjurés, tomba inopinément malade, & agité par ſes remords, il découvrir tout à ſon confeſſeur; peu de
momens après il expira. Le confeſſeur dès que Renaud fut mort, alla tout
révéler au Pape, qui fit ſaiſir Raoul, & par la violence de la torture lui arracha l'aveu du complot.

Le Souverain Pontife n'étoit pas encore remis de la crainte que lui avoir
caufé le danger qu'il venoit de courir, que l'on prit à Lyon deux Chevaliers
Italiens, qui, ſans attendre qu'on les preſſât par les tourmens, déclarerent
qu'il y avoir dans les murs de la ville quarante autres bons Catholiques &
braves Chevaliers qui s'étoient obligés par ſerment de poignarder le Pape, &
que rien au monde ne les empêcheroit, même quand Frideric n'exiſteroit pas
d'accomplir cette bonne œuvre, qu'ils regardoient comme agréable à Dieu &
très-utile aux hommes: cette déclaration effraya ſi fort le Souverain Pontife
que dès lors, il n'oſa plus ſortir de ſa chambre, où il ſe faiſoit garder nuit &
jour par cinquante hommes & d'où il ne s'éloignoit pas même pour aller
dire la meſſe (1).

D'après l'aveu de tous les conſpirateurs qui avoient été pris, Frideric n'a-
voir aucune connoiſſance de ces conjurations; mais l'occaſion de le calomnier
étoit trop favorable pour qu'Innocent la laiſſât échapper; auſſi ne manqua t-il
point à écrire à tous les Souverains que le monſtre qui ſe diſoit Empereur,
vouloir abſolument renverſer l'Egliſe, & en poignarder le chef, contre lequel
il étoit convaincu d'avoir envoyé pluſieurs aſſaſſins. Innocent ne s'en tint pas
à ces calomnies,. & par ſes ordres Pierre Capoche ſon Légat en Allemagne,
raſſemblant à Nuits les Evêques qui voulurent s'y rendre, il y fit procéder à
l'élection d'un Roi des Romains, & Guillaume, frere de Florent, Comte de
Hollande réunit les ſuffrages de tous ces prêtres & de quelques comtes.

Guillaume, jeune Seigneur d'environ vingt ans, d'une naiſſance illuſtre,
& allié aux plus puiſſantes maiſons, étoit tel que le deſiroit le Souverain Pontife. Le Duc de Brabant ſon oncle, les Comtes de Gueldre & de Los, les
Archevêques de Mayence, de Cologne & de Breme, ainſi que les Evêques
qui l'avoient élu ſe déclarerent pour lui; mais la plûpart & les plus puiſſans
des Seigneurs d'Allemagne demeurerent fideles à Frideric, indignés qu'aux
ordres de l'inique Innocent IV, quelques Evêques euſſent été aſſez audacieux
pour s'arroger le droit de diſpoſer de la couronne Impériale (2).

L'Empereur reçut avec indifférence la nouvelle de l'élection de Guillaume,
qu'il ne craignoit pas; cette nouvelle ne le détourna point du projet qu'il
avoir formé d'aller à la tête de ſes forces à Lyon même, où ſon implacable
ennemi ne ceſſoit de le foudroyer; & en effet il s'avança juſqu'à Turin, &
donna par cette marche les plus vives inquiétudes au Souverain Pontife, auquel S. Louis écrivit, qu'il ne craignît rien, & qu'il étoit prêt à voler, ainſi que ſes trois freres, à la tête de toutes ſes forces, au ſecours de ſa perſonne & de Lyon. Mais le Pape n'eut pas beſoin pour diſſiper cet orage du
ſecours François: ſes parens & ſes amis que l'Empereur avoit chaſſés de Par-

(1) Matthieu Paris ad ann. 1247. Fleury. Hiſt. Eccl. L. 82.        (2) Albert. Abb.
Stad. Spener. Hiſt. Germ. Univ. ad ann. 1247.

*Hiſt. d'Al-
lemagne.
1209-1254.*

*Nouvelle
conjuration
contre In-
nocent IV.*

*Guillaume
de Hollande
eſt élu Roi
des Ro-
mains.*

*Rebellion
des Parme-
sans &
Siege de
Parme.*

me, profitant de son absence, y entrerent, en tuerent le Gouverneur, & engagerent les habitans à lever l'étendard de la revolte (1).

Le Légat de Lombardie & le Cardinal Octavien que le Pape venoit d'envoyer aux Parmésans, les seconderent puissamment, soit en argent, soit par les troupes qu'ils firent venir de tous côtés; à cette nouvelle Frideric enflammé de colere & dont aucun événement n'eût du arrêter l'entreprise sur Lyon, retourna sur ses pas, dans le dessein d'essayer par les chatimens des Parmésans toutes celles d'entre les villes d'Italie qui seroient tentées d'imiter cet exemple; & afin que Parme n'échappât point à sa vengeance, il alla établir son camp sous ses murs, lui donna la forme d'une ville qu'il nomma *Victoire* y fit construire une église qu'il dédia à *S. Victor*, & un palais où il fit hatrre des pieces de monnoye qui furent appellées *Victorins*. Tant d'assurances qu'il se donnoit à lui-même d'un triomphe infaillible allarmerent les Parmésans, qui redoutant les effets de la colere du Monarque, lui envoyerent faire des propositions & allerent même jusques à offrir de se rendre à discretion: mais l'inflexible Frideric ne voulut rien entendre, & la dureté de ses réponses, la violence de ses menaces, loin d'abattre le courage des assiégés leur firent prendre la résolution de s'ensevelir sous les murs de leur ville, plutôt que de se rendre. Les Guelfes accoururent de toutes parts à leur secours, tandis que les Gibelins alloient en foule accroître le nombre des assiégeans (2).

*Résistance
des assiégés.*

L'Empereur ne doutoit pas qu'Innocent ne soutînt les assiégés, & pour lui témoigner à quel point il méprisoit & ses efforts & ses menaces & ses foudres, il fit publier une ordonnance par laquelle tout ecclésiastique qui, sur les ordres ou la défense du Pape, refuseroit de célébrer les offices divins, seroit chassé & dépouillé de tous les biens patrimoniaux & ecclésiastiques. Par la même ordonnance, il étoit défendu à tout réligieux de passer d'une ville à une autre sans être muni de lettres testimoniales des magistrats de la ville qu'il auroit quittée, lesquelles contiendroient une attestation de leurs bonnes mœurs & de leur attachement à l'Empereur. Quant à la derniere partie de cette ordonnance, il étoit manifeste que Frideric n'excédoit pas les droits de son autorité, & que la prudence exigeoit de lui qu'il s'assurât des moines, dont il avoit de si fortes raisons de se défier. A l'égard de l'injonction de célébrer les offices divins malgré la défense du Souverain Pontife, il étoit tour aussi manifeste que Frideric empiétoit sur l'autorité spirituelle, & s'enqueroit de choses qui ne le regardoient pas. Mais Innocent avoit tant de fois usurpé sur les droits de la Royauté, qu'il n'étoit pas étonnant que le fier ennemi qu'il vouloir opprimer, entreprit aussi sur les fonctions de la Thiare. (3) aussi le Pape à la nouvelle de ce nouvel attentat ne gardant plus de mesures, envoya ordre à ceux des Evêques d'Allemagne qui s'étoient déclarées pour lui, de prêcher & faire prêcher publiquement la croisade contre Frideric & Conrad son fils, comme impies, hérétiques, ennemis de la foi & oppresseurs de la liberté de l'Eglise.

*Ordonnan-
ces publiées
par ordre
de l'Empe-
reur.*

---

(1) Monach. Paduan. Petrus de Vineis. Lib. 2. Epist. 49.     (2) Spener. Hist. Germ. Univ. ad eudem annum.     (3) Fleury. Hist. Eccl. L. 82. Petrus de Vineis. L. 1. Epist. 4.

Ce dernier trait de la haine d'Innocent IV, caufa les plus grands troubles en Allemagne & embrafa la Bohême des feux de la guerre civile ; car le Roi Wenceflas III qui défendoit la caufe du Souverain Pontife, voulut contraindre fes fujets à s'armer contre l'Empereur; mais Wenceflas lui-même étoit détefté de la plûpart des Bohémiens, & fur-tout des Seigneurs qui, à cette occafion, fe revolterent contre lui. & attirerent dans leur parti Premiflas, fils aîné. du Roi, que l'on vit à la tête des mécontens exciter contre fon pere les peuples & les grands. L'Evêque de Ratisbonne fut l'un de ceux qui prêcha le plus violemment contre Frideric, mais il ne fut point heureux, les habitans de Ratisbonne tenoient pour l'Empereur, ils méprifèrent les déclamations de leur Evêque; il les excommunia, ils le huerent, continuerent de célébrer ou d'entendre les offices divins, & défendirent à tout croifé fous peine de la vie, de paroître avec la croix fur fes habits (1).

Le Souverain Pontife furieux contre les habitans de Ratisbonne, envoya contre eux à leur Evêque une bulle qui paroiffoit avoir été dictée dans des accès de rage, & par laquelle ne fe contentant point de les excommunier, de les priver de tous effets civils, de les déclarer incapables de rien poffèder fur la terre, il ordonnoit que cette punition s'étendît jufques à la quatrieme génération des coupables : jamais l'audace & la démence n'avoient été pouffées jufqu'à cet excès de folie: auffi cette bulle acheva-t-elle de décréditer Innocent en Allemagne & en Suabe, où les eccléfiaftiques en vinrent à méprifer fi hautement les foudres du Vatican, que l'un d'eux, affemblant au fon des cloches dans la ville de Hall le peuple & les feigneurs des environs, prêcha contre Innocent, qu'il foutint être convaincu d'héréfie, contre les évêques qu'il déclara tous fimoniaques, contre les prêtres qu'il prétendit n'avoir aucune forte de pouvoir de lier ni de délier, & fur-tout contre les moines qu'il accufa de pervertir l'Eglife par leur fauffe doctrine, de la plonger dans l'ignorance & la fuperftition, & de la déshonorer par leur fcandaleufe conduite (2).

Toutefois fi la caufe de Frideric triomphoit en Allemagne, il s'en falloit de beaucoup qu'elle fût auffi floriffante en Italie. Il avoit fait une grande faute, en fufpendant fa marche vers Lyon pour venir reduire Parme; il en commit une plus grande encore par la confiance entiere où il étoit de s'emparer de cette ville auffi-tôt qu'il le voudroit. Cette imprudente confiance lui fit négliger les précautions les plus ordinaires; trop fûr de vaincre, il preffbit mollement le fiege, & perdoit les jours à s'amufer à chaffer dans les bois & les plaines des environs. Les affiégés profitoient habilement de cette négligence; faifoient de petites forties, où ils avoient toujours l'avantage, les Impériaux daignant à peine les repouffer. Encouragés par ces fuccès réitérés, les Parméfans firent enfin une fortie générale, & pénétrant aux portes de Victoire, qu'ils trouverent fans défenfe, ils entrerent dans le camp, y firent un affreux maffacre; allerent droit à la tente de l'Empereur, qui eut à peine le tems de fe fauver fuivi du débris de fon armée, & laiffant au pouvoir des vainqueurs tout fon bagage, fa couronne, fon tréfor, & le mal-

(1) Fleury. Hift. Eccl, T. 17. L. 82. - (2) Chronicon. Alberti Abb. Stad. ad ann. 1248.

Sect. VI.
Hift. d'Al-
lemagne,
1209-1254.
heureux Thadée de Seſſa, que les Parméſans irrités maſſacrerent & mirent en pieces (1).

Furieux de cet échec, qui à la vérité affoiblit ſenſiblement ſa puiſſance en Lombardie, l'Empereur s'en vengea cruellement ſur Marcellin Peta, Evêque d'Arezzo, prélat fanatique, & Général des troupes Guelfes dans la Marche d'Ancone : il y avoit quelques jours qu'il avoit été pris les armes à la main par les Impériaux, & Frideric irrité de la honte qu'il avoit eſſuyée devant Parme, envoya ordre de pendre Marcellin : on ſe hâta d'exécuter cet ordre, & pendant que les officiers conduiſoient le prélat au ſupplice, ils lui firent entendre que pour ſauver ſa vie, il n'avoit qu'un moyen, celui d'excommu-

Sa vengean-
ce ſur l'E-
vêque d'A-
rezzo.
nier le Pape & de jurer fidélité à Frideric. Marcellin Peta parut ſe porter à cette propoſition, on le conduiſit ſur une éminence, & là devant l'armée & une foule de peuple l'intrépide, ou ſi l'on veut le fanatique Evêque prononça l'excommunication contre l'Empereur, eſſuya ſans proférer un mot les tour-mens les plus cruels, à la ſuite deſquels il périt au gibet. Le Cardinal Rei-nier publia la relation de cette cruauté, avec un diſcours injurieux à l'Em-pereur, contre lequel il exhortoit tous les chrétiens à la croiſade ; mais les partiſans d'Innocent ſe ſignaloient de leur côté par tant d'atrocité, & de débordemens que l'on ne fit aucune attention au libelle du Cardinal Rei-nier (2).

Saint Louis, de tous les Souverains de la chrétienté celui qui déſiroit le plus ſincerement de voir finir la violente querelle entre le Sacerdoce & l'Em-pire, ayant, malgré les remontrances des Seigneurs de ſon Royaume & les prieres de la Reine Blanche ſa mère, fixé à la Pentecôte de cette même année 1248 ſon départ pour la terre ſainte, faiſoit tout ce qui dépendoit de lui pour inſpirer au Pape des ſentimens pacifiques : dans cette vûe le Monarque ſe rendit à Lyon & ſollicita vivement le Souverain Pontife d'ac-

Efforts inu-
tiles de S.
Louis pour
adoucir le
Pape.
cepter les conditions d'accommodement que Frideric offroit : Innocent refuſa de ſe laiſſer fléchir & S. Louis très-affligé de cette obſtination, ſe rendit de Lyon à Aigues-mortes, où ſon zele imprudent le porta à s'embarquer pour la Paleſtine.

L'Empereur fut d'autant moins fâché des derniers refus d'Innocent, que Conrad paroiſſoit avoir fixé en Allemagne la ſupériorité des armes du côté de ſon pere. Guillaume de Hollande élu Roi des Romains, voulut ſe faire couronner à Aix la Chapelle, mais l'entrée de cette ville lui fut interdite par Conrad qui en étoit le maître ; le Légat Octavien, Archevêque de Cologne & quelques autres Seigneurs tenterent d'ébranler la fidélité du jeune Prince & à le détacher du parti de l'Empereur. Des traîtres tels que vous, leur re-pondit Conrad, penſent-ils qu'ils me feront manquer à ce que je dois à mon

Hoſtilités
entre Guil-
laume de
Hollande
& Conrad.
pere ? Le compétiteur de Frideric fut obligé d'aſſiéger Aix la Chapelle, & ce pays fut le théâtre d'une guerre funeſte ; Mayence, Cologne, Strasbourg ſoutenoient la cauſe de Guillaume ; Metz, Spire, Worms & le reſte des vil-les du Rhin, celles de Suabe & de Baviere étoient armées pour Frideric & ſon fils : mais chaque jour le parti de Guillaume groſſiſſoit, par les intrigues des moines & par l'argent que la cour de Rome ne ceſſoit d'envoyer. Inno-

(1) Æneas Sylvius Hiſt. Frider. III.     (2) Matth. Paris. Fleury Hiſt. Eccl. L. 83.

cent donna ordre à son Légat Capoche de difpenfer les Frifons du vœu qu'ils
avoient fait de paffer à la terre fainte, à condition qu'ils ferviroient dans la croifade publiée contre l'Empereur. Pendant ce tems là le jeune Conrad fe défendoit avec la plus grande valeur à Aix la Chapelle contre les troupes réunies
de Guillaume de Hollande : mais le nombre des affiégeans s'accroiffoit de jour
en jour, & les vivres étoient interceptés aux affiégés, qui, après avoir fouffert pendant plufieurs jours tout ce que la famine a de plus accablant, furent
contraints enfin d'ouvrir les portes à Guillaume, qui le 1er Novembre 1248 y
fut couronné par l'Archevêque de Cologne (1). *Hift. d'Al-<br>lemagne,<br>1209-1254.*

Quelque fupériorité néanmoins qu'euffent en Italie les armes des villes rebelles fur les troupes Impériables, le Souverain Pontife craignoit toujours qu'il
ne prît une feconde fois envie à Frideric de venir le furprendre à Lyon, &
pour le mettre autant qu'il lui étoit poffible à l'abri du danger, il fit publier
une bulle par laquelle il étoit ordonné à tout fidele de renouveller tous les
ans le ferment de la paix prefcrit par les anciens Conciles & d'ajoûter à ce
ferment celui de ne fecourir en aucune maniere le fchismatique Frideric, de
ne lui obéir en rien & de refufer même de le recevoir, fous peine aux refrac-
taires d'être déclarés infames, excommuniés, &, comme lui, perturbateurs
de la paix de l'Eglife (2). *Bulle vio-<br>lente d'In-<br>nocent IV.*

Ces moyens violens, cet abus de la foudre eccléfiaftique fi fréquemment
lancée n'intimidoient ni Frideric ni aucun de fes adhérans, & vraifemble-
ment le chef de l'Empire eût fini par reprendre tout l'avantage fur la faction
oppofée, fi la haine d'Innocent IV n'eût employé pour l'arrêter une voie,
plus horrible à la vérité, mais auffi plus efficace ; du moins en fut-il hautement accufé, même par ceux des chroniqueurs contemporains qui en ont par-
lé avec le plus de modération. Depuis quelques jours Frideric étoit retenu *Confpiration<br>contre l'Em-<br>pereur.<br>1249.*
dans la Pouille, par une maladie qui avoit déjà fait affez de progrès, pour
donner des craintes fur fa vie : on lui ordonna de prendre une purgation.
Pierre de Vignes, le plus intime de fes confidens ; qui lui devoit tout, qui
jouiffoit à fa cour de la plus grande confidération ; l'ingrat Pierre de Vignes
corrompu par l'argent de la cour de Rome, corrompit à fon tour le médecin
chargé de préparer la purgation ordonnée & y fit mêler du poifon. Par bonheur Frideric fut averti à tems du complot des deux traîtres, qui vinrent en
effet lui préfenter le funefte breuvage. Il refufa de le prendre, Pierre de
Vignes affectant le zele le plus vif, le conjura d'ufer de ce remede, & le médecin ne manqua point à appuyer les preffantes raifons du confident : alors
l'Empereur par l'ordre de qui plufieurs gardes s'étoient placés derriere les
coupables, qui ne pouvoient plus échapper, ordonna au médecin de boire le
premier de cette purgation. Les deux fcélérats pâlirent : cependant le médecin obligé d'obéir, prit la coupe, s'avança vers l'Empereur, feignit de faire un faux pas & en tombant répandit la plus grande partie du breuvage : la
feinte étoit groffiere : on fe faifit des deux criminels ; pour achever de les
convaincre, on fit boire le refte de la purgation qui étoit au fond de la coupe à deux affaffins condamnés au dernier fupplice, & ils expirerent à l'in-

(1) Matth. Paris. Rainald. *Fragmentum Vatifianum.* pag. 92. (2) Fleury. *Hift. Eccl.*
L. 83. Spenc. *ad ann.* 1248.

stant même. Frideric fit pendre le médecin, & ce genre de mort étoit trop doux pour un tel crime. Pierre de Vignes eut les yeux crevés & fut livré aux Pisans qui le détestoient, & qui se disposoient à lui faire souffrir la mort la plus cruelle: il les prévint & se cassa la tête contre la colonne à laquelle on l'avoit attaché (1). Ainsi périt le plus cher & le plus ingrat des consi-

*Les consi-
rateurs sont
punis.*

dens de Frideric. Il s'étoit fait une très-grande réputation, & bien des gens encore le mettent au nombre des plus illustres écrivains du XIII Siecle: les ouvrages qu'il a laissés & qui nous ont servi à nous-mêmes, sont estimables sans contredit par l'exactitude des faits & des événemens; mais par la barbarie du stile, par la mauvaise & très-grossiere latinité de l'auteur, ils sont infiniment au-dessous de sa célébrité. Pierre de Vignes racontoit grossierement mais exactement ce qui se passoit sous ses yeux, voilà tout son mérite: du reste, il étoit dépourvu de connoissances & sur-tout d'agrément.

Frideric avoit eu pour ce traître une véritable amitié; il l'avoit comblé de bienfaits, & ce trait d'ingratitude pénétra son ame de tristesse. Bientôt il eut à éprouver de nouveaux chagrins. Entius, Roi de Sardaigne, son fils & son plus ferme appui, par sa valeur & son activité, fut pris dans une embuscade par les Bolonnois, contre lesquels il marchoit; ils le jeterent en prison & l'y retinrent jusqu'à sa mort, quelques offres que leur fît l'Empereur, qui dans le même tems vit dans la Pouille un autre de ses fils naturels qu'il chéris-

*Chagrins de
Frideric II.*

soit aussi fort tendrement. Tant de fâcheux événemens abattirent son courage & il étoit plongé dans la douleur, quand il fut attaqué d'une maladie contagieuse qui ravageoit alors l'Italie, & que l'on appelloit le feu sacré: accablé par les chagrins encore plus que par la violence du mal, il n'avoit pas assez de motifs d'être attaché à la vie, pour voir avec effroi les approches de la mort. Il offrit au Pape les conditions de paix les plus avantageuses: mais l'implacable Innocent rejeta durement ses propositions & maudit encore l'Empereur: Innocent maudit lui-même de l'Europe presqu'entiere, qui ne pouvoir lui pardonner cet excès d'atrocité (2).

*Atroce in-
flexibilité
du Pape.
Maladie &
testament de
Frideric II.*

La réponse insultante d'Innocent ranima Frideric, il hâta les préparatifs d'une nouvelle expédition qu'il vouloit entreprendre, tout malade qu'il étoit; mais au tems même où il se proposoit de mettre son projet à exécution, sa maladie devint si violente, qu'il prévit qu'il ne lui restoit que peu de tems à vivre; il fit son testament tel que nous l'avons rapporté dans notre Histoire de Naples & de Sicile. (3)

*Il paroît se
rétablir, &
il meurt.
1250.*

Après avoir ainsi disposé de ses couronnes, Frideric ne songea plus qu'à se préparer à la mort, & il s'y disposa avec la résignation la plus exemplaire; il reçut l'absolution & les derniers secours de l'Eglise des mains de l'Arche-vêque de Palerme, néanmoins contre toute espérance sa maladie perdit tout-à-coup sa violence, ses forces parurent se rétablir, on le croyoit hors de danger, & le 12 de Décembre 1250, il se croyoit lui-même si bien rétabli, qu'il résolut de sortir dès le lendemain matin; mais ce jour là même, on le trouva mort dans son lit à Florenzuola, dans la Pouille. Il courut plusieurs

(1) Pandulphus Allenutius. Hist. Neapol. L. 4. p. 178. (2) Fleury. Lib. 83. Spener. Hist. Germ. Univ. ad ann. 1250. (3) Notre Tom. 37. p. 106. Alb. Stad. Spener Fleury. Hist. Eccl. ad ann. 1250. Hist. des Rois des deux Siciles, par M. d'Egly. Hist. de Naples & de Sicile. p. Giannone.

Bruits au fujet de la mort, qui en effet, étoit inattendue. De tous ces bruits celui qui s'accrédita le plus fut que Mainfroi fon fils-naturel, qu'il aimoit tant, impatient de s'emparer du Royaume du Sicile, & du tréfor que fon pere y a- voit raffemblé, l'avoir étouffé au moyen d'un oreiller qu'il lui avoit tenu fortement comprimé fur la bouche: mais ce crime eft trop affreux, pour que l'on puiffe ajoûter foi à une accufation, deftituée de preuves, & que la conduite même de Mainfroi paroît avoir fi fort décréditée. (1)

Hift. d'Al- lemagne, 1209-1253.

Frideric n'avoit que 55 ans à la mort, il en avoir régné 51 en Sicile, il y avoit 35 ans qu'il occupoit le trône Impérial, & 24 celui de Jérufalem. Il avoir eu trois femmes; de Conftance, fille d'Alphonfe, Roi de Caftille, il avoit eu Henri, élu Roi des Romains & mort en prifon dans la Pouille; d'Yo- lande, fille de Jean de Brienne il avoir eu Conrad; & d'Ifabelle fille de Jean- fans-terre, Roi d'Angleterre, il avoit eu le jeune Prince Henri. On a dit, mais il n'eft pas prouvé qu'il avoit eu trois autres femmes légitimes: il eft mieux conftaté qu'il eut beaucoup d'enfans naturels; mais de tous ceux-ci, Mainfroi fut le feul qui fe diftingua par la fuite. Il eut auffi une fille légiti- me, Marguerite qui fut mariée au Landgrave de Thuringe, dont elle avoit eu deux enfans, Frideric & Diêtman; elle fut fi peu aimée de fon mari, qu'il tenta de s'en défaire, & donna ordre à des affaffins de la mettre à mort au- près du château de Wartbourg, où elle faifoit fa réfidence: elle en fut aver- tie à tems, & fe fauva; mais avant que de prendre la fuite, elle mordit à la joue fon fils aîné, afin qu'il fe fouvint un jour de venger fa mere, par l'empreinte de fes dents fur fon vifage, ce qui lui valut dans la fuite le fur- nom de *Mordu* (2). Il répondit à l'attente de fa mere, & chaffa en effet fon pere de fes états, dont il refta feul poffeffeur par la mort de fon frere Diêtman. L'Empereur Frideric II avoit auffi une fille bâtarde, fœur de Mainfroi, & qui fut mariée à Jean Vatace, Empereur de Conftantinople: elle ne fut point heureufe, par l'humiliante préférence que fon époux donna à l'une de fes concubines, à laquelle il faifoit porter les ornemens Impériaux.

Ses enfans légitimes.

Et naturels.

A juger Frideric d'après les différens portraits que nous en ont laiffés quel- ques écrivains de fon tems attachés à la cour de Rome, ou d'après les dé- nonciations & les traits odieux confignés dans les bulles & les lettres du Pa- pe Innocent IV, jamais il n'exifta de tyran auffi avidement oppreffeur de l'humanité: à les en croire, Frideric fut un monftre de cruauté, d'ambition & de fcélérateffe; blafphémateur audacieux, impie, facrilege, il fe jouoit également du ciel & des hommes. Mais la plûpart des hiftoriens qui n'ont été aux gages ni du chef de l'Eglife, ni du chef de l'Empire; parmi ceux même qui fe font montrés les moins défavorables aux prétentions outrées de la cour de Rome, ces portraits deflinés par la haine, ne font rien moins que reflemblans; & à quelques défants près, que la vérité de l'hiftoire ne permet ni de taire ni de diffimuler, Frideric fut fans contredit le plus fage & le plus éclairé des Princes de fon fiecle: à une figure agréable & vraiment majeftueu- fe, difent les chroniqueurs contemporains, il unit les plus brillantes qualités de l'efprit, Protecteur déclaré des fciences & des arts, il ne ceffa de culti-

Son carac- tere.

(1) Fleury. *Hift. Eccl.* L. 83. Albert. Abb. Stad. (2) Spener. *Hift. Germ. Univ* L. 6. cap. 10.

ver, même au milieu des orages dont il fut perpétuellement environné, les plus utiles connoissances, il paroit avec une égale facilité toutes les langues de l'Europe: le Latin, l'Italien, l'Allemand, l'Esclavon, le François, l'Espagnol & le Turc lui étoient également familiers, ainsi que la langue Grecque, connue de très-peu de savans dans le XIII siecle (1).

C'étoit par goût que Frideric II, avoit dès sa jeunesse cultivé ces diverses connoissances, mais il ne voulut s'instruire que pour rendre ses peuples plus heureux. Peu-content d'avoir fait rédiger par Pierre de Vignes les constitutions Siciliennes, il ajoûta à ces anciennes constitutions des Princes Normands, des loix sages & qui supposent dans le législateur les plus rares lumieres.

*Ses heureux efforts pour le progrès des sciences.* Il fonda une Université qui par les encouragemens qu'il lui donna devint bientôt fameuse; on sçait aussi que ce fut à cet Empereur que l'Ecole de Salerne, dut la premiere version latine des œuvres d'Aristote, qui fut publiée en Europe; c'étoit lui qui l'avoit fait faire sur les manuscrits Grecs & Arabes; & cette traduction qui lui avoit couté tant de recherches, de soins & de dépenses, il eut la générosité de la donner à l'Académie de Bologne. Ce fut lui qui procura la traduction du Grec & de l'Arabe, de l'*Almageste*

*Ses œuvra-ges.* de Ptolemée en Latin. Il composa divers traités, deux entre autres, l'un sur la nature & la maniere d'élever & de gouverner les animaux, l'autre sur la chasse au Faucon, genre de chasse ignoré en Europe. On lit aussi parmi les opuscules de Pierre de Vignes quelques pieces de Poésie en langue Toscane, qui font de Frideric, & d'autant plus aisées à reconnoître, que l'élégance & l'urbanité qui les caractérisent, forment un contraste frappant avec la grossiereté du stile de Pierre de Vignes (2).

On convenoit universellement que Frideric tenoit de la nature & de l'éducation les talens les plus distingués; quoique ses ennemis lui refusoient les qualités du cœur; & ce fut sur-tout à ce sujet qu'ils lui ont prodigué les plus atroces calomnies: mais la vérité est que presque tous les jours de

*Ses bonnes qualités.* son long regne furent signalés par des bienfaits; la vérité est qu'il ne tint point à lui que ses peuples ne fussent tous heureux; ce ne fut pas lui, du moins sous le pontificat d'Innocent IV, qui fut la cause & l'instigateur des guerres malheureuses qui déchirerent l'Empire, il n'ajoûta que forcément aux anciens impôts, & il fut toujours le premier à offrir la paix à ses persécuteurs, qui rejeterent constamment les propositions. Il ne voulut ni avilir la majesté de l'Empire, ni quant à l'exercice des droits de sa dignité, reconnoître de supérieur. Ce furent là les seules causes de la haine implacable que le Pape Innocent IV & ses adhérans lui vouerent; car du reste, les faits prouvent que Frideric étoit aussi rempli de zele pour la Religion, qu'il étoit plein d'horreur & de mépris pour l'ambition, les injustices, & les énormes vexations des chefs de l'Eglise; les faits prouvent que jusqu'aux derniers momens de sa vie, il ne perdit jamais de vue les dogmes de la religion; & la raison nous apprend qu'il pouvoit, sans cesser de respecter la foi, faire une juste guerre au Souverain Pontife & à ses partisans (3).

Il est vrai que plus d'une fois l'Empereur Frideric II parut dur & même
cruel

(1) Dumay *Etat de l'Empire.* Spener. *Hist. Germ. Univ. ad ann.* 1250. *Hist. Univ.* Tom. 37. p 107.    (2) Maimbourg. *Hist. de la décadence de l'Empire.* Alb. Abb. Stad.
(3) Maimbourg. Spener. Dumay. *Etat de l'Empire.*

-cruel envers les miniſtres de l'Egliſe, & nous ne nions pas qu'il dépouilla plu- *Hiſt.* d'Al-
ſieurs Evêques de leurs biens & même qu'il alla juſques à en faire mourir quel- *lemagne,*
,ques autres, & ſur-tout l'Evêque de Calvi, qu'il fit pendre: mais cet Evêque *1209-1254.*
étoit le plus cruel de ſes calomniateurs & c'étoit lui qui l'avoit noirci avec le
plus d'indignité au Concile de Lyon.... Ce n'eſt cependant pas que nous pré- *Son zele*
tendions juſtifier la rigueur outrée que ce Monarque exerça dans les dernieres *pour la Re-*
années de ſa vie contre une foule de Prêtres & de Moines; car il n'eſt que *ligion.*
trop vrai, qu'il leur rendit haine pour haine, & qu'il abuſa plus d'une fois
de la ſupériorité que la force lui donnoit ſur eux.  Mais enfin, ne peut-on
pas dire qu'il ne devint cruel à leur égard que par les attentats qu'ils ne ceſſoient point de former contre ſes droits les plus ſacrés & même contre ſa vie;
eût-il été auſſi cruel, s'il n'eût pas eu à lutter contre les miniſtres d'un Pape
qui employoit tour à tour contre lui le fer des aſſaſſins, les anathêmes de l'E-
gliſe & le poiſon des traîtres? (1)

Quelques éloges néanmoins que nous paroiſſe mériter Friederic, il y auroit *Ses défauts.*
en nous de la partialité ſi nous diſſimulions ſes défauts; il en eut, quelques-
uns même terniſſent l'éclat de ſa gloire.  Il fut artificieux, il contracta plus
d'une fois & ſans néceſſité des engagemens qu'il étoit fort éloigné d'être dans
l'intention de remplir: à force de fauſſes promeſſes il ſéduiſit & trompa Innocent III ; il agit auſſi de très-mauvaiſe foi à l'égard du Pape Honoré III ; mais
il paroît que dans la ſuite il reconnut ſes torts, & la modération de ces deux
Souverains Pontifes le ramena aux loix de la fidélité qu'il avoit violées.
Quant à leur ſucceſſeur Innocent IV, on a vu par les faits que nous avons eu
occaſion de rapporter, qu'il fut conſtamment l'aggreſſeur, & que ce furent ſon
ambition, ſes hauteurs & ſes calomnies qui embraſerent l'Europe, & non la
faute ou la mauvaiſe foi de Friederic.  Au reſte, quelques écrivains ont re-
proché à cet Empereur d'avoir trop aimé les femmes; mais ſi Friederic eut des
maitreſſes & des concubines, il ne s'en laiſſa jamais dominer, l'attrait du plaiſir ne dégénéra point en débauche: il ne leur ſacrifia, ni le tems qu'il devoir
au gouvernement, ni le bien de ſes peuples, & ne les laiſſa point gouverner
dans ſa cour, intriguer, cabaler, diſpoſer au gré de leur caprice des poſtes
les plus éminens, vendre les dignités, & diſſiper avec d'infideles miniſtres
les tréſors de l'Etat (2).

C'eſt au regne de Friederic II, que remonte l'époque de l'établiſſement des *Epoque de*
Electeurs, auxquels la nation Germanique déféra le droit, déſormais excluſif, *la premiere*
d'élire les Empereurs, car la couronne Impériale, en partie héréditaire & en *formation*
partie élective ſous la race de Charlemagne, ne devint purement élective que *du College*
lorſqu'elle eut été tranſmiſe aux Allemands.  Il eſt vrai qu'alors le fils ſuccé- *Electoral.*
doit communément au pere; mais malgré cette eſpece de ſucceſſion héréditaire que les Ottons avoient établie en faveur de leur poſtérité, il eſt con-
ſtaté que la nation Germanique élut toujours les Rois, qui dès lors étoient
conſéquemment Empereurs; & l'on a vu par ce que nous avons pris ſoin de
rapporter que les trois Ottons monterent ſur le trône du conſentement exprès
de tous les Princes & Etats aſſemblés: nous avons vu auſſi que les Seigneurs

_____

(1) Dom Capecelatro: *Hiſt. des Rois de Naples.* Spener. *ad ann.* 1250.  (2) Maimbourg.
*Décad. de l'Empire.* Spener , *loco citato.*

*Tome XXXIX.*                                    K k k k

Sect. VI.
Hist. d'Al-
lemagne,
1209-1254.

élurent Henri II Empereur, & que ce furent eux qui placerent également le Duc de Franconie, Conrad II fur le trône, ainfi que tous fes fucceffeurs jufques à Otton IV; & lorfque cet Empereur eut été excommunié, tous les Princes & la plûpart des Seigneurs d'Allemagne, élurent Frideric Roi de Sicile. Ainfi jufques à ce Monarque inclufivement, le nombre des Electeurs étoit très-incertain, puifque tous les Princes, Seigneurs & Etats de l'Empire avoient un droit égal à l'élection, mais dans la fuite & fous ce même Empereur, ceux d'entre les Princes qui fe trouverent les plus puiffans; ceux qui étoient revêtus des charges les plus éminentes s'emparerent de ce droit, à l'exclufion de tous les autres ; enforte qu'il fe trouva déformais dans les mains d'un petit nombre de Princes; & ce droit il paroît qu'ils l'exercerent pour la premiere fois lors de l'élection de Guillaume de Hollande. Ce n'eft pourtant point que ces grands officiers de l'Empire, au nombre de fept, favoir, l'Archevêque de Mayence, Archichancelier d'Allemagne, l'Archevêque de Treves, Archichancelier des Gaules, l'Archevêque de Cologne, Archichancelier de l'Italie, le Roi de Bohême, Archiéchanfon de l'Empire, le Comte Palatin, Archigrand-maître d'hôtel, le Duc de Saxe, Archimaréchal, & le Marquis de Brandebourg, Archichambellan; ce n'eft pas difons nous que ces fept principaux Officiers de l'Empire n'euffent déja la plus puiffante influence dans les élections; dont même ils étoient parvenus dès le regne de Henri IV à faire changer la forme: mais enfin, ils n'étoient pas feuls, & ne formoient point de College Electoral (1). Les autres Princes, les Seigneurs & les députés des villes nommoient & préfentoient celui qu'ils jugeoient devoir être élu, & ces fept officiers confirmoient l'élection; mais fi ceux-ci en élifoient un autre, il falloit que leur choix fut approuvé par la diete générale compofée des Princes, des Seigneurs & des villes, ainfi qu'il fut obfervé lors de l'élection de Lothaire II. & de Frideric; au lieu qu'il paroit qu'à l'exclufion totale des autres Princes & Seigneurs, ce furent les Archevêques de Mayence, de Treves, de Cologne, le Marquis de Brandebourg, le Comte Palatin, le Duc de Saxe & le Roi de Bohême, qui élurent Guillaume de Hollande, en la place d'Henri Rafpon, Landgrave de Thuringe, en vertu, difent plufieurs hiftoriens contemporains, d'une convention que les Princes de l'Empire avoient faite enfemble de déférer à ces fept officiers le droit d'élire feuls les Empereurs. Il eft vraifemblable que cette convention fut faite entre l'an 1210, tems auquel Frideric fut élu fuivant l'ancienne forme, c'eft-à-dire par tous les Princes, Seigneurs & Etats de l'Empire, & l'année 1240, tems auquel l'Abbé de Stade, affure que ces fept Electeurs étoient établis du confentement unanime des Seigneurs & Etats. Au refte, ces fept Electeurs ne furent établis, en forme de College ftable, que bien long-tems après, ainfi que nous aurons occafion de le dire, & par la fameufe bulle de l'Empereur Charles IV. encore ce College a-t-il effuyé depuis de grands changemens, même relativement au nombre des Electeurs qui s'eft accru de deux (2).

Quoiqu'auffi violemment opprimé par le Pape Innocent IV que fon pere

Des pre-
miers chan-
gemens dans
la forme des
Elections.

Le nombre
des Electeurs
fixé à fept.

---

(1) Otton Frifing. De reb. geft. Frider. I. L. 2. C. 1. Conrad. Urfperg. Chron.
(2) Maimbourg. Hift. de la décad. de l'Emp. L. 2. Albert. Abb. Stad.

l'avoit été, quoiqu'aussi fréquemment anathématisé, Conrad n'en prit pas _Hist. d'Al-lemagne, 1209-1254._ moins les titres de Duc de Suabe, de Roi de Jérusalem, des deux Siciles & de chef de l'Empire, aussi-tôt qu'il fut informé de la mort de Frideric II. Mais pour les faire valoir ces titres, il avoit les plus grands obstacles à ap-planir, & des rivaux bien formidables à combattre: en effet, outre Guil-laume de Hollande, qui à la tête d'un parti redoutable, & protégé par la cour de Rome, lui disputoit le sceptre Impérial; Henri de Lusignan venoit d'obtenir la couronne de Jérusalem de l'amitié du Souverain Pontife, qui s'é-toit déclaré possesseur du trône de Sicile, qu'il prétendoit appartenir au S. Siege: de maniere que de la vaste succession de son pere Conrad ne possé-doit réellement que la Suahe que son persécuteur lui contestoit encore, & dont il s'efforçoit de le dépouiller. Mais ce Prince en butte à tant d'o-rages avoit sur ses rivaux & sur Innocent même une supériorité de caracte-re, de constance & d'intrépidité qui sembloit lui promettre les plus brillans succès (1). Formé par l'adversité, la meilleure des écoles des Souverains, il avoir, quoiqu'encore dans l'âge de l'indiscrétion, une prudence consom-mée. Elevé au milieu du tumulte des armes, il étoit excellent Général; éclairé par l'exemple de son pere, qui avoir tant de fois été cruellement trahi par ses ministres & ses confidans, il ne vouloit de ministre que lui-même, voyoit tour, régloir tout, faisoit tout par lui-même, & ne confioit à per-sonne les projets qu'il avoit médités. Heureux si la crainte des traîtres & la nécessité de les intimider par la sévérité de l'exemple n'eussent pas endurci son cœur naturellement généreux, bon & compatissant; c'est vrai qu'il faut avouer qu'en plus d'une occasion il se montra dur & même si inflexible, que sa cir-conspection dégénéra plus d'une fois en défiance injurieuse & inquiete, & qu'il finit par être soupçonneux, violent & cruel: mais il faut convenir aussi que ce fut aux ennemis de Conrad, plus qu'à lui-même qu'on doit attri-buer tous les excès, que la nécessité à laquelle ils le réduisirent, plutôt que le desir de la vengeance, lui fit commettre. En effet, pour justifier le fils de Frideric, on n'a qu'à se rappeller les injustices & les outrages qu'il essuya dès l'instant qu'il tenta de se mettre en possession des Etats, même hérédi-tai-res que son pere lui transmettoit (2). Mais quand Innocent IV se croyoit déjà possesseur du Royaume qu'il s'étoit proposé d'usurper sur l'héritier & le successeur de Frideric, il ne connoissoit pas encore l'actif & puissant défen-seur des droits de Conrad en Sicile. Ce défenseur zélé étoit Mainfroi, fils na-turel de Frideric, qui avoir tous les talens & toute la valeur de son pere (3).

_Embarras, ennemis & situation de l'Empereur Conrad IV._

_Haine du Pape contre Conrad._

Conrad continuoit d'avoir en Allemagne la supériorité sur son rival, malgré les intrigues du Pape & les efforts séditieux d'une partie des prélats. Il étoit reconnu pour légitime chef de l'Empire par la plûpart des villes, des Princes & des Seigneurs d'Allemagne; ensorte qu'il ne restoit à Guillaume de Hollande que les Ecclésiastiques & le Pape, qui, pour le seconder, employoit vainement toutes sortes de moyens, compromettoit son rang, abusoit de sa puissance, & ne parvenoit qu'à se faire détester des uns & mépriser des autres. Par ses

_Supériorité de Conrad en Allema-gne._

---

(1) Spener. _Hist. Germ Univ._ T. 1. L. 6. c. 7.     (2) Voyez notre Tome 37. & _Apud Rainald._ Fleury. _Hist. Eccl. ad ann_ 1251.     (3) _Hist. des Rois des deux Siciles_ par M. d'Egly. _Annal._ di Giovanni, & notre 37e Volume, p. 109, &c. Spener. _Hist. Germ. Univ._ ad ann. 1251.

*Innocent
fait prêcher
une croisa le
contre l'Em-
pereur.
1251.*

ordres Pantaleon ayant fait en faveur de Guillaume de Hollande d'inutiles efforts auprès des plus puissans d'entre les Seigneurs de l'Empire, qui refuserent de trahir le fils de Frideric; le Pape, toujours fertile en expédiens, envoya en Allemagne le Moine Elka prêcher une croisade contre Conrad, avec
ordre de promettre à quiconque prendroit part à cette entreprise les mêmes
graces spirituelles que l'Eglise avoir accordées pour les croisades de la Palestine. Mais on ne craignoit pas assez les foudres prodiguées par Innocent, pour
faire beaucoup de cas des indulgences qu'il offroit: & personne ne voulut se
croiser.  Innocent ne fut pas plus heureux auprès des habitans de la Suabe,
auxquels il ne rougir point d'écrire: „ jamais nous ne consentirons que la ra-
„ ce de Frideric, nous étant odieuse, suspecte de tyrannie, d'hérésie & de
„ perfidie, jouisse de l'Empire, ni seulement de la Principauté de Suabe dont
„ nous l'avons exclue" (1).

Trop aveuglé par sa passion, trop agité par le desir &. l'espoir de se venger, pour sentir à quel point sa conduite injuste & indécente l'avilissoit aux
yeux des peuples, Innocent ne s'occupoit que du soin d'accabler sa victime,
& il comptoir si fort sur le succès des déclarations du moine Elka & sur le
piege de ses indulgences, que se flattant déjà du soulevement général des peuples d'Allemagne, il disposoit des principaux emplois de l'armée innombrable qu'il ne doutoit point que l'on ne vît bientôt à la suite de Guillaume de
Hollande: son projet étant de ne nommer à ces premiers emplois que des
prélats, dignes chefs en effet d'une armée de fanatiques, il envóya ordre de

*Démarches
singulieres
d'Innocent
IV.*

procéder à la déposition de Chrétien, Archevêque de Mayence; non que
Chrétien ne fut très-zélé partisan de Guillaume de Hollande, en faveur duquel il ne cessoit de se servir du glaive spirituel, mais par cette seule raison,
que Chrétien n'étoit pas décidément guerrier, & que même il avoit une fois
répondu au Légat qui l'exhortoit à une expédition militaire, ces paroles de
l'Evangile: *Pierre, Pierre! mets ton épée dans le foureau.* Innocent ne
lui pardonna point ce défaut de talens militaires; Chrétien fut déposé, & le
siege de Mayence fut rempli par un jeune homme, mauvais prêtre à la vérité, mais qui avoit de fort rares talens pour la guerre (2).

Par un contraste bien frappant, quoique pourtant assez commun, Innocent IV qui ne respiroit que la guerre, la fureur, la vengeance, Innocent
qui ne vouloir souffrir dans son armée que des prêtres guerriers, étoit pourtant lui-même le moins guerrier des hommes; tant il est vrai que l'on peut
être en même tems &. très-timide &. très-audacieux.  Depuis plus de six
ans la crainte le tenoit renfermé dans les murs de Lyon, & il n'avoit eu
garde de s'en éloigner tant que Frideric avoit vécu; mais la mort de ce Mo-

*Il quitte
Lyon &
retourne en
Italie.*

narque, ayant ramené au S. Siege beaucoup de villes d'Italie, & d'ailleurs,
le Souverain Pontife n'ayant qu'une très-foible idée de Mainfroi, à peine
âgé de 19 ans, & qu'il ne supposoit pas fort redoutable; assuré que Conrad étoit trop occupé en Allemagne pour songer à passer les Alpes, il se
disposa à retourner à Rome, & après avoir solennellement anathématisé à
Lyon la mémoire de Frideric &. Conrad; après avoir confirmé l'élection de

(1) Conrad. Ursperg. apud Rainald. Spener. *Hist. Germ. Univ.*   (2) Fleury, *Hist.
Ecol. Liv.* 83.

Guillaume de Hollande, il fe mit en route, paffa par Gênes & Milan, où il fut comblé d'honneurs, & s'arrêta à Peroufe où il fe repofa le refte de l'année.

Conrad avoit formé auffi le projet de paffer en Italie, où fon frere Mainfroi ne ceffoit de le preffer de fe rendre: mais avant de quitter l'Allemagne, Conrad vouloit y laiffer des marques éclatantes de la fupériorité fur fon rival, contre lequel raffemblant toutes fes forces, il marcha, d'autant plus affuré d'en triompher, qu'en effet ce compétiteur n'avoit que peu de troupes à lui oppofer. Cependant les vœux de Conrad ne furent remplis qu'en partie; il rencontra la petite armée ennemie auprès d'Oppenheim; la bataille fut bientôt engagée: mais, contre toute attente, Guillaume de Hollande, malgré l'infériorité du nombre, fixa la victoire fous fes drapeaux, maffacra une partie des ennemis, contraignit les autres à la fuite, & refta maître du champ de bataille (1).

La honte de fa défaite n'abattit point Conrad, il ne paroît pas même qu'elle affoiblit l'attachement de fes partifans; car en très peu de jours il fe vit à la tête d'une armée plus formidable encore: il laiffa fon compétiteur s'applaudir de fon triomphe, & ne croyant pas devoir tenter une feconde fois le fort des armes, il jugea que ce qui lui importoit le plus étoit d'aller en Italie, s'oppofer par la force aux intrigues du Pape, & étouffer à leur fource tous les complots de la cour de Rome, plus dangereufe pour lui que toutes les entreprifes de Guillaume. Il fe mit en marche fuivi de fon armée; mais peu de jours après fon départ il penfa fuccomber à Ratisbonne fous le plus affreux des complots. Albert, Evêque de cette ville, & Ulric, Abbé de S. Emerand, chez lequel l'Empereur alla loger s'étoient promis de rendre le plus grand des fervices au Pape, en faifant affaffiner leur Prince, & c'étoit dès la feconde nuit de fon arrivée que les affaffins appoftés par les deux prélats & cachés dans la chambre où l'Empereur couchoit, avoient ordre de le poignarder. Déjà tout étoit prêt; l'Empereur étoit retiré, & l'heure de fon coucher approchoit, lorfque par un caprice heureux, il lui prit fantaifie de changer d'appartement & de paffer la nuit dans une chambre voifine. Deux de fes gens prirent fa place, & ce changement fe fit fi promptement, que les affaffins cachés n'ayant rien entendu de ce qui s'étoit paffé, croyant que c'étoit Conrad qui venoit de fe coucher, s'approcherent du lit, poignarderent fes deux officiers, & fe retirerent précipitamment, perfuadés que le chef de l'Empire, étoit mort fous leurs coups. Au bruit qu'ils firent & aux foupirs des deux mourans, Conrad, éveillé en furfaut, appella du monde, & bientôt informé de la caufe du bruit qu'il venoit d'entendre, il fe fauva au plus vite, & fut affez heureux pour arriver à fon camp devant la ville. Dès le lendemain il ravagea les terres des deux fcélérats, & cependant il fe contenta d'envoyer l'Evêque en exil, & de priver Ulric de l'Abbaye de S. Emerand, trait de clémence d'autant plus étonnant, que, rigoureux dans fes vengeances, Conrad étoit le moins indulgent des Souverains (2).

Il eut été trop dangereux pour l'Empereur de traverfer l'Italie pour fe

*Hiſt.* d'Allemagne, 1209-1251.

*Défaite de Conrad.*

*Conſpirations & attentats contre ſa vie.*

_____

(1) Apud. Rainald. Spener. T. 1. L. 6.       (2) Conrad. Urfperg. Spener. T. 1. L. 6.

*Il passe en
Italie.*

rendre dans son Royaume de Naples, le danger qu'il venoit d'éviter le rendoit trop prudent pour s'exposer dans ce pays, où dans presque toutes les villes les partisans du Pape étoient encore très-nombreux: il s'embarqua sur des vaisseaux que les Vénitiens lui fournirent, dans un port de Frioul, & descendit à Barlette, d'où, secondé par le brave & fidele Mainfroi, il alla reduire les villes rebelles, accabler, renverser & livrer aux flammes celles qui oserent lui résister, telles que Capoue · & Aquin qu'il réduisit en cendres, après en avoir fait impitoyablement massacrer la plûpart des citoyens: ces terribles exemples de rigueur & de vengeance n'effrayerent point les habitans de Naples: ils refuserent de se soumettre: enflammé de courroux, l'Empereur alla les assiéger; ils se défendirent avec la plus intrépide valeur: ils se flatoient de recevoir incessamment des secours abondans qu'Innocent leur avoit promis: ces secours n'arriverent point, & les Napolitains trop foibles par le nombre pour lutter contre toutes les forces du Prince qui les assiégeoit, réduits d'ailleurs à la plus cruelle famine, envoyerent offrir de capi-

*Ses succès
& ses ri-
gueurs.*

tuler. . Conrad trop animé par le desir de la vengeance pour se laisser fléchir, rejeta durement la proposition, se rendit maître de la ville après un liege de dix mois, traita les malheureux Napolitains, non en maître irrité, mais en tyran inexorable; fit pendre dix des plus illustres citoyens, livra la ville au pillage, en fit abattre l'enceinte, renversa les maisons des nobles, & les condamna tous à des amendes exhorbitantes qu'ils furent contraints de payer (1).

L'abus que l'Empereur faisoit de sa puissance & de sa supériorité sur les villes soumises le faisoit abhorrer, autant que l'on aimoit son frere Mainfroi, qui par la générosité de son ame compatissante adoucissoit, autant qu'il dépendoit de lui, les malheureux que son frere sembloit prendre tant de plaisir à accabler. Soupçonneux & jaloux, Conrad imaginant que Mainfroi ne s'attachoit le peuple que pour mieux réussir dans l'exécution des projets d'usurpation qu'il lui supposoit; le jugeant dès lors coupable, & oubliant tous les services qu'il en avoir reçus, le dépouilla durement des possessions que Frideric lui avoir laissées, le priva de ses dignités, éloigna & chassa du Royaume tous les Seigneurs qu'il supposoit ses confidens, & le réduisit à la

*Son ingra-
titude en-
vers Main-
froi.
1252.*

principauté de Tarente. Henri, le dernier des enfans de Frideric fut plus malheureux encore; apprenant en Sicile où il faisoit sa résidence, les succès de son frere dans le Royaume de Naples, il se bâta d'y aller, pour lui témoigner la joye que lui causoit le progrès de ses armes; Conrad trop défiant pour se persuader qu'une telle visite fut désintéressée accueillit froidement le jeune Prince, qui mourut très-peu de jours après: il se peut que Conrad n'eut aucune part à la mort de son frere; mais il avoir si durement traité Mainfroi, il avoir si mal reçu Henri, dont la vûe avoir paru l'inquiéter si fort, que l'on crut assez généralement qu'il l'avoir fait empoisonner (2).

La dureté de caractere de Conrad, ses soupçons, & sur-tout le joug insupportable qu'il mettoit sur ses peuples secondoient puissamment les vues

---

(1) Anonym. *in vit. Conrad. IV. Æneas Sylvius. Hist. Frid. III.*      (2) Anonym. *in vit. Conrad.* Barth. de Neo Castro. *Hist. Sicul. C. 1.*

du Souverain Pontife, qui, peu content de faire prêcher de nouveau la croisade contre l'Empereur, envoya offrir la couronne de Sicile à différens Princes & eut la honte de voir ses offres rejetées, comme nous avons vu dans notre Histoire de Naples & de Sicile (1).

Hist. d'Allemagne, 1209-1254.

Réduit à la seule puissance qu'il tenoit de sa dignité, & trop persuadé qu'il ne seroit secondé par aucun Prince de l'Europe, Innocent IV ne pouvant mieux faire, imagina d'essayer encore la force des censures ecclésiastiques, & fit citer l'Empereur à son tribunal, pour y rendre compte de sa foi & de ses mœurs. Soit que Conrad ne voulut, à l'exemple de Frideric son pere, que tromper le Souverain Pontife & gagner du tems, soit qu'il crut réellement devoir ménager le S. Siege, il envoya à Rome des ambassadeurs chargés de le défendre sur les accusations portées contre lui, soit concernant ses mœurs, soit concernant la foi. Adouci par cette démarche à laquelle il ne s'étoit nullement attendu, le Pape lui accorda un délai de plusieurs mois, afin de mieux préparer ses défenses, & parut même assez favorablement disposé. Ce qu'il y a de singulier est que dans le tems même que Conrad, donnoit cette preuve de déférence à la cour de Rome, il continuoit le cours de ses conquêtes & de ses ravages dans la Pouille, secondé par Mainfroi, qui, quoique vivement ulcéré des injustices de son frere, paroissoit avoir toujours pour lui le même zele.

Il cite à son tribunal Conrad.

Plus formidable mille fois par sa scélératesse, que Mainfroi ne l'étoit par sa valeur, un brigand, le plus terrible des guerriers, le plus cruel des hommes, combattant alors pour Conrad, dévastoit la Marche Trévisane; cet homme redoutable étoit Eccelin le Romain, qui faisoit consister tout l'art militaire à piller, à exterminer, à violer avec férocité toutes les loix divines & humaines (2). Ce nom seul d'Eccelin inspiroit la terreur, tant il s'étoit rendu redoutable par l'excès de ses cruautés. Dans les villes dont il s'emparoit, son premier soin étoit de faire rassembler, sur les places publiques, les citoyens les plus notables, & de se donner le barbare plaisir de les voir massacrer par ses troupes. Il étoit dans l'usage de faire conduire à sa suite une foule de malheureux, qu'il faisoit tourmenter de la plus horrible maniere, dans l'unique vûe d'entendre nuit & jour leurs cris & leurs gémissemens. Le monstre, dans le même tems, contraignoit les parens & les amis de ses victimes à louer la générosité, approuver sa conduite, ou, au moindre signe, il les livroit aux plus affreux supplices. Telle étoit l'épouvante qu'il avoir inspirée, qu'à son approche les villes étoient abandonnées; c'étoit sur-tout sur les ecclésiastiques qu'il se faisoit un jeu d'exercer les plus grandes atrocités; ce n'étoit que pour eux qu'il avoir inventé des supplices douloureux, horribles, & auxquels il ne manquoit jamais d'assister: les historiens contemporains assurent que ce Tyran avoit, dans l'espace de sept années, fait périr uniquement pour assouvir son penchant à la cruauté, cinquante mille hommes (3).

Fureurs d'Eccelin.

Tel étoit le barbare qui combattoit pour l'Empereur dans la Marche Trévisane: il est vrai que Conrad n'autorisoit, ni n'approuvoit les fureurs de

(1) Matth. Paris. Spener. Hist. Germ. Univ. L. 6. C. 7. Fleury. T. 83. & notre Tome 37e p. 117. (2) Monach. Paduan. Ralnald. ad ann. 1254. (3) Ibid.

ce Cannibale : mais il les diſſimuloit, & cette approbation tacite autoriſoit la
férocité du brigand. Hors d'état de repouſſer les armées de Conrad, & les
hoſtilités atroces d'Eccelin, Innocent IV, lans argent, ſans armée, ſans ap-
puy, n'ayant d'autre reſſource que ſes armes ſpirituelles, uſa des ſeuls moyens qui lui reſtoient, & le jeudi ſaint de l'année 1254, il excommunia ſolemnellement Eccelin, le dépoſa de tous ſes biens, dont il diſpoſa généreuſement en faveur d'Alberic, frere de même Eccelin. Mais Alberic, d'a-
bord pénétré de reconnoiſſance pour les libéralités du Pape, n'ayant fait que
d'impuiſſans efforts pour ſe mettre en poſſeſſion des biens du proſcrit, finit
par être ingrat; & réuni avec ſon frere il alla porter, comme lui, la déſola-
tion, le ravage & la mort dans la Lombardie (1).

Toujours heureux & toujours odieux à ſes ſujets par ſes exactions, ſes
rigueurs, ſes ſoupçons & ſes injuſtices, Conrad achevoit de ſoumettre les
villes d'Italie, moins par la force de ſes armes que par la crainte qu'inſpiroient ſes cruautés. Réſolu de pouſſer ſa marche conquérante juſques à
Rome, où vraiſemblablement le Pape ſe ſeroit hâté de l'abſoudre & de le
couronner, il avoir déjà fixé le jour de ſon départ, quand pour le bonheur
des peuples la mort vint le ſurprendre le 21 de May 1254, au-milieu de
ſes triomphes, ou plutôt de ſes atrocités, & l'on ne manqua point encore
de mettre cette mort ſur le compte de Mainfroi, qui à la vérité, avoir le
plus fortes raiſons d'être vivement irrité contre l'on frere, mais qui s'étoit
toujours montré trop généreux, trop grand pour ſe venger en traître.
Auſſi cette accuſation, évidemment calomnieuſe, ſe détruiſit d'elle-même (2).

Quelle qu'eut été la cauſe de la mort de Conrad, enlevé à l'âge de 26
ans, après un regne ou plutôt une tyrannie de 3 ans & demi ſur la Sicile, les
peuples bénirent hautement le Ciel de les avoir délivrés de ce cruel Monarque.
Il n'eur de ſon mariage avec Eliſabeth, fille d'Otton, l'illuſtre Duc de Baviere, qu'un fils, ſavoir, ce jeune Conradin, dont on ne peut encore entendre
prononcer le nom ſans attendriſſement; il étoit alors en Allemagne, & ſon
pere confia ſa tutele à Berthold, Seigneur Allemand, qu'il chargea même d'aller
à Rome implorer pour cet enfant la protection du Pape. En effet, auſſi-
tôt que l'Empereur fut mort, Berthold envoya des ambaſſadeurs au Souverain Pontife, qui promit de défendre ce jeune Prince, à condition que le S.
Siege, ſeroit mis en poſſeſſion du Royaume de Sicile, pour le garder juſqu'à
ce que le fils du dernier Roi fût en âge de régner; nous avons vu dans notre
Hiſtoire de Naples & de Sicile, comment la cour de Rome fut fidele à cet
engagement, & c'eſt en y renvoyant nos Lecteurs (3) que nous finiſſons
cette Section & ce Volume.

(1) Concil. Tom II. p. 610. Fleury. Hiſt. Eccl. L. 83.  (2) Anonym. in vit. Conrad.
Epiſt. Innoc. IV. apud Rainald.  (3) Voyez notre Tome XXXVIIe p. 112 & ſuiv.

# FIN DU TOME XXXIX.